中学までと違う、楽しくて参加しやすい授業スタイルで、あなたの学校生活は劇的に変わります

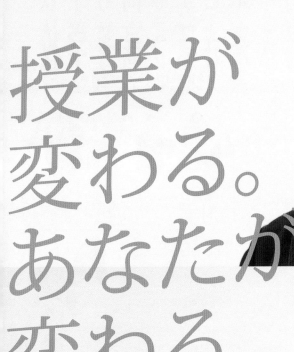

授業が変わる。あなたが変わる。

あなたの魅力を最大限に引き出す、
クラーク国際の「21世紀型教育」

個人個人に最適な学び

WEB学習システムで個人に合ったレベルの学習を行うので、授業に遅れたりする事がなく、積極的な学習が可能。

協働的な学び

協働学習は仲間と一緒に楽しく学ぶ方法。チームの課題達成のために、互いに支え合いながら学びます。

コーチング

担任は専任コーチのように見守り、目標やスケジュールを共に考え、高校生活をサポートします。

リフレクション(振り返り)

目標進捗を振り返るための時間は、学習定着のために重要です。自己把握・主体性を促すきっかけにも繋がります。

クラーク記念国際高等学校はクラーク博士の精神を受け継ぐ、クラーク家から認められた世界唯一の教育機関。全国に約12,000名の生徒が学ぶ広域通信制高校です。

夢・挑戦・達成
学校法人 創志学園
クラーク記念国際高等学校
CLARK Memorial International High School

お気軽に
お問い合わせ
ください!

◆ 資料請求・各種お問い合わせは、お電話、またはホームページで ◆

📞 **0120-833-350**

www.clark.ed.jp
クラーク 高校 🔍

ホームページでは各キャンパスでの学びの様子がご覧いただけます。ぜひともご覧ください!

その夢も、自分らしさも、きっとうまく行く。

高校卒業資格取得
単位制・広域通信制

飛鳥未来高等学校
飛鳥未来きずな高等学校
飛鳥未来きぼう高等学校（仮称）

茨城県設置認可申請中（設置計画承認済み）

POINT 1　自分に合った通学スタイルが選べて、服装も自由

一人ひとりの個性や自己表現を大切にしているので、週1日〜週5日まで多彩な通学スタイルから自分にあったものを選ぶことができます。さらに、登校時の服装は自由！（制服を購入することもできます。）また、好きな時に好きな場所で学べるネットスタイルもあります。

POINT 2　なりたい自分に! 将来の夢につながる 自由に選べるコース選択制（希望者のみ）

好きな専門科目を自由に受講できるコースと、高校卒業と同時に最短3年間で美容師免許が取得できるコースがあります。好きな分野をとことん学んだり、さまざま分野を体験してやりたいことを見つけたり、チャンスがいっぱい！

※コースについてはキャンパス毎・年度毎に異なります。詳しくは各キャンパスへお問い合わせください。

POINT 3　気軽にチャレンジ!「できる!」が見つかる アカデミー選択制（希望者のみ）

自分の好きな分野を学んだり、新しいことにチャレンジしてみたり、気軽に楽しみながら興味の幅を広げていきます。「好き」を「できる！」に変えてみよう！

POINT 4　参加自由!友達と一緒に学校行事に 参加して思い出をたくさん作ろう!

参加を自由に選べる学校行事がたくさんあって、行事を通じてクラスや学年を超えたたくさんの友達ができます。また、先輩後輩の仲も深まります。

POINT 5　教職員が親身に一人ひとりの 勉強も心もサポート!

メンタルサポートから、スマートフォンで学習状況がチェックできる学習サポートまで、学校生活を安心して送れるよう、担任の他、スクールカウンセラーや養護教諭、スクールソーシャルワーカーがサポートします。

POINT 6　希望に合わせた進路サポートで 卒業後の進路も安心!

大学、専門学校、就職など希望の進路の実現のために一人ひとりにあわせた個別の進路指導で希望の将来を目指します。姉妹校の専門学校や短大、大学への進学も有利で安心です。

POINT 7　通信制高校だから自分のペースで学べて、 学費の負担が少ない。

通信制高校なので、年間数日の通学から毎日の通学まで、自分のペースに合わせて通えます。また、通信制サポート校と違い、学費の負担が少ない点も魅力です。

学校法人三幸学園

A 飛鳥未来高等学校

全国のキャンパス お問い合せ先

札　幌 011-640-8755	仙　台 022-292-0058	千　葉 043-308-0877
池　袋 03-5979-8388	足　立 03-5615-8473	横　浜 045-439-0231
横浜関内 045-718-6871	名古屋 052-569-5250	奈良本校 0743-61-0031
大　阪 06-6300-5650	広　島 082-568-7681	福岡博多 092-434-7181

Eメール ▶ asuka-jimu@sanko.ac.jp
学校HP ▶ https://www.sanko.ac.jp/asuka-mirai/

学校法人三幸学園

A 飛鳥未来きずな高等学校

全国のキャンパス お問い合せ先

札　幌 011-221-5631	登米本校 0220-55-3770	仙　台 022-791-0315
宇都宮 028-615-7523	高　崎 027-386-6821	大　宮 048-640-3580
池　袋 03-5391-3402	お茶の水 03-5803-1992	立　川 042-548-5613
小田原 0465-22-1055	静　岡 054-275-2688	名古屋 052-589-3150
神　戸 078-325-3586	福岡天神 092-409-2331	熊　本 096-276-6884
沖　縄 098-941-3103		

Eメール ▶ kizuna-ss@sanko.ac.jp
学校HP ▶ https://www.sanko.ac.jp/asuka-kizuna/

2024年4月開校予定 学校法人三幸学園

A 飛鳥未来きぼう高等学校（仮称）

茨城県設置認可申請中（設置計画承認済み）

全国のキャンパス お問い合せ先

札　幌 050-5536-9751	水戸本校 050-5530-5358	川　越 050-5536-9754
両　国 050-5536-9756	柏みなとみらい 050-5536-9757	名古屋 050-5536-9758
京　都 050-5536-9760	大阪なんば 050-5536-9762	神戸元町 050-5536-9761

Eメール ▶ info-mito-kibou@sanko.ac.jp
学校HP ▶ https://www.sanko.ac.jp/asuka-kibou/

明聖高校は
「**SMILE** サポート」で、
きみらしさを**応援**します。

Study
[学習]

Mind
[心のケア]

Identity
[個性]

Like
[好きな道]

Enjoy
[課外活動]

千葉本校
千葉県千葉市中央区本千葉町10-23

中野キャンパス
東京都杉並区高円寺南5-15-3

WEBコース

全日コース
学び直しカリキュラムを導入。部活動や行事も充実。

通信コース
年間約20日(月2回金曜日)のスクーリング

全日デザインコース
アナログとデジタルの両面からデザインの表現や基礎知識、基本操作が学べます。

全日ITコース
ゲームプログラミング、CG、ロボット製作、映像編集などが楽しく学べます。

動画授業の視聴＋年間4日程度の登校スクーリング

アバターでバーチャルスクールにログイン。ゲーム感覚で勉強！

全日ITコース
ゲームプログラミング、CG、ロボット製作、映像編集などが楽しく学べます。

全日総合コース
学び直しカリキュラムを導入。行事も充実。

千葉本校

中野キャンパス

入学相談 随時受付中！

明聖高校 [検索]　明聖中野 [検索]　明聖サイバー [検索]

■JR線本千葉駅/京成千葉中央駅徒歩**5**分　■JR線及び東西線中野駅南口徒歩**9**分

学校法人花沢学園
明聖高等学校
MEISEI HIGH SCHOOL

千葉本校	043-225-5622
中野キャンパス	03-5340-7210
WEBコース	043-225-3185

自分らしく学び、進学をめざす

大学進学コース
4年制大学への進学を目標に大学入試レベルを目指すコース

スタンダードコース
自宅学習を中心とし、自分のペースで勉強を進めていくコース

総合進学3DAYコース
無理のない登校日数で、幅広い進路選択の実現に必要な基礎学力の定着を目指すコース

【利用ツール】
・最新ICT教材の利用
・通学型講習（基礎力養成／大学受験対策）
・進路アドバイザー
・ティーチングアシスタント
・自習室　etc.

駿台通信制サポート校

それぞれ特色がある学校

■つくば開成高校（茨城）

不登校になった生徒や、やりたいことに時間をかけたい生徒など様々な生徒に対応できる学習環境があります。難関大学進学に力を入れたコースもあり、生徒の多様な個性と進路を大切にする学校です。

■つくば開成学園高校（長野）

午前9時〜午後4時までの時間は自由に登校が可能で、マイペースで学習できます。8つの学習センターがスクーリング会場なので、本校まで通う必要はありません。毎日登校して学習してもOK!

■京都つくば開成高校（京都）

普通科目はクラス制、フレックス制、土曜選択制、夏冬集中受講制から選べます。さらに、希望で専門科目が選択でき、調理・製菓、芸能マルチ、ドギー、アート、ITなど興味のあることが学べます。

■大阪つくば開成高校（大阪）

普通科目の他、希望により9の専門と8のセレクトコースから自由に組み合わせて学べます。登校スタイルは「クラス制」「フレックス制」「土曜選択制」「夏冬集中受講制」の4つの中から選べます。

■つくば開成福岡高校（福岡）

週1日、3日（キャリアデザイン型）、5日（特進型）のコースがあります。少人数クラスもあり、進学を目指して勉学に励んでいます。一人ひとりの成長に合わせ、ほめて伸ばすことを心がけています。

■つくば開成国際高校（沖縄）

一人ひとりの習熟度に応じて授業や個別指導も毎日行っています。その他、大学進学を目指した特進コース、英語・漢字・数学・情報の検定対策等で、生徒の進路実現を目指しています。

つくば開成高等学校	☎029-872-5532	JR牛久駅より徒歩12分	茨城県牛久市柏田町3315-10
つくば開成学園高等学校	☎0266-75-0581	JR東海飯田線宮木駅より徒歩10分	長野県上伊那郡辰野町大字伊那富3305-94
京都つくば開成高等学校	☎075-371-0020	京都駅改札より北西へ徒歩8分	京都府京都市下京区西洞院七条上る福本町406
大阪つくば開成高等学校	☎06-6352-0020	天満橋駅から徒歩4分	大阪市北区天満2-2-16
つくば開成福岡高等学校	☎092-761-1663	地下鉄天神駅から徒歩9分	福岡県福岡市中央区天神5-3-1
つくば開成国際高等学校	☎098-835-0298	ゆいレール「安里駅」、「牧志駅」、徒歩約13分	沖縄県那覇市樋川2-5-1
つくば開成高等学校 柏校	☎04-7160-2351	JR柏駅より徒歩2分	千葉県柏市柏4-3-3

《他主な学習拠点》守谷・鹿嶋・静岡・沼津・山梨・長野・上田・松本・岡谷・駒ヶ根・長岡・上越・滋賀 等

詳しくは各高校までいつでもお問合せください

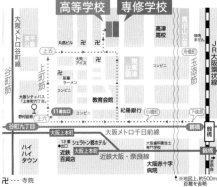

ルネサンス高等学校
ルネサンス豊田高等学校
ルネサンス大阪高等学校

選べるコースで自由な学校生活

学業とやりたいことを両立できる
ネット学習（通信）コース

当校のレポートはネットで提出できるので、学業とやりたいことの両立が可能。少ない負担で高校卒業をめざせます。卒業まで、あなたをサポートします。

高等学校で日本初の
eスポーツコース

eスポーツ、語学、心理学などの一流の講師陣を揃え、勝つために必要な「実用レベルの英会話能力」「コミュニケーション能力」「強いメンタル」を育てる講義を行います。また、eスポーツを通して将来の夢を描き、目標に向かって進む力を身につけることができます。

無理なく通学できる
通学スタンダートコース

通信制高校でも学校に通いたい方や、友だちと過ごす学校生活を送りたい方にぴったりのコースです。コースでは、生徒が積極的に参加したくなるような講義を提供しています。また、イベント活動等も多く取り入れ、生徒同士の交流も活発です。

韓国芸能事務所の練習生をめざす
アコピアKPOPコース

パフォーマンスの技術だけでなく、容姿や心身の健康にも配慮したオーダーメイドのカリキュラムを提供します。日本の高校卒業を諦めることなくK-POPアイドルをめざすコースです。講義はすべてオンライン（Zoom）で実施します。

ルネサンス高等学校	茨城県久慈郡大子町大字町付1543
ルネサンス豊田高等学校	愛知県豊田市藤沢町丸竹182
ルネサンス大阪高等学校	大阪府大阪市北区芝田2-9-20 学園ビル

全国から入学OK

池袋キャンパス	豊島区東池袋1-30-6 セイコーサンシャインビルXII 5F	**新宿代々木キャンパス**	渋谷区代々木1-13-5
横浜キャンパス	横浜市神奈川区金港町6-9 横浜金港町第2ビル2F	**豊田駅前キャンパス**	豊田市小坂本町1-9-1
名古屋栄キャンパス	名古屋市中区栄3-4-21 TOSHINSAKAEビル6F	**名古屋eスポーツキャンパス**	名古屋市中区栄3-18-1 ナディアパークビジネスセンター10F
梅田eスポーツキャンパス	大阪市北区堂山町1-5 三共梅田ビル7F	**なんばeスポーツキャンパス**	大阪市中央区難波2-3-7 南海難波御堂筋ウエスト 6F
広島相談センター	広島市西区横川町3-3-7-2F	**博多キャンパス**	福岡市博多区博多駅前1-23-2 Park Front博多駅前一丁目ビル2F

在校生・卒業生の「声」公開中！

>>>

広域通信制・単位制
全国どこからでも入学できます。
新入・転校・編入（中退生）随時願書受付。

CHECK! 詳しい情報たくさん！つづきはWEBで。
https://www.r-ac.jp

ルネサンス高校 検索

個別相談も随時受付けています。
ご予約ください。

0120-816-737
はいろー　なみな
受付時間(日・祝日を除く)平日・土:9:30～18:00

チガイはミライ

おおぞらなら、あなたが描く
なりたい大人像に応える
多彩な体験や環境があります。

◆ 好きを見つけてみらいにつなげる環境

◆ 全国の仲間とのつながり、かけがえのない出会い

◆ さまざまな大人との接点

◆ 卒業しても戻ってこられる場所になる、おおぞら

新入学・転編入学
── 受付中 ──

おおぞら高校は、通信制の「屋久島おおぞら高等学校」と通学で
きるサポート校の「おおぞら高等学院」からなります。

将来あなたはどんな大人になれたら幸せですか？

物事を いろんな視野からみることが出来る人になりたい

目的を持ってがんばれる大人

世界をまたに かけます。

ここにいるマイコーチみたいな大人。

自分の夢に向かって真っすぐ進める大人

人から頼られる 信頼される 強い大人

人を助けられる アシスタントになりたいです。

やりたいこと、やって、それで生きていけたら幸せ

自分のやりたいことで生きていける 大人☺

自分らしく、やりたい事のために全力を出せる人

KTC
みらい
ノート

おおぞらなら
入学から卒業までを
ノート一冊に
凝縮

先輩の高校生活を覗いてみよう

未来はここから始まる──
Your Future Starts Here!

 代々木グローバル高等学院

【東京校】 〒151-0051 東京都渋谷区千駄ヶ谷 5-8-2
【金沢校】 〒920-0919 石川県金沢市南町アポー金沢 1F
【沖縄校】 〒902-0067 沖縄県那覇市安里 361-34 託一ビル
※各校舎近隣に学生寮があり、遠方の生徒が優先的に

グローバルコース

国内学習×海外留学の
ハイブリット

グローバルコースは、高校3年間のうち2年間を海外で過ごします。そして基礎となる英語『を』学ぶ語学留学を、2年目は学んだ英語を活かし英語『で』学ぶアメリカ高校交換留学へとステップアップしていきます。

グローバルコース

海を越えて、自分の世界を見つけよう!

1年次に語学研修を受けて英語力を向上させた上で2年次の留学に参加するので、最初は英語が話せなくても大丈夫!

	4月	5月	6月	7月	8月	9月	10月	11月	12月	1月	2月	3月
1年次	英語「に」慣れる 国内留学			夏休み		英語「を」学ぶ カナダ語学留学						
2年次	英語「を」学ぶ カナダ語学留学			夏休み		英語「で」学ぶ アメリカ高校交換留学						
3年次	英語「で」学ぶ アメリカ高校交換留学					入試対策				学習のレビュー		卒業

DYOコース

自分で自分のコースをデザインする

DYO(Design Your Own)コースでは、あなただけのこれがやりたいという希望に合わせて**コースをデザイン**することができます。
日本の高校卒業資格取得を目指しながら、国内外でのいろいろな経験を通じ、通信制高校だからこそある「時間」というアドバンテージを最大限利用して、高校生活を一層、有意義なものにしましょう。

可能性が広がる「専門コース」

韓国語コースが人気!

代々木グローバル高等学院の専門コースでは、現役のプロによるレッスンを受講することができます。カリキュラムは1年間で組まれており、いずれのコースも未経験から安心して専門的な知識やスキルを身に付けることができます。多様なコースの中からあなたのやりたいことを見つけて、一緒に将来の可能性を広げていきましょう。

 韓国語
 WEBデザイン
 eスポーツ
 ドローン操縦
 ネイルアート
 プログラミング
 ボイストレーニング
 声優
 俳優
 ダンス
 お笑い

☎ 03-6384-2388
☎ 076-210-5370
☎ 098-884-7320

沖縄校 2023年9月開校!

入寮できるようにしております。

HPはこちら▶
https://www.yoyogigh.jp/

代々木グローバル高等学院 検索

インスタグラムにて
学校の様子を配信中▶

iDREAM

キミにしか描けない夢がある。

好きなことに夢中！！

EIKO eSports

学校法人 緑丘学園　Society5.0 近未来型スクール構想（通信制・単位制高等学校・普通科）

EIKOデジタル・クリエイティブ高等学校

未来の学びへ・今はじまるEIKOのストーリー

「ENJOY EIKO DREAM」

デジタル（デジタル人材の育成）	**リベラルアーツコース**
クリエイティブ（新しい価値創造）	
ダイバーシティ（多様性の尊重）	**スーパーアドバンスコース**
インクルーシブ（共生社会の形成）	
SDGs（持続可能な社会の実現）	**eスポーツコース**

INFORMATION 水戸本校・浦和校

個別相談会　平日 | 9:00〜17:00　土曜日 | 9:00〜17:00　要予約／オンライン可

※事前に電話またはホームページのお問い合わせフォームからご予約をお願いします。

水戸本校　〒310-0913 茨城県水戸市見川町2582番地9
TEL.029-297-4018　MOBILE.080-4174-8150

浦和校　〒330-0063 埼玉県さいたま市浦和区高砂3丁目6-18 けやきビル6F
TEL.048-767-8655　MOBILE.070-1201-8150

落ち着いた環境の
なかで学べます

かぎこう

スクーリング・テストは
それぞれの校舎で完結！

普通科

男女共学!!

「やりたいっ！」に出会う、かなえる。

他人と同じじゃなくても大丈夫。
自分なりのペースがあって当たり前。「好き」があなたを強くする。

通学型クラス

東京本校：週5日（月〜金）

名古屋分室：週5日（月〜金）

大阪分室：週4日（月〜木）

・少人数のなかで基礎学習から始め
　られます。
・キャリアアップのための講座が
　あります。

週2日・1日クラス

東京本校：月に2〜6回程度

名古屋分室：月に2〜4回程度

大阪分室：週1日

・高校生活を自分でカスタマイズ！

e-ラーニングクラス
（インターネットでスクーリング）

東京本校：半年に5〜7日

名古屋分室：半年に3〜6日

大阪分室：半年毎に月1日程度

・登校日数を減らしたい人にオススメ！

＼午後から通える／

イブニングクラス

朝が苦手な人、集団が苦手な人のためのクラスです。
※各クラス・コース在学者が登録できます。

〜かぎこうは2024年に創立60周年を迎えます〜

科学技術学園高等学校 -広域通信制・単位制・普通科

個別入学相談受付中

かぎこう　　検索

https://tsushin.kagiko.ed

東京本校　東京都世田谷区成城1-11-1　　TEL：03-5494-7711
小田急線「成城学園前」駅中央改札南口より 徒歩12分

名古屋分室　愛知県名古屋市中区錦1-8-33　TEL：052-222-7781
地下鉄舞鶴線・東山線「伏見駅」徒歩5分!!

大阪分室　大阪府大阪市西区靭本町1-8-4 TEL：06-6479-0335
OsakaMetro四つ橋線「本町駅」28号出口より北へ徒歩約5分、「肥後橋駅」肥後橋7号出口より南へ徒歩約7分
OsakaMetro御堂筋線「本町駅」2号出口より西へ徒歩約8分

since1956
KAMIMURA GAKUEN

一人ひとりの「今」と「これから」を大切に、向き合い、一緒に考え全力で伴走します。

入学前に、実際に見て・知って「納得する」事を大切に。

入学相談会・個別相談・体験授業などを色々な場面を通して、学校のシステムや特徴、教室の雰囲気など自分に合っているかを確かめてください。そしてそれ以上に、入学後に担当する先生や、担任となる先生はどんな人たちで、自分との相性、一緒にやって行けそうか…など感じ取ることが大切です。不安が有れば、何度でも参加してください。

モニター越しでなく直接向き合う「リアル」な環境を大切に。

先生や生徒が直接向き合って話し合う事がコミュニケーションには必要だと捉えています。授業は、原則リアルな環境で行います。向き合うことで、目の動きや口元の動きなど、多くの情報を発信し、直接目と耳で受信することで、(言葉に隠れた)「本当の気持ち」の交換ができるのです。それを繰り返しながら、徐々に相手との違いが分かり、「自分発見」に繋がっていきます。基本一クラス10名前後の少人数制だからこそ、周りを気にしすぎることのないリアルな環境が大切です。自分発見に向けて、一歩踏み出してみませんか。

できる所から始めそして次のステップへ

今の自分に合ったコース(午前のみ・午後のみ・週1日〜など)から学習を始め、ペースをつかんだら、途中で日数変更ができます。自分ができる「ちょっとした負荷」をかけることで、新しい自分がみえてきます。

そうした一つひとつの「できた!」を積み重ねていく事が、「自信」と「自己発見」に繋がります。私たちは、一人ひとりが未来を見据え、卒業後も力強く歩むことを目指し、自己表現力の育成を大切にしています。感じたこと・思ったことの伝え方から、実際の企画書作成(伝えたい事の整理)や伝え方の実践(プレゼンテーション)を行っています。本人との話し合いや体験型学習を繰り返す事で、目の前にある「今できる事」、「これからの事」などを徐々に形にしていきます。本人の気持ちを大切に、本人・保護者と共に一つひとつ立ち止まって考え、少しずつ次のステップへ進んでいきます。

「自分発見」で「思い」が芽生えたら、努力はさほど気にならないものです。立ち止まったとしても焦らずに、またゼロから進んでいけば良いのです。はじめるタイミングは、自分がスタートすると決めたとき=「いつでも今日がスタート」です。

あなたの気持ちを大切に一緒に未来をデザインしませんか。それをできる環境が、神村学園大阪梅田学習センターにはあります。

樂山センター長

1. 一人ひとりに合った登校スタイル

状況や目的などに合わせ話し合い確認しながら登校日数を決定。

進学コース	(週5日)
キャリアデザインコース	(週5日)
(午前から登校)(午後から登校)	(週3日)(週2日)(週1日)

2. 少人数制

周りを気にすることの少ない人数で、分かる所から個々のペースで学べる少人数制。

1クラス10名程度

3. 対面重視

センターでは対面(face-to-face)での授業や会話が基本。先生や生徒同士が直接会話の場を大切にしています。
＊特別な場合を除く

4. 将来につながる実学

考えを相手に伝え理解を得る事は、全て(日常生活・仕事等)に繋がる。体験型学習や地域学習等を通し、社会や進学先で活かせる表現力の育成。

5. 進路・進学サポート

進路ガイダンス、定期的な三者面談等を通し進路実現に向け伴走。

受験対策授業	資格取得対策
総合型選抜対策	学内学習塾

6. 未来を一緒にデザイン

今できる事・これからの事など本人の気持ちを大切に、三者(本人・保護者・先生)で一つひとつ話し合いながら、実現に向け将来をデザイン。

留学サポート 数週間〜長期留学 (卒業時期同一可)

JR 大阪駅
阪急大阪梅田駅
大丸梅田店
阪神梅田本店
大阪梅田駅
西梅田駅　ヒルトン大阪　東梅田駅
北新地駅
★

大阪梅田学習センター
(大阪駅前第一ビル10階5-1)

大阪Metro四つ橋線/「西梅田駅」より徒歩2分
大阪Metro御堂筋線/「梅田駅」より徒歩6分
JR各線/「大阪駅」より徒歩約5分

学校説明会
お申込みはコチラ

個別相談
ご予約はコチラ

日程が合わない方、オンライン相談希望の方は相談下さい。06-6147-2200

Kamimura Gakuen High School Guide

神村学園高等部

普通科　単位制・広域通信制課程

TEL.06-6147-2200　神村学園 大阪梅田 検索　大阪市北区梅田1丁目3-1000 大阪駅前第一ビル

やりたい事
やりながら通える！
精華学園なら

叶う 夢 がある！

ニーズに合わせた多彩なコース

個々の目標に合った個別カリキュラムで学力を伸ばす
進学個別指導コース

英語力を身に付け、自分の可能性を広げる
英語コース

情報社会を支える高度な技術者を目指す
情報コース

美術・芸術のスペシャリストを目指す
美大・芸大コース

デッサンの基礎を学び、美術系の進路を目指す
デッサンコース

自由な角度からアートを体験してみよう
イラストコース

建設関係など就職に役立つ技能を身に付ける
建設技能コース

現役一流声優に学ぶ
声優コース

※その他のコースにつきましては本校および各校舎ホームページをご確認ください。

《合格実績》

【国公立大学】
・東北大学・茨城大学・東京工業大学・静岡大学
・和歌山大学・山口大学・高知大学・九州工業大学
・佐賀大学・長崎大学・公立はこだて未来大学
・都留文科大学・岡山県立大学・周南公立大学
・山口東京理科大学・下関市立大学
・北九州市立大学・鹿児島大学

【私立大学】
・早稲田大学・慶應義塾大学・明治大学・立教大学
・中央大学・法政大学・上智大学・自治医科大学
・川崎医科大学・東京理科大学・学習院大学
・明治学院大学・日本大学・清泉女子大学・関西大学
・関西学院大学・同志社大学・立命館大学・近畿大学
・福岡大学・武蔵野美術大学・多摩美術大学
・女子美術大学・京都造形芸術大学
・大阪芸術大学など、他多数

【海外の大学】
・ブリティッシュコロンビア大学・マラヤ大学
・エルカミノカレッジ・弘益大学校

※赤文字は美術系大学

最新タブレット学習!!
タブレットPCは入学者全員に無償貸与されます！ 注1

学習を支える最新オンライン講座

◎スタディサプリ高校講座（基礎から大学進学まで幅広いレベルの授業動画）が見放題！

◎現役一流声優による自己表現力アップの日本語レッスンや体幹トレーニング動画が見放題！

◎その他様々な学習コンテンツが充実！

注1）校舎によって異なる場合があります。

既卒入、転編入は随時受け付け中！

学校法人山口精華学園
精華学園高等学校
〒754-0026 山口県山口市小郡栄町5-22
http://www.seikagakuen.ac.jp

お問い合わせ ☎083-976-8833
E-mail：info@seikagakuen.ac.jp

チャンスはここから
未来の自分は今の自分が変える！

精華学園高等学校

| 東京芸術学部校 | 東京芸術学部 立川校 NEW | 横浜芸術学部校 NEW | 幕張芸術学部校 |
| 長南茂原校 | 函館校 | 新潟校 | 浦添校 |

精華学園の 3つの特徴

Point 1
宿泊(県外)
スクーリングなし
通学校舎で
実施可能

Point 2
約100校の
指定校推薦枠あり
就職100%保証
（※条件あり）

Point 3
自分を磨ける
多彩な
専門コースを設置

選べる通学スタイル

■ 通学コース（週1回〜週5回）

週1日〜5日間の登校で高校卒業資格に必要な単位を取得するコースです。各教科の講師が毎日いますので、学習指導を受けながら課題レポートを作成することができます。履修教科に合わせて自由に登校日数を設定してください。

■ 通信コース

年間10日〜15日程度の登校で高校卒業資格に必要な単位を取得するコースです。登校が不安な方、様々な活動を中心にしながら高校卒業を目指したい方、遠方で通学が難しい方などに適したコースです。県外への宿泊を伴ったスクーリングはなく、インターネット講座でスクーリング規定時間数の6割まで代替えすることも可能です。

Pick Up

芸術コース

表現する楽しさを味わうことのできる多彩な専門学科

◆ マンガ・イラストコース　　◆ 動画クリエイターコース
◆ ヴォーカル・パフォーマンスコース　◆ 作家・シナリオライターコース
◆ 美術大学進学コース　　　　◆ 俳優・声優・タレントコース
◆ K-POPコース

業界第一線で活躍する講師から個別レクチャーを受けながら自分の作品をメディア配信する方法まで学べます。高校卒業を目指しながら、表現する楽しさと伝え合う喜びを一緒に味わいましょう！

※各専門コースの開講は校舎によって異なりますので、直接お近くの校舎にお問合せください

学校法人 山口精華学園
精華学園高等学校　広域通信制／単位制／普通科

東京芸術学部校
TEL：03-5337-8114
〒169-0073 東京都新宿区百人町1-22-17
新宿リサーチパークビル1F
Access：JR総武線「大久保」駅 徒歩1分、
JR山手線「新大久保」駅 徒歩7分

東京芸術学部 立川校 NEW
TEL：042-506-1850
〒190-0012 東京都立川市曙町1-17-1
石川ビル3階
Access：JR「立川」駅 北口から徒歩6分
多摩都市モノレール「立川北」駅 徒歩5分

横浜芸術学部校 NEW
TEL：045-620-5110
〒220-0005 神奈川県横浜市西区南幸 2-18-2
LUCID SQUARE Yokohama West4階
Access：JR「横浜」駅 西口より徒歩8分
東急東横線、京急本線、相模鉄道本線、
横浜高速鉄道、みなとみらい線、
横浜市営地下鉄ブルーライン「横浜」駅 徒歩8分

幕張芸術学部校
TEL：043-307-5845
〒261-8501 千葉県千葉市美浜区中瀬1-3
幕張テクノガーデンD棟7階
Access：JR「海浜幕張」駅 徒歩5分

長南茂原校
TEL：047-536-6675
〒297-0112 千葉県長生郡長南町米満101
Access：JR茂原駅から
バス「豊栄農協前」下車徒歩5分

函館校
TEL：0138-76-1593
〒040-0064 北海道函館市豊川町21
Access：JR「函館」駅より徒歩5分
函館市電「魚市場通」停留所すぐ

新潟校
TEL：025-240-5215
〒950-0911 新潟県新潟市中央区笹口1-12-13
セイブ笹口2F
Access：JR新潟駅（南口）徒歩3分

浦添校
TEL：098-874-1234
〒901-2133 浦添市城間1-32-7
ハロービル5F
Access：屋富祖バス停徒歩30秒
城間二丁目バス停徒歩5分

※国の補助金である高等学校就学支援金の対象校です。収入状況により授業料が無償となります。

中京高等学校通信制課程・サポート校

マナリンク高等学院

挑戦を諦めるな
輝く場所がココにある

＼設置認可申請中／
2024年4月開校
新入学・転入学・編入学 絶賛募集中！

累計
600名
全国のプロ講師

徒歩
0分
オンラインで大学進学

業界初！
通信制高校からオンラインで大学進学の夢へ

新時代の大学進学
サポート

- ✓ 大学進学したいけど学校に行けなくて…
- ✓ オンライン特化の学校を探してて…
- ✓ 中学校まで不登校だから心配で…
- ✓ 通信制だと大学進学が不利な気がして…

お問合せ

資料請求・お問い合わせ
公式ラインからお気軽に →

マナリンク高等学院 🔍

📞 **03-6801-6165**

公式LINE

集まれ！自由登校生 ★

日本ウェルネス高等学校

週5日制・週2日制・通学0スタイル
●3つの通学スタイルから自分のスタイルを選べます

特長

●あなたに合った通学スタイルが選べる！

週5日通学スタイル
毎日学校に通い卒業を目指すスタイルです。
午前中で授業が終わるので、午後はやりたいことに打ち込めます。

週2日通学スタイル
無理せずに通いながら卒業を目指すスタイルです。
将来にむけて興味のあることに取り組めるチャンス！

通学0日在宅スタイル
自宅でレポート作成を中心に学習を進めていき、
最低年4日間の集中スクーリングに参加してもらいます。

●大学進学専攻を特設

大学進学のためのプログラムを特設しています。
総合型・学校推薦型入試に向けた万全のカリキュラムです。
志望校や志望学部についてアドバイスや大学で学びたいことを
調べ考えるお手伝いします。さらに小論文や面接対策をします

●グループ校への進学

日本ウェルネススポーツ大学/日本ウェルネススポーツ専門学校
日本ペット&アニマル専門学校/日本ウェルネス歯科衛生専門学校
日本ウェルネスAI・IT・保育専門学校/日本グローバル専門学校
日本グローバルビジネス専門学校

●多彩なコースと専攻から選べます

総合/大学進学/ペット/スポーツ/吹奏楽/音楽/芸能/ダンス
トータルビューティー/保育/マンガ・イラスト/声優

●メイクも髪型、服装も自由

制服も私服も選べて！メイクや髪型も自由です

●好きなことに時間を使えます

午前に授業が終わるので、好きなことに時間を
使えます

学校法人 タイケン国際学園 ＜広域通信制・単位制＞
日本ウェルネス高等学校

＜総合案内＞
〒175-0094東京都板橋区成増1-12-19TEL: 03-3938-7500
E_mail: gakuin@taiken.ac.jp　URL: https://www.taiken.ac.jp/gakuin
※個別相談は随時受付けています。気軽にご連絡ください。

     【HP】

キャンパス一覧＞

城キャンパス	神保町キャンパス	北九州キャンパス
城キャンパス	名古屋キャンパス	沖縄キャンパス
根キャンパス	信州筑北キャンパス	
京キャンパス	広島キャンパス	

デビュー➕高校卒業
夢にチャレンジ！

作曲・ボカロP

マンガ・イラスト

声　優

アーティスト

デビュー実績抜群の
WOODで学ぼう！

作曲・ボカロP
ゲームサウンド、ボカロP、アーティストへの楽曲提供、シンガーソングライターでの曲作りなどを学びます。まったくの初心者も大歓迎です。

マンガ・イラスト
プロデビュー目標の方から、趣味で楽しく描いてみたい方まで、どなたでも受講できます。通信なら全国どこでも・いつでも本格的に学べます。

声　優
声優・声優アーティストを目指すなら、BanG Dream! のメンバーなどを育てた WOOD へ。通信なら全国どこでもレッスンが受けられます。

アーティスト
現在のアーティストは、歌唱力、作詞・作曲、楽器演奏、パフォーマンスなど総合力が必要です。幅広い音楽力を付けながらデビューを目指します。

選べる2つのコースで自分に合わせて楽しく学べます

通信コース
日本全国どこでも・いつでも夢にチャレンジしながら高校卒業ができます。全国各地の日本ウェルネス高校に入学し、専門科目は本格的なレッスン動画とオンラインなどで受講。高校学費も専門科目受講料も格安です。

全国どこでも

通学コース
高校は東京の日本ウェルネス高校に入学。専門科目は東京か横浜で受講します。格安なコースから本格的な全日制プロ養成コースまで開講。またマンガ・イラスト専攻は、その日の都合でオンラインでも受講できます。

▶自分に合った高校探し ▶失敗しない高校選び
『**通信制高校**がよく分かる**説明会**』
神田神保町・横浜・全国オンライン

https://www.wellness-school.com/briefing/jin.html

【ウッド総合受付】
☎03-3341-8846
東京都新宿区新宿3-32-8

WOOD PRO ART GROUP
●ウッド高等部　●ウッド大学部　●music school ウッド　●声優スクール WOOD
●マンガ教室 daichi　●シナリオスクール WOOD　●ケイ企画　●ウッド茶道教室
●日本ウェルネス高校新宿学習センター／横浜学習センター／神保町学習センター／新中野学習センター 他

http://wellness-highschool.net/arujan/1

HiBiKi STYLE

―一人ひとりの「よさ」を伸ばし、未来への力を拓く―

高校基礎力を養う「学び直し」

プログラミングなどのICT教育

目標別の特別講座「日々輝塾」

検定や資格の取得を後押し

多彩な体験学習やキャリア教育

個々と向き合う進路指導

学校行事や部活動が活発

常駐カウンセラーに気軽に相談

卒業生の主な大学進学先 (2021・2022年度実績)

日本大学	成蹊大学	國學院大學
東洋大学	帝京大学	芝浦工業大学
東海大学	和光大学	東京経済大学
神奈川大学	中央大学	国士舘大学
桜美林大学	大東文化大学	東京電機大学
法政大学	東京農業大学	獨協大学　ほか

HIBIKI★GAKUEN

| 広域通信制 | 単位制 | 普通科 |

学校法人 開桜学院
日々輝学園高等学校
（ひびき）

本　校 TEL 0287-41-3851
栃木県塩谷郡塩谷町大宮2475-1

東　京　校 TEL 04-2965-9800
埼玉県入間市下藤沢1061-1

宇都宮キャンパス TEL 028-614-3866
栃木県宇都宮市松が峰1-1-14

神奈川校 TEL 0467-77-8288
神奈川県綾瀬市大上4-20-27

さいたまキャンパス TEL 048-650-0377
埼玉県さいたま市大宮区仲町2-60 仲町川鍋ビル

横　浜　校 TEL 045-945-3778
神奈川県横浜市都筑区仲町台1-10-18

個別相談も受付ています！

スクールキャラクター
輝ちゃん

中3生、転・編入学 受付中！

日々輝の最新ニュースや入試情報はコチラから▶
https://www.hibiki-gakuen.ed.jp

みんなが "笑顔" になれる学校!

私たちは、生徒一人ひとりが自分らしく輝き、
自由にのびのびと成長していける
「育みの環境」をつくっています。
なぜなら、生徒の"笑顔"が見たいから!
みんなが"笑顔"になれる学校
それがよよこ〜(代々木高等学校)です!

よよこ〜で学ぶって楽しい!

- 通いたい時に自由に通える!
- 制服がかわいい!
- 韓国語・声優・イラスト・プログラミングが学べる
- スクーリングが楽しい
- 自分に合わせたコースがある
- イベントや部活もいっぱい
- 大学・専門学校など進学支援が充実

あなたはどのコース!? よよこ〜の選べるコース魅力ポイント!

① オルタナティブスクール【通学コース週5日・週3日】

いつもワクワク!面白い授業・体験がいっぱい! いろいろなことを学ぶ・経験する
楽しみながら成長する よよこ〜ならではのコース!

- 自分のペースで登校
- 中学校の学び直しからスタート
- 楽しい学校行事
- 社会生活に必要なスキルを学ぶ
- おもしろ体験!プロジェクト授業
- クリエイティブ、スポーツ、保育福祉も!

● 通学5日コース
2023 年度より従来の「総合講座」に加え「声優」「イラスト」「プログラミング」「進学」「韓国語」の五つの講座がスタートします。

● 通学3日コース
毎週火曜・木曜・金曜無理なく通学できます。

② 通信一般(在宅型)コース
自分の時間を最大限に活かせるコースです。

③ 奨学金コース
働きながら高校卒業資格を取るキャリアコースです。

④ アスリートゴルフコース
高校生活を楽しみながらアスリートとして活躍します。

HIGH SCHOOL

学校法人 代々木学園
代々木高等学校
みんなが"笑顔"になれる YOYOGI HIGH SCHOOL

TEL 050-3535-2797
0120-72-4450（なに よよこ〜）
※携帯電話からは繋がらない場合があります

〒151-0051 東京都渋谷区千駄ヶ谷5-8-2　FAX 03-5919-0528　URL https://yoyogi.ed.jp

入学相談・学校見学随時受付中!

RYOKUSEIRAN HIGH SCHOOL OPEN SCHOOL

さあ、たくさんの「ドキドキ」「ワクワク」を見つけよう。

緑誠蘭高等学校

オンライン授業でいつでもどこでも学べる！

ARを利用した最新の遠隔授業！

多種多様な学校設定科目！

自分に合った時間割！登校日数も人それぞれ！

専門技術の習得や資格の取得が可能！

手厚い進路サポート！

広域通信制・
単位制課程普通科
高等学校

学校法人　山本学園
緑誠蘭高等学校
TEL.0264-24-0477（代表）　FAX.0264-24-0478
Email: rsr.honkou@cfc.ac.jp

（あららぎ）
■ 蘭本校
長野県木曽郡南木曽町吾妻 3859-39

■ サテライト 塩尻校
長野県塩尻市大門一番町 6-13

■ サテライト 中津川校
岐阜県中津川市新町 1-16 中央ビル 1F

■ サテライト 知立校
愛知県知立市池端 2-3

緑誠蘭高校　　　検索

ryokuseiran.cfc.ac.jp

ふつうの
高校生活は送り
たくない

哲学で
深い学びを

夢は
インフル
エンサー

将来は
海外で
働きたい

高校生で
起業する！

海外留学で
人生を変える

バーチャルで
グローバルに
つながる

リアルで
グローカルに
強くなる

「好き×学び」で ミライを切り拓く

哲学と対話を通じて生きる力を育むオンライン高校

対話型授業 だから、自分の考えを深められる！
オリジナル科目「**教養探究**」で学びの力を養える！
総合型選抜入試に特化。志望の大学へ！
授業は全てオンライン！ **全国どこからでも学べます！**

2024年4月岡山本校
通学コース新設
※通学コースは大阪、東京で順次開校予定

学校法人ワオ未来学園
ワオ高等学校

〒700-0826　岡山県岡山市北区磨屋町 7-2
TEL:0120-806-705（受付時間：9:30〜17:30）
https://www.wao.ed.jp/

不登校からの大学進学をサポート

トライ式高等学院で
夢や目標を実現しよう！

「確かな学力」と「社会で生き抜く力」を育て、これまでに10,000名を超える
高校生を卒業とその先の進路へと導いてきました。
「通学型」「在宅型」「オンライン型」から自分に合ったスタイルを選ぶことができ、いつでも切り替え可能です。
家庭教師のトライで培ったノウハウを生かし、大学受験対策も力強くサポートいたします。

新入学願書受付中！

///// 目標に合わせて一歩ずつ確実に /////

大学進学
- 大学進学率68.7%※
  難関国公立・私立大学合格者数320名
- 大学受験対策を一貫してサポート
- 夢・目標を見つけるキャリア教育も充実

キャンパスライフ
- 選べる3つのスタイル
  （通学／在宅／オンライン）
- 修学旅行や文化祭などの多彩な行事を実施
- 弁論大会など各種学内コンテストも充実

フリースクール「トライ式中等部」
- 週1回～5回で自由に利用可能
- 不登校からの高校進学・大学進学をサポート
- 在宅型でも通学型と同様のサポート内容

2023年度
入試
合格実績

難関国公立・私立大はじめ
2,044名が大学進学！

トライ式高等学院は
通信制高校の中で
大学進学率
No.1※

過去5年間の主な合格実績

国公立	東京大学、京都大学、北海道大学、名古屋大学、大阪大学、九州大学、一橋大学、東京工業大学、神戸大学、山梨大学（医）、岡山大学（医）、広島大学（医）、佐賀大学（医）、和歌山県立医科大学、奈良県立医科大学、筑波大学、横浜国立大学、広島大学、千葉大学、金沢大学、熊本大学、新潟大学、信州大学、富山大学、山形大学、福島大学、埼玉大学、静岡大学、大阪教育大学、滋賀大学、山口大学、長崎大学　他
難関私立	慶應義塾大学、早稲田大学、上智大学、東京理科大学、国際基督教大学、明治大学、青山学院大学、立教大学、中央大学、法政大学、学習院大学、関西大学、関西学院大学、同志社大学、立命館大学　他 その他国公立大学・短大・専門職大学・専門学校多数

学校推薦型・総合型選抜入試での合格者も多数！

教育のプロ
トライさん

※大学進学率とは、進路決定者のうち大学・短大・専門職大学に合格したものにおいて、在籍生徒数3,500名以上の通信制高校・サポート校において進学率全国1位。2023/3/23 産経メディックス調べトライ式高等学院は通信制高校サポート校です。

「家庭教師のトライ」から生まれた通信制高校サポート校

ト ラ イ 式 高 等 学 院

職員が「教育支援カウンセラー」資格を所有し、メンタルサポートも万全です。

お問い合わせ（受付：9:00～22:00土日・祝日も受付）
☎ **0120-919-439**
オンライン相談会も受付中！
E-mail: try-gakuin-info@trygroup.com
https://www.try-gakuin.com/

トライ式高等学院　検索

東京本部・飯田橋キャンパス
東京都千代田区飯田橋1-10-3
JR・東京メトロ・都営各線「飯田橋駅」から徒歩5分

名古屋本部・千種キャンパス
愛知県名古屋市千種区内山3-30-9 nonoha千種2F
地下鉄「千種駅」4番出口から徒歩5分

大阪本部・天王寺キャンパス
大阪府大阪市阿倍野区旭町1-1-10 竹澤ビル2F
JR・大阪メトロ各線「天王寺駅」から徒歩5分

キャンパスは上記の他、札幌、仙台、広島、福岡等、全国に**123ヶ所**！詳しくは公式ホームページをご確認ください。

新入生
入学相談
学校見学
受付中

転校
希望の方
転入学相談
受付中

自分らしく、自由に。自分らしく、明るく。
好きなコトに、一生懸命。

個性に合わせて選べる学習スタイル

スタンダードスタイル【5日制】
集合授業5日間
＋
スペシャル授業
（ウィークリー・マンスリー）

5日の集合授業で
ゆっくり学習を進めます。

スタンダードスタイル【3日制】＋one
集合授業3日間
＋
フリースタイル学習
＋
スペシャル授業
（ウィークリー・マンスリー）

各教科の大切なところに
ポイントを絞り学習します。

フリースタイル
フリースタイル学習
2日または1日
＋
スペシャル授業
（マンスリー）

自分のペースで
学習を進められます。

一般通信制スタイル
年13日程度の登校
＋
レポート
＋
テスト

加えて特別活動の出席で
高校卒業を目指します。

インターネット学習
希望により
インターネット学習が
受けられます

※スペシャル授業…レポートや教科書の内容から離れて楽しく学べる授業

キミを伸ばす多彩なオリジナルコース

コース	専攻	コース	専攻
基礎コース	基礎コース	声優・アニメコース	声優専攻、アニメ・まんが専攻
大学進学コース	大学進学コース	ファッションコース	トータルビューティ専攻、ヘア・メイクアップ専攻、ネイルアート専攻、ソーイング専攻
資格コース	パソコン専攻		
保育コース	保育専攻		
音楽コース	ボーカル専攻、ギター専攻、ベース専攻、ドラム専攻	プログラミングコース	プログラミング専攻
		eスポーツコース	eスポーツ専攻
ダンスコース	ダンス専攻、コンテンポラリーダンス専攻	デザイナー・クリエイターコース	デザイナー・クリエイター専攻 ※2024年度新設

スクール
カウンセラー
配置

スクール
ソーシャル
ワーカー
配置

特別コース：調理コース、情報メディアコース、パリ美容コース、自動車・バイクコース、ファッション・情報コース、ホースマンコース、美術・アートコース、美容師コース、ライフデザインコース

※コースの詳細は各キャンパスにお問い合わせください。

| 広域通信制 | 単位制 | 普通科 |

学校法人 野田鎌田学園　あずさ第一高等学校

野田キャンパス/野田本校
tel.04-7122-2400
野田市野田 405-1

柏キャンパス
tel.04-7145-1023
柏市明原 1-2-2

千葉キャンパス
tel.043-254-1877
千葉市中央区弁天 1-3-5

さいたまキャンパス
tel.048-782-9962
さいたま市北区宮原町 4-23-9

立川キャンパス
tel.042-595-9915
立川市柴崎町 3-8-14

町田キャンパス
tel.042-850-8800
町田市森野 1-39-10

横浜キャンパス
tel.045-322-6336
横浜市神奈川区台町 14-22

※コースの詳細や入試内容等の
ご不明点は、各キャンパスに
お問い合わせください。

詳しくはホームページをご覧ください。 ▶ 🔍 あずさ第一　検索

体験授業＆学校説明会
学校見学・個別相談　随時受付中
詳しくはホームページをご覧ください

情報高等科

調理高等科
調理コース　スイーツ・パンコース

修業年限 3年

夢、育む。一挙両得。

あずさ第一高等学校技能連携校

国家資格調理師免許

進路選択に有利な資格取得をめざします

- ● ITパスポート試験
- ● 基本情報技術者試験
- ● P検　● 文書デザイン検定
- ● MOS（マイクロソフト オフィス スペシャリスト）
- ● ワープロ検定　など

eスポーツにもチャレンジしています

夢は実現する!!

スイーツ甲子園 2年連続上位入賞

全国の高校生が自慢の腕とスイーツの味を競うスイーツ甲子園（高校生No.1パティシエ決定戦）。グループ校の野田鎌田学園チームが第14回大会は最優秀賞、第15回大会は貝印賞と2年連続上位入賞の栄冠に輝きました。

学校法人 野田鎌田学園

カシマのキャンパスライフ

高卒資格＋αの課外授業で興味が広がります。

学びのスタイルはいろいろ。カシマなら自分のペースで学習スタイルが選べる！

学びの場は教室だけではありません。一生の思い出をたくさん作れます。

選べる学習スタイル

学びのスタイルはいろいろ。

カシマなら自分の生活に合わせた学習スタイルが決められます。

※時間割、通学曜日については、各学習等支援施設にご確認ください。※スクーリングは面接指導実施施設での受講となります。

週1日制	「自分の時間がほしいけれど、わからない所の指導も受けたい」
週2〜5日制	「しっかり通学して授業を受けたい」「仲間との交流が多くほしい」
自宅学習制（通学は年間数日のみ）	「アルバイトや習い事などに時間を使いたい」
個人指導制	「自分のペースで希望の時間に指導を受けたい」「1対1で学習したい」
家庭教師制	「自宅でレポートや受験勉強の指導を受けたい」
ネット指導制	「スマホ、タブレット、パソコンで好きな時間と場所で勉強したい」

―広域通信制・単位制― 学校見学／入学相談／転・編入 随時受付中

◆**提携学習等支援施設ネットワーク** ※学習拠点は各校によって異なります。

◆関東（首都圏）

【東京】西葛西・蓮根・大塚・御嶽山・荏原・国立・荻窪・新宿・池袋・渋谷・代々木・原宿・高田馬場・目黒・品川・飯田橋・水道橋・秋葉原・御徒町・両国・日暮里・赤羽・北千住・西新井・金町・木場・表参道・自由が丘・西蒲田・蒲田・池上・練馬・幡ヶ谷・中野・吉祥寺・三鷹・田無・国分寺・千歳烏山・下北沢・調布・狛江・立川・町田・八王子・拝島・麻布十番・東京・錦糸町・浅草・江北・西日暮里・経堂・多摩センター・昭島・巣鴨・府中・鵜の木【神奈川】横浜・厚木・藤沢・溝の口・川崎・日吉・青葉台・戸塚・能見台・港南台・磯子・二俣川・中山・新横浜・相模原・橋本・逗子・横須賀中央・久里浜・小田原・平塚・稲田堤・由比ガ浜・大和・山北・大船・新百合ヶ丘・鶴見・根岸・上大岡・鎌倉・都筑ふれあいの丘・武蔵小杉・中田【埼玉】志木・所沢・草加・川口・南越谷・南浦和・川越・大宮・春日部・上尾・蓮田・鴻巣・行田・熊谷・深谷・加須・浦和【千葉】市川・浦安・船橋・津田沼・印西・新鎌ヶ谷・我孫子・流山・野田・千葉・市原・成田・銚子・茂原・柏・東金・八千代台【茨城】鹿島・水戸・土浦・つくば・下館・古河・常総・守谷・龍ヶ崎・石岡・日立・取手・荒川沖【群馬】高崎・伊勢崎・太田・館林・前橋【栃木】宇都宮・栃木・小山・足利・那須・鹿沼

◆北海道・東北

【北海道】札幌・函館・旭川・帯広・釧路・月寒中央・新川【青森】青森・本八戸・白銀【秋田】秋田・横手・新屋【岩手】盛岡・花巻・北上・水沢・一関・久慈・宮古・釜石・大船渡・二戸・遠野【宮城】仙台・石巻・古川【山形】山形・鶴岡【福島】福島・いわき・白河・会津若松・郡山

◆東海・北陸・甲信越

【愛知】名古屋・鶴舞・本郷・高蔵寺・春日井・大府・金山・一宮・犬山・岡崎・豊橋・豊田・刈谷・東岡崎・今池・千種・知立【静岡】沼津・静岡・浜松・三島・新富士・焼津・熱海・片浜【岐阜】岐阜・大垣・各務原・多治見・高山・恵那・可児【富山】富山【石川】金沢・小松【福井】福井・敦賀【長野】松本・佐久・上田・飯田・長野・岡谷・諏訪【新潟】新潟・長岡・上越・佐渡・青山【山梨】富士吉田・甲府

◆近畿

【大阪】梅田・天王寺・京橋・堺・東大阪・枚方・豊中・岸和田・阿倍野・新大阪・なんば・高槻・堺筑本町・松原・四条畷・西大橋・千里中央・茨木・布施・鳳【京都】京都・四条・伏見桃山・舞鶴・梅辻・宇治・亀岡・福知山・丸田町・丹波橋・西院・長岡天神【滋賀】大津・彦根・草津・長浜【兵庫】神戸・三宮・姫路・尼崎・西宮・丹波・加東・土山・西明石・滝野・芦屋【奈良】奈良・葛城・橿原・香芝・富雄【三重】四日市・津・桑名【和歌山】和歌山

◆中国・四国

【広島】広島・福山・東広島・呉・安佐南・向洋・廿日市・横川【鳥取】鳥取・米子【島根】松江・出雲【岡山】岡山・倉敷・津山【山口】岩国・宇部・山口・周南・防府・下関【徳島】徳島【香川】高松【愛媛】松山・新居浜【高知】高知

◆九州・沖縄

【福岡】天神・博多・小倉・久留米・大牟田・薬院【鹿児島】鹿児島・鹿屋・薩摩川内・国分・指宿・奄美【佐賀】佐賀・唐津【長崎】長崎・佐世保・諫早【大分】大分・別府・佐伯【宮崎】宮崎・都城・延岡【沖縄】那覇・沖縄・うるま・石垣・西表・久米島・宮古島・与那国・渡嘉敷・浦添・座間味・北中城

いつか咲く。思いどおりにきっと咲く。

『楽しくなければ学校じゃない。』

私たちはそんな思いを大切に長野県上田の地で歩みを重ねています。

あせらず、あわてず、一歩ずつ。小さな自信をたくさん積み重ね、自分らしい花を咲かせましょう。

🌸 **本校通学型**

● 普通コース（週5日・週3日）
● 美術・イラストコース（週5日）
● 動物・ペットコース（週5日）

長野県上田市の本校に通学して学ぶコースです。

「誰もが安心して学習できる環境」で仲間と共に教科学習と体験学習に取り組み、充実した高校生活を送ることができます。従来の普通コースに新たに2つのコースが加わり、より幅広く興味・関心を深める学びに挑戦していくことができるようになりました。

🌸 **集中スクーリング型**

さまざまな事情で毎日通学することが難しい人、自分の時間を有効に使いながら高校卒業を目指したい人に適しています。

上田市の本校所属生は自学自習でレポート学習を進めながら、登校日には学校で対面授業を行い、学びを深めていきます。上田市から遠方にお住まいの方は、全国のキャンパス・学習センターに所属して学習のサポートを受けることが可能です。

学校法人 上田煌桜学園
さくら国際高等学校
〒386-1433長野県上田市手塚1065　TEL.0268(39)7707　FAX.0268(38)8718

広域通信制・単位制・普通科・男女共学

入学相談 ☎0268-39-7707
e-mail：info@sakura-kokusai.ed.jp
HP：https://sakura-kokusai.ed.jp/

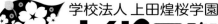

全国に設置されたキャンパス・学習センターがみなさんの学びを応援します。

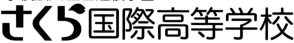

・・・・・・・・・「一人ひとりに寄り添う先生」や「居場所」がすぐそばに・・・・・・・・・

● キャンパス（面接指導施設）・学習センター（連携教育施設）一覧は、https://partner.sakura-kokusai.ed.jp/

じぶんらしく、輝く。

毎日通うことができる人、体調と相談しながら登校する人、
基礎から学び直したい人、大学受験に備えたい人、
様々な生徒の、様々な夢や目標をとことん応援していく学校です。
柔軟な教育スタイルと、きめ細かいサポートで生徒を笑顔に導きます。
それぞれの個性を活かし「主役」となれる場所がきっと見つかる！

魅力的な **4** コース

◆ 進学
◆ 美術・イラスト
◆ 総合エンターテインメント
◆ ペット・アニマル

◆過去の合格実績＝東大・京大・東工大・筑波大(医)・東京外語大
東京学芸大・北海道大・千葉大・信州大・新潟大・広島大・宮崎大
長崎大(医)・早大・慶大・上智大・ICU・明大・東京理科大・法大・中大
同志社大・学習院大・青学大・成蹊大・東京電機大・國學院大
東邦大(医)・東京女子医大・岩手医科大・北里大・津田塾大
日体大・聖心女子大・フェリス女学院大・東京音大・多摩美大ほか

■ 転編入相談随時受付中

☎ 03(3370)0718(代)
https://tokyo.sakura-kokusai.ed.jp

内閣総理大臣許可 No.1068
社団法人 日本青少年育成協会

教育コーチング認定校

長年のボランティア活動「ラオスに学校プロジェクト」
では、これまでに8校を建設。
現地を訪問した生徒からは、新しい世界に触れること
で「夢や目標が見つかった」という声が多く聞かれます。

説明会＆オープンスクール	6/22(土) 7/6(土) 8/2(金) 8/8(木)※中2以下対象 9/7(土) 10/12(土) 10/26(土) 10/27(日) 11/16(土) 12/7(土) 2025年 1/11(土)
入試日程	第1回 1/16(木) 第2回 1/20(月) 第3回 1/28(火) 第4回 2/13(木)

※上記の日程は予定につき変更の可能性があります。 詳しくはホームページにてご確認ください。

さくら国際高等学校
東京校
HPはこちらのQRコードから

学校法人 上田煌桜学園

さくら国際高等学校 東京校

東京都渋谷区代々木1-43-8　通信制(週5日型・男女共学)

交通／JR代々木駅西口徒歩3分・都営大江戸線代々木駅徒歩3分・小田急線南新宿駅徒歩2分・副都心線北参道駅徒歩8分

なりたい自分になる
I want to be who I want to be

私たちが目指すものは高校卒業後のステージで活躍する人材を育てる教育です!

個々に寄り添い、きめ細やかな「それぞれの教育」を実現できる学校!

高校卒業は当たり前! 次のステージで活躍する生徒を育てる学校です。

＼7つのスタイルを「自分で選ぶ、自分で決める」自分にしかない高校生活をカスタムしよう!／

01 あなたに合わせる! **ドローン**スタイル

入学してきた生徒は、ドローン専科を選択することが出来ます。ドローンの可能性は無限大! 撮影、点検、運搬、農業、測量、開発など様々な分野での活用が進んでいます。20年後、空のビジネスにおいて中心となることは間違いありません。ドローン専科では、国家ライセンス取得(二等ライセンス)を目指し、座学や飛行訓練だけでなく地域での体験会やインターンによる実地訓練もカリキュラムに盛り込み、即戦力の育成を行っています。

02 あなたに合わせる! **登校**スタイル

選択登校コース
週5日の中で、自分の選択により登校します。

ステップアップコース
週1日の登校からスタートして環境に慣れていきます。

ネット学習コース
自宅学習をベースに学習を進めていきます。

03 あなたに合わせる! **履修**スタイル

基礎学力の学び直しから、大学進学に向けた応用まで幅広いカリキュラムから自分の状況に合わせて履修できます。漢字検定や英語検定などの検定試験やドローン専科の学びなど、高校卒業のためではなく、未来の時間に向けた学習を単位認定することができます。

04 あなたに合わせる! **授業**スタイル

集団授業だけでなく、個別授業も実施しています。起立性調節障害などで朝の登校が苦手な生徒でも安心です。また、心の面をサポートする「パーソナル教育」、社会への適応能力を身につける「キャリア教育」も充実しています。地域との交流を深め、コミュニケーション能力を高める「未来を創る時間」を開講しています。

05 あなたに合わせる! **学習**スタイル

レポート課題(数学・英語)は、習熟度に応じて難易度を選ぶことができます。大学進学を目指す場合、基礎学力を身につけたい場合、ドローンを専門的に学ぶ場合とひとりひとりに合わせて学習を進めます。また、テストは合格するまで何度でも実施しますので、ご安心ください。

06 あなたに合わせる! **進路**スタイル

精華学園高等学校では進学希望の場合、指定校推薦や校長推薦などの公募推薦を目指せます。大学進学対応「スタディプラス」コースを設置。文系、理系問わず一般入試対策も万全です。また、就職希望の場合、学校長の推薦を持って就職試験に臨めますので、高い内定率を誇っています。進路指導は、先生がひとりひとり丁寧に対応します。

07 あなたに合わせる! **高校**スタイル

登校の服装は、私服でも制服でもオッケー!その日の気分によって服装を選べます!また、進学に向けて勉強主体の高校生活、就職に向けてインターンやアルバイトなどを頑張る高校生活、自分の趣味に時間を費やす高校生活、ドローンやプログラミングなど未来産業に向けて技量を高める高校生活など、「自分で選ぶ、自分で決める」高校生活を実現することができます。体育祭や修学旅行、スキースノーボード合宿などの楽しい学校行事も、自分で選択して参加できます。

自分で考え決定し、行動できる生徒を育てる

広域通信制・単位制
学校法人 山口精華学園
精華学園高等学校 多治見校／岐阜校／岐阜中央校

https://seikagakuen-heisei.com/

資料請求・お問い合わせ先
☎ **0572-56-2022**
【受付時間】平日(月曜〜金曜)10:00〜17:00 (岐阜エリア総合窓口:多治見校)
個別相談随時開催中!

【多治見校】
〒507-0033 多治見市本町5-9-1 陶都創造館2F
Access: JR東海中央本線「多治見駅」徒歩10分

【岐阜校】
〒500-8177 岐阜県岐阜市長旗町1-1
アクトナガハタ2F

【岐阜中央校】
〒501-3714 岐阜県美濃市曽代117-14

シンプルに、確実に卒業!!

スイスイ高卒資格、イキイキ体験
ラクラク 3年間総額35万円♪～

転入・編入
（中退生）
お気軽に
ご相談ください！

米田キャンパス長

選べる学習スタイル

週1日制（完全個別対応）

「自分の時間がほしいけれども、わからない所の指導も受けたい」「勉強のペースメーカーが必要」という人には週1日制をお勧めします。
一人ひとりの学習進捗に合わせて、きめ細やかなサポート体制をしいています。

広々テーブルで、ゆったり和やかに過ごせる空間と。

▲キャンパス長との1コマ。
卒業生2人が進路ガイダンスで不登校経験を語りました！

［アクセス］
堺筋本町から徒歩2分！
本町・長堀橋・北浜・谷町四丁目
から徒歩10分！

週2日～5日制

自宅学習制

「自分の時間を大切にしたい」「アルバイトや習い事に時間を使いたい」と考える人には、通学は年に数日間のスクーリングのみの自宅学習制があります。
（高校学費3年間総額21～45万円！
＋サポート料金3年間12万円のみ！）

尼崎杭瀬キャンパス
キャンパス長は、元教諭・精神保健福祉士・社会福祉士！
毎日安心して学習指導はもちろんのこと、
福祉や医療、就労等の相談支援を受けることができます

母体の株式会社エミールは、プロ家庭教師派遣実績55年です。（社団法人全国学習塾協会正会員）

鹿島学園高等学校連携
大阪中央エミール高等学院

フリーダイヤル **0120-33-4475**
大阪市中央区久太郎町1-8-15 アクセス：堺筋本町駅⑥出口 徒歩2分
http://www.kateikyousi.com/

大阪中央キャンパス	〒541-0056 大阪府大阪市中央区 久太郎町1-8-15	Access：大阪メトロ堺筋線・中央線「堺筋本町駅」⑥出口から徒歩2分
堺キャンパス	〒590-0013 大阪府堺市堺区東雲西町1-6-16	Access：JR「堺市駅」から徒歩3分
尼崎杭瀬キャンパス	〒660-0815 兵庫県尼崎市杭瀬北新町3-8-11	Access：JR「尼崎駅」徒歩20分、阪神「杭瀬駅」徒歩7分

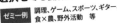

通信制高校のしくみや特長、通学プランから学費のことまで！

通信制高校があるじゃん！

2024-2025

通信制高校のしくみや特長、通学プランから学費のことまで！

通信制高校があるじゃん！
2024-2025

CONTENTS

5 Special Interview

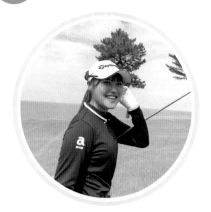

高校生ゴルファー　飯島早織（いいじまさおり）さん

通信制高校で得た
「自分を見つめる時間」
ゴルフの夢に、もう一度
向き合うことができた

8 キーワードは"自分基準"！
通信制高校の4つの特長

12 注目!! 2024年度新設校紹介&Interview
　　13　2024年度開校! 新設校
　　14　新設校Interview　飛鳥未来きぼう高等学校

16 注目TOPIC 通信制高校・サポート校からの「大学進学」
　　　　　　　　　　　　　　　　　　　監修 城南進学研究社
　　22　クラーク記念国際高等学校
　　23　駿台甲府高等学校/駿台通信制サポート校
　　24　中央高等学院　　25　トライ式高等学院　　26　ワオ高等学校

27 特別企画 通信制高校のeスポーツ
　　31　成美学園高等學校

32 特集1 注目の学校

見開き2ページでオススメの学校を詳しく紹介しています。
学び方や通い方など、その学校の特長を知ってあなたの"理想の学校"を見つけてみてください。

34 N高等学校・S高等学校　　36 成美学園高等學校
38 つくば開成学園　　40 おおぞら高校
42 トライ式高等学院

44 特集2 通信制高校だからできる、さまざまな学び

通信制高校の特長を活かしたさまざまな取り組みを紹介。
目的や登校日や学び方が選べる通信制ならではの授業は必見です!

46 留学 クラーク記念国際高等学校　　47 選択コース・専攻 日本ウェルネス高等学校
48 専門コース 明聖高等学校　　49 オリジナル授業 代々木高等学校
50 英語・留学 ワオ高等学校　　51 選択授業 おおぞら高等学院
52 留学 代々木グローバル高等学院

54 多様な生徒の成長を促すきっかけに　**進学・就職にもつながる探究学習**
56 自由に、やりたいことを仕事に!　**高校からの起業**

58 特集3 通信制高校だからこそ出会えた! 先生

通信制だからこそ、自慢したくなるような先生と出会えます。
その秘密を各学校の生徒さんから詳しく伺いました。

60 飛鳥未来高等学校　　61 神村学園高等部　大阪梅田学習センター
62 わせがく高等学校

64 相談会へ行く前にCHECK! **学びリンク「合同相談会®」攻略法**
66 **中学生から通える居場所**
72 **制服COLLECTION 2024-2025**

おしゃれでかわいい、バリエーション豊かな各校の制服を集めてみました♪

82 **生徒INTERVIEW**

「通信制高校入学のきっかけは?」「学校生活について知りたい!」。
そんな声にお答えして、在校生の皆さんに学校生活の様子をお聞きしました。

84 天王寺学館高等学校　　86 ヒューマンキャンパス高等学校
88 福岡芸術高等学校

CONTENTS

91 解説編

通信制高校の柔軟なしくみ、サポートについて徹底解説!
通信制高校は、単位制というしくみを活用しています。通信制と単位制が組み合わさると、
とても柔軟な教育が実現できます。図やグラフを用いてわかりやすく説明します。
調査データをもとにした学費情報や、就学支援金についてもまとめています。

92	通信制高校選びのポイント	107	高等専修学校
94	中学卒業後の進路	108	高卒認定試験
96	通信制高校の特長	110	学費最新情報
104	サポート校(学習等支援施設)	112	学費Q&A
106	技能連携校	114	いろいろQ&A

119 最新!詳細! 学校紹介

- 120 「学校紹介」の見方
- 122 通信制高校
- 465 高等専修学校・技能連携校・大学入学資格付与指定校
- 485 サポート校(学習等支援施設)・インターナショナルハイスクール・高認予備校

523 リスト

524 「通信制高校・本校」一覧 ／ 530 「通信制高校 協力校・学習センター等」一覧
553 「高等専修学校・技能連携校」一覧 ／ 564 「サポート校(学習等支援施設)」一覧
580 「高卒認定試験予備校」一覧 ／ 586 「広域通信制高校の入学エリア」一覧

595 さくいん

596 50音順 ／ 600 都道府県別

620 マンガで解説♪合同相談会®

広告目次 各校の特色を紹介! 広告掲載校は、巻末のハガキから資料請求ができます。

CONTENTS

通信制高校で得た
「自分を見つめる時間」
ゴルフの夢に、もう一度向き合うことができた

高校生ゴルファー

（いい）（じま）（さ）（おり）
飯島早織さん

4歳からゴルフを始め、6歳で世界大会優勝、高校3年生で「2023年日本女子アマチュアゴルフ選手権」優勝など、輝かしい実績を積んできた飯島早織さん。高校進学の際にもゴルフを軸に高校を選び、ルネサンス高校に入学しました。余裕のある登校日数やオンライン中心の学習など、通信制高校ならではの仕組みを存分に活かしながら、ゴルフ生活に打ち込んできた飯島さん。そんな中「ゴルフをやめたい」と壁にぶつかったことも。救いになったのは、通信制高校だからできた「時間」だったと振り返ります。

時間も選択肢もたくさんある
「"こうしたい"を見つけるための場」として
選んでもいい

ゴルフ最優先で決めた高校 「将来の選択肢は狭まらない」

　ゴルフを始めたのは4歳くらいの時です。家族全員で楽しめる、共通の趣味を何か持とうとなって、家族全員やったことがない競技のゴルフをやることになったのがきっかけでした。そうしたら、私と姉、兄がハマってしまったんです。習い事は他に、水泳や体操もやっていたんですが、ゴルフは「どこまで飛ぶか」という結果が目に見えて分かりやすく、でも奥深さもあって、どんどんのめりこんでいきましたね。

　本格的にプロになりたいと思い始めたのが、高校の進路選択をする時期のまさに中学3年生くらいでした。

　高校の選択は、その先の将来を決める大事なものだと思っていたので、ゴルフを最優先にすべきか、それとも別の道も視野に入れるべきか、とても迷いました。最終的にはゴルフを最優先にして選びました。

　私の姉も、ゴルフをやりたくて通信制高校に進学しましたが、今は別の分野で楽しくやっているんです。そんな姿を見てきたこともあって、「たとえゴルフをやめることになっても、将来の選択肢が狭まることはないのかな」と感じていましたし、それは通信制でも全日制でも関係ないのかなと思っていました。

色々な子がいる中で世界が広がった

　通信制高校もいくつか比較をしましたが、スクーリングをオフシーズンにもできること、レポートをオンラインで提出できることが決め手になり、ルネサンス高校に入学を決めました。

　ただ、正直通信制高校のイメージが具体的によく分からなくて。「学校に行けない子が多いところなのかな」というイメージもあって、どんな子たちがいるんだろうと思っていました。

　でも、入学してみたらイメージと全く違ったんです。スクーリングで、他の子と交流の機会があったのですが、バイトに打ち込んでいる子もいれば、私と同じようにスポーツに集中している子、YouTuberをやっている子もいて、本当に色々な子がいるなという印象で、色々な道があるんだと知りました。

　私はスクーリングのときにアパレル関係のバイトをしている子と仲良くなれて、自分とは全く違う世界を知ることができ、視野が広がったように思います。

　入学前は、勉強への不安が少しありました。でも、ルネ高では授業も動画で何回も見ることができて、一斉授業と違って遅れをとったとしても取り戻しやすいのが自分には合っていました。

　レポートの提出期日が試合と重なったりした時には、大変なこともありました。でも、ルネ高は一人ひとりに担任の先生がついてくれるんです。分からないことや不安なこと

があった時もLINEで気軽に聞くことができ、すぐに解決してくれました。試合がある時には「頑張って!」「すごいじゃん!」などメッセージをくれて、励まされましたね。生徒としてきちんと見てくれたのはもちろんですが、「一人の人間」として見てくれている気がして、嬉しかったです。

ゴルフをやめたかった時期も立ち止まる時間があったから自分をみつめ直すことができた

ルネ高に入って良かったこととしては、ゴルフに打ち込める環境もそうですが、自分に向き合う時間があったことも大きかったですね。

実は、高校2年生の冬頃、思うようになかなか結果が出ず、ゴルフをやめたいと思っていた時期があったんです。大学への道も考えたり、かなり悩みました。

そこで、家族に相談したんです。「結果が出ないから楽しくない、辛い」と気持ちを話したら、「ゴルフを嫌いになったわけじゃないんだね? だったらこの先、就職にしてもどんな道に行くにしても、そういう選択をしていったら同じことになっちゃうよ」と言われて。結果に捉われているのなら、一度その考えから離れて競技にのぞんでみたらどうか、それでも辛かったら、やめればいいんじゃないか、とアドバイスをもらったんです。

この時の私には結果しか見えていなくて、「結果がついてこないから楽しくない」という固定概念に捉われていた。家族と話すことで、そんな自分に気が付いたんです。他人と比べなくてもいいんだと。そこからもう一度、ゴルフを楽しめるかな? と思って、とりあえず再開することにしたんです。そうしたら、楽しむこともできて、結果もついてきて、2023年の日本女子アマチュアゴルフ選手権では優勝をすることができました。

少しお休みをして家族と話したことで、自分と向き合うことができた。一度立ち止まったこの時間は、私にとってとても大切でした。毎日毎日学校に行く生活だったら、きっとこうして立ち止まることもできなかったのではないかと思います。自分のやりたいことに思いきり打ち込む時間も、休める時間も、通信制高校だからこそ得られたものだと感じています。

こうしたい!って思えるものが既にあるならもちろん、まだそういったものがないという人にも、通信制高校はいいと思います。

入学してから「何がやりたいのか」をじっくり考えてもいいと思うんです。通信制高校なら、自分に向き合える時間がたくさんありますし、時間があることで、やりたいと思ったことをすぐに行動にうつせる環境でもあります。私

はトレーニングの一環として、キックボクシングも始めました。一度決めたものを続けなくても、途中で変えることだってできます。

結局、自分を一番知っているのは自分だと思うんです。私自身、その自分にじっくり向き合えたのは、時間の余裕がたくさんある環境だったからだと思っています。

私の今の夢は、賞金女王になることです。通信制高校で自分に向き合うことができて、この先も夢に向かって頑張れる気がしています。

Profile

飯島 早織（いいじま さおり）
4歳からゴルフを始め、6歳で世界大会優勝をおさめる。ルネサンス高校に進学後、「全国高等学校ゴルフ選手権春季大会」「関東女子ゴルフ選手権」「日本女子アマチュアゴルフ選手権」で優勝。期待の若手として注目を集めている。特技はものまね。

 Instagram
はこちら

ルネサンス高校の詳細はこちら！

ルネサンス高校‥‥‥‥P168
ルネサンス豊田高校‥‥‥P302
ルネサンス大阪高校‥‥‥P350

学校HP

通信制高校の **4つの特長**

1 "自分基準"で選べる！

科目ごとに単位を修得できる単位制のしくみをとっているため、自分基準で学校生活をカスタマイズしていけます。通信制高校は、中学卒業後の進学先の中で「毎日学校に行く」というのが卒業条件になっていない唯一の学校です。

その時の気持ち・体調・考え方次第でさまざまな選択肢があります！

通い方	学び方	環境
通学日数や通う場所が選べる。ODの生徒のために午後から登校できるところもある	ネットを使った学習方法や少人数、個別指導など自分に合った学び方を選べる	校舎ごとの雰囲気の違いや制服の有無、専門分野に特化した施設などもある

2 通学や学習の負担が少ないさまざまなサポートも！

通学が少ない

登校日数は年間約20日。やりたいことに使える時間がたっぷりある

自分のペースで

卒業に必要な74単位を自分のペースで組み立て学習を進められる

卒業までサポート

学習面・精神面などをサポートし、高校卒業まで導く

通信制高校は、年間200日程度出席が必要な全日制高校に比べて登校日数が年間20日程度です。学習も、年間約60通のレポート提出（25単位履修した場合）のため、自分のペースで進められ、体調ややりたいことに合わせて無理なく取り組めます。

さらに、学習センターやキャンパス、サポート校などに通うことで、学習面や精神面、生活面などさまざまな支援が受けられ、一人ひとりに合わせた卒業までのサポートがあります。

③ ニーズに合わせて 通学パターン、コースもいろいろ！

学校に行くのは 毎日じゃなくていい	最初はゆっくり 徐々に通う日を 増やしたい	学校で好きなことが できたらいいな	学校を 休みがちだったから 学力が心配
週1日から通い方を 選べます！	通学日数を 変更できる学校が ほとんどです！	興味に合わせて いろいろな コースがあります！	習熟度別や 少人数・個別指導で サポートしています！

通信制高校では、学校への通い方をライフスタイルや考え方によって変えられます。通学日数を週1、3、5日など変更できるようにしている学校が多く、例えば「学校に通うのは毎日じゃなくていい」と思っている人は、週1〜3日くらいのコースを選んで自由な時間が作れます。また、「最初はゆっくりでも、徐々に通う日数を増やしたい」という希望に対して、通学日数を月ごとや年度、学期ごとに変えられるところがほとんどです。気持ちや体調から通学パターンを考えられます。

生徒の興味・関心に合わせて専門コースや特別講座を行っている学校もあります。「イラスト」「美容・ファッション」「調理・製菓」「音楽」「大学進学」などさまざまなジャンルの学びができるようになっており、最近では「eスポーツ」がコースや講座で取り入れられています。専門コースでは、プロレベルのスキルや知識を身につけられるだけでなく、学校に通う原動力になったり、卒業後の進路選択にもつながっているようです。

④ 新入学・転編入も随時受け入れ

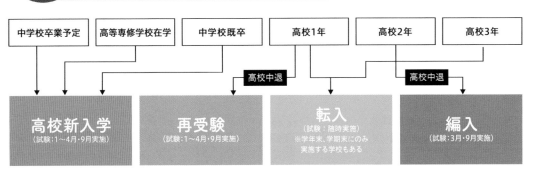

中学からの進学先や高校などへの入学後の進路変更には、上の図のようなルートがあります。

新入学の場合、4月入学のほかに2期制の通信制高校では後期（10月）入学ということもできます。そのため、中学卒業までに学校が決められなかったという場合でも焦らず自分に合った学校を見つけられます（10月入学の場合は、卒業時期は9月になります）。

また、私立通信制高校やサポート校では、転入学（転校）を随時受け入れている学校が一般的ですので、学校を変えたいと思ったタイミングで移ることができます。高校を退学した人の場合は再受験と編入となり、入学できる時期は年に2回、4月と10月にチャンスがあります。

通信制高校生の1日のスケジュール

通学日数や時間帯などを個々の状況に合わせて自由自在に選べる通信制高校では、生徒たちは1日の中で通学時間や趣味、アルバイト、レポート作成の時間などを組み立てながら過ごしています。そのため、何を重要視するかも自分次第。下の図のように、学校での時間を大切にしたり、好きなことができる専門コースを受講したり、アルバイトをしたりと時間の使い方は人それぞれに違います。

学校で勉強　専門コースの受講　アルバイト

パターン別スケジュール例

学校で勉強するAさん
8:00 起床｜9:00 登校｜英語｜化学基礎｜お昼休み｜数学A｜レポート｜15:00 帰宅｜自由時間

好きなこと中心のBさん
8:00 起床｜自由時間｜登校｜イラストコース｜帰宅｜レポート

アルバイトをするCさん
起床｜アルバイト｜帰宅｜レポート

大学進学のニーズにも対応！

通信制高校 大学進学者数の推移　出所：学校基本調査（文部科学省）

年々 大学進学者数は 増加中

2018年	2019年	2020年	2021年	2022年
10,104人	10,688人	12,626人	16,422人	18,454人

卒業後の進路として、大学を選ぶ生徒が増えてきました。左の図のように、大学進学者数は5年間で8000人以上増加しており、通信制高校の中で大学進学への意識が高まっています。

最近では、「大学進学コース」などの進学に特化したコースを開設する学校も多くなっています。進学塾との提携で大学受験レベルの指導や入試対策を可能にし、少人数や個別指導で一人ひとりに合わせた受験対策がなされています。（詳しくは、P16へ）

行事やイベントもたくさん

「通学日数が少ないなら、行事やイベントはないの？」と思う方もいるかもしれませんが、通信制高校でもいろいろな行事やイベントが行われています。

「行事やイベントはちょっとめんどう…」「みんなと一緒に参加できるか不安」という声もあるかもしれませんが、参加は基本的に自由としている学校がほとんどです。

「参加しなければ」というプレッシャーも少なく、また先生も生徒一人ひとりの様子や体調を見て配慮をしてくれます。「まだ参加は難しそうかな」「ちょっと背中を押してあげる時期かな」など、一人ひとりの状況に合わせたフォローをしてくれます。

生徒の間では、イベントや行事をきっかけに「友達ができた」「自信がついた」という声も多く、充実した高校生活につながっているようです。

月	行事	月	行事
4月	入学ガイダンス／入学式	10月	芸術鑑賞会／スポーツ大会
5月	進路講演会／遠足	11月	文化祭／進路ガイダンス
6月	英語検定・漢字検定／球技大会／進路ガイダンス	12月	クリスマスパーティー
7月	夏休み／社会科見学	1月	音楽祭／年始イベント
8月	登山／キャンプ実習／全国定通体育大会	2月	スキー・スノボー教室
9月	農園体験／防災訓練	3月	春休み／卒業式

※行事は参考にしてもらうための例です

部活動や大会への参加も可能

「部活動はない」と誤解されがちな通信制高校ですが、学校ごとに生徒の状況や希望に合わせてさまざまな部が活動しています。それぞれの通学スタイルに合わせて活動に参加できるようにしていたり、逆に部活動中心の学校生活を送る生徒もいます。どんな部活動をやっているのかは、入学を検討している学習拠点に確認しましょう。

大会やコンテストに参加しているところも多くあります。運動部では、毎年「全国高等学校定時制通信制体育大会」が開催されるほか、「全国高等専修学校体育大会」や「全国高校eスポーツ選手権」なども実施。文化部では、都道府県ごとに「定時制通信制文化大会」での作品展示、演奏や合唱の発表の機会があります。また、「高校生イラストコンテスト」や「スイーツ甲子園　高校生パティシエNo.1決定戦」などに参加している学校もあります。

全国規模の大会だけでなく、学校主催のイベントが開催されたりと、生徒が気軽に参加できるようになっています。

自分のペースで参加できる時に取り組める

部活動やコンテスト参加をきっかけに友達ができた

勉強の時間は最低限思いっきり部活動に打ち込む

2024年度

注目!! 新設校紹介 & Interview

ここ数年、新しい通信制高校が誕生しています。
新設校だからこそ、これまでの学校にはなかった経験が待っています!
学校を代表する校長先生が魅力・特徴をお話します。

新設校ならではの学びがある!

 時代の最先端分野を学べるコースや他ではできない体験など、多様なニーズに応える機会がたくさん!

 1期生として、先生や仲間と一緒に学校をつくれる! 学校の雰囲気や行事をゼロから築き上げていくことができます。

2024年度開校! 新設校一覧

新設校 Interview 飛鳥未来きぼう高等学校（仮称）…P14
※茨城県設置認可申請中（設置計画承認済み）（2024年2月現在）

\ 2024年度開校! /

新設校

2024年度、全国各地で12校の通信制高校が新しく認可されました。
気になる学校があれば、本書の学校紹介や学校HPなどでチェックしてみてください。

これから入学できる全国の通信制高校

【私立通信制高校】

◢ 八戸工業大学第二高校 通信制課程	〒031-8505 青森県八戸市大字妙字大開67番地	TEL：0178-25-4311
◢ 東陵高校 通信制課程	〒988-0812 宮城県気仙沼市大峠山1-1	TEL：0226-23-3100
◢ 飛鳥未来きぼう高校	〒310-0801 茨城県水戸市桜川1丁目7番1号	TEL：050-5530-5358
◢ 沼津中央高校 通信制課程	〒410-0033 静岡県沼津市杉崎町11-20	TEL：055-921-0346
◢ 飛龍高校 通信制課程	〒410-0013 静岡県沼津市東熊堂491	TEL：055-921-7942
◢ 京都長尾谷高校	〒612-0089 京都府京都市伏見区深草佐野屋敷町11-1	TEL：075-574-7676
◢ 久留米信愛高校 通信制課程	〒839-8508 福岡県久留米市御井町2278-1	TEL：0942-43-4533
◢ 広島新庄高校 通信制課程	〒731-2103 広島県山県郡北広島町新庄848	TEL：0826-82-2323
◢ 柳川高校 通信制課程	〒832-0061 福岡県柳川市本城町125	TEL：0944-73-3333（代）
◢ 稲葉学園高校 通信制課程	〒878-0013 大分県竹田市大字竹田2509番地	TEL：0974-63-3223 …など

【公立通信制高校】

◢ 奈良県立山辺高校	〒632-0246 奈良県奈良市都祁友田町937	TEL：0743-82-0222

飛鳥未来きぼう高等学校（仮称）

※茨城県設置認可申請中（設置計画承認済み）2024年4月開校予定

多様な子どもたちに多様な支援を
子どもたちが未来に「希望」を
持てるような学校に

鈴木 一弘 校長
_{すずき かずひろ}

飛鳥未来きぼう高校は、飛鳥未来高校、飛鳥未来きずな高校に次ぐ、学校法人三幸学園の3校目の通信制高校です。新設校でありながら、既存姉妹校の実績、そして大学や専門学校を多く擁する三幸学園の基盤という強みがあります。鈴木校長は、「選べる通学スタイルや多彩な選択授業など、既存姉妹校の長さを引き継ぎながら多様な生徒のニーズに応えていく」と意気込みます。

現在、既存姉妹校の飛鳥未来高校・飛鳥未来きずな高校には1万人超の生徒が在籍しており、いまも多くの入学相談をいただいています。このたび茨城県とのご縁もあり、より多くのニーズに応えるべく、姉妹校3校目の設立に至りました。

既存姉妹校には、多彩な選択科目やコースがあります。学校生活を楽しみたい子は5DAYスタイル（週5日通学）、少しずつ慣らしていきたいという子に向けてはベーシックスタイル（週1〜5日選択型）など、通学スタイルも豊富です。やりたいことや通い方を選べるというのは、多様化している子どもたちの昨今のニーズに合致していると感じます。

既存校の魅力を引き継ぎつつ、飛鳥未来きぼう高校独自の取り組みも計画しています。

「キャリア教育科目」の一環で、三幸学園の専門学校や大学と提携してドローンや心理学を学べる授業や、「きぼうプロジェクト」という発展型総合探究の授業など、新たな取り組みも予定しています。

私自身は茨城県立の全日制高校教員として20年超勤めた後に教育庁に移り、行政の立場から教育に携わって参りました。その後は定時制・通信制併置校の校長に着任し、さまざまな生徒と接してきました。

定・通併置校では、働きながら通う生徒や、過去に不登校を経験していたり、何か悩みを抱えているなど、多様な生徒と出会いました。全国定通体育大会（※）や、生活体験発表大会では、そんな生徒たちがイキイキと活躍する姿を見ることができました。

不登校を経験したり、心に傷を抱えていても、全日制・定時制・通信制問わず、自分に合った環境に身を置き、何か楽しみや好きなことを見つければ、生徒は変わっていき、そしてそれが将来の希望に繋がっていくということを身に染みて感じています。

学校現場と教育行政の立場から長年高校教育に携わってきましたが、子どもたちは年々多様化していると思います。不登校の児童生徒数も増え、発達の特性や学力の課題など、ニーズもさまざまです。

いま必要なのは、単なる「指導」ではなく、多様な「支援」なのではないかと感じます。

先日、姉妹校の飛鳥未来きずな高校の文化祭に伺ったのですが、とても明るく活気に満ちておりました。印象的だったのは、先生と生徒がオープンカウンター越しに楽しそうに話していた姿です。いわゆる「職員室」のような仕切りがなく、先生方もにこやかに生徒に接されていました。

既存姉妹校がたくさんの方に選ばれてきたのは、多様な生徒一人ひとりに対して、先生方や職員の皆さんが明るく丁寧に「支援」をしてきたからではないかと感じます。そうした基盤を活かしながら、生徒たちが未来に希望を持って明るく人生を歩んでいけるような学校にしていきたいと思います。

※全国定通体育大会…全国高等学校定時制通信制体育大会。
定時制・通信制高校最大のスポーツ大会。

\ どんな学校? /

好き！ が見つかる
多彩なコース・アカデミー

進学　補習　メイク　ネイル　ミュージック・バンド
ITプログラミング　アニメ・マンガ　保育
美容師資格取得コース　など

専門学校の科目が単位になる！

母体である学校法人三幸学園は、全国12都市に専門学校（医療・福祉、スポーツ、美容、ブライダル、保育、調理製菓、カフェ、ホテル・観光、看護、IT）を展開。

● キャリア教育科目

医療事務

心理学

ドローン

▶学校の詳細は156P

15

通信制高校・サポート校からの

大学進学

監修:城南進学研究社

年々、大学進学希望者は増加。入学定員が増えていることと少子化が重なり、「大学全入時代」と表現されることも。そんな中で、時代の変化とともに受験方法も多様化しており、志望校選びと同じくらい重要になっています。

通信制高校やサポート校でも大学進学者は増えており、大学受験対策に特化したサポートを行うところも出てきています。

今回は、城南コベッツや城南推薦塾などを運営し、大学進学塾として60年以上の実績を持つ城南進学研究社の川島隆さんにこれからの大学受験について伺いました。

? 通信制高校やサポート校から 大学に行けるの?

　令和5年度、通信制高校全体の大学進学率は24.1%でした。通信制高校は進学目的の人だけでなく、高卒資格を取得したい社会人が在籍していたりと、いろいろな背景を持った生徒がいます。そのため、全日制高校と単純な比較はできませんが、**大学進学率は年々増加しており、全日制高校と代わらない進学率のところもあ**ります。

　大学進学率の高い通信制高校は、中高一貫校や私立大の高等部からの転入生だけでなく、不登校経験者や小・中学校の学び直しからスタートして大学進学をした生徒もいます。高校卒業に必要な学習と通学の負担が少ないため、余裕のできた時間を大学受験対策の時間に当てたり、個別指導や少人数制で個別最適化したサポートが受けられるのです。

　大学進学を考えている方は高校選びの段階で、各校のサポートや実績を確認しながら学校選びをすると良いでしょう。

通信制高校の現状

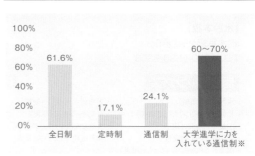

出典:令和5年度学校基本調査(文部科学省)※学びリンク調べ

選り好みしなければ入れる時代
大学はどう選ぶ？

18歳人口が10年間で10万人減る一方で、大学志願者の割合と入学者数は微増が続いています。その中で、大学の入学定員は毎年増加しているため、右の表にあるように**数値上は志願者を入学定員が上回る「大学全入時代」と言われる状況にあります。**

だからと言って、誰もが志望する大学に入れるわけではありません。定員割れを起こしている大学がある一方で、依然として6～7倍の高い倍率のところがあるため、一部の大学に人気が集中している状況にあります。つまり、**本当に行きたい大学に行くには、それなりの対策が必要です。**

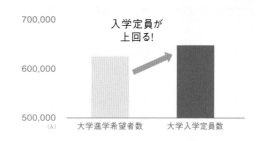

"大学全入時代"

入学定員が
上回る!

大学進学希望者数　　大学入学定員数

出典:令和5年度 学校基本調査・
国公私立大学短期大学入学者選抜実施状況の概要（文部科学省）

志望校の"選び方"が重要

そうした状況から、大学の選び方も変化しています。大学名や偏差値だけでなく、"それぞれの基準で行きたい大学"を選ぶように受験生全体の意識が変わっています。

では、どんな選び方があるのでしょうか？ 一つは、**大学そのものを目的とすること。**例えば、東京大学といった難関大学に行くことをモチベーションに受験対策をするのも、行きたい大学が決まっている人には非常に合っている選び方です。

一番多いのは、**行きたい学部を基準にすること**です。自分の学びたいこと、将来なりたい仕事を基に、例えば医者になりたいなら医学部、英語が好きなら国際学部や英文科を選び、志望校を決めていきます。

他には、**キャンパスの場所を基準にする**というもの。近年は都心回帰と呼ばれるようにキャンパスを都心に移す大学が増えています。中には1・2年と3・4年でキャンパスが変わる大学もあるので、キャンパスの場所も志望校選びでは重要なポイントです。

また、**大学ごとに打ち出している特色を基準にする**のも一つの選び方です。例えば、就職サポートに熱心だったり、学部の垣根が低く他学部の授業を受けられるところ、他大学と単位互換ができ2年生以降に別の大学で単位を修得できるところ、資格取得に力を入れているなど、様々な特徴があります。複数の学部で迷っている場合や就職に不安を感じている人はこうした特色から絞り込むのも良いでしょう。

しかし、中学生や高校生の時点では「何がやりたいの

大学選びのポイント

● **大学そのものを目的とする**
● **行きたい学部**
● **キャンパスの場所**
● **大学の特色（取り組み）**
　就職サポート、
　他学部の授業が受けられる、
　他大学との単位互換制度、資格取得など

かわからない」「好きなことはあるけれど、仕事にしたいわけではない」など、学部も決められないという方もいると思います。そうした方は、自分が"**何に興味を持っていて、どういうことが楽しいのか**"高校在学中に意識的に考えるようにしましょう。

もしくは、「やりたくないこと」を考えて選択肢から外すのも一つのやり方です。例えば、英語が苦手だったら国際学部や英文科は選択肢から消えていきます。消去法で選ぶと、好きなもの、嫌いではないけれど好きかどうかわからないものが残るので、その中からどんなことを勉強しているのかを調べると学びたいことややりたいことが見つかると思います。

受験は情報戦です。保護者の方が受験した時とは状況も大きく変わっています。高校は、こうした自分探しができる環境のところ、大学情報や社会の状況を共有してくれるところをポイントに学校選びをしてみてください。

多様化する受験方法 どう選べばいい?

現在の大学入試は、受験方法も多様化しています。学力だけでなく、「思考力・判断力・表現力・主体性」を多面的・総合的に評価されるため、特徴を知り、自分に合った方法を見つけることも重要なポイントとなっています。下の表は、受験生が選びやすい3つの受験方法をまとめたものです。特徴を押さえて、自分に合った受験方法を選択しましょう。

2025年は新課程に合わせた変化が

新学習指導要領が施行されて初めての大学入試となる2025年。受験可能な科目数が増えたり、数学の範囲が変わります。共通テストは、新教科「情報」を加えた7教科21科目となり、合わせて国公立大の受験教科も6教科に。正しい情報を基に受験対策ができるようにチェックしておきましょう。

学力一発勝負型
一般選抜

学力が評価基準となる受験方法。国公立大と私立大では選考方法に違いがあります。募集人員も最も多く、大学入学資格（高卒資格や高認合格など）を満たせば誰でも受験できます。

国公立大
共通テストと大学ごとに行われる個別試験（2次試験）の合計得点

私立大
主に大学ごとに実施される個別試験。原則受験科目は3教科

こんな人に向いている

どんな人も選択しやすい受験方法。受験科目に大きな変化は起きないため、早くから受験対策が可能です。難易度も幅広くあるため、真面目に高校の授業を受けてきた人、基礎学力がある人は特に向いています。

目的型
総合型選抜

大学のアドミッション・ポリシーと合致した人材を選抜する受験方法。大学が指定する評定平均・資格・活動実績などの出願要件をクリアしていれば、自由に出願可能です。書類・面接・小論文を中心に、大学によって学力試験やプレゼンテーションなどが課されます。「なぜ入りたいのか、何を学びたいのか」。目的を明確化し、自身の強みをアピールする力が必要です。

こんな人に向いている

好きなことが明確にある人、コミュニケーション力がある人に向いています。また、アルバイトやボランティア、留学など学校以外の活動をアピールするのが得意な人にもおすすめです。

コツコツ型
学校推薦型選抜

出身学校長の推薦に基づいて実施され、書類・面接・小論文での試験を中心に、大学・学部独自の試験が実施されることもあります。公募制は、資格・検定やスポーツ、コンクールなどの実績で受験可能です。原則的に専願（合格したら必ず進学）。

指定校制
大学から高校に与えられた枠に対して校内選抜を通過することが必要

公募制
大学の出願条件をクリアしている場合に出願可能。

こんな人に向いている

評価の基準となる内申点は、3年間の平均（評定平均）で決まるため、真面目に1年生からコツコツと成績を取ってきた人に向いています。志望校と学部が決まっている人におすすめの受験方法です。

「総合型・学校推薦型選抜」の入学者が5割以上に

受験生が一番に思い浮かべる受験方法といえば、一般選抜だったと思います。実際、2017年度入試までは一般選抜での入学者が7割を超えていました。しかし現在は、総合型・学校推薦型選抜での入学者が半数を超えており、私立大に限れば約6割となっています（表1より）。

総合型・学校推薦型選抜が増えている背景には、「大学の活性化」を図りたいという大学側の思いがあります。総合型・学校推薦型選抜は、「この大学に入りたい！」という思いを持った学生が集まります。こうしたやる気に満ち溢れた人材が一定数いることで、大学の活性化につながると考えているからです。

一般選抜では、最低でも3教科の力をつける必要があるため、英語が得意でも国語や社会が苦手だと合格は難しくなってきます。一方、総合型選抜なら英語を活かしてアピールができるため、英語に強い学生が欲しい大学と受験生はWin-Winです。

さらに、総合型・学校推薦型選抜で入学した学生の方が、入学後の成績が良いという結果もあります。そのため、早稲田大学では2026年までに推薦型選抜での入学者を6割に増やすことを明言しています。子どもの数が減る中で、意欲のある学生を集める入試方法として、今後も総合型・学校推薦型選抜の入学者は増えていくことでしょう。

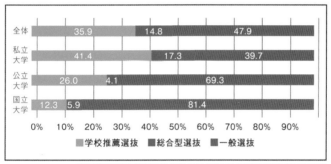

[表1] 大学入学者に占める選抜方法別割合（国公私・入学者数別）

	学校推薦選抜	総合型選抜	一般選抜
全体	35.9	14.8	47.9
私立大学	41.4	17.3	39.7
公立大学	26.0	4.1	69.3
国立大学	12.3	5.9	81.4

出典：令和5年度国公私立大学・短期大学入学者選抜実施状況の概要（文部科学省）

総合型選抜は通信制高校の学びを活かせる！

通信制高校では、好きなことや興味のあることに生徒たちが取り組めるよう、講座授業やコースを設けているところが多くあります。こうした、**好きなことが明確にあり、尚かつそれに対して自分なりに取り組んできた成果は総合型選抜で強みになります。**

好きなことは何でも良いです。例えば、eスポーツ。ゲーム好きなことと将来何をやりたいのか、大学ではどういうことを学びたいのかを明確に、具体的にできれば総合型選抜のアピールポイントになります。さらに、大会結果なども実績として出願条件をクリアする際に活かされますし、取り組みとして評価されます。

こうした話をすると、とてもハードルが高いように感じるかもしれませんが、実際に求められるレベルは様々です。企業の就職活動レベルを求めるところもあれば、ある程度自分の伝えたいことがアピールできれば問題ないというところもあります。

通信制高校の中には、やりたいことや好きなことを活かして総合型選抜で難関大学に合格をしている生徒も多くいます。まだ大学に進学するかわからないという生徒も、好きなことに取り組んだ実績と大学進学への熱意があれば、志望校や難関大への進学も夢ではありません。

増加する総合型・学校推薦型選抜 特化した準備と対策を

総合型・学校推薦型選抜の募集人数が増えていくということは、倍率もどんどん高くなっていきます。志望校合格を目指すには、一般選抜と同様にしっかりとした対策が重要です。しかし、総合型選抜は、一人ひとりが志望校・志望理由が異なるため、高校としては個別対応が行き届かないといった課題が出てきています。

そのため高校を選ぶ際には学力向上だけでなく、こうした対応ができる学校を選ぶのが重要です。もしくは、総合型・学校推薦型選抜の対策を専門としている塾や予備校を利用するのも一つの手。プロ講師が効率良く、着実に力をつけて合格をサポートします。

難関大・志望大学合格に導く「城南推薦塾」

城南進学研究社が運営する城南推薦塾は、総合型・学校推薦型選抜で重要となる『情報力・文章力・表現力』の3スキルに加え、『人間力』を引き出す"3＋1のチカラ"で「自ら考え、学び、行動できる」人財育成をコンセプトに難関大学をはじめ、志望大学合格に導いています。

城南推薦塾の大きな特徴は、マンツーマンの個別指導。個々の特徴を把握し、志望校決定から志望理由書や面接でのアピールポイントを的確に指導します。プロの専任講師が担当するため、志望理由書などの出願書類も一字一句妥協のない添削指導で文章力はめきめきと向上。また、オンラインでもリアルと代わらない授業が受けられ、面接対策やグループワークでのアウトプットで主体的に自ら発信する力を高めます。

そうした推薦入試対策をする中で盲点となりやすいのが活動実績です。城南推薦塾では、自身のビジョンに対して情報収集の基礎からフィールドワーク先の選定を支援し、調査・インタビューを通して活動実績支援を行います。また、自身の考えや思いを伝える表現力を鍛えるために、全国で開催される各種コンクール・コンテストへの出場も積極的に支援。学校の枠を飛び出して様々な経験をすることで人間力を養います。

合格を叶えるための「3＋1のチカラ」

情報力

＋人間力

文章力　表現力

マンツーマンの個別指導

志望校決定から出願戦略まで一人ひとりの状況に合わせて指導。書類の添削、模擬面接も実施

プロの専任講師

キャリア教育のスペシャリストが、長年にわたり蓄積されたノウハウに基づき、的確に指導

活動実績支援

企業や大学へのフィールドワーク、コンクール・コンテストへの参加を通して活動実績作りを支援

志望大学合格率 90.9% ※2023年度入試

 合格者の声　上智大学法律学科合格　N.M.さん

志望理由書は、情報収集のおかげで濃い内容のものを書くことができました。書きあがるたびに、先生が添削してくれたのでとても助かりました。小論文講座では教養を身に付けることができ、実際に現代文を読み解く力が上がりました。授業もわかりやすかったので、面白かったです。面接練習もとても厳しく行ってもらったので、本番は落ち着いて応答することができました。受験は本当に大変で、結果が出るまではつらいです。でも、ちゃんと努力して諦めずに頑張れば結果がついてきます。大学入学後は、城南推薦塾で身に付けた文章力を活かして、レポートを頑張りたいと思っています。

合格実績

国公立	お茶の水女子大、高知大、東京海洋大、東京都立大、新潟大、横浜国大
私立	慶應義塾大、国際基督教大、上智大、早稲田大、青山学院大、学習院大、中央大、法政大、明治大、立教大、関西大、神田外語大、北里大、駒沢大、順天堂大、成城大、成蹊大、専修大、同志社大、東洋大、日本大、明治学院大、立命館大　など

⚠ 推薦入試対策を高校でも可能に
合格率9割を超えるところも

高校でも総合型・学校推薦型選抜対策を重要視するところが出てきています。そうした学校の中には、教職員の負担を軽減しつつ、生徒個々の進捗に合わせて対応ができる映像教材を取り入れているところがあります。

城南推薦塾監修の『"進路・進学"探究─総合型・学校推薦型選抜対策─』は、映像とワークシートによって生徒が自主的に受験準備を進めていける映像教材です。入試制度やアドミッション・ポリシーへの理解、大学研究や情報収集の仕方、志望理由書の書き方、面接対策など、推薦入試で大学進学を目指す生徒の基礎となる力を映像講座で身に付けられます。

実際に導入校では、全体講習という形で本講座を活用し、受験方法の理解や考え方の意識づけを生徒全体に一斉にできたことで、教員の負担軽減と受験生全体の底上げにつながりました。

また、本講座は「進路探し」に重点が置かれ、全9講のうち約半数が自分の進路について探究する項目です。自身のこれまでの取り組み、興味・関心、課題意識を掘り下げて自分に適した大学、学部・学科選びまでを事例を基に解説しています。

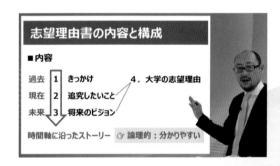

映像講座
"進路・進学"探究
総合型・学校推薦型選抜対策

1名あたり ¥5,500（添削あり）¥4,400（添削なし）
詳しくはお問い合わせください

進路探しから受験対策まで網羅

第1～4講	自分の進路について探究しよう
第5～7講	自分自身と自分の進路について文章で表現しよう
第8・9講	自分自身と自分の進路について口頭で表現しよう

学校の取り組みに合わせて
導入可能

こうした観点から、本講座を進路対策に取り入れて一定のレベルまで受験生の底上げを行った高校もあります。郁文館高校（東京都文京区）では、生徒たちの基礎知識や志望理由書の土台を映像講座で固め、その後の添削作業など個別対応の効率化が図られました。教員間の実感では、ほとんどの生徒が合格をラインの7割程度まで達していたそうです。実際に慶応大、早稲田大、国際基督教大、明治大など多数の大学に総合型選抜で合格者が出たと言います。

またある都立高校では、「総合的な探究の時間」で講座に取り組むことで、例年よりも早い段階から受験準備を行えた生徒もいたそうです。映像で強調されている大学研究の重要性など、プロ講師から説明を受けることで生徒の意識も変わっていきました。さらに、オプションで受けられる志望理由書等の添削指導を活用し、生徒一人ひとりの志望大学に合わせた対応ができたことで、受講者の9割が合格しました。

クラーク記念国際高等学校

クラーク国際で挑戦した経験が大学受験の武器になる

❀ 公立大合格 ❀

**広島キャンパス
総合進学コース 3年**

むらせ　はるか
村瀬遥加さん

周南公立大学 経済経営学部 経済経営学科
2023年度 総合型選抜 合格

高校1年の夏に起立性調節障害で全日制高校に通うことが難しくなり、クラーク国際へ転入しました。もともと大学進学希望だったのですが、休んだ分の勉強が遅れていたことが不安でした。しかし、クラーク国際で、多くの先輩たちが日々の学びをむにし、どんどん新しいことに挑戦する姿を見て、私自身も学びや活動に積極的になりました。

地元が大好きで、もともと地域活性に興味があったことから、探究学習での「マイナビキャリア甲子園」や業務提携のプロバスケットボールチーム「広島ドラゴンフライズ」での活動に特に力を入れました。地域の伝統や文化をもとにアイディアを出して商品開発をしたり、スポーツと地域の結びつきを実感したりと、地域活性への携わり方を学びました。これらの経験を活かして、地域活性と経済をより深く学べる大学を受験しました。

志望校選びでは、担任の先生に大変お世話になりました。一対一で話せるコーチングの時間以外にも何度も相談にのってもらいました。また、入試対策では、キャンパス長のアドバイスもいただきながら提出書類の作成を進め、1次の書類選考を通過できました。2次選考の小論文とグループワーク・プレゼンテーションでは、日々の授業でいろんな役割を経験していたので、臨機応変に対応することができました。

私のように、一つ秀でた大きな活動ではなく、いろんな活動を大切に続けることでも総合型選抜で大学を目指すことができます。ちょっとの好奇心に挑戦してみることによって、徐々にボランティアでうまく動けるようになったり、プレゼンで簡潔に伝えらえるようになったりして、自信がついたことが大きかったです。

2023年度 合格速報
(2023年12月20日時点)
学校推薦型選抜・総合型選抜

●国公立
横浜国立大学、和歌山大学、周南公立大学、室蘭工業大学
●私立大学
早稲田大学、慶應義塾大学、上智大学、国際基督教大学、明治大学、立教大学、中央大学、法政大学、関西学院大学、同志社大学、立命館大学など他多数

**指定校推薦枠は
国内約300大学、1,400枠以上!**
日本全国の1/3以上の大学から指定校推薦枠を獲得。クラーク国際の卒業生が進学先で積み重ねてきた"信頼の証"です。

▼ ▼ ▼ ▼ ▼ 生徒一人ひとりの を達成に導くクラーク国際 ▼ ▼ ▼ ▼ ▼

個別×協働学習・対面×オンラインで確かな学力をつける

自分に合ったペースで「わかる楽しさ」を実感し、着実に学力をつけるために、「個別×協働」「対面×オンライン」と組み合わせた授業を展開。活用する習熟度別学習教材は、中学校の復習から東大・京大・医学部受験レベルまで用意されています。

仲間との協働する学びが社会で通用する力を伸ばす

協働して学ぶ探究型の授業や活動が盛りだくさん! 思考力・表現力・判断力・主体性・多様性・協働性といった資質・能力が身につきます。探究学習で学んだことや取り組んだことが卒業後の進路に結びつきます。

コーチングで生徒の力を伸ばし、希望する進路に導く

クラーク国際では、生徒一人ひとりをコーチングでサポート! それぞれの進路目標に向けて、先生と一対一で学習計画を立てます。定期的にリフレクションを行うため、今取り組むべきことがわかり、主体的に学びを進めていけます。

School DATA　詳細は ▶P122、その他詳細はP46

◆**学習拠点** TEL(入学相談窓口):0120-833-350
【北海道・東北】深川、旭川、釧路、札幌(大通、白石)、苫小牧、仙台、秋田、いわき
【関東】埼玉(大宮、所沢)、千葉(千葉、柏)、東京(高田馬場、板橋、秋葉原、立川)、神奈川(桜木町、たまプラーザ、厚木)、前橋、桐生、宇都宮
【東海・北陸】静岡、浜松、名古屋、半田、岐阜、多治見、福井
【近畿】彦根、京都、大阪(梅田、天王寺)、兵庫(芦屋、三宮、西神中央、三田、豊岡、姫路)
【中国】広島、岡山、鳥取、米子、山口、周南
【九州・沖縄】福岡、熊本、鹿児島、北九州、久留米、大分、佐賀、長崎、宮崎、沖縄
【海外】オーストラリア、ハワイ、ニュージーランド

制服を着て毎日登校できる「週5日通学」、オンラインと通学を選べる「スマートスタディコース」、月1〜2回のスクーリングで高卒を目指せる「単位修得コース」から学び方を選べます。教員は「学習心理支援カウンセラー」の資格を取得しており、教育面だけでなく、心理面もサポートし、生徒一人ひとりの「夢・挑戦・達成」を導いていきます。

駿台甲府高等学校／駿台通信制サポート校

駿台グループならではのサポート体制

多くの難関大合格者を送り出してきた駿台のノウハウと学習コンテンツで大学受験学習をサポート

受験のプロ
進路アドバイザー
によるコーチング

ティーチング
アシスタント（TA）
による学習指導

最新受験情報の提供
進路ガイダンス

「AI・ICT学習」×「通学型講習」のハイブリッド

リモート教育で大きな学習効果を発揮する「AI・ICT学習」と駿台の実力講師陣による「通学型講習」を組み合わせ、基礎学力を確実に伸長し、大学入試に必要な実戦力・得点力を養成します。

駿台があなたの 基礎学力養成 から 大学受験対策 にフルコミット

駿台の実力講師による授業

通学型講習
（基礎力養成／大学受験対策）

学習の基礎となる高校教科書の内容を学ぶ基礎力養成講座と、大学受験レベルの内容を学ぶ大学受験対策講座を用意しています。

映像講座「駿台サテネット21」

駿台予備学校を代表する実力講師陣による、本格的な受験対策映像講座です。

設置教科（予定）	英 語	数 学	国 語 現代文・古文

AI・ICT学習

atama+
▶AIを使って最適学習

一人ひとり異なるつまずきの原因に合わせた学習メニューを提案する、AI（人工知能）を活用した教材です。

最短ルートを最速で、**偏差値UP**を実現。

中にはこんな実績も！

atama+での学習時間 わずか**19時間45分**で

マーク型模試 数学IA **43**点 ➔ **83**点

manabo
▶駿台生の満足度97%

スマホやタブレットがあればいつでもどこでも質問できるアプリが活用できます。

小さな疑問もその場で解決!

School DATA 詳細は▶P266,P494

◆四谷
TEL.03-6273-2931
東京都新宿区四谷1-17-6

◆千葉
TEL.03-6273-2931（四谷）
千葉県千葉市中央区富士見1-1-8
（駿台千葉校内）〈2024年10月開校予定〉

◆横浜
TEL.045-321-6715
神奈川県横浜市神奈川区鶴屋町3-31-1
（駿台横浜みらい館内）

◆名古屋丸の内
TEL.052-202-0280
愛知県名古屋市中区丸の内1-7-4
（駿台丸の内校内）

◆大宮
TEL.048-645-7711
埼玉県さいたま市大宮区桜木町2丁目277
大宮田中ビル5F

◆京都
TEL.075-691-8788
京都府京都市南区東九条上殿田町43
（駿台京都駅前校内）

予備学校で知られている駿台グループが運営する通信制高校、サポート校。予備学校のノウハウを活かした進学指導や学習指導はもちろん、最新のAI・ICTツールを活用して一人ひとりに最適化された内容で学習を進めていくことができます。
受験に精通した進路アドバイザーやTA（ティーチングアシスタント）からの個別サポートも受けられ、学習を進めやすい落ち着いた環境も魅力です。

中央高等学院

全国トップの合格実績！中央高等学院の大学入試コース

中央高等学院は、全国の通信制高校・サポート校の中でトップの進学実績があります。大学入試コースでは、高校卒業だけでなく、進路決定を重視。長年の受験指導のノウハウを活かし、大学・短大・医療系専門学校の志望校合格に向けて、受験校・学部の選定から合格までをトータルにサポートします。

POINT1

**分かるところから着実に。
学力に応じたレベル別授業**

レベル別授業・少人数クラス形式の授業により、基礎のキソから着実にレベルアップできます。授業終了後も個別補習で学習のとりこぼしをなくします。

POINT2

**全員合格が基本！
独自の合格支援制度**

「レベル別授業」「個別指導」「特別講習会」「進路指導・個別面談」を繰り返し行うことで、総合力をアップ。中央高等学院ならではの手厚い指導により、全員を志望校合格へ導きます。

春・夏・冬期講習	全国公開模擬試験
進路相談会	三者面談個人面談

POINT3

**入試スタイルに合わせた
合格バックアップ体制**

志望大学に合わせ、多彩な講座や講習会を開設。模擬面接指導や小論文特別講座、推薦に有効な資格取得など、入試スタイルに合わせた対策も万全です。私立文系・理系から国公立文系・理系、医歯薬系まで、一人ひとりの入試形態に合わせ、柔軟にフォローします。

面接対策授業	小論文対策授業
事前課題対策	英検対策授業

「一般選抜」対策

志望する大学・学部の受験科目やレベルに合わせて受講科目を選べます。また、途中で文理選択を変更することも可能です。豊富な知識と経験を活かし、大学ごとの出題範囲や傾向にしぼって、無駄を省いた効率の良い受験勉強をサポートします。

「学校推薦型選抜」「総合型選抜」対策

志望校選びから出願手続きまでトータルにサポート。模擬面接指導では緊張せずに本番に挑めるよう、小論文指導は「慣れ」と「コツ」をつかんで的確にまとめられるよう、個別に対応しながら合格へと導きます。

Teacher's comment

**「全員合格」を合言葉に
全力でサポートします**

「大学入試コース」の魅力は、長年の経験から培ったノウハウと知識を活かしたきめ細やかな受験指導です。学校選びから合格まで、生徒一人ひとりを完全にサポートするので、大学受験の知識のない方も安心です。入試スタイルに合わせて、模擬面接や小論文指導も個別に行うなど対策も万全です。「全員合格」を合言葉に全力で生徒をサポートしていきます。

「大学入試コース」担当
龍崎 雄太先生

卒業生の合格実績

◆国公立大学
一橋大／筑波大／東京学芸大／東京藝術大／電気通信大／東京都立大／東京海洋大／防衛医科大学校／北海道大／横浜国立大／横浜市立大／名古屋大／広島大／佐賀大　ほか多数

◆私立大学
早稲田大／慶應義塾大／東京理科大／ICU（国際基督教大）／上智大／立教大／青山学院大／中央大／明治大／法政大／学習院大／成蹊大／成城大／日本大／東海大／中京大／関西大／関西学院大／同志社大／立命館大／南山大　ほか多数　※その他、短期大学、専門学校など

School DATA　詳細は▶P500

◆吉祥寺本校
〒180-0004　東京都武蔵野市吉祥寺本町2-21-8
最寄り駅：JR中央線、京王井の頭線「吉祥寺駅」徒歩5分
TEL：0120-89-1146
その他の校舎：池袋校、渋谷原宿校、横浜校、千葉校、さいたま校、名古屋本校

高校卒業・高卒認定・大学入試・就職支援のトータルサポート校です。進学は全国の通信制高校、サポート校の中でトップの合格実績。「大学入試」「ライフサポート」「介護福祉」などで将来を見据え、また渋谷原宿校で開講している中央アートアカデミー高等部では、サッカーやマンガ、ネイルなどについて専門的に学ぶことができます。また、中学校から通える「中学生コース」もあります。

トライ式高等学院

トライ式高等学院は通信制高校の中で大学進学率No.1※1! 完全マンツーマンで不登校解決から大学進学へ!

120万人の指導実績を持つ「家庭教師のトライ」で長年にわたり培ってきた受験対策のノウハウとプロ講師によるマンツーマンサポートで、大学合格まで導きます。大学進学を目指す「特進科」では、他の塾や予備校に通うことなくトライ式だけで、苦手科目の克服から志望校対策まで一貫して対応。志望校が決まっていない場合は、まず基礎学力をつけていき、進路指導を行い志望校決定後から志望校対策を行います。生徒一人ひとりの志望校に特化したオーダーメイドの学習計画で、夢の実現をサポートいたします。

※1：大学進学率とは、進路決定者のうち大学・短大・専門職大学に合格したものにおいて。在籍生徒3,500名以上の通信制高校・サポート校において進学率全国1位。
2023/3/23 産経メディックス調べ。トライ式高等学院は通信制高校サポート校です。

▼▼▼ トライ式の大学受験対策 ▼▼▼

1 授業は完全マンツーマン! 自由に選べる学校生活

ライフスタイルに合わせて「通学型(週1～5日)」「在宅型(在宅での訪問学習)」「オンライン型」を選べ、通学スタイルはいつでも変更できるので無理なく続けられます。

2 カウンセラーによる 進路サポートも充実

教育支援カウンセラー(資格所有職員)が、自分に合った学校生活や勉強のやり方、進路の相談に乗ります。志望校や進路に合わせてカリキュラムを変えることも可能です。

3 最新のAI技術を 駆使した学習サポート

苦手単元を10分であぶりだす「AI学習診断」や、自分に必要な学習をナビゲートしてくれる「トライ式AI教材」、自宅学習の質を高める無料の映像授業「Try IT」など、学力を上げる様々なサービスをご用意しています。

2023年度進学実績

大学進学率 68.7% 学校推薦型・総合型選抜入試での合格者も多数!

生徒一人ひとりの進路に合わせて、受験のプロがマンツーマンでサポート。さらに、「人」×「デジタル」で学習効率を最大化させて高い大学進学率を実現しています。

教育のプロ トライさん

トライ式	68.7%!	
一般的な通信制高校	24.1%※	2.9倍!

※出典:文部科学省「学校基本調査」

3年間で 5,592名 が合格!

東大・京大ほか国公立	192名
早稲田・慶應・上智・東京理科	87名
GMACH関関同立	379名

2023年度入試合格実績

慶應義塾大・早稲田大・上智大・青山学院大・同志社大・立命館大・お茶の水女子大・筑波大・広島大・大阪公立大ほか多数

Interview ▶ 先生の支えと自分に合った準備で叶えた大学進学!

飯田橋キャンパス
立教大学文学部史学科
2024年度総合型選抜入試合格
佐藤 駿さん

高校1年生の夏にトライ式に転校し、大学受験についてしっかりと考えるようになったのは2年生からです。最初は一般選抜の対策を中心にしていましたが、3年生の7月に参加した推薦入試対策合宿を機に、総合型選抜での受験を決めました。2年生の時に3か月間イギリスに留学していたこともあり、幸い、英検2級とIELTS4.5を持っていたため、

志望校の出願条件をクリアしていました。試験までの2か月間はマンツーマンサポートで小論文と面接を中心に対策。特に時事問題の対策授業は、社会問題と自分の考えを照らし合わせて整理するきっかけにもなり、受験本番で役立ちました。
受験勉強で気持ちが落ち込んでしまった時には、教育支援カウンセラーの資格を持つ先生に相談して

いました。カウンセリングの時にかけてもらった励ましの言葉のおかげで受験を乗り越えられたので、本当に心強かったです。
トライ式は、自由に授業が選択できるので、やりたいことがある人に本当におすすめです。自分に合ったペースで勉強を進めながら大学進学が叶えられます。

School DATA 詳細は▶P506、その他詳細はP42へ

全国に123ヶ所(2024年4月現在)のキャンパスがあります
◆東京本部 飯田橋キャンパス
〒102-0072 東京都千代田区飯田橋1-10-3
JR・東京メトロ・都営各線「飯田橋駅」より徒歩5分
0120-919-439 (全国共通お問い合わせ先)

「家庭教師のトライ」が運営する通信制高校サポート校。全国どこでもマンツーマンサポートが受けられます。「不登校の本質的な解決」「基礎からの大学進学」「10年後の自分をイメージさせるキャリア教育」を目指しています。不登校解決からの大学進学はもちろん、各種ゼミ、学校行事などイベントも盛りだくさんです。

ワオ高等学校

ワオ高校は「好き×学び」でミライを決める。学校推薦型/総合型選抜で大学を目指す!

従来型の受験勉強に疑問を感じている
すべての中高生の皆さんへ

Who are you?

大人になって社会に出たとき
"自分が何者で、何をやりたいのか。"
が問われます。
—自分が何をやりたいのかわからない
—何を大切にしているのかぼんやりしている
という人は多いと思います。

それは、学んでいることが社会と
どうつながっているかが見えなかったり、
多様な価値観に触れながら対話する機会が
少ないからです。

日本で唯一哲学をはじめとする教養を
必修で学べるワオ高校だから
対話を通じて「自分軸」を形成することができます。
一緒に、自信をもって進学を決めていきましょう!

ワオ高校教職員一同

自分にあった進路選択をした1期生たち

岡山理科大学
教育学部　初等教育学科
M.F.君（岡山県）
中学校の先生に、面白い学校があるよと紹介され、高1よりワオ高校へ。教養探究での哲学の学びが面白くなり、哲学部を設立し初代部長に。哲学の面白さを小学校の教員になって伝えていきたい。

徳島文理大学
人間生活学部　心理学科
H.A.さん（高知県）
高1の12月にワオ高校へ転入学。お世話になった養護教諭に憧れ、心理学を学び、養護教諭として、自分と同じ悩みや苦しみを持つ生徒の支えになりたいと進路を決めた。

関西外国語大学
外国語学部　英語・デジタルコミュニケーション学科
M.K.君（奈良県）
高2の4月に中高一貫校より転入学。オンラインゲームの同時通訳ができるように、英語力はもちろんデジタルスキルや高いコミュニケーション能力を身に付けたいと思い、日々英語の勉強をし合格できた。

桜美林大学
航空・マネジメント学群　航空管制コース
Y.A.さん（東京都）
ヨーロッパにバレエ留学をしながらワオ高校へ。留学中、ロシアの軍事侵攻が起こり、航路の安全は当たり前ではなく、それらを支える仕事に就きたいと思い、航空管制官として航空業界で活躍したいと決意。

さらに 約50年の教育実績のあるワオグループが母体 全国47都道府県に展開する「個別指導Axis」が共通テストから難関大学までサポート!

国公立大学	私立大学
64名前年比	
1,960名合格	**6,308**名合格
東大**17**名　京大**32**名	早慶上理 **169**名　関関同立 **811**名
国公立大医・医**102**名	MARCH **241**名　産近甲龍 **708**名
200以上医学部医学科 北大**12**名　東北大**43**名	
名大**9**名　阪大**53**名　九大**49**名	

ワオ高生限定割引受講制度アリ!

ワオグループ全体の2023年度合格実績

さらに 1期生より海外大学へ合格&進学! ワオ高校・留学コース(WAO Global Academy)では留学サポートと英語トレーニングのWサポート!

California State University Chico
California State University Channel Islands

K.M.君（岡山県）
高1の4月よりワオ高校へ。オーストラリア短期留学に参加し、1月より1年間の長期留学へ。より多様な価値観に触れたいとアメリカへの進学を決める。
カリフォルニア州立大学に合格。

その他、1期生合格実績（速報）
Oregon State University、University of Hawaii at Hilo、University of Hawaii at Manoa、El Camino College　他

School DATA 詳細は ▶P384、その他詳細はP50へ

〒700-0826 岡山県岡山市北区磨屋町7-2
TEL：0120-806-705
URL：https://www.wao.ed.jp/
＊本校は岡山県にありますが、全国、どの地域にお住まいの方でもご入学できます。

能開センター・個別指導Axisのワオ・コーポレーションがつくったオンライン高校です。教養探究科目（哲学・科学・経済）をベースに、生徒が自分の「好き」を自由に究めることができる教育を展開。大学の総合型選抜に強いカリキュラムを整えているほか、高校長期留学や海外大学進学、起業の夢を叶えるプログラムも提供しています。

どんなことができるの？
通信制高校の
eスポーツ

eスポーツに取り組める通信制高校はたくさんあります。「学校でeスポーツができるっ
てどういうこと？」と思う方もいるかもしれませんが、ただゲームをするのではなく、コー
スや講座授業、部活動など、しっかりと講師や顧問がついた上で実施されています。
今回はそんな通信制高校のeスポーツの学びや取り組みについて紹介します。

世界的に人気なeスポーツ
市場規模は年々増加

　日本だけでなく、世界的に広がりを見せるeスポーツ。世界の市場規模は約1兆2000億円（2020年時点）で、日本においても約125億円の市場規模があり、年々増加しています。

　eスポーツは年齢や性別に関係なく、誰でも楽しめるのが大きな魅力です。そのため、プロプレイヤーは低年齢化が進んでおり、10代20代が活躍しており、大きな舞台で高額な賞金を獲得する姿に憧れを抱く中高生も少なくありません。

　コロナ禍においても人気は高まり続け、現在は有観客のオフラインイベントで直接プロゲーマーの試合を観戦できたり、コミュニティイベントも開催。ゲームをプレイするだけでなく、試合観戦でファンを獲得しているのも大きな理由の一つです。

　さらに、ストリーマーと呼ばれるゲーム実況者が行うYouTube配信を機に、eスポーツを始める、もしくは観戦するようになる人も増えています。実際に、ゲーム実況者とプロゲーマーのコラボ大会も開催されるなど、人気の火付け役ともいえるでしょう。

単位：百万円
million yen

日本eスポーツ市場規模
Japanese Esports Revenue Growth

年	金額
2019	6,118
2020	8,354
2021	9,868
2022	12,536
2023	16,219
2024	19,454
2025	21,781

出所：一般社団法人日本eスポーツ連合

高校でeスポーツができるって
どういうこと？

　こうした背景から、中学・高校で部活動やコースとしてeスポーツを取り入れる学校が増えています。しっかりとしたカリキュラムの基で授業として行われたり、顧問や外部講師の下、大会で好成績を目指して真剣に活動しているところもあります。中には、eスポーツをきっかけにPCスキルを磨いたり、ゲーム上で社会課題の解決方法を考える取り組みも生まれています。

　eスポーツを通した次世代教育に力を入れているNPO法人NASEF　JAPANに加盟する学校も増えており、全国に513校（2023年12月時点）もあります。NASEF　JAPANでは、「部活動マニュアル」を策定し、学校で教育活動としてのeスポーツ実施をサポート。一般的なゲームプレイとしてでなく、生徒の教育につなげるための取り組みも行われています。

通信制高校なら高卒資格とeスポーツの両立が叶う

通信制高校は、全日制高校に比べて高校卒業のための学習負担が軽く、自由に使える時間がたくさんあります。その特徴を活かして、eスポーツに取り組む学校が増えています。

また、コースや講座授業としてeスポーツを学ぶところは、カリキュラムがしっかりと組まれています。そのため、学校ごとに学べるゲームタイトルが違っていたり、環境や講師の方も様々です。何のゲームがしたいのか、どんな学び方が合っているのかを各校の取り組みを見て考えてみてください。

高校卒業に必要な74単位分の勉強

$$+\alpha$$

eスポーツを学ぶ

こんなやり方も選べる！

eスポーツ中心の
学校生活を送りたい！
学校に通っている時間で
eスポーツのスキルを学ぼう

勉強とeスポーツの
時間を分けたい。
部活動で放課後に
活動できたらいいな。

週1回くらい
eスポーツができたらいいかな。
ゲーム好きな友達が
できたらうれしい

充実した環境でeスポーツに取り組める

eスポーツの学び方は、専門コースや選択授業、部活動と各校それぞれに違いがあります。全国大会優勝やプロを目指すレベルでスキルや知識を学べるところは、専用のeスポーツ施設やハイスペックなゲーミングPCを準備し、プロチームと連携して講師をしてもらったり、元プロ選手が指導をしていたりします。

しっかりとした環境の中で取り組むことで、目標をもって技術を身につけられます。また、時間や体調管理もできるようになり、集団行動やコミュニケーション能力も身についていきます。

専門コース

学校生活をeスポーツ中心に取り組み、大会出場やプロを目指せる

選択授業

体験的にやりたい人も、気軽に学べる。本格的な授業を行う学校もある

部活動

放課後や空いた時間に顧問の先生から指導を受けながらeスポーツに取り組む

関連したいろいろなスキルを学べるところも！？

最近では、eスポーツだけでなく、関連した様々な授業に取り組んでいる学校が増えています。eスポーツはPCを使うため、プログラミングやofficeの使い方、動画・画像の編集スキル、世界中の選手とプレイするための英語力、メンタルトレーニングなどをコースの一環として学びます。プロになる、ならないにかかわらず卒業後に活かせるスキルを身につけられます。

eスポーツ		
◎ゲームスキルの向上	◎実況・解説スキル	◎ストリーマースキル

＋

PCスキル	編集スキル	英語力	メンタルトレーニング
プログラミング、Word 、Excel、PowerPoint など	動画編集、画像編集、Webデザインなど	海外選手とも戦えるような英語力	メンタルコントロールスキルを養う

強豪校が多数！全国大会優勝も

eスポーツ大会の良いところは、チーム戦であっても人数がそろえば同じ高校から複数のチームが出場できること。実際に、出場チームが出場校を上回っている大会ばかりです。

高校生を対象とした大きな大会としては、夏に行われる「STAGE:0」、2024年には新たに「NASEF JAPAN 全日本高校eスポーツ選手権」が開催されます。

2023年に5大会目を迎えたSTAGE:0は、2,134チーム・7,031名と日本一の出場者数を誇る大会です。2023年には、「クラッシュ・ロワイヤル」「フォートナイト」「リーグ・オブ・レジェンド」「ヴァロラント」の計5タイトルを実施。

2024年2月に決勝が行われたNASEF JAPAN 全日本高校eスポーツ選手権は、「ロケットリーグ」「リーグ・オブ・レジェンド」「フォートナイト」「ヴァロラント」の4タイトルで開催。通信制高校からの多くの学校が参加しました。

こうした全国大会で優勝や上位入賞校の中には、多くの通信制高校が名を連ねています。昨年まで開催されていた全国高校eスポーツ選手権で優勝経験のあるクラーク記念国際高校、2023年度のSTAGE:0でリーグ・オブ・レジェンドとヴァロラントで優勝したルネサンス高校グループ、全国高校eスポーツ選手権で4連覇を果たしたN/S高等学校などがあります。学校で身につけたスキルや知識を大会で披露できる場所として、多くの生徒の目標となっています。

成美学園高等學校

千葉県初！

プロeスポーツ選手を
目指しながら高校卒業資格を
取得できる。

神奈川県、群馬県
栃木県にも開校！

世界へ羽ばたけ！

高校卒業資格の取得とeスポーツ活動の両立

成美学園eスポーツ校は、当学園に入学し、高校卒業資格取得の為のカリキュラムを行いながら、放課後、eスポーツに関わる様々なカリキュラムを行う【自分の好きな事を最大限に伸ばしながら、3年間で高校卒業資格】が取得できるコースです。

同じ熱意を持った仲間たちと、同じ夢に向かって走り続ける。他の高校生活では絶対に味わえない学びと成長が君を待っています。

HPはこちらを
check!▼

多彩なカリキュラムで広がる自分の未来

eスポーツ校では、プロのeスポーツ選手を目指せるのはもちろんのこと、将来社会に出て必要不可欠なパソコンスキルも3年間で学ぶことができます。プログラミングや動画編集、ExcelやWordなどの専門スキルや、メンタルトレーニングの授業や英会話など将来自分の価値になる学びが高校生活を通して得ることができます。

3年間で学べるスキル

● プログラミング ● 動画編集
● 動画配信 ● チラシデザイン
● Excel ● Word ● PowerPoint
● 英会話 ● メンタルトレーニング
● イベント企画
● 実況・解説(ストリーマー)

School DATA　詳細は p202、p486、その他詳細は p36

成美学園高等學校

●勝浦本校
〒299-5241
千葉県勝浦市松部1000-1

成美学園 高等部

●蘇我校
千葉県千葉市中央区今井2-10-2 第二山一ビル3F
TEL:043-312-0808

●松戸校
千葉県松戸市日暮1-1-6 湯浅ビル4F
TEL:047-382-5111

●前橋校
群馬県前橋市新前橋町25-1 うちでビル3F
TEL:027-212-4210

●横須賀校
神奈川県横須賀市大滝町1-9 品川ビル402
TEL:046-874-9004

●茅ヶ崎校
神奈川県茅ヶ崎市新栄町1-14
TEL:046-740-5663

●栃木校
栃木県栃木市倭町6-20ラポルト倭 1F.
TEL:0282-25-5488

●宇都宮校
栃木県宇都宮市本町4-12
TEL:0286-12-6513

▶特集1 注目の学校

進学したい 好きなことに打ち込みたい
自分のペースで学びたい

通信制なら、その希望を叶えられる!

選りすぐりのおすすめの学校を集めました!

学び方や通い方など、その学校の特長を知って、
あなたの"理想の学校"を見つけてみてください。

ここで学びたい!

広がる新しい学び場

多様化する生徒たちの個性に合わせ、各校では
様々な学びを提供しています。「こういう学校が
知りたかった!」と、通信制高校・サポート校ならで
はの魅力を発見できるかもしれません。

N高等学校・S高等学校

P34

成美学園高等學校

P36

学校法人 つくば開成学園

P38

おおぞら高校

（屋久島おおぞら高等学校＋おおぞら高等学院）

P40

トライ式高等学院

P42

N高等学校・S高等学校

生徒数日本一！
KADOKAWA・ドワンゴが創る
新しいネットの高校

KADOKAWAとドワンゴがインターネットと通信制高校の制度を活用して創る新しいネットの高校「N高等学校（N高）」と「S高等学校（S高）」。両校合わせて26,197名（2023年9月末時点）と生徒数日本一の高校です。PCやタブレット、VR機器など最新のICTツールを使い、高校卒業資格に必要な学習から将来につながる様々な学びを可能に。IT×グローバル社会を生き抜く"総合力"を身につけます。

ライフスタイルに合わせて選べる5コース

▶ ネットコース

全国どこからでも好きな時にネットで学習。自由な時間を得ながら効率よく高卒資格を取得

▶ 通学コース

キャンパスに登校し、プロジェクト学習を対面で実践。通学日数など学習スタイルが選べる

▶ オンライン通学コース

好きな場所でネットの学び場に集い少人数のグループワークで主体性と行動力を身につける

▶ 通学プログラミングコース

IT業界で活躍できる人材育成を目的として、プログラミング学習に特化。専門スキルを磨く

2024年4月 個別指導コース が開設！

生徒それぞれの学習ニーズに合わせた個別指導を実施。「基礎学習」「総合進学」の2つのクラスで生徒それぞれの目標達成をアシストします。

3つの特長

①1対1でしっかりサポート！
豊富な教材で幅広い学習レベルの指導に対応します。

②気兼ねなく相談・質問ができる！
学習の進捗管理も講師と二人三脚で安心

③学びやすい・続けやすいを叶える
授業は13時〜17時に実施、通学頻度やオンラインも選べる

興味がある講座を自由に好きなだけ取り組める！

ICTツールを使って様々な学びを行うN/S高では、高卒資格の必修授業（映像学習・レポート）がオリジナル学習アプリ「N予備校」を使っていつでも、どこからでもネットで学べます。さらに「中学復習講座」「大学受験対策」や「プログラミング」「動画クリエイター」など10,000以上の教材から興味のあることを好きなだけ学習可能！　やりたいことが決まっている人は思う存分好きなことに取り組め、探している人はたくさん試して自分の好きや得意を見つけられます。

人気講座をピックアップ！

- ●プログラミング
- ●語学（英語・中国語）
- ●大学進学
- ●イラスト・コミック
- ●Webデザイン
- ●声優
- ●動画クリエイター
- ●クリエイティブ・エンタテインメント

複数のメンターが学校生活をサポート

生徒が主体的に考えて行動できるように、所属コースにかかわらず全ての生徒に複数のメンターがつきサポート。卒業（高卒資格取得）するまで、生徒の相談内容によって最適なメンターたちがサポートするので卒業率も98％※で安心。

※1・2年次に必要単位を取得し、3年次を迎えた5期生の卒業率

ネットで仲間と楽しめる！ ネット部活

インターネットの仕組みを活かして主にオンラインで活動を行う「ネット部活」。部員数約3,000人の美術部、プロフェッショナルが顧問を務める起業部や政治部、全国大会4連覇の実績もあるeスポーツ部など多種多様な部が活動しています。ネット上での交流だけでなく、イベントなどリアルの場で活動することもあります。

その他▶投資部、ダンス部、研究部、音楽部、コンピューター部、クイズ研究会、人狼部、囲碁部、将棋部 etc.

これからの社会を生き抜く最先端の教育を中学生、大学でも

N中等部

「ものづくり」と「プロジェクト学習（PBL）」などの体験を通して、これからの社会を生き抜くための総合力を身につけるプログレッシブスクール。中学生からN/S高の多様なコンテンツを利用でき、最先端の教育環境の中で、自分の興味を広げて進路設計ができます。ネットコースと通学コースには、全国から約1,400人（2023年10月）が在籍。

※N中等部は学校教育法第一条に定められた中学校ではありません。

ZEN大学（仮称・設置認可申請中）

変化の激しい社会で活躍するための素養や教養を身につけられる"日本発の本格的なオンライン大学"として2025年開学予定。オンラインの学びだけでなく、リアルで実施される課外プログラムでは、実社会で活躍できるスキルを身につけられます。高校卒業時からの入学を想定した通信制大学を目指し、ネットを駆使して最先端の学びを提供します。

※ZEN大学（仮称）は設置認可申請中のため、掲載している内容は今後変更の可能性があります。

School Data

学習スタイル

●ネットコース　●通学コース　●オンライン通学コース　●通学プログラミングコース　●個別指導コース（2024年4月より）

学ぶ場所

沖縄伊計本校（N高）、茨城つくば本校（S高）
通学コースキャンパス：北海道（札幌）東北（仙台、岩手盛岡、山形、福島郡山）関東（御茶ノ水、秋葉原、東陽町、蒲田西口、代々木、渋谷、池袋、立川、武蔵境、町田、聖蹟桜ヶ丘、横浜、溝の口、川崎、相模原橋本、平塚、本厚木、大宮、川越、川口駅前、春日部、千葉、海浜幕張、松戸、柏、水戸、取手、つくば、群馬前橋、高崎、群馬太田、宇都宮、JR宇都宮）東海（名古屋、名駅、東岡崎、静岡、浜松、岐阜、四日市）北陸・甲信越（新潟、長野、金沢）近畿（天王寺、梅田、心斎橋、堺東、神戸、姫路、西宮北口、京都、京都山科、奈良西大寺）中国・四国（広島、岡山、高松、松山）九州・沖縄（北九州、福岡、博多駅南、久留米、鹿児島、長崎駅前、那覇）※2024年4月時点

お問い合わせ

0120-0252-15
受付時間：平日10:00〜19:00

説明会・相談会・オープンキャンパスも実施中！
詳しくはこちらから！▶ https://nnn.ed.jp/form/

学校HPはこちら

▶ 学校紹介はP454（N高）、P160（S高）へ

成美学園高等學校

15歳からの独立宣言
認めて、引き出して、応援する

15年超にわたり不登校経験者や軽度の発達障がいのある生徒など、さまざまな生徒を支援してきた成美学園グループ。当学園には、中学時代学校になじめなかったなど、さまざまな生徒がいますが、9割以上の生徒が毎日元気に登校しています。そんな充実のサポート体制を誇る成美学園が、新しい学校をつくりました！

2023年4月開校！ 成美学園高等學校

一人ひとりの夢を応援 × 新しい自分を発見

得意や「好き」が見つかる
興味のあるコース・クラブを
自由に選択

安心のサポート体制
少人数制（15名〜25名）で
担任の先生がしっかりサポート

海が見える校舎
自然豊かな環境で充実した
学校生活

成美学園
ゴルフ部総合プロデューサー
谷原 秀人さん

成美学園
女子硬式野球部名誉監督
パンチ佐藤さん

╲ 女子野球部・ゴルフ部新設！ ╱

スポーツコースでは、現役のプロが丁寧に指導。女子硬式野球部名誉監督には元プロ野球選手のパンチ佐藤さん、ゴルフ部総合プロデューサーにはプロゴルファー谷原秀人さんが就任。初心者も大歓迎！

選べる多彩なコース

全日制通学科では、午前中は通信制高校のカリキュラムに沿った授業、午後はコース・クラブ活動を行います。多彩なコース・クラブ活動を通じて、あなたの持ち味を伸ばしていきましょう！

「好き」を極める！
音楽芸術コース

音楽クラブ／ダンスクラブ
映像クラブ（YouTubeなど）
美術・イラストクラブ

現役のプロが直接指導！
スポーツコース

女子野球クラブ
スケボークラブ／ゴルフクラブ
eスポーツクラブ

早慶上智・GMARCH、国公立も目指せる！
大学進学コース

徳川塾クラブ

自然豊かな環境でのびのび！
自然体験コース

農業クラブ
海洋体験クラブ

自分だけのキャリア形成！
起業支援コース

起業育成クラブ
わんわんクラブ
パティシエクラブ

※上記コースは開設予定であるため、変更の可能性があります。

ほかにも、自分の可能性を広げるチャンスがたくさん！

 ☑ **資格取得に挑戦**

漢字検定 英語検定 パソコン検定 などなど…
将来に役立つ資格を在学中に取得！

☑ **楽しいイベントも！**

成美学園ちゃんねるはこちら！▶

成美学園のリアルがわかる
「**成美学園チャンネル**」もcheck！

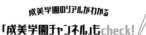

成美学園ちゃんねる

文化祭

ダンス・バンド祭

体育祭

School Data

 学習スタイル
●成美学園高等學校（勝浦本校）
全日制通学科：午前中は通信制高校のカリキュラムに沿った授業、午後はコース・クラブ活動を行います。
一般通信科：限られた日数のスクーリングのみの登校でOK。
●成美学園高等部（教育連携施設／千葉県、茨城県、栃木県、群馬県、埼玉県、神奈川県に25校舎）
普通科／個別科／音楽科／eスポーツ科／受験科／通信科／オンライン科 ※普通科・個別科・音楽科は朝10時から登校できます。

 学ぶ場所
勝浦本校
〒299-5241
千葉県勝浦市松部1000-1

教育連携施設
●千葉県（茂原校、かずさ校、成田校、蘇我校、館山校、旭校、八千代校、松戸校、市川校）
●茨城県（取手校）●栃木県（小山校、足利校、那須塩原校、真岡校、鹿沼校、宇都宮校、栃木校）
●群馬県（伊勢崎校、館林校、前橋校）●埼玉県（久喜校、熊谷校）
●神奈川県（秦野校、茅ケ崎校、横須賀校）●オンライン校

お問い合わせ
0470-64-4777
URL https://k-seibi.ed.jp/

学校HPはこちら

▶学校紹介はP202、P486、その他詳細はP31へ

学校法人 つくば開成学園

**生徒の笑顔と進路実現を
大切にする学校**

学校生活に不安のある人、充実した高校生活を送りたい人、進路実現を目指したい人。
学校法人つくば開成学園は生徒一人ひとりの視点に立つ通信制高校として、入学するすべての生徒たちを支え、すべての生徒が社会に進んでいくためのコミュニティ(共有の場)となることを目指しています。

ここが決め手！
つくば開成学園の3つのポイント!!

Point 1　伸びる進学実績

実績学力に合わせたレポートと学習指導。授業は個別指導と少人数ゼミ、つまずきのポイントは人それぞれ、一人ひとりの得意、不得意を把握し、ゆっくり、じっくり進むから安心。あなたの「わかった」を積み重ねて、進路実現を目指しましょう。

Point 2　いつでもどこでも！タブレット学習

Windowsタブレットで、レポートの作成・提出や、英会話、予備校の授業など、いつでもどこでも学ぶことができます。
※未導入の学校・学習センターもあります。
　詳しくはお問い合わせください。

Point 3　全国に広がる学習拠点！各校のさまざまな特色

学校法人つくば開成学園は、全国各地に学習拠点があります。例えば、難関大学の進学に力を入れたコースがあったり、興味のある分野を専門的に学べたり。それぞれの学校に特色があり、生徒の多様な個性と進路を大切にしています。

それぞれの学校がもつ特色

【 つくば開成高等学校 】
個人に合わせた受験指導
進学コースで難関大学へ

大学進学に必要な科目を登録して学べる「進学コース」のなかには、希望大学合格の実力を培うために、より個人の学力に合わせた緻密な指導を行う「特進コース」が設置されており、進学コース受講料が免除になるなどの特典があります。

【 つくば開成学園高等学校 】
マイペースで学習、
安心の学びやすさと通いやすさ

週5日毎日登校や、週1日だけの登校もOK（年間スケジュールによります）。学習センターには毎日4〜8人の先生がいるので、いつでも学習指導を受けることができます。9時〜16時までの時間は自由に登下校が可能。電車やバスなどの時間に合わせて登校し、必要な学習が終わったら下校することもできます。

辰野本校新設
◎コミック・イラスト
◎3Dプリンター演習

【 京都つくば開成高等学校 】
あなたのやってみたいに応える!
選べる専門コース

希望者は普通科目に加えて、進学やIT、調理製菓、芸能マルチ、ドギー、メカニック、アート、保育、美容、ダンスなどの専門コースを選んで学ぶことができます。3年間連続で1つのコースを学んだり、1年ごとにコースを変更して学ぶこともできます。

【 大阪つくば開成高等学校 】
専門コースやセレクト科目で
興味のある分野を学べます

希望者には普通科目に加えて、9つの専門コースや8つのセレクト科目から専門授業が受けられます。専門コースでは、3年間同じコースを取ることや毎年変更することもできます。セレクト科目は専門コースとの併修やセレクト科目のみの受講も可能です。両者ともに自分の可能性を広げられる内容となっています。

選べる専門コース
進学、IT、ダンス、声優、ミュージック、美容、イラスト、調理、グラフィック

選べるセレクト科目
英会話、コミック・イラスト、ボーカロイド、演技、動画作成…他

【 つくば開成福岡高等学校 】
落ち着いた空間の少人数クラス

進学を目指す人や積極的に学習したい人のために、おちついた環境で勉強に専念できる少人数制クラスがあります。
また、8つの系統別学習(語学系・情報系・デザイン創作系・写真映像系・心理系・理科系・社会学系・自己表現系)や社会体験学習などで自分の興味・関心を広げることができます。

【 つくば開成国際高等学校 】
自由な登校スタイル
一人ひとりに合った個別指導

自由な時間に登校できるスタイルで、アルバイトや趣味との両立、勉強に集中したい、学校になれることから始めたいなど、求めるニーズに合わせた形で無理なく卒業を目指せます。また予備校講師が行う大学受験対策授業や習熟度に合わせた個別指導もあるので、一人ひとりに合った学びが受けられます。

School Data

学習スタイル

▶ **つくば開成高校**
生徒の希望に応じ、週1〜5日間で登校日数や時間を選べます。「興味・関心」を発見するための多彩な講座が体験できます。

▶ **つくば開成学園高校**
月2〜毎日まで登校は自由。すべての学習センターがスクーリング会場なので、本校まで行く必要はありません。

▶ **京都つくば開成高校**
普通科目はクラス制(月水金登校)、フレックス制(自由に履修登録した科目を受講)、土曜選択制から選べます。プラス、希望制のコース専門科目(主に火木開講)を選択できます。

▶ **大阪つくば開成高校**
月日や時間により、タイプ別のクラス編成をしているので、希望に応じたコースを選択できます。

▶ **つくば開成福岡高校**
週1〜5日間登校する日数や時間により、タイプ別のクラス編成をしているので、希望に応じたコースを選択できます。

▶ **つくば開成国際高校**
週1日の登校でOK。一人ひとりの習熟度に応じて授業や個別指導も毎日行っています。全員配布のタブレットで自宅作業も可能で、オリジナルの時間割を組むことができます。

学ぶ場所

〒300-1211
茨城県久久市柏田町3315-10

〒399-0428
長野県上伊那郡辰野町伊那富3305-94

〒600-8320
京都府京都市下京区西洞院通七条上る福本町406

〒530-0043
大阪府大阪市北区天満2-2-16

〒810-0001
福岡県福岡市中央区天神5-3-1

〒900-0022
沖縄県那覇市樋川2-5-1

お問い合わせ

029-872-5532

0266-75-0581

075-371-0020

06-6352-0020

092-761-1663

098-835-0298

学校HPはこちら

▶ 学校紹介は P164、P276、P324、P336、P424、P458へ

おおぞら高校

（屋久島おおぞら高等学校＋おおぞら高等学院）

新しい自分が見つかる

将来、あなたはどんな大人になりたいですか？　おおぞら高校には、一人ひとりのペースでなりたい大人を思い描き、そのみらいへ向かっていくことができるステップがあります。友人やコーチ、屋久島とつながり「好き」を深め、みらいへのステップを後押しするおおぞら高校ならではの学習スタイルやアイテムを紹介します。

おおぞらの学習スタイル どこでも、どことでも型学習

自宅
でも！

キャンパス
でも！

どこでもつながる。
どことでもつながる。

自宅でもキャンパスでも、様々な授業に参加でき、単位修得に必要なレポート提出まで可能です。日本中のキャンパス・屋久島・海外とも、ライブでつながっています。提携の大学・専門学校・企業ともつながり、学ぶことができます！

詳しくはこちらから▶

マイコーチ®ってなに?

おおぞらでは、先生を「マイコーチ」と呼びます。学習面だけではなく、生徒と1対1で向き合い、近い目線で、将来の不安や夢を分かち合えるマイコーチ。生徒の「幸せなみらい」に向けて共に歩みます。

▶マイコーチ®バトンリレーブログ
おおぞら高等学院 公式ホームページにて、コーチたちが、それぞれの「なりたい大人」をバトンリレーで日々更新中!

おおぞらで「素敵な出会い」を見つけてください

マイコーチ / 田中 静子

これからの高校生活には、楽しかったこと、悔しかったこと、時に涙することがたくさんあると思います。
けれど、それら全てが力となり、皆さんの「未来」に繋がっていくと信じています。それは私が、皆さんの先輩である卒業生をたくさん見てきて思ったことです。楽しいことは一緒に楽しみ、つらいことは一緒に悩みながら、これからの高校生活を過ごしていきましょう! そして、その全ての経験を力に変えて次のステップへの架け橋にしていきましょう!

入学から卒業までをノート一冊に凝縮!!

KTCみらいノート®って?

▶ちょっとみせてKTCみらいノート®
おおぞら高等学院 公式ホームページにて、おおぞら生の「みらいノート」を公開中!

受験や仕事などでは「ゴール」から逆算して考えることは大切なこと。だけど、「ゴール」を設定すること自体がむずかしい時代を生きていく私たちには「好きなこと」「たのしかったこと」「感動したこと」などを積み重ねて、気がつけば「ゴール」にたどり着く、という考え方も必要。「KTCみらいノート」は、そんな考え方でできています。むずかしく考えずにたくさん書けば、みらいノートから「みらいの音」が聞こえてくるかも。

色を付けたり、絵を描いてみたり…。いろいろ工夫してみると、イメージがより具体的!

コーチからの一言アドバイス集!こんなやりとりができるのもみらいノートの魅力かも☆

1日の勉強量を記録!このページが積み重なって、志望校合格へ♪

満喫した夏の思い出♪写真をたくさん貼ってみました!

School Data

学習スタイル

▶つながる学科
▶みらい学科(子ども・福祉コース、プログラミングコース、住環境デザインコース、マンガイラストコース、進学コース、基礎コース、個別指導コース)

学ぶ場所

仙台・郡山・宇都宮・高崎・春日部・川越・大宮・柏・千葉・東京秋葉原・東京・立川・町田・溝の口・横浜・湘南・厚木・新潟・松本・静岡・浜松・岡崎・名古屋・三重四日市・岐阜・滋賀・京都・梅田・大阪東・堺・西宮・神戸・姫路・岡山・倉敷・福山・広島・海田ナビ・高松・松山・小倉・福岡・九大学研都市・久留米・佐賀・熊本(全国46ヵ所)+バンクーバーキャンパス

お問い合わせ

0120-12-3796
E-mail info@ktc-school.com　URL https://www.ohzora.net/

学校HPはこちら

▶学校紹介はP452、P516、その他詳細はP51へ

トライ式高等学院

マンツーマンのトライだからできる！
一人ひとりの夢や目標の実現

トライ式高等学院では「家庭教師のトライ」で培ってきたマンツーマン指導のノウハウを活かし、一人ひとりに合わせた学習カリキュラムを作成。さらに「通学型」「在宅型」「オンライン型」から自分に合った学習スタイルを選べます。お子さま一人ひとりの夢や目標の実現に向けてマンツーマンでサポートします。

選べる **3** つのスタイル

通学型
キャンパスで学校生活を送るスタイル。通学日数は週1日から自由に設定でき、友達作りや行事参加などを通じて自信をつけていきます。マンツーマンサポートで学校生活や高校卒業・大学進学などの目標達成に向けてサポートします。

在宅型
ご自宅に講師やカウンセラーが訪問し、学習面、メンタル面をサポート。親子のカウンセリングからスタートし、お子さまに気力が戻ってきたら、講師との授業を始め、信頼関係を深めていきます。途中での通学型への変更も可能です。

オンライン型
オンラインで高校卒業・大学受験を目指します。レポートの作成・提出に向けたサポートも行います。指導経験豊富な講師のオンライン授業や、キャンパス長との面談、無料の映像授業「Try IT」など、サポートも充実。

目標に合わせて「普通科/特進科」をお選びいただけます。

◆**普通科**
高校卒業を第一に、進学や就職などの進路もサポート！ 途中で特進科へのコース変更も可能です。

◆**特進科**
大学進学を目指して、進路指導と志望校対策を行います。中学生の復習からスタートし、難関大に合格した実績も多数。

大学進学率 68.7%
※2023年度

トライ式の教職員はプロのカウンセラー

「教育支援カウンセラー」によるメンタルサポートも万全
不登校の根本的な解決が、私たちの使命です。

一般社団法人 全国心理業連合会公認の「教育支援カウンセラー」の資格を所有しているので、生徒のメンタル状態を見極め、適切なサポート方針をご案内することができます。

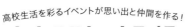

卒業率は **99.2%**
※2023年3月卒業生の実績

目標に合わせて一歩ずつ確実に。

トライ式高等学院は通信制高校の中で大学進学率**NO.1**※1

教育のプロ トライさん

高校卒業・進学
◆選べる3つのスタイル（通学／在宅／オンライン）
◆進路に合わせて選べるコース（普通科／特進科）
◆多彩な学校行事で充実したキャンパスライフ

高卒認定の取得
◆夢を実現するための高認対策授業
◆短期間での高認合格をサポート
◆進路を見つけるためのキャリア教育

フリースクール
◆中学生を対象としたサポートコース
◆学習のフォローアップも万全
◆学校長の許可があれば出席扱いも可能

※大学進学率とは、進路決定者のうち大学・短大・専門職大学に合格したものにおいて。在籍生徒数3,500名以上の通信制高校・サポート校において進学率全国1位。2023/3/23産経メディックス調べ。トライ式高等学院は通信制高校サポート校です。

トライ式でつかんだ大学進学！
先輩インタビュー

池袋キャンパス
学習院大学理学部化学科
2024年度総合型選抜入試合格
古川　美歌さん
（ふる　かわ　み　か）

マンツーマンサポートで好きになった化学の道に。トライ式の強みを最大限に活用して学習院大学に合格！

当時は獣医師を目指していたので、高校1年生から理系科目に絞って勉強したいと思い、トライ式に入学しました。入学当初は中学校とのギャップを感じていましたが、マンツーマンサポートで自分の進度に合わせてどんどん先に進めたことで不安もなくなりました。中学時代に苦手だった化学もマンツーマンサポートのおかげ好きになれました。

たくさんあるキャンパスの中から自分に合う雰囲気のところを探して何度か転籍もしました。

キャンパス間の交流も盛んで、池袋以外にも飯田橋キャンパスで週1回授業を受けたり、友達に誘われていろいろなキャンパスの生徒が所属するK-POPダンス部にも参加。体育祭や文化祭などのイベントでも他キャンパスの友達を作ることができました。イベントで特に楽しかったのは推薦入試対策合宿です。知識が増えたり、自分にはない着眼点を知ることができてとても面白かったですし、この合宿を通して総合型選抜での受験を

決めました。総合型選抜での受験を決めてからは、面接練習をいろいろなキャンパス長にしてもらいました。そのおかげで本番を想定した準備ができ、志望校の学習院大学理学部化学科に合格できました。

大学ではプラスチック素材を環境に柔軟に対応しながら使えるように研究したいと思っています。大学院に進むことも考えていて、将来的には研究者として、アメリカや中国と共同開発ができたらと考えています！

高校生活を彩るイベントが思い出と仲間を作る！
充実のスクールライフ

※下記イベントは一例

個別授業だけじゃない！

プログラミング講座
プロのエンジニアの指導のもと、オリジナルのWEBサイトを作成。初心者にもわかりやすい丁寧な指導で、プログラミングを学ぶことができます。

部活動
フットサル、バスケット、バレー、テニス、芸術など、キャンパスごとに様々なサークルがあります。仲間を集めて新たに部活動を作ることもできます。

修学旅行
北海道、東京、大阪などの修学旅行先があり、行き先を自分で選択します。各地のキャンパスの生徒と交流できます。

文化祭
多数のキャンパスと合同での文化祭を全国各地で実施しています。キャンパスごとの出し物や有志によるパフォーマンスを楽しめます。

School Data

学習スタイル

授業形式は完全マンツーマンです。「通学型」（週1〜5日キャンパス通学）・「在宅型」（自宅での学習）・「オンライン型」の中から自分に合ったスタイルを選べます。高校卒業のサポートだけでなく、高卒認定合格や大学受験もサポート。中学生を対象としたフリースクール「トライ式中等部」もございます。

札幌、仙台、広島、福岡等全国に123ヶ所以上のキャンパスがあります。

学ぶ場所

東京本部・飯田橋キャンパス
東京都千代田区飯田橋1-10-3
JR・東京メトロ・都営各線「飯田橋駅」から徒歩5分

名古屋本部・千種キャンパス
愛知県名古屋市千種区内山3-30-9 nonoha千種2F
地下鉄「千種駅」4番出口から徒歩5分

大阪本部・天王寺キャンパス
大阪府大阪市阿倍野区旭町1-1-10 竹澤ビル2F
JR、大阪メトロ各線「天王寺駅」から徒歩5分

お問い合わせ **0120-919-439**
オンライン相談会も受付中！
受付時間：9:00〜22:00（土日・祝日も受け付けております）
E-mail try-gakuin-info@trygroup.com
URL https://www.try-gakuin.com/

学校HPはこちら

▶学校紹介はP506、その他詳細はP25へ

特集2

通信制高校
だからできる
さまざまな学び

通信制高校は学習・通学スタイルを柔軟に組み立てる**ことができるので、目的に特化した学習が可能です。**

❝ 専門・選択コース なら ❞

- 自分の好きなこと、興味のあることに特化した分野を学べる
- コース専用の環境と専門の講師から指導が受けられる

❝ オリジナル授業 なら ❞

- 基礎学習、保育・福祉、クリエイティブ、スポーツを総合的に学べる
- 教科の枠にとらわれない体験学習を受けられる

❝ 選択授業 なら ❞

- 自分が興味のある授業を受けることができる
- さまざまな体験を通して、職業選択の視野が広がる

❝ 英語・留学 なら ❞

- 英語学習に特化した独自のカリキュラムが充実
- 留学先でも日本の高校の勉強ができる
- 長期の留学も可能

どの取り組みも、あなたの将来の可能性を広げてくれるものばかりです。
特集2ではそんな個性豊かな7校の魅力を紹介します。

＊各学校、キャンパスなどで取り組みが異なる場合もあります。

留学 クラーク記念国際高等学校（き ねん こく さい）

P46

選択コース専攻 日本ウェルネス高等学校（に ほん）

P47

専門コース 明聖高等学校（めい せい）

P48

オリジナル授業 代々木高等学校（よ よ ぎ）

P49

英語・留学 ワオ高等学校

P50

選択授業 おおぞら高等学院

P51

留学 代々木グローバル高等学院（よ よ ぎ）

P52

特集1 注目の学校

特集2 通信制高校だからできるさまざまな学び

特集3 通信制高校の先生

留学

世界に通じる国際力をつけて、未来の可能性を広げよう!

クラーク記念国際高等学校

クラーク国際では、世界に通じる国際教育に力を入れています。その中で、独自の海外留学プログラムを1997年から実施しています。留学を通じて、苦手だった英語が得意科目に変わり、現地ならではの体験が自信となり、難関大学、海外大学に進学した生徒もいます。

クラーク国際の「留学」の
ここがすごい!

自分の英語力や目的に合った渡航先と渡航期間を選べる!

渡航先は「オーストラリア」「ニュージーランド」「アメリカ」の3か国から、渡航期間は「13日〜27ヶ月」と柔軟なプログラムを用意しています。留学しても3年で卒業可能です。

日本人スタッフによる安心のサポート体制

渡航の際は日本から教員が引率します。オーストラリア・スプリングフィールドとIPUNZには、日本人スタッフが常駐しているため、緊急時や相談事も日本語で対応できます。

選べる4つの留学プログラム

英語力を確実に上げたいなら

 スプリングフィールド

期間 短期(3〜4週間)、中期(3ヶ月)、長期(7〜27ヶ月)

少人数・レベル別のクラス編成でネイティブ教員と徹底授業!毎週金曜日はアクティビティでリフレッシュ!最適な環境でとことん英語力を伸ばせます。

アクティビティが豊富

 ケアンズ

期間 3週間

職業体験や世界遺産観光を通して、多くの海外体験ができます。英語学習以外にも、今後の進路選択のヒントを掴む「きっかけ」作りのプログラムです。

一足先に海外大学生活を体験できる

 パーマストンノース

期間 8週間・12週間

クラーク国際の系列校【IPU New Zealand】で、世界20ヵ国以上の学生たちと大学生活を送ります。多様な学生が集まる国際大学で将来に繋がる気づきがあるはず!

海外で興味関心を深める

ハワイ

期間 13日

「自然・環境」「科学・天文学」「自己発見」「歴史・文化」などのテーマ別プログラムやホノルルの姉妹連携校での「現地体験」プログラムなどがあります。

留学経験が後押しし、英検準1級合格!

厚木キャンパス 総合進学コース
国際文系専攻 2年
市口 明日香さん

高校1年の秋に英検2級に合格し、新しいことにもっと挑戦したいと思い、1年の1月から3月にIPUNZに留学しました。英語力を伸ばしつつ、一人の時間を取りやすい寮生活を送れるからです。
留学中は、週4日、分野ごとに英語の授業が半日あり、週末はアクティビティを楽しみました。他国の学生とごはんを食べたり、クラブ活動をしたりと交流し、友達ができたのは国際大学のIPUNZだったからこそ!また、1週間のホームステイ体験や2泊3日の観光旅行では、NZの人の温かさや大自然を感じられて印象に残っています。オープンな雰囲気に背中を押され、積極的に行動できたことで、これまでの人生で一番濃い経験ができました。
留学を通して、英語でコミュニケーションをとるのが楽しくなり、得意だった英語を好きになりました。そして、留学の経験が自信とモチベーションに変わり、帰国後、英検準1級に合格しました!また、明るく社交的になり、文化祭の実行委員長に挑戦するようにもなりました。留学で得た英語力と積極性を活かして、総合型選抜で国際系に強い大学に進学したいです。

SCHOOL DATA

▶詳細はP122へ、その他詳細はP22

北海道から沖縄県まで全国にキャンパスがあります
TEL(入学相談窓口):0120-833-350

海外留学プログラムのほか、日本での普段の学習においても、全キャンパス共通の英語力強化学習プログラムに取り組んでいます。特に、英検合格に向けて、授業での過去問演習や放課後での対策補講、2次試験対策などがあります。毎年、英検1級、準1級合格者が多数います。

選択コース・専攻

週5・週2・通学0
自分で選べる登校スタイル

日本ウェルネス高等学校
（にほん）

自分のスタイルや目的に合わせて、高校卒業を第一に考え、学習や生活面の支援を行っていることが特長です。無理のない学習計画で一歩一歩ステップアップしていきましょう。またやりたいことができる多彩なコースや専攻を通してその先の進路も見据えることができます。

日本ウェルネス高校の
ここがすごい！

通学スタイルが柔軟に選べる！

▶週0日スタイル（スクーリングあり）
無理なく卒業資格を目指せるコースです。働いている方や学校に通っていない方におすすめ！ 途中から『通学コース』にも変更可能です。

▶週2日スタイル
無理なくマイペースに通えるコースです。不登校生支援や大学受験対策も行います。
生徒1人ひとりの学習進度に合わせたフォローアップも実施するので、無理なく確実に高校を卒業することができます。

▶週5日スタイル
確実に高校卒業資格を取得し、大学進学などを目指す方におすすめなコースです。
大学受験に向けたカリキュラムで、長年積み重ねてきた受験ノウハウをもとに志望校合格を目指します。

**授業開始は10時からだから、
ゆっくり登校できる！
授業も午前中のみで、
午後からは自分が好きなことに
時間を使えます。**

日本ウェルネス高校のたくさんのイベント！
思い出が作れる！

年間を通じて、各キャンパスでは楽しいイベントがあります。教室を飛び出して、学年を越えて新たな友人を作るチャンスです。（参加希望者のみ）

よみうりランド遠足

名古屋市科学館見学

尾道散策遠足

多彩なコース・専攻

夢や目標があるからこそ楽しい

日本ウェルネス高校には、たくさんの多彩なコースや専攻があります。夢や目標を深めたり、新たに見つけたりと様々です。
※キャンパスごとに専攻が異なる場合がございます。

総合コース
無理なく高校卒業資格を取得できるカリキュラム。生徒一人ひとりの「やりたいこと」探しを全力でサポートします。

ペット専攻
グループ校「日本ペット＆アニマル専門学校」と連携し、一足早く専門知識を学べます。ここで得た知識を基に、「日本ペット＆アニマル専門学校」へ内部進学する生徒も多数です。

マンガ・イラスト専攻
本格的にマンガ・イラストを学びながら高校卒業ができるWスクールシステムです。プロを目指したい方からマンガ・イラストを楽しみたい方まで充実した高校生活が送れます。

吹奏楽専攻
通学スタイルに合わせて、練習時間を設定可能。未経験者も多く在籍しています。学園行事（入学式・卒業式・野球応援等）や、保育園での演奏会などで日頃の練習の成果を披露できます。

SCHOOL DATA　▶詳細はP166へ

全国に14キャンパス
TEL：03-3938-8689
Email：gakuin@taiken.ac.jp

〜校舎一覧〜
本校・茨城・宮城・長野・利根・矢坂・坂戸・東京・神保町・信州筑北・名古屋・広島・北九州・沖縄…等

全国に14キャンパスを構える日本ウェルネス高等学校は、様々な生徒が通っています。スポーツ、文化活動に打ち込みたい、自分の興味関心に打ち込むための時間が欲しい方まで幅広いニーズに対応し、高校卒業資格を取得できます。また一般受験や総合型選抜を目指す「進学専攻」、系列の『日本ウェルネススポーツ大学』や歯科衛生士やペット、保育士を目指すための専門学校の推薦枠もあり、あなたに合わせた進路が選べます。

47

専門コース

勉強や好きな事、
生徒たちの多様な学びに
応える総合通信制高校

明聖高等学校

中野キャンパス
（東京）週5日制

本校の教育目標は『自主自立』。今は「できない」「苦手」がたくさんあっても大丈夫。成功体験から得た「知識」や「経験」の積み重ねがやがて「自信」や「自立」に結びつきます。生徒一人ひとりの個性やライフスタイルに合わせた各種コースを設置。多彩な研修や行事、部活動やサークル活動、委員会活動など生徒が主体的に楽しみながら体験できる環境があります。

明聖高校の ここがすごい！

オリジナルの教科書

明聖高校オリジナルの授業「基礎講座」は中学校の復習用に作られた独自の教科書『礎』を使用します。国・数・英・理・社がこの1冊に凝縮。全日総合コースのみの授業ですが、全日デザインコース、全日ITコースは『リラーン』という学び直しの授業があります（全日総合コースも履修）。

1学年100人 3クラス

中野キャンパスでは毎年100名の入学生がいます。男女比もほぼ半々で、イベントも多く、友達も作りやすい環境です。キャンプ研修やウィンター研修、修学旅行、学園祭など全ての行事に全コース参加します。

常識にとらわれない環境

建物全てが明聖高校のキャンパスのため、使い方は自由自在。内容に応じて教室以外での授業も可能。全日デザインコースの1年生はウォールアートも作成しています。キャンパス内にはビリヤード台やボルダリングルームもあり、生徒が自由に使えるようになっています。

高校生活が 楽しめる

キャンプ研修

ウィンター研修

学園祭

修学旅行

中野キャンパスの 多様性に応えたコース

ホームルームクラスは担任制で3コース混合クラスのため、在籍コース以外の友達も作りやすい環境です。2年次、3年次ではクラス替えもありますが、学年全体で既に顔馴染みになっているため、新しい環境にもすぐに慣れます。主要5教科は全コース共通で学びます。コースに関係なく習熟度別に分かれて授業を行うため、自身の学力に応じたペースで授業が進められます。そのため、全日デザインコース、全日ITコースでも主要5教科をしっかり学ぶことができます。単位修得に必要なスクーリングは中野キャンパスで行うため、遠方への移動が不安な方も安心してスクーリングに参加できます。

全日デザインコース

自分専用のiPad Proでキャラクターデザインやイラストを作成。デッサンの授業もあるのでデザインの基礎から学べます。授業はデザイン系専門学校講師、イラストレーター、雑誌編集者など現役で活躍する講師です。

全日ITコース

ゲームプログラミングやCG、映像編集など幅広い分野を学びます。3年生ではメタバースにも取り組みます。授業はすべてMac Bookを使用。放課後や自宅でも課題に取り組めます。

全日総合コース

通信制高校の特徴を最大限に活かして学校生活を送ります。登校に不安を抱えている生徒は自分のペースで登校を始めることができます。中学校の復習も強化。1年生の内に基礎学力を向上させます。

SCHOOL DATA

▶詳細はP208

中野キャンパス
東京都杉並区高円寺南5-15-3
JR／東京メトロ東西線
中野駅 徒歩9分

千葉本校
千葉県千葉市
中央区本千葉町10-23
JR本千葉駅 徒歩5分

千葉県初の私立通信制高校として2000年に開校しました。開校以来「基礎学力向上のサポート」「不登校生徒へのサポート」を中心に据えた教育活動を行っています。千葉本校では野球部専用のグランドやサッカー場を所有しています。近年では全国レベルの新体操部が発足。またサーフィン部の卒業生は東京オリンピック・パラリンピックに出場するなど従来の通信制高校の枠を超える活動を行っています。

オリジナル授業

多様性を認め合い、自分らしい生き方を学ぶ体験型学習が充実!

代々木高等学校
（よよぎ）

オルタナティブスクールコース
（東京校・週5日制）

オルタナティブスクールコースは、ノンフィクション小説『窓際のトットちゃん』に出てくるトモエ学園のような学校を目指し、1993年に創設されました。2005年の代々木高等学校（通称：よよこ〜）開校時にはフラッグシップ的役割を果たし、多様な仲間とともに、さまざまな体験学習を通じて、自分らしい高校生活を送れます。「感じ・考え・行動し、振り返る」。この繰り返しで生徒一人ひとりの「なりたい自分」を叶えます。

よよこ〜のオリジナル授業はここがすごい!

興味・関心から選べる 6つの講座

声優
本格的な機材を使い、アフレコ・演技・歌など声優に必要なレッスンが受けられます。

イラスト・デザイン
デジタル・アナログ両方のイラストの描き方を基礎から応用まで幅広く学べます。

プログラミング
パソコンの基本操作からプログラミング、VRなどデジタル分野の様々な技術を学べます。

大学進学
基礎学力や応用力を個々のペースで身につけ、進学に向けた勉強を進めていきます。

総合
「好き」を見つけられる人気講座。アートやスポーツ、保育福祉など様々な体験型授業を行います。

韓国語
2024年新設!今人気の韓国語が学べます。

代々木高校オリジナル プロジェクト授業

オルタナティブスクールコースでは、教科の枠にとらわれずに展開される「プロジェクト授業」が充実!従来の学校の枠から飛び出して、世の中のありとあらゆるヒト・モノから学んでいきます。

新宿デジタルアーツ専門学校 出張授業

大学・専門学校の出張授業

イラスト・アニメ・ゲーム制作が学べる専門学校の出張授業。イラスト・アニメ制作で使うパソコンツールの解説や、実際にイラストカットを描く体験をします。

新宿調理師専門学校 見学

調理を学ぶ教室や、専門学生による包丁の使い方・オムレツ作りの実演などを見学します。

その他にも…

・企業や団体による特別授業
・さまざまな職業のプロを講師に招く体験型授業
・生徒自ら企画・運営する、自主企画型イベント
・博物館・美術館・社会施設などの見学　etc...

授業以外のさまざまなイベント

皆さんが興味のある学校行事やプログラムは何ですか? 部活動や生徒会? 運動会? 文化祭? 代々木高等学校には遠足や修学旅行、クリスマス会など、イベントが数多くあります。それらは生徒や学校スタッフの何気ない日常会話から企画されることがしばしば。まさに生徒と学校スタッフによる「みんなで作るみんなの学校」なのです。

ディズニーランド遠足

沖縄へ修学旅行

日々の学校生活も楽しさ満載!

SCHOOL DATA

▶詳細はP310へ

東京校
〒151-0051 東京都渋谷区千駄ヶ谷5-8-2
JR・地下鉄大江戸線「代々木駅」西口より徒歩7分
副都心線「北参道駅」1番出口より徒歩3分
TEL：050-3535-2797
0120-72-4450
※携帯電話からはつながらない場合があります。

代々木高等学校は、生徒一人ひとりの目標や夢をサポートする学校です。三重県志摩市の本校をはじめ、東京・大阪・神奈川・埼玉・千葉・愛知・京都・奈良など全国および海外に学習拠点を設置。高校卒業資格取得だけでなく、社会に出る予行練習として、進学・就職など、進路へ繋がる体験的な学習が充実しています。さまざまな職業のプロを招いた体験型授業や、大学・専門学校の出張授業、そのほかにも多様なプログラムで生徒の将来を後押しします。

特集1　注目の学校

特集2　通信制高校だからできるさまざまな学び

特集3　通信制高校の先生

英語・留学

高校で留学したい人 海外の大学に進学したい人 のための留学プログラム

ワオ高等学校

こんな人におすすめ！

・語学留学ではなく、将来のキャリアにつながる正規留学をしたい人
・現地の授業についていける英語力を身につけてから留学したい人
・英語を使えるのが目的ではなく、英語を使って世界で活躍したい人

❝ 英検対策 ｜ 長期高校留学プログラム ❞

英語力にあわせて英検を目標に学習をすすめていきます。長期高校留学のタイミングは目的にあわせて高1・1月か、高2・1月を選択。英語力が英検2級A以上あれば日本とオーストラリアの両方の卒業資格が得られるダブルディプロマにチャレンジできます。

高1	高2		高3		進学
4月～12月 ワオ高校 高1	1月～12月 オーストラリアの高校 Year11（ISEC）	1月～3月 ワオ高校 高2	4～3月 ワオ高校 高3		日本の 大学へ
4月～3月 ワオ高校 高1	4月～12月 ワオ高校 高2	1月～12月 オーストラリアの高校 Year11	1月～3月 ワオ高校 高3		
4月～3月 ワオ高校 高1	4月～12月 ワオ高校 高2	ダブルディプロマ 1月～12月 オーストラリアの高校 Year12	1月～3月 ワオ高校 高3		オーストラリア の大学へ

❝ TOEFL対策 ｜ 海外大学進学プログラム ❞

英検2級以上の方はTOEFL対策クラスに参加できます。プロの講師陣がTOEFLのスコアアップだけでなく、留学後にも通用する英語力を磨きます。また、海外大学進学は情報戦。国選びから学校選びまで出願戦略をプロのカウンセラーと立てていき、目標を明確にもって進路選択ができます。

3つの特長
①通信制高校の利点を活かした英語漬けの生活を実現
②Speaking/Writingのアウトプット中心の英語トレーニング
③留学の専門家によるカウンセリングでしっかりナビゲート

ワオ高校の留学コースなら ワンストップでWサポート！
ここがすごい！

留学コース チーフマネージャー
甲田 愛
留学コースでは英語4技能トレーニングと留学サポートで高校留学から海外大学進学まで正規留学をサポートしていきます。

専門スタッフによる留学サポート

英語教育・留学アドバイザー
畑中 繁
人生を切り拓くための留学と確かな英語力の習得にむけて全力でサポートしていきます。

英語4技能をしっかりトレーニング

英語教育特別アドバイザー
安河内 哲也
ワオ高校の英語カリキュラムは、安河内先生が提唱するアクティブ・イングリッシュ・プログラムを導入。

在校生・卒業生のヒストリー

K.M.君
（岡山県）
高1の4月よりワオ高校へ。オーストラリア短期留学に参加し、1月より1年間の長期留学へ。より多様な価値観に触れたいとアメリカへの進学を決める。カリフォルニア州立大学に合格。

N.T.さん
（静岡県）
海外大学進学を目指し高2の12月よりワオ高校へ転入学。TOEFL対策で英語漬けになり勉強する傍ら、英語の愛好会である英語カフェを設立し、仲間とともに運営。ハワイ州立大学など複数校合格。

A.S.さん
（高知県）
高校留学するため中高一貫校よりワオ高校へ入学。高1の1月よりオーストラリアの国際バカロレア認定校に長期留学。帰国後、英検準1級の取得と総合型選抜で国内の大学への進学を目指す。

SCHOOL DATA

▶詳細はP384、その他詳細はP26へ

ミライに向かって走り出したワオ高生たち

〒700-0826 岡山県岡山市北区磨屋町7-2
TEL：0120-806-705
URL：https://www.wao.ed.jp/
＊本校は岡山県にありますが、全国、どの地域にお住まいの方でもご入学できます。

能開センター・個別指導Axisのワオ・コーポレーションがつくったオンライン高校です。教養探究科目（哲学・科学・経済）をベースに、生徒が自分の「好き」を自由に究めることができる教育を展開。大学の総合型選抜に強いカリキュラムを整えているほか、高校長期留学や海外大学進学、起業の夢を叶えるプログラムも提供しています。

選択授業

多様な体験から「なりたい大人」を探して、目指せる学校

おおぞら高等学院

おおぞら高等学院は、みなさんが「なりたい大人」になるために、自分に合った学科・コースを選ぶことができるほか、多彩なコンテンツをご用意しています。まだ将来の夢や目標が見つかっていない人も、おおぞらオリジナルの教材や授業のなかで発見していくことができます。

おおぞらの ここがすごい！

「なりたい大人」になるためのコンテンツ

夢や目標を見つけるため、また叶えるための環境が整えられています。

なりたい大人になるための、KTCみらいノート®

＋みらいノート（詳細は40Pへ）

あなたのみらいにつなぐためにおおぞら高校が開発した、オリジナル書き込み式ノートです。むずかしく考えずに、自分の心に正直に書いていくと、自分自身の"みらい"がノートから見えてきます。

特集1 注目の学校

特集2 通信制高校だからできるさまざまな学び

特集3 通信制高校の先生

「なりたい大人」になるために

おおぞら杯

みらいの架け橋レッスン®やみらい学科™専門コースで学んだ日々の成果を生徒たちが競い合い、全国No.1を目指します！8つの部門があり、個人で挑戦するもの、チームで挑戦するもの、さまざまですが、『好き』をカタチにする探究の機会として日頃の成果を披露します。

住環境デザイン部門

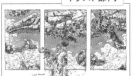

イラスト部門

ミュージック部門

ダンス部門

みらい実学プロジェクト

おおぞらの教育理念に共感した協力企業の方をお招きし、授業を行っています。実社会のノウハウや学びを提供してもらい、社会に通用する、なりたい大人を目指すプロジェクトです。

話を弾ませるコツや、自分の意見の伝え方など、社会に出た時にも役立つスキルについて、実体験も交えてお話いただきます。生徒たちのリアルな悩みに答えていただいたり、実際にオンライン上で話す練習をするなど、生徒たちの自信につながっています。

SCHOOL DATA

▶詳細はP516、その他詳細はP40へ

全国に46キャンパス
（2024年3月時点）
TEL：0120-12-3796
URL：https://www.ohzora.net/
Email：info@ktc-school.com

おおぞら高等学院は、進路目標のある人、自分の目標や夢を見つけたい人など、高校卒業を目指しながら、卒業後の進路・適正を見出せる新しいスタイルのサポート校です。また同校ではマイコーチ®（担任の先生）を選ぶことができ、より細やかな指導や十分なコミュニケーションを図ることができます。

51

特集1 注目の学校

特集2 通信制高校だからできるさまざまな学び

特集3 通信制高校の先生

留学

グローバル社会で生き抜く国際感覚を身につけよう!

代々木グローバル高等学院

留学のよさとは、親もいない、自分のことを知っている友達もいない、言葉も通じない、そういう厳しい環境で、これまでの人生をリセットし、自分を見つめ直すことができることです。楽しいことばかりではなく、さまざまな困難にも出会うでしょう。それを乗り越えることは大きな自信になります。代々木グローバル高等学院では、みなさんが一回り大きく成長して帰ってきてくれることを期待しています。

代々木グローバル高等学院の留学の ここがすごい!

【国内学習】×【海外留学】のハイブリッド
グローバルコース

通信制高校の制度を活かし、休学も留年もなく2年間という長期留学を可能にしました。

外国人講師による
Global Communication

English Onlyのクラスで「聞く」「話す」のコミュニケーション力を高めます。

グローバルコース

海を越えて、自分の世界を見つけよう!

▶ 1年目に語学研修を受けて英語力を向上させてから現地の高校で学ぶので、英語力の不安は無くなります。

	4月	5月	6月	7月	8月	9月	10月	11月	12月	1月	2月	3月
1年次	英語「に」慣れる 国内留学			夏休み		英語「を」学ぶ カナダ語学留学						
2年次	カナダ語学留学			夏休み		英語「で」学ぶ アメリカ高校交換留学						
3年次	アメリカ高校交換留学			入試対策				学習のレビュー				卒業

DYOコース

高卒資格取得コース+通学、留学、入試対策など、あなただけの高校生活をデザインしよう!

コースを好きにデザインできる!
高卒資格取得コース+○○○留学

例えば	+ 国内留学 + 進路対策
	+ 国内留学 + 短期語学留学
	+ 語学留学 + 現地高校留学

など、自分で高校生活をデザインできます!

DYO(Design Your Own)コースでは、あなただけのこれがやりたいという希望に合わせてコースをデザインすることができます。日本高校卒業資格取得を目指しながら、国内外でのいろいろな経験を通し、通信制高校だからこそある「時間」というアドバンテージを最大限利用して、高校生活をより一層、有意義なものにしましょう。

SCHOOL DATA

▶詳細はP512

東京
〒151-0051
東京都渋谷区千駄ヶ谷5-8-2
TEL：03-6384-2388

金沢
〒920-0919
石川県金沢市南町5-14
アポー金沢1F
TEL：076-210-5370

沖縄
〒902-0067
沖縄県那覇市安里361-34
託一ビル6F
TEL：098-884-7320

通信制高校の制度を活かすことで、留学の選択肢は大きく広がります。日本の高校卒業資格取得を目指しながら、休学や留年の心配なく、自由に留学を選ぶことが可能です。留学の可能性を一緒に考えていきましょう!

多様な生徒の成長を促すきっかけに
進学・就職にもつながる
探究学習

2022年、高校では新しい学習指導要領にもとづく授業の実施が始まりました。新学習指導要領では、国語、地理・歴史、理科・数学それぞれの教科のなかに「探究」がつく科目が多く新設。教科を問わず、自ら課題を見つけそれを深掘し、答えのない問いを考えていく主体的な学びが重要視されています。なかでも「総合的な探究の時間」はいま身の回りで起きていることや、好きなこと、興味のあることから学びを深めていくことができる科目といえます。通信制高校でも、各校の強みや特色を生かしたさまざまな探究学習が行われています。

変化・複雑化する社会で生きるために必要な力の育成が重要に

| 働き方や生き方もさまざまな時代 | ▶▶ | 自分で課題を見つけ、考え、自分なりの解決策を見出していく能力や思考力を身に付ける | ▶▶ | 自分らしい進路や就職へ将来の選択肢を広げていく |

「学習」から「探究」へ

課題解決能力と主体的な学びを育む点がポイント。
自ら探究するテーマを設定する点に重きが置かれています。

「探究」が付く科目が多く新設されました!

教科	必修／選択	改訂前	▶	改訂後
国語	必修	国語総合		現代の国語、言語文化
	選択	国語表現、現代文、古典		論理国語、文学国語、国語表現、古典探究
地理・歴史	必修	世界史、日本史or地理		地理総合、歴史総合
	選択	-		地理探究、日本史探究、世界史探究
公民	必修	現代社会or倫理＋政治・経済		公共
理科・数学	選択	数学活用		数学C
	選択	理科課題探究		「理数」新設（理数探究基礎、理数探究）
外国語	必修	コミュニケーション英語I		英語コミュニケーションI
	選択	英語表現		論理・表現
情報	必修	社会と情報、情報の科学		情報I
総合	必修	総合的な学習の時間		総合的な探究の時間

※文部科学省「平成29・30・31年改訂学習指導要領（本文、解説）」「高等学校学習指導要領の改訂ポイント」をもとに制作

📌 「探究」は進学・就職にも役立つ!?

"好き"や"興味"が学びになり、高校卒業に必要な単位にもなる

　「総合的な探究の時間」は、自ら課題を見つけて解決策を見出していく力を養うものです。探究学習では、教科書や一方通行型の授業だけでは知れないことや興味のあることが学べます。それをきっかけに進路や将来どんなことをしたいかなどのイメージがわいてくるなど、自分の将来の可能性を広げる機会にもなりそうです。

企業や大学も注目している!?

　探究学習は、高校卒業後の進路にも役立つかもしれません。
　日本経済団体連合会（経団連）が企業に向けて実施した「2018年度 新卒採用に関するアンケート調査結果」によると、「選考にあたって特に重視した点」として「コミュニケーション能力」が16年連続で1位、「主体性」が10年連続で2位となっています。これらはまさに探究学習のねらいとされているものです。
　また、高校での探究学習の活動や成果を活かせる独自の入試方式を新たに取り入れた大学もあります。主体的に学ぶ姿勢を養ったり、好きなことを極めることが、就職や進学にも役立っていくかもしれません。

🏫 「探究」×通信制高校

学校の強み・特色が出る「探究」

　「総合的な探究の時間」の授業内容は学校によって大きく異なります。通信制高校の特色ある授業というのは課外活動として行われている場合が多いですが、「総合的な探究の時間」は必修科目でありながら、各校の個性が色濃く出る科目であるといえます。
　「地元の地域を活性化するには？」といった身近な課題を生徒同士で話し合いプレゼン発表をする授業や、興味のあることから進路に結びつけて考える授業のほか、ＳＤＧｓといった国際的にも注目されているトピックを取り上げる学校もあります。

　各校とりあげるテーマや授業内容はさまざまですが、背景には各校の強みや生徒の特性がありそうです。
　発達障がいのある生徒が多く学ぶ通信制高校では、情報リテラシーを学ぶことで実社会に必要なコミュニケーション能力の育成をねらいにした取り組みを行っているようです。また、専門コースを豊富に設置している通信制高校では、進路について考える時間を設け、将来どんな道に進むか迷う生徒のヒントになっているそうです。

多様な生徒の支援につながる例も

　不登校を経験した生徒も多く学ぶ通信制高校のなかには、自己肯定感を高めたり、学びの楽しさを知ってもらう機会として探究学習を活用している学校も多くあります。
　さくら国際高等学校東京校では、プレゼン発表の機会を調べ学習の成果としてだけでなく、「個々の意見・考えが尊重される場」ととらえています。不登校を経験した生徒が自信をつけたり、友達とさまざまな価値観を共有し、コミュニケーション力を磨く場としても探究学習を活用しています。大阪つくば開成高等学校では、「保育を知る」や「今の写真を学ぶ」といった選べる10講座のほか、ク

ラス制のディスカッション形式の授業も取り入れています。ディスカッションがきっかけで友達ができ、不登校だった生徒が登校できるようになった事例もあるといいます。飛鳥未来高等学校・飛鳥未来きずな高等学校では、勉強に苦手意識のあった生徒が他の科目に興味を持ったり、将来像をイメージできるきっかけをつくることを目的にPBL（課題解決型）学習が設けられています。
　従来の勉強とは一味違う探究学習と、多様な生徒を受け入れ、支援できる体制を持つ通信制高校。二つの掛け合わせならではの相乗効果もありそうです。

自由に、やりたいことを仕事に！
高校からの起業

やりたいことを仕事にできる＝起業

**起業の
イメージ**

リスクが大きい… **特別な人しかできない…**
・お金がある人がするもの
・アイデアが必要
・失敗すると大変

▶▶▶

**実際の
動機**

会社にしばられない！ **キャリアアップを実現！**
・自由に仕事がしたい
・収入を増やしたい
・仕事の経験、知識、資格を生かしたい

起業と聞くと、「お金がある人がするもの」「アイデアが必要」「失敗すると大変」などのイメージを持っている方が多いのではないでしょうか。そもそも、日本は安定した生活を目指して大企業への就職や公務員を目指す人が多く、新たな事業を始めるためにチャレンジする人はわずかです。

しかし、実際の起業の動機は、「自由に仕事がしたい」が一番にあげられています（日本政策金融公庫「2022年度起業と起業意識に関する調査」より）。自分のやりたいと思ったことを仕事にできるのが起業の大きな魅力です。さらに、仕事場や仕事時間の融通が利くのも、"自由"を選ぶきっかけとなっています。起業といっても、オフィスを持って社員を雇う形ばかりではなく、個人で会社を興し、企業やフリーランスの人と業務提携をしていく運営スタイルもあります。既存の考えにしばられない働き方も起業の良さです。

一方で、日本の開業率は5.1％（内閣官房公表資料より）と主要・先進国の中でも低い状況にあります。お金の不安や失敗への恐れだけでなく、「起業を職業としてイメージできない」という理由もあるようです。起業家と接する機会がないために、起業が将来の目標にならない。学校で学んだことがなく知識もないため選択できない状況にあります。

そのため2023年、政府はアントレプレナーシップ教育（起業家教育）を中学・高校へ拡大することを発表。総合的な探究の時間などを利用して、起業家に求められる性質や態度を養い、起業家と接する機会も作っていくとしています。アントレプレナーシップ教育を学ぶことは、起業する、しないにかかわらず社会人基礎力としても重要な能力です。早い段階から社会、ビジネスを意識して学べる環境が広がっていきそうです。

アントレプレナーシップ教育で育成する力 （出典：経済産業省）

1 起業家マインド
（起業家精神、アントレプレナーシップ）

● チャレンジ精神（新たなことや目の
前の新たな課題に挑む気概）
● 志（やる気・動機）、情熱
● リスクを恐れない勇気　など

2 起業家的能力

● 想像力、創造力、課題発見力、ポジ
ティブ思考
□ コミュニケーション力、論理的思考
力、表現・プレゼンテーション力
● 情報収集力、問題解決力、企画
力、行動力、決断力　など

3 起業家的スキル

● 経済活動（実社会）の仕組み・考え
方の理解
● ビジネス・商売体験
● ビジネス実務知識（起業に必要と
なる知識）

起業が今、中学、高校、そして大学のカリキュラムとして注目を集めています。探究学習の一環として行うところや経済科目の一つとして授業で扱うところなどやり方はそれぞれ。中でも、通信制高校には起業家コースや総合的な探究の時間の中で実際に事業を起こしている生徒もいます。今回は、注目される起業について紹介します。

増えている高校生からの起業

最近では、自分のやりたいことにチャレンジしたり、アイデアを生かす高校生起業家も増えています。

実は、起業をするなら若ければ若いほどリスクが少ないとされています。例えば、高校生のうちなら、衣食住は保護者がサポートしてくれることがほとんどのため、生活が不安定になるというリスクもありません。そのため、失敗を恐れずにチャレンジができます。

何より、高校生で起業したこと、起業にチャレンジしたことを総合型選抜に活かして大学進学したり、就職活動をしたりもできるでしょう。若ければ若いほど、早くに経験が積め、将来のいろいろな選択肢にもつながっていきます。

また、高校生を対象としたビジネスコンテストも開催されています。中でも大学主催のものは数多くあり、大学側も自らビジネスを起こす意欲があり、新しいアイデアがある高校生の発掘機会としているようです。優勝者などには、賞金が用意されており、コンテストでプレゼンした事業を実現したり、運営のサポートが受けられるところもあります。事業が明確になっている人はもちろん、アイデアが事業として可能なのかチャレンジする意味でもこうしたビジネスコンテストに参加してみるのも一つのチャンスとなるでしょう。

通信制高校ならいいとこどりで起業ができる

 起業の不安
・時間が足りない
・お金がない
・知識・ノウハウがない

▶ ▶ ▶

通信制高校なら
・必要な登校日数は年間約20日※
・学校で資金援助をするところも
・起業に特化したコースでイチから学べる
※年間25単位履修した場合

高校生で起業する時の懸念点としては、「お金がない」「知識がない」「時間がない」などがあげられ、それぞれの環境によって大きく左右されてしまいます。こうした課題も、通信制高校なら学業と両立しながら起業に力を入れることが可能です。

高校卒業に必要な登校日数が全日制高校の約10分の1である通信制高校は、自由に使える時間がたくさんあります。その時間を起業の勉強や実際の会社運営の時間に充てれば、高校卒業のための学習と両立して活動ができます。

また通信制高校の中には、起業を目指すコースを設定している学校もあります。実際に会社経営をしている起業家を講師として招き、知識をつけたり、生徒のビジネスプランにあった人を紹介したりと高校生のうちから本格的なビジネスを立ち上げることも可能です。

さらに、起業するための資金を学校側で準備しているところもあります。ビジネスプレゼンをして投資家から資金調達したり、コース全体に割り当てられたお金で一つの事業を立ち上げたり。やり方はそれぞれ違いますが、実際にビジネスを経験できる貴重な機会となっています。

通信制 だからこそ出会えた！ かけがえのない 先生

「通信制」って、「自学自習」のイメージが強いですよね…
「自分でレポートを進められるかな」「スケジュールを管理できるかな」
「友達も自分からつくれるかな」など、不安があると思います。
でも、安心してください！ 通信制高校には、**頼りになる先生**がいます!!
生徒一人ひとりに合わせて、日々の学習や学校生活をサポートしてくれます。
そして、学校のことだけでなく、プライベートのことも相談できるほど、
先生が身近な環境です。
特集3では、そんな各学校の自慢の先生を、代表の在校生が紹介します！

通信制って先生と仲良くなれる？

通信制だからこそ！ 自慢したくなるような先生と出会えます！

1 ナビゲーターとして

自主性が問われるからこそ、勉強を教えてくれる役割にプラスして「ナビゲーター」としての役割を兼ね備えています

2 同じ目線から

さまざまな生徒が在籍しているからこそ、生徒の体験や個性を理解し、"同じ目線"で接してくれます

3 一人ひとりに合わせて

個別指導や習熟度別授業などが学校全体の取り組みとして行われており、一人ひとりに合った"学び"を考えてくれます

4 専門スキルを持っている

イラスト・音楽・美容、受験指導など専門的な技術を持った先生が多いのも魅力の一つになっています

ASUKA MIRAI

P.60

飛鳥未来高等学校

KAMIMURA GAKUEN

P.61

神村学園高等部
大阪梅田学習センター

WASEGAKU

P.62

わせがく高等学校

飛鳥未来高等学校

> 飛鳥未来の先生は、友達みたいに近い存在で気軽に話せます！
>
> スタンダードスタイル 2年生
> 勝﨑 真里菜さん（かつざき まりな）

> 勝﨑さんは、勉強もしっかり自分で組み立ててできる生徒。見守りながら、背中を押してあげたいなと思っています。
>
> 担任
> 中島 梨沙先生（なかじま りさ）

「一緒に考えてくれる」個性豊かで面白い先生 その明るさが生徒にも伝わっている

勝﨑　中学1年生の夏頃からほとんど学校に行けてなくて、全日制高校は厳しいと思っていました。通信制なら、自分のペースで通えると思い、中3の10月くらいから名古屋駅周辺の学校をいくつか見学しに行ったんです。飛鳥未来高校の校舎に入った瞬間、先生たちが元気に明るく挨拶をしてくれたのが嬉しくて、一気に惹かれて入学を決めました。

中島先生　私は昨年10月に赴任し、勝﨑さんが2年生になったときに担任として出会いました。積極的に自分から明るく話しかけに来てくれて、私の緊張もほぐしてもらった気がします。文化祭では、装飾担当のチームのみんなを引っ張ってくれて、頼りになる存在でいてくれましたね。

勝﨑　実は、もともとリーダー的な役割などは苦手で…。文化祭のときは、なかなかみんなの意見がまとまらなくて困っていた私を、中島先生が「こうしたらどう？」とアドバイスをくれて助けてくれました。

中島先生　勝﨑さんは、絵がとても上手なんです。文化祭のテーマに沿った装飾を自分で考えて作ってくれたのですが、とてもかわいくて！ 私も気に入って、携帯にしっかり保存してありますよ。秋のNAGOFES（文化祭＆体育祭）でも、チームでTシャツや法被をつくるのですが、それにも関わってくれたよね。

> 年間を通じて楽しいイベントがたくさん！ 同級生や先生との距離もぐっと縮まります。

勝﨑　絵を描くのは昔から好きなんです。文化祭のテーマが「RPG」だったのですが、ゲームはあまり詳しくないのでゲームが好きな友達に聞いたりしながらイメージをつけていき、イラストを描きました。NAGOFESのときは、中島先生が「デザインやってみない？」と声をかけてくれたんです。信頼して任せてくれたことが嬉しくて、すぐに引き受けました。

卒業後の進路はまだ決めていませんが、美容系に興味があって、人をきれいにして喜んでもらえるような仕事につきたいなと思っています。来年はキャンスタ（オープンキャンパス運営スタッフ）にも挑戦してみたいですね。

中島先生　キャンスタ、私も勝﨑さんにやってほしいなと思っていたので良かった！ 人を喜ばせるようなお仕事も、ぴったりだと思います。来年はいよいよ最高学年ですが、これからも引き続き、挑戦したいことはどんどんやってほしいですね。

勝﨑　飛鳥未来高校の先生方は、私たちのやりたいことや希望を実現するためにどうすればいいかを一緒に考えてくれるんです。それに、みんな個性豊かで面白い先生ばかり！ それが私たち生徒にも確実に伝わっているから、学校が良い雰囲気になっているんだと思います。

> NAGOFESで勝﨑さんがデザインに関わった法被。先生の勧めで手掛けた作品、思い出の一着です。

▶詳細はP142、156、364

SCHOOL DATA

全国に通学できるキャンパスがあります。
自分の時間を自由に使える「ベーシック・スタンダードスタイル」、通学タイプの「3DAY・5DAYスタイル」、好きな時間・場所で自由に学べる「ネットスタイル」など自分のペースで通学が可能。大学と専門学校60校以上を運営している学校法人三幸学園が母体なので、進学など卒業後の進路までしっかり見据えることができます。

■ 飛鳥未来高等学校 名古屋キャンパス
住所：〒451-0045 愛知県名古屋市西区名駅2-20-18
飛鳥未来高等学校、飛鳥未来きずな高等学校、飛鳥未来きぼう高等学校(仮称)※は全国にキャンパスがあります。
※茨城県設置認可申請中（設置計画承認済み）2024年4月開校予定

神村学園高等部 大阪梅田学習センター

> とっても明るくて優しい先生。「いつもありがとう」って思ってます！

> お疲れさま！明日も頑張ろうね！

担任
寺本 梨紗（てらもと りさ）先生

進学コース 2年生
小林 葉七（こばやし はな）さん

"帰り際の一言"がうれしい
自分のペースで学べて気負わずにいられる

小林　中学卒業後、地元から離れた高校に進学したのですが、下宿のルールや集団での共同生活に合わない部分があって、高1の11月くらいから転校を考えるようになりました。せっかくなら地元に戻りたいと思い、家から通いやすい通信制高校をいくつか見学しました。毎日通えて授業も充実していることが決め手になり、神村学園を選びました。

寺本先生　小林さんの第一印象は、とても大人しそうな子だなと思ったのを覚えています。でも、友達もできていくなかで周りともだんだん打ち解けていって、今は結構素の部分を見せてくれている気がします。進学コースは週5日登校が基本で、授業も毎日しっかり来てくれて、頑張っています。

小林　寺本先生は、優しそうな先生という第一印象で、それは今も変わらないです。そして、とっても明るい先生！ 英語の授業や、進路の相談、あとは休み時間に個人的な話を聞いてくれます。「先生だから」と上から目線に感じることもなく、友達みたいな距離感でも話せます。

寺本先生　同じ進学コースの友達と一緒に、生徒が先生になり得意科目を授業する勉強会を企画してくれたり、スポーツイベントの企画運営に立候補してくれたり、みんなの前で発表をしてくれたり、頼れる存在になっています。

小林　もともと、人前に立つのはあまり得意ではなかったんです。でも、先生も応援してくれて、友達と一緒ならできるかなと思って挑戦してみました。「次はもっとこうしたい」と考えていることもあるので、またやれたらと思っています。

寺本先生　小林さんはとても芯があるので、今後進路の方向性も固まっていけば、そこに向かってまっすぐ進むことができると思います。あまり私たち大人が「ああしなさい」などと言わず、彼女のこれからの選択を見守っていきたいです。あとは、今の小林さんの学年が彼女を中心にどんどん仲を深めていっているので、これからも楽しみです。

小林　神村学園に入学してから、ため息がすごく減りました。検定対策も授業内でできたり、自分のペースでやりたい勉強もできますし、気の合う友達もできて、友達のようにも話せる先生もいて…。ストレスもなく楽しい日々がおくれています。神村学園の先生は、帰るときに必ず「お疲れ様」「明日もまた頑張ろうね」って声をかけてくれるんです。それが嬉しくて、「明日も頑張ろう」って思えている気がします。

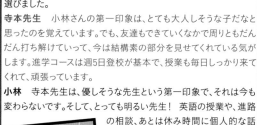

進路のこともプライベートのことも「友達感覚」でも話せる関係！

校内に職員室はなく、生徒も気軽に話しかけやすい雰囲気です。

SCHOOL DATA

▶詳細はP338

学校法人神村学園は、幼稚園から初等部、中等部、高等部、専修学校の各全日制課程を有し68年の歴史を誇ります。そんな総合学園が、個々の夢を本気で応援する学習センターを開校しました。少人数制で一人ひとりの目的に沿ったステップアップが可能です。「実学による人間性豊かな人柄教育」の教育理念のもと、あなたの勇気ある歩みに全力で伴走します。

■ 神村学園高等部
大阪梅田学習センター
住所：〒530-0001 大阪市北区梅田1丁目3-1000 大阪駅前第一ビル10階5-1
最寄り駅：JR各線「大阪駅」より徒歩約5分
TEL：06-6147-2200

わせがく高等学校

先生方には趣味の話も、勉強で分からないことも、何でも話せます！

二人とも、好きなことに一生懸命。ぜひそのまま突き進んでほしいです。

「お兄さん」「お姉さん」のような先生がたくさん。やりたいことの背中を押してくれます！

1年次生・全日型／写真部
布施 優斗さん（ふせ ゆうと）

国語担当／写真部顧問
矢島 由海子先生（やじま ゆみこ）

1年次生・全日型／スポーツ研究部
佐藤 碧土さん（さとう あおと）

「やってみたいこと」を応援してくれる先生
新しいことにも挑戦できる

布施　中学のときはあまり学校に行けておらず、中学の先生が勧めてくださったのがわせがく高校でした。見学に行ったら、先生方がとても優しく、少人数制のあたたかな雰囲気に惹かれ、ここなら通えそうだと思ったんです。

佐藤　僕は起立性調節障害の症状があり、中学はあまり行けていませんでした。わせがく高校に見学に行ったとき、先生がとても優しく接してくれ、入学を決めました。入学直後、とても緊張していたところ、先生が「みんなでハイタッチをしよう！」と言ってくださったんです。そのおかげで、自分から積極的に話しかけることができるようになっていきました。

矢島先生　確かに、二人とも入学当初はとても緊張している印象でしたね。でも、だんだんと余裕も出てきて周りとも打ち解けていき、今では友達の輪も広がっています。芸術発表会では、二人とも大活躍でしたね！

布施　芸術発表会では各クラスで演劇やパフォーマンスを発表したのですが、僕たちのチームは「アナと雪の女王」を演じました。僕がエルサを、佐藤さんがオラフを演じたんです。人前に出て主役を張るなんて、今までの自分では考えられないことです！準備期間も含めて、友達との仲もすごく深まったなと思います。

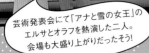

芸術発表会にて「アナと雪の女王」のエルサとオラフを熱演した二人。会場も大盛り上がりだったそう！

佐藤　みんなで衣装や装飾も手作りして、本当に楽しかったです。先生方は、僕らのやってみたいことを応援してくださいます。今度、スポーツ研究部でマラソン大会があるのですが、僕は監督としてみんなを支えたいと思ったんです。先生に相談したら、本格的なストップウォッチをくださって、すごく嬉しかったです！

布施　週5日通っていますが、朝も比較的ゆっくりですし、写真部も自分のペースで活動できるので、無理なく通えています。何より先生や友達と過ごすのが楽しくて、楽しいからこそ通えているし、新しいことに挑戦できているのかなと思います。

佐藤　わせがく高校は先生も友達も個性豊か。自分と共通の趣味を持つ先生や友達もいれば、他の得意分野を持つ人など、本当に色んな人がいて、輪が広がっていくのが楽しいです。

矢島先生　佐藤さんは、授業でも積極的に手を挙げてくれるなど、日々の勉強もとても熱心です。布施さんは、校外学習のときなどに電車を見かけると「あれは○○線だ！」と一目でわかるといった才能もありますね。二人は先日の探究発表会でもみんなの前で堂々と発表をしてくれて、頼もしい姿を見せてくれました。二人とも好きなことをたくさん持っているので、今後もそれをどんどんつきつめてほしいですね。

野球、サッカー、写真、鉄道…先生とは趣味の話でもいつも盛り上がっています。

SCHOOL DATA

▶詳細はP210

わせがく高等学校は教育方針「自由・個性・夢育」をモットーとして、生徒一人ひとりの夢や個性がお互いに十分に尊重され、いつも楽しい雰囲気にあふれる学校です。少人数制による学習指導を実施し、進路指導に大きな力を注いでいます（「早稲田予備校」、授業料無料優待制度あり）。「全日型（週5日制）」「通学型（週2日制）」「自学型（通信制）」等から自分に合った学習スタイルを選択できます。卒業率は99.1%。不登校改善率が82.4%です。新入学は4月、10月の年2回。各キャンパスは駅のすぐそばで、通いやすい環境です。

■ **本校**
住所：〒289-2231千葉県香取郡多古町飯笹向台252-2
TEL：0479-70-7622

■ **キャンパス所在地**
千葉（柏、勝田台、西船橋、稲毛海岸）、東京（高田馬場）
茨城（水戸、古河、守谷）、群馬（太田、前橋、桐生）

学びリンク合同相談会®攻略法

♥学びリンク
しくみもわかる 通信制高校合同相談会

① 受付へGO！今日の資料をGET！！

受付
合同相談会へようこそ！
はじめに受付へどうぞ！

しおり

◀要CHECK！！

「学校紹介」＆「学校検索表」…各校の取り組みが一目でわかる
「地図＋路線図」 …通いやすい学校を見つけよう

フリーペーパー

通信制高校の情報が満載！

来場登録特典

事前に来場登録をしていただくと詳細・最新情報が詰まったガイドブックをプレゼント！

②「しくみ」を知ろう

通信制高校・サポート校のしくみ講演

学びリンク代表山口教雄が徹底解説！

- 全日制高校とどう違うの？
- 自分のペースで通える？
- 学費は？
- 学校選びのポイントは？

③ 卒業生・在校生ボランティアの話を聞いてみよう

「通信制高校の学校生活」を聞くチャンス！

しくみ講演の後には、卒業生の体験談を聞く会があります。

- どうして通信制を選んだの？
- 卒業後の進路は？
- 学校生活はどうだった？

水色のビブス「卒業生・在校生ボランティア」にお気軽にお声かけください！　▶▶

④ 通信制高校コンシェルジュ®に聞いてみよう

「通信制コンシェルジュ®」に相談できるのは学びリンクだけ！

ピンクのビブスが目印！

たくさん学校があってわからない！
そんな時は通信制コンシェルジュ®にお声かけを。
中立的な立場から学校選びをお手伝いします。

コンシェルジュには元通信制高校教員や通信制高校卒業生も♪　▶▶▶

個別相談会

5 学校に直接話を聞いてみよう！

| 通い方 | 学費 | 校風 | サポート | 選択コース |

同じ通信制でもこんなに違う！ 一度に複数の学校の話を聞けるチャンス！ ぜひ比較をしてみてください。

しおりのココを **CHECK**！▶ 学校紹介　学校検索表　地図＋路線図

6 目的に合わせた講演・相談コーナーに行ってみよう

「精神面に不安がある」「不登校の子どもにどう向き合う？」など
心理学やカウンセリングの専門家による個別相談コーナーがあります。

中等部相談会（フリースクール）

┌ 主な相談コーナー ┐

メンタルカウンセリング
起立性調節障害
大学進学
留学
お金に関する相談　etc.

┌ 主な講演 ┐

大学進学講演
カウンセラーによる講演
留学講演　etc.

「中等部相談コーナー」
あります！

| 今から通える |
| 今よりも合っている |
居場所が見つかるかも？

「中等部・フリースクール」
リーフレット も **CHECK**！

しおりのココを **CHECK**！▶ 各会場スケジュール　各種相談コーナー＆講演

7 さらに情報収集をしてみよう

▶ 学校パンフレットコーナー

各学校の資料を設置しています。
受付でお配りしている紙袋をご自由に！

▶ 学びリンク書店

通信制高校専門のガイドブックや、不登校、発達障がい、
起立性調節障害などについての本が勢揃い！

特設サイトはコチラ

相談会動画はコチラ

| 入場無料 | 手ぶらでOK | 全国主要都市で開催 | 10年以上の開催実績 |

自分に合った居場所、見つけよう！学びリンク合同相談会®へ Let's Go!

※会場によって開催内容が異なります。詳細・最新情報はHPにてご確認ください。

| 学びリンク　合同相談会 | 検索 |

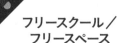

中学生から通える 居場所

学校以外で中学生が通える居場所は、様々なところがあります。通信制高校やサポート校でも、中学生を受け入れる場所としてフリースクールや中学生コース、中等部を併設する学校があります。中学校以外で学べる場所や、過ごせる場所はどんなところがあるのか。また、通信制高校の中等部ではどのような取り組みが行われているのかを紹介します。

学校以外の居場所はどんなところがある?

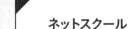

フリースクール／フリースペース

利用する子どもたちの事情や目的に応じて学習や活動体験、生活サポートなどを行う

オルタナティブスクール

子どもの個性や自主性を尊重し、主体的な学びや行動を重んじる方針が特徴的

ホームスクール

家庭を学び場とし、保護者が学習をサポートしたり、子どもが自由に学んだり学習方法は様々

ネットスクール

インターネットを介して、自宅や外出先などで学習や活動ができる

初等部／中等部

主に通信制高校やサポート校などが運営するフリースクール

公的な居場所

・教育支援センター（適応指導教室）

相談できる居場所

・親の会
・相談窓口

子どもたちが学校以外で過ごせる居場所には、様々なタイプがあります。各施設の理念や目的、活動内容はそれぞれ異なり、呼び名も「フリースクール」「フリースペース」「オルタナティブスクール」「ホームスクール」「ネットスクール」「初等部・中等部」など、様々です。子どもたちの個性や目的、事情に応じていろいろなタイプや支援が生まれています。

フリースクール等は、法律で定められた学校ではありません。そのため、義務教育段階では在籍する小・中学校に籍を置いたまま利用することになりますが、国の方針により在籍校の校長裁量でフリースクール等への登校を出席扱いとすることが認められています。

そのほかにも、公的な居場所として教育委員会が設置している「教育支援センター（適応指導教室）」、保護者の相談先として「親の会」や教育団体の運営する「相談窓口」があります。

Point

● 学校以外で学んだり、過ごしたりできる居場所はたくさんある

● 不登校やひきこもり、発達障がいなど様々な状況や目的に合わせて利用できる

● 在籍校の校長判断でフリースクールの登校が「出席扱い」にできる

通信制高校で中等部を持つ学校が増えている

近年、通信制高校やサポート校では中等部や中学生コースを持つ学校が増えています。施設に通う通学型だけでなく、インターネットを活用したネット型、自宅に直接伺う訪問支援型など高校で培ったノウハウを活かして運営されています。通信制高校の中等部の位置づけは、フリースクール等と同じで、中学校に籍を置きながら利用することになります。中等教育機関（中学校など）とは異なりますのでご注意ください。

活動内容も、中学3年生を対象に進学準備として高校生と同じスケジュールに取り組むところや、時間割やクラスがあるところ、生徒自身が過ごし方を選択するところなど様々です。その中でも、習熟度別の学習支援や高校のコンテンツを中等部で利用できるようにしているところは多くあります。そのため、高校をイメージしたり、基礎学力を身につけながら進学準備ができます。

【 通信制高校の中等部に入るメリット 】

入学前から 高校生活を イメージできる	高校の先生 との信頼関係が 作れる	同じ環境、 同じ仲間と一緒に 進学できる

ほかのフリースクールとの大きな違いは、やはり高校の施設を利用できることです。入学前から高校の雰囲気が知れ、スタッフも高校の先生が対応してくれることが多いため、高校進学へのモチベーションを持ちやすくなっています。

また、教員免許を持った高校の先生が学習面をサポートしてくれるため、学習環境が整っているのはもちろんのこと、入学前から先生と信頼関係を築けるのも大きな特長です。小・中学校時代に学校に通えなかったお子さんでも、知っている先生がいる状況で高等部（高校）に進学できるため、安心感につながっているようです。

そして何より、同じ場所で過ごした仲間と一緒に進学できるのも大きなメリットです。中等部の多くは、イベントや交流会を積極的に行っており、通っている子たちと仲良くなれる機会がたくさんあります。友達がいてよく知る環境に進学できるのは、子どもたちにとっても保護者にとっても安心です。また、イベントの中には高等部に通う在校生と一緒に行うものもあり、入学前から先輩と交流を持つことができます。高校生の中にも、不登校を経験している子たちが多いため、悩みを話せる身近な相談相手になっているようです。

> 次のページでは、通信制高校の中等部や提携しているフリースクールを紹介
学校ごとの特長を見てみましょう！

通信制高校 しくみもわかる 合同相談会

詳細はこちらから！

TEL：0120-421146
ヨイツウシンイイシンロ

※電話でのお問い合わせは
平日9:30〜19:00（土・日・祝を除く）

タイムスケジュールなど詳細・来場登録はコチラ

中等部相談コーナーで相談してみよう！

学びリンクが主催する「通信制高校・サポート校 合同相談会」は、全国の主要都市で年間40回以上開催され、中等部（フリースクール）の相談コーナーも設置しています。実際に、中等部で生徒と接している先生方が当日ブースにて相談を担当。進学先を探すのと一緒に、今から通える居場所探しができます。また、当日は中等部・フリースクールについて解説する講演も行われますので気になる方はぜひ、会場までお越しください。

中等部相談会（フリースクール）

▶ ▶ ▶ 詳しくはP64へ

飛鳥未来 中等部・初等部

お子さんが楽しく安心して通い続けられる居場所で、その先の進路までしっかりと見据えた教育を提供します。全国各地に通学キャンパスを持つ通信制高校や医療事務・スポーツトレーナー・美容・保育・製菓などが学べる専門学校に進学可能。姉妹校が"自分探し"をサポートします。

連携 飛鳥未来高等学校
　　　飛鳥未来きずな高等学校
　　　飛鳥未来きぼう高等学校(仮称)
※茨城県設置認可申請中(設置計画承認済み)2024年4月開校予定
　　　詳細はP14、P60、P142、P156、P364

N中等部

社会で求められる総合力を身につけるための実践型学習を行うプログレッシブスクール。好きなことにとことん熱中したり、今はまだやりたいことが見つかっていなくても、カリキュラムを通して自分のやりたいことを見つけられます。ライフスタイルに合わせてネットコースと通学コース、通学日数や利用時間も選択可能。N/S高と合わせて"6年間"で自身の進路設計を行います。現在、1,400名以上の生徒が全国で学んでいます(23年10月時点)。

連携 N高等学校
　　　S高等学校　詳細はP34、P160、P454

鹿の子クラブ 中学生コース

「自分のペースで学習したい」「在籍の中学校になじめない」そんな悩みを持つ中学生が安心して通えて、基礎学力もしっかりつけられる鹿の子クラブ。鹿島学園高等学校への進学もできます。

連携 鹿島学園高等学校
　　　鹿島朝日高等学校　詳細はP162、P382

東京YMCA高等学院「あっとY」

中学生のための居場所＆学びの場「あっとY」が2022年10月よりスタートしました。内容は個別学習タイム・グループタイム・選択ゼミ(ゲーム、映画、調理、音楽)などの活動のなかで興味があることにスタッフと一緒にチャレンジしていきます。クラスは公認心理士や心理の勉強をしている教員が担当。安心して過ごせるように心理面・学習面でのサポートを行います。探してきた「ちょうど良い。」が見つけられる場所です。

連携 東京YMCA高等学院　詳細はP504

成美学園中等部

内閣総理大臣許可『一般社団法人日本青少年育成協会』の法人会員であり、コーチングスキルを学んだ教員が子どもたちのサポートをします。『毎日楽しく学校に通ってほしい』というのが保護者の本音だと思います。子どもたちの笑顔を取り戻すために『居場所』と『活動機会』だけでなく、将来への『夢』を抱かせるキッカケを与えるのが私たちの使命です。また卒業後は高等部に進学もできます。

連携 成美学園高等學校　詳細はP31、P36、P202、P486

ルネ中等部

中学生のうちからeスポーツやプログラミングをいち早く学べるのが、ルネ中等部です。eスポーツは技術を磨くだけでなく、仲間とのコミュニケーションや分析力、問題解決能力を楽しく身につけていきます。また、プログラミング学習では、ロボットやゲームを通じてプログラミングの知識と技術を学んでいきます。仲間と一緒に楽しくeスポーツとプログラミングに熱中することで、授業へのやる気や理解を深めます。

**ルネサンス高等学校グループ
詳細はP168、P230、P302、P350**

中央高等学院 中学生コース

中学生の抱える様々な悩みを経験豊富な先生が一緒に解決していきます。無理なく通える週1回のコースです。まずは通う練習から始めたり、それぞれのレベルに合わせた少人数制で小中学校の範囲から復習したり、ゲームや散策を通して友達づくりもできます。学校の雰囲気に慣れることで、中央高等学院へスムーズに進学が可能です。悩みを抱えた中学生にとって安心できる居場所となっています。

中央高等学院　詳細はP24、P500

トライ式中等部

全国100ヶ所以上にキャンパスを展開。不登校解決から進路決定まで寄り添ってサポートいたします。カウンセラーがいるため、学習や人間関係などの悩みを気軽に相談できます。授業は「在宅コース」・「通学コース」・「オンラインコース」から自由に選ぶことができ、いずれも授業は完全マンツーマンなので理解度に合わせて自分のペースで学習を進められます。

トライ式高等学院　詳細はP25、P42、P506

69

フリースクール ゆうがく

リラックスした雰囲気のなかで、学年もクラスもなく、マイペースでじっくりゆったり過ごしています。小学校の復習、中学校の学習、個別プリント、パソコン学習など自由に決めて学習を進めます。生徒・保護者とも無料でカウンセリングが受けられます。

連携 さくら国際高等学校 東京校　詳細はP220

八洲学園 中等部

3万人以上が卒業した八洲学園高等学校のノウハウを活かし、中学校復帰をサポートしています。家と中学校以外の「安心」できる居場所づくりを目標にし、一人ひとりが一歩進むためのお手伝いをします。体験学習・個別学習・集団学習を通し、コミュニケーション能力の定着を目指します。中等部では、中学校に復帰する目的だけでなく、心のゆとりを大切にし、一人でゆっくり学習や活動をしたい人、仲間と一緒に過ごしたい人など、それぞれのニーズに合わせてサポートをしています。

連携 八洲学園高等学校　町田みのり高等部
三宮みのり高等部　詳細はP348、P472、P478

Global Communication

ネイティブ先生とのスピーキング中心の英会話クラスで、中学生から参加できます。日本に居ながらまるで留学のような体験をすることができるので、英語や海外に興味はあるけど留学は不安という中学生でも、安心して第一歩を踏み出すことが可能です。

代々木グローバル高等学院　詳細はP52、P512

早稲田自由スクール

個別支援に力を入れており、子どもだけでなく、ご家族も笑顔と安心を実感できる居場所です。コースは、昼から通う「デイリーコース」に、午前から通える「マイチャレンジコース」を追加で選択することが可能です。「推し活動」や「いろいろ探究」、「eスポーツ」などユニークな活動も行っており、子どもの興味や意欲を少しずつ引き出すフリースクールです。

連携 わせがく高等学校　詳細はP62、P210

フリースクール白書 2022

想像ではなく「数字」で見る

フリースクール全国ネットワーク

新しいフリースクール

ICTの活用状況

世界と日本の比較

不登校支援における役割

学校や行政との連携、出席認定

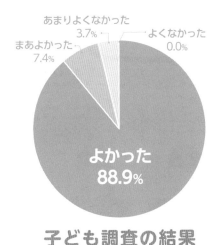

Q. あなたはフリースクールに入ってよかったと思いますか。

あまりよくなかった
3.7%

まあよかった
7.4%

よくなかった
0.0%

よかった
88.9%

子ども調査の結果

フリースクールとは何か　魅力と課題

代表者、スタッフ、子ども、保護者の視点

全国調査から見える実態と20年の変化

多様な活動とフリースクールの「学び」

団体の属性と活動方針、経営状況

学ぶ場か

多角的な視点から聞いた全178問の全国調査

私たちは、フリースクールの本当の姿を

知らない

「不登校24万人」の時代

必読の書！

そこは居場所か

発行：学びリンク／A5版256ページ／2,420円（税込）／ISBN978-4908555-67-1

学びリンクの本

制服 COLLECTION

制服コレクション

2024-2025

通信制高校

通信制高校と聞くと「制服ってあるの?」というイメージ。
多くの通信制高校は、
私服か制服かを選べることがほとんどです。
でも実はかわいくてバリエーションも豊富な制服が
たくさんあります。
人生最後の学生服を楽しんじゃいましょう♪

Point! 学校によっては
スラックスを選択できます!

ID学園高等学校 ・・・・・・・P272

通信制高校

あずさ第一高等学校 ・・・・・P196

通信制高校

通信制高校

飛鳥未来高等学校 ・・・・・・・P364

飛鳥未来きずな高等学校 ・・・P142

飛鳥未来きぼう高等学校※ ・・・P156
※〈仮称〉茨城県設置認可 申請中(設置計画承認済み)

N高等学校 ・・・・・・・・・・・・・P454

S高等学校 ・・・・・・・・・・・・・P160

通信制高校
サポート校

通信制高校

屋久島おおぞら高等学校・・P452

おおぞら高等学院 ・・・・・・・P516

鹿島学園高等学校 ・・・・・・・P162

鹿島朝日高等学校 ・・・・・・・P382

通信制
高校

通信制高校
サポート校

科学技術学園高等学校 ···P218

駿台甲府高等学校·······P266

駿台通信制サポート校 ···P494

通信制
高校

通信制
高校

神村学園高等部 ·········P451

神村学園高等部 大阪梅田学習センター ··P338

クラーク記念国際高等学校 ···P122

通信制
高校

さくら国際高等学校 東京校 ・・・P220

通信制
高校

通信制高校
サポート校

精華学園高等学校・・・・・・・P400

成美学園高等學校・・・・・・P202

成美学園グループ・・・・・・・P486

サポート校

通信制 高校

つくば開成高等学校・・・・・・・・P164

つくば開成学園高等学校・・・・P276

京都つくば開成高等学校・・・・P324

大阪つくば開成高等学校・・・・P336

つくば開成福岡高等学校・・・・P424

つくば開成国際高等学校・・・・P458

大成学園 ・・・・・・・・・・・・・・・P514

サポート校

中央高等学院 ・・・・・・・・・・・P500

通信制高校
サポート校

東京YMCA高等学院（YMCA学院高等学校）
・・・P504・P356

Point!

私服 or 制服 と選べる学校も
たくさん！

近年、登校型の通信制高校が増え「制服で登校したい」という要望に応えて制服を用意している学校がたくさんあります。

学校によっては「基準服」とも読んでいます。しかし多くの学校が、制服or私服と選べるようになっており、私服で登校したい生徒は、制服を購入しなくてもOKです！

通信制
高校

高等専修
学校

東朋学園高等学校・・・・・・・P344

東朋高等専修学校・・・・・・・P476

通信制
高校

通信制
高校

天王寺学館高等学校 ・・・・・P342

長尾谷高等学校 ・・・・・・・・P346

京都長尾谷高等学校 ・・・・・P330

高等専修
学校

野田鎌田学園杉並高等専修学校 ・・・P470

通信制
高校

日々輝学園高等学校 ・・・・・P178

通信制高校

通信制高校

ヒューマンキャンパス高等学校・・・P460

ヒューマンキャンパスのぞみ高等学校・・P206

日本ウェルネス高等学校・・・P166

通信制高校

通信制高校

北海道芸術高等学校 ・・・・P126

福岡芸術高等学校・・・・・・・・P420

緑誠蘭高等学校・・・・・・・・・P278

明聖高等学校 ・・・・・・・・・・ P208

八洲学園高等学校 ・・・・・・・ P348

代々木高等学校 ・・・・・・・・ P310

サポート校

通信制高校

代々木グローバル高等学院・・・P512

立志舎高等学校・・・・・・・・P228

通信制高校

通信制高校

ルネサンス高等学校・・・・・・P168

ルネサンス高等学校
池袋・新宿代々木・横浜キャンパス ・・・P230

ルネサンス豊田高等学校・・・P302

ルネサンス大阪高等学校・・・P350

わせがく高等学校・・・・・・・・P210

先輩にきいてみたい
今までの話とこれからの夢

生徒
INTERVIEW

今通っている学校が合わない、新しい選択肢を見つけたいと思っても、いざ新しい一歩を踏み出す時は、不安や心細さがあって当たり前。でも、思い切って前に進んだ先には、今までと違う世界が待っています。

過去の苦しさを乗り越えて、自分らしい高校生活を送っている先輩たちにこれまで歩んできた道のりと、今迷っている後輩たちへのメッセージをきかせてもらいました。

▶ ▶ P84

天王寺学館高等学校

授業や行事を通して主体性を
身につけられる

2年生／通学部 特進コース 週5日制
大野木 遥史さん
（おおのぎ はるひと）

▶ ▶ P86

ヒューマンキャンパス高等学校

「鉄道」を軸に選んだ高校
大好きな趣味がきっかけで
自信を持てるように

秋葉原学習センター
1年生／
専門チャレンジコース「鉄道サービス」専攻
小杉 和真さん
（こすぎ かずま）

▶ ▶ P88

福岡芸術高等学校

この学校に通ったからこそできた
仲間と経験がたくさん

3年生／マンガ・イラストコース
浦川 裕之さん
（うらかわ ひろし）

天王寺学館高等学校

授業や行事を通して主体性を身につけられる

2年生／通学部 特進コース 週5日制
大野木 遥史さん
（おおのぎ はるひと）

「全日制に近い環境で勉強をしっかりしたい」という希望から天王寺学館高校を選んだ大野木さん。自分の習熟度や進路に合ったコース・クラスで、周りからよい刺激を受けながら、高校生活を過ごしています。また、履修科目や学校行事で自由な選択肢が多いからこその成長を感じているようです。

高校選びのポイントは「全日制に近い高校生活がおくれること」

僕は小学3年の時に軽いいじめにあって、学校に行けなくなりました。それ以降、学校にはほとんど行かず、小学4年から中学3年までは、フリースクールに通っていました。そこには、とても楽しく通えました。また、フリースクールを卒業する先輩たちの多くが通信制高校に進学していたので、もともと、通信制高校については知っていました。

一方で、僕自身は、高校からは全日制で頑張ってみたいという気持ちがありました。そのため、塾にも通って、受験勉強をしていました。しかし、中学3年になって、やっぱり、高校に毎日通えるかが不安になってきました。そこで、学びリンクの通信制高校合同説明会に参加しました。全日制に近い学校生活がおくれて、大学進学に向けて勉強ができる通信制高校を探していたところ、見つかった学校の一つが天王寺学館高校（以下、天王寺学館）でした。

相談会で知った学校を比較するために、後日、母と一緒に学校見学に行きました。その中で、天王寺学館はすごく静かで、落ち着いて勉強ができそうだと感じました。両親とも相談して、自分の希望に一番合っているのは天王寺学館だと思い、入学を決めました。

幅広いコースと科目から選べる！自分に合った高校生活を描ける

通学部には、「特進コース」「総合コース」「基礎コース」の3つに分かれます。そのため、入学前に、コース分けのテストがあります。僕は、塾での受験勉強の成果もあって、1年から「特進コース」に所属しています。入学して当初はクラスメイトが15人程度で、みんなの顔をすぐに覚えられて、友達もできやすいです。

通学部では登校日数も「週1日」「週3日」「週5日」から選べます。時間割は午前が選択科目や補講などで、午後から学年別コース授業になります。そのため、生徒自身で授業数を調整することができます。僕自身は、午前の選択科目は必要なものや興味あるものに絞り、午後からゆとりを持って通学することが多いです。

午後からの学年別コース授業は進路別・習熟度別で行われています。習熟度別のクラスによって、使う教科書が違い、自分の進路に合った学びができます。高校3年になったら、特進コースの授業は演習形式になるので、2年生のうちに基礎基本を押さえておきたいですね。

授業の中では、体育が好きです。校舎の5・6階に体育館があり、学校の近くに専用のグラウンドがあります。内容もゆるく楽しめる程度なので、リフレッシュになります。

ほかに集中授業という通常の時間割とは別に、短期間で行われる授業があります。家庭科や情報、体育などの単位が修得できます。そのうち一つのハイ

ハイキング実習では、奈良県生駒郡にある信貴山を登りました

キング実習を友達と一緒に履修しました。天王寺学館は総合学科のため、普通科では見られないユニークな科目があって選ぶのも楽しいです。

　また、独自の留学プログラムもあり、僕は、高校2年の秋に15日間、フィリピンのマニラに行きました。平日は大学で授業を受け、休日はアクティビティを楽しみました。長年、戦争の影響を受けていたフィリピンの象徴であるサンチャゴ要塞は一番心に残っています。現地の人と英語で交流する中で、コミュニケーションは気持ちが大事であることを実感しました。

行事も盛りだくさん！
これまでやれなかった経験もできる

　学校行事も全日制と同じように実施される一方で、参加は自由です。これまでで一番の思い出は、修学旅行で北海道に2泊3日で行ったことです。クラーク博士の像を見に行ったり、ジンギスカンを食べたり、牧場でアイスクリーム作りを体験したりと満喫しました。天王寺学館の修学旅行は毎年、沖縄県と北海道に交互に行っていて、3年連続で参加した人もいます。僕も来年も参加して沖縄県に行きたいと考えています。

　また、行事では、ほかのコースの生徒との関わりがあるのも新鮮で楽しいです。1年の時の文化祭では、担任の先生に勧められて実行委員を務めました。企画を考えたり、配布物を作ったり、ステージの照明を担当したりと生徒主体で進めていきました。これまでの自分だったらやらなかったような貴重な経験ができました。

　天王寺学館で過ごす中で、だいぶ大学受験のことを意識するようになりました。やはり、周りに高い志を持っている仲間がいるからだと思います。友達や家族とオープンキャンパスに行って、具体的に卒業後の進路を考え始めています。

　今は関西学院大学が第1志望で、経済学部に進みたいと考えています。オープンキャンパスで話を聞いて、経済の流れや社会との関わりを勉強していくことが面白いと感じたからです。1年後の私立大学の一般選抜に向けて、周りからよい刺激をもらいながら勉強に力を入れていきたいと思います。

　この2年間で、自分で授業を選択したり、行事に自分から参加したりと、主体性がついたように感じています。僕のように小・中学校に行けなかった人でも、天王寺学館なら自分のペースに合うコースがあるので、安心して通えると思います。

普段から、先生たちが生徒一人ひとりのことを
見てくれていると実感します

School Data

天王寺学館高等学校

天王寺学館高等学校は、大阪府、奈良県から入学できる狭域制の通信制高校です。月・水・金曜の午前に授業がある「通信部」、週3日・4日・5日と登校日数が選べる「通学部」、自宅学習を中心に、年間20日〜25日程度の登校で高卒資格取得を目指す「視聴メディアコース」があります。「通学部」では、「特進コース」「総合コース」「基礎コース」「芸術コース」と自分の進路に合わせてコース選択ができます。同校は総合学科のため、多彩な選択科目が開講されています。校舎は6階建てで、体育館やグランド、図書室など設備も充実しています。

▶詳しい情報は **P342**

ヒューマンキャンパス高等学校

「鉄道」を軸に選んだ高校
大好きな趣味がきっかけで自信を持てるように

秋葉原学習センター
1年生／　専門チャレンジコース「鉄道サービス」専攻

小杉 和真さん
こすぎ　かずま

幼いころから鉄道が大好きという小杉さん。中学生のとき、病気の影響で学校に行けない日が続いてしまったといいます。大好きな鉄道を専門的に勉強でき、かつ自分のペースで無理なく通える学校を探し、ヒューマンキャンパス高校への進学を決めました。「進学先を選ぶときに大切なのは、好きなことで探してみること」と語る小杉さんに、高校生活についてお話を聞きました。

「大好きな鉄道を学べる通信制高校」

僕は小さいころから鉄道が大好きで、特に鉄道貨物に昔から興味があったんです。地元の駅に長い鉄道貨物車両が通っていたこともあり、自分にとって身近な存在でした。

中学生のときには、自分でジオラマ作りもしていました。高校も鉄道に関することを専門的に学べる高校に行きたいと考えていました。

ただ、病気の影響で中学生の後半くらいから学校に行けない日が続いてしまったんです。学力と体調にも不安があったので、全日制高校ではなく自分のペースで通える通信制高校がいいのかなと考えるようになりました。

そんななか、「鉄道サービス」という授業がある通信制高校を見つけたんです。それが、ヒューマンキャンパス高校でした。自分のペースで通えて、鉄道のことも専門的に学べる。迷いなく入学を決めました。

「鉄道好き」から交流が広がる
好きなことが通えるきっかけに

「鉄道サービス」の授業は週1回の2時間授業で、20人くらいの鉄道好きな子たちが集まっています。僕は「貨物好き」なんですけど、他の子たちは特定の車両や「○○鉄道」などが好きだったり、同じ「鉄道好き」でもみんな趣味が違って、発見がたくさんあります。

あと、北海道など遠方の生徒もオンラインでつながったり、実習のときには東京に来てくれたりして、本当にいろいろな子がいてにぎやかです。

ロングホームルームの時間では、ペーパータワーなどのレクリエーションもあります。普段は同じ鉄道サービスの授業を専攻している子たちと交流することが多いですが、それ以外の子とも接することができる機会になっていて楽しいです。

先生たちもフレンドリーで話しやすいです。鉄道の授業では、土地の歴史や文化、地理など、鉄道から派生したさまざまなことを教えてもらえます。その先生は専門学校の先生なのですが、普段自分たちがいる学校以外の先生が来てくれるというのも新鮮で面白いなと感じています。

いまは鉄道サービスの授業を中心に、週2～3回くらいのペースで通っています。校舎が秋葉原にあり、授業終わりに電気街をぶらぶらできるので、それも通う楽しみになっています。

鉄道の授業以外は、自習室で勉強をしたり、苦手な科目の補習授業に出たりしています。

中学校は半分くらい通えていなかったので勉強面には不安もありましたが、苦手な数学などは補習授業に出て、分からないところを直接教えてもらえます。学び直しもしっかりしたいと思っているので、先生に助けてもらいながら、頑張って進めているところです。

約2カ月半かけて制作したジオラマ。地面の素材、経年劣化の風合い、見る人が楽しめる仕掛けなど、一つ一つのこだわりを熱く語ってくれました。

自信につながった鉄道模型コンテスト
「共通の趣味」が世界を広げてくれる

夏に「鉄道模型コンテスト」があったのですが、その直前はジオラマづくりのために毎日通っていました。ジオラマの背景や設定もみんなで考えながら、制作に没頭していましたね。ジオラマって、実在する駅などをモデルに作られることが多いのですが、僕たちのジオラマは架空の駅の設定にしたんです。駅の近くにある公園や、サビの風合いなど、すべてにこだわって作りました。同じ「ジオラマ好き」同士が集まってワイワイ制作できたのは、とてもいい思い出です。

コンテストの期間中は、会場で来場者の方に自分たちが作ったジオラマの紹介をする機会が多くありました。

もともと、人前で何か発表したり説明することは苦手な方だったんですけど、このときはスムーズに話すことができて、自分でも驚きでした。

何より、来場者の方々が自分たちと同じ「ジオラマ好き」や「鉄道好き」で、そういった方々が自分たちの作品に興味を持って見に来てくださり、お話しできたことがとても楽しかったです。

通えるようになったり、人前でしっかり話せた経験は、自分にとって大きな自信になりました。それは、やっぱり大好きな「鉄道」がきっかけだったんだと思います。

中学のときはジオラマも一人で作っていましたし、学校に行っていなかった間は家にこもりがちで、いま思えば閉鎖的な世界にいたのかなと思います。そう考えると、いまは本当に明るくて、多様でひらかれた環境にいるんだと感じています。鉄道という趣味から、すごく世界が広がりました。

今後は「青春18きっぷ」を使って全国を旅したり、色々な地方の鉄道貨物を見てみたいですし、通信制高校ならではの自由な時間を活かしてアルバイトも始めてみたいです。

今回、ずっと夢だった「鉄道模型コンテスト」に出ることができましたが、次の目標は来年もっといい成績を残すことです。いまから準備を進めています！

「鉄道模型コンテスト2023」では、全国の競合校と競いあい、見事「ベストクリエイティブ賞」を受賞！夢がかなった瞬間です。

School Data

ヒューマンキャンパス高等学校

一人ひとりの生徒が「"夢"の探検→"夢"実現ができる高等学校」=「キャリアデザインを描くことのできる学校」創りを目指しています。学べる分野は40以上。鉄道、ペット、心理、メイク、声優、イラストなどの他、大学進学・語学など、自分の「好き」「なりたい」を幅広い分野から選ぶことが可能です。専門授業は、現場で活躍するプロの講師が担当。専門教育機関との連携により、業界最先端のスキルや知識を修得できます。

▶ヒューマンキャンパス高校の詳細は P460、姉妹校・ヒューマンキャンパスのぞみ高校の詳細は P206

福岡芸術高等学校

この学校に通ったからこそできた
仲間と経験がたくさん

3年生／マンガ・イラストコース

うらかわ ひろし
浦川 裕之さん

小・中学校に行けない間は、幼い頃から好きだった絵を描き続けていた浦川さん。福岡芸術高校への入学を機に、共通の好きを持つ仲間と出会い、日々を過ごす中で大きな気づきを得たようです。高校3年間について、一人ではできなかった経験や、仲間がいたからこそ成長できたことがたくさんあったと振り返ります。

ずっと好きだった絵を
プロの先生から学びたい

　小学生の頃から、クラスになじめなかったり、学校にいる意味を見出せなかったりして、小学5年から不登校になりました。学校に行かなくなったきっかけは、ある授業で些細なことで先生からひどく叱られてしまって。「幼い頃から好きだった絵を家で描いている方が有意義な時間が過ごせるのではないか」と思ったのです。それからは、特別支援教室にたまに行くだけで、中学も卒業式以外は行きませんでした。

　そんな中、中学3年の時に、特別支援教室の先生から、福岡芸術高校のパンフレットや作品集を見せてもらいました。僕は、好きな絵を学べると知り、実際に、体験入学に参加することにしました。その時に、プロの先生から色鉛筆の使い方を教わり、とても楽しくて！そして、業界でプロとして活躍されている先生から、実際に使用している画材を使って直接学べるところに魅力を感じました。母に「高校に行くなら福岡芸術高校がいい」と伝えると、母も、僕が進学に前向きになったことに喜んでくれて、応援してくれました。

心落ち着く環境で
着実にスキルを身につける

　福岡芸術高校では、週5日授業があります。週1日はオンライン授業日で、自宅で一般科目の授業を受けます。その他の週4日は各コースの専門科目の授業が多いです。

　僕は、電車で1時間以上かけて通学していて、高校1年の時はなかなか慣れずに休むことがありました。しかし、2年からはほぼ皆勤賞です。元気に楽しく通えているのは、やっぱり、周りの人たちや学校の環境のおかげです。

　入学して最初は、周りに馴染めるかすごく不安でした。でも、「なんとかなれ」と思い切ってクラスメイトに話しかけたら、積極的に答えてくれたのです。クラスはコース別で、マンガやイラストが好きな仲間が集まるので共通の話題があって、馴染みやすかったです。これまでの小・中学校より、心が落ちつく環境でしたね。3年間ずっと同じクラスメイトなので、今では、お互い、ワイワイ楽しんでいます。そんな仲間との一番の思い出は、学校行事の「バスハイク」でマリンワールドに行ったことです。

　その他にも、1・2年の時に担任だった先生とのやり取りが印象に残っています。特に、学校の芸術発表会で展示する絵を添削してもらった時です。僕自身、自信満々だった作品だったのですが、色の統一感について厳しいコメントが返ってきました。しか

作品名「インフルエンサー」。光の反射や犬の毛並みなどの現実世界とデジタル機能が忠実に描かれている。

し、そのアドバイスを反映させた作品が学校の芸術発表会だけでなく、コンクールにも出展することになりました。結果、コンクールの選考に残り、今は美術館に展示されています。この3年間、先生方の的確な指導のもとで、絵を学び続けてきたからこその成果だと思っています。

福岡芸術高校での3年間を振り返ると、この高校に通うことでできた経験をたくさんさせてもらったと感じます。この高校に出会うまでは、僕の周りには絵に関心がある人があまりいなくて、一人で黙々と練習をしていました。でも、この高校に通うようになって、絵の上達には、他の人と高め合ったり、他の人から刺激を受けたりすることが必要なのだと気づきました。これは、ずっと学校に行っていなくて、人と関わる機会がなかった僕にとっては大きな気づきでした。こうした気づきがあったおかげで、僕自身、「まだまだ未熟で力不足なのだ」と知り、それを踏まえた上でより努力したことで、入学前と比べて、ぐんとスキルが上がったと実感しています。

また、これまで苦手だった人間関係も、この3年間で払拭できたと思います。福岡芸術高校で仲間と毎日過ごす中で、時には難しい、つらいなと思うこともあったのですが、楽しいこともたくさんありました。好きなことを磨きながら、かけがえのない仲間や経験ができるのは福岡芸術高校しかないと思います。

共通の好きを持つ仲間と高め合った3年間

卒業後は、美術系の大学進学に進みたいと考えています。志望している大学は、授業の中で一番好きなデッサンを担当している先生の出身校です。その先生に憧れて、その大学に決めました。入学選考として共通テストのほかに実技試験があるので、授業の合間に先生から課題点を教えてもらいながら、受験に向けて練習しています。

お客様への挨拶や先生との談話の声が自然と溢れる学校です

School Data

福岡芸術高等学校

福岡芸術高校は、芸術に特化して学べる通信制高校です。「マンガ・イラスト」「声優」「ファッション・ビューティー」「美容師」「ダンス＆ボーカル」「eスポーツ」と6つのコースに分かれ、共通の好きを持つ仲間と一緒に、週5日学びます。福岡芸術高校の前身は、母体である学校法人恭敬学園の北海道芸術高校のサテライトキャンパスでした。2023年4月に通信制高校として開校し、スクーリングを含め全ての学習が博多区駅前3丁目にある『福岡芸術高等学校』で完結できるようになりました。

▶詳しい情報は **P420**

解説編

通信制高校

高等専修学校

技能連携校

サポート校
（学習等支援施設）

高卒認定試験

だから、
できることがあります

不登校や進路変更で悩む生徒の皆さんには、
さまざまな事情があることと思います。
次のページからはそれぞれの事情に合わせて
柔軟な対応ができる各校のしくみを丁寧に
わかりやすく解説します。
また、特に不安に思われることが多いポイント
はＱ＆Ａで整理しています。

学びリンク株式会社代表
山口教雄が解説！

「素直に」「わがままに」選びましょう！

▶ 創立理念の異なる個性派集団

通信制高校という存在を知っている方は、ここ数年で確実に増えました。現在は高校生の12人に1人が通信制高校で学んでおり、ほとんどの中学校で卒業生の何名かを通信制高校に送り出している実績があります。また、高校入学後に進路変更する生徒の転入学先として通信制高校を紹介し、無事高校卒業に導いたという事例も一般的になりました。

通信制高校は公立校が約3割、私立校が約7割という構成になっています。全日制高校は公立校7割、私立校3割、そして定時制高校は公立校が95%、私立校が5%と公立中心であることを見ると、通信制高校は私立の学校が多いことが分かります。私立校というのはそれぞれの創立理念に基づいて学校ができていますので、1校1校に個性があります。つまり、通信制高校はそれぞれ創立理念の異なる学校が集まった、個性派集団なのです。

👤 通信制高校の生徒数

公立：5万7437人　私立：20万7537人
※文部科学省「学校基本調査」2023年度

高校生の **12** 人に **1** 人が
通信制高校を選んでいます

🏫 通信制高校の学校数

289校　**公立：78校（27%）　私立：211校（73%）**
※文部科学省「学校基本調査」2023年度

約 **7** 割が私立校

➡ 創立理念もさまざまな個性派集団

▶ 教育内容は3つの方向に進む

```
┌─ 通信制高校の教育内容 ─┐
☑ 1 学び直し・進学

☑ 2 「やりたいこと」に対応

☑ 3 発達の特性への対応
```

個性的な学校が誕生してきた通信制高校ですが、その教育内容の方向は3つに分かれています。

1つ目は「学び直し・進学」です。小・中学校の基礎から学び直して高校段階までつなげ、さらに大学や専門学校にも橋渡しをします。レポート学習を中心とした通信制高校は個別対応ができるという特長があり、これが学び直しと発展的な学びを可能にしています。2つ目は「やりたいこと対応」です。専門コースを開設している学校では、将来にも役立つスキルを身につけたり、資格を取得することもできます。3つ目は「発達の特性への対応」です。こちらの対応ができる学校では、教員研修を行い、個々の特性や課題に対応できるように配慮しています。

このように英数国などの普通科目を学ぶと同時に、幅広いサポートがあったり、興味のあることも学べるのが通信制高校です。

▶「わがまま」に選んでください

私が通信制高校選びで毎回申し上げていることは「自分の気持ちに素直になって」「わがまま」に選んでくださいということです。

通信制高校の生徒や卒業生と話していると、とても素直な人たちばかりだと思います。素直だから人に気を遣い、合わせすぎてしまって不登校など学校生活で苦戦してしまう部分もあったのではないでしょうか。そして彼ら彼女らは、それぞれが自分に合った通信制高校を選んだことで元気に回復しています。通信制高校選びは人に合わせることなく「我が（意の）まま」に選んでほしいのです。

それでは素直になって思い描いた高校生活が実現できるのはどの学校で、どうやって探せばいいのでしょうか？

本書ではさまざまな形で通信制高校の取り組みを紹介しています。ここで紹介されている内容は、通信制高校が生徒に提供できる“学校のメニュー”のようなものです。通信制高校はメニュー表をみながら学校選びをするようなものですので、まずはこの本を読みながら「え!? こんな通い方もあるのか」「こんなこともできるのか」と知ってもらうことで、自分に合った学校を見つけられる可能性が広がっていくと思います。

そして、それぞれの通信制高校でできることを知ったら、興味のあることを行っている学校について詳しく調べてください。例えば「大学進学に強い学校」のなかでも、個別指導があるのか、ICTツールが充実しているのかなどの違いもあります。また、「大学進学に強い学校」で調べたなかで、「留学ができる」「プログラミングができる」など、いろいろと派生して魅力を感じるものが出てくるかもしれません。肝心なのは、興味のあることをきっかけに学校を調べたり、直接先生と話したりすることです。そのなかで高校生活において譲れないものが見つかり、それを実現できる学校と出会える確率がぐんと高くなります。

◆ 山口 教雄（やまぐち のりお）　Profile ◆

1996年、通信制高校専門出版社「学びリンク」を創設、代表取締役社長。通信制高校・フリースクール・高卒認定試験・夜間中学等の「多様な学びの情報」を発信する専門誌や書籍を発行。2009年より「通信制高校・サポート校合同相談会」を主催・開催。全国の主要都市で年間40回以上行われ、約2万8千人の中高生や保護者が来場（2023年度実績）。すべての会場で「通信制高校のしくみ講演」を行う。著書に『あなたのお子さんには通信制高校が合っている!!－通信制高校のお得なところ－』『通信制高校を選んだわけ』（同・学びリンク）などがある。

学びリンク主催「通信制高校・サポート校合同相談会」については P64、P620 へ

複数の学校に個別相談ができる

通信制コンシェルジュに
学校選び相談

卒業生の体験談も聞ける

こちらの動画もCHECK！

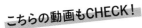

学びリンク公式YouTube
「4分でわかる！
　学びリンク　合同相談会」

動画はこちらから！

実はいろいろある！ 中学卒業後の進路

```
┌─────────────────┐
│    中学卒業       │
└─────────────────┘
         ↓
    全日制高校
    定時制高校
    通信制高校
    高等専修学校
    サポート校
    特別支援学校
    高卒認定試験
    その他就職など
```

「全日制」以外にもある選択肢

令和5年度の学校基本調査によると、高等学校等への進学率は98.7%でした。この数字からみて分かる通り、中学校を卒業した多くの人は、なんらかの形で進学しています。

では、みなさんは中学卒業後の進路がどれくらいあるか知っていますか？ 一般的にイメージされるのは、平日の週5日・毎日通学する「全日制高校」ではないでしょうか。でも実は、それ以外にも選べる進路はいろいろあります。

左の表では、中学卒業後に進める進路を一覧にしました。このように見てみると、「高校」という括りだけでも全日制のほかに定時制・通信制の課程があります。本書で数多く紹介している通信制高校は、全日制高校のように毎日通学する必要はなく、自分のペースで学べたり、5教科の勉強以外に好きなものを学べたり、同じ「高校」という名前がついていても、学習環境の自由度が違います。

また、法律で定められている学校へ行くこと以外にも、「高卒認定試験」という選択肢もあります。高卒認定試験は試験に合格することで「高校を卒業したのと同じ学力がある」と認められるもので、学校に行かなくても大学や専門学校への進学、高卒が応募条件になっている求人への就職ができる手段となっています。

中学校を卒業した後の道は、決して一つではありません。ぜひこのガイドブックを通して、自分に合った進路を探してみてください。

▶中学卒業後の進学先　主な特徴

	卒業資格	大学等への進学	通学日数	就学支援金対象
高校 (全日制・定時制・通信制)	高校	○	**課程によって異なる** (全日制：週5日) (定時制：週5日) (通信制：選択可能)	○
高等専修学校 (技能連携校を含む)	高等専修学校・高校 (提携通信制高校の資格)	○ (※1)	週5日	○
サポート校 (技能連携校を含む)	高校 (提携通信制高校の資格)	○ (※2)	選択可能	△ (※3)
特別支援学校	特別支援学校高等部	○	週5日	○

※1　大学入学資格付与指定校もしくは技能連携校のみ、大学等に進学することができます。
※2　提携している通信制高校で高卒資格を取得できます　※3　提携している通信制高校の学費が就学支援金の対象となります

「高校」もいろいろ！　比較してみよう

全日制　定時制　通信制　➡ 高校の卒業要件はすべて共通です。

❶ 74単位以上の修得
各課程（全日制・定時制・通信制）、学校ごとに修得方法が異なります

❷ 通算3年間以上在籍
A高校1年在籍
➡B高校に転入して2年在籍
＝通算3年間としてカウントできる

❸ 特別活動への参加
HR・委員会・部活動・入学式・卒業式を含む学校行事への参加

単位の修得方法は2つあります。

学年制（主に全日制高校・定時制高校）
→学年ごとに単位を認定します。

単位制（通信制高校、一部の全日制高校・定時制高校）
→科目ごとに単位を認定します。

※詳しくは P98へ

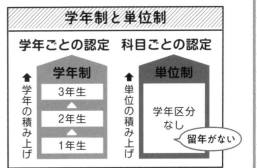

学年制と単位制
学年ごとの認定　科目ごとの認定
学年制：3年生／2年生／1年生　学年の積み上げ
単位制：学年区分なし　単位の積み上げ　留年がない

全日制　定時制　通信制　**それぞれの特徴**

全日制高校…**毎日学校へ行きます。** 授業を受け、イベントや部活動も行いながら学校生活を送っていきます。

定時制高校…**毎日通学しますが、勉強するのは1日4時間程度です。** 学校によって異なりますが、通学する時間帯も午前から・午後から・夕方からと分かれています。また定時制は卒業までに4年間かかるのが基本です。（※多部制の場合は3年間で卒業を目指せます）。

通信制高校…**毎日通学する必要がありません。** 中学校卒業後の進学先で、「毎日学校へ行く」ことが卒業条件にならない唯一の学校です。通学コースなら学校で授業を受けることもできますし、自宅やWEBを基本に学習を進めることもできます。ほかにも入学時期が4月と10月にあったり、転入も随時受け入れるなど、他の課程に比べると柔軟な対応ができることが特長です。

	全日制高校	定時制高校	通信制高校
通学	年間約200日以上		**年間約20日程度**
学習スタイル	朝〜夕方に授業を受ける	朝〜夕方もしくは夕方〜夜に授業を受ける	通学のほか、自宅・WEBなど**好きなスタイル**を選べる
入学	4月		4月・10月
転編入	学期末や年度末		転入は**随時**受け入れ（編入は4月・10月入学）
卒業までの在学期間	3年間	4年間（※）	3年間
学歴	高校卒業		

特長① さまざまなニーズに対応！ ～"自分基準"で組み立てる高校生活～

通信制高校では、レポート・スクーリング・テストで単位を取っていきます。年間に履修する単位数によって増減はありますが、卒業に必要な74単位の1/3、25単位を1年間で修得する場合、レポートは年間約60通、スクーリングは年間約20日間、テストは年に2回です。ほかの課程に比べて通学の負担が軽く、自分のペースで学習が進められるのが大きな特長です。

通信制高校の卒業条件

レポート	スクーリング	テスト
年間約60通※を提出します。	登校して対面授業を受けます。年間約20日※必要です。	通信制高校は2期制が多く、各期ごとの年2回テストが行われます。

74単位以上の修得 + **通算3年間以上の修学** + **30時間以上の特別活動**

▼

高校卒業

※年間25単位履修の場合

▶不登校の生徒へのサポート体制も

精神的に不安定
対応しています。
単位制の場合、毎日通学する必要はありません。
体調を整えながら、自分のペースで学習を進められます。

学力の不振
対応しています。
習熟度別のクラス編制や、小・中学校のレベルから学び直しをしています。

友人関係の不安
対応しています。
不登校経験のある生徒が多く、「互いの気持ちがわかる」関係が見られます。

▶通学の負担をさらに軽減

通信制高校のスクーリングは1年間に20日間程度必要ですが、インターネット授業やNHKテレビ・ラジオの高校講座、教科書に準拠したDVD教材やネット講座などを利用して勉強（「放送視聴」と呼ばれています）することが正規の授業として認められています。それらを視聴してレポートをまとめ、学習成果があったと高校が認めればスクーリングが約6割～8割軽減されます。8割の軽減（減免）が適応されれば、年間4日間程度でスクーリングの基準を満たすことができます。　→スクーリングの詳細は102pへ

▶学校が変わっても卒業時期は遅くならない

通信制高校では、転入を随時受け入れています。高校卒業に必要な修学条件は「**通算3年間以上の在籍**」です。転入前と後の高校の在籍期間を合わせれば、同級生と同じタイミングでの卒業も可能になります。
　→詳しくは98pへ

通学コースで
学習サポート・友達づくり

通学コースを設定することで生活リズムが整ったり、定期的に学習することで学力が伸びる、友達作りができるなどのメリットがあります。多くの私立通信制高校では、生徒の状態ややりたいことに合わせて登校パターンを選べるようになっています。「通信制高校は通わない」というイメージがあるかもしれませんが、通信制高校のなかでも3つ以上の都道府県から入学できる「広域通信制高校」を中心に、全国各地で生徒が通学できる学習拠点が置かれています。駅から近く通いやすい立地が多いのもポイント。ほとんどの学校では登校パターンを途中で変更もできるので、その時々に合わせて通学スタイルを選べるのも安心です。

通学スタイルはオンライン、週1日、週3日、週5日などを選ぶことができます。
（写真：ID学園高等学校 P272）

多彩な専門コース・体験講座

通信制高校のなかには「eスポーツ」「ダンス・芸能」「音楽」「ファッション・ビューティー」「美術・デザイン」「マンガ・アニメ・声優」「ペット」「保育」「調理」「IT・プログラミング」など、興味のあることを学べる専門コースや体験授業を実施している学校があります。これらは「好きなことがあれば学校へ通いたい」というモチベーションにもつながっています。「学校へ行く楽しみ」として気軽に参加できるようになっています。なかには本格的な設備を備えてプロを目指せる環境もあります。

ボーカル、ギター、ベース、ドラムを専攻できる「音楽コース」。楽器演奏の基礎から高度なテクニックにもチャレンジ！
（写真：あずさ第一高等学校 P196）

COLUMN

通信制高校の（入）（試）事情 〜学力や体調に不安があっても大丈夫！〜

通信制高校の基本的な受験プロセスは全日制高校などと変わらず、受験したい学校が決まったら、①出願 ⇒ ②入試 ⇒ ③合否 ⇒ ④入学手続、といった流れが一般的です。

通信制高校は、早いところでは8月から出願が始まる学校もあります。そして、新年度が始まるぎりぎりの4月まで出願を受け付けている学校もあります。つまり、通信制高校は早くに入学を決めることも、4月ぎりぎりまで選択することもできるのです。「本人が全日制高校を第一志望にしているけど、通信制高校の選択肢も考えておきたい」という保護者の声も多くお聞きしますが、全日制高校の受験結果を見てから入学を決めることも可能です。

通信制高校の入試は、面接と作文（事前にテーマが知らされていることが多いので準備ができます）がメインです。学科試験を行う学校もありますが、「偏差値で落とす」といった試験ではなく、「点数は合否に影響しないが、入学者の学習レベルを事前に把握しておきたい」「入学までに一定の基礎学力を身につけておいてほしい」という狙いから学科試験を課す学校が多いようです。

「入試当日に行けるか不安」という場合も、複数の試験日が設定されていたり、自宅からWEB面接ができるなど、受験のチャンスが何度か用意されていたり、生徒の状態に応じて柔軟な対応を行っている学校もあります。

特長② 「単位制」〜自分のペースで高校卒業〜

高校には大きく分けて**「学年制」**と**「単位制」**の二つの制度があります。

通信制の特長として挙げられるのは①自分のペースで学校生活を送れる②自由な時間ができるという2点ですが、この特長を支えているのが単位制というしくみです。

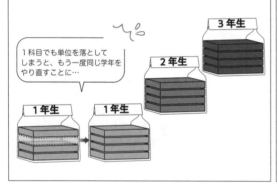

学年制

主に全日制・定時制で導入されており、学年ごとに履修する単位数が「パッケージ」のように決められています。このパッケージに入っている決められた単位が修得できなければ留年となり、原則その学年の単位をすべて取り直す必要があります。

1科目でも単位を落としてしまうと、もう一度同じ学年をやり直すことに…

1年生　1年生　2年生　3年生

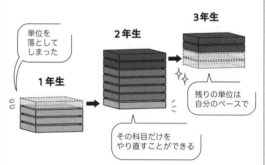

単位制

通信制高校と、一部の全日制・定時制で導入されています。科目ごとに単位認定を行い、高校の場合は3年以上で卒業に必要な単位数を修得していきます。

一つの科目を修得できなくても、同じ学年をやり直す必要はなく、留年がありません。

単位を落としてしまった

1年生　2年生　3年生

その科目だけをやり直すことができる

残りの単位は自分のペースで

単位制の良さは、自分のペースで進められるという点です。例えば1年生のときは10単位しか修得できなかったとしても、次の2年生・3年生で残りの単位をすべて修得できれば、同学年の子と同時期に卒業が可能です。

通信制高校の場合、この単位制のしくみを活かして1〜2年生のうちに必要な単位をすべて修得して3年生は受験勉強に力を入れる、無理せず3年間でまんべんなく単位を取っていくなど、それぞれのスタイルに合わせて学習を進めていくことができます。

▶高校を途中で「変える」〜転入 & 編入のしくみ〜

人間関係のストレス、通学時間の長さ、環境が合わない…。期待して入った高校で、行き詰まってしまうこともあるかと思います。入った学校が合わなかったら、高校を「途中で変える」という選択肢もあります。

高校を変える方法は**転入**と**編入**があります。転入は**在籍している学校から別の学校へ移る**ことで、いわゆる転校です。一方の編入は**一度高校を中退した状態から改めて高校に入る**ことです。

高校に入ってから進路変更をする場合、在籍したまま別の学校を探し、受け入れ先が決まり次第新しい高校へ移る、転入を選ぶ方が多いです。通信制高校では随時転入を受け入れていますので、自分のタイミングで次の学校へ移ることが可能です。

編入の入学時期は4月と10月です。通信制高校は2期制（前期＝4月〜9月、後期＝10月〜3月）が多く、学期が変わるタイミングで編入試験が行われていますので、いつ試験があるか学校に確認しておきましょう。

転入・編入までの流れ

Step1
在籍校（前籍校）に
引き継げる単位数を
確認する

Step2
転入・編入する
学校を探す

Step3
転入の場合は在籍校に
転校する時期など相談。
編入の場合は受け入れ先の
学校に必要書類などを確認

Step4
それぞれ試験を
経て入学します

◎転入先に確認しておきたいポイント！
■ 1年間で修得できる上限単位数　　■ 単位が認められるまでの最低在籍期間

この二つの組み合わせで同級生と同じタイミングで卒業できるかわかります。
詳しくは個別相談などで問い合わせください。　（個別相談窓口:0120-421-146）

＼ 転入・編入のスケジュール ／

転入の場合
在籍したまま別の学校へ入学

4月 ～ 3月

| 4 | 5 | 6 | 7 | 8 | 9 | 10 | 11 | 12 | 1 | 2 | 3 |

転入の場合は**随時受け入れ可能**

編入の場合
中退して別の学校へ入学する

9月　　　　　　　　**3月**

| 4 | 5 | 6 | 7 | 8 | 9 | 10 | 11 | 12 | 1 | 2 | 3 |

**学期が変わる前の3月・9月に
試験が行われることが多いです**

Q.前籍校の単位は引き継げますか？

A. 可能です。

ただし、前籍校が「学年制」か「単位制」かで対応
が異なります。「学年制」の場合、単位が認定され
るのは原則年度末（進級が決まったタイミング）で
すので、3学期が終わるまで在籍して、期末試験な
どもしっかり受けられれば単位が修得できます。修
得できる単位数は学校によって異なりますので、在
籍している学校に確認をしてください。「単位制」
の場合は、科目ごとに認定されている単位をそのま
ま引き継ぐことができます。

Q.高校を休学しています。
　　学校を移ったら同級生と同じ
　　タイミングで卒業できますか？

A. 各校対応が異なります。

休学している期間を卒業条件の1つである「修学（在
籍）期間」と認めるのは、各都道府県・校長判断に
なります。通信制高校では休学期間を修学期間と認
めている学校と認めていない学校がありますので、
詳しくは各校へお問合せください。

特長③「レポート」〜日々の学習ってどんな感じ？〜

▶レポートってどんなもの？

通信制高校では、科目ごとに決められたレポートとスクーリング（対面による面接指導）をこなすことで、単位を修得していきます。例えば国・数・地歴などの一般教科の場合は1単位あたりレポート3通が必要になります。

通信制高校のレポートは大学の論文形式のようなものではなく、教科書を読みながら空欄を埋められる授業プリントや宿題のようなものを想像してください。作成したレポートは学校に提出して先生が添削し、一定の水準を満たしていれば受理される形になります。

国・数・地歴など一般教科の場合

1単位あたり

📄	レポート	3通
🏛	スクーリング	1回

例：「数学Ⅰ」3単位の場合

レポート：3×3＝9通
スクーリング：3×1＝3回

通信制の"基本"はレポート学習

年間50〜60通の提出が必要となるレポート。
教科書に準拠して難易度別に作られているものもあります。

レポート作成と提出はPCやタブレットで！

日々の学習はネットが中心。レポートはオンライン入力形式で、郵送する必要がありません。

（写真　N高等学校／S高等学校　P454、P160）

Q.レポートをきちんと進められるか不安です

A.各校サポートがあります！
授業内でレポート指導を行う学校も多いです。

高校卒業に必要な単位は74単位です。それを3年間かけて修得するとなると1年間では25単位程度を履修していくことになり、1年間の単位修得に必要なレポートは約60通です。数を聞くと多いと感じるかもしれませんが、レポートの内容は高校で学ぶ基本的なことですので、教科書や動画コンテンツを見ながら、自分で進められるという生徒も多くいます。

そのなかでどうしても自分でレポートが進められない生徒のために、学習センターやサポート校では「レポート指導」を行っているところもあります。レポート作成に必要な知識を授業で教えたり、授業のなかでレポート作成を行ったり、提出する前に内容を確認するなどして、確実にレポート作成が進められるようにサポートしています。

授業は一クラス5〜10人程度の少人数制。個々に合わせて基礎固めから大学入試レベルまでサポートします。

（写真：つくば開成高等学校 P164）

COLUMN

レポート学習 ＋α

個別指導や少人数指導で学び直しも

どこが分からないか、どこでつまずくかは、一人ひとり異なります。大人数で行う授業では、生徒が「分からないのは自分だけなの？」という不安があっても先生に質問しづらく、分からないままになってしまうケースが多いです。

通信制高校やサポート校の多くは、1クラスの人数が25名程度の少人数。特に英語や数学など個人差が大きい科目では習熟度別のクラス編制を行っている学校もあり、遠慮することなく質問できる環境となっています。また個別指導に力を入れている学校も多く、そのような学校では「ここがわからない」「ここでつまずいた」という個別のニーズをすくい上げるために一人ひとりに合わせたカリキュラムを作り、丁寧な指導を行っています。小・中学校レベルからの学び直しや、Web・デジタルツールを活用したユニークな学び直しも行われています。

大学進学にも対応

「少ない勉強量で大学進学は可能なの？」という疑問のある人もいるでしょう。しかし、個別対応に強い通信制高校やサポート校なら、「難関大を目指したい」というニーズにも応えられる体制があります。進学コースなどのある学校では大学進学に向けた教材や指導教員を配置しています。

系列に予備校があり、大学受験に向けた講義を受けることができる学校や、受験・進学を専門とする学習塾などが母体となっているサポート校などもあり、受験対策のノウハウを十分に持っている学校もあります。

「受験に必要な科目」を重点的に学ぶことができるのも、自由時間の多い通信制高校の大きなメリットです。目標の決まっている人にとっては非常に有利な環境ということです。指定大学進学者には奨学金を給付している学校もあります。

特長④「スクーリング」〜登校について〜

▶ 単位ごとに回数が異なるスクーリング

　単位修得のために必要な登校を指すのがスクーリングです。決められた場所で教員から直接、対面による授業を受けます。場所と日程は学校ごとに決められていますが、年間にスクーリング日程を複数設定している学校も多くあります。

　スクーリング回数は科目ごとに決めれられています。国・数・地歴などの一般教科の場合、1単位を修得するためにスクーリングが1回必要になります。理科・芸術・外国語など実験・実習を伴う教科の場合は1単位を修得するためにスクーリングが4回、体育などの実習が中心の科目はスクーリングが5回となっています。

通信制高校のスクーリングとレポートの基準（年間）

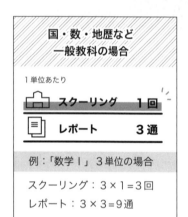

国・数・地歴など
一般教科の場合

1単位あたり

スクーリング　1回
レポート　　　3通

例：「数学Ⅰ」3単位の場合

スクーリング：3×1＝3回
レポート：3×3＝9通

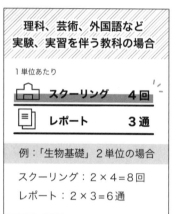

理科、芸術、外国語など
実験、実習を伴う教科の場合

1単位あたり

スクーリング　4回
レポート　　　3通

例：「生物基礎」2単位の場合

スクーリング：2×4＝8回
レポート：2×3＝6通

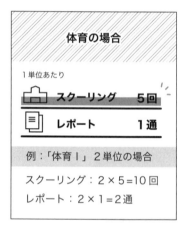

体育の場合

1単位あたり

スクーリング　5回
レポート　　　1通

例：「体育Ⅰ」2単位の場合

スクーリング：2×5＝10回
レポート：2×1＝2通

▶ 実施場所や頻度もさまざま

　通信制高校のスクーリングが行われる場所は、本校、分校、協力校（提携関係を結んでいるほかの高校）、スクーリング実施施設に認定されている専門学校、大学などです。どこでスクーリングが行われるかは、その通信制高校を認可した都道府県によって異なります。

　広い地域から入学できる通信制高校（「広域通信制高校」とも呼ばれています）では各地に学習拠点を置いており、その学習拠点自体がスクーリング会場となっている場合もありますが、認可された都道府県にある本校へ宿泊を伴うスクーリングが必要であったり、学習拠点とは別のところにある協力校やスクーリング実施施設へ行くことが必要な学校もあります。

　同じく、スクーリングの頻度・日数も学校ごとに異なります。スクーリング日数は年間20日＝月2回程度（年間25単位履修の場合）が標準とされていますが、月に1日程度でOKな学校もあれば、半年に数日、また宿泊を伴う形で年に4〜7日間（集中スクーリング）実施するところもあります。

　いずれにしても、年に複数回実地している学校が多く、「体調や心身の不調で参加できなかった」という場合も何度かチャンスがあるなど、救済措置がある場合がほとんどです。こうしたスクーリングにおいての対応にも、各校の不登校対応の特徴があらわれています。

Q. スクーリングに参加できるか心配です

A. 各校さまざまな配慮がされています。

「今学校へ行けていない」「高校で毎日通学できるかわからない」、そんなときに通信制高校を探していると、入学後に実際スクーリングへ参加できるか、気になるところかと思います。

スクーリングは必ず行かないといけない分、様々な配慮もされており、年間のうちに複数日程を用意していたり、保護者同伴を許可していたり、あらゆる方法で参加ができるようになっています。

宿泊を伴うスクーリングも同様です。入学前は本当に行けるかわからないと思っていた子も「実際に行ってみたら楽しかった」「友達との仲が深まった」という声もたくさん聞きます。気になる場合は学校へ尋ねてみましょう。

茨城県大子町にある本校は、広いグラウンドや美術室など施設も充実。宿泊施設の美味しい夕食と温泉も魅力！

（写真：ルネサンス高等学校 P168）

Q. 「通学コース」の登校と「スクーリング」の登校は違うの？

A. 違います。
「通学コース」のなかにスクーリングが組み込まれている場合もあります。

通信制高校やサポート校では「週〇日通学」と通学コースを設定している学校があります。「〇日通学」と聞くと、その日は必ず行かないといけないというイメージがありますが、コースで設定する「〇日通学」と、単位修得に必要な「スクーリング」は別のものです。

右の図に1ヵ月のスケジュール例をまとめました。

このように通学コースの授業・取り組みがある日でも、それがすべて「スクーリング」というわけではありません。そのため、通学コースの授業は体調が悪くて行けなかったり、朝起きれなくて途中から行くことになっても、単位修得に影響はありません。

では、なぜ通学コースを設定するのでしょうか。通学コースがあることで生活習慣が整えられたり、授業のなかで勉強を教えてもらえたり、友達ができたりといいこともたくさんあるからです。実際、通信制高校に通う人の多くが週2～3日程度の通学コースを設定しています。

途中で通学パターンを変えることも可能です。週1日など少ない通学日数からスタートして、徐々に通学日を増やすなど、体調や希望に合わせて調整もできます。

日	月	火	水	木	金	土
			1	2	3	4
5	6	7	8 ★	9	10	11
12	13	14	15	16	17	18
19	20	21	22	23	24	25
26	27	28	29 ★	30	31	

★……スクーリングがある日

▨……通学コースの授業・取り組みがある日

通学パターン

集中スクーリング	3泊4日～1週間程度でOK
月に1～2回	通学負担を軽く
週に1回通学	平日ほか土曜日なども開講
週に2～3回通学	無理なく通える
週に5日通学	学校生活を楽しみたい人に

サポート校（学習等支援施設）

サポート校のしくみ

生　徒

入　学

サポート校ごとに決められた提携先の通信制高校にも同時に入学

| サポート校 | 提携＋ | 通信制高校 |

サポート校
日常的に通う場所

通信制高校
必要最低限だけ通えばOK

サポート校独自のカリキュラム

通信制高校に提出するレポート作成などの学習サポート

＋

☑ 発達障がいサポート　☑ 特化した学び
☑ 体験授業　　など

**高校卒業資格取得に
必要な単位の認定**

サポート校 は通信制高校と提携しているので**高卒資格を取得できます！**

▶ サポート校の魅力は独自カリキュラム

　サポート校とは通信制高校と連携する民間の教育施設です。それぞれのサポート校が得意とする独自のカリキュラムを提供しつつ、連携する通信制高校の単位修得や卒業を支援しています。

　サポート校を運営しているのは学習塾やインターナショナルスクール、フリースクール、企業など様々です。それぞれの強みを活かして、学習サポートや特化した学び、体験授業などの取り組みを行います。

　そのなかでサポート校は塾のようなイメージを持たれる方も多いかもしれませんが、すべてが塾のようになっているわけではありません。全日制高校のように制服を来て毎日通学できたり、近頃は「大学進学」「留学」など、サポート校だからこそできるカリキュラムもたくさんあります。そのため、サポート校を選ぶ際には独自のカリキュラムに魅力を感じるかという視点で見てみるといいでしょう。

サポート校 3つの特長

個別対応で確実に高校卒業へ導く

　高校でつまずきやすいのはレポートの提出です。年間のレポート提出数は約60通となりますが、締め切りも決まっているため、自分で学習を進めるのが苦手な子の場合滞りがちになってしまうこともあります。サポート校の多くはレポート指導の時間を設けています。なかには、授業内にレポート作成を取り組むことで確実にレポートが仕上がるようにしているところもあります。また、発達の課題なども手厚くサポートできるところや、学び直しから始めて大学進学までフォローできるところもあります。

「教育支援カウンセラー」の資格を持つ教職員が、完全マンツーマンの個別指導でフォローします。

（写真：トライ式高等学院 P506）

特化した学び

　サポート校選びのポイントは独自のカリキュラムが自分に合っているかどうかです。例えば「大学受験に対応できる」といっても対応できるレベルは学校によって異なります。目指したい大学が決まっている場合、大学進学に特化した学びができるサポート校を選ぶことで、時間も費用も効率よく学べるというメリットもあります。

　サポート校でできる学びはさまざまで、「大学受験」のほか、「留学」「クリエイター」などがあります。いずれもたくさんの時間を使って本格的に取り組めることが特長です。

長期海外留学をしながら日本の高卒資格取得をサポートする「グローバルコース」。日本と現地、双方からサポートします。

（写真：代々木グローバル高等学院 P512）

体験授業で将来へつなげる

　サポート校では手厚い学習支援で高校卒業まで確実に導きます。その一環として、体験授業が充実しているサポート校もあります。体験授業の分野はさまざまで、「プログラミング」「保育」「音楽」「eスポーツ」「マンガ・イラスト」などがあります。体験授業があることで通学するきっかけとなったり、自分の興味・関心を見つける機会にもなっています。

「子ども・福祉コース」「プログラミングコース」「マンガイラストコース」など、さまざまなコースがある「みらい学科™」。各分野の専門講師からレッスンを受けられます。

（写真：おおぞら高等学院 P516）

技能連携校

技能連携校とは、都道府県教育委員会から指定を受けた教育施設で、その教育施設が持つ専門科目の一部は高校の普通科目として認められます。そのため技能連携校では、個性を伸ばしたり、資格取得対策など将来につながるような科目を設定しているところも多く、日々の生活を楽しみながら高校卒業資格の取得もできます。

技能連携校
専門科目・教養科目
学習などの独自支援

技能連携科目
専門科目・教養科目
の一部を普通科目
として認定します

通信制高校
普通科目

技能連携校のなかでは

☑ **高校卒業に必要な学習ができます**　　☑ **スクーリング（登校）が認められています**

つまり、**技能連携校**なら専門科目を効率よく学べたり、独自の学習支援が受けられます。

技能連携制度とは、通信制高校または定時制高校に在学する生徒が都道府県の教育委員会から指定を受けた教育施設で専門科目などを学ぶ場合、その学びを高校の教科の一部とみなす制度です。この制度が認められた教育施設のことを、技能連携校と呼びます。

技能連携校に入学すると、提携している通信制高校などにも同時に入学することになります。そして技能連携校で学んだ専門科目の一部が、提携している高校での普通科目に認定されます。専門科目が単位として認められるので、学びの負担も軽減できます。

技能教育施設の内訳 （2018年度）

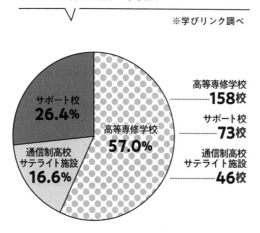

※学びリンク調べ

高等専修学校	**158校**
サポート校	**73校**
通信制高校サテライト施設	**46校**

サポート校 **26.4%**
高等専修学校 **57.0%**
通信制高校サテライト施設 **16.6%**

技能連携校の中でも最も多い57％を占めているのが高等専修学校です。高等専修学校では学びの2/3が専門科目です。それが高校の教科の一部となることで、専門科目を学びながら普通科目も効率よく学べるので、技能連携制度のメリットを大いに活用しています。

そのほか、通信制高校のサテライト施設やサポート校も、技能連携制度を用いているところがあります。技能教育施設に認定されているサテライト施設やサポート校は教育委員会から「学習する場所としてふさわしい」とされているので、教育施設としてしっかりした環境があるという安心材料の一つにもなっています。

高等専修学校

　高等専修学校とは、職業につながる専門科目が学べる学校です。総授業の6〜7割が専門分野を学ぶ時間となっているため、将来の仕事を見据えた勉強を15〜18歳という若い年齢のうちから学ぶことができます。

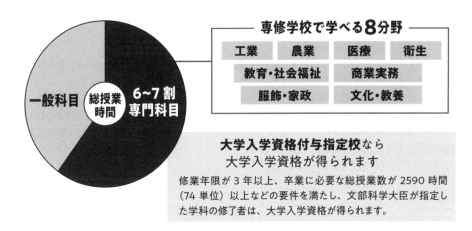

専修学校で学べる8分野

工業	農業	医療	衛生
教育・社会福祉		商業実務	
服飾・家政		文化・教養	

一般科目　総授業時間　6〜7割専門科目

**大学入学資格付与指定校なら
大学入学資格が得られます**

修業年限が3年以上、卒業に必要な総授業数が2590時間（74単位）以上などの要件を満たし、文部科学大臣が指定した学科の修了者は、大学入学資格が得られます。

▶ 職業につながる学びができる

　職業に必要なスキル・教養の習得を目的とした学校が専修学校です。聞きなじみのある専門学校もこの専修学校に属しています。そのうち、中学卒業後に入学できる専修学校のことを「高等専修学校（専修学校高等課程）」と呼びます。高等専修学校は高校と位置づけが違いますが、法律に基づいた正規の学校で、一定の要件を満たした高等専修学校の卒業者は大学へも進学可能です。

　高等専修学校で学べる分野は①工業（CG、自動車整備など）、②農業、③医療、④衛生（調理師、製菓・製パンなど）、⑤教育・社会福祉、⑥商業実務（簿記など）、⑦服飾・家政（ファッションデザインなど）、⑧文化・教養の8分野です。いずれも職業に直結する学びです。

▶ 不登校の受け入れも柔軟に

高等専修学校の生徒の
約2割が不登校経験の
生徒です

　高等専修学校は毎日通学が基本となりますが、不登校を経験した生徒にもさまざまな配慮をしています。多くの高等専修学校では、カウンセラー資格を持っていたり、経験豊富な教員が生徒の生活をサポートしたり、一人ひとりの状態に合わせた時間割を提案したりと、柔軟に対応ができるように心がけています。

　また、高等専修学校では多様な専門科目を設けているので、自分の希望に合った専門知識を学ぶことで学校に通う楽しさを実感し、自信をつけることもできます。

▶ 16 歳以上の人なら誰でも受験できる高卒認定試験

　高卒認定試験（高認）は、16 歳以上の人なら誰でも受験できる国が実施している試験です。合格すると「高校卒業と同等」と認められます。受験する年度末（3 月 31 日）までに 16 歳になっていれば、試験が行われる 8 月、11 月時点でまだ 15 歳という人でも受験できます。全日制、定時制、通信制の各高校に在学中の人も受験可能です。

　受験科目は 8 科目です。理科での受験科目の選択によっては、9 科目の受験となります。高校に入学した人で、1 年生を修了している人は受験免除科目がある場合があります。

　科目合格制度により、いったん合格した科目はそれ以後受験免除になります。1 科目以上合格した人は、合格していない科目を通信制高校での単位修得により科目合格に代えることもできます（科目履修制度）。

　また、令和 4 年度からの高等学校学習指導要領改訂を受け、高卒認定試験においても令和 6 年度の第 1 回から試験科目や合格に必要な要件などが変わります。令和 5 年度第 2 回試験までの科目合格者は、合格状況によって、免除できる科目、合格要件に必要な科目が変わりますので、注意が必要です。受験免除科目も、入学年度によって異なります。詳細は文部科学省の HP でご確認ください。

高卒認定試験合格までの流れ

教　科	試験科目	科目数	要　件
国　語	国　語	1	必　修
地理歴史	地　理	1	必　修
地理歴史	歴　史	1	必　修
公　民	公　共	1	必　修
数　学	数　学	1	必　修
理　科	科学と人間生活 物理基礎 化学基礎 生物基礎 地学基礎	2又は3	以下の①、②のいずれかが必修 ①「科学と人間生活」の1科目及び「基礎」を付した科目のうち1科目（合計2科目） ②「基礎」を付した科目のうち3科目（合計3科目）
英　語	英　語	1	必　修

※令和6年度第1回試験より

8科目の受験科目に合格
理科で「科学と人間生活」を選択しない場合は9科目

高校での
修得単位が
ある場合などは
科目免除も！

高卒認定試験合格
（試験は8月、11月の年2回）

高卒認定試験 **3**つの特長

◆ 年に2回のチャンス

高卒認定試験は、夏と秋の年2回、それぞれ2日間にわたって実施されます。おおむね第1回は8月のお盆前の平日2日間、第2回は11月の第2土曜日と日曜日となっています。試験会場は、各都道府県に1か所ずつ設けられ、高校や大学、県の施設などが会場となっています。高認の受験会場は住んでいるところに関係なく、受験申込時に自由に選ぶことができます。他県の会場の方が都合よければ、そちらで受験することも可能です。

落とす試験ではありません！

> **試験は択一式のマークシート方式**
> **合格ラインは4割以上**

高認の試験は、問題に対していくつかの選択肢から回答を一つ選ぶマークシート方式でほとんどの試験が行われています。

◆ 一度合格した科目は受験免除

受験科目は8科目ですが、一度に全部の科目に合格する必要はありません。高認では各科目の合格・不合格が判定され、いったん合格した科目はそれ以後受験する必要がなくなります。このため「今回は4科目、残りは次回で…」というように分けて受験することもできます。最終的に必要な科目が合格か受験免除になればいいということです。このように高認は自分のペースで合格していくことのできる試験です。

> **毎年約2万人が受験**

高認は例年約2万人が受験しています。高認は高卒同等の学力があるかどうかをみる試験のため大学入試などと異なり"落とす"ための試験ではありません。"合格定員"というものはありません。

【出願者・受験者の状況】

出願者	19,191
受験者	16,813
合格者	7,932

※2023年度

◆ 合格ラインは4割以上、
通信制高校で科目履修という方法も

高卒認定試験は、問題に対していくつかの選択肢から回答を一つ選ぶマークシート方式でほとんどが行われています。数学だけは、択一式の問題は一部で、答案の数字を直接マークする形態になります。試験時間は各科目50分。合格ラインは公表されていませんが、4割以上が合格のめやすとなっています。

また、1科目以上合格した人には、残りの科目を通信制高校で行われている科目履修で代えることもできます。科目履修は、通信制高校で高認受験科目に相当する科目を勉強する（履修）ことです。苦手科目がある場合や、全科目は合格できなかったものの高認に合格して進学したい人、資格試験を受験したい人などが活用しています。

> **約9割の人が**
> **1科目以上に合格しています**

高認は8科目合格でめでたく「高認合格」となります。試験は年に2回（8月、11月）のチャンスがあるので1回目で全部の科目に合格できなくても、2回目のチャンスがあります。

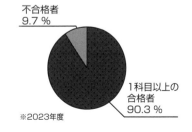

不合格者 9.7%

1科目以上の合格者 90.3%

※2023年度

通信制高校の学費は、授業料のほかに入学年度には入学金、私立の場合は教育充実費や施設設備費などの費用もかかります。

通信制高校の基本となる授業料は、「学校が定める1単位あたりの金額」×「履修する単位数」によって決まります。例えば、私立通信制高校での平均は1単位あたり9,960円ですので、それを25単位履修すると249,000円となります。そしてその他の諸費用を合わせると、入学初年度は約443,000円がかかります。

また、その他にかかる費用としては、通学タイプ別費用、専門コース費用、講座費用、実習費用などがあります。特に通学タイプ別費用は日数に比例していきますので、通学頻度が多くなればその分学費もかかっていくことになります。

※ 2023年度私立通信制高校180校平均、授業料は25単位を履修した場合。学費内訳、名目は学校によって異なる場合があります。（出所：学びリンク）

▶ 国からの就学支援金も適応されます

私立通信制高校生も国からの就学支援金（表1）が支給されます。

支給額は世帯年収（※1）によって異なります。例えば、世帯年収約590万円未満の場合ですと在籍校の授業料を上限に1単位12,030円が支給されます。私立通信制高校は1単位あたり12,030円以下の学校が約97％を占めていますので、世帯年収590万円未満の方の場合、多くの方が授業料実質無償となっています。また、世帯年収約590～910万円未満の場合は1単位あたり4,812円が支給され、こちらも授業料ほぼ半額につながっています。

そのほか、国の就学支援金と合わせて上乗せ支援を行っている自治体もありますので、詳しくは各自治体のHPをご覧ください。

（表1）就学支援金支給額

		年収約590万円未満	年収約590～910万円未満
私立通信制高校	単位制 1単位	12,030円	4,812円
	定額制 年額	297,000円	118,800円
私立全日制高校／高等専修学校	単位制 1単位	16,040円	4,812円
	定額制 年額	396,000円	118,800円

※単位制は通算74単位、年間30単位まで支給
※世帯年収910万円以上の方は対象外

※1 就学支援金基準額の世帯年収区分は「両親、高校生、中学生の4人家族で両親のどちらかが働いている場合」が目安になり、お子さんの人数や学齢によって異なります。

費用についてお役立ち情報

都道府県の上乗せ支援がある場合があります（返済不要）

　各都道府県で国の就学支援金に上乗せする形で独自の授業料補助を行っている地域があります（以下、2023年5月時点）。東京都を例に挙げると、世帯年収590万円〜910万円未満の世帯の方に対し、東京都独自の助成金を上乗せで、授業料が実質無償となるように助成しています（国の就学支援金と東京都授業料軽減助成金を合わせて26万5000円まで）。生徒と保護者が都内在住であることが条件で、東京都認可以外の学校も対象としており、2024年度からは所得制限を撤廃することが発表されました。

　詳しくは、学校またはお住いの各都道府県、就学支援金担当部署に「私立高校生の授業料減免措置について知りたい」とおたずねください。

私立通信制高校対象の学費減免補助のある都府県

青　森	私立高等学校等就学支援費補助金	静　岡	静岡県私立専修学校等授業料減免授業費補助金
秋　田	私立高等学校就学支援事業補助金	愛　知	愛知県私立高等学校等授業料軽減補助金
山　形	山形県私立高等学校等授業料軽減事業費補助金	滋　賀	滋賀県私立高等学校等特別修学補助金事業
福　島	福島県私立高等学校等就学支援事業	京　都	私立高等学校あんしん修学支援事業
埼　玉	埼玉県私立高等学校等父母負担軽減事業	大　阪	大阪府私立高等学校等授業料支援補助金制度
千　葉	千葉県私立高等学校等授業料減免制度	奈　良	奈良県私立高等学校等授業料軽減補助金事業
東　京	私立高等学校等授業料軽減助成金事業	鳥　取	鳥取県私立高等学校等生徒授業料減免補助金
神奈川	私立高等学校等生徒学費補助金	広　島	広島県私立学校振興費補助金授業料等軽減補助金
新　潟	新潟県私立高等学校等学費軽減事業	高　知	高知県私立学校授業料減免補助金
長　野	私立高等学校授業料等軽減事業	長　崎	長崎県私立高等学校授業料軽減補助金
福　井	私立高等学校および高等課程を有する私立専修学校に対する授業料等の減免の補助制度	宮　崎	―
		沖　縄	沖縄県私立高等学校等授業料軽減費補助金
岐　阜	岐阜県私立高等学校等授業料軽減補助金		

出所：学びリンク調べ

高校生等奨学給付金（返済不要）

授業料以外の教育費（教科書、学用品など）を支援する公的制度です。生活保護世帯、住民税非課税世帯の方を対象としています。通信制高校の場合は、生活保護世帯：年額52,600円、非課税世帯：年額52,100円が支給されます。学校または保護者が居住する都道府県に申請を行います。

学び直し支援（返済不要）

高校を中退した方が通信制高校などで学び直す場合の公的制度です。就学支援金の支給期間48ヵ月（全日制は36ヵ月）を経過しても卒業までの間（最長2年間）は就学支援金が支給されます。世帯年収約590万円未満の方は年額297,000円、世帯年収約590万円〜約910万円未満の世帯の方は年額118,800円が支給されます。申請は編入学した学校へ行います。

日本政策金融公庫　教育一般貸付（「国の教育ローン」、有利子・要返済）

子どもの人数に応じた世帯年収上限額を超えない方が対象です。借り入れには審査があります。

民間教育ローン

　一例としてオリコ（株式会社オリエントコーポレーション）の教育ローンを見ると、借入額は10万円以上500万円以下で、返済金額に合わせた分割払い手数料がかかります。連帯保証人は原則不要ですが、申込時に審査が必要です。借入金は、入学金、授業料、教材費、実習費などに利用できます。オリコから学校指定口座へ直接振込みとなります。審査から学校への入金まで最短で5日間となっています。

学費 Q&A

Q. 全日制と通信制、公立と私立、学費はどれくらい違うの？

A. 学校種別ごとの学費は次のようになっています。

（図1）

公立・私立の学校種別「学費」

学校種	入学金	授業料	その他費用	合計	授業料・就学支援金減額後料金 年収約590万円未満	年収約590〜910万円未満
私立通信制高校(注1)	42,000円	249,000円	152,000円	443,000円	194,000円	322,700円
私立全日制高校	164,196円	445,174円	149,510円	758,881円	362,880円	640,080円
私立高等専修学校	159,000円	430,000円	173,000円	762,000円	366,000円	643,200円
公立通信制高校(注1)	410円	7,500円	(注2)	7,910円	500円	500円
公立全日制高校	5,640円	118,800円	(注2)	124,440円	5,640円	5,640円
公立定時制高校	2,100円	32,400円	(注2)	34,500円	2,100円	2,100円

注1：通信制高校は公私ともに単位制、25単位履修の場合の授業料
注2：入学金、授業料のほかに学校によって異なる学校徴収金があります
出所：全日制高校は「令和４年度私立高等学校等の初年度生徒等納付金平均額」（文部科学省）、その他は学びリンク調べ

Q. 通信制高校の「通学コース」には費用がかかりますか？

A. 費用がかかります。

通信制高校では「週〇日（1〜5）通学」という通学コースを設定できるようになっています。この費用については「授業料」ではなく、「通学タイプ費用」という部分に含まれていますので、国の就学支援金などは適応されません。通学コースの日数や学校ごとに費用は異なりますが、おおむね私立全日制高校（年間約 40〜60 万円ほど）と同じくらいです。通学することで授業が受けられたり、生活のリズムが作れたりするので、2〜3 日の通学コースを設定する生徒が多いです。

また近頃は生徒の大学進学志向を反映して「進学コース」や「特進コース」と呼ばれる大学受験指導を行うコースを設ける学校も増えてきました。こちらも「通学コース」と同様に別途費用はかかりますが、個別指導、少人数指導など生徒のレベルに合わせて対応ができるなど、通信制高校ならではのサポートがあります。

Q. 通信制高校に入学した場合通学定期券は買えますか？

A. 通学する日数によって異なります。

通学する日数が多い学校や週 5 日通学コースの場合、通学定期券を購入することができる場合があります。詳しくは学校に問い合わせて下さい。また、月に 1 〜 2 回程度の登校の場合は、通常定期券では無駄になってしまいますので、通常の回数券の半額の通学回数券を購入することで費用を抑えることができます。

Q. レポートの郵送費用はどれくらいですか？

A. レポート返送などの郵便料金は、所定の封筒を利用すれば 100 グラムまで 15 円で郵送できます。学校によっては郵送のほかに、近くの拠点へ持参して受付する場合や、タブレット・PC を活用してレポートが提出できる学校もあります。インターネットを経由すれば郵便費はかかりません。

Q. 「サポート校は学費が高い」と聞いたのですが…

A. 利用の仕方で変わります。

　サポート校では、サポート校の費用に加えて提携する通信制高校にも学費を払います。費用を2か所に払うことになるので「学費が高い」というイメージがあるかもしれません。しかし、通信制高校でも通学コースや専門コースなどを選択すると、授業料とは別途補修費（呼び名は学校によって異なる）として納めるのが一般的です。

　下の（図2）は、通信制高校・サポート校にかかる通学日数別の費用です。一概に「サポート校の方が高額」というわけではなく、通学日数や選択するコースによって費用は大きく変わります。

（図2）

通信制高校の通学日数別学費

	入学金	授業料 （特別講座費用を含む）	施設設備費	合計（平均）
1日通学 コース	78,000円	327,000円	33,000円	**438,000円**
2日通学 コース	73,000円	437,000円	45,000円	**555,000円**
3日通学 コース	59,000円	485,000円	72,000円	**616,000円**
5日通学 コース	77,000円	710,000円	97,000円	**884,000円**

※私立通信制高校のうち、定額制による学費設定122コースの平均　学びリンク調べ

サポート校の学費通学日数別学費

	入学金	授業料	施設設備費	その他	合計 （29校・54コース平均）
1日通学 コース	100,000円	180,000円			**280,000円**
2日通学 コース	100,000円	240,000円	25,000円	25,000円	**390,000円**
3日通学 コース	74,000円	336,000円	61,000円	77,000円	**548,000円**
5日通学 コース	89,000円	544,000円	70,000円	82,000円	**785,000円**
サポート校 平均	88,000円	502,000円	66,000円	78,000円	**734,000円**

29校・54コースの平均
※上記以外に通信制高校の学費が必要　学びリンク調べ

Q. サポート校の生徒にも就学支援金は支給されるのですか？

A. 就学支援金の支給は、サポート校は対象とはなっていません。

　ただし、サポート校に在籍する方の場合、同時に入学する通信制高校の学費については減免の対象になります。提携する通信制高校を通じて都道府県に申請することで、通信制高校の授業料が減額されます。技能連携校の場合は、在籍する技能連携校もしくは提携する通信制高校いずれか一方の学校の生徒として就学支援金を申請することができます。

いろいろ
Q & A

通信制高校について

Q. 通信制高校はどれくらいあるのですか？

A.　全国に高等学校は 5080 校あり（令和 5 年度）、そのうち通信制高校は 2023 年 5 月現在で 289 校（分校を含む）あります。このうち公立校が 78 校、私立校が 211 校となっています。

　2023 年度は前年度より 15 校が増え、通信制高校の学校数は過去最高数となりました。

　全日制や定時制の数と比べると少ないと思われるかもしれません。しかし、通信制高校には広域校というものがあります。広域校とは 3 県以上の広い範囲から入学できる通信制高校であり、「関東全域から」「近畿全域から」あるいは「全国から」入学ができます。通信制高校はこの広域校を中心に数が増えており、広域校は生徒が通学などをして学べるサテライト施設を各地に開設してきました。このサテライト施設の数を含めると、全日制・定時制高校の数の約 6 割ほどを占める数になり、決してひけをとらない学びの場所になっているのです。

Q. 通信制高校にはどれくらいの生徒がいるのですか？

A.　全通信制高校の生徒数は全体で約 26 万 5 千人が在籍しています。そのうち公立校が約 5 万 7 千人（22%）、私立校が約 20 万 7 千人（78%）と、私立に在籍する生徒のほうが多くなっています。生徒の男女比率は、ほぼ半々です。

Q. 通信制高校には入学試験がありますか？

A.　あります。通信制高校へ入るための入学試験は主に面接と作文です。「偏差値で落とす試験」ではなく、生徒の状態などを知ることが目的となっています。一部では学力試験を行うところもありますが、基本的にはクラス分けのための試験となっています。「自分が入りたいと思ったところに入れる」というのが通信制高校です。

Q. 通信制高校の新入学の受付はいつまでですか？

A. 　基本的には年度末の3月まで、なかには4月末までの入学であれば、新入学と認めているところもあります。

　全日制高校の受験結果を見てから入学を決めることも可能です。

　不登校を経験した子には、なかなか通信制高校入学に踏み切れない、どこに進学するか迷ってしまうといったこともあります。そのような場合でも、お子さんの気持ちの整理がついたタイミングで、比較的ゆっくり入学を決めることができます。実際に、冬休み明けや卒業式の次の日などに入学を決めたというケースも多く聞きます。

　ただ、定員に達するなどで夏～秋ごろに募集を締め切るところもありますので、学校への相談はお早めにしていただくことをおすすめします。

Q. 通信制高校は自宅で勉強ができますか？

A. **レポート作成だけなら自宅でできます。動画教材やオンライン授業の有無は学校によって異なります。**

　オンラインでできるカリキュラムが豊富にあると、学校へ行かない日は動画や音声をふんだんに取り入れた授業を見ながら自宅で勉強ができたり、レポートも動画を見ながら作成したり、そのままオンラインで提出といったこともできます。オンライン教材が豊富にある学校の生徒のなかには、必要なスクーリング以外はすべてオンラインを使って自宅で済ませる子もいます。または通学コースと併用しながら、オンラインコースを学習の補助や通学しづらい時の安心材料として活用する子もいます。

　特にオンラインのカリキュラムが充実しているのは、ルネサンス高校グループ（茨城県、愛知県、大阪府）、第一学院高校（茨城県、兵庫県）、つくば開成高校グループ（茨城県、長野県、京都府、大阪府、福岡県、沖縄県）、日本航空高校（山梨県）、クラーク記念国際高校（北海道）、AIE国際高校(兵庫県)、松陰高校(山口県)、精華学園高校(山口県)、N/S高等学校(沖縄県・茨城県)などです。

Q. 通信制高校で友達ができるか心配です。

A. **学習拠点でのイベントに参加したり、オンラインで交流の機会がある学校もあります。**

通信制高校は、全員が毎日通学しているわけではありません。そのため通学コースに捉われない交流があり、WEB学習が中心の子も文化祭などのイベントに参加したりすることで友達が作れる環境があります。また、近ごろはZoomなどで交流をしたり、oViceなどのバーチャル空間を活用して交流できる学校もあります。

Q. 通信制高校に転編入で入れますか？

A. 　入学できます。2期制をとっている学校は、普通、4月と10月に入学時期があり、3月と9月に卒業の機会があります。通信制高校では、単位認定も半期ごとに行っています。通信制高校の場合は、科目ごとにレポート提出数、スクーリング回数が決められていますが、実施する期間は各学校で決められています。全日制では、単位の修得には1年間（35週間）同じ科目の授業を受ける必要がありますが、通信制高校なら、本人が頑張ってレポートとスクーリングに取り組めば短期間での単位修得も可能になります。このため、私立通信制高校のなかには4～5学期制を取り、単位修得の機会を多く設けているところもあります。

技能連携校・高等専修学校について

Q. 技能連携校では高校卒業資格は取れるのですか？

A. 　取得できます。技能連携校では、専門科目や教養科目などの一部を高校卒業資格を取得するために必要な単位に振替ることもできるので、好きなことや興味のあることを学びながらでも、負担を軽減して勉強することができます。

Q. 高等専修学校は高校と違うの？

A. 　違います。

　高等専修学校は、全授業の6～7割が専門科目について学ぶ学校であり、学校教育法上も高校とは区別があります。高校とは位置づけが違いますが、法律に基づいた正規の学校であり、卒業すると「高等専修学校」の卒業資格が取得できます。また、3年制の高等専修学校の場合「大学入試資格付与指定校」となっている場合が多く大学や専門学校へも進学できます。

　高等専修学校のなかには通信制高校と提携する技能連携制度をとっている学校もあり、その場合は通信制高校の高校卒業資格も取得できます。

サポート校について

Q. サポート校では高校卒業資格は取れますか？

A. 　取得できます。いずれのサポート校も通信制高校と提携しています。サポート校のなかで提携している通信制高校のレポート添削などもあるので、卒業までのサポートがあるのも安心です。

Q. 通信制高校とサポート校、どちらを選べばいいですか？

A. 　通信制高校もサポート校も高校卒業のための勉強内容に違いはありません。そして共通しているのは、どちらも自分に合った学習環境が選べるということです。また、発達障がいを持つお子さんの場合、民間の放課後等デイサービスと連携している学校を選ぶことで学費が少し抑えらえるというメリットもあります。そのため、迷っている方は通信制高校・サポート校という区分ではなく、その学校の雰囲気が自分に合っているか、課外授業などが自分の希望に合っているかで判断することが大切です。

高卒認定試験について

Q. 通信制高校の（一部）科目履修とはなんですか？

A. 　高認試験と併用して高認試験の科目合格に結びつけたい人などに向いている制度ともいえます。高認コースを設けている通信制高校のなかには、高認合格を目指す人を対象に短期間で科目履修による単位修得ができるようになっているところもあります。なお、就学支援金との関係では、科目履修生は対象となっていません。

Q. 高認の合格科目が高校の単位になりますか？

A. 　学校の判断で高認の科目合格を単位として認めている場合があります。
ただし、卒業単位として充当できる単位数に上限があるのが一般的です。高認を併用することで３年間での卒業が楽になる場合もあります。高認の科目合格の単位の認定は、通信制高校や定時制高校（単位制）ではほとんどの学校が行っています。
高認は全日制高校に在学している人も受験することができます。全日制高校の場合も卒業単位にあてることができますが、校長の判断によります。

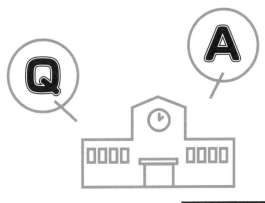

不登校後を生きる

樋口くみ子 著（岩手大学准教授）

中卒フリーターだった社会学者から不登校のあなたへ提案します。

社会学者がすすめる
迷わず生きるためのポイントは**3**つ

(1) 私たちが生きる社会に関する学問（社会学）のうち不登校経験者に役立つ知識

(2) 私自身が不登校研究を行う中で得た知識

(3) 私自身の人生を振り返って個人的に「これは役立った」「あー、もっと早く気づけばよかったのに！」と思うこと

不登校を単にNGとする価値観から一定の距離を置くための4コママンガ、イラストなど多数収録。あなたを元気にさせる巻頭「ご褒美シート」付き。

著者プロフィール

岩手大学人文社会科学部准教授　専門は社会病理学、教育社会学。
中学、高校と2度の不登校を経験。高校中退後すぐにアルバイトを始め、以後4年半にわたる中卒フリーター生活を送る。21歳で当時の「大検」（現高卒認定試験）を取得。独学で2か月半の猛勉強を経て22歳で早稲田大学第二文学部（当時）に入学。派遣職員やアルバイトで学費を稼ぎながら大学を卒業。一橋大学大学院社会学研究科修士課程修了、同大博士後期課程単位取得退学。日本学術振興会特別研究員、東京女学館大学専任講師、大阪経済法科大学特別専任准教授を経て、現職に至る。一児の母。主な著書に『低所得層家族の生活と教育戦略 ──収縮する日本型大衆社会の周縁に生きる』（2022年4月、明石書店）や、「『教育支援センター（適応指導教室）』の支援の構築過程──四類型に着目して」（2018年9月、『現代の社会病理』33号）などがある。

学びリンク株式会社　https://www.manabilink.co.jp
〒101-0064　東京都千代田区神田猿楽町2-1-14 A&Xビル 6F
TEL：03-6260-5100　FAX：03-6260-5101

最新！ 詳細！

学校紹介

「学校紹介」の見方

通信制高校

高等専修学校
技能連携校
大学入学資格付与指定校

サポート校（学習等支援施設）
高卒認定試験予備校

最新！詳細！ 学校紹介の見方

通信制高校 / 高等専修学校 / 技能連携校 / サポート・校（学習等支援施設）

① 都道府県タグ

その学校の学習拠点がある都道府県が一目でわかるようになっています。通信制高校の場合、本校のある都道府県に★、分校・協力校・スクーリング実施施設のある都道府県は黒、直営または提携するサポート校がある都道府県はグレーで表示しています。
高等専修学校・技能連携校・サポート校・高認予備校については、本校のある都道府県に★、校舎などのある都道府県を黒で示しています。

② 学校の概要

代表者や本校の所在地、沿革や教育理念を掲載しています。

③ 特色

各学校の特色をまとめています。まずはここを読むことで、どのような学校なのかというおおまかな特色をつかむことができます。

④ スクーリング

各校の必要な登校日数や、スクーリングを受ける場所について記しています。

⑤ 学校生活情報

「併修単位」「クラブ活動」「学校行事」など、学校のことを知る上で重要な項目について、各校の特長をまとめています。制服の有無や校則については「生活指導」として掲載しています。

---

①

【広域通信制】 （単位制）

代々木高等学校

（ https://yoyogi.ed.jp　E-mail : info@yoyogi.ed.jp ）

志摩本校

東京校

特色 一人ひとりで異なる学びの志向やレベル、スケジュールに合わせて、自分らしい高校生活を送ることができます。

◆オルタナティブスクール（通5日コース・通3日コース）【東京校】
多様な仲間とともにさまざまな体験、学習を通して、自分らしい高校生活を送ります。思う存分学校を楽しみたい人やしっかり面倒を見てほしい人に最適です。
・通5日コース：2023年度より従来の「総合講座」に加え「声優」「イラスト」「プログラミング」「英語」「韓国語」の専門講座がスタート。
＊発達支援 専門的なアプに に楽しく成長します。
・通3日コース：ひとり一、 「学習サポート」コースです。

◆通信一般コース
学習は自宅で自分の好きな時間に取り組みます。東京校では毎月、土曜日に補習を受けられるようにしています。

◆奨学金コース
働きながら高校卒業資格取得を目指すことができます。学費の支払いサポートの他、充実した特典があります。
◆国内外に90の提携校、130のコースがあります。
大学進学やスポーツだけでなく、専門教育や海外留学など、あなたにピッタリのコースが見つかります。

◆スタディールーム（自習室）
全てのコース生が利用できます。月〜金曜日：10時〜16時30分

③

※学校訪問会 東京校 5月〜年10回程度。（体験入学 個別相談会同時開催） 個別相談は2月〜土曜毎時中。
志摩本校 年数回。料理人コース説明会もこちらで開催します。個別相談は随時受付中。
大阪校については直接、お問い合わせください。TEL：06-6115-6450
＊詳細・最新情報はHPにてご確認頂くか、各校舎へお問い合せ下さい。

■校長名：清水 宝文
【志摩本校】
■住 所：〒517-0217 三重県志摩市磯部町山原785
■電 話：0599-56-0770
■FAX：0599-77-7692
■最寄駅：近鉄志摩線「志摩磯部」駅下車
【東京校】
■住 所：〒151-0051 東京都渋谷区千駄ヶ谷5-8-2
■電 話：050-3535-2797
■FAX：03-5919-0528
■最寄駅：JR、地下鉄大江戸線 西口下車 徒歩5分
副都心線「北参道」」 徒歩3分 ②
※ほか、大阪校があります。
詳しくはお問い合わせください。
■沿 革：2005年4月 開校
☆お問い合わせは、全国共通フリーダイヤル
0120-72-4450（なに、 よよこ～）まで。
■教育理念
「自分の意思で歩いていけるように」
「多様性を認め合う」
学校は本来、社会へ巣立っていくために様々な経験を積み、学んでいく予行演習の場と考えております。
多様な仲間と様々な経験を通し、気づき・考え・成長する学びの場を社会のあらゆる人材と世にともに提供しています。

■形態・課程・学科：独立校 単位制による通信制 普通科
■併設する課程：なし
■入学・卒業時期：
・入学時期 4月、10月（転入学は随時）
・卒業時期 3月、9月
■修学年度：3年以上（在籍最長年数：一）
■卒業認定単位数：75単位

スクーリングの日数と場所 ④

【登校日数】
集中スクーリング（東京校または志摩本校）
その他、各校舎・提携校に通い、補習を受けるスタイルもあります。
【場 所】
東京校・志摩本校・大阪校
【その他】
メディア学習により、登校日数を少なくすることができます。
【各校舎・提携校】
・各校舎
入学に関するご相談。メディア学習やレポート作成のサポート、学習相談を行っています。
・提携校：
当校の考えに共感する熱心な教育機関・企業・団体などで、それぞれ独自のスタイルとシステムにより、あらゆるニーズに応えています。

310

この「学校案内」では、「通信制高校」「高等専修学校」「技能連携校」「サポート校（学習等支援施設）」「インターナショナルハイスクール」といった校種ごとに、北海道から沖縄まで都道府県順に学校を掲載、各校の概要や特色などを項目ごとにまとめています。「現在は不登校状態」「高校を中退してしまった」など、状況は一人ひとり違っても、「自分に合った学校を探したい」「『ここなら自分も通える！』と思える学校と出会いたい」という思いは同じです。そのような思いに応えるために各校がどのようなシステムを持っていて、どのように取り組んでいるのか、皆さんが知りたい内容が、それぞれの学校ページを見ればわかるようになっています。

少しでも興味のある学校が見つかったら、ぜひ資料を請求したり、学校見学に行ったり、行動を起こしてみてください。

⑥ 生徒情報

不登校生・転編入生に対してどのような対応を行っているのか、また保護者への連絡はどのように行っているのかを示しています。

⑦ 生徒数・教員数

学校の生徒数と教員の数を示しています。男女比も掲載しているほか、カウンセラーの有無についても記しています。

⑧ 学費

学費について掲載しています。公立高校生への授業料無償化、私立高校生には「高等学校等就学支援金制度」が実施されています。通信制高校ももちろん対象となっています。各都道府県によって独自の支援を行っている場合もあり、制度が変更になることもあります。最新の情報については学校にお問い合わせください。

⑨ 施設情報

校地面積や運動場の面積のほか、図書室やプール、カウンセリング室といった施設の有無を表示しています。校舎が多い学校については、特に記載がない限り本校の情報を掲載しています。

⑩ 卒業生の進路状況

最新の卒業後の進路や進学実績などを示しています。学校名、就職先なども収録しています。

---

⑤ コース紹介

【オルタナティブスクール【東京校】】
（週5日コース・週3日コース）
多様な仲間とともにさまざまな体験、学習を通して、自分らしい高校生活を送れるよう各分野学校を楽しみに入れ、しっかり面倒を見てほしい人に最適です。
・週5日コース：2023年度より従来の「総合講座」に加え「声優」「イラスト」「プログラミング」「進学」「韓国語」の専門講座がスタート。
＊発達支援…専門的なアプローチをベースに楽しく成長します。
・週3日コース：ひとり一人に対応！な「学習サポート」コースです。

【通信一般コース】
学習は自宅で自分の好きな時間に取り組みます。東京校では毎年月一回土曜日に補習を受けられるようにしています。

【興学金コース】
働いて自分で稼ぎながら、同時に高校も卒業できる。自分の中で社会常識や職業スキルも身につきます。数分先からの学費の支払いサポートで働くことによる単位修得など、特典も充実。料理人や左官職人、飲食業、バイクメカニックなど。

【アスリートゴルフコース】など
通信制高校の特性を活かしたアスリート育成コース。ゴルフをはじめ、テニス、ボクシング、乗馬、ダイビングなど、オールシーズン、トレーニングに取り組める環境を提供します。技術に留まらず、メンタル・ソーシャルトレーニングにも力を入れています。

【海外留学コース】
提携校を利用していただいて、短期から長期までの留学が可能です。
また、すでに留学中の方や海外在住の方の入学も受け入れています。

2024年度の主な行事 ※コロナの為、変更になる場合もあります

月	4月〜6月	7月〜9月	10月〜12月	1月〜3月
行事	入学式、始業式 授業ガイダンス レポート等学習 特別活動（全校ハイキング）	夏期集中スクーリング レポート学習会	秋期集中スクーリング よさこい祭 レポート学習会 修学旅行 クリスマス会 冬期自然教室	冬期集中スクーリング 渡辺 終了式、卒業式 春期集中スクーリング

2024年度の募集・進路状況

一般入試
募集人員：普通科　700名
選考方法：書類審査、面接
出願料：10,000円
出願期間：新入学…2023年10月〜2024年3月末頃まで
　　　　　編入生、転入生…随時。
　　　　　詳しくはご相談ください。

学費について
入学金	10,000円
授業料	264,000円（年間30単位を上限）
教科書代	12,000円
登録手数料	3,000円
雑費等	3,000円
メディア視聴費用	7,000円
スクーリング参加費	20,000円
合　計	319,000円

※願書提出時に出願料10,000円を要します。
※通信一般コース以外のコースを選択した場合、上記金額とは別途必要となります。

⑥ 生徒情報

【不登校生】
入学時に本人の不安をとりのぞくためのガイダンスを行います。

【転編入生】
随時出願可能です。前籍校で修得した科目は、認定試験（旧大検）で合格した科目は単位、活かすこと。

【保護者連絡】
電話連絡、手紙、Eメールなど

⑦ 【生徒数】普通科

2023年8月現在
年次	生徒数	男女比
1年次	290名	5：5
2年次	350名	5：5
3年次	340名	5：5

【教員数】
教員：男性7名、女性3名／講師：男性8名、女性9名

学習指導
学力に不安がある方でも中学校の学び直しサポートがあるので、基礎学力を固めることができます。

生活指導
【制服（基準服）】
制服の着用は自由です。何種類かある＜よさこ～オリジナル制服＞を選ぶこともできます。頭髪や装飾品は自由ですが、髪型時、社会良識等の指導をしています。

クラブ活動
運動部、T.T部（カードゲーム）、茶道部、音楽部
その他、コースごとに様々なものに取り組めます。

⑨ ＜学校の施設＞

校舎面積 1,975.65㎡　視聴覚室　あり
ラウンジ　なし　カウンセリング室　あり
PCルーム　あり

⑩ 2022年度卒業生の進路状況

＜卒業者数 310名＞

【進路先】
大学…35名　　短大…16名　　専門学校…35名
就職…22名　　その他…202名

【主な合格実績】
NIC、慶應義塾大、立教大、早稲田大、明治学院大、帝京大、国士舘大、城西大、鶴見大、大阪国際大、大阪産業大、皇學館大、中部大、名城大

【指定校推薦】
国士舘大、城西大、和光大、東洋学園大、修松大、東京富士大、多摩大、聖学院大、日本福祉大（愛知）、大阪学院大、愛知東邦大、横浜美術大、帝京科学大　他

◇◇◇◇◇◇◇ この学校にアクセスしてみよう！ ◇◇◇◇◇◇◇

学校説明会	入学的 電話教育相談	文化祭見学	体育祭見学	資料請求
	東京校のみ		—	

※資料は、面談（来校）、電話または FAX・手紙・HP等にて請求して下さい。

311

121

【広域通信制】

学校法人 創志学園
がっこうほうじん そうしがくえん

クラーク記念国際高等学校
きねんこくさいこうとうがっこう

(https://www.clark.ed.jp/)

■校長名：吉田 洋一
■住　所：本校〒078-0151　北海道深川市納内町3-2-40
■電　話：0164-24-2001
■ＦＡＸ：0164-24-2200
■最寄駅：JR線「納内」駅下車
■生徒が入学できる都道府県：全国から入学できます。
■沿　革：
1992年4月　クラーク記念国際高等学校開校
1997年　　Australia/ ケアンズ・スプリングフィールド
　　　　　海外語学研修プログラム開始
2003年　　生徒数10,000人を突破
2005年　　全教職員を対象とした「学習心理支援カウンセラー」資格導入
2013年　　三浦校長、80歳で3度目のエベレスト登頂に成功
2014年　　卒業生竹内智香選手がソチ五輪女子スノーボードで銀メダル獲得
2014年　　男子硬式野球部発足
2018年　　U.S.A/ ハワイ　海外語学研修プログラム開始
2018年　　東北地方初　女子硬式野球部発足
　　　　　（東北楽天ゴールデンイーグルスと提携）
2020年　　卒業生60,000人突破
2020年　　オンライン留学プログラム開始
2021年　　次世代型キャンパス CLARK NEXT Tokyo、CLARK NEXT Akihabara 誕生
2021年　　「オンライン＋通学」のハイブリッド型コース　スマートスタディコース開設
2021年　　札幌男子サッカー専攻開設
　　　　　（コンサドーレ北海道スポーツクラブと提携）
　　　　　岐阜駅前男子サッカー専攻開設
2021年　　女子ラグビー専攻開設
　　　　　（三菱重工相模原ダイナボアーズと提携）
2021年　　宇宙教育プロジェクト始動
2022年　　創立30周年
2023年　　神戸三宮サッカーコース開設
　　　　　（FC バサラマインツと提携）
2023年　　広島男子バスケットボール専攻開設
　　　　　（広島ドラゴンフライズと提携）
2024年　　千葉女子サッカーコース開設
2024年　　立川キャンパス、彦根キャンパス開校

■教育理念：
クラーク記念国際高等学校は、クラーク博士の教育理念を受け継ぎ、クラーク家から正式な認知を受け日本で6番目の広域通信制高校として誕生しました。本校は北海道深川市にあり、全国60ヶ所以上に学びの場を展開しています。また、学校教育法第一条に定められた高等学校であり、卒業資格は全日制高校と同等です。

 ■自分にピッタリの学びのスタイルが選べる
◇全日型コース（週5日通学）
◇スマートスタディコース（オンライン＋通学）
◇単位修得コース（在宅）

【全日型コース】
クラーク国際が開校時から実践している通信制と全日制の長所を組み合わせた柔軟なカリキュラムで、自分の「好き」や「得意」を伸ばしつつ仲間と共に高校生らしい学校生活を送ることができます。午前中は国語や数学といった一般教科学習や生徒がチームを組み、問題に取り組む探究授業を展開。コースや専攻を設置しているキャンパスでは、午後に特化型授業として、「国際・英語」「IT・プログラミング」「表現」「アート」「スポーツ」などの特化型カリキュラムが、最大週20時間学ぶことができます。また、希望に応じて学年進級時には他のコース・専攻に移ることが可能です。
クラーク国際の特化型教育とは
1）制服を着て、週5日通学し仲間と一緒に学ぶ
2）自分のペースに合わせた個別最適な学び
3）仲間と協働して学ぶ探究学習
4）プロ・専門家の直接指導で「好き」をとことん追求

【スマートスタディコース】
「オンライン学習を中心に勉強に取り組みたい」「自分のペースでじっくりと学びたい」「好きなことに打ち込みながら、勉強したい」。このような学校生活を希望する生徒にピッタリのコースです。オンライン授業と通学しての授業を自分で組み合わせることが可能な為、生徒一人ひとりに最適な環境・方法で学習を進めることができます。こうした生徒一人ひとりの学びを、二人三脚でサポートするのがコーチング担任。週に1回、1対1の面談を行い、学習の進捗確認や目標設定の見直しを行いながら、一緒に学習計画を立てていきます。
1）オンラインと通学を組み合わせた、一人ひとりに最適な学習
2）コーチング担任が個別にサポートするから安心
3）プロジェクト型学習で仲間と協働して学ぶ
4）予備校映像教材で学習の基礎から難関大学受験対策まで学べる

【単位修得コース】
Web学習サイト「クラークWebキャンパス」で在宅学習を中心に高校卒業資格の取得が可能です。
※宿泊を伴うスクーリングはありません。（全コース共通）

■課程・学科：通信制課程普通科
■入学・卒業時期：
　・入学時期4月　・卒業時期3月
■修業年限：3年
■学期制：2期制（前期・後期）
■卒業認定単位：74単位以上

▼学校見学・説明・相談：随時、ご希望に応じてお受けします。（予約制：キャンパスにお問い合わせください）

その他

■クラーク国際の教員

クラーク国際が常に大切にしているのは、すべての教員が一人の生徒に本気で関わること。最適な指導・サポートを行うために毎年度「授業や学校生活に関するアンケート」の実施や年間 70 時間の研修を受け、内閣府認定公益財団法人こども教育支援財団が認定する「学習心理支援カウンセラー」の資格を取得。生徒をしっかり理解し精神面からサポートしています。

【国際教育】

■クラーク独自の留学プログラム

3 週間から 27 ヶ月まで、自分の英語力や目的に合わせて期間や渡航先※が選べます。課題を提出し一時帰国して単位認定のための授業やテストを受ければ、長期海外語学研修でも 3 年間で卒業可能。渡航中も大学受験対策ができるのでハンディはありません。※渡航先：オーストラリア（ケアンズ・スプリングフィールド）、ハワイ、ニュージーランド

【企業連携】

■産学協同プログラム

学校の中だけではなく、企業や行政機関、大学等と連携してプロジェクトを行ったり、地域社会から持ち込まれた問題解決に取り組むなど、多様な人と関わりながら、学校での学びを社会に活かす活動を様々な企業と行っています。

一例紹介）（株）丸井・tsumiki 証券（株）と連携して、新宿マルイ 3 館のブランディングに取り組みました。新しい価値を生み出す授業を実施し、既存にとらわれないアイデアを生徒たちがロゴやポスターなど考案し社員の方々にプレゼンを行いました。

グループワークでの役割を考えたりや資料を作成したり、プレゼンを行ったり試行錯誤しながら取り組むことは、社会にでたときに役立つ力を養います。

【生徒数】全国で 11,000 人以上

◇◇◇◇◇◇◇◇ この学校にアクセスしてみよう！

学校説明会	入学前電話相談	文化祭見学	体育祭見学	資料請求
○	○	○	○	○

■在校生によるクラークでの "学び"

○コース授業はとても濃密で、表現と向き合い「心技体」を磨いています。本格的な舞台公演では、仲間たちと笑い、泣き、汗を流し、成功に向かって努力しています。（全日型：パフォーマンスコース）

○やりたいことに集中して取り組むことができ、自分の時間を大切にしながら学習に励むことができました。また、コーチング担任の先生が学習の進捗や進路の悩みなど聞いてくれるので、安心して学校生活を送れます。（スマートスタディコース）

クラブ活動

■全国大会での主な成績

2016 年	男子硬式野球部が創部 3 年目で夏の甲子園初出場
2019 年	第 20 回記念全国高等学校女子硬式野球選抜大会 準優勝
2019 年	第 10 回記念全国女子硬式野球ユース大会 準優勝
2019 年	第 2 回全国高校 e スポーツ選手権 リーグオブレジェンド（LoL）部門 準優勝
2020 年	KWBF 高等学校女子硬式野球大会 準優勝
2020 年	女子高等学校硬式野球交流大会 優勝
2020 年	日本最大級の高校 e スポーツ大会「STAGE:0」リーグオブレジェンド（LoL）部門 準優勝
2021 年	日本最大級の高校 e スポーツ大会「STAGE:0」LoL 部門 準優勝（2 年連続）FALL GUYS 部門 準優勝
2021 年	第 74 回秋季北海道高校野球大会 優勝
2021 年	第 45 回全国高等学校総合文化祭 演劇部門 最優秀賞受賞 作品「FLOAT」
2021 年	第 4 回全国高校 e スポーツ選手権 リーグオブレジェンド（LoL）部門 優勝
2022 年	男子硬式野球部が春のセンバツ甲子園大会に出場（北海道代表）
2023 年	第 75 回秋季北海道高校野球大会優勝 男子硬式野球部が春のセンバツ甲子園大会に出場（北海道代表）
2023 年	第 105 回全国高等学校野球選手権記念大会 春夏連続甲子園出場・甲子園初勝利
2023 年	令和 5 年度全国高等学校総合体育大会（インターハイ）体操競技大会 女子個人総合 / 女子団体総合 W 優勝
2023 年	第 14 回全国高校女子硬式野球ユース大会優勝

2024 年度の募集要項

募集

新入学、転編入学の入試日程、選抜方法は、各キャンパスにより異なります。最寄りのキャンパスにお問い合わせ頂きご確認下さい。

学費について

【全日型コース】

最寄りのキャンパスにお問い合わせ頂き、募集要項（冊子）をご確認ください。

【スマートスタディコース】

スマートスタディコース I　　510,000 円
スマートスタディコース II　　700,000 円
スマートスタディコース III
　特別進学　　900,000 円
　グローバル　950,000 円
　プログラミング　1,000,000 円

【単位修得コース】

240,000 円

学費の詳細は、学校説明会・個別相談参加時に配布している募集要項にてご確認下さい。また、国の就学支援金は世帯年収及び、ご希望のコースにより異なります。制服・体操着（全日型コースのみ）、教材費、各種資格検定料等は、別途実費負担となります。

※入学相談窓口　0120-833-350

2022 年度の主な大学合格実績

【進路先】

東京大、北海道大、大阪大、名古屋大、筑波大、東京藝術大、国際教養大、横浜国立大、室蘭工業大、金沢大、埼玉大、鳥取大、福井大、滋賀大、大阪教育大、岡山大、大阪公立大、東京都立大、神戸市外国語大、横浜市立大、埼玉県立大、兵庫県立大、早稲田大、慶應義塾大、上智大、東京理科大、国際基督教大、明治大、青山学院大、立教大、中央大、法政大、関西大、関西学院大、同志社大学、立命館大、南山大、西南学院大、学習院大、日本大、東洋大、駒澤大、専修大、近畿大、甲南大、龍谷大、中京大、國學院大、武蔵大、星薬科大、成城大、明治学院大、昭和女子大、立命館アジア太平洋大、北里大、杏林大、東京農業大、武蔵野美術大、日本女子大、愛知大、名古屋外国語大、関西外国語大、同志社女子大、順天堂大、成蹊大、State University of New York at Geneseo、国際大学 IPU NewZealand

■指定校推薦枠

全国 300 以上の大学から 1,400 超の指定校推薦枠

【主な大学】早稲田大、慶應義塾大、上智大、東洋大、駒澤大、専修大、京都外語大、関西外語大、甲南大など

■国内外の系列大学

IPU・環太平洋大（岡山）／国際大学 IPU New Zealand（ニュージーランド）／IPU New Zealand 国際総合大学院／東京経営短大（千葉・西船橋）

◆全国 60 ヶ所以上の施設で教育を展開
【北海道地区】深川 / 旭川 / 釧路 / 札幌（大通 / 白石）/ 苫小牧　【東北地区】仙台 / 秋田 / いわき
【関東・甲信越地区】埼玉（大宮 / 所沢）/ 千葉（千葉 / 柏）/ 東京（高田馬場 / 板橋 / 秋葉原 / 立川）/ 神奈川（桜木町 / たまプラーザ / 厚木）/ 前橋 / 桐生 / 宇都宮
【東海・北陸地区】静岡 / 浜松 / 名古屋 / 岐阜 / 福井　【関西地区】滋賀 / 京都 / 大阪（梅田 / 天王寺）/ 兵庫（芦屋 / 三宮 / 西神中央 / 三田 / 豊岡 / 姫路）
【中国・四国地区】広島 / 岡山 / 鳥取 / 米子 / 山口 / 岩国 / 周南 / 下関　【九州・沖縄地区】福岡 / 熊本 / 鹿児島 / 北九州 / 久留米 / 大分 / 佐賀 / 長崎 / 宮崎 / 沖縄
【研修施設】北海道　元気の泉　【留学プログラム渡航先】オーストラリア / ハワイ / ニュージーランド　【慈善事業】クラーク記念ヒマラヤ小学校（ネパール）

【通信制】

精華学園高等学校 函館校
せいかがくえんこうとうがっこう　はこだてこう

（ https://seika-hakodate.jp ）

■住　所：〒 040-0065　北海道函館市豊川町 21-9
■電　話：0138-86-6519
■最寄駅：JR「函館」駅、徒歩 12 分
　　　　　函館市電「魚市場通」停留所すぐ
■創立年：2017 年 4 月
■沿　革：
　2009 年 7 月 1 日　精華学園高等学校 開校
　2017 年 4 月 1 日　精華学園高等学校函館校 開校
■教育理念：
「夢を探すために頑張れる」「夢を実現するために頑張れる」「人と繋がるために頑張れる」そんな生徒を、教科学習や多彩な専門授業と学校行事を通じて育成する

 特色　精華学園高等学校函館校は、学校教育法第 1 条に記されている高等学校に準ずる施設として認可されています。

【スクーリング実施認可校だから高校卒業資格取得は函館校で完結します】
レポート添削・面接指導・単位認定試験は本校と同等に函館校の校舎内で全て実施することができます。

【地元函館に根ざした教育】
地域との結びつきを重視して、多くの地域活動に生徒が積極的に参加しています。また地域の方々と共に学校行事を実施するなど、教育面から、函館の活性化に貢献することにも挑戦しています。

【登校日・登校時間と時間割の組み方は自由自在】
通学は週 1 日から 5 日の中から登校日を決められるなど、生活リズムを整えながら無理なく学べます。毎日登校、学びたい勉強のある日に登校、朝苦手だからまずは午後から…など一人ひとりに最適な登校パターンを提案します。

【一人ひとりに合わせた個別指導で基礎学力を養う】
勉強の進め方は個別指導が多くを占めています。分からないことは気軽に先生に質問できる雰囲気であることを大切にしています。また進路指導に力を入れ、進学と就職のいずれも高い専門性を持った進路指導担当者が常駐しています。

【様々な資格取得にチャレンジ可能】
社会で役立つ資格取得に向けた指導にも力を入れています。簿記やパソコン、ワープロなどの資格の他、メイク・ネイル・カラーなど、ユニークで高校生としては希少な資格を取得することも可能です。

【Zoom での双方向授業も展開】
通学距離や諸事情のある生徒は、自宅でのリモート授業に参加することができます。

 ＜学校の施設＞

校舎面積	300m²	事務室	なし
保健室	なし	ラウンジ	あり
職員室	あり	図書室	なし
カウンセリング室	あり		

その他…PC ルーム

【通信コースは 10 日～ 15 日程度の登校】
仕事と両立させながら高卒資格をとりたいという方や、事情により登校が難しい方には通信コースが用意されています。年間 10 日～ 15 日ほどの登校で高校卒業を目指せます。

◇◇◇◇◇◇◇◇◇ **この学校にアクセスしてみよう！** ◇◇◇◇◇◇◇◇◇

学校説明会	入学前電話相談	文化祭見学	体育祭見学	資料請求
○	○	○	○	○

※資料請求は、HP 内の資料請求ページ・E メール・電話にてご請求ください。
▼個別相談随時

学習状況

【学習システムの特長】
高校科目の学習指導は個別指導を基本として、必要に応じて集団授業を取り入れています。また、個別指導では生徒一人ひとりの学習進捗度を把握し、個々に合わせた教材を使用して指導しています。

【入学時点の学力検査】
入学試験は作文と面接。ただし作文は自宅で作成して面接当日持参する形式です。

【進学希望者への指導】
レポート指導とは別に、学部学科や分野に応じた受験対策指導を行います。

【補習の指導】
個別指導の中で必要に応じて、中学校や小学校段階まで遡った指導対応を行います。

学習システムの特徴

①通信コース：年間10日～15日程度の登校（テスト・スクーリング）で高校卒業を目指せます。

②通学コース：登校は週1日から5日。基礎学力を高めるための生徒一人ひとりに合わせた時間割と個別指導。

③選べる専門コース：函館校ならではの多彩な専門コースを用意。メイク・ネイル・カラーコーディネート・イラストや軽音楽ほか、社会で役立つ資格取得を目指す簿記・Word & Excel、Webデザインなどのコースを用意。

④動画クリエイターコース：動画制作の技術を身につけ、自らの作品を世の中に配信する方法まで学びます。現役クリエイターが監修したカリキュラムです。

⑤マンガ・イラストコース：マンガ、イラスト制作に必要なアナログからデジタルまでの幅広い専門技術を身につけ、自らの作品を世の中に配信する方法までを学んでいきます。

⑥K-POPコース：韓国のK-POP文化をダンスやヴォーカルの授業を通して学んでいきます。趣味でK-POPに興味がある方はもちろん、本気でK-POPアイドルやダンサーなどを目指す方の土台となるスキルを身につけていきますので、高校時代から将来の夢に繋がる第一歩を踏み出せます。1年間で約10曲程度のK-POPスキルを身につけることができます。

生徒情報

【不登校生】
Zoomでの双方向授業も展開しているので自宅からも授業に参加できます。

【いじめ対策】
生徒間の様子をしっかりと観察しています。

【保護者との連絡】
さくら連絡網・電話・Eメール・個別面談などで頻繁に行っています。

【生徒数】 2023年12月1日現在

年次	生徒数	男女比
1年次	76名	1：2
2年次	89名	1：2
3年次	74名	1：2
合計	239名	

【教員数】
専任講師：男性1名、女性3名
非常勤講師：男性6名、女性7名

生活指導

制服はありますが、制服購入と着用は任意です。茶髪・ピアスは原則禁止していません。バイク通学不可。
①法を守ること ②SNSとの関わり方 ③対人コミュニケーション能力を身に着けること　を重視した指導を行っています。

クラブ活動

軽音楽部
2018年度全道大会出場

その他生徒の嗜好や希望に応じて臨機応変に対応しています（北海道高等学校文化連盟に加盟中）。

2024年度の行事予定

月	4月～6月	7月～9月	10月～12月	1月～3月
行事	入学式 新入生歓迎会 各種進路対策行事 など	前期単位認定試験 （就職希望者向け）就職指導と企業紹介 各種進路対策指導 文化祭 など	研修旅行・各種進路対策指導 など	各種進路対策指導 後期単位認定試験 卒業式 など

2025年度の募集・過去の進路状況

募集について

募集人員：50名程度
出願期間：2024年12月1日～2025年3月19日
試験日：上記期間中、毎週土曜日
選考方法：面接・作文・書類選考
選考料：10,000円
※転編入希望生徒については随時募集・面接等を行っています。

学費について

入　学　金：0円
授　業　料：252,000円
　　　　　　（24単位履修の場合1単位あたり10,500円）
施設設備費：36,000円
教育充実・運営費：72,000円
特別教科学習費：※コースによって異なる。

合　　　計：360,000円～

※上記学費のうち、授業料は、
　高等学校就学支援金による減額の対象となります。

卒業後の進路

【卒業者数：50名】
進学…61%
就職…26%
その他…13%

主な合格実績

【海外大学】 ブリティッシュコロンビア大（カナダ）、マラヤ大（マレーシア）、エルカミノカレッジ（アメリカ）　など
【国立大学】 茨城大、山口大、和歌山大、九州工業大　など
【私立大学】 慶應義塾大、早稲田大、東京理科大、立教大、明治大、中央大、法政大、多摩美術大、武蔵野美術大、女子美術大、東京工芸大、横浜美術大、京都芸術大、東海大、関西大、立命館大、近畿大学長崎国際大、福岡大、福岡看護大、西南女学院大、立命館アジア太平洋大　など
【短期大学】 産業能率短大、大阪芸術大学短期大学部　など
【専門学校】 代々木アニメーション学院、専門学校HAL、東京アナウンス学院、東京ベルエポック専門学校　など
※上記は精華学園高等学校全体の進学実績です。
※就職に関しては、就職100%保証制度（条件あり）があります。

【広域通信制】 （単位制）

学校法人 恭敬学園 北海道芸術高等学校
（https://www.kyokei.ac.jp/）

- ■校長名：桧物 聖
- ■住 所：〒048-2411 北海道余市郡仁木町東町5丁目4番1
- ■電 話：0135-48-5131　　■FAX：0135-48-5132
- ■生徒が入学できる都道府県：39都道府県
- ■沿 革：

2005年 1月	北海道芸術高等学校設立準備委員会発足
2005年 11月	学校教育法による高等学校として認可
2006年 4月	北海道芸術高等学校開校
	札幌・仙台・名古屋サテライトキャンパス開設
2008年 4月	東京池袋サテライトキャンパス開設
2012年 4月	福岡サテライトキャンパス開設
2013年 4月	横浜サテライトキャンパス開設
2015年 4月	『学校法人恭敬学園 北海道芸術高等学校』として スタート
2016年 4月	生徒専用宿泊施設（ドミトリー）完成
2018年 4月	名古屋サテライトキャンパスを高等専修学校化
2019年 4月	学校ロゴをリニューアル
2020年 4月	仙台サテライトキャンパスを高等専修学校化
2021年 4月	横浜サテライトキャンパスを高等専修学校化
	サテライトキャンパスを学習センター化

- ■教育理念：表情もまた学力である

- ■形態・課程・学科：広域通信制・単位制・普通科
- ■入学・卒業時期：入学時期 4月　卒業時期 3月
- ■修業年限：3年以上（在籍最長年数制限なし）
- ■学期制：1学期制
- ■卒業認定単位数：74単位以上
- ■開講講座数：99科目

スクーリングの日数と場所

【登校日数】
- ・約1週間　仁木本校スクーリング（年1回）
- ・約10日間　地域スクーリング（年1回）

【場 所】
本校（北海道仁木町）及び
各面接指導等実施施設（札幌学習センター、東京池袋学習センター、東北芸術高等専修学校、横浜芸術高等専修学校、愛知芸術高等専修学校）

特色

○マンガ・イラスト、声優、ファッション・ビューティー、美容師、ミュージック、ダンス、美術、ダンス＆ボーカルの8つの芸術コースがあり、各コースの学習を通して次のことを目標にしています。

○全日制高校と同様に、毎日サテライトキャンパスに通学する「週5日学習」スタイルをとっています。

○普通科目＋芸術科目
サテライトキャンパスやスクーリングで、普通科目に加えて、北芸ならではの芸術科目の授業が受けられます。現場で活躍しているプロの先生方が直接授業を担当します。特別講師による授業もあります。

○同じ目標を持った仲間に出会えます
それぞれのコースに同じ目的や目標を持った生徒が集まっています。好きな事、得意な事が同じなので、打ち解けやすく励ましあえる友達がすぐにできます。

○希望の進路へサポートします
3年間、各分野を専門的に勉強することで、芸術系の大学・短大・専門学校、声優養成所、また美容室への就職などの道が開けます。芸術系以外の大学や専門学校にも推薦枠もあり、1年生の時からガイダンスや個別面談などを重ね、進路サポートをしていきます。

<学校の施設>

校舎面積	m²	事務室	あり
保健室	あり	ラウンジ	あり
職員室	あり	図書室	あり
カウンセリング室	あり		
その他…			

◇◇◇◇◇◇◇◇◇◇ **この学校にアクセスしてみよう！**

学校説明会	入学前電話相談	文化祭見学	体育祭見学	資料請求
○	○	○	―	○

※学校資料は各キャンパスへ電話、Fax、メール（ホームページ参照）にてご請求ください。あるいは直接来校いただいてもかまいません。

学習状況

【学習システムの特長】
特長その①：週5日学習スタイル
月曜日から金曜日まで、サテライトキャンパスに通いながら普通科目や芸術科目を勉強します。各科目の先生から直接授業を受けることができます。
特長その②：普通科目＋芸術科目
高校卒業に必要な普通科目に加えて、北芸ならではの芸術科目の授業が受けられます。現場で活躍しているプロの先生方からの直接指導でスキルアップを目指します。さらに芸術科目も高校卒業の単位として認められています。
特長その③：ハイブリッド授業
サテライトキャンパスに登校し授業を受ける対面授業と、タブレットを利用したオンライン授業を合わせたハイブリッド授業を実施しています。オンライン授業では、オンデマンドでの配信授業だけでなく、双方向でのやり取りが可能なLIVE授業も実施しており、より深い学びを実現します。

【入学時点の学力検査】
入学時に学力検査は実施しておりません。入学選考は面接となっております。面接では、本人が何をやりたいかという熱い思いを大事にしています。

進路指導

専門分野に特化した進路を希望する生徒が多いため、1年次から進路希望調査を行い、生徒一人ひとりの個性を重視した進路指導を実施しています。また専門分野以外にも、各種大学や専門学校の指定校推薦枠があるので、推薦を利用した進学などのサポートも積極的に行っています。

学校行事

年間を通して、スポーツ大会やバスハイク、芸術鑑賞会などの様々な行事があります。さらに年に1度、普段の芸術科目の授業の集大成として芸術発表会を実施しています。これまで学んできたことをホールを借りて、大舞台で多くの観客の前で披露します。

生徒情報

【不登校生】
同じ目標を持った仲間と芸術科目を学んでいく中で、少しずつ通学にも慣れ、学校が楽しいと思えるようになる生徒がほとんどです。

【転編入生】
前籍校で修得した単位はほとんどが認められます。

【保護者連絡】
学校だよりの発行や三者面談、個別相談などで連絡を密にすることを心がけています。

【生徒数】　　　　　　　　　　　　2023年1月現在

年次	生徒数	男女比	クラス数	1クラスの平均人数
1年次	548名	2：8	クラス	名
2年次	448名	2：8	クラス	名
3年次	545名	2：8	クラス	名

【教員数】
教員：男性　37名、女性　34名
講師：男性　149名、女性　176名
カウンセラー：6名

生活指導

「表情もまた学力である」という教育理念のもと、生徒それぞれが持つ多様性を認める生徒指導をしているため、校則などはありません。また制服は希望者のみの購入ですが、人気があり9割近くの生徒が購入しています。

2024年度の募集・過去の進路状況

募集について

Ⅰ 【校長推薦入試】
Ⅱ 【自己推薦入試】
Ⅲ 【一般入試】

※募集人員・出願期間・試験日は
　各サテライトキャンパスにお問い合わせください

学費について

入　学　金：	50,000円	
授　業　料：	360,000円	
サポート授業料：	312,000円〜	480,000円
施　設　費：	84,000円〜	150,000円
実　習　費：	50,000円〜	54,000円
行　事　費：	30,000円	
合　　　計：	886,000円〜1,120,000円	

※所属サテライトキャンパスによって学費が異なります。
※その他、教材費・スクーリング費用が別途かかります。

過去3年間の主な進路状況

【進路先】
大学、短大、専門学校、各種学校、就職、プロデビュー、投稿活動、音楽活動　など

【主な合格実績】
大学：札幌市立大学美術学科、札幌大谷大学、多摩美術大学、女子美術大学、東京工芸大学、日本大学、帝京平成大学、尚美学園大学、横浜美術大学、日本福祉大学、東洋大学、金城学院大学、専修大学　他多数
短大：北翔大学短期大学、川口短期大学、静岡英和学院大学短期大学、名古屋文化短期大学、福岡こども短期大学　他多数
専門：札幌デザイナー学院、札幌商工会議所付属専門学校、札幌放送芸術専門学校、札幌マンガ・アニメ学院　他多数

【主な就職先】
(株)アースホールディングス、BUDDY HAIR、FooGeダンス教室、hair set salon CHANCE、total beauty salon NORIKA、ケンジグループ、㈱サンエー・ビーディー、日清医療食品　他多数

【声優・俳優養成所、プロダクションなど】
IAMエージェンシー、AIR AGENCY、レオパードスティール、日本ナレーション演技研究所、日本ナレーション学院　他多数

【各サテライトキャンパス】

札幌サテライトキャンパス	〒060-0042	北海道札幌市中央区大通西 19-1-27	Tel.011-622-5010
仙台サテライトキャンパス	〒983-0852	宮城県仙台市宮城野区榴岡 4-6-20	Tel.022-297-2710
東京池袋サテライトキャンパス	〒171-0014	東京都豊島区池袋 4-1-12	Tel.03-5979-9095
横浜サテライトキャンパス	〒222-0032	神奈川県横浜市港北区大豆戸町 608-3	Tel.045-620-7811
名古屋サテライトキャンパス	〒453-0015	愛知県名古屋市中村区椿町 11-2	Tel.052-459-3555
福岡サテライトキャンパス	〒812-0011	福岡県福岡市博多区博多駅前 3-11-10	Tel.092-409-2293

【通信制】 (単位制)

池上学院高等学校
いけがみがくいんこうとうがっこう

(https//www.ikegamigakuin.ed.jp/)

■理事長：池上　泰代
■住　所：札幌校舎　札幌市豊平区豊平3条5丁目1-38
　　　　　札幌学園前校舎　札幌市豊平区豊平6条6丁目5-5
■電　話：0120-195-315
■ＦＡＸ：011-811-6166（代表）
■生徒が入学できる都道府県：北海道
■最寄駅：札幌市営地下鉄　東西線「菊水」駅・東豊線「学園前」駅
■沿　革：1998年 4月　通信制サポート校「札幌高等学院」開校
　　　　　2004年 4月　池上学院高等学校創立
　　　　　2006年 4月　専攻科介護福祉コース開設
　　　　　2009年 4月　池上学院グローバルアカデミー専門学校開校
　　　　　　　　 7月　池上学院高等学校函館キャンパス開設
　　　　　　　　10月　池上学院高等学校帯広キャンパス開設
　　　　　2010年 8月　池上学院高等学校北見キャンパス開設
　　　　　　　　10月　池上学院高等学校釧路・室蘭キャンパス開設
　　　　　2011年10月　池上学院高等学校旭川キャンパス開設
　　　　　2013年 7月　池上学院高等学校苫小牧キャンパス開設
　　　　　　　　10月　開校10周年式典　挙行
　　　　　2016年　　　新4コース設置
　　　　　2023年12月　池上学院高等学校　開校20周年

■形態・課程・学科：
　独立校・単位制による通信制課程・普通科
■入学・卒業時期：・入学時期～4月、10月　・卒業時期～3月、9月
■修業年限：3年以上
■学期制：2期制　卒業認定単位数：74単位

特色 「今」の自分にあわせて選べる多彩なコース。

週5日通学 ▶▶
"高校生らしさ"を大切に。高校は、青春だ！！
＜総合コース（全日型）＞
月～金の週5日、制服を着て通学する全日制高校スタイルのコース。少人数のクラス編成で、安心できる学校生活。学習面では池上学院オリジナル「基礎科目」という授業で国語・数学・英語の3科目を基本からしっかり学びます。また、3年間を通した習熟度別授業の実施で、自分の学力に合う授業を受けられます。また、放課後のクラブ活動や生徒会活動、学校祭やスポーツ大会、修学旅行などの学校行事が多彩です。仲間や先生たちと毎日楽しく、充実した日々で、かけがえのない青春を高校生らしく過ごします。

週3～4日登校 ▶▶
"自信がつけば自分が変わる"しっかりと、少しずつ歩もう。
＜進路実現コース＞
「高校卒業」＋「個別指導型学習」＋「仲間づくり」で充実した学校生活を送るコース。週3日登校します。"焦ることなく、ゆっくりしたペースで学校に行きたい""でも勉強や人とのコミュニケーション力は高めたい"という人向けのコースです。不得意科目を集中的に勉強したい、中学校の内容をもう一度やり直したい、という個人の目標をもとに、週2日は個別指導型学習を受けることができます。

週1～2日登校 ▶▶
"高校卒業"の目標へ、最短距離を一直線！
＜一般コース（札幌・函館・釧路・旭川・帯広・北見・室蘭・苫小牧）＞
「毎日の通学は難しいが、高校は卒業したい」「仕事と高校の両立をしたい」など、少ない登校日数を希望しながらも、しっかりしたサポートを受けて高校卒業を目指したい人のコースです。毎週学習サポートが受けられるので、わからないことはすぐ解消。全員に担任の先生がつくので、学習や学校生活の悩みをすぐに相談できるのも大きなメリットです。札幌のほかに、北海道全域7都市にキャンパスを設置。本州や札幌に行く必要がなく、地元で学習・卒業できるのは計り知れないメリットがあります。

年間10～15日登校 ▶▶
自由に選べる登校日！"登校プレッシャー"からの開放！
＜集中スクーリングコース（札幌・函館・釧路・旭川・北見・室蘭・苫小牧）＞
Web教材（放送視聴教材）が教科書を丁寧に解説。インターネット環境があれば「いつでも」「どこでも」学習が可能。しかも、各キャンパスのスクーリング開設日なら好きな時に登校できます。決められた日への登校が難しいと考えている人、体調や気持ちを大切にしながら学校へ行きたい人に向けたコースです。

生徒情報

【不登校生】
過去に長期欠席経験のある生徒が多数入学しています。しかし、皆勤で卒業していく生徒もまた多数います。登校したいという気持ちに寄り添います。
【転編入生】
随時受け付けています。1年を通して転編入生が多く入学する学校なので、どんな方でも学校になじみやすい雰囲気です。
【入学地域】
札幌の他、北海道全域にキャンパスがありますので、地元で入学から卒業までをすごせます。
食事付きの学生寮をご紹介しますので、遠方から札幌への入学もできます。

【生徒数】 2023年11月末日現在

年次	生徒数	男女比
全年次	1,011名	5：5

2024年度の募集要項

募集について

募集人員：1,800名
出願期間：随時受付
試験日：随時
選抜方法：書類審査・面接
選考料：10,000円

学費について

入学金：　　　　　8,000円
授業料：　221,000～238,000円
　　　　　※1単位当たり8,500円
施設拡充費：　　　28,000円
生徒会費：　 6,000～12,000円
教材・行事費：15,000～23,000円
特別学習費：各コース登校日数、学習内容により別途必要です。
　　　　　詳しくはお問い合わせください。
タブレットPC購入費：　42,900円
　　　　　※「総合コース」以外の全コース生徒が購入します。
※本校は「高等学校等就学支援金」の対象校です。入学後手続きの後支給されます。

卒業生の進路状況

【主な合格実績】
国公立、公立、私立大：
室蘭工業大学、旭川市立大、釧路公立大

道内私立大、短大：
北海学園大、札幌学院大、札幌国際大、北海道情報大、北翔大、札幌大、藤女子大、北海道医療大、北海道科学大、日本赤十字北海道看護大、北海道文教大、北星学園大

道外私立大、短大：
京都産業大、湘南工科大学、中央大、帝京大

【指定校推薦】
育英館大、札幌学院大、札幌国際大、札幌大、札幌保健医療大、北海道科学大、北海道文教大、北星学園大、北海道情報大、北海道医療大　ほか多数あり

◇◇◇◇◇◇◇◇◇◇ **この学校にアクセスしてみよう！**

学校説明会	入学前電話相談	文化祭見学	体育祭見学	資料請求
○ 要予約	○	―	―	○※

※資料のご請求はHPからお申し込みください。

【通信制】　　　　　　　　　　　　　　　　　　　　　　　（単位制）

小樽双葉高等学校

（おたるふたばこうとうがっこう）

(https://www.r-futaba.ed.jp/ 　　E-mail：tusin@r-futaba.ed.jp)

■校長名：倉内　慶一
■住　所：〒 047-0014　北海道小樽市住ノ江 1 丁目 3-17
■電　話：0134-31-3100
■ＦＡＸ：0134-31-3102
■最寄駅：函館本線「南小樽」駅下車、徒歩 2 分
■生徒が入学できる都道府県：北海道
■沿　革：
　明治 40（1907）年　小樽実践女学校として発足。
　1998 年　　　　　　男女共学となり双葉高等学校となる。
　2005 年　　　　　　通信制課程を開設。
　2019 年 4 月　　　　校名変更。

■形態・課程・学科：
　併設校・単位制による通信制課程・普通科
■併設する課程：学年制による全日制課程
■入学・卒業時期：
　・入学時期　4 月（転入は随時ご相談ください）
　・卒業時期　3 月
■修業年限：3 年以上（在籍最長年数：6 年）
■学期制：2 学期制　　■卒業認定単位数：74 単位以上
■始業・終業時刻：9 時～15 時 00 分、1 日 6 時限、1 時限 45 分
■技能連携：なし　　■実務代替：なし　　■技能審査：なし
■開設講座数：34 科目

スクーリングの日数と場所

【登校日数】
　①進学コース　前期土曜 8 日間　後期土曜 8 日間
　②普通コース　夏季集中 6 日間　冬季集中 6 日間
　※①か②のコースを選択する。
【場　所】
　・小樽（本校）

特色　全日制課程併設の通信制高校です。

・多彩な生徒に対応
　事情があって毎日登校できない人、文化活動・スポーツ活動と勉強を両立させたい人、自分のペースで学び、大学・短大・専門学校などに進学を希望する人などに、個別に対応し、指導します。
・校外での充実した授業
　ボートクルージングやウインターアクティビティなど校外での授業の他、各種検定・模試も受けられます。
・経済的にもサポートする費用
　経済的な理由で高校を断念した人にも、無理のない学費設定になっています。

生活指導　登校時の服装は自由です。原則として自動車やバイク通学はできません。

この学校にアクセスしてみよう！

学校説明会	入学前電話相談	文化祭見学	体育祭見学	資料請求
○ 要予約	○ 要予約	未定	未定	○

※資料は電話、FAX、メール、手紙等にて請求してください。

▼学校説明会　随時個人相談に応じます
【併設校】小樽双葉高等学校（全日制普通科）

生徒情報

【不登校生】
中学時代に不登校生だった生徒もいます。遅れている学習のサポートも放課後など希望により実施しています。
【転・編入生】
前籍校で修得した単位を認定できます。また、入学時に高校卒業程度認定試験で合格した科目についても振り替えが可能です。転入生は随時ご相談ください。編入生は 4 月に入学できます。
【保護者連絡】
保護者への連絡方法として、保護者・生徒向け「ふたばつうしん」がありますが、ホームページでも公開しています。

【生徒数】（無学年制）　　　　　　　　　2023 年 11 月 1 日現在

	男	女	合計
合計	33 名	41 名	74 名

【教員数】
　教員：男性 19 名、女性 6 名

2024 年度の募集要項

募集について

募集人員：1,200 名（2024 年度）
出願期間：随時受付
試 験 日：新入・編入　3 月
　　　　　転入は随時ご相談ください
試験会場：本学
選考方法：面接
受 験 料：8,000 円

学費について

【初年度学費（1 年次モデル）】
入 学 金：　　10,000 円
授 業 料：　　10,000 円（1 単位）
施設拡充費：　20,000 円（初年度のみ）
育 成 会 費：　10,000 円（初年度のみ）
通信事務費（年間）：　6,000 円
生徒会費（年間）：　　7,200 円

合　　　　　計：　303,200 円（1 年次 25 単位履修の場合）

2022 年度卒業生の進路状況

【主な合格実績】
＜進学＞
■大学：
法政大学、北海学園大学、北星学園大学、札幌国際大学、北翔大学短期大学部
■専門学校：
大原法律公務員専門学校、札幌医科技術福祉歯科専門学校、専門学校札幌デザイナー学院

＜就職＞
北海道エネルギー（株）、ミユキソーイング（株）、（株）トータル運輸

【指定校推薦】
一部あり

【広域通信制】 　　　　　　　　　　　　　　　　　　　　　　　　　　　（単位制）

さっぽろせいしゅうこうとうがっこう

札幌静修高等学校

(https://tsushin.sapporoseishu.ed.jp 　　E-mail：tsushin.info@sapporoseishu.ed.jp)

■校長名：宮路　真人
■住　所：〒064-0916
　　　　　北海道札幌市中央区南16条西6丁目2番1号
■電　話：011-521-0234
■FAX：011-511-9008
■最寄駅：
■生徒が入学できる都道府県：
　北海道、東京都、神奈川県、埼玉県、千葉県、大阪府、京都府、
　兵庫県、石川県、福井県、福岡県、佐賀県
■沿　革：
　1922年　「札幌静修女学校」が札幌・中島に開校
　1923年　校舎を建設し、現在地に移転
　1948年　学制改革に伴い新制高校となり、現校名に変更
　1992年　創立70周年を迎え、北海道初の「国際科」を開設
　2000年　全面的に男女共学化を実施
　2002年　創立80周年を迎え、カナダ・オーストラリアの計4
　　　　　校と姉妹校提携
　　　　　以降、韓国・台湾の高校と交流・姉妹校提携を結ぶ
　2022年　創立100周年を迎え、新たな学び「通信制課程」認可
■教育理念：
　「ココロスイッチ」
　～みんなの心の偏差値Sランク～
　私たちは一緒に人生のココロスイッチを見つけ、
　スイッチを押す勇気を後押しします。
　そして、生徒も先生も心の偏差値Sランクをめざします。

■形態・課程・学科：
　併設校・単位制による通信制課程・普通科
■併設する課程：学年制による全日制課程
■入学・卒業時期：
　・入学時期　4月　・卒業時期　3月
■修業年限：3年以上（在籍最長年数：6年）
■学期制：2学期制　■卒業認定単位数：74単位
■始業・終業時刻：
　各学習等支援施設およびコースによって変動有
■技能連携：なし　■実務代替：なし　■技能審査：なし
■開設講座数：2023年4月開校に伴い、現在準備中

スクーリングの日数と場所

【登校日数】札幌本校以外…北海道札幌本校での集中スクーリン
　　　　　　グ
　　　　　　札幌本校…1年間の時間割をみて、スクーリングのた
　　　　　　めに登校する日を決めます。
【場　　所】北海道・札幌

特色　日本初の産学連携による通信制農業教育「アグリコー
ス」も展開。日本で一番農業教育を幅広く展開し、優
れた農業技術を提供できる（株）マイファームと札幌
の地で全日制高校の教育実績を積み重ねている札幌静
修高等学校が連携し、自然の魅力を皆さんに提供しま
す。その他、週1・週3・週5日から選択できる学習支援コース
があり、レポート作成や進路指導などきめ細かくサポートしてい
ます。

生徒情報

【不登校生】
ご家族などの方と連携を取りながら本人と話し合い自分に合
った学習スタイルを導き、学習からスクーリングまでサポー
トしていきます。

【保護者連絡】
静修高校専用の校務支援システムを活用して対応、主に電話
連絡やメールなどで対応、状況を鑑みて家庭訪問や保護者面
談を行います。定期的に連絡を取り、その時の状況を判断し
た上で必要に応じて期間を短くし、三者面談や個別相談で対
応していきます。

【生徒数】
27名（2023年4月）
【教員数】
21名

2024年度の募集要項

募集について
募集人員：総定員360名
出願期間：2023年12月1日～（定員になり次第締め切り）
試験日：1期…12月22日、2期…2月5日、3期…3月5日
選考方法：書類選考・面接
受験料：5,000円

学費について
入学金：　　　　50,000円
授業料：　　　　 9,000円（1単位）
施設費：　　　　20,000円
その他：コース費と諸経費が別途かかります

※高等学校等就学支援金対象校
　就学支援金の支給が認定されれば授業料を就学支援金から
　差し引いての学費請求となる為、授業料が実質無償となります。
　（詳しくは法人本部入試広報室までお問合せください）
※その他納入金に関しては、昨今の世界情勢の変化に伴い市場価
　格に大きな影響が出ているため、金額など変更になる場合があ
　ります。

2022年度卒業生の進路状況

【主な合格実績】2023年4月開校のためまだありません。

【指定校推薦】2023年4月開校のためまだありません。

◇◇◇◇◇◇◇◇◇◇ **この学校にアクセスしてみよう！**

学校説明会	入学前電話相談	文化祭見学	体育祭見学	資料請求
○	○	―	―	○

※資料はホームページから請求してください。

下記、学習等支援施設への入学相談・問い合わせ先は、「法人本部入試広報室」　011-521-0234
●東京学習等支援施設　〒108-0073　東京都港区三田2-14-5　フロイントゥ三田508号室
●大阪学習等支援施設　〒541-0046　大阪府大阪市中央区平野町3-1-6　Bizmiix Yodoyabashi 902号室
●京都学習等支援施設　〒600-8216　京都府京都市下京区東塩小路町607　辰巳ビル1階
●福岡学習等支援施設　〒812-0013　福岡県福岡市博多区博多駅東1-14-3　第2サンライト東口ビル1階

学校法人 国際学園 星槎国際高等学校
がっこうほうじん こくさいがくえん　せいさこくさいこうとうがっこう

（ https://seisa.ed.jp/ ）

■校長名：前田　豊
■住　所：**(本部校)** 〒004-0014　北海道札幌市厚別区もみじ台北5-12-1
■電　話：0120-723-400（入学相談センター）
■ＦＡＸ：0463-60-3507
■校　舎：
　札幌、北広島、芦別、旭川、帯広、仙台、郡山、仙台、川口、大宮、
　立川、八王子、甲府、横浜、厚木、湘南、小田原、静岡、浜松、名古屋、
　富山、福井、大阪、広島、高松、丸亀、北九州、福岡、熊本、沖縄、
　那覇 他
■生徒が入学できる都道府県：全国47都道府県・海外54カ国
■沿　革：
　1999年4月　星槎国際高等学校　設立
　2003年4月　専攻科開設、星槎大学開学（通信制）
　2005年4月　星槎中学校開校（横浜市）
　2006年4月　星槎高等学校開校（全日制）
　2012年4月　星槎名古屋中学校開校
　2014年4月　星槎もみじ中学校開校
■教育理念：「社会に必要とされることを創造し、常に新たな道を切り開
　　　　　　き、それを成し遂げる」を建学の精神とし、「人を認める・
　　　　　　人を排除しない・仲間を作る」を「星槎の3つの約束」と
　　　　　　しています。「労働・感謝・努力」を校訓としています。
■形態・課程・学科：独立校・単位制による広域通信制課程・普通科

■併設する課程：各学習センターにおいて、週5日から、土曜コース、
　　　　　　　　月1日コースまで、生徒個々のニーズに合わせた授業
　　　　　　　　選択が可能です。

■入学・卒業時期：
　・入学時期　4月、7月、10月、1月
　・卒業時期　3月、6月、9月、12月　※転編入は随時可能です。
■修学年限：3年以上（在籍最長年数：制限なし）
■学期制：前期・後期制
■卒業認定単位数：74単位
■技能連携：星槎学園高等部など

スクーリングの日数と場所

【登校日数】
　平日の週3日を基本としていますが、生徒個々のニーズに応じて
　土曜コース（月2日程度）、週5日〜月1日コース、オンラインコー
　スを用意しております。
【場　所】
　普段通う校舎がスクーリング施設です。

　　　　　例えば、1人の先生と20人の生徒の授業において「1対20
　　　　　ではなく、1対1が20通り」。これが星槎の基本的な捉え方
　　　　　です。「学校が生徒に合わせる学校」をテーマに、週5日登
　　　　　校からオンライン登校まで、柔軟に選択できる「登校日数」、
　　　　　そして、110種類以上からなる選択授業「ゼミ」とを組み合
わせ、あなただけの時間割を作ります。その中で、ふんだんな「関わり
合い」の場面を通して、どこかにひそかでいる自分の「得意」を知り、
将来に繋げることを大切にしています。星槎は、50年前の小さな塾から
始まり、どんな生徒でも通える場所作りを実践してきました。「生徒が学
校に合わせる」ではなく「学校が生徒に合わせる」高校を作る時に、全
日制ではなく、通信制の柔軟な仕組みが必要でした。「通信制だけど、全
日制以上にしっかり関わり、指導する」、当時は半ば、常識外れの学校と
して捉えられていた星槎国際高校の仕組みは、20年が経ち、多様な生徒
のニーズを捉え、通信制高校のスタンダードとなりました。

【第三者評価認定校】
文部科学省の「高等学校通信教育の質の確保・向上のためのガイドライン」
を基準とし、NPO法人全国通信制高等学校評価機構により、星槎国際高
等学校は、教育活動及び施設・設備等の学校評価基準において全ての適
合が認められ、全国第3号の認証証・認定マークが発行されました。

生徒情報

【新入生】
入学年次はとにかく学校が楽しいという雰囲気をつくると同時に、
ＩＥＰ（個別指導計画）を作成し個々の生徒の把握に努めます。授
業も体験を重視した総合学習を中心にカリキュラムを構成していま
す。
【転編入生】
前籍校で修得した単位は、特別活動以外は認定します。転入・編入
とも随時受付けています。
【保護者連絡】
定期的な保護者会、保護者面談を実施して生徒の状況について報告
しています。さらに電話連絡は随時行っています。

【生徒数】普通科・専攻科：7,072名　　　　　　　　　2024年1月

2025年度の募集要項

募集について

募集人員：　5,500名　専攻科890名
出願期間：　10/1〜4/4　各校舎により異なります。
選抜方法：　学力検査（国語・数学・英語）、面接、心理検査
選考料：　　25,000円

※受験資格　・2025年3月に中学校卒業見込みの者
　　　　　　・中学校既卒者
　　　　　　・本校の校長が認定した者
　　　　　　・高等学校在学中の者
　　　　　　・高等学校を退学した者
※推薦入学制度あり

学費について

入 学 金：20,000円（入学時のみ）
施設設備費：50,000円（毎年徴収）
授 業 料：1単位＝15,000円

※教材費、基礎学習プログラム、集中スクーリング費用
　ならびに体験学習費用等は別途必要。校舎により異なります。各
　校舎にお問い合わせください。

2022年度卒業生の進路状況

＜卒業者数　2,286名＞

【主な合格実績】
星槎道都大、星槎大、北海道教育大、弘前大、会津大、東北芸術工科大、秋田
大、山口大、慶應義塾大、早稲田大、明治大、立教大、中央大、青山学院大、法
政大

【指定校推薦】
星槎道都大、星槎大、国士舘大、相模女子大、駒澤大、大阪学院大、東
北学院大、日本文理大、和光大、東洋大、立正大、芦屋大、神奈川大、
関西国際大、札幌国際大、いわき明星大、浜松学院大、広島国際学院大、
福岡経済大、兵庫大　など

【併設大学・専門学校】
星槎大、星槎道都大

★ 北海道
青森
岩手
宮城
秋田
山形
福島
茨城
栃木
群馬
埼玉
千葉
東京
神奈川
新潟
富山
石川
福井
山梨
長野
岐阜
静岡
愛知
三重
滋賀
京都
大阪
兵庫
奈良
和歌山
鳥取
島根
岡山
広島
山口
徳島
香川
愛媛
高知
福岡
佐賀
長崎
熊本
大分
宮崎
鹿児島
沖縄

【広域通信制】　　　　　　　　　　　　　　　　　　　　　　（単位制）

酪農学園大学附属 とわの森三愛高等学校
らくのうがくえんだいがくふぞく　　もりさんあいこうとうがっこう

(https://t3ih.jp)

- ■**校長名**：清澤 城次
- ■**住 所**：〒069-8533　北海道江別市文京台緑町 569
- ■**電 話**：011-388-4831　■**FAX**：011-388-4707
- ■**最寄駅**：JR 函館本線「大麻」駅下車、徒歩 7 分
- ■**生徒が入学できる都道府県**：全国 47 都道府県
- ■**教育理念**：

　三愛主義：本校は、建学の精神である「神を愛し、人を愛し、土を愛す」という三愛主義を教育の柱にしています。「愛する」とは生かすこと、互いの違いを受け入れて生かし合い、土や自然を大切にし、社会に貢献するというのが、三愛主義の意味するところです。三愛主義は建学の精神にとどまらずに、私たちが地球社会の一員としてどう生きていくかを示しています。

　健土健民：健土とは、生命力にあふれた健康な土を意味します。環境に配慮して良い土をつくり、そこから安全・安心な食料を生産し、それらを食べることで健やかな人間が育つという、地球環境問題のキーワードともいえる「循環と共生」の思想です。

　創立者・黒澤酉蔵先生は、国土を健康にし農地を肥沃にする根本は、国民の心構えにある。健土は健民がつくると、時を超えて語りかけます。

- ■**形態・課程・学科**：

　併設校・単位制による通信制課程・普通科、農食環境科学科
- ■**併設する課程**：学年制による全日制課程
- ■**併設課程への転籍**：

　普通科通学コースより全日制普通科総合進学コースへ

　農食環境科学科通学コースより全日制アグリクリエイト科機農コースへ

　それぞれ 1 年次から 2 年次の進級時に転籍が可能（成績面、出席面の条件あり）
- ■**内部進学制度**：酪農学園大学への内部進学が可能（成績面の条件あり）
- ■**入学・卒業時期**：入学時期 4 月　卒業時期 3 月
- ■**修業年限**：3 年以上（在籍最長年数：制限なし）
- ■**学期制**：―　　■**卒業認定単位数**：74 単位
- ■**実務代替**：なし　■**技能連携**：なし　■**技能審査**：なし
- ■**開設講座**：36 科目

スクーリングの日数と場所

【**登校日数**】

＜通学コース＞普通科は週 3 日、農食環境科学科は週 4 日の授業展開

＜通信コース＞普通科・農食環境科学科両科とも集中スクーリング制。年 6 回開催する一週間のスクーリング週を最低 2 回選び登校

【**場　所**】北海道江別市（札幌近郊）

特色

○**レポート課題は、授業でしっかりサポート！**

とわの森のスクーリング授業は、レポート作成を完全サポートする授業をしっかりと行っているので、進級や卒業まで安心です。2022 年度は 3 年在籍の 98 ％が卒業することができました。様々な事情を抱えた中で、入学してきた生徒たちの学びなおしの場としても実績を残すことができています。

○**進路も安心！**

とわの森は、通信制課程にも、酪農学園大学への内部進学制度があります。その制度を用いて毎年多くの生徒が酪農学園大学への進学を果たしております。（2022 年度は卒業生の 5 人に 1 人が酪農学園大学へ進学）なお、本校から酪農学園大学への進学に入学金 20 万円はかかりません。また、とわの森は、酪農学園大学以外の大学や専門学校などへの進学も積極的にサポートしています。（2022 年度は約 7 割の生徒が進学しています）

○**体験型授業で直接触れる学び**

とわの森は、「食」と「農」の体験型授業を展開。普通科の必修科目「アグリトライ」（農業体験）の授業では土に触れ、「食品加工」では自分たちで収穫をした農作物を用いた調理・加工を行っています。農食環境科学科では農業に関する専門的な学びができる授業や実習を通して土を学ぶ機会があります。通信コースの生徒にも栽培キットを郵送し、自宅にいながら土に触れる機会があります。

また、通信コースの特別活動【北海道研修】では、直接現地を訪れて、北海道の自然や歴史・農業に生で触れる機会があります。

生徒情報

【**不登校生**】

カウンセリング体制を含め、きめ細かく対応します。

【**転入学生・編入学生**】

前籍校での修得単位は、本校の規定に照らし振り替えます。

転入学時期は 11 月まで随時受け付けています。

【**保護者連絡**】

定期的な連絡を含め、必要に応じて随時行います。

電話、Google Classroom などを用います。

通学コースでは必要に応じて来校頂くこともあります。

【**生徒数**】　　　　　　　　　　　　　　2023 年 12 月 1 日現在

年次	生徒数	男女比
1 年次	89 名	42：47
2 年次	83 名	34：49
3 年次	70 名	37：33
合 計	242 名	113：129

【**教員数**】教員：男性 3 名、女性 6 名／講師：男性 7 名、女性 3 名

2024 年度の募集要項

募集について

募集人員：480 名

出願期間／試験日：

【**新入学試験**】

2023 年 12 月 1 日より受け付けます。

【**転入学・編入学試験**】

2024 年 11 月まで随時実施

選考方法：書類選考

　※事前の面談をもって面接とさせていただきます。

検定料：16,000 円

学費について

入 学 金：通学コース		100,000 円
通信コース		30,000 円
授 業 料：1 単位 A 科目 12,000 円、B 科目 20,000 円（※ 1）		
教育充実費：		150,000 円
施設維持費：通学コースのみ		120,000 円

※授業料の合計金額は履修する単位数に応じて変わります。

※教科書代金や教材費を含んでいます。

※本校までの交通費や宿泊費は各自が負担します

※ 1…就学支援金を差し引く前の金額です。履修科目によって変わります。

2022 年度卒業生の進路状況

【**進路状況**】卒業者数　80 名

大学…26 名　　　　　専門学校…23 名

就職…3 名　　　　　　進学準備…28 名

【**主な合格実績**】

酪農学園大学、藤女子大学、北星学園大学、北海学園大学、北海道文教大学、北翔大学、近畿大学、帝京大学、比治山大学　など

【通信制】　　　　　　　　　　　　　　　　　　　　　　　　　　　（単位制）

北海道有朋高等学校
（ほっかいどうゆうほうこうとうがっこう）

(http://www.yuho.hokkaido-c.ed.jp/)

■校長名：阿部　穣
■住　所：〒002-8504　北海道札幌市北区屯田9条7丁目
■電　話：011-773-8200　■FAX：011-773-8300
■最寄駅：地下鉄南北線「麻生」駅下車、バス20分
■生徒が入学できる都道府県：北海道
■沿　革：
　1948年　4月　北海道立札幌第一高等学校に通信教育部設置
　1955年　4月　通信教育のみで卒業資格付与生徒定員3,000名
　1967年　8月　通信制独立校「北海道有朋高等学校」として開校
　1989年　4月　修業年限を3年以上に改正
　2007年　5月　校舎移転
　2019年11月　通信制課程70周年記念式典

■形態・課程・学科：
　通信制課程・普通科
■併設する課程：
　単位制によるⅢ部制定時制課程
■併設課程への転籍：
　単位制による定時制課程への転籍ができる。
　（年度毎に定める期間）
■入学・卒業時期：
　・入学時期　4月　　・卒業時期　3月
■修業年限：
　・3年以上（在籍最長年数：制限なし）
■学期制：なし　　■卒業認定単位数：74単位
■始業・終業時刻：9：00〜15：35
　　　　　　　　　1日6時間、1時限50分
■技能連携：苫小牧高等商業学校、北見商科高等専修学校
■実務代替：なし　　■技能審査：なし
■開設講座数：49講座、46科目

スクーリングの日数と場所

【登校日数】
　おおよそ年に20〜30回
　日曜　年に17回
　火曜　年に17回
【場所】
　本校（実施校）または32校の協力校
　（協力校でのスクーリングの曜日は、それぞれ異なる）
【その他】
　7月に3日間　本校（実施校）で夏季スクーリング
　12月に2日間　本校（実施校）で冬季スクーリング
　その他各地区で1〜2日間の地区スクーリング

特色

北海道内の公立高校32校の協力校を持ち、2校の連携施設を擁する約3,000名が在籍している、北海道内唯一の公立通信制高校です。

併修・単位について

特になし

クラブ活動

【部数13、加入率約2%】
野球、卓球、バドミントン、陸上、テニス、美術、書道、写真、園芸、科学、料理、数学、商業

生活指導

指定の制服はありません。

生徒情報

【不登校生】
本校では、さまざまな世代、環境の生徒たちが勉強に来ています。自分のペースで登校を決めることができるので、不安を抱いて入学した人でも、元気に勉強している人がたくさんいます。
【転編入生】
これまで在籍した高校で修得した単位は、ほとんどが卒業のための修得単位として認められます。転入は7月まで、編入は4月の入学が可能です。

【生徒数】　　　　　　　　　　　　　　2024年1月5日現在

年次	生徒数	男女比
1年次	1,141名	5：5
2年次	591名	4：6
3年次	959名	4：6
4年次	728名	4：6

【教員数】
　実施校61名　　　協力地方指導員81名
　協力校面接指導講師774名

2024年度の募集要項

募集について

募集人員：2,400名
出願期間：新入生　2024年2月16日〜3月21日16：30必着
　　　　　編入生　2024年2月16日〜3月 1日16：30必着
選抜方法：出願書類により選考（新入学・編入学）

※詳しくは本校ウェブサイトの「入学」をご覧ください。

学費について

入学金：なし
授業料：受講料として1単位あたり340円
教材費：25,000円程度（教科書等）
諸納金：6,000円程度

※公立の通信制のため、年間約50,000円です。

2022年度卒業生の進路状況

【進路先】
卒業者数　410名
大学…32名　　　短大…3名　　　専門学校…48名
就職…34名
【主な合格実績】
北海道教育大、金沢美工大、東京農大、日本大、武蔵野美大、藤女子大、北翔大　ほか

◇◇◇◇◇◇◇◇◇◇◇ この学校にアクセスしてみよう！

学校説明会	入学前電話相談	文化祭見学	体育祭見学	資料請求
○	○	—	—	○

※資料は電話または直接学校に来校し請求してください。

北海道
青森
岩手
宮城
秋田
山形
福島
茨城
栃木
群馬
埼玉
千葉
東京
神奈川
新潟
富山
石川
福井
山梨
長野
岐阜
静岡
愛知
三重
滋賀
京都
大阪
兵庫
奈良
和歌山
鳥取
島根
岡山
広島
山口
徳島
香川
愛媛
高知
福岡
佐賀
長崎
熊本
大分
宮崎
鹿児島
沖縄

【通信制】　　　　　　　　　　　　　　　　　　（単位制）

青森県立尾上総合高等学校

（ https://www.onoe-ih.asn.ed.jp/tushinsei/index.html ）

■校長名：杉森　晋
■住　所：〒 036-0211　青森県平川市高木松元 7 番地 6
■電　話：0172-57-5528　■ＦＡＸ：0172-57-5529
■最寄駅：弘南鉄道「尾上高校前」駅、徒歩 5 分
■生徒が入学できる都道府県：青森県
■沿革：
　1999 年 4 月 1 日　青森県立北斗高等学校単位制による通信制の
　　　　　　　　　　課程（普通科）分室として青森県立尾上総合
　　　　　　　　　　高等学校内に設置。
　2013 年 4 月 1 日　青森県立尾上総合高等学校（通信制）となる。
■創立理念：
　自立・探究・調和する心をもって歩むこと

■形態・課程・学科：
　併設校　単位制による通信制の課程・普通科
■併設する課程：
　昼夜間定時制
■併設課程への転籍：転籍できる（試験あり）
■入学・卒業時期：
　・入学時期　4 月、10 月　　・卒業時期　3 月、9 月
■修業年限：
　・3 年以上（在籍最長年数：6 年）
■学期制：2 期制
■卒業認定単位数：74 単位
■始業・終業時刻：9：00 ～ 16：00
■技能連携：白銀学園サンモードスクールオブデザイン
　　　　　　〒 036-8356　青森県弘前市大字下白銀 12 番地
　　　　　　TEL　0172-32-0129「家庭科」
■技能審査：放送大学等で取得した単位と合わせて 36 単位まで
　　　　　　（卒業に必要な単位に含む）
■開設講座数：44 講座

スクーリングの日数と場所

【登校日数】
　　週 1 ～ 2 回（日または水、月）※原則、日曜日。
【場　　所】
　　青森県立尾上総合高等学校

特色　単位制による無学年制。3 年で卒業できるカリキュラム編成。

学習指導　基礎学力向上を目指す生徒に対してレポート指導を実施しています。

クラブ活動　なし

学校行事・特別活動　遠足・ボウリング教室・芸術教室・文化祭・田んぼアート（田植え・稲刈り）

生活指導　学校指定の制服はありません。
バイクでの通学は不可です。

生徒情報

【不登校生】

【転編入生】
前籍校で取得した単位および高卒認定試験で合格した科目は、すべて振り替えることができます。
【保護者連絡】
年 2 回の保護者会、保護者宛文書の発送を年 5 回行います。
【転編入の生徒数】

1 年次	2 年次	3 年次
転編入生 0 名	転編入生 14 名	転編入生 2 名

【生徒数】普通科　　　　　　　　　　　2023 年 5 月 1 日現在

年次	生徒数	男女比	クラス数	1 クラスの平均人数
1 年次	54 名	26：28	2 クラス	27 名
2 年次	54 名	27：27	2 クラス	27 名
3 年次	45 名	16：29	3 クラス	15 名

【教員数】
教諭：7 名／講師：7 名

2024 年度の募集要項

募集について
募集人員：150 名
出願期間：お問い合わせください
選抜方法：お問い合わせください

学費について
入学料：　　　　500 円
受講料：1 単位 310 円
（高等学校等就学支援金制度あり）

2022 年度卒業生の進路状況

【進路先】
大学…2 名　　　　短大…2 名　　　　専門学校…1 名
県内就職…0 名　　県外就職…0 名
【主な合格実績】（過去 5 年間）
東北工業大学、放送大学、弘前学院大学、弘前医療福祉大学、東洋大学、八戸学院大学、八戸工業大学、東北学院大学、昭和女子大学、淑徳大学、京都芸術大学、岩手県立大学宮古短期大学部、大月市立大月短期大学

【指定校推薦】
あり

◇◇◇◇◇◇◇◇◇◇　この学校にアクセスしてみよう！

学校説明会	入学前電話相談	文化祭見学	体育祭見学	資料請求
○	○	○	－	－

▼体験入学　お問い合わせください

【通信制】　　　　　　　　　　　　　　　　　　　（単位制）

青森県立八戸中央高等学校
（あおもりけんりつはちのへちゅうおうこうとうがっこう）

(https://www.hachinohechuo-h.asn.ed.jp/)

- ■校長名：鈴木　崇
- ■所在地：〒031-0803　青森県八戸市諏訪 1-2-17
- ■電　話：0178-22-2039　■FAX：0178-22-2039
- ■最寄駅：JR 八戸線「小中野」駅下車、徒歩 15 分
- ■生徒が入学できる都道府県：青森
- ■沿　革：
  平成 11 年 4 月　青森県立北斗高等学校八戸中央高校分室として通信制課程設置
  平成 25 年 4 月　県立高校改編により八戸中央高等学校通信制課程設置
- ■教育理念：
  校訓「自主」「協和」「創造」

- ■学校の形態と課程：
  定時制との併置校・単位制による通信制課程・普通科
- ■併設する他の課程の形態：
  午前部・午後部・夜間部定時制
- ■併設課程への転籍：なし
- ■入学時期：4 月、10 月　　■卒業時期：3 月、9 月
- ■修業年限：3 年以上（在籍最長年数：6 年）
- ■学期制：2 学期制
- ■卒業認定単位数：74 単位
- ■始業・終業時刻：8：30 〜 15：40
- ■実務代替：なし
- ■技能審査：最大で 36 単位（高認含む）、卒業に必要な単位に含みます。
- ■開設講座：47 講座、42 科目

スクーリングの日数と場所

【登校日数】
　　日曜または水曜にそれぞれ前・後期 10 回ずつ
　　後期入学生は月曜にも 8 回

【場　　所】
　　本校

単位による通信制の課程

学習指導　成績不振の生徒及び希望する生徒に対して個別の学習指導を実施しています。

クラブ活動　【クラブ数 6、クラブ加入率 15%】
陸上競技部、バスケットボール部が、令和 5 年度全国大会に出場。

学校行事・特別活動　対面式、体育祭、遠足、文化祭、スポーツ教室、卒業生を送る会　など

生活指導　装飾品を身に付けることや派手な服装、化粧、染髪は避けるように指導しています。

生徒情報

【不登校生】

【転編入生】
前籍高校で修得した単位は全て振り替えることができます。

【保護者連絡】
年 2 回（6 月、10 月）の保護者会、学校通信、メール配信（登録者のみ）で実施します。

【転編入の生徒数】

1 年次	2 年次	3 年次
2 名	7 名	21 名

【生徒数】　　　　　　　　　　　　　　　　2023 年

年次	生徒数	男女比	クラス数	1 クラスの平均人数
1 年次	24 名	12：12	2 クラス	12 名
2 年次	32 名	15：17	2 クラス	16 名
3 年次	55 名	26：29	2 クラス	27.5 名

【教員数】
　　教員：男性 5 名、女性 4 名／講師：男性 5 名、女性 6 名

2024 年度の募集要項

募集について
- 募集人員：150 名
- 出願期間：2024 年 3 月中、8 〜 9 月
- 試験日：2024 年 4 月上旬、9 月中旬
- 選抜方法：面接

学費について
- 入 学 料：　　500 円
- 受 講 料：　9,300 円（条件によっては無償）
- 教科書代：26,000 円　　程度
- 諸 経 費：18,800 円　　程度
- 内履き代：　4,400 円　　程度

- 合　　計：59,000 円　　程度

2023 年度卒業生の進路状況

【進路先】
進学：東北文化学園大学、関西国際大学、各種専門学校

【主な合格実績】
青森大学、八戸工業大学、八戸学院大学

【指定校推薦】
なし

◇◇◇◇◇◇◇◇◇◇ **この学校にアクセスしてみよう！**

学校説明会	入学前電話相談	文化祭見学	体育祭見学	資料請求
―	〇	―	―	―

※資料請求は、電話連絡の上、直接学校に来校してください。

【通信制】 （単位制）

青森県立北斗高等学校

（ https : //www.hokuto-h.asn.ed.jp ）

■校長名：坂上　佳苗
■住　所：〒030-0813　青森県青森市松原二丁目1番24号
■電　話：017-734-4464　■ＦＡＸ：017-734-4599
■最寄駅：JR「青森」駅下車、バス25分または徒歩40分
■生徒が入学できる都道府県：青森
■沿革：

1999年	4月 1日	単位制による通信制の課程（普通科）として設置される
	11月30日	改築新校舎竣工
	12月20日	改築新校舎へ移転
2001年	3月30日	改築新体育館竣工
2009年	11月 1日	通信制の課程創立10周年記念式典挙行
2013年	3月29日	青森県立尾上総合高等学校及び青森県立八戸中央高等学校に通信制課程を設置し、同2校にあった青森県立北斗高等学校の分室を廃止
2019年	11月 3日	通信制の課程創立20周年記念式典挙行

■形態・課程・学科：
　単位制による通信制の課程・普通科
■併設する課程：
　単位制による定時制の課程（午前部・午後部・夜間部）
■併設課程への転籍：転籍できる（試験あり）
■入学・卒業時期：
　・入学時期　4月、10月
　・卒業時期　3月、9月
■修業年限：
　・3年以上（在籍最長年数：6年）
■学期制：2期制
■卒業認定単位数：74単位
■始業・終業時刻：8：50～16：20　1日7時限、1時限50分
■技能審査：卒業に必要な単位に含む
■開設講座数：40講座

スクーリングの日数と場所

【登校日数】
　週1回（日または水）

【場　　所】
　青森市

特色
・北斗高校では通信制の課程で学ぶ人たちの幅広い要望に応えられるように、できるだけ多くの教科・科目を開設しています。
・進学者を対象とした講習会を週2回実施しています。

クラブ活動
バドミントン部、卓球部、陸上部、ソフト部、写真部、家庭科同好会、イラスト・ラノベ同好会

学校行事・特別活動
定通総体、交通安全教室、生徒総会、避難訓練、校内生活体験発表大会、芸術鑑賞教室、北斗祭（文化祭）、ボウリング教室、遠足

生活指導
制服はありません。

生徒情報

【転編入生】
前籍校で修得した単位は、すべて振り替えることができます。
転入・編入ともに4月入学のみ受入（願書受付は3月上旬まで、試験あり）

【保護者連絡】
保護者面談、北斗通信（新聞）による連絡をしています。

【転編入の生徒数】（5月1日現在）

1年次	2年次	3年次
転編入生1名	転編入生15名	転編入生7名

【生徒数】普通科　　　　　　　　　　　　　2023年5月1日現在

年次	生徒数	男女比	クラス数
1年次	39名	5：8	2クラス
2年次	52名	5：8	2クラス
3年次	73名	5：9	3クラス

【教員数】
教諭：8名／講師：12名

2024年度の募集要項

募集について

【一般入試】　　　　　　　※詳しくはお問い合わせください
募集人員：普通科　200名
出願期間：2024年3月（前期）、2024年9月（後期）
　　　　　※受付時間は9：00～16：00まで。
　　　　　ただし、日曜・土曜・休日は除く。
選抜方法：書類・面接・作文

学費について

入学料：　　　　　　　　　500円
受講料：　　　　　約8,000円（1単位につき310円／年間）
諸経費：　　　　　約12,500円（年間）
教科書・学習書：　約20,000円（年間）
体育着・シューズ：約11,000円（入学時）

2022年度卒業生の進路状況

【進路先】卒業者数　39名（4/17現在）
大学…1名　　　　短大…0名　　　　専門学校…7名
就職…5名　　　　公務員…0名　　　現職継続・その他…24名

【主な合格実績】
弘前大学、青森大学、札幌学院大学、東奥保育福祉専門学校、青森県ビューティー＆メディカル専門学校、仙台ECO動物海洋専門学校、宮城調理製菓専門学校、日本デザイナー芸術学院、盛岡情報ビジネス＆デザイン専門学校　他

【指定校推薦】
特になし

◇◇◇◇◇◇◇◇ **この学校にアクセスしてみよう！**

学校説明会	入学前電話相談	文化祭見学	体育祭見学	資料請求
○	○	○		○

※学校説明は随時行っています。

【通信制】　　　　　　　　　　　　　　　　　　　　（単位制）

五所川原第一高等学校
（ ご しょ が わ ら だい いち こう とう がっ こう ）

(https://51corr.ed.jp)

■校長名：葛西　由起子
■住　所：〒037-0044　青森県五所川原市元町 6-1
■電　話：0173-26-6662　　■FAX：0173-26-6663
■最寄駅：JR 五能線「五所川原」駅徒歩 15 分
■生徒が入学できる都道府県：青森・秋田
■沿革：
　1948 年 創立
　2009 年 通信制課程開設
　2019 年 通信制課程ネットコース開設
　2020 年 秋田県内受入地域に設定
■創立理念：明朗．協調．進取（校訓）

■形態・課程・学科：併設校・狭域単位制による通信制・普通科
■併設する課程：学年制による全日制
■併設課程への転籍：―
■入学・卒業時期：
　・入学時期　4 月、10 月　　・卒業時期　3 月、9 月
■修業年限：3 年以上（在籍最長年数：8 年）
■学期制：前期・後期 2 期制
■卒業認定単位数：74 単位
■始業・終業時刻：8：35 ～ 15：10
■技能連携：なし　　■実務代替：なし　　■技能審査：なし
■開設講座数：31 講座、31 科目

スクーリングの日数と場所

【登校日数】
　　週 2 回（金曜・土曜）
【場　　所】
　　五所川原第一高等学校　通信制校舎

特色

<教育目標>
「自学自助」「切磋琢磨」「自立自尊」

<特徴>
1. 南に岩木山、目の前を流れる岩木川と広大な河川敷、穏やかな風景の中の独立校舎。
2. ネットコース生のための集団スクーリング。
3. 漢検・英検はもとより簿記・PC 関係など検定試験実施。
4. 退学者≒3%、進学率≒50%。
5. 転編入生随時受け入れ。
6. 科目履修生受け入れ。
7. バイク・私用車通学許可（駐車場あり）。

併修・単位について
状況に応じて対応します。

学校行事
避難訓練、交通安全教室、遠足、文化祭、進路セミナー、ボウリング大会、体育祭

進学指導
進路に応じた個別相談

補習指導
個別指導や課題学習による苦手箇所の克服

生活指導
茶髪登校原則禁止
服装原則自由

生徒情報

【不登校生】
個人面談や保護者との連絡を密にとる。
【転編入生】
転編入生の場合、前籍高校で修得した単位は上限なしに振替えられます。
入学前に高卒資格認定試験で合格した科目の振替えも可能です。
転入生は随時募集しています。
【保護者連絡】
電話連絡、保護者面談、家庭訪問を実施しています。

【生徒数】　　　　　　　　　　　　　　2023 年 5 月 1 日現在

年次	生徒数	男子	女子	クラス数	1 クラスの平均人数
1 年次	26 名	9 名	17 名	1 クラス	26 名
2 年次	48 名	21 名	27 名	1 クラス	48 名
3 年次	70 名	31 名	39 名	1 クラス	70 名
合　計	144 名	61 名	83 名	3 クラス	144 名

【教員数】
7 名

2024 年度の募集要項

募集について

【一般入試】
募集人員：60 名
出願期間：前期…2024 年 2 月 12 日（月）～ 3 月 30 日（土）
　　　　　後期…2024 年 8 月 19 日（月）～ 9 月 2 日（月）
試 験 日：前期…1 回目：2024 年 3 月 22 日（金）、23 日（土）
　　　　　　　　2 回目：2024 年 4 月 2 日（火）
試 験 日：後期…2024 年 9 月 3 日（火）
選抜方法：面接、書類選考
選 考 料：　11,000 円

学費について

入 学 料：　30,000 円
受 講 料：　8,400 円 / 単位
施設設備：　20,000 円
諸 経 費：　6,500 円（2013 年度の場合）

2022 年度卒業生の進路状況

【進路先】卒業者数　53 名
進学…18 名　　就職…9 名　　その他…26 名

【指定校推薦】
指定校推薦制度はありません。

◇◇◇◇◇◇◇◇◇◇ **この学校にアクセスしてみよう！**

学校説明会	入学前電話相談	文化祭見学	体育祭見学	資料請求
－	○	○	○	○

※資料請求は電話にて

【通信制】 （単位制）

一関学院高等学校

いちのせきがくいんこうとうがっこう

(https://www.igakuin.jp/~tsushin/homepage/entrance/in.htm E-mail：tsushin@igakuin.jp)

- ■校長名：小野寺 啓一
- ■住　所：〒 021-0871　岩手県一関市八幡町 5-24
- ■電　話：0191-23-4240　■ＦＡＸ：0191-23-4245
- ■最寄駅：JR 東北本線「一ノ関」駅下車、徒歩 10 分
　　　　　JR 大船渡線「一ノ関」駅下車、徒歩 10 分
　　　　　東北新幹線「一ノ関」駅下車、徒歩 10 分
- ■生徒が入学できる都道府県：
　岩手、宮城
- ■沿革：
　1938 年 5 月　一関夜間中学校を創立
　1951 年 4 月　学校法人一関学院、関城高等学校（夜間）、一関
　　　　　　　　商業高等学校（昼間）と改称認可
　1963 年 4 月　関城高等学校、一関商業高等学校を統合、一関商
　　　　　　　　工高等学校と改称
　2001 年 4 月　一関商工高等学校を一関学院高等学校と校名変更
　2003 年 4 月　通信制課程普通科設置
- ■形態・課程・学科：
　併設校・単位制による通信制課程・普通科
　2008 年度より在宅コース新設
　2013 年度より気仙沼教室開設
- ■併設する課程：
　学年制による全日制課程（普通科）
- ■入学・卒業時期：
　・入学時期　4 月、10 月　・卒業時期　3 月、9 月
- ■修業年限：3 年以上（在籍最長年数：6 年）
- ■学期制：2 学期制　■卒業認定単位数：74 単位
- ■始業・終業時刻：9:00 ～ 15:20
　　　　　　　　　　1 日 6 時限、1 時限 50 分
- ■技能連携：なし　■実務代替：なし　■技能審査：なし
- ■開設講座数：35 科目

スクーリングの日数と場所

【登校日数】
　月に 7 ～ 8 回

【場所】
　本校（一関）（土、日）
　気仙沼教室（水、木、金）

特色　岩手県で 2 校目、県内私立高校では初めての通信制課程高校です。スクーリングは土・日曜日のみ（気仙沼教室は水・木・金曜日）で、受講登録した科目のスクーリングのみを受けるので時間を有効に使えます。

部活動　なし

学校行事　遠足、修学旅行（隔年）、芸術鑑賞会等

生活指導　指定の制服はありません。
　　　　　　※推奨品はあります。

◇◇◇◇◇◇◇◇◇◇ **この学校にアクセスしてみよう！** ◇◇◇◇◇

学校説明会	入学前電話相談	文化祭見学	体育祭見学	資料請求
○	○	－	－	○

※資料を請求される場合は学校までお問い合わせください。

▼学校説明会・学校見学　随時実施

生徒情報

【不登校生】
中学時代や高校入学者で不登校だった生徒も、ほとんどの生徒が単位を取得し、卒業しています。

【転編入生】
前籍高校で修得した単位や高卒認定試験で合格した科目はほとんど認めています。

【転編入の生徒数】　2023 年 5 月 1 日現在

1 年次	2 年次	3 年次
転入生 11 名	転入生 24 名	転入生 18 名
編入生 1 名	編入生 1 名	編入生 2 名

【生徒数】 普通科　　　　　　　　　　2023 年 5 月 1 日現在

年次	生徒数	男女比	クラス数	1 クラスの平均人数
1 年次	41 名	5：3	1 クラス	41 名
2 年次	43 名	1：1	2 クラス	22 名
3 年次	36 名	4：5	7 クラス	5 名

【教員数】
教員：男性 11 名、女性 3 名／講師：男性 2 名、女性 1 名
カウンセラー：1 名（全日制と兼任）

2024 年度の募集要項

募集について

【一般入試】
募集人員：普通科　100 名
出願期間：（前期 1 期）1 月 10 日（水）～ 1 月 19 日（金）
　　　　　（前期 2 期）2 月 20 日（火）～ 3 月 1 日（金）
　　　　　（前期 3 期）3 月 13 日（火）～ 3 月 22 日（金）
　　　　　（後　　期）8 月 28 日（水）～ 9 月 6 日（金）
試験日：（前期 1 期）1 月 23 日（火）
　　　　（前期 2 期）3 月 6 日（水）
　　　　（前期 3 期）3 月 29 日（金）
　　　　（後　　期）9 月 12 日（木）
選抜方法：作文・面接
選考料：7,000 円

学費について

入　学　金：　35,000 円（入学時）
授　業　料：　6,000 円（1 単位につき）
施　設　費：　30,000 円（入学時）
通　信　費：　6,000 円（年額）
教育充実費：　20,000 円（年額）

2022 年度卒業生の進路状況

【進路先】
進学：盛岡大、富士大、石巻専修大、東北学院大、東北文化学園大、仙台白百合女子大、尚美学園、東京工芸大、東海大、修紅短大、聖和学園短期大、東北職業開発大学校、岩手医科大学 医療専門、神奈川県立衛生看護専門、東北電子専門、東北動物看護学院、仙台デザイン専門、東放学園音響専門、仙台デザイン＆テクノロジー専門、ファッション文化専門学校 DOREME、バンダイゲームアカデミー
就職：小岩金網株式会社、株式会社ウェーブロック・アドバンスト・テクノロジー、大東貨物自動車株式会社、株式会社東北ヤマックス、株式会社阿部長商店観洋サービス、株式会社高橋水産、水沢工業株式会社、有限会社千葉産業、株式会社神戸物産、株式会社グレイス、そば処もちた屋、れぎゅーむれぎゅーむ

【通信制】 （単位制）

岩手県立杜陵高等学校
（ いわてけんりつとりょうこうとうがっこう ）

(http://www2.iwate-ed.jp/tor-h/)

- ■校長名：三田　正巳
- ■住　　所：〒020-8543　岩手県盛岡市上田二丁目3番1号
- ■電　　話：019-652-1123
- ■ＦＡＸ：019-652-0195
- ■最寄駅：JR東日本東北本線「盛岡」駅下車、徒歩25分
　　　　　JR東日本山田線「上盛岡」駅下車、徒歩8分
- ■生徒が入学できる都道府県：岩手県
- ■沿革：
  - 1924年　「私立盛岡夜間中学」として創立
  - 1948年　「岩手県立杜陵高等学校」と改称
  - 1968年　通信制課程設置
  - 1974年　分室3つを設置
  - 2009年　奥州校を開校
  - 2014年　創立90周年記念式典を挙行
  - 2018年　宮古分室を宮古高等学校へ移管

- ■形態・課程・学科：
  併設校、単位制による通信制、普通科
- ■併設する課程：単位制による3部制定時制
- ■併設課程への転籍：入学試験を受けて合格すれば昼間定時制への転籍ができます。
- ■入学・卒業時期：
  - ・入学時期　4月、10月
  - ・卒業時期　3月、9月
- ■修業年限：在籍最長年数10年
- ■学期制：2期制
- ■卒業認定単位数：74単位
- ■始業・終業時刻（本校）：日曜日　8：55～16：35
　　　　　　　　　　　　　　月・水　8：45～16：35
- ■技能連携：なし
- ■技能審査：なし
- ■実務代替：なし

スクーリングの日数と場所

【登校日数】
　年間33日
【場所】
　岩手県立杜陵高等学校
【その他】
　日・月・水にスクーリングを行う。
　各期10日以上の登校が必要。

自学自習が基本です。自分の生活スタイルや希望に合わせてスクーリングを受け、卒業を目指して学習します。

クラブ活動
【クラブ数9】
運動部4、文化部5

学校行事
遠足、運動会、生徒生活体験発表大会、卒業生を送る会等。運動会は、NHK学園と合同で開催。修学旅行は、関東方面に2泊3日で実施。

生活指導
学校指定の制服はなく、服装は自由です。
他人に迷惑をかけたり、社会のルールを守れない場合は指導します。

生徒情報

【不登校生】
各機関及び団体と連携しながら、個々に応じた支援を行っています。
【転編入生】
前籍校で修得した単位及び高等学校卒業程度認定試験で合格した科目を振替えることができます。
入学時期は、4月と10月です。
【保護者連絡】
必要に応じて電話連絡や個別面談を行い連携を図っています。

【生徒数】　　　　　　　　　　　　2023年11月1日現在

生徒数	男子	女子
381名	147名	234名

【教員数】
　教員：16名
　カウンセラー：月に2～3回来校します。

2024年度の募集要項

募集について

【一般入試】
募集人員：220名（本校・奥州校）
出願期間：調整中
試験日：2024年4月1日
選抜方法：書類、作文、面接
選考料：なし

学費について

入学金：　　　　　　　　　なし
受講料：　　　　　　　1単位190円
諸経費：　　　　　　約20,000円
教材費：　　　　　　約20,000円
　　　　　　　　─────────
合　計：　　　　　　約45,000円

2022度卒業生の進路状況

【進路先】卒業者数…58名
大学…3名　　　　短大…2名　　　　専門学校等…10名
就職…28名　　　その他…15名

【主な合格実績】
長野大学、東京通信大学、聖和学園短期大学、仙台赤門短期大学、盛岡情報ビジネス専門学校　他

【指定校推薦】
なし

◇◇◇◇◇◇◇◇◇◇◇◇ **この学校にアクセスしてみよう！**

学校説明会	入学前電話相談	文化祭見学	運動会見学	資料請求
○	○	―	―	○

※資料をご希望の方は学校に連絡してください。

▼学校説明会　ホームページでお知らせします。

【通信制】　　　　　　　　　　　　　　　　　　　　　　　　　　（単位制）

岩手県立杜陵高等学校 奥州校 通信制課程
（いわてけんりつ　とりょうこうとうがっこう　おうしゅうこう　つうしんせいかてい）

(http://www2.iwate-ed.jp/osh-h/index.html)

- ■校長名：三田　正巳
- ■住　所：〒023-0064　岩手県奥州市水沢土器田1番地
　　　　　（県立水沢商業高校内）
- ■電　話：0197-25-2983　■ＦＡＸ：0197-25-2984
- ■最寄駅：JR東北本線「水沢」駅徒歩20分
- ■生徒が入学できる都道府県：
　岩手県
- ■沿革：

1957年 4月 1日	水沢商業高校（協力校）で初めてのスクーリングが行われる
1974年 4月 9日	水沢分室開設式を挙行する
2007年 6月26日	岩手県立杜陵高等学校奥州校開校準備検討委員会設置
2008年10月17日	県議会で、昼間・夜間の二部からなる単位制の定時制課程と杜高校通信制水沢分室を移行した通信制課程を有する「奥州校」設置が決定
2009年 4月18日	岩手県立杜陵高等学校奥州校開校
2019年10月26日	奥州校創立10周年記念式典・記念講演会を挙行

- ■創立理念：
　多様な生徒に学習の機会を広く与え、夢を実現できる学校

- ■形態・課程・学科：
　分校・単位制による通信制・普通科
- ■併設する課程：単位制による昼夜間定時制
- ■併設課程への転籍：
　本校通信制、定時制、奥州校の昼夜間定時制課程へ転籍が可能（事情のある場合）
- ■入学・卒業時期：
　・入学時期　4月、10月　　・卒業時期　3月、9月
- ■修業年限：半年以上（在籍最長年数：10年）
- ■学期制：2学期制　　■卒業認定単位数：74単位
- ■始業・終業時刻：8：50～15：30
- ■技能連携：なし　　■実務代替：なし
- ■技能審査：学校外活動として上限24単位（在学中）

スクーリングの日数と場所

【登校日数】
　　通常コース…年間28日（日曜）
　　三修コース…年間35日（日曜および水曜又は金曜）
【場所】
　　水沢商業高校

特色　杜陵高校は大正13年に開校した歴史のある学校です。杜陵高校奥州校は、分校として、平成21年4月18日に開校した学校です。自学自習を基本とする通信制は、本当に学びたい人が自分のスケジュールで学ぶことができる場です。

併修・単位　定通併修することはできます。

部活動　【部数6】
卓球、バドミントン、陸上、ソフトテニス、音楽、文芸

学校行事　運動会、生徒総会など。

進学指導　個別指導による進路相談、就職支援員による進路相談

生活指導　学校指定の制服はないが、あくまで学習にふさわしい服装であること。茶髪やピアスの生徒への指導は特にしていません。バイク・自動車での通学はできます。礼儀・マナー指導等を徹底しています。

生徒情報

【不登校生】
個々に応じた対応をしています。

【転編入生】
転編入生の場合、前籍校で修得した単位は原則として全単位振替えられます。
高卒資格認定試験で合格した科目を振替えることができます。その他の制限として学校外活動として上限24単位振替えることができます。
転入学試験は各学期始めに行っています。

【保護者連絡】
郵便物・電話等で連絡を行っています。
面談は保護者の希望等により実施しています。

【生徒数】　　　　　　　　　　　　　　2023年5月1日現在

生徒数	男子	女子
244名	110名	134名

【教員数】
教員：13名（うち非常勤5名）
カウンセラー：年間8回

2024年度の募集要項

募集について

【一般入試】
- 募集人員：220名（本校・奥州校合わせての人員）
- 出願期間：2024年2月下旬～3月下旬
- 試験日：2024年4月1日（月）
- 選抜方法：書類、作文、面接
- 選考料：なし

学費について

入学金：	なし
受講料：	約 5,700円
諸会費：	約 15,000円
教材費：	約 20,000円
合計	約 45,000円

2022年度卒業生の進路状況

【進路先】卒業者数…43名
大学…5名　　　　短大…1名　　　　専門学校…12名
就職…6名　　　　有職者・その他…19名

【主な合格実績】
岩手県立大学、東海大学、東北芸術工科大学、仙台青葉学院短期大学、放送大学　等

【指定校推薦】
あり

◇◇◇◇◇◇◇◇◇ この学校にアクセスしてみよう！

学校説明会	入学前電話相談	文化祭見学	体育祭見学	資料請求
○	○	－	－	※

※必ず本人、保護者が来校のこと
▼学校説明会　1月上旬

【通信制】 （単位制）

盛岡中央高等学校
もりおかちゅうおうこうとうがっこう

(http://www.chuo-tan-e.jp/　E-mail：info@chuo-tan-e.jp)

■校長名：千葉　研二
■住　所：〒020-0122　岩手県盛岡市みたけ4丁目26番1号
■電　話：019-641-0458　■ＦＡＸ：019-641-5533
■最寄駅：IGR いわて銀河鉄道「厨川」駅下車、徒歩15分

盛岡駅前キャンパス
■住　所：〒020-0025　岩手県盛岡市材木町9-13
■電　話：019-622-6056　■ＦＡＸ：019-622-6057
■最寄駅：JR「盛岡」駅から徒歩15分
■生徒が入学できる都道府県：
　岩手、秋田
■沿革：
　1963年3月　龍澤高等学校設置認可
　1989年4月　校名を「盛岡中央高等学校」に改名
　2004年4月　単位制（通信制課程）を開設

■形態・課程・学科：独立校・単位制による通信制課程・普通科
■入学・卒業時期：
　・入学時期4月　転入学の場合は随時受付
　・卒業時期3月、9月
■修業年限：
　・3年以上
■学期制：無学年制、セメスター制
■卒業認定単位数：74単位以上
■始業・終業時刻：10：00〜16：50
■技能連携：盛岡情報ビジネス＆デザイン専門学校、盛岡外語観光＆ブライダル専門学校、盛岡ペットワールド専門学校、盛岡公務員法律専門学校、盛岡医療福祉スポーツ専門学校
■技能審査：英検、漢検、簿記、情報など　■実務代替：なし

スクーリングの日数と場所

【登校日数】
　年間20〜30日間
【場所】
　盛岡（盛岡駅前キャンパス）
【その他】
　大学進学を目指す生徒のためのICTを活用した講座の開設

特色 本校の単位制は"自分のペースで学びたい""もっと勉強したい""もう一度学びたい""仕事をしながら学びたい"など多くの人の願いに応えます。全日型と通信型があり、自分のペースで自分の学習計画に沿って登校できます。自分の興味・関心・適性・進路に応じて履修科目を選択できます。また、セメスター制を設けていますので、条件を満たせば春期・秋期（半年）で単位を修得することができます。

生徒情報
【不登校生】
【転編入生】
【保護者連絡】
【その他】

【生徒数】普通科　　　　　　　　　　2023年5月22日現在

年次	生徒数	男女比
無学年制	517名	234：283

【教員数】
　男性12名、女性5名／講師：男性7名、女性3名
　カウンセラー：1名

2024年度の募集状況

募集について

【通信型】
募集人員：普通科500名
出願期間：随時受付
選考方法：書類審査と面接
選考料：10,000円

※全日型（中新卒のみ）につきましては
　別途お問い合わせください
※受付時間は、午前9時から午後5時までです
　（土曜日は正午まで、日・祝日を除く）
※詳細は募集要項・ホームページ等でご確認ください

学費について

入学金：	70,000円	サポート受講料：	30,000円
教育充実費：	24,000円	施設設備費：	20,000円
通信連絡費：	2,000円		

合　　計　　146,000円

授業料：1単位あたり11,000円

2022年度卒業生の進路状況

【進路先】
卒業者数…180名
大学…43名　　　　短大…2名　　　　大学校…4名
専門学校…50名　　浪人…14名　　　就職…15名

◇◇◇◇◇ この学校にアクセスしてみよう！

学校説明会	入学前電話相談	文化祭見学	体育祭見学	資料請求

【広域通信制】　　　　　　　　　　　　　　　　　　　　　　　　（単位制）

飛鳥未来きずな高等学校

（ https://www.sanko.ac.jp/asuka-kizuna/　E-mail：info-tome-kizuna@sanko.ac.jp ）

高校卒業資格取得　単位制・広域通信制高校

■校長名：今野　一幸
■住　所：〒987-0331　宮城県登米市米山町中津山字箇場埣 215
■電　話：0220-55-3770
■最寄駅：JR「瀬峰」駅または「田尻」駅から車で 18 分
■生徒が入学できる都道府県：
　全国 47 都道府県
■沿　革：
　2017 年 4 月　開校
■教育理念：
　技能と心の調和

■形態・課程・学科：
　独立校・単位制による通信制・普通科
■併設する課程：なし
■入学・卒業時期：
　[転・編入]・入学時期　随時　・卒業時期　3 月、9 月
　[新入学]　・入学時期　4 月　・卒業時期　3 月
■修業年限：3 年以上
■学期制：2 学期制
■卒業認定単位数：74 単位
■技能連携：なし　　■実務代替：なし
■技能審査：20 単位まで

スクーリングの日数と場所

【登校日数】
①週 1 日〜登校可能なベーシックスタイル、週 1 回のホームルームで皆に会えるスタンダードスタイル、週 3 日登校で生活習慣が身につく 3DAY スタイル、毎日通学で充実した高校生活を送れる 5DAY スタイル、好きな時に好きな場所で勉強できるネットスタイルから選択。
②履修科目数により異なりますが、最低年間 20 日程度。
【場　所】
札幌、仙台、登米、宇都宮、高崎、大宮、池袋、御茶ノ水、立川、小田原、静岡、名古屋、神戸、福岡、熊本、沖縄

特色

●ポイント①
自分にあった通学スタイルが選べて、服装も自由！
一人ひとりの個性や自己表現を大切にしている飛鳥未来きずな高校は、自分にあった通学スタイルを選ぶことができます。さらに、登校時の服装は自由！（制服を購入することもできます。）

●ポイント②
なりたい自分に！将来の夢につながる自由に選べるコース選択制（希望者のみ）
自分にあった通学スタイルが選べるだけでなく、本校では美容・医療事務・スポーツ・保育・調理などさまざまな専門分野を高校生のうちから学ぶことができます。
それは、飛鳥未来きずな高校が全国にあらゆる分野の専門学校を持つ三幸学園グループの学校だからできること。各専門分野の授業は、専門学校のプロの先生が直接教えてくれます。
週に 2 日、好きな専門科目を自由に受講できるコースと、高校卒業と同時に最短 3 年間で美容師免許取得ができるコースがあります。
自分のやりたいこと・好きな専門分野を深めても良し、いろいろ体験してみて自分に向いている分野を探しても良し。
高校で専門科目を学んだ上で、三幸学園の専門学校に内部進学すれば、進学後の授業もスムーズにスタートすることができます。

●ポイント③
気軽にチャレンジ！「できる！」が見つかるアカデミー選択制（希望者のみ）
自分の好きな分野を学んだり、新しいことにチャレンジしてみたり、↗

↗気楽に楽しみながら興味の幅を広げていきます。「好き」を「できる！」に変えてみよう！

●ポイント④
参加自由！友達と一緒に学校行事に参加して思い出をたくさん作ろう！
クラス制だけでなく、飛鳥未来きずな高校には、参加・不参加を自由に選べる学校行事がたくさんあり、行事を通してクラスや学年を越えたたくさんの友達ができます。

●ポイント⑤
教職員が親身に一人ひとりの勉強も心もサポート。
メンタルサポートから、スマートフォンで学習状況がチェックできる学習サポートまで、生徒一人ひとりが安心して学校生活を送れるよう、担任の他、スクールカウンセラーや養護教諭、スクールソーシャルワーカーがサポートします。

●ポイント⑥
希望に合わせた進路サポートで卒業後の進路も安心！
大学、専門学校、就職など希望の進路の実現のために一人ひとりにあわせた個別の進路指導で希望の将来を目指します。姉妹校の専門学校や短大、大学への進学も有利で安心です。

●ポイント⑦
通信制高校だから自分のペースで学べて、学費の負担が少ない！
飛鳥未来きずな高校は通信制高校なので、年間数日の通学から毎日の通学まで、自分のペースにあわせて通えます。また、通信制サポート校と違い、学費の負担が少ない点も魅力です。

併修・単位について	併修することはできません。
クラブ活動	キャンパスごとに活動は異なります。
学校行事	文化祭・スポーツ大会・入学式・卒業式など。キャンパスごとに異なります。
進学指導	個人面談を重ね、生徒本人の希望や目標を尊重した進路指導体制を整えます。
補習指導	一人ひとりの学力レベルに合わせて、個別にわかるまで、粘り強く教えています。
生活指導	服装は自由ですが、制服を購入することもできます。

生徒情報

【不登校生】
一人ひとりの生徒の高校生活が充実したものになるように担任制を導入しています。

【保護者連絡】
電話、メールなどで常に保護者様と密に連絡を取っています。

【転編入生】
前籍高校で修得した単位は認めています。転編入生も随時入学できます。

1年次	2年次	3年次	4年次
転入生　名	転入生　名	転入生　名	転入生　名
編入生　名	編入生　名	編入生　名	編入生　名

2024年度の募集要項

募集について

【推薦入試】
出願期間：キャンパスごとに異なります。
試 験 日：キャンパスごとに異なります。
選考方法：書類審査・面接
選 考 料：10,000円

【一般入試】
出願期間：キャンパスごとに異なります。
試 験 日：キャンパスごとに異なります。
選考方法：書類審査・面接
選 考 料：10,000円

【転・編入】
出願期間：随時
試 験 日：随時
選考方法：書類審査・面接
選 考 料：10,000円

学費について

【初年度】
入 学 金：　　　　　　　　10,000円
授 業 料：　1単位 10,000円
施設設備費：　　　　　　　　60,000円（後期入学 約30,000円）
補 習 費：　　　　　　　　100,000円（後期入学 約50,000円）
諸 経 費：　約55,000円（後期入学 約32,000円）

※上記は登米本校のベーシックスタイル学費例です。
※別途特別活動費がかかります（参加を申し込んだ場合のみ）。
※授業料は高等学校等就学支援金制度により、
　補助の対象となります。

◇◇◇◇◇◇◇◇◇ **この学校にアクセスしてみよう！**

学校説明会	入学前電話相談	文化祭見学	体育祭見学	資料請求
○	○	○	○	○

※授業見学もできます。
※資料は電話・ホームページから請求して下さい。

＜学校の施設＞※キャンパスごとに異なります。

校 地 面 積	4376.92m²	図 書 室	あり
運動場面積	34337.96m²	プ ー ル	なし
視聴覚教室	あり	食 堂	なし
体 育 館	あり	ラ ウ ン ジ	あり
カウンセリング室	あり		

卒業生の進路状況

【進路先】
4年制大学、短期大学、専門学校、就職

●大学
慶應義塾大学、早稲田大学、東京都立大学、日本大学、駒澤大学、東海大学、専修大学、青山学院大学、桜美林大学、国士舘大学、杏林大学、東京成徳大学、文化学園大学、帝京大学、城西国際大学、東京福祉大学、埼玉医科大学、日本経済大学、尚美学園大学、相模女子大学、十文字学園女子大学、跡見女子学園大学、埼玉学園大学、文京学院大学、大東文化大学、八州学園大学、白百合女子大学、日本女子体育大学、東京富士大学、駿河台大学、多摩大学、昭和音楽大学、聖学院大学、川村学園女子大学、明海大学、関西大学、大阪芸術大学、大阪経済大学、大阪産業大学、天理大学、芦屋大学、奈良大学　他多数

●三幸学園
東京未来大学、東京医療秘書歯科衛生＆IT専門学校、東京リゾート＆スポーツ専門学校、東京ビューティーアート専門学校、東京ウェディング＆ブライダル専門学校、東京ビューティー＆ブライダル専門学校、東京スイーツ＆カフェ専門学校、東京みらいAI＆IT専門学校、大宮こども専門学校、大宮ビューティー＆ブライダル専門学校、大宮スイーツ＆カフェ専門学校、札幌こども専門学校、札幌ビューティーアート専門学校、札幌ブライダル＆ホテル観光専門学校、仙台医療秘書福祉＆IT専門学校、仙台スイーツ＆カフェ専門学校、名古屋医療秘書福祉＆IT専門学校　他多数

●専門学校
日本外国語専門学校、神田外語学院、東京デザイン専門学校、東京コミュニケーションアート専門学校、履正社医療スポーツ専門学校、東京YMCA専門学校、首都医校、東京服飾専門学校、東京外語専門学校、専門学校大原学園、西武学園医学技術専門学校、JAPANサッカーカレッジ　他多数

●就職先
三幸福祉会、日本郵便株式会社、東京カリント株式会社、キャピタルウッズ株式会社、株式会社アオキスーパー、エイベックス株式会社、有限会社リップル動物医学研究所かいづ動物病院、POLATHEBEAUTY、タリーズコーヒージャパン株式会社他多数

【広域通信制】　　　　　　　　　　　　　　　　　　　　　　　（単位制）

仙台育英学園高等学校
せんだいいくえいがくえんこうとうがっこう

(https://www.sendaiikuei.ed.jp/)

- ■校長名：加藤　雄彦
- ■住　所：〒983-0045　宮城県仙台市宮城野区宮城野 2-4-1
- ■電　話：022-256-4148　■ＦＡＸ：022-256-4208
- ■最寄駅：JR 仙石線「宮城野原」駅下車、徒歩 1 分
- ■生徒が入学できる都道府県：
  宮城、青森、岩手、山形、秋田、福島、
  栃木、埼玉、東京、沖縄
- ■沿革：
  - 1905 年 10 月　「育英塾」を開設（本学園創立）
  - 1951 年 3 月　学校法人仙台育英学園設立認可
  - 1998 年 4 月　「通信制課程」開設
  - 2001 年 12 月　「通信制課程」広域認可
  - 2002 年 4 月　ILC 青森開校
  - 2014 年 4 月　ILC 沖縄開校

- ■形態・課程・学科：
  単位制による通信制課程・普通科
- ■入学・卒業時期：入学時期　4 月、10 月　卒業時期　3 月、9 月
- ■修業年限：3 年以上（在籍最長年数：制限なし）
- ■学期制：2 期制
- ■卒業認定単位数：74 単位
- ■始業・終業時刻：9：00 〜 16：50（土曜スクーリング）
  1 日 7 時限、1 時限 50 分
- ■技能連携：なし　■実務代替：なし　■技能審査：なし
- ■開設講座数：66 講座

スクーリングの日数と場所

【登校日数】
①毎週土曜日に一斉スクーリング
②その他、平日でも個別指導を行っています。

【場所】
仙台市、八戸市、沖縄市

10 月入学もあります。毎週土曜日にスクーリングを実施しています。ILC 青森、ILC 沖縄での受講も可能です。土曜日以外に、平日でも個別指導を行っています。
※令和 4 年度 ILC 沖縄に新校舎完成、e - フレックスコースを新設。（詳細は、ILC 沖縄まで）

併修・単位について
本校の全日制課程に在籍し、一定の条件のもとに通信制課程で併修することができます。

学校行事
校外学習・スポーツ大会・体験学習
ボウリング大会・スポーツ観戦
新入生歓迎会、沖縄研修旅行

生活指導
制服なし。本学園の生徒としての自覚をもち、あわせて社会人として責任ある態度で生活するよう指導しています。

生徒情報

【不登校生】
中学時代に不登校だった生徒はかなりいます。担当職員が直接相談・電話相談を行っております。

【転編入生】
前籍校で修得した単位は大半が認められます。入学は 4 月と 10 月の 2 回になっていますが、新入学生同様に、転入学及び編入学についても随時受け付けております。まずはご相談ください。

【保護者連絡】
毎月、生徒・保護者向けの通信だよりを、郵送いたします。

【生徒数】　　　　　　　　　　　　　　　令和 5 年 5 月 1 日現在

	男	女	男女学年別合計
令和 5 年度生	111 名	158 名	269 名
令和 4 年度生	129 名	202 名	331 名
令和 3 年度生	59 名	84 名	143 名
令和 2 年度生以前生	73 名	54 名	127 名
合　計	372 名	498 名	870 名

2024 年度の募集要項

募集について
【一般入試】
生徒定員：700 名（ILC 宮城・ILC 青森・ILC 沖縄の合計）

（2024 年度 4 月入学生）
出願期間：2024 年 1 月 4 日（木）〜 2 月 15 日（木）
選 考 日：2024 年 2 月 17 日（土）
選抜方法：作文、面接
選 考 料：10,000 円

学費について
入 学 金：30,000 円
授 業 料：12,000 円×履修単位数
　　　　　※高等学校等就学支援金及び高等学校等修学支援金（学び直しへの支援金）が適用されます。

教育振興会費：10,000 円（入学時）
教育運営費等：24,620 円（年額）
設備維持費：20,000 円（年額）

卒業生の進路状況（昨年度）

【進路先】
卒業者数　214 名
大学…32 名　　専門学校…42 名

【主な合格実績】
福島大、岩手大、東北医科薬科大、東北福祉大、東北学院大、大阪学院大、京都産業大、岩手医科大、金沢工業大、明治学院大、白鷗大、東北芸術大、尚絅大、国士舘大、明治学院大学、聖徳大、岩手県立大、八戸学院大、函館大、盛岡大　等

◇◇◇◇◇◇◇◇◇ **この学校にアクセスしてみよう！**

学校説明会	入学前電話相談	文化祭見学	体育祭見学	資料請求
○	○	－	－	○

※資料は電話で請求してください。

【連絡先】　ILC 青森：0178-80-7280　　ILC 沖縄：098-930-4111

【広域通信制】 （単位制）

仙台白百合学園高等学校
（ せんだいしらゆりがくえんこうとうがっこう ）

(https://enc.sendaishirayuri.net/)

■校長名：藤田　正紀
■住　所：〒981-3205　宮城県仙台市泉区紫山一丁目2番1
■電　話：022-777-6625　■FAX：022-777-6001
■最寄駅：路線バス「白百合学園前」徒歩1分
■生徒が入学できる都道府県：宮城、北海道、青森、岩手、秋田、山形、福島、新潟、埼玉、栃木、群馬、茨城、千葉、東京、神奈川

■沿革
《学校の沿革》
　白百合学園の設立母体は、シャルトル聖パウロ修道女会です。日本での活動は、1878年（明治11年）、フランスから函館に到着した3人のスールが修道院を創設したことに始まります。カトリックの精神に基づく福祉・教育施設を次々と誕生させて全国に広がり、現在の白百合学園へと発展しました。
《仙台白百合学園高等学校の沿革》
1893年	修道院長スール・イザークを中心に初代校長芳賀俊吾を迎えて、私立仙台女学校設置
1907年	高等女学校の認可を受け、校名を私立仙台高等女学校に改称
1919年	校名を仙台高等女学校に改称
1948年	学制改革により仙台白百合学園中学校・高等学校設置
1993年	創立100周年
1998年	現在地仙台市泉区紫山へ全面移転
2014年	通信制課程・エンカレッジコースを開設

■創立理念
　エンカレッジ（encourage）は、「励ます、勇気づける」という意味。仙台白百合学園高等学校エンカレッジコースは、いま立ち止まって考え、新しい気持ちで高校生活を始めたいと思っているあなたに、やさしく寄り添って、一緒に歩いて行きたいと思います。この思いこそ、キリストの精神そのものです。大切なあなたを輝かせ、「人を思いやる心」、「人の役に立とうとする心」を育みます。

■形態・課程・学科：単位制による通信制課程・普通科
■併設する課程：学年制による全日制課程
■併設課程への転籍：できません
■入学・卒業時期：入学時期4月　卒業時期3月、9月
　※転入学・編入学希望者は転・編入学試験を受けてください。
■修業年限：3年以上（在籍最長年数：6年）
■学期制：2学期制　■卒業認定単位数：74単位以上
■技能連携：なし　■技能審査：なし
■開講講座：学習サポート講座、参加・体験講座等、多数

2024年度の募集要項

募集について

【一般入試】
募集人員：普通科　80名（女子のみ）
出願期間：（Ⅰ期）2023年12月1日（金）
　　　　　　　　　　　　　　～2024年1月5日（金）
　　　　　（Ⅱ期）2024年2月20日（火）
　　　　　　　　　　　　　　～2024年3月15日（金）
試験日：（Ⅰ期）2024年1月31日（水）・2月1日（木）
　　　　（Ⅱ期）2024年3月25日（月）
選考方法：作文、面接（本人のみ）
選考料：10,000円

学費について

入学金：　　100,000円
授業料：　　10,000円×単位
施設設備費：36,000円（年額）
教育充実費：60,000円（年額）

合　計：　　456,000円（26単位登録の場合）
※次は料金別途
①教科書、教材費　②制服（学齢の方）　③預かり金等

生徒情報

【不登校生に対する指導】スクーリングの空き時間や放課後に体験講座などを設定し、ゆるやかに登校をうながしています。カウンセラーは2名常駐しています。
【転編入生】転入学生・編入学生の受け入れは、6月～11月です。（5・6・9・10月末に転編入試験実施）
【保護者連絡】保護者会を半期に2回程度。
教育支援システム「BLEND」、一斉メール配信など。

【生徒数】　　　　　　　　　　　　2023年12月1日現在
1年次	2年次	3年次	4年次以上	合　計
24名	34名	39名	11名	108名

【教員数】
教員：男性2名、女性5名／講師：男性3名、女性8名
カウンセラー：2名で週5日／事務：女性1名

◆ミッションスクールだからこそ「通信制」
　いま新しい気持ちで高校生活を始めたいと思っているあなたに寄り添って、共に歩みます。この思いこそ、キリストの精神そのものです。
　神様は一人ひとりに“スペシャルタレント”を授けています。それを「通信制」という方法を使って輝かせます。

◆女子のみの落ち着いた教育環境
　落ち着いた環境の中で、宗教の授業を通してキリスト教の精神を学び、奉仕の心を育てます。
　女子の持っている力を、より豊かに育てます。

◆週3回程度のスクーリングが基本
　スクーリングの実施日は火～土の週5回。学年毎に登校日が異なるため、各生徒の登校日数は週2～3回です。週3回程度のスクーリングと、家庭学習による課題レポート作成と前期末試験学年末試験を受け高校卒業を目指します。遠方者のための「集中スクーリング」も行います。（下記参照）

◆平日は自由に登校、多彩な講座を受講
　スクーリングのないときは、レポート指導やカウンセリングが受けられます。またEOP（エンカレッジコースオリジナルプログラム）で、小論文講座やアロマ講座など多数の講座へ参加できます。また、本校全日制課程や併設小学校と連携した種々のボランティア活動や様々な職業人を講師として開催するキャリアデザイン講座に参加することもできます。

◆進学、留学もサポート
　進学を目指す人のための指導を丁寧に行います。姉妹校の仙台白百合女子大、白百合女子大（東京）他、指定校推薦枠あり。生徒一人ひとりの未来を切り拓きます。

○令和4年度合格実績
　仙台白百合女子大、白百合女子大、東北文化学園大、東北福祉大、大妻女子大、清泉女子大、宮城学院女子大　他多数

スクーリングの日数と場所

【登校日数】
①火～土のうち週2～3回（年50日程度）
②遠方者は集中スクーリングに出席
　※2024年度より「在宅コース」開設予定
③スクーリングのない日にも自由登校可
（レポート作成や自主学習、各種オリジナルプログラム学習講座に参加可能）

【場　所】本校

【通信制】 （単位制）

宮城県美田園高等学校
みやぎけんみたぞのこうとうがっこう

(https://mitazono.myswan.ed.jp E-mail : mitazono@od.myswan.ed.jp)

- ■校長名：菊田 英孝
- ■住　所：〒981-1217　宮城県名取市美田園 2-1-4
- ■電　話：022-784-3572
- ■ＦＡＸ：022-784-3573
- ■最寄駅：仙台空港アクセス線「美田園」駅下車、徒歩 5 分
- ■生徒が入学できる都道府県：
  宮城県
- ■沿革：
  2012 年 4 月開校

- ■形態・課程・学科：
  単位制による通信制課程・普通科
- ■入学・卒業時期：入学時期　4 月、10 月　卒業時期　3 月、9 月
- ■修業年限：3 年以上（在籍最長年数：制限なし）
- ■学期制：2 学期制
- ■卒業認定単位数：74 単位以上
- ■始業・終業時刻：9：10 〜 16：30
  1 日 7 時限、1 時限 50 分
- ■技能連携：なし
- ■実務代替：なし
- ■技能審査：行っています（卒業に必要な単位に含む）
- ■開設講座数：73 講座、50 科目

スクーリングの日数と場所

【登校日数】
・年間で 18 週、日曜日、月曜日、水曜日に実施
　（原則は日・月のどちらか、水は集団が苦手な生徒等が対象）
2023 年度地域スクーリング・・・美里町（6 回）
※ 2024 年度は場所、回数共に未定

【場所】
本校、美里町 (2024 年度は未定)

宮城県に在住で、中学校卒業者またはこれと同等以上の学力があると認められた人なら、どなたでも入学できます。年齢に制限はありません。現在 15 歳〜高齢の方が一緒に学んでいます。通信制は全日制・定時制よりも少ない登校日数で済ませることができます。単位制ですので、卒業に必要な単位を修得すれば卒業できます。年数を気にせず、自分のペースで学習できます。編入生は前籍の高校で修得した単位も生かせます。学習は自学自習が中心になり、自宅で教科書・学習図書などをもとに学習し、レポートを作成して提出します。スクーリングにも決められた回数以上の出席が必要です。

クラブ活動　なし

学校行事・特別活動　遠足、運動会、クリーンデイ、地域見学会、生徒総会、生活体験発表会など

生活指導　制服はありません。場に応じた服装を呼びかけますが、本人の判断に任せるところが大きいです。

◇◇◇◇◇ この学校にアクセスしてみよう！

学校説明会	入学前電話相談	文化祭見学	体育祭見学	資料請求
○	○	−	−	○

※資料を請求する人は、本校 HP 又は電話にて確認してください。

▼学校説明会　一期：2024 年 1 月 14 日（日）※終了しました
　　　　　　　二期：2024 年 8 月 4 日（日）
※時間等については、開催日の 1 ヶ月前以降、本校 HP 又は電話にて確認してください。

生徒情報

【不登校生】
不登校経験のある生徒はかなりいます。スクールカウンセラー配置、放送視聴の利用などを行っています。

【転編入生】
前籍高校の単位は宗教を除く全ての単位で振り替えることができます。県外通信制高校からの転入生は、10 月まで受け入れ可能です。編入生の募集は 3 月（4 月入学）と 9 月（10 月入学）です。

【保護者連絡】
電話、発送物（学校通信など）、個別面談など必要に応じて実施しています。

【生徒数】　　　　　　　　　　　　　　　2023 年 11 月 1 日現在

年次	生徒数	男女比	クラス数
1 年次	351 名	148：203	―
2 年次	302 名	124：178	―
3 年次	240 名	121：119	―
4 年次以上	299 名	153：146	―

※学年制・クラス制共にありません（完全単位制）

【教員数】
教員 26 名／講師 13 名
スクールカウンセラー、スクールソーシャルワーカー、キャリアアドバイザー、学習支援員、学習サポーター

2024 年度の募集要項

募集について
募集人員：500 名（一期　450 名／二期　50 名）
出願期間：一期　2024 年 3 月 11 日〜 3 月 18 日（16 日は除く）
　　　　　二期　2024 年 9 月 2 日〜 9 月 6 日
選考方法：書類及び面接の結果に基づく総合的な審査

学費について

入　学　金：	500 円
受　講　料：	8,736 円（1 年次 26 単位で算出）
諸　経　費：	4,220 円
教科書・学習書：	約 23,000 円（1 年次 12 科目で算出）
そ　の　他：	約 6,500 円
合　　　計：	約 43,000 円

※条件を満たせば受講料は不徴収

2022 年度卒業生の進路状況

【進路先】
卒業者数…207 名
大学・短大…29 名　　専門学校・各種学校…39 名　　就職…27 名

146

【通信制】 （単位制）

秋田県立秋田明徳館高等学校

（ http://www.meitoku-h.akita-pref.ed.jp/tsuu/index.html ）

■校長名：加賀谷 英一
■住 所：〒 010-0001 秋田県秋田市中通 2-1-51
■電 話：018-834-0473 ■FAX：018-834-0682
■最寄駅：奥羽本線、秋田新幹線「秋田」駅下車、徒歩 10 分
■生徒が入学できる都道府県：秋田
■沿革：
1942 年 秋田県立秋田中学校に私立夜間秋田中学校として併設
1956 年 第一回通信制卒業式
1968 年 秋田県立秋田東高等学校に移設し、通信制課程となる
2005 年 秋田県立秋田明徳館高等学校と改称

■形態・課程・学科：
　単位制による通信制課程・普通科
■併設する課程：
　単位制によるⅠ・Ⅱ・Ⅲ部定時制課程
■併設課程への転籍：可能（転籍委員会の審査を経る）
■入学・卒業時期：
　・入学時期 4 月　・卒業時期 3 月
■修業年限：3 ～ 4 年（在籍最長年数：12 年）
■学期制：2 期制
■卒業認定単位数：74 単位
■始業・終業時刻：8：50 ～ 16：00（スクーリング）
　　　　　　　　1 日 7 時限、1 時限 50 分
■技能連携：なし
■実務代替：なし
■技能審査：卒業まで増加単位として 36 単位まで
■開設講座数：45 科目

スクーリングの日数と場所

【登校日数】
　月 2 回　日曜日、土曜日、木曜日
【場所】
　秋田市

特色
本校は定時制課程（単位制Ⅰ・Ⅱ・Ⅲ部）と通信制課程から成っています。'99 年度より 3 修制、放送視聴の導入、完全単位制に移行しました。

併修・単位について
横手高校、能代高校、大館鳳鳴高校と定通併修しています。

学校行事
明徳祭、芸術鑑賞会、講演会、生活体験発表会、進路講話など

生活指導
制服なし。学習にふさわしい整容で登校すること。

生 徒 情 報

【転編入生】
高卒認定試験で合格した科目は規定がありますが、卒業に必要な単位として振り替えることができます。
転入生・編入生とも入学時期は 4 月。
【保護者連絡】
保護者会、担任を通じて手紙・電話で行っています。
【転編入の生徒数】（2022 年度入学生のうち）

1 年次	2 年次	3 年次	4 年次
転入生 10 名	転入生 10 名	転入生 9 名	転入生 8 名
編入生 2 名	編入生 2 名	編入生 1 名	編入生 0 名

【生徒数（受講者）普通科】　　　　　2023 年 5 月 1 日現在

年次	生徒数（受講者）	男女数	クラス数	1 クラスの平均人数
1 年次	132 名	51：81	3 クラス	44 名
2 年次	129 名	50：79	3 クラス	43 名
3 年次	122 名	45：77	3 クラス	41 名
4 年次	88 名	43：45	3 クラス	30 名

【教員数】（常勤、非常勤講師含む）
　31 名

2024 年度の募集要項

募集について
【一般入試】
募集人員：300 名程度
　　出願期間、選抜方法等については
　　9 月末にホームページで公開しています。
選考料：なし

学費について
入 学 金：　　　500 円
授 業 料：1 単位 330 円
　　（但し、就学支援金制度適用の場合はなし）
教科書・学習費：16,000 円程度
諸 納 金：14,000 円程度
合 計：38,000 円程度

2022 年度卒業生の進路状況

【進路先】
卒業者数 83 名
四年制大学…13 名　　短大…2 名　　専修学校…18 名
就職…11 名　　その他…39 名
【主な合格実績】
日本赤十字秋田看護大、東北学院大、八戸工業大、石巻専修大、埼玉学園大、ノースアジア大、北里大、横浜美術大、東北福祉大、放送大、聖霊女子短大、戸板女子短大、秋田県立技術専門校、秋田リハビリテーション学院、秋田コアビジネスカレッジ、秋田情報ビジネス専門、秋田県歯科医療専門、北日本ハイテクニカルクッキングカレッジ、仙台医療秘書福祉専門、仙台総合ペット専門、パリ総合美容専門、東京服飾専門、東京商科・法科学院専門、駿台法律経済ビジネス専門
【主な就職先】
株式会社伊徳、JA あきたしんせい、リラクゼーションヴィラ、TDK エレクトロニクスファクトリーズ株式会社、小林テック株式会社、株式会社プラスチックホンダ、秋田市役所（非常勤職員）、株式会社ユニオントラスト、株式会社三ツ和、F-LINE 株式会社東北支店

◇◇◇◇◇◇ **この学校にアクセスしてみよう！**

学校説明会	入学前電話相談	文化祭見学	体育祭見学	資料請求
○	○ 要予約	－	－	－

※学校説明会は 10 月頃実施します。

147

北海道
青森
岩手
宮城
秋田 ★
山形
福島
茨城
栃木
群馬
埼玉
千葉
東京
神奈川
新潟
富山
石川
福井
山梨
長野
岐阜
静岡
愛知
三重
滋賀
京都
大阪
兵庫
奈良
和歌山
鳥取
島根
岡山
広島
山口
徳島
香川
愛媛
高知
福岡
佐賀
長崎
熊本
大分
宮崎
鹿児島
沖縄

【通信制】　　　　　　　　　　　　　　　　　　　　（単位制）

秋田修英高等学校
（あきたしゅうえいこうとうがっこう）

(http://www.akitashuei.ed.jp/　　E-mail：sougougakka@akitashuei.ed.jp)

■校長名：猿橋 薫
■住　所：〒014-0047　秋田県大仙市大曲須和町 1-1-30
■電　話：0187-63-2622　■FAX：0187-63-2532
■最寄駅：JR 奥羽線 「大曲」駅下車、徒歩 15 分
■生徒が入学できる都道府県：秋田
■沿革：2006 年 4 月通信制課程併設

■形態・課程・学科：
　併設校・単位制による通信制課程・普通科
■併設する課程：
　学年制による全日制課程
■併設課程への転籍：要相談
■入学・卒業時期：
　・入学時期　4 月、10 月　　・卒業時期　3 月、9 月
■修業年限：
　・3 年（在籍最長年数：8 年）
■学期制：前期・後期　　■卒業認定単位数：74 単位以上
■始業・終業時刻：9：00 AM〜3：50 PM
■技能連携：なし　　　■実務代替：なし
■技能審査：増加単位認定
■開設講座数：30 講座　30 科目

スクーリングの日数と場所

【登校日数】
　　前期 17 日
　　後期 17 日

【場所】
　　秋田修英高校通信教室

特色

併修・単位について
「高卒認定試験受験生」の 1 部科目履修はできません。

クラブ活動
【クラブ数　、クラブ加入率　%】
要相談

学校行事
前期　グランドゴルフ大会
後期　ボウリング大会

補習指導
平日登校し、学習指導を受けることも可能です。

生活指導
学校指定の制服はありません。
自動車やバイクでの通学も可能です。

この学校にアクセスしてみよう！

学校説明会	入学前電話相談	文化祭見学	体育祭見学	資料請求
○	○	−	−	○

※資料は電話、メール、秋田修英高校ホームページにて請求してください。

生徒情報
【不登校生】
新しい環境で回復し、登校してくる生徒が多くいます。
【転編入生】
前籍校の単位はすべて引き継ぐことができます。
【保護者連絡】
通信制課程通信やＨＰにて情報を発信しています。

【生徒数】普通科　　　　　　　　　　　2023 年 5 月末現在

年次	生徒数	男女比
1 年次	17 名	9：8
2 年次	13 名	4：9
3 年次	14 名	6：8
4 年次	6 名	3：3

【教員数】
教諭：男性 7 名、女性 6 名／講師：女性 2 名／養護教諭：1 名
カウンセラー：1 名（毎月 2 回午後〜）

2024 年度の募集要項

募集について
【一般入試】
募集人員：前後期各 35 名
出願期間：
　前期　2024 年 3 月 1 日（金）〜 3 月 19 日（火）正午まで
　後期　2024 年 9 月 2 日（月）〜 9 月 13 日（金）
試験日：
　前期　2024 年 3 月 22 日（金）
　後期　2024 年 9 月 14 日（土）
選抜方法：作文、面接

学費について
入 学 料：　40,000 円
授 業 料：　9,000 円 ／1 単位
教育運営費：年 5,000 円
施設後援費：50,000 円（初年度のみ）

2022 年度卒業生の進路状況

【進路先】
卒業者数…14 名
大学…1 名　　専門学校…5 名　　就職…4 名　　その他…4 名

【主な合格実績（近年）】
【進学】北星学園大学、ノースアジア大学、日本赤十字秋田短期大学、秋田情報ビジネス専門学校、秋田県立技術専門校、秋田社会福祉専門学校、大曲技術専門校、秋田林業大学校、青山製図専門学校、盛岡医療福祉スポーツ専門学校
【公務】陸上自衛隊一般曹候補生
【就職】TDK 秋田株式会社、株式会社プレステージインターナショナル、ナガイ白衣株式会社、株式会社 Nui Tec Corporation、よねや、大同衣料株式会社、株式会社虹の街
【指定校推薦】あり

【通信制】　　　　　　　　　　　　　　　　　　　　　　　　　　　（単位制）

北海道／青森／岩手／宮城／秋田／★山形／福島／茨城／栃木／群馬／埼玉／千葉／東京／神奈川／新潟／富山／石川／福井／山梨／長野／岐阜／静岡／愛知／三重／滋賀／京都／大阪／兵庫／奈良／和歌山／鳥取／島根／岡山／広島／山口／徳島／香川／愛媛／高知／福岡／佐賀／長崎／熊本／大分／宮崎／鹿児島／沖縄

惺山高等学校
せいざんこうとうがっこう

（ https://cor.seizan.ed.jp/ ）

■校長名：関　義人
■住　所：〒990-0832 山形県山形市城西町 3-13-7
■電　話：023-679-3715　　■ＦＡＸ：023-643-3007
■最寄駅：JR「山形」駅より徒歩 15 分
■生徒が入学できる都道府県：宮城県、山形県
■沿革：
2021 年 10 月　創立 100 周年
2022 年 4 月　「山本学園高等学校」から「惺山高等学校」へと校名変更
2023 年 4 月　通信制課程設置
■創立理念：
よのなかが多様性を認めるようになればなるほど、自分自身に自信が持てず、目標をはっきりと持つことが難しくなるものです。悩んで、考えても答えが出なくて…それでも、前を向いて進もうとする、あなたを応援したいと考えています。
この学校で学び、自分のこれからのあり方に目覚め、次のステップに進んでいって欲しい、それが私たちの願いです。

■形態・課程・学科：併設校・単位制による通信制課程・普通科
■併設する課程：学年制による全日制課程
■併設課程への転籍：なし
■入学・卒業時期：
　・入学時期　4 月　　　・卒業時期　3 月
■修業年限：
　・3 年以上（在籍最長年数：6 年）
■学期制：1 学期制　　■卒業認定単位数：74 単位
■始業・終業時刻：
■技能連携：なし　　■実務代替：なし
■技能審査：なし
■開設講座数：27 講座、27 科目

スクーリングの日数と場所

【登校日数】
10 日間(4 月 1 日間／8 月 3 日間／12 月 3 日間／2 月 3 日間)
希望する方は「スタディーサポート」（月～金）に参加し、学習サポートを受けることができます（追加経費不要）。

【場所】
惺山高等学校　山形県山形市城西町 3-13-7

特色
オンラインを活用した学習にくわえて、学校設定教科「メディア」では、アニメーションやグラフィックなどの基礎スキルを身に付けることかできます。

併修・単位
併修することはできません。
高等学校卒業程度認定試験の受験生が一部科目履修することはできません。

学校行事
e スポーツフェスタ、フィールドトリップ、芋煮会。
沖縄修学旅行（希望者のみ参加）

進学指導
進路サポート：進学・就職希望者ともに全日制の進路指導部による進路サポートを受けることができます。

補習指導
スタディーサポート：自由に登校可能な教室を準備し、個別の学習サポートを実施しています。

生活指導
指定制服の購入・着用は任意です。制服を着装する場合は、頭髪等の身だしなみも含め、全日制に準じて正しく着用してください。
茶髪やピアスは禁止事項ではありません。
バイクでの通学はできません。

生徒情報

【不登校生】担任制を取っており、学習の状況が思わしくない場合、オンライン等で面談を実施し、アドバイスを行います。また、任意参加のスタディーサポートを平日に実施、苦手科目のレポート作成時のフォローを行います。
【転編入生】転編入生の受付時期は 5 月 2 日～ 10 月 31 日までです。前籍校の単位は 41 単位まで振り替えることができます。高校卒業程度認定試験で合格した科目は、年間 32 単位まで最大 41 単位まで振り替えることができます。
【保護者連絡】教務システム（オンライン）による成績通知、出席通知、学習状況通知をリアルタイムで行います。学習状況が思わしくない場合、オンライン等で面談する予定です。

【生徒数】69 名　　　　　　　　　　　　　2023 年 11 月現在
【教職員数】
　教員：男性 10 名、女性 5 名　　カウンセラー：全日制と兼務

2024 年度の募集要項

募集について

募集定員：通信制課程・普通科 240 名
WEB 出願期間：
新入学：【第 1 期】2024 年 1 月 22 日（月）～ 2 月 5 日（月）
　　　　【第 2 期】2024 年 2 月 19 日（月）～ 3 月 4 日（月）
転編入学：2024 年 3 月 13 日（水）～ 3 月 27 日（水）
書類受付日：
新入学：【第 1 期】2024 年 2 月 7 日（水）締切（必着）
　　　　【第 2 期】2024 年 3 月 6 日（水）締切（必着）
転編入学：2023 年 3 月 28 日（木）締切（必着）
選抜方法：
新入学：【第 1 期】2024 年 2 月 11 日（日）
　　　　【第 2 期】2024 年 3 月 10 日（日）
　　　　書類選考（既卒者のみ面接試験実施）
転編入学：2023 年 3 月 30 日（土）
　　　　書類選考および面接試験
検定料：10,000 円

学費について

（初年度学費）
入学金：　　　　　　　50,000 円
授業料：　　　　　　 438,000 円
ICT 教育関連費：　　　50,000 円
諸経費：　　　　　　　40,000 円
────────────────
合計　　　　　　　　 578,000 円

2022 年度卒業生の進路状況

【進路先】　　　　　　2023 年 4 月開校のためまだいません。
卒業者数　　名
大学…　名　　短大…　名　　　　専門学校…　名
就職…　名

◇◇◇◇◇◇◇◇◇ この学校にアクセスしてみよう！

学校説明会	入学前 電話相談	文化祭見学	体育祭見学	資料請求
○	○	ー	ー	○

※資料請求は、本校通信制ホームページより資料請求者情報を入力してください。
▼学校説明会（2023 年度）
【本校会場】入試相談会：
① 2023 年 10 月 6 日（金）13:20 ～② 11 月 2 日（木）13:20 ～③ 11 月 26 日（日）13:00 ～④ 12 月 3 日（日）13:00 ～⑤ 12 月 17 日（日）9:00 ～⑥ 2024 年 1 月 13 日（土）9:00 ～⑦ 1 月 27 日（土）9:00 ～⑧ 2 月 23 日（金）9:00 ～⑨ 3 月 9 日（土）9:00 ～⑩ 3 月 23 日（土）9:00 ～
【本校会場】オープンスクール：e-Campus Discovery Day（e キャン！）
2023 年 10 月 28 日（土）9:30 ～

149

【通信制】 （単位制）

山形県立霞城学園高等学校 Ⅳ部

（ http://www.kajogakuen-h.ed.jp/ ）

- ■校長名：田村 光絵
- ■住 所：〒 990-8580 山形県山形市城南町 1 丁目 1-1
- ■電 話：023-647-0522 ■ＦＡＸ：023-647-0527
- ■最寄駅：奥羽本線「山形」駅下車、徒歩 3 分
- ■生徒が入学できる都道府県：
  山形
- ■沿革：
  1948 年に設立された山形県立山形東高等学校通信制の課程を発展的に継承する単位制高等学校として 1997 年に設立された。

- ■形態・課程・学科：
  併設校・単位制による通信制課程・普通科、服飾科
- ■併設する課程：
  単位制による午前・午後・夜間の定時制
- ■併設課程への転籍：あり
- ■入学・卒業時期：
  ・入学時期 4 月 ・卒業時期 3 月、9 月
- ■修業年限：
  ・3 年以上（在籍最年長数：10 年）
- ■学期制：なし ■卒業認定単位数：74 単位
- ■始業・終業時刻：8：45 〜 16：05
  1 日 7 時間、1 時限 45 分
- ■技能連携：白鷹高等専修学校
- ■実務代替：なし
- ■技能審査：高卒認定試験等と合わせ 36 単位以内
  （卒業に必要な単位に含む）
- ■開設講座数：普通科 50 科目、服飾科 22 科目

スクーリングの日数と場所

【登校日数】
  計画面接指導日 月 2 回（日）
  補充面接指導日 月 2 回（水）

【場所】
  本校（山形市、霞城セントラルビル内）

特色 自学自習の学習スタイルです。学校へは休業日を除き、毎日登校して学習できます。テストも指定日に受験できます。校舎は、JR 山形駅西口の霞城セントラルビルの 5 階から 10 階です。

併修・単位について 本校の定時制と併修することができます。（条件により 20 単位まで）

部活動 【部数 9】（2023 年度全国定通体育大会への出場）陸上、卓球

学校行事 創立記念式典（9 月）、通教祭（文化祭・9 月）、生活体験発表会（9 月・校内、10 月・県）

生徒情報

【不登校生】
不登校を経験した生徒は多いですが、本校に入学し、心機一転がんばるケースが見られます。学校としては、「ねばり強く待つ」ことを基本にしています。

【保護者連絡】
毎月 1 回発行の「霞城通信」や必要に応じて一斉メールで連絡をしています。また、担任からの電話などで連絡を取り合っています。

【転編入生】
前籍高校で修得した単位はほとんど振り替えることができます。

【生徒数】 2023 年 11 月 1 日現在

普通科	629 名	男子 289 名／女子 340 名
服飾科	21 名	男子 8 名／女子 13 名

【教員数】
  教員：23 名／講師：8 名

2024 年度の募集要項

募集について
【一般入試】
募集人員：普通科 120 名、服飾科 40 名
出願期間：2024 年 3 月
試験日：3 月に 3 回実施
選抜方法：書類、面談、作文
選考料：300 円

学費について
入学金：500 円
授業料：1 単位あたり 300 円 年間 30 単位まで登録可能
最高で 300 円× 30 単位＝ 9,000 円
ただし、就学支援金制度により実質無償になる場合あり。
諸会費：約 11,000 円
教科書・副読本代：最大で約 23,000 円

2022 年度卒業生の進路状況

【進路先】
4 年制大学…14 名　　　　短期大学…1 名
通信教育部…1 名
専門学校…16 名　　　　就職…16 名

【主な大学合格実績】
秋田大、米沢栄養大、高崎経済大、法政大、東北学院大、東北福祉大等

◇◇◇◇◇◇◇ **この学校にアクセスしてみよう！**

学校説明会	入学前電話相談	文化祭見学	体育祭見学	資料請求
○	○ 随時	−	−	○

※学校紹介のパンフレットが必要な方は直接学校にお問合せください。
※ 2024 年度募集要項は 1 月以降に説明会にて配布いたします。
▼学校説明会…………1 月、2 月、3 月に実施します。
　　※具体的な期日は 12 月中旬に学校のホームページをご覧ください。

【通信制】　　　　　　　　　　　　　　　　　　（単位制）

山形県立庄内総合高等学校
やまがたけんりつしょうないそうごうこうとうがっこう

(https://www.shonaisogo-h.ed.jp/)

■校長名：猪又　義則
■住　所：〒999-7707 山形県東田川郡庄内町廿六木字三ツ車 8
■電　話：0234-45-0136
■ＦＡＸ：0234-42-1235
■最寄駅：JR 羽越本線・陸羽西線「余目」駅、徒歩 20 分
■生徒が入学できる都道府県：山形
■沿革：
昭和 2 年　　　山形県余目実科女学校設立、開校
昭和 23 年　　　学制改革により山形県余目高等学校通常課程と
　　　　　　　　して認可、定時制課程併置
昭和 24 年　　　町立より県に移管となり県立余目高等学校通常
　　　　　　　　課程となる
平成 9 年　　　庄内総合高校と校名変更、創立 70 周年記念式
　　　　　　　　典挙行
令和 4 年 4 月　3 課程（全日制・昼間定時制・通信制）を併設
　　　　　　　　する単位制の学校として開校

■教育目標：
心豊かに、たくましく生き抜く社会人の育成をめざし知性と情操、自立と連帯、気力と体力を培う。
スクール・モットー『磨こう個性を　拓こう未来を』の下、地域社会と連携しながら公益性の高い愛される学校づくりを推進する。
(1) 計画的な学習を通して、自主性・自立性を養い、実践力を高め、自らの道を切り開くことができる「たくましい力」を身につけさせる。
(2) 豊かな心を育み、個性の伸長を図りながら、他人と協調していく生活態度を育てる。
(3) 勤労の意義を理解し、積極的に社会の進展に寄与する態度を育てる。
(4) 心身の健康管理に努めさせ、自己実現のための強い意志と持続力を培う。

■形態・課程・学科：併設校・単位制による通信制課程・普通科
■併設する課程：単位制による全日制課程・定時制課程
■併設課程への転籍：なし
■入学・卒業時期：
・入学時期　4 月〜12 月　　・卒業時期　3 月、9 月
■修業年限：
・（前籍校在籍年数含め）3 年以上（在籍最長年数：10 年）
■学期制：2 学期制　　■卒業認定単位数：74 単位
■始業・終業時刻：8：35 〜 16：20
　　　　　　　　　1 日 7 時限　1 時限 50 分
■技能連携：なし　　　■実務代替：なし
■技能審査：増加単位として認定
■開設講座数：41 科目

スクーリングの日数と場所

【登校日数】
日曜日と木曜日、年間 45 日程度

【場所】本校

特色
令和 4 年 3 月で閉課程となった鶴岡南高校通信制から移設され、令和 4 年 4 月に庄内総合高校通信制として新たにスタート。全日制・定時制が併置される学校で様々なスタイルの学びを提供。地元庄内町からの活動支援助成を受け、連携を深めている。

クラブ活動
【クラブ数 4】
卓球、バドミントン、陸上、文科部

学校行事
生徒総会、新入生歓迎会、生活体験発表会、県定通生徒の集い、学友祭、映画鑑賞会、送別会

進学指導
個人面接指導、推薦入試への対応、模擬試験の実施

生 徒 情 報

【不登校生】

【転編入生】
前籍校の単位は全て認定、高校卒業程度認定試験で合格した科目も単位認定しています。12 月まで随時入学できます。

【保護者連絡】
年 2 回、保護者会・面談を実施。

【生徒数】　　　　　　　　　　　　　　2023 年 12 月 1 日現在
男子 242 名　女子 226 名　合計 468 名

【教職員数】
教員数：11 名（男 5 名、女 6 名）
講師：4 名（男 1 名、女 3 名）

2024 年度の募集要項

募集について

【一般入試】
募集人員：普通科 80 名
出願期間：2024 年 3 月 1 日（金）〜 22 日（金）
選抜方法：書類
入学者選抜手数料：300 円
入学料：500 円

学費について

受講料：1 単位 300 円（就学支援金制度あり）
生徒会・協力金・諸費：約 8,600 円
教科書・学習書等代：15,000 円程度（受講登録科目による）
レポート等郵送代（切手代）：約 3,000 円（1 通 15 円）
卒業時諸納入費（同窓会入会金など）：約 10,000 円

2022 年度卒業生の進路状況

【進路先】
卒業者数　45 名
大学…8 名　　　　短大…4 名　　　　専門学校…4 名
就職…7 名

【主な合格実績】
＜進学＞
名寄市立大学、筑波技術大学、東北学院大学、東北公益文科大学、白鷗大学、専修大学、大東文化大学、武蔵野大学通信教育部、新潟医療福祉大学、金城大学、静岡福祉大学、京都芸術大学通信教育部、仙台青葉短期大学、羽陽学園短期大学、東北文教大学短期大学部、今泉女子専門学校、ハッピー製菓調理専門学校、国際ビューティモード専門学校、シェフパティシエ専門学校
＜就職＞（高校新卒求人のみ）
鈴木ゴム（株）山形余目工場、（株）メグシィ、（株）双葉（ホテル双葉）、（株）萬野総本店

◇◇◇◇◇◇◇◇◇◇ **この学校にアクセスしてみよう！**

学校説明会	入学前電話相談	文化祭見学	体育祭見学	資料請求
○	○	ー	ー	ー

151

【通信制】　　　　　　　　　　　　　　　　　　　　　　　　　　（単位制）

和順館高等学校

（ https://www.wajun-honbu.ac.jp/wajunkan　E-mail：wajunkan@wajun-honbu.ac.jp ）

■校長名：柏倉　裕行
■住　所：〒998-0025　山形県酒田市南千日町4-50
■電　話：0234-26-1670　　■FAX：0234-26-1671
■最寄駅：羽越本線「酒田」駅下車、徒歩10分
■生徒が入学できる都道府県：
　山形、秋田
■沿革：
　2004年4月1日　開校

■形態・課程・学科：
　独立校・単位制による通信制・普通科
■入学・卒業時期：
　・入学時期4月、10月　　・卒業時期3月、9月
■修業年限：3年以上（在籍最長年数：6年）
■学期制：2学期制
■卒業認定単位数：74単位
■技能連携：なし
■実務代替：なし
■技能審査：あり
■開設講座数：44科目（2023年度）

スクーリングの日数と場所

【登校日数】
　・月2回の日曜　酒田
　・月2回の平日　天童
　・月1回の平日　新庄
※酒田・天童では上記に加えて、月1回の平日に「学習日」を
　設定
【場所】
　・酒田市：本校、酒田調理師専門学校、市内公共施設
　・天童市および新庄市の公共施設

特色　少人数のクラス編成のもと、各年次チューターが生徒の学習状況を把握し、適切な指導を行います。また、高卒資格の取得のみにとどまらず、キャリア形成の視点に立ち、自己理解や、主体的な学習習慣の確立を促す取り組みをしています。

学校行事　スポーツ振興活動・生徒交流会・映画鑑賞会・文化研究・かきぞめ

生活指導　指定の制服はありません。

◇◇◇◇◇◇◇◇◇ **この学校にアクセスしてみよう！**

学校説明会	入学前電話相談	文化祭見学	体育祭見学	資料請求
○	○	—	—	○

※資料は電話や、ウェブサイトの専用フォームにてご請求下さい。

▼学校説明会
開催日時をご案内致しますのでお問い合わせ下さい。
また、本校にて随時個別説明を致します。
（来校前に、説明希望日時をご相談下さい）

生徒情報

【不登校生】
本校で学ぶ意欲があれば受け入れます。
【転編入生】
・前籍高校で修得した単位は振り替えることができます。
・高卒認定試験で合格した科目を振り替えることもできます。
・転入学生は4月～7月、10月～12月に受け入れています。
・編入生の入学時期は各学期の始めです。
【保護者連絡】
保護者への連絡を密にし、保護者会を年1回開催しています。

【生徒数】　　　　　　　　　　　　　　　2023年12月1日現在

年次	生徒数	男女比
1年次	22名	8：14
2年次	39名	20：19
3年次	20名	8：12

【教員数】
　11名（内 常勤教員6名）

2024年度の募集要項

募集について

【一般入試】
募集人員：普通科150名
出願期間：
前期入学　2024年3月1日～指定の期日まで
後期入学　2024年9月1日～指定の期日まで
選考方法：書類審査と面接
　　　　　※場合によって簡単な学力検査を実施
　　　　　※学校説明を受けることを出願条件としています
選考料：10,000円

学費について

入学金：　　　　　　30,000円（選考時に納入）
授業料：　1単位12,000円
施設設備費：　　　　10,000円（選考時に納入）
教育充実費：　　　　 2,000円（月額）
諸経費：　　　　　　　800円（月額）

2022年度卒業生の進路状況

卒業者数　　35名

大学…4名　　　　　　　　　　大学（通信）…2名
短期大学…1名　　　　　　　　専門学校…12名
就職…4名

【広域通信制】　　　　　　　　　　　　　　（単位制）

大智学園高等学校
（だいちがくえんこうとうがっこう）

（ https://www.daichi.ed.jp　E-mail：mail@daichi.ed.jp ）

- ■校長名：金子　良亮
- ■住　所：〒169-0074　新宿区北新宿 1-21-10
  （本校：福島県双葉郡川内村大字下川内字宮渡 18 番地 7）
- ■電　話：03-5925-2773
- ■ＦＡＸ：03-5925-2774
- ■最寄駅：丸ノ内線「西新宿」駅 5 分、JR「新宿」駅 15 分、JR「大久保」駅 8 分
- ■生徒が入学できる都道府県：
  岩手、宮城、秋田、山形、福島、茨城、栃木、群馬、埼玉、千葉、東京、神奈川、山梨
- ■沿革：
  2005 年 7 月 19 日内閣総理大臣により「教育特区」認定
  2006 年 4 月 1 日開校
- ■教育理念：新しい時代を切り拓く「英知」と「志」の育成

- ■形態・課程・学科：単位制による通信制課程・普通科
- ■入学・卒業時期：入学時期　4 月　／　卒業時期　3 月
- ■修業年限：3 年（在籍最長年数：6 年）
- ■学期制：2 学期制
- ■卒業認定単位数：74 単位
- ■始業・終業時刻：始業 9：00　終業 15：30

スクーリングの日数と場所

【登校日数】
週 5 日（月・火・水・木・金）　9：00 ～ 15：30
【場所】
東京都新宿区
【スクーリング会場】
林間学校を実施

特色
大智学園高等学校では『復習』に力を入れ、勉強が苦手な生徒にとって『わかる授業』を心掛けています。習熟度別授業はもちろん、中学校の内容から振り返って学習します。まずは基礎を確実に理解できるよう、ゆっくり丁寧に授業を進めます。
勉強を一からやり直し、確実に力をつけた結果、入学時に進学を希望していなかった生徒も進学に対する意欲が高まり、3 年次には約 9 割の生徒が進学を希望するようになります。そして、卒業生の約 6 割が 4 年制大学に進学します。
是非一度、学校にお越しください。住宅街の中に、こんなに大きな校舎とグラウンドがあるのかと、皆さん驚かれています。

クラブ活動
野球、サッカー、バスケットボール、テニス、柔道、ダンス、陸上、卓球、美術、音楽、写真、受験、e スポーツ

学校行事
林間学校、研修旅行、文化祭、体育祭など

進学指導
大学見学会や進路ガイダンス、面接指導会など 1 年生から進路指導を実施しています。

この学校にアクセスしてみよう！

学校説明会	入学前電話相談	文化祭見学	体育祭見学	資料請求
○	○	○	―	○

※資料は、E-mail、電話、FAX で請求してください。

▼学校説明会　個別相談も随時承っております。ご連絡下さい。

生徒情報

【転編入生】
前籍高校で修得した単位は振り替えることができます。転入は 12 月まで随時可能です。編入時期は毎年 4 月です。
【保護者連絡】
保護者会、三者面談、家庭訪問、日々の電話・メール連絡

【生徒数　普通科】※新宿校のみの人数　　　2023 年度

年次	生徒数	男女比	クラス数	1 クラスの平均人数
1 年次	142 名	7：3	4 クラス	35 名
2 年次	127 名	7：3	4 クラス	32 名
3 年次	100 名	7：3	4 クラス	25 名

【教員数】
教諭：男性 18 名、女性 7 名／講師：男性 3 名、女性 4 名
カウンセラー：常駐している（カウンセリング研究所あり）

2024 年度の募集要項

募集について

＜推薦入試＞
出願期間：2023 年 12 月 18 日（月）～ 2024 年 2 月 1 日（木）
（第 1 期～第 3 期まであり）
試 験 日：2023 年 12 月 21 日（木）
　　　　　2024 年 1 月 16 日（火）
　　　　　2024 年 2 月 3 日（土）
選考方法：個人面接
選 考 料：10,000 円

＜一般入試＞
出願期間：2024 年 2 月 9 日（金）～ 3 月 5 日（火）
（第 1 期～第 2 期まであり）
試 験 日：2024 年 2 月 14 日（水）
　　　　　2024 年 3 月 5 日（火）
選考方法：個人面接、基礎学力試験（国・数・英　計 40 分）
選 考 料：10,000 円

学費について

＜入学時納入金＞
科目登録料：　　　　　30,000 円
授 業 料：　　　　　300,000 円（1 単位 12,000 円）
教育運営費：　　　　　30,000 円
学 年 経 費：　　　　　30,000 円
合 　 計：　　　　　390,000 円
＜分納金＞
学習サポート費：　112,000 円 × 3 期分
施設設備費：　　　200,000 円（年額）
積 立 金：　　　　108,000 円 × 2 期分

卒業生の進路状況

青山学院大、亜細亜大、桜美林大、大妻女子大、学習院大、学習院女子大、関東学院大、杏林大、慶應義塾大学、国士舘大、駒沢女子大、駒澤大、実践女子大、淑徳大、順天堂大、城西国際大、城西大、成蹊大、成城大、専修大、大正大、大東文化大、高千穂大、拓殖大、玉川大、千葉商科大、中央学院大、中央大、帝京科学大、帝京大、帝京平成大、桐蔭横浜大、東海大、東京女子大、東京薬科大、東京理科大、東洋大、二松学舎大、日本女子大、日本体育大、日本大、法政大、武蔵大、武蔵野大、武蔵野美術大、明治大、明治学院大、立教大、早稲田大　その他多数

【通信制】　　　　　　　　　　　　　　　　　　　　　　　　　　（単位制）

東日本国際大学附属　昌平高等学校
ひがしにっぽんこくさいだいがくふぞく　　しょうへいこうとうがっこう

(https://shohei.school/)

■**校長名**：千葉　義夫
■**住　所**：〒970-8023　福島県いわき市平鎌田字寿金沢22-1
　　　　　　東日本国際大学・いわき短期大学5号館3階
■**電　話**：0246-88-6743　　■**FAX**：0246-88-6745
■**最寄駅**：JR「いわき」駅
■**生徒が入学できる都道府県**：福島、栃木
■**沿革**：
1903年　　　私立東京開成中学校内に開成夜学校を設立し、昌平
　　　　　　黌の歴史と精神を受け継ぐ。
1966年　　　昌平黌短期大学を設立。のちにいわき短期大学と校
　　　　　　名変更
2000年　　　東日本国際大学附属昌平中学・高等学校設立
2006年4月通信制課程を設置。

■**形態・課程・学科**：
　　　単位制による通信制課程・普通科
■**併設する課程**：学年制による全日制
■**併設課程への転籍**：特になし
■**入学・卒業時期**：
　・入学時期　4月、10月　・卒業時期　3月、9月
■**修業年限**：3年（在籍最長年数：6年）
■**学期制**：2学期制　　■**卒業認定単位数**：74単位
■**技能連携**：なし　　■**実務代替**：なし　　■**技能審査**：なし
■**開設講座数**：55科目

スクーリングの日数と場所

【**登校日数**】
年間夏期・秋期集中スクーリングとして3日程度準備して
おります。又、計画的、定期的にスクーリングを実施して
おります。
【**場所**】
東日本国際大学および各地域の学習センター等にて実施。

特色
①本校は、「心の教育」を基本理念とし、建学の精神で
　ある孔子の儒学に基づいて総合的な人間力を育む。
②各自の持つ特性を伸ばし、スペシャリストの養成に
　努力する。
③学業・部活動・特別活動・ボランティアを通し楽し
　いスクールライフを過ごせるように教育していく。

併修・単位　併修することはできません。

クラブ活動　柔道部、剣道部、バドミントン部、ソフトテニス部、
卓球部、陸上部　等（高等学校定時制・通信制体育大
会を目指し活動いたします。）

学校行事　学習活動に関連した特別活動を実施しております。
（例）　アクアマリンふくしま見学、地元の伝統食・そ
ば打ち体験、東京ディズニーランド訪問、卒業
旅行：京都・奈良・大阪等、東日本国際大学オー
プンキャンパス・進路講演会への参加等

生活指導　服装・みだしなみに特に制限はありません。

◇◇◇◇◇◇◇◇　この学校にアクセスしてみよう！　◇◇◇◇◇◇◇◇

学校説明会	入学前電話相談	文化祭見学	体育祭見学	資料請求
○	○	検討中	検討中	○

■**学習センター**：いわき学習センター（JRいわき駅）、福島学習
センター（JR福島駅）、原町学習センター（JR原ノ町駅）、白河
学習センター（JR白河駅）、鹿沼学習センター（東武　新鹿沼駅）、
会津学習支援センター（JR西若松駅）

生徒情報

【**不登校生**】
個別訪問および電話での応答で対応しています。
【**転編入生**】
高卒認定試験で合格した科目は年間10単位まで振り替える
ことができます。
【**保護者連絡**】
保護者面談の実施

【**生徒数　普通科**】　　　　　　　　　　　2023年8月1日現在

年次	生徒数	男女比	クラス数	1クラスの平均人数
1年次	135名	50：85	クラス	名
2年次	180名	99：81	クラス	名
3年次	279名	124：155	クラス	名
合　計	594名			

【**教員数**】
　教諭：男性4名、女性4名／講師：男性1名、女性6名
　カウンセラー：常駐しています。

2023年度の募集要項
※2024年度はお問い合わせください

募集について

出願期間：（一般）2月1日～　4月20日
　　　　　　　　8月1日～　10月20日
試験日：随時実施
選考方法：面接
選考料：7,000円

学費について

入学金：　　　　　0円
授業料：　　9,600円／1単位
施設充実費：　　　0円
教育充実費：　　　0円
25単位：　　240,000円

合　　計：　240,000円
△240,000円　就学支援金（加算）適用
※所得加算により支援金額が異なります。
※年間25単位を取得した場合の参考例

2022年度卒業生の進路状況

【**進路先**】
卒業者数…232名
大学…37名　　　短大…2名　　　専門学校…21名
就職…150名　　　その他…36名（バイト継続、未定等）
【**主な合格実績**】
神奈川工科大、杏林大、茨城キリスト教大、医療創生大、郡山女
子大、城西大、大正大、高崎健康福祉大、多摩大、帝京大、東京
工科大、東北福祉大、日本体育大、日本大、福島学院大、目白大、
東日本国際大、聖徳短期大、山形県立米沢女子短大、東放学園専門、
東京バイオテクノロジー専門、東北保健医療専門、仙台こども専
門、仙台ビューティアート専門、福島県理工専門、TBC学院、し
らかわ介護福祉専門、東北電子専門　他
【**就職**】
堺化学工業、セキショーカーライフ㈱、株式会社パルネット福島、
株式会社山田パン、株式会社マルト、三甲株式会社、住友ゴム工
業㈱、会津よつば農業協同組合、㈱アースホールディングス、
BelleVague、株式会社エヌ・アイ・テック、株式会社エスビー商会、
クニミネ工業株式会社、有限会社和光企画、株式会社シャボンド
ゥ、古藤工業株式会社、有限会社たいら貨物　他

【通信制】　　　　　　　　　　　　　　　　　　　　　　　（単位制）

福島県立郡山萌世高等学校
ふくしまけんりつこおりやまほうせいこうとうがっこう

（ https://housei-h.fcs.ed.jp/ ）

- ■校長名：田母神　賢一
- ■住　所：〒963-8002　福島県郡山市駅前二丁目11-1
- ■電　話：024-925-6432（通信制直通）
- ■FAX：024-925-6434（通信制直通）
- ■最寄駅：JR東北本線「郡山」駅下車、徒歩1分
- ■生徒が入学できる都道府県：
  福島
- ■沿革：
  - 1989年　　旧福島中央高等学校通信制課程と旧会津中央高等学校通信制課程が統合され安積第二高等学校通信制として発足
  - 1996年4月　校名をあさか開成高等学校に変更
  - 2001年4月　郡山萌世高等学校として発足

- ■形態・課程・学科：
  併設校・単位制による通信制課程・普通科
- ■併設する課程：
  単位制による定時制課程（昼間主コース、夜間主コース）
- ■併設課程への転籍：なし
- ■入学・卒業時期：
  ・入学時期　4月
  ・卒業時期　3月
- ■修業年限：
  ・4年（3年修了制もある）
- ■学期制：2学期制
- ■卒業認定単位数：74単位
- ■始業・終業時刻：8：50～15：15
- ■技能連携：なし
- ■実務代替：なし
- ■技能審査：なし
- ■開設講座数：なし

スクーリングの日数と場所

【登校日数】
　月1～2回（日又は月）

【場所】
　郡山、福島、白河、会津若松、いわき、南相馬

特色
本校教員による県内6方部での出張スクーリングを展開しており、県内のどこでも学ぶことができます。

併修・単位
条件によっては定時制高校からの併修を認めています。

クラブ活動
【部数11】
バレーボール、卓球、バスケットボール、陸上競技、バドミントン、軟式野球、柔道、剣道、ソフトテニス、文化、文芸

学校行事
校外研修、文化祭（隔年）、修学旅行（隔年）、春のつどい
※生徒会活動が盛んになり、行事を自主的に運営しています。

生活指導
制服はありません。

◇◇◇◇◇◇ この学校にアクセスしてみよう！

学校説明会	入学前電話相談	文化祭見学	体育祭見学	資料請求
○	○	－	－	－

※入学願書は返信用封筒を同封し請求してください。

生徒情報

【不登校生】
不登校だった生徒もがんばって学んでいます。

【転入生・編入生】
前籍高校で修得した単位は認定されます。
転入生の受付：＜1期＞2月上旬～下旬　＜2期＞4月下旬～5月中旬
転入は現在在籍する高校を通じて手続きをしてください。直接受付は行いません。
編入生の受付：2月上旬～2月下旬　※変更の可能性あり

【保護者連絡】
郵便による連絡をしています。

【転編入の生徒数】

1年次	2年次	3年次	4年次
転入生27名	転入生8名	転入生28名	転入生18名
編入生0名	編入生0名	編入生3名	編入生0名

【生徒数】普通科　　　　　　　　　2023年5月1日現在

年次	生徒数	男女比	クラス数	1クラスの平均人数
1年次	157名	47：53	9クラス	17名
2年次	96名	40：60	9クラス	11名
3年次	133名	33：67	9クラス	15名
4年次	133名	42：58	9クラス	15名

【教員数】
教員：男性22名、女性10名

2024年度の募集要項

募集について

【一般入試】
募集人員：400名
出願期間：2024年2月上旬～3月下旬
　　　　　（最終日は正午まで）
選抜方法：入学願書、入学動機についての作文（ともに本校所定用紙）、出身中学校からの調査書などに基づき総合的に判定し、学力検査は行わない。

学費について

入学金：	350円＋受講料
教材費：	約15,000円
諸納金：	約10,000円
合　計：	約25,000円

2022年度卒業生の進路状況

【進路先】
卒業者数　133名
大学…8名　　短期大学…4名　　通信制・放送大学…3名
専門学校…15名　新規就職…30名　定職者…11名
その他…62名

【主な合格実績】
会津大学、福島大学、郡山女子大学、福島学院大学　他

【指定校推薦】
あり

北海道
青森
岩手
宮城
秋田
山形
福島
茨城 ★
栃木
群馬
埼玉
千葉
東京
神奈川
新潟
富山
石川
福井
山梨
長野
岐阜
静岡
愛知
三重
滋賀
京都
大阪
兵庫
奈良
和歌山
鳥取
島根
岡山
広島
山口
徳島
香川
愛媛
高知
福岡
佐賀
長崎
熊本
大分
宮崎
鹿児島
沖縄

【広域通信制】2024年4月開校　茨城県設置認可申請中（設置計画承認済み）　（単位制）

飛鳥未来きぼう高等学校（仮称）
（ あすかみらい こうとうがっこう ）

（ https://www.sanko.ac.jp/asuka-kibou/　E-mail：info-mito-kibou@sanko.ac.jp ）

■住　所：〒310-0801　茨城県水戸市桜川1丁目7番1号
■電　話：050-5530-5358
■最寄駅：JR「水戸」駅から徒歩5分
■生徒が入学できる都道府県：
　全国47都道府県
■沿　革：
　2024年4月　開校
■教育理念：
　技能と心の調和

■形態・課程・学科：
　独立校・単位制による通信制・普通科
■併設する課程：なし
■入学・卒業時期：
　［転・編入］・入学時期　随時　・卒業時期　3月、9月
　［新入学］・入学時期　4月　・卒業時期　3月
■修業年限：3年（在籍最長年数：6年）
■学期制：2学期制
■卒業認定単位数：74単位
■技能連携：なし　　■実務代替：なし
■技能審査：20単位まで

スクーリングの日数と場所

【登校日数】
①週1日〜登校可能なベーシックスタイル、週1日のホームルームでみんなに会えるスタンダードスタイル、週3日から生活習慣が身につく3DAYスタイル、毎日通学で充実した高校生活を送れる5DAYスタイル、好きな時に好きな場所で勉強できるネットスタイルから選択。
②履修科目数により異なりますが、最低年間20日程度。
【場　所】
北海道、茨城、埼玉、東京、神奈川、愛知、京都、大阪、兵庫

特色

●ポイント①
自分にあった通学スタイルが選べて、服装も自由！
一人ひとりの個性や自己表現を大切にしている飛鳥未来きぼう高校は、自分にあった通学スタイルを選ぶことができます。さらに、登校時の服装は自由！（制服を購入することもできます。）

●ポイント②
なりたい自分に！将来の夢につながる自由に選べるコース選択制（希望者のみ）
自分にあった通学スタイルが選べるだけでなく、本校では美容・医療事務・スポーツ・保育・調理などさまざまな専門分野を高校生のうちから学ぶことができます。それは、飛鳥未来きぼう高校が全国にあらゆる分野の専門学校を持つ三幸学園グループの学校だからできること。各専門分野の授業は、専門学校のプロの先生が直接教えてくれます。週に2日、好きな専門科目を自由に受講できるコースと、高校卒業と同時に最短3年間で美容師免許取得ができるコースがあります。自分のやりたいこと・好きな専門分野を深めても良し、いろいろ体験してみて自分に向いている分野を探しても良し。高校で専門科目を学んだ上で、三幸学園の専門学校に内部進学すれば、進学後の授業もスムーズにスタートすることができます。

●ポイント③
気軽にチャレンジ！「できる！」が見つかるアカデミー選択制（希望者のみ）
自分の好きな分野を学んだり、新しいことにチャレンジしてみた→

→り、気楽に楽しみながら興味の幅を広げていきます。「好き」を「できる！」に変えてみよう！

●ポイント④
参加自由！友達と一緒に学校行事に参加して思い出をたくさん作ろう！
クラス制だけでなく、飛鳥未来きぼう高校には、参加・不参加を自由に選べる学校行事がたくさんあり、行事を通してクラスや学年を越えたたくさんの友達ができます。

●ポイント⑤
教職員が親身に一人ひとりの勉強も心もサポート。
メンタルサポートから、スマートフォンで学習状況がチェックできる学習サポートまで、生徒一人ひとりが安心して学校生活を送れるよう、担任の他、スクールカウンセラーや養護教諭、スクールソーシャルワーカーがサポートします。

●ポイント⑥
希望に合わせた進路サポートで卒業後の進路も安心！
大学、専門学校、就職など希望の進路の実現のために一人ひとりにあわせた個別の進路指導で希望の将来を目指します。姉妹校の専門学校や短大、大学への進学も有利で安心です。

●ポイント⑦
通信制高校だから自分のペースで学べて、学費の負担が少ない！
飛鳥未来きぼう高校は通信制高校なので、年間数日の通学から毎日の通学まで、自分のペースにあわせて通えます。また、通信制サポート校と違い、学費の負担が少ない点も魅力です。

進学指導	個人面談を重ね、生徒本人の希望や目標を尊重した進路指導体制を整えます。
学校行事	文化祭・スポーツ大会・入学式・卒業式など。キャンパスごとに異なります。
併修・単位について	併修することはできません。
補習指導	一人ひとりの学力レベルに合わせて、個別にわかるまで、粘り強く教えています。
生活指導	服装は自由ですが、制服を購入することもできます。

生 徒 情 報

【不登校生】
一人ひとりの生徒の高校生活が充実したものになるように担任制を導入しています。

【保護者連絡】
電話、メールなどで常に保護者様と密に連絡を取っています。

【転編入生】
前籍高校で修得した単位は認めています。転編入生も随時入学できます。

2024年度の募集要項

募集について

【推薦入試】
出願期間：キャンパスごとに異なります。
試験日：キャンパスごとに異なります。
選考方法：書類審査・面接
選考料：10,000円

【一般入試】
出願期間：キャンパスごとに異なります。
試験日：キャンパスごとに異なります。
選考方法：書類審査・面接
選考料：10,000円

【転・編入】
出願期間：随時
試験日：随時
選考方法：書類審査・面接
選考料：10,000円

学費について

【初年度】
入　学　金：　　　　　　10,000円
授　業　料：　1単位10,000円
施設設備費：　　　　　　60,000円
補　習　費：　　　　　100,000円
諸　経　費：　　　　　　55,000円

<学校の施設>※キャンパスごとに異なります。

校地面積	m²	図書室	なし
運動場面積	m²	プール	なし
視聴覚教室	なし	食堂	なし
体育館	なし	ラウンジ	なし
カウンセリング室	なし		

◇◇◇◇◇◇◇◇◇◇ **この学校にアクセスしてみよう！**

学校説明会	入学前電話相談	文化祭見学	体育祭見学	資料請求
○	○	○	○	○

※資料は電話・ホームページから請求して下さい。

北海道
青森
岩手
宮城
秋田
山形
福島
茨城 ★
栃木
群馬
埼玉
千葉
東京
神奈川
新潟
富山
石川
福井
山梨
長野
岐阜
静岡
愛知
三重
滋賀
京都
大阪
兵庫
奈良
和歌山
鳥取
島根
岡山
広島
山口
徳島
香川
愛媛
高知
福岡
佐賀
長崎
熊本
大分
宮崎
鹿児島
沖縄

【通信制】 （単位制）

EIKOデジタル・クリエイティブ高等学校
（エイコウ）（こうとうがっこう）

（ https://www.eiko-dch.ac.jp/qr ）

Society5.0 近未来型スクール構想（通信制・単位制高等学校・普通科）

学校法人
緑丘学園
**EIKOデジタル・
クリエイティブ高等学校**
2023年4月開校

【生徒が入学できる都道府県】茨城県または埼玉県に住所がある者

●デジタル（デジタル人材の育成）　●クリエイティブ（新しい価値創造）
●ダイバーシティ（多様性の尊重）　●インクルーシブ（共生社会の形成）
●SDGs（持続可能な社会の実現）

未来の学びへ・今はじまるEIKOのストーリー「ENJOY EIKO DREAM」

EIKO eSports studio

■校長名：田中　久美子
【水戸本校】
■住　所：〒 310-0913　茨城県水戸市見川町 2582 番地 9
■電　話：029-297-4018　Mobile：080-4174-8150
■最寄駅：JR「水戸」駅下車　バス 15 分
【浦和校】
■住　所：〒 330-0063　埼玉県さいたま市浦和区高砂 3 丁目 6-18
　　　　　けやきビル 6F
■電　話：048-767-8655　Mobile：070-1201-8150
■最寄駅：JR「浦和」駅下車　徒歩 6 分
■生徒が入学できる都道府県：茨城、埼玉
■沿　革：2023 年 4 月　開校
■創立理念：「知の創造者たれ」

■形態・課程・学科：通信制・単位制・普通科
■併設する課程：なし
■併設する課程への転籍：なし
■入学・卒業時期：
　・入学時期　毎月 1 日
　・卒業時期　3 月、9 月
■修業年限：3 年以上
■学期制：2 学期制
■卒業認定単位数：74 単位以上
■始業・終業時刻：
　始業 8：30　　終業 17：00
■技能連携：なし　　■実務代替：なし　　■技能審査：なし
■開設講座数：53 科目　※旧課程は 63 科目

スクーリングの日数と場所

【登校日数】
　夏季および冬季に各 5 日程度集中スクーリング

【場　所】
「水戸本校」
〒 310-0913　茨城県水戸市見川町 2582 番地 9
TEL：029-297-4018　MOBILE：080-4174-8150

「浦和校」
〒 330-0063　埼玉県さいたま市浦和区高砂 3 丁目 6-18
　　　　　　けやきビル 6F
TEL：048-767-8655　MOBILE：070-1201-8150

＜学校の施設＞

校地面積	734m²	図書室	あり
プール	なし	視聴覚教室	あり
食堂	なし	体育館	あり
ラウンジ	なし	カウンセリング室	あり
グラウンド	16,543m²	（小中高兼用）	

この学校にアクセスしてみよう！

学校説明会	入学前電話相談	文化祭見学	体育祭見学	資料請求
○	○	−	−	○

資料は電話またはホームページのお問い合わせフォームより請求して下さい。
▼個別相談会　平日・土曜 9：00 ～ 17：00　要予約・オンライン可
▼文化祭・体育祭　実施

特色

1．個別最適な学び×協働的な学び×個別サポート
(1)「個別最適な学び（インプット）」個に応じた指導
　「スーパー EIKO オンラインスタディ（有名予備
　校による完全個別 WEB 授業）＋個別サポート」
　大学進学を希望する生徒、中学の基礎を復習した
　い生徒など、それぞれが自ら設定した目標や進捗
　状況に応じて、主体的に学ぶよう個別サポートし
　ます。

(2)「協働的な学び（アウトプット）」主体性を持って多様な人々
　と協働して学ぶ
　「PBL（課題解決型学習）・SDGs（持続可能な社会の実現）」
　多様な学びを提供し、様々な近未来の課題に取り組みます。
　その上で、課題解決のための創造性（クリエイティブ）を養
　成し、持続可能な社会の実現を目指す SDGs 教育を推進します。
2．コース
(1)「リベラルアーツコース」
　「リベラルアーツ講座」を通して、主体的に学び自由に発想し、
　新しい価値を創造する人材の育成を目指します。広い視野
　で物事を判断できる力、柔軟に考えることができる総合力
　を養成します。
　①夢の実現、大学、専門学校、就職等の進路を目指します。
　②「リベラルアーツ講座＋スーパー EIKO オンラインスタ
　　ディ＋高校卒業資格取得 ＋PBL・SDGs」
(2)「スーパーアドバンスコース」
　東大・京大・医学部・難関大学への進学を目指します。
　①「特進スーパー」東大・京大・医学部を目指します。
　　「特進アドバンス」難関国公立大・難関私立大を目指します。
　②「スーパー EIKO オンラインスタディ＋高校卒業資格取
　　得 ＋PBL・SDGs」

(3) 「eスポーツコース」

eスポーツを通しての人間形成

強いメンタル・コミュニケーション力・論理的思考力・課題解決力・英語力を養成します。

プロフェッショナルスタッフ×最新設備×実践的カリキュラム

① 「eスポーツ」を総合的に学び、eスポーツ・デジタル・クリエイティブ人材の育成、大学進学等を目指します。

② 「eスポーツ+スーパーEIKOオンラインスタディ+高校卒業資格取得+PBL・SDGs」

③ プロフェッショナルスタッフ

④ 最新の設備「EIKO eスポーツスタジオ」

⑤ 実践的カリキュラム（eスポーツ実技、eスポーツ概論、イベント企画、動画編集・配信、ゲーム実況、デジタルクリエイティブ等）

⑥ 進路（プロゲーマー、ストリーマー、実況解説者、デジタル・クリエイティブ人材、大学進学等）

3. 特別支援教育の推進

ダイバーシティ（多様性の尊重）・インクルーシブ（共生社会の形成）

(1) 「合理的配慮の実践（個別の教育支援計画を作成・個に応じたサポート）」

(2) 「特別支援学校教諭免許状」を所有した教員を中心に、手厚くサポートします。また、保護者、専門機関と連携し特性のある生徒にとって最適な環境を提供します。

(3) 対象

① 不登校 ② 心や体調に不安がある ③ 発達障害、学習障害（LD）、情緒障害など、発達への課題に不安がある ④ 軽度の肢体不自由 ⑤ 特別な支援を要する

(4) 本校で受け入れ困難な場合には、お断りする場合がございます。「入学前相談」でご確認下さい。

4. Wスクール（希望者）

生徒一人ひとりの夢や目標に合わせて、専門的に学ぶことができます。

AI・データサイエンス／プログラミング／シナリオ／声優／トリマー／ドローン／ネイル

進学・補習指導

全日制の高校と比べて、受験に向け多くの時間を使うことができます。入学者全員が「スーパーEIKOオンラインスタディ」を活用し、大学進学に向けた学力を養成します。また、個別に手厚いサポートを受けられます。スーパーアドバンスコースは、東大・京大・医学部・難関大学を目指します。

生徒情報

【不登校生】
一律に同じ場所で同じことを学ぶというスタイルはこれから変わっていきます。無理なく自分のライフスタイルに合わせて、主体的に学ぶことができるようにサポートします。

【転編入生】
前籍校で修得した単位はそのまま継続します。転入は随時受け付け、毎月1日に入学が可能です。

【保護者連絡】
電話やオンラインでの相談を随時実施します。

【生徒数】2024年1月現在
水戸本校39名、浦和校14名

【教員数】
教員：男性6名、女性3名／講師数：男性5名、女性2名

併修・単位について
併修することはできません。高卒認定試験受験生は一部科目を履修することはできません。

生活指導
校則はありません。社会生活上のルールとマナーを大切にします。

特別活動
修学旅行、文化祭、ボランティア活動　等

クラブ活動
ダンス部、軽音楽部

学校行事
入学式、校外学習、スポーツフェスティバル、芸術鑑賞会、ボランティア活動、キャリアデザイン講座、卒業式　等

2024年度の募集要項

募集について

募集人員：360名

出願期間：新入学…2023年9月1日～随時受付
転入学・編入学…随時受付

試験日：新入学…2024年1月15日～随時受付
転入学・編入学…随時受付

選抜方法：書類選考および面接

検定料：10,000円

学費について

入学金：　30,000円

授業料：　10,000円（1単位）

教育充実費：30,000円（年額）

施設費：　36,000円（年額）

【コース費用】

〈リベラルアーツコース〉　　　　72,000円（年額）

〈スーパーアドバンスコース〉144,000円（年額）

〈eスポーツコース〉

Ⅰ. 週4日クラス　　　　480,000円（年額）

Ⅱ. 週2日クラス　　　　240,000円（年額）

Ⅲ. 週1日クラス　　　　120,000円（年額）

卒業生の進路状況

※2023年4月開校

【進路先】

卒業者数　名

大学…　名

短大…　名

専門学校…　名

就職…　名

その他…　名

【主な合格実績】

※通信教育連携協力施設はホームページをご覧ください

【広域通信制】 （単位制）

S高等学校
エス こう とう がっ こう

（ https://nnn.ed.jp/ ）

■校長名：吉井　直子
■住　所：〒300-4204　茨城県つくば市作谷578-2
■電　話：0120-0252-15
■生徒が入学できる都道府県：全国47都道府県
■創立理念：あなたの個性に、才能を。
　高い専門性や個性的な能力など、求められる人材像が変化する現代において、教育スタイル自体も変化していく必要があります。N高等学校と同じ理念・同じ仕組みで、従来の平均的な力を求める教育システムではなく、生徒たちが興味のある分野で生徒の能力を最大限引き出すことができるように多様な環境を提供することで、将来、社会で自立できる人材を輩出したいと考えています。

■形態・課程・学科：独立校・単位制による通信制・普通科
■入学・卒業時期：
・入学時期　4月、7月、10月、1月　※転入生は随時受付
・卒業時期　3月、6月、9月、12月
■修業年限：3年以上（在籍最長年数：6年）
■学期制：4学期制　　■卒業認定単位数：74単位
■技能連携：なし　　■実務代替：なし　　■技能審査：なし

スクーリングの日数と場所

【登校日数】
　<1・3年次>7～8日間程度
　<2年次>8～9日間程度（本校スクーリング（4～5日間程度）、
　　全国拠点のスクーリング（4～5日間程度）
【場　所】
　<1・3年次> 全国の拠点で実施
　<2年次>
　　N高等学校本校所在地：沖縄県うるま市与那城伊計224
　　S高等学校本校所在地：茨城県つくば市作谷578番地2

特色
最先端VR教材で学びが深まる、世界が広がる
ネットコース／通学コース／通学プログラミングコース／
オンライン通学コース／個別指導コースから自由に選択可能

　いずれのコースに在籍しても、最新VR教材による最先端の学びが可能です。没入感たっぷりのバーチャル空間で集中力を切らさず授業を受けられます。必修授業のほか、英会話や面接練習などのVRの特色を生かした課外講座や、全国のN高生・S高生と交流できる仕組みを提供していきます。
　また、コースでもメンターになる先生がついて、勉強の進め方や悩み、やりたいことのサポートをしてくれます。生徒はプロフェッショナル講師陣による、質のバラつきのない一流の映像授業を受講できるため、地域間の格差もなくなります。

①大学受験講座
　大学受験のプロによるオリジナル映像授業。学習習熟度と目標に合わせたコース（カリキュラム）があり、高校基礎から大学二次試験まで対応します。
②プログラミング
　ドワンゴのトップエンジニアが講師を務めるプログラミングの授業も。市販の教科書に書かれていない実際の開発体験に基づいたノウハウがつまっています。
③文化祭（ニコニコ超会議）
　11万人以上が幕張メッセに集うニコニコ超会議が文化祭です。かけがえのない経験と思い出を作りましょう。
④職業体験
　「刀鍛冶」「イカ釣り」「観光地経営」等、地方自治体と連携したプログラムです。参加者のほぼ全員が「職業体験に参加してよかった」と回答しています。VRを用いたバーチャル空間やオンラインでの職業体験・ワークショップ・トークセッションも開催。幅広く参加が可能です。

⑤学びコーチング〔通学コース／オンライン通学コース〕
　「目標に向かって着実に努力できる」よう、生徒一人ひとりの成長を個別にサポートするのが「学びコーチング」です。メンター教員と一緒に「目標」を設定し、達成を重ねていくことで、目標へ向かって1歩ずつ成長する技術を身につけます。
　まだなりたい仕事や夢がわからない、学習へのやる気が続かない、など、心配・不安があっても大丈夫。メンター教員が定期的に生徒とマンツーマン面談を行い、一人ひとりに寄り添って学習の問題や悩みを解決します。
⑥PBL（プロジェクト学習）
　本校ではふつうの学校の中ではなかなか学べない、実社会の学びを教室に取り入れています。
・「プロジェクトN／PBL」…実社会を題材に、自ら課題を考え、解決策を発見・発表するプロジェクト学習です。社会人になってから経験の中で身につける力を高校生のうちから身につけることは、生徒たちが社会で生き抜く力となります。また、問題に取り組むだけでなく「自分がやりたいことを見つける」「表現力の育成」など、より実社会に貢献できる人材になるためのカリキュラムが組まれています。
・「N／S高マイプロジェクト」…「全国高校生マイプロジェクトアワード」に挑戦するプロジェクトです。参加は任意で、自分たちでプロジェクトを考えチームを作り、アワードに向けて長期的なチャレンジをします。

◇◇◇◇◇◇◇◇◇◇ **この学校にアクセスしてみよう！**

学校説明会	入学前電話相談	文化祭見学	体育祭見学	資料請求
○	○	○ ニコニコ超会議内で実施	―	○

クラブ活動

起業部、投資部、政治部、eスポーツ部、ダンス部、研究部、美術部、音楽部、コンピューター部、クイズ研究会、人狼部、囲碁部、将棋部

eスポーツ部：
「Coca-Cola STAGE:0 eSPORTS High-School Championship 2023」オーバーウォッチ２ 優勝 N 高 準優勝 S 高
「Coca-Cola STAGE:0 eSPORTS High-School Championship 2023」ヴァロラント 準優勝 N 高
囲碁部：
「第 47 回文部科学大臣杯全国高校囲碁選手権大会」女子個人戦、優勝、S 高等学校・3 年生

学校行事

VR 入学式、文化祭（in ニコニコ超会議）、ネット遠足（年 3 回）、NED（N Expression Discovery）、ネット運動会、職業体験・ワークショップ（酪農・刀鍛冶・民泊・商品開発など）、バーチャル修学旅行。
※バーチャル修学旅行とは、普通科の生徒を対象にした VR のヘッドマウントディスプレイ（頭部に装着するディスプレイ装置）を使用し、自宅にいながら生徒同士でバーチャルに体験できる修学旅行です。2023 年度：海外旅行（1 日行程）／国内旅行（2 日行程）

進学・補習指導

【進学指導】
学習アプリ「N 予備校」：「大学受験」講座／個別指導コース　総合進学クラス／N 塾
【学力不振対策】
学習アプリ「N 予備校」：「高校準備・大学受験準備」講座／個別指導コース　基礎学習クラス

生徒情報

【不登校生】
中学時代はほとんど学校に行っていなくても大丈夫です。また、生徒一人ひとりに複数のメンターがつきます。メンターはカリキュラムや学習の進め方、進路の悩みなど高校生活を安心して過ごせるようにさまざまなアドバイスをしますので、なんでも気軽に相談してください。

【転編入生】
随時入学相談などを受け付けています。また、在籍校または前籍校での修得科目や在籍期間によって、S 高での履修科目や在籍期間も変わってきますので、事前のご相談をお勧めいたします。

【保護者との連絡】
保護者用マイページ、保護者通信、三者面談など

【生徒数】26,197 人（※グループ合計在籍数）

2023 年 9 月 30 日時点

生活指導

制服の購入・着用は所属コースにかかわらず任意です。また上着のみ、スカートのみなど一部購入することや、好みに合わせカスタマイズして着用することも可能です。頭髪や装飾など身なりに関する校則もありません。ただし、周囲の方に迷惑がかかるなどと判断すれば、指導する場合があります。

2024 年度の募集要項

募集について

【新高 1 生】
■出願期間：
2024 年度の最新の出願期間は公式サイトをご覧ください。
（2025 年度の出願期間も決まり次第、公式サイトにて発表致します。）

■通学コース・通学プログラミングコース希望の方
課題作文と面接の試験をおこないます。指定された日時に従って受験してください。
通学コース・通学プログラミングコース試験日：
出願期ごとの指定日
通学コース・通学プログラミングコース試験会場：
札幌・仙台・東京・名古屋・大阪・広島・福岡ほか

【新高 1 生以外】
随時募集しています。詳細は公式サイトをご覧ください。
■出願方法：
①公式サイトよりＷＥＢ出願の登録をしてください。（出願はＷＥＢでのみ受け付けます）
②ＷＥＢ出願時の案内に従い、入学検定料 5,000 円を納付してください。
（オンライン通学コースを希望される方は別途 5,000 円の事務手数料、通学コース・通学プログラミングコースを希望される方は別途 15,000 円の受験料が必要です。）
③学校作成書類を募集要項同封の専用封筒にて郵送してください。

※合格通知はメールで行いますので、メールアドレスに間違いのないようにしてください。また手続き中は受信メールのチェックを忘れないようにしてください。

学費

3 年間の実質負担額…206,200 円〜（ネットコースの場合）
※就学支援金の適用を受けた場合
コースや学び方などによって異なりますので、詳しくはお問合せください。

卒業生の主な進路状況

＜進路決定率 86.22％＞

大学等進学…33.24%	専門学校他…23.12%	浪人…10.94%
留学 0.70%	就職…9.04%	アルバイト等…9.18%
進路未定…13.59%	その他…0.19%	

※2023 年 4 月 28 日時点。
※分母 (n) は、2023 年 3 月 31 日付で卒業した生徒の人数（2022 年度に在籍していた N/S 高の 4 月生のみ）です。
※「大学等進学」は、大学、短期大学、大学・短期大学の通信教育部、高等学校（専攻科）および特別支援学校高等部（専攻科）へ、進学した者または進学しかつ就職した者が対象です。
※「専門学校他」には、専門学校（専門課程・一般課程）・公共職業能力開発施設・各種スクール等が含まれます。

【主な合格実績】
国公立大学：東京、京都、北海道、東北、名古屋、東京工業、一橋、大阪、九州など
私立大学：
早稲田、慶應義塾、学習院、明治、青山学院、立教、中央、法政、関西、関西学院、同志社、立命館など
海外大学：
マンチェスター、メルボルン、キングス・カレッジ・ロンドン、シドニー、ニューサウスウェールズ、クイーンズランド、モナシュ、バーミンガム、ボストンなど
（N／S 高合計）

【通学コースキャンパス】
北海道（札幌）東北（仙台、岩手盛岡、山形、福島郡山）、関東（御茶ノ水、秋葉原、東陽町、蒲田西口、代々木、渋谷、池袋、立川、武蔵境、町田、聖蹟桜ヶ丘、横浜、溝の口、川崎、相模原橋本、平塚、本厚木、大宮、川越、川口駅前、春日部、千葉、海浜幕張、松戸、柏、水戸、取手、つくば、群馬前橋、高崎、群馬太田、宇都宮、JR 宇都宮）、東海（名古屋、名駅、東岡崎、静岡、浜松、岐阜、四日市）、北陸・甲信越（新潟、長野、金沢）、近畿（天王寺、梅田、心斎橋、堺東、神戸、姫路、西宮北口、京都、京都山科、奈良西大寺）、中国・四国（広島、岡山、高松、松山）、九州・沖縄（北九州、福岡、博多駅南、久留米、鹿児島、長崎駅前、那覇）※ 2024 年 4 月時点

北海道
青森
岩手
宮城
秋田
山形
福島
茨城 ★
栃木
群馬
埼玉
千葉
東京
神奈川
新潟
富山
石川
福井
山梨
長野
岐阜
静岡
愛知
三重
滋賀
京都
大阪
兵庫
奈良
和歌山
鳥取
島根
岡山
広島
山口
徳島
香川
愛媛
高知
福岡
佐賀
長崎
熊本
大分
宮崎
鹿児島
沖縄

【広域通信制】 （単位制）

鹿島学園高等学校
（かしまがくえんこうとうがっこう）

(https://www.kg-school.net/gakuen/　E-mail でのご質問は HP よりどうぞ)

■校長名：常井　安文
（鹿島本校）
■住　所：〒314-0042　茨城県鹿嶋市田野辺 141-9
■最寄駅：JR 鹿島線「鹿島神宮」駅
■TEL：（通信制本部）0299-85-2020
　　　　（入学相談室ー全国）029-846-3212
　　　　　　　　　　　　050-3379-2235

■教育理念：
「確かな学力」「豊かな人格形成」「将来をみすえた国際理解」を教育目標にし、21 世紀に求められる有意な国際人の育成を目指す。

■形態・課程・学科：
全日制課程（学校法人）が母体
単位制による通信制課程・普通科を設置
■入学・卒業時期：
・入学時期 4 月、10 月※転入・編入は随時受付
・卒業時期 3 月、9 月
■修業年限：3 年以上
■学期制：前期・後期 2 学期制
■卒業認定単位数：74 単位

鹿島学園高等学校は、J 1 鹿島アントラーズ提携校で、全日制はサッカー（茨城県代表全国高校サッカー選手権大会出場、全国ベスト 3）、ゴルフ（全国制覇 3 回）などの強豪校として知られ、国公立大学（東京大学）や難関私立大学（早稲田大学、慶應義塾大学など）への進学実績も上げています。2004 年に「生徒ひとりひとりが自分を見つめ直し、次の一歩を踏み出す足がかりをつくること」を目的とした通信制を開設しました。

＊＊＊スイスイ、イキイキ、カシマの通信＊＊＊
「スイスイと高卒資格を取得できる学習環境」と「心を癒し、イキイキとした新しい自分に出会える多彩な体験学習」が、"カシマの通信"の大きな特色です。

1．全日制の学校法人が運営
2．全日制と同じ卒業証書
3．全国に広がる学習等支援施設
4．良心的な学費
5．通学は年間数日から週 5 日まで選択可
6．各種学割適用・通学定期の利用可
7．鹿島アントラーズ提携校

スクーリング場所

【場　所】
東京（大塚・巣鴨）、神奈川（横浜・横須賀）、千葉（千葉）、埼玉（大宮）、茨城（つくば・本校）、栃木（栃木・小山）、群馬（高崎）、岩手（盛岡）、宮城（仙台）、福島（いわき）、長野（長野・松本）、新潟（長岡・新潟）、静岡（三島）、愛知（名古屋・豊橋）、京都（京都）、大阪（大阪）、兵庫（神戸）、広島（広島）、鹿児島（鹿児島）、福岡（福岡）
【その他】
テレビ・ラジオ・Web でスクーリングの最大 8 割までを自宅で学習できます。

◇◇◇◇◇◇◇◇ この学校にアクセスしてみよう！

学校説明会	入学前電話相談	学校見学	資料請求
○	○	○	○

※資料は、ホームページ、電話、FAX で請求頂けます。

生活指導 私服または学校指定の制服のどちらでも通学できます。

体験学習 ダンス・スキー・スノーボード・テーブルマナーなど…年間を通して多彩な体験学習があり、希望するものに参加することができます。

学習システム

＜選べる学習スタイル＞
●週 2 ～ 5 日制
週に 2 日～ 5 日学習等支援施設に通学できて、指導を受けられるコースです。「学習に集中したい」「生活リズムを整えたい」「高校生活を楽しみたい」という人におすすめです！
●週 1 日制
週に 1 日学習支援施設に通学して、指導を受けられるコースです。「サポートを受けながら、趣味や好きな事にも時間を使いたい」「週 1 日の通学から、ゆっくり学校に慣れたい」という人におすすめです！
●自宅学習制
年間数日のスクーリング以外は通学せず、自学自習で学習するコースです。「自分のペースで学習に取り組みたい」「働きながら高校卒業を目指したい」という人におすすめです！
●家庭教師制
講師が自宅に来て、指導を受けられるコースです。「自宅でマンツーマンの指導を受けたい」「外出は難しいが直接指導を受けたい」という人におすすめです！
●個人指導制
学習等支援施設で、希望の時間に個人指導が受けられるコースです。「自分のペースで指導を受けたい」「先生と 1 対 1 でしっかり学びたい」という人におすすめです！
●ネット指導制
パソコン、スマートフォン、タブレットなどで、ネットテレビ電話などを利用して、指導を受けられるコースです。「好きな時間に好きな場所で学習したい」という人におすすめです！

＜選べる多彩な授業：14 レクチャー＞
○大学進学：それぞれの目標に合わせた、プロ講師の指導で、志望校合格を目指す。
○アニメ・マンガ・声優：作画などの基礎から学び、アニメーター・マンガ家・声優としての豊かな表現力を養い、プロデビューを目指す。

▼学校見学・説明・個別相談　随時ご予約をお受けしています。ホームページより、ご希望の学習等支援施設までご連絡下さい。

○ダンス・芸能・声優：「自己表現を通して人に感動を与える」ことを学び、タレントやダンサー・声優を目指す。
○音楽：音楽の基礎から実践的なテクニックまで、プロの指導を受け音楽中心の高校生活を実現する。
○スポーツ：サッカー・テニス等、学習サポートを受けながら、スポーツに専念する。
○ネイル・メイク・美容：ネイリスト・メイクアップアーティストに必要な知識とテクニックを学ぶ。
○ペット：トリマーやトレーナーなどに必要な知識と技術を学ぶ。
○スキルアップ：就職や将来のためになる技術を身につけ、資格の取得などを目指す。
○海外留学：アメリカ・イギリス・カナダ…、短期・中期・長期留学を通して国際人を目指す。
○保育・福祉：将来、保育や福祉のエキスパートを目指すための基礎を学ぶ。
○製菓・製パン：プロの講師からお菓子作りの基礎を学び、将来パティシエやブーランジェ（パン職人）などを目指すための基礎を学ぶ。
○eスポーツ：スポーツの世界と同様、日々の練習や戦略を練る思考力や集中力を身につける。
○ファッション・デザイン・アート：プロ講師による指導のもと、デザインや造形技術の取得を目指す。
○IT：プロ講師による指導で、パソコンや情報の技術を、高校生のうちから学びます。

進路状況

【主な合格実績】
【国公立大学】一橋大学、東京工業大学、岩手大学、長野県立大学、信州大学、静岡県立大学、千葉県立保健医療大学、富山大学、兵庫県立大学、愛知県立大学、県立広島大学、滋賀大学、尾道市立大学
【私立大学】慶應義塾大学、中央大学、東京理科大学、明治大学、青山学院大学、北里大学、学習院大学、法政大学、麻布大学、玉川大学、近畿大学、東海大学、立命館大学、名城大学、芝浦工業大学、日本大学、南山大学、愛知淑徳大学、東洋大学、関西学院大学　他多数
【私立短期大学】日本歯科大学東京短期大学、共立女子短期大学、四天王寺大学短期大学部、大阪成蹊短期大学、関西外国語大学、短期大学部、千葉明徳短期大学
【専門学校】東京医療秘書福祉専門学校、東京マルチ・AI専門学校、横浜システム工学院専門学校、日本写真芸術専門学校、丸の内ビジネス専門学校、仙台デザイン専門学校　他多数
【就職】陸上自衛隊、北日本石油株式会社、ダイドーティスコムビバレッジ株式会社、海上自衛隊 山崎製パン株式会社、株式会社近江建設 他多数

2024年度の募集要項

募集について

【一般入試】
募集人員：普通科　2500名（男女）
出願期間（新入生）：（前期）12月15日～4月5日
　　　　　　　　　　（後期）8月1日～9月25日
（転・編入生）：随時
選考方法：書類、面接
選考料：10,000円

学費について

入学金：　　　　　38,000円
授業料：　　　1単位 8,000円
　　　　　　（就学支援金が支給された場合1単位3,188円）※
施設費：　　　24,000円（年間）
システム管理費・通信費：　37,000円（年間）

※支給には条件があり、ご家庭の経済状況により
　支給の対象とならない、あるいは加算される場合があります。

▼全国に広がる学習等支援施設ネットワーク（グループ校含む）※2023年12月現在

●北海道・東北
【北海道】札幌・函館・旭川・帯広・釧路・月寒中央・新川
【青　森】青森・本八戸・白銀
【秋　田】秋田・横手・新屋
【岩　手】盛岡・花巻・北上・水沢・一関・久慈・宮古・釜石・大船渡・二戸・遠野
【宮　城】仙台・石巻・古川
【山　形】山形・鶴岡
【福　島】福島・いわき・白河・会津若松・郡山

●関東（首都圏）
【東　京】西葛西・蓮根・大塚・御嶽山・荏原・国立・荻窪・新宿・池袋・渋谷・代々木・原宿・高田馬場・目黒・品川・飯田橋・水道橋・秋葉原・御徒町・両国・日暮里・赤羽・北千住・西新井・金町・木場・表参道・自由が丘・西蒲田・蒲田・池上・練馬・幡ヶ谷・中野・吉祥寺・三鷹・田無・国分寺・千歳烏山・下北沢・調布・狛江・立川・町田・八王子・拝島・麻布十番・東京・錦糸町・浅草・江古田・西日暮里・経堂・多摩センター・昭島・巣鴨・府中・鵜の木
【神奈川】横浜・厚木・藤沢・溝の口・川崎・日吉・青葉台・戸塚・能見台・港南台・磯子・二俣川・中山・新横浜・相模原・橋本・逗子・横須賀中央・久里浜・小田原・平塚・稲田堤・由比ガ浜・大和・山北・大船・新百合ヶ丘・鶴見・根岸・上大岡・鎌倉・都筑ふれあいの丘・武蔵小杉・中田
【埼　玉】志木・所沢・草加・川口・南越谷・南浦和・川越・大宮・春日部・上尾・蓮田・鴻巣・行田・熊谷・深谷・加須・浦和
【千　葉】市川・浦安・船橋・津田沼・印西・新鎌ケ谷・我孫子・流山・野田・千葉・市original・成田・銚子・茂原・柏・東金・八千代台
【茨　城】鹿島・水戸・土浦・つくば・下館・古河・常総・守谷・龍ヶ崎・石岡・日立・取手・荒川沖
【群　馬】高崎・伊勢崎・太田・館林・前橋
【栃　木】宇都宮・栃木・小山・足利・那須・鹿沼

●東海・北陸・甲信越
【愛　知】名古屋・鶴舞・本郷・高蔵寺・春日井・大府・金山・一宮・犬山・岡崎・豊橋・豊田・刈谷・東岡崎・今池・千種・知立
【静　岡】沼津・静岡・浜松・三島・新富士・焼津・熱海・片浜
【岐　阜】岐阜・大垣・各務原・多治見・高山・関・恵那・可児
【富　山】富山

【石　川】金沢・小松
【福　井】福井・敦賀
【長　野】松本・佐久・上田・飯田・長野・岡谷・諏訪
【新　潟】新潟・長岡・上越・佐渡・青山
【山　梨】富士吉田・甲府

●近畿
【大　阪】梅田・天王寺・京橋・堺・東大阪・枚方・豊中・岸和田・阿倍野・新大阪・なんば・堺筋本町・松原・四条畷・西大橋・千里中央・茨木・布施・鳳
【京　都】京都・四条・伏見桃山・舞鶴・椥辻・宇治・亀岡・福知山・丸田町・丹波橋・西院・長岡天神
【滋　賀】大津・彦根・草津・堅田
【兵　庫】神戸・三宮・姫路・尼崎・西宮・丹波・加東・土山・西明石・滝野・芦屋
【奈　良】奈良・葛城・橿原・香芝・富雄
【三　重】四日市・津・桑名
【和歌山】和歌山

●中国・四国
【広　島】広島・福山・東広島・呉・安佐南・向洋・廿日市・横川
【鳥　取】鳥取・米子
【島　根】松江・出雲
【岡　山】岡山・倉敷・津山
【山　口】岩国・宇部・山口・周南・防府・下関
【徳　島】徳島
【香　川】高松
【愛　媛】松山・新居浜
【高　知】高知

●九州・沖縄
【福　岡】天神・博多・小倉・久留米・大牟田・薬院
【鹿児島】鹿児島・鹿屋・薩摩川内・国分・指宿・奄美
【佐　賀】佐賀・唐津
【長　崎】長崎・佐世保・諫早
【大　分】大分・別府・佐伯
【宮　崎】宮崎・都城・延岡
【沖　縄】那覇・沖縄・うるま・石垣・西表・久米島・宮古島・与那国・渡嘉敷・浦添・座間味・北中城

【広域通信制】 （単位制）

つくば開成高等学校
（かいせいこうとうがっこう）

（ E-mail：usiku@t-kaisei.ed.jp ）

- ■校長名：奥田　誠
- ■住　所：〒 300-1211　茨城県牛久市柏田町 3315-10
- ■電　話：029-872-5532　　■ FAX：029-872-5534
- ■最寄駅：JR 常磐線「牛久」駅下車、徒歩 12 分
- ■生徒が入学できる都道府県：
  47 都道府県
- ■沿　革：
  2003 年 10 月 つくば開成高等学校開校、柏学習センター開設
  　　　　 11 月 静岡学習センター開設
  2005 年　1 月 募集範囲全都道府県認可
  2007 年 10 月 守谷学習センター・進学コース開設
  2008 年　4 月 京都校・鹿嶋校・松本学習センター開設
  2015 年　7 月 タブレット導入（一部地域を除く）
- ■教育理念：
  多種多様な状況に置かれた生徒たちに対し、新しい教育システム及び、従来の通信制課程高等学校にないきめ細やかな個別学習指導を実践することにより、豊かな人間性を育て、自分で考え行動する主体的な若人、21 世紀を担うリーダーを育てていこうとする教育理念のもとに創設しました。

【学校へのアクセス】

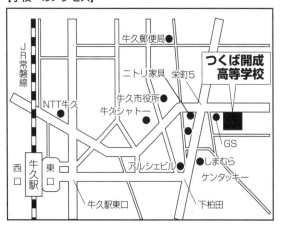

- ■形態・課程・学科：
  独立校・単位制による通信制課程普通科
- ■入学・卒業時期：
  ・入学時期　随時　　・卒業時期　3 月、9 月
- ■修業年限：
  ・3 年以上（在籍最長年数：6 年）
- ■学期制：2 学期制
- ■卒業認定単位数：74 単位
- ■実務代替：なし
- ■技能審査：増加単位として認定
- ■開設講座数：121 科目

スクーリングの日数と場所

【スクーリング日数】
　①履修科目数により異なりますが、年間 2 週間程度。
　②月曜から金曜までの 9：00 ～ 16：00 の通える時間。
　　土曜も場所により学習指導を実施。

【場　所】
　本校、および各学習センター、スクーリング会場。

【その他】
　①個々の状況により、補助教材（DVD または web 講座）、または メディア視聴で 6 割までスクーリングが免除となり、登校日数が少なくなります。
　②教育連携による体験活動もスクーリングの一部となります。

通いたい日、通いたい時間を自由に計画して登校でき、無理なく学習が進められます。登校に自信のない人や、集団学習が苦手な生徒でもゆとりを持って高校生活が送れます。柏・守谷・鹿嶋・静岡・沼津・山梨学習センター等でもきめ細かな個別指導を実践しています。

74 以上の単位取得と、3 年の修業期間で卒業。単位認定には、レポートとスクーリング、認定試験の合格が必要。レポートや試験は、個々の進路や力に応じて選べます。前・後期の単位認定もあるため、転入生・編入生の受け入れにも柔軟に対応しています。

家にこもっていた人や登校できずに悩んでいた人の 9 割が登校し始めているつくば開成。職員の温かなかかわりと新しい学校の魅力、さらに高校を卒業したいという生徒の思いがうまく合致した結果と思われます。行事などでの友人との交流も盛んになっています。学力と英語コミュニケーション力アップのために多彩な講座を開講し、声優、アニメなどでは外部教育機関と連携しています。この他にも生徒の興味関心の充足と同時に、将来の仕事や生活に役立つ企画を考えています。

進路指導

【安心の進路指導】
①義務教育内容の復習から大学受験対策まで、生徒の実力や適性に応じた様々な個別学習指導が受けられます。
②進学コース、基礎基本徹底コースでは、毎日個別または少人数の授業が受けられます。
③指導経験豊富な教師が多く、生徒の心強い味方となっています。
④外部講師による進路後援会、進路相談会、各種体験学習、小論文指導、全国模試等も実施しています。

▼学校説明会　随時行っています。　▼問い合わせ　029-872-5532

| クラブ活動 | 生徒の自主的なサークル活動があります。 |

| 併修・単位について | 定時制・高卒認定試験等と併修することができます。 |

| 生活指導 | 厳しい校則はありませんが、社会のルールやモラルを大切にします。 |

| 学校行事 | 芸術鑑賞、修学旅行（北海道・沖縄・関西）、校外学習（上野・TDL・TDS 他）、進路相談会、文化祭等 |

| その他 | **■タブレット学習！！**
Windows タブレットを活用することで、いつでも、どこでも学習ができ、学校の行事も確認することができます。例えば、レポートの作成や提出、英会話、予備校の授業などの映像講座の視聴、学校連絡掲示板確認など。タブレットを効果的に使って、進路や夢の実現に向けていろいろなことに挑戦していきましょう。 |

生徒情報

【不登校生】
ほとんどの生徒が生活のペースを取り戻し、前向きに学習に取り組んでいます。必要に応じて学習場所や時間等の配慮をしています。

【転編入生】
前籍高校で修得した単位は認めています。高卒認定試験で合格した単位も 20 単位まで認められます。転編入生も随時入学できます。

【保護者連絡】
保護者からの相談なども多く、電話や面談等で個々に対応しています。

【生徒数】 2024 年 1 月

年次	生徒数	男女比
1 年次	418 名	5：5
2 年次	423 名	5：5
3 年次	368 名	4：6

【教員数】

教員：男性 15 名、女性 5 名／講師：男性 24 名、女性 53 名
教育相談員：女性 1 名、男性 1 名

2024 年度の募集要項

募集について

募集人員：普通科 1,200 名（男女）
出願資格：2024 年 3 月中学卒業見込み者、2023 年 3 月以前に卒業した者、高校在学中の者、高校を退学した者
出願期間：入学生出願受付中
出願書類：①入学願書
　　　　　　②成績、単位取得証明書または調査書
　　　　　　③写真 3 枚（縦 4cm ×横 3cm）
検定料：10,000 円
出願方法：出願書類に同封の『入学願書在中』の封筒を使用して、書類を牛久本校まで簡易書留で郵送、または持参してください。
選考方法：書類選考（必要に応じて面接・作文もあり）

※転編入生は随時受け付けています。

学費について

入学金：　　　　なし
授業料：1 単位 12,000 円 ×単位数
施設設備費：　36,000 円（年額）
教育運営費：　50,000 円（年額）
※拠点により一部異なる場合があります。

過去の進路状況

【主な合格実績】
カリフォルニア工科大学大学院、カリフォルニア工科大学、スタンフォード大学、京都大、東北大、東京工業大、大阪大、筑波大、金沢大、神戸大、横浜国大、東京藝術大、電気通信大、首都大、新潟大、茨城大、埼玉大、静岡大、広島大、福岡大、佐賀大、高知大、大阪市立大、早稲田大、慶應義塾大、明治大、青山学院大、上智大、立教大、法政大、中央大、東京女子医大、国際基督教大、学習院大、東京理科大、駒澤大、同志社大、東洋大、日大、専修大、東京農業大、成城大、芝浦工業大、北里大、同志社大、立命館大、東京電機大、桐朋学園大、国士舘大、拓殖大、大東文化大、独協大、創価大、白百合女子大、大妻女子大、昭和女子大、東京女子大、学習院女子、実践女子大、大東文化大、東洋英和女子大、武蔵野大、中央学院大、神奈川歯科大、帝京大、文教大、千葉工業大、昭和薬科大、東京薬科大、明治薬科大、常磐大、横浜薬科大、二松学舎大、金沢工業大、西武文理大、跡見学園女子大、文化女子大、東京富士大、聖徳大、松本大、桜美林大学、川村学園女子大、流通経済大、筑波学院大、青山学院女子短大、立教女子短大、実践女子短大、白梅短大、文京学院短大、関東短大、帝京医療福祉専門、東京福祉専門、越谷保育専門、東京観光専門、創形美術、つくばビジネスカレッジ専門、筑波筑研究学園専門、日本ペット＆アニマル専門、早稲田美容専門、バンタンデザイン研究所、東京アナウンス学院、東京エアトラベル・ホテル専門　他

【指定校推薦】
大学 90 校、短大 23 校、専門学校 118 校

◇◇◇◇◇◇◇◇◇ この学校にアクセスしてみよう！

学校説明会	入学前電話相談	文化祭見学	体育祭見学	資料請求
○	○	○	ー	○

※資料は電話等で請求して下さい。

＜学習センター等＞
守谷　TX 関東鉄道守谷駅より徒歩 2 分　　　　　　　　　　　　tel：0297-38-4455　　fax：0297-46-0550
鹿嶋　JR 鹿島神宮駅より徒歩 5 分　　　　　　　　　　　　　tel：0299-84-0220　　fax：0299-82-3200
柏　　JR 柏駅より徒歩 2 分　　　　　　　　　　　　　　　　tel：04-7160-2351　　fax：04-7160-1031
静岡　静岡駅北口より徒歩 5 分　新静岡駅より徒歩 1 分　tel：054-275-0588　　fax：054-252-8757
その他、山梨、沼津　等

【広域通信制】 　　　　　　　　　　　　　　　　　　　　　　　　　　（単位制）

学校法人 タイケン学園 日本ウェルネス高等学校

(https://www.taiken.ac.jp/kasama 　E-mail：ibaraki@taiken.ac.jp)

■校長名：柴岡 三千夫
■住 所：〒 309-1622 茨城県笠間市南吉原 1188
■電 話：0296-71-5553 　　■ＦＡＸ：0296-71-5554
■最寄駅：JR「笠間」駅より自転車、JR「友部」駅よりバス 15 分
■生徒が入学できる都道府県：全 47 都道府県
■沿 革：2022 年 4 月 開校
■教育理念：
様々な選択肢が可能で、又、柔軟かつ創造的な教育活動を展開するため
に、インターネットを活用したリモート授業並びにスポーツをはじめ、
好きな分野に特化した弾力的な教育課程を編成し、生徒が学年次を超え
た人との関わりを深め、自分を大切にする気持ちや、ともに高め合う態
度を育むことができる学び舎として 2022 年 4 月に開校しました。

■形態・課程・学科：独立校・単位制による通信制課程・普通科
■併設する課程：なし
■入学・卒業時期：入学時期 4 月、10 月、卒業時期 3 月、9 月
■修業年限：3 年以上 　　■学期制：2 学期制
■卒業認定単位数：74 単位 　　■実務代替：なし
■技能連携：なし

スクーリングの日数と場所

【登校日数】
①通学 0 スクーリング年間 4 ～ 10 日
②週 5 日（スポーツ専攻は全員週 5 日コース） 　③週 2 日
【場 所】
日本ウェルネス高等学校（本校）：
　茨城県笠間市南吉原 1188 　　TEL：0296-71-555
宮城キャンパス：宮城県東松島市
神保町キャンパス：東京都千代田区神田神保町
青森学習支援センター：青森県青森市
矢板学習支援センター：栃木県矢板市

特色 インターネットコースと通学コースを選べます。
又、ハイブリッド型 web 授業で
個々に応じた進学に対応します。

①インターネットコース（週 0 日）
映像学習とレポート（添削指導）があり、動画教材を導入して学習し
ます。映像学習のまとめとして、レポートをオンラインで提出します。
原則として本校でのスクーリング、単位認定試験を基本とした通学 0
コースです（集中スクーリングを除く）。
②通学コース（週 5 日 or 週 2 日通学学習）
普通通学スタイル：「週 5 日」、「週 2 日」から選択し、大学進学、就職
で必要となる学力、スキルを身につけます。
専門特化スタイル：スポーツ専攻、音楽専攻（吹奏楽）など多彩な専
攻の中から好きな専攻を選択し、個性を重視した学びを行います。

<内部推薦が可能な大学と専門学校>
日本ウェルネススポーツ大学／日本ウェルネススポーツ専門学校（東
京校・北九州校・広島校）／日本ペット＆アニマル専門学校（東京）
／日本ウェルネス歯科衛生専門学校（東京）／日本グローバル専門学
校（埼玉）／日本ウェルネス AI・IT・保育専門学校（東京）／日本グ
ローバルビジネス専門学校（茨城）

<姉妹校> {全日制}
日本ウェルネス長野高等学校
〒 399-7501 長野県東筑摩郡筑北村西条 4228 　　TEL：0263-66-0057
日本ウェルネス宮城高等学校
〒 981-0303 宮城県東松島市小野字裏丁 1 　　TEL：0225-20-9030

<姉妹校> {通信制}
日本ウェルネス高等学校
〒 794-1307 愛媛県今治市大三島町口総 4010 　　TEL：0296-71-5553
日本ウェルネス高等学校 東京キャンパス
〒 175-0094 東京都板橋区成増 1-12-19 　　TEL：03-3938-7500
〒 179-0071 東京都練馬区旭町 3-28-17 　　TEL：03-6909-8681
日本ウェルネス高等学校 名古屋キャンパス
〒 460-0008 愛知県名古屋市中区栄 1-22-31 　　TEL：052-218-8313
日本ウェルネス高等学校 信州筑北キャンパス
〒 399-7501 長野県東筑摩郡筑北村西条 4200-2 　　TEL：0263-66-0012
日本ウェルネス高等学校 広島キャンパス
〒 739-0321 広島県広島市安佐区中野 2-21-26-8 　　TEL：082-892-3015
日本ウェルネス高等学校 北九州キャンパス
〒 805-0043 福岡県北九州市八幡東区勝山 2-7-5 　　TEL：093-654-3677
日本ウェルネス高等学校 沖縄キャンパス
〒 904-2162 沖縄県沖縄市海邦 1-22-13 　　TEL：098-901-7630

学習システム
①通学 0 スタイル（在宅スタイル）
自宅でのレポート作成を中心に学習を進めていき、最低
年 4 日間の集中スクーリングに参加してもらいます。
②通学スタイル（週 5 日・週 2 日）
基礎から進学まで幅広い授業を行います。数ある選択肢
の中から自分に合った将来を選択することができます。
他にも、教室内での学習ばかりではなく、校外学習など
も多数行っています。
③各種コース・専攻
通常授業＋αの部分です。
本格的な専門知識やスキル、資格取得を目指すものから、
学校に来る楽しみの一つとなるものまで様々なコース・
専攻がそろっています。

| クラブ活動 | 2023年度　硬式野球部、バレーボール部、ゴルフ部、スケートボード部、吹奏楽部 |

| 学校行事 | 4月：入学式
5月：学園合同体育祭
6月：校外学習（ひたち海浜公園）
11月：文化祭
2月：校外学習（東京ディズニーリゾート）
3月：卒業式　　　　　　　　　　　　　　　等 |

| 生活指導 | 制服あり（希望者のみ）
頭髪・服装等の身だしなみに関する制約はありません。

『義務づけるのではなく、習慣づける』
人に迷惑をかけないことと、社会のルールやマナーを守れるように指導しています。 |

| 進路指導 | 学園内の専門学校と連携して進学ガイダンスや職業ガイダンスを定期的に実施し、早くから進路への意識づけに力を入れています。特に進学指導は充実していて、指定校推薦から総合型選抜・学校推薦型選抜等にも対応しています。 |

| 補習指導 | 希望すればいつでも補習やレポート作成の補助が受けられます。基礎学力の向上から進学指導まで、幅の広い指導をしています。
資格や検定にも数多く取り組んでいます。 |

2024・2025年度の募集要項

| 募集について | 募集人員：普通科600名（インターネットコース・通学コース）
出願期間：3月31日まで
試験日：随時
選考方法：専門特化スタイル…作文、面接
　　　　　その他…書類選考
選考料：10,000円

※前籍校の単位を振り替えることができます。入学時期は編入学が4月と10月、転入学は随時受け付けております。 |

| 学費について | [週5日スタイル]
入学金：　　　　　　　10,000円
単位認定料：　1単位12,000円
補習授業料：　　　　200,000円

[週2日スタイル]
入学金：　　　　　　　10,000円
単位認定料：　1単位12,000円
補習授業料：　　　　　80,000円

[通学0スタイル]
入学金：　　　　　　　10,000円
授業料：　　　1単位12,000円

※高等学校等就学支援金が各ご家庭の収入に応じて受けられます。詳しくは本校までお問い合わせください。 |

卒業生合格先一覧

【進路先】
日本ウェルネススポーツ大学、杏林大学、明星大学、尚絅学院大学、茨城キリスト教大学、淑徳大学、東北福祉大学、WaN国際ペットワールド専門学校、茨城県音楽専門学校、大原学園専門学校、水戸ビューティーカレッジ、いばらきどうぶつ専門学校、パリ総合美容専門学校
日立Astemoリヴァーレ（Vリーグ）・株式会社関彰商事・あさひ歯科ほか
＜内部推薦が可能な大学と専門学校＞
日本ウェルネススポーツ大学／日本ウェルネススポーツ専門学校（東京校・北九州校・広島校）／日本ペット＆アニマル専門学校（東京校）／日本ウェルネス歯科衛生専門学校（東京校）／日本グローバル専門学校（埼玉）／日本ウェルネスAI・IT・保育専門学校（東京）／日本グローバルビジネス専門学校（茨城）

◇◇◇◇◇◇◇ この学校にアクセスしてみよう！ ◇◇◇◇◇◇◇

学校説明会	入学前電話相談	文化祭見学	体育祭見学	資料請求
○	○	○	○	○

※資料請求はTEL、Eメール、FAX等でご請求下さい。
▼学校説明会　　学校見学・個別相談随時実施

＜学校の施設＞

校地面積	16,149m²	図書室	あり
運動場面積	5,275m²	プール	なし
視聴覚教室	あり	食堂	あり
体育館	あり	ラウンジ	あり
グラウンド	あり	カウンセリング室	あり

▼全国のおもな学習センター
〈青森学習支援センター〉	青森県青森市堤町2-1-9	TEL：0120-973-317
〈宮城キャンパス〉	宮城県東松島市小野字裏丁1	TEL：0225-20-9031
〈矢板学習支援センター〉	栃木県矢板市扇町2-1615-1	TEL：0287-47-5617
〈神保町キャンパス〉	東京都千代田区神田神保町1-52-4	TEL：03-5577-2858

【広域通信制】 　　　　　　　　　　　　　　　　　　　（単位制）

ルネサンス高等学校
こうとうがっこう

(https://www.r-ac.jp)

■**校長名**：菊池　一仁
■**住　所**：〒 319-3702　茨城県久慈郡大子町大字町付 1543
■**電　話**：0120-816-737　　■**ＦＡＸ**：0295-76-8032
■**最寄駅**：JR 水郡線「下野宮」駅下車、車 8 分
■**生徒が入学できる都道府県**：
　全国 47 都道府県
■**沿　革**：
　2006 年 4 月　開校
■**教育理念**：
　人と異なることが、人に劣ることではないように、学校のあり
　方にも多様性が必要です。生徒の置かれた現実に対応し、学校
　側が柔軟に考えて教育を実践し、より素敵な学校をめざしてい
　きます。

■**形態・課程・学科**：
　独立校・単位制による通信制課程・普通科
■**併設する課程**：なし
■**入学・卒業時期**：
　・入学時期　4 月、10 月（転入学は随時）
　・卒業時期　3 月、9 月
■**修業年限**：
　3 年以上（前籍校含む在籍最長年数　制限なし）
■**学期制**：前期・後期の二期制
■**卒業認定単位数**：78 単位以上

スクーリングの日数と場所

【**登校日数**】
　　年 4 日〜
　　※標準科目を履修しメディア学習が完了した場合の日数で
　　　す。ルネサンス高等学校の場合、年 4 〜 5 日程度（単位
　　　認定試験を含む）を要します。転入等で履修科目が多い
　　　場合、所要日数が増えることになります。

【**場　所**】
　　ルネサンス高等学校本校

【**内　容**】
　　東京駅に集合し、バスと新幹線で本校へ移動します。
　　2020 年 5 月に移転した新校舎はこれまでより広いグラウン
　　ドがあり、体育館、図書室、家庭科室、美術室、理科室、
　　視聴覚室など施設も充実しています。また、宿泊施設の美
　　味しい夕食と温泉も魅力の一つです。
　　スクーリングは分割でも OK！ 仲間ができる集団型、自分
　　のペースでできる個別型、成人限定や親子で参加できるタ
　　イプなどあります。

ルネサンス高等学校は、インターネットを活用し、「自
分のペースにあわせて」「いつでも」「どこでも」正規
の高校教育カリキュラムが学べる環境づくりを行って
います。

●**レポート（課題）学習**
普段のレポート（課題）はスマートフォンやタブレット・パソコ
ンで学習できるので、時間や場所にとらわれずに、効率良く自分
のペースですすめていくことができます。動画授業の「メディア
学習」は分かりやすく基礎から楽しく学ぶことができます。
●**スクーリング（面接指導）**
必須登校日であるスクーリングは、本校にて行われます。3 泊
4 日のタイプが中心で、集団が苦手な方向けの個別スクーリン
グや、親御様に同行いただける親子スクーリングのご用意もご
ざいます。※内容は毎年変わります。
●**進路サポート**
きめ細やかなサポート体制と効率的な学習システムにより、毎
年多くの卒業生が希望の進路を実現させています。
●**生徒の活躍・実績など**
2023 年に行われた e スポーツの大会『STAGE：0』では、リー
グ・オブ・レジェンド部門とヴァロラント部門で優勝、フォー
トナイト部門で準優勝という成績を収めています。
※グループ校全体実績

履修・単位について
自分で学びたい教科や科目を選択し履修することがで
きる単位制をとっています。卒業認定単位は 78 単位
以上です。

特別活動
進路セミナー、ワークショップ、アクティビティーツ
アーなど、興味のあるイベントに自由に参加すること
ができます。
※面接指導（スクーリング）や特別活動には含みません。

進路指導
就職から大学・短大・専門学校等の進学まで、個々の
希望に応じた進路指導を行っています。

生活指導
制服は通学スタンダードコース以外、着用自由です。
髪の色、ピアス、服装などの規制はありません。「自
分らしさ」を重視した指導を行っています。

コース

ルネ高生なら誰でも、キャンパスを利用できる！

もっと高校生活を楽しみたい人、基礎学習を高めたい人などのために、キャンパスがあります。

新宿代々木キャンパスは「代々木駅」から徒歩4分、JR各線「新宿駅」南口から徒歩9分の便利な立地にあり、また、2021年4月に横浜キャンパス、2023年4月には池袋キャンパスも開校しました。Wi-Fi完備の教室で自習したり、仲間とスクールライフを楽しんだり、さまざまな体験をすることができます。

高卒資格取得に＋α
「なりたい自分」へ　Wスクールコース

高校卒業をめざす学習カリキュラムに追加できるのが、Wスクールコース。ルネ高に在籍しながら提携校に通うことで、早期に専門スキルを身につけることができます。

- ●進学コース　　●留学・英会話コース
- ●資格取得コース
- ●スポーツコース　●芸能コース
- ●美容コース

●eスポーツコース

eスポーツ、語学、心理学等の一流の講師陣を揃え、勝つために必要な「実用レベルの英会話能力」・「コミュニケーション能力」・「強いメンタル」を育てる講義を行います。また、eスポーツを通して将来の夢を描き、目標に向かって進む力を身につけることができます。

●アコピア K-POP コース
※講義はオンラインで実施

韓国芸能事務所の練習生をめざすコースです。パフォーマンスの技術だけでなく、容姿や心身の健康にも配慮したオーダーメイドのカリキュラムを提供。日本の高校卒業を諦めることなくK-POPアイドルをめざすことができます。希望者は留学プログラムも利用可能です。

2024年度の募集要項

学費について

入 学 金：	50,000円（入学初年度のみ）
授 業 料：	単位数×10,000円（初年度は標準26単位を履修）
施設設備費（年額）：	20,000円
教育関連諸費（年額）：	60,000円
スクーリング費（年額）：	65,000円

※高校卒業には3年以上の在籍及び、78単位以上の取得が必要となります。
※前籍校での在籍期間と修得単位数は引き継ぐことが可能です。
※Wスクールコース、eスポーツコースなどのオプションコース受講を希望する場合は、別途費用が必要です。

募集について

募 集 対 象：	①2024年3月中学卒業見込みの者 ②中学校既卒者 ③現在、高校に在籍中の生徒 ④高校を中途退学した者
出 願 期 間：	随時受付（詳しくはお問い合わせください）
試 験 日：	お問い合わせください
入学検定料：	10,000円

2022年度合格実績（グループ校全体）

＜国公立大学＞

大阪大学／九州大学／東京工業大学／東京農工大学／東京藝術大学／金沢大学／千葉大学／国際教養大学／大阪公立大学

＜私立大学＞

早稲田大学／慶應義塾大学／上智大学／明治大学／青山学院大学／立教大学／中央大学／法政大学／日本大学／成城大学／多摩美術大学／フェリス女学院大学／杏林大学／横浜薬科大学／日本歯科大学／愛知大学／中京大学／中部大学／日本赤十字豊田看護大学／日本福祉大学／名古屋外国語大学／朝日大学／同志社大学／関西大学／立命館大学／近畿大学／甲南大学／龍谷大学／京都産業大学／関西外国語大学／大阪経済大学／同志社女子大学／武庫川女子大学／大和大学／大阪商業大学／関西医療大学　など

＜学校の施設＞

校地面積	15,308m²	図 書 室	あり
運動場面積	8,708m²	プ ー ル	なし
視聴覚教室	あり	食 堂	なし
体 育 館	あり	ラウンジ	なし
借りグラウンド	なし	カウンセリング室	あり

この学校にアクセスしてみよう！

学校説明会	入学前 電話相談	文化祭見学	体育祭見学	資料請求
○	○	○	ー	○

学校資料は、電話もしくはHPからご請求ください。
▼個別相談会　随時実施中
　　※ご希望の方はお問い合わせください。
　　0120-816-737（はいろーな、みな）

【学校情報】

●ルネサンス高等学校	茨城県久慈郡大子町大字町付1543	TEL.0295-76-8031
●ルネサンス豊田高等学校（グループ校）	愛知県豊田市藤沢町丸竹182	TEL.0565-49-0051
●ルネサンス大阪高等学校（グループ校）	大阪府大阪市北区芝田2-9-20 学園ビル	TEL.06-6373-5900
●ルネ中等部（中学生向け）eスポーツ＆プログラミングが学べます		TEL.0120-526-611

【連携キャンパス情報】 全国共通フリーダイヤル　0120-816-737

●池袋キャンパス（2023年4月開設）	東京都豊島区東池袋1-30-6　セイコーサンシャインビルXI　5F
●新宿代々木キャンパス	東京都渋谷区代々木1-13-5
●横浜キャンパス	神奈川県横浜市神奈川区金港町6-9 横浜金港町第2ビル　2F

【通信制】 (単位制)

茨城県立水戸南高等学校
（ https://www.mitominami-h.ibk.ed.jp ）

■校長名：平野　泰博
■住　所：〒310-0804　茨城県水戸市白梅 2-10-10
■電　話：029-247-4284
■ＦＡＸ：029-248-6694
■最寄駅：JR 常磐線「水戸」駅下車、徒歩 15 分
■生徒が入学できる都道府県：
　茨城、または隣接県（茨城県内に勤務していること）
■沿革：
　1971 年定時制、通信制課程の学校として開校。
　通信制は、2004 年度に単位制に移行しました。

■形態・課程・学科：
　併設校、単位制による通信制、普通科・ライフデザイン科
■併設する課程：単位制による昼夜間定時制
■併設課程への転籍：なし（試験により可）
■入学・卒業時期：
　・入学時期　4 月
　・卒業時期　3 月
■修業年限：3 年以上（在籍最長年数：6 年または 5 年）
■学期制：2 学期制
■卒業認定単位数：74 単位
■技能審査：あり
■実務代替：なし

スクーリングの日数と場所

【登校日数】
　　月 2 回程度　　本校日曜日コース、本校火曜日コース
　　　　　　　　　下妻コース（日曜日のみ）

特色
・県立高校唯一の通信制です。
・10 代から 80 代まで、多様な生徒が学んでいます。

学習指導
成績不振の生徒に対して個別指導を実施しています。
単位制高校なので、必履修科目のほかに、学びたい年次に学びたい科目が選択できます。

クラブ活動
【クラブ数 11】
全国定通大会に出場するクラブがあります。

学校行事
宿泊学習、理科野外学習、遠足、修学旅行、スケート教室、生活体験発表会、クラスマッチ等

生活指導
学校指定の制服はありません。私服ですが、華美にならないような服装にするよう注意を促しています。

◇◇◇◇◇◇◇◇ **この学校にアクセスしてみよう！**

学校説明会	入学前電話相談	文化祭見学	体育祭見学	資料請求
○	○	―	―	○ 電話

※来校された時に、パンフレットを配付しています。

生徒情報

【転編入生】
前籍高校で修得した単位は原則としてすべて振り替えることができます。また、入学前に高卒認定試験で合格した科目も年間 10 単位まで振り替えることができます。転編入生及び一般生の募集の受付期間は 3 月です。（ただし受付期間が異なります。）卒業の条件は、74 単位以上を修得（前籍校で修得した単位を含む）し、特別活動を規定どおり行うことです。

【保護者連絡】
主にホームページ掲示板や電話・手紙で、頻繁に行っています。

【生徒数】 2023 年 11 月 1 日現在

年次	生徒数	男女比	クラス数	1 クラスの平均人数	転入生	編入生
1 年次	214 名	79：135	7 クラス	30.6 名	0 名	0 名
2 年次	183 名	74：109	7 クラス	26.1 名	18 名	5 名
3 年次	170 名	56：114	7 クラス	24.3 名	16 名	4 名
4 年次	138 名	61：77	6 クラス	23 名	4 名	0 名

転編入生は 2023 年度入学生

【教員数】
　教員：男性 18 名、女性 12 名／非常勤講師 7 名

2024 年度の募集要項

募集について

【一般入学】
出願期間：2024 年 3 月 8 日(金)〜 21 日(木)
　　　　　（土日祝日を除く）
試 験 日：なし
選抜方法：書類選考
選 考 料：なし
【転・編入学】
出願期間：2024 年 2 月 29 日（木）〜3 月 5 日（火）※土日を除く
試 験 日：2023 年 3 月 9 日（土）

学費について

入学金等：500 円（令和 5 年度実績）
受 講 料：未定（条件により就学支援金制度あり）
教材・諸費：6,600 円（令和 5 年度実績）

合　計：7,100 円＋受講料
　　　（他に教科書・学習書代がかかります）

2022 年度卒業生の進路状況

【進路先】
卒業者数　113 名
大学…1 名
短大…1 名
新規就職（学校を通じたもの）…13 名
専修学校…25 名
【主な合格実績】
日本大学、佐野日本大学短期大学　など

【広域通信制】 （単位制）

晃陽学園高等学校
こうようがくえんこうとうがっこう

(https://www.koyo-gakuen.ac.jp　E-mail：info@koyo-gakuen.ac.jp)

■校長名：伊藤　俊行
■住　所：〒306-0011　茨城県古河市東1-5-26
■電　話：0280-31-5455
■FAX：0280-31-4448
■最寄駅：宇都宮線「古河」駅下車、徒歩3分
■生徒が入学できる都道府県：
　福島、茨城、栃木、埼玉、東京、千葉など広域
■沿　革：2004年4月1日　晃陽学園高等学校開校
■教育理念：
　生徒たちが、学習スタイル・学習内容を自己選択、自己決定できる生徒の状況に合わせた教育を推進する。
■学習センター：東京吉祥寺・下妻・ひたち野うしく・気仙沼

■形態・課程・学科：
　独立校・単位制による通信制・普通科
■併設する課程：なし
■入学・卒業時期：
　・食物調理コース、パティシエ・スウィーツコース、美容師コース、医療コース、進学・進路選択コース（本校のみ）：入学時期4月、卒業時期3月
　※食物調理コース、パティシエ・スウィーツコース、美容師コース、医療コース・進学・進路選択コースは毎日登校
　・自由登校コース：新入・編入　入学時期4月、10月
　　　　　　　　　　　　　　　卒業時期3月、9月
　　　　　　　　転入　　入学時期随時
■修業年限：3年（在籍最長年数：6年）
■学期制：2学期制
■卒業認定単位数：74単位
■始業・終業時刻：9：15～15：05
■技能連携：晃陽看護栄養専門学校（食物調理コースのみ）
■技能審査：なし
■実務代替：なし
■開設講座数：54講座、54科目

スクーリングの日数と場所

【登校日数】
　①夏・冬の集中スクーリングに登校
　②毎日登校（古河本校）
　　　　　　　　　　　　　　　　　　併用する生徒が多い
【場　所】
　古河本校、ほか各施設
【その他】
　制服はあります。

特色

「君の夢を実現するための、自由な学習スタイル」を実現

高校に「いけなかった」・・・。高校を「やめてしまった」・・・。でも、「将来のために高校卒業の資格だけはどうしても取っておきたい」、そんな人のために晃陽学園高等学校は誕生しました。
　本校の特色は、通学制と自由登校制があり、高・専一貫教育で進路目標が明確になることにあります。（系列校の晃陽看護栄養専門学校に優先入学できます。）
特に、通学制の食物調理コースでは、卒業時に調理師免許取得ができます。また、パティシエ・スウィーツコースでは製菓衛生師、美容師コースでは美容師の国家資格が取得できます。教職員は、「生徒に深く関わりを持ちながら生徒の夢実現のために努力する」をモットーとしています。

生徒情報

【不登校生】過去に不登校だった生徒もいます。その生徒のペースに合わせてゆっくり、じっくり取り組めるよう対処しています。
【転編入生】編入生の入学時期は4月と10月です。転入生は随時受付けています。
【保護者連絡】保護者会・ホームルームや三者面談を実施しています。

【生徒数】　　　　　　　　　　　　　　　　2023年5月1日現在

年次	生徒数	男女比	クラス数	1クラスの平均人数
1年次	48名	3：5	クラス	20名
2年次	41名	3：7	クラス	20名
3年次	55名	3：7	クラス	20名
合計	144名			

【教員数】18名

2024年度の募集要項

募集について

募集定員：普通科　募集定員　340名
募集要項：
1. 平日登校（週5日制）
　〔古河本校〕食物調理コース、パティシエ・スウィーツコース、美容師コース、医療コース・進学・進路選択コース
　※出願日程・試験日程・出願書類等は別に定めるのでお問い合わせ下さい。
　出願書類：本校所定の用紙
　検定料：20,000円
2. 自由登校コース（自由登校制）
　〔古河本校〕〔下妻学習センター〕〔ひたち野うしく学習センター〕〔気仙沼学習センター〕〔一関学習センター〕自由登校コース
　〔東京吉祥寺学習センター〕自由登校コース・社会人応援コース
　※出願日程・試験日程・出願書類等は別に定めるのでお問い合わせ下さい。
　出願書類：本校所定の用紙
　検定料：20,000円

学費について

■食物調理
入　学　金：　130,000円
授　業　料：　380,000円
そ　の　他：　270,000円
合　　　計：　780,000円

■美容師
入　学　金：　 50,000円
授　業　料：　302,000円
そ　の　他：　284,000円
合　　　計：　636,000円

■パティシエ・スウィーツ
入　学　金：　100,000円
授　業　料：　282,000円
そ　の　他：　398,000円
合　　　計：　780,000円

■医療／進学・進路選択
入　学　金：　 50,000円
授　業　料：　182,000円
そ　の　他：　404,000円
合　　　計：　636,000円

■自由登校
入　学　金：　 50,000円
授　業　料：　203,000円 ※
そ　の　他：　 35,000円
合　　　計：　288,000円

※初年度29単位の場合。
　1単位7,000円。

※下妻学習センター、ひたち野うしく学習センター、気仙沼学習センターは同額。東京校はお問合せ下さい。

2022年度卒業生の進路状況

＜卒業者数　38名＞
【進路先】
大学…2名　　　　短期大学…2名　　　専門学校…4名
就職…18名　　　　その他…12名
【主な合格実績】
毎年、調理師・製菓衛生師・美容師の国家資格を活かした就職、希望の大学・専門学校等への進学を決定しています。

◇◇◇◇◇◇◇◇　この学校にアクセスしてみよう！

学校説明会	入学前電話相談	文化祭見学	体育祭見学	資料請求
○	○	○	－	○

※資料はホームページを参考にし、メール、電話、ファックスで請求して下さい。

【広域通信制】　　　　　　　　　　　　　　　　　　　　　（単位制）

翔洋学園高等学校
しょうようがくえんこうとうがっこう

(https://www.shoyo.ac.jp)

- ■**校長名：**石田進
- ■**住　所：**〒319-1221　茨城県日立市大みか町4丁目1-3
- ■**電　話：**0294-27-1101　　■**FAX：**0294-27-1102
- ■**最寄駅：**JR常磐線「大甕」駅下車、バス2分・徒歩10分
- ■**生徒が入学できる都道府県：**
  茨城、千葉、東京、埼玉、福島、秋田、栃木、群馬、山梨、長野、神奈川、青森、岩手、宮城、山形、新潟、岐阜
- ■**沿　革：**
  2000年　創立
- ■**教育理念：**
  「明日力（あすりょく）」で未来に羽ばたけ！　生きる力と確かな学力を育む通信制高校です。

- ■**形態・課程・学科：**
  独立校・単位制による通信制課程・普通科
- ■**併設する課程：**なし
- ■**入学・卒業時期：**
  ・入学時期　4月（新卒）既卒、編入、転入は随時
  ・卒業時期　9月、3月
- ■**修業年限：**
  3年以上
- ■**学期制：**
  2学期制
- ■**卒業認定単位数：**
  74単位
- ■**実務代替：**なし　　■**技能審査：**なし

スクーリングの日数と場所

【日　数】
　日立本校または指定された会場でのスクーリング。
　行われる日数および日程は、各会場によって異なります。

【会　場】
各キャンパスの所在地近隣にそろっています。

翔洋学園では、生徒一人ひとりが自分の未来を創造する力を「明日力（あすりょく）」と呼び、その力を育てることが高校生にとって大切なことだと考えています。
翔洋学園では自分の興味や進路希望に合わせて、学習する科目を自由に選ぶことができます。

入学するといずれかのキャンパスに所属します。

- ■日立本校　　茨城県日立市大みか町4-1-3　　　　　　　　TEL0294-27-1101
- ■水戸キャンパス　茨城県水戸市桜川1-4-14　　　　　　　TEL029-302-3711
- ■土浦キャンパス　茨城県土浦市港町1-7-6　Port-1ビル3階　TEL029-835-2212
- ■古河キャンパス　茨城県古河市本町2-1-31　　　　　　　TEL0280-30-8631
- ■下館キャンパス　茨城県筑西市乙836　ヤマグチ3階　　TEL0296-23-2711
- ■千葉キャンパス　千葉県千葉市中央区新町17-13　第12東ビル1階　TEL043-445-8777
- ■柏キャンパス　　千葉県柏市旭町1-6-4　島田ビル4階　TEL04-7141-5411
- ■いわきキャンパス　福島県いわき市平字田町120　ラトブ8階　TEL0246-35-5111
- ■会津キャンパス　福島県会津若松市駅前町6-42　山惣センタービル3階　TEL0242-32-7611
- ■山形キャンパス　山形県山形市香澄町1-3-15　山形むらきさわビル4階　TEL023-665-5691

近くに通うキャンパスがない場合は、
インターネットを中心とした学習スタイル
「ネットキャンパス」TEL050-3794-8223
に所属できます。

生徒情報

【不登校生】
個別対応を通して、過去に不登校だった生徒も元気に登校し、教師と生徒の心と心が通い合う人間関係の中で学習しています。

【転編入生】
前籍校で修得した単位は、全て振り替えることができます。転入、編入とも随時入学できます。高等学校に通算3年以上在学し、必要な単位を修得すれば、卒業できます。

【保護者連絡】
細やかな電話連絡のほか、定期的に三者面談・保護者向け通信の送付などを行っています。

【生徒数】普通科　　　　　　　　　　　　2023年5月現在

年次	男	女	学年別合計
1年次	210名	255名	465名
2年次	404名	535名	939名
3年次	520名	572名	1,092名
男女別合計	1,134名	1,362名	2,496名

【教員数】
　教員43名／講師96名
　スクールカウンセラーを中心に教育相談も受け付けています。

2024年度の募集要項

募集について

募集人員：普通科　1050名（男女）
出願資格：2024年3月に中学校を卒業する見込みの者。
　　　　　　中学新卒
　　　　　　※高校転入生、編入生、中学既卒者は随時。科目履修生、その他詳しくは本校までお問い合わせ下さい。
選抜方法：書類選考（必要に応じて面接考査）を行います。
合否発表：選考後、10日以内に郵送で本人宛に通知します。
入学検定料：10,000円

学費について

入　学　金：　　　　　　　　　　　0円
授　業　料：　1単位当たり12,000円 ×単位数
施設設備費：　　　　　　　　　　36,000円（年額）

※本校では、就学支援金をあらかじめ授業料の一部に充て、差し引いた額を納入していただきます。

2022年度卒業生の進路状況 ※過年度生含む

＜卒業者数　　1,290名＞

【進路先】
大学…158名　　短大…12名　　専門学校…286名
就職…237名

【主な進路実績】
大学：筑波大学、新潟県立大学、福島大学、福井県立大学、山形大学、北見工業大学、慶應義塾大学、東京理科大学、明治大学、青山学院大学、立教大学、法政大学、立命館大学、近畿大学、獨協大学、文教大学、学習院大学、日本大学、東洋大学、千葉工業大学、亜細亜大学、北里大学、順天堂大学、成蹊大学、成城大学ほか
短大：國學院大學栃木短大、千葉明徳短大、昭和音楽大学短大、戸板女子短大、豊岡短大、東北文教大学短大、つくば国際短大、茨城女子短大、いわき短大、東京福祉短大
専門：ESPエンタテインメント東京、HAL東京、iwakiヘアメイクアカデミー、TBC学院、アイエステティック専門学校、秋田情報ビジネス専門学校、アジア動物専門学校、茨城音楽専門学校、今泉女子専門学校、いわきコンピュータ・カレッジ、ほか

◇◇◇◇◇◇◇◇◇ **この学校にアクセスしてみよう！**

学校説明会	入学前電話相談	文化祭見学	体育祭見学	資料請求
○	○	－	－	○

※詳しくは電話にてお問い合わせ下さい

【広域通信制】 （単位制）

第一学院高等学校
だいいちがくいんこうとうがっこう

(https://www.daiichigakuin.ed.jp/)

■校長名：【高萩本校】川原井　勝雄　【養父本校】岡本　達治
■住　所：全国にキャンパスあり。詳しくはHPをご覧ください。
■電　話：0120-761-080
■生徒が入学できる都道府県：全国47都道府県
■沿　革：内閣総理大臣から構造改革特区の認定を受け、2005年、茨城県高萩市にウィザス高等学校、2008年、兵庫県養父市にウィザス ナビ高等学校を開校。2012年、生徒第一の想いを新たに、「第一学院高等学校（高萩本校／養父本校）」へ学校名を変更。
■建学の想い：
本校の教育はその長年に亘る経験と事例を集大成し、単なる教科教育や本校在籍期間のみの教育にとどまらず、生徒の適性や将来設計を重視し、生徒一人ひとりの「将来の自己像」を明確にし、その実現のための指導と支援を重点教育目標とするものです。
＜ Be Honest and Positive !　常に「素直な心」＞
＜ Keep Your Dreams Alive !　「夢」を意識し、「夢」を持つ＞
＜ Try Your Best and Work for Others !　達成実感・貢献実感＞

■形態・課程・学科：独立校／単位制による通信制課程／普通科
■入学・卒業時期：・入学時期　4月（転・編入は随時）
　　　　　　　　　・卒業時期　3月、9月
■修業年数：3年以上　　■学期制：通年制
■卒業認定単位数：74単位以上

教育理念は「1／1（いちぶんのいち）の教育」。一人ひとりの状況・ライフスタイルに合わせて通学とオンラインを組み合わせることができるため、自分のペースで高校卒業を目指すことが可能です。不登校や高校中退・転校を経験し再チャレンジを目指す生徒や、芸能・スポーツの分野で夢の実現に向けてチャレンジしている生徒など、さまざまなタイプの生徒を積極的にサポートしています。
① 通いたくなる！
新入生に寄り添って学校生活をサポートしてくれる「ピアサポーター」がいます。在校生ならではの視点で学校生活の相談に乗ったり、行事に一緒に参加したりなど、スムーズに学校生活をスタートするお手伝いをしてくれます。また、サークル活動やイベントも充実しており、友達ができる、笑顔が増えるたくさんのきっかけがあります。
② 学びたくなる！
一人ひとりに合わせた学びで、教科学習はもちろん、これからの社会で求められる力を身につける講座や体験がたくさんあります。自分自身の理解度や目的に合わせて自分のレベルに合った内容や空間を選択し、主体的に学習を進めることで、着実に成長を実感することができます。
③ 学びを選べる！
第一学院では、オンラインとオフラインのそれぞれを生かして、一人ひとりに合った主体的な学び、生徒同士や地域との共創を推進し、生徒の成長実感を向上します。教室に集まる対面授業では、自宅や外出先からオンラインで授業に参加したり、自分の目的に合わせて学ぶことができます。
④ 地域全体を「学校」と捉えた教育
地域全体が学校！キャンパス近くの企業や商店での職場体験や、専門的な講座（アニメ、声優、美容、調理など）をたくさん体験し、自分の未来を具体的にイメージしていきましょう。小論文講座やビジネスマナー講座など、進学・就職に役立つ講座も充実しています。
⑤ プラス思考に変える独自の意欲喚起教育
第一学院独自の意欲喚起教育により、生徒を前向きに・プラス思考に変える指導を行っています。高校卒業が最終ゴールではありません。第一学院を卒業した後の長い人生を有意義に過ごしてほしい、一生付き合っていく自分をもっともっと好きになってほしい、という想いから行っています。
⑥ 未来が楽しみになる！
卒業後の進路先として、グループ内に「第一学院 専攻科」「第一学院オンラインカレッジ」「新潟産業大学」「ネットの大学 managara（新潟産業大学 経済経営学科 通信教育課程）」もあり、みなさんを継続的にサポートします。在学中・卒業後もキャリアの実現を支援する「キャリアサポートセンター」や、在学当時の仲間との繋がりを継続できる「チームD1」もあり、卒業後の長い人生をずっと見守っています。

生徒情報

【不登校生に対する指導について】
第一学院高校では、多くの教員が心理療法カウンセラーの資格を有しており、人間関係の悩みや不安、学習、高校卒業後の進路など高校生活全般にわたって親身なサポートを行っています。また、日本臨床心理士会所属の臨床心理士もスクールカウンセラーとしてサポートしています。
【夢の実現を目指す生徒】
第一学院高校には、芸能・文化活動やスポーツ活動などで夢の実現に向かって頑張っている生徒も多くいます。オンラインとの組み合わせで教科指導とキャリア指導の両面を各自のペースに合わせてサポートしています。
【保護者との連携】
学習管理システムで、生徒だけでなく保護者の方も担任とのメッセージのやりとりや、お子様のレポート進捗を確認することが可能です。また、同じ悩みを持つ保護者同士の交流の場も定期的に設けています。

2025年度の募集要項

募集について

出願資格：2025年3月卒業見込者もしくは中学既卒者
　　　　　転編入生は随時
選考方法：面接（本人及び保護者）・作文
　　　　　（スポーツコースは学科・実技・面接など有り）
入学検定科：10,000円
※詳しくはお問い合わせください。

学費

コースによって異なります。詳細はお問い合わせください。
※全てのコースが「私立高等学校等就学支援金」の対象です。

2022年度卒業生の進路状況

【2022年度　大学・短大・専門学校等合格実績】
大学等 1,334名　　専門学校等 1,108名　　就職 555名

【過去3年間の大学合格実績】
国公立：京都大、一橋大、北海道大、東北大、千葉大、名古屋大、九州大、お茶の水女子大、東京学芸大、東京農工大、名古屋市立大、京都府立大、広島大、福島大、山形大、金沢大、埼玉大、静岡大、愛知教育大、京都工芸繊維大、和歌山大、岡山大、島根大、鳥取大、愛媛大、岡山県立大、尾道市立大、北九州市立大、熊本県立大、高知県立大、公立小松大、公立諏訪東京理科大、公立千歳科学技術大、公立はこだて未来大、静岡県立大、静岡文化芸術大、下関市立大、富山県立大、長野県看護大、長野県立大、新潟県立大、広島市立大、福井県立大、福知山公立大、前橋工科大
私立・海外：早稲田大、慶應義塾大、上智大、東京理科大、国際基督教大、明治大、青山学院大、立教大、中央大、法政大、学習院大、南山大、関西大、関西学院大、同志社大、立命館大、芝浦工業大、津田塾大、東京女子大、日本女子大、学習院女子大、アサンプション大（タイ）、神奈川大、関西外国語大、神田外語大、岐阜医療科学大、京都外国語大、京都産業大、京都女子大、京都橘大、近畿大、クインーンズランド工科大（オーストラリア）、建国大校（韓国）、工学院大、甲南大、甲南女子大、國學院大學、駒澤大、埼玉医科大、順天堂大、昭和大、昭和薬科大、女子栄養大、成蹊大、成城大、スタンフォード国際大（タイ）、西南学院大、専修大、創価大、東海大、東京工科大学、東京女子医科大学、東京電機大学、東京都市大学、東京農業大学、東京薬科大学、同志社女子大学、東洋大学、獨協大学、新潟産業大学、日本大学、日本医科大学、日本獣医生命科学大学、フェリス女学院大学、佛教大学、文教大学、北京外国語大学（中国）、ヘルプ大学（マレーシア）、明治学院大学、名城大学、龍谷大学　他多数

▼個別相談は随時行っております。（要予約）　▼問い合わせ：0120-761-080

【広域通信制】　　　　　　　　　　　　　　　　　　　　　　（単位制）

土浦日本大学高等学校 通信制課程

（ https://www.tng.ac.jp/tsushin/　E-mail：admissions.tnt@tng.ac.jp ）

■校長名：伊藤　哲弥
■住　所：〒300-0837　茨城県土浦市右籾 1521-1
■電　話：029-893-3030　■ＦＡＸ：029-893-6624
■最寄駅：JR 常磐線「土浦」駅からバス「荒川沖駅東口行き」にて「右籾」下車、または「荒川沖」駅からバス「土浦駅西口行き」にて「右籾」下車、徒歩 3 分
■生徒が入学できる都道府県：北海道、宮城、山形、福島、茨城、栃木、群馬、埼玉、千葉、東京、神奈川、山梨、長野、岐阜、静岡、愛知、京都、大阪、福岡、長崎、宮崎

■形態・課程・学科：併設校・単位制による通信制課程・普通科
■併設する課程：学年生による全日制
■併設課程への転籍：なし
■入学・卒業時期：
　・入学時期　4 月　転編入は随時　・卒業時期　3 月
■修業年限：3 年以上
■学期制：　　　　　■卒業認定単位数：74 単位以上
■技能連携：なし　　■実務代替：なし
■技能審査：なし　　■開設講座数：

スクーリングの日数と場所

【登校日数】年間 2 週間程度を予定。（履修科目によって異なります）
【場所】本校右籾桜キャンパス。

特色　努力なしに夢かなわず
　本校では「努・夢」のスローガンのもと、生徒一人一人の夢の実現に向けた努力をサポートするため、さまざまな生活スタイルに合わせた、教育プログラムを提供しております。

土浦日本大学高等学校　通信制課程の特長
①自主性を尊重しつつ一人一人をしっかりサポート
　日々の学習は教科書と副教材で行い、レポートを提出します。添削後には Web 指導や対面指導を行います。登校が必要な授業時間は集中スクーリングを基本として、年間およそ 26 単位を履修します。レポートと集中スクーリングを経て単位認定テストを受け、単位が認定されます。また、スポーツ活動や芸術芸能活動に専念できる体制も整えています。
②日本大学附属校のメリットを活かした安心の進路指導
　全附属校で実施される基礎学力到達度テストの、2・3 年次の総合成績で日本大学への推薦入試に出願できます。また、進学に向けた特別講座も実施していきます。日本大学は、16 学部と通信教育部、短期大学部、大学院、附属専門学校を有し、あらゆる学問領域を網羅する総合大学です。将来の夢の実現に向けた学べる環境が整っています。
③土浦日本大学学園　全体がバックアップ　自分に合った学習の場
　Web サポートの他に、登校して学ぶ場として、右籾桜キャンパスや総合図書館（利用可能日あり）が利用できます。また岩瀬日本大学高等学校、土浦日本大学中等教育学校が協力校となっており、必要に応じて学習環境を整えてまいります。
④生徒の様々な悩みに対応　スクールカウンセリング
　生徒のみなさんが、その時々で直面する問題や、進路や将来を見据えての悩みなどに、カウンセリングを中心として、一人一人に応じた心理支援を行います。また、保護者の方々からのご相談にも適宜対応していきます。

クラブ活動　【クラブ数 1　クラブ加入率約―%】
ゴルフ部を開設。

進学補習指導　進学希望の生徒には日本大学を含めた大学・短大・専門学校への進学カリキュラムを用意します。学力不振の生徒にはオンラインと対面で随時教員が対応します。

生活指導　制服はあります。
バイクでの通学はできません。

生徒情報

【不登校生】
生徒本人とよく話をして個々の状況に合わせた指導を行っております。
【転編入生】
転編入生は、1・2 年次は年間随時、3 年次は 11 月転入まで。入学前に高卒認定試験で合格した科目を振り替えることもできます。詳しくはご相談の際にご案内します。
【保護者連絡】
基本的には入学時に伺う、メールにて対応しますが、お電話での対応を行っております。

【教員数】
　教職員：男女 20 名
　カウンセラー：常駐しています。

2024 年度の募集要項

※詳細はお問い合わせください。

募集について

【新入生】
募集人員：4 コース　計 160 名
出願期間：Web 登録…2023 年 8 月 1 日より開始予定
　　　　　出願提出…2023 年 12 月 17 日より開始予定
試 験 日：2024 年 1 月 17 日から随時
選考方法：作文試験・面接試験
選 考 料：10,000 円

【転入生・編入生】
募集人員：各年次　4 コース　計 160 名
出願期間：随時受付
試 験 日：随時相談
選考方法：作文試験・面接試験
選 考 料：10,000 円

学費について

入 学 金：50,000 円
授 業 料：10,000 円（1 単位）
教育運営費：50,000 円／年
施 設 費：50,000 円／年

※各コースにより納入金が異なります。詳細は事前面談の際にご案内いたします。
※学習指導・支援費用、特別講座費用、教科書、通信制教材、制服、実技・実習費、校外研修等の特別活動費等は、別途納入となります。
※学習で使用するパソコンまたはタブレットは、学習開始前に各自準備してください。

2022 年度卒業生の進路状況

2023 年 3 月現在

【主な合格実績】
茨城大学　工学部物質化学工学科（1 名）
日本大学　松戸歯学部（1 名）芸術学部映画学科（1 名）経済学部金融公共経済学科（1 名）生物資源科学部 動物学科（2 名）
帝京科学大学　生命環境学部 アニマルサイエンス学科（1 名）
江戸川大学　メディアコミュニケーション学部 情報文化学科（1 名）社会学部 現代社会学科（1 名）社会学部 経営社会学科（1 名）
流通経済大学　経済学部 経済学科（1 名）法学部 法律学科（1 名）
立正大学　地球環境科学部 環境システム学科（1 名）

◇◇◇◇◇◇◇◇◇◇◇ **この学校にアクセスしてみよう！**

学校説明会	入学前電話相談	文化祭見学	体育祭見学	資料請求
―	○	―	―	○

※資料はホームページからのお申込みまたはお電話でもお受けしております。

【通信制】　　　　　　　　　　　　　　　　　　　　　　　　　（単位制）

水戸平成学園高等学校
みとへいせいがくえんこうとうがっこう

(https://mitoheisei.ac.jp/ 　 E-mail：kouhou@mitoheisei.ac.jp)

■校長名：中村　三喜
■住　所：〒 310-0067　茨城県水戸市根本 2-545
■電　話：029-300-5777　　■ＦＡＸ：029-300-5778
■最寄駅：JR・大洗鹿島線「水戸」駅北口より徒歩 25 分
　　　　　バス「水戸気象台下」下車　すぐ
　　　　　バス「南町三丁目」下車　徒歩 10 分
■生徒が入学できる都道府県：茨城、千葉
■沿　革：
　2005 年 10 月　学校法人栗村学園 水戸平成学園高等学校　開校

■形態・課程・学科：独立校・単位制による通信制課程・普通科
■併設する課程：なし
■入学・卒業時期：
　・入学時期　4 月、10 月（新卒、既卒）転編入は随時
　・卒業時期　3 月、9 月
■修業年限：3 年以上（在籍最長年数：制限なし）
■学期制：2 学期制　　■卒業認定単位数：74 単位
■技能連携：現在検討中　　■実務代替：現在検討中
■技能審査：現在検討中　　■開設講座数：現在検討中

スクーリングの日数と場所

【登校日数】
　スクーリングは平日コースのみです。月～金まで週 5 日の
　時間割があり、自分のスタイルで通学日数や曜日、時間を
　自由に選ぶことができます。週 1 回でも毎日登校すること
　も可能です。
【場所】
　本校のみでスクーリングを実施
　※水戸駅から本校まで無料のスクールバスがあります。

特色

本校 4 つの特色

●自由に選べる登校日
　週 5 日授業を実施。登校は毎日でも週 1 日でも OK ！

●授業は本校のみ
　水戸駅からは無料のスクールバスを 1 日 10 本運行しています。

●進路指導の徹底
　生徒一人ひとりに親身になって対応しています。

●盛り沢山の行事
　宿泊ディズニー、スノーボード実習等楽しいイベントは盛り
　沢山です。参加は全て自由です。

※それぞれのニーズに合わせた教育
　単位を修得する方法は全日制と大きく異なります。最も大きな
　違いはスクーリング（授業）を受ける回数です。その回数は極
　端に少なく、毎日受ける必要はありません。しかし、あえて週
　5 日の時間割を組んでいます。毎日学校に通いたい、授業を受
　けたいという生徒に対応するためです。午前の一斉授業スタイ
　ルの教科学習に加え、午後の個別指導形式の学習や大学受験の
　ための大進授業など、あらゆるニーズに応えられるシステムを
　取っています。

◇◇◇◇◇◇◇◇◇◇ この学校にアクセスしてみよう！

学校説明会	入学前電話相談	文化祭見学	体育祭見学	資料請求
○	○	○	—	○

※資料は電話か FAX、HP にてご請求下さい。
▼ 学校説明会　随時行っています。

生徒情報

【不登校生】本校は幅広い受け入れ態勢を整えております。家
庭との連携のなかで、本人に合った学習スタイルを配慮して
います。
【転編入生】転入生、編入生は随時入学できます。前籍校で
修得した単位は原則として振り替えることができます。
【保護者連絡】保護者面談（夏休み）、家庭訪問、学校通信の
送付（毎月）を行っています。

【生徒数】普通科　　　　　　　　　　　　2023 年 5 月 1 日現在

年次	男	女	学年別合計
1 年次	35 名	50 名	85 名
2 年次	52 名	69 名	121 名
3 年次	84 名	86 名	170 名
男女別合計	171 名	205 名	376 名

【教員数】
　教諭：男性 2 名、女性 2 名／常勤講師：男性 2 名
　非常勤講師：男性 3 名、女性 1 名
　養護教諭：1 名／カウンセラー：1 名

2024 年度の募集要項

募集について
募集人員：男・女 150 名
出願期間：新入生
　　　　　2023 年 12 月 4 日（月）～ 2024 年 4 月 19 日（金）
　　　　　転編入生随時
試 験 日：随時
選考方法：書類選考／筆記試験（国・数・英）／面接試験（保
　　　　　護者同伴）
選 考 料：10,000 円

学費について
入 学 金：　　　0 円
授 業 料：10,000 円（1 単位）
教育補助費：12,000 円
施 設 費：50,000 円
※就学支援金制度により、授業料負担が軽減される場合があります。

2022 年度卒業生の進路状況

【進路先】卒業者数　130 名
大学…33 名　　　短大…4 名　　　専門学校…41 名
就職…19 名　　　その他…33 名
【主な合格実績】大学・短大：茨城大学、茨城キリスト教大学、
常磐大学、流通経済大学、筑波学院大学、成城大学、國學院大學、
駒澤大学、拓殖大学、国際医療福祉大学、杏林大学、東海大学、
日本大学、江戸川大学、産業能率大学、埼玉工業大学、浦和大学、
茨城県立産業技術短期大学校、東京経営短期大学　他
専門学校：水戸看護福祉専門学校、専門学校 文化デザイナー学院、
リリーこども＆スポーツ専門学校、水戸経理専門学校、アジア動
物看護理学療法専門学校、水戸日建工科専門学校、専門学校 水戸
ビューティカレッジ、大原簿記情報公務員専門学校 水戸校、いば
らき中央福祉専門学校、ひたちなか情報電子専門学院、水戸産業
技術専門学院、つくば栄養医療調理製菓専門学校、筑波研究学園
専門学校、つくばビジネスカレッジ専門学校、土浦産業技術専門
学院、宇都宮メディア・アーツ専門学校、宇都宮アート＆スポー
ツ専門学校、足利デザイン・ビューティ専門学校、専門学校 東京
ビジュアルアーツ、東京 IT プログラミング＆会計専門学校　他
【就職先】株式会社 水戸京成百貨店、株式会社 グリーンテック、
筑波乳業 株式会社、株式会社 ニチイ学館、株式会社 ネクストコ
ード、スターツゴルフ開発株式会社、社会福祉法人 尚生会、社会
福祉法人 親愛会 ケアステーション梅寿園　他

北海道
青森
岩手
宮城
秋田
山形
福島
茨城 ★
栃木
群馬
埼玉
千葉
東京
神奈川
新潟
富山
石川
福井
山梨
長野
岐阜
静岡
愛知
三重
滋賀
京都
大阪
兵庫
奈良
和歌山
鳥取
島根
岡山
広島
山口
徳島
香川
愛媛
高知
福岡
佐賀
長崎
熊本
大分
宮崎
鹿児島
沖縄

【通信制】 （単位制）

明秀学園日立高等学校
めいしゅうがくえんひたちこうとうがっこう

(https://www.meishu.ac.jp　E-mail：tsushin@meishu.ac.jp)

■校長名：塙　定之
■住　所：〒317-0064　茨城県日立市神峰町3-2-26
■電　話：0294-25-1556　■FAX：0294-32-7070
■最寄駅：JR常磐線「日立」駅下車、バス7分・徒歩2分
　　　　　または徒歩15分
■生徒が入学できる都道府県：茨城、栃木
■沿革：
　1925年　助川裁縫女学院として創立
　1948年　日立女子高等学校に校名変更
　1996年　男女共学、明秀学園日立高等学校に校名変更
　2003年　通信制併設

■形態・課程・学科：併設型・単位制による通信制課程
■併設する課程：学年制による全日制課程
■併設課程への転籍：試験を受験し合格すれば、全日制へ転籍できます
■入学・卒業時期：
　・入学時期　4月、10月　・卒業時期　3月、9月
■修業年限：3年以上（在籍最長年数：6年）
■学期制：2学期制　■卒業認定単位数：74単位
■実務代替：20単位まで認定（卒業単位に含む）
■技能審査：20単位まで認定（卒業単位に含む）
■開設講座数：30科目

スクーリングの日数と場所

【登校日数】
　①キャリアコース　月2日程度＋集中スクーリング14日（年間）
　②一般コース　週3日程度＋集中スクーリング14日（年間）
【場所】
　　学習指導室　日立・水戸・下館・宇都宮

 特色

本校の特色の一つに生徒・保護者の皆様の笑顔を促進する「スマイルサポートプログラム」があります。その中でも3月から始まる「スマイルデー」では同じような経験を持つ在校生（スマイルサポーター）が学習面や生活面でのサポートをします。
そのため、不登校改善率も高く、3年間で無理なく卒業していきます。また、「学校という空間が苦手」という方でも安心して通えるように、キャンパスはフレンドリーで心地良いサードプレイスを追求。さらに大型の対話型ホワイトボードでは、常時接続によりいつでもどこでも他キャンパスとのコミュニケーションを可能にしました。「高校生はこうでなくてはいけない」という固定観念にとらわれず、学年やキャンパスの垣根を超えた自由な繋がりが、あなたの「やりたい」をカタチにします。

クラブ活動

バスケットボール部、卓球部、陸上競技部、柔道部、ソフトテニス部、剣道部等が全国高等学校定時制通信制体育大会に出場し、多数の部が全国大会にも出場しています。女子卓球部では、2019年全国大会で準優勝に輝きました。
また、以上の部活動以外にも、ダンス部、軽音楽部、美術部、手芸部、ゲーム部、写真部等、生徒が自ら創部し、積極的に活動しています。

学校行事

本校の学校行事は無人島体験をはじめ、マーヴェラスアドベンチャー那須での春季遠足や沖縄・北海道での体験学習、TOKYO GLOBAL GATEWAYなど、楽しい行事が盛りだくさん。しかも、学校行事を通して様々な感動体験や成功体験を得るだけでなく、これからの時代を生き抜くための力が身につきます。また、そこで得た創造性やセルフリーダーシップにより、生徒自身が学校行事を企画・運営していけるのも本校の特徴で、これまでに体育祭と文化祭を融合させた「めしゅりんぴっく」や「新入生歓迎セレモニー」など、新しい行事が生徒主体で実施されました。

生徒情報

【不登校生】
過去に不登校だった生徒は50%程度います。
【転編入生】
転入学は随時入学できます。
編入学は各学期始め（4月、10月）に入学できます。
【保護者連絡】
Classiにてオンラインでの連絡と、月に一度文書送付を行っています。二者面談・三者面談は随時行っています。

【生徒数】　　　　　　　　　　　　　　　2024年1月1日現在

年次	生徒数	男女比
1年次	385名	47：53
2年次	430名	43：57
3年次	380名	46：54

【教員数】
111名（全日制・通信制合わせて）

2024年度の募集要項

募集について

【一般入試】		
出願期間	前期　2023年12月4日（月）～2024年4月11日（木）
	後期　2024年8月1日（木）～2024年9月24日（火）
試験日	前期　2024年1月15日（月）以降随時
	後期　2024年8月1日（木）以降随時
選考方法	書類選考・面接
選考料	5,000円

学費について

入学金	0円
授業料	10,000円（1単位）
施設費	36,000円
教育振興費	30,000円

2022年度卒業生の進路状況

【進路先】
卒業者数　336名

大学…51名　　　　短大…7名　　　　専門学校…83名
その他の学校…8名　就職…100名　　　その他…87名

【主な合格実績】
東京外国語大、早稲田大、上智大、同志社大、関西学院大、法政大、桜美林大、帝京大、日本大、東海大、大阪経済法科大、日本女子大、聖徳大、白鴎大、足利大、国際医療福祉大、作新学院大、大阪芸術大、茨城キリスト教大、常磐大、流通経済大、TCA東京ECO動物海洋専門、茨城音楽専門、宇都宮アート＆スポーツ専門、大原医療ホテル観光専門、大原法律公務員専門、大宮ビューティー＆ブライダル専門、国際情報ビジネス専門、国際テクニカル調理製菓専門、つくば国際ペット専門、東京アニメーションカレッジ専門、東京バイオテクノロジー専門、東京法律公務員専門、日本自動車大校、水戸日建工科専門　他

◇◇◇◇◇◇◇◇◇ **この学校にアクセスしてみよう！**

学校説明会	入学前電話相談	文化祭見学	体育祭見学	資料請求
○	○	―	―	○

※資料はHP（https://www.meishu.ac.jp）
　または電話（0294-25-1556）で請求してください。

【キャンパス】　日立キャンパス〈茨城県日立市若葉町1-17-9　TEL.0294-23-2400〉
　　　　　　　　水戸キャンパス〈茨城県水戸市宮町2-2-31　三友ビル2F　TEL.029-222-4240〉
　　　　　　　　下館キャンパス〈茨城県筑西市丙156-1　小倉ビル1F　TEL.0296-25-6240〉
　　　　　　　　宇都宮キャンパス〈栃木県宇都宮市中河原町3-19　宇都宮セントラルビル4F　TEL.028-666-5831〉

【通信制】 (単位制)

栃木県立宇都宮高等学校
とちぎけんりつうつのみやこうとうがっこう

(https://www.tochigi-edu.ed.jp/utsunomiya/nct3/)

■校長名：菅谷 毅
■住 所：〒320-0846 栃木県宇都宮市滝の原3-5-70
■電 話：028-633-1427 ■ＦＡＸ：028-637-0026
■最寄駅：JR日光線「鶴田」駅より徒歩10分
■生徒が入学できる都道府県：栃木
■沿革：
1879年 創立
1893年 現在地に移転
1948年 宇都宮高等学校と改称し通信教育部開設
1962年 通信制課程となる
1987年 通信制新校舎竣工
2005年 学年制を廃止し、単位制とする

■理念：高等学校教育の普及とその教育機会均等の精神に基づく
■形態・課程・学科：併設校・単位制による通信制・普通科
■併設する課程：学年制による全日制
■併設課程への転籍：なし
■入学・卒業時期
 ・入学時期 4月 ・卒業時期 3月
■修業年限：3年以上（在籍最長年数 8年）
■学期制：2学期制 ■卒業認定単位数：74単位以上
■始業終業時刻：8：40～15：40（1日6時限、1時限50分）
■技能連携：なし ■実務代替：なし
■学校外における学修の単位認定（高卒認定試験等）：36単位まで
■開設講座数：45講座

スクーリングの日数と場所

【登校日数】週1日（日あるいは火）
【場所】本校（主に通信制校舎）

特色

開設70年を超える伝統と広大な敷地の自然豊かな環境で、知識、感情、意志の調和のとれた人間の育成を目指しています。就業の有無・年齢にかかわらず、様々な生徒が向学の志を持ち、高校卒業と希望進路の実現を目指して学んでいます。生徒間及び生徒と教員間の円滑な人間関係のもと、明るく落ち着いた雰囲気の中で学校生活が営まれています。

クラブ活動

【クラブ数 14、クラブ加入率約30%】
2023年度全国高等学校定時制通信制体育大会 陸上競技入賞、卓球・ソフトテニス・剣道 出場
2023年度栃木県高等学校定時制通信制秋季体育大会
卓球 個人準優勝・団体第3位、ソフトテニス 第3位
第71回 栃木県高等学校定時制通信制 生徒生活体験発表大会 最優秀賞
第71回 全国高等学校定時制通信制 生徒生活体験発表大会 奨励賞
2023年度 関東地区高等学校通信制教育研究会 生徒生活体験発表会 優秀賞

学校行事

生徒総会・校長講話、防災避難訓練、学校祭、体験活動、校内生活体験発表会、校内体育大会、人権教育講演会、後期生徒総会・役員選挙、修学旅行（1泊2日、2023年度は鎌倉・横浜方面） 他

進路・補習指導

進路説明会（年3回、5・6・11月）
学習指導日・学びの時間（個人指導）の設定
（年各12回、前・後期6回ずつ）

生徒情報

【不登校生】不登校だった生徒もかなりいます。
【転編入生】前籍校で修得した単位は振り替える事が出来ます。入学前に高卒認定試験で合格した科目も36単位まで振り替えることができます。転入は、全日制・定時制からは原則4月、通信制からは随時（諸条件有り、要問合せ）、編入は4月のみ、入学できます。
【保護者連絡】入学式の後の保護者説明会、5・6月の三者懇談（希望制）、公開授業、機関誌「滝乃原通信」の配布を行っています。
【転編入生】2023年度入学生

	1年次	2年次	3・4年次
転入生	19名	転入生 25名	転入生 17名
編入生	1名	編入生 13名	編入生 6名

【生徒数 普通科】 2023年11月1日現在

年次	生徒数	男女比	クラス数	1クラスの平均人数
1年次	209名	119：90	4クラス	52名
2年次	171名	88：83	4クラス	43名
3・4年次	149名	67：82	4クラス	37名

【教員数】
 教員（常勤）：男性12名、女性6名
 講師（非常勤）：男性5名、女性11名
 カウンセラー：月1～2回

2024年度の募集要項

募集について

【一般入試】
出願期間：2024年3月12日（火）～25日（月）
試験日：2024年3月20日（水）～26日（火）
選抜方法：書類審査と面接
選考料：なし

学費について

初年度学費
入学金：500円
教材費：1,000円程度
諸経費：8,500円程度
教科書・学習費代：22,000円程度（1年次生の場合）
受講料：1単位320円（例：24単位の場合7,680円）

合 計：32,000円程度（＋受講料）

2022年度卒業生の進路状況

【進路先】
卒業者数 110名
大学…16名 短大・大学校…1名 専門学校…32名
就職（新規）…9名 継続…7名 その他…45名
【主な合格実績】
東洋大、白鷗大、国際医療福祉大、作新学院大、日本経済大、日本医療科学大、新潟医療福祉大、帝京大、宇都宮共和大、立正大、清泉女子大、都留文科大、放送大（通信）、武蔵野美術大（通信）、栃木県立県央産業技術専門校、関東職業能力開発大学校 他
【指定校推薦】
あり

◇◇◇◇◇◇◇◇◇ **この学校にアクセスしてみよう！**

学校説明会	入学前電話相談	文化祭見学	体育祭見学	資料請求
○	○	○	—	○

※資料は210円切手を貼った返信用封筒を同封して請求して下さい。
▼学校説明会 12/17（日） 個別相談も随時行っています。

【広域通信制】　　　　　　　　　　　　　　　　　　　　　　　（単位制）

学校法人 開桜学院 日々輝学園高等学校
（ https://www.hibiki-gakuen.ed.jp/ ）

一人ひとりの「よさ」を伸ばし、
未来への力を拓く——

■校　長：小椋　龍郎
■住　所：〒329-2332　栃木県塩谷郡塩谷町大宮 2475 番地 1（本校）
■電　話：0287-41-3851　　■ＦＡＸ：0287-41-3852
■最寄駅：JR 東北本線「片岡」駅下車、スクールバス 15 分
■生徒が入学できる都道府県：全国 47 都道府県
■沿　革：

1988 年 4 月	武蔵国際総合学園創立（技能連携校）。
2006 年 4 月	教育特区立の日々輝学園高等学校を開校。
2009 年 4 月	日々輝学園高等学校と武蔵国際総合学園を学校統合し、新生『日々輝学園高等学校』としてスタート。
2013 年 4 月	栃木県認可の学校法人 開桜学院 日々輝学園高等学校として再スタート。
2016 年	塩谷町本校の緑化活動が評価され、全日本緑化コンクール準特選受賞。
2022 年	全日本緑化コンクール特選（文部科学大臣賞）を受賞「オンラインコース」がスタート。

■教育理念：
＜ HIBIKI スタイル＞
通信制・単位制の特徴を活かした、週 5 日登校型の全日制スタイルを中心に、自分のペースで柔軟に高校生活をスタートすることができます。

○生徒一人ひとりが、学校生活に「目当て」そして「目標」を持つように、様々な学習や活動が用意されています。

○個々の学習や生活状況の把握に努め、それぞれの実情に合ったきめ細かな教育を行います。

○「情報活用能力」の育成のために、プログラミングなど ICT 教育を積極的に推進しています。

■形態・課程・学科：独立校・単位制による通信制課程・普通科
■入学・卒業時期：入学時期　4 月　卒業時期　3 月
■修業年限：3 年以上（在籍最長年数　5 年）
■学期制：3 期制　　■卒業認定単位数：74 単位
■実務代替：あり。卒業単位に含めます。
■技能審査：あり。卒業単位に含めます。
■開校講座数：121 講座、12 教科（総合含む）

スクーリングの日数と場所

全校舎・キャンパスが面接指導等実施施設です。そのため、日々の通学が卒業要件に適用しています。

【その他】
メディアを利用した学習等にも取り組みます。

【各校舎の所在地】
■本校
〒 329-2332 栃木県塩谷郡塩谷町大宮 2475-1
TEL : 0287-41-3851
※ JR 東北本線片岡駅よりスクールバス 15 分
■宇都宮キャンパス
〒 320-0807 栃木県宇都宮市松が峰 1-1-14
TEL : 028-614-3866
※東武宇都宮駅より徒歩 5 分
※ JR 宇都宮駅より徒歩 20 分
　（スクールバスあり）
■さいたまキャンパス
〒 330-0845 埼玉県さいたま市大宮区仲町 2-60　仲町川鍋ビル
TEL : 048-650-0377
※ JR 大宮駅東口より徒歩 5 分
■東京校
〒 358-0011 埼玉県入間市下藤沢 1061-1
TEL : 04-2965-9800
※西武池袋線武蔵藤沢駅西口より徒歩 12 分
※ JR 八高線金子駅／西武新宿線入曽駅よりスクールバス 15 分
■神奈川校
〒 252-1104 神奈川県綾瀬市大上 4-20-27
TEL : 0467-77-8288
※相鉄線さがみ野駅南口より徒歩 12 分
■横浜校
〒 224-0041 神奈川県横浜市都筑区仲町台 1-10-18
TEL : 045-945-3778
※横浜市営地下鉄ブルーライン仲町台駅より徒歩 2 分

【生徒数　普通科】　　　　　　　　　　2023 年 5 月 1 日現在

年次	生徒数	男女比	クラス数	1 クラスの平均人数
1 年次	500 名	55：45	21 クラス	24 名
2 年次	424 名	59：41	19 クラス	22 名
3 年次	495 名	63：37	22 クラス	23 名

【教員数】教員：男性 64 名、女性 32 名
講師：男性 21 名、女性 25 名
カウンセラー：17 名（男性 5 名／女性 12 名）

◇◇◇◇◇◇◇ **この学校にアクセスしてみよう！**

学校説明会	入学前電話相談	文化祭見学	体育祭見学	資料請求
○ 要予約	○	○	―	○

※学校資料は、電話もしくはホームページでご請求ください。
▼学校説明会　年間を通して定期的に実施しています。お近くの校舎までお問い合わせください。

一人ひとりの「よさ」を伸ばし、未来への力を拓く

◆安心して高校生活をスタートできる
＜学び直し＞
中学までの学習に自信がなくても大丈夫。1年次に国数英を中心に復習学習を行います。安心して基礎力を身につけられます。
＜少人数クラス＞
一人ひとりを大切にし、目配りのできる、1クラス25名程度のゆとりあるクラス編成です。
＜スクールカウンセラー＞
高校生活には不安や悩みがつきもの。全校舎にカウンセラー（公認心理師・臨床心理士）が常駐。いつでも相談できます。

◆やりたいことにチャレンジできる
＜日々輝塾＞
大学受験や検定合格を目指し、生徒一人ひとりの「やりたい！」を後押しする特別講座を無料で開講しています。
＜部活動＞
さまざまな文化部・運動部があり、全国大会にも出場しています。初心者からでも安心して始められます。
＜学校行事＞
学園祭、体育祭、宿泊体験、部活動合宿などの行事を通して、仲間との絆を深め、さまざまな経験を積むことができます。

◆様々な体験から進めみたい道が見つかる
＜キャリア教育＞
地元企業とコラボしたインターンシップ、高専高大連携授業などを通して、将来を描くことのできる機会を設けています。
＜検定・資格取得＞
大学受験や就職活動を見据えて、英検や漢検はもちろん、IT系の資格取得を積極的にサポートしています。
＜進路指導＞
さまざまな体験から可能性が広がるよう、将来を見据えた進路指導を、1年次から行っています。

生活指導
すべての生徒が、安心して落ち着いた学校生活に取り組むことがとても大切であると考えています。そのために生徒と教員が、ルールに則って生活できるよう協力しています。いじめ等には厳しく対処します。制服あり。

併修単位
定時制・通信制の併修ができます。高卒程度認定試験での合格科目を単位の一部として振り替えることができます。

進路指導
個人面談、三者面談、上級学校見学会、AO対策、進学補習、模試、小論文指導、指定推薦、高大連携、高専連携、就職先指導、ポートフォリオ作成

生徒情報

【登校ペースのできていない生徒への指導】
在校生徒の約60％が、中学校時代に不登校を経験しています。まずは、生徒の考え方やペースを尊重し、本人の心理的な安定を図ります。そのために、保護者を交えた面談等を重ねながら、心理的な傾向や課題を探り、必要な支援に取り組みます。具体的な方法としてカウンセリングのほか、家庭訪問、オンライン相談などを行います。また、個別対応のための学習室やカウンセリングルームを用意し、生徒のペースに合わせた、きめ細かな学習指導やメンタルサポートに取り組んでいます。
【保護者との連絡】
定期的な面談や懇談会で密接な関係づくりをを図っています。一斉送信できる連絡網システムも導入しており、緊急時の連絡などにも活用しています。

クラブ活動
【運動部】
＜サッカー部＞
全国高等学校定時制通信制体育大会第33回サッカー大会 3位（横浜校）・出場（さいたまキャンパス・東京校合同）
第38回関東地区高等学校定時制通信制サッカー大会 出場（横浜校、さいたまキャンパス・東京校合同）
＜野球部＞
第70回全国高等学校定時制通信制軟式野球大会 出場（横浜校）
第3回南関東地区高等学校定時制通信制軟式野球交流大会 出場（神奈川校、さいたまキャンパス）
＜バドミントン部＞
第25回全国高等学校定時制通信制バドミントン大会 出場
＜ソフトテニス部＞
第56回全国高等学校定時制通信制ソフトテニス大会 5位(県選抜)
＜陸上部＞
第58回全国高等学校定時制通信制陸上競技大会 女子400m準優勝、男子5000m準優勝、2位男子4×100m3位
ほか
【文化部】
＜美術部・書道部＞
第24回高校生国際美術展 美術の部 奨励賞（国立新美術館に展示）
第24回高校生国際美術展 書の部 佳作
第73回学展 入賞
＜鉄道研究部＞
第15回全国高等学校鉄道模型コンテスト モジュール部門ベストクオリティ賞
ほか

補習授業
必要な生徒、または希望する生徒を対象に、日常的に個別、グループ別の補習を実施しています。夏休みなどの長期休業中にも実施します。

2024年度の募集要項

募集について
募集人員： 本校40名、東京校100名、神奈川校110名、横浜校110名、宇都宮キャンパス50名、さいたまキャンパス50名 オンラインコース140名
出願期間： 10月下旬〜3月中旬（4月入学希望者）
試験期間： 校舎、クラス、受験種別などにより異なります。詳細は「2024年度生徒募集要項」にてご確認ください。
※転入学は随時、編入学は年1回受け付けています。
選考方法： 校舎、クラス、受験種別などにより異なります。詳細は「2024年度生徒募集要項」にてご確認ください。

学費について
校舎及び選択クラスにより異なります。
詳細は「2024年度生徒募集要項」にてご確認ください。

2022年度卒業生の進路状況

【卒業生の主な大学実績（2022年度）】
日本大、東洋大、東海大、神奈川大、桜美林大、法政大、成蹊大、帝京大、和光大、東京工芸大、中央大、大東文化大、白鷗大、東京農業大、日本女子大、國學院大、関東学院大、芝浦工業大、東北芸術工科大、東京経済大、国士舘大、作新学院大、東京電機大、獨協大、流通経済大、跡見学園女子大、駒沢女子大、嘉悦大、相模女子大、神奈川工科大、十文字学園女子大、川村学園女子大、淑徳大、共立女子大、尚美学園大、国際医療福祉大、昭和女子大、駿河台大、洗足学園音大、大正大、宝塚大、拓殖大、多摩大、帝京科学大、田園調布学園大、東京家政大、東京工科大、東京都市大
国際テクニカル美容専門、国際ペット総合専門、埼玉コンピュータ＆医療事務専門、埼玉福祉保育医療専門、品川介護福祉専門、情報科学専門、駿台外語＆ビジネス専門、西武学園医学技術専門
ほか
【指定校推薦】
法政大学、拓殖大学、相模女子大学、フェリス女学院大学、国士舘大学、淑徳大学、立正大学、作新学院大学、桜美林大学、十文字学園女子大学、和光大学、神奈川大学、関東学園大学、国際医療福祉大学、埼玉工業大学、白梅学園大学、城西大学、田園調布学園大学、東京福祉大学、城西国際大学、駿河台大学、西武文理大学、東海大学、東京工芸大学、中央学院大学、東京国際大学、日本経済大学、文京学院大学、文星芸術大学、横浜商科大学、横浜美術大学
ほか

【通信制】　　　　　　　　　　　　　　　　　　　　　　　　　　（単位制）

栃木県立学悠館高等学校

とちぎけんりつがくゆうかんこうとうがっこう

(https://www.tochigi-edu.ed.jp/gakuyukan/)

■校長名：中塚　昌男
■住　所：〒328-8558　栃木県栃木市沼和田町2番2号
■電　話：0282-20-7073　■ＦＡＸ：0282-24-9299
■最寄駅：JR両毛線、東武日光線「栃木」駅下車、徒歩5分
■生徒が入学できる都道府県：
　　栃木
■沿　革：
　2005年1月　単位制による定時制課程（普通科・商業科）およ
　　　　　　　び通信制課程（普通科）として設置
　2005年3月　新校舎竣工
　2005年4月　開校式、第1回入学式挙行

■形態・課程・学科：
　併設校・単位制による通信制・普通科
■併設する課程：
　単位制による定時制（午前・午後・夜間の三部制）
■併設課程への転籍：午前・午後、夜間の三部制の定時制へ転籍
　できます。（転籍試験あり）
■入学・卒業時期：
　・入学時期　4月　　・卒業時期　3月
■修業年限：3年以上（在籍最長年数：8年）
■学期制：2期制　　■卒業認定単位数：74単位以上
■始業・終業時刻：9：00～15：30　1日6時限、1時限45分
■技能連携：なし　　■実務代替：なし
■技能審査：年間12単位まで、卒業までに36単位で卒業に必
　　　　　　要な単位に含みます
■開設講座数：47講座、41科目

スクーリングの日数と場所

【登校日数】
　　週1回（原則日曜、火曜も可）
【場所】
　　本校

特色　基礎・基本の学習を提供、一人ひとりが自分だけの時間割を作成します。また個別支援を充実し、生徒の生き方、あり方を支援し、多様な進路希望を実現できるように支援します。基礎学力定着のための学習時間を確保したり特別課外の時間を設定したりしています。

併修・単位について　年間12単位、卒業までに36単位を定時制で修得することができます。

クラブ活動　【部数8、加入率約10%】
県定通総体、全国定通総体
県定通文化発表会

学校行事・特別活動　宿泊学習（1泊2日）、遠足、体育大会、学校祭、人権講話、防災訓練、進路説明会、進路講演会、生徒総会等

生活指導　制服はありません。バイク通学は許可制。ルールとマナーを守ることを指導しています。

◇◇◇◇◇◇◇◇◇　この学校にアクセスしてみよう！

学校説明会	入学前電話相談	文化祭見学	体育祭見学	資料請求
○	○	－	－	○

※資料は電話もしくは250円切手を貼った返信用封筒を同封の上、郵送で請求してください。
▼学校説明：8月、12月、1月に各1回ずつ

生徒情報

【不登校生】
過去に不登校だった生徒もがんばっています。
【転編入生】
前籍高校で取得したすべての単位を卒業に必要な単位として認めています。高卒認定試験で合格した科目を振り替えることもできますが、必履修科目は振り替えできません。
【保護者連絡】
入学式後の保護者説明会、保護者面談（年2回）、保護者会活動、保護者会報の送付等を通して行っています。保護者の参加できる行事もあります。
【その他】
進路指導に年1回専門業者による、進路説明会や進路講演会をそれぞれ実施しています。またレポート作成支援日を開設し、個別に学習支援を行っています。
【転編入の生徒数】

1年次	2年次	3年次	4年次
10名	10名	38名	27名

【生徒数】　　　　　　　　　　　　　　2023年5月1日現在

年次	生徒数	男女比	クラス数	1クラスの平均人数
1年次	117名	66：51	3クラス	39名
2年次	81名	38：43	2クラス	41名
3年次	84名	50：34	2クラス	42名
4年次	147名	62：85	4クラス	37名

【教員数】
　教員：男性7名、女性5名／講師：男性10名、女性5名
　カウンセラー：火曜日1名、木曜日1名

2024年度の募集要項

募集について
募集人員：定員450名（総定員）
出願期間：2024年3月12日（火）～3月25日（月）
試験日：2024年3月21日（木）・3月26日（火）
選抜方法：面接と出願書類の審査によって選考
選考料：なし

学費について
入学料：　　　　500円
諸会費：　　　11,000円
教科書代等：約15,000円
受講料：　　　320円（1単位につき／2022年度現在）

2022年度卒業生の進路状況

【進路先】
卒業者数　98名
大学…12名　　専門学校…21名
就職…13名　　その他…52名
【主な合格実績】
大正大、立正大、足利大、白鴎大、作新学院大、国際医療福祉大、日本大、国士舘大、東京都立大、佐野日大短大
【指定校推薦】
足利大、作新学院大、平成国際大、北陸大、日本文理大、東亜大、佐野短大、宇都宮文星短大、川口短大、國學院大學栃木短大　等

【通信制】　　　　　　　　　　　　　　　　　　　　　（単位制）

群馬県立太田フレックス高等学校
（ ぐんまけんりつおおた ／ こうとうがっこう ）

(https://otaflex-hs.gsn.ed.jp　E-mail：otaflex-hs @ edu-g.gsn.ed.jp)

■校長名：森　義仁
■住　所：〒 373-0844　群馬県太田市下田島町 1243-1
■電　話：0276-31-0513
■ＦＡＸ：0276-31-8921
■最寄駅：東武伊勢崎線「木崎」駅下車徒歩 10 分
■生徒が入学できる都道府県：
　群馬全域、埼玉と栃木の一部地域
■沿革：
　2005 年 4 月開校

■形態・課程・学科：
　併設校・単位制による通信制課程・普通科
■併設する課程：単位制による昼間定時制、夜間定時制
■併設課程への転籍：前期末および年度末に、定時制から通信制
　へ、通信制から定時制への転籍検査を受けることができます。
■入学・卒業時期：入学時期 4 月・10 月　卒業時期 3 月・9 月
■修業年限：3 年以上（在籍最長年数：8 年）
■学期制：2 学期制
■卒業認定単位数：74 単位
■始業・終業時刻：
■技能連携：なし
■実務代替：なし
■技能審査：36 単位まで卒業単位として認定することができます。
■開設講座数：45 講座、33 科目

スクーリングの日数と場所

【登校日数】
　　月 2 日（日曜日）
【場所】
　　本校（太田市下田島町）

特色	「えらべる　まなべる　フレックス」を合言葉に、定時制の 3 つの部（午前部・午後部・夜間部）と通信制課程をもつ高校です。
併修・単位について	年間 30 単位まで受講することができます。定時制社会人講座を併修できます。
クラブ活動	なし
学校行事・特別活動	校外学習、体育行事等
施設	図書室、視聴覚教室、体育館のほか、多目的ホール等があります。
生活指導	学校指定の制服はありません。自動車通学は可能です。校内は禁煙です。

◇◇◇◇◇◇◇◇◇ この学校にアクセスしてみよう！

学校説明会	入学前電話相談	文化祭見学	体育祭見学	資料請求
○	○	―	―	○

生徒情報

【不登校生】
さまざまな背景を持つ生徒が在籍し、学習活動を行っています。
【転編入生】
転編入生は 4 月・10 月に入学できます。出願期間は転入・編入とも 3 月と 8 月です。
前籍校で修得した単位のほとんどを卒業に必要な単位として認定することができます。
本校入学前に高等学校卒業程度認定試験で合格した科目も卒業に必要な単位として認定することができます。
【保護者連絡】
スクーリング毎にフレックス通信を発行。
【転編入の生徒数】

2023 年度
転入生　0 名
編入生 34 名

【生徒数】　　　　　　　　　　　　　2023 年 5 月 1 日現在

生徒数	男女比	クラス数	1 クラスの平均人数
386 名	5：5	クラス	名

【教員数】
　教員：男性　6 名、女性　4 名／講師：男性　4 名、女性　2 名
　カウンセラー：女性 1 名

2024 年度の募集要項

　　　　　　　　　　　　　　※詳細はお問い合わせください

募集について

【一般入試】
出願期間：新入生　2024 年 3 月 11 日（月）～ 3 月 28 日（木）
　　　　　編入生　2024 年 3 月 11 日（月）～ 3 月 25 日（月）
選考方法：出願時の面接と作文等
選考料：なし

学費について

入　学　金：　　　　　　　　500 円
受　講　料：　　　　　　 10,080 円
　　　　　　　（30 単位受講した場合）
諸　経　費：　　　　　　　4,098 円
教科書と学習書：約 15,000 ～ 25,000 円

合　　計：約 30,000 円～ 40,000 円

※受講料は就学支援金を申請し、
　受給が決定した場合返却されます。

2022 年度卒業生の進路状況

【進路先】
卒業者数…61 名
大学…0 名　　短大…1 名　　専門学校…7 名
浪人…0 名　　就職…3 名

【通信制】　　　　　　　　　　　　　　　　　　　　　　　　　　　（単位制）

群馬県立桐生高等学校

■校長名：髙橋　浩昭
■住　所：〒376-0025　桐生市美原町 1-39
■電　話：0277-51-1507（直通）
■ＦＡＸ：0277-51-1506
■最寄駅：JR 線「桐生」駅下車、徒歩 5 分
■生徒が入学できる都道府県：
　　群馬（原則として）
■沿革：
　　1948 年 4 月群馬県立桐生女子高等学校に通信制を併設
　　2021 年 4 月群馬県立桐生高等学校に統合

■形態・課程・学科：
　　併設校・通信制課程・普通科
■併設する課程：全日制課程
■併設課程への転籍：できません。
■入学・卒業時期：入学時期　4 月、卒業時期　3 月
■修業年限：4 年（3 修制有）
■学期制：3 学期制
■卒業認定単位数：74 単位
■始業・終業時刻：8 時 20 分～ 16 時 50 分
　　　　　　　　　1 日 7 時限（4 ～ 6 月）、6 時限（7 ～ 3 月）
　　　　　　　　　1 時限（50 分間）
■技能連携：なし　　■実務代替：なし　　■技能審査：なし
■開設講座数：46 科目

スクーリングの日数と場所

【登校日数】
　　月 2 日（日曜日）
【場所】
　　桐生高等学校

特色
家庭的な雰囲気の中、それぞれの生徒が自分のペース
で目標に向かって学習しています。
学校行事や生徒同士の交流も盛んです。

併修・単位について
併修はできません。

クラブ活動

学校行事
校外学習、運動会、クリスマス会、
生活体験発表会、新入生歓迎会

生徒情報

【不登校生】
不登校だった生徒もいます。教師がきめこまやかな指導をし
ています。
【転編入生】
前籍校で修得した単位は原則として認定します。
【保護者連絡】
会報や電話連絡、保護者面談等を行っています。
【その他】
不明な点は、お電話にてお問合せください。

【生徒数】　　　　　　　　　　　　　　2023 年 5 月 1 日現在

在学年数	生徒数	男女比
1 年目	35 名	2：3
2 年目	48 名	2：5
3 年目	34 名	8：9
4 年目以上	64 名	5：11

【教員数】
　教員：男性 6 名、女性 3 名／講師：男性 2 名、女性 6 名
　カウンセラー：全日制との兼務 1 名

2024 年度の募集要項

募集について
【一般入試】
出願期間：2024 年 3 月 11 日（月）～ 28 日（木）正午
　　　　　（新入学の場合）
試 験 日：出願時
選考方法：作文、面接、書類審査
選考科：なし
編入学の出願期間は別に定める。

学費について
入学金：　　　　500 円（予定）
受講料：　　　9,000 円　程度（受講単位数に応じて）
諸　費：　　　8,000 円（予定）
教科書：　　 15,000 円　程度（1 年間）

2022 年度卒業生の進路状況

【進路先】
卒業者数…33 名
大学…7 名　　　　　　　短大・専門学校…5 名
就職…14 名　　　　　　その他…7 名

立命館大学、大東文化大学、共立女子大学、日本工学院専門学校

◇◇◇◇◇◇◇◇◇ この学校にアクセスしてみよう！

学校説明会	入学前電話相談	文化祭見学	体育祭見学	資料請求
○	○	－	－	－

※資料は学校見学時に配布します。
※学校見学については、お電話にてお問合せください。

【通信制】　　　　　　　　　　　　　　　　　　　（単位制）

ぐんまけんりつたかさきこうとうがっこう

群馬県立高崎高等学校

(http://www.takasaki-hs.gsn.ed.jp/)

■校長名：小林　智宏
■住　所：〒370-0861 群馬県高崎市八千代町 2-4-1
■電　話：027-330-2277　　■FAX：027-324-7712
■最寄駅：JR 高崎線「高崎」駅下車、バス 10 分または徒歩 40 分
■生徒が入学できる都道府県：群馬県
■沿革：
1897 年　4 月　群馬県尋常中学校群馬分校として高崎町赤坂長松
　　　　　　　　寺の仮校舎にて創立。翌年同町上和田に移転
1900 年　4 月　群馬県高崎中学校として独立
1938 年 12 月　現在地に移転
1948 年　3 月　通信教育開始
　　　　　4 月　学制改革により群馬県立高崎高等学校と改称
1961 年 10 月　通信教育部が通信制課程として独立

■形態・課程・学科：
併設校・単位制による通信制課程・普通科
■併設する課程：全日制課程
■併設課程への転籍：
全日制から通信制へ転籍することができる
■入学・卒業時期：
　・入 学 時 期　4 月
　・途中転入学　8 月、9 月、10 月、11 月
　・卒 業 時 期　3 月
■修業年限：3 年以上（在学年限 8 年）
■学期制：—　　■卒業認定単位数：74 単位以上
■始業・終業時刻：8：45 ～ 16：10
　　　　　　　　　（日曜スクーリングの場合）
　　　　　　　　　1 日 7 時限、1 時限 50 分
■技能連携：なし　　■実務代替：なし　　■技能審査：なし
■開設講座数：44 講座、10 教科

スクーリングの日数と場所

【登校日数】
　　　　月 2 回（日曜日）
　　　　（月 2 回（水曜）、月 1 回（土曜）補充スクーリングあり）
【場所】
　　　　本校

特色　仕事をしながら、子育てをしながら、生涯学習として楽しみながらなどと、年齢・経歴・学習動機・職業などが異なる様々な生徒が自分のペースで学習に励んでいます。

併修・単位　高卒認定試験による認定単位数は各年度 8 単位まで、合計 20 単位を限度とします。

クラブ活動　【部数 4】
陸上競技（2004 ～ 2007、2013 ～ 2017、2021、2022 年全国大会出場）、バドミントン、ソフトテニス、剣道

学校行事　初夏のハイキング、文化祭、生活体験発表、体育大会、卒業生を送る会など

生活指導　制服はありません。
敷地内は全面禁煙です。

◇◇◇◇◇◇◇ この学校にアクセスしてみよう！

学校説明会	入学前電話相談	文化祭見学	体育祭見学	資料請求
—	○	○	—	—

▼入 学 相 談　随時
▼文 化 祭　6 月上旬

生徒情報

【不登校生】
中学校や前籍校で不登校だった生徒が最近増えています。
【転編入生】
前籍校での単位を振り替えて認定しています。
【保護者連絡】
電話連絡、面談、学校通信の送付などを行っています。
【転編入の生徒数】

2023 年度	2022 年度	2021 年度	2020 年度
転入生 81 名	転入生 60 名	転入生 63 名	転入生 51 名
編入生　6 名	編入生　8 名	編入生　9 名	編入生 12 名

【生徒数　普通科】　　　　　　　　　2023 年 11 月 1 日現在

年次	生徒数	男女比	クラス数	1 クラスの平均人数
1 年次	108 名	55：45	3 クラス	36 名
2 年次	75 名	49：51	2 クラス	38 名
3 年次	62 名	53：47	2 クラス	31 名
4 年次以降	166 名	55：45	5 クラス	34 名

【教員数】
教員：男性 7 名、女性 2 名／講師：男性 5 名、女性 4 名

2024 年度の募集要項

募集について

【一般入試】
募集人員：普通科　—名（男女）
出願期間：新入学…2024 年 3 月 8 日（金）
　　　　　　　　　　～ 28 日（木）正午まで
試 験 日：出願時に面接を実施
選抜方法：出願書類の審査と面接によって選考
　　　　　（事前の説明会に参加する必要あり）
選 考 料：なし

学費について

入 学 料：　　　 500 円
受 講 料：約 10,000 円
教科書代：約 10,000 円

計 30,000 円以内（2023 年度の場合）

2022 年度卒業生の進路状況

【進路先】
卒業者数　53 名
大学…13 名　　短大…4 名　　専門学校…10 名
就職…3 名　　その他…23 名
【主な合格実績】
（過去 3 年）
筑波大、埼玉大、横浜国立大、信州大、高崎経済大、新潟県立大、群馬県立女子大、中央大、上武大、城西大、国際医療福祉大、育英大、共愛学園前橋国際大、群馬パース大、群馬医療福祉大、関東学園大、高崎健康福祉大、尚美学園大、獨協大、文教大、跡見学園女子大、桜美林大、大東文化大、帝京大、東海大、東京電機大、東京福祉大、東京未来大、東邦大、東洋大、日本大、武蔵野美術大、武蔵野音楽大、立正大、ルーテル学院大、京都芸術大、京都造形芸術大、放送大、新島学園短大、共愛学園前橋国際短大、国際学院埼玉短大、大阪成蹊短大　他

【通信制】 （単位制）

群馬県立前橋清陵高等学校
（ぐんまけんりつまえばしせいりょうこうとうがっこう）

■校長名：田嶋　正幸
■住　所：〒 371-8573　群馬県前橋市文京町 2-20-3
■電　話：027-224-0513　■ＦＡＸ：027-243-2319
■最寄駅：両毛線「前橋」駅下車、徒歩 15 分
■生徒が入学できる都道府県：
　　群馬
■沿革：
　1966 年 4 月　群馬県立前橋第二高等学校として開校
　1970 年 4 月　通信制衛生看護科開設
　1987 年 4 月　通信制普通科設置
　1993 年 4 月　群馬県立前橋清陵高等学校と改称し、単位制に移行
　2016 年 11 月　創立 50 周年式典挙行
■形態・課程・学科：
　単位制による通信制課程（普通科・衛生看護科）
■併設する課程：単位制による定時制昼間部、定時制夜間部
■併設課程への転籍：転籍できません
■入学・卒業時期：
　・入学時期　4 月、10 月　　・卒業時期　3 月、9 月
■修業年限：3 年以上（在籍最長年数：6 年）
■学期制：2 学期制
■卒業認定単位数：74 単位
■始業・終業時刻：9：00 〜 15：25
　　　　　　　　　1 日 6 時限、1 時限 50 分
■技能連携：群馬県内 6 校の准看護学校
■実務代替：なし　■技能審査：あり（英検、漢検等）
■開設講座数：106 講座、57 科目

スクーリングの日数と場所

【登校日数】
　　原則、月 2 回の日曜日、水曜日
　　年間 4 回の木曜日（基礎学力養成）
【場所】
　　本校のみ
【その他】
　　放送視聴による減免あり

特色　県下最初の定時制昼間部、定時制夜間部と通信制の併設校です。

併修・転籍について　定通相互併修で年間 14 単位まで併修できます。ただし、通信と合わせて 30 単位を超えることはできません。衛生看護科は准看護学校で修得した 29 単位を技能連携により読み替えます。

学校行事　ウォークラリー、生活体験発表会、防災訓練、進路講演会、生徒総会　等

生活指導　学校指定の制服はありません。自動車通学　可

◇◇◇◇◇◇ この学校にアクセスしてみよう！ ◇◇◇◇◇◇

学校説明会	入学前電話相談	文化祭見学	体育祭見学	資料請求
○	○	─	─	○

生徒情報

【不登校生】
担任制を導入し、履修科目選択のサポートをしています。
【転編入生】
前籍高校で修得した単位はほぼ全部振り替えることができます。また、旧大検と高認で合格した科目も振り替えできます。入学時期は、4 月と 10 月です。
【保護者連絡】
保護者への連絡は必要に応じて行っています。
【転編入の生徒数】
2023 年度（春）転入生 1 名　編入生 52 名

【生徒数】　　　　　　　　　　　　　2023 年 5 月 1 日現在

年次	生徒数	男女数	クラス数	1 クラスの平均人数
1 年次	189 名	76：113	3 クラス	63 名
2 年次	71 名	19：52	2 クラス	35 名
3 年次	64 名	34：30	2 クラス	32 名
4 年次	126 名	53：73	3 クラス	42 名

普通科のみ。他に衛生看護科 17 名（不活動生を含まない数字）

【教員数】
　　教員：男性 8 名、女性 5 名／講師：男性 14 名、女性 9 名
　　カウンセラー：月 1 回（日曜スクーリング）

2024 年度の募集要項
※詳細はお問い合わせください

募集について
【一般入試】
募集人員：定員は特に定めていません
出願期間：2024 年 3 月 11 日（月）〜 3 月 28 日（木）の特定の日（転・編入学は 3 月 26 日まで）（普通科・衛生看護科）
　　　　　秋入試あり※普通科のみ実施
試 験 日：出願時
選考方法：出願時の面接と作文
選 考 料：なし
※受験資格：衛生看護科については群馬県内の准看護学校（連携校）に在籍（入学予定者も含む）または卒業した者。（春入試のみ実施）

学費について
入学金：500 円
受講料：1 単位あたり 336 円
諸会費：5,200 円
その他：教科書代、学習書代

2022 年度卒業生の進路状況

【進路先】
卒業者数　79 名（普通科）　5 名（衛生看護科）
大学…6 名　　　短大…0 名　　　専門学校…14 名
就職…6 名　　　その他…58 名

【主な合格実績】
関東学園大、東京福祉大、国士舘大、創価大、城西大、帝京大（通信制）、東日本製菓技術専門、東日本デザイン＆コンピュータ専門、太田情報商科専門、太田産業技術専門、群馬自動車大学校、群馬美容専門、高崎動物専門、前橋市医師会立前橋准看護学校　等

【広域通信制】 （単位制）

大川学園高等学校
（おおかわがくえんこうとうがっこう）

(https://www.ohkawa.ed.jp　E-mail：toiawase_hs@ohkawa.ac.jp)

■校長名：岡部　一宏
■住　所：〒357-0038　埼玉県飯能市仲町16-8
■電　話：042-971-1717　■ＦＡＸ：042-974-8884
■最寄駅：西武池袋線「飯能」駅、徒歩3分
　　　　　JR八高線・西武線「東飯能」駅、徒歩7分
■生徒が入学できる都道府県：
　埼玉、東京、神奈川、千葉、群馬、山梨
■沿革：2005年4月　開校
■教育理念：
「自律・協調・奉仕」を校訓とし、社会に必要とされる人材の育成、生徒一人一人を大切にした教育、地域に信頼され求められる学校を基本理念と考え、生徒一人一人の可能性を教師が最大限に引き出し、一歩一歩着実に力を伸ばせる学校。

■形態・課程・学科：単位制による通信制、普通科（通信制週1日スタイル）
■併設する課程：大川学園高等専修学校（福祉科）
■併設課程への転籍：通信制全日型スタイルから通信制週1日スタイルへの転籍が可能
■入学・卒業時期：
　入学時期　4月・10月　卒業時期　3月・9月
■修業年限：3年以上（通信制週1日スタイル）
■学期制：前期・後期制（通信制週1日スタイル）
■卒業認定単位数：74単位以上
■始業・終業時刻：（通信制週1日スタイル）9：10～16：30
■技能連携：行っている　大川学園高等専修学校
　　　　　（福祉科通信制全日型スタイル）
■開設講座数：45科目（2024年度予定）

スクーリングの日数と場所

【登校日数（通信型コース）】
　①週1回（土曜）
　②校外スクーリング（科目により異なります）
【場所】本校

特色
生活スタイルに合わせてコースが選べます。週1日の登校で卒業を目指す通信制週1日スタイル（普通科）と、毎日登校し、しっかりとした学校生活を送り進路実現を目指す通信制全日型スタイル（普通科・福祉科）があります。

併修・単位について
併修することはできません。
「高等学校卒業程度認定試験の受験生」の一部科目履修はできません。

クラブ活動
なし
（通信制週1日スタイル）

学校行事
原則なし
（通信制週1日スタイル）

進学・補習指導
随時実施

生活指導
学校指定の制服はありません。（通信制週1日スタイル）
バイク通学はできません。

生徒情報

【新入生】
週1回の登校により、他の日を予備校やスポーツ、仕事等にあてることができます。
【不登校生】
過去に不登校を経験した生徒も、週1回の登校とレポート学習により、自分のペースで学ぶことができます。
【転編入生】
転編入生は随時相談に応じます。
【保護者連絡】
随時

【生徒数】
生徒数51名（学年はありません）
男女比2：3（通信制週1日スタイル）

【教員数】
　教員：男性9名、女性3名／講師：男性5名、女性3名
　カウンセラー：1名

2024年度の募集要項

募集について

●前期募集
出願期間：2024年2月1日（木）～3月22日（金）

●後期募集
出願期間：2024年8月1日（木）～9月20日（金）

●上記以外の期間でも入学時期の相談に応じます。

学費について

入学金　　30,000円
授業料　　　9,000円/1単位
施設費　　40,000円（各期ごと）
教材費　　履修科目により異なります

合　計：登録科目数によって異なります

●国の修学支援金、埼玉県父母負担軽減事業、東京都私立高等学校 等授業料軽減助成金事業の対象

2022年度卒業生の進路状況

【進路先】
卒業者数　110名（通信制全日型スタイル・通信制週1日スタイル）
大学・短大・専門学校…69名
就職…30名

【主な合格実績（過去5年間）】
大川学園医療福祉専門、青山学院大、跡見学園女子大、十文字学園女子大、白梅学園大、駿河台大、聖学院大、西武文理大、デジタルハリウッド大、東京国際大、東都大、日本社会事業大、文京学院大、秋草学園短大、川口短大、埼玉女子短大、城西短大　他

◇◇◇◇◇◇◇◇ この学校にアクセスしてみよう！

学校説明会	入学前電話相談	文化祭見学	体育祭見学	資料請求
○	○	○	○	○

※資料は電話、FAX、メール、HP等から請求して下さい。
　TEL：042-974-8880（入試募集担当）
　FAX：042-974-8884（入試募集担当）

▼学校説明会
　・随時、実施しています（通信制週1日スタイル）
　・ホームページもしくは直接お問い合わせ下さい（通信制全日型スタイル）

【広域通信制】 （単位制）

かすみがせきこうとうがっこう

霞ヶ関高等学校

(http://www.kasumigaseki.ed.jp/)

- ■校長名：山口 直也
- ■住 所：〒 350-1101 埼玉県川越市的場 2797-24
- ■電 話：049-233-3636 ■FAX：049-233-1957
- ■最寄駅：東武東上線「霞ヶ関」駅北口下車、徒歩 2 分
- ■生徒が入学できる都道府県：
  埼玉、東京、千葉、茨城、栃木、群馬、山梨
- ■沿革：
  2002 年 創立

- ■形態・課程・学科：
  独立校・単位制による通信制課程・普通科、商業科
- ■併設する課程：なし
- ■入学・卒業時期：
  ・入学時期 随時 ・卒業時期 3 月、9 月
- ■修業年限：
  ・3 年
- ■学期制：2 学期制 ■卒業認定単位数：74 単位
- ■始業・終業時刻：一般コース 8：50 ～ 15：20
  特別コース 8：45 ～ 12：40
  （午後は補習、クラブ活動）
- ■技能連携：なし ■技能審査：なし
- ■実務代替：卒業に必要な単位に含む。
- ■開設講座数：—

スクーリングの日数と場所

【登校日数】
一般コース 平均月 2 回
特別コース 火～金曜日の午前中
【場所】
霞ヶ関高等学校

特色 自分のペースで学習に取り組め、自由な雰囲気の中のびのびとした学校生活を送れます。

併修・単位について 高卒認定試験受験生が一部科目履修することはできません。

クラブ活動 ソフトテニス、剣道同好会、ゲーム研究部

学校行事 遠足、修学旅行、目指せ、日本橋！、三者面談、保護者会、校外学習、ボーリング大会、スノースポーツ実習 他

生活指導 学校指定の制服もありますが、購入は任意です。服装・頭髪等は基本自由です。

◇◇◇◇◇◇◇◇ この学校にアクセスしてみよう！

学校説明会	入学前 電話相談	文化祭見学	体育祭見学	資料請求
○随時	○	—	—	○

※資料は電話・メールで請求できます。
▼学校見学 個人単位で随時行っています。

生徒情報

【不登校生】不登校だった生徒もおりますが、教師のきめ細かい指導と自由な校風で登校できるようになっています。
【転編入生】前在籍高校で修得した単位は全て振り替えることができます。高卒認定試験で合格した科目も振り替えることができます。転入学・編入学は随時受付けています。
【保護者連絡】学習状況通知、学校通信を定期的に郵送。保護者会、三者面談等実施。

【生徒数】 2023 年 12 月 1 日現在

年次	男	女	学年別合計	クラス数
1 年次	23 名	30 名	53 名	2 クラス
2 年次	31 名	56 名	87 名	2 クラス
3 年次	34 名	46 名	80 名	2 クラス

【教員数】
教員：男性 8 名、女性 1 名／講師：男性 1 名、女性 1 名
カウンセラー：1 名

2024 年度の募集要項

募集について

【一般入試】
募集人員：一般コース 99 名、特別コース 66 名
出願期間：
第 1 回（単願）2024 年 1 月 5 日（金）～ 1 月 12 日（金）必着
第 2 回（併願）2024 年 1 月 5 日（金）～ 1 月 12 日（金）必着
第 3 回（単願）2024 年 2 月 1 日（木）～ 2 月 14 日（水）必着
第 4 回（単願）2024 年 2 月 20 日（火）～ 3 月 7 日（木）必着
第 5 回（単願）2024 年 3 月 19 日（火）～ 3 月 29 日（金）必着
試験日：
第 1 回（単願）2024 年 1 月 17 日（水）
第 2 回（併願）2024 年 1 月 18 日（木）
第 3 回（単願）2024 年 2 月 16 日（金）
第 4 回（単願）2024 年 3 月 11 日（月）
第 5 回（単願）2024 年 3 月 19 日（火）～ 4 月 1 日（月）
選抜方法：
単願 各回とも書類審査及び面接
併願 書類審査及び面接及び総合学力審査（国・数・英）
選考料：15,000 円

学費について

（一般コース）		（特別コース）	
入 学 金：	20,000 円	入 学 金：	200,000 円
授 業 料：	単位数× 8,000 円	授 業 料：	25,000 円(月額)
施設備費：	20,000 円	施設備費：	100,000 円
教育運営費：	24,000 円	教育運営費：	100,000 円
生徒会会費：	(月額) 500 円	生徒会会費：	(月額) 500 円
ＰＴＡ会費：	(月額) 500 円	ＰＴＡ会費：	(月額) 500 円

※合計額は単位数により異なります ※合計額は入学時期により異なります

2022 年度卒業生の進路状況

【進路先】卒業者数 88 名
大学…22 名 短大…2 名 専門学校…26 名
就職…9 名 その他…29 名
【主な合格実績】
東京女子大、東洋大、東京家政大、日本大、大東文化大、亜細亜大、帝京大、神奈川大、立正大、跡見学園女子大、東京経済大、他
【指定校推薦】
4 年制…20 校 短大…10 校 専門…78 校

国際学院高等学校
（こくさいがくいんこうとうがっこう）

(https://cr.kgef.ac.jp/)

■校長名：大野　博之
■住　所：本校
　〒362-0806　埼玉県北足立郡伊奈町小室 10474
■電　話：048-721-5931（本校）　■FAX：048-721-5903
■住　所：大宮学習センター
　〒330-8548　埼玉県さいたま市大宮区吉敷町 2-5
■電　話：048-641-0345（大宮学習センター）　■FAX：048-641-0380
■最寄駅：本校　埼玉新都市交通線「志久」駅下車、徒歩 12 分
　　　　　　　　JR 高崎線「上尾」駅下車、バス 10 分、徒歩 5 分
　　　　　　　　JR 宇都宮線「蓮田」駅下車、バス 15 分、徒歩 4 分
　　　　　　大宮学習センター　「大宮」駅下車、徒歩 10 分
　　　　　　　　　　　　「さいたま新都心」駅下車、徒歩 10 分

■生徒が入学できる都道府県：
　埼玉、東京、栃木、群馬、茨城、千葉
■沿革：
　全日制課程が 1998 年 4 月に県内初の私立総合学科高校として開校し、2002 年 4 月から通信制課程を併設しました。
　2010 年にユネスコスクールに加盟し、2011 年には大宮学習センターを開設しました。

■形態・課程・学科：
　併設校・単位制による通信制課程、普通科
■併設する課程：
　単位制による全日制課程
■併設課程への転籍：
　一定の条件を満たした者は、全日制への転籍も可能です。
■入学・卒業時期：
　・入学時期 4 月　　・卒業時期 3 月
■修業年限：3 年以上（在籍最長年数：6 年）
■学期制：2 学期制　　■卒業認定単位数：74 単位
■始業・終業時刻：8：45 ～ 15：25　1 日 5 時限、1 時限 50 分
■技能連携：実施しています
■技能審査：最大 20 単位まで認定（卒業に必要な単位に含む）
■開設講座数：63 科目

スクーリングの日数と場所

【登校日数】週 4 回
【場　所】埼玉県北足立郡伊奈町小室 10474（本校）
　　　　　埼玉県さいたま市大宮区吉敷町 2-5（大宮学習センター）
【レポート】科目により 2 回～ 12 回（年間）
【計　画】落ち着いた環境で学校生活を送れる整備がされています。
　　　　　URL：https://cr.kgef.ac.jp/

特色
・建学の精神に基づく「人づくり教育」
・生徒の個性に応じた学習スタイル
・体験的な学習の導入
・インターネットなどを活用した授業

併修・単位
併修は学則上可能です。
高卒認定試験受験生が一部の科目を履修することもできます。

クラブ活動
生徒の要望に応じて設置します。

学校行事等
宿泊研修、文化祭、球技大会、芸術鑑賞会　等
全日制と同等程度の行事数があります。

生活指導
本校指定の制服を着用します。茶髪・ピアスなどに対して指導をします。

◇◇◇◇◇◇◇◇ この学校にアクセスしてみよう！

学校説明会	入学前電話相談	文化祭見学	球技大会見学	資料請求
○	○	○	○	○

※電話・FAX・インターネット等により資料請求できます。
※見学・相談等、電話により受け付けております。

生徒情報

【転入編入生】
前籍高校等で修得した単位は認定会議を経て卒業単位として認定します。
転入・編入については、相談の上試験を実施します。
【不登校生】
一人ひとりの生徒に応じた学習が可能です。過去に不登校生だった生徒も皆仲間と共に楽しく学校生活を送っています。
【保護者連絡】
必要に応じて連絡を行っています。
【転編入の生徒数】（2023 年 11 月 1 日現在）

1 年次	2 年次	3 年次
10 名	12 名	17 名

【生徒数】　　　　　　　　　　　　2023 年 11 月 1 日現在

年次	生徒数	男女比	クラス数	1 クラスの平均人数
1 年次	18 名	7：11	1 クラス	18 名
2 年次	21 名	2：5	1 クラス	21 名
3 年次	20 名	7：3	1 クラス	20 名

【教員数】
　教員：男性 4 名、女性 2 名／講師：男性 5 名、女性 4 名
　カウンセラー：1 名（非常勤）

2024 年度の募集要項

募集について

【一般入試】
募集人員：80 名
出願期間：第 1 回　2024 年 1 月 10 日（水）～ 1 月 25 日（木）
　　　　　第 2 回　2024 年 2 月 6 日（火）～ 2 月 15 日（木）
　　　　　第 3 回　2024 年 3 月 1 日（金）～ 3 月 7 日（木）
　　　　　第 4 回　2024 年 3 月 11 日（月）～ 3 月 19 日（火）
試験日：第 1 回　2024 年 1 月 27 日（土）
　　　　第 2 回　2024 年 2 月 17 日（土）
　　　　第 3 回　2024 年 3 月 9 日（土）
　　　　第 4 回　2024 年 3 月 21 日（木）
選抜方法：筆記試験（国語・数学・英語）、面接

学費について

入学金：250,000 円
授業費：290,000 円（年額制）
施設設備費：160,000 円
※上記の他、講習費・同窓会費・後援会費・保護者会費・生徒会費・教育復興資金等が別途必要です。
初年度納入額：883,4000 円
次年度以降納入額：591,000 円

2022 年度卒業生の進路状況 ※過年度生含む

【進路先】
卒業者数 11 名
大学…7 名　　専門学校…4 名　　就職…0 名
【主な合格実績】 ※ 2022 年 3 月まで
早稲田大、学習院大、明治大、東京理科大、岡山大、名古屋市立大、法政大、芝浦工業大、東京電機大、成蹊大、大妻女子大、日本大、日本女子大、東洋大、跡見学園女子大、東京工芸大、埼玉工業大、人間総合科学大、東京国際大、白鷗大、高崎健康福祉大、湘南工科大、国際学院埼玉短期大、鎌倉女子大（短期大学部）、国際短期大、文化学園大、文教大、聖徳大、聖学院大、埼玉大、創価大、獨協大、成城大、女子美術短期大
【指定校推薦】
聖学院大学、国際学院埼玉短期大学　等

【通信制】

埼玉県立大宮中央高等学校

（ https://omiyachuo-h.spec.ed.jp/ ）

- ■校長名：末吉 幸人
- ■住 所：〒 331-0825
  埼玉県さいたま市北区櫛引町 2-499-1
- ■電 話：048-652-6481　■ＦＡＸ：048-660-2110
- ■最寄駅：・JR 京浜東北線「大宮」駅下車、バス 15 分
  ・JR 川越線「日進」駅下車、徒歩 20 分
  ・ニューシャトル「鉄道博物館」駅下車、徒歩 10 分
- ■生徒が入学できる都道府県：
  埼玉
- ■沿革：
  1963 年発足の浦和通信制高校が拡充整備され、現在地に移転し、大宮中央高校と改称し、1989 年単位制 2 課程も併設された。

- ■形態・課程・学科：
  独立校・通信制の課程・普通科
- ■併設する課程：
  単位制による通信制の課程・単位制による定時制の課程
- ■併設課程への転籍：
  試験により単位制へ転籍することができる。（年度末）
- ■入学・卒業時期：
  ・入学時期 4 月　・卒業時期 3 月
- ■修業年限：3 年以上
- ■学期制：2 学期制
- ■卒業認定単位数：74 単位
- ■始業・終業時刻：9：00 ～ 16：25、1 日 7 時限、1 時限 50 分
- ■技能審査：なし
- ■開設講座数：52 科目

スクーリングの日数と場所

【登校日数】
週 1（日・月・火のいずれかを選択）

【場 所】
（日）　大宮中央高、吉川美南高、吹上秋桜高、狭山緑陽高、秩父農工科学高から選択
（月・火）大宮中央高

特色
・通信制の高校で、個人のライフスタイルに合わせて学習を進めることができます。
・入学選考は書類と面接で、募集定員は定めません。

部活動
【部活動数 13、同好会 1】
野球、柔道、剣道、卓球、サッカー、バドミントン、バスケット、陸上、文芸、写真、演劇、漫画研究、美術、囲碁将棋同好会

学校行事
体育的行事、文化的行事

生活指導
制服はありません。

◇◇◇◇◇◇◇◇ この学校にアクセスしてみよう！

個別相談会	入学前電話相談	文化的行事	体育的行事	資料請求
○	○	○	○	○

▼個別相談会　2024 年 2 月 4 日（日）※転編入生対象　中 3 生随時 Tel 受付
▼体育的行事　中止
▼文化的行事　2023 年 11 月 26 日（日）

生徒情報

【教育相談】
事前に申し込むことにより受けられます。
【転編入生】
前籍校の単位も、卒業に必要な単位に含められます。
【保護者連絡】
郵便などで本人宛に行っています。
【転編入の生徒数】
2023 年度 538 名

【生徒数】　　　　　　　　　　2023 年 10 月 1 日現在

1 年次生	2 年次生	3 年次生	4 年次生	合　計
551 名	677 名	525 名	1,125 名	2,878 名

【教員数】
教員数：38 名　　　非常勤講師：38 名

2024 年度の募集要項

募集について

【一般入試】
募集人員：特に定めない
出願期間：① 2/18（日）② 3/6（水）
試 験 日：（出願日に面接を行うこともあります）
選抜方法：面接、書類
選 考 料：なし

【転編入試】
募集人員：特に定めない
出願期間：① 3/17（日）② 3/21（木）③ 3/22（金）
試 験 日：（出願日に面接を行います）
選抜方法：面接、書類
選 考 料：なし

※一般・転編入とも願書等の受領と出願時は本人が来校してください。

学費について

（R4 年度）
入学金：　　　　500 円
授業料：1 単位 330 円

合　計：30,000 円程度

2022 年度卒業生の進路状況

【進路先】
卒業者数…393 名
大学…50 名　　短大…7 名　　専門学校…54 名
就職…34 名※学校を通してのもの

【過去 3 年間の合格実績】
東京芸術大、十文字学園女子大、埼玉工業大、城西大、大東文化大、千葉工業大、帝京大、東京家政大、東洋大、日本大、聖学院大、法政大、日本薬科大、二松学舎大、淑徳大、武蔵野大、上武大、産業能率大、放送大、東京都市大、東京工科大、関西外国語大、サイバー大、奈良大学　他多数

【指定校推薦】
あり（大学・短大で約 50 校）

【広域通信制】　　　　　　　　　　　　　　　　　　　　（単位制）

志学会高等学校
しがくかいこうとうがっこう

(http://shigakukai.ed.jp/　　E-Mail：info1810@shigakukai.ed.jp)

- ■**校長名**：髙橋　信人
- ■**住　所**：〒345-0015　埼玉県北葛飾郡杉戸町並塚1643
- ■**電　話**：0120-38-1807 ／ 0480-38-1810
- ■**ＦＡＸ**：0480-38-2976　■**ＭＡＩＬ**：info1810@shigakukai.ed.jp
- ■**最寄駅**：東武スカイツリーライン・東武伊勢崎線・東武日光線「東武動物公園」駅下車、スクールバス10分（無料）
　　　　　朝日バス（関宿中央ターミナル行）船戸橋下車、バス停より徒歩15分
- ■**生徒が入学できる都道府県**：東京、埼玉、千葉、茨城、栃木、群馬
- ■**沿革**：平成14年度開校
- ■**理念**：優れた知力（能力）と豊かな情操（感謝の心）を大切にし、未来を創造し、二十一世紀を溌剌と生き抜く生徒の育成を目指し、法人訓「共に生きる」を理念に、校訓を「叡智」、校風を「自立と共生」、教育目標は「賢く（知）豊かに（徳）逞しく（体）」とし、教育を推進しています。

- ■**形態・課程・学科**：独立校・単位制による通信制課程・普通科
- ■**併設する課程**：なし
- ■**入学・卒業時期**：
　・入学時期　4月・10月（新入学）、随時（転編入学）
　・卒業時期　3月・9月
- ■**修業年限**：（前籍校の在籍年数を含め）3年以上
　　　　　　在籍最長年数：制限なし
- ■**学期制**：二学期制　　■**卒業認定単位数**：74単位以上
- ■**技能連携**：あり　　　■**開設講座数**：46講座　33科目
- ■**始業・終業時刻**：9：10～13：35　1日3限　1限50分

特色

◎「子どもに合う学校が見つからない」
◎「高校を卒業できるか心配」
◎「卒業後の進路も考えたい」

高校進学に不安をお持ちではありませんか？
志学会高校には、そんなお悩みをお持ちの生徒や保護者を笑顔に変えるとっておきの秘訣があります。
・選べる通学日数
・在籍期間や単位が引き継げる
・教職員全員で生徒をサポート
・学費を最小限に
・施設が充実

スクーリングの日数と場所

【登校日数】①集中スクーリングコース（年間20日程度登校）
　　　　　　②週2日スクーリングコース（週2日登校）
　　　　　　③技能連携生コース（年間7日程度登校）
　　　　　　※登校日以外の日も自由に登校ができます
【場　所】 本校

学校説明会

【学校説明会】
2023年7月28日（金）、9月16日（土）、10月21日（土）、12月9日（土）
2024年1月13日（土）
【体験入学】
2023年8月4日（金）、12月22日（金）
【文化祭（志音祭）】
2023年10月28日（土）予定

◇◇◇◇◇◇◇◇◇◇ **この学校にアクセスしてみよう！**

学校説明会	入学前電話相談	文化祭見学	体育祭見学	資料請求
○	○	○	―	○

※資料は電話、はがき、FAX、Eメール等により御請求下さい。
　（HPに資料請求フォームもあります）

生徒情報

【不登校生】
悩み事や学習の相談には担任だけでなく全職員が対応しているので、不登校を経験した生徒も自分に合った先生と一緒に通学のペースを作ることができます。
【転編入生】
前籍校での修得単位だけでなく、在籍期間、高卒認定試験の合格科目も振替えが可能です。（一部出来ない場合もあります。）転入学・編入学ともに、入学は随時受け付けています。お気軽にご相談ください。
【保護者連絡】
学校だけでなく家庭での生徒の様子を知ることも一人ひとりを理解する重要なポイントになるので、電話や手紙、メール等での連絡だけでなく、必要に応じて面談や家庭訪問を行っています。

学校行事　入学式・健康診断・避難訓練・交通安全教室・校外学習・文化祭・進路説明会・バーベキュー・テーブルマナー・講演会・卒業式等、学年の枠を越えて、学校全体で楽しむことが出来る様々なイベントを企画しています。よりよい学校生活を一緒に過ごしましょう。（一部自由参加）

進路指導　就職から大学・短期大学・専門学校の進学まで、生徒一人ひとりの思いを大切にしています。高校卒業の次のステップへ向けて、夢に向かって歩み出せるように、最後まで向き合います。

生活指導　一人ひとりの個性を大切にしているため、服装や髪形は自由です。制服もありません。働きながら通学できるように、18歳以上であれば学校に申請して許可が出ることで、自動車やバイクでの通学も可能です。

2024年度の募集要項

募集について
募集人員等：140名
出願期間：2023年12月1日より（令和6年度新入学）
試 験 日：2024年1月22日（月）、2月9日（金）、3月12日（火）
　　　　　3月22日（金）、4月10日（水）
選考方法：面接（個人）、作文
選 考 料：15,000円

学費について
入 学 金：　10,000円
実 習 費：　10,000円
施設設備費：　20,000円
授 業 料：220,000円　（1単位8,800円×25単位）

初年度納入金：　260,000円
就学支援金支給：▲120,300円
実質負担金：　139,700円

2022年度卒業生の進路状況

【進学先】
卒業者数…105名
進学…50名　　　就職…21名　　　その他…34名
【近年の主な合格実績】
城西国際大、聖学院大、埼玉学園大、江戸川大、獨協大、上武大、人間総合科学大、東京理科大、東京IT会計専門、東京ダンス＆アクターズ専門、大原学園専門、埼玉コンピュータ＆医療事務専門、大原学園専門、柏リハビリテーション学院、日本美容専門、HAL東京
【指定校推薦】 有

【通信制】　　　　　　　　　　　　　　　　　　　　　　　　　（単位制）

せいぼうがくえんこうとうがっこう

聖望学園高等学校

(http://www.seibou.ac.jp 　　E-mail：school@seibou.ac.jp)

■校長名：関　純彦
■住　　所：〒357-0006　埼玉県飯能市中山292
■電　　話：042-973-1500　■FAX：042-973-6541
■最寄駅：JR八高線「東飯能」駅、徒歩13分
　　　　　西武池袋線「飯能」駅、徒歩15分
■生徒が入学できる都道府県：埼玉、東京
■沿　革：
　1918年　4月　埼玉県飯能町に私立寿多館蚕業学校創立。
　1924年　2月　財団法人飯能実業学校開設。
　1925年　4月　埼玉県飯能実業と改称。
　1949年　4月　飯能暁高等学校と校名変更、暁中学校を併設。
　1951年　3月　財団法人飯能実業学校より学校法人聖望学園に組織変更。
　　　　　10月　米国ミズリー派ルーテル教会経営によるキリスト教主義学校として発足。
■教育方針：聖望学園の教育はキリスト教主義教育をとおして神を敬い人を愛し、正義を重んじ信仰にたつ人間の形成を目的とする。
　この方針を基に、社会の変遷に適応し、その進歩発展に貢献できる豊かな人間を育成するため、学園は次の5つを目標とする。
　1. 生きた外国語の能力を持ち、国際感覚にあふれた世界人
　2. 考える力、創造する力に満ちた指導性のある人物
　3. スポーツを愛好し、健康で良識と行動力を備えた社会人
　4. 勤労に誇りをもち、自然に親しみ、全ての事に感謝し、着実な人生を歩む人
　5. 毎日の生活を大切にして、聡明さと協調性をもって明るく生きる家庭人

■形態・課程・学科：併設校・学年進行型単位制による通信制
■併設する課程：全日制
■入学・卒業時期：・入学時期　原則4月（中途入学あり、随時相談応）
　　　　　　　　　・卒業時期　3月
■修業年限：3年以上（在籍最長年数：8年）
■学期制：2学期制　　■卒業認定単位数：74単位

スクーリングの日数と場所

【登校日数】個別に対応します。
　　　　　　詳細はお問い合わせください。
【場　　所】本校（埼玉県飯能市中山292）

特色　本校は『学年進行型単位制通信制課程』です。

（1）通信型
　自宅での自学自習を中心にレポート課題等に取り組みます。
　毎月1回程度の相談日を設け、レポートの質問や面接指導を行います。必要に応じて、補習（面接指導）を相談しながら行います。
　登校日以外は、教科書授業インターネット講座（東京書籍）、視聴覚教材、NHK高校講座等での自学自習を基本とします。登校出来ない生徒がいた場合は、相談の上、集中スクーリングで年10日程度登校。

（2）週2日以上の登校型
　原則として以下の3パターン及び午前の部・午後の部の6パターンから選択してもらいます。
　・水曜と金曜　　・水曜と隔週土曜　　・水曜、金曜、隔週土曜
　※出欠席は月ごと集計・確認、面接指導日数に足らない生徒は補習を実施。
　※通院日等のやむを得ない事情により決められた日に登校出来ない場合は、相談の上、他の登校日を設けます。
　※授業形態は（1）と同様に、登校はするが、教室にて視聴覚教材を使用しての自学自習が基本です。その他、特別活動や実技教科を実施します。

（3）毎日登校型
　（2）以上の登校が可能な生徒で、全日制への転籍を目指す生徒対象です。
　原則、全日制生徒と同じ学校生活になります。
　・授業形態
　　校内の教室にてオンライン授業を視聴します。

生徒情報

【不登校生】
教科書授業インターネット講座及び高等学校における遠隔授業にて対応。
【転編入生】
前籍高校で修得した単位は全て、高卒認定試験で合格した科目は34単位まで振り替えることができます。転入生は随時入学できます。ご相談ください。
【保護者連絡】
保護者面談、メール及びオンラインにて行います。

【生徒数】　　　　　　　　　　　　　　　　2023年12月1日現在
　12名（高1：5名、高2：5名、高3：2名）
【教員数】
　教員：男性4名、女性1名／講師：男性　名、女性2名
　カウンセラー：常駐しています。

2024年度の募集要項

募集
募集人員：80名
※詳しくは学校説明会にて

学費について
入学金：	240,000円
授業料：	31,000円／月
施設費：	8,300円／月
副教材費：	5,000円／月
視聴覚・冷暖費：	2,500円／月
積立金：	6,000円／月
PTA・後援会費：	1,800円／月

※他、施設設備資金100,000円、
　PTA・後援会入会金2,000円が必要です。

2022年度卒業生の進路状況

【進路先】2023年4月開校のためまだいません。
卒業者数…　名
大学…　名　　　　　短大…　名　　　　専門学校…　名
就職…　名　　　　　有職者…　名　　　その他…　名
【主な合格実績】

【指定校推薦】

学校行事
修学旅行を実施（4泊5日）。
全日制の学校行事、全てに参加が可能です。
入学式／卒業式／体育祭／文化祭／夏期、冬期講習・勉強合宿／イースター礼拝、クリスマス礼拝／英検校内試験／1年生、冬季校外研修

進学・補習指導
進学希望の生徒に対しては下記を行います。
英検指導（週1回オンライン英会話）／放課後ゼミ／プラスα学習サポート（駿台サテネット、ベネッセclassi）／海外留学／オーストラリア、カナダ（隔年2週間）・ニュージーランド（3ヶ月）
また、学力不振対策として夏、冬、春に講習を行います。

◇◇◇◇◇◇◇◇◇ **この学校にアクセスしてみよう！**

学校説明会	入学前電話相談	文化祭見学	体育祭見学	資料請求
○	○	○	○	○

※資料は電話にてご請求ください。
▼学校説明：8/19（土）、12/23（土）本校礼拝堂 14:00〜

【広域通信制】 （単位制）

清和学園高等学校
（ http://www.sgh.ed.jp/ ）

■校長名：一川　高一
■住　所：〒350-0417　埼玉県入間郡越生町上野東 1-3-2
■電　話：049-292-2017　　■FAX：049-292-2510
■最寄駅：東武越生線「武州唐沢」駅下車、徒歩 3 分
■生徒が入学できる都道府県：群馬、埼玉、東京、神奈川
■沿革：
　創立 60 年の歴史ある工業の専門学校を母体に平成 16 年に開校し、今年で 19 年目を迎えます。平成 29 年度より、自動車科と共に全国初の通信制高校での調理科が開設され、「三級自動車整備士」と「調理師」の国家資格が取得できる通信制高校となりました。それに伴い、普通科アドバンスコース・自動車科・調理科は、週 4 日以上の登校で、準全日制のスタイルとなります。

■形態・課程・学科：調理科・自動車科・普通科
■入学・卒業時期：
　・入学時期　4 月、10 月　転編入は随時
■修業年限：3 年以上　　■学期制：2 学期制
■卒業認定単位数：74 単位

スクーリングの日数と場所

【登校日数】調理科・自動車科・普通科アドバンスコース…週 4 日
　　　　　　普通科ベーシックコース…週 1 日
　　　　　　毎日の登校も可能
【場　所】本校
【その他】集中スクーリングを夏季と冬季の 2 回実施

特色

「教師が変われば生徒が変わる。」を合言葉に、生徒一人ひとりに向き合った指導を心掛けています。煉瓦の外壁を持つ 5 階建ての校舎の中、落ち着いた雰囲気で学園生活を送ることができます。普通科は学びなおしや資格へのチャレンジなど、それぞれのペースで、新しい自分を発見するための多彩なプログラムを用意しています。自動車科は、全国で唯一の 3 級自動車整備士（国家資格）の受験資格が得られ、上級の 1 級・2 級自動車整備士を目指す生徒には、併設の越生自動車大学校と合わせて 5 カ年の一貫教育を用意しています。平成 29 年度より全国初の通信制高校での調理科が新設され、調理師国家資格が取得できるようになりました。同じ学園系列の越生自動車大学校や、姉妹校である武蔵越生高等学校、おごせ自動車学校が隣接し、教育環境に恵まれています。

併修・単位について

高卒認定試験合格科目については、その一部を卒業に必要な単位に含めることができます。

クラブ活動

野球部、サッカー部、調理部、ソフトテニス部、美術部、自動車部、バドミントン部、卓球部、アウトドア部、軽音楽部

学校行事

体育祭、球技大会、遠足、修学旅行、生活体験発表会、モーターショー見学、映画鑑賞会、科学学習、ボウリング、クリーンウォーキング、音楽鑑賞会

生活指導

学校指定の制服があります。
生徒が安心して学ぶことができるための規則があります。

◇◇◇◇◇ この学校にアクセスしてみよう！

学校説明会	入学前電話相談	文化祭見学	体育祭見学	資料請求
○	○	―	○	○

※電話、ホームページで資料請求ができます。
＜2023 年度＞
▼オープンキャンパス　7/29（土）、9/16（土）、11/11（土）、12/2（土）
▼学校説明会　10/7（土）、10/21（土）、11/4（土）、11/25（土）、12/16（土）
▼個別相談会　10/14（土）、10/28（土）、11/18（土）、12/9（土）、12/23（土）、1/6（土）、2/3（土）

生徒情報

【不登校生】クラス担任と常勤 2 名のカウンセラーが協力して、一人ひとりの個性に応じた対応をしています。不登校であっても意欲があれば入学に問題はありません。
【転編入生】前籍高校で修得した単位は原則的に全て振り替えることができます。入学前に高卒認定試験で合格した科目を年間 12 単位まで振り替えることができます。
転入生はいつでも入学可能です。編入生は 4 月と 10 月に入学できます。
【保護者連絡】月 1 回発行の学園だより「SEIWA」、年 4 回の学習状況の家庭への報告、保護者会、ホームページ等を使い連絡を取り、必要に応じて面談を行っています。

【生徒数】　　　　　　　　　　　　　2023 年 6 月 1 日現在

自動車科	男	女	学年別合計	クラス数
1 年次	29 名	0 名	29 名	1 クラス
2 年次	24 名	1 名	25 名	1 クラス
3 年次	17 名	1 名	18 名	1 クラス
男女別合計	70 名	2 名	72 名	3 クラス

調理科	男	女	学年別合計	クラス数
1 年次	23 名	13 名	36 名	1 クラス
2 年次	14 名	14 名	28 名	1 クラス
3 年次	10 名	12 名	22 名	1 クラス
男女別合計	47 名	39 名	86 名	3 クラス

普通科	男	女	学年別合計	クラス数
1 年次	20 名	25 名	45 名	2 クラス
2 年次	35 名	25 名	60 名	2 クラス
3 年次	37 名	15 名	52 名	2 クラス
男女別合計	92 名	65 名	157 名	6 クラス

【教員数】
　教員：20 名／講師：10 名
　カウンセラー：4 名

2024 年度の募集要項

【推薦・一般入試】
募集人員：調理科 40 名、自動車科 40 名、普通科 80 名

募集について

	前期入試	後期入試	転編入入試
出願期間	2024/1/9 ～ 1/12	2024/2/13 ～ 2/16	随時
試験日	1/17（水）、1/18（木）	2/20（火）	随時
選考方法	学科試験（総合問題）	学科試験（総合問題）、作文面接	総合問題、面接
選考料	20,000 円	20,000 円	20,000 円

学費について

	普通科アドバンスコース	普通科ベーシックコース	自動車科	調理科
入学金	240,000 円	30,000 円	240,000 円	240,000 円
施設充実費	210,000 円	30,000 円	210,000 円	210,000 円
教育充実費	30,000 円	40,000 円	50,000 円	70,000 円
授業料	34,000 円／月	8,000 円／1 単位	34,000 円／月	34,000 円／月
実習費			84,000 円／年	120,000 円／年

2022 年度卒業生の進路状況

【進路先】
卒業者数　　　120 名
大学…5 名　　短大…3 名　　専門学校…61 名　　就職…26 名
【主な合格実績】
法政大、日本大、淑徳大、城西大、武蔵大、聖学院大、尚美学園大、大東文化大、東邦音楽大、東京国際大、埼玉工業大、西武文理大、ものつくり大、嘉悦大、多摩美術大、宝塚造形芸術大、上智大、埼玉大、東京電機大学、東洋大学
【指定校推薦】
埼玉工業大、駿河台大、聖学院大、尚美学園大、西武文理大、日本薬科大、埼玉女子短大　その他多数あります

【広域通信制】　　　　　　　　　　　　　　　　　　　　　　（単位制）

創学舎高等学校
そうがくしゃこうとうがっこう

(https://www.sougakusha.ed.jp　　E-mail：sougakusha50@gmail.com)

- ■**校長名**：五十嵐　雅子
- ■**住　所**：〒366-0006　埼玉県深谷市血洗島244番地4
- ■**電　話**：03-6824-2714（事務局　港区六本木ヒルズ内）
- ■**E-mail**：sougakusha50@gmail.com
- ■**最寄駅**：JR高崎線「深谷」駅下車、バス28分
- ■**生徒が入学できる都道府県**：全国47都道府県
- ■**沿　革**：2006年4月深谷市の渋沢記念人づくり特区のもとで株式会社愛郷舎によって創学舎高校を設置。渋沢栄一の生誕の地に本校を置く。
- ■**教育理念**：渋沢栄一の生き方を学び豊かな人生を生きる。

- ■**形態・課程・学科**：独立校・単位制による通信制課程・総合学科
- ■**併設する課程**：なし
- ■**入学・卒業時期**：入学時期　随時　卒業時期　原則3月、9月
- ■**修業年限**：3年以上（在籍最長年数：制限なし）
- ■**学期制**：春・秋（半期卒業あり）
- ■**卒業認定単位数**：74単位　　■**技能連携**：なし
- ■**実務代替**：なし　　　　　　　■**技能審査**：なし
- ■**開設講座数**：136科目

スクーリングの日数と場所

【**登校日数**】夏と冬　各連続3日、その他4～5日（年間10日～11日）詳細はお問い合わせください

【**場　所**】本校（埼玉県深谷市血洗島244番地4）

【**その他**】体育、情報、家庭等は、深谷市上柴公民館、深谷市役所会議室などで実施

特色
- ○広域通信制（全国どこからでも入学）
- ○学費が安い。支援金対象者なら3年間14,000円～
- ○ライフスタイルにあわせた自由な履修体制（単位制）と個人対応のカリキュラム
- ○総合学科による柔軟なカリキュラム（「渋沢栄一を学ぶ」など）
- ○転入・編入がどんな学科からでもいつでもできる
- ○充実した個人指導。高校、大学での教育経験豊かなベテラン教員が心をこめて指導にあたっている
- ○自分で働いて、学費を納めることができる
- ○深谷市の未来学習応援教室をはじめ県内近隣の無料学習サポートが通年で受けられる（条件あり）
- ○多様な年齢、履修歴でも個人カリキュラムなので対応できる。

併修・単位
年間20単位まで併修することができます。科目履修をすることができます。（高卒認定試験の受験者など）

学校行事
深谷市花フェスタなど地域イベント参加、大学・専門学校体験、特別講演会・公開講演会（「なぜ学びが必要か」木村達哉先生）など

進学指導
学習方法の指導、進学先・就職先についての情報提供と指導・紹介。進路指導ベテランの元校長や大学教員による詳しい充実した進路指導。模擬面接、小論対策も実施。

補習指導
年間を通じて、深谷市の未来学習応援教室「ぱるスタ」、本庄市「アスポート」と他県内の学習支援教室と提携（無料）、個別指導。

生活指導
学校指定の制服はありません。
社会人としての基本的マナーを指導しています。
バイク通学・自動車通学はできます。

この学校にアクセスしてみよう！

学校説明会	入学前 電話相談	文化祭見学	体育祭見学	資料請求
○	○	―	―	○

生徒情報

【**不登校生**】
通信による指導を主としますので、まったく問題はありません。

【**転編入生**】
転編入生の場合、前籍高校で修得した単位を全て振り替えられます。高卒認定試験で合格した科目を振り替えることができます。

【**保護者連絡**】
ご希望と必要に応じて、電話相談、面談等を行っています。また、随時メールで生徒、保護者とのコミュニケーションをはかっています。Zoom対応もできます。

【**生徒数**】　　　　　　　　　　　　2023年6月1日現在
57名

【**教員数**】
教員：男性12名、女性3名／講師：男性　名、女性　名
カウンセラー

2024年度の募集要項

募集について

（**一般入試**）
- **募集人員**：100名
- **出願期間**：随時
- **試験日**：随時
- **選考方法**：書類選考
- **選考料**：10,000円

学費について

- **入学金**：　4,000円
- **授業運営費**：　8,000円（1単位）就学支援金対象
- **教材費**：個人購入
- **授業管理費**：36,000円（年額）就学支援金対象
- **面接授業料**：25,000円（年額）就学支援金対象

※就学支援金は世帯年収目安910万円未満の家庭に支給されます。以下は支援金支給対象者の支払い額です。12月以降の入学は支援金が減額されますのでご注意ください。
学費：年収目安590万円未満は初年度選考料と入学金14,000円のみ、以後の学納金はありません。590万～910万円の場合は年額150,000円程度、910万円以上は250,000円程度となります。詳しくは保護者の年収、入学時期によりますのでお問い合わせください。

2022年度卒業生の進路状況

【**進路先**】
卒業者数…12名（秋期卒業を含む）
大学…3名　　　　短大…0名　　　　専門学校…3名
就職…2名　　　　有職者…2名　　　その他…2名

【**主な合格実績**】
東京国際大学、埼玉工業大学、金沢工業大学、工学院大学、京都学園大学、法政大学、大東文化大学、熊谷高等技術専門校、日本電子専門学校、東京電子専門学校、埼玉県栄養専門学校、熊谷准看護学校、本庄准看護学校、日本美容専門学校、ハリウッド美容専門学校、群馬日建工科専門学校、栃木県美容専門学校、東日本デザイン＆コンピュータ専門学校、関東工業自動車大学校

【**指定校推薦**】
埼玉工業大、大東文化大、山梨英和大、東京工芸大、京都光華女子大、横浜薬科大、日本文化大、静岡産業大、太成学院大、千歳科技大、有明教育芸術大、山梨学院大、東京工芸大、東京国際大、成美大、日本福祉大、人間総合科学大　他

松栄学園高等学校

（ https://www.matsuyama.ac.jp/matsue/　　E-mail：matsue@matsuyama.ac.jp ）

■校長名：松山　孝
■住　所：〒 344-0038　埼玉県春日部市大沼 2-40
■電　話：048-738-0378　　■ FAX：048-793-5433
■最寄駅：東武スカイツリーライン「春日部」駅西口下車、バス
　　　　　5 分（朝日バス「地方庁舎前」下車・徒歩 1 分）、駅よ
　　　　　り徒歩の場合は 15 分（税務署裏）
■生徒が入学できる都道府県：
　　埼玉、千葉
■沿革：
　　2002 年 3 月　埼玉県より認可される
　　2002 年 4 月　開校式・入学式挙行
　　2023 年 4 月　越谷レイクタウンに新校舎完成

■形態・課程・学科：
　　独立校・単位制による広域通信制課程・普通科
■併設する課程：なし
■入学・卒業時期：
　・入学時期　4 月、10 月
　　　　　　　（転・編入生は 5 月・3 月を除き毎月受け入れ可）
　・卒業時期　3 月、9 月
■修業年限：3 年（在籍最長年数：制限なし）
■学期制：2 学期制　　■卒業認定単位数：74 単位
■始業・終業時刻：　9：20 ～ 12：40（午前コース）
　　　　　　　　　 13：20 ～ 16：40（午後コース）
　　　　　　　　　 1 日 4 時限、1 時限 45 分
■技能連携：なし　　■実務代替：なし　　■技能審査：なし
■開設講座数：37 科目

スクーリングの日数と場所

【登校日数】
　週 3 日（月・水・金午前コース、月・水・金午後コース、月・
　火・木午前コース）
【場　　所】
　春日部・大宮・越谷レイクタウン
【その他】
　テレビやラジオ視聴によって登校が一部免除できます。

特色
単位制ですから学年の枠がなく、留年もありません。必要な科目（単位）を積み重ね、74 単位以上の修得をもって卒業となります。スクーリングを受ける校舎は春日部本校、大宮分校、越谷レイクタウン分校の 3 校舎から選択できます。

クラブ活動
サッカー部、バスケットボール部、テニス部、創作部
サッカー部は、2021 年 9 月より、地元サッカークラブ・FC KASUKABE　と連携して、全日制の大会出場を目指して活動しています。『勝利だけではなく人間としての成長が達成されることにもこだわる部活動』を目標に掲げ、将来を見据え、どこへ行っても通用するグローバルな人間として成長できる環境を整えています。

学校行事
映画鑑賞会、スノーボードツアー、免許合宿、入学式、卒業式、キャンプ、ディズニー遠足、パソコン講座、修学旅行、体育祭、新入生交流行事、その他ミニ行事

生活指導
制服はありますが着用は自由です。登校時の服装、染髪やピアス等の着用についても自由で、本人の自主性にまかせ個性を尊重しています。

生徒情報

【不登校生】
不登校だった生徒は多くいますが、週 3 日の半日授業なので、自分の体調と相談しながら登校することができます。
【転編入生】
転・編入生は 5 月・3 月を除き毎月受け入れています。前籍高校で修得した単位や入学前に高卒認定試験で合格した科目は、すべて本校での単位として振り替えることができるので、今までの努力が無駄になりません。なお、転入・編入生の卒業には本校で最低 9 単位以上修得という条件があります。
【その他】
自分で勉強する科目を決めるため、アルバイトやスポーツ、芸能活動など、好きなことと両立できます。無理なく自分のペースで学べるので、不登校だったり、欠席が多かった生徒もしっかり学校生活を送っています。

【生徒数】
　入学定員：1080 名
　募集人数：360 名

2024 年度の募集要項

募集について

【単願入試】
出願期間：2023 年 12 月 18 日～ 20 日
面接期間：2024 年　1 月 25 日～ 31 日

※出願方法は学校説明会にて説明。
※一般入試の日程については、web サイトでご確認ください。

選抜方法：書類選考、面接
選考料：20,000 円

学費について

入　学　金：　　　　　0 円
授　業　料：　　 9,500 円（1 単位）
教　材　費：　　 2,000 円（1 科目）
施設維持費：　　30,000 円（初年度のみ）
※入学金はありません。

これまでの卒業生の主な進路状況

【主な合格実績】
埼玉大、山形大、中央大、学習院大、青山学院大、明治大、法政大、武蔵野大、成城大、成蹊大、獨協大、明治学院大、文教大、専修大、日本大、東洋大、神奈川大、亜細亜大、大東文化大、帝京大、国士舘大、武蔵野美術大、日本薬科大、浦和大、その他多数
【指定校推薦】
西武文理大、開智国際大、立正大、和洋女子大、国士舘大、埼玉学園大、東洋学園大、城西国際大、平成国際大、その他多数

◇◇◇◇◇◇◇◇◇◇◇◇◇ **この学校にアクセスしてみよう！**

学校説明会	入学前電話相談	文化祭見学	体育祭見学	資料請求
○	○	－	－	○

※ web サイト・電話で資料請求できます。

▼説明会・進学相談会　火・木・土曜日に開催
　（日時・場所等は web サイトまたはお電話でご確認ください。）

【広域通信制】　　　　　　　　　　　　　　　　　　　　　　　（単位制）

むさしの せいじょうこうとうがっこう

武蔵野星城高等学校

(https://www.musashino-seijo.ed.jp　E-mail：info@musashino-seijo.ed.jp)

■校長名：井上　滋
■住　所：〒343-0857　埼玉県越谷市新越谷2丁目18番地6
■最寄駅：JR武蔵野線「南越谷」駅下車、徒歩15分
　　　　　東武スカイツリーライン「新越谷」駅下車、徒歩15分
■生徒が入学できる都道府県：
　埼玉・東京・千葉・茨城・栃木・群馬
■沿革：
　2002年4月　開校

■形態・課程・学科：
　独立校・単位制による通信制の課程・普通科
■入学・卒業時期：
　・入学時期　4月（登校コース・一般コース）
　・卒業時期　3月（登校コース・一般コース）　9月（一般コース）
　※転編入は、お電話でお問い合わせください。
■修業年限：
　3年以上
■学期制：2学期制
■卒業認定単位数：74単位以上
■始業・終業時刻：8時45分～15時20分（登校コース）
　　　　　　　　　8時55分～16時45分（一般コース）
　　　　　　　　　1日5時限、1時限50分
■技能連携：なし　　■実務代替：なし　　■技能審査：なし

スクーリングの日数と場所

【登校日数】
　○登校コース
　　月曜～木曜：スクーリング
　　金曜日：補習、補講、体験的学習
　○一般コース
　　土曜日：スクーリング

特色
単位制による通信制の課程普通科。
登校コース・一般コースの2つのコースがあり、自分のペースにあわせて学びのスタイルを選べる。

併修・単位について
併修はできません。
高卒認定試験受験生が一部科目を履修することはできません。

クラブ活動
アームレスリング、イラスト美術、音楽、クロス・カルチュラル・コミュニケーション、サッカー、写真、卓球、バスケットボール、パソコン、バドミントン、バレーボール、ハワイアンフラ、美容研究、保育研究、文化文芸同好会

学校行事
スポーツ大会、校外学習（登校コース：学年別日帰り・1年1泊2日、一般コース：日帰り2回）、ハワイ修学旅行（登校コース：2年4泊6日）、学園祭・体育祭　等

生活指導
登校コースには学校指定の制服があります。校則に従って指導を行っています。
一般コースには制服はありません。

◇◇◇◇◇◇◇◇◇　この学校にアクセスしてみよう！

学校説明会	入学前電話相談	文化祭見学	体育祭見学	資料請求
○	○	○	—	○

▼稲穂祭
▼夏休み体験授業・説明会
▼学校説明会
▼個別相談会
　　　　　　　日時についてはホームページをご覧下さい。

生徒情報

【転編入生】
前籍校で修得した教科・科目の単位は原則として振り替えることができます。編入学の入学時期は4月（全コース）です。
【保護者連絡】
保護者への連絡は、電話連絡・メール配信・ホームページ・学年通信・保護者面談等により頻繁に行っています。
【転編入の生徒数】（23年度）

1年次	2年次	3年次
転編入生　11名	転編入生　4名	転編入生　0名

【生徒数】　　　　　　　　　　　　　2023年5月1日現在

年次	生徒数	男女比	クラス数	1クラスの平均人数
1年次	128名	1:1	4クラス	32名
2年次	154名	1:1	4クラス	39名
3年次以上	146名	1:1	4クラス	36名

【教員数】
教員：男性16名、女性5名／講師：男性1名、女性1名
カウンセラー：あり

2025年度の募集要項

募集について

出願期間：（土・日・祝日は除く）9：30～15：00
　登校コース
　　第1回（単願）　2025年1月7日（火）～1月15日（水）
　　第2回（併願）　2025年1月7日（火）～1月15日（水）
　　第3回（単願・併願）2025年3月4日（火）～3月6日（木）
　一般コース
　　第1回（単願・併願）
　　　　　2025年1月7日（火）～1月15日（水）
　　第2回（単願・併願）
　　　　　2025年3月4日（火）～3月6日（木）

選考日：
　登校コース
　　第1回（単願）2025年1月22日（水）
　　　　学力確認試験（国語・数学・英語）、面接
　　第2回（併願）2025年1月25日（土）
　　　　学力確認試験（国語・数学・英語）、記述面接
　　第3回（単願・併願）2025年3月7日（金）
　　　　学力確認試験（国語・数学・英語）、面接（記述面接）
　一般コース
　　第1回（単願・併願）2025年1月22日（水）作文、面接
　　第2回（単願・併願）2025年3月7日（金）作文、面接

学費について

登校コース		一般コース	
入学金	200,000円	入学金	20,000円
（併願受験者は延納制度有）		授業料	8,000円（1単位）
授業料	360,000円	施設費	0円
（前納で毎月3万円）		教育充実費	0円
施設・設備費	60,000円	実習費	0円
教育充実・実習費	150,000円	教材費	実費（科目数により異なる）
教材費	実費		
積立金	月20,000円		
（修学旅行の為）			

2022年度卒業生の進路状況

【進路先】卒業者数　121名
大学…23名　　　　短大…6名　　　　専門学校…54名
就職…15名　　　　その他…23名
【主な合格実績】
東京藝術大、浦和大、桜美林大、共栄大、国士舘大、埼玉学園大、尚美学園大、大正大、拓殖大、多摩美術大、中央学院大、東京未來大、獨協大、日本大、文教大、文京学院大、武蔵野大、目白大　ほか
【指定校推薦】あり

【広域通信制】 　　　　　　　　　　　　　　　　　　　　　（単位制）

学校法人 早稲田学園（がっこうほうじん わせだがくえん）

わせがく夢育高等学校（ゆめいくこうとうがっこう）

(https://www.yumeiku.wasegaku.ac.jp 　　E-mail：yumeiku_j@wasegaku.ac.jp)

■校長名：岩澤　正明
■住　所：〒 357-0211　埼玉県飯能市大字平戸 130-2
■電　話：042-980-7940
■最寄駅：西武池袋線「東吾野」駅 徒歩 4 分
　　　　　JR 川越線・八高線「高麗川」駅よりスクールバス運行
■生徒が入学できる都道府県：埼玉、千葉、茨城、栃木、群馬、
　　　　　　　　　　　　　　東京、神奈川、山梨
■沿革：
　2022 年 4 月「わせがく夢育高等学校」開校

■形態・課程・学科：独立校・単位制による通信制課程・普通科
■併設する課程：なし
■入学・卒業時期：
　・入学時期　4 月、10 月（転入・編入は随時ご相談ください）
　・卒業時期　3 月、9 月
■修業年限：3 年以上
■学期制：2 期制
■卒業認定単位数：74 単位以上
■始業・終業時刻：全日型（週 5 日）　9 時 30 分〜 14 時 30 分
　　　　　　　　　通学型（週 2 日）　12 時 40 分〜 16 時 10 分
　　　　　　　　　　　　　　　　　1 日 5 時限、1 時限 50 分
■技能連携：なし　　■実務代替：あり　　■技能審査：あり
■開設講座数：13 教科、58 科目

スクーリング・定期試験の日数と場所

【スクーリング日数】
　スクーリング年間およそ 8 日間。
【場所】
　西武池袋線「東吾野駅」徒歩 4 分にあるスクーリング会場の飯能本校は自然豊かな環境でグランドや体育館、理科室、音楽室、家庭科室、図書室などの施設が充実しています。

特色　一人ひとりに向き合いながら、共に夢をはぐくみます。

①一人ひとりに合った学習スタイル
　「全日型（週 5 日制）」「通学型（週 5 日制・週 2 日制）」「マイスタイル」「自学型（フレックス通学制・通信制）」から自分に合った学習スタイルを選択できます。また、専任教員を多数配置し、少人数制・習熟度授業を実施しています。
②社会的・職業的自立に向けたキャリア教育
　1 年次に「自己理解」2 年次に「情報収集・目標設定」3 年次に「進路選択・行動」と夢の実現に向けて段階的に進めていきます。
③進路指導を大変重視しています
　大学進学を望むなら、グループ校「早稲田予備校」の授業料無料の優待制度が利用できます。（全日型）
④わせがく夢育高校における教育活動
・地域に根差し、社会と関わらしく
　（ボランティア活動、地域イベント等）
・アクティブ・ラーニングを取り入れた楽しい授業
　（ALT との楽しい英会話、IT スキルの習得等）
・自分たちで考え、自分たちで作り上げるから面白い
　（生徒会活動、生徒主体のイベント運営等）
・地域の教育力を活かした学び
　（木育、地域行事ボランティア、古典芸能、地域課題研究等）
⑤新入学・転入学・編入学のチャンスを多く設定
　新入学は 4 月、10 月の年 2 回実施。
⑥各キャンパスは駅のすぐそばで、通いやすい環境です。

生徒情報

【不登校生】いろいろな事情で学校に通いにくくなってしまった生徒も大丈夫です。一人ひとりの状況に合わせたきめ細やかなフォローやサポートを行っていきます。学習面では、中学校や小学校などのわかるところまでさかのぼって指導します。
【転編入生】単位制のメリットを活かし、前籍高校の在籍期間や履修単位を引き継いで、最短で卒業することが可能です。転入・編入の機会も多く設定していますので、随時ご相談ください。
【保護者連絡】保護者面談・保護者向け会報の送付などにより、頻繁に行います。

2024 年度の募集要項

募集について

【前期選抜試験】
書類選考入試：募集定員：100 名
　　　　　　　出願受付：2024/2/13（火）まで随時
　　　　　　　試 験 日：随時（出願の場合）
　　　　　　　　　　　　ただし、要面接の場合は一般入試と同じ
　　　　　　　試　　験：書類選考
　　　　　　　　　　　　（場合により面接が必要となります）
一般入試：　　募集定員：50 名
　　　　　　　出願受付：2024/2/8（木）まで随時
　　　　　　　試 験 日：2024/1/22（月）、27（土）
　　　　　　　　　　　　2/3（土）、10（土）
　　　　　　　試　　験：面接・書類選考
※推薦基準は成績・出欠状況ともに特になし
【後期選抜試験】
書類選考入試：募集定員：50 名
　　　　　　　出願受付：2024/4/19（金）まで随時
　　　　　　　試 験 日：随時（出願の場合）
　　　　　　　　　　　　ただし、要面接の場合は一般入試と同じ
　　　　　　　試　　験：書類選考
　　　　　　　　　　　　（場合により面接が必要となります）
一般入試：　　募集定員：10 名
　　　　　　　出願受付：2024/4/19（金）まで随時
　　　　　　　試 験 日：2024/2/17（土）、24（土）、3/9（土）、20（水）、
　　　　　　　　　　　　27（水）、4/6（土）、20（土）
　　　　　　　試　　験：面接・書類選考
※推薦基準は成績・出欠状況ともに特になし

学費について

【初年度学費】
入学金：　　　　　　　0 円
単位認定料：　　　240,000 円（1 単位 12,000 円、20 単位の場合）
施設設備費：　　　 48,000 円（自学型の場合）

合　　計：　　　　288,000 円（自学型の場合）
※この他に補習費 0 円〜 45,000 円（月額）、積立金あり。
※就学支援金が受給可能。

2022 年度卒業生の進路状況

【主な合格実績】
亜細亜大、跡見学園女子大、淑徳大、尚美学園大、駿河台大、成城大、大正大、大東文化大、東京経済大、東京国際大、東京女子大、東京電機大、東洋大、獨協大、二松学舎大、日本大、明治学院大

◇◇◇◇◇◇◇◇◇◇◇　この学校にアクセスしてみよう！

学校説明会	入学前 電話相談	文化祭見学	体育祭見学	資料請求
○	○	○	○	○

※資料は、電話（0120-299-325）または、ホームページからご請求ください。

【キャンパス】
○川越キャンパス　　　　　〒 350-1122　　埼玉県川越市脇田町 103　　　　TEL.049-225-7021
○所沢キャンパス　　　　　〒 359-1123　　埼玉県所沢市日吉町 12-1　　　　TEL.04-2925-1426

【広域通信制】　（単位制）

あずさ第一高等学校
（だいいちこうとうがっこう）

(https://www.azusa1.ed.jp)

■校長名：白波瀬　正人
■住　所：〒278-0037　千葉県野田市野田 405-1
■電　話：04-7122-2400　■ＦＡＸ：04-7125-8115
■最寄駅：
立川キャンパス：JR「立川」駅 徒歩3分、
　　　　　　　　多摩モノレール「立川南」駅徒歩1分
町田キャンパス：「町田」駅 小田急線徒歩2分、JR 徒歩5分
横浜キャンパス：「横浜」駅西口 徒歩10分、きた西口 徒歩8分
渋谷キャンパス：JR「渋谷」駅 徒歩8分
さいたまキャンパス：JR「宮原」駅 徒歩10分、埼玉新都市交通「東
　　　　　　　　宮原」駅徒歩12分、「今羽」駅徒歩14分
千葉キャンパス：JR 各線「千葉」駅西改札右の北口 徒歩1分
柏キャンパス：JR・東武アーバンパークライン「柏」駅西口 徒
　　　　　　　歩4分
野田キャンパス／野田本校：東武アーバンパークライン「野田市」駅
　　　　　　　　徒歩6分、「愛宕」駅 徒歩6分
■生徒が入学できる都道府県：
　千葉、茨城、埼玉、東京、神奈川、長野、岐阜、愛知、群馬、
　山梨、静岡、新潟、石川、京都、奈良、北海道
■沿　革：
　昭和 51年4月　　学校法人野田鎌田学園が認可される
　平成 17年4月　　あずさ第一高等学校開校及び柏学習センタ
　　　　　　　　　ー開設
　平成 17年9月　　千葉学習センター開設
　平成 23年3月　　大宮学習センター開設
　平成 25年4月　　渋谷、立川、町田、横浜キャンパス開設
　令和 4年2月　　大宮キャンパスがさいたまキャンパスに名
　　　　　　　　　称変更
■教育方針：
中学校における教育の基礎の上に
一人ひとりの生徒の心身の発達に応じた指導の下、
一人ひとりの個性が最も伸びる教育を実践する。
1．あたたかみあふれる「対面教育」長年培ってきた野田鎌田学園
　の精神を活かし、様々な状況の生徒一人ひとりに教職員が心か
　らふれあい一緒に考えていきます。
2．一人ひとりを伸ばす「個性教育」何か一つ生徒が輝く力を見つ
　けることを目標にし、生徒一人ひとりの良いところを伸ばす働
　きかけを行います。
3．仲間とともに育てる「社会力教育」クラスでの活動、学内外で
　の多彩な行事、部活動など、友達と関わる機会を少しずつ広げ、
　「社会力」を養っていきます。

■形態・課程・学科：独立校・単位制による通信制課程・普通科
■入学・卒業時期：
　・入学時期　4月、10月
　・卒業時期　3月、9月
　・転入生随時
■修業年限：3年以上（在籍最長年数：制限なし）
■学期制：2期制
■始業・終業時刻：9時15分〜16時00分
　　1日4時限、1時限50分
　　〔5日間通学スタイル、一般通信制スタイル他併設〕
■技能連携：野田鎌田学園高等専修学校、野田鎌田学園杉並高等
　専修学校、野田鎌田学園横浜高等専修学校、千葉モ
　ードビジネス専門学校、静岡アルス美容専門学校

特色

**生徒一人ひとりの個性に合わせて、自分のペースで
夢を叶える、9つの魅力**

◎選べる登校日数、学習スタイル。
　個性に合わせて、登校日数・学習スタイルが選べます。自分のペー
　スで、自分らしい高校生活を送りましょう。
①「スタンダードスタイル」5日制
　集合授業5日間＋スペシャル授業（ウィークリー・マンスリー）
②「スタンダードスタイル」3日制＋ one
　集合授業3日間＋フリースタイル学習1日＋スペシャル授業
　（ウィークリー・マンスリー）
③「フリーツーデイスタイル」2日制
　フリースタイル学習2日間＋スペシャル授業（マンスリー）
④「フリーワンデイスタイル」1日
　フリースタイル学習1日＋スペシャル授業（マンスリー）
⑤「一般通信制スタイル」
　年13日程度登校＋月1度のレポート提出＋前・後期考査合
　格及び特別活動の出席。
⑥「スペシャルスタンダードスタイル」5日間（技能連携校等）
　普通科目＋専門科目、技能連携校等に通う5日間の全日型ス
　クールライフです。

◎安心して高校生活が送れる、担任制。
　いつも生徒一人ひとりを見守るクラス担任がいます。勉強や進路
　のことはもちろん、普段の生活のことまで、気軽に相談できます。↗

◎夢を見つける、スペシャル授業。
　「楽しく学べて、チョットためになる」がキーワード。生徒の「やっ
　てみたい」を応援し、今まで気づかなかった興味を引き出します。
◎夢に向かっていく、オリジナルコース。
　プロの講師に学べる、本格的な授業。声優・アニメ、音楽、ファッ
　ション、ダンス、プログラミング、e スポーツなど多彩なコース
　があります。
①学力を伸ばすオリジナルコース
　「基礎コース」「大学進学コース」「資格コース」と自分の学習ス
　タイルにオリジナルコースをプラスして、幅のあるスクールラ
　イフが楽しめます。
②感性を伸ばすオリジナルコース
　「保育コース」「音楽コース」「声優・アニメコース」「ファッショ
　ンコース」「ダンスコース」「プログラミングコース」「e スポー
　ツコース」「デザイナー・クリエイターコース」を設置し、キミ
　たちの「好きなコト」「興味あるコト」を伸ばし、夢の実現を応
　援しています。
　※設置コースはキャンパスごとに異なりますので、最寄りのキャ
　ンパスまでお問い合わせください。↗

◎学校のもう一つの楽しみ、部活動。
仲間と一緒に楽しんで、毎日をさらに充実させましょう。スポーツ系、アート系、趣味系などのクラブがあります。

◎最高の思い出をつくる、年間行事。
年間を通して、さまざまな行事やイベントを行っています。いまここにしかない、最高の思い出をつくりましょう。

◎心をサポートする、カウンセリング。
自分で抱え込まずに話してみよう。スクールカウンセラーが一人ひとりの生徒に寄り添い、一緒に考えていきます。

◎卒業までの進路サポート。
大学・短大・専門学校への進学、就職…。一人ひとりの目標に合わせて、進路ガイダンスの開催や面接・小論文指導など、丁寧にサポートしていきます。

◎フレンドリーな先生がいっぱい。
私たちは生徒の目線で一緒に考えます。授業で分からない事はもちろん、進路や夢の実現に向けて応援していきます。

生活指導
学校指定の標準服はありますが、服装は自由です。学校の場にふさわしい服装での登校を指導しています。

クラブ活動
バスケットボール部、陸上部、スポーツ部、新体操部、フットサル部、イラスト部、軽音楽部、写真部、演劇部、アート部、ボードゲーム部、コスプレ部、ボランティア部、生徒会部 他

学校行事
入学式、修学旅行、サマーライブ、校外学習（遠足）、ハイキング、芸術鑑賞会、文化祭、ライブ甲子園、卒業式 等
※社会情勢などの事情により行事が変更または中止になる場合があります。

進路指導
大学・短大・専門学校への進学や就職など、高校卒業後の進路はさまざまです。
あずさ第一高等学校では、生徒たちがどのような進路を選んでもきちんと対応できるよう、入学時からコミュニケーションを取りながら、希望する進路へ進めるようサポートしています。

生徒情報

【新入生】
勉強がわからなくて不安を抱えた生徒や、中学校の時学校に通えなかった生徒も、自分のペースで登校しています。

【転編入生】
前籍高校で修得した単位を生かすことができます。
入学前および在学中に高卒認定試験で合格した科目は、20単位まで単位認定することができます。
編入生は原則4月・10月入学になります。

【保護者連絡】
保護者への連絡は頻繁に行っています。
定期的に面談と通信物の郵送を実施し、必要に応じて、個別面接を実施しています。

【生徒数】　　　　　　　　　　　　　　2023年5月1日現在

年次	生徒数	男女比	クラス数	1クラスの平均人数
1年次	1,053名		38クラス	20～30名
2年次	1,075名	1:1	40クラス	20～30名
3年次以上	977名		38クラス	20～30名

スクーリングの日数と場所

【登校日数】
原則として夏期、冬期の集中スクーリング（年13日程度）、前期・後期の考査及び特別活動。

【場　所】
野田本校及び各地指定面接指導等実施施設

◇◇◇◇◇◇◇◇◇◇ この学校にアクセスしてみよう！

学校説明会	入学前電話相談	文化祭見学	体育祭見学	資料請求
◯	◯ 要予約	◯	—	◯

※資料は電話、メール、FAX、来校等により請求してください。

2024年度の募集要項

募集について

【前期選抜入試】（単願・併願）
出願期間：2023年12月18日～2024年2月2日
試　験　日：2024年1月17日、27日、2月3日
　　　　※併願は1月27日及び2月3日のみ実施。
選考方法：書類・面接
選　考　料：20,000円

【後期選抜入試】（単願・併願）
出願期間：2024年2月5日～3月28日
試　験　日：2024年2月17日、24日、
　　　　3月2日、9日、16日、23日、29日
　　　　※併願は2月17日及び24日のみ実施。
選考方法：書類・面接・作文
選　考　料：20,000円

学費について

一般通信制スタイルの場合
入　学　金：　　　　　0円
単位履修登録料：　8,500円／単位
施　設　費：　　36,000円
諸　経　費：　　　　実費

合　　計：※240,000円
（単位履修登録料は標準24単位で計算）
※通学スタイルによって学費が異なります。詳細はキャンパスまで直接お問い合わせください。
※高校奨学金の利用について
本校生徒は各都道府県が実施している高校奨学金の対象となります。各種公的奨学金のご利用については、本校奨学金担当者までお問い合わせください。

卒業生の過去の進路状況

【主な進路先】
大学： 青山学院大、茨城大、江戸川大、桜美林大、大妻女子大、学習院大、神奈川大、川村学園女子大、神田外語大、國學院大、国士舘大、埼玉学園大、相模女子大、芝浦工業大、淑徳大、成蹊大、専修大、洗足学園音楽大、大正大、大東文化大、玉川大、千葉工業大、中央大、中央学院大、帝京大、田園調布学園大、東海大、東洋大、東京情報大、東京農業大、東洋大、東洋学園大、獨協大、奈良大、二本学舎大、日本大、日本保健医療大、福知山公立大、法政大、武蔵野美術大、明

海大、明治大、明治学院大、立教大、立命館大、流通経済大、麗澤大、横浜薬科大、和光大、和洋女子大 他
専門学校： 江戸川学園おおたかの森専門、大原簿記専門、埼玉コンピュータ＆医療事務専門、専門学校東京クールジャパン、専門学校東京ビジュアルアーツ、中央自動車大学校、東京コミュニケーションアート専門、東京スクールオブミュージック＆ダンス専門、東京デザイナー学院、日本工学院専門、華調理製菓専門、パリ総合美容専門、横浜こども専門 他
就職： 青木製作所、イトーキ東光製作所、江戸川段ボール工業 他

▼文化祭　10/28（土）・10/29（日）※2023年度日程　▼学校見学会〈個別相談：随時〉

立川キャンパス	〒190-0023	東京都立川市柴崎町3-8-14	TEL.042-595-9915
町田キャンパス	〒194-0022	東京都町田市森野1-39-10	TEL.042-850-8800
横浜キャンパス	〒221-0834	神奈川県横浜市神奈川区台町14-22	TEL.045-322-6336
さいたまキャンパス	〒331-0812	埼玉県さいたま市北区宮原町4-23-9	TEL.048-782-9962
千葉キャンパス	〒260-0045	千葉県千葉市中央区弁天1-3-5	TEL.043-254-1877
柏キャンパス	〒277-0843	千葉県柏市明原1-2-2	TEL.04-7145-1023
野田キャンパス／野田本校	〒278-0037	千葉県野田市野田405-1	TEL.04-7122-2400
渋谷キャンパス	〒150-0031	東京都渋谷区桜丘町5-4	TEL.03-6416-0425

北海道
青森
岩手
宮城
秋田
山形
福島
茨城
栃木
群馬
埼玉
千葉 ★
東京
神奈川
新潟
富山
石川
福井
山梨
長野
岐阜
静岡
愛知
三重
滋賀
京都
大阪
兵庫
奈良
和歌山
鳥取
島根
岡山
広島
山口
徳島
香川
愛媛
高知
福岡
佐賀
長崎
熊本
大分
宮崎
鹿児島
沖縄

【通信制】

精華学園高等学校 長南茂原校
せい か がくえん こう とう がっ こう　ちょう なん も ばら こう

（ https://seika-chonanmobara.jp　E-mail：info@seika-chonanmobara.jp ）

- ■校長名：東田　優衣
- ■住　所：〒297-0112　千葉県長生郡長南町米満101
- ■電　話：0475-36-6675
- ■最寄駅：JR「茂原駅」から小湊バス、「豊栄農協前」下車　徒歩5分
- ■創立年：2017年4月
- ■沿　革：
    2009年7月1日　精華学園高等学校　開校
    2021年4月1日　精華学園高等学校　長南茂原校　開校
- ■教育理念：
    「一人ひとりを大切に」生徒一人ひとりの夢探しと夢実現のお手伝いをします。

- ■形態・課程・学科：独立校・単位制による通信制課程・普通科
- ■入学・卒業時期：
    ・入学時期　4月、10月　　・卒業時期　3月、9月
- ■修業年限：3年以上（在籍最長年数：10年）
- ■学期制：2学期制
- ■卒業認定単位数：74単位
- ■始業・終業時刻：9：30～16：50
- ■技能連携：なし　　　　　■実務代替：なし
- ■技能審査：なし　　　　　■開設講座数：　科目

宿泊（県外）スクーリングなしで
高校卒業が可能

スクーリングの日数と場所

【日数】
年間10日～15日

【場所】
精華学園高等学校 長南茂原校
〒297-0112　千葉県長生郡長南町米満101
tel：0475-36-6675

【その他】
県外、宿泊スクーリングはありません。

特色

●宿泊（県外）スクーリングなし
　長南茂原校で実施可能！
　長南茂原校は、学校教育法第1条に準ずる施設として本校所在地のある山口県知事から認可を受けた面接指導施設です。そのため、山口県の本校へ行くことなく、レポート・スクーリング・テストは長南茂原校のみで卒業まで完結します。15日前後の登校で高卒資格取得を目指すことが出来ます。

●通学コースと通信コースを併設！
年間10日～15日程度の登校で高校卒業を目指す「通信コース」週1日～5日の登校で高校卒業を目指す「通学コース」があります。生徒の希望や諸事情に合わせて時間割を決めていきます。

●自分の「好き」「興味」を伸ばす多彩な専門学科！
高校課程に追加して業界のプロ講師による専門分野が学べます。マンガ・イラストコース／動画クリエイターコース／K-POPコースの3つの専門コースを用意しています。

＜学校の施設＞

校地面積	2,475m²	図書室	なし
運動場面積	－m²	プール	なし
視聴覚教室	なし	食堂	なし
体育館	あり	ラウンジ	なし
借りグラウンド	なし	カウンセリング室	なし

◇◇◇◇◇◇◇◇◇◇ **この学校にアクセスしてみよう！**

学校説明会	入学前電話相談	文化祭見学	体育祭見学	資料請求
○	○	－	－	○

※資料は、ホームページよりご請求ください。

▼学校説明会
平日10:30～17:00に行っています。（要予約）

○マンガ・イラストコース：
高校卒業資格に必要な単位を修得しながら、マンガ、イラスト制作に必要なアナログからデジタルまでの幅広い専門技術を身につけ、自らの作品を世の中に配信する方法までを学んでいきます。キャラクターを魅力的に描き、世界観を表現できるマンガ家・イラストレーターを目指します。

○動画クリエイターコース：
高校卒業資格に必要な単位を修得しながら、動画制作の技術を身につけ、自らの作品を世の中に配信する方法までを学んでいきます。現役動画クリエイターが監修したカリキュラムで、CM・広告映像、ミュージックビデオ、ロゴアニメーション、ショートムービー等を作成します。

○K-POP コース：
高校卒業資格に必要な単位を修得しながら、韓国のK-POP 文化をダンスやヴォーカルの授業を通して学んでいきます。趣味でK-POP に興味がある方はもちろん、本気でK-POP アイドルやダンサーなどを目指す方の土台となるスキルを身につけていきますので、高校時代から将来の夢に繋がる第一歩を踏み出せます。1 年間で約 10 曲程度の K-POP スキルを身につけることができます。

生活指導

制服の購入は任意になります。
生徒一人ひとりの個性と自己表現を大切にしながら、定期的に社会生活の基本的ルールやマナー等の指導をしています。

進学指導

レポート指導とは別に、学部学科や分野に応じた受験対策指導を行います。
また、個別指導の中で必要に応じて、中学校の教科指導も行います。

生徒情報

【不登校生】
体力面からも精神面からも、週1日〜5日登校のシステムを有効に活用しています。

【転編入生】
前籍高校で修得した単位のうち20単位まで振り替えることができます。また、入学前に高卒認定試験で合格した科目も振替可能です。
転入生は随時入学可能です。

【保護者との連絡】
電話・Eメール・連絡網アプリ・個人面談などで頻繁に行っています。

【生徒数】　　　　　　　　　　　　　　　　2023 年 12 月現在

年次	生徒数	男女比
1 年次	7 名	3：4
2 年次	5 名	2：3
3 年次	1 名	0：1

【教員数】
専任講師：男性 0 名、女性 2 名
非常勤講師：男性 1 名、女性 2 名

2025 年度の募集・過去の進路状況

募集について

募集定員：20 名
出願期間：2024 年 12 月 1 日〜 2025 年 3 月 20 日
試 験 日：学校に直接お問い合わせください。
選考方法：面接・作文・書類選考
選 考 料：10,000 円

※転編入希望生徒については
　随時募集・面接等を行っています。

学費について

入 学 金：　　　　　0 円
授 業 料：252,000 円（24 単位履修の場合）
施設設備費：　36,000 円
教育充実費：　72,000 円
────────────────────
合　　計：360,000 円 〜

※その他、特別教科学習費が必要です。
　（登校日数・選択コースにより異なります）

主な合格実績

【海外大学】
ブリティッシュコロンビア大学(カナダ)、マラヤ大学(マレーシア)、エルカミノカレッジ（アメリカ）など

【国立大学】
茨城大学、山口大学、和歌山大学、九州工業大学　など

【私立大学】
慶應義塾大学、早稲田大学、東京理科大学、立教大学、明治大学、中央大学、法政大学、多摩美術大学、武蔵野美術大学、女子美術大学、東京工芸大学、横浜美術大学、京都芸術大学、東海大学、大東文化大学、桜美林大学、日本大学、玉川大学、和光大学　など

【短期大学】
産業能率短期大学、大阪芸術大学短期大学部　など

【専門学校】
代々木アニメーション学院、専門学校 HAL、東京アナウンス学院、東京ベルエポック専門学校、ハリウッド美容専門学校、大原簿記情報ビジネス専門学校、賢プロダクション付属養成所、YIC 看護福祉専門学校　など

※上記は精華学園高等学校全体の進学実績です。
※就職に関しては、
　就職 100％保証制度（条件あり）があります。

【広域通信制】 （単位制）

精華学園高等学校 幕張芸術学部校
（せいかがくえんこうとうがっこう まくはりげいじゅつがくぶこう）

（ https://seika-makuhariart.jp/ ）

■校舎長名：内騰　博司
■住　所：〒 261-8501　千葉県千葉市美浜区中瀬 1-3
　　　　　　幕張テクノガーデン D 棟 7F
■電　話：043-307-5845
■最寄駅：JR「海浜幕張」駅 徒歩 5 分
■生徒が入学できる都道府県：
　全国 47 都道府県
■創立年：2023 年 4 月
■沿　革：
　2009 年 7 月 1 日　精華学園高等学校　開校
　2023 年 4 月 1 日　精華学園高等学校 幕張芸術学部校　開校
■教育理念：
　「夢を探したい」「夢を実現したい」そんな生徒を、高校教科学習や多彩な専門授業、学校行事を通じて育成する

学習状況

【学習システムの特長】
高校科目の学習指導は個別指導を基本として、必要に応じて集団授業を取り入れています。また、個別指導では生徒一人ひとりの学習進捗度を把握し、個々に合わせて指導しています。
【入学時点の学力検査】
入学試験は作文と面接。ただし作文は自宅で作成して面接当日持参する形式です。
【進学希望者への指導】
レポート指導とは別に、学部学科や分野に応じた進路指導を行います。
【学習フォロー体制】
個別指導の中で必要に応じて、中学校の教科指導も行います。

他校には無い**最大の魅力！**

- 通学は**年間10日のみ**で卒業可能
- 宿泊(県外)**スクーリングなし**
- 芸術を学べる**選択肢**

特色

精華学園高等学校幕張芸術学部校は、学校教育法第 1 条に記されている高等学校に準ずる施設として認可されています。

●宿泊（県外）スクーリングなし　幕張芸術学部校で実施可能！
幕張芸術学部校は、学校教育法第 1 条に準ずる施設として本校所在地のある山口県知事から認可を受けた面接指導施設です。そのため、山口県の本校へ行くことなく、レポート・スクーリング・テストを幕張芸術学部校で行います。年間 10 ～ 15 日程度の登校で高校卒業を目指すことが出来ます。

「好き」「興味」を未来の職業に♪
最高の環境で自分を表現できる場所がここにあります。

●自分の「好き」「興味」を伸ばす多彩な専門学科！
◇総合芸術コース（週 1 日～ 5 日通学）
　○マンガ・イラストコース
　○動画クリエイターコース
　○美術大学進学コース
　○K-POP コース

高校卒業を目指しながら、業界第一線で活躍する先生から個別レクチャーが受けられます。
最新設備のイベントホールでのライブや自分の作品をメディア配信する方法も学べます。

◇高校卒業コース
年間 10 日～ 15 日程度の登校で高校卒業を目指す「通信コース」
週 1 日～ 5 日の登校で高校卒業を目指す「通学コース」があります。
生徒の希望や諸事情に合わせて時間割を決めていきます。

◇◇◇◇◇◇◇◇◇◇ **この学校にアクセスしてみよう！**

学校説明会	入学前電話相談	文化祭見学	体育祭見学	資料請求
○	○	○	—	○

※資料請求は、HP 内の資料請求ページ・E メール・電話にてご請求ください。

※個別相談随時

学習システムの特徴

【専門学科コース】

○マンガ・イラストコース：
高校卒業資格に必要な単位を修得しながら、マンガ、イラスト制作に必要なアナログからデジタルまでの幅広い専門技術を身につけ、自らの作品を世の中に配信する方法までを学んでいきます。キャラクターを魅力的に描き、世界観を表現できるマンガ家・イラストレーターを目指します。

○動画クリエイターコース：
高校卒業資格に必要な単位を修得しながら、動画制作の技術を身につけ、自らの作品を世の中に配信する方法までを学んでいきます。現役動画クリエイターが監修したカリキュラムで、CM・広告映像、ミュージックビデオ、ロゴアニメーション、ショートムービー等を作成します。

○美術大学進学コース：
高校卒業資格に必要な単位を修得しながら、自分のペースでひとつひとつの課題に取り組み、デッサンをしっかりと確実に学びます。美術大学合格は基礎力の習得がすべてになります。「デッサンとは何か？」という理論から始まり、基本的なデッサン用具の選び方・扱い方、作品に向かう姿勢、光と陰影の特性、モチーフの組み方等を学びながら美術大学を目指します。

○K-POPコース：
高校卒業資格に必要な単位を修得しながら、韓国のK-POP文化をダンスやヴォーカル授業を通して学んでいきます。趣味でK-POPに興味がある方はもちろん、本気でK-POPアイドルやダンサーなどを目指す方の土台となるスキルを身につけていきますので、高校時代から将来の夢に繋がる第一歩を踏み出せます。1年間で約10曲程度のK-POPスキルを身につけることができます。

生徒情報

【不登校生】
体力面からも精神面からも、週1日～5日登校のシステムを有効に活用しています。

【いじめ対策】
個性や差異を尊重する態度やその基礎となる価値観を育てる指導をしています。生徒が楽しく学びつつ、いきいきとした学校生活を送れるように深い生徒理解と指導の充実を図っています。

【保護者との連絡】
電話・Eメール・個別面談などで頻繁に行っています。

【生徒数】2023年11月現在
1年生14名　2年生8名　3年生7名
合計29名

【教員数】
専任講師：男性2名、女性4名

生活指導
生徒一人ひとりの個性と自己表現を大切にしながら、定期的に社会生活の基本的ルールやマナー等の指導をしています。
制服の購入は任意となるため、服装やヘアスタイルの校則はありません。

2024年度の行事予定

月	4月～6月	7月～9月	10月～12月	1月～3月
行事	入学式 二者面談 進学対策指導 就職対策指導 各種進路対策行事	前期試験 進学対策指導 就職対策指導と企業紹介 各種進路対策行事	進学対策指導 各種進路対策行事 清掃活動 クリスマス会	後期試験 三者面談 進学対策指導 各種進路対策行事 卒業式

2025年度の募集・過去の進路状況

募集について

募集人員：学校に直接お問い合わせください。
出願期間：2024年12月1日～2025年3月20日
試験日：学校に直接お問い合わせください。
選考方法：面接・作文・書類選考
選考料：10,000円
※転編入希望生徒については随時募集・面接等を行っています。

学費について

入学金：0円
授業料：252,000円（24単位履修の場合）
施設設備費：36,000円
教育充実・運営費：72,000円
特別教科学習費：※登校日数・選択コースにより異なります。

合計：360,000円～

＜学校の施設＞

校舎面積	210m²	事務室	あり
保健室	なし	ラウンジ	あり
職員室	あり	図書室	なし
カウンセリング室	あり		
その他…PCルーム			

主な合格実績

【海外大学】
ブリティッシュコロンビア大学（カナダ）、マラヤ大学（マレーシア）、エルカミノカレッジ（アメリカ）　など

【国立大学】
茨城大学、山口大学、和歌山大学、九州工業大学　など

【私立大学】
多摩美術大学、武蔵野美術大学、女子美術大学、東京工芸大学、横浜美術大学、京都芸術大学、慶應義塾大学、早稲田大学、東京理科大学、立教大学、明治大学、中央大学、法政大学、東海大学、大東文化大学、桜美林大学、日本大学、玉川大学、和光大学　など

【短期大学】
産業能率短期大学、大阪芸術大学短期大学部　など

【専門学校】
代々木アニメーション学院、専門学校HAL、東京アナウンス学院、東京ベルエポック専門学校、ハリウッド美容専門学校、大原簿記情報ビジネス専門学校、賢プロダクション付属養成所、YIC看護福祉専門学校　など

※上記は精華学園高等学校全体の進学実績です。
※就職に関しては、
　就職100％保証制度（条件あり）があります。

【広域通信制】

成美学園高等學校
せ い び が く え ん こ う と う が っ こ う

(https://k-seibi.ed.jp)

■校長名：中島　宗一
■住　所：〒 299-5241　千葉県勝浦市松部 1000-1
■電　話：0470-64-4777　　■ＦＡＸ：0470-64-4778
■最寄駅：JR 外房線「勝浦」駅　徒歩 25 分
■生徒が入学できる都道府県：全国 47 都道府県
■沿革：
　2023 年 4 月　開校
■創立理念：
　「15 歳からの独立宣言」を理念とし、自律人の育成を本校では
教育のテーマとしております。具体的には、午後のクラブ活動な
どにおいて企業育成クラブや IT クラブなど、将来に役立つスキ
ルや野球、音楽など自分の興味のある分野に取り組める環境を整
えております。

■形態・課程・学科：
　独立校・単位制による通信制課程・普通科
■入学・卒業時期：
　・入学時期　4 月　　・卒業時期　3 月、9 月
■修業年限：3 年以上（在籍最長年数：なし）
■学期制：2 学期制
■卒業認定単位数：74 単位
■始業・終業時刻：始業 10：00 ～　完全下校 17：00
■技能連携：なし　　■実務代替：なし　　■技能審査：なし
■開設講座数：47 科目

スクーリングの日数と場所

【登校日数】

【場所】
　成美学園高等學校
　住所：〒 299-5241　千葉県勝浦市松部 1000-1
　TEL：0470-64-4777

【学校へのアクセス】

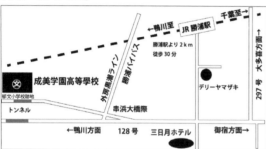

←鴨川至　　JR勝浦駅　　←千葉至→
勝浦駅より 2 km
徒歩 30 分
外房黒潮ライン
勝浦バイパス
成美学園高等学校
郁文小学校跡地
トンネル
串浜大橋際
デリーヤマザキ
297 号
大多喜方面→
←鴨川方面　　128 号　　三日月ホテル　　御宿方面→

特色

生徒の多様性を重んじ、様々な通い方、コースを設置
しております。

●全日通学クラス
　…毎日登校する学科です。

●オンラインクラス
　…オンラインによる学習指導を受けながら卒業をめざす学科で
　す。

また、スポーツコースや大学受験コースなど生徒の興味ある分野
や進みたい将来に向けて学べるコースやカリキュラムを多数設置
しております。

＜学校の施設＞
校舎面積	2300m²	運動場面積	5000m²
視聴覚教室	あり	体育館	あり
図書室	なし	プール	なし
食堂	なし	ラウンジ	あり
カウンセリング室	あり		

◇◇◇◇◇◇◇◇◇ この学校にアクセスしてみよう！

学校説明会	入学前電話相談	文化祭見学	体育祭見学	資料請求
○	○	－	－	○

※資料は HP または電話でお問い合わせください。
▼学校説明会　9 月以降実施検討中。

併修・単位	併修はできません。高卒程度認定試験受験生は10科目まで履修できます。
クラブ活動	女子硬式野球部、ゴルフ部、音楽、eスポーツ
学校行事	修学旅行は3年次に実施予定です（2泊3日、行き先は未定）。入学式・校外学習・体育祭・文化祭・卒業式。
進学補習指導	進学希望の生徒には、外部の専門講師と委託して大学受験のカリキュラムを設定しております。 学力不振の生徒には、学習支援コースやクラブ活動の中でも補習クラブを設置し、個々でしております。
生活指導	学校指定の制服があります。 茶髪やピアスに関する校則がないため、特に指導はしません。 バイクでの通学ができます。（許可制）

生徒情報

【不登校生】

【転編入生】

【保護者連絡】
主に電話、保護者面談で連絡を取ります。保護者会や三者面談を年間スケジュールの中に設けております。

【生徒数】

【教員数】
教員：　名
カウンセラー：なし

2024年度の募集・進路状況

募集について

【一般入試】
募集人員：50名
出願期間：2023年12月11日～2024年3月31日
試験日：未定
選考方法：面接・作文
選考料：10,000円

学費について

入学金：　　100,000円
授業料：　　12,000円／1単位

2022年度卒業生の進路状況

【主な進学先】

【指定校推薦】

【学習センター・協力校】

成美学園	茂原校	〒297-0022	千葉県茂原市町保37-3　成美学園ビル
成美学園	かずさ校	〒292-0057	千葉県木更津市東中央2-1-1　ドリームビルディング3・4・5F
成美学園	成田校	〒286-0044	千葉県成田市不動ヶ岡2158-4　マルセイビル
成美学園	蘇我校	〒260-0834	千葉県千葉市中央区今井2-10-2　第二山ービル3F
成美学園	館山校	〒294-0045	千葉県館山市北条1872-8　水口ビル2F
成美学園	旭校	〒289-2516	千葉県旭市ロの633-10　三川屋ビル2・3F 西号室・東号室
成美学園	取手校	〒302-0024	茨城県取手市新町3-1-23　セントラルビルTORIDE　2・4F
成美学園	八千代校	〒276-0031	千葉県八千代市八千代台北1-13-3　第1アイディール八千代2F
成美学園	小山校	〒323-0022	栃木県小山市駅東通り2-36-11　小山サンビル
成美学園	足利校	〒326-0814	栃木県足利市通2-12-16　岩下書店ビル3F
成美学園	伊勢崎校	〒372-0052	群馬県伊勢崎市寿町83-3
成美学園	熊谷校	〒360-0037	埼玉県熊谷市筑波1-146　つくばねビル3F
成美学園	久喜校	〒346-0014	埼玉県久喜市吉羽181-9　TKビル2・3F
成美学園	前橋校	〒371-0843	群馬県前橋市新前橋町25-1　うちでビル3F
成美学園	市川校	〒272-0133	千葉県市川市行徳駅前1丁目17-17　Ⅱ2F一條ビル
成美学園	栃木校	〒328-0037	栃木県栃木市倭町6-20　ラポルト倭1F
成美学園	秦野校	〒257-0035	神奈川県秦野市本町1丁目1-6　クレアーレMKビル4F
成美学園	茅ヶ崎校	〒253-0044	神奈川県茅ヶ崎市新栄町1-14　新栄ビル5F
成美学園	横須賀校	〒238-0008	神奈川県横須賀市大滝町1-9　品川ビル402

北海道
青森
岩手
宮城
秋田
山形
福島
茨城
栃木
群馬
埼玉
千葉 ★
東京
神奈川
新潟
富山
石川
福井
山梨
長野
岐阜
静岡
愛知
三重
滋賀
京都
大阪
兵庫
奈良
和歌山
鳥取
島根
岡山
広島
山口
徳島
香川
愛媛
高知
福岡
佐賀
長崎
熊本
大分
宮崎
鹿児島
沖縄

【広域通信制】 （単位制）

学校法人
中央国際学園（ちゅうおうこくさいがくえん）
がっこうほうじん

中央国際高等学校

（ https://www.chuo-kokusai.ac.jp/ ）

【学校へのアクセス】

●アクセス
JR外房線 御宿駅
徒歩10分

■校長名：大屋 雅由
■住　所：〒 299-5102　千葉県夷隅郡御宿町久保 1528
■電　話：0470-68-2211　■FAX：0470-68-2212
■最寄駅：JR 外房線「御宿」駅、徒歩 10 分
■生徒が入学できる都道府県：全 47 都道府県
■沿　革：
　2013 年 10 月 1 日　学校法人中央国際学園 中央国際高等学校 開校
■創立理念：
　・多彩な背景を持つ万人に、等しく教育の機会を提供する
　・様々な体験を通して社会で生き抜く力を身につける
　・できることをひとつずつ積み重ねて新しい自分を発見する
　⇒本校がある御宿町の皆様にご協力をいただき、
　　「体験型の本物に触れる授業」を実施しています。

■形態・課程・学科：独立校・単位制による通信制課程、普通科
■入学・卒業時期：
　・入学時期　4 月、10 月　　・卒業時期　3 月、9 月
　　※転入学は随時受付
■修業年限：3 年以上
■学期制：2 学期制
■卒業認定単位数：74 単位
■技能連携：あり
■実務代替：なし
■技能審査：なし
■開設講座数：30 科目

スクーリングの日数と場所

メディア学習コース…集中的に 5 日間×年 1 回
学習センターコース…集中的に 4 日間×年 2 回
　　　　　　　　　　本校指定サポートキャンパス近くの
　　　　　　　　　　学習センターへ月 1 日程度。

【場　所】
　御宿本校

【主なスクーリング内容】
オリエンテーリング／町内散歩／歴史体験／農業体験／
野外炊事体験／海体験／ものつくり体験／救急救命講義
※期間中は御宿町内の民宿に宿泊。

【指定サポートキャンパス】
　※右ページ下を参照ください。

中央国際高等学校は、「社会で生き抜く力」を身につけて社会に貢献する若者を育成しようという教育理念のもと、2013 年 10 月に開校した広域通信制・単位制の高等学校になります。本校のある千葉県御宿町は、房総一の美しさを誇る海岸と山々に囲まれた自然豊かな町。年 2 回の集中スクーリングでは、自然を活かした「本物に触れられる体験学習」をバラエティ豊かなメニューで行い、机上では学べない貴重な経験を得ることができます。広域の通信制高校なので全国から入学ができ、毎日の通学が不要なので学業以外のことと両立できる「メディア学習コース」と自宅から通いやすい学習センターに通学する「学習センターコース」の 2 コースがあります。

＜学校の施設＞

校地面積	16,200m²	図書室	あり
運動場面積	13,000m²	保健室	あり
グラウンド	あり	ラウンジ	あり
テニスコート	あり	カウンセリング室	あり

◇◇◇◇◇◇◇◇ この学校にアクセスしてみよう！

学校説明会	入学前電話相談	文化祭見学	体育祭見学	資料請求
○	○	―	―	○

※資料請求は HP または電話よりお申し込みください。

<table>
<tr><td>学習内容</td><td>海や山など、さまざまなシーンを活かした自然体験を行い、「知識と実体験を融合」させます。農業・漁業をはじめとした実習、自然を活かしたスポーツを取り入れて社会との繋がりを持っていきます。地元の方との触れ合いや仲間との実習を通した集団生活は充実した学校生活を作り、将来の大きな道標となります。また、首都圏を中心とした学習センターでは補習授業や個別指導を実施し、苦手科目の克服や基礎レベルの見直しなど万全のサポート体制を整えています。</td></tr>
</table>

生 徒 情 報

【不登校生に対する指導】
顧問カウンセラーを配置しています。

【保護者連絡】
保護者会を年2回行います。また、家庭訪問や家に状況確認の電話を行います。

【転編入生】
前籍高校で修得した単位は認めています。高卒認定試験で合格した単位も20単位まで認められます。転入生も随時入学できます。

【教員数】
教員・事務員：男性13名、女性11名
カウンセラー：非常勤

進学・補習指導

学習センターでの補習に加え、指定サポートキャンパスでは充実した大学受験指導を受講することができます。また、学力不振対策として、個別対応の授業を行っています。
生徒一人ひとりに合わせて「わかるところから」スタートし、着実に力をつけていくことができ、担任の先生が、希望校合格に向けて学習面から心のフォローまで担任がきめ細やかなサポートをしています。先生と一緒に頑張るから、合格へ一直線で努力ができます。また、近年の多様な受験方式にも対応した指導体制とカリキュラムで、面接試験やセンター試験受験にも自信を持って臨むことができます。

生活指導
指定制服はありますが、購入・着用義務はありません。芸能・モデル・スポーツ活動を行っている生徒も多数在籍しております。

2024年度の行事 （予定）※コロナ等の影響により変更になる可能性があります

月	4月～6月	7月～9月	10月～12月	1月～3月
行事	入学式 入学・新学期ガイダンス 映画鑑賞 集中スクーリング	1年生臨海学校 前期試験 2・3年生修学旅行 野外レクリエーション 大学受験夏期講習 進路ガイダンス 七夕祭り	進路ガイダンス クリスマスパーティー 大学入試コース説明会 集中スクーリング 緑翔祭（文化祭・体育祭）	後期試験 大学受験冬期講習 大学受験春期講習 卒業式

2024年度の募集要項

募集について

【新入学】
選考方法：①書類選考
募集人員：600名（前期100名、後期500名）
出願期間：～2024年4月中旬

※詳細は募集要項及びホームページをご覧下さい。
※転入学は随時受付

学費について

入 学 金：		50,000 円
授 業 料：	1年次	15,000 円 ／1単位
教育運営費：		30,000 円
検 定 料：		10,000 円

※「学習センターコース」「メディア学習コース」共に同じ。

<問い合せ専用フリーダイヤル> 0120-89-0044

【指定サポートキャンパス】

中央高等学院 吉祥寺本校	〒180-0004 東京都武蔵野市吉祥寺本町2-21-8	TEL：0422-22-7787
中央高等学院 池袋校	〒170-0013 東京都豊島区東池袋1-12-8	TEL：03-3590-0130
中央高等学院 渋谷原宿校	〒150-0001 東京都渋谷区神宮前6-27-8	TEL：03-5469-7070
中央高等学院 横浜校	〒231-0011 神奈川県横浜市中区太田町2-23	TEL：045-222-4111
中央高等学院 千葉校	〒260-0031 千葉県千葉市中央区新千葉2-7-2	TEL：043-204-2292
中央高等学院 さいたま校	〒330-0854 埼玉県さいたま市大宮区桜木町1-1-6	TEL：048-650-1155
中央高等学院 名古屋本校	〒450-0002 愛知県名古屋市中村区名駅2-45-19	TEL：052-562-7585
中央アートアカデミー高等部	〒150-0001 東京都渋谷区神宮前6-27-8	TEL：03-5469-7086
eスポーツ高等学院	〒150-0042 東京都渋谷区宇田川町20-17　NMF渋谷公園通りビル8F	TEL：0120-428-133
井手塾中央高等学院	〒943-0832 新潟県上越市本町5-5-9　ランドビル1F	TEL：025-522-9302
信州中央高等学院 長野学習センター	〒380-0821 長野県長野市鶴賀上千歳町1112-1　NTTドコモビル1F	TEL：026-219-3132
信州中央高等学院 諏訪学習センター	〒391-0002 長野県茅野市塚原1-3-21	TEL：0266-78-6830
ゆがわら中央高等学院	〒259-0301 神奈川県足柄下郡湯河原町中央2-3-10　二見ビル1F	TEL：0465-44-4263
くまもと中央高等学院	〒860-0846 熊本県熊本市中央区城東町4-7　グランガーデン熊本ビル1F	TEL：096-335-7100
ぎふ中央高等学院	〒501-6105 岐阜県岐阜市柳津町梅松1-126	TEL：058-201-7250
よなご中央高等学院	〒683-0824 鳥取県米子市久米町239　米子ファッションビジネス学園内	TEL：0859-22-5571
かごしま中央高等学院	〒890-0053 鹿児島県鹿児島市中央町3-1　第1NTビル6F	TEL：0120-33-7807
あたみ中央高等学院	〒413-0021 静岡県熱海市清水町15-8	TEL：0557-52-3292
ぬまづ中央高等学院	〒410-0803 静岡県沼津市添地町85　大手町スカイパーキングビルディング1F	TEL：055-957-6119
ふくいICT中央高等学院	〒910-0016 福井県福井市大宮3-6-9	TEL：0776-97-5509
はかた中央高等学院	〒812-0012 福岡県福岡市博多区博多駅中央街9-1　博多マルイ5F	TEL：096-365-7100
SOZOW学習センター	〒141-0022 東京都品川区東五反田5-12-1　ロイヤルフラッツ201号室	TEL：050-1741-8030

【広域通信制】

（単位制）

学校法人 佐藤学園 ヒューマンキャンパスのぞみ高等学校

（ https://www.hchs.ed.jp ）

- ■校長名：重栖 聡司
- ■住 所：〒297-0065　千葉県茂原市緑ヶ丘1-53
- ■電 話：0475-44-7541　■FAX：0475-36-2533
- ■最寄駅：
- ■生徒が入学できる都道府県：
  全国47都道府県
- ■沿 革：
  2022年 4月 開校
- ■創立理念：通いたくなる学びの場の創造

- ■形態・課程・学科：単位制による通信制・普通科
- ■入学・卒業時期：
  【新入学】・入学時期　4月/10月　　・卒業時期　3月/9月
  【転・編入学】・入学時期　随時　　・卒業時期　3月/9月
- ■修業年限：
  ・3年以上
- ■学期制：
- ■卒業認定単位数：74単位
- ■始業・就業時刻：各学習センターによって異なります。
- ■技能連携：なし
- ■実務代替：なし
- ■技能審査：なし
- ■開設講座数：40分野以上

登校日数とスクーリング場所

【登校日数】
　　以下の①〜④のコースより選択可能
　　①専門コース…週3〜5日
　　②専門チャレンジコース…週1〜5日
　　③通学コース…週1〜5日
　　④一般通信コース…年10日間程度（登校日以外自宅学習）

【スクーリング場所】
　　ヒューマンキャンパスのぞみ高等学校　本校
　　各面接指導施設

特色

◆自分の「好き！なりたい！」を
　自分のペースで好きなだけ！
◆学べる分野は40以上！目指せる職種は100以上！
　いろんな「なりたい！」に対応

《専門分野》
メイク・美容／韓国メイク／ネイル／マンガ・イラスト／絵本作家／ゲーム・アニメ／eスポーツ／AI・ロボット／声優・タレント／Vチューバー／ダンス／AI大学進学／韓国語／英会話／サイエンス／調理・製菓／ペット／ねこプロ／アクア／心理・コミュニケーション／手話など

◆学習センターは全国20か所以上！
　自宅近くでサポートが受けられる
◆現場で実際に学べる！本格的な専門学習
◆専門教育35年以上の実績を誇る
　ヒューマンアカデミーと連携
◆在校生・保護者向け相談窓口を設置
◆進学・就職・プロデビューをサポートする
　「キャリア相談室」を設置
◆全国の生徒向けオンライン配信授業を平日毎日実施
◆300時間の専門授業動画が見放題
◆多彩な学校行事

この学校にアクセスしてみよう！

学校説明会	入学前電話相談	文化祭見学	体育祭見学	資料請求
○	○	−	−	○

※資料請求は、電話・ホームページで可能。

学校行事	体育大会／校外学習（遠足）／文化祭／三者面談 など ※各学習センターによって異なります。 ～教育連携校行事～ マンガ合宿／東京ゲームショウ／ファッションショー／舞台公演　など
修学旅行	実施予定。 行き先は、各学習センターによって異なります。
進学指導	個々の志望大学やその他希望する進路に合わせて、受験科目対策、面接指導、小論文対策、AO入試対策などを行っています。
補習指導	中学校の学習などを含めた基礎学習指導
生活指導	制服はありますが購入・着用は希望者のみ。 バイク通学は不可。

生徒情報

【不登校生】
生徒の状況を踏まえ、保護者の方と二人三脚での指導を心がけます。

【転編入生】
転編入生の場合、前籍校で修得した単位は振替えられます。
入学前に高卒資格認定試験で合格した科目を振替えることができます。
転入生の入学は12月まで随時可能です。

【保護者連絡】
各家庭の要望に合わせて行います。
学級通信、家庭訪問、保護者面談。

【生徒数】 2024年1月現在

年次	生徒数	男女比	クラス数	1クラスの平均人数
1年次	822 名	3：7	クラス	名
2年次	896 名	3：7	クラス	名
3年次	285 名	4：6	クラス	名

2025年度の募集要項

募集について

募集定員：各学習センターにより異なります。
出願資格：・2025年3月中学校卒業見込みの者
　　　　　・中学校を卒業した者
　　　　　・高校を途中で退学した者
　　　　　・高校在学中の者
　　　　　※転入時期により出願時期が若干異なります。
出願期間：4月入学生…12月より受付開始
　　　　　途中入学生…随時受付
試験日：各学習センターにより異なります。
試験内容：書類選考・面接・作文
　　　　　※各学習センターにより若干異なる場合があります。
試験会場：各学習センター

※出願締切日や入試日は各学習センターにより異なります。
　詳細はお問合せください。

＜学校の施設＞

校地面積	－m²	図書室	－
運動場面積	－m²	プール	－
視聴覚教室	－	食堂	－
体育館	－	ラウンジ	－
借りグラウンド	－	カウンセリング室	－

学費について

入学金：　　10,000円
授業料：　　288,000円（1単位12,000円）
施設設備費：60,000円（10月～3月入学生については30,000円）
教科学習費：32,000円
合計：　　　390,000円
※その他　総額はコースによって変動します。
　　　　　転入・編入生は個々人の履修単位数に応じて異なります。
　　　　　別途スクーリング費用がかかります。

卒業生の主な進路状況

（姉妹校ヒューマンキャンパス高校の実績）

【主な合格実績】
北海道情報大学、宮城大学、新潟経営大学、明治大学、学習院大学、東洋大学、東京工科大学、国際基督教大学、嘉悦大学、東海大学、日本大学、学習院大学、東洋大学、レイクランド大学、目白大学、神奈川工科大学、愛知みずほ大学、関西学院大学、関西大学、近畿大学、立命館大学、龍谷大学、京都女子大学、大阪成蹊大学、大阪芸術大学、京都嵯峨美術大学、京都産業大学、日本福祉大学、岡山理科大学、高知大学、愛媛大学、福岡県立大学、九州看護福祉大学、別府大学、志學館大学、鹿児島国際大学、琉球大学、名桜大学、沖縄国際大学、総合学園ヒューマンアカデミー、大阪バイオメディカル専門学校ほか各種専門学校などに進学

＜学習センター＞
札幌駅前学習センター　　〒060-0003　北海道札幌市中央区北三条西2丁目1　NC北専北三条ビル5F
札幌大通学習センター　　〒060-0042　北海道札幌市中央区大通西7丁目2-13　小学館ビル1F
旭川学習センター　　　　〒070-8012　北海道旭川市神居2条18-5-7　（かむいサンビレッジ併設）
仙台駅前学習センター　　〒980-0021　宮城県仙台市青葉区中央3-1-22　エキニア青葉通りビル7F
秋葉原東学習センター　　〒101-0025　東京都千代田区神田佐久間町3-21-5　三共ビル
新宿学習センター　　　　〒160-0023　東京都新宿区西新宿7-11-10
高田馬場学習センター　　〒169-0075　東京都新宿区高田馬場2-14-17　ヒューマン教育センター第二ビル
川崎学習センター　　　　〒210-0006　神奈川県川崎市川崎区砂子1-2-4　川崎砂子ビルディング3F
横浜西口学習センター　　〒221-0835　神奈川県横浜市神奈川区鶴屋町3-33-8　アーバンセンター横浜ウエスト（旧アサヒビルヂング）1F
大宮東口学習センター　　〒330-0802　埼玉県さいたま市大宮区宮原2-51　大宮パークビル4F
高崎学習センター　　　　〒370-0813　群馬県高崎市寺尾2496-1
十日町学習センター　　　〒948-0061　新潟県十日町市昭和町4丁目155-2
魚沼学習センター　　　　〒949-7413　新潟県魚沼市堀之内2718-6
新潟学習センター　　　　〒950-0088　新潟県新潟市中央区万代4-1-8　文光堂ビル8F
富士河口湖学習センター　〒401-0301　山梨県南都留郡富士河口湖町船津6713-61
静岡駅前学習センター　　〒420-0852　静岡県静岡市葵区紺屋町11-4　太陽生命静岡ビル5F
名古屋駅前学習センター　〒450-0002　愛知県名古屋市中村区名駅3-26-8　KDX名古屋駅前ビル9F
大阪心斎橋学習センター　〒542-0081　大阪府大阪市中央区南船場4-3-2　ヒューリック心斎橋ビル9F
京都四条通学習センター　〒600-8005　京都府京都市下京区四条通り柳馬場東入ル立売東町12-1　日土地京都四条通ビル6F
神戸三宮学習センター　　〒650-0021　兵庫県神戸市中央区三宮町1-9-1　三宮センタープラザ東館5F
広島八丁堀学習センター　〒730-0017　広島県広島市中区鉄砲町5-7　広島偕成ビル2F
福岡天神学習センター　　〒810-0001　福岡県福岡市中央区天神4丁目4-11　天神ショッパーズ福岡6F

****

【広域通信制】　　　　　　　　　　　　　　　　　　　　　　　　　　（単位制）

明聖高等学校
めいせいこうとうがっこう

(https://www.meisei-hs.ac.jp 　 E-mail：soudan@meisei-hs.ac.jp)

■校長名：滝本　信行

＜千葉本校＞
■住　所：〒260-0014　千葉県千葉市中央区本千葉町10-23
■電　話：043-225-5622
■最寄駅：JR「本千葉」駅下車、徒歩5分
　　　　　京成線「千葉中央」駅下車、徒歩5分

＜中野キャンパス＞
■住　所：〒166-0003　東京都杉並区高円寺南5-15-3
■電　話：03-5340-7210
■最寄駅：JR・東西線「中野」駅下車、徒歩9分

■生徒が入学できる都道府県：全国47都道府県
■沿革：2000年10月に千葉県初の私立通信制高校として開校。開校以来、「不登校生徒へのサポート」や「基礎学力向上のサポート」を中心とした教育を展開。
■教育理念：自由と正義を貴び真理を探究し、積極的に社会に貢献できる人材を育成します。

■形態・課程・学科：独立校・単位制による通信制課程・普通科（共学）
■併設する課程：なし
■入学・卒業時期：入学時期 4月、卒業時期 3月
■修業年限：3年（在籍最長年数：制限なし）
■卒業認定単位数：74単位
■始業・終業時刻：各コースにより異なります。
■実務代替：なし　　■技能審査：なし

スクーリングの日数と場所

【登校日数】
　全日各コース：週5日
　通信コース：月2回、金曜日　WEBコース：年間4日程度
【場所】
　千葉本校・東京会場・大阪会場

【千葉本校へのアクセス】

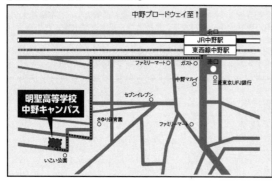

千都市モノレール
県庁前
明聖高等学校 千葉本校
JR千葉駅
千葉中央
本千葉

【中野キャンパスへのアクセス】

明聖高等学校
中野キャンパス

JR中野駅
東西線中野駅

特色

＜千葉本校＞
●全日コース：週5日登校。3年間かけて毎日通える心と体をゆっくりと育みます。本校オリジナル教材で中1～3までの英数国理社を基礎から学べます。
●全日ITコース：週5日登校。ゲームプログラミングやロボット製作、CGなどが学べます。
●通信コース：月2回、金曜日登校。個別学習相談やメールで質問もでき、PCで学べる教材があります。

＜中野キャンパス＞
●全日デザインコース：週5日登校。アナログとデジタル両面からデザイン・アートの表現方法や基礎知識、基本操作が学べるコースです。
●全日ITコース：週5日登校。ゲームプログラミングやロボット製作、CGなどが学べます。
●全日総合コース：週5日登校。アットホームな雰囲気で基礎からゆっくり学べます。
＜WEBコース＞
● WEBコース：WEB配信型動画授業＋年間4日程度登校。
◎スクーリング会場：千葉本校、東京会場、大阪会場
自分自身のアバターを作り、バーチャルスクールで学ぶ「日本初の通信教育システム」。チャット機能でクラスメイトと交流も可能。他の生徒ともコミュニケーションがとれたり、ミニテストやミニゲームもあります。

生活指導

＜千葉本校＞
●全日コース、全日ITコース：制服着用、頭髪等規定あり。
●通信コース：私服、制服（任意）
＜中野キャンパス＞
●全日デザインコース、全日ITコース、全日総合コース：
　制服（購入必須）、私服登校可
＜WEBコース＞
●WEBコース：私服、制服（任意）

進学指導

大学、短期大学、専門学校、進路希望に応じた細かい指導を実施。指定校推薦枠多数有。

学校行事

キャンプ研修、北海道研修、修学旅行、球技大会、学園祭、体育祭等、生徒が主体となって運営（全日各コースのみ）

クラブ活動

硬式野球部、新体操部、サッカー部、サーフィン部、硬式テニス部、卓球部、バスケットボール部、ラグビー部、吹奏楽部、パソコン部、eスポーツ部、合唱部、ダンス部、写真同好会、アニメ・イラスト同好会、軽音部、剣道部、園芸部、将棋部　等

【生徒数　普通科】　　2023年8月1日現在

年次	生徒数	男女比	クラス数	1クラスの平均人数
1年次	511名	283：228	16クラス	29名
2年次	537名	280：257	16クラス	33名
3年次	603名	392：274	16クラス	33名

【教員数】
教員：40名
カウンセラー：専属カウンセラー配置

生徒の声

＜全日コース＞
僕は、昔から勉強が苦手でした。だから授業についていけず、休みがちになってしまいました。明聖高校では、中学校の復習からしっかりやってくれるので、正直ほっとしています。またおもしろい授業をしてくれるので、学校に行くことが楽しくなりました。全日コースや全日ITコースは行事が多いです。僕は友達をつくるのも苦手だったので、みんなと一緒に行事に参加できるか心配でしたが、いろいろな行事を通して仲の良い友達ができました。

＜通信コース＞
私は重い病気を患っているので、自宅にいることが多いです。自宅で療養しながら通える学校を探していたところ、自分のペースで勉強できる明聖高校の通信コースを知りました。わからないことはメールで質問もできるので、勉強もはかどります。体調を崩しスクーリングを欠席してしまっても、フォロー体制がたくさんあるので安心です。

＜WEBコース＞
僕は対人恐怖症で、人付き合いが得意ではありません。ニュースで「サイバー学習国」を知り、ここなら自分もできると思いました。チャットでクラスメイトと少しずつ交流が持てるようになった頃、同じ悩みを持っている人がいました。自分だけがつらい思いをしていると思っていたけど、違いました。ほかにも色々な経験をしている人がいてよい刺激を受けています。自分ももっと前向きに色々なことにチャレンジしてみようと思うようになりました。

2025年度の募集要項

募集について

募集人員：＜千葉本校＞
　全日コース110名、全日ITコース30名
　通信コース60名、WEBコース100名
＜中野キャンパス＞
　100名
　（全日デザインコース、全日ITコース、
　全日総合コース）
出願期間：詳細はHP及び募集要項をご確認ください。
選考方法：面接、作文（出願時に提出）
受験料：10,000円

学費について

※各コースにより異なります。詳細はHP及び生徒募集要項をご確認ください。

＜学校の施設＞

校地面積	㎡	図書室	なし
運動場面積	㎡	プール	なし
視聴覚教室	なし	食堂	なし
体育館	なし	ラウンジ	あり
グラウンド	あり	カウンセリング室	あり

2023年度卒業生の進路状況

【主な進学先】
亜細亜大、杏林大、開智国際大、京都精華大、近畿大、敬愛大、高千穂大、国士舘大、淑徳大、城西国際大、植草学園大、清和大、聖徳大、跡見学園女子大、千葉工業大、千葉商科大、専修大、洗足学園音楽大、創価大、相模女子大、大正大、筑波学院大、鶴見大、帝京大、帝京平成大、東海大、東京医科大、東京工芸大、東京情報大、東京造形大、東京通信大、東京未来大、東洋大、日本経済大、日本工業大、日本女子大、白梅学園大、武蔵野音楽大、武蔵野大、明海大、目白大、麗澤大、和光大、東都大、韓京大　等

【指定校推薦】
植草学園大、江戸川大、亀田医療大、敬愛大、淑徳大、城西国際大、清和大、中央学院大、東京情報大、明海大、麗澤大、和洋女子大、杏林大、嘉悦大、多摩大、東京工芸大、東京国際大、東京通信大、東京福祉大、日本経済大、文京学院大、和光大、浦和大、城西大、尚美学園大、駿河台大、聖学院大、獨協大、日本薬科大、人間総合科学大、平成国際大等

◇◇◇◇◇◇◇◇◇ この学校にアクセスしてみよう！

学校説明会	入学前電話相談	文化祭見学	体育祭見学	資料請求
○	○	−	−	○

※資料請求は電話、ホームページにて行ってください。

▼学校説明会　HPまたはお電話でご確認ください。
▼問い合わせ　【千葉本校入学相談室】電話：043-225-5622
　　　　　　　【中野キャンパス入学相談室】電話：03-5340-7210
　　　　　　　e-mail：soudan@meisei-hs.ac.jp　ホームページ：https://www.meisei-hs.ac.jp

【広域通信制】 　　　　　　　　　　　　　　　　　　　　　　（単位制）

学校法人（がっこうほうじん）
早稲田学園（わせだがくえん） **わせがく高等学校**（こうとうがっこう）

(https://www.wasegaku.ac.jp 　 E-mail：wsgk@wasegaku.ac.jp)

■校長名：守谷　たつみ
■住　所：〒 289-2231　千葉県香取郡多古町飯笹向台 252-2
■電　話：0479-70-7622　　■ＦＡＸ：0479-70-7678
■最寄駅：JR 線「成田」駅、「八街」駅、「佐原」駅、「八日市場」
　　　　　駅、「成田湯川」駅、富里、神栖方面よりスクールバ
　　　　　ス運行
■生徒が入学できる都道府県：全国 47 都道府県
■沿革：
　1953 年　早稲田研究所創立
　1955 年　早稲田予備校認可
　1956 年　学校法人　早稲田学園　法人認可
　1982 年　早稲田予備校　専修学校認可
　1999 年　早稲田学園高等部創立
　2003 年　「わせがく高等学校」開校

■形態・課程・学科：独立校・単位制による通信制課程・普通科
■併設する課程：なし
■入学・卒業時期：
　・入学時期　4 月、10 月（転入・編入はご相談ください）
　・卒業時期　3 月、9 月
■修業年限：3 年以上
■学期制：2 学期制
■卒業認定単位数：74 単位以上
■始業・終業時刻：全日型（週 5 日）　9 時 30 分〜 14 時 30 分
　　　　　　　　　通学型（週 2 日）　12 時 50 分〜 16 時 50 分

■技能連携：なし　　■実務代替：あり　　■技能審査：あり
■開設講座数：12 教科、54 科目

スクーリング・定期試験の日数と場所

【スクーリング日数】
　スクーリング年間およそ 6 〜 8 日間。
【場所】
　本校、高田馬場、西船橋、水戸、古河、守谷、太田ほか。
　アクセスが便利な会場が揃っています。

卒業率 99.1%、単位修得率 97.3%
不登校改善率 82.4%、進路決定率 85.1%（全日型）

【学校へのアクセス】

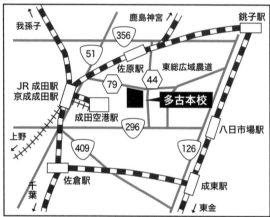

我孫子
鹿島神宮
銚子駅
356
51
佐原駅
東総広域農道
44
79
JR 成田駅
京成成田駅
多古本校
成田空港駅
296
八日市場駅
上野
409
126
千葉
佐倉駅
成東駅
東金

特色

①少人数制による学習指導を実施しています。
②進路指導に大きな力を注いでいます。
　グループ校「早稲田予備校」の授業料無料の優待制
　度があり、効果を上げています。進路決定率は 85.1%
　（全日型）。
③自分のペースで学習できます。
　「全日型（週 5 日）」「通学型（週 2 日）」「フレックス通学型」等
　から自分に合った学習スタイルを選択できます。また、専任教
　員を多数配置し、少人数制・習熟度授業を実施しています。卒
　業率は 99.1%。
④教育相談室を設置。
　専門家（公認心理師）常駐で、不登校改善率は 82.4% です。
⑤校外学習では、楽しみながら、多くの体験学習（スポーツ実技、
　理科実験、調理実習など）が経験できます。
⑥オーストラリアへの短期留学制度があり、追加単位として認定
　されます。
⑦新入学・転入学・編入学のチャンスを多く設定。
　新入学は 4 月、10 月の年 2 回実施。
⑧各キャンパスは駅のすぐそばで、通いやすい環境です。

併修・単位について
高卒認定試験の合格科目の単位振り替え、取得資格の
単位認定、高校間連携、大学・高専・専修学校などで
の学修の単位認定、ボランティア活動などの単位認定
が可能。

クラブ活動
【クラブ数 173】
生徒の要望に応じて設置します。現在卓球、テニス、
ダンス、硬式・軟式野球、軽音楽、ボランティア、
e スポーツ、バスケ、ゴルフ他が活動しています。
高体連、高文連、高野連に加盟しています。

▼学校説明会　随時行っています。オンラインも可能。
▼問い合わせ　☎ 0120-299-323

<table>
<tr><td>特別活動</td><td>修学旅行・校外学習など、様々な体験学習を行います。</td></tr>
<tr><td>生活指導</td><td>個性を尊重しながら、生徒が将来に渡って自立して生活できるよう、生活習慣・人間性・社会性といった基礎基本を身につけます。</td></tr>
</table>

＜学校の施設＞

校地面積	2,859m²	図書室	あり
運動場面積	870m²	プール	なし
視聴覚教室	あり	食堂	なし
体育館	なし	ラウンジ	あり
借りグラウンド	あり	カウンセリング室	あり

◇◇◇◇◇◇◇◇ この学校にアクセスしてみよう！

学校説明会	入学前電話相談	文化祭見学	体育祭見学	資料請求
○	○	○	○	○

※資料は、電話（0120-299-323）または、ホームページからご請求下さい。

生徒情報

【不登校生】
いろいろな事情で学校に通いにくくなってしまった生徒も大丈夫です。一人ひとりの状況に合わせたきめ細やかなフォローやサポートを行っていきます。学習面では、中学校や小学校などのわかるところまでさかのぼって指導します。

【転編入生】
単位制のメリットを活かし、前籍高校の在籍期間や履修単位を引き継いで、最短で卒業することが可能です。転入・編入の機会も多く設定していますので、随時ご相談下さい。

【保護者連絡】
保護者面談・保護者向け会報の送付などにより、頻繁に行います。

【生徒数】　　　　　　　　　　　　　2023 年 5 月 1 日現在

年次	生徒数	男女比	クラス数	1 クラスの人数（通学型）※
1 年次	578 名	1：1	49 クラス	10〜25 名
2 年次	672 名	1：1	43 クラス	10〜25 名
3 年次	752 名	1：1	48 クラス	10〜25 名

※クラス人数はキャンパスにより異なります。

【教員数】
教員：99 名
カウンセラー：専属カウンセラー配置

2024 年度の募集要項

募集について

【前期選抜試験】
書類選考入試：募集定員：140 名
　　　　出願受付：2024/2/13（火）まで随時
　　　　試 験 日：随時（出願の日）
　　　　　　　　　ただし、要面接の場合は一般入試と同じ
　　　　試　　験：書類選考
　　　　　　　　　（場合により面接が必要となります）
一般入試：　募集定員：60 名
　　　　出願受付：2024/2/1（木）まで随時
　　　　試 験 日：2024/1/17（水）、20（土）、27（土）
　　　　　　　　　2/3（土）
　　　　試　　験：面接・書類選考

【後期選抜試験】
書類選考入試：募集定員：200 名
　　　　出願受付：2024/4/19（金）まで随時
　　　　試 験 日：随時（出願の日）
　　　　　　　　　ただし、要面接の場合は一般入試と同じ
　　　　試　　験：書類選考
　　　　　　　　　（場合により面接が必要となります）
一般入試：　募集定員：80 名
　　　　出願受付：2024/4/19（金）まで随時
　　　　試 験 日：2024/2/17（土）、24（土）、3/9（土）、20（水）、
　　　　　　　　　27（水）、4/6（土）、20（土）
　　　　試　　験：面接・書類選考
※推薦基準は成績・出欠状況ともに特になし
※状況により、出願受付を締め切る場合があります。

学費について

【初年度学費】
入学金：　　　　　　　0 円
単位認定料：　240,000 円（1 単位 12,000 円、20 単位の場合）
施設設備費：　 48,000 円（自学型の場合）

合　　　計：　288,000 円
※この他に補習費 0 円〜45,000 円（月額）、積立金あり。
※就学支援金が受給可能。

2022 年度卒業生の進路状況

【進路先】
卒業者数…761 名
大学進学数…187 名　　短大進学数…20 名
専門学校等進学数…223 名　　就職者数…139 名
その他…192 名

【主な合格実績】（過去 3 ヵ年）
茨城大／群馬大／筑波大／電気通信大／東京藝術大／東京工業大／東京農工大／新潟大／早稲田大／慶應義塾大／上智大／東京理科大／明治大／青山学院大／立教大／中央大／法政大／学習院大／立命館大／明治学院大／武蔵大／星薬科大／成蹊大／成城大／会津大／麻布大／茨城キリスト教大／江戸川大／桜美林大／大妻女子大／神奈川大／神田外語大／北里大／共愛学園前橋国際大／京都外国語大／共立女子大／杏林大／群馬医療福祉大／國學院大／国際医療福祉大／国際武道大／国士舘大／駒澤大／実践女子大／芝浦工業大／秀明大／淑徳大／城西国際大／昭和女子大／女子栄養大／駿河台大／清泉女子大／聖徳大／摂南大／専修大／創価大／大正大／大東文化大／高崎健康福祉大／拓殖大／玉川大／多摩美術大／千葉科学大／千葉経済大／千葉工業大／千葉商科大／都留文化大／鶴見大／帝京大／帝京科学大／帝京平成大／東海大／東京医療保健大／東京家政大／東京経済大／東京工科大／東京電機大／東京農業大／東邦大／東北学院大／東北芸術工科大／東洋大／獨協大／二松学舎大／日本大／日本医療科学大／日本女子大／日本福祉大／白鷗大／文化学園大／文教大／北海道情報大／武蔵野大／武蔵野美術大／明海大／明治薬科大／明星大／目白大／立正大／和洋女子大など

【指定校推薦】（2023 年度入試）
茨城キリスト教大／植草学園大／江戸川大／開智国際大／川村学園女子大／関東学園大／埼玉学園大／埼玉工業大／サイバー大／作新学院大／秀明大／淑徳大／城西国際大／城西大／尚美学園大／駿河台大／西武文理大／千葉科学大／中央学院大／東海学院大／東京工芸大／東京情報大／東京通信大／東京福祉大／常磐大／日本ウェルネススポーツ大／日本経済大／日本薬科大／人間総合科学大／フェリス女学院大／文京学院大／明海大／八洲学園大／麗澤大／和洋女子大ほか多数

【キャンパス】

○柏キャンパス	〒277-0005	千葉県柏市柏 4-5-10	TEL.04-7168-5959
○勝田台キャンパス	〒276-0020	千葉県八千代市勝田台北 1-2-2	TEL.047-480-7221
○西船橋キャンパス	〒273-0031	千葉県船橋市西船 4-12-10	TEL.047-431-3936
○稲毛海岸キャンパス	〒261-0004	千葉県千葉市美浜区高洲 3-10-1	TEL.043-277-5982
○東京キャンパス	〒169-0075	東京都新宿区高田馬場 4-9-9	TEL.03-3369-5938
○水戸キャンパス	〒310-0015	茨城県水戸市宮町 1-2-4	TEL.029-233-7023
○古河キャンパス	〒306-0023	茨城県古河市本町 1-1-15	TEL.0280-30-8651
○守谷キャンパス	〒302-0115	茨城県守谷市中央 1-9-3	TEL.0297-38-7261
○太田キャンパス	〒373-0026	群馬県太田市東本町 23-7	TEL.0276-50-2011
○前橋キャンパス	〒371-0843	群馬県前橋市新前橋町 18-19	TEL.0276-89-0692
○桐生キャンパス	〒376-0022	群馬県桐生市稲荷町 4-20	TEL.0277-46-7592

北海道
青森
岩手
宮城
秋田
山形
福島
茨城
栃木
群馬
埼玉
千葉 ★
東京
神奈川
新潟
富山
石川
福井
山梨
長野
岐阜
静岡
愛知
三重
滋賀
京都
大阪
兵庫
奈良
和歌山
鳥取
島根
岡山
広島
山口
徳島
香川
愛媛
高知
福岡
佐賀
長崎
熊本
大分
宮崎
鹿児島
沖縄

【通信制】 （単位制）

鴨川令徳高等学校 通信制課程
（かもがわれいとくこうとうがっこう つうしんせいかてい）

(https://www.reitoku.ed.jp　E-mail：info@reitoku.ed.jp)

- ■校長名：和田　公人
- ■住　所：〒296-0001　千葉県鴨川市横渚815
- ■電　話：04-7092-0267　■ＦＡＸ：04-7092-0260
- ■最寄駅：JR外房・内房線「安房鴨川」駅下車、徒歩5分
- ■生徒が入学できる都道府県：
　千葉、東京
- ■沿　革：
　1929年4月　長狭実践女学校として創立
　1951年2月　鴨川第一高等学校と改称
　2001年4月　通信制課程新設
　2002年4月　千葉未来高等学校通信制課程に改称
　2007年4月　文理開成高等学校通信制課程に改称
　2020年4月　鴨川令徳高等学校通信制課程に改称
- ■教育理念：
　＜クレド＞
　私たちは、生徒が自ら学び、学び合う、最高の環境を提供します。鴨川令徳高等学校では、生徒が自主的に学び、生徒同士が切磋琢磨して教え合い、学び合うことで、生徒の無限の可能性が引き出せると信じています。そのため、教師をはじめ、学校は最大限のサポートをすることを約束します。

　＜教育目標＞
　自ら考え、自ら行動し、自らの人生を切り拓く人間の育成
　自ら考え、行動することができる自律した人間は、自らの力で人生を切り拓くことができます。失敗を恐れず、チャレンジし、失敗から多くを学び、再びチャレンジする、そのような人間を育成します。そのため、生徒の自主性を尊重し、生徒の意見に耳を傾け、同じ目線に立ち、同じ目標に向かいます。

- ■形態・課程・学科：独立校・単位制による通信制課程・普通科
- ■入学・卒業時期：
　・入学時期　4月、10月　　・卒業時期　3月、9月
- ■修業年限：3年以上（在籍最長年数：制限なし）
- ■学期制：2期制
- ■卒業認定単位数：74単位
- ■始業・終業時刻：学年別平日登校　9時20分～16時05分
　　　　　　　　　　1日7限、1時限45分
- ■技能連携：なし
- ■実務代替：なし
- ■技能審査：なし
- ■開設講座数：25科目

スクーリングの日数と場所

【登校日数】
　本校舎　週1日（平日）。前・後期とも10日程度。
【場　　所】
　本校舎は千葉県鴨川市にあります。

特色
　前後期を各10週に分け、年間20日開講しています。好きな時に好きな時間勉強ができて、自分のスケジュールで単位修得ができるよう工夫をしています。スクーリングの一部は、メディア授業の視聴とその報告レポートの提出で代えることができます。
　希望する生徒は、全日制生徒と一緒に漢字検定や実用英検を校内で受検できます。また、校外で開かれる介護職員初任者研修を受講することもできます。

◇◇◇◇◇◇◇◇ この学校にアクセスしてみよう！

学校説明会	入学前電話相談	文化祭見学	体育祭見学	資料請求
○	○	○	○	○

※資料は電話で通信制事務室（電話04-7092-0267）に請求してください。
　e-メール（info@reitoku.ed.jp）でも請求、問い合わせができます。

生徒情報

【転編入生】前籍校で修得した単位、高卒認定試験で合格した科目はすべて単位として認めます。転入は随時入学できます。編入は4月と10月に入学できます。なお、転入試験受験前に親子での学校見学をお願いしております。
【全日制との連携】本校全日制に入学した後、健康面などの事情を理由に通信制に転籍することも可能です。また、通信制で学年を修了した時点で、全日制へ転籍することも可能です。なお、履修順序を考慮して、転籍後も卒業要件を満たすために通信制の科目履修をすることができます。
【その他】必要に応じて三者面談を行ったり、電話連絡をしたりして、学習の進行状況をお知らせしています。入学した生徒に対しては、卒業を迎えるまでさまざまな視点から応援します。

	1年次	2年次	3年次
	転入生　0名	転入生　3名	転入生　2名
	編入生　0名	編入生　0名	編入生　0名

【生徒数】普通科　　　　　　　　　　　　　　2023年11月

年次	生徒数	男女比
1年次	4名	2：2
2年次	6名	1：5
3年次	4名	1：3

【教員数】
　教員：男性7名、女性3名

2024年度の募集要項

募集について

募集人員：普通科（共学）160名
出願資格：2024年3月中学校卒業見込みの者
　　　　　または　中学校卒業者
出願期間：第1回　2024年1月22日（月）～1月26日（金）
　　　　　第2回　2024年1月31日（水）～2月14日（水）
　　　　　第3回　2024年2月19日（月）～3月7日（木）
選考日：第1回　2024年1月29日（月）
　　　　　第2回　2024年2月15日（木）
　　　　　第3回　2024年3月8日（金）
出願書類：①調査書（千葉県公立高校提出用の書式で可能）
　　　　　②入学願書
　　　　　③健康診断票（過年度卒業生のみ）
選抜方法：作文、個人面接
選考料：15,000円（所定の用紙にて郵便振替または窓口での納入となります）

学費について

入学時納入金：207,000円
　【内訳】
　入学金：50,000円　　　　施設拡充費：120,000円
　4月分経費：37,000円
毎月の納入金：4,000～37,000円
　【内訳】
　授業料：0～33,000円　　　施設設備費：4,000円
※授業料は、高等学校就学支援金の給付額により異なります。

2022年度卒業生の進路状況

【進路先】
卒業者数…6名
大学…2名　　　　　専門学校…1名　　　　　就職…3名

【主な合格実績】
国際武道大学、産業能率大学、文化服装学院

【主な就職先】
千葉県内介護職、千葉県内看護補助職　他

【広域通信制】 （単位制）

敬愛大学八日市場高等学校

けいあいだいがくようかいちばこうとうがっこう

(https://keiai8.ed.jp/tsushin)

■校長名：長谷川 茂
■住 所：〒289-2143
　　　　 千葉県匝瑳市（そうさし）八日市場口（ろ）390
■電 話：0479-79-6600　■FAX：0479-79-6601
■最寄駅：JR総武本線「八日市場」駅、徒歩10分
■生徒が入学できる都道府県：
　茨城県、栃木県、群馬県、埼玉県、千葉県、東京都、神奈川県
■沿 革：
　大正10年4月　八日市場女学校 設立認可
　昭和23年3月　千葉県敬愛高等学校と改称
　昭和50年4月　八日市場敬愛高等学校と改称
　平成12年4月　敬愛大学八日市場高等学校と改称
　　　　　　　　男女共学開始
　平成26年4月　通信制開設
■教育理念：
　「敬天愛人」

■形態・課程・学科：併設校・単位制による通信制課程、普通科
■併設する課程：全日制（学年制）
■入学・卒業時期：
　・入学時期　4月、10月　　・卒業時期　3月、9月
■修業年限：3年以上
■学期制：2学期制　　■卒業認定単位数：74単位
■始業・終業時刻：スクーリング 9:00～16:00
　　　　　　　　　 サポート授業 9:00～14:35

■技能連携：なし
■技能審査：あり
■開設講座：36講座

特色

本校の通信制の課程の特色は、全日制の課程を併設していることです。全日制と変わらない教科等を自分のペースでゆっくりと、じっくりと学ぶことができます。
　教科・科目の学習は、レポートによる課題学習とスクーリング（面接指導）で進めていき、単位認定試験に合格することにより、科目の単位を修得していきます。本校の通信制の課程の主な特色は次のとおりです。
（1）週2日、集中（年2回の4泊5日）など自分に合ったスクーリングの選択が可能です。
（2）平日にサポート授業が実施されるので、レポート学習も安心して取り組むことができます。
（3）遠足やスポーツデー、修学旅行など思い出に残る行事も豊富にあり充実した高校生活を送ることができます。
（4）クラス担任や教科担任のほかに養護教諭やスクールカウンセラーが個別の相談に応じてくれるので安心して学校生活を送ることができます。
（5）全日制を併設しているので基礎学力試験等を受けることにより、全日制との間で相互の転籍が可能です。
（6）校内にWi-Fiネットワークを整備、BYOD（Bring Your Own Device）による学習環境が整っています。

補習指導
成績不振の生徒を対象に教科特別指導や単位認定の再試験を実施します。

生活指導
学校指定の制服（全日制と同じ）はありますが、服装は自由です。社会人としてのマナーが身につくように指導します。

学校行事
修学旅行（2泊3日）をはじめ、春の遠足、スポーツデー、前・後期ボランティア活動などを実施します。

生徒情報

【不登校生に対する指導】
全職員が生徒の状況を理解し、不安を解消して学習に取り組むことができるようにきめ細かい指導を行います。
【保護者連絡】
学習状況の説明や進路相談等のために三者面談を複数回実施します。また、必要に応じて電話や文書による連絡、家庭訪問等を行います。
【転編入生】
前籍校の単位は卒業に必要な単位に入れることができます。転入学相談は随時応じます。編入生は原則4月または10月の入学になります。

【生徒数】　　　　　　　　　　　　　　　2023年12月1日現在

年次	生徒数	男女比	クラス数	1クラスの平均人数
1年次	34名	12：22	1クラス	34名
2年次	41名	17：24	1クラス	41名
3年次	35名	20：15	1クラス	35名

【教員数】
　教員：男性4名、女性2名　　講師：男性5名、女性2名
　カウンセラー：1名

スクーリングの日数と場所

【登校日数】
・週2コース：スクーリングは土・日に同じ内容で年間14回実施
・週2plusサポートコース：週2コースのスクーリングに加えて平日に週3日間サポート授業を実施
・集中コース：スクーリングは年2回、各4泊5日で実施
【スクーリングの場所】
・週2・週2plusサポート・科目履修コース：本校
・集中コース：本校が指定した会場

2024年度の募集要項

募集について

1 前期選抜試験…募集定員：40名
　出願受付：2023年12月17日（日）～2024年1月9日（火）
　試 験 日：2024年1月18日（木）
　試験内容：書類選考・面接
2 第1回後期選抜試験…募集定員：40名
　出願受付：2024年2月1日（木）～2月9日（金）
　試 験 日：2024年2月15日（木）
　試験内容：書類選考・面接
3 第2回・第3回後期選抜試験…募集定員：若干名
　出願受付：第2回…2024年2月22日（木）～3月5日（火）
　　　　　　第3回…2024年2月22日（木）～3月19日（火）
　試 験 日：第2回…2024年3月9日（土）
　　　　　　第3回…2024年3月23日（土）
　試験内容：書類選考・面接
　受 験 料：10,000円

学費について

初年度学費等（予定）
　入学金（初年度のみ）　　　　　　　　50,000円
　授業料（年額）　　　　　　　　　　 324,000円
　施設設備費（初年度のみ）　　　　　　34,000円
　施設維持費（年額）　　　　　　　　　24,000円
　諸会費（PTA入会金¥500初年度のみ）　12,500円
　合計　　　　　　　　　　　　　　　 444,500円
※教科書代、サポート授業受講料等は含まれていません。
※授業料は所得に応じて国の就学支援金制度や県の授業料減免制度（県内在住が条件）等を利用できます。

【広域通信制】 (単位制)

千葉科学大学附属高等学校
ちばかがくだいがくふぞくこうとうがっこう

(https://www.cis.ac.jp/cish/index.html)

■校長名：太田 臣一
■住　所：〒288-0025　千葉県銚子市潮見町3
■電　話：0479-30-4800（代表）
■ＦＡＸ：0479-30-4803
■最寄駅：JR総部本線「銚子」駅からバスで約15分
■生徒が入学できる都道府県：全国47都道府県
■沿革：
　千葉科学大学附属高等学校は、通信制課程普通科（広域制・単位制）で令和4年4月に開校しました。
■校訓：平和　協和　創造　奉仕
■教育目標：
　学校法人加計学園の創設者加計勉は、「ひとりひとりの若人が持つ能力を最大限に引き出し技術者として社会人として社会に貢献できる人材を養成する」という建学の理念を掲げており、本校もその精神を脈々と受け継ぐ教育を目指します。さらに、千葉科学大学附属高等学校で学ぶ生徒達が、常に世界が平和であることを目指し、国際色豊かで、他国の人たちとも積極的に共同し和合し、常に新しいことへ挑戦する気持ちを持ち続ける若人であることを希望します。また、利害を離れてお互いの国家や社会のために尽くしてほしいという願いを込めて、「平和」「協和」「創造」「奉仕」という校訓を掲げ、様々な国や地域で活躍できる国際的な社会人として「世界で羽ばたく」人材を育成します。

■形態・課程・学科：
　独立校・単位制による通信制・普通科
■入学・卒業時期：
　・入学時期　4月、10月　・卒業時期　3月、9月
■修業年限：3年以上（在籍最長年数：9年）
■学期制：2学期制　　■卒業認定単位数：74単位以上
■併設する課程：なし　■技能連携：なし　■実務代替：なし
■技能審査：卒業までに合わせて36単位まで認定
■開設講座数：27教科、149科目
■始業・終業時刻：
　スクーリング時は、1限9時20分～6限15時40分（1時限50分）

スクーリングの日数と場所

【登校日数】
　スクーリング時のみ
【場　所】
　千葉科学大学附属高等学校　千葉県銚子市潮見町3番
　TEL：0479-30-4800

特色　　通信制課程の強みは、生徒一人ひとりの状況に合わせ、オーダーメイドのカリキュラムが設定できることです。この利点を生かし、海外からの生徒を積極的に受け入れ、新たな通信制高校の将来像を提案していきます。卒業後は、千葉科学大学や関連大学を始めとした日本国内の大学に進学し、文部科学省が目指す真の国際化教育を目指して人材育成に努めます。
　具体的には、通信制課程の仕組みを活用して、様々な国の生徒に合った教育、日本文化や伝統、風習を学習させると共に、大学との連携（高大連携等）を中心とした高度な技術を習得させ、一定の専門性・技能を有し、即戦力となる人材を育成し、将来的には日本で働くことができる人材の育成を目的としています。

併修・単位　高卒認定試験の結果を卒業に必要な単位の一部として読み替えることができます。

◇◇◇◇◇◇◇◇◇ この学校にアクセスしてみよう！

学校説明会	入学前 電話相談	文化祭見学	体育祭見学	資料請求
○	○	○	―	○

※資料はメール、電話にてご請求ください。
▼学校説明会　随時（予約制）

生徒情報

【不登校生】個別に学習プランが組めるので、自分のペースに合わせて学習することができます。
【転編入生】前籍校で修得した単位の振り替えは、教育課程と照合して本校規定に沿って行います。転編入生は随時受付けていますのでまずはご相談ください。
【保護者連絡】各学期における受講登録、定期的な面談（生徒・保護者）、郵便、メール、電話連絡、オンライン等での対応を行っています。

【生徒数】男子12名、女子8名
【教員数】教員：男性9名、女性3名　　　カウンセラー：常駐

クラブ活動　防災部、生物部、華道部　など。

学校行事　修学旅行、入学式、オリエンテーション、大学見学、健康診断、日本語スピーチコンテスト、進路ガイダンス、防災訓練、文化祭、卒業式、国際交流ミーティング　など。

進学指導　進路ガイダンス、大学見学、関連校推薦制度など。

補習指導　個別質問（随時）、試験の成績不振者への補習、高校入門基礎科目など。

生活指導　学校指定の制服はありますが選択制です。原動機付自転車での通学も可能です。

2023年度の募集要項（実績）
2024年度はお問い合わせください

募集について

募集人員：400人
【前期入試】
出願期間：A日程…2022年12月19日（月）～2023年2月10日（金）
　　　　　B日程…2023年2月13日（月）～2023年4月21日（金）
　　　　　※2022年12月28日（水）～2023年1月4日（水）は除く
試　験　日：A日程…2023年1月17日（火）～2023年2月14日（火）
　　　　　B日程…2023年2月15日（水）～2023年4月25日（火）
　　　　　※期間中随時実施（予約制）
【後期入試】
出願期間：C日程…2023年8月1日（火）～2023年9月26日（火）
　　　　　※2023年8月5日（土）～2023年8月20日（日）は除く
試　験　日：C日程…2023年8月21日（月）～2023年9月29日（金）
　　　　　※期間中随時実施（予約制）
選抜方法：書類選考、面接試験（必要に応じて筆記試験）
選考料：10,000円

学費について

入 学 料：30,000円（入学時のみ必要）
授 業 料：21,000円（月額）／252,000円（年額）
施設設備費：1,000円（月額）／12,000円（年額）
合　計：264,000円（年額）
※授業料は単位数に関わらず、固定の金額です。
※高等学校就学支援金対象者には授業料自己負担額の軽減があります。

卒業生の進路状況

【進路先】卒業者数　3名
四年制大学…2名　　その他…1名
【主な合格実績】帝京大学、千葉科学大学
【関連校推薦】千葉科学大学、岡山理科大学、倉敷芸術科学大学、岡山理科大学専門学校、玉野総合医療専門学校、広島アニマルケア専門学校など

【通信制】 （単位制）

千葉県立千葉大宮高等学校
（ちばけんりつちばおおみやこうとうがっこう）

(https://cms1.chiba-c.ed.jp/chibaohmiya-h/)

■校長名：尾村 博昭
■住 所：〒264-8505　千葉県千葉市若葉区大宮町2699-1
■電 話：043-264-1981　■FAX：043-264-8691
■最寄駅：JR「千葉」駅発千葉中央バス20分、「千城局」下車徒歩10分、時間によっては「千葉大宮高校」経由あり
■生徒が入学できる都道府県：
　千葉（その他　お問い合わせ下さい）
■沿革：
　1983年4月全日制課程を設置
　2006年4月通信制課程を設置
　2007年3月全日制課程を廃止

■形態・課程・学科：
　単位制による通信制・普通科
　（2007年度より通信制の課程のみの独立校となる）
■入学・卒業時期：
　・入学時期　4月、10月　　・卒業時期　3月、9月
■修業年限：3年以上
■学期制：2学期制　　■卒業認定単位数：74単位
■技能連携：行っていません。
■実務代替：行っていません。
■技能審査：高卒認定試験を合わせて36単位まで
■開設講座数：54講座

スクーリングの日数と場所

【登校日数】
　・年間18回のスクーリングを実施します。
　・通常スクーリングは日曜日、月曜日、火曜日のいずれか1日登校します。木曜日にも午前中木曜スクーリングを実施しています。
【場 所】
　千葉大宮高等学校、館山総合高等学校 水産校舎（火曜のみ）
　県立銚子高等学校（令和6年度～令和9年度／曜日未定）
　銚子商業高等学校 海洋校舎（令和10年度から／曜日未定）

特色 2007年度から通信制独立校です。

併修・単位について 定時制課程との併修（定通併修）が可能です。

クラブ活動 【クラブ数15】
バスケットボール・バレーボール・卓球・テニス・陸上・バドミントン・野球・サッカー・武道・書道・美術・科学研究・文芸・合唱・自然塾

学校行事 体育祭、修学旅行、校内展

生活指導 学校指定の制服はありません。

◇◇◇◇◇◇◇◇◇◇ この学校にアクセスしてみよう！

学校説明会	入学前電話相談	文化祭見学	体育祭見学	資料請求
○	○	—	—	○

生徒情報

【転編入生】
・前籍高校で修得した単位は振り替えることができます。
・高等学校卒業程度認定試験で合格した科目の振り替えは一定の範囲で認定します。
・編入学試験は3月・9月の2回実施します。
・転入試験は3月・5月・9月・10月の4回実施を予定しています。
【保護者連絡】
学校通信により連絡をとります。

【生徒数】　　　　　　　　　　　　　　2023年6月1日現在
　計1051名

2024年度の募集要項

募集について

【一般入試】
募集人員：500人
・一期入学者選抜
出願期間：2024年2月6日（火）・7日（水）・8日（木）
　　　　　志願変更 2月14日（水）・15日（木）
試 験 日：2024年2月20日（火）
選抜方法：作文・面接　入学検査料：950円
追 検 査：出願 2月26日（月）、27日（火）
　　　　　試験日 2月29日（木）

・二期入学者選抜
出願期間：2024年3月7日（木）
　　　　　志願変更 3月8日（金）
試 験 日：2024年3月12日（火）
選抜方法：作文・面接　入学検査料：950円

・三期入学者選抜
出願期間：2024年4月4日（木）・5日（金）
試 験 日：2024年4月10日（水）
選抜方法：作文・面接　入学検査料：950円

・四期入学者選抜
出願期間：2024年9月2日（月）、9月3日（火）
試 験 日：2024年9月6日（金）
選考方法：作文・面接　入学検査料：950円

学費について

入 学 料：500円	諸 経 費： －
授 業 料：7,920円	生徒会費：1,600円
教 材 費： －	振興会費：3,000円
施 設 費： －	

合　　計：13,020円（年額）

（金額は2023年6月現在です。）

2022年度卒業生の進路状況

【進路先】
卒業者数　194名
大学…12名　　短大…2名　　専門学校…34名
大学・短大の通信教育部……10名

215

【通信制】 （単位制）

中山学園高等学校

（なかやまがくえんこうとうがっこう）

(http://nakayama-gakuen.ac.jp/　E-mail：ngh@nakayama-gakuen.ac.jp)

■校長名：福井　誠
■住　所：〒273-0005　千葉県船橋市本町3-34-10
■電　話：047-422-4380　■FAX：047-424-4738
■最寄駅：JR総武線「船橋」駅下車、徒歩7分
　　　　　京成線「京成船橋」駅下車、徒歩5分
■生徒が入学できる都道府県：千葉、東京
■沿革：
　1949年5月　船橋ドレスメーカー学院設置認可
　1976年4月　校名を「船橋女子専門学校」に変更
　1988年2月　学校法人中山学園を設立し組織を変更
　1995年4月　男女共学とし校名を"専門学校船橋中山学園"に変更
　　　　　　　不登校生対象のクラスを開設
　2004年4月　専門学校船橋中山学園　高等課程を中山学園高等学校(通信制普通科)に移行

■形態・課程・学科：独立校・単位制による通信制課程・普通科
※サポート校ではありません。
■入学・卒業時期：・入学時期　4月　・卒業時期　3月
■修業年限：3年以上（在籍最長年数：6年）
■学期制：【平日】3学期制【土曜】2学期制
■卒業認定単位数：74単位
■始業・終業時刻：9時〜15時30分
　　　　　　　　　1日5〜6時限、1時限50分
■技能連携：なし　　　■実務代替：なし
■技能審査：なし　　　■開設講座数：31科目

スクーリングの日数と場所

【平日スクーリングコース】
　スクーリングは、毎日の授業の中に、必要な時間数が定期的に組み込まれています。
　レポートは、授業の中で作成します。
　定期試験は、年に2回（7月、2月）行います。

【土曜スクーリングコース】
　スクーリングは、年間で18日で、平均して毎月2回土曜日に行います。
　レポートは、自宅でスクーリングで習ったことや教科書・学習書をもとにして作成します。わからないところは、スクーリングの時に質問することが出来ます。
　定期試験は、年に2回（9月、2月）行います。

船橋駅から徒歩7分
1クラス25名程度。
「学校に通いたい」気持ちを、全力サポート。

特色
『強そうな生徒がいるとちょっと…』
『人柄はいいけど、勉強が…』
●「心のふれ合う教育」をモットーにしています。
●小中学校からの「学びなおし」を実施しています。
●「学校に通いたい」気持ちを、全力でサポートします。

【平日スクーリングコース】
・月曜日から金曜日まで登校する全日制スタイル。
・普通教科に合わせ、商業、服飾の専門教科も学習できます。
　自分の進路、適正、興味関心に応じて選択することができます。
・全員参加の行事も多く、人間関係やコミュニケーション力を育成することができます。

【土曜スクーリングコース】
・月2回、土曜日に登校するスタイル。
・少ない登校日数で、高校卒業資格をとることができます。
・仕事をしながら、登校することも可能です。
・自分のペースで学習することができます。

生徒情報

【不登校生】
入学生の約60%は不登校経験を持つ生徒です。そのうち、約90%の生徒はほぼ毎日登校しています。
【転編入生】
前籍高校で修得した単位は振り替えることができます。振り替えできる単位の制限は、特に定めていません。転入生は10月まで随時入学できます。編入生は4月のみ入学できます。
【保護者連絡】
保護者会、保護者面談、電話などで連絡をとっています。

【生徒数】　　　　　　　　　　　　　　　2024年1月現在

年次	生徒数	男女比	クラス数	1クラスの平均人数
令和5年度生	84名	40：44	4クラス	21名
令和4年度生	47名	19：28	2クラス	23名
令和3年度生	58名	32：26	3クラス	19名

【教員数】教員：22名　カウンセラー：1名

2025年度の募集要項

募集について

（平日スクーリングコース）
募集定員：75名
試験日：推薦入試　　　1月20日
　　　　一般入試①　　1月21日
　　　　一般入試②　　2月17日
選抜方法：面接、作文、学科（国・数・英）
選考料：15,000円
※詳細、2次募集、追加募集についてはお問合せください。

（土曜スクーリングコース）
募集定員：50名
試験日：推薦入試　　　1月20日
　　　　一般入試①　　1月21日
　　　　一般入試②　　2月17日
選抜方法：面接・作文・学科（国・数・英）
選考料：10,000円
※詳細、2次募集、追加募集についてはお問合せください。

（転編入）随時お問合せください。

学費について

【平日スクーリングコース】
入学金：　　　　60,000円
施設費：　　　　70,000円
制服代：　約136,000円
（年間学費）
授業料：　　　192,000円
補習費：　　　300,000円

【土曜スクーリングコース】
入学金：　　　　40,000円
施設費：　　　　10,000円
（年間学費）
授業料：　　　189,000円

※体験入学・授業見学会・学校説明会などの日程はHPをご覧になるか本校にお問い合わせください。

【通信制】　　　　　　　　　　　　　　　　　　　　　（単位制）

麗澤高等学校 通信制課程
（れいたくこうとうがっこう つうしんせいかてい）

(https://www.hs.reitaku.jp/stm/　E-mail：adm.stm@hs.reitaku.jp)

■校長名：櫻井 譲
■住　所：〒277-8686　千葉県柏市光ヶ丘2-1-1　麗澤大学生涯教育プラザ5F
■電　話：04-7173-3780　　■FAX：04-7173-3785
■最寄駅：JR常磐線各駅停車（東京メトロ千代田線直通）「南柏」駅東口バス1番乗り場から東武バス約4分「麗澤大学前」下車
　※1番乗り場から出発するバスは、すべて「麗澤大学前」を経由します。
　東武アーバンパークライン「新柏」駅から徒歩約20分
■生徒が入学できる都道府県：千葉県、東京都
■沿　革：
　1935年　本校の前身「道徳科学専攻塾」廣池千九郎により創立
　1951年　麗澤高等学校に校名改称
　1992年　全寮制から通学制を導入
　2002年　麗澤中学校開校
　2022年　麗澤高等学校　通信制課程を設置
■創立理念：知徳一体を教育の基本理念とし、心の力（感謝の心・思いやりの心・自立の心）を最も大切にしています。
また、知恩・感恩・報恩を理解し、自然や周囲の人、先人への感謝の心を育みます。さらに、日本人として国際的に活躍する人材を育てます。
■形態・課程・学科：併設校・単位制による通信制・普通科
■入学・卒業時期：
　・入学時期　4月（転編入生は随時）　・卒業時期　9月、3月
■修業年限：3年以上（在籍最長年数：6年）
■学期制：2学期制　　■卒業認定単位数：74単位以上
■併設する課程：学年制による全日制
■始業・終業時刻：9：30～16：10

スクーリングの日数と場所

【場　　所】本校

特色

変わろう。麗澤で。
前向きな一歩を踏み出そうとするあなたに寄り添う、心温かな学び舎

麗澤高等学校は創立以来＜感謝の心・思いやりの心・自立の心＞を育む「こころの教育」や「高い知性を育む教育」を行ってきました。
これらは現在そして今後絶えずに変化していく社会で活躍するためにも根幹を成すべき教育であると考えています。
そこに加え、さらなる多彩・多様な学びを可能にするのが麗澤高等学校の通信制課程です。
充実した学習環境と緑豊かな自然のもとで心機一転、未来に向かって歩みだそうとする生徒一人ひとりに教職員一同が寄り添います。
■麗澤高等学校だからできる「知徳一体教育×個別最適化」
創立以来、受け継いできた「こころ」を育むことを根幹にした教育活動を行っています。本校では小規模という特性を活かし、生徒一人ひとりにあった教育を提案し、充実した学校生活と幅広い進路実現を教職員一同がサポートします。
■麗澤大学との高大連携
麗澤大学は世界大学ランキング総合第2位（千葉県私大）、国際性1位（千葉県）を獲得している大学です。各学部の大学教授の出張講義やゼミへの参加、学生食堂や図書館の利用など、高校生ながら、一足先に大学生気分を味わえます。
また、一定の基準を満たすと麗澤大学の指定校推薦も利用できます。
※全日制課程とは別に通信制課程用の枠が準備されています。
■一人ひとりの学びの可能性を広げる環境
本校では担任や副担任をはじめとし、教職員が一丸となって学習や学校生活を後押しします。校舎には集中して学習に取り組める自習室やゆったりと過ごせるフリースペース、友人とゲームや音楽・映像制作も可能なPCを完備。
授業以外では、各種アプリ教材を使用した自学自習コンテンツを用意。その他、広大な敷地内にはゴルフや複数の運動施設、教育施設、高齢者施設、群馬県みなかみ町には温泉を有するセミナーハウスなど、本校通信制課程には様々な学びの機会があります。

生徒情報

【不登校生】本人の現在の状況を鑑み、無理のない範囲での学習とスクーリングをサポートしていきます。
ご家庭との連携によって、徐々にスクーリングへの参加ができるよう担任が助言をしていきます。
【転編入生】転編入生は随時入学ができます。※12月1日付けまで前籍校で取得した単位を振り替えることができます。（3年次のみ10月1日付けまで受付）高卒認定試験で合格した科目は単位として認定することができます。（別途認定料がかかります。）
【保護者連絡】担任を通じて、保護者面談の他、必要に応じて随時行います。保護者への連絡はメッセージ配信アプリを使用します。

【生徒数】1年次：61名、2年次：48名、3年次：23名、男女比52：80

学校行事	研修旅行（群馬県みなかみ町谷川温泉・関西地方）、東京ディズニーランド研修、東京ディズニーシー研修、麗澤杯ゴルフ大会、麗澤杯ボウリング大会、理科実験教室（顕微鏡をつくろう、自分のDNAを解析しようなど）、芸術鑑賞会、筑波山登山、プラネタリウム鑑賞、麗澤杯スポーツ大会
進学指導	特別進学コースは、麗澤が培ってきた進学指導のノウハウをもとに大学受験をはじめ、幅広い進路実現をサポートします。進学コースは、学習計画に沿って自分のペースで登校しながら、レポート・テスト・スクーリング（面接指導）に取り組み、高等学校卒業を目指します。
補修指導	・AI学習システム「atama+」で効率よく弱点を補強 ・「スタディサプリ」での学習補助 ・「スタディサプリEnglish」（英語4技能コース） ・産経オンライン英会話Plus（20分×100回利用可能）
生活指導	希望者は制服を購入することが可能です。 服装・頭髪は基本的には自由ですが、TPOに応じて指導を行う場合があります。 バイクでの通学はできません。

2024年度の募集要項

募集について

募集人員：60人
出願期間：2023年12月18日～2024年4月初旬
試験日：①2024年1月18日（木）②2024年1月20日（土）
　　　　③2024年2月17日（土）④2024年3月9日（土）
　　　　※3月10日以降は随時開催
選抜方法：進学コース（書類・作文・面接）
　　　　　特別進学コース（書類・作文・面接）
選考料：10,000円

学費について

入　学　料：	300,000円（新入学のみ）
授　業　料：	10,000円（1単位あたり）
施設設備費：	50,000円（年額）
教育充実費：	200,000円（年額）
同窓会入会金：	（初年度のみ）20,000円（3年次に卒業後5年分の会費＜10,000円＞を徴収します）
生徒会費：	1,500円（年額）

【コース別講座費】（希望コースに応じて講座を受講していただきます）
進学コース：　　　　　150,000円
特別進学コース：　　　120,000円（1教科あたり）
　　　　　　　　　　　＜最低2教科以上＞

◇◇◇◇◇◇◇◇ この学校にアクセスしてみよう！

学校説明会	入学前電話相談	文化祭見学	体育祭見学	資料請求
○	○	－	－	○

※資料はホームページの資料請求フォームよりお申し込みください。
https://www.hs.reitaku.jp/stm/

▼学校説明会　説明会日程はホームページをご参照ください。

217

【広域通信制】 （単位制）

科学技術学園高等学校
（かがくぎじゅつがくえんこうとうがっこう）

(https://tsushin.kagiko.ed.jp/ 　E-mail：tsushin@kagiko.ed.jp)

■校長名：吉田 修
■住　所：〒157-8562　東京都世田谷区成城1-11-1
■電　話：03-5494-7711　■FAX：03-3416-4106
■最寄駅：小田急線「成城学園前」駅下車、徒歩12分
■生徒が入学できる都道府県：全都道府県
■沿　革：
1964年4月　科学技術学園工業高等学校（広域通信制課程、機械科、電気科、修業年限4年）認可
1975年3月　普通科設置認可
1977年4月　高等学校名を科学技術学園高等学校に変更
1989年4月　修業年限を通信制課程3年以上に変更認可
2004年4月　インターネットでスクーリングを受ける「eラーニングコース」を開設
2004年4月　教育実施区域の拡大。47都道府県が認可
2010年9月　東京本校校舎をリニューアル
2011年4月　通信制課程教育実施区域を拡大（55の国と地域）
2014年　　創立50周年
■教育理念：
生徒個々の能力・適性に応じた教育をし、調和のとれた人間を育成する。

■形態・課程・学科：
単位制による通信制課程（男女共学）、普通科
■併設する課程：昼間定時制課程（男子校）
■入学・卒業時期：（単位制個人生）
・入学時期　4月、10月　・卒業時期　3月、9月
■修業年限：3年
■学期制：2学期制
■卒業認定単位数：74単位

スクーリングの日数と場所

【登校日数】
●通学型クラス（学校生活充実タイプ）
週5日まで通えるクラス（東京・名古屋）。標準服があり、通学定期券の購入が可能です。大学進学や基礎学習などの様々なプログラムがあります。体験型授業や文化祭、スポーツ大会などの学校行事、部活動もあります。（大阪は週4日）
●週1日・週2日クラス
週1日、週2日のいずれかを選べます。毎日の登校に自信がない人や時間を有効に使いたい人が在籍しています。スポーツ大会などの学校行事も参加できます。（名古屋・大阪は週1日）
●eラーニングコース（通学負担を軽減）
インターネット環境があれば、いつでも、どこからでもアクセスできるデジタルコンテンツで学習を進めます。スクーリングや定期試験を受ける際のみ登校します。様々な事情で通学が困難な人、また、海外留学者も多数在籍しています。

※イブニングクラス
起立性調節障害等で、午前の登校が困難な生徒のために「イブニングクラス」も開設しています。

【場　　所】
●通学型クラス：東京本校・名古屋・大阪
●週1日・週2日クラス スクーリング会場：東京本校
※名古屋・大阪は週1日
●eラーニングコース 集中スクーリング会場：
東京本校・名古屋・大阪
※クリエイティブ講座、部活動、学校行事は地区によりない場合があります

【学校へのアクセス】

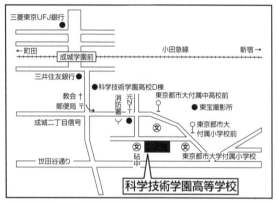

科学技術学園高等学校

特色

「やりたいっ！」に出会う、かなえる。
他人と同じじゃなくて大丈夫。
自分なりのペースがあって当たり前。
「好き」があなたを強くする。

● 自分流の学校生活をつくる
毎日通学タイプの学習から、eラーニングを利用した在宅タイプの学習まで、あなたのペースやライフスタイルに合わせて、学校生活をカスタマイズできます。
目的重視タイプ：Web授業中心のeラーニングコースだから、登校回数を極力減らし、効率的に自分の将来の夢に打ち込めます。
学校生活充実タイプ：基本、週5日登校する通学型クラスは、行事や特別活動も充実していて、高校生活をエンジョイできます。また進学、基礎学習、クリエイティブ講座などオプションも充実。
● 基礎学習から大学進学まで―なりたい自分を探せる「学び」
生徒の学習ニーズに合わせて、高校の標準内容、大学進学プログラム、中学の基礎学習プログラム、職業（生活）技術学習など、カリキュラムを弾力的に組むことができます。
各教科の枠組みを超え、実際の社会や生活を基盤とした科目統合型の授業も特色の一つで、生活の中にあるものや問題を教材として取り上げ、実生活で生かされる実践的な学習を行います。
● クリエイティブレッスン／土曜講座
「好きな自分に出会う・将来に繋がる」をテーマとした講座授業は、資格・職業（生活）技術分野から趣味・文化活動まで多彩。自分のやりたいことを選んでとことん追求できます（例：eスポーツ、マンガ・イラスト、プログラミング、3DCG、動画編集、着付け、カフェ、2Dアニメーション、ギター、鉄道、フラワーアレンジメント など）。

| 併修・単位について | 高卒認定合格科目の単位認定あり。
学校外学修の単位認定あり。 |

| クラブ活動 | クラブ活動は東京地区のみ。（卓球・バドミントン・弓道・吹奏楽など）
名古屋・大阪地区はサークル活動あり。（スポーツ・コンピュータデザイン・クッキングなど） |

| 学校行事 | 文化祭、スポーツ大会、アート教室、生活体験発表会、進路ガイダンス、eスポーツ大会、シーズンイベントほか（主に東京本校） |

| 補習指導 | 個別指導で対応しています。 |

| 生活指導 | 通学型クラス以外でも、希望者は標準服の購入ができます。
基本的な生活マナーの指導を行っていますが、個性や自主性を尊重しています。 |

生徒情報

通学型クラスからeラーニングによる在宅タイプの学習まで、学ぶ人に合った多彩な学習を展開。大学進学を目指す人、「学校」が苦手な人、芸術（バレエなど）やスポーツ選手を目指す人など様々な人が在籍しています。

【生徒数】普通科・電気科・機械科　　　2023年5月1日現在

1年次…1,105名
2年次…1,003名
3年次…1,106名
────────────
合計…3,214名

【教員数】

教員：男性22名、女性19名
講師：男性7名、女性10名

2024年度の募集要項

募集について

単位制募集人員（技能連携生徒含む）
募集人員：普通科 2,000名（男女）・150名（男女）
　　　　　機械科 600名（男女）
　　　　　電気科 900名（男女）

単位制個人生の募集
募集人員：150名（男女）
　　　　　コース（クラス）：
　　　　　●通学型クラス
　　　　　●週1日・週2日クラス
　　　　　●eラーニングコース
出願期間：前期（4月）入学生（通学型以外。通学型は東京都立高校と同じです）：
　　　　　2023年2月1日（水）～4月15日（土）
　　　　　後期（10月）入学生：
　　　　　2023年8月21日（月）～10月15日（日）
試 験 日：コースによって異なりますが、東京私中高協会のルールに則り実施いたします。
選抜方法：面接、作文、書類選考
選 抜 料：通学型クラス…20,000円
　　　　　その他…10,000円
合格発表：面接試験後、随時

学費について

※学費等については各コースで異なりますので、お問い合わせください。

2022年度卒業生の進路状況

【進路先】

| 大学…93名 | 短大…13名 | 専門学校…302名 |
| 就職…479名 | | |

【主な合格実績】
慶応義塾大、明治大、立教大、中央大、法政大、学習院大、東京理科大、国際基督教大、成城大、玉川大、山梨大、日本大、東洋大、駒澤大、杏林大、東海大、大東文化大、関東学院大、湘南工科大、北里大、麻布大、桜美林大、帝京大、東京農大、相模女子大、白百合女子大、東京純心大など

【指定校推薦】
工学院大、高千穂大、東京農大、帝京大、東京家政学院大、明星大、和光大、神奈川大、相模女子大、拓殖大、城西大、関東学院大、麻布大、二松学舎大、湘南工科大、駒澤大など

＜学校の施設＞

校地面積	6,753m²	図書室	あり
運動場面積	1,700m²	プール	なし
視聴覚教室	あり	食堂	なし
体育館	あり	ラウンジ	あり
借りグラウンド	なし	カウンセリング室	あり

◇◇◇◇◇◇◇◇ この学校にアクセスしてみよう！

学校説明会	入学前電話相談	文化祭見学	体育祭見学	資料請求
○	○	○	−	○

※資料は電話またはFAX・メールで請求して下さい。

▼学校説明会　学校見学、入学相談は随時受け付けています。
　　　　　　事前に電話（東京：03-5494-7711、名古屋：052-222-7781、大阪：06-6479-0335）で予約してください。

219

北海道
青森
岩手
宮城
秋田
山形
福島
茨城
栃木
群馬
埼玉
千葉
東京 ★
神奈川
新潟
富山
石川
福井
山梨
長野
岐阜
静岡
愛知
三重
滋賀
京都
大阪
兵庫
奈良
和歌山
鳥取
島根
岡山
広島
山口
徳島
香川
愛媛
高知
福岡
佐賀
長崎
熊本
大分
宮崎
鹿児島
沖縄

【通信制】
学校法人 上田煌桜学園 さくら国際高等学校 東京校
（ https://www.tokyo.sakura-kokusai.ed.jp/ ）

じぶんらしく、輝く。

- ■学校長：田中 雄一
- ■住　所：〒151-0053　東京都渋谷区代々木 1-43-8
- ■電　話：03-3370-0718　　■ＦＡＸ：03-3370-5198
- ■最寄駅：JR 線「代々木」駅下車、徒歩 3 分
  - 都営大江戸線「代々木」駅下車、徒歩 3 分
  - 小田急線「南新宿」駅下車、徒歩 2 分
  - 京王新線・都営新宿線「新宿」駅下車、徒歩 10 分
  - 副都心線「北参道」駅下車、徒歩 8 分
- ■創立年：1992 年
- ■沿　革：

1974 年 2 月	伸学会創立
1979 年 2 月	伸学会予備校設立
1989 年 3 月	不登校生、中退者のためのサポートアカデミー設立
1992 年 2 月	さくら国際高等学校の前身である東京国際学園高等部設立
2001 年 11 月	山田洋次監督を招いて 10 周年記念イベントを開催
2003 年 11 月	ラオスでの支援活動が評価され社会貢献支援財団より「21 世紀若者賞」を受賞
2006 年 4 月	翔和学園設立
2007 年 9 月	第 1 回ラオスフェスティバルを代々木公園にて開催
2010 年 7 月	ラオスへの貢献が評価され「外務大臣表彰」を受賞
2012 年 9 月	東京国際学園創立 20 周年式典
2015 年 4 月	学校法人さくら国際高等学校 東京校へと校名変更
2015 年 5 月	第 5 回日ラオス外交関係樹立 60 周年記念認定行事 ラオスフェスティバル 2015 を代々木公園にて開催
2015 年 11 月	日ラオス外交関係樹立 60 周年記念ツアー開催
2016 年 7 月	ラオス政府よりラオスへの貢献について表彰
2016 年 8 月	全国高等学校定制通信制卓球大会 女子シングルス優勝
2017 年 8 月	全国高等学校定時制通信制卓球大会 女子シングルス 3 位
2019 年 11 月	ダンス部がニューヨークのカーネギーホールに出演
2022 年 8 月	全国高等学校定時制通信制卓球大会 女子シングルス 3 位
2023 年 5 月	東京都体育連盟定通制テニス選手権大会 男子ダブルス優勝
2023 年 8 月	第 2 回「上田わっしょい」祭で「わっしょい賞」を受賞

- ■教育理念：
  - ・生徒一人ひとりが主体となった教育
    教育の主体は生徒。教育制度や学校の都合を一方的に押しつけるのではなく、いま抱えている課題を解決できる、生徒に寄り添った教育を目指します。
  - ・好きなこと得意なことを伸ばす教育
    出席を前提とした「知識詰め込み型」の教育ではなく、生徒が得意とすること、興味のあることを伸ばしていく教育を目指します。
  - ・人とは違う「個性」を理解する教育
    生徒一人ひとりの個性を認め、個性が誰かの役に立つことを伝え、小さな成功体験を積み重ねることで、社会的な自立を目指します。
- ■運営母体【設立法人】：
  - 名　称・学校法人上田煌桜（こうおう）学園
  - 所在地・〒386-1433　長野県上田市塚平 1065 番地
  - （主な事業）　通信制高校

【学校へのアクセス】

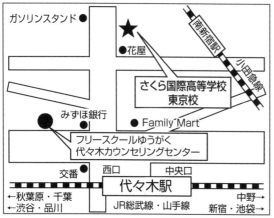

ガソリンスタンド ●
南新宿駅
● 花屋
★
小田急線
さくら国際高等学校 東京校
● みずほ銀行
● Family Mart
フリースクールゆうがく 代々木カウンセリングセンター
交番　西口｜中央口
代々木駅
←秋葉原・千葉
←渋谷・品川
JR総武線・山手線
中野→
新宿・池袋→

特色

本校は、大学受験、高校受験に 30 年以上の実績を誇る伸学会予備校から始まり、多様な生徒の要望に応え、92 年に新しいスタイルの学校として「東京国際学園」を設立しました。そして 2015 年 4 月、「学校法人さくら国際高等学校 東京校」として新たにスタートを切りました。

本校の「人とは違う個性」を理解する教育システムは、従来の教育制度の中では実を結ばなかった生徒に、柔軟に対応するものとして高い評価を得ています。

関連教育機関も充実しており、◆登校拒否の子どもたちの進路を考える研究会（略称：登進研）、◆代々木カウンセリングセンター、◆フリースクールゆうがく等があり、不登校や様々な悩みを持った子どもたちのカウンセリング、個別指導、セミナー等を行っております。

これまで本校の取り組みが、フジテレビ「奇跡体験アンビリバボー」や、同局のドキュメンタリー番組「青春漂流」というタイトルで取り上げられるなど、各方面のメディアからも注目されています。

『最新ニュース』

生徒たちが主体となった「ラオスに学校プロジェクト」。募金活動や、チャリティーバザーにより、ラオスに小学校を建設してきました。1994 年 4 月の学校建設の様子は NHK ワールドニュースとして世界に放映されました。

これまで 9 回のラオス訪問でのべ 180 名の生徒がラオスを訪問し、2016 年 4 月には 8 校目の学校が完成しました。

また、本校のボランティア活動が評価され、外務大臣表彰（2010）、日本財団国際ソロプチミスト「社会ボランティア賞」（2011）、プレデンシャル生命・ジブラルタ生命主催ボランティアスピリットアワード「コミュニティ賞」（2011）、「ボランティアスピリット賞」（2013）を受賞しました。

2007 年より本校とラオス大使館主催で「ラオスフェスティバル」を代々木公園にて開催。日本とラオスを結ぶ国内最大級の国際交流イベントとして高い評価を得ています。

2015 年 11 月には日ラオス外交関係樹立 60 周年記念ツアーを開催。有志生徒によるラオス訪問や、記念レセプションへの参加や、国家主席官邸表敬訪問を行いました。また、8 校目の竣工式も執り行い、記念品の小学生との国際交流も行いました。貧困や施設不足などの理由で、学校に行きたくても行けないラオスの子どもたちとの交流は、自分の生き方や日本のあり方を見つめなおす良い機会となっています。

◇◇◇◇◇◇ この学校にアクセスしてみよう！

学校説明会	入学前 電話相談	文化祭見学	体育祭見学	資料請求
○	○	○	○	○

※資料請求は電話・HP より申込みしていただければ送付致します。
※遠隔地からの入学希望者には転居を前提に入学が可能です。生徒の住居については事前相談を受けます。本学園と提携している学生会館か親戚縁者等の家で生活するかをお選びいただきます。
※学校見学も受け付けています。ご連絡の上お越し下さい。

▼学校見学・個別相談　随時
▼説明会
　2023 年…6/24（土）、7/8（土）、8/4（金）、8/7（月）、9/9（土）、
　　　　　9/30（土）、10/21（土）、10/22（日）、11/25（土）、12/9（土）
　2024 年…1/13（土）
▼個別相談会
　2024 年…3/2（土）、3/9（土）
※上記の日程は予定につき変更の可能性があります。

学習状況

【カリキュラムの特長】
9時半始業、週5日制、担任制。好きなことや進路にあわせてコースを選択し、自分のペースで楽しく学びながら3年間で卒業します。教科学習（国語・数学・英語）は、習熟度別で編成されており、一人ひとりの進度や希望にあわせた学習支援を行います。他にも魅力的な選択授業、運動部・文化部共に豊富な部活動など、クラスや学年の枠をこえて学ぶことができ、活躍の場も広がります。

【入学時点の学力検査】
筆記テスト（国語・数学・英語）

【進学希望者への指導】
生徒・保護者対象の進路説明会の実施。小論文講座での実践的な指導。総合型選抜、学校推薦型選抜対策サポート。

【補習の指導】
放課後や、時間割の中で、教科の復習や自主的な勉強を教科担当が個別に指導します。

＊ここもポイント
いじめなどはありません。「誰もが安心して通える学校」です。思いやりの心を持った優しく、さわやかな生徒たちが、信頼できる友人や教員と出会い、楽しく学校生活を送っています。

学習システムの特徴

・全ての生徒が集中して、楽しく授業を受けるための学習環境が整っています。
・基礎学力の積み上げ、大学・専門学校への進路指導、きめ細かな個別指導など、あらゆるニーズに対応できる教員やスタッフ、体制が整っています。
・登校とオンラインのハイブリッドスタイルで学習をサポートしています。

＜進学コース＞
勉強の基礎や基本をマイペースで学べるのはもちろん、大学や専門学校への進学を目指した受験対策も万全です。

＜美術・イラストコース＞
デッサンの基本や、パソコンを使った画像編集・動画制作などをプロの講師陣から学び、世界に一つだけの作品作りに挑戦。表現の世界が広がる技術を学べます。

＜総合エンターテインメントコース＞
レッスンスタジオや、レコーディングスタジオなどの本格的な設備の中、発声や演劇、ダンスなど幅広い表現方法をプロの講師陣から学びます。プロとして活躍する卒業生も多数輩出！

＜ペット・アニマルコース＞
かわいい動物に癒されながらコミュニケーションの技術を学びます。動物生理学・心理学で知識を学び、アニマルセラピー体験や、水族館・動物園実習を通して動物との付き合い方を学べます。

生徒情報

【登校ペースのできていない生徒への指導】
小・中学生の時、不登校を経験した生徒が70%程度在籍しています。様々な要因があり、非常にきめ細かい対応が要求されます。本校では、教育コーチングの理念のもと、様々な子ども達のニーズに応えています。

【いじめ対策】
いじめ防止対策を行っています。全教職員が一丸となり「気づき」を大切にしています。授業やホームルームだけでなく、昼食時間なども生徒と一緒に過ごし、教室内の様子を注意深く観察しています。またホームルームなどでいじめについて全員で考え、討論し、いじめる側、いじめられる側についての気持ちを理解させることを心がけ、とことん話し合うようにしています。

【保護者との連絡】
頻繁に行っています。電話やメールだけでなく面談を定期的に行い、保護者の方々とはきめ細かいコミュニケーションをとっています。

★ここもポイント
"誰もが安心して通える学校" "元気が出る学校"です。一人ひとりが認められる存在であり、大事な仲間です。更にすばらしい学校を作りあげるために是非みなさんも参加して下さい。

【生徒数】（2023 年）
330 名

【教員数】
常勤：男性18名、女性15名
非常勤：男性2名、女性3名
専任カウンセラー：3名

生活指導
制服があります。
茶髪、化粧、ピアス等は禁止。
身だしなみについては生活指導、進路指導の両面から指導しております。

クラブ活動
15の運動部、文化部が活動しており、全校生徒の半数近くが参加しています。
卓球部（全国大会優勝、日本オルタナティブスクール協会主催大会優勝）、サッカー部（全国大会出場、日本オルタナティブスクール協会主催フットサル大会連続優勝）、テニス部（全国大会ベスト8、日本オルタナティブスクール協会主催大会出場）、野球部（全国大会出場）、バドミントン部（全国大会出場）、陸上部（全国大会出場）、バスケットボール部、ダンス部（ニューヨークカーネギーホール出演）、演劇部、合唱部、軽音楽部、交通研究部、写真部、ボルダリング部、アート＆コミック部

2023 年度の行事

月	4月～6月	7月～9月	10月～12月	1月～3月
行事	入学式／オリエンテーション／健康診断／保護者会／体育校外授業／修学旅行／ラオスフェスティバル／部活動春季大会／進路相談会・進路説明会／音楽祭	前期試験／三者面談／全国定通制体育大会／部活動合宿／上田わっしょい祭り／体育祭／部活動秋季大会／美術展・舞台発表／ラオス訪問	文化祭（校舎開催・ホール開催）／全国定通制体育大会（新人戦）／代々木ハロウィンフェス／保護者会／渋谷区くみんの広場／進路相談会・進路説明会／クリスマスライブ	後期試験／スキー授業／成人を祝う会／音楽祭／三者面談／卒業式

2024 年度の募集・進路状況

募集について

募集人員：90 名（男女）
受験資格：中学校卒業見込みの方、及び卒業された方。
必要書類：1. 入学願書　2. 調査書
選考方法：一般入試（筆記試験＜英・数・国＞、面接、書類審査）
　　　　　　推薦入試（面接、書類審査）
選考料：20,000 円
入学試験：2023 年…12/7（木）、12/18（月）
　　　　　　2024 年…1/22（月）、2/15（木）以降随時実施

学費について

学費：	730,000 円
施設設備費：	320,000 円
合　　計：	1,050,000 円

※入学時に入学金 100,000 円が必要となります。
※上記は「進学コース」の金額です。各コースごとに学費は異なります。詳しくはお問い合わせ下さい。
※高等学校等就学支援金は、ご家庭の収入に応じて受けられます。最高（年額）297,000 円の助成があります。申請は本校を通して行います。

＜学校の施設＞

校舎面積　1,740㎡　カウンセリング室　あり
その他の施設…職員室（各階に設置）、ドーム型多目的ホール、ダンススタジオ、美術・イラスト実習室、PC室、ペット・アニマル実習室、録音スタジオ、編集スタジオ、救護室

主な合格実績

東京大、京都大、東京工業大、筑波大、東京外国語大、東京学芸大、北海道大、千葉大、信州大、新潟大、広島大、宮崎大、長崎大、早稲田大、慶應義塾大、上智大、国際基督教大、東邦大、杏林大、東京女子医科大、東海大、帝京大、遼寧中医薬大、中国医科大、立教大、明治大、東京理科大、津田塾大、法政大、中央大、学習院大、青山学院大、同志社大、立命館大、成蹊大、芝浦工業大、東京電機大、麻布大、日本獣医生命科学大、北里大、ヤマザキ動物看護大、鶴見大、成城大、国學院大、明治学院大、東京農業大、日本大、東洋大、駒澤大、専修大、順天堂大、関西大、東京音楽大、武蔵野美術大、多摩美術大、女子美術大、東京女子大、日本女子大、聖心女子大、フェリス女学院大、共立女子大、大妻女子大、東洋英和女子大、昭和女子大、白百合女子大、女子栄養大、獨協大、神奈川大、大東文化大、亜細亜大、国士舘大、東京経済大、立正大、千葉工業大、和光大、玉川大、二松学舎大、拓殖大、関東学院大、流通経済大、城西大、文教大、大正大、桜美林大、新潟薬科大、中央学院大、東京工芸大、聖学院大、東京女学館大、日本橋学館大、日本女子体育大、明星大、目白大、東京国際大、酪農学園大、岩手医科大、日体大　他
白梅学園短大、田園調布学園大短大部、東京家政学院短大、桐朋学園芸術短大、昭和音楽大短大部、鎌倉女子大短大部、自由が丘産能短大、東京交通短大、東京成徳短大、共立女子短大、洗足こども短大、日大短期大学部、ヤマザキ動物看護専門職短大　他
専門学校、就職先多数

221

北海道
青森
岩手
宮城
秋田
山形
福島
茨城
栃木
群馬
埼玉
千葉
東京 ★
神奈川
新潟
富山
石川
福井
山梨
長野
岐阜
静岡
愛知
三重
滋賀
京都
大阪
兵庫
奈良
和歌山
鳥取
島根
岡山
広島
山口
徳島
香川
愛媛
高知
福岡
佐賀
長崎
熊本
大分
宮崎
鹿児島
沖縄

【広域通信制】　　　　　　　　　　　　　　　　　　　　　　　（単位制）

精華学園高等学校 東京芸術学部校
せいかがくえんこうとうがっこう　とうきょうげいじゅつがくぶこう

（ https://seika-art.jp ）

■校舎長名：内藤　博司
■住　所：〒169-0073　東京都新宿区百人町1-22-17
　　　　　　　　　　　新宿リサーチパークビル1F
■電　話：03-5337-8114
■最寄駅：JR 総武線「大久保」駅 徒歩1分
　　　　　JR 山手線「新大久保」駅 徒歩7分
■生徒が入学できる都道府県：
　全国47 都道府県
■創立年：2021 年4月
■沿　革：
　2009 年7月1日　精華学園高等学校　開校
　2021 年4月1日　精華学園高等学校 東京芸術学部校　開校
■教育理念：
　「夢を探したい」「夢を実現したい」そんな生徒を、高校教科学
習や多彩な専門授業、学校行事を通じて育成する

学習状況

【学習システムの特長】
高校科目の学習指導は個別指導を基本として、必要に
応じて集団授業を取り入れています。また、個別指導
では生徒一人ひとりの学習進捗度を把握し、個々に合
わせた教材を使用して指導しています。

【入学時点の学力検査】
入学試験は作文と面接。ただし作文は自宅で作成して
面接当日持参する形式です。

【進学希望者への指導】
レポート指導とは別に、学部学科や分野に応じた受験
対策指導を行います。

【学習フォロー体制】
個別指導の中で必要に応じて、中学校の教科指導も行
います。

特色

精華学園高等学校東京芸術学部校は、学校教育法第1
条に記されている高等学校に準ずる施設として認可さ
れています。

●宿泊（県外）スクーリングなし　東京芸術学部校で実施可能！
東京芸術学部校は、学校教育法第1条に準ずる施設として本校所
在地のある山口県知事から認可を受けた面接指導施設です。その
ため、山口県の本校へ行くことなく、レポート・スクーリング・
テストは東京芸術学部校のみで卒業まで完結します。年間10～
15日程度の登校で高卒資格取得を目指すことが出来ます。

「好き」「興味」を未来の職業に♪
最高の環境で自分を表現できる場所がここにあります。

●自分の「好き」「興味」を伸ばす多彩な専門学科！
◇総合芸術コース（週1日～5日通学）
①美術学科：マンガ・イラストコース／動画クリエイターコース／
　美術大学進学コース
②芸能学科：ヴォーカル・パフォーマンスコース／
　俳優・声優・タレントコース／K-POP コース
③文藝学科：作家・シナリオライターコース

高校卒業を目指しながら、業界第一線で活躍する先生から個別レ
クチャーが受けられます。
最新設備のイベントホールでのライブや自分の作品をメディア配
信する方法も学べます。

◇高校卒業コース
年間10 日～15 日程度の登校で高校卒業を目指す「通信コース」
週1日～5日の登校で高校卒業を目指す「通学コース」があります。
生徒の希望や諸事情に合わせて時間割を決めていきます。

＜学校の施設＞

校舎面積	110m²	事務室	あり
保健室	なし	ラウンジ	あり
職員室	あり	図書室	なし
カウンセリング室	あり		

その他…PC ルーム

◇◇◇◇◇◇◇◇ **この学校にアクセスしてみよう！**

学校説明会	入学前電話相談	文化祭見学	体育祭見学	資料請求
○	○	○	—	○

※資料請求は、HP 内の資料請求ページ・E メール・電話にてご請求ください。

※個別相談随時

学習システムの特徴

【専門学科コース】

●美術学科

○マンガ・イラストコース：高校卒業資格に必要な単位を修得しながら、マンガ、イラスト制作に必要なアナログからデジタルまでの幅広い専門技術を身につけ、自らの作品を世の中に配信する方法までを学んでいきます。キャラクターを魅力的に描き、世界観を表現できるマンガ家・イラストレーターを目指します。

○動画クリエイターコース：高校卒業資格に必要な単位を修得しながら、動画制作の技術を身につけ、自らの作品を世の中に配信する方法までを学んでいきます。現役動画クリエイターが監修したカリキュラムで、CM・広告映像、ミュージックビデオ、ロゴアニメーション、ショートムービー等を作成します。

○美術大学進学コース：高校卒業資格に必要な単位を修得しながら、自分のペースでひとつひとつの課題に取り組み、デッサンをしっかりと確実に学びます。美術大学合格は基礎力の習得がかかせません。「デッサンとは何か？」という理論から始まり、基本的なデッサン用具の選び方・扱い方、作品に向かう姿勢、光と陰影の特性、モチーフの組み方等を学びながら美術大学を目指します。

●芸能学科

○ヴォーカル・パフォーマンスコース：高校卒業資格に必要な単位を修得しながら、「見せられるアーティスト」を目指します。自分で選曲した課題曲を通して、ヴォーカルとパフォーマンスのスキルを身につける事で姿勢や体幹を鍛えていきます。複数人数でハーモニーやフォーメーションをつける事で協調性も身につけます。

○俳優・声優・タレントコース：高校卒業資格に必要な単位を修得しながら、声や身体を使って表現するための身体作りや発声法、演技の基礎や作品作りを学んでいきます。また、自分の個性を活かした話し方やトークスキルを身につけ、俳優、声優、タレント、YouTuberなど各メディアで活躍出来る表現者を目指します。➚

➚

○K-POPコース：高校卒業資格に必要な単位を修得しながら、韓国のK-POP文化をダンスやヴォーカル授業を通して学んでいきます。趣味でK-POPに興味がある方はもちろん、本気でK-POPアイドルやダンサーなどを目指す方の土台となるスキルを身につけていきますので、高校時代から将来の夢に繋がる第一歩を踏み出せます。1年間で約10曲程度のK-POPスキルを身につけることができます。

●文藝学科

○作家・シナリオライターコース：高校卒業資格に必要な単位を修得しながら、小説家・シナリオライターになるためのライティングスキルを学んでいきます。正しい日本語や文章の組み立て方を学んだのち、人に読んでもらえる小説の文章と魅力的なセリフの書き方について学び、オリジナル作品を創作します。

生徒情報

【不登校生】体力面からも精神面からも、週1日～5日登校のシステムを有効に活用しています。

【いじめ対策】個性や差異を尊重する態度やその基礎となる価値観を育てる指導をしています。生徒が楽しく学びつつ、いきいきとした学校生活を送れるように深い生徒理解と指導の充実を図っています。

【保護者との連絡】電話・Eメール・個別面談などで頻繁に行っています。

【生徒数】2023年12月現在
1年生63名、2年生99名、3年生77名

【教員数】
専任講師：男性4名、女性9名

生活指導

生徒一人ひとりの個性と自己表現を大切にしながら、定期的に社会生活の基本的ルールやマナー等の指導をしています。

制服の購入は任意となるため、服装やヘアスタイルのルールはありません。

2024年度の行事予定

月	4月～6月	7月～9月	10月～12月	1月～3月
行事	入学式 二者面談 進学対策指導 就職対策指導 各種進路対策行事	前期試験 進学対策指導 就職対策指導と企業紹介 各種進路対策行事	進学対策指導 各種進路対策行事	後期試験 三者面談 進学対策指導 各種進路対策行事 卒業式

2025年度の募集・過去の進路状況

募集について

募集人員：学校に直接お問い合わせください。
出願期間：2024年12月1日～2025年3月20日
試験日：学校に直接お問い合わせください。
選考方法：面接・作文・書類選考
選考料：10,000円
※転編入希望生徒については随時募集・面接等を行っています。

学費について

入学金：0円
授業料：252,000円（24単位履修の場合）
施設設備費：36,000円
教育充実・運営費：72,000円
特別教科学習費：※登校日数・選択コースにより異なります。

合計：360,000円～

主な合格実績

【海外大学】ブリティッシュコロンビア大（カナダ）、マラヤ大（マレーシア）、エルカミノカレッジ（アメリカ）など

【国立大学】茨城大、山口大、和歌山大、九州工業大　など

【私立大学】多摩美術大、武蔵野美術大、女子美術大、東京工芸大、横浜美術大、京都芸術大、慶應義塾大、早稲田大、東京理科大、立教大、明治大、中央大、法政大、東海大、大東文化大、桜美林大、日本大、玉川大、和光大　など

【短期大学】産業能率短大、大阪芸術大学短期大学部　など

【専門学校】代々木アニメーション学院、専門学校HAL、東京アナウンス学院、東京ベルエポック専門学校、ハリウッド美容専門学校、大原簿記情報ビジネス専門学校、賢プロダクション付属養成所、YIC看護福祉専門学校　など

※上記は精華学園高等学校全体の進学実績です。
※就職に関しては、就職100％保証制度（条件あり）があります。

| 北海道 |
| 青森 |
| 岩手 |
| 宮城 |
| 秋田 |
| 山形 |
| 福島 |
| 茨城 |
| 栃木 |
| 群馬 |
| 埼玉 |
| 千葉 |
| 東京 ★ |
| 神奈川 |
| 新潟 |
| 富山 |
| 石川 |
| 福井 |
| 山梨 |
| 長野 |
| 岐阜 |
| 静岡 |
| 愛知 |
| 三重 |
| 滋賀 |
| 京都 |
| 大阪 |
| 兵庫 |
| 奈良 |
| 和歌山 |
| 鳥取 |
| 島根 |
| 岡山 |
| 広島 |
| 山口 |
| 徳島 |
| 香川 |
| 愛媛 |
| 高知 |
| 福岡 |
| 佐賀 |
| 長崎 |
| 熊本 |
| 大分 |
| 宮崎 |
| 鹿児島 |
| 沖縄 |

【広域通信制】2024年4月開校 （単位制）

精華学園高等学校 東京芸術学部 立川校
せいかがくえんこうとうがっこう とうきょうげいじゅつがくぶ たちかわこう

（ https://seika-tachikawaart.jp ）

■**住　所**：〒190-0012　東京都立川市曙町1-17-1
　　　　　　石川ビル3階
■**電　話**：042-506-1850
■**最寄駅**：JR「立川」駅 北口から徒歩6分
　　　　　　多摩都市モノレール線「立川北」駅 徒歩5分
■**生徒が入学できる都道府県**：
　全国47都道府県
■**創立年**：2024年4月
■**沿　革**：
　2009年7月1日　精華学園高等学校　開校
　2024年4月1日　精華学園高等学校 東京芸術学部 立川校
　　　　　　　　　開校
■**教育理念**：
　「夢を探したい」「夢を実現したい」そんな生徒を、高校教科学習や多彩な専門授業、学校行事を通じて育成する

学習状況

【学習システムの特長】
高校科目の学習指導は個別指導を基本として、必要に応じて集団授業を取り入れています。また、個別指導では生徒一人ひとりの学習進捗度を把握し、個々に合わせた教材を使用して指導しています。

【入学時点の学力検査】
入学試験は作文と面接。ただし作文は自宅で作成して面接当日持参する形式です。

【進学希望者への指導】
レポート指導とは別に、学部学科や分野に応じた受験対策指導を行います。

【学習フォロー体制】
スタディサプリにて、中学校教科の復習が可能です。入学時に配布されるタブレットでは教科書に即した動画を視聴することが可能です。

特色
精華学園高等学校 東京芸術学部 立川校は、学校教育法第1条に記されている高等学校に準ずる施設として認可されています。

●宿泊（県外）スクーリングなし　立川校で実施可能！
東京芸術学部 立川校は、学校教育法第1条に準ずる施設として本校所在地のある山口県知事から認可を受けた面接指導施設です。そのため、山口県の本校へ行くことなく、レポート・スクーリング・テストは東京芸術学部 立川校のみで卒業まで完結します。年間10～15日程度の登校で高卒資格取得を目指すことが出来ます。

「好き」「興味」を未来の職業に♪
最高の環境で自分を表現できる場所がここにあります。

●自分の「好き」「興味」を伸ばす多彩な専門学科！
◇総合芸術コース（週1日～5日通学）
マンガ・イラストコース／動画クリエイターコース／
K-POPコース

高校卒業を目指しながら、業界第一線で活躍する先生から個別レクチャーが受けられます。最新設備のイベントホールでのライブや自分の作品をメディア配信する方法も学べます。

◇高校卒業コース
年間10日～15日程度の登校で高校卒業を目指す「通信コース」週1日～5日の登校で高校卒業を目指す「通学コース」があります。生徒の希望や諸事情に合わせて時間割を決めていきます。

＜学校の施設＞

校 舎 面 積	161m²	事 務 室	あり
保 健 室	あり	ラ ウ ン ジ	あり
職 員 室	あり	図 書 室	なし
カウンセリング室	あり		

その他…PC貸し出しあり

◇◇◇◇◇◇◇◇◇ **この学校にアクセスしてみよう！**

学校説明会	入学前電話相談	文化祭見学	体育祭見学	資料請求
○	○	○	—	○

※資料請求は、HP内の資料請求ページ・Eメール・電話にてご請求ください。

※個別相談随時

学習システムの特徴

【専門学科コース】

○マンガ・イラストコース：
高校卒業資格に必要な単位を修得しながら、マンガ、イラスト制作に必要なアナログからデジタルまでの幅広い専門技術を身につけ、自らの作品を世の中に配信する方法までを学んでいきます。
キャラクターを魅力的に描き、世界観を表現できるマンガ家・イラストレーターを目指します。

○動画クリエイターコース：
高校卒業資格に必要な単位を修得しながら、動画制作の技術を身につけ、自らの作品を世の中に配信する方法までを学んでいきます。
現役動画クリエイターが監修したカリキュラムで、CM・広告映像、ミュージックビデオ、ロゴアニメーション、ショートムービー等を作成します

○K-POPコース：
高校卒業資格に必要な単位を修得しながら、韓国のK-POP文化をダンスやヴォーカルの授業を通して学んでいきます。
趣味でK-POPに興味がある方はもちろん、本気でK-POPアイドルやダンサーなどを目指す方の土台となるスキルを身につけていきますので、高校時代から将来の夢に繋がる第一歩を踏み出せます。

生活指導

生徒一人ひとりの個性と自己表現を大切にしながら、定期的に社会生活の基本的ルールやマナー等の指導をしています。
制服の購入は任意となるため、服装やヘアスタイルのルールはありません。

生徒情報

【不登校生】
体力面からも精神面からも、週1日～5日登校のシステムを有効に活用しています。

【いじめ対策】
個性や差異を尊重する態度やその基礎となる価値観を育てる指導をしています。生徒が楽しく学びつつ、いきいきとした学校生活を送れるように深い生徒理解と指導の充実を図っています。

【保護者との連絡】
電話・Eメール・個別面談などで頻繁に行っています。

【生徒数】
100名程度を予定

【教員数】
初年度5名程度を予定

2024年度の行事予定

月	4月～6月	7月～9月	10月～12月	1月～3月
行事	入学式 二者面談 進学対策指導 就職対策指導 各種進路対策行事	前期試験 進学対策指導 就職対策指導と企業紹介 各種進路対策行事	進学対策指導 各種進路対策行事	後期試験 三者面談 進学対策指導 各種進路対策行事 卒業式

2025年度の募集・過去の進路状況

募集について

募集人員：学校に直接お問い合わせください。
出願期間：2024年12月1日～2025年3月20日
試験日：学校に直接お問い合わせください。
選考方法：面接・作文・書類選考
選考料：10,000円
※転編入希望生徒については随時募集・面接等を行っています。

学費について

入学金：0円
授業料：252,000円（24単位履修の場合）
施設設備費：36,000円
教育充実・運営費：72,000円
特別教科学習費：※登校日数・選択コースにより異なります。

合計：360,000円～

主な合格実績

【海外大学】
ブリティッシュコロンビア大（カナダ）、マラヤ大（マレーシア）、エルカミノカレッジ（アメリカ）など

【国立大学】
茨城大、山口大、和歌山大、九州工業大　など

【私立大学】
多摩美術大、武蔵野美術大、女子美術大、東京工芸大、横浜美術大、京都芸術大、慶應義塾大、早稲田大、東京理科大、立教大、明治大、中央大、法政大、東海大、大東文化大、桜美林大、日本大、玉川大、和光大　など

【短期大学】
産業能率短大、大阪芸術大学短期大学部　など

【専門学校】
代々木アニメーション学院、専門学校HAL、東京アナウンス学院、東京ベルエポック専門学校、ハリウッド美容専門学校、大原簿記情報ビジネス専門学校、賢プロダクション付属養成所、YIC看護福祉専門学校　など

※上記は精華学園高等学校全体の進学実績です。
※就職に関しては、就職100%保証制度（条件あり）があります。

【広域通信制】 （単位制）

目黒日本大学高等学校
めぐろにほんだいがくこうとうがっこう

（ https://www.meguro-nichidai.ed.jp/ ）

● 教室には電子黒板が用意され
ICTツールを活用した授業
スクーリングを実践

● 東京都認可校であり、
日本大学付属校の通信制課程です

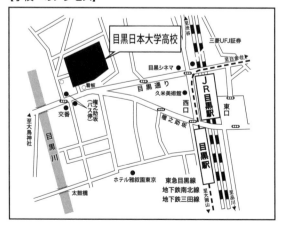

校舎で学べる！学校行事も充実！！

■校長名：小野　力
■住　所：〒153-0063　東京都目黒区目黒 1-6-15
■電　話：03-3492-6674　　■ＦＡＸ：03-3492-6007
■最寄駅：JR山手線「目黒」駅下車、徒歩 5 分
　　　　　東急目黒線「目黒」駅下車、徒歩 5 分
　　　　　地下鉄南北線・三田線「目黒」駅下車、徒歩 5 分
■生徒が入学できる都道府県：
　東京、神奈川、千葉、埼玉、群馬、茨城、栃木、山梨
■沿革：1903 年（明治 36 年）創立
　　　　2000 年（平成 12 年）通信制課程設立
　　　　2003 年（平成 15 年）創立 100 周年記念祝賀式典
　　　　2014 年（平成 26 年）高校新校舎完成
　　　　2019 年（平成 31 年）日出高等学校から校名変更

■形態・課程・学科：
　併設校・単位制による通信制課程・普通科（共学）
　・アドバンスクラス
　・スタンダードクラス
　・芸能スポーツプロフェッショナルクラス
■併設する課程：学年制による全日制課程
■課程変更の可否：転籍試験（受験条件有り）に合格すれば本校
　の全日制課程に転籍できます。
■入学・卒業時期：
　・入学時期　4 月（転入学：6 ～ 12 月※高校 3 年生は 9 月まで）
　・卒業時期　3 月
■修業年限：3 年　　　　　■学期制：3 学期制
■卒業認定単位数：78 単位（アドバンスクラスは別途定めます）
■実務代替：なし　　　　　■技能審査：なし
■開設講座数：約 35 科目
※上記は令和 5 年度の実施内容です。詳しくはHPをご覧ください。

特色　　クラス制・担任制をとっており、学校の校舎で学ぶ
ことができる通信制高校です。また、日本大学の付属
校として、基礎学力到達度テストを受験（3 年生 4 月 1
日までに入学した者）することで、日本大学への内部
進学を目指すこともできます。
　健康上の理由などにより全日制の高校に通学することが困難な
生徒、芸能活動やスポーツをはじめ、他のさまざまな分野で活躍
を目指している生徒が通学しています。
　クラス担任・養護教諭・スクールカウンセラーがチームとなり、
生徒の様子をきめ細かく見ながら、丁寧に指導します。また、「芸
能スポーツプロフェッショナルクラス」では、校外の活動と学校
生活を両立できるよう補習制度もあります。
★ホームページで
　学校説明会などのイベントや入試情報を配信中！

スクーリングの日数と場所

【登校日数】
　①通常スクーリング　月 2 ～ 3 回（土曜日）、年間登校回
　　数 20 日程度
　　※スタンダードクラス / 芸能スポーツプロフェッショナ
　　ルクラスの場合
　　※アドバンスクラスは週 2 回（平日）、年間登校回数 70
　　日程度
　②体育スクーリング　年 3 ～ 4 回
　　　　　　　　　　　　※上記は令和 5 年度の実施内容です。
【場　所】東京都目黒区目黒 1-6-15
　　　　　※単位修得試験や体育大会などの学校行事では日本
　　　　　大学の施設を利用する場合もあります。

【学校へのアクセス】

目黒日本大学高校
三菱UFJ証券
目黒シネマ
電板
目黒通り
久米美術館
至白金台
ＪＲ目黒駅
西口
東口
権之助坂
（バス通り）
交番
至大鳥神社
目黒川
ホテル雅叙園東京
東急目黒線
地下鉄南北線
地下鉄三田線
太鼓橋
至恵比寿
至天現寺
至五反田
目黒駅

進学指導
本校では、生徒が自ら進路を決め、実現する力を養うために、多彩なカリキュラムを設け、高校1年次から進路指導に力を入れています。高校3年次の4月に本校に在籍していれば、日本大学付属高校の生徒として、どのクラスでも「基礎学力到達度テスト」の受験が可能です。また、海外留学制度もあります。

クラス
＜アドバンスクラス＞
平日2日の授業で日本大学付属試験の対策に重点を置きます。日本大学・他大学への進学を目指します。

＜スタンダードクラス・
　芸能スポーツプロフェッショナルクラス＞
2週間に一度程度の土曜日のスクーリングで、無理のない学校生活が送れます。体調に不安がある生徒や芸能・スポーツ活動などに取り組む生徒も学校生活と両立でき、高校卒業を目指せます。

生活指導
学校生活で困っている生徒や、つまずきを感じている生徒に対して、クラス担任、カウンセラー、養護教諭がチームとなり、その生徒に合わせた目標と、それに向けた段階的な目標と指導計画を立て、支援を行っています。進路指導、学習指導、生活指導、健康指導といったさまざまな角度から多角的に教育相談を行っていきます。

【生徒数】　2023年12月現在

年次	生徒数
1年次	230名
2年次	236名
3年次	265名

【教員数】
教員：男性9名　女性4名／講師：男性3名　女性3名
カウンセラー：1名　養護教諭：1名　司書：1名

クラブ活動
秋季の定時制・通信制大会を目指して活動しています。中学校や前籍校で活動していた生徒だけでなく、本校に入学してから始めた生徒もいます。バドミントン部、バスケットボール部、フットサル部、陸上部、ボクシング部、軽音楽部など多くの部が活発に活動しています。また、全日制の部活にも参加できるので、お問い合わせください。

学校行事
研修旅行、林間学校（ともに任意）などの宿泊行事があります。また、平日を利用した特別スクーリング（各探究活動、ウォーキングなど）も充実しています。

2024年度の募集要項

募集について

【一般入試】
募集人員：普通科1年次490名、2年次200名、3年次200名
出願期間：推薦入試…2024年1月22日（月）
　　　　　転入生は6～12月まで随時受け入れています。

試験日：
アドバンスクラス…第1期　2024年2月12日（月）
　　　　　　　　　第2期　2024年2月24日（土）
スタンダードクラス／芸能スポーツプロフェッショナルクラス
　　　　　　　　　第1期　2024年2月24日（土）
　　　　　　　　　第2期　2024年3月28日（木）
入学選考：アドバンスクラス…筆記、面接
　　　　　その他クラス…面接
選考料：アドバンスクラス…25,000円
　　　　その他クラス…10,000円

学費について

【2023年度 1年生29単位履修の場合】
入　学　金：　50,000円　（入学時のみ）
授　業　料：261,000円　（9,000円／1単位）※
施 設 設 備 費：　10,000円
教育充実費：　30,000円　（スタンダードクラス）
　　　　　　　50,000円　（芸能スポーツプロフェッショナルクラス）
生 徒 会 費：　2,000円
同 窓 会 費：　12,000円　（3年次のみ）
教　材　費：　20,000円　※
補 助 教 材 費：　11,000円

【アドバンスクラス（1年生29単位履修の場合）】
入　学　金：　50,000円　（入学時のみ）
授　業　料：290,000円　（10,000円／1単位）※
施 設 設 備 費：　80,000円
教育充実費：100,000円
生 徒 会 費：　2,000円
補 助 教 材 費：130,000円
※…履修科目の単位数によって金額は異なります。

2022年度卒業生の進路状況

【進路先】
大学…39%　　　短期大学…2%
専門学校…12%　芸能活動…22%
進学準備…8%　　その他…13%　　就職…4%

【主な合格実績】
【日本大学】
法学部4名、文理学部4名、経済学部2名、商学部2名、芸術学部1名、国際関係学部1名、スポーツ科学部1名、生産工学部1名、生物資源科学部5名、薬学部1名、短期大学部2名、通信教育部11名

【その他大学】
早稲田大学、慶應義塾大学、上智大学、明治大学、中央大学、立教大学　など

2019年度、日本大学付属校となり日本大学進学者数は年々増加しています。
他大学も含めて、大学進学率も上昇しています。

◇◇◇◇◇◇◇◇◇◇ この学校にアクセスしてみよう！

学校説明会	入学前電話相談	文化祭見学	体育祭見学	資料請求
○ 要予約	○	—	—	○

※学校説明会への参加はホームページで予約してください。
※スクーリング見学も可能です（要予約）

＜学校の施設＞
図 書 室　　　あり　　プ ー ル　　　あり
視聴覚教室　　あり　　食　　堂　　　なし
体 育 館　　　あり　　ラ ウ ン ジ　　あり
借りグラウンド　なし　　カウンセリング室　あり

227

北海道
青森
岩手
宮城
秋田
山形
福島
茨城
栃木
群馬
埼玉
千葉
東京 ★
神奈川
新潟
富山
石川
福井
山梨
長野
岐阜
静岡
愛知
三重
滋賀
京都
大阪
兵庫
奈良
和歌山
鳥取
島根
岡山
広島
山口
徳島
香川
愛媛
高知
福岡
佐賀
長崎
熊本
大分
宮崎
鹿児島
沖縄

【広域通信制】　　　　　　　　　　　　　　　　　　　　　　　　　　　（単位制）

立志舎高等学校

りっししゃこうとうがっこう

(https://www.risshisha.jp/（ケータイからもアクセスできます）)

■校長名：伯耆原　浩行
■住　所：〒130-0012　東京都墨田区太平 2-9-6
■電　話：03-5608-1033　　■FAX：03-5608-1036
■最寄駅：JR 総武線「錦糸町」駅北口下車、徒歩 5 分
　　　　　地下鉄半蔵門線「錦糸町」駅 3 番出口下車、徒歩 5 分
■生徒が入学できる都道府県：
　東京、千葉、神奈川、埼玉、茨城に在住している者、またはその予定の者
■沿　革：
　1999 年　創立
■教育理念：
　長年培ってきたゼミ学習（グループ学習）を通じて、生徒の個性と実力を伸ばし、知識だけでなく、社会の中で豊かな気持ちで生きていける人間形成を目標としています。

■形態・課程・学科：
　独立校・単位制による通信制課程・普通科
■併設する課程：なし
■入学・卒業時期：
　・入学時期　4 月　転入学は随時
　・卒業時期　3 月、9 月
■修業年限：
　・3 年以上（在籍最長年数：制限なし）
■学期制：2 期制　　■卒業認定単位数：74 単位
■始業・終業時刻：
　＜平日（通学）コース＞
　　9：20 ～ 16：10　1 時限 50 分
　＜土曜（通信）コース＞
　　9：20 ～ 16：30　1 時限 45 分
■技能連携：なし　　■実務代替：なし　　■技能審査：なし
■開設講座数：68 科目

スクーリングの日数と場所

【登校日数】
　①平日（通学）コース
　　　普通クラス... 週 5 日（月～金）
　　　進学クラス... 週 5 日（月～金）
　　　特進クラス... 週 6 日（月～土）
　②土曜（通信）コース…約隔週 1 日（土）
【場　所】
　本校

【学校へのアクセス】

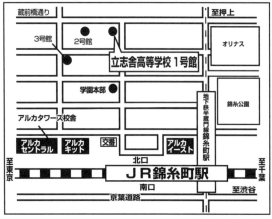

併修・単位について
転入・編入の場合、前籍校での修得単位はすべて本校の単位数に算入されます。
高等学校卒業程度認定試験受験生は一部科目履修することができます。
高等学校卒業程度認定試験（旧大学入学資格検定試験）で合格した科目も修得単位として認められます。

クラブ活動
【クラブ数 23、クラブ加入率約 45%】
硬式野球、サッカー、バレーボール、バスケットボール、硬式テニス、バドミントン、卓球、チアリーダー、陸上、水泳、吹奏楽、パソコン同好会、ダンス部、ボランティア同好会、ビリヤード同好会、美術同好会、演劇同好会、軽音楽部、空手同好会、剣道同好会、書道同好会、e-sports、ECC

特色
月～金曜日まで毎日通学する平日（通学）コースと土曜日に通学する土曜（通信）コースを設置しています。平日コースは、高校生としての基本的な力をつける普通クラス、進学を考えている人のための進学クラス、難関校を狙う人のための特進クラスと、生徒の実力と希望に沿って学べるシステムになっています。いずれのクラスもゼミ学習が授業の中心となっています。クラスは卒業後の進路に合わせて途中からでも変更できるのも大きな特徴です。土曜（通信）コースは通信レポート、スクーリング、試験により単位を習得します。自宅学習を中心にしていますが、平日も自習室を開放していますので、学校で学習し、質問することができます。ライフスタイルに合わせてマイペースで学べます。
また、毎日通学する自信のない方や逆に通学に自信がついた方は、学期の途中からでも平日コースから土曜コース、または土曜コースから平日コースに変更して 3 年間で卒業することが可能です。

▼学校説明会　　4 月から 3 月まで順次開催。　＊HP より確認してください。
▼文 化 祭　　2023 年度 9 月 16 日（土）（公開）～ 9 月 17 日（日）　▼総合体育祭　　10 月、11 月

学校行事

体育祭、文化祭、新入生宿泊研修、スキー・スノーボード実習、球技大会、RSP（クラス対抗ダンスフェスタ）修学旅行は2年で実施（2024年度は沖縄・ベトナムのいずれかを選択）

進学指導

平日コースの特進クラス・進学クラスではゼミ形式の授業と実践的な学習で、進学希望者の実力アップをはかります。また、特進クラスでは土曜日も弱点克服講座で難関校突破を徹底的にバックアップします。

補習授業

夏休み冬休み等を利用して指導します。
海外語学研修制度あり。

生活指導

校則は「社会ルール」です。制服は基準服を準備しています。（土曜コースは私服可）

生徒情報

【不登校生】 スクールカウンセラーの配置、生徒相談室の設置を行っています。

【転編入生】 前籍高校の単位は全て、高等学校卒業程度認定試験（旧大学入学資格検定試験）で合格した科目も全て振り替えることができます。転入は随時、編入は4月に入学できます。

【保護者連絡】 保護者面談や電話連絡を行っています。

【転編入の生徒数】

1年次	2年次	3年次
29名	32名	18名

【生徒数】 普通科　2023年5月1日現在

年次	生徒数	男女比	クラス数	1クラスの平均人数
1年次	248名	60:40	8クラス	31名
2年次	265名	60:40	9クラス	29名
3年次	249名	60:40	9クラス	28名

【教員数】 教員：男性19名、女性6名／養護教員：女性1名
講師：男性5名、女性5名
その他：スクールカウンセラー配置

2024年度の募集要項

募集について

【推薦入試】
募集人員： 普通科平日コース（特進クラス、進学クラス、普通クラス）100名（男女）
土曜コース100名（男女）
出願期間： 2024年1月15日（月）～1月18日（木）
面接日： A推薦　2024年1月22日（月）
B推薦　2024年1月22日（月）
選抜方法： A推薦　書類審査および面接
B推薦　書類審査、作文および面接
※主として学習意欲の有無を確かめます。
選考料： 20,000円

【一般入試】
募集人員： 普通科平日コース（特進クラス、進学クラス、普通クラス）100名（男女）
土曜コース300名（男女）
出願期間： 第1回　2024年1月25日（木）～2月7日（水）
第2回以降　2024年1月25日（木）～3月下旬
面接日： 第1回　2024年2月10日（土）
第2回以降　3月下旬まで随時
選抜方法： 書類審査、作文および面接
※主として学習意欲の有無を確かめます。
選考料： 20,000円

学費について

	（平日コース）	（土曜コース）
入学金：	250,000円	50,000円
授業料：	370,000円（年額）	7,500円（1単位）
施設設備費：	90,000円（年額）	20,000円（年額）

※上記は2023年度のもので、2024年度は変更予定。

＜入学状況＞

区分	2023年度
募集人員	600名
応募者数	396名
受験者数	394名
合格者数	379名
入学者数	272名

＜学校の施設＞

校地面積	4,602m²	図書室	あり
運動場面積	408m²	プール	なし
視聴覚教室	あり	食堂	なし
体育館	なし	ラウンジ	あり
借りグラウンド	あり	カウンセリング室	あり

この学校にアクセスしてみよう！

学校説明会	入学前電話相談	文化祭見学	体育祭見学	資料請求
○	○	○	○	○

※資料は電話、ハガキ、インターネット等で請求して下さい。（無料）
※入学相談、授業見学は毎日随時行っています。

卒業生合格先一覧

東京芸術大、大阪大、東京学芸大、千葉大、信州大、福島大、東京海洋大、静岡県立大、国立看護大学校、長野県看護大、慶應義塾大、早稲田大、上智大、国際基督教大（ICU）、明治大、立教大、法政大、中央大、東京女子医科大、日本歯科大、東邦大、東京薬科大、日本薬科大、青山学院大、東京理科大、関西学院大、立命館大、東京女子大、日本女子大、フェリス女学院大、学習院大、成城大、日本大、成蹊大、武蔵大、専修大、東洋大、京都産業大、國學院大、創価大、順天堂大、日本体育大、学習院女子大、白百合女子大、明治学院大、大妻女子大、共立女子大、聖心女子大、昭和女子大、多摩美術大、東京造形大、武蔵野美術大、大阪芸術大、駒澤大、東京経済大、亜細亜大、帝京大、帝京平成大、東海大、東京都市大、二松学舎大、大東文化大、東京家政学院大、清泉女子大、藤沢女子大、武蔵野大、恵泉女学園大、十文字学園女子大、日本女子体育大、玉川大、拓殖大、大正大、高千穂大、東京国際大、明星大、国士舘大、城西大、城西国際大、桜美林大、神奈川大、横浜商科大、流通経済大、神田外語大、和洋女子大、跡見学園女子大、川村学園女子大、文化女子大、尚美学園大、杉野服飾大、文京学院大、東京女学館大、文教大、聖学院大、淑徳大、上野学園大、関東学院大、千葉工業大、獨協大、立正大、和光大、目白大、東京工科大、湘南工科大、神奈川工科大、千葉商科大、日本工業大、中央学院大、千葉経済大、清和大、明海大、東京電機大、東京工芸大、東京情報大、東京医療保健大、東京富士大、東京成徳大、千葉科学大、江戸川大、共栄大、敬愛大、秀明大、洗足学園音楽大、嘉悦大、田園調布学園大、日本文化大、埼玉学園大、聖徳大、東洋学園大、関東学園大、杏林大、産能大、日本橋学館大、麗澤大、花園大、四日市大、（専）日本鉄道＆スポーツビジネスカレッジ、（専）日本鉄道＆スポーツビジネスカレッジ21、東京ITプログラミング＆会計専門、東京法律公務員専門、日本動物専門、専門学校日本動物21

【併設校】（専）日本鉄道＆スポーツビジネスカレッジ、（専）日本鉄道＆スポーツビジネスカレッジ21、東京ITプログラミング＆会計専門学校、東京ITプログラミング＆会計専門学校杉並校、東京法律公務員専門学校、東京法律公務員専門学校杉並校、横浜公務員＆IT会計専門学校、東京IT公務員専門学校大宮校、東京IT会計公務員専門学校千葉校、大阪ITプログラミング＆会計専門学校、大阪ITプログラミング＆会計専門学校天王寺校、大阪法律公務員専門学校、大阪法律公務員専門学校天王寺校、京都公務員＆IT会計専門学校、東京ITプログラミング＆会計専門学校名古屋校、東京法律公務員専門学校名古屋校、東京ITプログラミング＆会計専門学校仙台校、日本動物専門学校、専門学校日本動物21、大阪動物専門学校、大阪動物専門学校天王寺校、名古屋動物専門学校

北海道
青森
岩手
宮城
秋田
山形
福島
茨城 ★
栃木
群馬
埼玉
千葉
東京 ●
神奈川 ●
新潟
富山
石川
福井
山梨
長野
岐阜
静岡
愛知
三重
滋賀
京都
大阪
兵庫
奈良
和歌山
鳥取
島根
岡山
広島
山口
徳島
香川
愛媛
高知
福岡
佐賀
長崎
熊本
大分
宮崎
鹿児島
沖縄

……このキャンパスの所在地

【広域通信制】 （単位制）

ルネサンス高等学校 池袋／新宿代々木／横浜キャンパス
（こうとうがっこう）（いけぶくろ／しんじゅくよよぎ／よこはま）

(https://www.r-ac.jp)

■校長名：菊池　一仁
【池袋キャンパス】※2023年4月開設
■住　所：〒170-0013 東京都豊島区東池袋 1-30-6
　　　　　　　　　セイコーサンシャインビル XII　5F
■最寄駅：JR 各線「池袋駅」より徒歩5分
【新宿代々木キャンパス】
■住　所：〒151-0053 東京都渋谷区代々木 1-13-5
■最寄駅：JR 各線「新宿駅」南口より徒歩9分、
　　　　　　「代々木駅」より徒歩4分
【横浜キャンパス】
■住　所：〒221-0056 神奈川県横浜市神奈川区金港町 6-9
　　　　　　　　　横浜金港町第2ビル　2F
■最寄駅：JR 各線「横浜駅」（きた東口 A）より徒歩約4分
【本校】
■住　所：〒319-3702　茨城県久慈郡大子町大字町付 1543
■電　話：0120-816-737　　■ＦＡＸ：0295-76-8032
■生徒が入学できる都道府県：全国 47 都道府県
■沿　革：2006年4月　開校
■教育理念：
　人と異なることが、人に劣ることではないように、学校のあり方にも多様性が必要です。生徒の置かれた現実に対応し、学校側が柔軟に考えて教育を実践し、より素敵な学校をめざしていきます。

■形態・課程・学科：独立校・単位制による通信制課程・普通科
■入学・卒業時期：
　・入学時期　4月、10月（転入学は随時）
　・卒業時期　3月、9月
■修業年限：
　3年以上（前籍校含む在籍最長年数　制限なし）
■学期制：前期・後期の二期制
■卒業認定単位数：78 単位以上

スクーリングの日数と場所

【登校日数】
　年 4 日～
　※標準科目を履修しメディア学習が完了した場合の日数です。ルネサンス高等学校の場合、年 4～5 日程度（単位認定試験を含む）を要します。転入等で履修科目が多い場合、所要日数が増えることになります。
【場　所】
　ルネサンス高等学校本校
【内　容】
　東京駅に集合し、新幹線とバスで本校へ移動します。
　2020年 5 月に移転した新校舎はこれまでより広いグラウンドがあり、体育館、図書室、家庭科室、美術室、理科室、視聴覚室など施設も充実しています。また、宿泊施設の美味しい夕食と温泉も魅力の一つです。
　スクーリングは分割でも OK！仲間ができる集団型、自分のペースでできる個別型、成人限定や親子で参加できるタイプなどあります。

特色　ルネサンス高校グループは 2006 年の開校以来 20,000 名以上（2023 年実績）卒業の実績、インターネットを活用した学習システムと、LINE や電話を使った担任の先生の手厚いサポートで、安心して卒業をめざせます！

●インターネット型「通信制高校」
担任の先生による手厚いサポートがあるので、スムーズに高校卒業をめざせます。
担任の先生は Web 上でレポートの提出状況を確認し、全国各地の生徒それぞれに LINE や電話で連絡をとり、進捗管理を行っています。また、生徒に合わせて学習面以外の相談にのったり、時には趣味について話したりなど、コミュニケーションを大切にしています。

●学校生活を満喫！
　池袋・新宿代々木・横浜キャンパスを活用
卒業に必要なレポート学習やスクーリングなどの他に、もっと高校生活を楽しみたい人、進学をめざす人等のために、連携キャンパスがあります。「新宿代々木キャンパス」、「横浜キャンパス」に続き、2023 年 4 月、「池袋キャンパス」を新設し e スポーツコースも開講しました。
キャンパスでは Wi-Fi 完備の教室で自習したり、仲間とスクールライフを楽しめます。また、首都圏ならではのイベントも用意しています。

進路指導　生徒一人ひとりに担任がつき、大学・短大・専門学校等の進学から就職まで、個々に応じた進路指導を行っています。きめ細やかなサポート体制と効率的な学習システムにより、毎年多くの卒業生が希望の進路を実現させています。

生活指導　制服は通学スタンダードコース以外、着用自由です。髪の色、ピアス、服装などの規制はありません。「自分らしさ」を重視した指導を行っています。

コース

高卒資格取得に＋α
「なりたい自分」へ　Wスクールコース

高校卒業をめざす学習カリキュラムに追加できるのが、Wスクールコース。ルネ高に在籍しながら提携校に通うことで、早期に専門スキルを身につけることができます。

- ●進学コース
- ●留学・英会話コース
- ●資格取得コース
- ●スポーツコース
- ●芸能コース
- ●美容コース

●eスポーツコース

eスポーツ、語学、心理学等の一流の講師陣を揃え、勝つために必要な「実用レベルの英会話能力」・「コミュニケーション能力」・「強いメンタル」を育てる講義を行います。また、eスポーツを通して将来の夢を描き、目標に向かって進む力を身につけることができます。

●アコピアK-POPコース
※講義はオンラインで実施

韓国芸能事務所の練習生をめざすコースです。パフォーマンスの技術だけでなく、容姿や心身の健康にも配慮したオーダーメイドのカリキュラムを提供。
日本の高校卒業を諦めることなくK-POPアイドルをめざすことができます。希望者は留学プログラムも利用可能です。

その他

●各種イベント
- ・文化祭
- ・修学旅行
- ・学校イベント（りんご収穫、お茶狩り体験…etc.）
- ・キャンパスイベント（新入生歓迎会、ゲーム大会、クリスマス会…etc.）

※イベントは全て任意参加です。
※イベントは面接指導（スクーリング）や特別活動には含みません。

●生徒の活躍・実績など
2023年に行われたeスポーツの大会『STAGE：0』では、リーグ・オブ・レジェンド部門とヴァロラント部門で優勝、フォートナイト部門で準優勝という成績を収めています。
※グループ校全体実績

2024年度の募集要項

学費について

入 学 金：	50,000円（入学初年度のみ）	
授 業 料：	単位数×10,000円（初年度は標準26単位を履修）	
施設備費（年額）：	20,000円	
教育関連諸費（年額）：	60,000円	
スクーリング費（年額）：	65,000円	

※高校卒業には3年以上の在籍及び、78単位以上の取得が必要となります。
※前籍校での在籍期間と修得単位数は引き継ぐことが可能です。
※Wスクールコース、eスポーツコースなどのオプションコース受講を希望する場合は、別途費用が必要です。

募集について

募 集 対 象： ①2024年3月中学卒業見込みの者
②中学校既卒者
③現在、高校に在籍中の生徒
④高校を中途退学した者

出 願 期 間： 随時受付（詳しくはお問い合わせください）
試 験 日： お問い合わせください
入学検定料： 10,000円

2022年度合格実績（グループ校全体）

＜国公立大学＞
大阪大学／九州大学／東京工業大学／東京農工大学／東京藝術大学／金沢大学／千葉大学／国際教養大学／大阪公立大学

＜私立大学＞
早稲田大学／慶應義塾大学／上智大学／明治大学／青山学院大学／立教大学／中央大学／法政大学／日本大学／成城大学／多摩美術大学／フェリス女学院大学／杏林大学／横浜薬科大学／日本歯科大学／愛知大学／中京大学／中部大学／日本赤十字豊田看護大学／日本福祉大学／名古屋外国語大学／朝日大学／同志社大学／関西大学／立命館大学／近畿大学／甲南大学／龍谷大学／京都産業大学／関西外国語大学／大阪経済大学／同志社女子大学／武庫川女子大学／大和大学／大阪商業大学／関西医療大学　など

＜学校の施設＞※ルネサンス高等学校本校

校 地 面 積	15,308m²	図 書 室	あり
運動場面積	8,708m²	プ ー ル	なし
視聴覚教室	あり	食 堂	なし
体 育 館	あり	ラウンジ	なし
借りグラウンド	なし	カウンセリング室	あり

この学校にアクセスしてみよう！

学校説明会	入学前電話相談	文化祭見学	体育祭見学	資料請求
○	○	○	－	○

学校資料は、電話もしくはHPからご請求ください。
▼個別相談会　随時実施中
　　※ご希望の方はお問い合わせください。
　　　0120-816-737（はいろーな、みな）

【学校情報】

●ルネサンス高等学校	茨城県久慈郡大子町大字町付1543	TEL.0295-76-8031
●ルネサンス豊田高等学校（グループ校）	愛知県豊田市藤沢町丸竹182	TEL.0565-49-0051
●ルネサンス大阪高等学校（グループ校）	大阪府大阪市北区芝田2-9-20 学園ビル	TEL.06-6373-5900
●ルネ中等部（中学生向け）eスポーツ＆プログラミングが学べます		TEL.0120-526-611

北海道
青森 ★
岩手
宮城
秋田
山形
福島
茨城
栃木
群馬
埼玉
千葉
東京 ●
神奈川
新潟
富山
石川
福井
山梨
長野
岐阜
静岡
愛知
三重
滋賀
京都
大阪
兵庫
奈良
和歌山
鳥取
島根
岡山
広島
山口
徳島
香川
愛媛
高知
福岡
佐賀
長崎
熊本
大分
宮崎
鹿児島
沖縄

【広域通信制】2024 年 4 月開校予定　　　　　　　　　　　　　　　　（単位制）

青森山田高等学校 通信制課程

（ http://www.yamada-tsushin.jp ）

■校長名：花田　惇
■住　所：〒 134-0087　東京都江戸川区清新町 2-10-1
■電　話：03-6661-3335　　■FAX：03-6661-3534
■最寄駅：東西線「西葛西」駅，JR京葉線「葛西臨海公園」駅
■生徒が入学できる都道府県：
　北海道、青森、岩手、秋田、埼玉、千葉、東京、神奈川
■沿革：
　大正 7 年　開校
　平成 10 年　創立 80 周年を機に広域通信制課程開校
■創立理念：誠実、勤勉、純潔、明朗

■形態・課程・学科：
　併設校、学年制による通信制、普通科
■併設する課程：学年制による全日制
■併設課程への転籍：できない
■入学・卒業時期：入学時期　4 月　　卒業時期　3 月
■修業年限：3 年（最長年数：8 年）
■学期制：2 学期制
■卒業認定単位数：74 単位
■始業・終業時刻：
■技能連携：なし　　■実務代替：なし　　■技能審査：
■開設講座数：47 科目

スクーリングの日数と場所

【登校日数】
　スクーリングは全員、決められた日程に一カ月に 2，3 回
　登校します。
　木曜日か土曜日登校のコースを選べます。
　その他、夏季、冬季の集中補講もあります。
【場　　所】
　青森山田高等学校　通信制課程東京校
　東京都江戸川区清新町 2-10-1　TEL　03-6661-3335

特色
サッカーや野球、卓球などのスポーツ強豪校で全国的に知られる青森山田高等学校が、この度江戸川区に新たに東京校を開校。2024 年 4 月開校します。勉強が苦手な生徒さん、様々な事情で登校できない生徒さん、自分の夢を実現させるために時間を自由に使いたい生徒さんなど、通信制の自由な学習システムを利用して、無理なく高校卒業資格を目指します。また、系列校であります青森大学内で学習をしますので、大学生活に触れることもでき、大学進学を目指すことも可能です。【自分の未来は自分でつくる】をモットーに一緒に頑張っていきましょう！

クラブ活動
【クラブ数　、加入率　%】
予定はあるが未定。

学校行事
修学旅行（2 泊 3 日。希望者のみの参加とし、沖縄など検討）
青森大学のゼミ活動（ボランティア活動、援農体験、遠足、修学旅行、劇団四季観劇等）

生活指導
髪型、装飾品などあまりに華美でなければどんな服装で登校も可。
バイク通学はできません。
基本的生活習慣を身につける。人に迷惑をかける行為は禁止。

生徒情報

【不登校生】
過去に不登校だった生徒には無理のないように対話をしながら登校を促します。
【転編入生】
前籍高校で修得した単位のうち 1 単位まで振り替えられます。高卒認定試験で合格した科目を振り替えることはできません。転入生は随時入学できます。
【保護者連絡】
保護者面談を都度行います。保護者会は年 2 回実施予定。
公式 LINE、保護者面談、会報送付で連絡を取ります。

【生徒数】
　新設校のため在校生はおりません。
【教員数】
　教員：男性 2 名、女性 2 名／講師：男性 1 名、女性 4 名
　カウンセラー：常駐はしていません

併習・単位
併修することはできません。
高卒程度認定試験の受験生が一部科目履修することができます。

進学指導
進路ガイダンスを定期的に実施し、学校見学や就職指導もキャリアサポート部で実施。

補修指導
個別または少人数で習熟度に合わせた指導で対応。

2024 年度の募集要項

募集について
【一般入試】
募集人員：160 名
出願期間：2023 年 12 月 1 日～ 2024 年 3 月 29 日
試験日：随時
選考方法：書類選考、面接
選考料：5,000 円

学費について
入 学 金	30,000 円
授 業 料	144,000 円
教育充実費	26,000 円　～ 60,000 円
諸 経 費	24,000 円
合　　計	224,000 円

2022 年度卒業生の進路状況

【進路先】
東京校は 2024 年開校のため卒業生はいません。

【主な合格実績】
東京校は 2024 年開校のため卒業生はいません。

◇◇◇◇◇◇◇◇◇ この学校にアクセスしてみよう！

学校説明会	入学前電話相談	文化祭見学	体育祭見学	資料請求
○	○	○	○	○

【学習センター・協力校】
青森校（本部校）　〒 030-0943　青森市幸畑 2 丁目 3-1　青森大学 4 号館 2 階　　　　TEL 017-728-5030　FAX 017-728-5130
札幌校　　　　　　〒 062-0911　札幌市豊平区旭町 4 丁目 1-40　北海学園大学研究棟ビル地下 1 階　TEL 011-825-4509　FAX 011-825-4510

…このキャンパスの所在地

【広域通信制】 （単位制）

NHK学園高等学校

エヌエイチケイがくえんこうとうがっこう

(https://www.n-gaku.jp/sch/)

■校長名：森川 覚
■住 所：〒186-8001 東京都国立市富士見台2-36-2
■電 話：042-573-8111
　　　　　フリーダイヤル 0120-451-424
　　　　　（月〜土 9:30〜17:30 ※祝日・特別休業日除く）
■FAX：042-571-0031
■最寄駅：JR中央線「国立」駅下車、バス5分+徒歩3分／徒歩18分
　　　　　JR南武線「谷保」駅下車、徒歩8分
■生徒が入学できる都道府県：全都道府県
■沿 革：
　1962年10月　学校法人日本放送協会学園（NHK学園）の設立について東京都知事の許可
　1963年 4月　日本放送協会学園高等学校開校。全国71の高等学校を協力校として委嘱。第1期生11,721名入学
　2003年 4月　ネット学習の本格運用開始
　2004年 4月　文部科学省「研究開発学校」に指定され、「Do itコース（ライフデザインコースと改称）」開設
　2008年 4月　文部科学大臣により「不登校特例校」に指定
　2009年 4月　「eコース（スタンダードコースと改称）」開設
　2011年 4月　海外からの生徒の入学の本格的受け入れ開始
　　　　10月　後期入学制度開始
　2015年 4月　「登校コース」開始
　2018年 4月　校名を「NHK学園高等学校」に変更
■教育理念：学ぶ意欲と高校卒業の意思を持つ人に、放送やインターネットなどの多様なメディアを利用することで、「いつでも、どこでも、だれにでも」学ぶ機会を提供します。学習歴や学力は問いません。学ぶ意欲と個性、自主性を尊重し、一人ひとりに柔軟に対応する中で、高校卒業資格にふさわしい基礎学力と社会で生きていくための力を身につけることをめざします。

■形態・課程・学科：
　独立校・単位制による通信制課程（2008年度より）・普通科（共学）
■入学・卒業時期：
　・入学時期　新入学 4月・10月／編入学 4月・10月／転入学 随時
　・卒業時期　3月
■修業年限：3年以上（在籍最長年数：制限なし）
■卒業認定単位数：74単位以上

スクーリングの日数と場所

○スタンダードコース
【登校日数】月1〜2回もしくは年1回・連続3〜4日間の集中スクーリング参加。
【場　所】東京本校のほかに、全国32の協力校で実施。
　集中スクーリングは東京本校のほか、札幌・仙台・名古屋・大阪・広島・福岡で実施。

○ライフデザインコース
【登校日数】1年次は年2〜4回。3年間で徐々に登校日数を増やしていきます。
【場　所】東京本校のほかに、札幌・盛岡・仙台・名古屋・大阪・広島・福岡で実施。

○登校コース
【登校日数】週3日。
【場　所】東京本校のみ。
※生徒の居場所「まなびや」を札幌、仙台、名古屋、大阪、広島、福岡に開設。地域の拠点として生徒の学習サポートや相談を行っています。

【特色】
①NHK高校講座とオリジナルのネット学習システムで学びます。いつでもどこでも、自分のペースで学べます。
②どのコースも必ず担任がつきます。担任を中心に、教科担当やスクーリング会場ごとの担当、進路指導室、スクールカウンセラーなどがチームとなって生徒一人ひとりをサポートします。
③「不登校特例校」として不登校経験者向けの特別カリキュラムを設置することを認められた数少ない学校としてライフデザインコースを設置。不登校経験者を対象に社会で生きる力を育みます。
④前籍校の修得単位をいかして高校卒業資格を取得することができます。

生徒情報

【不登校生】ライフデザインコースに限らず、中学時代に不登校だった生徒が多数在籍しています。各地区のスクールカウンセラーのほか東京本校の総合教育相談センターには心理・福祉の専門資格を持った職員が在籍し、全国の保護者や生徒からのさまざまな相談に応じています。
【転・編入生】前籍高校の修得単位は可能な限り卒業単位に認めています。転入学は随時。年間で履修できる単位数は39単位までですので、前籍校での在籍期間と合わせて、3年間の高等学校への在籍で卒業することも可能です。編入学は4月と10月のみ入学できます。
【保護者連絡】保護者からの相談も大変多く、個々に対応しています。電話、書面、メール、面談とそれぞれの状況に応じて本校の担任、各スクーリング会場ごとの担当が個々に行っています。保護者会や面談も定期的に開催。

2024年度の募集要項

※ 2025年度についてはお問い合わせください。

募集について

選抜方法：受付順に書類選考と面接を実施します。登校コースは選抜日が設定されており、面接・作文による試験を行います。
入学資格：2024年3月に中学校を卒業見込みの人、すでに中学校を卒業した人、高校に在学中の人、高校を退学した人

○スタンダードコース・ライフデザインコース
出願期間：
　【新入学・編入学】
　　新入学（推薦）　2024年1月15日（月）〜1月24日（水）
　　新入学（一般）　2024年1月25日（木）〜4月30日（火）
　　編入学　　　　　2024年1月25日（木）〜4月30日（火）
　　後期新・編入学　2024年8月1日（木）〜9月30日（月）
　【転入学】2024年3月1日（金）〜12月10日（火）随時
　　※転入学日は4月1日以降となります。
　　※時期により履修できる単位数等が変わってきます。詳しくはお問い合わせください。フリーダイヤル 0120-451-424 まで

○登校コース
　【新入学／転・編入学】
　　新入学（推薦）　　2024年1月15日（月）〜1月22日（月）
　　新入学（第1回）　2024年1月25日（木）〜2月6日（火）
　　転・編入学　　　　2024年3月11日（月）〜3月19日（火）
　　※募集定員に達した場合には新入学第2回以降の募集は実施しません。
　　※入学希望者本人が来校し、学校説明を受けたうえで出願書類を受け取りご出願ください。
　　※最新の情報はHPをご覧いただくか、フリーダイヤルにお問い合わせください。

学費

学納金の納入は年度ごとに2回の分割納入です（11月30日までに学習開始の手続きが完了した場合）。推薦入学は入学金を免除します。学費は、履修する単位数、コースにより、異なります。
※詳しくはHPでご確認ください。

2022年度卒業生の進路状況

【進路先】卒業者数…1,189名
四年制大学…507名　　　通信制大学・通信制短大…42名
短期大学…39名　　　　　専門学校、他…307名　　就職…44名

◇◇◇◇◇◇◇◇◇◇ この学校にアクセスしてみよう！

学校説明会	入学前電話相談	文化祭見学	体育祭見学	資料請求
○	○	○	○	○

※入学案内書・願書は電話またはNHK学園のホームページでご請求ください。
https://www.n-gaku.jp/sch/

【広域通信制】2024年4月大原学園高等学校より校名変更予定　　（単位制）

大原学園美空高等学校
（おおはらがくえんみそらこうとうがっこう）

(https://ohs.o-hara.ac.jp)

■校長名：中野　信男
■住　所：〒101-0051　東京都千代田区神田神保町2-42
■電　話：03-3237-3141　■FAX：03-3237-3143
■最寄駅：JR総武線「水道橋」駅東口より徒歩6分
　　　　　都営三田線・新宿線／東京メトロ半蔵門線「神保町」駅A2・A4出口より徒歩5分
　　　　　東京メトロ東西線「九段下」駅5・7出口より徒歩7分
　　　　　東京メトロ丸ノ内線・南北線「後楽園」駅2出口より徒歩15分
■生徒が入学できる都道府県：
　東京、千葉、神奈川、埼玉、群馬、栃木、茨城、山梨に在住している者、またはその予定者。
■沿革：学校法人大原学園が創設した東京都認可の高等学校です。平成21年4月開校。
■教育理念：
　生徒一人ひとりには個性があり、未来があります。本校は、明るい夢を見つけ未来を拓き、その実現に向かってがんばる生徒を応援する学校です。

■形態・課程・学科：独立校・単位制による通信制課程・普通科
■入学・卒業時期：入学時期4月　卒業時期3月
■修業年限：3年以上　　■学期制：2学期制
■卒業所要単位数：74単位
■始業・終業時刻：始業時刻　9：20
　　　　　　　　　終業時刻はコース・クラスによって異なります。

特色　生徒一人ひとりの個性や長所を伸ばして、生徒の輝く未来を拓く学校です。

日々の学校生活を通して、小さな成功体験の積み重ねを「やる気」と「自信」に繋げ、希望に満ちた「新たな未来への扉」を見つけられるような教育を展開しています。生徒一人ひとりを深く見つめ、楽しく、温もりのある学校生活を送れるようサポートしています。

【コース　専攻クラス】
○週5日コース
　特別進学クラス／進学クラス／公務員クラス
　ITクラス／ゲームクラス／声優・アニメクラス
○週3日コース※2024年4月設置予定
○週1日コース
○オンラインコース※2024年4月設置予定

【教育システム】
1. 自分にあった『学習スタイル』が選べます
　週5日・3日コースは対面授業、週1日・オンラインコースは自主学習または個別指導学習が基本です。レポート課題作成や試験学習等、自分にあったスタイルで学ぶことができます。
2. 自分にあった『登校スタイル』が選べます
　週5日・3日・1日や年数日など、自分にあったペースで登校することができます。「毎日通いたい」「週5日は大変だけど1日だと物足りない」「週1回は登校して学習状況を先生と確認したい」「できるだけ自宅で学習したい」など自分らしいスクールライフを実現できます。
3. 自分にあった『専攻クラス』が選べます
　週5日コースは、「大学受験対策」「基礎からの学び直し」「公務員試験対策」「IT・ビジネスの資格取得」「パソコン・声優のスキル習得」など、夢や目標をかなえる専攻クラスが選べます。
4. 『資格取得』にチャレンジできます
　進学や就職に活用できる資格取得にチャレンジできます。また、高校卒業後、進学先や就職先で必要となる、基礎的な読み・書きや、ビジネススキルが身につきます。
5. 『入学前から』サポートします
　安心して高校生活がスタートできるよう、入学前に、登校や学習をサポートします。
　実施例：登校トレーニング、学習サポートテキスト、入学前学習会

生徒情報

これまで学習環境に適応できなかったり、不登校等で悩んでいた生徒を受け入れています。仲間との友情の輪を広げ、自らの目標に向かって邁進できるよう、生徒一人ひとりとしっかりと向き合い、温もりのある指導を実践しています。

【転編入生】
前在籍校の単位は全て、高認試験（旧大検）で合格した科目も全て、振り替えることができます。
転入は随時、編入時期は4月です。

【教員数】
教員数：男性8名　女性6名
非常勤講師：男性1名　女性3名

スクーリングの日数と場所

【登校日数】　週5日／週3日／週1日
　　　　　　　年10日程度（オンラインコース）
【場　所】　本校

2024年度の募集要項

募集について

募集人員：240名
出願期間：推薦入試2024年1月15日（月）～1月19日（金）
　　　　　一般入試① 2024年1月25日（木）～2月8日（木）
　　　　　　　　②2024年1月25日（木）～2月16日（金）
　　　　　　　　③2024年2月17日（土）～随時（3月22日まで）
選考日：推薦入試2024年1月22日（月）
　　　　一般入試① 2024年2月10日（土）、②2月18日（日）、③2月21日（水）～随時（3月24日まで）
選考方法：推薦入試…書類審査、面接
　　　　　一般入試…書類審査、作文、面接
選考料：20,000円

学費について

【初年度学費】

	週5日	週3日	週1日	オンライン
入学金	200,000円	150,000円	50,000円	50,000円
授業料	400,000円	350,000円	290,000円（※）	290,000円（※）
施設費	100,000円	72,000円	20,000円	4,000円
合　計	700,000円	572,000円	360,000円	344,000円

※1年次標準（29単位）履修の場合です。

卒業生の進路状況

【主な合格実績】（過去3年間）
亜細亜大学、跡見学園女子大学、江戸川大学、大妻女子大学、嘉悦大学、学習院女子大学、鎌倉女子大学、川村学園女子大学、恵泉女学園大学、国士舘大学、埼玉学園大学、産業能率大学、城西大学、城西国際大学、尚美学園大学、大正大学、大東文化大学、拓殖大学、高千穂大学、千葉商科大学、中央学院大学、帝京大学、帝京平成大学、デジタルハリウッド大学、東海大学、東京国際大学、東京電機大学、東京福祉大学、東京未来大学、東洋大学、東洋学園大学、日本大学、日本経済大学、文京学院大学、武蔵野大学、立正大学、流通経済大学、和洋女子大学　他
※内部推薦制度、指定校推薦制度有り

◇◇◇◇◇◇◇◇◇ **この学校にアクセスしてみよう！**

学校説明会	入学前電話相談	文化祭見学	体育祭見学	資料請求
○	○	○	—	○

※資料は電話・ホームページなどでご請求下さい。

【広域通信制】　　　　　　　　　　　　　　　　　（単位制）

北豊島高等学校
きたとしまこうとうがっこう

(http://www.kitatoshima.ac.jp/)

■校長名：河村　惠子
■住　所：通信教育学習センター
　〒116-0012　東京都荒川区東尾久 6-41-12
■電　話：03-3895-3051　■ＦＡＸ：03-3819-0576
■最寄駅：千代田線・京成電鉄「町屋」駅下車、徒歩 15 分
　日暮里・舎人ライナー、都電荒川線「熊野前」駅下車、
　徒歩 5 分
■生徒が入学できる都道府県：東京、千葉、神奈川、埼玉、茨城
■沿　革：
　1992 年　通信制課程設置
　1995 年　単位制コース設置
　1998 年　広域通信制高等学校認可
　1999 年　学年制コースを単位制Ⅰ類
　　　　　　単位制コースを単位制Ⅱ類に変更。
　2001 年　放送視聴コース設置
　2007 年　単位制Ⅰ類をスタンダードコース、単位制Ⅱ類をオリジナル
　　　　　　コースに変更
　2018 年　標準服を導入
■教育理念：
　自主的生活態度を身につけさせ、心身ともに調和の取れた生徒を育てる。

■形態・課程・学科：併設校・単位制による通信制課程・普通科
■併設する課程：学年制による全日制課程
■併設課程への転籍：全日制課程転入学試験に合格後転籍ができる。
■入学・卒業時期：・入学時期　4 月　　・卒業時期　3 月、9 月
■修業年限：3 年（在籍最長年数：6 年）
■学期制：2 期制　■卒業認定単位数：74 単位
■実務代替：なし　■技能審査：なし
■開設講座数：オリジナルコース 73 科目
　　　　　　　スタンダードコース 31 科目

スクーリングの日数と場所

【登校日数】
　オリジナルコース…週 2 日（月、土）
　　＜火・水・木曜日の平日特別講座の受講により、最大週 5 日＞
　スタンダードコース…週 1 回、金曜日
【場　所】
　オリジナルコース…学習センター
　スタンダードコース…学習センター
【その他】
　放送視聴によるスクーリングも可能です。

特色

本校はオリジナルコース・スタンダードコース・選科に分かれています。
オリジナルコースは主に進学を目指す生徒を対象としており、多様な科目（2023 年度、73 科目 174 単位）の中から自己の目的に応じて選択できます。また、オリジナルコース平日特別講座（火・水・木曜、「一般科目」12 科目 44 単位分、「演習科目」12 科目 24 単位分を実施）により、学力向上が図れます。
スタンダードコースは基礎的・基本的な学習内容を重視するカリキュラムであり、様々な学習環境にある幅広い年齢層の生徒に対応できます。
本校では制服ではなく「標準服」を導入しています。（女子用のスラックスもあります。）
選科生は科目を独自に選んで受講することができます。高等学校卒業程度認定試験受験者が受験免除科目として、特定の科目を選んで履修する方に適しています。

◇◇◇◇◇◇◇◇◇◇ **この学校にアクセスしてみよう！**

学校説明会	入学前電話相談	文化祭見学	体育祭見学	資料請求
○	○			○

※資料は電話またはホームページから請求して下さい（無料）。
※ホームページアドレス　http://www.kitatoshima.ac.jp/
▼学校見学及び説明は随時受け付けております。事前にご一報の上、通信教育学習センターまでお越し下さい。

生徒情報

【不登校生】個々の生徒を把握し、学習およびメンタルな部分についてもカウンセリングを行っています。電話・Ｅメールでの相談も可能です。
【転編入生】前籍高校で修得した単位は、特別活動以外はすべて認定します。転入は翌年 1 月まで毎月（受付期間前年 5 月中旬〜12 月中旬）、編入は 4 月生のみ募集。
【保護者連絡】保護者宛に逐次プリントを送付しています。また、保護者会も実施しています。
【その他】学習支援クラウドサービス「Classi」を導入。スマホ専用アプリで、学校から生徒・保護者の連絡を密にしています。

【生徒数】普通科　　　　　　　　　　2024 年 1 月 1 日現在

年次	生徒数	男女比	クラス数	1 クラスの平均人数
1 年次	43（23）名	3：7	2（1）クラス	10 〜 30 名
2 年次	54（33）名	3：7	2（1）クラス	10 〜 30 名
3 年次	63（43）名	4：6	3（1）クラス	10 〜 30 名

※（　）内の数字はオリジナルコース。同コースの 1 科目の受講人数は 1 〜 25 人で、男女比は男 3：女 7 です。

【教員数】
教員：男性 4 名、女性 1 名／講師：男性 7 名、女性 9 名
カウンセラー：カウンセラーが土曜日に、スクールライフサポーターが週 2 日勤務しています。

2024 年度の募集要項

募集について

（オリジナルコース）
●募集人員：普通科　1 年次　100 名（推薦 30 名、一般・チャレンジ 70 名）2 年次 60 名、3 年次 40 名　●出願期間：(推薦) 2024 年 1 月 15 日〜1 月 20 日まで、[1 期] 新入生・転・編入生（一般・チャレンジ）2 月 1 日〜4 月 15 日まで [2 期] 転入生　5・6・7・8・9・10・11・12 月下旬　●試験日：(推薦) 1 月 22 日 (一般・チャレンジ) 2 月 10 日以降指定日（原則として週 1 回実施）　●選抜方法：(推薦) 作文、面接 (一般) 国語、数学、英語、面接 (チャレンジ) エントリーシート、作文　●選考料：15,000 円
（スタンダードコース）
●募集人員：普通科　1 年次　100 名　2 年次　60 名　3 年次　40 名（男女）　●出願期間：[1 期] 新入生・転・編入生　2024 年 2 月 10 日〜4 月 15 日まで [2 期] 転入生　5・6・7・8・9・10・11・12 月下旬　●選抜方法：筆記（簡易試験）・面接　●試験日：2 月 20 日以降指定日（原則として週 1 回程度実施）　●選考料：10,000 円
（選科生）
●出願期間：(前期生) 2024 年 3 月 1 日〜4 月 22 日まで (後期生) 2024 年 9 月 1 日〜9 月 25 日／　●選抜方法：書類選考・面接

学費について

（オリジナルコース）
●入学金：80,000 円　●授業料：1 単位 15,000 円　●施設費等：55,252 円　●教育運営費：80,000 円　●合計：635,252 円（年間 28 単位履修の場合）※授業料には就学支援金や東京都授業料軽減助成金の利用が可能な場合あり。
（スタンダードコース）
●入学金：50,000 円　●授業料：1 単位 9,000 円　●施設費等：15,252 円　●教育運営費：30,000 円　●合計：347,252 円（年間 28 単位履修の場合）※授業料には就学支援金や東京都授業料軽減助成金の利用が可能な場合あり。
（選科生）
●納付金：1 単位につき 9,000 円

2022 年度卒業生の進路状況

【進路先内訳】
四年制大学・短大・専門学校…75%　　　　　就職…17%
各種学校・浪人…6%　　　　　　　　　　　未定…2%

【通信制】

精華学園高等学校 町田校

（ https://seika-machida.jp ）

■校舎長：黒氏 健一朗
■住 所：〒194-0013 東京都町田市原町田 4-1-10 4F
■電 話：042-739-7140 ■FAX：042-739-7141
■最寄駅：小田急線「町田」駅より徒歩 8 分
　　　　　JR「町田」駅より徒歩 5 分
■沿革：2010 年 10 月開校
■教育理念：
「高校を卒業したい」「友だちと交流したい」という目標を持っ
ている生徒にとって
・自由な雰囲気の中で学習をする場
・レクリエーションで生徒同志が交流を深める場　です。

特色　校舎長が公認心理師（臨床心理士）です。
心理学の観点から不登校の中高生の理解やサポートを
行っています。
スクーリングはすべて町田校で行います。

○教員と公認心理師（臨床心理士）による入学相談
教員が教育の視点から、公認心理師が心理学の視点からお子さん
にベストな提案をいたします。実施日時はお問合せを。

●自由参加の体験学習がたくさんあります。
（過去 3 年位の体験学習の一例）

○卒業生主催の、在校生と中学生がゲームで交流するイベント
（月 2 回）

○地域でのボランティア活動
・AIDS 文化フォーラム in 横浜　会場ボランティア
・寺フェス（お寺主催のイベントで子ども向けのゲームーコーナ
ーを出店）
・ボランティア＆職場体験 in 群馬（伊香保温泉での職場体験 他
2 泊 3 日）

○レクリエーション
・ボードゲームで交流
・クイズで交流
・調理（ピザ・バターチキンカレー 他）
・お菓子作り（クレープ・パフェ・フルーツサンド 他）

○進路ガイダンス
・大学進学ガイダンス
・分野別ガイダンス（イラスト・ゲーム・プログラミング他）
・職業学習「社会に出て働くってなんだろ？」
・職業学習「職業選択の方法」
・自己理解（適性検査）・社会理解

○宿泊学習
・1 泊校外学習（三浦・御殿場 他）
・ボランティア＆職場体験 in 群馬（伊香保温泉での職場体験他
2 泊 3 日）

○校外学習
　・新江ノ島水族館
　・よみうりランド
　・日清カップヌードルミュージアム
　・よこはま動物園ズーラシア
　・BBQ
　・ミュージカル鑑賞
　・芋掘り・みかん狩り
　・森永エンジェルミュージアム　等

生徒情報

【不登校生】
公認心理師がカウンセリングを行います。
【保護者連絡】
保護者面談は年に 2 回実施しています。毎月、ニュースレタ
ーを発行し、授業や行事の様子を報告しています。

【生徒数】　　　　　　　　　　　　　　　　2023 年 2 月現在
3 学年の合計で 45 名位の少人数制です。
【教員数】
専任講師：男性 1 名、女性 1 名
非常勤講師：男性 1 名、女性 7 名
カウンセラー：1 名常駐しています。

2023 ～ 2024 年度の募集要項

募集について

【一般入試】
募集定員：1 年間で 15 名程度（新・転・編入学の合計）
出願受付：新入生 12 月 1 日～
　　　　　※5 月頃より入学の予約を開始し、予約が定員になり次
　　　　　第募集終了
　　　　　※転編入生は随時。10 月 1 日付新入学あり
試 験 日：日時を相談して決定
選考方法：本人との面接
選 考 料：10,000 円
※お気軽にお問い合わせください。

学費

※お気軽にお問い合わせください。

卒業生の進路状況

【主な合格実績】※ 2010 年の開校からの実績
《大学》
麻布大学・桜美林大学・学習院大学・國學院大学・北海道短期大学部・
中央大学・東京工芸大学・法政大学・東北大学・和光大学・明治大学・
大阪教育大学・大阪総合保育大学・駒沢女子大学・明星大学・東京農業
大学
《専門学校》
アーティステック B 横浜美容専門学校・神奈川県立職業技術校・工学院
八王子専門学校・国際ビューティーカレッジ・首都医校・情報科学専門
学校・町田デザイン＆建築専門学校・東放学園映画専門学校

学習システムの特徴

・通学回数は週 1 ～ 5 日まで自分のペースで通えます。
（少人数制）
・自由でアットホームな雰囲気です。
・外部講師による特別授業や職業学習、校外学習など
の機会が多いです。

◇◇◇◇◇◇◇◇◇◇ この学校にアクセスしてみよう！

学校説明会	入学前電話相談	文化祭見学	体育祭見学	資料請求
○	○	—	—	○

※資料は、電話または info@seika-machida.jp までご請求下さい。
▼学校説明会　個別相談で説明をしています。
　事前予約制で平日・土日祝日　10:00 ～ 20:00
※教員と公認心理師（臨床心理士）による入学相談を行っています。

【広域通信制】 （単位制）

聖パウロ学園高等学校

（ https://st-paul.ed.jp ）

■校長名：小島　綾子
■住　所：〒192-0154　東京都八王子市下恩方町 2727
■電　話：042-651-3882　■ＦＡＸ：042-651-7076
■最寄駅：JR 中央線「高尾」駅下車スクールバス 15 分
■生徒が入学できる都道府県：
　東京、埼玉、千葉、神奈川、山梨、北海道、福島、長野、新潟、静岡、
　京都、大阪、兵庫、長崎、宮崎、青森、秋田、岩手、栃木、群馬、茨城、
　愛知、三重、和歌山、広島、山口、岡山、愛媛、福岡、鹿児島
■沿革：
　1948 年　港区赤坂に全日制男子校として創立
　1972 年　八王子市に校舎全面移転
　2002 年　通学制（男女）開始
　2004 年　通信制課程設置認可

■形態・課程・学科：併設校・単位制による通信制課程・普通科
■併設する課程：学年制による全日制課程
■併設課程への転籍：全日制課程転入学試験に合格した者は転籍できる。
■入学・卒業時期：
　・入学時期 4 月、10 月　・卒業時期 3 月、9 月
■修業年限：3 年以上　■学期制：2 期制（前・後期制）
■卒業認定単位数：74 単位
■実務代替：あり
■技能審査：あり
■開設講座数：60 講座

スクーリングの日数と場所

【場　所】
　本校

特色

●豊かな自然環境の中で、乗馬や自然体験学習など特色ある
　授業をおこなっています。
●安心して学校生活をおくることができるよう、少人数制で
　きめ細かい丁寧な指導をおこなっています。（クラス担任
　がいます。）
●服装・髪型などについては、高校生らしいマナーとルールに基づいて
　指導しています。
●学習面の不安を持っている方でも、中学校の復習からおこない、安心
　して学ぶことができます。
●通信制の高校でありながら、確かな進学実績があります。大学進学を
　目指す方もぜひ入学してください。
　→上智大学（優先入試）、日本大学　他（指定校推薦）

【登校日数とコース】
●平日通学したい方（高校生の年齢の方のみ）
　　　　　　　　　　　　　　→「週 3 日～5 日登校コース」
●土曜日に学習したい方（社会人可）→「隔週コース」（月に 2 回）
●自宅で学習を進めたい方（社会人可）
　　　　　　　→「放送視聴コース」（7 月と 12 月に集中スクーリング実施）

※各コースとも、学習面で不安をもつ生徒のために「学習サポート日」
　を設け、丁寧な指導を受けることができます。

◇◇◇◇◇◇◇◇ この学校にアクセスしてみよう！

学校説明会	入学前電話相談	文化祭見学	体育祭見学	資料請求
○	○	―	―	○

▼学校説明会　8 月・11 月・12 月に実施
※個別相談・見学にも随時対応しています。（電話でご連絡ください。）
※資料はHP、電話、ＦＡＸなどでお取り寄せ下さい。（無料）

生徒情報

【不登校生】
不登校を経験した生徒が入学し、共に学んでいます。
【転編入生】
前籍高校で修得した単位を卒業条件に加算します。高校在籍経験者
は、随時、入学相談に応じます。
【保護者連絡】
保護者会、面談、電話連絡などにより、保護者の方々との定期的な
連絡・連携を図っていきます。

【教員数】
　　教員：男性 4 名、女性 3 名／講師：男性 2 名、女性 4 名

【生徒数】　　　　　　　　　　　　　　　　2023 年 5 月 1 日現在

年次	生徒数	男女比	クラス数	1 クラスの平均人数
1 年次	33 名	7：3	4 クラス	15 名
2 年次	48 名	6：4	4 クラス	20 名
3 年次	52 名	5：5	4 クラス	18 名

2024 年度の募集要項

※ 2024 年度以降の募集については本校 HP 等でご確認ください。
※募集要項、パンフレットは HP または電話で請求できます。（無料）

募集について

【普通科・男女】
募集人員：推薦入試　20 名
　　　　　一般入試　「週 3 日～5 日登校コース」30 名
　　　　　　　　　　「隔週コース（土曜日）」・「放送視聴コース」
　　　　　　　　　　150 名
出願書類：①入学願書
　　　　　②調査書（中学校の所定用紙可、本校書式あり）
　　　　　③合否通知用封筒（本校指定封筒）
　　　　　④【推薦入試志願者のみ】推薦書
　　　　　⑤【転入生のみ】転入学照会状および在学証明書
　　　　　※書類は指定封筒で「簡易書留」にて郵送、
　　　　　　または窓口で提出
選抜方法：書類選考・面接（本人）

学費について

入 学 金：　30,000 円
施 設 費：　30,000 円（年額）
授 業 料：　 8,000 円（1 単位当たり）
補 習 費：　15,000 円（1 科目当たり）
　　　　　（補習費は「週 3 日～5 日登校コース」のみ）
※就学支援金の適用により、学費が軽減される場合があります。

卒業生の進路状況

【主な合格実績】
横浜国立大学、横浜市立大学、早稲田大学、上智大学、中央大学、法政
大学、日本大学、駒澤大学、清泉女子大学、実践女子大学、跡見学園女
子大学、亜細亜大学、東京福祉大学、國學院大學、白百合女子大学、東
洋英和女学院大学、大妻女子大学、多摩美術大学、成蹊大学、成城大学、
神奈川大学、松蔭大学、日本工学院八王子専門学校、東京工科自動車専
門学校、上智社会福祉専門学校　他

【カトリック特別入試】
上智大

【指定校推薦】
日本大、聖心女子大、白百合女子大、清泉女子大、東京純心女子大、聖
カタリナ大、カリタス女子大、恵泉女学園大、立教女学院短大、上智短大、
ものつくり大、江戸川大、尚美学園大、聖学院大、静岡産業大、日本橋
学館大、日本経済大、国際短大、山梨学院大　他

【広域通信制】 （単位制）

東海大学付属望星高等学校

とうかいだいがくふぞくぼうせいこうとうがっこう

(https://www.bosei.tokai.ed.jp)

■校長名：吾妻 俊治
■住　所：〒151-0063　東京都渋谷区富ヶ谷 2-10-7
■電　話：03-3467-8111　■FAX：03-3467-8114
■最寄駅：小田急線「代々木八幡」駅下車、徒歩 8 分
　　　　　東京メトロ千代田線「代々木公園」駅下車、徒歩 8 分
　　　　　京王井の頭線「駒場東大前」駅下車、徒歩 13 分
■生徒が入学できる都道府県：全国 47 都道府県
■沿　革：
　1959 年　3 月 東海大学付属高等学校通信教育部として開設
　　　　　　5 月 FM 東海実験局より教育番組放送開始
　1963 年　4 月 東海大学付属望星高等学校として独立
　1970 年　4 月 FM 東京開局 本校の通信教育講座配信
　1975 年　3 月 広域通信制高等学校として認可される
　1979 年　3 月 技能連携コース開設
　1989 年　4 月 単位制コース開設
　1995 年　4 月 衛星ラジオ（CS-PCM）による通信教育講座開始
　2010 年　4 月 インターネット配信による高校通信教育講座開始
　2016 年　4 月 リニューアル実施（コースの一本化）
　2021 年　4 月 新校舎での教育スタート（最新の ICT 環境を整備）
■建学の精神：
　＜創立者が掲げた 4 つの言葉＞
　　若き日に　汝の思想を培え
　　若き日に　汝の体躯を養え
　　若き日に　汝の智能を磨け
　　若き日に　汝の希望を星につなげ

■形態・課程・学科：独立校・単位制による通信制課程・普通科
■併設する課程：なし
■入学・卒業時期：
　・入学時期　4 月、10 月（転入生を除く）　・卒業時期　3 月、9 月
■修業年限：3 年以上（在籍年数には制限なし）
■学期制：完全 2 学期制（学期ごとに単位認定）
■卒業認定単位数：74 単位以上
■実務代替：なし
■技能審査：なし

特色
「たのしく学ぶ・しっかり学ぶ」をモットーにした多様な学習活動を用意。未来へ大きくステップするための学びができる、大学付属の通信制高校です。授業はタブレットやスマホで視聴できるので、いつでも・どこでも学習できます。科目選択をすれば数学Ⅲ、英語コミュニケーションⅢ、物理など、全日制と同等の科目内容を学習できます。そして卒業生の約半数が東海大学をはじめとする大学・短大に進学しています。

○自分のペースで学習できる！
　1959 年に開始したオリジナルの高校通信教育講座は常に進化を続けています。いつでも・どこでも自由に視聴し、自分のペースで学習することができます。登校は月 2 回～3 回の他、希望すれば学習日を増やすことができます。（詳細→「スクーリングの日数と場所」をご覧ください）

○全日制の進学アベレージを超える大学・短大への合格実績！
　全日制に引けを取らない開講数の高校普通科目から、自分の学力や進路にあわせて学習を進める事ができるので、着実なステップアップが可能。東海大学が行う一貫教育（付属学校推薦型選抜）によって内部進学を果たす生徒をはじめ（2023 年度 32 名）、指定校推薦枠も 60 以上あり、卒業生の約半数が大学・短大に進学します。また難関国公立・私立大や医学系学部への合格者も多数輩出しています。

2022 年度卒業生の進路状況

【進路先】
＜卒業者数…159 名（本校生）＞
併設大学…32 名　　　　　他大学…47 名
短大…5 名　　　　　　　専門学校…24 名
受験準備他…49 名　　　　就職…2 名

生徒情報

○望星には個性あふれる生徒がたくさん集まります。
高校卒業を目指す人、学業と他の目標を両立したい人、高校生活を楽しみたい人、社会人高校生など今まで関わりのなかったタイプの人でも、話してみると新たな発見があり刺激があります。学校行事は選択制で無理なく参加できます。サポート学習に参加して学びの機会や登校日数を増やしたり、生徒会活動、部活動の機会もあり仲間が少しずつ増えていきます。一方で一人になれる居場所もあり安心。自分らしく居られるそんな学校です。

【生徒数】　　　　　　　　　　　　　2023 年 12 月 1 日現在

年次	生徒数	男女比	クラス数	1 クラスの平均人数
1 年次	119 名	5：5	4 クラス	29 名
2 年次	134 名	5：5	4 クラス	33 名
3 年次	165 名	4：6	4 クラス	42 名
4 年次以上	37 名	5：5	2 クラス	19 名

スクーリングの日数と場所

【登校日数】
月 2～3 回からプラスした登校日数まで、自分に合った登校スタイルを選べます。
　○スクーリング　月 2～3 回（指定の水曜日または日曜日。一年次生は金曜日）※単位修得の必須条件
　○サポート学習　スクーリングのない平日（不定期）
　　　　　　　　　※希望制・無料
　高 1 では高校の学習に慣れるためのサポートから始まり、高 2 以上では、東海大学への付属推薦指導をはじめ進学に向けて学習内容を深めていきます。
【場　所】東京都渋谷区富ヶ谷 2-10-7
　　　　　新宿・渋谷・下北沢から電車・徒歩で計 16 分

2024 年度の募集要項

募集について

【一般入試】
募集人員　新入生 40 名（男女）転編入 80 名
Web 出願期間　①2 月 1 日～2 月 7 日　②2 月 26 日～3 月 2 日
　　　　　　　③3 月 8 日～3 月 14 日　④3 月 25 日～4 月 2 日
試験日　①2 月 10 日　②3 月 5 日　③3 月 18 日　④4 月 4 日
試験方法：面接、作文、書類
受験料：6,000 円
※受験資格　全国（保護者宅から本校に通学できる方）

【推薦入試】
募集人員　40 名
Web 出願期間　1 月 15 日～1 月 18 日
試験日　2023 年 1 月 22 日
試験方法：面接、作文、書類
受験料：6,000 円

学費について

入 学 金：　　　20,000 円
施設設備費：　　　23,000 円
授 業 料：　　264,000 円
諸 会 費：　　　94,000 円
──────────────────
合計（初年度）　401,000 円　※2 年以降合計年額　348,000 円
※高校に在籍している受験生（転・編入生）は、入試担当までお問い合わせください。
※高等学校就学支援金を受けることができます。
※授業料軽減助成金（生徒・保護者都内在住）を受けることができます。

238

【通信制】 （単位制）

東京都立新宿山吹高等学校

とうきょう と りつしんじゅくやまぶきこうとうがっこう

(https://www.yamabuki-hs.metro.tokyo.jp/)

■校長名：永浜 裕之
■住　所：〒 162-8612　東京都新宿区山吹町 81 番地
■電　話：03-5261-9771
■ＦＡＸ：03-5261-9750
■最寄駅：地下鉄東西線「早稲田」駅または「神楽坂」駅下車、
　　　　　徒歩 10 分
　　　　　地下鉄有楽町線「江戸川橋」駅下車、徒歩 10 分
　　　　　地下鉄大江戸線「牛込柳町」駅下車、徒歩 15 分
■生徒が入学できる都道府県：
　東京（在住または在勤）
■沿革：
　平成 元 年 4 月　東京都立単位制高等学校開設準備室を設置
　平成 3 年 4 月　第 1 回入学式を挙行（234 名入学）
　令和 2 年 4 月　117 名入学
■教育理念：
　生徒が生涯にわたって主体的に学び、自己実現を図れるように
　指導する。生徒の自主性を尊重し、教育内容・方法の充実に努
　める。

■形態・課程・学科：
　単位制による通信制課程・普通科
■併設する課程：
　単位制による定時制課程（1 部〜 4 部）
■併設課程への転籍：なし
■入学・卒業時期：
　・入学時期　4 月　　・卒業時期　3 月
■修業年限：
　・前在籍校の在籍期間と通算して 3 年
　　（在籍最長年数：6 年）
■学期制：2 期制　　■卒業認定単位数：74 単位
■実務代替：なし　　■技能審査：なし

スクーリングの日数と場所

【登校日数】
　毎週土曜日
　（各科目のスクーリング出席の規定時間数以上出席する必
　要があります）

 特色

通信制では、インターネットを活用した新たな学習システムを導入しています（令和 4 年度 Web 学習コース開始）。
本校は地下 1 階、地上 7 階建ての校舎で全館冷暖房が完備されています。温水プール、地下体育館、全天候型テニスコート、マルチビジョン、自習室などの施設が快適な学習環境を作っています。

併修・単位について

1 年間で 31 単位まで履修することができることにより、通信制のみで 3 年間で卒業することが可能です。定時制科目の併修は 2 年目以降可能ですが、条件があります。

学校行事

入学式、進路説明会、文化祭（定時制と合同）、卒業式

生徒情報

【不登校生】

【転編入生】

【保護者連絡】

【生徒数　普通科】　　　　　　　　2023 年 3 月 31 日現在

年次	生徒数	クラス数	1 クラスの生徒数
無学年制	360 名	10 クラス	26 〜 48 名

2024 年度の募集要項

募集について

【一般入試】
募集人員：普通科　1 学年相当　　　　　50 名
　　　　　　　　　2 学年相当以上　　　60 名

出願期間：4 月 1 日（月）9：00 〜 15：00
　　　　　4 月 2 日（火）9：00 〜 15：00

試 験 日：4 月 6 日（土）

選抜方法：1 学年相当…国数英
　　　　　2 学年相当…国数英

※応募資格：中学校を卒業した者またはそれと同等以上の学力があると認めた者、都内在住か在勤

学費について

入学金：　　　　　　500 円
授業料：1 単位　　　336 円（年間）
タブレット端末：30,000 円程度
スタディーサプリ加入金：6,000 〜 9,000 円程度

※詳細はお問い合わせ下さい。

2022 (令和 4) 年度 3 月卒業生の進路状況

【進路先】
卒業者数…104 名
大学…36.5%　　　専門学校等…8.7%
就職…7.7%　　　　進学準備等…26.9%　　　その他…4.8%

【主な合格実績】
東京外国語大学、慶應義塾大学、早稲田大学、上智大学、国際基督教大学　など

◇◇◇◇◇◇◇◇◇ この学校にアクセスしてみよう！

学校説明会	入学前電話相談	文化祭見学	体育祭見学	資料請求
○	○	－	－	○

※資料は経営企画室生徒係へ問い合わせて下さい。

【通信制】　　　　　　　　　　　　　　　　　　　　　（単位制）

東京都立砂川高等学校

とうきょうとりつすながわこうとうがっこう

(https://www.metro.ed.jp/sunagawa-hc/)

■校長名：大場　充
■住　所：〒190-8583　東京都立川市泉町935-4
■電　話：042-537-4982　　■FAX：042-534-0525
■最寄駅：多摩モノレール線「泉体育館」駅下車、徒歩3分
■生徒が入学できる都道府県：
　東京
■沿革：
　2005年4月学科改編

■形態・課程・学科：併設校、単位制による通信制、普通科
■併設する課程：定時制（3部制）
■併設課程への転籍：東京都の転学募集に応募し合格すれば可能
■入学・卒業時期：
・入学時期　4月
・卒業時期　3月（条件を満たせば9月卒業もあり）
■修業年限：3年以上（最長年数：6年）
■学期制：2学期制
■卒業認定単位数：74単位
■始業・終業時刻：－
■技能連携：なし　　■実務代替：なし　　■技能審査：なし
■開設講座数：47科目

スクーリングの日数と場所

【登校日数】
　スクーリングは土曜日（年24日）、平日（年16日）設定。
　必要な日数は登録している科目数により異なります。
【場　所】
　本校

特色
自分の生活スタイル優先の方向きです。
平成27年度より半期認定科目設置しました。

併修・単位について
他の都立高（定時）の生徒が当該校では履修できない科目を本校で10単位まで併修できる制度があります。

クラブ活動
【部活動数4、加入率5%】
テニス、バスケットボール、バドミントン
文化活動

学校行事
ホームルーム、セーフティ教室、スポーツ大会、校外学習、文化祭　他

進学・補習指導
進学説明会、就職説明会、学習支援ボランティア

生活指導
学校指定の制服はありません。
自動車やバイク通学はできません。

◇◇◇◇◇◇◇ この学校にアクセスしてみよう！

学校説明会	入学前電話相談	文化祭見学	体育祭見学	資料請求
○	○	○	－	－

▼学校説明会　2025年3月22日（土）
※スクーリング実施日（土）に見学会を行っています。（要電話予約）

生徒情報

【転編入生】
編入学生は4月のみ。
転入学生は4月、募集があれば9月及び1月にも転入学できます。

【生徒数】　　　　　　　　　　　　2023年5月1日現在

年次	生徒数	男女比	クラス数	1クラスの平均人数
1年次	652名 無学年制	287：365	15クラス	43名
2年次				
3年次				

【教員数】
　教員：男性9名、女性7名／講師：8名
　カウンセラー：1名　ユースソーシャルワーカー：4名

2024年度の募集要項

募集について

【一般入試】
募集人員：1学年相当160名、2学年相当以上15名※
出願期間：4月2日（火）9：00～15：00
　　　　　4月3日（水）9：00～15：00
試験日：4月7日（日）

※2学年相当以上は同一日程で補欠募集あり

学費について

入学金：	500円
授業料：	336円 ×登録単位数
教材費：	約50,000円～60,000円
施設費：	0円
諸経費：	165円（スポーツ振興センター）
合計：	約60,000円～70,000円（1年間）

2022年度卒業生の進路状況

【進路先】
卒業者数…141名
進学…49名　　　　就職…13名　　　　その他…79名

【主な合格実績】
大学・短大：東京都立大、亜細亜大、桜美林大、女子美術大、拓殖大、帝京大、東京純心大、日本大、日本獣医生命科学大、佛教大、文京学院大、武蔵野美術大、秋草学園短大、国際短大、洗足こども短大、帝京大学短大　など
通信教育：京都芸術大、創価大、東京通信大、東京福祉大、日本大、放送大、武蔵野大　など
専門学校など：東京都立職業能力開発センター、窪田理容美容専門、国際文化理容美容専門国分寺校、専門学校デジタルアーツ東京、専門学校東京テクニカルカレッジ、多摩リハビリテーション学院専門、東京工学院専門、東京西の森歯科衛生士専門　など
【就職先】
株式会社アスモ介護サービス、株式会社伊豆榮、株式会社魚力、株式会社サカイ引越センター、株式会社GMG八王子ゴルフ場、株式会社東京ビルド、株式会社トラバースエンジニアリング、株式会社P16、株式会社フードバディーズ　など

【通信制】 （単位制）

東京都立一橋高等学校

とうきょうとりつひとつばしこうとうがっこう

(https://www.hitotsubashi-h.metro.tokyo.jp/)

■校長名：樋口 博文
■住 所：〒 101-0031　東京都千代田区東神田 1-12-13
■電 話：03-3865-6536（通信制職員室）
　　　　　03-3862-6061（代表）
■ＦＡＸ：03-5687-1862
■最寄駅：JR 総武線「浅草橋」駅下車、徒歩 7 分
　　　　　都営新宿線「馬喰横山」駅下車、徒歩 4 分
■生徒が入学できる都道府県
　東京（注：都在勤者なら都外在住者でも入学資格を認める《在勤証明が必要》）
■沿革：
　2005 年　開校

■形態・課程・学科：
　併設校・単位制による通信制課程・普通科
■併設する課程：単位制による昼夜間定時制課程（3 部制）
■併設課程への転籍：あり
■入学・卒業時期：
　・入学時期　4 月　　・卒業時期　3 月
■修業年限：3 年以上（在籍最長年数：6 年）
■学期制：2 学期制
■卒業認定単位数：74 単位
■始業・終業時刻：8 時 45 分～ 15 時 00 分、1 日 6 時限、1 時限 45 分
■技能連携：なし　　■実務代替：なし　　■技能審査：なし

スクーリングの日数と場所

【登校日数】
土曜スクーリング（年間 24 回）
前期・後期の試験日（試験日計 4 日）
新入生指導日、始業式、入学式、卒業式

特色　通信制ですが、体験活動や通信フェスタ・スポーツ大会等の行事、部活動も活発です。

併修・単位について　在籍 2 年目から定時制の科目を併修できます。併修できる単位は年間 10 単位以内（卒業までに計 20 単位以内）です。

クラブ活動　バスケットボール、サッカー、軽音楽、美術コミック、写真、茶道、バドミントン、硬式テニス、家庭クラブ、ダンス、クイズ研究会などの部・同好会があります。

生活指導　学校指定の制服はありません。

この学校にアクセスしてみよう！

学校説明会	入学前電話相談	文化祭見学	体育祭見学	資料請求
○	○	－	－	－

※資料は原則として、ご来校の上ご請求ください。
▼学校説明会・個別相談会（通信制課程）※予定
　2024 年 12 月 25 日（土）、2025 年 3 月 1 日（土）
　詳しくはお問い合わせください。

生徒情報

【不登校生】
過去に不登校だった生徒も通信制の学習になじんで、単位を修得している人が多くいます。ホームルーム担任制で、担任が親身になって相談にのります。
【転編入生】
入試があります（国・数・英）。
転入生の入学時期は 4 月が中心です。
編入生の入学時期は 4 月です。

【生徒数】　　　　　　　　　　　　　2023 年 5 月 1 日現在

生徒数	男女比	クラス数	1 クラスの平均人数
660 名	1：1	13 クラス	43 名

※ 2018 年度より無学年制

【教員数】
　教員：男性 10 名、女性 6 名
　講師：男性 14 名、女性 5 名
　スクールカウンセラー：1 名　ユースソーシャルワーカー：4 名

2024 年度の募集要項

募集について
【一般入試】
募集人員：普通科　1 学年相当　　160 名
　　　　　　　　2 学年相当以上 転学・編入学募集として実施
出願期間：4 月 1 日（月）10：00 ～ 15：00
　　　　　4 月 2 日（火）10：00 ～ 15：00
試験日：4 月 5 日（金）
選抜方法：国数英

学費について
入学金：　　500 円
授業料：1 単位　336 円（年間）
その他：日本スポーツ振興センター共済掛金（165 円／年）
　　　　生徒会費（605 円／年）、教材費、レポート等郵送費など実費
※高等学校等就学支援金制度が利用可能です。
　詳しくはお問い合わせください。

2022 年度卒業生の進路状況

【進路先】
卒業者数…149 名
四年制大学…12.1%　　短期大学…4.6%
専門学校…8.7%　　　就職…6.0%　　　その他…68.6%

【主な合格実績】
（大学）国立音楽大、国際医療福祉大、国士舘大、駒澤大、昭和女子大、駿河台大、清和大、高千穂大、津田塾大、帝京科学大、東京福祉大、獨協大、日本大、武蔵野美術大
（通信制大学）産業能率大、産業能率短大、聖徳短大、東京通信大、日本大、放送大
（各種学校等）東京ガラス工芸研究所、バンタンクリエイターアカデミー
（職業能力開発センター）城東職業能力開発センター
（専門学校）アクロートスクール、アフロートネイルスクール、ヴィーナスアカデミー東京校、エスモードジャパン東京校、神戸製菓専門、さいたま柔整専門、首都医校　他多数
（就職）KSG 株式会社、エス歯科グループ、株式会社エフエスユニマネジメント、株式会社キノトロープ　他多数

北海道
青森
岩手
宮城
秋田
山形
福島
茨城
栃木
群馬
埼玉
千葉
東京
神奈川 ★
新潟
富山
石川
福井
山梨
長野
岐阜
静岡
愛知
三重
滋賀
京都
大阪
兵庫
奈良
和歌山
鳥取
島根
岡山
広島
山口
徳島
香川
愛媛
高知
福岡
佐賀
長崎
熊本
大分
宮崎
鹿児島
沖縄

【広域通信制】　　　　　　　　　　　　　　　　　　　　　（単位制）

（かしまやまきたこうとうがっこう）

鹿島山北高等学校

（ https://www.kg-school.net/yamakita　E-mail でのご質問は HP よりどうぞ ）

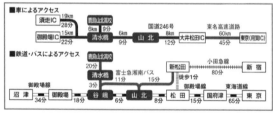

- ■校長名：石塚　孝男
- ■住　所：〒 258-0201　神奈川県足柄上郡山北町中川 921-87
- ■電　話：0465-78-3900　　■FAX：0465-78-3901
- ■最寄駅：JR 御殿場線「谷峨」駅　バス 20 分
　　　　　スクーリング時小田急線新松田駅よりスクールバス運行
- ■生徒が入学できる都道府県：全国 47 都道府県
- ■沿革：2017 年 9 月 1 日開校
- ■創立理念：
　「大自然から現代社会へ」をテーマに
　「生きる力」を育んでいきます。
　地域と連携し、生徒がコミュニティーの一員になることで、
　課題発見・解決能力を養います。

- ■形態・課程・学科：独立校、単位制による通信制課程・普通科
- ■入学・卒業時期：
　・入学時期　4 月・10 月　　・卒業時期　3 月・9 月
　　※転編入生は毎月入学可能
- ■修業年限：3 年以上（在籍最長年数：8 年）
- ■学期制：2 学期制
- ■卒業認定単位数：74 単位

スクーリングの日数と場所

山北町で宿泊型スクーリングを行います。

生きる力＝「自ら考え行動し、変化する社会の中で生き抜いていくことができる力」を身に付けるために、「なぜ？どうして？」と感じる力を磨いていきます。自然豊かな山北町は「なぜ？どうして？」が溢れている場所です。鹿島山北高校では、実際に肌で感じ、学び、考えることができる体験型スクーリングを実施していきます。

【体験活動例】

丹沢湖でのカヌー体験や、丹沢山域の滝をめぐるハイキング、湖の周辺の自然を満喫できるサイクリングなど、大自然が舞台となる特色のある体験活動を行います。ピザ作り体験、BBQ なども自然の中で、自分の手で作ると一味違います。

今まで、アウトドア活動をやったことがない人でも、楽しく安全に活動できるよう取り組んでいます。

【登校日】

宿泊スクーリング…3 泊 4 日（年 1 回以上の参加）
※履修単位数に応じて宿泊日数及び参加回数は異なります。

【場　所】

鹿島山北高等学校
〒 258-0201　神奈川県足柄上郡山北町中川 921-87
TEL：0465-78-3900

【その他】

電話・メール等でレポートの指導を行います。また、視聴覚教材の提供も行います。

鹿島山北高等学校は、豊かな自然に恵まれた山北町（神奈川県）とのタイアップによって 2017 年 9 月に開校した、カシマ通信教育グループ（姉妹校：鹿島学園高等学校、鹿島朝日高等学校）の新しい通信制高校です。

1.　47 都道府県から入学可能
2.　「就学支援金」により授業料が減免されます
　　※各世帯の収入状況により、受給できない場合があります。

鹿島山北高等学校は神奈川県西部の山北町、丹沢湖のほとりに位置し、校地の外周 270 度がぐるっと湖面に囲まれている半島に建っています。丹沢湖は自然の環境を大切にした美しい湖で、「全国ダム湖百選」、「かながわの景勝 50 選」などに選ばれており素晴らしい景観です。湖畔からは富士山の眺望、春の桜、秋の紅葉など四季折々の自然が楽しめます。

山北町の周囲に広がる丹沢山地は美しい山々が連なり、登山やハイキングにもってこいです。また、丹沢湖でのカヌー体験や自然の中でのマスの掴み取り体験もできます。さらに、周辺にはキャンプ場・渓流釣り場・中川温泉などもあり、多くのアウトドア派に人気のスポットとなっています。

そのような素晴らしい環境の地に鹿島山北高等学校はあります。恵まれた大自然の環境の中で、多くのアクティビティプログラムを体験し、都会に暮らす子ども達に、「新しい自分を発見して欲しい！」と願っています。

◇◇◇◇◇◇◇◇◇◇ **この学校にアクセスしてみよう！**

学校説明会	入学前電話相談	文化祭見学	体育祭見学	資料請求
○	○	−	−	○

※個別に入学相談を受け付けています。
※資料はお電話にてお問い合わせください。10 時～ 17 時。

学習システム

地域特性を活かした４つの独自科目

鹿島山北高等学校では、山北町の恵まれた教育環境を最大限に活用し、「森林保全と生命」「山北町の新しい農業」「山北町の観光促進」「介護支援とコミュニケーション」の４つを「学校設定科目」として教育課程（カリキュラム）に組み入れています。これらの科目では、地域の方々に直接指導いただく現場支援実習を通じ、現状を知ることから始め、課題や問題点を自分たちで見つけ出し、それをどのように解決していくべきかを考えます。

ホンモノに触れることで「生きる力」を育てます。

見る（視覚）…目をこらして星空を眺める
聞く（聴覚）…鳥の声を聞く
味わう（味覚）…自分で捕まえた魚を食す
嗅ぐ（嗅覚）…森のにおい、季節のにおい
触れる（触覚）…自然に触れる
自然体験を通し五感にはたらきかけます！

生活指導

高校生活を通じ、人間力をしっかりと身に付けて欲しいと考えています。挨拶など礼儀を大切にしてください。

指定の制服（制服の購入は自由）があります。また、自然体験時や式典時には服装を指定します。通常授業の服装は自由ですが、華美な装飾は避け、高校生らしい格好を心がけてください。

車・バイク通学は不可。

学校行事

自然体験アクティビティ（カヌー・登山・サイクリング等）、ピザ作り体験、遠足、BBQ、音楽祭など。

<選べる多彩な授業：オプションコース>

○**大学進学コース**：それぞれの目標に合わせた、プロ講師の指導で、志望校合格を目指す。
○**海外留学コース**：アメリカ・カナダ・マルタ・ニュージーランド・オーストラリア・マレーシアなど、短期・中期・長期留学を通して国際人を目指す。
○**アニメ・マンガ・声優コース**：作画などの基礎から学び、アニメーター・漫画家・声優としての豊かな表現力を養い、プロデビューを目指す。
○**ダンスコース**：基礎からしっかりとプロから学ぶことで、韓国などの海外に渡っても通用するグローバルなエンターテインメントアーティストを目指します。
○**美術・美大進学コース**：イラスト・絵画・造形について、アナログのデッサンからデジタルツール必須の基礎を幅広く学び、美大受験に向けた専門的、多彩なスキルを身に付ける。
○**ITコース**：これからの時代に必須の「＋DX」教育を学び、デジタル社会に対応できる人材を育成します。

○**スキルアップコース**：資格取得や就職・芸事など将来に目的に合わせた技術を身に付ける。
○**音楽コース**：音楽の基礎から実践的なテクニックまで、音楽中心の高校生活を実現する。
○**スポーツコース**：学習サポートを受けながらゴルフやボクシングなど、全くの初心者からスタートできる。
○**ネイル・メイクコース**：ネイリスト・メイクアップアーティストに必要な知識とテクニックを学ぶ。
○**保育・福祉コース**：将来、保育や福祉のエキスパートを目指すための基礎を学ぶ。
○**美容・エステコース**：エステティシャン・セラピストに必要な技術と知識を学ぶ。
○**ファッション・デザインコース**：ファッションデザインや服飾造形技術の取得を目指す。

生徒情報

【不登校生】
一人ひとりのペースに合わせて、無理のないように課題指導を行っていきます。また、カウンセリングを受けることができる環境を整えています。

【転編入生】
前籍高校で修得した単位を活かすことができます。
入学前に高卒認定試験で合格した科目は、卒業に必要な単位に振り替えることも可能です。毎月20日までの出願で翌月1日付の転編入が可能です。

【生徒数】 2023年11月1日現在

年次	生徒数	男	女
1年次	212名	98名	114名
2年次	96名	51名	45名
3年次	183名	91名	92名
合計	491名	240名	251名

【教員数】

教員：男性4名、女性2名　　講師：男性7名、女性13名
カウンセラー：1名

2025年度の募集・進路状況

学費について

入　学　金：50,000円 ※1
授　業　料：79,700円 ※2
施　設　費：24,000円
システム管理費：37,000円

※1　修学奨励金として12,000円が補助され、実質38,000円となります。
※2　授業料は25単位を履修した場合の金額です。就学支援金4,812円×25単位を差し引いた金額になります。

<その他ご留意ください>
※就学支援金は各世帯の収入状況により、受給できない場合があります。
※スクーリング費用は別途徴収します。

募集について

【一般入試】
募集定員：普通科　1,200名（男・女）
出願期間：新入生
　　　　　4月生…2024年12月12日（木）
　　　　　　　　　　～2025年4月8日（火）
　　　　　10月生…2025年9月1日（月）
　　　　　　　　　　～2025年10月6日（月）
試　験　日：なし（面接を課す場合は本校で指定）
選抜方法：書類選考（必要に応じて面接）
選　考　料：10,000円
※転編入生は随時受け付けています。

2023年度卒業生の進路

早稲田大学、慶應義塾大学、法政大学、日本大学、駒澤大学、帝京大学、桜美林大学、和光大学、横浜美術大学、京都芸術大学、大阪芸術大学、星槎大学、新潟産業大学 managara、東洋学園大学、聖徳大学、東京通信大学　ほか

北海道
青森
岩手
宮城
秋田
山形
福島
茨城
栃木
群馬
埼玉
千葉
東京 ★
神奈川
新潟
富山
石川
福井
山梨
長野
岐阜
静岡
愛知
三重
滋賀
京都
大阪
兵庫
奈良
和歌山
鳥取
島根
岡山
広島
山口
徳島
香川
愛媛
高知
福岡
佐賀
長崎
熊本
大分
宮崎
鹿児島
沖縄

【広域通信制】2024年4月開校　（単位制）

精華学園高等学校 横浜芸術学部校
せいかがくえんこうとうがっこう よこはまげいじゅつがくぶこう

(https://seika-tachikawaart.jp)

- **住　所**：〒220-0005　神奈川県横浜市西区南幸2-18-2
LUCID SQUARE Yokohama West4階
- **電　話**：045-620-5110
- **最寄駅**：JR線「横浜」駅 西口より徒歩8分
東急東横線、京急本線、相模鉄道本線、横浜高速鉄道
みなとみらい線、横浜市営地下鉄ブルーライン「横浜」
駅 徒歩8分
- **生徒が入学できる都道府県**：
全国47都道府県
- **創立年**：2024年4月
- **沿　革**：
2009年7月1日　精華学園高等学校　開校
2024年4月1日　精華学園高等学校 横浜芸術学部校　開校
- **教育理念**：
「夢を探したい」「夢を実現したい」そんな生徒を、高校教科学
習や多彩な専門授業、学校行事を通じて育成する

学習状況

【学習システムの特長】
高校科目の学習指導は個別指導を基本として、必要に
応じて集団授業を取り入れています。また、個別指導
では生徒一人ひとりの学習進捗度を把握し、個々に合
わせた教材を使用して指導しています。

【入学時点の学力検査】
入学試験は作文と面接。ただし作文は自宅で作成して
面接当日持参する形式です。

【進学希望者への指導】
レポート指導とは別に、学部学科や分野に応じた受験
対策指導を行います。

【学習フォロー体制】
スタディサプリにて、中学校教科の復習が可能です。
入学時に配布されるタブレットでは教科書に即した動
画を視聴することが可能です。

精華学園高等学校横浜芸術学部校は、学校教育法第1
条に記されている高等学校に準ずる施設として認可さ
れています。

●宿泊（県外）スクーリングなし　立川校で実施可能！
横浜芸術学部校は、学校教育法第1条に準ずる施設として本校所
在地のある山口県知事から認可を受けた面接指導施設です。その
ため、山口県の本校へ行くことなく、レポート・スクーリング・
テストは横浜芸術学部校のみで卒業まで完結します。年間10～
15日程度の登校で高卒資格取得を目指すことが出来ます。

「好き」「興味」を未来の職業に♪
最高の環境で自分を表現できる場所がここにあります。

●自分の「好き」「興味」を伸ばす多彩な専門学科！
◇総合芸術コース（週1日～5日通学）
マンガ・イラストコース／動画クリエイターコース／
K-POPコース／美術大学進学コース／
俳優・声優・タレントコース

高校卒業を目指しながら、業界第一線で活躍する先生から
個別レクチャーが受けられます。最新設備のイベントホールでの
ライブや自分の作品をメディア配信する方法も学べます。

◇高校卒業コース
年間10日～15日程度の登校で高校卒業を目指す「通信コース」
週1日～5日の登校で高校卒業を目指す「通学コース」があります。
生徒の希望や諸事情に合わせて時間割を決めていきます。

＜学校の施設＞

校舎面積	315m²	事務室	あり
保健室	あり	ラウンジ	なし
職員室	あり	図書室	なし
カウンセリング室	あり		

その他…PC貸し出しあり

◇◇◇◇◇◇◇◇　**この学校にアクセスしてみよう！**

学校説明会	入学前 電話相談	文化祭見学	体育祭見学	資料請求
○	○	○	—	○

※資料請求は、HP内の資料請求ページ・Eメール・電話にてご請求ください。

※個別相談随時

【専門学科コース】

○マンガ・イラストコース：
高校卒業資格に必要な単位を修得しながら、マンガ、イラスト制作に必要なアナログからデジタルまでの幅広い専門技術を身につけ、自らの作品を世の中に配信する方法までを学んでいきます。
キャラクターを魅力的に描き、世界観を表現できるマンガ家・イラストレーターを目指します。

○動画クリエイターコース：
高校卒業資格に必要な単位を修得しながら、動画制作の技術を身につけ、自らの作品を世の中に配信する方法までを学んでいきます。
現役動画クリエイターが監修したカリキュラムで、CM・広告映像、ミュージックビデオ、ロゴアニメーション、ショートムービー等を作成します

○美術大学進学コース：
高校卒業資格に必要な単位を修得しながら、自分のペースでひとつひとつの課題に取り組み、デッサンをしっかりと確実に学べます。美術大学合格は基礎力の習得がかかせません。
「デッサンとは何か？」という理論から始まり、基本的なデッサン用具の選び方・扱い方、作品に向かう姿勢、光と陰影の特性、モチーフの組み方等を学びながら美術大学を目指します。

○俳優・声優・タレントコース：
高校卒業資格に必要な単位を修得しながら、声や身体を使って表現するための身体作りや発声法、演技の基礎や作品作りを学んでいきます。
また、自分の個性を活かした話し方やトークスキルを身につけ、俳優、声優、タレント、YouTuber など各メディアで活躍出来る表現者を目指します。↗

生徒情報

【不登校生】
体力面からも精神面からも、週１日〜５日登校のシステムを有効に活用しています。

【いじめ対策】
個性や差異を尊重する態度やその基礎となる価値観を育てる指導をしています。生徒が楽しく学びつつ、いきいきとした学校生活を送れるように深い生徒理解と指導の充実を図っています。

【保護者との連絡】
電話・Eメール・個別面談などで頻繁に行っています。

【生徒数】
200名程度を予定
【教員数】
初年度5名程度を予定

↗**○K-POPコース：**
高校卒業資格に必要な単位を修得しながら、韓国のK-POP文化をダンスやヴォーカルの授業を通して学んでいきます。趣味でK-POPに興味がある方はもちろん、本気でK-POPアイドルやダンサーなどを目指す方の土台となるスキルを身につけていきますので、高校時代から将来の夢に繋がる第一歩を踏み出せます。

生活指導

生徒一人ひとりの個性と自己表現を大切にしながら、定期的に社会生活の基本的ルールやマナー等の指導をしています。
制服の購入は任意となるため、服装やヘアスタイルのルールはありません。

2024年度の行事予定

月	4月〜6月	7月〜9月	10月〜12月	1月〜3月
行事	入学式 二者面談 進学対策指導 就職対策指導 各種進路対策行事	前期試験 進学対策指導 就職対策指導と企業紹介 各種進路対策行事	進学対策指導 各種進路対策行事	後期試験 三者面談 進学対策指導 各種進路対策行事 卒業式

2025年度の募集・過去の進路状況

募集について

募集人員：学校に直接お問い合わせください。
出願期間：2024年12月1日〜2025年3月20日
試験日：学校に直接お問い合わせください。
選考方法：面接・作文・書類選考
選考料：10,000円
※転編入希望生徒については随時募集・面接等を行っています。

学費について

入学金：0円
授業料：252,000円（24単位履修の場合）
施設設備費：36,000円
教育充実・運営費：72,000円
特別教科学習費：※登校日数・選択コースにより異なります。

合計：360,000円〜

主な合格実績

【海外大学】
ブリティッシュコロンビア大（カナダ）、マラヤ大（マレーシア）、エルカミノカレッジ（アメリカ）など
【国立大学】
茨城大、山口大、和歌山大、九州工業大　など
【私立大学】
多摩美術大、武蔵野美術大、女子美術大、東京工芸大、横浜美術大、京都芸術大、慶應義塾大、早稲田大、東京理科大、立教大、明治大、中央大、法政大、東海大、大東文化大、桜美林大、日本大、玉川大、和光大　など
【短期大学】
産業能率短大、大阪芸術大学短期大学部　など
【専門学校】
代々木アニメーション学院、専門学校HAL、東京アナウンス学院、東京ベルエポック専門学校、ハリウッド美容専門学校、大原簿記情報ビジネス専門学校、賢プロダクション付属養成所、YIC看護福祉専門学校　など

※上記は精華学園高等学校全体の進学実績です。
※就職に関しては、就職100％保証制度（条件あり）があります。

左端縦ナビゲーション（都道府県）:
北海道 / 青森 / 岩手 / 宮城 / 秋田 / 山形 / 福島 / 茨城 / 栃木 / 群馬 / 埼玉 / 千葉 / 東京 / 神奈川 ★ / 新潟 / 富山 / 石川 / 福井 / 山梨 / 長野 / 岐阜 / 静岡 / 愛知 / 三重 / 滋賀 / 京都 / 大阪 / 兵庫 / 奈良 / 和歌山 / 鳥取 / 島根 / 岡山 / 広島 / 山口 / 徳島 / 香川 / 愛媛 / 高知 / 福岡 / 佐賀 / 長崎 / 熊本 / 大分 / 宮崎 / 鹿児島 / 沖縄

【通信制】　　　　　　　　　　　　　　　　　　　　（学年制）

厚木中央高等学校
（あつぎ ちゅうおうこうとうがっこう）

(https://www.suzukigakuen.ac.jp/chuo/ 　E-mail：jimm3@suzukigakuen.ac.jp)

■校長名：渡邉　正行
■住　所：〒243-0032　神奈川県厚木市恩名1丁目 17-18
■電　話：046-221-5678　■FAX：046-221-3203
■最寄駅：小田急線「本厚木」駅徒歩約 15 分
■生徒が入学できる都道府県：
　神奈川、東京
■教育理念：
　「知るよろこび」と「学ぶ楽しさ」を通じて相手を思いやり、
　一生懸命に努力する人を育む。
■沿革：
　2001 年　開校

■形態・課程・学科
　普通科と工業科があり、通信制ですが普通の通信制と異なり平
　日通学型の学校です。
■併設する課程：なし
■入学・卒業時期
　・入学時期　4 月　　・卒業時期　3 月
■修業年限：3 年
■学期制：3 学期制　　■卒業認定単位数：74 単位以上
■始業・終業時刻：8：45 ～ 15：20
■技能連携：専門学校　神奈川総合大学校高等課程
　　　　　　（〒243-0032　神奈川県厚木市恩名1丁目 17-18）
■実務代替：なし　　■技能審査：なし
■開設講座数：なし

特色 技能連携制度を活用し、効率の良い教育を行っていま
す。（3 年間で高校と専修学校の 2 つの卒業証書を取得
できます。）

クラブ活動 【部数 6、加入率 25%】
バスケットボール、バドミントン、卓球、軽音楽、も
のづくり同好会、アクロバットダンス同好会

学校行事 2023 年度の修学旅行は神戸・大阪・京都（6/20 ～ 23）。
他、全日制同様の学校行事を実施しています。
遠足、学園祭、スポーツ対抗試合、企業見学、校外研
修等。

進学・補習指導 土曜日等を利用して実施。

学校施設 体育館、図書室、調理室、コンピュータ室 2 教室、集
会室、運動場、製図室、テニスコート等々があります。

生活指導 制服があります。
バイク等での通学はできません。

◇◇◇◇◇◇◇◇◇◇◇◇ **この学校にアクセスしてみよう！**

学校説明会	入学前電話相談	文化祭見学	体育祭見学	資料請求
○	○	○	－	○

※資料は電話または手紙で請求してください。HP、FAX も可。
▼学校説明会：2023 年 11 月 11 日（土）、25 日（土）
　　　　　　　12 月 2 日（土）、9 日（土）
　　　　　　　いずれも 10：00 ～ 12：00
▼文化祭：2023 年 10 月 28 日（土）10：00 ～ 15：00

生徒情報

【不登校生】
過去に不登校だった生徒は若干名いました。
【転入編入生】
転入生の入学時期は年度により変わりますが原則は 4 月。
【保護者連絡】
家庭訪問、保護者面談、三者面談等を行っています。

【生徒数】　　　　　　　　　　　　　　2023 年 5 月末現在

年次	生徒数	男女比	1 クラスの平均人数
1 年次	12 名	12：0	
2 年次	39 名	28：11	11 名
3 年次	37 名	24：13	
ダブルスクール（厚木総合専門学校高校コース）	15 名	9：6	

【教員数】
教員：男性 12 名、女性 1 名 / 講師：男性 1 名、女性 4 名
カウンセラー：1 名

2024 年度の募集要項

※一部調整中のため、HP をご覧ください。

募集について
【推薦入試】
募集人員：一般含 70 名　工・普 70 名
出願期間：2024 年 1 月 16 日（火）～ 25 日（木）
試 験 日：2024 年 1 月 26 日（金）
選抜方法：面接、書類審査
選考料：20,000 円
【一般入試】
募集人員：
出願期間：2024 年 2 月 1 日（木）～ 8 日（木）
試 験 日：2024 年 2 月 10 日（土）
選抜方法：普通科…国、基礎学力テスト、面接
　　　　　工業科…国、数学、面接
選考料：20,000 円

学費について
入 学 金：　200,000 円
授 業 料：　 32,000 円（月額）

初年度合計：744,000 円 － 118,800 円（見込支援金）＝ 625,200 円

※国の就学支援金制度あり、県の学費補助制度あり

2022 年度卒業の進路状況

　　　　　　　　　　　　　　　　2023 年 5 月末現在

【進路先】
卒業者数　38 名
進　学…39%
就　職…58%
その他…3%

【主な合格実績】
あり

【指定校推薦】
あり

246

【通信制】　　　　　　　　　　　　　　　　　　　　（単位制）

神奈川県立厚木清南高等学校
（かながわけんりつあつぎせいなんこうとうがっこう）

- ■校長名：今田　浩二
- ■住　所：〒243-0021　神奈川県厚木市岡田 1-12-1
- ■電　話：046-228-5346　■FAX：046-229-2674
- ■最寄駅：小田急線「本厚木」駅下車、徒歩 13 分
- ■生徒が入学できる都道府県：神奈川県在住又は在勤の者
- ■沿革：
  - 昭和 44 年　4 月　厚木南高校開校（定通独立校）
  - 昭和 55 年　4 月　全日制を設置
  - 平成 17 年　4 月　フレキシブルスクールの厚木清南高校として再編・開校

- ■形態・課程・学科：単位制による通信制課程・普通科
- ■併設する課程：全日制課程・定時制課程
- ■併設課程への転籍：神奈川県転入選抜による
- ■入学・卒業時期：
  - ・入学時期　4 月　　・卒業時期　9 月、3 月
- ■修業年限：3 年以上（在籍最長年数：制限なし）
- ■学期制：2 学期制　　■卒業認定単位数：74 単位
- ■始業・終業時刻：8 時 50 分〜15 時 40 分
  - 1 日 6 時限、1 時限 50 分
- ■実務代替：2 単位まで認定制度有り。
- ■技能審査：単位認定制度有り。

スクーリングの日数と場所

【登校日数】
- 日曜スクーリング年 18 回
- 教科スクーリング（火曜に年 18 回）
- 夜間スクーリング（年 7 回）
- 夏季スクーリング（夏季に 3 回）
- 春季基礎スクーリング（4 月に 4 回）

特色　全・定・通が互いに科目をとりあうことのできる、弾力的な教育課程の学校（フレキシブルスクール）です。

併修・単位について　単位は学期ごとに認定され、卒業の機会は年 2 回（3 月・9 月）です。学校外活動や高認合格科目の単位認定も行っています。

クラブ活動　【部】
卓球、バドミントン、バスケット、ハイキング、ダンス、ハブール園芸、詩吟、調理、芸術、音楽
【同好会】
海外文化研究、写真、ボールゲーム

学校行事　研修旅行、遠足、文化祭、生活体験発表会のほか、特別活動行事が設定されます。

生活指導　学校指定の制服はありません。
自動車（二輪を含む）の通学はできません。
校舎内は一足制ですが、ピンヒール等は禁止です。
全面禁煙です。

◇◇◇◇◇ この学校にアクセスしてみよう！ ◇◇◇◇◇

学校説明会	入学前電話相談	文化祭見学	体育祭見学	資料請求
○	○	○	－	※

※資料は説明会等で配布。ホームページにも掲載しています。
▼学校見学　随時（事前にご連絡ください）

生徒情報

【不登校生】
過去に不登校を経験した生徒も学んでいます。
【転編入生】
前籍校で修得した単位は卒業認定の単位として認められることがあります。高卒程度認定試験で合格した科目の一部が単位認定されることがあります。
【保護者連絡】
郵送等により保護者への連絡は適宜行っています。

【生徒数】666 名　　　　　　　2023 年 10 月 1 日現在（実活生）

年次	生徒数	男女比	クラス数	1 クラスの平均人数
1 年次	287 名	4：6		
2 年次	232 名	4：6	17 クラス	39 名
3 年次	147 名	4：6		
4 年次		4：6		

【教員数】
教員：男性 18 名、女性 2 名／講師：男 4 名、女性 8 名

2024 年度の募集要項

募集について

①共通選抜
- 出願期間：1 月 24 日（水）〜1 月 31 日（水）
  - ※インターネット出願
- 試験日：2 月 16 日（金）
- 選考方法：作文・調査書
- 選考料：0 円

②転・編入選抜
- 出願期間：
- 試験日：｝2 月下旬頃に決まります
- 選考方法：
- 選考料：0 円

③定通分割選抜
- 出願期間：3 月 5 日（火）6 日（水）
- 試験日：3 月 14 日（木）
- 選考方法：作文・調査書
- 選考料：0 円

学費について

入学金：	0 円
受講料：	一単位 350 円（年額約 10,500 円）
教材費：	約 25,000 円（教科書代、学習書代、体育着代等）
施設費：	｝4,500 円
諸会費：	
合計：	約 40,000 円（令和 3 年度例）

2022 年度卒業生の進路状況

【進路先】
卒業者数…82 名
- 大学…8 名　　　　短大…6 名　　　　専門学校…13 名
- 職業技術校…2 名　就職…14 名　　　その他…39 名

【主な合格実績】
成城大、専修大、鎌倉女子大、東京工芸大、東京農業大、湘北短大、相模女子短大、上智短大、かながわ農業アカデミー　等

【指定校推薦】
和光大、湘北短大　等

【通信制】　　　　　　　　　　　　　　　　　　　　　　　　　　　（単位制）

神奈川県立横浜修悠館高等学校

（ https://www.pen-kanagawa.ed.jp/y-shuyukan-h ）

■校長名：米山　教子
■住　所：〒 245-0016　神奈川県横浜市泉区和泉町 2563
■電　話：045-800-3711
■ FAX：045-802-3773
■最寄駅：相鉄いずみ野線「いずみ中央」駅下車、徒歩 12 分 /
　　　　　横浜市営地下鉄線「下飯田」駅下車、徒歩 15 分
■生徒が入学できる都道府県：神奈川県（在住または在勤）
■沿革：平成 20 年 4 月開校
■教育目標：
　○安心安全な学習環境の提供
　○学習相談・キャリア相談体制の充実
　○生徒活動の推進

■形態・課程・学科：
　独立校、単位制による通信制の課程・普通科
■併設する課程：なし
■入学・卒業時期：
　・入学時期　4 月　　・卒業時期　3 月、9 月
■修業年限：3 年以上（在籍最長年数：制限なし）
■学期制：2 学期制
■卒業認定単位数：74 単位
■始業・終業時刻：単位制のため 1 人ひとり異なります
■技能連携：なし
■実務代替：卒業に必要な単位に含む
■技能審査：卒業に必要な単位に含む
■開設講座数：約 80 科目

スクーリングの日数と場所

・月～木の平日講座と日曜講座、IT 講座を科目ごとに選び学習を進める。

特色　学校教育目標
・安心安全な学習環境の提供
・学習相談、キャリア相談体制の充実
・生徒活動の推進
育てたい生徒の力
・「自立と社会参加」のための自己理解力と相談する力
・自分の力を他者のために生かし苦手なことは他者と協力して生きる共生社会の担い手を育てる

クラブ活動　【クラブ・同好会数　21】（令和 5 年 6 月現在）

学校行事　研修旅行、遠足、文化祭等

併修・単位　大学、専門学校等との連携

進学指導　進路説明会、進路別ガイダンス　等

補習授業　「レポート完成講座」（補習）、トライ教室（補習）等

生活指導　制服はありません。
　　　　　自動車やバイクでの通学はできません。
　　　　　本校は神奈川県下で校則を守ることを最も厳しく求める学校の一つです。

生徒情報

【不登校生】
全ての生徒に対して、年間を通してガイダンスや個別対応の機会を設けます。
【転編入生】
転編入生に限らず、全ての生徒に対して、高校卒業程度認定試験合格科目を単位認定することができます。
【保護者連絡】
電話連絡、通信紙の利用等。
【転編入の生徒数】
598 名（11 月 15 日現在）

【生徒数】　　　　　　　　　　　　　2023 年 11 月 15 日現在

生徒数	男女比	クラス数	1 クラスの平均人数
2,142 名	48 : 52	32 クラス	約 60 名

【教員数】
　教員：52 名／講師：12 名

2024 年度の募集要項

募集について
【一般入試】
募集定員：1,250 名
出願期間：共通選抜（WEB 出願）
　　　　　…1 月 24 日（水）～ 1 月 31 日（水）
　　　　　定通分割選抜（窓口での受付）
　　　　　…3 月 5 日（火）、6 日（水）
検 査 日：共通選抜…2 月 14 日（水）
　　　　　定通分割選抜…3 月 21 日（木）
選抜方法：作文
選 考 料：無料

学費について
入学金：なし
受講料：県条例による
教材費：選択科目により異なる
施設費：なし

2022 年度（令和 4 年度）3 月卒業生の進路状況

【進路先】
卒業者数…274 名
大学…48 名　　　　　　短大…8 名　　　　　専修学校…36 名
各種学校等…7 名　　　職業技術校…7 名　　就職…36 名
進学・就職準備・アルバイト…101 名　　　その他…19 名
【主な合格実績】
上智大学、北里大学、法政大学、神奈川大学、松蔭大学、帝京大学、相模女子大学　他
【指定校推薦】
神奈川大学、帝京大学、和光大学、横浜商科大学、相模女子大学他

◇◇◇◇◇◇◇◇◇　この学校にアクセスしてみよう！

学校説明会	入学前電話相談	文化祭見学	体育祭見学	資料請求
○	―	○	―	△

※資料の請求は電話により案内。
▼学校説明会…10 時から
例年、7 月・11 月・12 月・2 月に実施しています。

【通信制】令和6年度募集より共学化・女子の募集も開始　　（学年制）

秀英高等学校

しゅう えい こう とう がっ こう

(https://www.shuei.ed.jp)

■校長名：栗原　誠司
■住　所：〒245-0016　神奈川県横浜市泉区和泉町7865番
■電　話：045-806-2100　■FAX：045-806-2101
■最寄駅：相模鉄道いずみ野線「いずみ野」駅、徒歩8分
■生徒が入学できる都道府県：東京、神奈川
■沿　革：昭和59年4月　創立
■教育理念：
　将来の日本を背負って立つ人材の育成を目指し、必要で信頼される人となるための教育に徹する。

■形態・課程・学科：
　独立校、学年制による通信制の課程・普通科
■併設する課程：なし
■入学・卒業時期：・入学時期　4月　・卒業時期　3月
■修業年限：3年以上（在籍最長年数：6年）
■学期制：3学期制　　■卒業認定単位数：81単位
■始業・終業時刻：8：45～14：50
■技能連携：なし　　■実務代替：あり
■技能審査：あり。卒業に必要な単位に含む
■開設講座数：58科目

スクーリングの日数と場所

【登校日】
　　週5日（1～5日）
【場　　所】
　　本校

特色

通信制といっても全日制と同じように通学する形をとっており、週3日・1日型登校があります。自分のやる気や興味に応じ、セレクト授業(週2日)をとることができます。様々な理由で通学できない場合においてもICTを活用しオンライン授業を行い、学びを止めることのないハイブリッドタイプの学校といえます。多様なライフスタイル、価値観を持つ生徒達が夢や興味を持ち続ける高校生活の実現を支援していきます。

クラブ活動
【クラブ数　25】
バドミントン部、e-sport部、剣道部、バスケットボール部、サッカー部　等

学校行事
修学旅行（2泊3日）、体育祭、球技大会、文化祭、芸術鑑賞、校外研修、卒業旅行　等

進学指導
夏季休業中の進路指導、キャリアガイダンス、職業体験、専門短大授業体験を行っています。

補習授業
定期的な補習、習熟度別課外講習等を行っています。

生活指導
時間を守ること、コミュニケーションを大切にしています。

◇◇◇◇◇◇◇◇◇ **この学校にアクセスしてみよう！**

学校説明会	入学前電話相談	文化祭見学	体育祭見学	資料請求
○	○	○	○	○

※資料の請求は電話もしくはメールにてお申し込みください。
▼学校説明会
　お問い合わせください。

生徒情報

【不登校生】
保護者との密な連絡・スクールカウンセラーとの連携・入学前の事前アンケート・個別相談を行います。
【転編入生】
個別に相談を行います。
【保護者連絡】
必要に応じて毎日・定期的な懇談会・希望により個別面談（随時）を行います。

【生徒数】　　　　　　　　　　　　　　2024年1月現在

年次	生徒数	男	女
1年次	105名	105名	0名
2年次	104名	104名	0名
3年次	83名	83名	0名
合計	292名	292名	0名

【教員数】
　教員：男性19名、女性4名／講師：男性2名、女性2名
　カウンセラー：1名（週1回）

2024年度の募集要項

募集について

【推薦入試】
募集定員：100名
出願期間：2024年1月16日～1月18日
試験日：2024年1月22日
選抜方法：面接試験
選考料：免除
【一次入試】
募集定員：100名
出願期間：2024年1月30日～2月3日
　　　　　2024年2月10日
選抜方法：面接試験・作文
選考料：10,000円

※令和6年度募集より共学化・女子の募集も開始

学費について

入　学　金：　200,000円
授　業　料：　402,000円／年
施　設　費：　70,000円／年
保健冷暖費：　2,000円／月

※特待生入試・認定者は入学金20万円免除
※特待生受検者は入学金10万円免除

2022年度卒業生の進路状況

【進路先】
卒業者数…101名
大学…30名　　　　短大…1名　　　　専門学校等…36名
就職・有職者…17名　　その他…15名

【指定校推薦】
東京工芸大学、横浜商科大学、和光大学、高山自動車短期大学、東京福祉大学、日本経済大学　他

【就職先】
（株）三菱ふそうトラックバス、二和印刷（株）、（有）マーロウ、自衛隊　他

【通信制】 （単位制）

学校法人 星槎 星槎高等学校
（ せいさこうとうがっこう ）
（ https://www.seisahighschool.ed.jp/tsushin/ ）

- ■校長名：金子 肇
- ■住 所：〒 241-0801　神奈川県横浜市旭区若葉台 4-35-1
- ■電 話：045-442-6685
- ■ＦＡＸ：045-922-1651
- ■最寄駅：JR 横浜線「十日市場」駅、
　　　　　東急田園都市線「青葉台」駅、相鉄線「三ツ境」駅
- ■生徒が入学できる都道府県：東京都、神奈川県
- ■沿 革：2022 年　星槎高等学校に通信制課程併設
- ■教育理念：「社会に必要とされることを創造し、常に新たな道を切り開き、それを成し遂げる」を建学の精神とし、「労働・感謝・努力」を校訓としています。
- ■形態・課程・学科：併設校、単位制による通信制課程・普通科

- ■併設する課程：あり（全日制）
- ■併設課程への転籍：
　出席日数や学習意欲などの条件により全日制に転籍できます
- ■入学・卒業時期：
　・入学時期　4 月、10 月
　・卒業時期　3 月、9 月
- ■修業年限：3 年以上　　■学期制：2 学期制
- ■卒業認定単位数：74 単位
- ■技能連携：あり（星槎学園高等部 第一・第二・第三校舎）
- ■実務代替：卒業に必要な単位に含む
- ■技能審査：3 年間で 36 単位まで（卒業に必要な単位に含む）
- ■開設講座：239 講座、239 科目

スクーリングの日数と場所

【登校日数】
　実施校については週 3 日程度、面接指導実施施設についてはその施設の規模による。

【場　所】
　・星槎学園高等部　北斗校
　・星槎学園高等部　湘南校
　・星槎学園高等部　横浜ポートサイド校

特色
　個別指導計画（IEP）を使用し、生徒一人ひとりのニーズに応じて支援・指導を行っています。
　行事や国際交流も多く、授業以外の部分でもいろいろなことが体験できます。

併修・単位について
　全通併修できます。教務担当及び管理職で検討します。

クラブ活動
【クラブ数 22、加入率 10%】
［運動部］軟式野球、バスケットボール、ソフトテニス、ボウリング、卓球、サッカー、陸上競技、バドミントン、ライフル射撃
［文化部］和太鼓、コンピュータ、美術、自動車、軽音楽、放送、鉄道研究
［運動系同好会］剣道、ダンス、ソフトボール
［文化系同好会］吹奏楽、料理研究、写真、演劇

学校行事
　修学旅行（希望制で実施）、体育祭、六月祭（文化祭）、SEISA Africa Asia Bridge（国際交流イベント）、ミカン狩り、生徒が企画する行事など

生活指導
　制服があります。女子はスカート、ズボンを選べます。規則として指導するのではなく、それを好まない生徒が多くいること、生徒の安全確保の観点で生徒に応じた指導をします。車、バイク通学はできません。

生徒情報

【不登校生】
個別指導計画（IEP）を使用し、カウンセラーと連携を取りながら対処します。

【転編入生】
本校の学則、教務規程、教育課程と照らし合わせ個々に決定します。

【保護者連絡】
対面での保護者面談・オンラインでの保護者面談・保護者会（各年 2 ～ 4 回）を実施しています。電話面談・オンライン面談・学級通信・Google Classroom もあります。

【生徒数】　　　　　　　　　　　　　　　2023 年 8 月 1 日現在

年次	生徒数	男女比	クラス数	1 クラスの平均人数
1 年次	15 名	3：2	1 クラス	15 名
2 年次	12 名	3：2	1 クラス	12 名
3 年次	12 名	1：1	1 クラス	12 名

【教員数】
　教員：男性 5 名、女性 1 名／講師：男性 6 名、女性 3 名

2024 年度の募集要項

募集について

募集人員：推薦入試…350 名
　　　　　一般入試…350 名
出願期間：推薦入試…2024 年 1 月 17 日、18 日
　　　　　一般入試…2024 年 1 月 24 日～ 2 月 6 日
試験日：推薦入試…2024 年 1 月 22 日
　　　　一般入試…2024 年 2 月 10 日
選抜方法：作文、面接
選考料：25,000 円
※試験日等は本年度の予定です。

学費について

入学金：100,000 円
授業料：375,000 円（25 単位履修の場合）
施設維持費：100,000 円
施設設備費：100,000 円
副教材費：約 50,000 円
諸会費：39,000 円

合計：約 764,000 円

2022 年度卒業生の進路状況

【進路先】
設置 2 年目のためまだいません。

【主な合格実績】
設置 2 年目のためまだいません。

【指定校推薦】
和光大学、尚美学園大学　等

◇◇◇◇◇◇◇◇◇◇◇◇ **この学校にアクセスしてみよう！**

学校説明会	入学前電話相談	文化祭見学	体育祭見学	資料請求
○	○	○	○	○

【通信制】 （学年制）

清心女子高等学校
せいしんじょしこうとうがっこう

(https://www.seisin.ed.jp)

■校長名：三浦　成子
■住　所：〒222-0024　神奈川県横浜市港北区篠原台町 36-37
■電　話：045-421-8864　　■FAX：045-423-8182
■最寄駅：東急東横線「白楽」駅下車、徒歩 7 分
　　　　　横浜市営地下鉄ブルーライン「岸根公園」駅下車、徒歩 15 分
■生徒が入学できる都道府県：
　神奈川、東京
■沿革：
　1949 年 10 月　　大谷学園創立
　1968 年 4 月　　清心女子高等学校創立

■形態・課程・学科：
　独立校・学年制による通信制課程・普通科
■併設する課程：なし
■入学・卒業時期：
　・入学時期　4 月　　・卒業時期　3 月
■修業年限：3 年　　■学期制：3 期制
■卒業認定単位数：77 単位以上
■実務代替：なし
■技能審査：なし

【登校日数】
　週 1 日〜週 5 日
　（1 時限…45 分。ただし土曜スクーリングは 50 分）
【場　所】
　清心女子高等学校
【その他】
　　清心のカリキュラムは、必修科目を月・水・金に学習する「3 日型」と土曜に学ぶ「1 日型」を基本としています。どちらのスタイルでも所定の単位を修得することで 3 年間で卒業することができます。火・木はセレクト科目の日で、自分の進路や興味・関心に応じて自由に科目を選択することができます。必修科目と選択科目の組み合わせで週 1 〜 5 日の「自分で選べる登校スタイル」が実現します。

特色

　火・木に開講されるセレクト科目は「進学」「保育」「ファッション・フード」「アート」「教養」の 5 分野の中から学びたい科目を自由に選ぶことができます。専門学校の先生から直接指導を受けることができる連携授業やものづくりの授業、ピアノの個人レッスンから居合道など多彩な科目が開講されます。
　また、一人 1 台 iPad を貸与し、授業及び自宅での学習に活用しています。欠席時には、教室の授業を同時中継するなど、いつでもオンライン授業が受講できる環境を整えており、自宅にいながら学習を進めることができます。

クラブ活動

【クラブ数 24、クラブ加入率約 40%】
ソフトテニス（定通全国大会出場）、バドミントン（定通全国大会出場）、バレーボール（定通全国大会出場）、卓球（定通全国大会出場）、ソフトボール、剣道、バスケットボール、家庭科、美術、演劇、書道、軽音楽、吹奏楽、文芸、手話、茶道、華道、英語、漫画研究、ハンドベル、パズル、ダンス、写真、ボードゲーム

学校行事
社会見学（1 年）、校外宿泊研修（2 年）、修学旅行（3 年）、スポーツ大会、体育祭、文化祭、百人一首大会　など

生活指導
高校生としての自覚を持った行動ができるよう指導しています。

◇◇◇◇◇◇◇◇◇ **この学校にアクセスしてみよう！**

学校説明会	入学前電話相談	文化祭見学	体育祭見学	資料請求
○	○	○	―	○

※資料は電話又はメールで請求して下さい。

生徒情報

【不登校生】中学時代に不登校生だった生徒もいます。欠席日数に関わらず受験可能です。
4 名のスクールカウンセラーが様々な相談にのってくれます。
【保護者連絡】各学年 1 学期に学級懇談会を 1 回実施。2 学期に授業公開を実施します。3 年生は進路三者面談を行っています。

【生徒数】 2023 年 6 月 1 日現在

年次	生徒数	男女比	クラス数	1 クラスの平均人数
1 年次	127 名	0：100	5 クラス	25 名
2 年次	127 名	0：100	4 クラス	32 名
3 年次	116 名	0：100	4 クラス	29 名

【教員数】
　教員：男性 7 名、女性 22 名
　養護教諭：1 名　　カウンセラー：4 名

2024 年度の募集要項

募集について

（推薦入試）
募集人員：125 名（女子）
出願期間：2024 年 1 月 16 日（火）〜 1 月 17 日（水）オンライン出願
　　　　　※ 1 月 18 日（木）郵送消印有効
試 験 日：1 月 22 日（月）
発 表 日：1 月 23 日（火）発送
選抜方法：面接（保護者同伴）
選 考 料：10,000 円

（一般入試）
募集人員：125 名（女子）
出願期間：2024 年 1 月 24 日（水）〜 2 月 1 日（木）オンライン出願
　　　　　※ 2 月 2 日（金）郵送消印有効
試 験 日：2 月 10 日（土）
発 表 日：2 月 11 日（日）発送
選抜方法：面接（本人のみ）
選 考 料：10,000 円

学費について

入 学 金	200,000 円
授 業 料	402,000 円
施 設 費	40,000 円
生徒活動費	5,000 円
教 材 費	30,000 円
保健冷暖費	24,000 円
旅行積立金	48,000 円
保護者会費	2,400 円
情報通信費	6,000 円
合　　計	757,400 円

2022 年度卒業生の進路状況

【進路先】卒業者数…65 名
大学…5 名　　　　　短大…6 名
専門学校…30 名　　　就職…10 名
その他…14 名（通学準備など）

【主な合格実績】
相模女子大、立正大、大妻女子大、神奈川大、関東学院大、女子美術大、小田原短大、横浜女子短大、洗足こども短大、湘北短大、横浜高等教育専門、横浜保育福祉専門　他

【指定校推薦】
横浜商科大、相模女子大、神奈川大、横浜美術大、和光大、女子美術大、洗足こども短大、横浜女子短大、小田原短大、有明教育芸術短大、帝京短大　他

北海道
青森
岩手
宮城
秋田
山形
福島
茨城
栃木
群馬
埼玉
千葉
東京
神奈川
新潟 ★
富山
石川
福井
山梨
長野
岐阜
静岡
愛知
三重
滋賀
京都
大阪
兵庫
奈良
和歌山
鳥取
島根
岡山
広島
山口
徳島
香川
愛媛
高知
福岡
佐賀
長崎
熊本
大分
宮崎
鹿児島
沖縄

【通信制】

精華学園高等学校 新潟校

せいかがくえんこうとうがっこう　にいがたこう

（ http://seikagakuen-niigata.jp/　E-mail：info@seikagakuen-niigata.jp ）

輝け、未来

■住　所：〒 950-0911　新潟県新潟市中央区笹口 1-12-13
　　　　　セイブ笹口 2F
■電　話：025-240-5215
■最寄駅：JR「新潟」駅 南口徒歩 3 分
■創立年：2017 年 4 月
■沿　革：2009 年 7 月 1 日　精華学園高等学校 開校
　　　　　2017 年 4 月 1 日　精華学園高等学校新潟校 開校
■教育理念：「すべての生徒に卒業後の進路を」

特色　夢を探すために、夢を実現するために

◆スクーリング実施認可校だから高校卒業資格取得は
　新潟校で完結！
レポート添削・スクーリング・単位認定試験は本校と同等に新潟校の校舎内で全て実施することができます。
◆「少人数制指導」＆「1 対 1 のレポート指導」
No One Left Behind「おいてけぼりゼロ教育」を実践しています。1 対 1 の個別対応なので苦手教科は学校で先生と一緒に、得意教科は自宅で、など学習スタイルを自由にアレンジできます。
◆登校日・登校時間と時間割の組み方は自由自在
通学は週 1 日から 5 日の中から自分のライフスタイル合わせてアレンジできるので、生活リズムを整えながら無理なく学べます。毎日登校、朝苦手だからまずは午後から…など一人ひとりに最適な登校パターンを提案します。
◆ユニバーサル教育の実施
車いす用トイレを設置、校舎の低い位置に手すりをつけるなど、ユニバーサル教育環境を必要とする生徒にも順次対応しています。
◆充実したスクールライフ♪
精華学園高校新潟校では、学校行事を通じて生徒同士のコミュニケーションを図り協調性を養っています。多彩な内容の学校行事で、生徒同士はもちろん、生徒と教員のつながりを深めています。
◆安心の卒業後の進路〜進学、就職など
「高校卒業したら、よい」ではなく、「卒業何をするか」のほうが大切！進学も、就職も、先生たちといっしょに見つけていく高校生活にしましょう！
◆通いやすい校舎
新潟駅から徒歩 3 分の好立地だから便利で充実したスクールライフを過ごせます。校舎前に専用の駐車場があり、送迎での登校でも可能です。

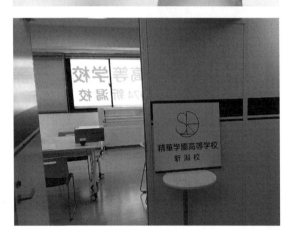

精華学園高等学校
新潟校

生活指導

服装は自由で OK ！でも、登校するときや式や行事のときに着ていく服を選ぶのは大変…。
そこで、希望者は制服を購入することができます。身だしなみももちろん自由。ただし、清潔感のある身だしなみの指導も行います。バイク通学は不可です。

学習状況

【学習システムの特長】
新潟校の校舎にてスクーリングと単位認定試験をうけることができます。新潟校以外への移動は一切ありません。集団が苦手な場合、一人で通学が難しい場合には、個別にレポート指導やスクーリング、試験が受けられるよう配慮しています。また、決められたに日時の登校が難しい場合にも、スケジュールを調整するなどの配慮をしています。
【入学時点の学力検査】
入学試験は面接と作文を実施します。
面接は保護者の同伴も可能です。
【進学希望者への指導】
将来どんな自分になっていたいのか、自分の将来像を描けるようなアドバイスをしています。なりたい自分を実現するための選択肢として、進学先を一緒に探すところから始めています。
【補習の指導】
理解が不十分なところはしっかり理解し、定着できるよう夏休み期間、年度末に補習期間を設けています。

◇◇◇◇◇◇◇◇ この学校にアクセスしてみよう！ ◇◇◇◇◇◇◇◇

学校説明会	入学前 電話相談	文化祭見学	体育祭見学	資料請求
○	○	—	—	○

※資料請求は、電話・ホームページにてご請求ください。

＜学校の施設＞

校舎面積	120m²	事務室	あり
保健室	なし	ラウンジ	なし
職員室	あり	図書室	なし
カウンセリング室	あり		

学習システムの特徴

通学は年間 10 ～ 15 日または、週１～５日、
レポートは個別指導で無理なく進められます。

**■高校課程 通学コース：
週１～５日の通学が自由に選べる**
週１日～５日間の登校で高校卒業資格に必要な単位を
取得するコースです。生徒一人ひとりに合わせ、個別
指導を行いますので、履修科目に合わせて自由に登校
日数を設定してください。季節のイベントを通じた体
験講座を実施しています。
■通信コース：年間 10 日～ 15 日の通学
年間 10 日～ 15 日程度の登校で高校卒業資格に必要な
単位を取得するコースです。登校が不安な方、仕事
や様々な活動を中心にしながら高校卒業を目指したい
方、遠方で通学が難しい方などに適したコースです。
■動画クリエイターコース：週１回の受講
高校卒業資格に必要な単位を修得しながら、動画制作
の技術を身につけ、自らの作品を世の中に配信する方
法までを学んでいきます。現役動画クリエイターが監
修したカリキュラムで、CM・広告映像、ミュージッ
クビデオ、ロゴアニメーション、ショートムービー等
を作成します。
■マンガ・イラストコース：週１回の受講
高校卒業資格に必要な単位を修得しながら、マンガ、
イラスト制作に必要なアナログからデジタルまでの幅
広い専門技術を身につけ、自らの作品を世の中に配信
する方法までを学んでいきます。キャラクターを魅力
的に描き、世界観を表現できるマンガ家・イラストレー
ターを目指します。
■ K-POP コース：
高校卒業資格に必要な単位を修得しながら、韓国の
K-POP 文化をダンスやヴォーカルの授業を通して学ん
でいきます。趣味で K-POP に興味がある方はもちろん、
本気で K-POP アイドルやダンサーなどを目指す方の土
台となるスキルを身につけていきますので、高校時代
から将来の夢に繋がる第一歩を踏み出せます。１年間
で約 10 曲程度の K-POP スキルを身につけることがで
きます。

生徒情報

【学校に来づらい生徒】
「無理せず」「負担なく」登校ができるように普段から心掛け
ています。必要に応じてオンライン面談などを行い、近況を
確認、卒業までの道のりを相談しています。
【「自分らしさ」を尊重】
登校スケジュールや学習の仕方、イベントへの参加も、周り
にあわせたりせず自分で決めます。「自分らしさ」を尊重し
ストレスのない学校生活を送ることができます。
【保護者との連絡】
電話やメールなどで密に行っています。

【生徒数】 2023 年 12 月現在

年次	生徒数	男女比
1 年次	33 名	1：4
2 年次	45 名	1：2
3 年次	25 名	1：2

【教員数】
専任講師：男性０名、女性１名
非常勤講師：男性０名、女性５名

■資格取得コース：週１回の受講
高校卒業資格に必要な単位を修得しながら資格取得し
たい人におすすめのコースです。合格や上達をムリな
く目指せる工夫が満載の授業で、将来の目標に合わせ、
資格取得を目指します。（ネイル３級・ジェルネイル初
級・MOS・英語検定・ICT プロフィシエンシー検定・
ソフトウェア活用能力認定）

行事予定

月	4 月～ 6 月	7 月～ 9 月	10 月～ 12 月	1 月～ 3 月
行事	入学式 新入生歓迎会 レクリエーション 特別講義　など	校外スクーリング 調理実習 集中スクーリング 保護者面談 前期単位認定試験 合同説明会（専門学校）　など	レクリエーション 集中スクーリング 校外スクーリング 個別面談 合同説明会（専門学校）　など	履修相談 後期単位認定試験 卒業式　など

2024 年度の募集・過去の進路状況

募集について

募集人員：30 名
出願期間：12 月１日～　※転編入は随時受付中
試験日：相談にて決定
選考方法：書類選考、面接（保護者同伴可）、作文
選考料：10,000 円

学費について

入学金：0 円
授業料：252,000 円（24 単位の場合／１単位 10,500 円）
施設設備費：36,000 円
教育充実・運営費：72,000 円
特別教科学習費：※コースによって異なる。

合計：360,000 円　※特別教科学習費別

※授業料は、高等学校就学支援金による
　減額の対象となります。

進路

【卒業者数：56 名】
獨協大学、就職、新潟市内専門学校
【海外大学】 ブリティッシュコロンビア大（カナダ）、マラヤ
大（マレーシア）、エルカミノカレッジ（アメリカ）　など
【国立大学】 茨城大、山口大、和歌山大、九州工業大　など
【私立大学】 慶應義塾大、早稲田大、東京理科大、立教大、
明治大、中央大、法政大、多摩美術大、武蔵野美術大、女子
美術大、東京工芸大、横浜美術大、京都芸術大、東海大、関
西大、立命館大、近畿大学長崎国際大、福岡大、福岡看護大、
西南女学院大、立命館アジア太平洋大　など
【短期大学】 産業能率短大、大阪芸術大学短期大学部　など
【専門学校】 代々木アニメーション学院、専門学校 HAL、東
京アナウンス学院、東京ベルエポック専門、ハリウッド美容
専門、大原簿記情報ビジネス専門、賢プロダクション付属養
成所、YIC 看護福祉専門　など

主な合格実績

※上記は精華学園高等学校全体の進学実績です。
※就職に関しては、就職 100％保証制度（条件あり）があります。

【通信制】　　　　　　　　　　　　　　　　　　　　　　　（単位制）

開志学園高等学校
かいしがくえんこうとうがっこう

(https://www.kaishi.ed.jp)

■校長名：藤本　洋則
■住　所：〒 950-0931　新潟県新潟市中央区南長潟 21 番 1 号
　　　　　（2023 年 4 月に新校舎移転）
■電　話：025-287-3390　■FAX：025-287-3363
■最寄駅：JR 新潟駅南口バスターミナル 1 番のりば S60~63 長潟線、
　　　　　S70~72 スポーツ公園線のバスに乗車〔乗車時間約 15 分〕バス
　　　　　停「南長潟 (みなみながた)」で下車、徒歩約 3 分
■生徒が入学できる都道府県：新潟
■沿革
　2001 年 学校法人大彦学園設立認可
　2002 年 県内 16 番目の私立高等学校として新潟市に開校
　2004 年 二号館開設 体育館取得
　2005 年 単位制Ⅲ類 JAPAN サッカーカレッジ高等部を設置
　2006 年 単位制Ⅲ類 全日本ウィンタースポーツ専門学校　高等部を設置
　2007 年 単位制Ⅳ類 インターナショナルデザインアカデミー高等課程を設置
　　　　　グラウンド取得
　2013 年 単位制Ⅳ類 国際アート＆デザイン専門学校高等課程を設置
　　　　　インターナショナルデザインアカデミー高等課程と姉妹校締結
　2023 年 新校舎開設
■教育理念
　「個性の力は無限大」
　1. 自己の個性を磨き、真理のもとで自己実現できる人間の育成
　2. 変化に対し前向きに対応できる人間の育成
　3. 相手の個性、人格を尊重し、協力し合える人間の育成
　4. 明るく自由な学園生活および社会の形成者たる人間の育成
■形態・課程・学科：
　独立校・単位制による通信制課程・普通科
■併設する課程：なし
■入学・卒業時期：
　・入学時期　4 月、10 月　　・卒業時期　3 月、9 月
■修業年限：3 年以上（在籍最長年数：制限なし）
■学期制：2 期制　■卒業認定単位数：74 単位
■始業・終業時刻：9：15 ～ 15：30
■技能連携：なし　■技能審査：なし

スクーリングの日数と場所

【登校日数】
　①週 4 日　②週 2 日　③週 1 日　④オンライン
　※いずれかを選択
【場　所】
　開志学園高等学校校舎
　（新潟県新潟市中央区南長潟 21-1　TEL.025-287-3390）

特色

「個性の力は無限大」を教育理念に、自分の目的スタイルに合わせて選べる通学形態と自分の好きなことを選択できる選択フィールドで一人ひとりの個性を最大限に発揮させる指導を実施しています。

学校行事	体育祭、学園祭、修学旅行（沖縄）
進学指導	進学対策授業（進学実践コース）
補習指導	単位追認試験　事前指導
生活指導	制服があります（週 4 日、週 2 日、週 1 日）。染髪やスカート丈など、身形服装の指導を行っています。自動車やバイクでの通学はできません。

この学校にアクセスしてみよう！

学校説明会	入学前電話相談	文化祭見学	体育祭見学	資料請求
○	○	ー	ー	○

※資料は電話・ホームページ（https://www.kaishi.ed.jp）で請求してください。

生徒情報

【不登校生】全校の約 4 分の 1 は不登校経験者です。
【転編入生】全校の約 5% が転編入生です。入学時期は学期始めです。
【保護者連絡】随時行っています。

【生徒数普通科】　　　　　　　　　　　　2023 年 5 月 1 日現在

年次	生徒数	男女比	クラス数	1 クラスの平均人数
1 年次	413 名	5：5	12 クラス	34 名
2 年次	370 名	5：5	11 クラス	34 名
3 年次	321 名	5：5	10 クラス	32 名

【教員数】
教諭：男性 21 名、女性 7 名／講師：男性 22 名、女性 27 名
養護教諭：1 名／カウンセラー：2 名／ソーシャルワーカー：1 名常駐しています。

2024 年度の募集要項

募集について

【特待入試】
　出願期間：① 2024 年 1 月 10 日（水）～ 1 月 12 日（金）
　試 験 日：① 2024 年 1 月 16 日（火）
　選抜方法：書類審査、面接　　　選考料：15,000 円
【専願入試】
　出願期間：① 2024 年 1 月 10 日（水）～ 1 月 12 日（金）
　　　　　　② 2024 年 2 月 8 日（木）～ 2 月 9 日（金）
　　　　　　③ 2024 年 3 月 14 日（木）～ 3 月 15 日（金）
　試 験 日：① 2024 年 1 月 17 日（水）
　　　　　　② 2024 年 2 月 15 日（木）
　　　　　　③ 2024 年 3 月 18 日（月）
　選抜方法：書類審査、面接　　　選考料：15,000 円
【一般入試 A・B】
　出願期間：① 2024 年 1 月 10 日（水）～ 1 月 12 日（金）
　　　　　　② 2024 年 2 月 8 日（木）～ 2 月 9 日（金）
　　　　　　③ 2024 年 3 月 14 日（木）～ 3 月 15 日（金）
　試 験 日：① 2024 年 1 月 18 日（木）
　　　　　　② 2024 年 2 月 15 日（木）
　　　　　　③ 2024 年 3 月 18 日（月）
　選抜方法：一般入試 A…書類審査
　　　　　　一般入試 B…書類審査、面接、学力試験（①②のみ）
　選考料：15,000 円

◎各入試基準は、本校へお問い合わせください。

学費について

初年度

入　　学　　金：	130,000 円

授業料【年 4 回分割】：　　　297,000 円
施設費【年 4 回分割】：① 80,000 円 ② 40,000 円 ③　　 0 円
教育充実費【年 4 回分割】：① 103,000 円 ② 30,000 円 ③ 30,000 円
諸経費【3 月一括】：　　 9,360 円

合　　　　　　　　計：① 619,360 円 ② 506,360 円 ③ 466,360 円
※①週 4 日の場合　②週 2 日、週 1 日の場合　③オンラインの場合
※上記授業料から基準に該当する場合は、高等学校等就学支援金を差し引いて徴収します。

2022 年度卒業生の進路状況

【進路先】卒業者数　249 名
大学…95 名　　短大…4 名　　専門学校・職業能力開発校…93 名
就職…42 名　　その他…15 名
【主な合格実績】新潟医療福祉大学、東洋大学、國學院大學、他
【指定校推薦】あり

【通信制】 （単位制）

長岡英智高等学校
（ながおかえいちこうとうがっこう）

（ http://www.eichi.ed.jp　E-mail：will@eichi.ed.jp ）

- ■校長名：岩下　隆志
- ■住　所：〒940-1154　新潟県長岡市宮栄 3-16-14
- ■電　話：0258-31-6771　■ＦＡＸ：0258-31-6772
- ■最寄駅：JR 上越線・信越本線「宮内」駅西口下車、徒歩 3 分
- ■生徒が入学できる都道府県：新潟
- ■沿革：
  - 2005 年 10 月　創立
  - 2006 年　4 月　開校

- ■課程・学科：単位制通信制課程・普通科
- ■入学・卒業時期：
  - 入学時期　通学コース 4 月　通信教育コース 4 月、10 月
  - 卒業時期　3 月、9 月
- ■修業年限：3 年または、
  - 前籍高校の在籍期間と通算して 3 年以上
- ■学期：2 学期制　■卒業認定単位数：74 単位以上
- ■始業・終業時刻：9：30 ～ 14：10
- ■開設講座数：30 科目

スクーリングの日数と場所

【登校日数】
- ○通学コース
  - 週 4 日登校を基本とした通学タイプ
  - 授業に公文式を導入（平成 28 年度入学生より）
  - 授業の中でレポートを完成
  - 多彩な学校行事
- ○通信教育コース
  - 一人ひとりの生活に合わせた高校生活を送れる
  - レポートに対応したスクーリングを実施
  - 県内 3 か所の校舎で生徒の利便性を確保

【場　所】
宮内本校、長岡駅前校、三条校、長岡駅東校

特色　中卒・転校希望者・高校中退者などを幅広く受け入れています。充実した教職員体制によるきめ細やかな少人数教育と 3 年間を通したキャリア教育を特色としています。

クラブ活動　【クラブ数 7、クラブ加入率 10%】
卓球、バドミントン、ソフトテニス、軟式野球、陸上競技、バスケットボール

学校行事　英好祭（文化祭）、体育祭、球技大会、1 日研修、スキースノーボード日帰り授業、クリーン活動、チャレンジウォーク、修学旅行、校内生徒生活体験発表大会等

補習授業　単位未修得者補講

その他　スクールバス運行（登校時）

◇◇◇◇◇ この学校にアクセスしてみよう！

学校説明会	入学前電話相談	文化祭見学	体育祭見学	資料請求
○	○	ー	ー	○

※学校見学は随時受け付けております（要電話予約）

生徒情報

【不登校生】
きめ細やかな支援により、不登校を経験した生徒の多くが、元気に高校生活を送っています。

【転編入生】
通学コースへの転編入学は 4 月のみ受け入れ。通信教育コースへの転入学は 4 ～ 7 月、10 ～ 1 月。編入学は 10 月と 4 月に受け入れ。

【保護者連絡】
学校だよりの発行、保護者面談など

【生徒数】　2023 年 10 月 1 日現在

年次	生徒数	男女比	クラス数	1 クラスの平均人数
1 年次	88 名	5：5	3 クラス	29 名
2 年次	74 名	5：5	3 クラス	24 名
3 年次	70 名	6：4	3 クラス	23 名

※通信教育コース…378 名

【教員数】　教諭：16 名／講師：10 名

2024 年度の募集要項

募集について

募集人員：160 名

出願期間：
- 専願・併願　1 月 9 日（火）～ 1 月 11 日（木）
- 一般　2 月 5 日（月）～ 2 月 6 日（火）
- 二次　3 月 19 日（火）～ 3 月 21 日（木）

選考日：
- 専願・併願　1 月 16 日（火）
- 一般　2 月 15 日（木）
- 二次　3 月 22 日（金）

学費について

〈通学コース〉
- 入学金：　　30,000 円
- 授業料：　297,000 円
- 施設設備費：120,000 円
- 教育充実費：　72,000 円

合　計：　519,000 円（コースによって異なります。）

※生徒会費、PTA 会費、修学旅行積立金、
　ベーシックスキル代別途（令和 5 年度より改定）

2022 年度卒業生の進路状況

【進路先】
卒業者数…161 名
- 大学…21 名　　　　専門学校…75 名　　　短期大学…5 名
- 就職…23 名　　　　職業訓練校…1 名
- その他（現在活動中の生徒も含む）…36 名

【主な合格実績】
大学：敬和学園大、長岡大、新潟医療福祉大、新潟経営大、新潟産業大、新潟薬科大、桜美林大、東洋大、和光大　他

短期大学：明倫短大、新潟青陵大学短期大学部、新潟中央短大 他

専門学校・各種学校：日本ビジネス公務員専門、長岡こども福祉カレッジ、クレアヘアモード専門、国際映像メディア専門、国際こども福祉カレッジ、にいがた製菓・調理専門学校えぷろん、新潟デザイン専門、日本工学院専門、富山県高岡看護専門　他

【通信制】　　　　　　　　　　　　　　　　　　　（単位制）

新潟県立高田南城高等学校

■校長名：諸橋　孝二
■住　所：〒943-0837　新潟県上越市南城町3丁目3-8
■電　話：025-524-0523
■ＦＡＸ：025-526-3743
■最寄駅：えちごトキめき鉄道「高田」駅下車、徒歩20分
　　　　　高速バス「北城町三丁目」下車、徒歩20分
■生徒が入学できる都道府県：新潟県
■沿革：
　1968年 4月　定時制課程独立校として開校
　1973年 4月　通信制課程開設
　1973年 7月　文部省より「高等学校定時制・通信制教育モデル校」の指定を受ける
　1994年 4月　3修制度実施
　1995年 4月　定通併修制度実施
　2018年11月　創立50周年記念式典を挙行
　2021年 4月　通学コース設置

■形態・課程・学科：
　併設校・通信制課程・普通科
■併設する課程：
　単位制による定時制課程
■併設課程への転籍：なし
■入学・卒業時期：
　・入学時期　4月・10月　　・卒業時期　3月
■修業年限：3年以上（在籍最長年数：特に制限なし）
■学期制：2学期制
■卒業認定単位数：74単位
■始業・終業時刻：8：50～15：20　1日6時間、1時限50分
■技能連携：なし　■実務代替：なし　■技能審査：あり
■開設講座数：一講座、42科目

スクーリングの日数と場所

【登校日数】
　週2日（日・火）※一部教科は木曜日に実施
【場　所】
　本校

特色 MスクーリングDAY
令和3年度から通学コースを設置し、学び直しや発展的な学習を行う授業を実施しています。
サポートDAY
上越教育大学から協力をいただき水曜日にレポート学習支援を行っています。

併修・単位について 高等学校卒業程度認定試験と併修するコースはありません。

クラブ活動 【クラブ数9】
陸上・卓球・バドミントン・テニス・バスケットボール・書道・社会科クラブ・文芸・ハイキング

生徒情報
【不登校生】
過去に不登校だった生徒に対しても、カウンセラーや関係機関と連携してサポートしています。
【保護者連絡】
必要に応じて行っています。
【転編入の生徒数】　　　　　　　　　（2023年4月入学）

1年次	2年次	3年次
17名	21名	10名

【生徒数　普通科】　　　　　　　　2023年4月現在

年次	生徒数	男女比	クラス数
1年次	52名	5：5	
2年次	85名	5：5	9クラス
3年次	97名	4：6	
4年次	111名	6：4	

2024年度の募集要項

募集について
【一般入試】
出願期間：2024年2月下旬～4月上旬
　　　　　（ただし、転編入は3月中旬まで）
　　　　　8月上旬（転・編入学のみ）
選抜方法：（新入生）書類、面接
　　　　　（転編入生）書類、面接
選考料：なし

学費について
入学金：　500円
学　費：　330円（1単位あたり、年間）
諸経費：　7,550円（教科書代等を除く）
合　計：　17,950円（30単位の場合）

2022年度卒業生の進路状況

【進路先】
進学…18名　　　　　　就職…17名（新規就職者）
家事手伝い・その他…38名（既就職者含む）
【主な合格実績】
駒澤大学、文京学院大学、新潟医療福祉大学、湘北短期大学
【指定校推薦】
県内外の大学、専修学校など

◇◇◇◇◇◇◇◇◇ この学校にアクセスしてみよう！

学校説明会	入学前電話相談	文化祭見学	体育祭見学	資料請求
○	○	－	－	○

※資料は電話で請求してください。

▼学校説明会　随時個別説明を実施します。
▼体験学習　中学生向け体験学習は実施していません。

【通信制】　　　　　　　　　　　　　　　　　　（単位制）

新潟県立新潟翠江高等学校

にいがたけんりつにいがたすいこうこうとうがっこう

(http://www.niigatasuikou-h.nein.ed.jp)

■校長名：小林　麻利子
■住　所：〒 950-1112　新潟県新潟市西区金巻 1657 番地
■電　話：025-370-1721　　■FAX：025-377-0262
■最寄駅：JR 信越本線「新潟」駅下車、高速バス 30 分「鳥原」
　　　　　下車、徒歩 20 分
■生徒が入学できる都道府県：
　新潟
■沿革：
　2004 年 1 月　単位制による定時制課程と通信制課程（普通科）
　　　　　　　　として設置
　2020 年 4 月　定時制課程普通科 1 学級、通信制課程普通科若干
　　　　　　　　人を募集

■形態・課程・学科：併設校・単位制による通信制・普通科
■併設する課程：単位制による定時制（午前部）
■併設課程への転籍：
　転編入試験により、定時制（午前部）へ転籍可能
■入学・卒業時期：
　・入学時期　4 月、10 月　　・卒業時期　3 月、9 月
■修業年限：
　・3 年以上（在籍最長年数：制限なし）
■学期制：2 期制
■卒業認定単位数：74 単位
■始業・終業時刻：9：30 ～ 15：55　1 日 6 時限、1 時限 50 分
■技能連携：なし
■実務代替：なし
■技能審査：英語検定・数学検定・漢字検定それぞれ準 2 級以上
　　　　　　の取得で単位を認定することがあります。
■開設講座数：35 科目

スクーリングの日数と場所

【登校日数】
　月 2 ～ 4 回程度（土曜・日曜）
【場　　所】
　本校

特色
月 2 ～ 4 回程度の登校で卒業が可能です。自分のペース、スケジュールに合わせて学ぶことができます。一人ひとりを大切にした、ていねいな教育を目指しています。

クラブ活動
【部数 12、加入率 6%】
※加入率は令和 5 年度受講登録者のうち部活動登録した者の割合

学校行事
運動会、体験学習、ボランティア清掃
新入生歓迎会、生徒交流会

補習指導
スクーリングのない日に個別指導や補習授業を行っています。

生活指導
バイク通学は可。制服はなし。校舎内では指定靴着用。校地内は禁煙です。

◇◇◇◇◇◇◇◇ この学校にアクセスしてみよう！

学校説明会	入学前電話相談	文化祭見学	体育祭見学	資料請求
○	○	−	−	○

※資料は電話で請求してください。
▼学校説明：11 月中旬、12 月上旬

生 徒 情 報

【転編入生】
前籍高校で修得した単位を生かすことができますが、本校で 6 単位以上修得した上で、卒業認定単位の 74 単位以上にする必要があります。高卒認定試験で合格した科目の認定については別に規定があります。転入生の入学時期は各学期の始めです。
受付期間：8 月、2 月

【転編入の生徒数】

1 年次	2 年次	3 年次
56 名	80 名	40 名

【生徒数】（令和 5 年度在籍者のうち）　　2023 年 5 月 1 日現在

年次	生徒数	男女比	クラス数	1 クラスの平均人数
1 年次	326 名	158：168	6 クラス	50 名
2 年次	324 名	167：157	7 クラス	50 名
3 年次	309 名	150：159	7 クラス	50 名

【教員数】
　教員：男性 13 名、女性 9 名
　スクールカウンセラー：1 名

2024 年度の募集要項

募集について

募集人員：若干人
出願期間：新入学　未定
　　　　　転編入学　未定
試 験 日：新入学　未定
　　　　　転編入学　未定
選抜方法：面接、書類審査
選 考 料：なし

※ 4 月入学の出願書類は 2024 年 2 月から配布する予定です。

学費について

入 学 金：　　　　500 円
授 業 料：1 単位 330 円 / 年
教科書等：約 20,000 円
生徒会費：　　　1,600 円
諸 経 費：約 5,000 円

2022 年度卒業生の進路状況

【進路先】
卒業者数…189 名
大学…18 名　　　　　短大…5 名　　　　　専門学校…47 名
就職…21 名　　　　　有職者…16 名　　　　その他…82 名

【主な合格実績】
新潟国際情報大、新潟経営大、長岡大、敬和学園大、開志専門職大　等

【広域通信制】 (単位制)

managara HighSchool（新潟産業大学附属高等学校 通信制課程）
マ ナ ガ ラ ハ イ ス ク ー ル

(https://managara.nsf-h.ed.jp)

■校長名：藤井 泰昭
■住 所：〒 945-1397 新潟県柏崎市大字安田 2510 番地 2（本校）
■電 話：0120-616-010
■最寄駅：JR 信越線「安田」駅、徒歩 2 分
■生徒が入学できる都道府県：全国 47 都道府県
■沿革：2023 年 4 月 新潟産業大学附属高等学校の通信制課程として新設
■建学の精神：日本の再建・発展と平和で幸福な社会の建設のために若い人材を育成し、地域を支える人材は地域で育てよう
■教育目標：上品で逞しい生徒の育成
　　・人生観の指導と自信ある生活態度の育成
　　・学習意欲と能力の向上
　　・自律自治と社会連帯の精神涵養
■教育方針：「生徒一人ひとりを大切に」を基本に据え、自主自律の精神を育み、人間性豊かな好奇心旺盛な生徒を育てる。

■課程・学科：単位制通信制課程・普通科
■併設する課程：全日制
■併設課程への転籍：可
■入学・卒業時期：入学時期 4 月　卒業時期 3 月、9 月
　転入、編入は随時
■修業年限：3 年以上
■学期：通年制　■卒業認定単位数：74 単位

スクーリングの日数と場所

【登校日数】
　入学時期・履修単位数によって異なります。詳しくはお問い合わせください。
【場　所】
　新潟産業大学附属高等学校（本校）のほか、東京、大阪の通信教育連携協力施設（協力校）の 3 箇所より選択できます。

特色
　managara HighSchool は、オンラインで学ぶネットの大学 managara が作った高大一貫型の「ネットの高校」です。
　オンラインの最大のメリットである「時間」と「空間」の自由度を生かせば、やりたいことに集中しながら、また、自身の落ち着く環境で、自分に向き合いながら高校卒業を目指すことが可能です。
高校卒業後も、高校生活で見つけた夢や目標の実現に向けてしっかりサポートしていきます。

・7 年一貫教育で、時間の自由度を活かした
　ジブン時間を組み立てられる！
同じ学校法人の「ネットの大学 managara」・「新潟産業大学」との連携で、高校入学から大学までの 7 年間で一貫した学びを継続できるため、高校在学中から大学生活や大学卒業後の未来を意識した学びが可能です。

・パソコン・スマートフォン・タブレットを使って
　ジブンに最適な環境で学べる！
学習やコミュニケーションは、ICT ツールを積極的に活用します。自分のライフスタイルにあわせて好きな時間、好きな場所で受講することが可能です。

・長年の指導実績をもとにした
　安心のサポート体制で高校卒業を目指せる！
全日制課程での長年の指導ノウハウを通信制課程にも生かし、学習面・メンタル面のサポート体制が整っています。

＜グループ校＞第一学院高等学校

生徒情報

【時間の使い方は自由！自分らしい未来をつくる】
自分のライフスタイルや目的に合ったペースで進められるのが、一番の魅力で安心して目標に向かって学べる環境です。

• 趣味やアルバイトなどの時間も大事にしながらスキマ時間で学習したいという方→移動時間や趣味の合間時間、自由時間や帰宅後の時間など利用しての学習

• マイプロジェクトに夢中！興味・関心を追究しながら学習したいという方→午前は高校卒業のための学習、午後はボランティア活動、帰宅後の自由時間も活用しながら学習

• スポーツ・芸能活動に重きをおきながら帰宅後の時間で集中して学習したいという方→日中はスポーツや芸能活動などを行いながら、スキマ時間で少しずつ学習を進め、帰宅後の自由時間も活用しながら学習

2025 年度の募集要項

募集について
選考方法：作文・提出書類による総合判定
出願資格：2025 年 3 月卒業見込者もしくは中学既卒者
　　　　　※転編入学生は随時
入学検定料：15,000 円

学費
入 学 金：　10,000 円
学 費：　310,000 円

※「私立高等学校等就学支援金」の対象です

2023 年度卒業生の進路状況

【進路先】2023 年 4 月開校
≪大学≫
文教学院大学、亜細亜大学、新潟産業大学

≪専門学校≫
国際ペットワールド専門学校、TCA 東京 ECO 動物海洋専門学校、学校法人 ESP 学園音楽専門学校

（2024 年 1 月現在）

富山県立雄峰高等学校
とやまけんりつゆうほうこうとうがっこう

(https://www.yuho-h.tym.ed.jp/)

■校長名：關口　敏也
■住　所：〒930-0009　富山県富山市神通町2-12-20
■電　話：076-441-5164　　■FAX：076-443-1695
■最寄駅：あいの風とやま鉄道・JR「富山」駅下車、南口から徒歩10分
■生徒が入学できる都道府県：富山県
■沿革：
　1937年　　県立夜間中学校設置認可
　1948年　　県立雄峰高等学校となる
　1953年　　通信教育併設
　1966年　　独立新校舎に移転する
　2013年　　現校舎に移転する

■形態・課程・学科：
　併設校・単位制による通信制課程・普通科・衛生看護科
■併設する課程：単位制による昼間定時制・夜間定時制課程
■併設課程への転籍：
　昼間定時制・夜間定時制に転籍できますが、過去に数例のみ。
　検査により判定します。
■入学・卒業時期：
　・入学時期4月　　・卒業時期3月、9月
　※転編入は10月入学が可能
■修業年限：3年以上
■学期制：2学期制　　■卒業認定単位数：74単位
■始業・終業時刻：8時55分～16時05分
　　　　　　　　　　1日7時限、1時限50分
■技能連携：富山市医師会看護専門学校准看護学科
■実務代替：なし
■技能審査：8単位まで認定。
■開設講座数：66科目

スクーリングの日数と場所

【登校日数】
　　月2～3回（日・月・水、いずれかの曜日を選んで登校）
【場　所】
　　本校
【その他】
　　NHK高校講座の利用によってスクーリングを一部代替できます。

スクーリングは月2～3回、定期試験は年2回実施されます。

高卒認定試験（旧大検）で合格した科目は20単位まで認めます。

クラブ活動

【クラブ数9、クラブ加入率約9%】
陸上競技、バスケットボール、剣道、柔道、卓球、軟式野球、バドミントン、生活研究、文化研究

学校行事

学園祭・球技大会等を行っています。

生活指導

学校指定の制服はありません。

生徒情報

【不登校生】
　過去に不登校を経験した生徒もいます。
【転編入生】
　前籍高校で修得した単位を読み替えることができます。
　高卒認定試験（旧大検）で合格した科目を20単位まで認定することができます。
【保護者連絡】
　年2回保護者会を行っています。また、保護者への連絡は郵便などで行っています。
【転編入の生徒数（2023年度）】

1年次	2年次	3年次	4年次
13名	8名	20名	11名

【生徒数】　　　　　　　　　　　　　　　2023年5月1日現在

生徒数	男女比
269名	104：165

【教員数】
　教員：男性12名、女性11名
　カウンセラー：3名（月・火・水・金）
　スクールソーシャルワーカー：1名　週1回（月）

2024年度の募集要項

募集について

【入学者選抜】【転入学・編入学検査】
※実施内容は、2023年12月以降公開の本校ホームページ
「令和6年度　前期入学志願のしおり」でご確認ください。

学費について

授業料：年額　1単位あたり300円。
　　　　ただし、高等学校等就学支援金受給認定者は無償
　　　　（2023年度実績）
　　　　※諸経費、学校納入金、レポート代、教科書代、学習書代
　　　　などが別途必要です。

合　計：　約30,000円（2023年度実績）を4月に一括納入

2023年度卒業生の進路状況

【進路先】
卒業者数…46名（2022年9月卒業者も含む）
大学…6名　　　短大…3名　　　専門学校…10名　　　就職…10名
【主な合格実績】
金沢大学、富山国際大学、東京通信大学、東京国際大学、富山福祉短期大学、自由が丘産能短期大学

◇◇◇◇◇◇◇◇◇ **この学校にアクセスしてみよう！**

学校説明会	入学前電話相談	文化祭見学	体育祭見学	資料請求
―	○　要予約	―	―	―

▼学校説明会　・県内中学校教諭対象の説明会は実施します。
　　　　　　　・生徒・保護者への説明は随時行っておりますが、電話にて事前に連絡をお願いします。

【通信制】 （単位制）

石川県立金沢泉丘高等学校

（ https://cms1.ishikawa-c.ed.jp/izumth/ ）

- ■校長名：岡橋 勇侍
- ■住 所：〒921-8517 石川県金沢市泉野出町 3-10-10
- ■電 話：076-241-6424 ■FAX：076-241-6425
- ■最寄駅：JR「金沢」駅下車、北陸鉄道バスで次の系統に乗車（30 光が丘行き・31 額住宅行き・32 円光寺行き）、「泉丘高校前」で下車
- ■生徒が入学できる都道府県：
  石川
- ■沿革：
  1948 年　前身である石川県立金沢第一中学校に通信教育高等学校部を付設
  1949 年　石川県立金沢泉丘高等学校と改称
  1980 年　石川県立総合看護専門学校との技能連携による衛生看護科設置
  1999 年　協力校「七尾サテライト校」開設
  2000 年　単位制、2 学期制に移行

- ■形態・課程・学科：
  併設校・単位制による通信制課程・普通科・衛生看護科
- ■併設する課程：
  学年制による全日制課程
- ■入学・卒業時期：
  ・入学時期　4 月　　・卒業時期　3 月
- ■修業年限：
  ・3 年以上（在籍最長年数：制限なし）
- ■学期制：2 学期制　■卒業認定単位数：74 単位
- ■始業・終業時刻：9 時 10 分～15 時 50 分
  1 日 6 時限、1 時限 50 分
- ■技能連携：県立総合看護専門学校と連携しています

スクーリングの日数と場所

【登校日数】
週 2 日（日曜・月曜）（七尾サテライト校は日曜日のみ）
年間 25～30 日を標準とする。

【場所】
金沢・七尾

【その他】
ＮＨＫ高校講座を視聴することによってスクーリングを一部代替できます。

特色
教育目標
心身一如の発達につとめる

仕事などで毎日登校できない人、自分探しをゆっくりしたい人、もう一度学びなおそうと決意した人が自分のペースで学べる学校です。

同好会活動
卓球、ソフトテニス、バドミントン、陸上競技、バスケットボール、茶道、フラワーアレンジメント、イラスト

学校行事
入学式、体験学習スクーリング、校内生活体験発表会、北陸三県生徒交歓会、修学旅行（隔年）、人権講話、学園祭、体育的・文化的行事、卒業式、進路説明会など

生活指導
指定の制服はありません。
自動車、バイクで通学できません。

生徒情報

【転編入生】
前籍高校で修得した単位は卒業に必要な単位として生かすことができます。
転入生の入学時期は 4 月、9 月です。
編入生の入学時期は 4 月のみです。
【保護者連絡】
保護者懇談会を開催しています。機関紙「泉丘通信」も年 4 回発行しています。

【生徒数（活躍生）普通科】　2023 年 5 月 1 日現在

生徒数	男女比
531 名	43：57

【教員数】
教員：20 名／講師：21 名

2024 年度の募集要項

募集について
【一般入試】
募 集 人 員：普通科 200 名　衛生看護科 40 名
出 願 期 間：2024 年 3 月 12 日（火）～4 月 4 日（木）
出 願 時 間：平日　9：00～16：00
出 願 場 所：事務室
選 抜 方 法：面接・作文
受 検 料：950 円

学費について
入学手数料：500 円
受 講 料：310 円×受講単位数（条件により無償対象あり）
教科書・学習書：約 20,000 円
レ ポ ー ト：1 単位あたり 150 円

2022 年度卒業生の進路状況

【進路先】
卒業者数　131 名
大学…28 名　　　　短大…8 名　　　　専門学校…29 名
就職者…16 名

【主な合格実績】（過年度卒含む）
【4 年制大学】
北海道教育大学、金沢大学、金沢美術工芸大学、公立小松大学、早稲田大学、明治大学、法政大学、駒沢大学、女子美術大学、東海大学、同志社女子大学、金沢工業大学、北陸学院大学、大谷大学、愛知大学、中部大学、金城学院大学、神戸学院大学、金城大学、和光大学、京都芸術大学、大阪商業大学、大手前大学、日本大学、獨協大学、神奈川大学、大東文化大学、金沢星稜大学、北陸大学、高岡法科大学、大手前大学（通）、東京通信大学（通）、東京福祉大学（通）、放送大学（通）

◇◇◇◇◇◇◇◇◇ **この学校にアクセスしてみよう！**

学校説明会	入学前電話相談	文化祭見学	体育祭見学	資料請求
○	○	－	－	○

※ 140 円切手が必要

【広域通信制】　　　　　　　　　　　　　　　　　　　　　（単位制）

美川特区 アットマーク国際高等学校
（みかわとっく）（こくさいこうとうがっこう）

(http://www.at-mhk.com/kokusai/　E-mail：info@at-kokusai.jp)

■校長名：有川 雄一郎
（金沢学習センター）
　■住　所：〒920-0869　石川県金沢市上堤町 1-35
　■電　話：076-265-6888　　■ＦＡＸ：076-265-6188
　■最寄駅：JR 線「金沢」駅徒歩 15 分
（品川学習センター）
　■住　所：〒141-0001　東京都品川区北品川 5-12-4-3F
　■電　話：03-3446-2546　　フリーダイヤル：0120-5931-87
　■ＦＡＸ：03-5423-2813
　■最寄駅：JR 線「品川」「大崎」「五反田」駅下車、徒歩 12 分
■生徒が入学できる都道府県：
　全都道府県
■沿　革：
　2000 年 4 月　　米国の高卒資格取得校としてアットマーク・インター
　　　　　　　　　ハイスクール開校
　2004 年 9 月 30 日構造改革教育特区高校の第 1 号として美川特区アッ
　　　　　　　　　トマーク国際高等学校開校
■教育理念：
　子どもたちが、学習スタイル、学習内容を「自己選択」「自己決定」で
きる、学習する生徒の立場を考えた一人ひとりの個性を創造する学びの
場を目指す。

■形態・課程・学科：広域通信制・単位制・普通科
　①直接面接指導は集中スクーリングで行う
　②毎日登校できるコースも併設（金沢学習センター）
　③個別指導を重視、難関大学をめざすことも可能
■入学・卒業時期：
　・入学時期　4 月、10 月（転入学は随時）
　・卒業時期　3 月、9 月
■修業年限：3 年（在籍最長年数：10 年間）
■学期制：2 学期制
■開設講座数：47 科目（新課程）

スクーリングの日数と場所

【登校日数】
　生徒一人ひとりの履修単位数による。最少は年 1 回（4 日間程度）
　から
【場　所】石川県（白山市）
【その他】
　当校のスクーリングは、①本校のある石川県で行う授業、②イン
ターネット上で行う授業の二種類あり、単位修得のためには両方
に出席（視聴）する必要があります。石川県での授業は 4 日間の
集中スクーリングとなっており、紙すきなど伝統工芸体験を実施
しています。日々の学習に対しては個別指導が基本。生徒一人ひ
とりに担任がつき、学習面や進路などきめ細やかなサポートをし
ます。また、金沢学習センター・品川学習センターの二つの学習
センターがあり、金沢学習センターでは毎日通学できるコースも
あります。

特色

決められた時間割ではなく、学習形態を自ら組み立て、それ
ぞれ自分に合ったスタイルで学習することが出来ます。定期
テストがなく、代わりに成果物という課題を提出します。ス
クーリングの日数が 4 日間と少なく、あまり登校することが
できないという生徒も高校卒業を目指せるため、不登校だっ
た生徒やスポーツ選手、社会人など幅広い生徒が在籍しています。

◇◇◇◇◇◇◇◇◇◇ **この学校にアクセスしてみよう！**

学校説明会	入学前電話相談	文化祭見学	体育祭見学	資料請求
○	○	○	―	○

※資料は電話、FAX、メール、WEB フォームより請求して下さい。
　HP　http://www.at-mhk.com/kokusai/　　メール　info@at-kokusai.jp

生 徒 情 報

【転編入生】
高卒認定試験で合格した科目は振り替えることができます。
転入は毎月随時受け付けます。編入は原則 4 月・10 月の入学です。
【不登校・引きこもりへの対応】
アットマーク国際高等学校では、担任をはじめ、全ての先生方が日
常的に相談に乗っております。学習の取り組み方だけでなく、友人
関係・よき人間関係をつくることに多くの力を注いでいます。他人
におびえ、社会の壁に押しつぶされそうな状態の「自分」から「本
当の自分」を取り返すことが一番大切なことと考えています。その
ための学校が本校です。
【転編入の生徒数】

新入生	転入生	編入生	科目履修生
159 名	83 名	18 名	0 名

【生徒数】　　　　　　　　　　　　　　　2023 年 5 月 1 日現在

年次	生徒数	男子	女子	クラス数	1 クラスの平均人数
1 年次	72 名	48 名	24 名	クラス	名
2 年次	77 名	43 名	34 名	クラス	名
3 年次	86 名	50 名	36 名	クラス	名
4 年次以上	24 名	16 名	8 名	クラス	名

【教員数】
　教員（講師含む）：男性 7 名、女性 7 名
　カウンセラー：1 名　（特別講師は除く）

2024 年度の募集要項

募集について

【新入生の場合】
募集人員：350 名
出願期間：10 月 2 日（月）から随時
選 考 日：出願受付から随時
選考方法：作文、面接　※学力試験はありません
選 考 料：15,000 円

【転入生・編入生の場合】
随時受け付けております。詳しくはお問い合わせください。

学費について

入学金：　100,000 円
単位履修料：10,000 円（1 単位あたり）
単位履修料：※1 年間 25 単位として 25 万円。3 年間、最低 74 万円。
　　　　　　◇なお、支援金の制度により、単位履修料は各家庭の
　　　　　　　所得状況により減免されます。詳しくはお問い合わ
　　　　　　　せください。
コース別諸経費（上記に加算）
　金額は所属する学習センターにより異なります。
　詳しくはお問い合わせください。

2022 年度卒業生の進路状況

＜卒業生数 69 名＞
【主な合格先】
愛知県立大学、東洋大学、日本大学、京都芸術大学、中部大学、北陸大学、
金沢学院大学、神奈川大学、星稜大学、金沢工業大学、東京通信大学、
清泉女子大学、帝京平成大学、サイバー大学　など

【広域通信制】 （単位制）

AOIKE高等学校
アオイケ こうとうがっこう

(https://aoike.ac.jp/highschool/　E-mail：aoike-pre2@aoike.ac.jp)

- ■校長名：滝 民恵
- ■住 所：〒917-0084　福井県小浜市小浜広峰108（本校）
- ■電 話：0770-52-3481
- ■ＦＡＸ：0770-52-3412
- ■生徒が入学できる都道府県：全国47都道府県
- ■沿革：
  - 2020年　青池学園高等学校（広域通信制）　開校
  - 2022年　AOIKE高等学校に校名変更

- ■形態・課程・学科：単位制・通信制課程（広域）普通科
- ■入学時期：4月、10月　転編入は随時
- ■卒業時期：3月、9月
- ■修業年限：3年以上
- ■学期制：4学期制
- ■卒業認定単位数：74単位
- ■始業・終業時刻：始業9：30

スクーリングの日数と場所

【登校日数】年1回（4日間程度）
【場所】AOIKE高等学校本校（福井県小浜市）、富山キャンパス（富山県富山市）、富山調理製菓専門学校（富山県富山市）協力校：新川高校

特色

自由な学びで　いまと未来の自分を笑顔に

< AVOS　AOIKE高校独自の学習管理システム>
・タブレット端末で全国どこにいても
・レポートの提出、提出状況を管理
・学校からのお知らせ、イベントの案内など一括管理
・チャットにて質問可能
・スクーリングの受講状況などスケジューリング機能を利用

<資格取得に挑戦>

<海外留学・研修>
青池学園はアメリカ、韓国、フィリピンに姉妹校、サテライトキャンパスがあり、語学留学はもちろん、ダンス、アートなどのスキルアップ研修も実施可能です。

【その他】
・不登校経験者も多数在籍。学校心理士常勤。
・現在高校に在学している方は転入、中途退学した方は編入が可能です。すでに高校で修得した単位や在籍期間を引き継ぐことができます。

生活指導
指定の制服（10種類以上）がありますが、購入は任意です。

学校行事
学校祭・体育祭・校外学習・修学旅行　など

生徒情報

【不登校生】
学校心理士（スクールカウンセラー）の先生が常駐していますので、定期的にオンライン面談を行っております。
【保護者連絡】
担任制、保護者オンライン面談、日々の連絡等。
【転編入生】
転編入学は、随時受け付けています。
すでに高校で修得した単位や在籍期間を引き継ぐことができます。

2024年度の募集要項

募集について

募集人員：360名
出願期間：2023年12月1日～
選考方法：書類選考・面接
選考費用：10,000円
出願資格：当該年度で中学校卒業見込み以上の者

※詳しくはHPをご確認ください。

学費について

※就学支援金制度が利用できます。
※教科書代等は別途必要となります。
※詳しくはHPをご確認ください。

2022年度卒業生の進路状況

【進路先】
大学… 名　　　　短大… 名　　　　専門学校… 名
就職… 名

【大学・短大の主な合格実績】

◇◇◇◇◇◇◇◇◇◇ **この学校にアクセスしてみよう！**

学校説明会	入学前電話相談	文化祭見学	体育祭見学	資料請求
◯	◯	◯	◯	◯

※学校見学も受け付けております。
※電話、メール、FAX、ホームページよりお問い合わせください。

【通信制】　　　　　　　　　　　　　　　　　　　　　　　　　　（単位制）

啓新高等学校
（けいしんこうとうがっこう）

（ https://www.keishin.ed.jp/　　E-mail：tsuushin@keishin.ed.jp ）

■校長名：荻原　昭人
■住　所：〒910-0005　福井県福井市大手3-1-1　システム大手ビル7F
■電　話：0776-63-6448
■ＦＡＸ：0776-63-6449
■最寄駅：JR北陸本線「福井」駅、徒歩3分
■生徒が入学できる都道府県：
　福井、石川
■沿革：
　2011年4月　啓新高等学校に通信制コース設置
　2013年4月　啓新高等学校通信制課程として認可
■創立理念：
　啓新高校の理念：真　善　美、行学一路、可能性への挑戦

■形態・課程・学科：
　併設校・単位制による通信制課程・普通科
■併設する課程：全日制
■入学時期：随時
■卒業時期：3月、9月
■併設課程への転籍：不可
■修業年限：3年以上
■学期制：2学期制
■卒業認定単位数：74単位
■始業・終業時刻：始業9：00、終業12：40
■技能連携・実務代替・技能審査：なし
■開設講座：進学基礎講座英数国日本史4科目、情報講座、簿記講座、英検講座、漢検講座

スクーリングの日数と場所

【登校日数】原則週1日（学年により曜日は異なります）
　　　　　　スクーリング以外の日も登校可能です。

【場所】大手学習センター：
　　　　〒910-0005　福井県福井市大手3-1-1　システム大手ビル7F

特色

従来の学校システムになじめない人や、学校以外に打ち込みたいことがある人も学べる学校です。E-learningシステム「すらら」を活用しており、進度に合わせて中学校の学習内容から大学入試まで、自宅でも教室でも学習できます。
スクーリングは、啓新高等学校全日制の各教科の教員が授業をしています。
進学希望の生徒に対しては、国語、英語、数学の進学基礎講座、スタディサプリの各講座、外部講師による個別指導など、基礎から実践まで対応しています。
希望者は、情報講座でWord、Excelの実務を学ぶことができます。また、英語検定や漢字検定など各種検定を受検し資格を取得できます。

併修・転編 指導

単位認定試験の前には試験対策の学習会を設定しており、学習の遅れも随時指導しています。登校すれば個別指導も実施しています。

生活 指導

学校指定の制服着用可。
バイク通学不可。
スクーリング等の情報はメールにて通知。

◇◇◇◇◇◇◇◇ この学校にアクセスしてみよう！

学校説明会	入学前 電話相談	文化祭見学	体育祭見学	資料請求
－	○	－	－	○

※学校見学も受け付けております。
※電話、メール、FAX、ホームページよりお問い合わせください。

生徒情報

【不登校生】
スクールカウンセラーが来校します。
【転編入生】
転入生は随時入学可。
前在籍高校で修得した単位はすべて認められます。
高等学校卒業程度認定試験で合格した科目を振り替えることはできません。
【保護者連絡】
7月と3月に三者面談を行っています。また、欠席の多い場合は随時家庭訪問を行っています。

【生徒数】　　　　　　　　　　　　　　　　　　2023年現在

年次	生徒数	男	女	クラス数	1クラスの平均人数
1年次	17名	7名	10名	1クラス	17名
2年次	23名	13名	10名	2クラス	11.5名
3年次	22名	10名	12名	2クラス	11名
合計	62名	30名	32名	5クラス	

【教員数】　教員：11名
　　　　　　講師：4名
　　　　　　カウンセラー：月に1度来校

2024年度の募集要項

募集について

【一般入試】
募集人員：80名
出願期間：（1次募集）1月13日～1月27日
　　　　　（2次募集）2月15日～2月29日
試験日：（1次募集）2月2日
　　　　（2次募集）3月7日
選考方法：面接、基礎学力試験
選考費用：10,000円
入学金：98,000円

学費について

授業料：　12,000円／1単位（半期15単位程度履修）
　　　　　　　　　　　　　　　※就学支援金により授業料減額
スクーリング費：20,000円（半期）
施設運営費：60,000円（半期）
実習費：22,000円（半期）

合　計：15単位履修の場合282,000円／半期

※他、テキスト代
※半期ごとに集金、分割納入も可

2022年度卒業生の進路状況

【進路先】
大学…10名　　　　　短大…2名　　　　　専門学校…10名
就職…3名

【大学・短大の主な合格実績】
2017年度合格実績	福井県立大、龍谷大、新潟医療福祉大、福井医療大、京都産業大、名古屋外国語大、金沢星稜短大、仁愛女子短大、関西外国語短大
2018年度合格実績	福井県立大、青山学院大、日本大、同志社大、大阪芸術大、仁愛大、関西外国語短大、近畿大、明治大、関西大、関西学院大、立命館大
2019年度合格実績	福井大、福井工業大、十文字学園女子大、立命館大、横浜薬科大、愛知学院大、桜美林大、大阪産業大、嵯峨美術短大
2020年度合格実績	国際教養大、龍谷大、京都女子大、佛教大、関西外大、愛知淑徳大、京都文教大、仁愛大、仁愛女子短大
2021年度合格実績	富山大、龍谷大、大阪経済大、京都橘大、成安造形大、愛知学院大、金城大、仁愛大、関西外国語短大、滋賀文教短大、高山自動車短大
2022年度合格実績	富山大、京都産業大、京都女子大、龍谷大、京都芸術大、大阪芸術大、神戸学院大、京都橘大、京都先端科学大、関西外国語大、みずほ短大

【通信制】 （単位制）

福井県立道守高等学校

（ふくいけんりつみちもりこうとうがっこう）

■校長名：松島　真章
■住　所：〒918-8575 福井県福井市若杉町 35-21
■電　話：0776-36-1184　■FAX：0776-36-1185
■最寄駅：JR 線「福井」駅下車、バス 20 分
■生徒が入学できる都道府県：
　福井県、通学可能な近県
■沿革：
1948 年　4 月	福井県立第一高等学校に通信教育の設置が認可され、名称を福井県立第一高等学校通信部とする。
1962 年　4 月	学校教育法一部改正により、福井県立藤島高等学校通信制課程と改称する。
1971 年　4 月	福井県立道守高等学校を、定時制・通信制教育モデル校として開校し、夜間定時制・昼間二部制・通信制の生徒を募集する。
1972 年　4 月	通信制課程に、衛生看護科を新設する。
1992 年　4 月	通信制課程に単位制コースを新設する。
2009 年　4 月	衛生看護科の募集を停止する。
2010 年　4 月	単位制コース（平日コース）の募集を停止する。
2020 年 11 月	創立 50 周年記念式典を挙行。

■形態・課程・学科：単位制による通信制課程・普通科
■併設する課程：
　単位制による昼間・夜間定時制課程
■併設課程への転籍：
　転学試験を受験して、昼間・夜間定時制に転籍することができる。
■入学・卒業時期：
　・入学時期　4 月、10 月　　・卒業時期　3 月、9 月
■修業年限：3 ～ 4 年
■学期制：2 学期制　　■卒業認定単位数：74 単位
■始業・終業時刻：
　9：10 ～ 16：10、1 日 6 時限、1 時限 50 分
■開設講座数：57 科目、105 講座

スクーリングの日数と場所

【登校日数】
　月 3 ～ 4 回（日曜日）
　※日曜以外に月曜スクーリング（月 3 ～ 4 回）を実施し、三修と未修得科目の対応をしています。
【場　所】本校

特色
年間 30 日ほどのスクーリングとレポートで勉強を進めます。卒業単位は 74 単位ですが、高校中退者の既修単位や高認の成果も一定の範囲内で認定をします。入学選抜は 2、3 月、転編入学試験は 3、9 月に行われます。

併修・単位
年間 14 単位まで併修することができます。

クラブ活動
【クラブ数 10】
陸上、バスケットボール、バドミントン、卓球、サッカー、柔道、野球、茶道、演劇、文芸

学校行事
学校祭、遠足、その他

生活指導
指定の制服はありません。

◇◇◇◇◇◇◇◇ この学校にアクセスしてみよう！

学校説明会	入学前電話相談	文化祭見学	体育祭見学	資料請求
○	○	―	―	○

※資料は返信用封筒（長 3）に 94 円切手を貼り同封し、請求して下さい。

生徒情報

【不登校生】
高校までに不登校を経験している生徒の割合はかなり高いです。
【転編入生】
専門科目は 24 単位まで、共通科目は原則的に全て振り替えることができます。
転入・編入は 4 月・10 月に入学できます。
【保護者連絡】
保護者懇談会（年 2 回）他、必要に応じ随時。
【転編入の生徒数】

令和 5 年	令和 4 年	令和 3 年	令和 2 年
転入生 33 名	転入生 27 名	転入生 34 名	転入生 19 名
編入生 60 名	編入生 62 名	編入生 35 名	編入生 37 名

【生徒数】　　　　　　　　　　　2023 年 10 月 1 日現在

年次	生徒数	男女比	クラス数	1 クラスの平均人数
1 年次	71 名	1：1	3 クラス	24 名
2 年次	50 名	1：1	2 クラス	25 名
3 年次	65 名	1：1	2 クラス	33 名
4 年次	51 名	1：1	2 クラス	26 名

【教員数】
　教員：男性 11 名、女性 4 名／講師：男性 5 名、女性 7 名
　養護：講師 1 名
　カウンセラー：講師 1 名（日曜）
　　　　　　　　講師 2 名（平日または日曜に週 1 回ずつ）
　スクールソーシャルワーカー：1 名

2024 年度前期の募集要項

募集について
募集人員：普通科 120 名
出願期間：（2024 年度前期）
　① 2024 年 2 月 19 日（月）～ 21 日（水）
　② 2024 年 3 月 15 日（金）および 18 日（月）
試験日：（2024 年度前期）
　① 2024 年 2 月 25 日（日）
　② 2024 年 3 月 21 日（木）
選抜方法：面接・書類
審査料：1,500 円

学費について
入学金：500 円
授業料：授業料を微収する（1 単位 350 円）

2022 年度卒業生の進路状況

【進路先】
卒業者数…50 名
大学…4 名　　　　　　専門学校…13 名
就職…17 名　　　　　　その他…16 名
【主な合格実績】※過去 3 年分
仁愛大学，福井工業大学，東京通信大学，愛知産業大学，立命館大学，大阪商業大学　他
【指定校推薦】
あり

【広域通信制】　　　　　　　　　　　　　　　　　　（単位制）

自然学園高等学校
しぜんがくえんこうとうがっこう

(https://www.shizengakuen.ed.jp)

■校長名：西條　隆繁

梁川キャンパス／総合事務局
- ■**住　所**：〒409-0503　山梨県大月市梁川町綱の上 1225
- ■**電　話**：0554-56-8500　■**ＦＡＸ**：0554-56-8501
- ■**最寄駅**：中央線「梁川」駅下車、徒歩 10 分

甲府キャンパス
- ■**住　所**：〒400-0031　山梨県甲府市丸の内 3-2-14
- ■**電　話**：055-237-0510　■**ＦＡＸ**：055-226-1550
- ■**最寄駅**：JR 中央線「甲府」駅下車、徒歩 5 分

須玉キャンパス
- ■**住　所**：〒408-0101　山梨県北杜市須玉町小尾 6900
- ■**電　話**：0551-45-0510　■**ＦＡＸ**：0551-45-0254
- ■**最寄駅**：中央線「韮崎」駅下車、バス 50 分

相模原キャンパス
- ■**住　所**：〒252-0238　神奈川県相模原市中央区星が丘 4-2-45
- ■**電　話**：042-786-0510　■**ＦＡＸ**：042-786-0509
- ■**最寄駅**：JR 相模線「上溝」駅下車、徒歩 5 分

■生徒が入学できる都道府県：北海道、青森、岩手、宮城、秋田、山形、福島、茨城、栃木、群馬、埼玉、千葉、東京、神奈川、新潟、山梨、長野、岐阜、静岡、愛知

■沿革：
1993 年に全寮制、全日制高校として創立
2004 年 4 月に通信制課程を併設
2005 年 4 月に専攻科（介護福祉専攻）を併設
2006 年 4 月に全日制（通学）総合文化コースを併設
2012 年 4 月に全日制（通学）芸術文化コースを併設
2022 年 4 月に全日制（通学・入寮）体育文化コースを併設

- ■**形態・課程・学科**：併設校・単位制による通信制課程・普通科
- ■**併設する課程**：単位制による全日制課程
- ■**併設課程への転籍**：全日制に転籍できます。
- ■**入学・卒業時期**：入学時期　4 月、10 月　卒業時期　3 月、9 月
- ■**修業年限**：3 年以上（在籍最長年数：制限なし）
- ■**卒業認定単位数**：74 単位
- ■**始業・終業時刻**：9 時〜 16 時　1 日 6 時限、1 時限 50 分
- ■**技能連携**：なし
- ■**実務代替**：2 単位まで認定（卒業に必要な単位に含む）
- ■**技能審査**：30 単位まで認定（卒業に必要な単位に含む）
- ■**開設講座数**：14 講座、54 科目

スクーリングの日数と場所

【登校日数】
①週 5 日　　②集中 2 回（夏と冬）
※①か②のいずれかのコースになります。
①の全日型通信制（週 5 日登校）は、甲府、相模原の 2 つのキャンパスで実施します。

【場　所】
山梨、東京、神奈川、静岡、青森、山形、群馬、岐阜
ただし、週 5 日登校の全日型通信制コースは、山梨及び神奈川での開設です。

【その他】
テレビ、ラジオ等の放送視聴により登校日数を少なくできます。

特色
秩父多摩甲斐国立公園の中、すばらしい教育環境にある高校です。他にみられない個性的なカリキュラムで教育を行っています。
・総合文化コースと国際農業コース（山梨）があります。
・総合文化コースは、全日制（通学）にも、同一カリキュラム、同一教科書使用のコースが設けられており、全日制との間で学習進度を合わせ転籍することができます。
・セメスター制を採用しており、学習・単位認定が半年単位で行われます。

生徒情報

【不登校生】
不登校だった生徒はいます。そうした生徒も分け隔てなく指導にあたります。それにより、卒業時には他の生徒と同じ一線に並び、社会で活躍できる社会人になることを目指します。

【転編入生】
前籍高校で修得した全ての単位を振替えることができます。また、転入生は継続学習も認められます。高卒認定試験で合格した科目は 20 単位を限度として振替えることができます。転入・編入は、随時受け付けます。

【保護者連絡】
保護者への連絡は、保護者会の開催、会報送付等、及び必要に応じ保護者面談を行っています。

【生徒数　普通科】　　　　　　　　　2023 年 5 月 1 日現在

年次	生徒数	男女比
1 年次	140 名	5：5
2 年次	130 名	6：4
3 年次	120 名	6：4

【教員数】
教員：男性 15 名、女性 7 名、非常勤 20 名
養護教員：2 名

併修・単位について　高卒認定試験受験生は一部科目履修ができます。定通併修、全日制課程在籍生を科目履修生として受け入れます。

学校行事　登山・スキー教室、博物館見学、野外学習など。

生活指導　学校制定の制服は、全日制及び全日型通信制（週 5 日登校）の生徒が着用します。

2024 年度の募集状況

募集について

【一般入試】
募集人員：120 名
出願期間：4 月入学生　2024 年 1 月から 4 月 20 日まで
　　　　　10 月入学生　2024 年 7 月から 10 月 20 日まで
選抜方法：書類選考
選考料：15,000 円

学費について

授 業 料：①登校日数が週 5 日のコース…月額 24,800 円
　　　　　②登校日数が年 2 回（夏・冬の 2 回、各 3 〜 4 日）のコース…1 単位あたり 12,000 円
入 学 金：①…10 万円　②…5 万円

（※）国が定める就学支援金制度の概要は次のとおりです。
(1) 世帯年収約 590 万円以上 910 万円未満の家庭には①月額 9,900 円②1 単位あたり 4,812 円
(2) 世帯年収約 590 万円未満の家庭には①月額 24,750 円②1 単位あたり 12,000 円の就学支援金が支給されます。
期間は①②ともに最長で 4 年間。②は年間 30 単位が上限、卒業までに 74 単位分の支給が限度。

◇◇◇◇◇◇◇◇◇◇◇　**この学校にアクセスしてみよう！**

学校説明会	入学前電話相談	文化祭見学	体育祭見学	資料請求
○ 要予約	○	○	○	○

※資料は、ホームページ、E-mail、FAX、ハガキにてご請求ください。
▼学校説明会　随時（要予約）、甲府・梁川・相模原の 3 つのキャンパスで実施

【広域通信制】　　　　　　　　　　　　　　　　　　　　　　　　　　（単位制）

駿台甲府高等学校
すんだいこうふこうとうがっこう

(https://www.sundai-kofu.ed.jp/corr/ 　 E-mail：info@sundai.ed.jp)

- ■校長名：八田　政久
- ■住　所：〒400-0026　山梨県甲府市塩部 2-8-1
- ■電　話：055-267-7215
- ■ＦＡＸ：055-267-6624
- ■最寄駅：中央本線「甲府」駅北口より、徒歩 15 分
- ■生徒が入学できる都道府県：
　山梨、東京、神奈川、千葉、埼玉、茨城、栃木、群馬、北海道、宮城、秋田、山形、福島、新潟、福井、長野、岐阜、静岡、愛知、三重、滋賀、京都、大阪、兵庫、奈良、和歌山、徳島、香川、愛媛、高知、福岡、佐賀、長崎、熊本、大分、宮崎
- ■沿革：

1980 年	4 月	駿台甲府高等学校 創立
2000 年	10 月	通信制課程 設置（広域単位制普通科）東京学習センター 開設
2010 年	4 月	大宮学習センター・富士学習センター 開設
2017 年	4 月	松本中央学習センター 開設
2018 年	4 月	四谷学習センター 開設
2019 年	7 月	大宮事務室・学習室 開設
	11 月	湘南学習センター 開設
2021 年	4 月	吉祥寺（※）・あざみ野（※）・名古屋丸の内・京都学習センターを開設（※吉祥寺は四谷、あざみ野は横浜学習センターへ移管）
2022 年	4 月	横浜学習センター開設
2023 年	10 月	静岡中央学習センター開設
2024 年	10 月	千葉学習センター開設予定

- ■教育理念：
「愛情教育」
全駿台グループに共通した教育理念です。駿台甲府学園の教職員は根本に愛情教育という意識を持って生徒と向き合います。すべての教育活動はこの理念に則って行われ、生徒一人ひとりに対し、細かな生活指導や進路指導がなされます。

- ■形態・課程・学科：
　併設校・単位制による通信制課程（普通科）
　※四谷・横浜・大宮・千葉・名古屋丸の内・京都学習センターは、駿台通信制サポート校を設置しています。
- ■併設する課程：
　学年制による全日制課程（普通科・美術デザイン科）
- ■入学・卒業時期：
　・入学時期　4 月、10 月（転編入学は随時可能）
　・卒業時期　3 月、9 月
- ■修業年限：3 年（在籍最長年数：制限なし）
- ■学期制：2 学期制
- ■卒業認定単位数：74 単位
- ■高認試験：20 単位まで（卒業単位に含める）

駿台グループのノウハウを駆使した、進学に強い通信制高校

Point ①
通信制課程専任教員による丁寧なサポート
駿台甲府高等学校では、専任の担任が高校卒業単位修得に必要な履修計画から、レポートの進め方のアドバイス、スクーリング出席状況のチェックまで行い、規定年限内で卒業できるバックアップ体制をより確かなものとしています。

Point ②
自分のペースに合わせた学習を可能にする最先端 ICT 学習ツール
通信制課程の学びに加えて、圧倒的な大学合格実績を誇る駿台予備学校の ICT 学習ツールを利用することができます。
自宅や自習室で、自分のペースに合わせて各科目の実力アップから大学入試対策まで、駿台通信制ならではの豊富な学習コンテンツをフルに活用してください。

Point ③
駿台グループの強力なバックアップと進学に向けた万全なサポート
駿台予備学校をはじめ、駿台グループの専門学校ともタイアップして、大学・専門学校への進学など一人ひとりの希望進路達成に向けて、最新の情報提供、大学入試対策、推薦入試対策など、サポート体制が充実しています。

スクーリングの日数と場所

【登校日数】
　スクーリングや特別活動等、半年間でおよそ 10 日程度。
　※出席日数は個人ごとに異なります。

【場　　所】
　集中スクーリング
　　甲府本校および各学習センター
　体育スクーリング
　　甲府本校生は学校で行う校内体育です。
　　甲府本校以外の生徒は近隣のスポーツ施設で体育実技を行います。
　　※宿泊を伴うスクーリングはありません。

併修・単位 について	高卒認定試験合格を目指す生徒には、科目履修生の制度があります。
進学 指導	定期的な面談で生徒本人の希望や目標を確認して、一人ひとりに合わせた進路指導を行っています。 駿台グループの専門学校への進学には内部進学サポートがあります。
生活 指導	基本的に私服登校、希望者は制服着用可。 スクーリングの際は、TPO に合わせた服装等の指導をしています。
学校 行事	入学式、進路ガイダンス、大学入学共通テスト出願説明会、生徒交流会（ディズニーリゾート、キャンプなど）、芸術鑑賞会、卒業式など ※生徒交流会は希望参加制です。

生徒情報

【不登校生】
不登校だった生徒・不登校傾向の生徒も受け入れます。

【転編入生】
前籍高校で修得した全ての単位を振り替えることができます。高卒認定試験で合格した科目は 20 単位を限度として、振り替えることができます。転入・編入生は随時受け付けています。転入・編入生の卒業には、本校において 6 カ月以上の在籍、10 単位以上修得の条件があります。

【保護者連絡】
電話・メールによる連絡や、三者面談を定期的に行っています。

【生徒数】（提携校を除く） 2024 年 1 月現在

年次	生徒数	男女比	クラス数	1 クラスの 平均人数
1 年次	63 名	5：5	一クラス	一名
2 年次	147 名	5：5	一クラス	一名
3 年次	171 名	5：5	一クラス	一名

※学年担任制

【教員数】
教員：男性 7 名、女性 4 名／講師：男性 26 名、女性 46 名
カウンセラー：甲府本校 1 名

2024 年度の募集要項

募集 について	**【一般入試】** 募集人員：普通科（新入生）700 名（男女） 出願期間：＜ 4 月入学生＞ 　　　　　2023 年 12 月 18 日（月）～ 2024 年 4 月 5 日（金） 　　　　　＜ 10 月入学生＞ 　　　　　2024 年 8 月 2 日（金）～ 2024 年 10 月 3 日（木） 　　　　　※転編入学は随時受け付けています 選抜方法：面接・作文（事前記入） 選考料：　10,000 円
学費 について	入学金：　　50,000 円 授業料：　262,500 円（1 単位 10,500 円） その他：　　26,000 円（教材費等単位修得に必要な経費） ――――――――――――――――――――― 合　計：　338,500 円（就学支援金支給者は 218,200 円） （初年度 16 科目、25 単位履修の場合の典型例）

卒業生の進路状況

【合格実績（過去 5 年間）】
《国公立大学》北海道大、筑波大、千葉大、東京外国語大、一橋大、金沢大、名古屋工業大、大阪大、琉球大、都留文科大、長野大、静岡県立大、新潟県立看護大　他

《私立大学》早稲田大、慶應義塾大、上智大、国際基督教大、学習院大、東京理科大、明治大、青山学院大、立教大、中央大、法政大、神奈川大、共立女子大、北里大、東京薬科大、健康科学大、國學院大、駒澤大、芝浦工業大、順天堂大、実践女子大、成蹊大、昭和女子大、白百合女子大、専修大、玉川大、帝京大、東京女子大、日本大、東洋大、獨協大、文教大、駿河台大、東海大、山梨英和大、山梨学院大、南山大、椙山女学園大、中京大、関西学院大、同志社大、立命館大、京都外国語大、京都芸術大、京都産業大、関西外語大、近畿大、神戸女学院大、奈良大、岡山理科大、九州国際大、福岡大　他

《短期大学》大妻女子大学短期大学部、実践女子大学短期大学部、帝京学園短期大、東京家政大学短期大学、日本大学短期大学部、山梨学院短期大、近畿大学短期大学部　他

《専門学校》駿台外語＆ビジネス専門学校、駿台電子情報＆ビジネス専門学校、駿台トラベル＆ホテル専門学校、駿台法律経済＆ビジネス専門学校、大原簿記専門学校、サンテクノカレッジ、山梨県立農林大学校、辻調理師専門学校、日本工学院専門学校、松本看護専門学校、蕨戸田市医師会看護専門学校、神戸電子専門学校、京都建築大学校　他

【指定校推薦】
東京福祉大、駿河台大、聖学院大、西武文理大、日本薬科大、城西国際大、武蔵大、駒澤大、帝京科学大、身延山大、山梨英和大、健康科学大、中京学院大、名古屋経済大、名古屋商科大、大阪商業大、大阪電気通信大、芦屋大、日本経済大　他

◇◇◇◇◇◇◇◇ この学校にアクセスしてみよう！

学校説明会	入学前 電話相談	文化祭見学	体育祭見学	資料請求
○	○	－	－	○

※資料はホームページからご請求ください。
※ Zoom による個別相談も承っております。

【学習センター】 ※駿台通信制サポート校併設校

四谷学習センター（※）	東京都新宿区四谷 1-17-6	電話 03-6273-2931
横浜学習センター（※）	神奈川県横浜市神奈川区鶴屋町 3-31-1（駿台 横浜みらい館内）	電話 045-321-6715
大宮学習センター（※）	埼玉県さいたま市大宮区桜木町 2-277　大宮田中ビル 5F	電話 048-645-7711
千葉学習センター（※）	千葉県千葉市中央区富士見 1-1-8（駿台 千葉校内）＜2024 年 10 月開設予定＞	電話 03-6273-2931（四谷）
名古屋丸の内学習センター（※）	愛知県名古屋市中区丸の内 1-7-4（駿台 丸の内校内）	電話 052-202-0280
京都学習センター（※）	京都府京都市南区東九条上殿田町 43（駿台 京都駅前校内）	電話 075-691-8788
松本中央学習センター	長野県松本市中央 1-18-1　Ｍウイング（松本市中央公民館）	電話 0120-17-1524（甲府本校）
静岡中央学習センター	静岡県静岡市葵区駿府町 2-90（静岡市民文化会館）	電話 0120-17-1524（甲府本校）

【提携校・技能連携校】 栄眞学園高等部、中遠調理師専門学校、西宮甲英高等学院、猪名川甲英高等学院、福岡翔学館高等学院、葵高等学院、静岡県家庭教師協会・KATEKYO 学院

【広域通信制】　　　　　　　　　　　　　　　　　　　　　　　　　　　　　　（単位制）

日本航空高等学校
にほんこうくうこうとうがっこう

(https://jaa-tsushin.ed.jp/ 　E-mail : jaa-tokyo@jaaw.ac.jp)

■校長名：梅澤　重雄

＜山梨キャンパス＞
- ■住　所：〒400-0108　山梨県甲斐市宇津谷445番地
- ■電　話：0551-28-0011　■FAX：0551-28-0012
- ■最寄駅：JR中央線「塩崎」駅下車、徒歩10分

＜東京キャンパス＞
- ■住　所：〒153-0064　東京都目黒区下目黒2丁目
　　　　　　　　　　14番地14号　JAAビル
- ■電　話：03-5434-8611　■FAX：03-5434-8610
- ■最寄駅：JR「目黒」駅、徒歩約10分
　　　　　　東急目黒線「不動前」駅、徒歩7分

他、北海道キャンパス・大阪サテライトがあります。
詳細はお問い合わせください。

■生徒が入学できる都道府県：全都道府県

■沿革：
- 1932年10月　甲府在郷軍人航空研究会発足
- 1960年 3月　学校法人梅沢学園　山梨航空工業高等学校設置認可
- 1964年 6月　学校法人日本航空学園　日本航空工業高等学校と改称
- 1970年10月　日本航空専門学校の設置認可
- 1974年 1月　日本航空大学校と改称
- 1985年 4月　日本航空高等学校に普通科新設
- 1999年 3月　日本航空高等学校通信制課程認可

■教育理念：
通信教育で高校卒業資格の取得を希望する人達に広く門戸を開く。日本に数少ない航空整備技術の専門教育と普通科の教育を併合しており、長所伸展、共感共創のもと人材を育成している。

- **■形態・課程・学科：**併設校・単位制による通信制課程・普通科、航空科、メタバース工学科（男女共学）
- **■併設する課程：**単位制による全日制課程
- **■入学・卒業時期：**前期入学：入学時期4月、卒業時期3月
　　　　　　　　　　　　後期入学：入学時期10月、卒業時期9月
- **■修業年限：**3年以上
- **■学期制：**2期制　**■卒業認定単位数：**74単位
- **■始業・終業時刻：**9:30～16:20　1日6時限、1時限50分
　　　　　　　　　　　　（各学習センターで多少変更あり）

スクーリングの日数と場所

【登校日数】
オンラインスタイル…集中スクーリング4日～20日間
週1スタイル…週1日

【場　所】
本校、および各キャンパスや近くのスクーリング会場

特色
本校は広域通信制課程であり、全国47都道府県における教育を許可され、各地に学習センターを設置しています。生徒は居住地から一番近い学習センターに通うことになります。
日本唯一の航空科を設置し、飛行機に関する授業を行い、3年間で卒業できます。その後、併設校への推薦入学もできます。
グローバルコースは、1年間の本格留学から夏休み等の短期まで個人に合わせた日程を調整することが可能です。1年間留学しても、日本航空高等学校の単位を取得できるので、3年間で卒業できます。
普通科は特別な実習などの授業はなく、それぞれのライフスタイル・学力にあわせた学習で高卒資格を取得できます。
2024年度4月新設されるメタバース工学科では最新ITテクノロジーを専門教科として学ぶことができます。
高認試験（高等学校卒業程度認定試験）に合格した科目を本校での同じ科目の単位として認定し、卒業に必要な単位に加えることができます。（最大20単位まで）

生徒情報

【不登校生】不登校生に対しては、学級担任が個別に対応し、オンラインでの対応・メール・Teamsなど、その生徒にあった形で指導をしています。中学時代に不登校を経験した生徒でも、今は普通に登校している生徒が何人もいます。

【転編入生】前籍高校で修得した単位および、高卒認定試験の科目合格も振り替えることができます。転入・編入は随時入学できます。3年次の転入の場合、前籍校で74単位を修得していても、本校に3カ月以上在籍して10単位以上を修得しなければなりません。

【保護者連絡】クラス担任が常に連絡を密にとり、必要に応じて保護者を交えた三者懇談を行っています。

【生徒数】普通科、航空科　　　　　　　2024年1月現在

年次	生徒数	男女比	クラス数	1クラスの平均人数
1年次	1,100名	1：1	35クラス	30名
2年次	1,800名	1：1	60クラス	30名
3年次	2,000名	1：1	65クラス	30名

【教員数】
教員：男性15名、女性12名／講師：男性17名、女性33名
カウンセラー：1名

2024年度の募集要項

募集について

- **募集定員：**普通科5,400名（男女）、航空科100名（男女）、メタバース工学科500名（男女）
- **出願期間：**新入生
　　　　　　　［前期］2024年1月～3月下旬まで
　　　　　　　［後期］2024年7月～9月下旬まで
　　　　　　　転入・編入生：随時出願可
- **試験会場：**本校及び各学習センター等
- **選抜方法：**書類、面接
- **選考料：**10,000円
- ※**受験資格**　2023年3月に中学校卒業見込みの人、中学校既卒者、その他の学歴の人、高等学校中退者、現在高等学校在籍中の人

学費について

- **入　学　金：**50,000円（初年度）
- **教育充実費：**50,000円
- **システム料：**5,000円
- **単　位　料：**250,000円（25単位）
- **事務所経費：**2,000円
- ※航空科、メタバース工学科の受講料は別途納入となります。
- ※就学支援金制度により、補助の対象となります。
- ※2期分納制になります。

卒業生の進路状況

＜卒業者数 1,408名＞

【合格先】
オックスフォード大、ブリティッシュコロンビア大、東京大、早稲田大、慶應大、上智大、国際基督教大、国際教養大、青山学院大、中央大、立教大、立命館大、近畿大、フェリス女学院大、日本大、國學院大、東京経済大、横浜薬科大、中京学院大、九州国際大、日本経済大、芦屋大、八戸工業大、静岡産業大　他

【指定校推薦】
国際基督教大学、埼玉学園大、山梨英和大、明海大、日本文理大、神戸国際大、姫路獨協大、岡山商科大、埼玉工業大、横浜商科大、四国学院大　他

【広域通信制】　　　　　　　　　　　　　　　　　　　　（単位制）

山梨英和高等学校 通信制課程グレイスコース

（ https://www.yamanashi-eiwa.ac.jp/jsh/grace/ ）

■校長名：三井　貴子
■住　所：〒 400-8507　山梨県甲府市愛宕町 112
■電　話：055-251-7468　■ＦＡＸ：055-252-6449
■最寄駅：JR 中央線「甲府」駅、徒歩 7 分
■生徒が入学できる都道府県：
　山梨県、長野県、静岡県、東京都、神奈川県、茨城県、栃木県、群馬県、埼玉県、千葉県、愛知県、海外
■沿革：
　1889 年　山梨英和女学校　創立
　1940 年　戦時体制下、学校名を山梨栄和女学校と変更
　1947 年　新制山梨栄和中学校併設
　1948 年　新制山梨栄和高等学校設置（財団法人山梨栄和学院）
　1949 年　講堂（現グリンバンクチャペル）竣工
　1958 年　校名を山梨英和学院に戻す
　2013 年　スーパーサイエンスハイスクール指定（～ 2018 年）
　2022 年　グリンバンクチャペルが登録有形文化財に指定
　2023 年　山梨英和高等学校通信制課程グレイスコース開設
■創立理念：敬神・愛人・自修

■形態・課程・学科：独立校・単位制による通信制課程・普通科
■併設する課程：全日制
■併設課程への転籍：可（1 年次から 2 年次になるときの 1 回のみ、条件あり）
■入学・卒業時期：・入学時期　4 月　※転編入学随時
　　　　　　　　　・卒業時期　3 月
■修業年限：3 年以上（在籍最長年数：制限なし）
■学期制：2 学期制　　■卒業認定単位数：74 単位
■技能連携：なし　　　■実務代替：なし
■技能審査：あり（卒業に必要な単位に含む）
■開設講座数：43 科目

スクーリングの日数と場所

【登校日数】スクーリング・単位認定試験・特別活動合わせて年間 14 日程度
【場　所】本校
【その他】スクーリングは年間 6 ～ 8 日間程度です。夏と春に連続 3 日間ずつ行う集中型のスクーリングか、ひと月に 1 回程度の分散型のスクーリングか、スケジュールを見て登校日を計画します。
週に 3 日、自由登校日が設定されており、チャペルアワーへの参加や自習、質問が可能です。

特色
・キリスト教教育を行う県内唯一の女子校です
・「聖書」のほか第二外国語や「情報演習」「日本文化探究」など多様な学校設定科目があります
・課題の配布や提出に ICT を積極的に活用します
・山梨 YMCA と連携し自分らしく生きるための講座「ココカラプログラム」を単位認定します
・山梨英和大学の生涯学習講座「メイプルカレッジ」の一部を単位認定します
・山梨英和大学への内部進学が可能です

学校行事
・校外活動（美術館・科学館訪問、大学訪問、キャリア育成進路講演会参加）
・アクティビティー（ベイキング、クラフトなど、プラネタリウム鑑賞）
・行事（花の日、修養会、クリスマス礼拝）

生活指導
学びの場にふさわしい服装で登校してください。標準服を紹介しています。

生徒情報

【不登校生】
希望者はカウンセリングを受けることができます。安心できる居場所づくりを行っています。
山梨 YMCA と連携した学校設定科目「ココカラプログラム」を実施し、ストレスへの対処方法や自己肯定感を高める方法、自分に合ったコミュニケーションの方法を考えます。
また、連携する学習施設において個別指導が受けられます。（別途費用）
【転編入生】
入学前に高卒認定試験で合格した科目を振り替えることができます。転編入生は 12 月まで随時入学可能です。
【保護者連絡】
必要に応じて電話連絡、メール送信、お知らせ配布、保護者面談などを行います。

【生徒数】2024 年 1 月現在
21 名
【教員数】2023 年 1 月現在
教員：男性 3 名、女性 6 名
カウンセラー：週に 2 日

2024 年度の募集要項

募集について
【一般入試】
募集人員：80 名
出願期間：2023 年 12 月 11 日～ 2024 年 3 月 21 日
試 験 日：2024 年 1 月 10 日、24 日、2 月 21 日、3 月 25 日
選抜方法：書類選考、面接
選 考 料：10,000 円

学費について
入 学 金：　50,000 円
授 業 料：　10,000 円／ 1 単位分
施設設備費：30,000 円／年
教育充実費：20,000 円／年

2022 年度卒業生の進路状況

【進学先】2023 年 4 月開校のためまだいません。

進路指導
・連携する学習施設において個別指導が受けられます。（別途費用）
・希望により進学のための個別懇談を実施します。
・就職から大学進学まで、個々の希望に応じた進路指導を行います。系列大学への学校推薦型選抜があります。
・2024 年度より山梨予備校と提携して、大学進学に向けた校内予備校を開講します。安価な料金で大学進学に向けた準備をすることができます。
【学力不振対策】
学びなおしのための「ベーシック数学」「ベーシック英語」があります。
担任と相談しながら学習プランを作成します。
自由登校日を利用して、質問などに対応します。

◇◇◇◇◇◇◇◇ この学校にアクセスしてみよう！

学校説明会	入学前電話相談	文化祭見学	体育祭見学	資料請求
○	○	－	－	○

※資料請求は電話またはメールにて受付ます。

【広域通信制】 (単位制)

山梨学院高等学校
やまなしがくいんこうとうがっこう

(https://www.yghs.ed.jp/yghs_dl/)

- ■校長名：吉田　正
- ■住　所：〒 400-8575　山梨県甲府市酒折 2-4-5
- ■電　話：055-224-1414
- ■ＦＡＸ：055-224-1504
- ■最寄駅：JR 中央本線「酒折」駅より徒歩 5 分
　　　　　JR 身延線「善光寺」駅より徒歩 10 分
- ■生徒が入学できる都道府県：
　全国 47 都道府県＋海外の一部地域
- ■沿革：

昭和 31 年 03 月	短大附属高等学校設置
昭和 37 年 04 月	山梨学院大学附属高等学校と校名変更
昭和 50 年 10 月	英語科増設
平成 03 年 04 月	普通科特進コース開設
平成 08 年 04 月	附属中学校併設
平成 17 年 04 月	文部科学省の SHLHi 研究指定校
平成 20 年 12 月	併設型中学・高校認可
平成 27 年 04 月	セメスター単位制高等学校に改編
平成 28 年 04 月	山梨学院中学校、山梨学院高等学校に校名変更
平成 29 年 04 月	国際バカロレア（IB）日本語 DP 校に認定
令和元年 08 月	通信制課程認可

- ■創立理念：
「品格品性に富む豊かな心を涵養し、気魄をもって広く世界に知を求め、輝かしい未来を拓くたくましい人材の育成」

- ■形態・課程・学科：
　併設校による学年制・単位制、普通科
- ■併設する課程：単位制による全日制
- ■併設課程への転籍：全日制に転籍できます
- ■入学・卒業時期
　・入学時期　4 月、10 月　　・卒業時期　3 月、9 月
- ■修業年限：3 年以上（在籍最長年数：6 年）
- ■卒業認定単位数：74 単位
- ■始業・終業時刻：平常時 9：00 ～ 16：30
　　　　　　　　　スクーリング時 8：45 ～ 18：00
- ■技能連携：なし　■実務代替：なし　■技能審査：なし

スクーリングの日数と場所

【登校日数】7 ～ 10 日程度
【場　所】本校のみ

特色　進学も自由も手に入れよう！
自分のペースで学習を進めながら夢に向かって挑戦できます。キャンパス内にはオープンスペースや学習のための個室があります。難関大学～補完学習までサポート可能です。山梨学院大学・短期大学への推薦制度もあります。

併修・単位　年間 14 単位まで併修することができます。科目履修をすることができます。（高卒認定試験の受験者等）

学校行事等　日帰り観光遠足、進路等特別講演会、校内レクリエーション大会（保護者同伴可能）、全日制部活動の全国大会応援。
修学旅行検討中。

進学指導　難関大学希望者には別途、オンライン講座の受講を可能とする。山梨学院大学・短期大学への推薦制度あり。

生徒情報

【不登校生】
個別相談 / 学びなおしとしての振り返りオンライン講座視聴が別途提供できます。
【転編入生】
前籍高校で修得した単位は振り替え可能です。転入生は随時入学可能です。（1・2 年生：12/31 まで、3 年生：9/30 まで）
【保護者連絡】
メール連絡、郵送、電話、オンライン面談。希望に応じた対応をします。

【生徒数】　　　　　　　　　　　　　　　　2024 年 1 月現在

年次	生徒数	男女比
1 年次	30 名	1：1
2 年次	33 名	1：1
3 年次	12 名	2：1

【教員数】　教員：　名　講師：　名
　　　　　カウンセラー：　名

2024 年度の募集要項

募集について

【一般入試（3 回実施）】
募集人員：1 学年 100 名
出願期間：2024 年 1 月 12 日（金）～ 3 月 22 日（金）
試　験　日：1 回目　2024 年 2 月 9 日（金）
　　　　　　2 回目　2024 年 3 月 4 日（月）
　　　　　　3 回目　2024 年 3 月 26 日（火）
選抜方法：書類、面接
選 考 料：10,000 円

学費について

入 学 金：50,000 円
授 業 料：9,900 円／ 1 単位
施設設備費：24,000 円
教育充実費：24,000 円
オンライン授業：6,540 円

2023 年度卒業生の進路状況

【進学先】
卒業者数…12 名
大学…8 名　　　　専門学校…2 名　　　　就職…1 名
その他…1 名

【主な合格実績】

補習指導　別途、振り返りオンライン講座の視聴と学習指導。

生活指導　制服はありません。
バイクでの通学はできます。
社会通念上の範囲内での自由を尊重します。

◇◇◇◇◇◇◇◇◇ この学校にアクセスしてみよう！

学校説明会	入学前電話相談	文化祭見学	体育祭見学	資料請求
○	○	—	—	○

※資料請求は、HP/LINE から資料請求フォームへ入力、または電話

山梨県立中央高等学校

（ http://www.chuouh.kai.ed.jp/ ）

■校長名：古屋　はるみ
■住　　所：〒400-0035　山梨県甲府市飯田五丁目6-23
■電　　話：055-226-4412（通信直通）
■ＦＡＸ：055-226-4420
■最寄駅：JR 中央線「甲府」駅、徒歩20分
■生徒が入学できる都道府県：
　山梨県
■沿革：
　令和2年　創立50周年

■形態・課程・学科：
　併設校・単位制による通信制課程・普通科、衛生看護科
■併設する課程：単位制による午前・午後・夜間定時制（3部制）
■併設課程への転籍：なし
■入学・卒業時期
　・入学時期　4月、10月（転入学のみ）
　・卒業時期　3月
■修業年限：3年以上
■卒業認定単位数：74単位
■始業・終業時刻：始業 9：40　　終業 16：00
　　　　　　　　　※授業の取り方によって一人一人ちがいます。
■技能連携：甲府看護専門学校
　　　　　　　〒400-0026　山梨県甲府市塩部 3-1-4
　　　　　　　TEL 055-254-3300
■実務代替：なし
■技能審査：年間4単位まで（卒業に必要な単位に含む）
■開設講座数：42科目

スクーリングの日数と場所

【登校日数】通年週2日（日曜・月曜）／月2～3回
【場所】本校：県立ひばりが丘高校分室（年4回）

県内唯一の公立通信制課程

クラブ活動　活動希望者は定時制通信制大会等に参加します。

学校行事　入学式、始業式、生活体験発表会、学園祭、遠足、救急法講習会、ソーシャルスキルトレーニング、卒業式ほか

生活指導　現在、学校指定の制服はありません。バイク・乗用車での通学は許可制です。自動二輪不可。

生徒情報

【不登校生】
スクールカウンセラーやスクールソーシャルワーカーの支援を行っています。

【転編入生】
9月受付で転入試験を行っています。

【生徒数】　　　　　　　　　　　　　　　　　2023 年 11 月 1 日現在

年次	生徒数	男	女	クラス数	1クラスの平均人数
1 年次	98 名	44 名	54 名	5 クラス	20 名
2 年次	46 名	19 名	27 名	2 クラス	23 名
3 年次	51 名	20 名	31 名	2 クラス	25 名
4 年次	37 名	20 名	17 名	2 クラス	18 名

【教員数】　教員：9 名　　講師：11 名　　養護講師：1 名

2024 年度の募集要項

募集について　詳細は直接お問い合わせください。

学費について　詳細は直接お問い合わせください。

2022 年度卒業生の進路状況

【進学先】
卒業者数…36 名
大学…2 名　　　　短大…1 名　　　　専門学校…6 名
就職…16 名　　　　その他…11 名

【主な合格実績】
山梨英和大、東京未来大、埼玉東朋短大、甲府看護専門学校、日本工学院、東京美容専門学校

◇◇◇◇◇◇◇◇◇ **この学校にアクセスしてみよう！**

学校説明会	入学前電話相談	文化祭見学	体育祭見学	資料請求
○	○	−	−	−

北海道
青森
岩手
宮城
秋田
山形
福島
茨城
栃木
群馬
埼玉
千葉
東京
神奈川
新潟
富山
石川
福井
山梨
長野 ★
岐阜
静岡
愛知
三重
滋賀
京都
大阪
兵庫
奈良
和歌山
鳥取
島根
岡山
広島
山口
徳島
香川
愛媛
高知
福岡
佐賀
長崎
熊本
大分
宮崎
鹿児島
沖縄

【広域通信制】　　　　　　　　　　　　　　　　　　　　　　　（単位制）

学校法人
郁文館夢学園（いくぶんかんゆめがくえん）
アイディー がくえんこうとうがっこう
ID学園高等学校

（ https://id.ikubunkan.ed.jp/ ）

■校長名：古澤　勝志

【秋葉原キャンパス】
住　所：〒101-0021　東京都千代田区外神田 1-16-8　ギークス秋葉原 6F
最寄駅：JR 各線「秋葉原」駅電気街南口より徒歩 2 分

【水道橋キャンパス】
住　所：〒101-0061　東京都千代田区神田三崎町 3-2-14
最寄駅：JR 総武線「水道橋」駅西口より徒歩 4 分

【池袋キャンパス】
住　所：〒171-0021　東京都豊島区西池袋 1-10-10　東武アネックス 6F
最寄駅：各線「池袋」駅メトロポリタン口より徒歩 1 分

【立川キャンパス】
住　所：〒190-0012 東京都立川市曙町 2-4-3　TIS ビル 3F
最寄駅：各線「立川」駅北口より徒歩 3 分

【大宮キャンパス】
住　所：〒330-0854　埼玉県さいたま市大宮区桜木町 2-155
最寄駅：各線「大宮」駅西口より徒歩 3 分

【横浜キャンパス】
住　所：〒220-0005　神奈川県横浜市西区南幸 2-15-20　YBS 南幸ビル 6F
最寄駅：各線「横浜」駅西口より徒歩 5 分

【長野本校】
住　所：〒389-0501 長野県東御市新張 1931
最寄駅：しなの鉄道「滋野」駅下車、車で 16 分

■電　話：03-5842-1968　アドミッションセンター
■生徒が入学できる都道府県：長野県、東京都、神奈川県、埼玉県、
　千葉県、栃木県、群馬県、山梨県、静岡県、大阪府、兵庫県、
　京都府、奈良県
■教育理念：子どもたちの幸せのためだけに学校はある

■形態・課程・学科：独立校・単位制による通信制・普通科
■併設する課程：なし
■入学・卒業時期：入学時期　4 月、転入学は毎月
　　　　　　　　　卒業時期　3 月、9 月
■修業年限：3 年以上
■卒業認定単位数：74 単位

特色

【5 つの特長】
①プロ教員陣による個別サポートで目指す
　進路決定率 100%
　中学校の学び直しから難関大学受験まで、経験豊富な教員陣が学習をサポート。また、生徒の心のケアを行う、専門のスクールカウンセラーが在籍しています。進路については、進学、就職、起業など、多様な選択を考慮に入れながら、生徒の個性が活きることを大切にしたキャリアデザインを、経験豊富な教員が提案し、生徒とともに設計していきます。
②通信型⇔通学型⇔全日制、
　各コース・学校間の変更や転籍が可能
　学習内容・学習環境を変えたい時や新しい目標が出来た時、通信型・通学型で自在にスタイルやコースを毎月見直すことができます。また、同じ学校法人が運営しているという利点を活かし、一定の条件を満たせば通学型から全日制の郁文館高等学校への転籍もできます。
③独自のオンライン配信授業
　学校に登校しなくても自宅で ID 学園での授業や講座が視聴できる独自のオンラインシステムを構築しています。オンデマンドで後日視聴も可能にしています。
④個性 × 探究 × 海外留学
　自己分析・社会課題分析を通して思考力、表現力を習得できる環境があります。国内外 PBL（プロジェクト型学習）への参加からその「きっかけ」を掴む機会も。グローバルに視野を広げ、在学中に海外留学を最長 1 年間実施することも可能です。
⑤充実の教育内容で最安値級の学費設定
　通信制ならではの時間・場所の自由度、全日制と同等の豊富な学び、生徒の多様なニーズに寄り添う進路指導を提供しながら、学費を 1 単位当たり 6,900 円という安価な設定としています。

スクーリングの日数と場所

【登校日数】
以下のコースから選択できます。（通学型コースは上記キャンパス）
・通信型オンライン学習コース…計 6 日間程度のスクーリング
・通学型コース…週 5 日（月～金）、週 3 日（月・水・金）、週 1 日
・通学型グローバルコース…週 5 日（月～金／水道橋キャンパス）
・通学型起業・ビジネスコース…週 5 日（月～金／水道橋キャンパス）

【場　　所】
・上記各キャンパスおよび長野本校
・郁文館高等学校（東京都文京区）
・清風高等学校（大阪府大阪市）
・宇都宮、前橋、御殿場、松本、上田、甲府、大阪本町の各サテライトキャンパス

<table>
<tr><td rowspan="2">学習システムの特徴</td><td>

＜多彩なコース＞

●オンライン学習コース（通信型）
「オンラインホームルーム」「オンライン授業」「オンラインカウンセリング」により、生活・学力・進路をサポートします。最新の ICT ツールを駆使して自宅などで学習を進めます。

●週1日通学（オンライン学習コースオプション）
体調などの理由から週に複数回の登校が難しい人や、自宅で学習を進めたいけれど分からないことを直接先生に相談したい人、友達と直接コミュニケーションをとりたい人のためのオプションです。

●週3日コース（通学型）
登校は1日おきの週3日。自分の時間を大切にしたい人や毎日の通学が困難な方のためのコースです。

●週5総合進学コース（通学型）
月曜から金曜まで通うことで、仲間と出会い、多様な学びや経験をしながら高校生活を楽しむコース。プロの教員陣が大学進学の受験指導も行います。

●グローバルコース（通学型）
2年次に最大1年間の海外留学を行います。留学を通してグローバルな視点を持ち、将来世界で活躍できる人材になることを目指します。

●起業・ビジネスコース（通学型）
国内留学による地域問題への取り組みやプロジェクト型インターシップ、ゼミや起業塾など実践的な学びを通して、社会に貢献できる人材および起業家を目指します。

</td></tr>
</table>

進学指導

本学園の教育目的は「子どもたちに夢を持たせ、夢を追わせる、夢を叶えさせる」です。生徒たちの夢を全力でサポートする、というのが全教員の共通認識であり、すべての判断基準になっています。生徒の夢に寄り添い、夢の実現を応援するために、学校は柔軟に対応し、積極的な進路サポートを行っています。

生徒情報

【不登校生】
生徒一人ひとりと担任の先生が相談しながら、さまざまな悩みにもアドバイスを行います。連絡ツール "Slack" によって常時生徒とコミュニケーションをとることができ、保護者の方ともコミュニケーションを随時取れるサポート体制を確立しています。

【転編入生】
転編入の場合、前籍高校で修得した単位が引き継ぎ可能です。転入時期は4月～2月の毎月1日（編入学は4月）。いつでもご相談ください。

【保護者連絡】
年間2回程度の面談。
オンライン学習コースは必要に応じて随時。

学習活動

生徒一人ひとりと担任の先生が相談しながら、生徒それぞれに合った学習プランを作成します。学習内容は中学基礎から大学進学まで幅広く対応し、生徒のみなさんの学習サポートを行います。

生活指導

服装や髪型は自由です。
グループ校と共通の標準服があります。
専門のスクールカウンセラーがメンタルサポートも行っています。

学校行事

通学型では、年6日間程度のスクーリング、自然体験活動や観劇などの特別活動以外に、体育祭や文化祭などの各種イベントを行います。

2024 年度の募集要項

学費について

入 学 金：	50,000 円
学 費：	207,000 円
スクーリング費：	30,000 円
教育充実費：	48,000 円
合 計：	335,000 円

※学費は通信型オンライン学習コースの標準パターン
※ 30 単位履修した場合の年間の費用です。
※通学型は各コースにより異なります。ホームページをご確認いただくかお問い合わせください。

＜学校の施設＞

校 地 面 積	24147.16m²	運動場面積	11424m²
図 書 室	あり	視聴覚教室	あり
プール	なし	食 堂	あり
体 育 館	あり	ラウンジ	あり
グラウンド	あり	カウンセリング室	あり

※保健室 あり

募集について

募集人員：1700 名
出願種別：新入学（推薦・一般）
　　　　　　転入学
　　　　　　編入学
出願期間：本校ホームページ及び募集要項をご確認ください
試 験 日：
選考方法：推薦　書類選考・面接
　　　　　　一般【通信型】書類選考
　　　　　　　　　【通学型】書類選考、面接
選 考 料：15,000 円

※転入学は随時出願受付中です。
※正式な日程及び内容については、ホームページにて公開予定の募集要項をご確認ください。
※ご不明な点は、アドミッションセンター（03-5842-1968）にお問い合わせください。

合格実績

※過去3年間の状況です。
【国立大学】筑波大学、弘前大学、鳥取大学
【大学】早稲田大学、上智大学、国際基督教大学、明治大学、青山学院大学、立教大学、法政大学、学習院大学、成城大学、明治学院大学、東洋大学、専修大学、國學院大学、日本大学、武蔵野大学、玉川大学、東京都市大学、拓殖大学、神奈川大学、東海大学、日本女子大学、女子栄養大学、学習院女子大学　他
【短期大学】上智大学短期大学部、大妻女子大学短期大学部　他
【専門学校】神田外語学院、日本外国語専門学校、大原学園、東京クールジャパン、東京スクールオブミュージック＆ダンス専門学校、日本工学院、山野美容専門学校、文化服装学院　他

◇◇◇◇◇◇◇◇ この学校にアクセスしてみよう！

学校説明会	入学前電話相談	文化祭見学	体育祭見学	資料請求
○	○	○	○	○

▼学校説明会
学校説明会については公式 HP（https://id.ikubunkan.ed.jp/）をご覧ください。

【協力校】
郁文館高等学校　郁文館グローバル高等学校　〒 113-0023　東京都文京区向丘 2-19-1
清風高等学校　　　　　　　　　　　　　　　〒 543-0031　大阪府大阪市天王寺区石ヶ辻町 12-16

【広域通信制】　　　　　　　　　　　　　　　　　　　　　　　（単位制）

さくら国際高等学校
（こくさいこうとうがっこう）

(https://www.sakura-kokusai.ed.jp)

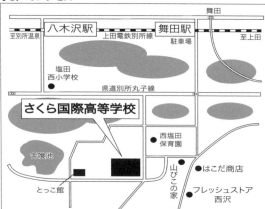

- ■校長名：土屋　範芳
- ■住　所：〒386-1433　長野県上田市手塚1065
- ■電　話：0268-39-7707　■ＦＡＸ：0268-38-8718
- ■最寄駅：上田電鉄別所線「舞田」駅、徒歩20分（送迎あり）
- ■生徒が入学できる都道府県：

青森、岩手、宮城、秋田、山形、福島、栃木、群馬、埼玉、千葉、東京、神奈川、新潟、富山、山梨、長野、岐阜、静岡、愛知、三重、滋賀、京都、大阪、兵庫、奈良、鳥取、島根、広島、香川、福岡、佐賀、熊本、大分、鹿児島、沖縄

- ■沿　革：

2005年　7月　構造改革特別区域計画認可
2005年　10月　さくら国際高等学校開校
2006年　4月　さくら国際高等学校開校記念式典を挙行
2010年　10月　新校舎完成
2010年　12月　創立5周年記念式典を挙行
2015年　4月　「学校法人上田煌桜学園　さくら国際高等学校」として新たなスタートを切る
2016年　2月　創立10周年記念式典を挙行

- ■教育理念：

< 学校目標 >

多様な学習活動や体験活動を通して、生徒たちが自分という個を完成させ、社会的に自立を果たすことを目指す。
①不登校やひきこもり、中途退学者のニーズに対応する学校
②既成の枠にとらわれない、地域参加型の新しい学校システムを必要とする生徒のための学校
③上田市の誇る豊かな自然や歴史遺産に触れ、調和した自然と文化の中で高等学校生活を望む生徒たちのための学校
④国際交流の拠点としての学校
⑤発達障がいの子どもたちの早期見極めと対応、そして社会参加につなげることのできる学校

- ■形態・課程・学科：独立校・単位制による広域通信制課程・普通科
- ■併設する課程：なし
- ■入学・卒業時期：

入学時期　4月、10月　卒業時期　3月、9月

- ■修業年限：3年以上
- ■在籍最長年数：制限なし
- ■学期制：2学期制　　■卒業認定単位数：74単位以上
- ■始業・終業時刻：9：45、15：15（本校通学型）
- ■技能連携：豊野高等専修学校

スクーリングの日数と場所

【登校日数】
　・本校通学型…週5日登校または週3日登校。
　・集中スクーリング型…本校所属の場合、年間4回の集中スクーリングを実施。

【場　所】
　・本校
　・学習センターに所属する生徒のスクーリングは、本校、東京校、近隣のキャンパスのいずれかで実施。

<学校の施設>

校地面積	500m²	運動場面積	3,000m²
図書室	あり	視聴覚教室	−
プール	−	食堂	−
体育館	あり	ラウンジ	−
借りグラウンド	あり	カウンセリング室	あり

※その他施設…フリースペース

学校へのアクセス

（地図）
舞田
八木沢駅　舞田駅
至別所温泉　上田電鉄別所線
上田電鉄別所線　駐車場
至上田
塩田西小学校
県道別所丸子線
さくら国際高等学校
西塩田保育園
舌喰池
とっこ館
山びこの家
はこだ商店
フレッシュストア西沢

特色

本校は平成17年10月に上田市の旧西塩田小学校の校地校舎を利用し、地域に密着した「毎日通うことができる」通信制高校として開校しました。

本校では、過去に不登校を経験した生徒も少なくありません。そこで、週3日、もしくは週5日登校する「本校通学型」と自宅学習中心で学ぶ「本校集中スクーリング型」、そして、提携するキャンパス・学習センターに所属し学習をする3つのコースを設置。一度は立ち止まった経験を持つ生徒たちが、もう一度前を向いて歩みだすことができるよう、皆さんの想いにまっすぐ向き合い、寄り添います。

様々な生徒たちが通う学校だからこそ、私たちは「誰もが安心して通える環境づくり」を何よりも大切にしています。その上で、教科学習や多様な体験学習を行い、「分かった」「できた」という実感や新しい発見をする楽しさを経験し、積み重ねます。そして、卒業時には自信を持って次の道へ歩んでいくことができるよう、本校・東京校を拠点に全国各地のキャンパス・学習センターが皆さんの学びを全力でサポートしていきます。

クラブ活動	さくらでは、「身体を動かす楽しさを味わう」「みんなとコミュニケーションをとる場」を目的とした活動を部活動と呼んでいます。特別に部活動の練習時間としては設けず、放課後や特別授業の時間を利用して自由に活動しています。
学校行事	上田市の本校に所属する場合、修学旅行は3年次に実施。（23年度は大阪での宿泊）その他、文化祭、運動会、近隣の保育園との交流や地域行事など、多くの体験活動や行事があります。
進学指導	個人面談を重ね、個の能力や適性をみきわめた上で、生徒本人の希望や目標を尊重した進路指導体制を整えています。
学習活動	通常授業は生徒の学習レベルに合わせた少人数制で行い、「分かる」「できる」を積み上げていきます。授業で分からないところがあった場合は、休み時間や放課後にいつでも質問することが出来ます。また、希望者を対象に夏期講習などの特別授業も行っています。
生活指導	誰もが安心して通える環境を作るために、生徒にも賛同を求め、生活指導をきちんと行っています。

生徒情報

【不登校生】
「誰もが安心して通える環境」を生徒・職員が協力し、共に作り上げています。不登校経験のある生徒も、まろやかな人間関係を構築し、笑顔を取り戻していきます。

【転編入生】
転編入生は4月～12月まで随時入学できます。

【保護者連絡】
通学生には…日々のTEL連絡、家庭訪問、三者面談や保護者会の実施など、つながりを大切にして適宜に対応します。
集中スクーリング生には…定期的な連絡、三者面談の実施などで家庭との連携をとっていきます。

【生徒数】 ※集中スクーリング生含む　2023年11月1日現在

年次	生徒数	男女比	クラス数	1クラスの平均人数
1年次	749名	375：374	一クラス	一名
2年次	760名	396：364	一クラス	一名
3年次	633名	343：290	一クラス	一名

【通学型生徒数】 ※上田本校　2023年11月1日現在

年次	生徒数	男女比	クラス数	1クラスの平均人数
1年次	43名	26：17	2クラス	22名
2年次	44名	30：14	2クラス	22名
3年次	32名	14：18	2クラス	16名

【教員数】
　教職員：男性14名、女性19名（上田本校）

2024年度の募集要項

学費について

【本校通学型・普通コース】

入 学 金	10,000円
学 費	700,000円（週5日通学型）
内：通学型授業料	450,000円（週5日通学型）
教 材 費	－
施 設 費	20,000円
諸 経 費	－
合 計	730,000円

【集中スクーリング型】（本校所属）

入 学 金	10,000円
学 費	250,000円
教 材 費	－
施 設 費	20,000円
諸 経 費	－
合 計	280,000円

※入学選考費としてどちらの型も20,000円。
※教材費、災害共済掛金、修学旅行費、卒業関係費などの積立が12,000円／月あり。（本校通学型）
※高等学校就学支援金（12ヶ月分118,800円以上）が支給されます。（※所得制限あり）転編入学の場合は、入学月によって支給月額が異なります。
※上記以外のコースについては別途お問い合わせください。

募集について

募集人員：通学型（本校・東京校）135名
　　　　　集中スクーリング型　620名
出願期間：2024年1月より。
試験日：詳しくはお問い合わせください。
選考方法：面接、小テスト、調査書及びその他の必要な書類
選考料：20,000円
※キャンパス・学習センターへ所属する場合は、各施設にお問い合わせください。

2022年度の主な合格実績

【進路先】　※本校及び東京校の実績　※過年度卒業生を含む

[四年制大学]
早稲田大、慶応義塾大、上智大、明治大、青山学院大、中央大、法政大、日本女子大、立命館大、日本大、東洋大、駒沢大、専修大、武蔵大、順天堂大、白百合女子大、昭和女子大、東洋英和女学院大、多摩大、多摩美術大、洗足学園音楽大、文教大、神奈川大、大正大、明星大、桜美林大、和光大、松本大、佐久大、帝京大、群馬パース大、高崎健康福祉大　他

[短期大学]
共立女子短期大、洗足こども短期大、上田女子短期大、長野女子短期大

[専門学校]
医療、動物ペット、デザイン、服飾、幼児教育、音響、声優、アニメーション、調理師、美容、スポーツトレーナー　他

[就職]
アミューズメント事業、舞台イベント企画、小売り、建設業、造園　他

[過去の合格実績]
上記以外に東京大、京都大、筑波大、東京外語大、千葉大、宮崎大などの国公立大学、私立四年制大学、短期大学、専門学校に毎年多くの生徒が合格しています

◇◇◇◇◇◇◇◇ この学校にアクセスしてみよう！ ◇◇◇◇◇◇◇◇

学校説明会	入学前電話相談	文化祭見学	体育祭見学	資料請求
○	○	○	○	○

※資料請求は、HPのお問い合わせフォーム、または直接本校までお電話ください。

【通信制】 (単位制)

つくば開成学園高等学校

（かいせいがくえんこうとうがっこう）

(https://www.t-kaisei.com/)

- ■校長名：戸田 昇
- ■住 所：〒 399-0428
  長野県上伊那郡辰野町大字伊那富 3305-94
- ■電 話：0266-75-0581　■ＦＡＸ：0266-75-0582
- ■最寄駅：JR 飯田線「宮木」駅、徒歩 9 分
- ■生徒が入学できる都道府県：
  長野県、新潟県
- ■沿 革：
  平成 28 年 12 月　　つくば開成学園高等学校 認可
  平成 29 年 4 月　　つくば開成学園高等学校 開校
- ■教育理念：
  「確かな学力」、「豊かな人間性」、「生きる力」を身に付けよう

- ■形態・課程・学科：
  独立校・単位制による通信制課程普通科
- ■入学・卒業時期：
  ・入学時期　新入学…4 月、10 月／転入学…随時
  ・卒業時期　3 月、9 月
- ■修業年限：
  ・3 年以上（在籍最長年数：6 年）
- ■学期制：2 学期制
- ■卒業認定単位数：74 単位以上
- ■技能連携：なし
- ■実務代替：なし
- ■技能審査：行います。
  　　　　　単位認定を希望する科目の履修登録が必要です。
- ■開設講座数：61 科目

スクーリングの日数と場所

【スクーリング日数】
　履修科目により異なります。
　スクーリングは平日毎日受けることができます。
【場　所】
　辰野本校、および各学習拠点
　（長野、上田、松本、諏訪、駒ヶ根、長岡、上越、新潟）

長野県内に 6 か所、新潟県内に 3 か所の学習拠点（学習センター・キャンパス）があり、全て面接指導施設として長野県から認可されています。そのため、各拠点で入学から卒業まで指導を受けることができ、進級・卒業のために遠方から辰野本校にお越しいただく必要はありません。

各学習拠点は平日に毎日登校することができ、面接指導（スクーリング）を受けたりレポート学習を行ったりすることができます。学習指導は基本的に個別指導で行っています。また、習熟度別のレポートなので、各自のペースに合わせて登校し、学習を進めることができます。

また、生徒の友達づくりや自主性の伸長をサポートする取り組みとして、各種行事を実施しています。各行事は、各自選択して自由に参加できます。

■教育方針
誰もが、どんな状況や環境にあっても学べる学校作りを目指す。まず、生徒が興味関心のあることに全力で取り組み、自己発見と個性の伸長、進路実現を目指せる環境を整えることを主眼とする。また、国際化・情報化社会の中でたくましく生き抜く力とともに、新時代を担える人間性豊かな生徒の育成を目指す。

■教育課程
本校は単位制であり、進路に応じた科目選択が可能です。面接指導（スクーリング）は個別指導を中心に実施していますが、必要に応じて小集団での授業も実施しており、希望者は受講することが可能です。その他、英検や漢検の資格試験対策や就職対策、受験対策の講座も年間を通して計画的に実施しています。また、学校設定科目として「地域探究」を設けています。学習を通じて、自分の住む地域への関心を深めるとともに地域の人々との交流を通じ、「生きる力」を養うことを目標にしています。

学校行事	学習拠点毎にさまざまな行事を実施しています（遠足、新入生歓迎会、美術館・博物館見学、スポーツ大会など）。また、新入生同士の親睦を深めるために「新入生ホームルーム」を複数回実施しています。
クラブ活動	長野県高体連に登録しています。バレーボール、バスケットボール、ソフトテニス、バドミントン、卓球、剣道部などが定通大会に向けて活動しています。また、学習拠点毎に各種サークル活動を行っています。
進学指導	学習拠点毎に進学ガイダンスを実施し、大学・専門学校への進学に向けた情報を提供しています。また、受験に際しては個別に計画を作成し、準備をして臨めるよう指導しています。進学に向けた学習会や授業を行うこともあります。
補習指導	国・数・英・理・社の必履修科目は習熟度別のレポートを用意し、自分に合った内容から学習をスタートさせることができます。また、面接指導（スクーリング）の際は、個々の学力に応じた指導を行うため、集団授業ではなく個別指導を行っています。
生活指導	服装に関する校則はありません。多くの生徒は私服で登校しています（希望者は制服購入可能）。染髪や装飾品に関する校則もありませんが、卒業年次には進路指導として、TPOに応じた服装ができるよう指導します。
併修・単位について	高卒認定試験受験生は、科目履修生として年間30単位まで登録できます。

生徒情報

【不登校生】
小中学校で不登校の経験をもつ生徒も多く在籍しています。大人数で受ける一斉授業ではなく、個別指導が中心のため、それぞれの状況に応じた学習スタイルを選ぶことができます。

【転編入生】
随時入学を受け付けています。前籍校で修得した単位は卒業に必要な単位として認められます。また、高卒認定試験で合格した科目も認められます。（科目の履修登録が必要です）

【保護者連絡】
三者面談、保護者会（年2回）などを行います。また、電話によるご相談も受け付けています。

【生徒数】

2023年11月30日現在

年次	生徒数	男女比	クラス数	1クラスの平均人数
1年次	221 名	5：5	一クラス	一名
2年次	323 名	5：5	一クラス	一名
3年次	360 名	5：5	一クラス	一名

【教員数】

長野：13 名	上田：14 名	松本：14 名
諏訪：16 名	辰野：15 名	駒ヶ根：15 名
新潟：10 名	長岡：17 名	上越：18 名
（非常勤含）		

2024年度の募集要項

募集について	募集人員：1,200 名（男女）
	出願資格：2024年3月中学卒業見込み者、2024年3月以前に中学校を卒業した者、高校在学中の者、高校を退学した者
	出願期間：転編入は随時、新入学は2023年12月～（既卒生は随時）
	検定料：10,000 円
	選考方法：書類選考（必要に応じて面接もあり）

※出願前に必ず、通学を希望する学習拠点を見学の上学校の説明を受けてください。

学費について	入学金： 10,000 円
	授業料：1単位 12,000 円 ×単位数
	施設設備費： 200,000 円（年額）120,000 円（半期）
	教育運営費： 30,000 円（年額）
	キャリア科目指導費：1単位 50,000 円 ×単位数

※教科書代は頂戴しておりません。

過去の進路状況

【2022年度実績】
＜進学＞ 144 名
国公立大学（4 名）、私立大学（46 名）、短期大学（11 名）、専門学校（83 名）
＜就職＞ 50 名

【過去の進学実績】
信州大、新潟大、金沢大、電気通信大、富山大、山形大、長野県立大、静岡文化芸術大、愛知県立芸術大、諏訪東京理科大、上越教育大、青山学院大、法政大、関西大学、日本大、東洋大、駒沢大、専修大、武蔵野大、神奈川大、東海大、帝京大、国士舘大、拓殖大、中京大、大阪経済大、京都産業大、松本大、佐久大、長岡大、新潟医療福祉大、開志専門職大、放送大　他多数
※指定校推薦あり

◇◇◇◇◇◇◇◇◇ この学校にアクセスしてみよう！

学校説明会	入学前電話相談	文化祭見学	体育祭見学	資料請求
○	○	○	―	○

※資料は本校ホームページよりご請求ください

【各学習センター・キャンパス】

■長野県
長野学習センター	長野市新田町 1475　表参道ビル 2・3F	TEL：026-223-1981	最寄り駅：JR 長野駅
上田学習センター	上田市常田 2-20-26　トキタビル 2F	TEL：0268-29-6731	最寄り駅：JR 上田駅
松本学習センター	松本市中央 1-15-7　ハネサム松本 4F	TEL：0263-50-6001	最寄り駅：JR 松本駅
辰野学習センター	上伊那郡辰野町大字伊那富 3305-94	TEL：0266-75-5577	最寄り駅：JR 宮木駅
諏訪学習センター	諏訪市諏訪 1-5-12　上諏訪駅前Rビル 3・4F	TEL：0266-78-9063	最寄り駅：JR 上諏訪駅
駒ヶ根学習センター	駒ヶ根市中央 10-1	TEL：0265-81-8151	最寄り駅：JR 駒ヶ根駅

■新潟県
長岡学習センター	長岡市旭町 2-1-3　旭町いづみプラザ 2F	TEL：0258-89-7930	最寄り駅：JR 長岡駅
上越学習センター	上越市本町 5-2-1　クリタビル 1・2F	TEL：025-520-7860	最寄り駅：えちごトキめき鉄道高田駅
新潟キャンパス（連携施設：真友学院）	新潟市中央区弁天 3-1-20　真友ビル	TEL：0120-972-992	最寄り駅：JR 新潟駅

▼学校説明会
平日に随時開催しています。詳しくは辰野本校または各学習拠点までお問い合わせ下さい。
また、オープンスクール（夏～）、土曜学校説明会（秋・冬）を実施予定です。日程等は随時HP（www.t-kaisei.com）にて告知します。

【広域通信制】　　　　　　　　　　　　　　　　　　　　　　　　（単位制）

緑誠蘭高等学校
りょくせいらんこうとうがっこう

(https://ryokuseiran.cfc.ac.jp/)

学校へのアクセス

蘭本校
〒399-5302
長野県木曽郡南木曽町
吾妻3859-39
TEL:0264-24-0477
FAX:0264-24-0478
mail:rsr.honkou@cfc.ac.jp

■校長名：倉嶋　俊明
■住　所：〒399-5302 長野県木曽郡南木曽町吾妻3859-39
■電　話：0264-24-0477　　■ＦＡＸ：0264-24-0478
■最寄駅：JR中央本線「南木曽」駅下車
　　　　　おんたけ交通バス20分
■生徒が入学できる都道府県：長野、岐阜、愛知、三重
■沿　革：
　昭和28年　愛知県知立市に山本洋裁研究所を開設
　昭和32年　知立文化服装学院と称する
　昭和40年　学校法人山本学園に組織変更
　平成4年　山本学園情報文化専門学校と改称
　平成5年　中部ファッション専門学校開校
　平成20年　中部製菓専門学校開校
　平成27年　創立60周年記念式典挙行
　令和2年　緑誠蘭高等学校開校
■教育理念：誠実にして、豊かな情操をもち、実力ある人を育てる。

■形態・課程・学科：
　独立校・単位制による広域通信制課程・普通科
■入学・卒業時期：
　入学時期　4月、10月（転入学は随時相談）
　卒業時期　3月、9月
■修業年限：3年以上
■在籍最長年数：制限なし、科目別履修への移行可
■学期制：2期制（前後期）
■卒業認定単位数：74単位以上
■始業・終業時刻：9：20～16：00
■技能連携：山本学園情報文化専門学校 高等課程
　　　　　　愛知県知立市池端1-13　　TEL：0566-81-2151
■実務代替：あり、卒業に必要な単位に含めます
■技能審査：あり、単位認定科目の履修が必要、卒業に必要な単
　　　　　　位に含めます
■開講講座数：
　新教育課程…34普通科目、33学校設定科目、19専門科目

スクーリングの日数と場所

【登校日数】普通科目の履修は、週1～3回の登校型スクーリング。
　　　　　　実習を伴う専門科目の履修は、週1回の登校型と2
　　　　　　泊3日の集中型スクーリング。
【場　所】蘭本校（南木曽町）および各サテライト校（塩尻、
　　　　　中津川、知立）
　※1　各サテライトの住所は右ページをご覧ください。
　※2　集中型スクーリングは蘭本校もしくは知立校で行います。

特色

愛知県知立市に構える専門学校と連携しており、その運営で培ってきたキャリア教育を施し、社会で自立できる生徒を育みます。

●AR（拡張現実）を利用した最新の遠隔授業＝AR授業
全校舎に「AR教室」があります。この教室では各サテライト校をネットでつなげて4校同時に双方向の「AR授業」を行っています。まるで4校が、同じ教室にいるかのような臨場感を味わうことができます。双方向のため、分からないことがあればその場で質問ができたり、生徒同士で話し合うこともできます。また、受講している各サテライト校の教室にも必ず教員がいるので、常に皆さんをサポートします。もちろん通常通りのスクーリングもあります。
●きめこまやかな個別支援と懇切丁寧な指導が魅力！
各サテライト校舎で個別の学習支援が充実しています。タブレットやスマホを使った自宅受講と通学の併用も可能です。通学は週1～3回からの無理のない登校で、自分に合った授業スタイルで学習できます。授業が無い日でもいつでも登校できます。
●多種多様な学校設定科目！
長野県南木曽町の歴史や文化について学ぶ「信州学・伝統工芸」や、「ゲームプログラミング基礎」「CGアニメ」「パソコン基礎」「クッキング」「ハンドクラフト」「ブッシュクラフト」「ドローン実習」など、様々な学校設定科目がありますので、興味関心に応じて選択することができます。

●学力に自信がなくても大丈夫！
国語、数学、英語を中学校の学習内容から学びなおす「基礎教養科目」を開講しています。学力に自信がなくても大丈夫！基礎学力を身につけてから高等学校の学習内容を学ぶことができます。一人一人に寄り添い丁寧に指導していますので、勉強に不安のある人にも安心して学ぶことができる環境が整っています。
●卒業後も学校で学べる！学校に戻れる！
卒業後も社会進出に不安な生徒さんは、科目別履修過程に転籍して専門コースを学ぶことができます。社会進出に自信が出るまで学校で学べます。
●専門的に学べる上級学校（愛知県）への進学
緑誠蘭高等学校には、伝統ある3つの上級学校があります。
＜中部ファッション専門学校＞
　実践的カリキュラムでスペシャリストを育成
＜山本学園情報文化専門学校（専門課程）＞
　ITスキルを高め、プロフェッショナルを育成
＜中部製菓専門学校＞
　優れた技術と学習環境でパティシエを育成

学習システムの特徴

「ドローン実習」「ブッシュクラフト」「パソコン基礎」「ビジネス文書演習」「ビジネスマナー」など多くの学校設定科目を開講しており、興味関心に応じて自由に選択することができます。さらに学びたい生徒は、より専門的な科目を選択し、資格取得や検定に挑戦することも可能です。以下はその一例です。

◆ゲームプログラミング基礎
JavaScript を使って画像処理や入力制御など、プログラミングの基礎的な仕組みを学びます。小中学校で必須化されたプログラミングの学びなおしからスタートするので、プログラミングが初めての生徒も安心して学ぶことができます。

◆CGアニメ
クリップスタジオペイントを使った CG 作品の制作を通して、アプリケーションソフトの基本的な操作方法を習得し、絵を描く力を高め、CG 技術を全般的に学びます。将来、グラフィックデザイナーやアニメーターを目指している生徒にはぴったりの科目です。

◆スイーツ
製菓実習を通して、洋菓子・和菓子の基本技術や知識、器具の使用方法、レシピなどを学びます。季節によって製作するスイーツもさまざまです。完成したスイーツを試食できるのも楽しみのひとつです。

◆ハンドクラフト
「エコバッグ作り」「テディベア作り」「T シャツの染色」「ポケットティッシュケース作り」など、さまざまなものづくりを体験します。ものづくりの喜びや楽しさに触れながら、洋裁技術の基本を学びます。

学習活動

単位制なので自分の得意な科目を選べます。
普通科目以外に学校設定科目や専門科目がたくさんありますので、興味のある科目を受けて、技術の習得や、資格の取得も可能です。

生徒情報

【通学が難しい生徒さん】
自宅から出るのにあと一歩の勇気がもてない、というような生徒さんのため、タブレットでもやり取りができるようにしています。無理のない登校ができるようにマンツーマンで学習支援をします。

【転編入生】
希望者は各サテライトまで問い合わせください。

【保護者連絡】
各期受講登録時に、生徒・保護者面談を行います。電話や連絡アプリにより随時必要な連絡を行います。

【教員数】

教員：男性 9 名、女性 3 名	講師：男性 45 名、女性 15 名
技術職員：男性 9 名、女性 6 名	実習助手：女性 1 名
カウンセラー：女性 3 名	養護教諭：女性 3 名

【生徒数】 1,077 名（うち、本科生 256 名）

クラブ活動
e スポーツ同好会（知立校、中津川校）

学校行事
校外学習、ミュージカル観劇、アウトドア学習、ボランティア、英会話体験、研修旅行などを実施。

進学指導
担任や進路担当職員が、個人に応じたきめこまかい進路指導を行います。
山本学園上級校への進学はスムーズに行えます。

生活指導
希望者は制服を購入することができます。服装頭髪は自由です。社会規範を遵守し、他人に迷惑を掛けることは許されません。
バイク・自動車の通学は禁止です。

2025 年度の募集要項

学費について

入 学 金：	50,000 円
授 業 料：	24,500 円／月
施設設備費：	5,000 円／月
積 立 金：	20,000 円／年
育 友 会 費：	800 円／年
授業目的公衆送信補償金：	210 円／年
日本スポーツ振興センター会費：	220 円／年
そ の 他：	実費（防災セット代、教科書代、生徒証代、学校連絡網使用料等）

募集について

募集人員：340 名（蘭本校 60 名、サテライト塩尻校 60 名、サテライト中津川校 100 名、サテライト知立校 120 名）

出願期間：2024 年 12 月 1 日（日）～ 2025 年 3 月 31 日（月）

試 験 日：第 1 回…2025 年 1 月 22 日（水）
第 2 回…2025 年 2 月 12 日（水）
※ 2 月 12 日以降の入試については、願書到着後個別に実施します。

選考方法：新中卒は作文・面接、転編入は国・数・面接
選 考 料：10,000 円

＜学校の施設＞

校 地 面 積	1255.51m²	運動場面積	4,181.72m²
図 書 室	あり	視聴覚教室	あり
プ ー ル	なし	食 堂	なし
体 育 館	あり	ラウンジ	なし
グラウンド	あり	カウンセリング室	あり

※コンピュータ室、調理実習室、ファッション造形室、AR 教室、レクリエーションルーム、多目的教室有り ※図書室マンガ多数

進路状況

| 大学…5 名 | 専門学校…11 名 | 就職…11 名 |

その他…11 名
※本科生の進路状況です

◇◇◇◇◇◇◇◇◇◇ この学校にアクセスしてみよう！

学校説明会	入学前電話相談	文化祭見学	体育祭見学	資料請求
○	○	ー	ー	○

【サテライト校】
塩尻校 〒399-0736 長野県塩尻市大門一番町 6-13　※ JR 塩尻駅より徒歩 5 分　TEL：(0263) 31-5490　FAX：(0263) 31-5491
中津川校 〒508-0038 岐阜県中津川市新町 1-16 中央ビル 1F　※ JR 中津川駅より徒歩 3 分　TEL：(0573) 67-7750　FAX：(0573) 67-7751
知立校 〒472-0025 愛知県知立市池端 2-3　※名鉄知立駅より徒歩 1 分　TEL：(0566) 84-2150　FAX：(0566) 45-5170

【サポート校】
ナーシング高等学院 〒458-0035 愛知県名古屋市緑区曽根 2-270　※名鉄左京山駅より徒歩 7 分　TEL：(052) 990-3150

【通信制】 （単位制）

飯田女子高等学校
（いいだじょしこうとうがっこう）

(https://i-joshi.com/　E-mail：tsuushin@i-joshi.com)

■校長名：有馬 乃
■住 所：〒 395-8528　長野県飯田市上郷飯沼 3135-3
■電 話：0265-22-1386　■FAX：0265-22-4461
■最寄駅：JR 飯田線「伊那上郷」駅
■生徒が入学できる都道府県：長野
■沿革：
　1958 年 10 月　飯田女子高等学校設立認可
　1959 年 4 月　第 1 回入学者数 350 名でスタート
　2016 年 12 月　狭域通信制・単位制課程設置認可
　2017 年 4 月　通信制課程スタート
■創立理念：新しい時代にふさわしい教養豊かな女性を仏教精神を基盤として育成したい

■形態・課程・学科：
　独立校・単位制による狭域通信制課程・普通科
■併設する課程：学年制による全日制
■併設課程への転籍：できません。
■入学・卒業時期：
　・入学時期　4 月、10 月　・卒業時期　9 月、3 月
■修業年限：3 年以上（在籍最年長：制限なし）
■学期制：2 学期制（前期・後期）
■卒業認定単位数：74 単位
■始業・終業時刻：10：00 ～ 14：40
■技能連携：なし　■実務代替：なし　■技能審査：なし
■開設講座数：42 科目

スクーリングの日数と場所

【登校日数】
　週 1 日通学型（毎週火曜）
　週 3 日通学型（毎週火曜・木曜・金曜）
【場 所】
　本校

特色	浄土真宗の教えを宗とし、「こころの教育」「いのちの教育」を実践する。生徒・教師・保護者の三者がともに教えられ育てられていることを喜べる生き方を追求するといった共通の課題をもって歩んでゆく。
併修・単位	併修することはできません。
クラブ活動	ありません。
学校行事等	釈尊降誕会、報恩講、芸術鑑賞、球技大会、進路学習、トレッキング、東本願寺研修・京都旅行（1 泊 2 日）など
進学指導	進路学習会の開催や個別指導、検定、模擬試験も受けられます。
補習指導	面接指導・レポート作成指導を個別に実施します。
生活指導	制服はありません。化粧、茶髪やピアスは原則禁止です。

◇◇◇◇◇◇◇ この学校にアクセスしてみよう！

学校説明会	入学前電話相談	文化祭見学	体育祭見学	資料請求
○	○	—	—	○

生徒情報

【転編入生】
転入・編入は、随時ご相談下さい。

【保護者連絡】
年 2 回程度、保護者面談を行っています。

【生徒数】 2023 年 5 月現在
88 名（女子のみ）

【教員数】
教員：男性 27 名、女性 22 名
カウンセラー：適時
養護教諭：1 名

2024 年度の募集要項

募集について

【一般入試】
募集総定員 240 名

（4 月入学新入生）
出願期間：2024 年 1 月 17 日（水）～ 1 月 19 日（金）12:00
　　　　　2 月 27 日（火）～ 2 月 29 日（木）12:00
試 験 日：2024 年 1 月 25 日（木）、3 月 8 日（金）
（10 月入学新入生）
出願期間：未定
試 験 日：未定
　　　　　※詳細はお問い合わせください。
選考方法：書類審査・作文・面接
入学審査料：10,000 円

学費について

入 学 金：50,000 円
授 業 料：10,000 円（1 単位）
教育費（各期）：60,000 円（週 1 日通学型）
　　　　　　　 180,000 円（週 3 日通学型）

2022 年度卒業生の進路状況
2023 年 3 月現在

【進路先】
卒業者数…21 名
大学…1 名　短大…3 名　専門学校…8 名　就職…6 名
その他…3 名　家居…0 名

【主な合格実績】
＜進学＞鈴鹿医療科学大学、國學院大學、至学館大学、京都橘大学、神田外語大学、淑徳大学、飯田短期大学、愛知大学短期大学、戸板女子短期大学、飯田コアカレッジ、丸の内ビジネス専門学校、中日美容専門学校、専門学校セントラルトリミングアカデミー、愛知ペット専門学校、アミューズメントメディア総合学院、愛知服飾専門学校、名古屋外語ホテルブライダル専門学校、名古屋医専、長野美術専門学校、松本調理師製菓師専門学校、あいち福祉医療専門学校、日本歯科薬専門学校　など
＜就職＞小林製袋、共和観光株式会社、多摩川マイクロテップ、自衛隊一般曹、南信州菓子工房（株）、（株）ヤマキチ木材、天恵製菓（株）、（株）アイテク　など

【広域通信制】 （単位制）

コードアカデミー高等学校
（ https://code.ac.jp/ ）

■校長名：栗林　聖樹
■住　所：〒386-0012　長野県上田市中央1-2-21
■電　話：0268-75-7877　■ＦＡＸ：0268-23-8945
■最寄駅：JR北陸新幹線・しなの鉄道「上田」駅下車、徒歩5分
■生徒が入学できる都道府県：
埼玉、千葉、東京、神奈川、長野、愛知、岐阜、三重、大阪、京都、兵庫、奈良
■沿革：
2014年4月　開校
■創立理念：
インターネットやコンピューターが大好きな生徒が、プログラミングを学び、新たな人生を切り開く

■形態・課程・学科：通信制課程・普通科
■併設する課程：
■併設課程への転籍：
■入学・卒業時期：入学時期　4月・10月、卒業時期　3月・9月
■修業年限：3年以上
■学期制：2学期制　■卒業認定単位数：74単位
■始業・終業時刻：
■技能連携：　　　■実務代替：
■技能審査：
■開設講座数：36講座、36科目

スクーリングの日数と場所

【登校日数】
年2回、各5日程度の集中スクーリング
【場　　所】
コードアカデミー高等学校　本校

特色

①プログラミングが学べる：プログラミングコード学習を必須とし、初心者から経験者まで安心して学べる。コードを駆使してアイデアを形にできれば、人生の選択肢が一気にひろがります。実社会で活躍するITエンジニアによる特別講義や、IT企業との共同プロジェクトなど、共に学ぶ仲間と一つのプロジェクトに取り組むなど実践の機会も豊富です。②インターネットが教室になる：普段の学習は「Google Apps」を利用して、自宅にいながらインターネットを通じて教材の視聴や授業が受けられます。また、添削課題の作成や提出もインターネットでOK。さらに、ネット上でディスカッションをしたり、生徒間のコミュニケーションをとることもでき、仲間と一緒に学ぶ環境を実現しています。毎日学校に通うことができなくても、ネット環境さえあれば、いつでもどこでも学ぶことができ、高校を卒業することができます。③進学指導も万全：プログラミングコードを学び、プログラマーとしての就業、アプリ開発などの起業の他に、設置母体の学校法人信学会は大学受験予備校（駿台提携上田予備学校）を運営しており、理系文系を問わず大学進学の指導ノウハウも万全です。

学校行事等　社会見学

進学指導　設置母体が大学受験予備校を運営していますので、大学進学等の進路も個別に対応。

補習指導　設置母体が学習塾を運営していますので、補習なども個別に対応。

生活指導　社会の一員として、他者と協力することの重要性。

生徒情報

【不登校生】
インターネットの講座などを活用しながら、無理せずに自分のペースで学べるので、安心です。
【転編入生】
転編入生の場合、前籍校で修得した単位は可能な限り振替えられます。
転編入生は12月まで随時入学可能。
【保護者連絡】
学期ごとを中心に、随時必要に応じて。
電話、メール、保護者面談、会報の送付など。

【生徒数】　　　　　　　　　　　　　　　年　　月　　日現在

年次	生徒数	男女比	クラス数	1クラスの平均人数
1年次	名	：	クラス	名
2年次	名	：	クラス	名
3年次	名	：	クラス	名

【教員数】
　教員：男性8名、女性4名／講師：男性1名、女性3名
　訪問学校カウンセラー有

2024年度の募集要項

募集について

【一般入学者選抜】
募集人員：240名
出願期間：2024年1月10日～2024年3月31日
試験日：随時
選考方法：書類審査
選考料：10,000円
※転入学は随時受け付けています。

学費について

入　学　金：100,000円
授　業　費：10,000円（1単位）
教育充実費：50,000円

合　計：
※初年度学費
※詳しくは入学要項でご確認ください

2022年度卒業生の進路状況

【進路先】
四年制大学、専門学校

【主な合格実績】
早稲田大学、慶應大学　等

【指定校推薦】
複数あり

◇◇◇◇◇◇◇◇◇◇　**この学校にアクセスしてみよう！**

学校説明会	入学前電話相談	文化祭見学	体育祭見学	資料請求
○	○	−	−	○

※資料請求は、ホームページ、メール、電話で資料請求できます。
　学校説明会は随時ホームページで更新。

【通信制】 （単位制）

信濃むつみ高等学校
（しなの　こうとうがっこう）

(https://www.terra.ed.jp　E-mail：info@terra.ed.jp)

- ■校長名：水野　尚哉
- ■住　所：〒390-0832　長野県松本市南松本 1-13-26
- ■電　話：0263-27-3700　■ＦＡＸ：0263-27-2870
- ■最寄り駅：JR 篠ノ井線「南松本」駅下車、徒歩 3 分
- ■生徒が入学できる都道府県：
  長野県
- ■沿　革：
  2003 年 4 月開校
- ■教育理念：
  テラ・スコラ（地球がまなびの場）、〈共に在る〉を考える

- ■形態・課程・学科：
  独立校・単位制による通信制・普通科
- ■併設する課程：なし
- ■入学・卒業時期：
  ・入学時期　4 月、10 月
  ・卒業時期　3 月、9 月
- ■修業年限：3 年以上（在籍最長年数：制限なし）
- ■学期制：2 学期制
- ■卒業認定単位数：74 単位以上
- ■始業・終業時刻：10：00 ～ 16：20
  （スクーリングの時間は 1 時限が 50 分間です。）
- ■技能連携：なし　■実務代替：なし　■技能審査：なし
- ■開設講座数：42 科目

スクーリングの日数と場所

【スクーリング日】
月に 7 ～ 10 日程度来校してもらいます。生徒は自分が選択した科目のスクーリングに出席します。

【場　所】
信濃むつみ高等学校校舎（長野県松本市）

特色

■「テラ」は地球、「スコラ」はまなびの場。だから＜テラ・スコラ＞とは「地球がまなびの場」ということ。

■この地球に生きる存在として、さまざまなモノ・コトとかかわりながら、時代や街を体感する、そんな生きたまなびが＜テラ・スコラ＞にはあります。

■だから、＜テラ・スコラ＞のまなびは、
単に高等学校卒業資格取得のみを目的とするのではなく、自己・他者・社会・自然と向き合い、自立／自律し、謙遜で、対話を重んじ、他者を理解し、自己を表現する、そのような中で新しい自分と出会い、自分らしい生き方を探求することを目的とし、共に受け容れ合い、共に尊重し合う、〈共に在る〉社会の実現を目的としています。

■インターネットによる通信制では、24 時間いつでもどこでも世界にアクセスしながら、自分のペースでまなびが可能。あなたの自由な時間を大きく広げ、自分なりの豊かな経験を実現します。

■自分だけのマイページへログインし、レポートに取り組み、スタッフへ質問や相談をし、学校からの連絡を受け取り、クラブの打ち合わせ、そして友人とおしゃべりもできるマイツール。それが、あなたのインターネット上のまなびの場。

■そんなあなたのまなびをサポートし、大きく広げるのがスクーリング。わからない所の解説だけでなく、時には校舎を飛び出し、時にはゲストの話に耳を傾ける、教科書だけではないまなびを展開します。

■自分が選んだ科目で作られるオリジナルの時間割。趣味に、アルバイトに、まなびに、自分の生活スタイルに合わせてスケジューリングする、大人への一歩です。

■広い信州の全域が通学エリア。南松本駅から徒歩 3 分のキャンパスは、クラブや生徒会、スタッフとの面談やイベントへの参加など、ここは、まなびの場であり、色んな人が集まるコミュニティの場です。

生徒情報

【不登校生】
生徒の皆さんは不登校や病気、家庭の事情…など、さまざまな経験を持っています。テラ・スコラではそうした皆さんの事情を考慮し、カリキュラムを個別に組んだり、スクーリングに配慮するなど、一人ひとりの相談に応じています。

【転編入生】
前籍高校で修得した単位や高卒認定試験で合格した科目を本校の単位として、認定することができます。転編入学は随時受付けます。春・秋の各学期の単位修得については、それぞれ個別の事情に応じて可能な限り対応します。

【保護者連絡】
電話や面談などのほか、メールやネットでの掲示板などで日常的に情報提供や相談を行います。また、スタッフも参加するイベントなどを通じて、フェイストゥフェイスの関係をつくりたいと考えています。

【生徒数】普通科　　　　　　　　　　　　　　2023 年 5 月

年次	生徒数	クラス数	1 クラスの平均人数
1 年次	115 名	クラス	名
2 年次	158 名	クラス	名
3 年次	181 名	クラス	名
合　計	454 名	14 クラス	32 名

【教員数】
スタッフ：27 名

2024 年度の募集要項

募集について

募集人員：280 名
出願期間：
2024 年 1 月 4 日（木）～ 6 月 17 日（月）（2024 春学期生）
2024 年 7 月 8 日（月）～ 12 月 18 日（水）（2024 秋学期生）
選考方法：〈テラ・スコラ Days〉への参加
選考料：10,000 円
学校見学・説明は随時おこなっています。電話などでお問い合わせください。ホームページもご参照ください

学費について

入 学 金	50,000 円	（入学年度のみ）
授 業 料	340,000 円	（年額）
諸 会 費	12,000 円	（年額）
同窓会入会金	5,000 円	（入学年度のみ）

2022 年度卒業生の進路状況

＜卒業者数 154 名＞
【進路先】
大学…32 名　　　　短大…6 名　　　　専門・各種学校…42 名
就職…31 名　　　　進学・就職浪人…9 名　　その他…34 名

【主な合格実績】
＜進学＞
琉球大学、信州大学、香川大学、東京家政大学、順天堂大学、駒沢大学、東洋大学、和光大学、京都精華大学、日本福祉大学、東京農業大学、東海大学、松本看護大学、松本大学松商短期大学部　など

＜就職＞
ヤマト運輸、長野エーコープサプライ、プロスノーボーダー、甲府大一実業、コトブキパック、社会福祉法人中信社会福祉協会　など

【広域通信制】 （単位制）

地球環境高等学校
（ちきゅうかんきょうこうとうがっこう）

(https://www.earth.ac.jp　E-mail：info@earth.ac.jp)

■校長名：山口　智之
■住　所：〒385-0051　長野県佐久市中込 2923-1
■電　話：0267-63-1411　■ＦＡＸ：0267-63-1401
■最寄駅：JR 小海線「北中込」駅下車、徒歩 5 分
■生徒が入学できる都道府県：
　長野、東京、神奈川、千葉、茨城、埼玉

■形態・課程・学科：独立校・単位制による通信制課程・普通科
■併設する課程：なし
■入学・卒業時期：
　・入学時期　4 月、10 月　・卒業時期　3 月、9 月
■修業年限：3 年以上（在籍最長年数：8 年）
■学期制：2 学期制　■卒業認定単位数：74 単位以上
■始業・終業時刻：9：10 ～ 15：40
　　　　　　　　　　1 日 6 時限、1 時限 50 分
■技能連携：なし　■実務代替：なし　■技能審査：なし
■開設講座数：13 講座、25 科目

スクーリングの日数と場所

【登校日数】
　週 3 日型…火・水・木
　月曜日生…月曜日
　各地スクーリング…長野・飯田
　集中スクーリング　6 月下旬～ 8 月上旬と 10 月下旬～ 1 月上旬
　　　　　　　　　　　　　　　　　　※各会場で異なる
【場　所】佐久市中込本校、長野、飯田から選択

特色
一人一人の個性が違うように、高校生活スタイルも違ってもいい…私たちはそう考えています。皆さんが自分らしさを見つけられるよう、一人一人に寄り添うサポートできる体制が整っているので、私たちの学校の強みです。
あなたはどんなスタイルで学校生活を送りたいですか？　まずはあなたの声を聞かせてください。その声にきっと応えることができる、それが地球環境高等学校です。

併修・単位
高校卒業程度認定試験合格者はご相談ください。

クラブ活動
サッカー：平成 14 年度高校サッカー選手権大会出場
野球：第 84 回選抜高等学校野球大会（春の甲子園）出場
令和 2 年度　2020 年夏季高等学校野球長野県大会ベスト 16
テニス：平成 25 年度北部九州インターハイシングルス優勝
水泳：令和元年度　競泳ジャパンオープン 2019　男子 50m 高校新記録樹立、全国高等学校水泳競技大会（インターハイ）男子 100m 平泳ぎ 3 位
スキー：平成 30 年度　第 30 回全国高等学校選抜スキー大会、スーパー大回転 17 位　大回転 3 位　総合 3 位、第 47 回国体冬季スキー競技会　大回転少年男子第 4 位、令和 2 年度　第 70 回全国高等学校スキー大会（インターハイ）出場
スケート：平成 30 年度　第 73 回国民体育大会冬季大会　ショートトラック 1000m2 位　500m4 位、平成 31 年度　スピードスケートジャパントロフィー・ショートトラック選手権　男子 50m1 位　100m1 位　総合 1 位、令和元年度　第 30 回全日本距離別選手権スピードスケート・ショートトラックワールドカップ男子 1500m3 位、世界ジュニア大会ショートトラック 3000mリレー　銅メダル、長野県選手権大会　ショートトラック 3000m 日本新記録

学校行事等
遠足・修学旅行・文化祭等

生活指導
教育界では ICT 教育が主流となりつつあります。本校では Face to Face による信頼関係が築いていてこそ、教育本来の目的が達成されるものと考えます。教師と生徒、生徒と生徒の心と心が触れ合える場を大切に、Communication skills を身につけ、Identity を持った生徒を育成することにより、生きる力を育てます。

◇◇◇◇◇◇◇◇◇ **この学校にアクセスしてみよう！**

学校説明会	入学前電話相談	文化祭見学	体育祭見学	資料請求
○	○	－	－	○

※資料は、電話・ＦＡＸ・ホームページ・E-mail などで請求してください。
▼学校説明会　他イベント・説明会検討中！　詳細は HP をご覧ください。

生徒情報

【不登校生】
不登校だった生徒はいます。
学校を開放し、登校しやすい状況をつくったところ毎日登校できるようになった生徒が多数おり、職員全員が声をかけています。
【転編入生】
前籍高校で修得した単位や、認定試験で合格した科目は、学校認定基準（内規）により振り替えることができます。
転入は、随時入学できます。編入は 4 月と 10 月（9 月卒業）に入学できます。
【保護者連絡】
電話、保護者面談、進路だより、連絡プリントなど、2 ヵ月に 1 ～ 2 回程度連絡を行っています。
【転編入の生徒数】（令和 5 年 5 月 1 日）

1 年次	2 年次	3 年次
3 名	6 名	5 名

【生徒数】　　　　　　　　　　　　2023 年 5 月 1 日現在

年次	生徒数	男女比	クラス数	1 クラスの平均人数
1 年次	70 名	2：1	5 クラス	20 名
2 年次	67 名	2：1	5 クラス	20 名
3 年次	95 名	1：1	5 クラス	20 名

【教員数】
教員：男性 5 名、女性 2 名／講師：男性 7 名、女性 9 名

2024 年度の募集要項

募集について
【一般入試】
募集人員：160 名
出願期間：2024 年 1 月～
試験日：＜ 4 月生＞（一次）9 月 20 日（水）
　　　　　　　　　　（二次）2 月 2 日（金）
　　　　　　　　　　（三次）3 月 1 日（金）
　　　　　　　　　　（四次）3 月 26 日（火）
　　　　　＜ 10 月生＞（一次）随時
　　　　　　　　　　 （二次）9 月 12 日（木）
　　　　　※転入生随時
選抜方法　書類選考、面接、作文（週 3 日型は学力検査）
選考料：10,000 円

学費について
入 学 金：　　　 50,000 円
授 業 料：　　　234,000 円（1 単位 9,000 円）
教育充実費：　　　 55,000 円
通信教育費：　　　 35,000 円
諸 経 費：　　　約 22,000 円
　　　　　　　─────────────
合　　計：　　約 396,000 円
※週 3 日型 S は、週 3 日型教育費 210,000 円が別途必要です。

2022 年度卒業生の進路状況

【進路先】
卒業者数…83 名
大学…9 名　　　短大…2 名　　　専門学校…21 名　　　就職…31 名
【主な合格実績】
［大学］慶應義塾大、桜美林大、東京工芸大、埼玉工業大、日本福祉大、横浜薬科大、山梨学院大
［短大］上田女子短大、飯田短大
［専門学校］大原法律公務員専門、信州スポーツ医療福祉専門、長野ビジネス外語カレッジ専門、上田情報ビジネス専門、文化服装学院専門、東京多摩調理製菓専門、飯田コアカレッジ専門、日本工学院専門、トータルビューティーカレッジ川越専門、岡学園トータルデザインアカデミー専門、長野美術専門
［就職］アーデン、星野リゾート、ホクト、畑八開発、小林スプリング製作所

【広域通信制】　　　　　　　　　　　　　　　　　　　　（単位制）

天龍興讓高等学校
てんりゅうこうじょうこうとうがっこう

(https：//www.donguri-gakuen.jp　E-mail：info@donguri-gakuen.jp)

- ■校長名：中野　昌俊
- ■住　所：〒399-1202　長野県下伊那郡天龍村神原 3974
- ■電　話：0260-32-3581　■FAX：0260-32-3766
- ■最寄駅：JR 飯田線「平岡」駅下車、村営バス 30 分
- ■生徒が入学できる都道府県：
  長野、愛知、神奈川
- ■沿革：
  2008 年 3 月 17 日　長野県より設立認可
  　　　　4 月 1 日　開校
- ■教育理念：
  生徒一人ひとりに存在感があり、真心と思いやりを大切にし、個々の人間性を高め生きる力を育む教育を実践する。

- ■形態・課程・学科：
  独立校。単位制による通信制の課程・普通科
- ■併設する課程：なし
- ■入学・卒業時期：
  ・入学時期　4 月　　・卒業時期　3 月
- ■修業年限：
  ・3 年（在籍最長年数：制限なし）
- ■学期制：—
- ■卒業認定単位数：74 単位
- ■始業・終業時刻：
- ■技能連携：なし　　■実務代替：なし　　■技能審査：なし
- ■開設講座数：12 講座 52 科目

スクーリングの日数と場所

【登校日数】
年間 10 日以上
【場　所】
本校
【その他】
特別スクーリング（季節ごとの農業体験、研修旅行等、参加は任意）

特色
人間社会の中で生きていく術を学習する為に課題探求学習（計画・実行・反省）を重視しています。アルバイトも単位になりうることもあります。

学校行事
田植え、お茶摘み、梅取り、稲刈り等農業体験、ボランティア活動。

進学補習指導
個別指導を行っています。

生活指導
指定の制服はありません。茶髪・ピアスに対する指導の他、起床及び就寝時間、計画のある学習等生活面での指導も行っています。

この学校にアクセスしてみよう！

学校説明会	入学前電話相談	文化祭見学	体育祭見学	資料請求
○	○	—	—	○

※資料は電話、E メールにて請求してください。
▼学校説明会　ホームページをご覧ください。

生徒情報

【不登校生】
過去に不登校だった生徒と発達障がいのある生徒を多く受け入れています。スクーリング時、校外での体験（農作業、地域散策、地場産業研修等）を多く取り入れています。保護者との連絡も頻繁に行っています。

【転編入生】
前籍校で修得した単位、高卒認定試験の合格科目は全て振り替えることができます。

【保護者連絡】
月一回（生活状況の確認）を目標に電話連絡を実施しております。

【転編入の生徒数】

1 年次	2 年次	3 年次
—	—	—

【生徒数普通科】　　　　　　　　　　　　2023 年 5 月 1 日現在

年次	生徒数	男女比	クラス数	1 クラスの平均人数
1 年次	1 名	1：0	1 クラス	名
2 年次	0 名	0：0	1 クラス	名
3 年次	1 名	1：0	1 クラス	名

【教員数】
教諭：男性 3 名、女性 3 名／講師：男性 1 名、女性 1 名

2024 年度の募集要項

募集について

募集人員：50 名
出願期間：第 1 次…1 月 9 日～17 日
　　　　　第 2 次…2 月 2 日～13 日
　　　　　第 3 次…3 月 4 日～12 日
試 験 日：第 1 次…1 月 25 日
　　　　　第 2 次…2 月 22 日
　　　　　第 3 次…3 月 21 日
選抜方法：作文・面接
検 定 料：5,000 円

学費について

入 学 金：100,000 円
授 業 料：15,000 円（1 単位あたり）
施設設備費：120,000 円（年間）
教 材 費：60,000 円（年間）
　――――――――――――――
合　　計：500,000 円 ～ 600,000 円

2023 年度卒業生の進路状況

【進路先】
卒業者数　1 名

大学…0 名	短大…0 名	専門学校…0 名
就職…1 名	有職者…0 名	その他…0 名

【主な合格実績】

【指定校推薦】

長野県長野西高等学校

<small>なが　の　けんなが　の　にしこうとうがっこう</small>

- ■校長名：小金　典子
- ■住　所：〒 380-8530　長野県長野市箱清水 3-8-5
- ■電　話：026-234-2262　　■ＦＡＸ：026-237-5506
- ■最寄駅：信越線「長野」駅下車、バス 10 分、徒歩 10 分
- ■望月サテライト校住所：〒 384-2202　長野県佐久市望月 276-1
- ■望月サテライト校電話：0267-53-2100　■ＦＡＸ：0267-51-1013
- ■最寄駅：小海線「佐久平」「中込」しなの鉄道「田中」駅下車、
　　　　　バス 30 分
- ■生徒が入学できる都道府県：長野（東北信に限る）
- ■沿革：1896 年　学校創立
　　　　　1948 年　通信教育部開設
　　　　　2016 年　通信制開設 70 周年
　　　　　2020 年　望月サテライト校開設

- ■形態・課程・学科：併設校・通信制課程・普通科
- ■併設する課程：全日制課程
- ■併設課程への転籍：全日制から通信への転籍は可
- ■入学・卒業時期：
　　・入学時期　4 月、（6 月）　　・卒業時期　3 月
- ■修業年限：3 年以上　　■学期制：3 期制
- ■卒業認定単位数：74 単位
- ■始業・終業時刻：9 時 10 分～ 16 時 5 分
　　　　　　　　　1 日 6 時限、1 時限 50 分
- ■技能連携：なし　　■実務代替：なし
- ■技能審査：英検、漢検、日本語検
- ■開設講座数：64 講座、56 科目

スクーリングの日数と場所

■本校
【登校日数】
　週 1 回（日曜か月曜）年間 21 回
【場　　所】
　長野西高校　本校
【その他】
　小諸面接年 3 回
　地区学習会が 4 ～ 9 回各地で開かれます。
　地区学習会は、飯山、中野・須坂、長野、篠ノ井、上田、小諸・佐久です。
■望月サテライト校
【登校日】　月曜日から金曜日までの登校を可能としています。
【場所】　望月サテライト校

特色

【本校の特色】長野市の中心部、善光寺近くの高台に位置し、豊かな自然に恵まれたすばらしい環境の中にあります。本校の歴史は古く 1896 年（明治 29 年）に開設され、2016 年 10 月に通信制 70 周年記念行事が行われました。善光寺平を一望する丘で育まれた卒業生は、国の内外の幅広い分野で活躍しています。

【望月サテライト校の特色】佐久市望月に週 1 日でも、週 5 日でも、自分の生活・学習スタイルに合わせて登校を可能とした、「長野西高校望月サテライト校」が開設しました。
地域の特色を生かしたキャリア教育やプロジェクト型の学びやアウトプット型の学びなど、自分で時間をカスタマイズしながら学ぶことができます。また、オンライン教材の活用や、多様な選択科目をとおして、目標とする学力を身につけていきます。

◇◇◇◇◇◇◇◇　この学校にアクセスしてみよう！

学校説明会	入学前電話相談	文化祭見学	体育祭見学	資料請求
○	○	―	―	○

※資料は、郵送にて請求して下さい。

生徒情報

【不登校生】
中学時代に不登校だった生徒も在籍しています。

【転編入生】
前籍高校で修得した科目は本校の基準で修得単位として認めます。
高校卒業程度認定試験で合格した場合、各教科 1 科目のみ本校の単位として認定します。
転入・編入の入学時期は、4 月です。転入は 6 月入学もあります。通信制からの転入はいつでも受け入れます。

【保護者連絡】
会報の送付など保護者への連絡は毎月行っています。

【転編入の生徒数】（サテライト校含む）2023 年 8 月 1 日現在

1 年次	2 年次	3 年次	4 年次
転入生 37 名	転入生 38 名	転入生 86 名	転入生 118 名
編入生 9 名	編入生 11 名	編入生 13 名	編入生 23 名

【生徒数】（サテライト校含む）　　　　　2023 年 8 月 1 日現在

年次	生徒数	男女比	クラス数	1 クラスの平均人数
1 年次	111 名	43：57	4 クラス	28 名
2 年次	124 名	40：60	5 クラス	25 名
3 年次	141 名	40：60	5 クラス	28 名
4 年次	165 名	42：58	5 クラス	33 名

【教員数】（サテライト校含む）
　教員：男性 20 名、女性 9 名（専任 24 名、兼任 5 名）
　講師：男性 6 名、女性 5 名

2024 年度の募集要項

募集について

【一般入試】（予定）
募集人員：普通科　300 名（望月サテライト校を含む）
出願期間：
　一般・編入…2024 年 2 月 28 日（水）～
　　　　　　　　　　　3 月 26 日（火）17：00
　転入…2024 年 2 月 21 日（水）～ 2 月 27 日（火）12：00
選考方法：書類選考・面接・作文
選考料：なし

学費について

入　学　金：　180 円
受　講　料：　220 円（1 単位あたり）
レポート代：　200 円（一冊あたり）
諸　経　費：　7,350 円

合　　　　計：1 年生は教科書代を含めて
　　　　　　　30,000 円程度（学年によって異なる）
※変更の可能性があります。（望月サテライト校では、別途オンライン教材費がかかります。）

2022 年度卒業生の進路状況

【進路先】
卒業者数…118 名
大学…12 名　短大…9 名　専門学校…17 名　新規就職…15 名
【主な合格実績】
長野大学、中央大学、立命館大学、日本大学、國學院大学、サイバー大学
【指定校推薦】
あり

【通信制】　　　　　　　　　　　　　　　　　　　　　　　（単位制）

長野県松本筑摩高等学校
ながのけんまつもとちくまこうとうがっこう

(http://www.chikuma-hs.jp/)

■校長名：平林 洋一
■住 所：〒390-8531　長野県松本市島立2237
■電 話：0263-47-1526　■FAX：0263-40-1521
■最寄駅：上高地線「大庭」駅下車、徒歩20分
　　　　　大糸線「島高松」駅下車、徒歩20分
■生徒が入学できる都道府県：
　長野県に在住の人（原則として、中・南信地区在住）
■沿革：
　1970年4月　設立
　1988年4月　単位制コース開設
　2007年3月　三部制定時制課程開設

■形態・課程・学科：公立、単位制、普通科
■併設する課程：定時制課程（単位制・普通科）
　　　　　　　　午前部・午後部・夜間部
■併設課程への転籍：不可
■入学・卒業時期：入学時期 4月・10月、卒業時期 3月・9月
■修業年限：3年以上
■学期制：2学期制
■卒業認定単位数：74単位
■始業・終業時刻：9時10分〜15時40分
　　　　　　　　　1日6時限、1時限50分
■技能連携：なし　　■実務代替：なし
■技能審査：卒業に必要な単位として認定できる
■開設講座数：66講座、43科目（総合的な探究の時間を除く）

スクーリングの日数と場所

【登校日数】
　週に1回（日曜日または月曜日の登校、年間約30回）
【場 所】
　本校（松本市島立）

特色
日曜日と月曜日に同じ時間割でスクーリングを行っているので選択がしやすくなっています。
教科学習のほか、生徒会活動や地区活動も大切にしています。温かい雰囲気の学校生活を送ることができます。

併修・単位について
高卒程度認定試験（旧大検）合格科目は原則的に単位認定しています。（詳細は説明会で確認して下さい。）
併修対応は協力校間のみ（詳細は確認して下さい。）

クラブ活動
バドミントン、卓球、茶道、英語、漫画

学校行事
地区会活動、運動会、生活体験発表会、文化発表会

生活指導
服装、みだしなみ、交通ルールについて、学校の雰囲気を大きく乱すものには指導します。
・学びに向かえる雰囲気を大切にしています。
・駐車場は、生活指導の指示に従って下さい。

この学校にアクセスしてみよう！

学校説明会	入学前電話相談	文化祭見学	体育祭見学	資料請求
○	—	—	—	—

生徒情報

【不登校生】
毎日の登校は必要としません。自学自習を進めるため週1日（日曜日または月曜日）の面接授業への出席は必要です。
【転編入生】
前籍高校で取得した単位や高卒程度認定試験で合格した科目は、原則として振り替えることができます。
【保護者連絡】
担任を通して常時行っています。

【生徒数】　　　　　　　　　　　2023年11月1日現在

年次	生徒数	男女比	クラス数	1クラスの平均人数
1年次	58名	37：63	3クラス	19名
2年次	52名	52：48	3クラス	17名
3年次	67名	34：66	4クラス	17名
4年次	76名	45：55	5クラス	15名

【教員数】
　教員：男性17名、女性8名　　相談係：1名

2024年度の募集要項

募集について
【一般入学者選抜】
募集人員：普通科300名
出願期間：2024年2月28日（水）
　　　　　〜3月26日（火）午後5時まで
試験日：指定された日
選考方法：書類審査、面接
選考料：なし
※転入学については、在籍校の教頭と担任にお問い合わせください。

学費について

入学金：	180円	
受講料：	220円	×登録単位数
教材費：	約20,000円	
諸会費：	約12,000円	
合 計：	約40,000円	

2022年度卒業生の進路状況

【進路先】
卒業者数…78名
大学…3名　　短大…2名　　専門学校…9名
就職…26名

【主な合格実績】（過去3年間）
松本大、聖学院大、青山学院大、大阪芸術大、東京未来大、京都芸術大、信州豊南短大、松本大松商短期大学部、松本短大

▼学校説明会　詳細はHP等で確認のうえ、事前FAX申込必要。
　　　　　　　このほか本校管轄中・南信の各地区ごとに説明会を実施します。
　　　　　　　（日時等はHP等で要確認）
　　　　　　　出願書類は、説明会出席者のみに配布します。

【通信制】　　　　　　　　　　　　　　　　　　　　（単位制）

長野日本大学高等学校 通信制課程

（ https://www.nagano-nichidai.ed.jp ）

■校長名：添谷　芳久
■住　所：〒381-0038　長野県長野市箱清水 3-8-5
■電　話：026-243-1079　　■ＦＡＸ：026-259-3935
■最寄駅：長野電鉄「信濃吉田」駅下車 徒歩 15 分
　　　　　しなの鉄道（北しなの線）「北長野」駅下車 徒歩 13 分
■生徒が入学できる都道府県：長野県
■沿革：
　1959 年（昭和 34 年）1 月 24 日　学校法人長野中央学園
　　　　　　　　　　　　　　　　　　設立認可。
　　　　　　　　　　　　1 月 26 日　長野中央高等学校設置認可。
　1962 年（昭和 37 年）11 月 1 日　日本大学準付属高校となる。
　1988 年（昭和 63 年）4 月 1 日　　長野日本大学高等学校に
　　　　　　　　　　　　　　　　　　校名変更。
　2000 年（平成 12 年）10 月 18 日　長野日本大学学園に
　　　　　　　　　　　　　　　　　　学校法人名変更。

■創立理念：
　日本大学の建学の精神である「自主創造」を念頭に、生涯に渉る学びの継続を支援します。

■形態・課程・学科：併設校・単位制による通信制課程・普通科
■併設する課程：全日制課程
■併設課程への転籍：不可
■入学・卒業時期：
　・入学時期　4 月、10 月　　・卒業時期　3 月、9 月
■修業年限：3 年以上（在籍最長年数：制限なし）
■学期制：2 期制
■卒業認定単位数：74 単位
■技能連携：なし　　■実務代替：なし
■技能審査：あり（卒業に必要な単位に含む）
■開設講座数：42 講座、37 科目

スクーリングの日数と場所

【登校日数】
　　　週 1 日（スタンダードコース）
　　　週 2 日（アドバンストコース希望制）
【場　　所】
　　　長野日本大学高等学校　通信制課程校舎
　　　（長野日本大学高等学校敷地内）
【その他】
　　　教科書学習用オンデマンド講座と大学入試用オンデマンド
　　　講座を、いつでも受講することができます。

特色

①自主性を大切にしながらサポートします。
　　　日々の学習は、教科書と教科書のオンデマンド講座を
　　　利用した自学で進めます。週 1 日のスクーリングを基
　　　本とします。スクーリングに出席できなかった時は、
一定時間までなら、web 指導で代替することができます。年間で
およそ 26 単位を履修します。レポートと単位認定テストにより
単位を認定します。

②日本大学付属校のメリットを活かした進路選択を
　サポートします。
2・3 年次の日本大学基礎学力テストでの総合成績を基に、日本大
学への推薦入試に出願できます。日本大学通信教育部 4 学科と合
わせて、大学での学びを継続できる環境を整えています。

③サポートスクールに通学する必要はありません。
本校は、授業・添削指導・単位認定テスト・進路指導・出願指導・
大学入試対策まで、本校内で実施できます。カウンセリングにつ
いても本校教員が対応しますので、将来の学びに直結した相談
が受けられます。

生徒情報

【不登校生】
メタバース等を活用しながら、生徒さんに最も合ったコミュ
ニケーションのあり方を一緒に探すと共に、個別最適化され
た学びを見つける支援をします。
【転編入生】
1・2 年次は年間随時、3 年次は 12 月まで入学可能です。
【保護者連絡】
電話とメールシステムを中心としますが、必要に応じて対面
の面談も行います。オンラインでの連絡を基本としますが、
電話による連絡をお願いすることもあります。

【生徒数】2023 年 4 月開設予定のためまだいません。

【教員数】
教員：男性　名、女性　名　　講師：男性　名、女性　名
カウンセラー：

2024 年度の募集要項

募集について	募集人員：　　　名
	出願期間：
	試 験 日：
	選考方法：
	選 考 料：

学費について	入 学 金：　　　　 130,000 円
	受 講 料：　　　　　 15,000 円（1 単位あたり）
	施 設 費：　　　　 130,000 円（一冊あたり）
	副教材費：50,000 ～ 100,000 円

※学費は、所属するコースや時期によって異なります。詳
　細は本校までお問い合わせください。
※学習で使用するパソコンを各自でご用意ください。
　タブレット・スマートフォンは対応していません。

2022 年度卒業生の進路状況

【進路先】2023 年 4 月開設のためまだいません。
卒業者数…　名
大学…　名　短大…　名　専門学校…　名　新規就職…　名
【主な合格実績】

【指定校推薦】

◇◇◇◇◇◇◇◇◇ **この学校にアクセスしてみよう！**

学校説明会	入学前電話相談	文化祭見学	体育祭見学	資料請求
○	○	○	○	○

北海道 / 青森 / 岩手 / 宮城 / 秋田 / 山形 / 福島 / 茨城 / 栃木 / 群馬 / 埼玉 / 千葉 / 東京 / 神奈川 / 新潟 / 富山 / 石川 / 福井 / 山梨 / 長野★ / 岐阜 / 静岡 / 愛知 / 三重 / 滋賀 / 京都 / 大阪 / 兵庫 / 奈良 / 和歌山 / 鳥取 / 島根 / 岡山 / 広島 / 山口 / 徳島 / 香川 / 愛媛 / 高知 / 福岡 / 佐賀 / 長崎 / 熊本 / 大分 / 宮崎 / 鹿児島 / 沖縄

【広域通信制】 （単位制）

学校法人 理知の杜 松本国際高等学校

（ https://matsukoku-tsushin.com/ ）

■校長名：鈴木　徳夫
（本校）
■住　所：(本校) 〒399-0036　長野県松本市村井町南 3-6-25
■電　話：0263-88-2592　■FAX：0263-88-0034
■最寄駅：JR 篠ノ井線「村井」駅 徒歩 2 分
（東京校）
■住　所：〒162-0844　東京都新宿区市谷八幡町 14
■電　話：0120-777-020　■FAX：03-3260-9020
■最寄駅：最寄駅　JR・東京メトロ・都営新宿「市ヶ谷」駅
■生徒が入学できる都道府県：岩手、宮城、長野、埼玉、千葉、東京、神奈川、茨城、岐阜、愛知、三重、大阪、京都、奈良、香川、福岡、鹿児島
■沿革：
1945 年　　　創立
2005 年　　　創造学園大学附属高等学校と校名変更
2007 年 4 月 通信制課程（単位制）開設
2011 年 4 月 創造学園高等学校と校名変更
2014 年 4 月 通信制課程東京校新設
2018 年 4 月 松本国際高等学校と校名変更
　　　　10 月 長野・神奈川・千葉・埼玉・東京に 25 校の学習センターを開校
2019 年 12 月 長野市・飯田市に学習センター開校
2020 年 12 月 15 都府県に募集区域を拡大。
2021 年 12 月 17 都府県に募集区域を拡大。
2023 年 12 月 面接指導施設を 5、学習等支援施設を 7 施設追加。

■教育理念：「人はいつでも変わることができる。ともに変わろう。」を校是とし、教職員と生徒がとことん寄り添い、次世代に必要な人間形成を目指しています。
■形態・課程・学科：併設校・単位制による通信制課程・普通科
■併設する課程：学年制による全日制課程
■併設課程への転籍：できる（2 年への進級時。進級試験有。）
■入学・卒業時期：入学は随時。卒業は 3 月・9 月。
■修業年限：3 年（在籍最長年数：制限なし）
■学期制：2 学期制　　■卒業認定単位数：74 単位
■始業・終業時刻：9：00 〜 17：00（月〜金曜日）
　　　　　　　　　9：00 〜 16：00（土曜日）日曜日休校
　　＊東京校：10：00 〜 16：00（月〜金曜日）土日休校
■技能審査：なし　　　■開設講座数：50 科目

スクーリングの日数と場所

【登校日数】前期 3 日、後期 3 日（短期集中スクーリング型）
【場　所】松本・東京・横浜・大船渡・薩摩川内など全国 20 か所
【その他】スクーリング（松本本校：週 5 日・東京校：年 30 回）の他、平日に登校できる通常スクーリングや生徒の事情に配慮した個別スクーリングを実施しています。

特色
《オプションコース開講》
通学コース、フレックスコース、NET スタディーコース、英会話、基礎学習、e スポーツ　開講

進学指導
大学、専門学校等への指導体制の確立。
NET 授業を活用した個別指導。最新の受験事情に備えた進路面談。

補習授業
起立性調節障害や発達障害の傾向がある生徒には、授業時間を選択できるフレックスコースがあります。

生活指導
服装の規定はありません。高校生らしい服装。
バイク・自動車通学はできません。

学校行事
入学式、卒業式、スポーツ観戦、進路相談会、映画鑑賞会、遠足、クリスマス会、オープンキャンパスなど

生徒情報

【不登校生】
自宅での NET 学習や個別スクーリングなど、個別対応が可能。
【転編入生】
前籍校の修得単位は、できるだけ振り替えます。
転入は 2 月まで随時受入可。
【保護者連絡】
必要に応じ面談を行います。
【転編入の生徒数】

1 年次	2 年次	3 年次
転入生 30 名	転入生 175 名	転入生 235 名

【生徒数普通科】　　　　生徒数 2023 年 11 月 1 日現在

年次	生徒数	男女比	クラス数
1 年次	250 名	1：1	6 クラス
2 年次	355 名	1：1	9 クラス
3 年次	419 名	1：1	11 クラス

2024 年度の募集要項

募集について
募集人員：1,200 人
出願期間：随時（新入生は 12 月〜）
試 験 日：随時（新入生は 1 月中旬以降）
選抜方法：書類選考・面接
選 考 料：10,000 円

学費について
（松本校）
入 学 金：50,000 円　　　教育充実費：70,000 円
教材通信費：30,000 円　　授 業 料：1 単位 12,000 円
（東京校）
入 学 金：50,000 円　　　授 業 料：1 単位 8,000 円
施設拡充費：24,000 円（年額）
諸 経 費：15,000 円（年額）
通学コース：288,000 円（年額）選択
フレックスコース：180,000 円（年額）選択

2022 年度卒業生の進路状況

【進路先】
卒業者数…267 名
大学…54 名　　　短大…4 名　　　専門学校…76 名
就職…42 名　　　その他…91 名

【主な合格実績】
北海道大学、東京藝術大学、早稲田大学、慶應大学、上智大学、法政大学、明治大学、立教大学、明治学院大学、獨協大学、中央大学、成城大学、日本大学、東京通信大学、東京都市大学、大妻女子大学、武蔵野大学、聖学院大学、京都芸術大学、大阪芸術大学短期大学部

専門学校多数

◇◇◇◇◇◇◇◇◇◇ この学校にアクセスしてみよう！

学校説明会	入学前電話相談	文化祭見学	体育祭見学	資料請求
○	○	−	−	○

※資料は、電話・メールでの申込みになります。
▼学校説明会 随時行っています。

【通信制】 （単位制）

岐阜県立飛騨高山高等学校

（ https://school.gifu-net.ed.jp/htakayama-hs/ ）

■校長名：神出　建太郎
■住　所：〒506-0052　岐阜県高山市下岡本町2000-30
■電　話：0577-32-6013　■FAX：0577-32-6013
■最寄駅：JR高山本線「高山」駅下車、徒歩20分
■生徒が入学できる都道府県：
　岐阜
■沿革：
　1948年　岐阜県立斐太高等学校に通信教育部を開設
　1961年　通信制課程となる。
　1997年　斐太高校通信制創立50周年記念式典
　2005年　岐阜県立飛騨高山高等学校に移管

■形態・課程・学科：
　併設校・単位制による通信制課程・普通科
■併設する課程：
　学年制による全日制課程、単位制による定時制課程
■併設課程への転籍：全・定から通、通から定は可
■入学・卒業時期：入学時期　4月、卒業時期　3月
■修業年限：
　3年以上（木曜スクーリングで4年次科目を履修することにより3年での卒業可能）
■学期制：1学期制　■卒業認定単位数：74単位
■始業・終業時刻：8：25～15：30　1日6時限、1時限50分
■実務代替：なし　■技能審査：なし
■開設講座数：44講座、34科目

スクーリングの日数と場所

【登校日数】
　月2～3日（日曜日）
【場　所】
　本校（岡本キャンパス）
【その他】
　他に木曜スクーリング（3修生用）
　水曜特別スクーリング等がある。

 特色
北アルプスの大パノラマを前に、高山市街を眼下にする小高い丘の上に位置します。全国的に見ても小規模な通信制ですが、小規模であるが故にきめ細かい個人指導ができます。

併修・単位について
高等学校卒業程度認定試験合格科目は、年間3科目以内で単位が認定されます。本校定時制の生徒は年間3科目以内で併修できます。

学校行事
球技大会（日曜日）、校外研修、生活体験発表会（日曜日）、文化祭（日曜日）、遠足、学習会（年間3回程度）

 生活指導
特に校則はありませんが、たとえば、交通安全、他の人の人権を尊重する、学校敷地内全面禁煙など、社会人としてのルールは守ってもらいます。

◇◇◇◇◇◇ この学校にアクセスしてみよう！

学校説明会	入学前電話相談	文化祭見学	体育祭見学	資料請求
○	○	－	－	－

▼学校見学会
　電話予約で通常スクーリングの見学ができます。（8月下旬より）

生徒情報

【不登校生】
中学時代に不登校だった生徒も数多く在籍しています。履修を急がさず、気長に慣れさせ、丁寧に指導しています。無理に登校させることはしません。生徒は入学（あるいは転・編入学）の後、落ち着いて学習に取り組めるようになります。
【転編入生】
前籍高校の単位は本校のカリキュラムに適合するものはすべて認定します。
転編入は原則4月入学です。
【保護者連絡】
緊急時はメール配信。年4回保護者だより郵送。必要に応じて、電話連絡または家庭訪問を行います。年2回クラス懇談会を実施します。
【転編入の生徒数】

1年	2年	3年	4年
転入生7名 編入生0名	転入生12名 編入生0名	転入生17名 編入生1名	転入生7名 編入生1名

【生徒数　普通科】（一般生のみ）　2023年6月1日現在

	生徒数	男女比	クラス数
1年	24名	12：12	1クラス
2年	20名	10：10	1クラス
3年	31名	15：16	1クラス
4年	13名	6：7	1クラス

【教員数】
　教頭：男性1名／教諭：男性6名、女性3名
　講師：男性1名、女性4名、特別支援教育指導員

2024年度の募集要項

募集について
【一般入試】
募集人員：未定
出願期日：2024年3月12日（火）、13日（水）、18日（月）午後、19日（火）午後、21日（木）午後、22日（金）、25日（月）の7日間
受付時間は、10：00～16：00、ただし、12：00～13：00を除く。午後は、13：00～16：00。
試験日：2024年3月27日（水）
選抜方法：小論文、個人面接

学費
入学金：500円
受講料：1単位あたり310円

2022年度卒業生の進路状況

【進路先】
卒業者数　24名
進学…11名　　就職…7名　　その他…6名
【主な合格実績】
中部大学、愛知みずほ大学、東京未来大学、京都橘大学、放送大学、JA飛騨看護専門学校、東海工業専門学校、山脇美術専門学校、トヨタ名古屋自動車大学校
【指定校推薦】
なし

【通信制】

精華学園高等学校 多治見校／岐阜中央校／岐阜校

せいかがくえんこうとうがっこう たじみこう ぎふちゅうおうこう ぎふこう

（ https://www.seikagakuen-heisei.com/　E-mail：info@seikagakuen-heisei.com ）

学校へのアクセス

【多治見校】
■校舎長名：守谷　泰一
■住　所：〒507-0033　岐阜県多治見市本町5-9-1　陶都創造館2階
■電　話：0572-26-8440
■ＦＡＸ：0572-26-8431
■最寄駅：JR中央線「多治見」駅、徒歩10分

【岐阜中央校】
■校舎長名：石田　宏樹
■住　所：〒507-0033　岐阜県美濃市曽代117-14
■最寄駅：長良川鉄道「梅山」駅、徒歩10分
■電　話：お問合せは多治見校までお願いします。

【岐　阜　校】
■校舎長名：加藤　隆史
■住　所：〒507-0033　岐阜県岐阜市長旗1-1
■最寄駅：名鉄「名鉄岐阜」駅、徒歩5分
■電　話：お問合せは多治見校までお願いします。

■生徒が入学できる都道府県：岐阜　及び隣県
■沿　革：
　2009年 7月　精華学園高等学校 山口本校　開校
　2021年10月　精華学園高等学校 多治見校開校
　2022年 4月　精華学園高等学校 岐阜中央校、岐阜校 開校
■教育理念：
　自分で考え決定し、行動できる生徒を育てる

スクーリングの日数と場所

多治見校・岐阜中央校・岐阜校の3校は精華学園高等学校の校舎となります。
スクーリングは、日々開講されていて、各校舎でスクーリング・試験を受けることができます。
また、起立性調節障害に代表されるよう、様々な問題を抱え苦しむ方への対応として、個別での対応も可能です。

【コース】

■選択登校コース：学校開校日から自分の選択で登校日を決められるコース
■子育て支援コース：母子（父子）家庭やご家庭の状況に合わせて利用可能なコース
■ステップアップコース：週1日の自由登校で、徐々に心と身体の成長を促すコース（多治見校・岐阜中央校限定）
■ネット学習コース：自宅学習をベースにネットを通じて課題添削やテスト支援が可能なコース

【専門学科】
※選択登校コース及び子育て支援コースを利用生徒対象

■ドローン専科：3年間でプロのドローン操縦者を育成（国家資格取得、研修旅行あり）
■スタディプラス科：大学受験を目指し、特別講義を受講（英語、数学、理科、国語）2024年4月スタート（多治見校・岐阜中央校限定）
■声優科：一流声優監修カリキュラムのもと、声優を目指す（3年時オーディションあり）
■国際ビジネス科：英語検定2級以上取得、TOIEC600点以上獲得を目指し、海外留学や外国語系大学進学、CA(キャビンアテンダント)やGS(グランドスタッフ)を目指す（研修旅行あり）

特色

すべてが「あなたの意志」で高校生活をカスタムできます！
7つのスタイルを、あなたらしくカスタムして、あなた色の高校生活を過ごしましょう！

1. あなたに合わせる「登校スタイル」
　登校は選択登校制！ネット学習も対応！

2. あなたに合わせる「ドローンスタイル」
　全国で初となる3年間でプロのドローン技術を育成！

3. あなたに合わせる「履修スタイル」
　目的や能力に応じた幅広いカリキュラム！

4. あなたに合わせる「授業スタイル」
　集団授業だけでなく個別授業も対応可能！

5. あなたに合わせる「学習スタイル」
　ひとりひとりの状況や希望進路に合わせた学習をサポート！

6. あなたに合わせる「進路スタイル」
　希望進路に合わせた「個別」での実践授業を展開！

7. あなたに合わせる「高校スタイル」
　「自分で選ぶ、自分で決める」高校生活を実現！↗

<table>
<tr><td>学習システムの特徴</td><td>最新のICT教育用タブレットを導入しており、生徒全員がインターネットとタブレット端末を使用して様々な教科の学習を自分のペースで進めることが出来ます。時間や場所を選ばず、自由な学習が可能です。</td></tr>
</table>

■レポート学習：
授業で使うテキストをタブレットがあればいつでも確認できます。
また、細かな文字も書ける手書き対応タブレットなのでオンラインでの解答や提出、先生からの解答の確認がスマートに行えます。

■メディア学習：
全生徒に貸与されるタブレットでは動画や画像を使用したメディア視聴が可能です。精華学園高等学校では、スタディサプリが入学生徒に付与されていますので、学び直しから大学進学まで幅広く学習を進めることができます。

<table>
<tr><td>進学・補習指導</td><td>大学、専門学校進学や就職など、生徒ひとりひとりの希望に合わせて指導を実践しています。進学では、大学受験講座を展開。スタディサプリなどインターネット教材を活用した受験対策もサポート。将来、社会で活躍できるために、生徒個々と相談を重ね、その生徒が次のステージで活躍できる進路指導を行っています。</td></tr>
</table>

生 徒 情 報

【不登校生】
保護者を含めた面談により現状を把握し、個別対応します。

【転編入生】
転編入は随時受付けています。
転編入生は前籍校で修得した単位の振替が可能です。

【保護者連絡】
必要に応じて随時保護者面談を行います。

<table>
<tr><td>学校行事</td><td>入学式、卒業式、体育祭、文化祭、記念旅行（夏1泊2日・冬2泊3日）、ウォーキング、スケート実習ほかに月に1回～2回実施</td></tr>
<tr><td>クラブ活動</td><td>未来創造プログラム
コミュニケーション能力向上を目的として、ゲーム、音楽、美術、資格試験、料理など生徒発案のもと様々な活動を毎週実施しています。</td></tr>
<tr><td>生活指導</td><td>制服あり（任意）、服装や髪形、メイクなどは自由です。</td></tr>
</table>

2024年度の募集要項

<table>
<tr><td rowspan="4">募集について</td><td>出願期間：新入学　4月、10月</td></tr>
<tr><td>試験日：転入学、編入学は随時</td></tr>
<tr><td>選抜方法：事前面談→エントリーシート→
　　　　　最終面談→合格発表</td></tr>
<tr><td>選考料：10,000円</td></tr>
</table>

<table>
<tr><td rowspan="5">学費について</td><td>入学金：なし</td></tr>
<tr><td>施設設備費：36,000円（年額）</td></tr>
<tr><td>教育充実・運営費：72,000円（年額）</td></tr>
<tr><td>単位履修料：1単位あたり10,500円（年間12単位以上履修）</td></tr>
<tr><td>※コース料金については、直接校舎へお問合せください。</td></tr>
</table>

合格実績

【国公立大学】
東北大学、茨城大学、東京工業大学、静岡大学、和歌山大学、山口大学、高知大学、九州工業大学、佐賀大学、長崎大学、公立はこだて未来大学、都留文科大学、岡山県立大学、周南公立大学、山口東京理科大学、北九州市立大学

【私立大学】
早稲田大学、慶應義塾大学、明治大学、立教大学、中央大学、法政大学、上智大学、自治医科大学、川崎医科大学、東京理科大学、学習院大学、明治学院大学、日本大学、清泉女子大学、関西大学、関西学院大学、同志社大学、立命館大学、近畿大学、福岡大学、武蔵野美術大学、多摩美術大学、女子美術大学、京都造形芸術大学、大阪芸術大学、南山大学、愛知淑徳大学、愛知学院大学、中部大学、京都産業大学など多数

【海外の大学】
ブリティッシュコロンビア大学、マラヤ大学、エルカミノカレッジ、弘益大学校

＜学校の施設＞

校舎面積	m²	図書室	あり
保健室	なし	ラウンジ	あり
職員室	あり	カウンセリング室	あり
事務室	あり		
その他の施設			

◇◇◇◇◇◇◇◇◇◇ **この学校にアクセスしてみよう！**

学校説明会	入学前 電話相談	文化祭見学	体育祭見学	資料請求
○	○	○	○	○

※資料請求等は電話、FAX、ホームページ、またはE-mailで請求してください。

【広域通信制】 （単位制）

学校法人 安達学園 **中京高等学校 通信制課程**
（ちゅうきょうこうとうがっこう つうしんせいかてい）
（ https://www.chukyo-ch.ed.jp/tsushin/　　E-mail : tsushin@chukyo-ch.ed.jp ）

■**住　所**：〒509-6101　岐阜県瑞浪市土岐町 7074-1
　　　　　　〒509-6121　岐阜県瑞浪市寺河戸町 1184-3
　　　　　　（オープンテラス縁側）
■**電　話**：0572-66-1255　　■**FAX**：0572-66-1256
■**最寄駅**：JR 中央線「瑞浪」駅徒歩 10 分
■**生徒が入学できる都道府県**：全国 47 都道府県
■**沿　革**：
　1962 年　　　安達学園創立
　1963 年　　　中京高等学校開校（全日制普通科・商業科）
　2012 年　　　通信制課程開設
　2017 年 4 月　中京学院大学附属中京高等学校 通信制課程に
　　　　　　　　校名変更
　2020 年 4 月　中京高等学校 通信制課程に校名変更
■**教育理念**：
　建学の精神「学術とスポーツの真剣味の殿堂たれ」

■**形態・課程・学科**：
　併設校、単位制による通信制課程・普通科
■**併設する課程**：学年制による全日制
■**入学・卒業時期**：
　・入学時期　4 月、10 月【転入・編入は毎月】
　・卒業時期　3 月、9 月
■**修業年限**：3 年以上
■**学期制**：2 学期制
■**卒業認定単位数**：74 単位以上
■**技能連携**：未来を創る学舎（静岡県）

スクーリングの日数と場所

【登校日数】
　　年間 20 日間程度
【場　　所】
　　本校
　　〒509-6101　岐阜県瑞浪市土岐町 7074-1

特色　令和 6 年度より
　　　　SC コースで少人数授業を展開

学校へのアクセス

open terrace 縁側
中京高等学校 通信制課程

学費も負担なく
・就学支援金を使用することで、授業料の無償化が可能。（所得等
　の条件があります。）
・約 52% の在校生が無償化となっています。（入学金、施設拡充
　費 10,000 円／半期別途）
・サポート校の使用は任意です。
通学も負担なく
・年 2 回の集中スクーリングと、およそ年 10 日の登校で単位が取
　得できます。
・無料で使えるバックアップ施設「Open Terrace　縁側」を開設
　わからない箇所を直接教員に質問できる支援体制と勉強場所を
　提供しています。
出口に強い
・全日制で培ったネットワークを活かしたマンツーマンの進路支
　援が充実。
・サポート校を使わない生徒のほとんどが卒業しています。
部活やサークルで交流関係も充実
・e スポーツ部
・アニメサークル
・SNS サークル
・フィットネスサークル
・イベントサークル
・資格取得サークル

進学・補習指導	近年増え続けている総合型や推薦に向けて面接や小論の指導も行います。
進路指導	就職から進学まで個々に応じた就職相談・指導を行い、温かくフォローします。 高校卒業後のことも一緒に考えていきます。
生活指導	指定の制服はありません。 服装、頭髪等は原則として自由ですが、良識ある服装・頭髪を指導します。
学校行事	ホームルーム活動、大学見学、就職講話、入学式、卒業式、球技大会、社会見学、遠足　ほか

生徒情報

【不登校生】
保護者を含めた面談により現状を把握し、個別対応します。

【転編入生】
転編入は随時受付けています。
転編入生は前籍校で修得した単位の振替が可能です。

【保護者連絡】
必要に応じて随時保護者面談を行います。

【生徒数】　2023年5月1日現在
583名（男女比　1:1）

【教員数】
教員：男性51名、女性56名
カウンセラー：1名

2025年度の募集要項

募集について
出願期間：新入学　1月、9月（詳細はHPでご確認ください）
試験日：転入学、編入学は随時

選抜方法：面接、書類審査、学力検査方式、課題提出方式

選考料：15,000円

学費について
入学金：　30,000円
授業料：　10,000円（1単位あたり）
施設拡充費：20,000円（年間）

2023年度卒業生の進路状況

＜卒業者数194名＞

【進路先】
大学…49名　　　短大…8名　　　専門学校…46名
就職…52名　　　その他…29名

【過去の主な合格実績】
大学・短大：
中京大、愛知大、愛知淑徳大、岐阜聖徳大、中京学院大、信州大、立命館大、中部大、愛知学院大、常葉学園大、桜花学園大、日本福祉大、中部学院大、神戸国際大、名古屋外国語大、帝京科学大など

専門学校：
中日美容、名古屋情報メディア、トヨタ名古屋自動車大学校、名古屋デジタル衛生士学院、名古屋モード学園、大阪行岡医療専門学校、名古屋工学院専門学校　など

＜学校の施設＞

校地面積	100,000m²	図書室	あり
運動場面積	40,000m²	プール	なし
視聴覚教室	あり	食堂	あり
体育館	あり	ラウンジ	なし
借りグラウンド	なし	カウンセリング室	あり

この学校にアクセスしてみよう！

学校説明会	入学前電話相談	文化祭見学	体育祭見学	資料請求
○	○	―	―	○

※資料請求等は電話、FAX、ホームページ、またはE-mailで請求してください。

【併設校】 中京高等学校

【提携サポート校】（サポート校の利用は任意です）

愛知県
◇ NSA高等学院（名古屋）
◇ NEXT高等学院（半田、大府、安城）
◇ ゆずりは学園（豊川、豊橋、田原）
◇ 志学高等学院（名古屋）
◇ 七色高等学院（名古屋）
◇ 愛の森高等学園（名古屋）
◇ 明海高等学院（一宮、春日井）
◇ オンラインサポート（名古屋）
◇ 崇徳義塾高等学院（春日井）

岐阜県
◇ 明誠義塾高等学院（可児）
◇ 七色高等学院（可児、岐阜）
◇ 明海高等学院（岐阜、羽島郡）
◇ ラリュミエール高等学院（多治見）
◇ 志学高等学院（多治見）
◇ E's Class（恵那、中津川）
◇ ととのえ高等学院（中津川・土岐）

三重県
◇ 鈴鹿中央高等学院（鈴鹿）
◇ ichi高等学院（津）
◇ GONZO自転車学院（桑名）

長野県
◇ 飯田仲ノ町高等学院（飯田）

北海道 / 青森 / 岩手 / 宮城 / 秋田 / 山形 / 福島 / 茨城 / 栃木 / 群馬 / 埼玉 / 千葉 / 東京 / 神奈川 / 新潟 / 富山 / 石川 / 福井 / 山梨 / 長野 / 岐阜 ★ / 静岡 / 愛知 / 三重 / 滋賀 / 京都 / 大阪 / 兵庫 / 奈良 / 和歌山 / 鳥取 / 島根 / 岡山 / 広島 / 山口 / 徳島 / 香川 / 愛媛 / 高知 / 福岡 / 佐賀 / 長崎 / 熊本 / 大分 / 宮崎 / 鹿児島 / 沖縄

【通信制】　　　　　　　　　　　　　　　　　　　　　　　　（単位制）

ぎふ国際高等学校
（こくさいこうとうがっこう）

(https://gifu-kokusai.denpa.jp/　E-mail：gifu-kokusai@denpa.jp)

■校長名：伊藤 学
■住　所：〒500-8856　岐阜県岐阜市橋本町3-9
■電　話：058-251-8181
■ＦＡＸ：058-251-8488
■最寄駅：JR東海道線「岐阜」駅、徒歩10分
　　　　　名古屋鉄道「名鉄岐阜」駅、徒歩15分
■生徒が入学できる都道府県：岐阜、愛知
■沿　革：2008年10月開校
■教育理念：「社会人としての自覚を育み、自己の能力の発揮を惜しまない人物像の形成」

■形態・課程・学科：単位制による通信制課程、普通科
■併設する課程：なし
■入学・卒業時期：・入学時期　4月、転・編入学者4月、10月
　　　　　　　　　・卒業時期　3月、9月
■修業年限：3年以上
■学期制：2学期制
■卒業認定単位数：74単位以上
■特別活動：30時間以上の出席が必要
■始業・終業時刻：午前の部（9：20〜11：20 or 12：20）
　　　　　　　　　午後の部（13：00〜15：00 or 16：00）
■技能連携：なし
■実務代替：なし
■技能審査：なし
■開設講座数：普通科教育課程に準ずる

スクーリングの日数と場所

【登校日数】
　本人の希望により選択
　・週2日【月・木（クリスタルクラス）または
　　　　　　火・金（レインボークラス）】
　　※月・木は午前・午後の2通りのコース、火・金は午前のみ
　・週3日（クリスタルクラスは月・水・木曜日に登校、
　　　　　　月・水曜は午前・午後、木曜は午前のみ
　　　　　　レインボークラスは火・水・金曜日に登校、
　　　　　　火・水曜は午前・午後、金曜は午前のみ）
　・週5日（月〜金曜日の半日のみ）
【場　　所】
　岐阜県岐阜市橋本町3-9

 特色
●生徒の個性によるクラス編成（クリスタルクラスとレインボークラス）
●週2日登校コースでは、登校曜日分けを実施。面接指導（授業）以外にもプログラミング講座や各種の検定試験受験補講も無料で実施。（希望者対象）
●週3日・週5日登校コースでは、週2日登校コースの学習内容の他に、中学校の学習内容の学び直しや発展学習、またパソコン実習や英会話講座、さらに大学や専門学校から講師を招いての特別講座を実施。
●週3日・週5日登校の違いとしては、週3日は学び直し学習を多めにし、それに対し週5日は発展学習を多めに実施。

併修・単位 併修はできません。高等学校卒業程度認定試験科目合格者は、該当する科目の単位として認定します。

◇◇◇◇◇ この学校にアクセスしてみよう！ ◇◇◇◇◇

学校説明会	入学前電話相談	文化祭見学	体育祭見学	資料請求
○	○	―	―	○

※資料は電話・ホームページから請求してください。

生徒情報

【不登校生】
中学校時代に不登校を経験した生徒も多く在籍していますが、そのほとんどが元気に通学しています。
【保護者連絡】
緊密に連絡をとり、指導方法や生徒自身について共通の理解がもてるよう図っていきます。また必要に応じて面談や相談も行います。
【心理面の相談】
2名の臨床心理士が、教員・養護教諭と一体となって、生徒本人のみならず保護者からの相談にも耳を傾け、ともにより良い道を模索していきます。

【生徒数】　　　　　　　　　　　　　2023年5月1日現在

年次	生徒数	男女比
1年次	210名	37：63
2年次	227名	47：53
3年次	193名	41：59

【教員数】
専任教員：男性13名、女性5名
非常勤講師数　男性4名、女性0名 ／ 臨床心理士：女性2名

2024年度の募集要項

募集について

【推薦入試・一般単願入試】
　試験日：2024年1月27日（土）
　選抜方法：作文および面接
【一般併願入試】
　試験日：2024年2月3日（土）
　選考方法：学科試験（国・数・英）および面接
【転・編入学試験】
　試験日：2024年度前期 2024年3月12日（火）
　　　　　2024年度後期 2024年9月中旬（予定）
　選考方法：学科試験（国・数・英）、作文および面接

学費について

入　学　金	100,000円 ※1
教育充実費（入学時のみ）	20,000円 ※2
授業料（1単位）	10,000円 ※3
施設維持費（年額）	48,000円
特別講座（年額）	156,000円 ※4
生徒会費（年額）	3,600円
保護者会費（年額）	6,000円
特別活動費（年額）	12,000円 ※5
修学旅行積立金（年額）	42,000円
個別学習教材費（年額）	6,160円 ※6

※1　転・編入学生は50,000円　　※4　週2日通学コースは不要
※2　転・編入学生は10,000円　　※5　社会研修参加費（2回分）
※3　初年度は標準26単位を履修　※6　3年次は希望者対象

2022年度卒業生の進路状況

＜卒業者数　159名＞
【進路先】
大学…27名　　　　短大…3名　　　　専門学校…74名
就職…35名　　　　進学準備等…20名
【主な合格実績】
朝日大、岐阜聖徳学園大、岐阜女子大、中部学院大、東海学院大、岐阜協立大、岐阜保健大、名古屋女子大、愛知淑徳大、修文大、東海学園大、愛知学院大、名古屋みずほ大、名古屋産業大、大同大、名古屋芸術大、名古屋造形大、名古屋文理大、人間環境大、創価大、京都文教大、東京通信大、大垣女子短大、名古屋工学院専門、あいちビジネス専門　他
【指定校推薦】あり

▼学校見学　ホームページを参照してください。

【広域通信制】　　　　　　　　　　　　　　　　　　　　　　　　（単位制）

けいせいこうとうがっこう

啓晴高等学校

(https://www.fine.sc)

■校長名：那須　明彦
■住　所：〒500-8407　岐阜県岐阜市高砂町2丁目8番地
■電　話：058-265-1666　■FAX：058-264-7000
■最寄駅：JR「岐阜」駅、名古屋鉄道「岐阜」駅
■生徒が入学できる都道府県：
　全国47都道府県
■沿革：2017年4月開校。学校法人石井学園が設置する2校目の
　　　　通信制高校。
■創立理念：一人ひとりが晴れやかな未来を切り啓くために

■形態・課程・学科：
　独立校・単位制による通信制・普通科
■併設する課程：なし
■入学・卒業時期：
　・入学時期　4月、8月、12月
　・卒業時期　7月、11月、3月
■修業年限：
　・3年以上（在籍最長年数：6年）
■学期制：3学期制　　■卒業認定単位数：74単位
■始業・終業時刻：8：50～16：50
■技能連携：あり
■実務代替：なし　　　■技能審査：なし
■開設講座数：10講座、24科目

スクーリングの日数と場所

【登校日数】
　週2日コース
　週3日コース
　週5日コース
【場　　所】
　本校（岐阜県岐阜市高砂町2-8）

特色
①自分で選択する登校型と時間割
②特色のあるキャリア教育
③「心」のサポート

併修・単位について
併修することはできません。高卒認定試験受験生は一部科目を履修することはできません。

クラブ活動
【部・クラブ数6】

学校行事等
修学旅行（2泊3日、九州方面予定）、校外研修

進学指導
進学希望の生徒に対し、進学セミナーを行います。

補習指導
基礎数学、漢字検定

生活指導
制服はあります。茶髪やピアスは禁止です。バイクによる通学はできません。

この学校にアクセスしてみよう！

学校説明会	入学前電話相談	文化祭見学	体育祭見学	資料請求
○	○	－	－	○

※資料は電話、HPからお問い合わせください。
▼学校説明会　8月、11月、12月に予定。HPで確認して下さい。

生徒情報

【不登校生】
各自のペースに合わせて指導します。
【転編入生】
前籍校で修得した単位は、すべて振り替えることができます。入学前に高卒認定試験で合格した科目を振り替えることができません。
転入は各学期始めです。
【保護者連絡】
学期毎に、電話、面談、家庭訪問によって行います。

【生徒数】　　　　　　　　　　　　　　　2023年5月1日現在

年次	生徒数	男女比	クラス数	1クラスの平均人数
1年次	146名	5：5	7クラス	21名
2年次	145名	5：5	7クラス	21名
3年次	162名	6：4	7クラス	23名

【教員数】
教諭：男性10名、女性2名／講師：男性5名、女性7名
カウンセラー：月・水・木体制

2024年度の募集要項

募集について

募集人員：120名
出願期間：推薦入試　2024年1月9日～1月18日
　　　　　一般入試　2024年1月9日～1月18日
試験日：推薦入試　2024年1月28日
　　　　一般入試　2024年1月27日
選抜方法：推薦入試　作文、面接（面接は保護者1名同伴）
　　　　　一般入試　国語、数学
検定料：15,000円

学費について

入学金：100,000円
授業料：10,000円（1単位あたり）
基本授業料：62,000円（学期毎）
施設設備費：50,000円（年間）
育友会費：4,800円（学期毎）
生徒会費：3,200円（学期毎）

2023年度卒業生の進路状況

【進路先】
卒業者数…149名
大学…25名　　　短大…17名　　　専門学校…43名
就職…29名　　　その他…35名
【主な合格実績】
立命館大学、関西大学、南山大学、愛知大学、金城学院大学、岐阜協立大学、朝日大学　他
【指定校推薦】
岐阜調理専門学校　他

北海道
青森
岩手
宮城
秋田
山形
福島
茨城
栃木
群馬
埼玉
千葉
東京
神奈川
新潟
富山
石川
福井
山梨
長野
★岐阜
静岡
愛知
三重
滋賀
京都
大阪
兵庫
奈良
和歌山
鳥取
島根
岡山
広島
山口
徳島
香川
愛媛
高知
福岡
佐賀
長崎
熊本
大分
宮崎
鹿児島
沖縄

【通信制】　　　　　　　　　　　　　　　　　　　　　　　　　　　　　（単位制）

西濃桃李高等学校
せい　のう　とう　り　こう　とう　がっ　こう

(https://fukuta.ac.jp/)

■校長名：澤藤 哲也
■住　所：〒503-0887　岐阜県大垣市郭町3丁目209番地
■電　話：0584-82-6611　　■ＦＡＸ：0584-71-8545
■最寄駅：JR東海道線「大垣」駅、徒歩15分
■生徒が入学できる都道府県：岐阜、愛知
■沿　革：

2012年　4月	河原学園の広域通信制高校「未来高等学校」の「岐阜学習センター事務所」を大垣市郭町に開校した
2018年　3月27日	学校法人福田学園の設立と西濃桃李高等学校の設置が認可された
2018年　4月25日	学校法人福田学園設立登記
2018年10月1日	開校
2018年10月5日	開校式挙行

■教育理念：

１．通信制と全日制の長所を融合

本校は、通信制の長所と全日制の長所をイイトコ取りした高校で、通信制の長所を生かし、進路希望に応じた受験指導を行っています。コースとしては、「全日制」と同様に毎日通学できる「登校コース」と、登校日数を少なくした「在宅コース」があります。

２．教育に対する基本的姿勢

当校の基本的姿勢は「まごころを込めて一人ひとりに寄り添う」ことです。当校の教育目標は、生徒の将来を切り拓くことにあります。実際、不登校の解決実績は大変優れており、ほぼ全員の生徒が登校できるようになっています。さらに、卒業時の進路決定率100％を毎年達成しています。加えて、生徒の学びに寄与するため、学費一切を低廉に押さえています。

３．当校の約束事項

教育者として最も重要な心構えは、生徒一人ひとりに敬意をもって接することにあります。当校では、以下の5項目を生徒との約束事項としています。
１．安心して楽しい高校生活を送ること
２．不登校経験者の場合、不登校を解決すること
３．進路未決定のまま卒業することなく、進学または就職の進路を拓くこと
４．進学希望に対しては、志望大学等の進学希望を叶えること
５．3年で卒業すること

４．優れた環境の中で高校生活を送る

本校の学校周辺には、大垣城、大垣公園や市役所、奥の細道記念館などが集中して、文化的にも自然的にもすばらしい環境に恵まれています。また、当校はJR大垣駅から徒歩15分ほどの駅前に立地していますから、通学には極めて便利です。

■形態・課程・学科：通信制、単位制、普通科
■入学・卒業時期：・入学時期　4月、10月　※転編入は随時可能
　　　　　　　　　・卒業時期　3月、9月
■修業年限：3年以上　　■卒業認定単位数：74単位以上

スクーリングの日数と場所

【登校日数】年5回期間を定めて集中的に実施します。
【場　所】大垣市郭町　本校
【その他】登校コース：特進（週5日登校）、進学（週3日登校）、週1
　　　　　在宅コース：通信制基本（月2回登校）、集中スクーリング（在宅）

特色

■基礎力完成講習

「基礎力完成講習」は、不登校などのため学力に自信がなく、高校入学後の勉強に不安を感じている生徒を対象とし、5教科の中学3年間に学習する基礎事項の学び直しを行う講習です。
　学費：教材費を含み無料。
開講期間：令和6年3月18日（月）から4月3日（水）まで。

■自己推薦入試制度

通信制の長所と本校の特別なカリキュラムにより、最も効率よく有名大学合格や難関資格取得を目指す本校独自の制度です。指導体制の他、特待生として授業料などがほぼ全面的に免除されます。内申点により、「S特待生」と「A特待生」の2つに分かれます。

生活指導

感謝の気持ちを持つことをモットーとして、挨拶をはじめ正しい礼儀作法を指導し行動できるように指導しています。

生徒情報

【不登校生】不登校生も積極的に受け入れ、在学中に登校習慣をつけさせて、卒業時には大学や専門学校に送り出しています。不登校生のために、中学の復習の授業をカリキュラムに取り入れるなど、最初から高校生活になじめるように工夫しています。
【外国籍の生徒】生徒本人が日本語の知識があれば、受け入れています。
【転編入生】転編入生は随時受け入れています。3年で卒業できるように前籍の高校で修得した単位は全て生かすことができます。
【保護者連絡】保護者会を年間計画に基づき実施するほか、3者面談は毎学期ごとに実施しています。また、学校で作成する「学校通信」を毎月定期的に家庭に郵送しています。

【生徒数（普通科）】　　　　　　　　　　2023年6月現在

年次	生徒数	男女比
1年次	97名	5：5
2年次	86名	5：5
3年次	83名	6：4

【教員数】教諭：12名

2024年度の募集要項

募集人員：新入学…80名、転・編入学…若干名

選考方法：
校長推薦入試…＜専願＞書類審査（作文免除）保護者同伴面接
自己推薦入試…＜専願及び併願＞書類審査（作文・調査書）、保護者同伴面接、学力試験（英・国・数から1教科選択）
一般入試…＜専願＞書類審査（作文・調査書）、保護者同伴面接
一般入試…＜併願＞書類審査（作文・調査書）、保護者同伴面接、学力試験（英・国・数から1教科選択）

選考料：10,000円
出願期間・試験日：

募集について

回	出願期間	区分	選考日
1	1月 9日（火）～1月15日（月）	推薦・一般	1月27日（土）
2	1月16日（火）～1月22日（月）	推薦・一般	2月 3日（土）
3	1月23日（火）～1月29日（月）	推薦・一般	2月10日（土）
4	3月12日（火）～3月18日（月）	一般	3月23日（土）

学費

入学金：　100,000円
授業料：　12,000円（1単位）
※補習費、施設充実費、教育振興費、教材費等が必要です。

2022年度卒業生の進路状況

【進路先】
卒業者数…61名
大学・短大…15名　　　専門学校…18名　　就職…14名　　その他…14名

【主な合格実績】
岐阜大学　早稲田大学　明治大学　法政大学　専修大学　東洋大学　中部大学　愛知淑徳大学　岐阜聖徳学園大学　名古屋学院大学　岐阜協立大学　岐阜女子大学　岐阜聖徳学園大学短期大学部　東海学院大学短期大学部　大垣女子短期大学　中日本自動車短期大学　他

▼入学相談会実施中
入学相談会・学校見学は、予約制で随時行います。
電話受付は、営業日の午前9時から午後4時まで。
学校案内を希望される方は、電話で請求してください。

【通信制】　　　　　　　　　　　　　　　　　　　　　　　　　　（単位制）

清凌高等学校

せい　りょう　こう　とう　がっ　こう

(https://seiryo.hirano.ac.jp/)

■校長名：平野　宏司
■住　所：〒 503-0883　岐阜県大垣市清水町 65
■電　話：0584-78-7244　　■ＦＡＸ：0584-81-5158
■最寄駅：JR 東海道線「大垣」駅、徒歩 10 分
■生徒が入学できる都道府県：岐阜、愛知
■沿　革：1944 年　　　　　　和洋裁教授寿塾 設立
　　　　　1949 年　　　　　　各種学校 認可
　　　　　1965 年　　　　　　学校法人平野学園 認可
　　　　　1976 年　　　　　　専修学校 認可
　　　　　2015 年　　　　　　清凌高等学校 開設

■形態・課程・学科：学年制による通信制課程全日型、普通科
■併設する課程：なし
■入学・卒業時期：・入学時期　4 月
　　　　　　　　　・卒業時期　3 月

■修業年限：3 年以上
■在籍最長年数：4 年
■学期制：2 学期制
■卒業認定単位数：87 単位
■始業・終業時刻：8：45 〜 15：00
■技能連携：あり（ヴィジョンネクスト情報デザイン専門学校）
■実務代替：なし　　■技能審査：なし

スクーリングの日数と場所

【登校日数】
　　週 5 日（全日型）
【場　　所】
　　本校
【その他】

多種多様なコースと魅力的な学習スタイル
生活デザイン、国際ビジネス、福祉保育、グローバル教養のコースを選択して専門的な授業を受け、力を身につけることができます。

1 人 1 台の iPad ！！
1 人 1 台 iPad をもって学校生活を送ります。
iPad を活用した協働学習を行ったり、友人とのコミュニケーションツールとして使ったり…。
iPad を使っての生活は、あなたの可能性を広げます。

併修・単位　併修はできません。

部・クラブ活動
【部・クラブ数 13】
卓球、バスケットボール、ソフトテニス、バドミントン、茶華道、コーラス、バレーボール、剣道、ボランティア、パソコン、フットサル、ハンドボール、手芸

進学・補習指導
進学希望の生徒に対しては進学講座、講話を実施。
学力不振の生徒に対しては、iPad による基礎ドリル、検定特別講座を実施します。

生活指導
指定の制服があります。
特別指導を行います。
バイク通学不可。

学校行事
海外への修学旅行を実施予定。
ほか、学園祭、ファッションコンテスト、PC 入力コンテスト、ファッションフェスティバル（卒業発表）など。

生徒情報

【不登校生】
教育相談（カウンセリング）、家庭訪問

【転編入生】
転入生は各学期始めに受付けています。（取得単位の条件あり）

【保護者連絡】
保護者会、三者懇談（年 2 〜 3 回）、家庭訪問を行っています。

【生徒数】　　　　　　　　　　　　　　2023 年 5 月末現在

年次	生徒数	男女比
1 年次	104 名	5：5
2 年次	98 名	6：4
3 年次	76 名	6：4

【教員数】
教員：男性 16 名、女性 5 名／講師数：男性 7 名、女性 6 名
カウンセラー：月に 1 〜 2 回来校します

2024 年度の募集要項

募集について

募集人員：130 名
【推薦入試】
出願期間：推薦入試…2024 年 1 月 17 日〜 1 月 19 日
試験日：2024 年 1 月 27 日
選考方法：作文、面接
【一般入試】
出願期間：一般入試…2024 年 1 月 17 日〜 1 月 19 日
試験日：2024 年 2 月 3 日
選考方法：国語、面接

※都合により日程を変更する場合があります。
　必ず事前にお問い合わせください。

学費について

入　学　金：	100,000 円
授　業　料：	468,000 円（年額：国の就学支援金有り）
教育充実費：	72,000 円

合　　　計：	640,000 円

2022 年度卒業生の進路状況

【進路先】
卒業者数…122 名
進学…58 名　　　　　　就職…64 名

【主な合格実績】
名古屋商科大学、名古屋学院大学、愛知大学、愛知淑徳大学、日本福祉大学、大垣女子短期大学、東海学院大学、朝日大学、岐阜聖徳学園大学、岐阜協立大学、岐阜女子大学、名古屋工学院、名古屋デザイン学院、ヴィジョンネクスト情報デザイン専門学校、名古屋こども専門学校、あいち福祉医療専門学校　など

◇◇◇◇◇◇◇◇◇◇ **この学校にアクセスしてみよう！**

学校説明会	入学前電話相談	学園祭見学	体育祭見学	資料請求
○	○	○	―	○

※入学前電話相談は、中学校を通してなら可能です。
※資料はホームページ・電話・メール・説明会で請求してください。

【通信制】　　　　　　　　　　　　　　　　　　　　　　　（単位制）

キラリ高等学校
（こうとうがっこう）

(https://www.kirari-highschool.jp 　E-mail：kurazemi@kirari-highschool.jp)

■校長名：倉橋　義郎
■住　所：〒421-0304　静岡県榛原郡吉田町神戸726-4
■電　話：0548-33-4976　■ＦＡＸ：0548-33-4977
■最寄駅：①JR東海道線「島田」駅下車→静鉄バス島田静波線「神戸」
　　　　　　　　　　下車、徒歩5分
　　　　　②JR東海道線「藤枝」駅下車→静鉄バス藤枝相良線「大幡」
　　　　　　　　　　下車、徒歩5分
■生徒が入学できる都道府県：静岡県
■沿　革：
　2006年10月　クラ・ゼミ輝高等学校 開校
　2009年 4月　浜松会場で技能連携開始
　2011年 4月　学校法人倉橋学園に設置者変更（輝高等学校）
　2012年 4月　キラリ高等学校に校名変更
　2013年 4月　静岡・沼津会場で技能連携開始
　2017年 4月　全国商業高等学校協会に加盟
■教育理念：
　誰でもキラリと輝く能力を持っている。

■形態・課程・学科：独立校　通信制の課程　単位制・普通科
■併設する課程：なし
■入学・卒業時期：新入学　4月または10月　※転編入学は随時
　　　　　　　卒　業　3月または9月
■修業年限：3年以上　■学期制：前期・後期制
■卒業認定単位数：74単位
■技能連携：浜松・静岡・沼津の会場で実施
■実務代替：なし　　■技能審査：なし　　■開設講座数：38科目

スクーリングの日数と場所

【登校日数】※各会場や選択タイプ・スタイルで実施曜日が異なります。
●通学タイプ→技能教育施設に同時入学するタイプです。
　・全日スタイル　　　　　→半期で20日：浜松・静岡・沼津で実施
　・スリーデイ⁺スタイル　→半期で20日：浜松・静岡・沼津で実施
●通信タイプ
　・ウィークリースタイル　→半期で24日：吉田本校で実施
　・ネットスタイル　　　　→半期で10日程度：吉田本校で実施
　・サタデイスタイル　　　→指定の土曜日（半期6日～10日程度）：
　　　　　　　　　　　　　　　　浜松・静岡・沼津で実施
【場　所】吉田本校、浜松、静岡、沼津
【その他】
パソコンやスマートフォンを使い、インターネット授業やデジタル教材を用いた学習ができます。

①静岡県で初めて認可された私立狭域通信制高校です。
②インターネット、デジタル教材などICT技術を活用しています。
③アットホームな校風で、情熱ある教員が中心です。生徒と教員の距離が近くて親しみやすく、授業以外でも親身になって質問に答えます。
④中学校の学習内容を復習する授業を選ぶことができます。
⑤不登校の経験や他の高校からの転入学・編入学など、様々な悩みを抱えている生徒一人ひとりに寄り添って指導しています。
⑥大学受験情報の提供や専門学校の先生を招いた進路ガイダンス・体験学習などを行っています。
⑦技能教育施設（浜松・静岡・沼津）では、商業など卒業後にも役立つ勉強や検定取得に力を入れています。
⑧個々の希望に合わせたキャリア教育や就職指導にも力を入れています。

進学指導　大学・専門学校選びや、さまざまな選抜方法に合わせた受験指導を生徒の状況に応じて実施しています。

生徒情報

【不登校を経験している方】
生徒一人ひとりの高校生活が充実したものになるように担任制を導入しています。担任はそれぞれの生徒の状況を把握して、学習の仕方や進路など幅広くアドバイスを行います。
【転・編入学を考えている方】
前籍校で修得した単位は、原則として全て認定されます。

■生徒数　※単位制のため学年区分なし　　2023年5月1日現在

年次	生徒数	男女比	クラス数	1クラスの平均人数
1年次	名	：	クラス	名
2年次	名	：	クラス	名
3年次	名	：	クラス	名
合計	1,232名	510：722	クラス	名

■教職員数】男女計46名

2024年度の募集要項

募集について

【一般入試】
出願期間：◎新入学（webによる出願）
　　　　　＜前期入学＞2024年1月17日～ 4月12日
　　　　　※2月6日・7日の受験希望者は1月25日まで
　　　　　＜後期入学＞2024年8月1日～10月11日
　　　　　◎転入学・編入学　随時（webによる出願）
試 験 日：◎新入学　2024年2月6日・7日　その後随時実施
　　　　　◎転入学・編入学　随時実施
選考方法：事前入学相談もしくはオープンキャンパスへの参加後
　　　　　①面接　②作文　③調査書
選 考 料：10,000円

学費について

【初年度学費】
入 学 金：　　40,000円（入学初年度のみ）
授 業 料：　 195,000円（25単位）
施設設備費：　 30,000円（年間）
教育運営費：　 30,000円（年間）
教育充実費：　 24,000円（年間）
諸 経 費：　 12,000円（年間）
就学支援金・静岡県減免：△ 195,000円（年間）
　　　　　　――――――――――――――――――――
合 　 計：　 136,000円（25単位履修の場合／年間）
※上記金額は、世帯年収が700万円未満程度の家庭が、就学支援金制度と静岡県授業料減免制度を利用した場合です。
※教科書・学習書代が、別途7,000～12,000円程度（年額）かかります。
※浜松・静岡・沼津の会場で通学タイプを選択した場合、技能教育施設分の学費が別途かかります。
※学校行事（校外学習等）に参加する場合は、別途費用がかかります。

2022年度卒業生の進路状況

＜卒業者数　388名＞
【進路先】
大学…50名　　　　短大…8名　　　　　専門学校…96名
就職…111名　　　その他…123名

◇◇◇◇◇◇◇◇◇◇◇◇ この学校にアクセスしてみよう！

学校説明会	入学前電話相談	文化祭見学	体育祭見学	資料請求
○	○	—	—	○

※資料は、電話・ホームページにて請求してください。

【通信制】　　　　　　　　　　　　　　　　　　　　　　　　（単位制）

静岡県立静岡中央高等学校
しずおかけんりつしずおかちゅうおうこうとうがっこう

(https://shizuokachuo-h/.sakura.ne.jp/top/　E-mail：chuo-c.shizuokachuo-h@edu.pref.shizuoka.jp)

■校長名：杉山　忍
　■住　所：〒420-8502　静岡県静岡市葵区城北 2 丁目 29-1
■電　話：054-209-2431　■FAX：054-209-2278
■最寄駅：JR 東海道線「静岡」駅下車、バス 20 分・徒歩 5 分
■生徒が入学できる都道府県：静岡
■沿革：
　1948 年 4 月　県下 3 校に通信教育部設置
　1961 年 4 月　静岡城北高等学校通信教育部として統合される
　1993 年 4 月　静岡中央高等学校開校
　1999 年 3 月　校歌制定

■形態・課程・学科：併設校、単位制による通信制課程、普通科
■併設する課程：単位制による定時制（3 部制）
■併設課程への転籍：試験あり
■入学・卒業時期：入学時期　4 月、卒業時期　3 月
■修業年限：3 年以上（在籍最長年数：制限なし）
■学期制：なし　　■卒業認定単位数：74 単位
■始業・終業時刻：9 時 15 分～ 16 時 10 分
　　　　　　　　　1 日 6 時限、1 時限 50 分
■技能連携：なし　　■実務代替：なし
■技能審査：卒業までに 20 単位（対応する科目の増加単位として認定）
■開設講座数：12 教科、45 科目

スクーリングの日数と場所

【登校日数】
　①日曜スクーリング（年 18 回、場所：三島、静岡、湖西）
　②日曜合同スクーリング（年 1 回、場所：静岡）
　③水曜スクーリング（年 18 回、場所：静岡）
　④木曜スクーリング（年 18 回、場所：三島、湖西）
　⑤秋季スクーリング（年 1 回、場所：三島、静岡、湖西）
【場　所】
　三島（東部キャンパス）、静岡（中央キャンパス）、
　湖西（西部キャンパス）
【その他】
　NHK の高校講座の視聴により、一部スクーリング時間数の免除ができます。

特色
静岡県唯一の公立の通信制高校です。静岡中央高校を中央キャンパスといい、三島駅前の三島長陵高校内に東部キャンパス、新居町駅近くの新居高校内に西部キャンパスがあります。東西キャンパスにも教員が常駐し、スクーリングだけでなく色々な相談ができます。自分が通学しやすいキャンパスに行くことができます。

併修・単位　定通併修ができます。

クラブ活動　なし

生活指導　学校指定の制服はありません。
　　　　　社会のルールやマナーを守り、社会人としての常識をわきまえた行動をしてください。

◇◇◇◇◇◇ この学校にアクセスしてみよう！

学校説明会	入学前電話相談	文化祭見学	体育祭見学	資料請求
○	○			○

※ 12 月 1 日（木）以降に、510 円分の切手を貼った返信用封筒（角 1 号）を同封して、本校の願書配付係あてに請求してください。事務室窓口でも配付します。
▼学校説明会（2023 年度）
　各キャンパスともに
　11 月 26 日（日）、2024 年 1 月 28 日（日）、2 月 14 日（水）

生徒情報

【不登校生】
不登校経験者のために、英語と数学で入門科目を設定しています。また、発達障害等により困難を抱えた生徒を対象に、県内高校で唯一の自校通級を実施しています。
【転編入生】
年度途中の転入については、期間を限定し、一定の条件で受け入れています。詳しくはお問い合わせください。
編入については、4 月入学のみです。年度途中の入学はできません。
【保護者連絡】
年 3 回の学習進度表の郵送や、年 4 回の中央高校通信の郵送の他、一斉メールでの連絡を行っています。
【転編入の生徒数】　2023 年 5 月 1 日現在
新入生のうち転編入生数：119 名（休学生、併修、科目履修生を除く）
2 年次以上のうちの転編入生数：411 名（休学生、併修、科目履修生を除く））

【生徒数】　　　2024 年 1 月現在（休学生、併修、科目履修生を除く）

年次	生徒数	男：女	クラス数	1 クラスの平均人数
1 年次	302 名	120：182	9 クラス	32 名
2 年次以上	765 名	311：454	19 クラス	41 名

※クラス数は延べ数

【教員数】
教員：男性 22 人、女性 20 人

2024 年度の募集要項

募集について
【一般入試】
募集人員：普通科　1,000 名
出願期間：3 月 16 日（土）～ 3 月 27 日（水）の間の指定された日
選考方法：書類審査
選考料：無料
※詳細は募集要項を参照下さい。

学費について
入学料：500 円
授業料：1 単位につき 336 円／年額
　　　　（所得状況により就学支援金制度が適用される。）
教材費：約 22,000 円（教科書・学習書・レポート代）
諸　費：約 3,500 円（新卒生の場合）

2022 年度卒業生の進路状況

【進路先】
卒業者数…182 名
大学…31 名　　　　　短大…3 名　　　　　専門学校…36 名
通信制大学・短大…12 名　　就職…37 名　　　　その他…63 名
【主な合格実績】
新潟大学、滋賀県立大学、静岡英和学院大学、静岡産業大学、静岡福祉大学、静岡理工科大学、聖隷クリストファー大学、常葉大学、関西外国語大学、京都芸術大学、近畿大学、駒澤大学、専修大学、洗足学園音楽大学、東海大学、同朋大学、北京語言大学、静岡英和学院大学短期大学部、常葉大学短期大学部、日本大学短期大学部　中央大学、中部学院大学、法政大学、佛教大学、明星大学、放送大学、大原公務員医療観光専門学校、大原簿記情報医療専門学校、大原簿記情報専門学校、静岡医療科学専門大学校、静岡デザイン専門学校、静岡県東部総合美容専門学校、静岡県立漁業学園、静岡県立工科短期大学校　ほか多数

【指定校推薦】あり

北海道
青森
岩手
宮城
秋田
山形
福島
茨城
栃木
群馬
埼玉
千葉
東京
神奈川
新潟
富山
石川
福井
山梨
長野
岐阜
静岡 ★
愛知
三重
滋賀
京都
大阪
兵庫
奈良
和歌山
鳥取
島根
岡山
広島
山口
徳島
香川
愛媛
高知
福岡
佐賀
長崎
熊本
大分
宮崎
鹿児島
沖縄

【通信制】2024 年 4 月開設（予定）　　　　　　　　　　　　　（単位制）

沼津中央高等学校
（ぬまづちゅうおうこうとうがっこう）

(https://www.n-chuo.ac.jp)

- ■校長名：鈴木　照彦
- ■住　所：〒410-0033　静岡県沼津市杉崎町 11 番 20 号
- ■電　話：055-921-0346　　■ＦＡＸ：055-924-7158
- ■最寄駅：JR 東海道本線、JR 御殿場線「沼津」駅、徒歩 10 分
- ■生徒が入学できる都道府県：静岡県、神奈川県
- ■沿　革：
  - 大正 13（1924）年　沼津精華女学校として開校
  - 大正 15（1926）年　沼津精華高等女学校
  - 昭和 23（1948）年　沼津精華高等学校（全日制課程）
  - 平成 6（1994）年　沼津中央高等学校（全日制課程）に改称して男女共学化
  - 令和 6（2024）年　沼津中央高等学校に通信制課程を併置（予定）
- ■教育理念：
  創立 100 年の歴史と伝統を有する学校法人が運営する高等学校（全日制課程）に、2024 年 4 月から通信制課程が新設される予定です。静岡県初の全通併設校です。安心、安全、安定した学校教育を提供します。校舎は全日制とは道路を隔てた隣地で、登下校時間も全日制課程とは異なります。夏や冬の集中スクーリングは、全日制課程の登校を制限して全日制課程の充実した施設（理科室、調理室、体育館等）を使用します。建学の精神に基づき、多様性を尊重し、何度でも挑戦する人材の育成を実践しています。

- ■形態・課程・学科：全通併設校、単位制による通信制
- ■併設する課程：全日制　　■併設課程への転籍：可
- ■入学・卒業時期：・入学時期 4 月　・卒業時期　3 月
- ■修業年限：3 年以上（最長在籍年数：制限なし）
- ■卒業認定単位数：74 単位
- ■始業・終業時刻：9：00 ～ 13：30 ※集中スクーリング期を除く
- ■技能連携：なし　　■実務代替：なし
- ■技能審査：なし　　■開設講座数：26 科目

※設置計画は現在認可申請中。計画は予定であり、内容が変更されることもあります。

スクーリングの日数と場所

【登校日数】
　　　　科目によって異なります。詳しくはお問い合わせください。
【場　所】
　　　　全日制課程とは道路を挟んで隣地の別校舎で学びます。
【その他】
　　　　夏休み・冬休み中の集中スクーリングでは、全日制課程の登校を制限して、全日制課程の校舎・教室（特別教室）で行います。

特色

進学補習指導
学力不振対策として、レポートやテストに関しては、再提出や追試など、再挑戦の機会を用意しています。

学校行事
アウトドア行事などを予定しています。

クラブ活動
【クラブ数0】

生活指導
学校指定の制服はありません。前籍校、前籍課程の制服の着用は禁止します。社会的マナー、TPO については機会指導します。バイク通学不可。

生徒情報

【不登校生】
個々のペースを尊重しますが、単位取得条件としてスクーリングの参加は必須です。

【転編入生】
入学前に高卒認定試験で合格した科目は振り替えることができます。

【保護者連絡】
必要に応じて丁寧なコミュニケーションに努めます。電話やメール、通信制専用の連絡システムを通じた連絡手段があります。

【生徒数】　　　　　　　　　　　　　　2023 年 12 月 1 日現在
2024 年 4 月開設予定のためまだいません。

【教員数】
　　教員：男性 4 名、女性 5 名　カウンセラー：1 名（全日制と兼任）

2024 年度の募集要項

募集について

【一般入試】
募集人員：240 名
出願期間：
試 験 日：
選考方法：面接
選 考 料：15,000 円

学費について

【初年度学費】
入学金：　　　　　　　　　　　40,000 円（入学初年度のみ）
施設充実費：　　　　　　　　　65,000 円（入学初年度のみ）
授業料：　　　　　　　　　　　36,000 円／月
予納金：　　　　　　　　　　　20,000 円
教科書代・web 視聴費用：　　20,000 円

※一条校のため、授業料は国・県の就学支援金等の対象です。

2022 年度卒業生の進路状況
2024 年開設予定のためまだいません

【進路先】
卒業者数…　名
大学…　名　　短大…　名　　専門学校…　名　　就職…　名

【主な合格実績】

◇◇◇◇◇◇◇◇◇ この学校にアクセスしてみよう！

学校説明会	入学前電話相談	文化祭見学	体育祭見学	資料請求
○	○	—	—	○

※資料請求はお問い合わせください。
▼学校説明会
　全日制課程と同様に中学生向け説明会を行います。
　詳しくは HP をご覧ください。

愛知県立刈谷東高等学校

（あいちけんりつかりやひがしこうとうがっこう）

（ https://www.kariyahigashi-h.aichi-c.ed.jp/ ）

■**校長名**：脇田　廣信
■**住　所**：〒448-8653　愛知県刈谷市半城土町三ツ又20
■**電　話**：0566-21-3349　■**FAX**：0566-25-9089
■**最寄駅**：JR線・名鉄線「刈谷」駅下車、徒歩20分
　　　　　JR線「野田新町」駅下車、徒歩15分
■**生徒が入学できる都道府県**：愛知
■**沿革**：

1969年	創立。通信制（普通科約300名）、定時制（普通科3学級・機械科3学級・自動車科1学級）の定通モデル校
1984年	昼間定時制併設
1990年	昼間定時制を単位制高校に改編
1996年	通信制募集人員約280名
2017年	通信制募集人員約240名
2021年	通信制募集人員約200名

■**形態・課程・学科**：
　学年学級制（単位制的運用）による通信制課程・普通科
■**併設する課程**：
　単位制による昼間定時制課程、学年制による夜間定時制
■**入学・卒業時期**：入学時期　4月、卒業時期　3月
■**修業年限**：4年（最長学習中断期間5年）
■**学期制**：前後期　■**卒業認定単位数**：74単位
■**始業・終業時刻**：8：50～15：35　1日6時限、1時限50分
■**実務代替**：なし　■**技能審査**：なし
■**開設講座数**：38科目

スクーリングの日数と場所

【**登校日数**】
　　　月に2～3回、日曜日。
【**場　　所**】
　　　本校
【**その他**】
　　　スクーリングの代替として特定の火、金、土曜日に補充面接授業を実施しています。スクーリングに出席しない生徒には教科担任→HR担任→生徒と連絡し、補充面接授業への出席を促します。クラス編成は男女比、年齢構成、リーダーなどの均等配分を心がけています。
　　　レポートは郵便、電話、出校等により質問にて適宜対応しています。レポート未提出者にはHR担任を通じ、適時連絡、指導しています。

特色
自主・自律の態度、行動の育成に重点を置いています。

併修・単位
課程内併修を利用することで、3年卒業も可能です。

クラブ活動
【部数　体育系3、文化系4】
野球部、テニス部、バンド部、書道部、写真部、漫画研究部、サッカー部

学校行事
スポーツ交流会、生活体験発表会、デイキャンプ面接指導、修学旅行、文化祭、スケート面接指導等

生活指導
指定の制服はありません。

この学校にアクセスしてみよう！

学校説明会	入学前電話相談	文化祭見学	体育祭見学	資料請求
○	○	―	（スポーツ交流会）	学校へご相談ください

※資料は140円分の切手と返信用封筒（A4判）を同封の上、請求して下さい。

生徒情報

【**不登校生**】
過去に不登校だった生徒はかなりいますが、主に担任の電話相談、校内での面談で対処しています。
【**転編入生**】
前籍高校で修得した単位のうち普通科目は全部、専門科目は20単位まで振り替えることができます。転編入は原則として4月ですが、転入については県内の公立高校全日制課程に在学の生徒を対象として、夏季休業中に転入学検査を実施します。
【**保護者連絡**】
電話、保護者面談期間（6月上旬）など頻繁に行っています。
【**転編入の生徒数**】

1年次	2年次	3年次	4年次
転入生　17名	転入生　38名	転入生　65名	転入生　24名
編入生　0名	編入生　13名	編入生　16名	編入生　3名

【**生徒数 普通科**】　　　　　　　　2023年11月1日現在

年次	生徒数	男女比	クラス数	1クラスの平均人数
1年次	217名	39：61	6クラス	36名
2年次	176名	39：61	5クラス	35名
3年次	166名	42：58	4クラス	42名
4年次	87名	46：54	3クラス	29名

【**教員数**】
　教員：男性14名、女性8名／講師：男性12名、女性6名

2024年度の募集要項

募集について

【**一般入試**】
募集人員：普通科　人数未定
出願期間：前期…1月15日～1月22日（日曜日を除く）
　　　　　　後期…3月11日～18日
試験日：前期1月28日、後期3月21日
選抜方法：未定
　　　※詳細については愛知県教育委員会ホームページをご覧ください。
選考料：なし

学費
入学金：　　　500円
授業料：約7,000円（特科は聴講料）
諸経費：約40,000円（教科書代等を含む）

2022年度卒業生の進路状況

【**進路先**】
卒業者数…113名
四大…9名　　　　短大…1名　　　　通信大学等…2名
専門学校…11名　　就職者…11名

【**主な数年間の合格実績**】
九州大、東京都立大、同志社大、関西学院大、南山大、中京大、愛知大、名古屋外国語大、岡山理科大、愛知みずほ短大、名古屋経営短大、日本福祉大通信制、京都橘大通信制、京都芸術大通信制、慈恵歯科医療ファッション専門、名古屋農業園芸食テクノロジー専門、日本マンガ芸術学院、豊橋調理製菓専門　等

▼**スポーツ交流会**　2023年6月25日（日）
▼**文化祭**　2023年11月19日（日）

【広域通信制】 （単位制）

ルネサンス豊田高等学校
とよたこうとうがっこう

(https://www.r-ac.jp)

■校長名：牛山　尚也

【本校】
■住　所：〒470-0302　愛知県豊田市藤沢町丸竹 182
【豊田駅前キャンパス】
■住　所：〒471-0034　愛知県豊田市小坂本町 1-9-1
【名古屋栄キャンパス】
■住　所：〒460-0008　愛知県名古屋市中区栄 3-4-21
　　　　　　　　　　 TOSHINSAKAE ビル 6F
【名古屋 e スポーツキャンパス】
■住　所：〒460-0008　愛知県名古屋市中区栄 3-18-1
　　　　　　　　　　 ナディアパークビジネスセンター 10F
■最寄駅：地下鉄東山線・名城線「栄駅」から徒歩 7 分
　　　　　地下鉄名城線「矢場町駅」より徒歩 5 分

■電　話：0120-816-737
■生徒が入学できる都道府県：全国 47 都道府県
■沿　革：2011 年 10 月開校
■教育理念：
　人と異なることが、人に劣ることではないように、学校のあり
　方にも多様性が必要です。生徒の置かれた現実に対応し、学校
　側が柔軟に考えて教育を実践し、より素敵な学校をめざしてい
　きます。

■形態・課程・学科：独立校・単位制による通信制課程・普通科
■併設する課程：なし
■入学・卒業時期：・入学時期　4 月、10 月（転入学は随時）
　　　　　　　　　・卒業時期　3 月、9 月
■修業年限：3 年以上（前籍校含む在籍最長年数　制限なし）
■学期制：前期・後期の二期制　■卒業認定単位数：78 単位以上

スクーリングの日数と場所

【登校日数】年 4 ～ 5 日程度、複数の日程から選べ、日帰り・宿
　　　　　 泊（集中・分割）も選択可能。
　　　　　※標準科目を履修しメディア学習が完了した場合の日
　　　　　 数です。ルネサンス豊田高等学校の場合、年 4 ～ 5
　　　　　 日程度（単位認定試験を含む）を要します。転入等
　　　　　 で履修科目が多い場合、所要日数が増えることにな
　　　　　 ります。
【場　　所】ルネサンス豊田高等学校本校
【内　　容】生徒に人気の理科実験講座や映像を活用した授業など
　　　　　 さまざまな工夫を凝らした楽しい授業を行っています。
　　　　　 また、男子、女子、親子、成人スクーリングから自分
　　　　　 に合ったタイプが選べます。

特色

ルネサンス豊田高等学校は、学年の枠にとらわれず、自分で学びたい教科や科目を選択し学習できる学校です。インターネットを活用し、「自分のペースにあわせて」「いつでも」「どこでも」正規の高校教育カリキュラムが学べる環境づくりを行っています。

●レポート（課題）学習
　普段のレポート（課題）はスマートフォンやタブレット・パソコンで学習できるので、時間や場所にとらわれずに、効率良く自分のペースですすめていくことができます。動画授業の「メディア学習」は分かりやすく基礎から楽しく学ぶことができます。

●スクーリング（登校）
　必須登校日であるスクーリングは、本校もしくは豊田駅前キャンパスにて行われます。当校では年 4 日〜の少ない日数の登校で卒業が可能となっています。集団が苦手な方向けの個別スクーリングや、親御様に同行いただける親子スクーリングのご用意もございます。
　※内容は毎年変わります

●進路サポート
　生徒一人ひとりに担任がつき、大学・短大・専門学校等の進学から就職まで、個々に応じた進路指導を行っています。きめ細やかなサポート体制と効率的な学習システムにより、毎年多くの卒業生が希望の進路を実現させています。

●スポーツ・芸能活動など
　卒業生の中には、アイドルやアーティストとして活躍しており、スポーツや芸能活動など夢や目標に向かって、時間を有効に活用して頑張っています。

履修・単位について

自分で学びたい教科や科目を選択し履修することができる単位制をとっています。当校の卒業認定単位は 78 単位以上です。

生活指導

制服は通学スタンダードコース以外、着用自由です。髪の色、ピアス、服装などの規制はありません。「自分らしさ」を重視した指導を行っています。

その他

●各種イベント
進路セミナー、ワークショップ、各種イベント　等
●生徒の活躍・実績など
2023 年に行われた e スポーツの大会『STAGE：0』では、リーグ・オブ・レジェンド部門とヴァロラント部門で優勝、フォートナイト部門で準優勝という成績を収めています。※グループ校全体実績
※イベントは面接指導（スクーリング）や特別活動には含みません。

コース

通学スタンダードコース、eスポーツコースを実施

豊田駅前キャンパスでは、卒業に必要なレポート学習やスクーリングなどの他に、もっと高校生活を楽しみたい人のための通学スタンダードコースを用意しています。クラスメイトと一緒に、教科にしばられないオリジナルの講義を受けることができます。時には学校外でのイベントも用意しており、通信制高校だからできるさまざまな体験をすることができます。
また、名古屋eスポーツキャンパスは、名古屋栄キャンパスからeスポーツ専用施設として拡張された東海地区で最大級の規模を誇る本格的なキャンパスです。ゲームだけではなく、eスポーツに必要な英語やメンタルについての講義も展開しています。

高卒資格取得に＋α
「なりたい自分」へ　Wスクールコース

高校卒業をめざす学習カリキュラムに追加できるのが、Wスクールコース。ルネ高に在籍しながら提携校に通うことで、早期に専門スキルを身につけることができます。

- ●進学コース　　　●留学・英会話コース
- ●資格取得コース
- ●スポーツコース　●芸能コース

●美容コース「RuneBi」　2024年4月開講

名古屋栄キャンパスに通学して高校生活を満喫しながら「アフロート美容専門学園」の講師陣に美容分野の実践的な技術を学べます。

↗高校1年生ではメイクアップ・高校2年生ではヘアアレンジ・高校3年生ではネイルの技術と知識を習得できるコースです。

●アコピアK-POPコース
※講義はオンラインで実施

韓国芸能事務所の練習生をめざすコースです。パフォーマンスの技術だけでなく、容姿や心身の健康にも配慮したオーダーメイドのカリキュラムを提供。日本の高校卒業を諦めることなくK-POPアイドルをめざすことができます。希望者は留学プログラムも利用可能です。

生徒情報

【不登校生】
過去に不登校だった生徒には、電話やメール、LINEなどを通して、時間をかけて本人とコミュニケーションを図ることで学習意欲を取り戻し、学校生活や日常生活の楽しさを教えます。

【転編入生】
前籍校で修得した単位は引き継ぐことができます。転入学は随時入学可能で、条件を満たせば全籍校の同級生と同じ時期に進級、卒業ができます。編入学は、年に2回（4月、10月）に入学が可能です。

2024年度の募集要項

学費について

入 学 金：	50,000円（入学初年度のみ）
授 業 料：	単位数×10,000円（初年度は標準26単位を履修）
施設設備費（年額）：	20,000円
教育関連諸費（年額）：	60,000円
スクーリング費（年額）：	65,000円

※高校卒業には3年以上の在籍及び、78単位以上の取得が必要となります。
※前籍校での在籍期間と修得単位数は引き継ぐことが可能です。
※eスポーツコースなどのオプションコース受講を希望する場合は、別途費用が必要です。

＜学校の施設＞

校 地 面 積	3,261m²	図 書 室	あり
運動場面積	942m²	プ ー ル	なし
視聴覚教室	あり	食 堂	なし
体 育 館	あり	ラウンジ	なし
借りグラウンド	なし	カウンセリング室	あり

募集について

募集対象：① 2024年3月中学卒業見込みの者
　　　　　② 中学校既卒者
　　　　　③ 現在、高校に在籍中の生徒
　　　　　④ 高校を中途退学した者
出願期間：随時受付（詳しくはお問い合わせください）
試 験 日：お問い合わせください
入学検定料：10,000円

2022年度合格実績（グループ校全体）

＜国公立大学＞
大阪大学／九州大学／東京工業大学／東京農工大学／東京藝術大学／金沢大学／千葉大学／国際教養大学／大阪公立大学

＜私立大学＞
早稲田大学／慶應義塾大学／上智大学／明治大学／青山学院大学／立教大学／中央大学／法政大学／日本大学／成城大学／多摩美術大学／フェリス女学院大学／杏林大学／横浜薬科大学／日本歯科大学／愛知大学／中京大学／中部大学／日本赤十字豊田看護大学／日本福祉大学／名古屋外国語大学／朝日大学／同志社大学／関西大学／立命館大学／近畿大学／甲南大学／龍谷大学／京都産業大学／関西外国語大学／大阪経済大学／同志社女子大学／武庫川女子大学／大和大学／大阪商業大学／関西医療大学　など

この学校にアクセスしてみよう！

学校説明会	入学前電話相談	文化祭見学	体育祭見学	資料請求
○	○	○	－	○

学校資料は、電話もしくはHPからご請求ください。
▼個別相談会　随時実施中
　※ご希望の方はお問い合わせください。
　0120-816-737（はいろーな、みな）

【学校情報】
- ●ルネサンス豊田高等学校　　　　　　　　愛知県豊田市藤沢町丸竹182　　　　　　　　　　TEL.0565-49-0051
- ●ルネサンス高等学校（グループ校）　　　茨城県久慈郡大子町大字町付1543　　　　　　　　TEL.0295-76-8031
- ●ルネサンス大阪高等学校（グループ校）　大阪府大阪市北区芝田2-9-20　学園ビル　　　　　TEL.06-6373-5900
- ●ルネ中等部（中学生向け）eスポーツ＆プログラミングが学べます　　　　　　　　　　　　TEL.0120-526-611

【連携キャンパス情報】全国共通フリーダイヤル　0120-816-737
- ●名古屋栄キャンパス　　　　　　愛知県名古屋市中区栄3-4-21　TOSHINSAKAEビル6F
- ●名古屋eスポーツキャンパス　　愛知県名古屋市中区栄3-18-1　ナディアパークビジネスセンター10F
- ●豊田駅前キャンパス　　　　　　愛知県豊田市小坂本町1-9-1
- ●広島相談センター　　　　　　　広島県広島市西区横川町3-3-7　2F
- ●博多キャンパス　　　　　　　　福岡県福岡市博多区博多駅前1-23-2　Park Front博多駅前一丁目ビル2F

【通信制】 （単位制）

愛知県立旭陵高等学校
（あいちけんりつきょくりょうこうとうがっこう）

（ http://www.kyokuryo.ed.jp/ E-mail：info@kyokuryo.ed.jp ）

- ■校長名：林　直紀
- ■住　所：〒461-8654　愛知県名古屋市東区出来町 3-6-23
- ■電　話：052-721-5371
- ■最寄駅：JR中央線「大曽根」駅（南口）下車、徒歩 8 分
- ■生徒が入学できる都道府県：
　愛知（居住地または勤務地が愛知県内であること）
- ■沿革：
　1948 年　愛知県第一中学校通信教育部として発足
　1961 年　愛知県立旭丘高等学校通信制課程となる
　1971 年　分離独立して愛知県立旭陵高等学校となる

- ■形態・課程・学科：
　独立校・単位制による通信制課程・普通科
- ■併設する課程：なし
- ■入学・卒業時期：
　・入学時期　4 月　・卒業時期　3 月
- ■修業年限：
　・3 年以上（在籍最長年数：制限なし）
- ■学期制：一期 2 学期制
- ■卒業認定単位数：74 単位
- ■始業・終業時刻：9：00 ～ 15：30
　　　　　　　　　　1 日 6 時限、1 時限 50 分
- ■技能連携：なし
- ■実務代替：なし
- ■技能審査：あり（英語、簿記、数学）
- ■開設科目数：40 科目

スクーリングの日数と場所

【登校日】
　日曜日
【場　所】
　名古屋市（旭陵高校校舎及び旭丘高校校舎）
【その他】
　火曜日にも年間 8 回面接指導を実施

自宅での学習を中心にして自分のペースで卒業を目指すことのできる学校です。レポートの添削指導を受け、1 年間に 20 日程度登校して授業を受けます。学習が順調にすすめば、4 年間で高校卒業の資格が得られます。余裕があれば、学習する科目を増やすことによって、3 年間で卒業する道も開かれています。また、過去に在籍した高校で修得した単位や、高卒認定試験合格科目の一部を、卒業単位に加算することができる場合もあります。

併修・単位について

高卒認定試験の合格科目は受講登録をしている科目のうち年間 3 科目 12 単位まで振り替えることができます。

クラブ活動

希望者のみで実施しています。文化系 6、運動系 6 があります。

生徒情報

【不登校生】過去に不登校だった生徒はかなりいます。取組としては①単位制をとり、各自のペースで単位を取れるようにしている、②スクールカウンセラーも相談に乗っている、③生徒への対応は職員間で情報交換をして配慮している、などを実施しています。
【転編入生】前籍高校で修得した単位は内規に従って読み替えますが、全部認められるわけではありません。
【保護者連絡】個別懇談会（年 1 回、希望者対象）を行っています。
【今年度転編入した生徒数】

1 年次	2 年次	3 年次	4 年次
67 名	34 名	115 名	61 名

【生徒数】普通科　　　　　　　　　　2023 年 5 月 1 日現在

年次	生徒数	男女比	クラス数	1 クラスの平均人数
1 年次	439 名	170：269	10 クラス	43.9 名
2 年次	197 名	84：113	4 クラス	49.3 名
3 年次	194 名	89：105	5 クラス	38.8 名
4 年次	292 名	114：178	7 クラス	41.7 名

【教員数】
教員：男性 24 名、女性 5 名／講師：男性 27 名、女性 25 名

2024 年度の募集要項

募集について

【新入学者選抜】
募集人員　約 360 名（転入・編入含む）
願書配布期間：前期…1 月 11 日（木）～ 1 月 12 日（金）
　　　　　　　　　　1 月 16 日（火）～ 1 月 17 日（水）
　　　　　　　後期…3 月 7 日（木）～ 3 月 8 日（金）
　　　　　　　　　　3 月 11 日（月）～ 3 月 12 日（火）
web 出願期間：前期…1 月 15 日（月）～ 22 日（月）
　　　　　　　後期…3 月 11 日（月）～ 18 日（月）
選 抜 日：前期…1 月 28 日（日）／後期…3 月 21 日（木）
合格発表：前期…1 月 31 日（水）／後期 3 月 22 日（金）
選考方法：面接・書類審査
選 考 料：無料

【転編入選抜】
願書配布期間：1 月 11 日（木）～ 1 月 12 日（金）
　　　　　　　　1 月 16 日（火）～ 1 月 17 日（水）
出願期間：1 月 17 日（水）～ 1 月 19 日（金）
　　　　　　1 月 23 日（火）
選 抜 日：1 月 28 日（日）
合格発表：2 月 2 日（金）
選考方法：学力検査（国語、数学、英語）・書類審査
選 考 料：無料

費用について

入学金：　　500 円
授業料：約 7,000 円
諸経費：約 30,000 円

2022 年度卒業生の進路状況

【進路先】
卒業者数…170 名
大学…25 名　　短大…2 名　　大学、短大の通信教育部及び放送大学　4 名
専門学校…20 名　　公共職業能力開発施設　1 名　　就職…20 名
その他…98 名
【主な合格実績】
愛知県立芸術大学、岐阜大学、愛知学院大学、愛知淑徳大学、愛知みずほ大学、金城学院大学、至学館大学、修文大学、椙山女学園大学、中京大学、中部大学、東海学園大学、同朋大学、名古屋学院大学、名古屋芸術大学、名古屋経済大学
【指定校推薦】
愛知文教大学、愛知みずほ大学、岐阜協立大学、岐阜聖徳学園大学、岐阜女子大学、金城学院大学、星城大学、同朋大学、豊橋創造大学、名古屋音楽大学、名古屋経済大学、名古屋芸術大学、名古屋産業大学、名古屋文理大学、日本福祉大学

この学校にアクセスしてみよう！

学校説明会	入学前電話相談	文化祭見学	体育祭見学	資料請求
—	○	—	—	—

※ホームページを参照して下さい。

【通信制】2024 年 4 月「名古屋たちばな高等学校」に校名変更　　　　（単位制）

（あいち さんぎょうだいがくこうぎょうこうとうがっこう）

愛知産業大学工業高等学校

（ https://asu-tchs.jp/ ）

■**校長名**：坂 美好
■**住　所**：〒 460-0016　愛知県名古屋市中区橘 1-21-25
■**電　話**：052-322-5255　　■**FAX**：052-322-5259
■**最寄駅**：JR・名鉄線「金山総合」駅下車、徒歩 15 分
　　　　　　地下鉄線「東別院」駅下車、徒歩 5 分
■**生徒が入学できる都道府県**：愛知・岐阜
■**沿革**：
　1962 年 4 月　東海工業高等学校全日制課程開校
　1965 年 4 月　東海工業高等学校に通信制課程設置
　1996 年 4 月　通信制課程単位制設置（普通科）
　2001 年 4 月　愛知産業大学工業高等学校に校名変更

■**形態・課程・学科**：通信制課程
　・単位制（普通科）
　・学年制（普通科・電気科・機械科　技能連携による）
■**併設する課程**：学年制による全日制課程
■**併設課程への転籍**：不可
■**入学・卒業時期**：入学時期　随時　　卒業時期　3 月、9 月
■**修業年限**：3 年以上　　■**学期制**：2 期制
■**卒業認定単位数**：74 単位以上
■**始業・終業時刻**：9：00 ～ 15：50（単位制）
　　　午前コース　9：00 ～ 11：50（3 時限）
　　　午後コース　13：00 ～ 15：50（3 時限）
　　　日曜コース　9：00 ～ 15：50（6 時限）
　　　この中で各自履修科目を選択。
■**技能連携**：学年制のみ　　■**実務代替**：なし　　■**技能審査**：なし
■**開設講座数**：38 科目

スクーリングの日数と場所（単位制のみ）

【**登校日数**】
　①日曜コース　月に 1 ～ 2 回　日曜日のみ年間最大 17 日程度
　②午前コース　午前の部に登校（平日のみ）
　③午後コース　午後の部に登校（平日のみ）
【**場　所**】
　本校単位制校舎

特色
本校通信制課程単位制は普通科で男女共学の学校です。単位制には日曜コース、午前コース、午後コースを設けています。その中から自分の性格や能力、そして環境などを考えて選択することができます。生徒は週に 2 ～ 3 日程度通学し、大学生と同じように授業を選択して単位を取得しています。また、将来のために、体験学習、ボランティア活動、進学講座、学び直し講座、資格取得講座などの様々な講座を用意しています。

なお、本校通信制課程には単位制の他に学年制があります。学年制は技能連携校である専修学校に入学することが条件となります。学科は普通科・電気科・機械科があります。

併修・単位について
転・編入学の場合は、前籍校での修得単位は本校の卒業単位として認定します。また、高等学校卒業程度認定試験の合格科目も本校の卒業単位として認定します。

学校行事
入学式、進学説明会、就職説明会、保護者会、履修相談、健康診断、成績発表　他

生活指導
制服なし。頭髪・アクセサリーなど身だしなみは良識の範囲。

◇◇◇◇◇◇◇◇◇◇ この学校にアクセスしてみよう！

学校説明会	入学前電話相談	文化祭見学	体育祭見学	資料請求
○	○	－	－	○

※資料は電話またはホームページで請求して下さい。

生徒情報

全コース随時入学を受付けます。
【**転編入生**】
前籍高校で修得した単位、または高認で合格した科目は卒業に必要な単位として認定されます。
【**保護者連絡**】
電話、手紙、メール配信、保護者会など、必要に応じて随時行っています。
※詳細はお問い合わせください。

【**生徒数　普通科・単位制**】　　　　2024 年 1 月 1 日現在

年次	生徒数	男女比（%）
1 年次	128 名	63：37
2 年次	110 名	67：33
3 年次	171 名	64：36

【**教員数**】
　教員：専任 10 名／講師 5 名
　養護：1 名

2024 年度の募集要項（単位制のみ・実績）

募集について
【**一般入試**】
募集人員：普通科単位制 160 名（男女）
出願期間：随時受付
試験日：随時指定
選抜方法：面接、英語、数学、作文、書類審査（調査書等）
選考料：6,000 円

学費について
入　学　金：　20,000 円
授　業　料：　　9,000 円（1 単位）
教育充実費：　10,000 円（半期）
メディア学習受講料：　6,160 円

卒業生の進路状況

【**主な進学先**】
四年制大学：愛知産業大学、富山県立大学、愛知学院大学、愛知淑徳大学、愛知東邦大学、愛知文教大学、愛知みずほ大学、金城学院大学、岐阜聖徳学園大学、至学館大学、星城大学、大同大学、中部大学、帝塚山大学、東海学院大学、同志社大学、同朋大学、長浜バイオ大学、名古屋外国語大学、名古屋学院大学、名古屋芸術大学、名古屋経済大学、名古屋産業大学、名古屋商科大学、名古屋女子大学、日本福祉大学、人間環境大学、名城大学、立命館大学　など

短期大学：愛知学泉短期大学、愛知工科大学自動車短期大学、愛知文教女子短期大学、修文大学短期大学部、名古屋文化短期大学、中日本自動車短期大学　など

専門学校等：ELIC ビジネス＆公務員専門学校、名古屋美容専門学校、名古屋ブライダルビューティー専門学校、三河歯科衛生専門学校、あいち造形デザイン専門学校、あいちビジネス専門学校、国際観光専門学校、専門学校 HAL 名古屋、専門学校名古屋医専、専門学校名古屋スクール・オブ・ビジネス、専門学校名古屋モード学園、東海工業専門学校 金山校、トヨタ名古屋自動車大学校、名古屋スクールオブミュージック＆ダンス専門学校、名古屋医健スポーツ専門学校、名古屋観光専門学校、名古屋工学院専門学校、名古屋こども専門学校、名古屋外語・ホテル・ブライダル専門学校、名古屋情報メディア専門学校、名古屋スイーツ＆カフェ専門学校、名古屋調理師専門学校、名古屋デザイン＆テクノロジー専門学校、名古屋デジタル工科専門学校、名古屋動物専門学校、名古屋ビジュアルアーツ専門学校、名古屋ビューティーアート専門学校、名古屋リゾート＆スポーツ専門学校　など

北海道
青森
岩手
宮城
秋田
山形
福島
茨城
栃木
群馬
埼玉
千葉
東京
神奈川
新潟
富山
石川
福井
山梨
長野
岐阜
静岡
愛知 ★
三重
滋賀
京都
大阪
兵庫
奈良
和歌山
鳥取
島根
岡山
広島
山口
徳島
香川
愛媛
高知
福岡
佐賀
長崎
熊本
大分
宮崎
鹿児島
沖縄

【通信制】　　　　　　　　　　　　　　　　　　　　　　　　　　（単位制）

愛知産業大学三河高等学校

（ https://asu-mikawa-tani.jp ）

■校長名：竹治　玄造
■住　所：〒444-3523　愛知県岡崎市藤川町西川向1-20
■電　話：0564-48-5230　■FAX：0564-48-8775
■最寄駅：名鉄「藤川」駅下車、徒歩5分
■生徒が入学できる都道府県：
　通学可能範囲…愛知
■沿革：
　1983年4月　三河高等学校全日制課程開校
　1985年4月　三河高等学校に通信制課程設置
　1995年4月　愛知産業大学三河高等学校に校名変更

■形態・課程・学科：単位制による通信制課程・普通科
■併設する課程：学年制による全日制課程
■併設課程への転籍：不可
■入学・卒業時期：
　入学時期　4月、10月、卒業時期　3月、9月
■修業年限：3年以上　　■学期制：2期制
■卒業認定単位数：74単位以上
■始業・終業時刻：9：10～12：00、13：00～15：50
■技能連携：あり　　■実務代替：なし　　■技能審査：なし
■開設講座数：34科目

スクーリングの日数と場所

【登校日数】
　　　週2～3日〈教員と相談しながら時間割を決定〉
　　　午前コース　1限～3限（9：10～12：00）
　　　午後コース　4限～6限（13：00～15：50）
【場　所】
　　　単位制校舎（4教室）
　　　※「体育」の授業は、愛知産業大学の体育館で行います。

特色
　良心的な学費です。遠方のスクーリングや宿泊のスクーリングはありません。ライフスタイルに合わせた時間割で授業を受講し単位を取得していきます。また、併設校の愛知産業大学への姉妹校AO入試制度など進路指導、就職指導も行います。将来のための体験学習講座、学び直し講座、進学講座、公務員講座、英会話講座、短期留学などのサポート制度があります。

併修・単位について
　「高認」合格科目は、単位として認定します。
　「総合的な探究の時間」では、33講座（体験学習）から選択できます。

学校行事
　入学式・卒業式、健康診断、教科書購入、奨学金説明会、学級個別懇談会など

生活指導
　制服はありませんが、自主性にお任せしております。良識ある頭髪・服装・行動の範囲。

入学相談
　電話予約が必要です。保護者同伴です。学習内容や学校生活等の説明をします。授業見学もできます。願書をお渡しします。

◇◇◇◇◇◇◇◇ この学校にアクセスしてみよう！

学校説明会	入学前電話相談	文化祭見学	体育祭見学	資料請求
○	○	－	－	○

※資料は電話またはFAX、ホームページで請求して下さい。

生徒情報

【不登校生】過去に不登校だった生徒は、少人数制授業を落ち着いて受講できます。臨床心理士と悩み事等を、相談できるようになっています。
【転編入生】前籍高校で修得した単位や大検・高認で合格した科目等は、単位として認定します。三河地区だけでなく様々な地域・ライフスタイルの生徒が入学し、「高校卒業」を目指しています。
【保護者連絡】電話連絡・メール発信・懇談会等を、必要に応じて随時行っています。

【生徒数　普通科】　　　　　　　　　　2023年11月1日現在

年次	男	女	学年別合計
1年	42名	48名	90名
2年	51名	46名	97名
3年	57名	52名	109名
合計	150名	146名	296名

【教員数】
　教員：男性8名、女性2名／講師：男性4名、女性1名
　スクールカウンセラー：1名

2024年度の募集要項

募集について
　【一般入試】
　募集人員：普通科120名（男女）
　出願期間：（前期）2024年2月1日（木）～4月5日（金）
　　　　　　（後期）2024年9月2日（月）～10月4日（金）
　試　験　日：随時
　選抜方法：面接、国、数、英
　選考料：6,000円

学費について
　入学金：20,000円
　授業料：9,000円（1単位）
　施設整備費：20,000円

卒業生の進路状況

〈過去3年間の合格・内定実績〉
【進学】京都大、信州大、愛知産業大、愛知学泉大、愛知工科大、愛知淑徳大、愛知東邦大、愛知学院大、岡崎女子大、近畿大、金城学院大、椙山女学園大、豊橋創造大、中京大、中部大、同志社大、名古屋学院大、名古屋芸術大、名古屋女子大、名古屋学芸大、南山大、人間環境大、日本福祉大、立命館大、愛知県立農業大学校、愛知産業大学短大、愛知工科大学短大、岡崎女子短大、愛知大学短期大学部、あいち造形デザイン専門、安城碧海看護専門、ELICビジネス＆公務員専門、慈恵歯科医療ファッション専門、慈恵福祉保育専門、名古屋ECO動物海洋専門、中部美容専門、中日美容専門、三河歯科衛生専門、豊橋准看護、愛知ペット専門など多数
【就職】秋田工業（株）、（株）浅井製作所、（株）浅賀井製作所、アートコーポレーション（株）、（株）ヴィテックプロダクト、（株）オーレンジ、刈谷紙器（株）、加藤製作所（株）、カリツー（株）、（株）宍戸化成、（株）サンワ、シロキ工業（株）、新東Vセラックス（株）、日本ゼネラルフード（株）、セキソー、（株）セントラルシステム、（株）機製作所、（株）竹代、（株）豊島技研、（株）東海特装車、豊橋鉄道（株）、日本特殊合金（株）、碧海工機（株）、平成工業（株）、三河屋製菓（株）、近藤鉄工（株）、三河プロペラ（株）、自衛隊など
【資格】日本防災士機構主催「防災士」2名合格　普通救命講習1名

【通信制】　　　　　　　　　　　　　　　　　　　　　　　（単位制・学年制）

菊華高等学校
きくかこうとうがっこう

■校長名：山岸　鳴門
■住　所：〒 463-8718　愛知県名古屋市守山区小幡 5-8-13
■電　話：052-791-8261
　（通信制商業科 052-931-3441、単位制普通科 052-936-2000）
■ＦＡＸ：052-791-4539
　（通信制商業科 052-931-8518、単位制普通科 052-931-0643）
■最寄駅：名鉄瀬戸線「小幡」駅下車、徒歩 10 分
■生徒が入学できる都道府県：
　通学可能地域（愛知県、岐阜県、三重県）［申請中］
■沿革：
　1962 年　学校法人菊武学園守山女子商業高等学校（全日制）と
　　　　　　して設立認可
　1968 年　通信制課程（商業科）を併設
　1992 年　全日制課程普通科開設、校名を菊華高等学校と改称
　2015 年　単位制通信制課程普通科を開設

■形態・課程・学科：併設校・学年制による通信制課程・商業科、
　　　　　　　　　　単位制による通信制課程・普通科
■併設する課程・学科：
　学年制による全日制課程・普通科、IT ビジネス科
■併設課程への転籍：不可
■入学・卒業時期：商業科：入学時期 4 月・卒業時期 3 月
　　　　　　　　　普通科：入学時期 4、10 月・卒業時期 3、9 月
　　　　　　　　　　　　　転編入随時可
■修業年限：3 年以上（商業科、普通科）
■学期制：3 学期制（商業科）2 期制（普通科）
■卒業認定単位数：78 単位（商業科）74 単位以上（普通科）
■始業・終業時刻：8：50 ～ 15：30（商業科）、
　　　　　　　　　土曜 8：55 ～ 12：50（普通科）
■技能連携：学年制のみ（菊武ビジネス専門学校と連携しています。）
■実務代替：なし　　■技能審査：なし

スクーリングの日数と場所

【登校日数】商業科：週 2 回指定日午後（月～金）
　　　　　　普通科：土曜日午前
【場　　所】菊武ビジネス専門学校　他

特色
商業科：専修学校と技能連携をすることにより、全日制に近い形態で学習できます。各種の検定、資格が取得できます。1 年次では国語、英語、数学について、中学校程度の復習を中心に基礎学力を確実に身につけ、その上で高等学校課程の授業内容を導入していきます。
普通科：毎日通学して授業を受けることのできない人が、土曜日を通学スタイルとする課程です。スクーリング以外の空いている時間もレポート指導を受けることができるなど、通信制課程の不安を取り除くためのサポートを受けられ、高等学校卒業資格に必要な知識と教養を身につけることができます。

クラブ活動
【クラブ数 17、クラブ加入率約 60.5%】
バスケットボール、ダンス、バドミントン、フットサル、卓球、簿記、パソコン、軽音楽、写真、声優ホビーイラストレーター、茶道、ゲームクリエイター、ゴルフ、和太鼓、鉄道バス、キャッチボール、ボードゲーム　等（連携専門学校にて活動しています。）

学校行事
商業科：連携専門学校にて、修学旅行、体育祭、
　　　　文化祭、芸術鑑賞等
普通科：特別授業等

生活指導
商業科：制服あり　普通科：制服なし
茶髪・ピアスなどは指導しています。特に商業科については全員が連携生徒であることから（有職者なし）卒業後の進路を見据えて服装、頭髪の指導を行っています。

生徒情報

【不登校生】
中学校時代不登校だった生徒もいます。本校はあえて特別な指導はしておりませんが、商業科生徒は専門学校で自立を目標に資格、検定取得に力を入れております。普通科生徒は平日は、アルバイトなどで働きながら学んでいる生徒もいます。
【転編入生】
商業科：転編入を実施しておりません。　普通科：転編入を随時実施しております。（受け入れできない場合もあります。）
【保護者連絡】
両科とも保護者面談、家庭訪問を中心に頻繁に行っています。

【生徒数】　　　　　　　　　　　　　　　　　2023 年 5 月 1 日現在

	年次	生徒数	男女比	クラス数	1 クラスの平均人数
商業科	1 年次	242 名	2：1	7 クラス	34 名前後
	2 年次	220 名	2：1	7 クラス	32 名前後
	3 年次	189 名	2：1	6 クラス	31 名前後
普通科	1 年次 12 名／ 2 年次 27 名／ 3 年次 39 名				

【教員数】
　教員：男性 4 名、女性 5 名／講師：男性 16 名、女性 8 名

2024 年度の募集要項

募集について

募集人員：通信制課程商業科　300 名［申請中］
　　　　　単位制通信制課程普通科　300 名［申請中］
選抜方法：商業科（推薦入試）書類審査と面接
　　　　　　　　　　（一般入試）国数の筆記試験と面接
　　　　　普通科　筆記試験（作文）・面接
試験会場：菊武ビジネス専門学校
※詳細は直接、下記へお尋ねください。
　（変更される場合があります。）
　・通信制課程商業科：052-931-3441
　・単位制通信制課程普通科：052-936-2000

2022 年度卒業生の進路状況

【進路先】
卒業者数　商 166 名、普 21 名
大学…商 50 名、普 3 名　　　　短大…商 14 名、普 0 名
専門学校…商 52 名、普 5 名　　就職…商 45 名、普 2 名
その他…商 5 名、普 11 名
【主な進学先】
名古屋産業大学、名古屋学院大学、椙山女学園大学、東海学園大学、日本福祉大学、名古屋経営短期大学、修文女子短期大学、名古屋芸術大学保育専門学校、トヨタ自動車大学校、名古屋ウェディング＆フラワー・ビューティー学院、名古屋医専、HAL 名古屋、名古屋リゾート＆スポーツ専門学校　等
【主な内定先】
テクノエイト（株）、（株）豊和化成、ダイセー倉庫運輸（株）、（株）三洋電機製作所、豊精密工業（株）、白洋舎栄リネンサプライ（株）、（株）サカイ、中北薬品（株）、王子ネピア（株）、リンナイ（株）、佐川急便（株）、（株）イマイ、防衛省・自衛隊
※商業科は技能連携している菊武ビジネス専門学校で、入学に関わる相談を承っております。（連絡先 052-931-3441 渉外部）

その他
商業科：専門学校と技能連携をしています。生徒は毎日専門学校へ登校（6 時間）しており、全日制に近い感覚で学習できます。普通科：土曜のみの登校です。平日は働きながら学ぶことも可能です。

【広域通信制】 （単位制）

中京大学附属中京高等学校
ちゅうきょうだいがくふぞくちゅうきょうこうとうがっこう

（ https://www.chukyo-can.jp/　E-mail：tsushin-can@chukyo.ed.jp ）

- ■校長名：伊藤　正男
- ■住　所：〒 466-8525　愛知県名古屋市昭和区川名山町 122
- ■電　話：052-761-5311　■ＦＡＸ：052-752-5488
- ■最寄駅：名古屋市営地下鉄鶴舞線「いりなか」駅、徒歩 5 分
- ■生徒が入学できる都道府県：全国 47 都道府県
- ■沿革：
  - 大正 12 年（1923）3 月 中京商業学校設立
  - 昭和 22 年（1947）　学制の改革により中京中学校設置
  - 昭和 23 年（1948）　学制の改革により中京商業高等学校設置
  - 昭和 42 年（1967）5 月 学校名を中京高等学校と改称
  - 平成 7 年（1995）4 月 中京大学の完全な附属高等学校に移行し、学校名が中京大学附属中京高等学校と改称
  - 令和 5 年（2023）4 月 広域通信制課程（Chukyo Academic Network 通称 CAN）を新設
- ■教育理念：
  建学の精神「学術とスポーツの真剣味の殿堂たれ」
  校訓「真剣味」
  建学の精神・校訓を体得し、知・徳・体のバランスがとれた人格を養成するとともに、自らに厳しく他に優しい自律と思いやりの心を育みます。また、個性を重んじる指導のもと、自主自立の精神と主体的に生きる力を習得します。

- ■形態・課程・学科：併設校・単位制による通信制課程・普通科
- ■併設する課程・学科：学年制による全日制課程普通科
- ■併設課程への転籍：不可
- ■入学・卒業時期：入学時期 4 月　　卒業時期 3 月
- ■修業年限：3 年以上
- ■学期制：2 学期制（前期・後期）
- ■卒業認定単位数：74 単位

スクーリングの日数と場所

【登校日数】前期 4 日、後期 4 日＜計 8 日＞
【場　所】本校
【その他】対面授業の他、単位認定テストや特別活動（芸術鑑賞、社会見学等）を行います。

特色
多数のトップスポーツ選手を生んだ、名古屋市昭和区にある中京大学附属中京高等学校が、スポーツや文化芸術等で、特別に秀でた生徒を対象に、広域通信制課程（Chukyo Academic Network 通称 CAN）を 2023 年 4 月に開設しました。シニア世代と肩を並べる力をもつ生徒、各競技団体の強化指定を受ける生徒、海外に目を向け、世界レベルで活躍する生徒など、様々な可能性を秘めた生徒を支援します。CAN での学びは、国内外を拠点に活動する生徒が時間や場所を選ばず世界中のどこからでも授業を受けることを可能にします。

進学指導
進路担当や教科担任、学級担任による個別指導を WEB で行います。

学校行事
修学旅行は実施しません。
スクーリング時に特別活動（社会見学、芸術鑑賞等）を実施します。

生活指導
生活上の悩みを相談できる、サポート体制を整えています。制服の指定はありませんが、必要があれば学校指定のウエアを選ぶことができます。

クラブ活動
【クラブ数 0、クラブ加入率約 0%】

生徒情報

【不登校生】
不登校生徒の受け入れはしません。

【転編入生】
相談してください。

【保護者連絡】
教務システム BLEND を使って連絡を行います。

【生徒数】2023 年度新設のため、3 年生はいません。

年次	生徒数	男女比（%）
1 年次	10 名	：
2 年次	8 名	：
3 年次	名	：

【教員数】
教員：12 ／事務職員：1 名

2025 年度の募集要項（予定）

募集について
- 募集人員：1 学年 80 名
- 出願期間：2024 年 12 月 11 日〜 2025 年 1 月 16 日
- 試験日：2025 年 1 月 18 日
- 選抜方法：総合学力検査（国・数・英）60 分、作文（400 〜 600 字）、面接
- 事前審査：出願前に事前相談、事前面接を受けること
- 選考料：14,000 円

学費について
- 入学金：50,000 円
- 授業料：350,000 円／年

2022 年度卒業生の進路状況

【進路先】2023 年度新設のため、卒業生はまだいません。
卒業者数… 名
大学… 名　　　　短大… 名　　　通信大学等… 名
専門学校… 名　　　就職者… 名

【主な合格実績】

◇◇◇◇◇◇◇◇◇◇◇ **この学校にアクセスしてみよう！**

学校説明会	入学前電話相談	文化祭見学	体育祭見学	資料請求
—	○	—	—	○

【通信制】　　　　　　　　　　　　　　　　　　　　　（単位制）

学校法人 玉村学園 一志学園高等学校
（ がっこうほうじん たむらがくえん / いちしがくえんこうとうがっこう ）

（ http://ichishigakuen.ed.jp/ ）

■校長名：玉村　典久
■住　所：〒515-2524　三重県津市一志町大仰 326
■電　話：059-271-6700　■FAX：059-271-6710
■最寄駅：
■生徒が入学できる都道府県：三重県
■沿革：
フリースクールを運営してきた NPO 法人チャレンジスクール三重が母体となって 2016 年 4 月に新たに設立。
■創立理念：
夢をあきらめずに、もう一度学校生活にチャレンジを！

■形態・課程・学科：独立校、単位制による通信制課程・普通科
■入学・卒業時期：
・入学時期　4 月　・卒業時期　3 月
転入は随時相談
■修業年限：
・3 年（在籍最長：8 年）
■学期制：全日型 3 学期制、土曜・フレックス 2 学期制
■卒業認定単位数：74 単位
■始業・終業時刻：10：20 ～ 16：20
■技能連携：なし　■実務代替：あり　■技能審査：あり
■開設講座数：50

スクーリングの日数と場所

【登校日数】
1 ～ 5 日／週〔フレックスは週 1 未満〕
【場　　所】
本校（三重県津市一志町大仰 326）

特色
・安心できる環境で、誰もが自分らしく落ち着いた学校生活を送ることができる小規模高校です。
・学び直しから大学進学まで多様なニーズに対応
・週 1 ～ 5 日までマイペースで登校
・全日型コース、土曜コース、フレックスコースがあります。

併修・転入について
併修はできません。高卒認定試験受験生の一部科目履修は 8 科目まで履修することができます。

クラブ活動
卓球、ソフトテニス、バドミントン、軽音楽

学校行事
修学旅行、体育祭・文化祭

進学指導
進学対応の授業や長期休み補講、スタディサプリの利用など

補習
基礎科目の設置（学校設定科目）、補充スクーリング

生活指導
学校指定の制服はありません。誰もが安心して通える学校であるために、周囲に威圧的な感じを与えるものには指導します。口頭での指導に従わない場合は出席停止などの指導をします。周囲に威圧的な態度をとることは厳禁。バイクでの通学はできません。

生徒情報

【不登校生】保護者や医療機関などと緊密な連携をとる。定期的なカウンセリングの実施。
【転編入生】前籍高校で修得した科目は 64 単位まで本校の単位として認定します。高卒認定試験で合格した科目は 20 単位まで振り替えることができます。
【保護者連絡】定期的な保護者面談の実施、授業参観などの実施。家庭訪問・学校通信など。

【生徒数】

年次	生徒数	男女比
1 年次	41 名	1：1
2 年次	66 名	1：1
3 年次	53 名	1：1

【教員数】
教員：男性 3 名、女性 7 名／講師：男性 10 名、女性 8 名
職員：男性 2 名、女性 3 名

2024 年度の募集要項

募集について

【推薦入試】
出願期間：2024 年 1 月 9 日（火）～ 1 月 12 日（金）
試 験 日：2024 年 1 月 20 日（土）
選抜方法：面接・作文・適性テスト
選 考 料：12,000 円
【一般入試】
出願期間：2024 年 1 月 15 日（月）～ 1 月 18 日（木）
試 験 日：2024 年 1 月 24 日（水）
選抜方法：学科（英・数・国）、作文、面接
選 考 料：12,000 円
【4 月転入生試験】
試験日：2024 年 3 月 28 日（木）※詳しくはお問い合わせください。

学費について

入学料：　　　　　40,000 円
授業料等：　　　　420,000 円（全日型）／ 300,000 円（土曜・フレックス）
教育充実費等：　　270,000 円（全日型）／ 150,000 円（土曜・フレックス）

合　計：　　　　　730,000 円（全日型）／ 490,000 円（土曜・フレックス）
※授業料は就学支援金減額前の金額です。

2022 年度卒業生の進路状況

＜卒業者数 40 名＞
【進学先】
大学…14 名　　　短大…2 名　　　専門学校…15 名
就職…4 名　　　その他…5 名
【主な合格実績】
皇學館大学、四日市大学、鈴鹿医療科学大学、近畿大学、大阪商業大学、京都産業大学、奈良大学、帝塚山大学、中国学園大学、東京通信大学（通）、東京福祉大学（通）、三重短期大学、関西女子短期大学

◇◇◇◇◇◇ この学校にアクセスしてみよう！

学校説明会	入学前電話相談	文化祭見学	体育祭見学	資料請求
○	○	○	－	－

※資料は、直接（本校）、電話または FAX・手紙・HP 等にて請求して下さい。

※学校説明会：お問い合わせください。

【広域通信制】　　　　　　　　　　　　　　　　　　　　　　　　　　（単位制）

代々木高等学校
（よよぎこうとうがっこう）

（ https://yoyogi.ed.jp　E-mail：info@yoyogi.ed.jp ）

志摩本校

東京校

■校長名：清水　宝文
（志摩本校）
■住　所：〒517-0217　三重県志摩市磯部町山原785
■電　話：0599-56-0770
■FAX：0599-77-7692
■最寄駅：近鉄志摩線「志摩磯部」駅下車
（東京校）
■住　所：〒151-0051　東京都渋谷区千駄ヶ谷5-8-2
■電　話：050-3535-2797
■FAX：03-5919-0528
■最寄駅：JR、地下鉄大江戸線「代々木」駅 西口下車　徒歩5分
　　　　　副都心線「北参道」駅 一番出口　徒歩3分
※ほか、大阪校があります。
　詳しくはお問い合わせください。
■沿　革：2005年4月　開校
　☆お問い合わせは、全国共通フリーダイヤル
　　0120-72-4450（なに、よよこ～）まで。
■教育理念
「自分の意思で歩いていけるように」
「多様性を認め合う」
学校は本来、社会へ巣立っていくために様々な経験を積み、学んでいく予行演習の場と考えております。
多様な仲間と様々な経験を通し、気づき・考え・成長する学びの場を社会のあらゆる人材や団体とともに提供しています。

■形態・課程・学科：独立校　単位制による通信制　普通科
■併設する課程：なし
■入学・卒業時期：
　・入学時期　4月、10月（転入学は随時）
　・卒業時期　3月、9月
■修学年限：3年以上（在籍最長年数：―）
■卒業認定単位数：75単位

スクーリングの日数と場所

【登校日数】
　集中スクーリング（東京校または志摩本校）
　その他、各校舎・提携校に通い、補習を受けるスタイルもあります。
【場　所】
　東京校・志摩本校・大阪校
【その他】
　メディア学習により、登校日数を少なくすることができます。
【各校舎・提携校】
　・各校舎：
　　入学に関するご相談。メディア学習やレポート作成のサポート、学習相談を行っています。
　・提携校：
　　当校の考えに共感する熱心な教育機関・企業・団体などで、それぞれ独自のスタイルとシステムにより、あらゆるニーズに応えています。

特色　一人ひとりで異なる学びの志向やレベル、スケジュールに合わせて、自分らしい高校生活を作ることができます。

◆オルタナティブスクール（週5日コース・週3日コース）【東京校】
多様な仲間とともにさまざまな体験、学習を通して、自分らしい高校生活を送ります。思う存分学校を楽しみたい人やしっかり面倒を見てほしい人に最適です。
・週5日コース：2023年度より従来の「総合講座」に加え「声優」「イラスト」「プログラミング」「進学」「韓国語」の専門講座がスタート。
＊発達支援：専門的なアプローチをベースに楽しく成長します。
・週3日コース：ひとり一人に対応した「学習サポート」コースです。
◆通信一般コース
学習は自宅で自分の好きな時間に取り組みます。東京校では毎月一回土曜日に補習を受けられるようにしています。
◆奨学金コース
働きながら高校卒業資格取得を目指すことができます。学費の支払いサポートの他、充実した特典があります。
◆国内外に90の提携校、130のコースがあります。
大学進学やスポーツだけでなく、専門教育や海外留学など、あなたにピッタリのコースが見つかります。
◆スタディールーム（自習室）
全てのコース生が利用できます。月～金曜日：10時～16時30分

※学校説明会：東京校：5月～年10回程度。（体験入学・個別相談会同時開催）個別相談は月～土曜日受付中。
　　　　　　　志摩本校：年数回。料理人コース説明会もこちらで開催します。個別相談は随時受付中。
　　　　　　　大阪校については直接、お問い合わせください。TEL：06-6115-6450
　　　　　　　※詳細・最新情報はHPにてご確認頂くか、各校舎へお問い合せ下さい。

コース紹介

[オルタナティブスクール【東京校】]
（週5日コース・週3日コース）
多様な仲間とともにさまざまな体験、学習を通して、自分らしい高校生活を送ります。思う存分学校を楽しみたい人やしっかり面倒を見てほしい人に最適です。
・週5日コース：2023年度より従来の「総合講座」に加え「声優」「イラスト」「プログラミング」「進学」「韓国語」の専門講座がスタート。
＊発達支援：専門的なアプローチをベースに楽しく成長します。
・週3日コース：ひとり一人に対応した「学習サポート」コースです。

[通信一般コース]
学習は自宅で自分の好きな時間に取り組みます。東京校では毎月一回土曜日に補習を受けられるようにしています。

[奨学金コース]
働いて自分で稼ぎながら、同時に高校も卒業できる。就労の中で社会常識や職業スキルも身につきます。就労先からの学費の支払いサポートや働くことによる単位修得など、特典も充実。料理人や左官職人、飲食業、バイクメカニックなど。

[アスリートゴルフコース] など
通信制高校の特性を活かしたアスリート育成コース。ゴルフをはじめ、テニス、ボクシング、乗馬、ダイビングなど。オールシーズン、トレーニングに取り組める環境を提供します。技術に留まらず、メンタル・ソーシャルトレーニングにも力を入れています。

[海外留学コース]
提携校を利用していただいて、短期から長期までの留学が可能です。
また、すでに留学中の方や海外在住の方の入学も受け入れています。

生徒情報

【不登校生】
入学時に本人の不安をとりのぞくためにガイダンスを行います。
【転編入生】
随時出願可能です。前籍校で修得した単位や高認試験（旧大検）で合格した科目は原則、活かすことができます。
【保護者連絡】
電話連絡、手紙、Eメールなど

【生徒数】普通科 　　　　　　　　2023年8月現在

年次	生徒数	男女比
1年次	290名	5：5
2年次	350名	5：5
3年次	340名	5：5

【教員数】
教員：男性7名、女性3名／講師：男性8名、女性9名

学習指導
学力に不安がある方でも中学校の学び直しサポートがあるので、基礎学力を固めることができます。

生活指導
〔制服（基準服）〕
制服の着用は自由です。何種類かある＜よここ～オリジナル制服＞を選ぶこともできます。頭髪や装飾品は自由ですが、登校時、社会良識等の指導をしています。

クラブ活動
運動部、T.T部（カードゲーム）、茶道部、音楽部
その他、コースごとに様々なものに取り組めます。

2024年度の主な行事 ※コロナの為、変更になる場合もあります

月	4月～6月	7月～9月	10月～12月	1月～3月
行事	入学式、始業式 授業ガイダンス レポート学習会 特別活動（全校ハイキング）	夏期集中スクーリング レポート学習会	秋期集中スクーリング よここ～祭 レポート学習会 修学旅行 クリスマス会 志摩自然教室	冬期集中スクーリング 遠足 終了式、卒業式 春期集中スクーリング

2024年度の募集・進路状況

一般入試
募集人員：普通科　700名
選考方法：書類選考、面接
出願料：10,000円
出願期間：新入生…2023年10月～2024年3月末頃まで
　　　　　編入生、転入生…随時。
　　　　　詳しくはご相談ください。

学費について

入 学 金：	10,000円
授 業 料：	264,000円（年間30単位を上限）
教科書代：	12,000円
登録手数料：	3,000円
諸 雑 費：	3,000円
メディア視聴費用：	7,000円
スクーリング会場費用：	20,000円
合 計：	319,000円

※願書提出時に出願料10,000円を要します。
※通信一般コース以外のコースを選択した場合、
　上記金額にコース料金等が別途必要となります。

＜学校の施設＞
校 舎 面 積 1,975.65m²　　視聴覚室　　あり
ラウンジ　　なし　　カウンセリング室　あり
PCルーム　　あり

2022年度卒業生の進路状況

＜卒業者数310名＞

【進路先】
大学…35名　　　　短大…16名　　　　専門学校…35名
就職…22名　　　　その他…202名

【主な合格実績】
NIC、慶應義塾大、立教大、東海大、大東文化大、明治学院大、帝京大、国士舘大、城西大、鶴見大、関西学院大、大阪国際大、大阪産業大、皇學館大、中部大、名城大　他

【指定校推薦】
国士舘大、城西大、和光大、東洋学園大、専修大、東京富士大、多摩大、聖学院大、日本福祉大（愛知）、大阪学院大、愛知東邦大、横浜薬科大、帝京科学大　他

◇◇◇◇◇◇◇◇◇◇ この学校にアクセスしてみよう！

学校説明会	入学前 電話相談	文化祭見学	体育祭見学	資料請求
○	○	○ 東京校のみ	—	○

※資料は、直接（来校）、電話またはFAX・手紙・HP等にて請求して下さい。

【通信制】　　　　　　　　　　　　　　　　　　　　（単位制）

英心高等学校

（ https://www.eishin-hs.ed.jp/ ）

■校長名：長田　朗
■住　所：〒516-0009　三重県伊勢市河崎 1-3-25
■電　話：0596-28-2077　■FAX：0596-23-9811
■最寄駅：近鉄線「伊勢市」駅北口下車、徒歩 3 分
■生徒が入学できる都道府県：
　三重、奈良
■沿革：
　2003 年　4 月　八木学園高校開校
　2008 年　4 月　英心高等学校に校名変更

■形態・課程・学科：
　独立校、単位制による通信制課程・普通科
■併設する課程：なし
■入学・卒業時期：
　・入学時期　4 月　　・卒業時期　3 月
■修業年限：
　・3 年以上（在籍最年長：制限なし）
■学期制：2 学期制　　■卒業認定単位数：75 単位
■始業・終業時刻：
■技能連携：なし　　■実務代替：なし　　■技能審査：なし
■開設講座数：37 科目

スクーリングの日数と場所

【登校日数】
　本科生（土曜 or 水曜）
　全日型（月～金）
【場　所】
　本校

|特色| 個人に対応した独自のユニークなカリキュラムにより、生徒のやる気を根っこから育てます。|

|併修・単位について| 併修はできません。高卒認定試験の受験生が一部科目履修することはできません。|

|クラブ活動| 軽音楽、硬式野球部、卓球部　他|

|学校行事| 修学旅行は 2 泊 3 日、文化祭、体育祭、球技大会　等|

|進学指導| 進路に応じた指導|

|補習指導| 習熟度別授業の実施|

|生活指導| 学校指定の制服はあります。茶髪やピアスは禁止です。バイクの通学はできません。|

生徒情報

【不登校生】
過去に不登校だった生徒は、少しいます。不登校だった生徒には、特別スクーリングの実施を行っています。
【転編入生】
転入生は通年入学できます。前籍高校で修得した単位は全て振り替えることができます。高卒認定試験で合格した科目を振り替えることはできません。
【保護者連絡】
家庭訪問、保護者面談、電話連絡などを行っています。

【生徒数 普通科】（中心校の場合、全日制のみ）　2023 年 11 月 1 日現在

年次	生徒数	男女比	クラス数
1 年次	60 名	5：5	3クラス
2 年次	52 名	6：4	3クラス
3 年次	55 名	6：4	2クラス

【教員数】（中心校の場合）　　　　　　　2023 年度現在
　教員：男性 13 名、女性 2 名／講師：男性 3 名、女性 2 名

2024 年度の募集要項

募集について

【一般入試】
募集人員：90 名
出願期間：2024 年 1 月 9 日（火）～1 月 11 日（木）
試験日：専願…2024 年 1 月 15 日（月）
　　　　併願…2024 年 1 月 16 日（火）
選抜方法：専願…面接、作文
　　　　　併願…英、数、国、面接

学費について

入学料：　45,000 円
授業料：438,000 円
選考料：　12,000 円
施設費：225,000 円　（入学時のみ）

合　計：720,000 円

2022 年度卒業生の進路状況

【進路先】
卒業者数…106 名
大学…10 名　　　短大…6 名　　　専門学校…28 名
就職…29 名　　　その他…36 名

【主な合格実績】
皇學館大、大谷大、龍谷大、愛知産業大、愛知淑徳大、椙山女学園大、大同大、日本福祉大、帝京大、東洋大、鈴鹿短大、同志社大、京都産業大、鈴鹿大、国士舘大、京都女子大、天理大、近畿大学、岡山理科大、中京大、明治学院大

【指定校推薦】

この学校にアクセスしてみよう！

学校説明会	入学前電話相談	文化祭見学	体育祭見学	資料請求
○	○	—	—	○

資料請求：フリーダイヤル　0120-36-6789

【通信制】 （単位制）

英心高等学校 桔梗が丘校
（えいしんこうとうがっこう ききょうがおかこう）

(https://www.eishin-hs.ed.jp/)

- ■校長名：長田 朗
- ■住　所：〒518-0621　三重県名張市桔梗が丘1番町5街区13番地
- ■電　話：0595-41-1267　■FAX：0595-41-1266
- ■最寄駅：「桔梗が丘」駅、徒歩10分
- ■生徒が入学できる都道府県：
　三重、奈良
- ■沿革：
　2003年4月　八木学園高校開校
　2008年4月　英心高等学校に校名変更

- ■形態・課程・学科：
　独立校、単位制による通信制課程・普通科
- ■併設する課程：なし
- ■入学・卒業時期：
　・入学時期　4月　・卒業時期　3月
- ■修業年限：
　・3年以上（在籍最年長：制限なし）
- ■学期制：2学期制　■卒業認定単位数：75単位
- ■始業・終業時刻：
- ■技能連携：なし　■実務代替：なし　■技能審査：なし
- ■開設講座数：37科目

スクーリングの日数と場所

【登校日数】
　桔梗が丘生　火（午後）・木（午後）、月水金（午後）
【場　所】
　本校

特色
個人に対応した独自のユニークなカリキュラムにより、生徒のやる気を根っこから育てます。

併修・単位について
併修はできません。高卒認定試験の受験生が一部科目履修することはできません。

クラブ活動
野球部、バレー部

学校行事
遠足、文化祭、地域交流等

進学指導
進路に応じた指導

補習指導
習熟度別授業の実施

生活指導
学校指定の制服はありませんが、希望者は伊勢本校の制服を購入できます。茶髪やピアスは禁止です。バイクの通学はできません。

生徒情報

【不登校生】
過去に不登校だった生徒は、少しいます。不登校だった生徒には、特別スクーリングの実施を行っています。
【転編入生】
転入生は通年入学できます。前籍高校で修得した単位は全て振り替えることができます。高卒認定試験で合格した科目を振り替えることはできません。
【保護者連絡】
家庭訪問、保護者面談、電話連絡などを行っています。

【生徒数 普通科】（中心校の場合、全日制のみ）　2023年11月1日現在

年次	生徒数	男女比	クラス数
1年次	60名	6：4	3クラス
2年次	24名	7：3	1クラス
3年次	8名	6：4	1クラス

【教員数】（中心校の場合）　2023年度現在
　教員：男性3名、女性3名／講師：男性3名、女性1名

2024年度の募集要項

募集について
【一般入試】
募集人員：35名
出願期間：2024年1月17日（水）〜18日（木）
試 験 日：2024年1月22日（月）
選抜方法：専願…面接、作文
　　　　　併願…英、数、国、面接

学費について
入学料：　45,000円
授業料：294,000円
選考料：　12,000円
施設費：225,000円（入学時のみ）
合　計：576,000円

2022年度伊勢本校卒業生の進路状況

【進路先】
卒業者数…106名
大学…10名　　　短大…6名　　　専門学校…28名
就職…29名　　　その他…36名

【主な合格実績】
皇學館大、大谷大、龍谷大、愛知産業大、愛知淑徳大、椙山女学園大、大同大、日本福祉大、帝京大、東洋大、鈴鹿短大、同志社大、京都産業大、鈴鹿大、国士舘大、京都女子大、天理大、近畿大学、岡山理科大、中京大、明治学院大

【指定校推薦】

◇◇◇◇◇◇◇◇◇◇◇◇ **この学校にアクセスしてみよう！**

学校説明会	入学前電話相談	文化祭見学	体育祭見学	資料請求
○	○	―	―	○

資料請求はHPの資料請求フォームから可能です。

313

北海道
青森
岩手
宮城
秋田
山形
福島
茨城
栃木
群馬
埼玉
千葉
東京
神奈川
新潟
富山
石川
福井
山梨
長野
岐阜
静岡
愛知
三重 ★
滋賀
京都
大阪
兵庫
奈良
和歌山
鳥取
島根
岡山
広島
山口
徳島
香川
愛媛
高知
福岡
佐賀
長崎
熊本
大分
宮崎
鹿児島
沖縄

【通信制】 （単位制）

おおはしがくえんこうとうがっこう
大橋学園高等学校

■**校長名**：藤田 泰樹
■**住 所**：〒510-0863 三重県四日市市大字塩浜149番地の8
■**電 話**：059-348-4800 ■**FAX**：059-348-4811
■**最寄駅**：近鉄「近鉄塩浜」駅
　　　　　JR「南四日市」駅
■**生徒が入学できる都道府県**：
愛知県、三重県
■**沿革**：
1994年10月 三重県知事認可
1996年10月 秋期入学生受け入れ開始〔一般生のみ〕
2016年 4月 大橋学園高等学校、四日市市塩浜町へ移転、
　　　　　　新校舎開　校

■**形態・課程・学科**：
単位制による通信制課程・普通科
全日コース／医療コース／土曜コース
■**入学・卒業時期**：
入学時期：〈全日コース〉4月 〈医療コース〉4月
　　　　　〈土曜コース〉4月、9月
卒業時期：〈全日コース〉3月 〈医療コース〉3月
　　　　　〈土曜コース〉3月、9月
■**学期制**：2学期制（前期・後期）
■**卒業認定単位**：74単位以上が必要
■**始業・終業時刻**：9：00～15：00（授業時間は1限50分）
■**技能連携**：名古屋ユマニテク調理製菓専門学校

スクーリングの日数と場所

【**登校日数**】
　①〈全日コース〉月～金 登校約180日
　②〈医療コース〉月～金 登校約180日
　③〈土曜コース〉土曜日を中心とした週1回／登校約30日／年間
【**スクーリング場所**】
　大橋学園高等学校 本校・医療コース：ユマニラク医療福祉大学校
【**その他**】
　①〈全日・医療コース〉全日制と同様の学校スタイルの形態です。
　②〈土曜コース〉土曜日を中心とした週1回のスクーリングを実施しています。

特色
全日コースでの授業時間割は、高校卒業資格の授業と教養の学習を行います。

クラブ活動
【クラブ数11、クラブ加入率約30%】
三重県高等学校体育連盟定時制通信制に加盟
バレーボール部・バスケットボール部・卓球部・ソフトテニス部・陸上競技部・軟式野球部・サッカー・ダンス・美術部・軽音楽部・e-スポーツ部

学校行事
遠足、修学旅行、クラスマッチ、スポーツ競技会、学園祭、校内外研修など。
※希望による選択参加型行事もあります。

生活指導
〈全日・医療コース〉制服・生徒心得（校則）あり
〈土曜コース〉私服・一定のルールあり

◇◇◇◇◇◇◇◇ **この学校にアクセスしてみよう！**

学校説明会	入学前 電話相談	文化祭見学	体育祭見学	資料請求
○	○	－	－	○

※学校見学は、電話で連絡して下さい。
※資料請求は、電話又はホームページで請求して下さい。

生徒情報

【**不登校生**】不登校による原因は様々あります。些細なことでも本人が納得するまで向き合うことが大切です。本校では、一人一人の生徒に合った支援方法に努めます。先生と保護者が協力し合い、登校意欲を高めることを目標としています。教育支援プログラム教室を設置しています。
【**保護者連絡**】電話、家庭訪問、定期的な通信物の発行を行います。緊急連絡は、電子メール配信でお知らせします。
【**転編入生**】前籍校で修得した単位を本校における卒業に必要な単位に加えることができます。但し、本校で定める必履修科目がすべて履修することが条件となります。転編入は原則、春（4月）と秋（10月）の年2回です。
【**転編入の生徒数**】昨年度は、収容定員が満たされたため、受け入れ転編入はありません。

【**生徒数**】普通科（2023年4月1日現在）
〈全日コース〉1学年：160名 2学年：160名 3学年：160名
〈土曜コース〉20名
【**教員数**】教員：男性15名、女性12名／講師：男性2名、女性16名

2024年度の募集要項

募集について
募集人員：〈全日コース〉160名 （医療コース）30名
出願期間：推薦・専願／一般
　　　　　募集要項・ホームページなどで確認ください。
試 験 日：推薦・専願／一般
　　　　　募集要項・ホームページなどで確認ください。
選抜方法：推薦・専願／一般
　　　　　募集要項・ホームページなどで確認ください。

学費について
選 考 料：12,000円
入 学 金：45,000円
学 費：月額費は各家庭のご事情により異なります。
　　　　募集要項・ホームページなどで確認ください。
　　　　※高等学校等就学支援金制度の適用あり。（詳しくは、文科省のホームページにてご確認ください。）

詳細につきましては、下記までお問い合わせください。
《連絡先》大橋学園高等学校 TEL：059-348-4800

2023年度卒業生の進路状況

【**進路先**】
〈進学〉 四年制大学… 25% 短期大学… 30% 専門学校… 45%
〈就職〉 調理関係… 30% 製菓関係… 10% 福祉関係… 20%
　　　　 理美容関係… 5% 製造関係… 30% その他… 5%
【**主な合格実績**】
日本福祉大学、鈴鹿医療科学大学、立命館大学、関西大学、京都産業大学、岐阜経済大学、皇學館大学、至学館大学、明治大学、日本大学、愛知学院大学、同朋大学、高田短期大学、鈴鹿短期大学、愛知文教女子短期大学、名古屋文化短期大学、ユマニテク短期大学など。（順不同）

【**指定校推薦**】
至学館大学、日本福祉大学、東海学園大学、皇學館大学、岐阜経済大学ほか多数

【**主な就職先**】
（有）湯元榊原館、医療法人大門病院、八昇製菓（株）、（株）インスパイアジャパン、（株）伊勢志摩ロイヤルホテル、（株）ファイブフォックス、ゴールドエイジ（株）、社会福祉法人青山里会、社会福祉法人英水会など。（順不同）

【広域通信制】 （単位制）

徳風高等学校
とくふうこうとうがっこう

(https://www.mietokufu.ed.jp/)

■校長名：東　則尚
■住　所：〒519-0145　三重県亀山市和賀町 1789-4
■電　話：0595-82-3561　　■FAX：0595-82-3511
■最寄駅：JR 関西本線「亀山」駅下車、スクールバス約 5 分、徒歩約 30 分
■生徒が入学できる都道府県：
三重、滋賀、愛知、岐阜、奈良、大阪、京都、福井、兵庫、和歌山（全日型コースのみ入寮可）
■沿革：
1983 年 4 月　学校法人三重徳風学園
　　　　　　　三重高等商業専修学校開校
1996 年 4 月　徳風高等学校（通信・単位制）開校
　　　　　　　三重高等商業専修学校と技能連携を結ぶ
2015 年 4 月　三重高等商業専修学校を徳風技能専門学校と改称

■形態・課程・学科：
独立校・単位制による広域通信制課程・普通科
全日型コース / 土日コース / 平日サポートコース
■併設する課程：なし
■入学・卒業時期：
・入学時期　〈全日型コース〉4 月
　　　　　　〈土日・平日サポートコース〉4 月、10 月
・卒業時期　〈全日型コース〉3 月
　　　　　　〈土日・平日サポートコース〉3 月、9 月
■修業年限：3 年以上　　■卒業認定単位数：74 単位以上
■始業・終業時刻：
〈全日型コース〉9：00 ～ 15：40（授業時間は 45 分）
〈土日・平日サポートコース〉9：30 ～ 16：30（授業時間は 90 分）
■技能連携：鴻池学園高等専修学校、大阪技能専門学校
■開設講座数：34 科目

スクーリングの日数と場所

【登校日数】
①全日型コース…平日 5 限授業
②土日コース…週 2 日（土・日）
③平日サポートコース…週 3 日（月・水・金の午前中）
※土日・平日サポートコースは年間 25 日程度（月 2 ～ 3 回）のスクーリング
【場　所】
〈全日型・土日コース〉三重県亀山市（本校）
〈平日サポートコース〉三重県津市
【その他】
自分のペースで学習でき、3 年間で卒業できます。

特色
〈全日型コース〉他校にはない総合コース、ドッグケアコース、パソコンコース、日本語コースが有り、各種資格が取得できます。
〈土日・平日サポートコース〉転入学・編入学の道も開かれます。単位制なので留年はありません。

クラブ活動
【クラブ数 9、クラブ加入率約 30%】
卓球部、ソフトテニス部、サッカー部、バドミントン部、硬式野球部、バレー部、ドッグクラブ、パソコン研究会、音楽同好会

学校行事
校外学習、体育祭、文化祭、球技大会等

生活指導
〈全日型コース〉制服・生徒心得（校則あり）
〈土日・平日サポートコース〉私服、一定のルールあり。

生 徒 情 報

【不登校生】過去に不登校だった生徒も現在、マイペースで頑張っています。
【転編入生】高卒認定試験で合格した科目を振り替えることができます。
転入は随時、編入は 4 月と 10 月に入学することができます。
【保護者連絡】連絡文書は生徒に配付しています。その他の連絡は、保護者・生徒に「きずなネット」によりメール連絡しています。

【生徒数】普通科（2023 年 12 月 1 日現在）
〈全日型コース〉163 名（男子 87 名、女子 76 名）
〈土日・平日サポートコース〉57 名（男子 36 名、女子 21 名）
【教員数】
教員：男性 15 名、女性 8 名、スクールカウンセラー：1 名

2024 年度の募集要項

募集について

募集人員：〈全日型コース〉総合・ドッグケア・パソコンコース 各 30 名、日本語コース 20 名
　　　　　〈土日・平日サポートコース〉各 20 名
推薦入試：〈全日型コース〉2024 年 1 月 20 日（土）
一般入試：〈全日型コース〉2024 年 1 月 26 日（金）
　　　　　〈土日・平日サポートコース〉2024 年 1 月 26 日（金）
選抜方法：〈全日型コース〉
　　　　　推薦入試 A・B…個人面接
　　　　　推薦入試 C…筆記試験（国・数）、個人面接
　　　　　一般入試…筆記試験（国・数・英）
　　　　　2 次入試…筆記試験（国・数）、個人面接
　　　　　※いずれの入試方法も日本語コースは「国語」ではなく、「日本語」の筆記試験を実施します。
　　　　　〈土日・平日サポートコース〉
　　　　　書類審査及び面接（学校見学者は面接を免除します。）
選 考 料：〈全日型コース〉15,000 円
　　　　　〈土日・平日サポートコース〉10,000 円

学費について

授 業 料：〈全日型コース〉月額 32,500 円
　　　　　〈土日・平日サポートコース〉
　　　　　1 単位につき 7,000 円
※国の「高等学校等就学支援金制度」により、
　授業料の全部または一部が減額になることがあります。
※授業料以外に、施設設備費・教育充実費・学年諸費・修学旅行積立金等の納入が必要です。
※入学時に、制服・体操服・教科書・副教材等の購入費の一括納入が必要です。

2022 年度卒業生の進路状況

【進路先】卒業者数…46 名
大学…8 名　　短大…1 名　　専門学校…19 名
就職…15 名　　その他…3 名（アルバイト・浪人）
【主な合格実績】
京都芸術大、岐阜聖徳学園大、鈴鹿医療科学大、日本福祉大、皇學館大、京都ノートルダム女子大、京都精華大、愛知みずほ大、大同大、聖泉大　等　他各種専門学校
【指定校推薦】
京都ノートルダム女子大、大阪商業大、大同大、岐阜聖徳学園大、帝塚山大、愛知みずほ大、大阪学院大、星城大、城西大、名古屋音楽大、芦屋大、同朋大　等多数あり

◇◇◇◇◇◇◇◇◇ **この学校にアクセスしてみよう！**

学校説明会	入学前電話相談	文化祭見学	体育祭見学	資料請求
○	○	―	―	○

※資料は電話または文書で請求して下さい。

【通信制】　　　　　　　　　　　　　　　　　　　　　　　　　　（単位制）

三重県立北星高等学校

みえけんりつほくせいこうとうがっこう

(http://www.mie-c.ed.jp/hhokus/　E-mail：hhokusad@mxs.mie-c.ed.jp)

■**校長名**：中村　晃久
■**住　所**：〒510-8027　三重県四日市市大字茂福字横座 668-1
■**電　話**：059-363-8111　　■**ＦＡＸ**：059-363-8116
■**最寄駅**：近鉄名古屋本線「富田」駅 徒歩 13 分
■**生徒が入学できる都道府県**：三重県
■**沿革**：
　1967 年　夜間定時制独立校として開校。
　2002 年　昼間部を開設。
　2006 年　三重県立四日市高等学校通信制課程を統合し、校名を
　　　　　三重県立北星高等学校として開校する。
■**教育理念**：
　安心・安全な環境で「自分ならではの学び」を支援する学校

■**形態・課程・学科**：
　併設校　単位制による通信制・普通科
■**入学・卒業時期**：
　・入学時期　4 月　10 月　　・卒業時期　3 月　9 月
■**修業年限**：
　・3 年以上（在籍最長年数：制限なし）
■**学期制**：2 学期制
■**卒業認定単位数**：74 単位
■**始業・終業時期**：8：45 ～ 16：05
■**併設する課程**：単位制による昼夜定時制
■**技能連携**：なし
■**実務代替**：なし
■**技能代替**：あり
■**開設している講座数・科目数**：167 講座、58 科目

スクーリングの日数と場所

【**登校日数**】
　　　週 1 回（日曜または木曜、原則日曜）
【**場　所**】
　　　本校、連携校
【**その他**】
　　　火曜日にもスクーリングを実施

特色　一人ひとりの生徒に合った学習機会を提供し、定時制、通信制を柔軟に活用しながら自分のペースに合わせて学習時間帯や履修科目を選択し、充実した学習を進めていくことができます。

併修・単位　本校定時制の授業を併修できます。

クラブ活動　華道部　レクリエーション部
　　　　　　（定時制のクラブに一部入部可）

修学旅行　2022 年度　1 泊 2 日で 6 月に実施
　　　　　　2023 年度　実施せず

学校行事等　レクフェスタ、文化祭、遠足、生活体験発表会など

進学指導　進路 LHR、進路説明会、三者懇談の実施

補習　放送視聴等

生活指導　学校指定の制服はありません。自動車やバイクでの通学は許可制です。他の生徒に迷惑のかからないように指導しています。

生徒情報

【**不登校生**】
過去に不登校だった生徒はいます。チューターやカウンセラーを通してきめ細やかな支援をしています。また、個別に生徒を支援する委員会も組織し、学校全体として体制を整えています。
【**転編入生**】
前籍高校で修得した単位は振り替えられます。高卒認定試験の合格科目は 20 単位まで振り替えることができます。転・編入生の入学時期は 4 月と 10 月です。
【**保護者連絡**】
年 4 回程度学習進捗状況を連絡しています。保護者向け通信、便りの送付
【**転編入生数**】

1 年次	2 年次	3 年次
転編入生　79 名	転編入生　56 名	転編入生　29 名

【**生徒数**】　2023 年 5 月 1 日現在
　　在籍数：1080 名
【**教員数**】
　　教員数：男性 12 名　女性 6 名／講師数：男性 4 名　女性 10 名
　　スクールカウンセラー・スクールソーシャルワーカー：予約制

2024 年度の募集要項

募集について

	【前期入試】	【後期入試】
検 査 日：	2024 年 2 月 5 日	2024 年 3 月 11 日
選抜方法：	自己表現	面接、作文
選 考 料：	なし	なし

その他転編入試験や第 2 次選抜も実施しています。(4 月初旬)
また秋期入試を 9 月に実施します。

学費について

入学金：	0 円
授業料：	1 単位 324 円
教材費：	15,000 ～ 20,000 円
施設費：	0 円
諸経費：	10,000 円　程度
合　計：	30,000 ～ 40,000 円

2022 年度卒業生の進路状況

【**進路先**】
卒業者数…92 名（9 月卒も含む）
大学…7 名　　　　　短期大学…11 名　　　　専門学校…13 名
その他…61 名
【**主な合格実績**】
名城大学、四日市大学、鈴鹿大学、三重短期大学　他

【**指定校推薦**】
あり

◇◇◇◇◇◇◇◇◇◇◇ **この学校にアクセスしてみよう！**

学校説明会	入学前電話相談	文化祭見学	体育祭見学	資料請求
○	不可	不可	不可	来校のみ

※学校説明会：10 月
　　　　　　（12・1・2・3・7・8 月に「通信制ガイダンス」を実施）
※入試に関する資料は本校にお問い合わせください。

【通信制】 （単位制）

三重県立松阪高等学校
みえけんりつまつさかこうとうがっこう

(http://www.mie-c.ed.jp/hmatus/)

■**校長名**：森山　隆弘
■**住　所**：〒 515-8577　三重県松阪市垣鼻町 1664
■**電　話**：0598-26-7522　■**ＦＡＸ**：0598-25-0533
■**最寄駅**：近鉄線「東松阪」駅下車、徒歩 10 分
　　　　　　JR 線「松阪」駅下車、徒歩 20 分
■**生徒が入学できる都道府県**：
　三重県
■**沿革**：
　1910 年　4 月　飯南郡立飯南女学校を創立
　1948 年 10 月　通信教育開校式挙行
　1955 年　4 月　三重県立松阪高等学校と改称

■**形態・課程・学科**：
　併設校、単位制による通信制課程・普通科
■**併設する課程**：学年制による全日制課程
■**併設課程への転籍**：なし
■**入学・卒業時期**：
　・入学時期　4 月　　・卒業時期　3 月
■**修業年限**：
　・4 年（原則）
■**学期制**：1 年　■**卒業認定単位数**：74 単位以上
■**始業・終業時刻**：8：45 ～ 15：25
　　　　　　　　　　1 日 6 時限、1 時限 50 分
■**技能連携**：なし　　■**実務代替**：なし　　■**技能審査**：なし
■**開設講座数**：42 科目

スクーリングの日数と場所

【**登校日数**】原則として第 1、第 3 日曜日の月 2 回
　　　　　　　（補充スクーリングもあります。）
【**場　所**】
　本校

特色
　本校は単位制のシステムをとりつつ、クラスは入学年度毎のグループで編成しています。

単位
　「高卒認定試験」で合格した科目を、年間 3 科目 12 単位以内で本校での修得単位として認定することができます。

同好会活動
　華道、茶道、スポーツ、イラスト同好会が活動しています。

学校行事
　ガイダンス、遠足、体育祭、卒業生を送る会、県・校内生活体験発表会、修学旅行、中部地区通信制高校生活体験発表会、東海四県交歓会、県・校内文化作品展、定通交流スポーツ大会

その他
　生活発表会では、自学自習の精神を生かした日々の生活体験発表に、感動させられます。県大会や全国大会で入賞された先輩達も多くいます。

生活指導
　指定の制服はありません。服装は自由です。

◇◇◇◇◇◇◇ この学校にアクセスしてみよう！

学校説明会	入学前電話相談	文化祭見学	体育祭見学	資料請求
○	○	－	－	○

※資料は電話で請求してください。返信用切手代要。
※学校説明会に必ず出席してください。

生徒情報

【**不登校生**】
中学時代に不登校だった生徒に対しても、あたたかく対応して、卒業していけるよう支援しています。
【**転編入生**】
前籍高校の修得単位を本校カリキュラムに照らしあわせて活かすことができます。
【**保護者連絡**】
電話対応など。

【**生徒数 普通科**】登録者数　　　　　　　2023 年 6 月 1 日現在

年次	生徒数	クラス数	1 クラスの平均人数
1 年次	103 名		
2 年次	79 名	14 クラス	18 名
3 年次	55 名		
4 年次	33 名		

【**教員数**】
　教員：男性 12 名、女性 4 名／講師：男性 2 名、女性 5 名

2024 年度の募集要項

募集について

【**後期選抜**】
募集人員：普通科・200 名
出願期間：2024 年 2 月 22 日（木）～ 27 日（火）正午
試 験 日：2024 年 3 月 11 日（月）
選抜方法：面接と作文
選 考 料：なし

【**再募集**】
出願期間：2024 年 3 月 26 日（火）～ 4 月 1 日（月）正午
試 験 日：2024 年 4 月 3 日（水）

学費について

学費等：入学時に年額約 45,000 円程度
　　　　　（報告課題費などを全て含めて）

2022 年度卒業生の進路状況

卒業者数…50 名

【**過去 4 年間の主な合格実績**】
皇學館大学、鈴鹿大学、鈴鹿医療科学大学、四日市大学、関西学院大学、関西大学、近畿大学、大垣女子短期大学、京都産業大学、名古屋外国語大学、愛知大学、中京大学、摂南大学、相模女子大学、奈良大学、立命館大学、神戸女子大学、三重短期大学、高田短期大学、伊勢理容美容専門学校、津高等技術学校、三重調理専門学校、大阪自動車整備専門学校、ユマニテク看護助産専門学校、HAL 名古屋、トヨタ自動車大学校、三重農業大学校、大原簿記情報医療専門学校

【**過去 4 年間の主な就職先**】
マリンフーズ（株）、日本精工硝子（株）、全日警（株）、新生電子（株）、（株）日新化成、（株）ウッドベル、わたらい老人福祉施設組合老人ホーム高砂寮、ベビー＆マタニティ（株）サカタ、（株）日本フェニックス

北海道
青森
岩手
宮城
秋田
山形
福島
茨城
栃木
群馬
埼玉
千葉
東京
神奈川
新潟
富山
石川
福井
山梨
長野
岐阜
静岡
愛知
★ 三重
滋賀
京都
大阪
兵庫
奈良
和歌山
鳥取
島根
岡山
広島
山口
徳島
香川
愛媛
高知
福岡
佐賀
長崎
熊本
大分
宮崎
鹿児島
沖縄

【通信制】　　　　　　　　　　　　　　　　　　　　（単位制）

四日市メリノール学院高等学校 通信制課程
（がくいんこうとうがっこう つうしんせい かてい）
（よっかいち）

(https://www.maryknoll.de.jp/)

■校長名：高木　義成
■住　所：〒512-1205　三重県四日市市平尾町 2800
■電　話：059-326-0067　■FAX：059-326-8345
■最寄駅：近鉄「四日市」駅から四日市消化器病センター行
　　　　　または福王山行の三重交通「大池」バス停下車約 7 分
■生徒が入学できる都道府県：
愛知県、三重県
■沿革：
　1962 年　メリノール女子修道会がメリノール女子学院を設立
　1963 年　高等学校 開校
　1964 年　中学校を開校
　2017 年　「四日市メリノール学院高等学校」と改称して男女共
　　　　　学となる
■創立理念：
キリスト教的世界観や人間観を土台として、人間の全人的高等
教育を通して、広く人類社会に対する愛と奉仕に生きる高い知
性と人間性を備えた人の育成

■形態・課程・学科：併設校　単位制による通信制・普通科
■入学・卒業時期：・入学時期　4 月　・卒業時期　3 月
■修業年限：3 年以上（在籍最長年数：5 年）
■学期制：2 学期制
■卒業認定単位数：74 単位
■始業・終業時間：9：50 〜 15：00
■併設する課程：全日制普通科
■併設課程への転籍：可（登校実績・学力審査）
■技能連携：なし
■実務代替：なし
■技能代替：なし
■開設している講座数・科目数：49 講座、49 科目

スクーリングの日数と場所

【登校日数】
　30 日程度（面接指導・試験等）
【場　　所】
　本校

特色

学校行事
X'mas ミサ、修養会、芸術鑑賞、ボランティア活動。
社会見学、校外学習。

クラブ活動
【クラブ数 0】

生活指導
服装や頭髪等に身だしなみについては、著しく華美な
もの、他者に不快感を与えるものに対しては注意しま
す。
バイク通学不可。

進学指導
個別に特別進学指導を行います。
【学力不振対策】
高校生向けの中学校内容教材を用いた学び直し。

生徒情報

【不登校生】
教師やスクールカウンセラーによるカウンセリング。登校を
強制せず、できる範囲で少しずつ学校に通う日数を増やす。
他の不登校経験生徒との仲間づくり。
【転編入生】
前籍高校で修得した単位は全て振り替えることができます。
各年度 3 回（7、10、12 月）に転（編）入試験を実施。学期
初め（前後期制）の入学となります。
【保護者連絡】
学期、年度替わりの保護者面談（2 回程度）を適宜行います。
ほか、家庭訪問、インターネット配信による「学校たより」「学
級たより」。

【生徒数】2023 年度生 36 名。（2023 年 8 月現在）

【教員数】
教員：男性 3 名、女性 2 名
カウンセラー：週 2 回常駐

2024 年度の募集要項

募集について
募集人員：60 名
出願期間：
A 日程入試…2023 年 12 月 4 日〜 2024 年 1 月 12 日
B 日程入試…2023 年 12 月 4 日〜 2024 年 1 月 22 日
試験日：
A 日程入試…2024 年 1 月 20 日（土）
B 日程入試…2024 年 1 月 28 日（日）
選考方法：
A 日程入試…事前面談（受験生と保護者）、作文
B 日程入試…学科試験（国語・数学・英語より入試当日 2 教
　　　　　　科選択）・
　　　　　　作文・面接（受験生のみ）
選考料：12,000 円

学費について
入 学 金：　45,000 円
授 業 料：　25,000 円
学習支援料：　20,000 円

2022 年度卒業生の進路状況

【進学先】2023 年 4 月開校予定のため実績なし。

【指定校推薦】
なし

◇◇◇◇◇◇◇◇◇◇◇◇ この学校にアクセスしてみよう！

学校説明会	入学前電話相談	文化祭見学	体育祭見学	資料請求
○	○	−	−	○

※資料は HP からお申し込みください。

【通信制】 （単位制）

司学館高等学校
（しがくかんこうとうがっこう）

(https://www.sigakukan.ed.jp/)

- ■校長名：池田 実
- ■住 所：〒527-0026 滋賀県東近江市八日市野々宮町2-30
- ■電 話：0748-22-1176 ■ＦＡＸ：0748-20-5750
- ■最寄駅：近江鉄道八日市線「八日市」駅下車、徒歩15分
- ■生徒が入学できる都道府県：
  京都・滋賀
- ■沿革：
  2000年4月 開校

- ■形態・課程・学科：独立校・単位制による通信制普通科
- ■併設する課程：なし
- ■入学・卒業時期：入学時期 4月、10月（ただし、転入の場合は4～7月、10～12月も可）
  卒業時期 3月、9月
- ■修業年限：3年以上（在籍最長年数：制限なし）
- ■学期制：前・後期制 ■卒業認定単位数：74単位
- ■始業・終業時刻：10時～16時50分
  1日5時限、1時限50分
- ■技能連携：なし ■実務代替：なし ■技能審査：なし
- ■開設講座数：8講座、35科目

スクーリングの日数と場所

【登校日数】
　スクーリング期間は2週間に1回程度。（テスト期間は除く）

【場　所】
　本校のみ

特色

いろんな生徒がいるなら、いろんな高校生活があっていいと思う。そう司学館高校は考えています。

通信制高校である本校は、不登校や高校中退を経験した生徒など、様々な生徒が在籍しています。成人している生徒もいます。

学年や留年がなく、在籍期間の上限も無いため、それぞれが自分のペースで学習を進めています。

クラス割ではなく、また教室あたりの生徒数も20人程度の小さな高校なので、集団が苦手な生徒も比較的安心して学習することができ、卒業を目指して、担任教師が各生徒に合わせてきめ細かくサポートしてくれます。

スクーリング（登校日）は水・木・土のいずれか、2週間に1回程度の登校です。さらに、授業はweb動画の視聴によって、いつでも好きな時に在宅で出席することも可能。そのため、仕事をしながら、または夢を追いかけながらそれぞれの高校卒業を目指す生徒もいます。

勉強は当然簡単ではないですが、レポート（プリント学習）が分からなければ先生がいつでも出来るまで教えてくれるのも、本校の特徴です。個別指導にはもちろん別途学費は必要ありません。

クラブ活動

美術サークル活動、ボードゲームサークル活動　ほか

学校行事

スポーツ大会・校外学習等（自由参加）

生活指導

本校に制服はありません。服装・髪形については、高校生として問題がなければ特に規則することはなく、生徒の自主性に任せています。ただし、体育の時に安全の為、アクセサリー類は外すよう指導しています。司学館高校は生徒の自主性を重んじ、同時に自らの生活や行動に対して責任を持たせることを心がけています。

この学校にアクセスしてみよう！

学校説明会	入学前電話相談	文化祭見学	体育祭見学	資料請求
○	○	－	－	○

※資料は電話・メールで請求して下さい。
▼学校説明会 （随時）本校にて実施しています。

生徒情報

【新入学、編入学は4月・10月に入学可、転校は年度途中でも可能】
司学館高校は、新入・編入は4月だけでなく10月にも入学できます。
一度高校を中退した生徒などが、10月からも入学をしています。
また転校は、学期の途中でも受け付けています。学期末に補講があるので、途中から転校しても問題なく学習することが出来ます。

【不登校経験者など様々な生徒が在籍】
本校には、以前不登校を経験していた生徒なども多く在籍しています。
勉強が苦手、集団行動が苦手という生徒も、自分のペースで、少しずつ高校卒業を目指して頑張っています。

【クラスのない、大学のような授業スタイル】
2週間に1回程度のスクーリング（登校日）も、一日あたりの登校者数は60人程度のため、集団が苦手な生徒も比較的落ちついて学ぶことが出来ます。学年やクラスもないため、ストレスなく勉強に集中することが出来ます。また、インターネット動画視聴による授業出席にも対応、好きな時に在宅で授業を受けることもできます。

【担任の先生による管理サポート】
通信制高校は、レポート（課題プリント）の提出期限や出席しなければならない授業など、自分で管理しなければいけないことがたくさんあります。司学館高校では、担任の教員が、電話、手紙や直接連絡するなど、様々な手段で生徒の自己管理をサポートしています。

【学習サポートは無料】
勉強が分からなくても、諦めないでください。
スクーリングの日以外であっても、レポート（課題プリント）で分からないところがあれば先生がいつでも一緒に勉強してくれます。
個別の相談は、どれだけ行っても追加の授業料は発生しません。
一緒に頑張りましょう。

【生徒数】 2023年5月1日現在

年次	生徒数	男女比	クラス数
1年次	87名	4：6	クラスはなく、時間毎に教室
2年次	117名	5：5	や座席、周囲の生徒は変わります
3年次	150名	5：5	（教室あたり生徒数20名程度）
合　計	354名	5：5	

【教員数】
　教員数：男性7名、女性1名／講師：男性2名、女性3名
　カウンセラー：女性1名

2024年度の募集要項

募集について

【一般入試】
募集人員：120名
出願期間：2024年前期（4月）入学…1月中旬～3月下旬にかけて複数回
選考日：3月上旬～下旬にかけて複数回
選考方法：面接・作文・書類選考
選考料：10,000円

学費について

入学金：65,000円（諸費用含む）
授業料：（時期・状況により異なります。本校は就学支援金の対象校です）
年間運営費：22,000円

2022年度卒業生の進路状況

【進路先】
卒業者数　123名
大学・短大…9名　　専門学校…16名（各種学校、無認可校ふくむ）
就職…6名　　　　　その他（アルバイトなど）…92名

【主な合格実績】
滋賀県立大学、龍谷大学、佛教大学、京都産業大学、追手門学院大学、聖泉大学、東京通信大学、滋賀短期大学、大垣女子短期大学、滋賀県立農業大学校、京都コンピュータ学院、YIC京都ペット総合専門学校、大原簿記法律専門学校、滋賀職業能力開発短期大学校　他

【指定校推薦】
大学・短大・専門学校から指定校推薦が来ています。

【広域通信制】 （単位制）

ECC学園高等学校
イーシーシー　がくえんこうとうがっこう

（ https://www.ecc.ed.jp　E-mail：hello@ecc.co.jp ）

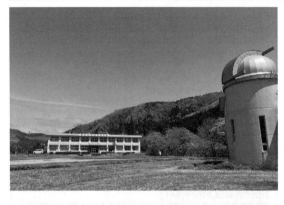

＜本校＞
- ■**校長名**：下澤　辰次
- ■**住　所**：〒520-1645　滋賀県高島市今津町椋川512番地1
- ■**電　話**：0740-24-8101　　■**FAX**：0740-24-8102
- ■**最寄駅**：JR湖西線「安曇川」駅より専用送迎バスで30分
- ■**生徒が入学できる都道府県**：全国47都道府県
- ■**沿　革**：1998年　4月　ECC高等学院開設
　　　　　　2007年　7月　構造改革特別区域計画認可
　　　　　　2007年11月　高島市へ設置認可申請
　　　　　　2008年　4月　開校

■ **ECC建学の理念**
本学は外国語教授を通じて、近代的なセンスと国際的な感覚を持った社会に実際的に活躍でき得る有用な人材を育成しようとするものである。以て国際間の人々の交流と相互理解を促進し、世界の文化向上とその恒久平和樹立に寄与したい。

■**ミッション**
通信制高校は今、不登校経験から全日制に通えないという理由ばかりではなく、自由に自分の時間を使いたいという積極的な理由で選択する生徒も増えています。
ECC学園高等学校のミッションは、自らの将来を切り拓き、多くの事柄にチャレンジできる力を養うことです。そして、英語をはじめ、ECCの通信制高校だからできる教育や支援を通じて、自信と成長につなげていきます。生涯学習機関であるECC建学の理念のもと、卒業後を考えて一緒に歩んでいける、それがECC学園高等学校です。

- ■**形態・課程・学科**：独立校・単位制による広域通信制課程　総合学科
- ■**併設する課程**：なし
- ■**入学・卒業時期**
　入学時期4月、10月（転入学は随時）
　卒業時期3月、9月
- ■**就業年限**：3年　　■**学期制**：2期制（前期・後期）
- ■**卒業認定単位数**：74単位以上
- ■**実務代替**：なし　　■**技能審査**：なし

●高校卒業×多彩な学びのコンテンツ
高校卒業に必要な日頃の学びに加え、ECCの通信制高校ならではの語学（英語を含む7言語が学べるオンラインレッスン）やセブ（フィリピン）やその他海外への留学（短期から長期まで）、中学校の復習から大学受験対策（「スタディサプリ」を教材として採用）、いなか塾（「生き抜く力」を育む農村滞在プログラム）など多彩なコンテンツを用意しています。

★設置コース
通信スタイルは「ベーシックコース」を基本に、オンラインレッスンを組み合わせた「英語（オンライン）コース」、ECCの通信制高校の特性を生かして世界で活躍する選手を目指す「スーパーアスリートコース」（強化指定クラブ／ゴルフ部）。通学スタイルは、ECC品質の専門講座で4技能を強化する「英語強化コース」、社会性やコミュニケーション能力を高める「キャリアスキルコース」、通学日数から選択できる「トータル／2DAY／チャレンジサポートコース」があります。

★専門学校高等課程・高等部×高校卒業
普段は提携のサポート校であるECCコンピュータ専門学校高等課程（ゲーム・CG）、ECC国際外語専門学校高等部（英語）、ECCアーティスト美容専門学校高等部（メイク・美容）で専門知識や技術を学びながら、ECC学園高等学校で高卒資格を取得することもできます。

●選べる学習スタイル
一人ひとりの状況やライフスタイル、将来の目標や進路に合わせて、学び方を選択できます。いつでもどこでもやりたいことに多くの時間を使える「通信スタイル」、英語の専門コースや、月2日・週2日～週4日の通学日数から選択して、京都・大阪の学習センターに通う「通学スタイル」から選べます。

●レポート（添削指導）
「通信スタイル」ではiPadを利用して、いつでもどこでもレポート（添削指導）に取り組むことができます。「通学スタイル」では、対面（個別または少人数）で指導が受けられるのでより安心して学ぶことができます。内容は教科書に沿った内容で構成されているので、教科書をじっくり読めば無理なく学習を進めることができ、進捗状況はマイページから確認できます。

●スクーリング（面接指導）
高校卒業要件のスクーリングは年5日程度、滋賀高島本校（および周辺施設）で行います。宿泊または日帰りでの参加が選択できます。登校日数が少ない分、学びたいことや、やりたいことに集中する時間を圧倒的に増やすことができるので、夢や目標にも近くなります。

●テスト
単位認定のためのテストは年2回実施します。出題はレポートの内容中心ですので、普段のレポートにしっかり取り組むことが大切です。

◇◇◇◇◇◇◇◇◇◇◇◇ この学校にアクセスしてみよう！

学校説明会	入学前電話相談	文化祭見学	体育祭見学	資料請求
○	○	－	－	○

スクーリングの日数と場所

【登校日数】
　年5日程度
　※宿泊または日帰りでのスクーリングを選択できます。
【場　　所】
　本校および特区内地域（滋賀県高島市）
　宿泊スクーリングの専門科目（学校設置科目）では地域学習、牧場体験、琵琶湖カヌー体験、そば打ち、陶芸など滋賀県高島市をフィールドにさまざまな体験型学習を中心に行います。
【その他】
　放送視聴によりスクーリングを軽減しています。

併修・単位
高卒認定試験で合格した科目を単位として認定します。英検®・漢検等の合格者は単位として認定します。

学校行事
校外学習、自然体験、農業体験、サマーツアー（マリンスポーツ体験、富士登山等）、ウインターツアー（スキー・スノーボード体験等）、ボランティア、卒業記念旅行など。

クラブ活動
ゴルフ部（強化指定クラブ）、フットサル部、ゲーム部、ボランティア部など

生活指導
服装は自由です。希望者は制服（標準服）を購入していただけます。頭髪・ピアスなど身だしなみに関して厳しい校則はありません。アルバイトについては社会経験として推奨しています。喫煙・暴力等の反社会的行為については厳しく処分します。

進路指導
進学（大学、短期大学、専門学校）から就職まで、その生徒にとって一番の進路である事を大切に考え、進路指導します。

生徒情報

【不登校生】
不登校経験のある生徒は約8割程度です。生徒一人ひとりとじっくり向き合うことで、学習意欲を取り戻し、自信をもって卒業後の進路に向かうことを指導しています。
【転編入生】
転入学（転校）は随時入学可能で、前籍校で修得した単位や在籍期間は引き継ぐことができます。同級生と同時期に進級、卒業が可能です。編入学は、年2回（4月と10月）に入学が可能です。
【保護者連絡】
各学習センターにおいては、保護者会・三者面談を行っています。毎月発送の月間予定や電話・メールを通じて保護者の皆様と連携を図っています。

【生徒数】　　　　　　　　　　　　　　　　　2023年5月現在

年次	生徒数	男女比
1年次	72名	5：5
2年次	84名	6：4
3年次	112名	5：5
合計	268名	5：5

2024年度の募集要項

募集について

出願資格
新入学：2024年3月までに中学卒業見込者または既卒者
転入学：高等学校在籍者
編入学：高等学校中途退学者
出願期間
前期（4月）入学：2024年4月5日まで
後期（10月）入学：2024年6月10日～2024年10月4日
転入学は随時受付
試 験 日：随時
選考方法：書類及び面接

学費について

＜2024年度＞
入 学 金：30,000円（入学時のみ）
授 業 料：10,000円/1単位（履修単位分が必要）
※授業料は就学支援金制度の対象となります。
　詳細はお問い合わせください。
教 材 費：実費
指導関連諸費：33,000円（年額）
　　　　　　　　　　（その他、保険料200円）
※通学スタイルおよび選択コース費用、各サポート校費用は別途必要となります。
※2025年度入学の詳細は2024年3月末公開予定です。

＜学校の施設＞

校 地 面 積	6,400m²	図 書 室	あり
運動場面積	3,000m²	プ ー ル	なし
視聴覚教室	なし	食 堂	なし
体 育 館	あり	ラ ウ ン ジ	あり
借りグラウンド	あり	カウンセリング室	あり

2022年度卒業生の進路状況

＜卒業者数93名＞

【進路先】
大学・短大
追手門学院大学／大阪学院大学／大阪体育大学／大阪電気通信大学／大谷大学／関西大学／畿央大学／京都経済短期大学／京都芸術大学／京都光華女子大学／京都産業大学／京都先端科学大学／京都橘大学／京都ノートルダム女子大学／甲子園大学／成安造形大学／西山短期大学／四天王寺大学／帝塚山大学／東京通信大学／長浜バイオ大学／花園大学／桃山学院大学／横浜商科大学／立命館大学／流通科学大学

※大学進学志望者には指定校推薦制度あり

専門学校
ESA音楽学院専門学校／大阪観光専門学校／大阪健康保育専門学校／大阪総合デザイン専門学校／大阪ビジネスカレッジ専門学校／大阪保健福祉専門学校／京都外国語専門学校／京都芸術デザイン専門学校／京都自動車専門学校／京都コンピュータ学院／グラムール美容専門学校／高知語学＆ビジネス専門学校／高津美容専門学校／HAL大阪／ベルエベル美容専門学校／YIC京都工科自動車大学校／YIC京都ビューティー専門学校

【面接指導等実施施設】ECCコンピュータ専門学校高等課程／ECC国際外語専門学校高等部／ECCアーティスト美容専門学校高等部
【学習等支援施設】　共通フリーコール　0120-027-144
■京都学習センター　京都市下京区四条通寺町西入奈良物町358（四条麩屋町上ル）日新火災京都ビル5F　075-255-3911
■大阪学習センター　大阪市北区豊崎2-11-8　06-6377-4144
※詳細はホームページにてご確認ください。

【通信制】 （単位制）

滋賀県立大津清陵高等学校
（ http://www.ohtsuseiryo-h.shiga-ec.ed.jp/ ）

- ■校長名：饗庭　庄城
- ■住　所：〒520-0867　滋賀県大津市大平
- ■電　話：077-537-5004、5333　■FAX：077-537-6753
- ■最寄駅：JR琵琶湖線「石山」駅下車、バス18分
- ■生徒が入学できる都道府県：
  滋賀
- ■沿革：
  湖南高校（定時制・昼間部）、大津中央高校（定時制・夜間部）、膳所高校の通信制の3校を再編整備し、1992年4月に単位制の新しいタイプの高校として開校

- ■形態・課程・学科：
  併設校・単位制による通信制課程・普通科
- ■併設する課程：
  単位制による昼間・夜間定時制課程
- ■併設課程への転籍：なし
- ■入学・卒業時期：
  ・入学時期　4月　　・卒業時期　3月
- ■修業年限：
  ・3年（在籍最長年数：8年）
- ■学期制：2期制　　■卒業認定単位数：74単位
- ■始業・終業時刻：9：00 ～ 16：50
  1日6時限、1時限50分
- ■技能連携：なし　■実務代替：なし　■技能審査：なし
- ■開設講座数：70科目

スクーリングの日数と場所

【登校日数】
週1日（日曜日9：00 ～ 16：50）または週2日（水・木曜の午後13：00 ～ 16：50）。同じ週の日曜と水・木曜のスクーリングは同じ内容。どちらに出校してもよい。月に3程度スクーリングを実施。

【場　所】
本校のみ。（但し、体育の集中スクーリング、総合探究は日数・場所とも別に定めている）

特色
本校の通信制の特色は①自分のペースで学習（8年在籍できます）、②好きな科目を自分で選んで学習、③10代から高齢者まで、様々な仲間との学習ができること、④教職員が親切でやさしいことです。

併修・単位について
県立高校（夜間定時制）と年間12単位まで定通併修しています。

クラブ活動
【クラブ数 10】
バスケットボール、バドミントン、卓球、ソフトテニス、軟式野球、手話、ワープロ、美術、書道、軽音楽

学校行事
修学旅行（1泊2日）、校外活動（芸術鑑賞 その他）、「健康講座」「人権講座」「生活講座」、体育祭、文化祭等

生活指導
指定の制服はありません。

◇◇◇◇◇◇◇◇　この学校にアクセスしてみよう！　◇◇◇◇◇◇◇◇

学校説明会	入学前電話相談	文化祭見学	体育祭見学	資料請求
○ 要予約	○	ー	ー	○

※資料は返信用封筒（角2封筒）に必要な切手を貼って同封し、請求して下さい。
▼学校説明会　随時（個別に）

生徒情報

【不登校生】
中学・前籍校時代に不登校だった生徒はかなりいます。

【転編入生】
前籍高校の単位は全て、高卒程度認定試験で合格した科目は一定の範囲で認定します。

【保護者連絡】
希望者に保護者面談を行っています。

【転編入の生徒数】（入学時）

2023年度生	2022年度生	2021年度生	2020年度生
95名	77名	74名	95名
2019年度生	2018年度生	2017年度生	2016年度生
101名	88名	68名	84名

【生徒数】普通科　　　　　　　　　　2023年5月1日現在

年次	生徒数	男女比	クラス数	1クラスの平均人数
2023年度生	212名	女子の方がやや多い	6クラス	35名
2022年度生	162名		5クラス	27名
2021年度生	105名		3クラス	27名
2020年度生以前	240名		8クラス	15名

【教員数】
教員：男性9名、女性9名／講師：男性1名、女性2名

2024年度の募集要項

募集について

【一般入試】
- 【募集人員】320名
- 【試験日】一次…3月10日～13日
  二次…3月21日～22日
- 【選抜方法】書類・面接
- 【選考料】なし

学費について
- 【入学金】500円（2023年度）
- 【受講料】1単位あたり330円（2023年度）
- 【教科書代等】10,000～20,000円程度

2022年度卒業生の進路状況

【進路先】
卒業者数…88名
大学…6名　　短大…5名　　専門学校…9名
就職（学校斡旋）…7名　　その他…71名

【主な合格実績】
滋賀大学教育学部、滋賀県立大学、立命館大学、京都産業大学、長浜バイオ大学、龍谷大学、花園大学、佛教大学、聖泉大学、大阪商業大学、関西外国語大学、滋賀文教短期大学、滋賀短期大学、びわこ学院大学短期大学部、池坊短期大学、滋賀県立農業大学校、京都調理師専門学校、京都コンピュータ学院、滋賀県総合保健専門学校、大阪デザイナー専門学校、京都医療専門学校、華頂社会福祉専門学校、ECCコンピュータ専門学校

【指定校推薦】
あり

【広域通信制】　　　　　　　　　　　　　　　　　　　　　　（単位制）

京都芸術大学附属高等学校

（ https://shs.kyoto-art.ac.jp/ ）

■校長名：鈴木　克治
■住　所：〒606-8252 京都市左京区北白川上終町 24
■電　話：0120-87-37-39　　■FAX：075-791-9477
■最寄駅：市バス 3 系統、5 系統、204 系統「上終町・瓜生山学園 京都芸術大前」
　　　　　叡山電鉄「茶山・京都芸術大学」駅 徒歩 10 分
■生徒が入学できる都道府県：京都府・滋賀県・大阪府・兵庫県・奈良県
■沿革：
　1977 年　　京都芸術短期大学 造形芸術学科を設置
　1991 年　　京都造形芸術大学 芸術学部を設置
　1998 年　　芸術学部 通信教育部を設置
　2019 年　　京都造形芸術大学附属高等学校を開校
　2020 年　　京都芸術大学附属高等学校に名称変更
■教育理念：
「藝術立國」を基本使命とし、芸術教育を通して人間力［知識／思考力／主体性］と創造力［発想力／表現力］の修得を目指し、10 年後もいきいきと社会に参画できる人材を育成する。
Society5.0、AI 時代 - 社会が大きく変化する中、これからの社会や人材に求められる能力は「創造性」です。「全日制」と「通信制」を融合した「新普通科」として、生徒一人ひとりの個別最適な学びを深めるとともに、京都芸術大学で先行研究されてきた「対話型教育」の実績をもとに、全教科アウトプット型の学習を導入し、思考力・表現力が必要とされる「学力」と「人間力（コミュニケーション力・協働力・発想力）」を育成します。

■形態・課程・学科：独立校・単位制による通信制課程・普通科
■入学・卒業時期：・入学時期 4 月　　・卒業時期 3 月
■修業年限：3 年（在籍最長年数：6 年）
■卒業認定単位数：74 単位　　■始業・終業時刻：9：30 ～ 16：20

スクーリングの日数と場所

【登校日数】週 3 ～ 5 日
【場　所】京都芸術大学附属高等学校
（京都府京都市左京区北白川上終町 24 創々館 2 階）

一人ひとりの表現力の導き出す「新普通科」の学力と人間力向上のさまざまなプログラム

1「学力の三要素」の育成
対話型授業をはじめさまざまな協働・個別学習プログラムを通して、大学入試改革でも求められている『学力の三要素（①知識・技能　②思考力・判断力・表現力　③主体性・多様性・協働性　※文部科学省）』を育成します。
2 全教科アウトプット型の対話型教育を導入
コミュニケーション力を基本として、社会で必要な「協働力」と「発想力」を育てる授業を 2021 年度より導入。繰り返し授業を受けることでコミュニケーション力を育み、クラスメイトや担任教員と良好な関係を築き、登校することが楽しくなるよう取り組んでいます。
3 大学附属高等学校ならではの連携科目と充実の設備・施設
プロフェッショナル科目（大学・専門学校と連携した各専門分野の学び）を通して社会に必要な人間力を育みます。また学園施設として講堂（体育館）・図書館・学食・カフェも完備しております。
4 多様な進路が目指せる普通科
中学の学び直しや進路選択に必要な基礎学力強化など学力サポートも行うほか、総合型選抜入学などの新しい大学入試にも対応。卒業時の多様な進路を実現するためのプログラムを用意しております。

学習システムの特徴

＜月・水・金＞
学力の 3 要素を学ぶ「対話型授業」とコミュニケーション力・協働力・発想力を獲得する科目「総合」
＜火・木＞
クラスや学年を超えたプロジェクト型の協働型探究学習「社会デザイン演習」、学習到達度、達成度別個別指導学習「スタディチャレンジ」

生徒情報

【保護者と連携】
全校保護者会年 1 回以上、懇談会（年 2 回）のほか、必要に応じて随時、個別面談・電話・メール等の連絡を行います。

【生徒数】　　　　　　　　　　　　　　　2023 年 5 月 1 日現在

年次	生徒数	男女比	クラス数
1 年次	188 名	63：125	6 クラス
2 年次	187 名	46：141	6 クラス
3 年次	142 名	44：98	5 クラス
合　計	517 名	153：364	

【教員数】
教員：男性 17 名、女性 11 名
カウンセラー：1 名（週 1 回）
看護師：1 名（週 3 回／通常授業日）

2024 年度の募集要項

募集について

募集人数：200 名
出願資格：「学校説明会」＆「体験授業」への参加
　　　　　※詳細は生徒募集要項をご確認ください」
出願期間：2024 年 1 月 15 日（月）～ 1 月 31 日（水）17 時必着
試　験　日：2024 年 2 月 10 日（土）
選考方法：文章表現
選　考　料：10,000 円

【体験授業型選抜模試】（受験推奨、WEB 申込、無料）
申込期間：2023 年 10 月 2 日（月）～ 11 月 30 日（木）17 時まで
模　試　日：2023 年 12 月 2 日（土）、12 月 3 日（日）

学費について

入　学　金：50,000 円
授　業　料：普通科目 11,000 円（1 単位当たり）
　　　　　プロフェッショナル科目 12,500 円（1 単位当たり）
施設設備費：70,000 円（年額）
教育充実費：150,000 円（年額）

2022 年度卒業生の進路状況

・進路決定率 95.0%（2022 年度卒業生 159 名）
・総合型選抜入試等による合格者率 77.0%

【これまでの進路先内訳】
大学進学：50%、専門学校：32%、就職：12%、浪人：4%、その他 2%

クラブ活動

【同好会活動】
演劇同好会、学校創造同好会、美術創作同好会、映像表現部「MICS」、ダンス同好会「Olive」、京都文化研究同好会、音楽同好会、ゲーム同好会 NEO、コスプレ同好会、カフェ同好会、USC（瓜生山スポーツクラブ）、ジャニーズ同好会、オカルト研究同好会、生物科学研究部　等

◇◇◇◇◇◇◇◇◇◇ この学校にアクセスしてみよう！

学校説明会	入学前電話相談	文化祭見学	体育祭見学	資料請求
○	○	○	―	○

※ HP 資料請求フォーム、お電話にてお申し込みください。
▶学校説明会 & 体験授業（事前申込制）

北海道
青森
岩手
宮城
秋田
山形
福島
茨城
栃木
群馬
埼玉
千葉
東京
神奈川
新潟
富山
石川
福井
山梨
長野
岐阜
静岡
愛知
三重
滋賀
京都 ★
大阪
兵庫
奈良
和歌山
鳥取
島根
岡山
広島
山口
徳島
香川
愛媛
高知
福岡
佐賀
長崎
熊本
大分
宮崎
鹿児島
沖縄

【通信制】　　　　　　　　　　　　　　　　　　　　（単位制）

京都つくば開成高等学校
（きょうとかいせいこうとうがっこう）

(https://kyoto.tsukuba-kaisei.ed.jp)

学校へのアクセス

生徒たちはクラス制・フレックス制・土曜日選択制・夏冬集中受講制の中から自分に合った登校スタイルを選択します。また、希望者は普通科目に加え、ドギー・メカニック・進学・保育・アート・ＩＴ・調理製菓・芸能マルチ（声優・ダンス・ミュージック）・美容の専門コースを選択することができます。専門コースで学んだことも、卒業単位として認定します。さらに、きめ細かな進路指導を行い、生徒の進路保証にも力を入れています。みなさんの多様なニーズに対応できる学校づくりを推進しています。

<**本校**>
■校長名：岡田　裕三
■住　所：〒600-8320
　　　　　京都市下京区西洞院通七条上る福本町406番
■電　話：075-371-0020　■FAX：075-371-0021
■最寄駅：JR・近鉄・地下鉄「京都」駅より北西へ徒歩8分
　　　　　京阪「七条」駅より西へ徒歩14分
■生徒が入学できる都道府県：
　京都府
■沿　革：
　平成20年に前身のつくば開成高等学校京都校が開設。平成27年4月に京都府の認可を受け、京都つくば開成高校を開設。地域に根ざした学校づくりを目指します。
■教育理念：
　京都府の生徒に、通信教育を通して、国際社会で生きる確かな学力とスキル、豊かな感性と教養を身に着ける教育実践を行い、卒業時点ですべての生徒が、それぞれの進路目標を達成できるように努めることを学校の基本理念としています。目標達成を具体化するために、体験学習主体の専門コースや、大学進学を可能にする進学クラスを設定するとともに、就職活動に即した身だしなみを大切にする教育活動を展開しています。
　様々な理由で不登校を経験した生徒が多数在籍している学校だから、学校に来なくてもよいという理念でなく、できるだけ登校して、生徒同士や社会人との接点を通じて、コミュニケーションの力をつけることも本校の大切な教育理念としています。

■形態・課程・学科：
　独立校・単位制による通信制・普通科
■併設する課程：なし
■入学・卒業時期
　入学時期　4月（転編入学は随時）
　卒業時期　3月、9月
■就業年限：3年以上（在籍最長年数：6年）
■学期制：2期制
■卒業認定単位数：74単位
■実務代替：なし
■技能審査：対応する科目を履修登録することで卒業に必要な単位として認定することができます。
■開設講座数：普通科目の他にも学校設定科目や専門科目を多数開講しています。

スクーリングの日数と場所

【登校日数】
　クラス制…2週間で4日程度
　フレックス制…週1～3日程度
　土曜日選択制…毎週土曜日

【場　所】
　本校
　※専門コースの授業は校外の実習施設で行う場合もあります。

【内　容】
　スクーリングは講義形式です。体育のスクーリングは、体を動かすのが大好き！という人は、体育館で思いっきり体を動かしましょう。大人数で体育をするのは苦手だ、という人は少人数制で行う卓球・バランスボール・ヨガなどの授業にチャレンジしてみてください。ボクシング実習やスケート実習などの校外での授業も豊富に用意しています。

クラブ活動

仲間を5人集めれば、新しい部活を作ることもできます。
【例】バスケットボール部、模型部、バレーボール部、ダンス部、軽音部、写真部

学校行事

年間を通じて、多彩な学校行事を行っています。
【例】
修学旅行、校外学習（USJ など）、文化祭

進学指導

それぞれの進路実現に向けて、進学コースは週3日、1科目につき週に4時限の授業を開講しています。大学受験指導経験の豊富な先生が学力別のクラス編成で授業を行っています。授業や問題集でわからないところは、教科の先生による個別指導も行っています。

補習指導

自分のペースで学習し、わからないところを担当教員が指導するスタイルの個別指導も行い、手厚く学習をサポートしています。

生活指導

制服（標準服）は希望者のみに販売。
服装は華美でないもの。頭髪は自然髪が原則。
成人であったとしても喫煙は一切認めていません。
授業態度が悪かったり、他人に迷惑のかかる行為をした場合は、厳しい指導を行っています。

生徒情報

【保護者連絡】
月1回以上郵送物を発送します。緊急連絡はメール配信。必要に応じて二者・三者懇談を実施しています。

【転編入生】
前籍高校で修得した単位は基本的に認定します。転編入生は随時入学可能です。

【不登校生】
本校の生徒は、ほとんどが不登校を経験しています。教員のみならず、複数のカウンセラーが対応しています。

【生徒数】　　　　　　　　　　　　　　2024年1月17日現在

年次	生徒数	クラス数	1クラスの平均人数
1年次	200名	4クラス	30～40名
2年次	204名	4クラス	30～40名
3年次	187名	3クラス	30～40名

【教員数】
　教員：男性12名、女性11名／講師：55名

2024年度の募集要項

募集について

出願期間：新入生　2024年1月29日（月）～2月3日（土）
　　　　　※郵送の場合は2月1日（木）消印有効
　　　　　転編入　随時
出願書類：募集要項をご確認ください。
選考日：新入生　2024年2月13日（火）
　　　　　　　　または14日（水）
　　　　　転編入　随時
選考方法：新入生　筆記試験（国語・数学）、書類審査、面接
　　　　　転編入　書類審査、面接
選考料：15,000円

学費について

入学金：50,000円
施設設備費：36,000円（年額）
教育運営費：50,000円（年額）
授業料：8,500円（1単位）
教育充実費：200,000円（年額）
専門コース費：希望者のみ

※国の就学支援金と
　京都府のあんしん修学支援金の対象校です。

2022年度卒業生の進路状況

＜卒業者数141名＞
【進路先】
進学…78名　　　就職…19名

【主な合格実績】
奈良女子大学、神戸大学、同志社大学、関西大学、立命館大学、京都産業大学、龍谷大学、佛教大学、京都女子大学、同志社女子大学、京都橘大学、大谷大学、関西外国語大学、京都外国語大学　他

【主な就職先】
株式会社サンガジャパン、ワタキューセイモア株式会社、株式会社フォーセス、ジェイティプラントサービス株式会社、京都生花株式会社、株式会社グルメ杵屋、トヨタカローラ京都株式会社、株式会社大和組　他

＜学校の施設＞

校地面積	1,680m²	図書室	あり
運動場面積	m²	プール	なし
視聴覚教室	あり	食堂	なし
体育館	なし	ラウンジ	なし
借りグラウンド	なし	カウンセリング室	あり

◇◇◇◇◇◇◇◇◇◇ **この学校にアクセスしてみよう！**

学校説明会	入学前電話相談	文化祭見学	体育祭見学	資料請求
○	○	○	―	○

※資料は学校HP・お電話にて請求して下さい。

北海道
青森
岩手
宮城
秋田
山形
福島
茨城
栃木
群馬
埼玉
千葉
東京
神奈川
新潟
富山
石川
福井
山梨
長野
岐阜
静岡
愛知
三重
滋賀
京都 ★
大阪
兵庫
奈良
和歌山
鳥取
島根
岡山
広島
山口
徳島
香川
愛媛
高知
福岡
佐賀
長崎
熊本
大分
宮崎
鹿児島
沖縄

【広域通信制】　　　　　　　　　　　　　　　　　　　　　（単位制）

京都美山高等学校

（きょうとみやまこうとうがっこう）

(http://www.miyama.ed.jp　E-mail：nyushi@miyama.ed.jp)

■校長名：岡西　啓三
■住　所：〒 602-0926　京都市上京区元真如堂町 358 番地
■電　話：075-441-3401　　■FAX：075-441-3402
■最寄駅：京都市営地下鉄烏丸線「今出川」駅から
　　　　　西南へ約 700 メートル
■生徒が入学できる都道府県：
　京都府・大阪府・滋賀県・兵庫県・奈良県・福井県
■沿革：
1984 年（昭和 59 年）京都府北桑田郡美山町に全日制普通科（全
　　　　　　　　　　寮制）のボランの広場高等学校として開校。
　　　　　　　　　　学校法人ボランの広場学園。
1990 年（平成 2 年）校名を現校名（京都美山高等学校）に変更。
1999 年（平成 11 年）法人名を学校法人美山学園に変更。
2003 年（平成 15 年）京都市上京区に単位制通信制課程を新設。
　　　　　　　　　　日本で初めて本格的にインターネットオン
　　　　　　　　　　ライン教育システムを導入。
2009 年（平成 21 年）全日制の生徒募集を停止。
2010 年（平成 22 年）HP を設置。
2011 年（平成 23 年）学校法人両洋学園に合併。
2014 年（平成 26 年）新校舎竣工。
2015 年（平成 27 年）広域制となり、募集区域を京都府・大阪府・
　　　　　　　　　　兵庫県・奈良県・滋賀県・福井県に拡充。
2016 年（平成 28 年）マンガコースを新設。
2019 年（令和 元 年）e スポーツ・プログラミングコースを新設。
■教育理念：
　「通わない、でもこころの通う学校」これが本校の教育スローガ
　ンです。本校では不登校生など、学校に通うことがハードルと
　なり全日制や従来の通信制の高校では就学が困難な生徒たちを
　救済することを目的としております。本校の授業は、自宅のパ
　ソコン、タブレット、スマホで授業を受ける在宅学習が中心で、
　スクーリングは年間 5 日程度で毎日「通わなくても」卒業でき
　ます。でも生徒と先生、生徒同士、保護者と先生の「こころの
　通い合い」を大切にしています。

■形態・課程・学科：
　独立校・単位制による通信制課程・普通科
■入学・卒業時期：
　・入学時期 4 月（転入学・編入学は随時受付）
　・卒業時期 3 月
■修業年限：3 年以上（在籍最長年数：制限なし）
■学期制：2 学期制　　■卒業認定単位数：74 単位

【学校へのアクセス】

特色

　本校は、2003 年日本で初めて本格的に『オンライン教育システム』を導入した普通科の単位制・通信制高校です。以来、「ネット高校のパイオニア」として、常に注目されてきました。本校の授業は、インターネットを利用したパソコン・スマホ・タブレットでのオンライン学習が中心です。インターネットを利用することによって、「自宅が教室になる」環境を実現し、自宅にいながらの在宅学習が可能となりました。従来の通信教育では、郵便でのレポートのやり取りなど一方向のスタイルが一般的でしたが、本校では、メッセージやチャットなどの多様なコミュニケーションツールを利用することで、インターネットを通じて教員と生徒が双方向で繋がり、オンライン上にバーチャルな教室を実現しています。教員が生中継で行うリアルタイムの「ライブ授業」、生徒がいつでも自分の好きな時間に録画された授業を視聴できる「ビデオ学習」、オンライン上で提出できる「レポート」など、様々な最新の学習システムが統合されたものが本校独自の学習管理システム（LMS）です。このネット学習を導入することで、大幅なスクーリングの日数（登校日数）の軽減にも成功し、「年間 5 日程度の日帰りスクーリング」という形態をとっています。さらに、従来の「在宅コース」に加え、全日制の高校のように通学をしたいという要望に応えて、2010 年度より待望の「通学コース」を設置しました。これにより通わなくてもいい「在宅コース」と無理なく通える「通学コース」など自分に合った登校スタイルを選べる

高校となりました。その他、絵を描くことが好きな方、美術系の大学・専門学校に進学を考えている人のための「美術コース」、マンガが好きな方、マンガを描く勉強をしたい方、マンガ家をめざす方のための「マンガコース」、e スポーツの紹介やゲームの楽しさ、プログラミングの基礎を学べる「e スポーツ・プログラミングコース」など全 5 コースで、生徒のニーズに応えられる教育環境を整えています。2014 年には、新校舎が竣工し、全教室にプロジェクターを完備し、パワーポイントや映像などを駆使した楽しい授業を行っています。2015 年度より、広域制になり、京都府・大阪府だけでなく、滋賀県・奈良県・兵庫県・福井県の方も入学できるようになりました。

スクーリングの日数と場所

【登校日数】年間 5 日程度の日帰りのスクーリング
　　　　　　及び年間 2 回の定期考査
【場　　所】本校：京都市上京区元真如堂町 358 番地
　　　　　　（2014 年新校舎竣工）

【スクーリング】
本校のスクーリングは、多様なメディアを利用することで大幅に軽減されているので『年間5日程度』だけ、しかも日帰りです。基本的には年5日程度のスクーリングと考査日以外に通学に必要はありません。2014年新校舎が完成し、全教室にプロジェクターを完備し、パワーポイントや映像などを駆使した楽しい授業を展開しています。

【個別面談】
学校での個別面談は時間をかけてじっくり行います。また本校の学習管理システム（LMS）を用い、オンライン上でメッセージ交換やオンライン面談が可能です。さらに担任は全員、生徒・保護者連絡専用の学校携帯を所持しているのでいつでも連絡できます。折り返しの電話をしますので電話代を気にすることなくじっくり日常生活のこと、進路のこと、なんでも気軽に相談していただけます。

【卒業率について】
クラス担任・副担任制による、きめ細やかな学習フォロー、保護者との密な連携、家庭訪問などにより、卒業率92％以上の実績があります。（単年度ではなく創立以来の平均値）

【生徒会活動】
2008年、日本初のネット投票による選挙で『生徒会』を発足しました。2009年からは「街頭募金活動」や「フリーマーケットの出展」、「ボランティア清掃活動」などさまざまな生徒会行事を催し、生徒の自主的な登校を促進しています。

【ライブ進路説明会とライブ大学・専門学校説明会】
ライブ中継による『進路説明会』では、自宅にいながら、進路担当の先生による進路先の紹介や入試制度の違い、入試時期など進路に関する説明を聞くことができます。また、ライブ中継による『大学・専門学校説明会』では、自宅にいながら大学・短大・専門学校の入試担当者から直接、説明を聞くことができます。

生徒情報

【不登校生】 本校は不登校生にとって「最後の砦」となっております。だからこそ、本校教員は生徒たち一人一人に寄り添い、「全員卒業」を目指し全力でサポートしています。こうした本校の長年の取り組みが認められ、「不登校なら京都美山」と学校関係者や保護者の皆様にも信頼され、今では多くの不登校生が在籍しております。在宅で自分のペースで学習でき、数学と英語に関しては小・中学校の復習もできる基礎科目もあり、学力に応じて無理なく学習できます。

【本校の校風】 本校の生徒は真面目で素直でおとなしい生徒ばかりです。授業中も私語などなく、安心して就学することができます。

【勤労者】 いつでも自分の好きな時間に学習でき、登校日が年間5日程度のスクーリング、及び定期考査だけなので、働く時間を妨げません。

【プロを目指す人】 自分のペースで学習でき、目指すものに時間を十分に費やすことができます。

【医療・メンタルヘルスが必要な方】 ほとんど全ての学習がインターネット（在宅）で完結するので、安心して病気を治しながら、高校を卒業することができます。

【転入生・編入生】 随時入学できます。前在籍校での単位、履修科目も引き継げるので、最短で卒業することができます。

【生徒数】普通科		2023年11月17日現在	
年次	生徒数	男女比	クラス数
1年次	209名	120：89	4クラス
2年次	271名	152：119	4クラス
3年次	270名	141：129	4クラス

【教員数】
教員：男性16名、女性11名

2024年度の募集要項

学費について

入 学 金：	50,000円	
授 業 料：	12,000円（1単位当たり）	
教 材 費：	50,000円（年額）	
施設設備費：	68,000円（年額）	

※「就学支援金制度（国）」「京都府あんしん修学支援制度」の対象校です。（令和元年度の実績）
⇒詳しくはお問い合わせください。

募集について

募集人数： 150名（予定）
出願期間： 1月10日（水）から4月5日（金）
　　　　　　※転入生、編入生は随時
選抜方法： 書類審査および面接（保護者同伴）、学科試験なし
入学検定料： 15,000円

主な合格実績

【国公立大学】 京都教育大、京都工芸繊維大、電気通信大
【私立大学】 大阪学院大、大阪産業大、大谷大、大手前大、金沢工業大、京都造形芸術大、京都女子大、京都精華大、京都学園大、京都橘大、成安造形大、帝塚山大、奈良大、人間総合科学大、花園大、佛教大、平安女学院大、龍谷大
【短期大学】 京都光華女子大学短期大学部、京都西山短大、京都文教短大、堺女子短大、京都嵯峨芸術大学短期大学部、滋賀短大
【専門学校】 大阪アニメ・声優＆eスポーツ専門、大阪アミューズメントメディア専門、大阪ウェディング＆ブライダル専門、大阪スクールオブミュージック専門、大阪バイオメディカル専門、大阪美容専門、大阪ホテル・観光＆ウェディング専門、大原簿記ビジネス公務員専門京都校、キャットミュージックカレッジ専門、京都医健専門、京都医療福祉専門、京都外国語専門、京都建築大学校、京都コンピュータ学院、京都製菓製パン技術専門学校、京都調理師専門、京都デザイン＆テクノロジーセンター専門、京都伝統工芸大学校、京都文化医療専門、京都ホテル観光ブライダル専門、京都理容美容専修学校、国際自然環境アウトドア専門、総合学園ヒューマンアカデミー、辻学園調理製菓専門、東京精神病院協会府中看護高等専修学校、日本自然環境専門、華調理製菓専門、ビジュアルアーツ専門、ブレーメン動物専門、YIC京都ビューティ専門、YIC京都ペット総合専門　他多数

＜学校の施設＞

校 舎 面 積	1236.86m²	図 書 室	あり
運動場面積	m²	プ ー ル	なし
視聴覚教室	なし	食 堂	なし
体 育 館	なし	ラ ウ ン ジ	なし
借りグラウンド	なし	カウンセリング室	なし

◇◇◇◇◇◇◇◇◇ この学校にアクセスしてみよう！

学校説明会	入学前電話相談	文化祭見学	体育祭見学	資料請求
○	○	－	－	○

※願書・学校案内等一式は無料です。本校ホームページ・電話にて請求してください。
※本校ホームページより願書ダウンロード可能

【広域通信制】　　　　　　　　　　　　　　　　　　　　（単位制）

京都廣学館高等学校
きょう と こう がっかんこう とう がっこう

(https://kyoto-kogakkan.mkg.ac.jp/course/course-quest/)

- ■校長名：瀧野　博史
- ■住　所：〒619-0245　京都府相楽郡精華町下狛中垣内48番地
- ■電　話：0774-93-0518
- ■ＦＡＸ：0774-93-2266
- ■最寄駅：近鉄「狛田」駅から徒歩5分、JR「下狛」駅から徒歩3分
- ■生徒が入学できる都道府県：
  京都、大阪、奈良、滋賀、兵庫、三重
- ■沿革：
  - 1957年 3月　学園創設者本部廣哲　本部塾宇治市に開設
  - 1975年 4月　学校法人南京都学園予備校開校
  - 1979年 4月　南京都幼稚園開園　学園章・学園旗制定
  - 1980年 4月　南京都商業高等専修学校宇治市に開設
  - 1981年 4月　南京都商業高等専修学校精華町へ移転
  - 1982年 11月　学園のシンボル　達磨像建立
  - 1984年 4月　南京都高等学校開校
  　　　　　　　南京都高等学校　校歌発表
  - 1987年 4月　校訓「愛・信・敬」発表
  - 2013年 4月　南京都高等学校を京都廣学館高等学校に校名変更
  - 2014年 4月　京都廣学館高等学校　単位制通信制課程（広域）普通科　ステップアップコース開設
  - 2024年 4月　京都廣学館高等学校　単位制通信制課程（広域）普通科　クエストコース開設
- ■創立理念：人間の能力は生まれつきのものではなくその人の努力によって開発され、無限に伸ばされる

- ■形態・課程・学科：
  併設校・単位制による通信制の課程・普通科
- ■併設する課程：全日制課程
- ■併設課程への転籍：全日制課程への転籍が可能です。
- ■入学・卒業時期：・入学時期　4月、10月　・卒業時期　3月、9月
- ■修業年限：3年以上（在籍最長年数：7年）
- ■学期制：2期制　　■卒業認定単位数：74単位
- ■始業・終業時刻：
- ■技能連携：なし　　■実務代替：なし　　■技能審査：なし
- ■開設講座数：

スクーリングの日数と場所

【登校日数】

【場　所】京都廣学館高校　京都府相楽郡精華町下狛中垣内48番地　0774-93-0518

特色　集中スクーリング型による、登校日数の少ない通信制です。
週に何回通わなくてはいけないと言う規則はなく、自分の時間で余裕を持って学習することができます。
生徒は任意で、2週間に1度の登校や、高大連携のIT教育、英会話のリモートレッスンを選択することができます（複数選択可能）。

併修・単位　併修はできません。
「高卒程度認定試験の受験生」の一部科目履修はできません

クラブ活動　e-Sports部、トレーディングカードゲーム部

学校行事　任意選択のオプションを選ぶことで、特別活動として認められます。その他集団での学校行事は原則行いません。

生活指導　通信制コースに関しては服装等原則自由です。バイクでの通学はできません。

生徒情報

【不登校生】

【転編入生】

【保護者連絡】
必要に応じて電話、メールなどで行います。

【生徒数】　　　　　　　　　　　　2023年12月1日現在

生徒数（男）	生徒数（女）	男女比	クラス数	1クラスの平均人数
名	名	：	クラス	名

【教員数】
　教員：男性　名、女性　名／講師：男性　名、女性　名

2024年度の募集要項

募集について

【一般入試】
募集人員：120名
出願期間：2024年1月15日～3月21日）
試験日：2024年2月13日、3月5日、3月22日
選抜方法：作文、面接
選考料：10,000円

学費について

【前期】
① 入　学　金：50,000円（入学時のみ）
② 施設設備費：50,000円（入学時のみ）
③ 施設運営費：30,000円（半期）
④ 教育活動費：10,000円（半期）
⑤ 諸　　　費：5,750円（入学時のみ）
⑥ 諸　　　費：9,000円（半期）
⑦ 活　動　費：50,000円（年間）
⑧ 授　業　料：12,000円／1単位

【後期】
③＋④＋⑥

年間合計：553,750円（25単位履修の場合）

2022年度卒業生の進路状況

【主な進学先】

【主な就職先】

◇◇◇◇◇◇◇◇◇◇ この学校にアクセスしてみよう！

学校説明会	入学前電話相談	文化祭見学	体育祭見学	資料請求
○	○	—	—	○

▶学校説明会　2024年 2/4、2/18、3/3
※平日のご相談は通信制HPの資料請求フォームからお申し込みください。

【通信制】 （単位制）

京都成章高等学校
きょう と せいしょうこうとうがっこう

(https://www.kyoto-econ.ac.jp/seisho/correspondence-courses/)

■校長名：湯浅　泰正
■住　所：〒610-1106　京都府京都市西京区大枝沓掛町26
■電　話：075-332-4830　　■FAX：075-331-0827
■最寄駅：「阪急桂駅東口」「阪急洛西口駅前」「JR桂川駅前」「JR亀岡駅南口」より、京阪京都交通バスに乗車、「京都成章高校前」（通用門横）あるいは「沓掛西口」（国道9号線）バス停下車すぐ
■生徒が入学できる都道府県：京都、大阪
■沿革：
　昭和61年4月1日　大学進学をめざした全日制課程の高校として開校
　平成26年4月　学校法人明徳学園の創立100周年に向けた記念事業の一つとして大学進学をめざすための通信制課程を併設
■教育理念：自由と自主性を重んじ、気品ある個性を育む。

■形態・課程・学科：
　併設校・単位制による通信制の課程・普通科
■併設する課程：全日制課程
■併設課程への転籍：全日制課程への転籍が可能
■入学・卒業時期：
・入学時期　4月　・卒業時期　3月
■修業年限：3年以上（在籍最長年数：6年）
■卒業認定単位数：74単位以上
■始業・終業時刻：9：20～15：40

スクーリングの日数と場所

【登校日数】●通常スクーリングの場合：5月から翌年2月（8月を除く）の原則月2回の土曜日
　　　　　　●集中スクーリングの場合：スクーリングのない土曜日、日曜日に適宜実施
【場　所】京都成章高等学校（京都府京都市西京区大枝沓掛町26）
※スクーリング以外にも、進路について等さまざまなアドバイスを直接受ける機会もあります。

特色

●落ち着いた雰囲気の中で学習できる
　京都成章高校は落ち着いた雰囲気の学校で、全日制高校も併設しているため設備がとても充実しています。
●少人数制で大学進学をめざせる環境
　全日制課程で大学進学指導を行う教員から受験対策指導や進学のアドバイスを受けることができます。模擬試験の実施や大学進学講座の実施など充実した進学指導のほか、本校が持つ約250名分の指定校推薦枠を活用できます。
●全日制課程への転籍が可能
　単位取得状況や学力の到達度等により、本校全日制課程への転籍が可能です。（新2年、新3年次への転籍）

クラブ活動　なし

進学指導　全日制課程で大学進学の指導を行っている教員が受験対策や学習内容のアドバイス、指導を行います。本校が持つ指定校推薦も活用できます。

生活指導　自主性を重んじ、自分で判断し行動できる人物に成長してもらうため、生徒規則は限りなく少なくし、マナーに依拠した生活を送ることを重視しています。
　制服はありませんが、全日制課程へ編入する場合は、制服等をそろえていただく必要があります。

生徒情報

【不登校生】
月2回のスクーリングですので、無理なく通うことができます。また、カウンセラーによるカウンセリングを受けることができます。
【転編入生】
前籍高校で修得した単位は振り替え可能です。転入生は随時入学可能です（転入学試験〔英語と国語または数学、面接〕を実施します）。
【保護者連絡】
年度初めのオリエンテーション、夏の三者面談以外にも希望に応じて面談いたします。諸連絡は電話やメールで行います。

【生徒数】　　　　　　　　　　　　　　　2024年1月1日現在

生徒数（男）	生徒数（女）
29名	25名

【教員数】
　教員：男性12名、女性4名

2024年度の募集要項

募集について

募集人員：30名（男・女）
出願期間：1回目　1月15日（月）～2月16日（金）
　　　　　2回目　1月15日（月）～3月22日（金）
試験日：1回目　2月17日（土）
　　　　2回目　3月23日（土）
選抜方法：国語・数学・英語および面接（個人面接）
　　　　　（国・数・英、各試験時間は40分、各100点満点）

学費について

入学金：45,000円
学園充実費：35,000円
授業料：10,000円／1単位
教育充実費：48,000円
教材等諸費用：40,000円（預かり金；残金は返金します）

卒業生の進路状況

【主な進学先】
筑波大、金沢大、愛媛大、京都府立大などの国公立大学、同志社大、立命館大、関西大、近畿大、同志社女子大、京都女子大、明治大などの有名私立大学、および各種専門学校
ほか

◇◇◇◇◇◇◇　この学校にアクセスしてみよう！

学校説明会	入学前電話相談	文化祭見学	体育祭見学	資料請求
○	○	—	—	○

※資料請求等に関しましては、電話等でお気軽にお問い合わせください。

北海道
青森
岩手
宮城
秋田
山形
福島
茨城
栃木
群馬
埼玉
千葉
東京
神奈川
新潟
富山
石川
福井
山梨
長野
岐阜
静岡
愛知
三重
滋賀
★京都
大阪
兵庫
奈良
和歌山
鳥取
島根
岡山
広島
山口
徳島
香川
愛媛
高知
福岡
佐賀
長崎
熊本
大分
宮崎
鹿児島
沖縄

【通信制】2024 年 4 月開校 （単位制）

京都長尾谷高等学校
きょうとながおだにこうとうがっこう

(https://www.kyoto-nagaodani.ed.jp)

- ■**住 所**：〒612-0089　京都府京都市伏見区深草佐野屋敷町 11-1
- ■**電 話**：075-574-7676　■**FAX**：075-574-7471
- ■**最寄駅**：京阪本線「墨染」駅から西へ 400 m、近鉄京都線「伏見」駅から東へ 450 m、JR 奈良線「JR 藤森」駅から西へ 900 m
- ■**生徒が入学できる都道府県**：京都府、滋賀県
- ■**沿革**：
  - 1993 年 4 月　長尾谷高等学校が大阪府の認可を受け開校
  - 2003 年 4 月　京都分校が開校
  - 2024 年 4 月　京都分校が京都府認可の独立した学校として組織改編し、「京都長尾谷高等学校」が開校
- ■**創立理念**：
  社会の有為な形成者としての資質を高め、「生きる力」の育成ならびに豊かな教養と調和のとれた人格の形成をめざす。

- ■**形態・課程・学科**：独立校・単位制による通信制課程・普通科
- ■**入学・卒業時期**： ・入学時期　4 月、10 月
  　　　　　　　　　　 ・卒業時期　3 月、9 月
- ■**修業年限**：3 年以上（在籍最長年数：制限なし）
- ■**学期制**：2 期制　　**卒業認定単位数**：74 単位
- ■**技能連携**：なし　　**実務代替**：なし　**技能審査**：あり
- ■**開設講座数**：55 科目

スクーリングの日数と場所

【登校日数】
　スクーリングは主に月・水・金曜日に実施、週 2 ～ 3 程度登校。1 日に受講するスクーリング時間数は平均 2 ～ 3 時間程度。9：20 ～ 15：50（1 限～ 6 限）の時間帯に実施。ただし登下校時間は登録科目により 1 人 1 人異なります。

【場 所】
　京都市伏見区深草佐野屋敷町 11-1
　TEL. 075-574-7676

特色　各自が自分の目標に合わせて、受講科目や時間割を組み立てることができます。少人数でゆったり学習できる講座を設置しており、「きもの入門」、「茶道」など京都に根差した講座や特別活動も実施しています。さらに難関大学の合格に向け有名進学塾と連携した「特進講座」を開講しています。

進学指導　進学希望者が任意で受講できる講座として、アドバンス講座（2 年次生対象）、特進講座（3 年次生対象）を実施。

補習指導　スクーリングでは適宜中学校の学び直しの内容も交えながら指導を行っています。また、個別の学習指導についても随時行っています。

クラブ活動　音楽部　TEENS ROCK 関西地区大会優勝、MUSIC DAYS ワイルドカード部門 最優秀賞

学校行事　修学旅行（2 泊 3 日東京ディズニーランド）、校外学習、ボウリング実習、スケート実習、劇団四季観劇、映画鑑賞、ウォーキング、面接対策講座、進学説明会、就職説明会など

生活指導　服装は自由です。また、制服はありませんが、任意で購入可能な「標準服」を定めています。染髪については特に生徒指導上の規定はありません。ピアスの着用も可ですが、体育のスクーリング等では安全面を考慮し、外してもらいます。成人の生徒についても飲酒・喫煙は禁止です。

生徒情報

【不登校生】週 1 ～ 3 程度の登校が難しい場合は放送視聴制度の利用を勧め、適宜、少人数の土曜スクーリングで必要出席時数を補います。また、スクールカウンセラーやチューター（一般的な担任に代わる教員）が中心となって、生徒に寄り添いながら通学をサポートします。

【転編入生】転編入学は随時可能です。入試は書類審査および面接となります。前籍高校で修得した単位は原則すべて引き継ぎます。現在の高校で原級留置（留年）の通告をされた方でも、本校のシステムであれば、多くの場合において同年代の方と同じタイミングでの卒業が可能です。

【保護者連絡】特にフォローが必要な生徒については、保護者とも頻繁に連絡を取り合いますが、順調に通学できている生徒については年間 2 ～ 3 回程度の場合もあります。電話でのやり取りが基本となりますが、必要に応じて、学校にご来校いただき面談を行う場合もあります。

【生徒数】　　　　　　　　　　　　　　2023 年 12 月 1 日現在
225 名　※長尾谷高等学校京都分校での人数です

【教員数】
　教員：男性 5 名、女性 4 名
　講師：男性 11 名、女性 11 名
　カウンセラー：定期的に巡回しています。

2024 年度の募集要項

募集について		
【一般入試】		
募集人員	現在の在籍生も含め総定員 800 人が充足するまで	
出願期間	1 次…2024 年 1 月 22 日（月）～ 2 月 9 日（金） 2 次…2024 年 2 月 13 日（火）～ 3 月 2 日（土） 3 次…2024 年 3 月 5 日（火）～ 3 月 26 日（火）	
試験日	1 次…2024 年 2 月 10 日（土） 2 次…2024 年 3 月 4 日（月） 3 次…2024 年 3 月 27 日（水）	
選抜方法	1 次…学科試験（国語・数学）、書類審査、面接 2 次、3 次…課題作文、書類審査、面接	
選 考 料	10,000 円	

学費について		
入 学 金	70,000 円	
授 業 料	12,000 円／ 1 単位	
施設設備費	18,000 円	
その他	諸活動費 600 円、卒業経費 8,000 円、同窓会費 3,000 円	

2022 年度卒業生の進路状況

【進路先】　　　　　　　　　長尾谷高等学校 京都分校での実績です
卒業者数…88 名
大学…28 名　　短大…5 名　　専門学校…12 名　　就職…2 名

【主な合格実績】
関西医科大学、北海道医療大学、関西大学、関西学院大学、立命館大学、京都産業大学、近畿大学、龍谷大学、摂南大学

◇◇◇◇◇◇◇◇◇ **この学校にアクセスしてみよう！**

学校説明会	入学前 電話相談	文化祭見学	体育祭見学	資料請求
○	○	○	―	○

▶学校説明会　年間 20 回程度説明会を実施しています。詳しくはホームページをご覧ください。また、随時個別の説明対応も行っておりますので、ご希望の方はお電話でお問合せください。
※資料請求はホームページの申込みフォームよりお申し込みください。

【通信制】 （単位制）

京都西山高等学校
きょうとにしやまこうとうがっこう

(http://www.kyotonishiyama.ed.jp　E-mail：tsuushin@kyotonishiyama.ed.jp)

- ■校長名：森川　弘仁
- ■住　所：〒 617-0002　京都府向日市寺戸町西野辺 25
　　　　　（全日制所在地）
- ■電　話：075-951-1355（通信直通）　■ＦＡＸ：075-959-9002
- ■最寄駅：阪急電鉄「東向日」駅徒歩 5 分
　　　　　JR「向日町」駅徒歩 12 分
- ■生徒が入学できる都道府県：京都、滋賀
- ■沿革：1927 年　創立
　　　　2005 年　通信単位制設立

- ■形態・課程・学科：
　全日制併設・単位制による通信制課程・普通科
- ■併設課程への転籍：全日制から通信単位制への転籍のみ可
- ■入学・卒業時期：
　・入学時期　随時　　・卒業時期　3 月
- ■修業年限：3 年以上（在籍最長年数：8 年）
- ■学期制：3 学期制　　■卒業認定単位数：74 単位以上
- ■始業・終業時刻：9 時〜 15 時 20 分（金・土）
　　　　　　　　　10 時 40 分〜 16 時（平日）
- ■技能連携：行っていません。　■実務代替：行っていません。
- ■技能審査：行っていません。　■開設講座数：50 講座

スクーリングの日数と場所

【登校日数】
　みのり探究コース（水・木）
　まなび基礎コース（金・土）
　4 日 My スタイルコース（水・木・金・土）
　家庭集中コース（年間 6 日程度）
　京都西山短期大学内部進学コース
　（こども教育コース／メディア IT・ビジネスコース）
【場　　所】
　京都西山短期大学（全コース）
　阪急電車「長岡天神」スクールバス 22 分、JR「長岡京」
　スクールバス 16 分
　スクールバスが巡回運行しています。（無料）
【その他】
　入学初年度は 3 単位以上履修する必要があります。

特色　本校は専属の養護教諭とスクールカウンセラーが在籍しており、不安や悩みに対して一緒に考えたり、解決に向けて話を聞いていきます。学校に登校するのが不安でもサポート体制が整っており安心して通うことができます。

併修・単位について　併修することはできません。
高等学校卒業程度認定試験の受験生が一部科目履修することができます。

クラブ活動　なし

学校行事　国内研修、料理教室、遠足、花まつり、映画鑑賞会、保健講座、交通安全講習会、法話　等

生活指導　学校指定の制服はありません。

◇◇◇◇◇ この学校にアクセスしてみよう！

学校説明会	入学前電話相談	文化祭見学	体育祭見学	資料請求
○	○	−	−	○

※資料は、ホームページよりご請求下さい。

生徒情報

【転編入生】
転編入生は随時入学できます。
前籍校で修得した単位は原則振り替えることができます。
高等学校卒業程度認定試験・各種検定試験で合格した科目は振り替えることができます。
【保護者連絡】
年 2 回保護者面談期間を設けています。
【2023 年度 4 月入学生の新卒既卒生数及び転編入生数】
新卒生数 54 名、転編入生数 74 名、既卒生 1 名

【生徒数】　　　　　　　　　　　　　　　2024 年 1 月現在
　みのり探究コース 146 名／まなび基礎コース 88 名
　4 日 My スタイルコース 28 名／家庭集中コース 0 名

【教員数】
　教員：男性 4 名、女性 3 名／講師：男性 3 名、女性 5 名
　養護教諭：女性 1 名／カウンセラー：女性 1 名

2024 年度の募集要項

募集について

【一次入試】＜専願・併願＞
選考方法：新卒・既卒者　筆記試験（英・国・数）・面接・作文
選 考 料：20,000 円
出願期間：2024 年 2 月 6 日（火）〜 2 月 10 日（土）
試 験 日：2 月 12 日（月）
【二次入試】＜専願のみ＞
選考方法：新卒・既卒者　筆記試験（英・国・数）・面接・作文
選 考 料：20,000 円
出願期間：2024 年 2 月 20 日（火）〜 2 月 23 日（金）
試 験 日：2 月 24 日（土）
【三次入試】＜専願のみ＞
選考方法：新卒・既卒者　筆記試験（英・国・数）・面接・作文
選 考 料：20,000 円
出願期間：2024 年 3 月 14 日（木）〜 3 月 19 日（火）
試 験 日：3 月 20 日（水）

学費について

入 学 金：　50,000 円
授 業 料：　8,500 円／単位
教育充実費：　200,000 円

※京都府私立高等学校あんしん修学支援制度、高等学校等就学支援金、京都府学費軽減補助金、奨学のための給付金対象校（詳細についてはお問い合わせください。）

2022 年度卒業生の進路状況

【主な進学先】
（大学・短期大学）佛教大学、京都光華女子大学、湘南医療大学、京都ノートルダム女子大学、花園大学、育英館大学、大谷大学、京都西山短期大学など
（専門学校）京都栄養医療専門学校、YIC 京都ペット総合専門学校、YIC ビューティ専門学校、京都理容美容専修学校、京都美容専門学校、京都建築大学校、京都コンピュータ学院、ECC コンピュータ専門学校、京都デザイン＆テクノロジー専門学校、京都自動車専門学校、京都府立京都高等技術専門校、HAL 大阪、大阪電子専門学校、修成建設専門学校、大阪ウェディング＆ブライダル専門学校など
（就職）株式会社もり、株式会社サカイ引越センター、社会福祉法人嵐山寮など

【通信制】 （単位制）

京都府立朱雀高等学校
きょうとふりつすざくこうとうがっこう

(https://www.kyoto-be.ne.jp/suzaku-hs/ 　E-mail：suzaku-hs-tuu@kyoto-be.ne.jp)

■校長名：塩川　拓司
■住　所：〒604-8384　京都市中京区西ノ京式部町1
■電　話：075-841-0754　■FAX：075-841-0754
■最寄駅：JR 嵯峨野線、地下鉄東西線「二条」駅、徒歩10分
■生徒が入学できる都道府県：
　京都府
■沿革：
　1948年4月1日　京都府立朱雀高校設立。
　　　　9月18日　通信教育部併設。
　1997年4月1日　定時制・通信制に単位制導入。

■形態・課程・学科：併設校・単位制による通信制課程・普通科
■併設する課程：
　学年制による全日制課程、単位制による夜間定時制課程
■併設課程への転籍：できません。
■入学・卒業時期：
　・入学時期　4月、8月（転・編入学のみ）
　・卒業時期　3月
■修業年限：
　・3年以上（在籍最長年数：制限なし）
■学期制：設けていない　■卒業認定単位数：74単位以上
■始業・終業時刻：17:40～21:10（月・水）、9:00～16:00（日）
■技能連携：なし　■実務代替：なし　■技能審査：なし
■開設講座数：109講座、58科目

スクーリングの日数と場所

【登校日数】
　①週1～2日（月曜と水曜の夜間）②月1～2回（日曜）
【場　所】
　本校
【その他】
　年4回（日曜）協力校での巡回スクーリング

特色
設立76年目を迎え、これまでに4000余名の卒業生を世に送り出しています。自学自習が基本スタイルですが、先生方は家庭と連携をとりながら最善の努力をはらい、さまざまな形で生徒達の支援をしています。

併修・単位
高卒認定試験の科目に合格をしている場合、一部卒業に必要な単位に入れる場合もあります。

クラブ活動
【クラブ8・体育系5　文化系3】

学校行事等
校外学習、通信祭（文化祭）、生徒総会

学校施設
図書室、体育館、学習室、保健室等があります。

生活指導
学校指定の制服はありません。許可制によりバイクでの通学ができます。（自動車通学はできません）

この学校にアクセスしてみよう！

学校説明会	入学前電話相談	文化祭見学	体育祭見学	資料請求
○	○	－	－	○

※学校説明会は7月、12月、1月（1月のみ夜間：19:00～）、2月に各1回（日曜日：13:30～）実施予定。
※資料請求は、返信用切手（140円）同封で申し込むと可能

生徒情報

【不登校生】
過去に不登校だった生徒もいます。
【転編入生】
転・編入は4月と8月です。
【保護者連絡】
年1回程度保護者会を実施しています。
【転編入の生徒数】（令和5年度8月入学生）

1年次	2年次	3年次
転入生 22名	転入生 21名	転入生 13名
編入生 0名	編入生 2名	編入生 2名

【生徒数】　　　　　　　　　　2023年8月1日現在

年次	生徒数	男女比	クラス数	1クラスの平均人数
1年次	141名	63：78	4クラス	35名
2年次	211名	91：120	7クラス	30名
3年次	203名	106：97	7クラス	29名
4年次	71名	39：32	3クラス	18名

【教員数】
　教員：男性15名、女性7名　講師：男性8名、女性5名
　カウンセラー：申込により週1回相談可。

2024年度の募集要項

募集について

【一般入試】
募集人員：160名
出願期間：2024年3月下旬を予定
　　　　　（詳しくは募集要項を参照してください）
試　験　日：お問い合わせください
選抜方法：新入学…面接、転編入学…面接・作文
選考料：－

学費について

入学金：　　　　　　450円
授業料：　1単位175円
　　　　（ただし、就学支援金の支給が認定されれば無償）
その他：　16,000円程度（教科書・諸費等）

2022年度卒業生の進路状況

【進路先】
卒業者数…107名
大学…16名　　　短大…5名　　　専門学校…23名
就職…6名　　　現職…31名　　　その他…26名

【主な合格実績】（過年度含む）
大阪大学、早稲田大学、法政大学、同志社大学、立命館大学、奈良県立大学、京都芸術大学、京都先端科学大学、花園大学、京都文教大学、京都光華女子大学　他

【指定校推薦】
あり

【通信制】

京都府立西舞鶴高等学校
きょうとふりつにしまいづるこうとうがっこう

(https://www.kyoto-be.ne.jp/nishimaizuru-hs-tuu/cms/)

■校長名：田邉 仁司
■住 所：〒624-0841　京都府舞鶴市字引土145
■電 話：0773-75-3131（代）
■ＦＡＸ：0773-75-5629
■最寄駅：JR舞鶴線「西舞鶴」駅下車、徒歩5分
　　　　　京都丹後鉄道「西舞鶴」駅下車、徒歩5分
■生徒が入学できる都道府県：
　京都
■沿革：
　1948年4月　通信教育部として発足
　1961年10月　通信制課程となる。

■形態・課程・学科：
　併設校・単位制による通信制の課程・普通科
■併設する課程：学年制による全日制課程
■併設課程への転籍：なし
■入学・卒業時期：
　・入学時期　4月　　・卒業時期　3月
■修業年限：3年以上
■学期制：3期制　　■卒業認定単位数：74単位
■始業・終業時刻：8：40～16：40
■技能連携：なし　　■実務代替：なし
■技能審査：英検・漢検2級あり
■開設講座数：40講座

スクーリングの日数と場所

【登校日数】
　　　月4回（土曜日または日曜日）
【場　所】
　　　本校

通信制での学習システムを充分知ってから入学できる
ように学校説明会や出願前の面談を実施しています。

陸上競技部、バドミントン部、卓球部

彩雲（文化）祭、体育祭、校外学習　等

指定の制服はありません。
自転車・バイクによる通学可（許可制）。

この学校にアクセスしてみよう！

学校説明会	入学前電話相談	文化祭見学	体育祭見学	資料請求
○	○	－	－	－

※学校説明会日程など、最新の情報につきましてはホームページをご覧ください。

生徒情報

【不登校生】
過去に不登校だった生徒も多数います。教職員の共通理解のもと、目配り、気配りを重視した指導を行います。
【転編入生】
前籍高校で修得した単位は基本的に引き継ぐことができます。転編入は4月のみ入学です。
【保護者連絡】
電話および郵便で行っています。
【2023年度4月入学生転編入の生徒数】
令和5年度入学生

新入生徒数	転入生徒数	編入生徒数	再入学生徒数
28名	16名	5名	2名
計51名			

【生徒数】普通科　　　　　　　　2023年11月1日現在

生徒数（男）	生徒数（女）	男女比	クラス数	1クラスの平均人数
59名	70名	4：6	5クラス	26名

【教員数】
　教員：男性5名、女性2名／非常勤講師：男性7名、女性5名

2024年度の募集要項

募集について

【一般入試】
募集人員：普通科　120名
出願期間：2024年3月末
　　　　　（詳しくは募集要項を参照してください）
選抜方法：作文と面接および書類

学費について

2024年度入学生
入学金：　　　　450円
その他：　約20,000円（教科書等）
授業料：　1単位175円

2022年度卒業生の進路状況

【進路先】
卒業者数…29名
大学…6名　　　　短大…1名　　　　専門学校…6名
就職…3名　　　　その他…13名

【主な合格実績】
福知山公立大学、都留文科大学、京都文教大学、大谷大学、佛教大学、京都光華女子大学、京都経済短期大学、舞鶴医療センター附属看護学校、福知山医師会看護高等専修学校、近畿職業能力開発大学校京都校　他

【指定校推薦】
あり

北海道
青森
岩手
宮城
秋田
山形
福島
茨城
栃木
群馬
埼玉
千葉
東京
神奈川
新潟
富山
石川
福井
山梨
長野
岐阜
静岡
愛知
三重
滋賀
★京都
大阪
兵庫
奈良
和歌山
鳥取
島根
岡山
広島
山口
徳島
香川
愛媛
高知
福岡
佐賀
長崎
熊本
大分
宮崎
鹿児島
沖縄

【通信制】　　　　　　　　　　　　　　　　　　　　　　　（単位制）

えいふうこうとうがっこう
英風高等学校

(https://www.eifu.ed.jp)

■校長名：西口 英和
■住　所：553-0006　大阪府大阪市福島区吉野4丁目13番4号
■電　話：0120-8120-78
■FAX：06-6464-1130
■最寄駅：JR大阪環状線「野田」駅、西へ約300m
　　　　　大阪メトロ千日前線「玉川」駅、西へ約400m
　　　　　阪神本線「野田」駅、南西に約800m
　　　　　JR東西線「海老江」駅、南西に約800m
■生徒が入学できる都道府県：
　大阪、兵庫
■沿　革：
　1951年　　　新橋英数学院開校
　1967年　　　学校法人西口学園設立
　1977年　　　阪神家政専門学校 高等課程設置
　2014年　　　英風女子高等専修学校へ校名変更
　2020年4月　英風高等学校開校
■教育理念：
　社会に順応できる気概を養い、魅力ある個性を磨く

■形態・課程・学科：
　独立校・通信制・単位制・普通科
■併設する課程：
　学年制による全日制（高等専修学校）
■入学・卒業時期：
　・入学時期　4月、10月（転編入生は毎月入学可）
　・卒業時期　3月、9月
■修業年限：3年以上（在籍最長年数：4年）
■学期制：前期・後期の二期制
■卒業認定単位数：74単位
■実務代替：なし

スクーリングの日数と場所

【登校日数】
　登校は原則週に2日
【場所】
　本校（大阪市福島区）
【その他】
　スクーリング等の予約やレポート等の学習進度の確認は、本校独自システム「e-Portal」で行います。

【学校へのアクセス】

●JR大阪環状線
　野田駅より 約300m
●大阪メトロ千日前線
　玉川駅より 約400m
●阪神電鉄本線
　野田駅より 約500m
●JR東西線
　海老江駅より 約500m

至神戸
淀川
イオン
JR東西線
至京橋
至梅田
野田阪神
野田
阪神電鉄本線
みずほ銀行
阪神高速湾岸線
JR大阪環状線
福島区役所
三菱UFJ銀行
至大阪
福島消防署
福島警察署
吉野小学校
英風高等学校
JR野田駅
玉川
大阪メトロ千日前線
玉川駅（4番出口）
至天王寺

特色

●女子だけの通信制高校
本校は全国でも数少ない女子だけの通信制高校です。異性の目を気にせず、ありのままの自分でいられ、女子だけでのびのびできるのが女子校のメリット。これからの社会において将来、有意義に暮らせるヒントとなる特別活動は全10講座以上開講しています。

●スクーリングは午後から始業
スクーリングは原則週2日で午後から始業なので、朝が苦手な生徒でも安心です。

●レポートはタブレットで解答・送信
レポートはiPadとタッチペンを使って解答・送信できるので、紙で郵送する手間が省けます。スクーリングの予約もでき、学習の進み具合も簡単に確認できるため、学習計画が立てやすく、やる気の継続にも繋がります。

●充実の進路指導体制
一人ひとりの生徒に向き合い、ヒアリングやカウンセリングを重ね、希望する進路に向けてのサポート体制を整えています。

<table>
<tr><td rowspan="2">**クラブ活動**</td><td>バスケットボール同好会、料理部、写真部、カルタ同好会、創作同好会、バドミントン同好会</td></tr>
</table>

クラブ活動

バスケットボール同好会、料理部、写真部、カルタ同好会、創作同好会、バドミントン同好会

学校行事

【特別活動：希望者のみ】
多彩な特別活動において
修学旅行、校外学習、芸術鑑賞、大学見学ツアー、創作料理実習など様々な校外学習やこれからの社会において将来、有意義に暮らせるヒントとなる特別活動は多数開講しています。

【文化祭】
毎年10月に校内にて文化祭を実施しています。
体育館でのステージショーなど本学園の一大イベントです。

生活指導

【制服】
本校指定の制服あり。私服は不可。

【校則】
本校は将来社会人としての自立を促すために、校則を定めています。毛染め、メイク、その他の禁止事項があります。

【通学】
原則、公共の交通機関で通学してもらいますが、走行距離等の条件に応じて自転車通学を許可します。バイク、自動車での通学は禁止します。

生徒情報

【不登校生】
過去不登校を経験した生徒の大半は入学後自然に通えるようになりますが、通えない生徒に関しては、スクールカウンセラーが生徒との適度な距離を保ちながら声掛けを行います。

【転編入生】
科目によって前籍校で取得した単位を引き継ぐことが可能です。転編入学は毎月実施していますので、希望者はお気軽にご相談ください。

【保護者連絡】
三者面談、保護者面談をはじめ、必要であれば家庭訪問も行います。学校からの連絡は主に「e-Portal」で行いますが、状況に応じて電話、SNS、メールで行うこともあります。

【教員数】　教員：男性13名、女性9名
　　　　　　講師：男性9名、女性16名
　　　　　　カウンセラー：2名常駐しています。

進路指導

進学希望者には、進路指導担当者による進学相談を行っています。
また大学希望者には、夏期集中大学受験対策講座を実施。志望校に合格するよう的確なアドバイスと受験の為の講座(別途費用)を実施します。

2025年度の募集要項

募集について

募集人員：120名

検定料：15,000円
選抜方法：書類審査・課題作文・面接
※転編入の選考方法は、書類選考、課題作文、面接

※支援金制度
・高等学校等就学支援金制度（国）
・奨学金制度（大阪府育英会、各市町村奨学金）
・大阪府育英会入学資金の貸付制度
・通学定期の学割制度

学費について

入　学　金：　　50,000円
授　業　料：　　12,000円（1単位につき）
教育関連諸費：156,000円
制　服　代：約60,000円（別途オプションあり）
教　科　書　代：履修した科目数により変動

進学実績

梅花女子大学、大阪樟蔭女子大学、大阪総合保育大学、大阪保健医療大学、大阪学院大学、大阪芸術大学、四條畷学園大学、摂南大学、相愛大学、大阪成蹊大学、関西大学、桃山学院大学、大阪国際大学、大阪大谷大学、大阪経済大学、大阪ファッション専門職大学、追手門学院大学、大阪女学院短期大学、甲南女子大学、園田学園女子大学、武庫川女子大学、神戸学院大学、兵庫医科大学、神戸国際大学、京都女子大学、同志社女子大学、京都芸術大学、京都ノートルダム女子大学、京都精華大学、平安女学院大学、帝塚山大学

<学校の施設>

校舎面積	2,433m²	運動場面積	m²
視聴覚室	なし	体育館	あり
借りグラウンド	なし	図書室	あり
プール	なし	食堂	なし
談話室	あり	カウンセリング室	あり

◇◇◇◇◇◇◇◇◇◇ **この学校にアクセスしてみよう！**

学校説明会	入学前電話相談	文化祭見学	体育祭見学	資料請求
○	○	○	－	○

※資料はホームページまたは電話（0120-8120-78）でご請求ください。
※学校見学＆個別相談を毎日実施中！
　生徒の様子や設備を見ながら担当者より詳しく説明させていただきます。

【提携校】
英風女子高等専修学校　　　大阪府大阪市福島区吉野4-13-4　　　　　　TEL：06-6464-0668

【通信制】（大阪府認可校）　　　　　　　　　　　　　　　　　　　　　　　（単位制）

大阪つくば開成高等学校

（おおさか）（かいせいこうとうがっこう）

（ http://otk.ed.jp　　E-mail：info-osaka@otk.ed.jp ）

普通科目の他に、専門コース（9 つのメインコースとセレクトコース 9 科目）を開講。

【メインコース】
大学進学・グラフィックデザイナー・IT クリエイター・アートイラスト・調理パティシエ・コスメビューティー・声優・ミュージシャン・ダンス

【セレクトコース】
中国語・英会話・心理学・デコジュエリー・ボーカロイド・動画制作・アクターズレッスン・ダンス＆ヴォーカル・民法

コース制科目は 20 単位まで卒業単位に認定する。特別活動を年間 100 時間ほど実施して、生徒たちは自分の好きな行事を選択できる。また、クラブも新設できるように、生徒たちをサポートする。

■校長名：白井　孝雄
■住　所：530-0043　大阪府大阪市北区天満 2-2-16
■電　話：06-6352-0020
■ＦＡＸ：06-6352-0021
■最寄駅：京阪電車・大阪メトロ谷町線「天満橋」駅、18 番出口より徒歩 4 分
　　　　　JR 東西線「大阪天満宮」駅・大阪メトロ堺筋線「南森町」駅、8 番出口より徒歩 9 分
■生徒が入学できる都道府県：
　大阪、兵庫
■沿　革：
　2020 年 4 月　開校
■教育理念：
　高等学校卒業に必要な基礎学力を身に付けるとともに、自らの適性や進路を考える機会ともなる「芸術・調理・IT」などの多様な学習機会を提供することによって、豊かで充実した高校生活を送ることができるよう支援する。登校日数は、個々人の体調や目的に合わせられ、学校行事や体育実技は多くのプログラムの中から選択受講することができる。また生徒会活動やクラブ活動、課外活動などを奨励し、自主性、主体性を培える環境と友人を作る機会を多く提供し、生徒が創る学校として個々の自己実現を目指す。

■形態・課程・学科：独立校・単位制による通信制・普通科
■併設する課程：なし
■入学・卒業時期：
　・入学時期　4 月、10 月
　・卒業時期　3 月、9 月
　※転編入生は随時
■修業年限：3 年以上（在籍最長年数：6 年）
■学期制：2 期制
■卒業認定単位数：74 単位
■始業・終業時刻：
　始業（1 限目）9：20 ～／終業（7 限目）16：50
■技能連携：なし
■実務代替：なし
■開設講座数：専門コース（9 つのメインコース＋セレクトコース 9 科目）※希望者のみ

スクーリングの日数と場所

【登校日数】
以下の①～④の登校スタイルから選択できます。
①クラス制・・・週 2 ～ 3 日程度
②フレックス制・・・週 1 ～ 3 日程度（自分で時間割を選択）
③土曜日選択制・・・土曜日のみ登校
④夏冬集中受講制・・・夏休みと冬休み時期に 5 ～ 10 日程度

【場所】
大阪つくば開成高等学校
大阪府大阪市北区天満 2-2-16
TEL：06-6352-0020

【その他】
自学自習の時間を教科別に設定。レポート相談ができる。これもスクーリングとして認定する。

クラブ活動

生徒たちが自由にクラブを作れるように支援していきます。5人のグループでクラブの規則が承認されれば、新しいクラブを新設できます。現在、軽音部・写真部・声劇部・ダンス部・鉄道研究部・文芸部・調理部・コスプレ部・イラスト部・推し活部・美術部・日本文化部などがあります。

学校行事

校外学習、文化祭、ぶどう狩り、ボランティア（介護・清掃）、テーブルマナー講習会、芸術鑑賞、映画鑑賞、スノーボード実習など、年間100時間ほど実施。
修学旅行（1泊2日〜2泊3日）の行き先は生徒からの要望を聞いて決定。生徒会の提案も尊重します。

生活指導

制服は標準服を販売しています。頭髪服装は本人の個性としてとらえており、自由です。ただし、式典の際は制服やスーツに準ずる服装としています。通常時でも、進学や就職などの進路に関わる時は適切に指導をします。バイク、自動車での通学不可。喫煙、ルールやマナーを守れない場合や周囲への迷惑行為などは厳しく指導します。

進路指導

大学進学コースでは少人数制の授業を行っています。それ以外にも個人面談を行い、面接・自己アピール、エントリーシート、小論文の対策も行います。数学と英語は習熟度別のクラスを設定。レポートなどの個別指導の時間は、教科別に時間を設定して行います。また、随時生徒からの質問には対応します。

生徒情報

【不登校生】
「クラス制」は毎回同じメンバーで授業を受けるので友達作りがしやすく、「フレックス制」は自分で登校する時間を選択できるので、アルバイトやボランティア活動などとの両立に便利です。少人数での学習を希望する人には「土曜日選択制」「夏冬集中受講制」があり、年度途中でも登校スタイルを変更できます。起立性調節障害等の生徒も安心して学べます。希望者のみ選択できるデジタルイラスト、調理、美容、IT、ミュージック、ダンスなどが学べる9つの専門コースは、卒業単位として認定。公認心理師・臨床心理士によるカウンセリングを週6日実施。行事やクラブ活動は生徒たちの意見を反映し、友達作りを支援します。担任、体育実技も自分で選べ、一人ひとりに合った学校生活が送れます。

【転編入生】
前籍高校の単位は振り替えることができます。転編入は随時入学可能です。（ただし年度末は要相談）

【保護者連絡】
月1回学校の案内をHPに掲載。メールの送信、二者懇談、三者懇談、電話による連絡を行います。また、メールによる一斉送信で案内を送付します。必要に応じて、担当が随時保護者に連絡します。年数回の保護者会では、保護者同士の交流意見交換ができます。

2024年度の募集要項

募集について

募集人員：500人

出願期間：
【一次入試】2024年1月22日(月)〜2月6日(火)
【二次入試】2024年2月26日(月)〜3月25日(月)

試験日：
【一次入試】2024年2月10日(土)：筆記・面接
2月13日(火)：筆記
2月14日(水)：面接

【二次入試】2024年3月28日(木)：筆記・面接

選抜方法：書類審査・面接・筆記試験（国語・数学）

検定料：10,000円

学費について

入学金：	50,000円
授業料：	12,000円（1単位につき）
施設設備費：	120,000円（年額）
教育充実費：	60,000円（年額）
合計：	518,000円（24単位の場合）

※要件を満たす場合は国の就学支援金や大阪府の私立高等学校等授業料支援補助金が支給されます。

＜学校の施設＞

校舎面積（1・2号館合計） 1,743.45m²

視聴覚室	あり	体育館	なし
借り体育館	あり	図書室	あり
プール	なし	食堂	なし
ラウンジ	あり	カウンセリング室	あり

その他の施設：PC教室・芸術教室・調理実習室・美容実習室・パフォーマンスルーム・ミュージックルーム・レコーディングルーム

学園全体の合格実績（過去3年分）

国公立大学：京都大、神戸大、広島大、九州大、京都市立芸術大、東北大、岩手大、新潟大、上越教育大、奈良女子大、新潟県立大、福岡県立大、北九州市立大、琉球大学

私立大学：同志社大、立命館大、関西学院大、関西大、近畿大、京都産業大、龍谷大、関西外国語大、京都外国語大、甲南大、大谷大、佛教大、大阪学院大、大阪経済大、追手門学院大、大阪電気通信大、摂南大、大阪産業大、桃山学院大、京都文教大、京都先端科学大、京都精華大、京都橘大、京都華頂大、大阪体育大、大阪人間科学大、太成学院大、阪南大、甲子園大、神戸学院大、神戸常盤大、帝塚山大、同志社女子大、京都女子大、甲南女子大、京都ノートルダム女子大、梅花女子大、武庫川女子大、大阪樟蔭女子大、神戸女学院大、京都光華女子大、大阪芸術大、京都芸術大、嵯峨美術大、成安造形大、京都美術工芸大、早稲田大、明治大、青山学院大、立教大、中央大、法政大、日本医科大、獨協医科大、東京慈恵会医科大、東京理科大、日本大、東洋大、駒澤大、専修大、日本福祉大、國學院大、中京大、東京農業大、玉川大、文教大、拓殖大、帝京大、山梨学院大、東海大、明治薬科大、横浜薬科大、新潟薬科大、多摩美術大学、国立音楽大、日本女子大ほか

専門学校：ESPエンタテイメント大阪、大阪アニメーションカレッジ専門、大阪情報ITクリエーター専門、キャットミュージックカレッジ専門、辻学園調理・製菓専門、HAL大阪

就職：ウツエバルブ株式会社、エネクスフリート株式会社、株式会社eP1−NET、株式会社ワンダイニング、高砂倉庫株式会社、テックビルド株式会社、ナベプロセス株式会社、光物流株式会社

◇◇◇◇◇◇ この学校にアクセスしてみよう！

学校説明会	入学前電話相談	文化祭見学	体育祭見学	資料請求
○	○	○	−	○

※資料はホームページまたはお電話でご請求ください。

▼学校説明会（各日10：00〜、14：00〜 1日2回開催）
2024年…3月9日（土）、5月25日（土）、6月15日（土）、7月13日（土）、9月7日（土）、9月22日（日）
　　　　10月12日（土）、11月30日（土）、12月7日（土）
2025年…1月11日（土）、1月25日（土）、3月22日（土）、
▼体験授業　7月末頃、8月下旬頃、秋頃予定　詳細はHPにて

【広域通信制】 （単位制）

神村学園高等部 大阪梅田学習センター

（かみむらがくえんこうとうぶ　おおさかうめだがくしゅう）

（ https://angel.kamimura.ac.jp/koiki/osaka-umeda/ ）

未来は、今日始まる。

■校長名：神村 慎二
■住 所：〒530-0001　大阪府大阪市北区梅田1丁目3-1000
　　　　　大阪駅前第一ビル10階5-1
■電 話：06-6147-2200　■FAX：06-6147-2230
■最寄駅：Osaka Metro 御堂筋線「梅田」駅より徒歩約6分
　　　　　Osaka Metro 谷町線「東梅田」駅より徒歩約6分
　　　　　Osaka Metro 四つ橋線「西梅田」駅より徒歩約2分
　　　　　JR 東西線「北新地」駅より徒歩約2分
　　　　　JR 各線「大阪」駅より徒歩約5分
　　　　　阪神各線「大阪梅田」駅より徒歩約4分
　　　　　阪急各線「大阪梅田」駅より徒歩約8分
■生徒が入学できる都道府県：
　　滋賀、京都、大阪、兵庫、奈良、和歌山
■沿 革：
　　1956年　串木野経理専門学校創設
　　1967年　串木野女子高等学校
　　1990年　神村学園高等部
　　2010年　広域通信制課程認可
　　2019年　神村学園高等部大阪梅田学習センター開校
■教育理念：
　　人柄教育、個性教育を教育理念とし、「実学による人間性豊か
　　な人柄教育」を行う。

■形態・課程・学科：併設校・単位制による通信制課程・普通科
■併設する課程：学年制による全日制
■併設課程への転籍：不可
■入学・卒業時期：
　　・入学時期　4月、10月　・卒業時期　3月、9月
　　※転編入学については毎月受付
■修業年限：3年以上（在籍最長年数：8年）
■学期制：2学期制　　■卒業認定単位数：74単位
■始業・終業時刻：9：50～15：30（授業時間1時間＝50分）
■技能連携：なし　　■実務代替：なし
■技能審査：なし

【学校へのアクセス】

JR大阪駅
桜橋口
大阪駅前西
大丸梅田店
大阪駅前
梅田駅
西梅田駅
ヒルトン大阪
阪神梅田本店
神村学園大阪梅田学習センター
北新地駅

スクーリングの日数と場所

【登校日数】
　4泊5日
【場　　所】
　神村学園本校
　〒896-8686　鹿児島県いちき串木野市別府4460
　電話　0996-32-3232
【その他】
　大阪梅田学習センター
　□キャリアデザインコース
　■週1日通学（火曜日または木曜日の週1日）
　■週2日通学（火曜日と木曜日）
　■週3日通学（月曜日・水曜日・金曜日）
　■週5日通学（月曜日～金曜日）
　□進学コース
　■週5日通学（月曜日～金曜日）

特色 学校法人神村学園の伝統と歴史を持つ総合学園が、「本気で応える」大阪梅田学習センターを2019年4月に開校しました。「実学による人間性豊かな人柄教育」の教育理念のもと、少人数制で一人ひとりの目的に沿ったステップアップをしていくことが可能です。

■神村学園は【高校卒業】と、
　次のステージへの「力強い一歩」を全力で応援します。

・一人ひとりを大切に：
【一クラス　10名程前後】【表現力（実用書式・プレゼン等）】

・一人ひとりの状況に合わせ：
【登校日数　1・2・3・5／週】　＊午後登校可

・一人ひとりの未来を見据え：
【自分発見】⇒次のステップへの準備（体験型学習・進学準備等）

一人ひとりの異なった歩みこそ大切。だからこそ寄り添い未来について一緒に模索できる「少人数制」に拘っています。

◇◇◇◇◇◇◇◇◇◇ この学校にアクセスしてみよう！

学校説明会	入学前電話相談	文化祭見学	体育祭見学	資料請求
○	○	―	―	○

※資料請求は、HP・電話・FAX・メールにてご請求ください。
▼学校説明会
　毎月末土曜日を予定
　その他随時学校見学会や個別相談会・オンライン個別相談会を
　実施しています。

<table>
<tr><td>進学・補習指導</td><td>進路ガイダンスや、体験型学習、面談などを通じて、「やりたい」を発見し、「いまできること」を一つひとつ挑戦していきます。また、進学コースでは、個別学習塾の先生が「個々の目標」の決定から、学習計画をオーダーメイドで一緒に立て、効率よく個々の目標達成していきます。</td></tr>
</table>

【学力不振対策】
□習熟段階に分けた授業展開：
　各教科得意不得意が異なる中、「出来ない＝やらない」から「理解＝楽しさ」を感じていきます。
□基礎から大学受験対策に対応：
　基礎（中学復習）→中級（高校）→上級（進学コース）へと、いま（現状）に合ったスタートとステップをしていきます。
□少人数制授業：
　一人ひとりの歩みにあわせ学習に取り組んでいきます。（1対1の個別学習から講義の授業まで）

学校行事
□協同体験（一生の仲間）：
　月1回のイベントを通して、個々の視野（可能性）を広げる。また、週1日ある体験型学習では、無学年授業で、協同体験の中、自身の一歩先を自然とイメージしていく事が可能です。

生活指導
茶髪・ピアス・バイク通学は不可です。学習をする場。人が不快になることは禁止。

生徒情報

【不登校生】
□無学年での授業空間：学年、コース等全てを取り払った授業空間で、自然と自身の一歩先のイメージが出来ます。
□講義型授業から個別学習が交じり合う：指導と受容のバランス教育から学ぶ。
□HRや面談においては「いまの現状とこれから具体的にやるべきこと」を明確に共有。
【転編入生】
前籍高校で修得した単位は振り替えることができます。また、高卒認定試験で合格した科目は年間20単位まで振り替えることができます。
【保護者との連絡】
個々の状況に応じて変動はしますが、二者面談（随時）・三者面談（年2回）を予定しています。

【生徒数】　　　　　　　　　　　　　2023年12月現在

年次	生徒数	男女比	クラス数
1年次	17名	5：12	5クラス
2年次	39名	21：18	5クラス
3年次	45名	22：23	5クラス

【教員数】
専任講師：男性2名、女性3名
非常勤講師：男性2名、女性1名
カウンセラー：0名（家族支援カウンセラー2名）

2025年度の募集・過去の進路状況

募集について

【一般入試日程】
出願期間：2025年1月7日〜3月28日
選考方法：面接・作文
選考料：10,000円

【チャレンジ入試】
出願期間：2024年11月1日〜12月20日
選考方法：面接・作文
選考料：10,000円

※転編入学は随時入試を行います。
　詳しくは個別相談会に参加お願いします。

※「チャレンジ入試」とは、不登校や学力不振に悩む生徒が、早期に進学先のひとつを確保することにより、安心して今後の進路選択に取り組むための、入学の予約（併願可）制度です。

■10〜2月　金曜日放課後
高校入学準備講座：
高校生活を体験（基礎学習や行事等）し、入学後をイメージすることが可能です。
■3月　土曜日
入学前事前登校：
4月スタートに向けた準備（基礎学習や行事、ガイダンス等）を行います。

学費について

入学金：	40,000円
授業料：	10,000円（1単位）
施設設備費：	45,000円
学習センター費：週1日	145,000円
週2日	170,000円
週3日	250,000円
週5日	415,000円
進学（週5日）	415,000円

※要件を満たす場合は国の就学支援金が支給されます。

2022年度卒業生の進路状況

【進路先】
卒業者数…31名
大学…9名　　　専門学校…4名　　　短大…0名
就職…7名　　　その他…11名

【指定校推薦】
＜私立大学＞近畿医療福祉大、大阪青山大、京都文教大、関西大、関西学院大、立命館大、神戸女学院大学、愛知学泉大、城西国際大、別府大、中村学園大、京都女子大、広島工業大、大阪商業大、九州産業大、福岡女学院大、熊本学園大、岡山理科大、九州共立大、鹿児島国際大

【3年間進路先】
＜私立大学＞姫路獨協大学、千里金蘭大学、関西国際大学、大阪学院大学、大阪経済法科大学、関西福祉科学大学、佛教大学、武庫川女子大学、早稲田大学、大阪芸術大学、藍野大学、京都産業大学、帝塚山学院大学、同志社女子大学、大阪産業大学、大手前大学、近畿大学、京都精華大学、大阪産業大学、皇學館大学、神戸女子大学、園田学園女子大学、大阪人間科学大学など
＜専門学校＞大阪eco動物海洋専門学校、ビジュアルアーツ専門学校、履正社医療スポーツ専門学校、ビーナスアカデミー、大阪ベルェベル美容専門学校、ヴェールルージュ美容専門学校、ESPエンタテインメント東京、阪奈中央看護専門学校、大阪ビューティーアート専門学校、近畿コンピュータ電子専門学校、大阪ビューティーアート専門学校、大阪調理製菓専門学校、関西医科専門学校、ホンダテクニカルカレッジ、大阪バイオメディカル専門学校、ヒューマンアカデミー、清風情報工科学院、大阪スクールオブミュージック専門学校、大阪歯科学院専門学校　ほか
＜就職＞（株）エムアールエスコンサルタント、（株）リエイ、東洋テック（株）、（株）ライジングコーポレーション、（株）イノダコーヒ、（株）ホテル京阪、株式会社ダイサン、夢寛商事、松本工業社、（株）ウェバートン、（株）柳井環境メンテック、辰巳運輸（株）、（株）協美石油、森重工業、大黒天物産（株）、（株）ニューフタバ　ほか

【通信制】 （単位制）

学校法人 弘徳学園 近畿大阪高等学校

（ https://koutoku.ac.jp/kinkiosaka/ E-mail：kinkiosaka-h@koutoku.ac.jp ）

ともに、未来へ。
new opening
2023 spring
2023年4月開校

■校長名：原田 増廣
■住 所：〒 599-0232 大阪府阪南市箱作 1054 番 1
■電 話：072-476-5351
■最寄駅：南海本線「箱作」駅より徒歩 5 分
■生徒が入学できる都道府県：大阪府、兵庫県
■沿 革：

昭和 26 年 2 月	学校法人近畿大学認可
平成元年 4 月	近畿大学豊岡女子短期大学を近畿大学豊岡短期大学に名称変更
平成 15 年 11 月	学校法人近畿大学弘徳学園寄附行為認可並びに設置者変更認可
平成 16 年 4 月	学校法人近畿大学弘徳学園設立記念式典 近畿大学豊岡短期大学並びに 近畿大学豊岡短期大学付属幼稚園を学校法人近畿大学から近畿大学弘徳学園へ設置者変更
平成 18 年 11 月	近大姫路大学設置認可
平成 19 年 4 月	近大姫路大学（看護学部看護学科）開設
平成 19 年 12 月	近大姫路大学教育学部こども未来学科設置認可 近大姫路大学教育学科こども未来学科通信教育課程設置認可
平成 20 年 4 月	近大姫路大学（教育学部こども未来学科）・同通信教育課程開設
平成 28 年 4 月	学校法人近畿大学弘徳学園を学校法人弘徳学園に名称変更 近大姫路大学を姫路大学に名称変更 近畿大学豊岡短期大学を豊岡短期大学に名称変更
平成 29 年 4 月	姫路大学大学院看護学研究科（修士課程）開設
平成 31 年 4 月	姫路大学大学院看護学研究科（博士後期課程）開設 豊岡短期大学姫路キャンパス開設
令和 5 年 4 月	近畿大阪高等学校 開校（予定）

■教育理念：建学の精神、教育の目的「教育の目的は 人に愛される人 信頼される人尊敬される人 を育成することにある。（近畿大学初代総長 世耕弘一先生）」
■運営母体：学校法人 弘徳学園
■併設校：姫路大学、姫路大学大学院、豊岡短期大学、こうのとり認定こども園

2023 年 4 月、大阪府阪南市に
大学法人が運営する高等学校が開校しました！
TO THE FUTURE TOGETHER ともに、未来へ。

●大学法人だからこそできる、確かな学び。
看護・教育系学部を有する大学法人だからこそ、安心で充実の教育支援体制が整っています。
臨床心理士、公認心理師等心の専門家が心と発達の支援を行い、一人ひとりの成長とニーズに合わせたきめ細やかな学習サポートを行います。

●学びの特徴
選べる 5 つの学習スタイル（通学 5 日・3 日・1 日・オンライン・自宅コース）で自分に合った学びが行えます。
スクーリング・試験は大阪府阪南市の本校で受講。各主要都市からのアクセスも良く、魅力的な立地環境です。
直営のサポート施設（豊岡短期大学・姫路大学）もあり、兵庫県内でも学びやすい環境です。

●多彩なカリキュラム
興味関心に合わせて学べる多彩なカリキュラムを設定しています。

【トライアルアワー】
卒業するための学習ではなく、生徒の皆さんが興味のあることを自由に学ぶための特別授業です。
すでに学校が設定したプログラムのみならず、皆さんの学びたいこと、体験したいことをドンドン取り入れていく予定です。
趣味の時間、将来に向けての学びの時間で、充実したスクールライフが送れます。

【登校日数】
■通学型学習…通学 5 日コース／通学 3 日コース／通学 1 日コース
※週 1、3 日、5 日登校し、トライアルアワー、レポート・試験対策となるサポート授業や科目の理解を深めるフォローアップ授業等を受ける通学型学習。
※通学しない自宅学習日にオンラインによるサポート授業やフォローアップ授業に出席することも可能です。

■通信型学習…オンラインコース／自宅コース
※オンラインコース：レポート・試験の対策をするためにオンラインによるサポート授業や科目の理解を深めるフォローアップ授業等を受けるが、スクーリング以外は原則自宅学習を行います。通学することに抵抗があるが、オンラインでのサポート授業を希望する生徒のためのコースとし、通学コースのサポート授業やフォローアップ授業をオンラインで受けることができます。
※自宅コース：レポート・試験対策となるサポート授業や科目の理解を深めるフォローアップ授業等を受けずに、スクーリング以外は原則自宅学習を行います。

■形態・課程・学科：単位制による通信制課程（男女共学）、普通科
■入学・卒業時期：（単位制個人生）入学時期 4 月 ・卒業時期 3 月
■修業年限：3 年 ■学期制：2 学期制 ■卒業認定単位数：74 単位

スクーリングの日数と場所

【スクーリング日数】
1 年…前期 6 日・後期 6 日／ 2 年…前期 5 日・後期 5 日／
3 年…前期 5 日・後期 5 日

【場所】
本校（阪南キャンパス）

【その他】
スクーリングを欠席した生徒のために、別日程スクーリングや、個別の日程スクーリングもあります。

●充実の学習環境と魅力あふれる立地環境
校舎内は全館 Free Wi-Fi を完備しており、学習環境はバッチリです。本校のオンライン授業は、通学コースの生徒と同じ授業に自宅から参加する方式により、双方向・多方向授業として、質疑応答や生徒同士の交流も可能になっています。
本校の校舎は、関西空港や明石海峡大橋を一望できる海と山に囲まれた自然豊かな場所にありながら、大阪なんばや関西空港からも乗換なしで一本、駅からは徒歩 5 分の便利な立地にあります。
すべてのスクーリングや試験は、この本校舎で行います。

340

進学指導

本校を運営する学校法人弘徳学園は、姫路大学（通信・通学）・豊岡短期大学（通信・通学）を運営する学校法人です。
内部進学等の制度もあるので、高等学校卒業後の進路が安心です。また、地元の方々の協力により、地域との交流や職業体験などの機会が豊富にあり、卒業後の進路に対する指導も充実しています。
高校卒業資格を取得することはもちろん、皆さんの希望に寄り添った進路支援を行います。

学校行事

地域との交流行事、遠足・修学旅行等、地域との参加自由の学校行事を予定しています。

生活指導

制服の着用は自由です。
個性や自主性を尊重していますが、基本的な生活マナーや社会のルールは指導します。

生徒情報

【保護者連絡】
電話連絡など必要に応じて行う予定です。

【不登校生に対する指導について】
臨床心理士や公認心理師等心の専門家が心と発達の支援を行い、一人ひとりの成長とニーズに合わせたきめ細やかな学習サポートを行います。
また、保健室には常駐の保健の先生もおり、体調管理も安心です。

【教員数】
専任講師：男性 6 名、女性 2 名
非常勤講師：男性 9 名、女性 6 名　　　カウンセラー：3 名

2024 年度の募集要項

学費について

■5日コース
入学金：30,000 円（初年度のみ）
授業料：585,000 円
合　計：615,000 円

■3日コース
入学金：30,000 円（初年度のみ）
授業料：453,000 円
合　計：483,000 円

■1日コース
入学金：30,000 円（初年度のみ）
授業料：321,000 円
合　計：351,000 円

■オンラインコース
入学金：30,000 円
授業料：275,000 円
合　計：305,000 円

■自宅コース
入学金：30,000 円（初年度のみ）
授業料：175,000 円
合　計：205,000 円

※上記授業料のほかに、タブレット代、教科書代、体操服・上靴代、制服代（標準服）等、その他諸費が必要です。

募集について

募集人数：145 名
募集地域：大阪府、兵庫県
出願期間・入試日：出願期間・入試日につきましては直接本校までお問い合わせください。

2022 年度卒業生の進路状況

【合格実績】
2023 年 4 月のためまだ卒業生はおりません。

＜学校の施設＞

校 舎 面 積	m²	事 務 室	あり
保 健 室	あり	ラ ウ ン ジ	あり
職 員 室	あり	カウンセリング室	あり
図 書 室	あり	体 育 館	あり

◇◇◇◇◇◇◇◇◇ この学校にアクセスしてみよう！

学校説明会	入学前電話相談	文化祭見学	体育祭見学	資料請求
○	○	○	○	○

※資料は、ホームページ・電話での申込みになります。

▼学習等支援施設
直営サポート校：姫路大学内・豊岡短期大学内に開設
姫路キャンパス：兵庫県姫路市大塩町 2042 番 2（姫路大学内）
豊岡キャンパス：兵庫県豊岡市戸牧 160（豊岡短期大学内）

【通信制】 （単位制）

天王寺学館高等学校
てんのうじがっかんこうとうがっこう

（ https://tg-group.ac.jp/tgkoko　E-mail：tgkoko@tg-group.ac.jp ）

特色 学習に重点をおいた
新しい狭域通信制高校

〔独自の視点からの学校づくり〕
生徒たち一人ひとりに向き合い、生徒の成長・自立を目指す学校です。具体的には登校日数や履修科目を自分で選択したり、習熟度別に授業を受講するといったことが可能です。学力を伸ばしたい生徒に応える十分な環境を用意しています。学習面以外でも、学校行事、クラブ活動、生徒会活動など自らの意思で様々なことに取り組むことができます。本校はある程度の自由の中に一定の規律があり、そのような環境で自らの目標のために努力しようとする生徒を全力でサポートします。

1. 生徒一人ひとりの個性と学習スタイルを尊重し、通信制の持つ柔軟性と通学制の持つ堅実性の双方の長所を取り入れたカリキュラムを編成しているので、多様な学習ニーズに対応できる教育課程となっている。
教育課程は通信部、通学部（5日制・4日制・3日制）に大別される。
ア）通信部
　標準登校日と授業時間は月・水・金（週3日）の午前各4時間。学校での授業と自学自習によって学習を進め、単位を修得する。
　また、原則として在宅学習で単位修得できるコースも開設。74単位以上で卒業が認定される。
イ）通学部（5日制・4日制・3日制　※選択）
　大学・専門学校等への進学を目指している生徒を主な対象として、目的・興味に応じた6つのコースを設けている。
　授業は午前中の通信部の授業に加え、午後にコース別の授業を開講している。5日制・4日制・3日制は自分の目標と学習スタイルで選ぶことができる。3日制は月・水・金の登校が基本となる。

2. その他の特徴
ア）担任制を採用しているが、通信部においては学科の特性上、授業は必修科目を除いて、クラス単位とは限らない。
イ）前期・後期の2学期制で、原則として学期ごとに単位認定を行う。
ウ）修学旅行・クラブ活動等は、希望者が選択して参加できるシステムとなっている。

■校長名：橋下 吉弘
■住　所：〒547-0041　大阪府大阪市平野区平野北1-10-43
　　　　　JR大和路線「平野」駅北出口すぐ
■電　話：06-6795-1860
■生徒が入学できる都道府県：大阪、奈良
■沿　革：
　2002年4月1日　開校（私立高校認可日：2002年3月22日）
■教育理念：
　2002年4月開校。天王寺学館創立50周年を記念し創立された新しいタイプの高校。生徒一人ひとりの個性を重視した教育を実践。単位制通信制の柔軟な教育課程により、形式的な教育観を廃した多様化に向けた教育を実施。改めて学ぶ喜びが実感できる教育の実現をめざしている。単なる高校卒業資格を取得する学校ではなく、目的を持った生徒がそれぞれ夢を実現するための「新しい高校」である。

■形態・課程・学科：
　独立校・単位制による通信制課程・総合学科
■併設する課程：通学部（3日制・4日制・5日制）
■併設課程への転籍：可
■入学・卒業時期：
　・入学時期　4月、10月　・卒業時期　3月、9月
■修業年限：3年以上
■学期制：2学期制　　■卒業認定単位数：74単位
■始業・終業時刻：
　通信部　9:05～12:45（1日4時限、1時限45分、月・水・金通学）
　通学部　9:05～16:55（1日8時限、1時限45分）
■技能連携：なし
■資格認定：本校規定による。（卒業に必要な単位に含む）
■技能審査：年間8単位まで、かつ30％以内まで認定（卒業に必要な単位に含む）
■開設講座数：約130講座

スクーリングの日数と場所

【登校日数】
　①通信部：週3回（月・水・金）午前のみ
　②通学部：5日制・4日制・3日制
【場　所】
　平野
【その他】
　本校は総合学科の狭域通信制・単位制高校。総合学科は普通科目と専門科目を融合させた新しい学科で、学ぶ喜びが実感できる。午前中の通信部においては130科目を準備している。通学部で学ぶ生徒は午前の通信部の授業に加え、午後にコース別の授業を受ける。
通信部（月水金午前3日登校標準）
　●総合教養系列　　　●国際教養系列
　●芸術情報系列
　▲視聴メディアコース（年間登校日は、月1回程度を予定）
通学部（5日制・4日制・3日制）
　●文理進学特進コース　●文理進学総合コース
　●文系進学総合コース　●理系進学総合コース
　●基礎総合コース　　　●芸術系進学総合コース

◇◇◇◇◇◇◇◇◇◇ **この学校にアクセスしてみよう！**

学校説明会	入学前電話相談	文化祭見学	体育祭見学	資料請求
○	○	ー	ー	○

※電話、FAX、E-mailで、個人で、または学校を通して資料請求してください。（無料）

<table>
<tr><th rowspan="2">併修・単位について</th><td>併修はできません。
高卒認定試験受験生は5科目まで一部科目履修することができます。</td></tr>
</table>

併修・単位について

併修はできません。
高卒認定試験受験生は5科目まで一部科目履修することができます。

クラブ活動

【クラブ数 20、クラブ加入率　約20%】
バドミントン部、バスケット部、卓球部、剣道部、軟式野球部、フットサル同好会、軽音楽部、美術部、外国語研究部、写真同好会、心理学同好会などのクラブがあります。

生活指導

制服指定あり（ただし購入・着用は任意）。頭髪・服装は、良識の範囲で自由を認めています。いじめ等の人権侵害は許しません。喫煙・飲酒等の、法律に反する行為は認めません。マナーをわきまえることを指導しています。

進学指導

生徒一人ひとりの希望や将来の目標を尊重した指導を心がけています。本校には進学希望者が多く、直近数年において卒業生の約7～8割が大学あるいは専門学校に進学しています。

生徒情報

【新入生】
新入生の多くは不登校だった生徒ですが、教員全員が担任の気持ちでカウンセリングを行い、生徒は明るく元気に登校しています。さらに臨床心理士2名、学校心理士2名を本校職員として配置しています。

【転編入生】
前籍校で修得した単位は一括認定で全単位振り替えることができます。
高卒認定試験で合格した科目は年間16単位まで振り替えることができます。
転入学は随時入学できます。編入学は退学時期によって、受け入れ時期がかわります。（2期募集）

【保護者連絡】
電話が中心ですが、毎月、出席状況の送付も行っています。また、三者面談も実施しています。

【生徒数】　　　　　　　　　　　　　　　　　　2023年5月1日現在

年次	生徒数	クラス数	1クラスの平均人数
1年次	183名	10クラス	18名
2年次	281名	12クラス	23名
3年次	260名	10クラス	26名

【教員数】
教員：男性17名、女性13名／講師：男性4名、女性8名
養護教諭：1名

2024年度の募集要項

募集について

募集人員：400名
出願期間：2024年1月20日～3月31日
試験日：2024年2月10日～定員に達するまで随時
選抜方法：面接及び書類（出願時に面接も可）
選考料：20,000円

※転編入試は随時おこなっています。

＜入学状況＞　　　　　　　　　　　2023年5月1日現在

区　分	2021年度	2022年度	2023年度
募集人員	400名	400名	400名
応募者数	288名	350名	232名
合格者数	286名	347名	231名
入学者数	281名	343名	229名

学費について

入　学　金：　　50,000円
授　業　料：　　255,000円
　　　　　　（標準受講30単位：1単位8,500円）
教　材　費：　約15,000円
施　設　費：　　40,000円
課外活動費：　　10,000円
諸　会　費：　　 1,000円
―――――――――――――――――――――
合　　　計：　約371,000円
※通学部は別途規定
※教科書費は、履修単位数、コースによって異なります。
　（およそ10,000円～25,000円）

2022年度卒業生の進路状況

■**国公立大学**
大阪公立大（2）、大阪教育大（1）、奈良女子大（1）、熊本大（医医）（1）

■**私立大学**
明治大（1）、中央大（1）、法政大（1）、関西大（14）、同志社大（2）、立命館大（21）、京都産業大（6）、近畿大（42）、甲南大（1）、龍谷大（25）、関西医科大（医医）（1）、大阪医科薬科大（医医）（1）　他

※2022年度卒業生：245名

＜学校の施設＞

校 舎 面 積	3,412m²	理科実験室	あり
運動場面積	650m²	美術実習室	あり
体 育 館	あり	情報実習室	あり
保 健 室	あり	家庭科実習室	あり
進路指導室	あり	図 書 室	あり
カウンセリング室	あり	談 話 室	あり

【併設校】　関西外語専門学校

【通信制】

学校法人 岡崎学園 東朋学園高等学校
（がっこうほうじん おかざきがくえん とうほうがくえんこうとうがっこう）

（ https://www.okazakitoho.ed.jp　E-mail：request@okazakitoho.ed.jp ）

■校長名：太田 功二
■住　所：〒 543-0017　大阪府大阪市天王寺区城南寺町 7 番 28 号
■電　話：0120-960-224
■ＦＡＸ：06-6761-3112
■最寄駅：近鉄大阪線「大阪上本町」駅より徒歩約 7 分
　　　　　大阪メトロ「谷町九丁目」駅（11 番出口）より徒歩約 10 分
　　　　　JR 大阪環状線「鶴橋」駅（中央改札）より徒歩約 13 分
　　　　　大阪シティバス「上本町六丁目バス停」より徒歩約 7 分
■沿　革：1946 年　コンドル洋裁学校を開校
　　　　　1951 年　コンドルドレスメーカー学院に改名
　　　　　1976 年　私立専修学校認可コンドル家政専門学校に改名
　　　　　1984 年　技能教育施設認可
　　　　　1986 年　東朋モード工科専門学校に改名
　　　　　1990 年　東朋ビジネス工科専門学校に改名
　　　　　2000 年　東朋高等専修学校に改名
　　　　　2020 年　東朋学園高等学校を開校
■教育理念：仏教精神を教育の基本とし、知識偏重の教育ではなく、
　　　　　　豊かな個性を生かした人間形成、
　　　　　　目的理想に精進する努力型の人間形成を行う。
【教育目標】可能性を最大限に伸ばす 3 つの指導
　　　　　「自立する力」「生きる知恵」「考える力」
■運営母体：名称／（学）岡崎学園　代表者／岡崎泰道（理事長）
■併設校：大阪自動車整備専門学校、東朋高等専修学校、
　　　　　就労移行支援事業所「レアルタ」、
　　　　　放課後等デイサービス「フォレスト」、キラナ保育園
　　　　　自立訓練（生活訓練）事業所「Come-day カムディ」

【学校へのアクセス】

※地図上、約 500m の
距離を省略しています

■形態・課程・学科：単位制による通信制課程（男女共学）、普通科
■入学・卒業時期：（単位制個人生）
　　・入学時期　4 月、10 月　　・卒業時期　3 月、9 月
■修業年限：3 年
■学期制：2 学期制
■卒業認定単位数：74 単位

スクーリングの日数と場所

【登校日数】
　　コース・クラスにより異なります。
　　下記「学習状況」をご参照ください。
【場所】本校

【特色】
スクールライフをカスタマイズ！
自分に合わせた "学び"

　　　　　本校は大阪府認可の通信制高校で、合理的配慮に基づいた個別支援教育の経験を生かし、それぞれの特性に応じた教育・指導を行っています。
学習面では自分に合った学習スタイルを選び、個々のペースで学習できる教育により、生徒に寄り添った支援を行います。
また、自立を促す実践的な知識や技術の習得により、それぞれの個性・適性・能力を生かして幅広く社会で活躍できる人材育成を目指しています。
無理せず、自分のペースで高卒資格を取得しましょう！
本校でみんなと一緒に "自分らしい夢" を描きませんか？

＜東朋学園高等学校の 3 つの特長＞
●大阪府認可の通信制高校
●登校＆学習スタイルをカスタマイズ！
●一人ひとりに合わせた支援・指導計画により単位修得をサポート

＜選べる！学びのスタイル＞
登校日やどのような高校生活をおくりたいかで通学スタイルを選べます。
通学スタイルについては直接学校にお問合せください。

【学習状況】

【自分に合わせて選べる学びのスタイル】
＜シンプルに高校卒業！＞
　●週 1 日登校クラス

＜自分でつくる！さまざまな高校生活！＞
　●週 2 日登校クラス
　●週 3 日登校クラス（クラス所属型）

【基礎をしっかり「学びなおし科目」】
小学校高学年からの基礎をしっかり！高校からスタートする科目もＯＫ！
丁寧な授業で、勉強に自信が持てない人も自分のペースで取り組めます。
「学びなおし」で、わかった！できた！が実感できます。

<table>
<tr><td>生活指導</td><td>●制服：購入・着用自由の制服を用意しています。</td></tr>
</table>

生活指導
●制服：購入・着用自由の制服を用意しています。

学校行事
●行事　※参加は自由です
校外学習（豚まんづくり、さつま芋苗植えと収穫、金魚ミュージアム、奈良でうちわ作り、ユニバーサルスタジオ遠足）等
●部活：フリースタイルアート同好会、eスポーツ部

その他
【スクールライフをサポートするICTツール】
新しい授業スタイル「ハイブリッド授業」を導入！
本校では、「対面授業」と「オンライン授業」を組み合わせた授業スタイル『ハイブリッド授業』を導入しています。授業スタイルの選択肢が増えますので、科目、条件により状況に合わせた学び方で学習できます。対面もオンラインも教員のサポート体制は変わりません。どのような状況になっても学びを止めることなく、授業スタイルや授業の受け方など臨機応変に対応できるようにしています。
映像学習は東京書籍株式会社の教科書をベースに制作された「インターネット講座教科書授業」や「NHK高校講座」を導入し学習効果を高めています。

生徒情報

【保護者連絡】
電話連絡、家庭訪問等は、必要に応じて行っています。
【不登校生に対する指導について】
カウンセリングルームを設置しています。
【いじめ防止対策】
教職員対象・生徒対象に人権研修を実施し、啓発しています。

【教員数】
専任講師：男性7名、女性3名
非常勤講師：女性4名　　カウンセラー：1名

【生徒数】
332名

進学・補習指導
希望大学・専門学校の入試状況にあわせて対策し、進路指導を行います。
また、各学期ごとに補習指導を行います。

募集要項・進路状況

募集について

募集人数：200名

募集地域：大阪府、兵庫県

出願期間・入試日：出願期間・入試日につきましては
直接本校までお問い合わせください。

学費について

週1日登校クラス
入学金　　　　50,000円　（入学時のみ）
施設運営費　　42,000円　（半期）
授業料　　　　10,000円　×単位数
教材費　　　　 2,000円　×科目数
　　　　　　　※教科書・学習書・レポート等です。
その他　　　　 2,000円　（半期）
　　　　　　　※スポーツ振興会費用、連絡用アプリ費用などです。
　　　　　　　※タブレット学習ツールをご利用いただくため、タブレット（iPad）のご購入をお願いしています。

※学費は登校日数等、選択クラスによって異なります。
また、今後改定する場合もありますので、詳細は本校まで直接お問い合わせください。

【助成制度】
大阪府育英会奨学金制度、各市町村等奨学金制度、国の就学支援金の対象校です。

【その他】
JR・各私鉄・大阪シティバス・大阪メトロの学割が利用できます。

◇◇◇◇◇◇◇◇◇◇ **この学校にアクセスしてみよう！**

学校説明会	入学前電話相談	文化祭見学	体育祭見学	資料請求
○	○	―	―	○

※資料は、ホームページ・電話での申込みになります。
▼入学前個別相談は、電話またはホームページよりお申し込みください。

＜学校の施設＞

校舎面積	1,210m²	事務室	あり
保健室	あり	ラウンジ	あり
職員室	あり	カウンセリング室	あり
図書室	あり	体育館	なし

卒業後の進路

過去5年間の主な合格実績

※技能連携校（東朋高等専修学校）含む実績です

【進路先】
卒業者数100名
大学…5名　　短大…1名　　専門学校…32名　　就職…34名
その他…28名（訓練校等含）

進学先：帝塚山大学、大阪樟蔭女子大学、大手前大学、大阪青山大学、大阪経済法科大学、大阪芸術大学、大阪工業大学、大阪商業大学、神戸医療福祉大学、嵯峨美術大学、相愛大学、羽衣国際大学、花園大学、大阪芸術大学短期大学部、関西外国語大学短期大学部、京都西山短期大学、東大阪短期大学、白鳳短期大学、大阪国際工科専門職大学、ECCアーティスト美容専門学校、OCA大阪デザイン＆IT専門学校、YIC京都工科大学校、アーデントビューティーカレッジ、キャットミュージックカレッジ専門学校、ナンバペット美容学院、バンタンゲームアカデミー、ヒコ・みづのジュエリーカレッジ大阪、ビジュアルアーツ専門学校、ベルエベル専門学校、ユービック情報専門学校、関西調理師学校、京都伝統工芸大学校、阪神自動車航空鉄道専門学校、修成建設専門学校、駿台観光＆外語ビジネス専門学校、森ノ宮医療学園、神戸国際調理製菓専門学校、大原スポーツ＆メディカルヘルス専門学校、大原学園、大原簿記法律専門学校、大阪ECO動物海洋専門学校、大阪アニメ・声優＆eスポーツ専門学校、大阪アニメーションスクール専門学校、大阪アミューズメントメディア専門学校、大阪ウェディング＆ブライダル専門学校、大阪キャリナリー製菓調理専門学校、大阪ゲームデザイナー学院、大阪コミュニケーションアート専門学校、大阪スクールオブミュージック専門学校、大阪ダンス＆アクターズ専門学校、大阪バイオメディカル専門学校　他多数

就職先：株式会社サンエイプラテック、株式会社水谷設備工業、株式会社とみづや、株式会社ブレインディレクション、P-FACTORY株式会社、アサヒサンクリーン株式会社、アルインコ株式会社、エヌエス・テック株式会社、キッズMパステル、グリーンライフ株式会社エスペラル城東、グループホームめい、フジックス株式会社、阿津間電気株式会社、医療法人橘会東住吉森本病院、株式会社S-FIELD、株式会社アイステーション、株式会社あたらし畳、株式会社アテナ、株式会社エーエスオー、株式会社カットツイン、株式会社メディプラン、株式会社孝兄社、株式会社阪弘、株式会社山岩、株式会社神戸屋ロジスティクス、株式会社杉並藪蕎麦、株式会社丹栄、株式会社東宝紙器、株式会社湯川、株式会社Eikyu、株式会社ENEOSジェネレーションズ、株式会社エースタイル、株式会社カワ、株式会社くれおーる、株式会社コノミヤ、株式会社サロン・ド・ロワイヤル、株式会社サンパーク、株式会社ジーユー、株式会社ショッピングセンター池忠、株式会社スイスポートジャパン、株式会社セイワ運輸　他多数

【広域通信制】 （単位制）

長尾谷高等学校

なかおたにこうとうがっこう

(http://www.nagaodani.ed.jp　E-mail：info@nagaodani.jp)

■校長名：正木 仁
■住　所：(枚方本校) 〒 573-0163　大阪府枚方市長尾元町 2-29-27
■電　話：☎ 0120-750-150 または 072-850-9111
■ＦＡＸ：072-850-6116
■最寄駅：JR 学研都市線「長尾」駅下車、西へ 650m
　　(枚方本校) 京阪バス「長尾西口」下車、東へ 300m
■分校・分室：梅田、なんば
■生徒が入学できる都道府県：
　大阪、京都、奈良、兵庫、滋賀、三重、和歌山
■沿　革：
　1993 年 4 月　大阪府の認可を受け、学校法人東洋学園の第 6 番
　目の学校として設立
■教育理念：
　将来、社会の有益な形成者になるための資質を養い、豊かな教
　養と調和のとれた人格の形成、そして各分野において指導的役
　割を果たした人材の育成を目指す。校訓は "誠意" "創造" "感性"
　である。

■形態・課程・学科：独立校・通信制課程・単位制・普通科
■併設する課程：なし
■入学・卒業時期：
　・入学時期　4 月、10 月（転編入生は随時入学可）
　・卒業時期　3 月、9 月
■修業年限：3 年（在籍最長年数：6 年）　■学期制：2 期制
■卒業認定単位数：74 単位　　■実務代替：なし
■学校外学習：36 単位まで認定　　■開講科目数：90 科目

スクーリングの日数と場所

【登校日数】
　授業日（月～土、1 限～6 限）のうち、自分が選択した科
　目の授業時間に出席します。登校時間についてはお問い合
　わせください。

【場所】
　自分の在籍している学校（枚方本校、梅田校、なんば校）。
　希望する授業が開講していない場合、他校で開講していれ
　ば受講可能です。

【その他】
　放送視聴により、必要な時間数に替えることができますが、
　届出して許可が必要です。

【学校（枚方本校）へのアクセス】

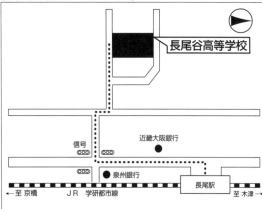

①変化する社会に対応し新しいことに挑戦する学校
　です。
②広く世界に目を向け、国際交流をすすめる学校です。
③生徒のニーズに応える特色ある学校です。
④生徒が生徒を呼んでくる学校です。

○卒業までに、必修科目を含め 74 単位以上を履修し、修得する
　必要があります。ただし、1 年間で履修できる単位数は、40 単
　位以内です。入学初年度は、半期最低 4 単位・年間最低 8 単位
　以上履修しなければなりません。
○在学期間は、前に在籍していた高等学校の期間を含めて、3 年
　以上必要です。（休学期間は含まれません）
○他の高等学校において履修し、修得した各科目の単位は、原則
　として全科目修得単位として認定します。
○高卒程度認定試験・技能審査・留学などで一定の要件を満たし
　た場合、本校の単位に認定します。
○本校は学年制ではありませんが、卒業するまでに要する年度に
　よって、1 ～ 3 年次生としています。

併修・単位について
　高卒認定試験合格者は一部単位認定ができます。
　英検、漢検、パソコン検定等の合格者は規定により、
　単位を認めます。

人才育成プログラム
　○新入生スタートクラス
　中学新卒生が通信制のシステムに慣れるように担任
　がサポートする。中学の基礎から学び直せるカリキ
　ュラム。授業料とは別に 10 万円（年間）のクラス
　費が必要。
　○大学受験のための学力養成
　（アドバンス講座以外受講料必要）
　梅田校で梅田塾を設置。
　○楽しく英語を学べる E クラス
　（なんば校、語学研修費用が必要）

▼学校説明会（いずれも土曜日 13：00 から、各校舎）
　2024 年…1/13、1/20、2/3、2/17、3/9、3/16
※上記以外も平日は随時見学・相談を受け付けています。
※上記予定は変更することがございます。

クラブ活動

【クラブ 活動状況】
バスケットボール部、バドミントン部、バレーボール部、軟式野球部、硬式テニス部、剣道部、柔道部、卓球部、陸上部、日本拳法部、水泳部、サッカー部、音楽部、ピアノ部、写真部、マンガ研究部、演劇部、美術部、園芸部、かるた同好会、将棋同好会、eスポーツ部

国際交流

・Eクラス…英語に親しみながら単位修得可能なクラス。海外語学実習を含めて10単位修得が可能。
・海外語学スクーリング…現地の家庭にホームステイし、語学学校に通い英語の行き先はカナダかオーストラリアを選択。

学校行事

校外学習、芸術鑑賞会、映画鑑賞、ボウリング実習、かるた大会、スケート実習、LHR、始業式、修了式、ものづくり体験、進学説明会、劇団四季観劇、宝塚歌劇観劇、ウォーキングなど。

生活指導

制服はありますが、服装は自由です。授業妨害等の反社会的な行為については厳しく指導します。
喫煙行為、バイク、自動車通学については全面禁止です。

進路指導

進学希望者には模擬試験、進路適性検査、進学相談や進学説明会を行っています。
インターネット（ホームページ）で進路情報が得られます。（パスワード必要）

生徒情報

【不登校生】
中学時代に不登校生だった生徒が増えています。新入生スタートクラスを設置しています。全日制のようなストレスの原因がないので、次第に自信をとりもどしています。

【転編入生】
前籍高校の単位は全て、高卒認定で合格した科目は年間30単位まで振り替えることができます。転編入は随時、中卒生は前期・後期始めに入学できます。

【保護者連絡】
定期的に出席、成績状況を封書で送付、またはホームページでパスワードを使って自分のものがわかるようにしています。また三者懇談を実施しています（4月・新入生、6月・全員、10月・新入生）。

【入学生徒数】 （2022.4.1～2023.3.31）

中学新卒	転編入学
298 名	752 名

【生徒数】 普通科　　　　　　　　　　2023 年 5 月 1 日現在

年次	生徒数	男女比
1 年次	342 名	43：57
2 年次	720 名	52：48
3 年次	783 名	49：51

【教員数】 教員：男性 27 名、女性 21 名
講師：男性 31 名、女性 28 名

2024 年度の募集要項

募集について

【2024 年度前期】
入試についてはお問い合わせください
出願期間：【一次】（予定）
　　　　　　　2024 年 1 月 22 日（月）～ 2 月 9 日（金）
　　　　　　【二次】2024 年 2 月 13 日（火）～ 3 月 2 日（土）
　　　　　　【三次】2024 年 3 月 5 日（火）～ 3 月 26 日（火）
試験日：【一次】2024 年 2 月 10 日（土）
　　　　【二次】2024 年 3 月 4 日（月）
　　　　【三次】2024 年 3 月 27 日（水）
受付時間：（平　日）午前 9 時～午後 4 時
　　　　　（土曜日）午前 9 時～午後 2 時
選抜方法：中卒生（一次）…学科試験（国語、数学）、面接、書類選考
　　　　　※中卒生二次・三次は課題作文、面接、書類選考
　　　　　※転編入生は面接、書類選考
検定料：10,000 円

※受験資格
2024 年 3 月中学卒業見込の者、2023 年 3 月以前に卒業した者、高校在学中の者、高校を退学した者。高等専門学校3 年生までの在学中の人も受験できます。

学費について

入 学 金：	
授 業 料：	
施 設 設 備 費：	※学費につきましては
特 別 活 動 費：	お問い合わせください。
諸 活 動 費：	
卒 業 経 費：	
同 窓 会 費：	
実 習 費：	

※就学支援金を受給すれば、3 年間 74 単位取得して、教科書代を含めて約 55 万円以下となります。当校は、「就学支援金制度（国）」「私立高等学校等授業料支援補助金制度（大阪府）」の対象校です。支援金対象等は必ずご連絡の上、ご確認下さい。
※ 2020 年度入学生からファミリー特典があります。

進学実績

京都大、和歌山大、早稲田大、明治大、関西大、関西外国語大、京都外国語大、関西学院大、京都女子大、同志社大、京都精華大、立命館大、京都橘大、京都産業大、京都ノートルダム女子大、近畿大、京都文教大、甲南大、甲南女子大、龍谷大、順天堂大学、追手門学院大、大阪経済大、大阪芸術大、大阪工業大、大阪産業大、大阪商業大、大阪電気通信大、岡山理科大、神戸女学院大、四天王寺大、摂南大、帝塚山大、天理大、同志社女子大、阪南大学佛教大、北海道医療大、桃山学院教育大、立命館アジア太平洋大 他

この学校にアクセスしてみよう！

学校説明会	入学前電話相談	文化祭見学	体育祭見学	資料請求
○	○	○	－	○

※資料は電話で請求して下さい。ただし、学校をよく知ってもらうために学校見学をお勧めします。
ホームページも開設しています。

＜学校の施設＞

校地面積	6,966m²	図書室	あり
運動場面積	1,500m²	（蔵書数	6,000 冊）
体育館	あり	カウンセリング室	あり

※その他の施設…コンピューター室、自習室、調理実習室、音楽室

【分校・分室】
梅田校　　　大阪市北区中津 6-5-17　阪急中津駅より南西へ約 350m　JR 大阪駅より約 1200m　　　電話 06-6454-8810
なんば校　　大阪市浪速区難波元町 1-11-1　地下鉄なんば駅 32 号出口から約 350m　　　　　　　　電話 06-4396-7281
※電話によるお問い合わせは、0120-750-150 を全校共通でご利用いただけます。

【グループ校】 東洋きもの専門学校、ユービック情報専門学校、東洋学園高等専修学校、近畿情報高等専修学校、京都近畿情報高等専修学校

北海道
青森
岩手
宮城
秋田
山形
福島
茨城
栃木
群馬
埼玉
千葉
東京
神奈川
新潟
富山
石川
福井
山梨
長野
岐阜
静岡
愛知
三重
滋賀
京都
大阪 ★
兵庫
奈良
和歌山
鳥取
島根
岡山
広島
山口
徳島
香川
愛媛
高知
福岡
佐賀
長崎
熊本
大分
宮崎
鹿児島
沖縄

【広域通信制】　　　　　　　　　　　　　　　　　　　　　　　（単位制）

八洲学園高等学校
やしまがくえんこうとうがっこう
（ https://www.yashima.ac.jp/hs ）

■校長名：林　周剛
■住　所：〈堺本校〉
　　　〒593-8327　大阪府堺市西区鳳中町8-3-25
　　　〈大阪中央校〉
　　　〒540-0004　大阪府大阪市中央区玉造1-3-15
　　　〈横浜分校〉
　　　〒220-0021　神奈川県横浜市西区桜木町7-42 受付3F
■電　話：〈堺本校〉072-262-8281
　　　〈大阪中央校〉06-6762-1248
　　　〈横浜分校〉045-312-5588
■ＦＡＸ：〈堺本校〉072-264-0950
　　　〈大阪中央校〉06-6762-1249
　　　〈横浜分校〉045-312-5606
■最寄駅：〈堺本校〉
　　　JR阪和線「鳳」駅、徒歩10分
　　　〈大阪中央校〉
　　　JR環状線「玉造」駅より徒歩1分
　　　大阪メトロ長堀鶴見緑地線「玉造」駅より徒歩1分
　　　〈横浜分校〉
　　　各線「横浜」駅より徒歩10分
　　　横浜市営地下鉄「高島町」駅より徒歩1分
■生徒が入学できる都道府県：
　　埼玉県、千葉県、東京都、神奈川県、静岡県、三重県、滋賀県、
　　京都府、大阪府、兵庫県、奈良県、和歌山県
■沿革：
　　1948年　奈良県においてヤシマ裁縫学院として創立
　　1992年　八洲学園高等学校 設立
　　1997年　八洲学園高等学校東京本部 設立（広域化）
　　2010年　八洲学園高等学校横浜分校 認可
　　2016年　大阪中央校、町田分室 開校
　　2016年　町田みのり高等部 開校
　　2020年　三宮みのり高等部 開校
■教育理念：
　　一人ひとりの状況に合わせた柔軟な教育環境で、学び直しによ
　　る基礎学力の定着、将来を見据えた社会性の育成、規則正しい
　　生活リズムの形成を目標に、個性を活かし、卒業後を意識した
　　教育の実現に努める。

■形態・課程・学科：独立校・単位制による通信制・普通科
■併設する課程：なし
■入学・卒業時期：・入学時期　新卒生：4月
　　　　　　　　　　　　　　転編入・既卒生：毎月
　　　　　　　　　・卒業時期　3月・9月
■修業年限：3年以上（在籍最長年数：制限なし）
■学期制：2期制（前期・後期）
■卒業認定単位数：74単位
■実務代替：なし
■技能審査：なし

「学び直し」、「社会性の育成」、「規則正しい生活リズム
の形成」をキーワードに、一人ひとりの状況に合わせて、
全日制型（週5日登校）、半日型（週3日登校）、完全
個別型の3つのクラスで「通う」ことへの慣れを身に
付けます。無理のない形での高校生活を実現できます。
また、学習面だけでなく、多くの学校行事を実施し、充実した楽
しい高校生活をおくれます。高校在学中で転校を希望される方、
高校を途中退学された方で、再度、高校卒業を目指される方、中
学校卒業後、高校に進学をされなかった既卒生の方は毎月入学す
ることができます。入学にあたっては、面談（という形で試験）
を実施していますが、高校進学・卒業への想いを最優先にしてい
ます。また、高校卒業程度認定試験受験者用の高認コースも併設
しており、科目履修制度を利用することによって、高認合格を目
指せます。詳しくは八洲学園高等学校のHPでご確認ください。

スクーリングの日数と場所

【登校日数】
　　個人の状況に合わせてクラス選択をし、決めることがで
　　きる。
【場　所】
　　関西：堺本校・大阪中央校　　関東：横浜分校
　　（梅田キャンパス・三宮キャンパスの生徒は堺本校・大阪
　　中央校、新宿キャンパス・池袋キャンパスの生徒は横浜
　　分校）

◇◇◇◇◇◇◇◇◇ **この学校にアクセスしてみよう！**

学校説明会	入学前 電話相談	文化祭見学	体育祭見学	資料請求
○	○	※	※	○

※資料は電話、Eメール、ホームページ、または直接来校し請求して下さい。（無料）
※文化祭・体育祭の見学は各キャンパスまでお問合せください。

クラス紹介

【全日制型クラス：ベーシッククラス】
週5日登校の全日制型クラスです。勉強面では中学校レベルの復習から始め、高校生のレベルまで学んでいきます。またクラス制で、グループワークなどクラスメイトと共に行う授業も充実しており、コミュニケーション能力の育成・向上を目指します。他のクラスに比べ学校行事も多く、学力や社会性の育成に重点を置くと共に「楽しい学校生活」を実現しています。

【全日制型クラス：5年制クラス】
本クラスは、発達障がいなどの課題を抱えている生徒一人ひとりの「個性」や「特性」を十分に理解し、5年間じっくり時間をかけることで卒業を目指すクラスです。「学習支援」・「登校支援」を実施していくだけではなく、進学する・就職する際に必要となる、社会に出ていける「自立」のための力、「コミュニケーション能力」・「環境適応能力」を身に付けるカリキュラムを実現します。

【週3日クラス：マイスタイルクラス】
週3日登校が可能なクラスです。出席する日程を調整できるため、自分のペースで登校したい方、体調面などで毎日通うことが困難な方の初めの一歩として最適なクラスです。無理のないペースで通い、心身的な負担を軽減しながら、卒業を目指していくクラスです。

【完全個別対応クラス：ホームサポートクラス】
自宅や学校などの安心できる場所で学習を進めるクラスです。外出が苦手な方や、集団が苦手な方に最適なクラスです。学習スケジュールも一人ひとりに合わせて計画できるため、無理のないペースで進めることができます。個別学習から始め、最終的には集団学習への参加を目指すクラスです。

学校行事

文化祭をはじめ、遊園地への遠足や、バーベキュー大会、科学館や博物館の見学、職業体験など多岐にわたり実施。学校生活を楽しく、充実したものにするためだけでなく、卒業後の進路を見据えた内容も多く取り入れています。

進路指導

学園創立73年を越え、培った確かな実績と、積み重ねてきた教員力と指導力で、指定校推薦はもちろん、総合型選抜入試や公募制推薦入試など、一人ひとりの進路選択に合わせた指導を実施。各種資格・検定のための講座も充実させ、就職・進学の際の強みを多く身につけます。

生徒情報

【不登校生】
小・中学校と不登校経験がある生徒が多く在籍しています。一人ひとりの状況に合わせて選択できるクラスで、無理のないペースでの登校を可能にしています。また、担任・副担任、スクールカウンセラーに勉強や生活面の悩みをいつでも相談できる環境を整えています。

【転編入生】
学力面や体調面などで進級が難しくなってしまった方や転校先、高校卒業再チャレンジを希望される方が多く在籍しています。随時入学相談・受付を行っています。また、前籍校での在籍期間や修得単位数の引継ぎも可能です。転・編入学は、毎月受け入れをしています。

【保護者連絡】
三者面談や保護者面談を定期的に実施し、保護者連絡も適宜実施しています。学校と家庭で密な連携を行い、生徒育成に努めています。（保護者面談、三者面談、保護者会、通信物の発送、電話連絡など）。

【生徒数】
1,829 名

2023 年 8 月 1 日現在

【教員数】
教員：男性 20 名、女性 25 名
講師：男性 50 名、女性 50 名
カウンセラー：各キャンパス 1 名

2024 年度の募集要項

募集について

募集人員： 普通科 500 名（男女）

出願期間： 第1期：2024 年 1 月 22 日（月）〜 2 月 29 日（木）
（変更の可能性有）
第2期：2024 年 3 月 1 日（金）〜 4 月 5 日（金）
（変更の可能性有）

受付時間： 月〜金の午前 9 時〜午後 4 時（事前ご予約が必要です）

選抜方法： 筆記試験・面接試験は実施しません。面談等によって、当校の教育方針へのご理解を確認し、学びたいというご本人の意思を尊重します。

検定料： なし

学費について

入学金：	なし
入学登録料：	20,000 円（入学時のみ）
ID システム利用料：	20,000 円（入学時のみ）
授業料：	1 単位 10,000 円
諸経費：	20,000 円（年度ごと）
施設費：	20,000 円（年度ごと）

※科目ごとに別途教材費（教科書・リポート・視聴教材・発送費など）がかかります。
※入学するクラスによって別途クラス費が必要です。

卒業生の進路状況

【合格実績】
慶應義塾大、北海道大、早稲田大、駒澤大、帝京大、東洋大、日本大、杏林大、専修大、近畿大、大阪芸術大、大手門大、横浜商科大、上智大学短期大学部 他

【指定校推薦】 あり

＜学校の施設＞

自 習 室	あり	プ ー ル	なし
食 堂	なし	体 育 館	あり
ラ ウ ン ジ	なし	グ ラ ウ ン ド	なし
カウンセリング室	あり		

■本校・分校以外の学習拠点

【関西】
・梅田キャンパス　各線 JR「北新地」駅より徒歩 1 分、大阪メトロ「西梅田」駅より徒歩 1 分
・三宮キャンパス　各線「三宮」駅より徒歩 8 分

【関東】
・新宿キャンパス　各線「新宿」駅より徒歩 5 分
・池袋キャンパス　各線「池袋」駅より徒歩 10 分
・町田分室　　　　JR 横浜線「町田」駅より徒歩 7 分、小田急線「町田」駅より徒歩 4 分

【広域通信制】 （単位制）

ルネサンス大阪高等学校
（おおさかこうとうがっこう）

(https://www.r-ac.jp)

■校長名：板倉　正典
■住　　所：〒530-0012　大阪府大阪市北区芝田 2-9-20 学園ビル
■電　　話：0120-816-737
■最寄駅：「大阪」駅、「梅田」駅より徒歩 5 分
■生徒が入学できる都道府県：全国 47 都道府県
■沿　　革：2014 年 4 月開校
■教育理念：人と異なることが、人に劣ることではないように、学校のあり方にも多様性が必要です。生徒の置かれた現実に対応し、学校側が柔軟に考えて教育を実践し、より素敵な学校をめざしていきます。

■形態・課程・学科：独立校・単位制による通信制課程・普通科
■併設する課程：なし
■入学・卒業時期：入学時期 4 月、10 月　卒業時期 3 月、9 月
■修業年限：3 年以上（前籍校含む在籍最長年数　制限なし）
■学期制：前期・後期の二期制　■卒業認定単位数：78 単位以上

スクーリングの日数と場所

【登校日数】都市型の高校なので、スクーリングは日帰りで年 7 ～ 9 日※を要する生徒が多いです。遠方に住む生徒向けに、宿泊を伴う集中タイプも用意しています。
※転入等で履修科目が多い場合、所要日数が増えることになります
【場　所】ルネサンス大阪高等学校本校
【内　容】教室での科目別授業が中心となります。

大阪駅・梅田各駅より徒歩 5 分という利便性の高い都市型の通信制高校で、大阪府の「私立高校生等就学支援推進校」です。
インターネットを活用し、「自分のペースにあわせて」「いつでも」「どこでも」正規の高校教育カリキュラムが学べる環境づくりを行っています。

●ネット完結型学習
普段の学習はネット環境があればスマートフォン、タブレットやパソコンで、いつでもどこでも学習することが可能です。わかりやすい動画授業で効率的に進められます。

●進路サポート
「対話」を重視した進路指導を心がけています。直接会ってお話する以外にも、電話やメールなどの手段も活用し、生徒と保護者の方とも一緒に本人が本当に進みたい進路を考えていきます。

●進学対策
大学・短大・専門学校の指定校推薦枠利用やＡＯ入試、一般入試など個々に合った受験方法や学習方法を提案します。

●生徒の活躍・実績など
2023 年に行われた e スポーツの大会『STAGE：0』では、リーグ・オブ・レジェンド部門とヴァロラント部門で優勝、フォートナイト部門で準優勝という成績を収めています。
※グループ校全体実績

コース

●通学スタンダードコース：「高校を軸にした日々の生活を送りたい」「ルネ高で＋αの知識・教養を身に付けたい」…
そんな方には週 2 日の通学スタンダードコースを追加することができます。一人ひとりに合せて、講義は教科科目に拘らず、英会話やパソコン等の社会に出て役立つものや体験講義、社会見学等のフィールドスタディで卒業後の進路を決める機会を提供します。

●eスポーツコース：高等学校では日本では初めて、2018 年度より e スポーツコースを開講しました。梅田 e スポーツキャンパスとなんば e スポーツキャンパスでは e スポーツ、語学、心理学等の一流の講師陣を揃え、勝つために必要な「実用レベルの英会話能力」・「コミュニケーション能力」・「強いメンタル」を育てる講義を行います。また、e スポーツを通して将来の夢を描き、目標に向かって進む力を身につけることができます。

●アコピア K-POP コース※講義はオンラインで実施：韓国芸能事務所の練習生をめざすコースです。パフォーマンスの技術だけでなく、容姿や心身の健康にも配慮したオーダーメイドのカリキュラムを提供。日本の高校卒業を諦めることなく K-POP アイドルをめざすことができます。希望者は留学プログラムも利用可能です。

●W スクールコース：高校卒業をめざす学習カリキュラムに追加できるのが、W スクールコース。ルネ高に在籍しながら提携校に通うことで、早期に専門スキルを身につけることができます。

●進学コース　　●留学・英会話コース
●資格取得コース
●スポーツコース　●芸能コース
●美容コース

履修・単位について

自分で学びたい教科や科目を選択し履修することができる単位制をとっています。卒業認定単位は 78 単位以上です。

特別活動

進路セミナー、ワークショップ、イベント　等
※面接指導（スクーリング）や特別活動には含みません。

進路指導

担任や進路指導担当教員によって、就職から大学・短大・専門学校等の進学まで、個々に応じた進路指導を行います。

生活指導

通学スタンダードコースは、制服が標準服となり、一定の校則が設けられています。通信コースは「自分らしさ」を重視した指導を行います。

生 徒 情 報

【不登校生】
過去に不登校だった生徒には、電話やメール、LINE などを通して、時間をかけて本人とコミュニケーションを図ることで学習意欲を取り戻し、学校生活や日常生活の楽しさを教えます。

【転編入生】
前籍校で修得した単位は引き継ぐことができる場合もあります。転入学は随時入学可能で、条件を満たせば前籍校の同級生と同じ時期に進級、卒業ができます。編入学は、年に 2 回（4 月、10 月）入学が可能です。

2024 年度の募集要項

学費について

入 学 金：　　　50,000 円（入学初年度のみ）
授 業 料：　単位数×10,000 円（初年度は標準 26 単位を履修）
施設設備費（年額）：　20,000 円
教育関連諸費（年額）：　50,000 円

※高校卒業には 3 年以上の在籍及び、78 単位以上の修得が必要となります。
※前籍校での在籍期間と修得単位数は引き継ぐことが可能です。
※ W スクールコース、e スポーツコースな どのオプションコース受講を希望する 場合は、別途費用が必要です。

大阪府在住の方へ
国の就学支援金に加え、府の授業料支援補助制度もあります。
（3 年間総額 7 万円～）
※詳しくはお問い合わせください。

募集について

募 集 対 象：①2024 年 3 月中学卒業見込みの者
　　　　　②中学校既卒者
　　　　　③現在、高校に在籍中の生徒
　　　　　④高校を中途退学した者
出 願 期 間：詳しくはお問い合わせください
試 験 日：お問い合わせください
入学検定料：10,000 円
※②③④については定員の都合上、受け入れを停止している場合があります。

2022 年度合格実績（グループ校全体）

＜国公立大学＞
大阪大学／九州大学／東京工業大学／東京農工大学／東京藝術大学／金沢大学／千葉大学／国際教養大学／大阪公立大学

＜私立大学＞
早稲田大学／慶應義塾大学／上智大学／明治大学／青山学院大学／立教大学／中央大学／法政大学／日本大学／成城大学／多摩美術大学／フェリス女学院大学／杏林大学／横浜薬科大学／日本歯科大学／愛知大学／中京大学／中部大学／日本赤十字豊田看護大学／日本福祉大学／名古屋外国語大学／朝日大学／同志社大学／関西大学／立命館大学／近畿大学／甲南大学／龍谷大学／京都産業大学／関西外国語大学／大阪経済大学／同志社女子大学／武庫川女子大学／大和大学／大阪商業大学／関西医療大学　など

＜学校の施設＞

校 舎 面 積	2,132m²	図 書 室	あり
運動場面積	0m²	プ ー ル	なし
視聴覚教室	あり	食 堂	なし
体 育 館（体育ホール）			あり
ラ ウ ン ジ	なし	借りグラウンド	なし
カウンセリング室	あり		

◇◇◇◇◇◇◇◇◇ **この学校にアクセスしてみよう！**

学校説明会	入学前電話相談	文化祭見学	体育祭見学	資料請求
○	○	○	－	○

学校資料は、電話もしくは HP からご請求ください。
▼個別相談会　随時実施中　※ご希望の方はお問い合わせください。
　　　　　　0120-816-737（はいろーな、みな）

【学校情報】
●ルネサンス大阪高等学校　　　　　　　　大阪府大阪市北区芝田 2-9-20 学園ビル　　　　　　　TEL.06-6373-5900
●ルネサンス高等学校（グループ校）　　　茨城県久慈郡大子町大字町付 1543　　　　　　　　　TEL.0295-76-8031
●ルネサンス豊田高等学校（グループ校）　愛知県豊田市藤沢町丸竹 182　　　　　　　　　　　　TEL.0565-49-0051
●ルネ中等部（中学生向け）e スポーツ＆プログラミングが学べます　　　　　　　　　　　　　　TEL.0120-526-611
【キャンパス情報】全国共通フリーダイヤル　0120-816-737
●梅田 e スポーツキャンパス　　　　　　　大阪市北区堂山町 1-5　三共梅田ビル 7F
●なんば e スポーツキャンパス　　　　　　大阪市中央区難波 2-3-7　南海難波御堂筋ウエスト 6F

【通信制】　　　　　　　　　　　　　　　　　　　　　　　　（単位制）

賢明学院高等学校

（ https://kenmei.jp ）

■校長名：石森　圭一
■住　所：〒590-0812　大阪府堺市堺区霞ヶ丘町4-3-30
■電　話：072-241-1679　■FAX：072-241-1576
■最寄駅：JR阪和線「上野芝」駅
■生徒が入学できる都道府県：大阪府、和歌山県
■沿革：1955年　4月　学校法人賢明学院設立
　　　　1969年　4月　賢明学院高等学校設立
　　　　2014年11月　学院創立60周年記念式典
　　　　2016年　4月　通信制課程　開校
　　　　2024年　9月　学院創立70周年記念式典
■創立理念：
　キリスト教的人間観・世界観と一人ひとりの人格を何よりも尊
　重する創立者マリー・リヴィエの教育精神を継承し、世界の平
　和と発展に自ら貢献できる人間を育成する。

■形態・課程・学科：併設校・単位制による通信制・普通科
■併設する課程：学年制による全日制課程
■併設課程への転籍：できない
■入学・卒業時期：・入学時期　4月　　・卒業時期　3月
■修業年限：3年以上（在籍最長年数：制限なし）
■学期制：2期制（前期・後期）
■卒業認定単位数：74単位
■技能連携：なし　■実務代替：なし　■技能審査：なし
■開設講座数：　科目

スクーリングの日数と場所

【登校日数】
　週1日〜週5日まで通学日数を選択することができます。
在学中に通学日数を変更することもできます。
※毎週土曜日は平常スクーリング
※毎週火曜日は個別の学習指導や保護者面談などを実施
　します。
※毎週水・金曜日は学習サポート（習熟度別授業）や検
　定対策講座（級別授業）・小論文講座やパソコン講座を
　実施します。
※木曜日は、特別活動の一環として体験学習を実施しま
　す。
※平常スクーリングで不足した出席時数は、集中スクー
　リング（夏・冬の長期休暇）で補います。

【場　所】本校

・大阪唯一の全日制との併設校で、人工芝グラウンド・
食堂・図書館などの充実した施設で高校生活を送り
ます。
・土曜日のスクーリングと水・金の学習サポートでは、
基礎から大学受験に向けて学べる教員を配置しており、万全の
指導体制が整っています。
・学習サポートでは、中学校の総復習の「学び直し」や大学受験
を視野に入れた「習熟度別授業」で学力の向上を目指します。
・他の通信制高校で10年以上勤め、カウンセリングマインドを持っ
た経験豊富な教員による安心サポート。
・クラス担任制で卒業までの単位修得をサポートします。一対一
の対話を重視し、心のケアを大切にします。
・体験活動（バーベキュー、登山、芸術鑑賞会、裁判所見学、スポー
ツクライミング、うどん打ち体験、陶芸教室、職業体験など）
を重視し、仲間づくりや将来の夢について考えます。

◇◇◇◇◇◇◇◇ この学校にアクセスしてみよう！

学校説明会	入学前 電話相談	文化祭見学	体育祭見学	資料請求
○	○	—	—	○

※資料はホームページまたは電話にて請求してください。
※個別相談は随時実施しますのでお問い合わせください。

生徒情報

【不登校生】
カウンセリングマインドをもった経験豊富な教員が常に共感
の心で接します。
【転編入生】
転入生の入学時期は原則11月末まで、随時入学できます。
【保護者連絡】
家庭訪問・保護者懇談・三者面談など定期的に行っています。
KENMEI.info（学校情報連絡システム）で最新の情報をスマ
ートフォン・タブレットに配信します。

【生徒数】190名　　　　　　　　　　　2024年1月1日現在
【教員数】
　教員：男性5名、女性2名／講師：男性6名、女性6名
　養護教諭：2名／スクールカウンセラー：1名

学校行事等　研修旅行、遠足、芸術鑑賞会、交流会、宿泊学習、文
化祭、職業体験。

進学指導　進路講演会やホームカミングデー、個別の進路相談な
ど進学のためのサポートが充実しています。

生活指導　制服を着用し、全日制に準じた生活指導を行います。

2024年度の募集要項

募集について

募集対象：新入学：2024年3月中学校卒業見込みの者。または、
　　　　　　　　　中学校既卒者。
　　　　　転入学：高等学校在籍者。転入学理由が明確であること。
　　　　　編入学：高等学校中退学者。編入学理由が明確であること。
　　　　　※大阪府・和歌山県在住者に限る

出願期間：A日程：1月22日（月）〜2月　9日（金）
　　　　　B日程：2月　1日（木）〜2月16日（金）
　　　　　C日程：3月　1日（金）〜3月14日（木）
　　　　　転入学随時

試　験　日：A日程（専願）：2月10日（土）
　　　　　B日程（専願・併願）：2月17日（土）
　　　　　C日程（専願）：3月15日（金）

選抜方法：A日程（専願）：志望理由書、面接（生徒・保護者）
　　　　　B日程（専願・併願）・C日程（専願）：
　　　　　面接（生徒・保護者）、基礎学力試験（国・数・英　合
　　　　　わせて60分）
　　　　　転入学・編入学：
　　　　　面接（生徒・保護者）、基礎学力試験（国・数・英　合
　　　　　わせて60分）

選考料：10,000円

学費について

入学金：　　　　　200,000円
授業料：　　　　　　10,000円（1単位あたり）
施設拡充費：　　　　55,500円／年
教材費等：　　　　　66,000円／年
その他：　　　　　　70,000円／年（宿泊行事等積立金）
　　　　　　　　　　18,000円／年（奉献会費）
　　　　　　　　　　30,000円／3年（学生総合保険）
　　　　　　　　　約90,000円（制服購入等）

※本校は「就学支援金制度（国）」「私立高等学校等授業料支援補助
金制度（大阪府）」の対象校です。

<学校の施設>
校舎面積	13,748m²	図書室	あり
運動場面積	7,419m²	プール	あり
視聴覚教室	あり	食堂	あり
体育館	あり	ラウンジ	あり
グラウンド	あり	カウンセリング室	あり

【通信制】　　　　　　　　　　　　　　　　　　　　　　　　　（単位制）

こうずがくえんこうとうがっこう
神須学園高等学校

■校長名：小池　俊一
■住　所：〒 596-0076　岸和田市野田町 1 丁目 7 番 12 号
■電　話：072-493-3977　　■ FAX：072-493-3976
■最寄駅：南海本線「岸和田」駅下車、徒歩 2 分
■生徒が入学できる都道府県：大阪府、和歌山県
■沿革：平成 28 年 4 月 1 日　開校
■創立理念：
　本校は、学校基本法及び学校教育法に基づき、中学校教育の基礎の上に、心身の発達及び進路に応じて、高度な普通教育及び専門教育を施すことを目的とし設立する。

■形態・課程・学科：単位制による通信制課程・普通科
■併設する課程：なし
■入学・卒業時期：入学時期　4 月／卒業時期　3 月、9 月
■修業年限：3 年以上　（制限なし）
■学期制：前・後期制　　■卒業認定単位数：74 単位
■始業・終業時刻：9：20 ～ 15：50
■技能連携：なし　　■実務代替：なし　　■技能審査：なし

スクーリングの日数と場所

【登校日数】2023 年度の例
　　　アシストコース：週 2 ～ 5 日登校。午前 3 時間または午後 3 時間の授業。
　　　スタンダードコース：月 2 ～ 4 日登校（火曜日または木曜日）の 6 時間授業。
【場　　所】学校の所在地に同じ

特色　本校は 2016 年 4 月、南海本線岸和田駅前に開校した通信制高校で、一人ひとりを大切に、きめ細かな対応を行い、卒業まで導く学校です。

【独自のカリキュラム】
　小・中学校レベルの基礎から学び直したい。人との交流を実感し、心から喜び合える友達がほしい。そんな不登校経験者が持つ様々な想いや悩みに、特別なカリキュラムを組み、先生たちがチームを組んで対応するコースが選べます。また、オプションレッスンでは、専門職の先生たちの指導の下、様々な技術習得や資格検定にチャレンジできます。
【選択コース】
・「アシストコース」本校のアシストコースは従来の通信制とは異なり、週 2 日の登校日を設定し、生徒の登校をサポートするとともに、独自に編成した教育プログラムにより、5 教科の基礎的な知識の習得はもちろん、判断力やコミュニケーション能力などの社会で必要となる人間力を育成します。また、自分のペースで登校日数を決め毎日登校することも可能です。
・「スタンダードコース」本校のスタンダードコースは、通信制高校の特性を活かし、さまざまな生徒のライフスタイルに合わせた方法で高卒資格をめざすことができます。資格や検定取得、大学受験講座など「オプションレッスン」も充実。高校卒業後の進路先で活躍できるよう応援します。とても手厚い生徒のサポートを行っています。

生徒指導　登校時の服装は自由です。制服が希望の生徒は購入してください。頭髪、ピアス等　についての校則はありません。ただし、車やバイクの通学は認めていません。生徒一人ひとりが充実した学校生活を送れるように指導します。

進路指導　希望生徒に進学の個別指導を行います。進路に関する情報を提供しながら該当生徒に補習の個別指導を行います。また、大学受験講座も用意しています。

▼学校説明会　7 月以降、随時受付。事前予約が必要です。
　※時間や申込等の詳細は、直接学校へお問い合わせ下さい。

生徒情報

【不登校生】家庭訪問・送迎・個別対応など必要に応じて対応します。
【編転入生】相談・受付は随時行っています。
【保護者連絡】三者面談を行っています。

【生徒数】2023 年 5 月 1 日現在
　アシストコース　　　　320 名
　スタンダードコース　　328 名

　合計　　　　　　　　　648 名

【教員数】
　教員：男性 10 名、女性 8 名／講師：女性 3 名
　※スクールカウンセラーが非常勤で勤務しています。

2024 年度の募集要項

募集について

募集人員：アシストコース：120 名　スタンダードコース：80 名
出願期間：1 次入試：2024 年 1 月 23 日（火）～ 2 月 2 日（金）
　　　　　調整入試：3 月 4 日（月）～ 3 月 15 日（金）
　　　　　転編入試：3 月 4 日（月）～ 3 月 15 日（金）
　　　　　※受付時間：月曜日～土曜日の 9:00 ～ 16:00
試験日：1 次入試：2024 年 2 月 10 日（土）
　　　　調整入試：3 月 21 日（木）
　　　　転編入試：3 月 21 日（木）
選考方法：アシストコース：作文・学科（国語・数学・英語）
　　　　　スタンダードコース：作文のみ
　　　　　転編入試：作文のみ
選考料：10,000 円

学費について

	アシストコース	スタンダードコース	備　　考
入 学 金	100,000 円	100,000 円	入学時のみ
学習サポート費	300,000 円	無料	年額
授 業 料	12,000 円	12,000 円	履修 1 単位につき
オプションレッスン受講料	一部有料	15,000 円	1 講座（年額）につき

※スタンダードコースは編転入生を含む。受付は随時。
※オプションレッスンは希望生徒のみ。
※本校は、高等学校等就学支援金（国）の対象校です。

卒業生の進路状況

【進路先】
○進学：＜大学＞立命館大、関西大、近畿大、大和大、桃山学院大、摂南大、帝塚山学院大、大阪産業大、大阪商業大、大阪経済大、大阪電気通信大、大阪学院大、常磐会学園大、大阪河崎リハビリテーション大、新潟産業大　等々
＜専門学校＞清風情報工科学院、近畿コンピューター電子専門、OCA 大阪デザイン&テクノロジー専門、大阪モード学園、大阪美術専門、大阪医療福祉専門、大阪調理製菓専門、グラムール美容専門、大阪府歯科医師会附属歯科衛生士専門、大阪リゾート&スポーツ専門　等々
○就職：（株）アサヒウェルネスフーズ、日本トラフィックサービス、平成病院、（株）大阪ミスタードーナッツ、（株）AHB　等々

◇◇◇◇◇◇◇◇◇◇ **この学校にアクセスしてみよう！**

学校説明会	入学前電話相談	文化祭見学	体育祭見学	資料請求
○	○	－	－	○

※資料は電話、ファックス、メールで学校へお問い合わせ下さい。

【広域通信制】　　　　　　　　　　　　　　　　　（単位制）

向陽台高等学校

こうようだいこうとうがっこう

（ https://www.koyodai.ed.jp ）

■**校長名**：和泉　秀雄
■**住　所**：〒 567-0051　大阪府茨木市宿久庄 7-20-1
■**電　話**：072-643-6681（直）　■**FAX**：072-641-7691
■**最寄駅**：JR線「茨木」駅、阪急線「茨木市」駅「北千里」駅「石橋阪大前」駅、北大阪急行、大阪モノレール「千里中央」駅よりスクールバス、大阪モノレール「彩都西駅」より徒歩
■**生徒が入学できる都道府県**：
　詳細は「広域通信制高校の入学エリア一覧」参照
■**沿革**：1964 年創立

■**形態・課程・学科**：
　独立校・単位制による通信制課程・普通科
■**入学・卒業時期**：
　・入学時期　随時（要確認）　・卒業時期　3 月、9 月
■**修業年限**：
　・3 年以上（在籍最年限：制限なし）
■**学期制**：5 ターム制
■**卒業認定単位数**：74 単位（年間 36 単位修得可能）
■**開設講座数**：約 100 科目以上

スクーリングの日数と場所

【**登校日数**】
　1 日 6 時限（9：40 〜 16：10）1 時限 50 分間授業
　スクーリングは月曜日から土曜日まで実施しています。登校日は週に 1 日〜 5 日の日程で選べます。
【**場　所**】
　茨木市（本校）

特色　自分でプログラムした時間割で授業が受けられます。選択科目の中には乗馬、ミュージカル鑑賞などもあり、個性的な授業が展開されています。また進路指導室は常時オープンしており、いつでも個別に相談できます。
全身性障がい者・知的障がい者ガイドヘルパー、油圧パワーショベルカーやフォークリフトの運転資格、簿記などの資格が取得できます。学習期間を年 5 回に分けており、2ヶ月ごとにスモールステップで学びます。科目は各期に開講する場合と一部期間に開講する場合があります。
「総合コース」「オンライン学習コース」「進学コース」「新卒コース」「登校型コース」の 5 つのコースを設置。

クラブ活動　【**クラブ数約 16**】
＜運動部＞
バスケットボール、バドミントン、陸上、剣道、テニス、バレーボール、卓球、硬式野球同好会
＜文化部＞
軽音楽、美術、ボランティア、囲碁将棋、写真、書道、総合技術研究同好会、自然観察同好会

生徒指導　集団生活の中で、他人に迷惑をかけるような行為があった場合は厳しく指導を行っています。

この学校にアクセスしてみよう！

学校説明会	入学前電話相談	文化祭見学	体育祭見学	資料請求
○	○	−	−	○

※学校説明は随時個別に行っています。願書は生徒本人が来校時にお渡しします。
※資料は電話・インターネット等で請求して下さい。

生徒情報

【**不登校生**】
中学時代に不登校生だった生徒はかなりいますが、90％以上の生徒が登校しています。
カウンセラーもいます。
【**転編入生**】
前籍高校での在籍期間・単位を認定します。
【**保護者連絡**】
コースにより保護者懇談会を実施しています。
【**その他**】
単位制につき留年はありません。

【**生徒数**】※大阪本校のみ

年次	生徒数	男女比	クラス数	1 クラスの平均人数
1 年次	700 名	2：1	クラス	名
2 年次	700 名	2：1	クラス	名
3 年次	800 名	1：1	クラス	名

【**教員数**】
　教職員：70 名
　カウンセラー：2 名（内部）

2024 年度の募集要項

募集について

【**一般入試**】
出願期間：4 月入学　1 月 22 日〜 4 月 5 日（予定）
　　　　　　※その後は随時
受付時間：午前 9 時〜午後 14 時
選抜方法：書類選考（面接、面談、作文）
　　　　　　登校型コースのみ英・数・作文・面接・面談・書類選考実施
検定料：10,000 円
合否発表：入試日より、7 日以内に受験者本人に郵送。

学費について

入 学 金：100,000 円
授 業 料：297,000 円（年額）

※高等学校等就学支援金対象校

2022 年度卒業生の進路状況

【**進路先**】
卒業者数 660 名
大学・専門学校…約 55％
就職………………約 10％
その他（進学浪人、フリーター、各自で自主就職した者等）
【**主な合格実績**】
関西大、関西学院大、同志社大、立命館大、近畿大、甲南大、龍谷大、早稲田大、京都産業大、関西外語大、大阪経済大、追手門学院大、武庫川女子大、梅花女子大、京都女子大、桃山学院大、関西福祉科学大、大阪電気通信大、東海大、明治大、東京農業大、大阪体育大、日本福祉大、佛教大、大阪医科歯科大、北海道大、信州大、岡山大、神戸外国語大、和歌山大　等 100 大学以上に進学
【**指定校推薦**】約 300 校以上

【通信制】　　　　　　　　　　　　　　　　　　　　　　　　　　（単位制）

秋桜高等学校
しゅうおうこうとうがっこう

（ https://www.shuoh.ed.jp/ ）

■校長名：浦田　直樹
■住　所：〒597-0002　大阪府貝塚市新町2-10
■電　話：072-432-6007　■FAX：072-432-1996
■最寄駅：南海本線「貝塚」駅、南西300 m徒歩5分
■生徒が入学できる都道府県：大阪、和歌山
■沿革：2002年4月　秋桜高等学校を開校
　　　　通信制課程（単位制課程）普通科を設置

■形態・課程・学科：独立校・単位制による通信制課程・普通科
■併設する課程：なし
■入学・卒業時期：入学時期　4月／卒業時期　3月、9月
■修業年限：3年（在籍最長年数：9年その後3年ごとに登録更新）
■学期制：2学期制（前・後期制）　■卒業認定単位数：74単位
■始業・終業時刻：9：00～15：30　1日6時限、1時限50分
■技能連携：なし　　■実務代替：なし　　■技能審査：なし
■開設講座数：38科目

スクーリングの日数と場所

【登校日数】
・授業については平日スクーリングと日曜スクーリングがあり、それらの開講日のうちから、都合の付く日や時間（午前のみや午後のみも可）を組み合わせて、最短で年間約14日間の出席でOK。
【場　所】本校

特色

「通信制」…毎日通わなくてもいいので、遅刻や欠席を気にすることなく、自分の生活スタイルに合わせて通学することができます。仕事やアルバイト、趣味の時間も大切にすることができます。

「単位制」…それぞれのペースで学習でき、留年はありません。他高校での単位も認定されるので、編入生・転入生もたくさん在籍しています。

「学習支援」…どの授業も、教科担当を含め、複数の教員でサポートします。手作りのプリントや教材を使い、誰もが学ぶことの楽しさを感じられて、参加できる授業づくりを目指しています。小学校や中学校へあまり通えていない人、勉強が苦手だと思っている人も基礎から学びますので安心してください。通常の授業以外に、先生と一緒にレポートに取り組んだり、進路相談などさまざまなサポートをおこなう時間もあります。また、「まだみんなと一緒の教室ですごすのが不安」と感じている人も、個別にサポートが受けられます。私たちは「自分もまわりの人も大切にして楽しく学ぶ」ということ、「その人らしく、うれしい気持ちですごせるように」ということを願っています。「勉強がきらい」「学校生活がなんとなく苦手」「人づきあいに自信がない」などと思っている人も、誰もが安心して学校生活が楽しめるように様々な工夫をしています。

クラブ活動　　剣道部

学校行事等　　スキー・スノーボード教室、キャンプ、ハイキング、スポーツ大会、映画鑑賞会、アイススケート、漢字検定など、いずれも参加自由で、毎年楽しめる行事を企画しています。

生活指導　　学校指定の制服はありません。服装・身だしなみについて特に指導は行っていません。

◇◇◇◇◇◇◇ この学校にアクセスしてみよう！

学校説明会	入学前電話相談	文化祭見学	体育祭見学	資料請求
○	○	―	―	○

※資料は電話もしくはHPで請求して下さい。
▼学校説明会　随時（事前に電話で連絡して下さい）
▼文 化 祭　本年度は実施しません　▼体 育 祭　本年度は実施しません

生徒情報

【不登校生】生徒自身のペースに応じて登校できるので、中学校や全日制高校で不登校だった生徒も、自分のペースで、多く学んでいます。
【転編入生】前籍高校で修得した単位は振り替えることができます。高卒認定試験で合格した科目も振り替えることができます。
転編入学は、定員内で随時受け付けします。編入学の時期は4月です。
【保護者連絡】年に2回の三者懇談、郵送、電話連絡及び、必要に応じて保護者面談の実施を行っています。
【転編入の生徒数】

1年次	2年次	3年次
転入生 0 名	転入生 34 名	転入生 52 名
編入生 3 名	編入生 21 名	編入生 86 名

【生徒数】　　　　　　　　　　　　2023年5月1日現在

年次	生徒数	男女比	クラス数	1クラスの平均人数
1年次	80 名	38：42	4クラス	20 名
2年次	114 名	56：58	5クラス	23 名
3年次	298 名	179：119	7クラス	43 名

【教員数】教員：男性6名、女性11名

2024年度の募集要項

募集について

【一般入試】
募集人員：普通科　男女新入学約80名、編・転入学約80名
出願期間：新入学　2024年1月22日（月）～2月2日（金）
　　　　　編入学　2024年2月13日（火）～定員内で受付
　　　　　転入学　2023年12月1日（金）～定員内で受付
試験日：選考日　2024年2月10日（土）
　　　　※調整募集を行う場合は、別途定めますので、お問い合わせください。
　　　　※また、編・転入学については随時選考日を指定します。
選抜方法：作文、面接、及び書類審査により総合的に判定します。
選考料：10,000円

学費について

入学登録料：　50,000 円
授 業 料：　300,000 円（25単位分・1単位 12,000円）
諸 経 費：　100,000 円（学籍管理手数料、入学時のみ）
　　　　　　　40,000 円（履修登録手数料、3年まで毎年）
　　　　　　　約 14,000 円（その他諸費（含む教科書代））

合　　　計：　約504,000 円
※校外学習、特別講座、研修旅行等の学校行事費は、参加を希望する際に納入していただきます。

2022年度卒業生の進路状況

【進路先】卒業者数…126 名
大学…6 名　　　　　　　短大…1 名
専門学校…21 名　　　　就職…9 名
【主な合格実績】
相愛大、帝塚山学院大、大阪芸術大、大阪観光大、大阪経済法科大、堺女子短期大、近畿職業能力大学校、大阪医専、大阪社会福祉専門、大阪調理製菓専門、近畿コンピューター電子専門、大阪デザイン専門、阪和鳳自動車工業専門、大阪動植物海洋専門、ECC国際外語専門　他
【指定校推薦】
四天王寺、大阪経済法科大、東大阪大、大阪観光大、大阪商業大、大阪健康福祉大、大阪調理製菓専門、大阪植物海洋専門、大阪社会福祉専門、小出美容専門、阪和鳳自動車工業専門、大阪文化服装学院　他

【広域通信制】 （単位制）

ＹＭＣＡ学院高等学校

ワイ エム シー エー がくいんこうとうがっこう

(https://www.ymcagakuin.ac.jp　E-mail：hsinfo@osakaymca.org)

■校長名：鍛治田　千文
■住　所：
　〒543-0073 大阪市天王寺区生玉寺町1-3
■電　話：06-6779-5690　■FAX：06-6779-1831
■最寄駅：
　・大阪メトロ谷町線「四天王寺前夕陽ケ丘」もしくは「谷町九丁目」
　　駅より徒歩4分
　・近鉄「大阪上本町」駅より徒歩7分（天王寺・難波・桃谷各駅より
　　徒歩約20分）
■生徒が入学できる都道府県：
　千葉・東京・神奈川・埼玉・茨城・大阪・兵庫・奈良・和歌山・京都・
　三重・滋賀
■沿革：2002年4月　開校

■形態・課程・学科：
　独立校・単位制による通信制課程・総合学科
■併設する課程：なし
■入学・卒業時期：・入学時期　4月、10月（転編入は随時入学可）
　　　　　　　　　・卒業時期　9月、3月
■修業年限：3年（在籍最長年数：規定による）
■学期制：2期制　■卒業認定単位数：74単位以上
■始業・終業時刻：9：30～16：50、1日最長7時限、1時限50分
■技能連携：神戸YMCA高等学院、大阪YMCA国際専門学校表現・コ
　ミュニケーション学科・インターナショナルハイスクール
　（国際学科）

スクーリングの日数と場所

【登校日数】
自分のペース・目的にあうコースを選べます
《週5日》Yチャレンジコース（中学校新卒生対象）
《週2日》マイスペースコース＜朝からクラス＞＜昼からクラス＞
　　　　　　　　　　　　　　　（中学校新卒生対象）
　　　　　グローバルコース、健康スポーツコース
　　　　　　　　　　　　　　　（中学校新卒生・転編入生対象）
　　　　　進学コース、マイスペ＋コース（転編入生対象）
　　　　　トランスリンガルコース（日本語支援を受けながら高校卒業を
　　　　　　　　　　　　　目指す外国にルーツのある方対象）
《週1～5日》スタンダードコース（中学校新卒生・転編入生対象）
《夏・冬集中》Yリンクコース
　　　　　　（健康に不安があり、自宅での学習を中心に学びたい方対象）
【場　所】本校（大阪市天王寺区）

特色
世界120の国と地域にて活動する青少年団体のYMCA。本校では3つのケア（心、学び・進路、身体）を大切にしています。参加体験型学習を多く取り入れた総合学科の高校です。数多くの講座の中から自分の興味・関心により受講することができます。中学までの3教科（国・数・英）を自分の進度に合わせて学べる「学びなおし」の講座も開講。

クラブ活動
生徒の自主的な活動に任せているため、有志によるサークル活動が行われています。

学校行事
ハイキング、OD（起立性調節障害）キャンプ、音楽鑑賞会、映画鑑賞会、ボランティア活動、クリスマス礼拝、スポーツ大会、国際プログラム、進路ガイダンス　など

生徒情報

【不登校生】
不登校だった生徒は中学新卒生のうち、約7割です。
できるかぎり学校が親しみやすい場になるよう配慮しています。また、保護者・生徒が気軽に利用できるカウンセリングルームを設置しています。健康・体調面をケアするオンラインヘルスケア講座を実施しています。
【転編入生】
前籍高校で修得した単位、高認で合格した科目は、審査した上で認定致します。
【保護者連絡】
担任がコミュニケーションツール「さくら連絡網」で連絡し、保護者間の交流会も開催しています。

【生徒数】　　　　　　　　　　　　　　　2023年7月1日現在

年次	生徒数
1年次	162名
2年次	185名
3年次	231名

【教員数】教員：専任15名／講師：43名
　　　　　カウンセラー：3名

2024年度の募集要項

募集について

【一般入試】
募集人員：総合学科200名
出願期間：2024年1月22日（月）
試験日：2024年2月10日（土）～3月21日（木）までに4日程
選抜方法：面接（本人のみ）・提出書類による
選考料：10,000円

学費について

入学金：　50,000円
授業料：　10,000円（1単位）
施設費：　40,000円
諸経費：　10,000円（年間）
その他：　7,000円（学生・生徒24時間共済）
　　　　　5,400円（Yラーニング登録料）
Yチャレンジコース（半期）：190,000円
マイスペースコース（半期）：130,000円（朝からクラス）
　　　　　　　　　　　　　　100,000円（昼からクラス）
グローバルコース（半期）：120,000円
健康スポーツコース（半期）：140,000円
進学コース（半期）：国・英140,000円、国・英・数190,000円
マイスペ＋コース（半期）：120,000円
トランスリンガルコース（半期）：140,000円
Yリンクコース（半期）：70,000円
※高等学校等就学支援金対象校

2022年度卒業生の進路状況

【進路先】卒業者数…239名（本校・連携校・サポート校含む）
大学・短大・専門学校が64%／就職が6%／
その他（留学・就労支援・進学準備・アルバイトなど）30%

【主な合格実績】奈良大、関西学院大、四天王寺大、京都女子大、大阪芸術大　など

【指定校推薦】あり

▼YMCA学院高等学校 和歌山センター　　〒640-8323　和歌山県和歌山市太田 1-12-13 (Tel.073-473-3338)
▼YMCA学院高等学校 奈良センター　　　〒631-0823　奈良県奈良市西大寺国見町 2-14-1 (Tel. 0742-44-2207)
▼東京（東京YMCA高等学校）　　　　　　〒169-0051　東京都新宿区西早稲田 2-18-12 (Tel. 03-3202-0326)

【広域通信制】　　　　　　　　　　　　　　　　　　　　　　（単位制）

相生学院高等学校
（あいおいがくいんこうとうがっこう）

(https://aigaku.gr.jp/)

■校長名：森　孔明
■住　所：〒678-0044　兵庫県相生市野瀬 700 番地
■電　話：0791-24-0100　■ＦＡＸ：0791-24-1001
■最寄駅：JR「相生」駅下車後、神姫バス乗り換え（14 分乗車）
　　　　　相生港・万葉の岬行 → 野瀬停留所 下車すぐ
■生徒が入学できる都道府県：全国 47 都道府県
■沿革：
　2007 年 3 月　相生市立相生中学校が相生市立那波中学校へ統
　　　　　　　　合されたため、旧相生中学校校舎が不要になる。
　2007 年 7 月　相生市が内閣府から「海と森と人が輝く相生市
　　　　　　　　教育特区」として認定を受ける。
　2007 年 8 月　富士コンピュータ販売株式会社が高等学校設置
　　　　　　　　認可申請書を相生市に提出。
　2007 年 11 月　市が学校設置認可を許可する。
　2008 年 3 月　相生学院高等学校開校式。
■創立理念：
　相生学院高等学校は、身体教育と情操教育と技能・知識教育と
の調和が、すべての教育の根幹と考える。ひとりひとりが、健
康な身体と健全な価値観を備え、自ら学び、志を得、行動し、
豊かな社会の実現に貢献できるようになったとき、われわれの
まちや国は理想の社会となるのである。相生学院高等学校は、
このような社会の実現に寄与すべく、一意専心の心構えで教育
に当たる。

■形態・課程・学科：独立校、単位制による通信制、普通科
■併設する課程：なし
■入学・卒業時期：
　入学時期　4 月、10 月　　卒業時期　3 月、9 月
■修業年限：3 年以上（在籍最長年数：6 年）
■学期制：2 学期制　　■卒業認定単位数：74 単位
■技能連携：なし　　　■実務代替：なし
■技能審査：あり（最大 20 単位まで）　■開設講座数：39 科目

スクーリングの日数と場所

【登校日数】年間 10 日間程度
【場所】相生本校

①担任・チューター制度を導入し、生徒保護者とのコミュ
　ニケーションを大切にしている。
②生徒全員の最短での卒業、全員の卒業を目指して指導する。
③特進コースを設置し、スポーツ・進学・情報など多彩な
　コースで生徒が特化した活動を行える環境を整えている。
④文武一道、学業・資格取得・スポーツなど、生徒の「や
　りたい」ことを大切に環境づくりを行っている。

■併修・単位について
併修は出来ません。
高卒程度認定試験の受験生が一部科目履修することは可能
です。

■クラブ活動
テニス、硬式野球、ボクシング、陸上競技、テコンドー、
サッカーなど、各部全国レベルの大会で優秀な成績を収め
ています。

■学校行事
修学旅行（2 泊 3 日）を実施予定です。（行き先は年度によ
って異なります）他にも尾道旅行、平和学習、校内美化等
の学校行事や特別活動を行っています。

■生活指導
学校指定の制服があります。（着用は任意）
服装については、入学時から、生徒保護者に渡す印刷物等
に注意を記載し説明するほか、スクーリング・行事等にお
いても指導注意しています。

■進学指導
進学希望の生徒に対しては特進コース（進学コース）への
入学を進めています。

■補修指導
学力不振対策として特進コース（個別対応コース）への入
学を進めています。

生徒情報

【不登校生】
本校は、担任・チューター制を導入しており、生徒・保護者
とのコミュニケーションを大切にしながら指導に当たってい
ます。
【転編入生】
転編入生の場合、前籍校で取得した単位、高卒認定試験で合
格した科目（最大 30 単位まで）を卒業に必要な単位として加
えることができます。転入生は 2 月まで随時入学ができます。
【保護者連絡】
月 2 回の定期連絡（郵送や Classi を利用）および年 1 回の三
者懇談を行っています。

【生徒数】　　　　　　　　　　　　　　2023 年 8 月 10 日現在

年次	生徒数	男女比	クラス数	1 クラスの平均人数
1 年次	222 名	：	クラス	名
2 年次	212 名	：	クラス	名
3 年次	265 名	：	クラス	名

【教員数】
　教員：男性 32 名、女性 14 名

2024 年度の募集要項

募集について
選考費用：10,000 円
【スポーツ推薦】
出願期間：2023 年 10 月 2 日～ 10 月 31 日
試 験 日：2023 年 11 月 8 日
選考方法：書類選考、面接
【推薦】
出願期間：2023 年 10 月 2 日～ 2024 年 1 月 24 日
試 験 日：2023 年 11 月 8 日、12 月 22 日、2024 年 1 月 31 日
選考方法：書類選考、面接
【一般】
出願期間：2024 年 2 月 5 日～ 3 月 22 日
試 験 日：2024 年 2 月 21 日、3 月 29 日
選考方法：書類選考、学科試験、面接

学費について
入 学 金：50,000 円
授 業 料：9,000 円　（1 単位）
施設・設備維持費：30,000 円
教材実習費：2,500 円　（1 単位）

卒業生の主な進路状況

北海道大、大阪大、神戸大、早稲田大、同志社大、立命館大、青
山学院大、立教大、中央大、兵庫大、近畿大、神戸学院大、岡山
理科大、ICT 専門学校、トヨタ自動車大学校、高砂市役所、昭和
住宅株式会社　など

◇◇◇◇◇◇◇◇◇ この学校にアクセスしてみよう！

学校説明会	入学前電話相談	文化祭見学	体育祭見学	資料請求
○	○	ー	ー	○

※資料は電話にて直接、またはホームページのお問い合わせフォームからご請求
　ください。

▼学校説明会
　【宍粟校】毎週木曜日 13:30 ～
　【神戸校】月～金曜日随時　【三田校】平日 9:00 ～ 17:00
　※上記学習センター以外は随時開催。姫路校では夏と冬にオープンスクールを
　　開催し、学校説明のほか、プログラミングなどの体験授業を実施。

【通信制】

精華学園高等学校 姫路校 / 神戸駅前校

せいかがくえんこうとうがっこう ひめじこう こうべえきまえこう

（ http://seika-edu.jp　　E-mail：seika@seika-edu.jp ）

精華学園高等学校の校歌は、クリプトン・フューチャー・メディア（株）とのコラボレーションにより「初音ミク」を使用した公募で生まれました。
©Crypton Future Media,inc.
All Rights Reserved.

初音ミク
HATSUNE MIKU

【学校へのアクセス】

■姫路校

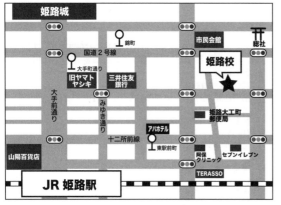

■神戸駅前校

■校舎長　案浦　幹雄
【姫路校】
■住　所：〒670-0936　兵庫県姫路市古二階町80番地
■電　話：079-284-4488
■最寄駅：JR「姫路」駅、徒歩7分
　　　　　山陽電鉄「山陽姫路」駅、徒歩9分
【神戸駅前校】
■住　所：〒650-0015　兵庫県神戸市中央区多聞通4-1-2
■電　話：078-371-7155
■最寄駅：JR「神戸」駅、徒歩5分
　　　　　阪急/阪神「高速神戸」駅、徒歩1分
　　　　　地下鉄「大倉山」駅、徒歩5分
■沿革：
　2009年7月1日　　精華学園高等学校開校
　2018年4月　　　　姫路校/神戸駅前校開校
■教育理念：
　「生徒第一主義」を徹底するため、個人ごとの困りごとに可能な範囲で対応する校舎です。サポート校でない本当の通信制高校として「強制せず自主性・本人の希望を尊重する」「安心できる居場所を提供する」「ストレスの少ない環境」を目標にしています。
■姫路校・神戸駅前校　校舎運営法人：
　名　称：一般社団法人教育・福祉支援認定協会
　代表者：案浦　幹雄
　所在地：〒650-0015　兵庫県神戸市中央区多聞通4-1-2
　電　話：050-3733-1028
　（主な事業）放課後等デイサービス「アンの家」、フリースクール「セイカ学園中等部」を運営

特色

①「不登校支援」と「卒業支援」を最大の目標としており、入学者全員が「高校卒業」できるようにします。
②「生徒第一主義」を掲げて「ストレス」のない生活が送れるように各種行事については強制はしません。
③悪い点を叱るよりも「努力したこと」「頑張っている点」を見つけ「自己肯定感」が高まるようにします。
④精華学園高等学校姫路校 / 神戸駅前校（略称SGH）は、学校教育法第1条に記されている高等学校の一部に準ずると山口県知事より認可されています。
⑤レポート添削・面接指導（スクーリング）・試験は本校と同等にSGHの校舎内で実施することができますので、SGHに登校すればレポートとスクーリングが同時に完了します。
⑥体育の実技が苦手な場合は、体調や体力等を考慮して体育教員と相談できます。また、教室で受講する授業に振り替えることもできます。
⑦年度途中の転入の場合、科目・単位数等により異なりますが、前籍校で履修した内容を承継できる場合があります。承継できると、転入後のレポート添削枚数やスクーリングの時間数を減らすことができ、入学時期にもよりますが一般的な通信制サポート校より多くの単位取得が可能となります。
⑧前籍校を月の途中で辞めてしまった場合、通常は1日付けでの入学ですので編入となり卒業延期となりますが、SGHなら退学した翌日での受け入れが可能ですので卒業延期にならないように配慮します。

※上記⑥〜⑧は生徒個人ごとの状況により異なりますし、法律改正等により対応が異なる場合もあります。

学習状況

【進学希望者への指導】
AOや推薦で大学を希望する者には「大学入試基礎コース」を設定し対応しています。（小論文や入学願書の添削、面接練習など）一般入試で大学受験を希望する者は、入学後に配布するタブレット端末で基礎から入試レベル（難関レベルの私大から国公立受験まで）まで自由に視聴できる映像授業を利用することができます。（視聴のための追加費用は不要）

学習システムの特徴

①登校して教員から面接授業（スクーリング）を受けながら、同時にレポートについても指導を受ける。そのため、姫路校・神戸駅前校に登校することでレポートとスクーリングが同時に完了します。
②特別活動や学校行事は毎月2～3種類があるので自由に選択して参加します。
③レポートが全て完了したら、試験範囲の対策を実施し、十分に合格できる水準に達したと判断された科目から時間を計って単位認定試験を受験します。
④基礎学力に不安がある生徒は週1回、小学・中学レベルの英語・数学・国語等の復習ができる「ベーシックコース」を設定しており、併設している「セイカ学園中等部」を活用することもできます。
⑤専門学校や大学への進学を希望する生徒には、「就職・専門学校コース」「大学入試基礎コース」を設定しています。

生活指導

生徒一人ひとりの個性や自己表現を大切にします。
服装や髪形などの規制はありませんが、社会規範から逸脱しないよう指導します。
また、希望者には制服の購入もできます。（全国の「洋服の青山」にて購入できます。）

生徒情報

【不登校生】
①併設している「セイカ学園中等部」（フリースクール）と連携し、登校することが楽しくなるようなイベント（ビンゴ大会、クリスマス会、ハロウィン、ボードゲーム、ドローン・ロボットの操作）を実施しています。②本人、保護者へのカウンセリングを定期的に実施しています。

【保護者連絡】
各種行事の案内、学習状況、出欠等については随時メールまたは文書にて連絡しています。年に2回程度の保護者面談では進路についての相談も行います。

【生徒数】
2024年1月現在、姫路校・神戸駅前校ともに、新型コロナウイルスへの感染対策から少人数（毎回数名～10名以内）で授業を実施しています。原則として週1～2回・2時間以内の登校が中心です。

【教職員数】
教育心理カウンセラー、不登校心理相談士、ひきこもり支援相談士、発達障がい学習支援サポーターが相談に応じます。

年間の行事予定

※行事は日程及び内容が変更・追加になる場合があります。学校行事への参加は事前申し込み制による自由参加です。
※スクーリング、単位認定試験の日程は転編入により入学月が異なる場合や体調不良等の場合には、状況に応じて柔軟に対応します。

月	4月～6月	7月～9月	10月～12月	1月～3月
行事	入学式 オリエンテーション 新入生歓迎遠足 潮干狩り	前期スクーリング 前期単位認定試験 3者面談 映画鑑賞	裁判所見学 USJ遠足 ボーリング ハロウィン クリスマス会	後期スクーリング 後期単位認定試験 3者面談 卒業式

2024年度の募集要項

募集・学費について

【推薦入試】
募集定員：新入30名（専願のみ）
出願受付：新入生は9月1日から第1回目の募集が開始され、最終12月25日まで。（必着）
※推薦入試の場合は「特別教科学習費」が減額されます。詳細はご確認下さい。
試験日：出願期間により異なる（お問合せ下さい）。
選考方法：事前に教育相談に参加した上で、書類選考・面接。
選考料：10,000円

【一般入試】
募集定員：新入20名（専願・併願）、転編入生は別枠。
出願受付：新入生は12月26日から第1回目の募集が開始され、最終4月8日まで。（必着）
※転編入生は原則として毎月25日までに願書提出で翌月1日入学。
※詳細はご確認下さい。
試験日：出願期間により異なる（お問合せ下さい）。
選考方法：事前に教育相談に参加した上で、書類選考・面接。
選考料：10,000円

※学費はコースによって異なりますのでお問合せ下さい。

卒業生の進路状況

東京工業大学、東北大学、佐賀大学、静岡大学、和歌山大学、北九州市立大学、早稲田大学、慶應義塾大学、上智大学、明治大学、法政大学、学習院大学、中央大学、自治医科大学、東京理科大学、ノートルダム清心女子大学、女子美術大学、南山大学、同志社大学、立命館大学、関西学院大学　その他、短期大学、専門学校多数

◇◇◇◇◇◇◇◇◇◇ この学校にアクセスしてみよう！

学校説明会	入学前電話相談	文化祭見学	体育祭見学	資料請求
○	○	―	―	○

▼学校説明会 / 教育相談会
平日10時～19時、土曜10時～17時の範囲で個別対応。
※ご相談はZoomまたは来校にて（感染対策充実）
不登校・発達障害のカウンセラーが対応しますので安心。
長期の不登校、体調不良、特別支援が必要な方にも優しく対応します。
中・高生を中心とした放課後等デイサービスも案内します。

※フリースクール【一般社団法人教育・福祉支援認定協会（WESC）運営　セイカ学園中等部】
※放課後等デイサービス【一般社団法人教育・福祉支援認定協会（WESC）運営　放課後等デイサービス「アンの家」】

【広域通信制】 （単位制）

AIE国際高等学校
エーアイイーこくさいこうとうがっこう

(https://www.aie.ed.jp/)

■校長名：湯原　千枝
■住　所：〒 656-2304　兵庫県淡路市浜 1-48
■電　話：0799-74-0020　■ＦＡＸ：0799-74-2022
■最寄駅：高速バス「大磯港」下車、徒歩 3 分（三宮バスターミナルより 45 分、舞子より 20 分）
■生徒が入学できる都道府県：全国 47 都道府県
■沿革：

1981 年　3 月	AIE（Academy of International Education）創立
1986 年　6 月	ワシントン州プログラムスタート
2012 年　3 月	構造改革特区法に基づき、淡路市が AIE 国際高等学校の設置を認可
2017 年 10 月	国際バカロレア（IB）ディプロマプログラム（DP）認定校

※国際バカロレアは、スイス・ジュネーブに本部を置く教育団体「国際バカロレア機構（IBO）」が提供している教育プログラムです。
IBO は、世界共通の国際バカロレア試験、国際的に通用する大学入学資格（国際バカロレア資格）の授与等を実施しています。令和 5 年 6 月時点、世界 159 以上の国・地域において約 5,600 校が実施しており、日本国内の学校教育法 1 条校で認定を受けた学校は 73 校です。AIE 国際高校は、通信制高校では唯一、兵庫県内の 1 条校初の IB 認定校です。

■創立理念：
社会に対し高い問題意識と優れた感性を持つ若者を受けとめ、生徒が広く世界に関心の目を向け、社会の問題に気づき、それを解決しようと努力する熱意と能力を開花させ、高い倫理観と使命感を有する人材になるよう導くこと。

■形態・課程・学科：
独立校、単位制による通信制、普通科・国際科・国際カウンセリング専攻ティー
■併設する課程：なし
■入学・卒業時期：
　・入学時期　4 月、9 月　　・卒業時期　3 月、8 月
■修業年限：3 年以上（在籍最長年数：制限なし）
■学期制：2 学期制
■卒業認定単位数：74 単位
■始業・終業時刻：コースごとに異なります
■技能連携：なし
■実務代替：なし
■技能審査：該当科目の半分の単位数まで認めます。（卒業に必要な単位に含む）
■開設講座数：コースごとに異なります

スクーリングの日数と場所

【登校日数】
①本校通学コース…週 1 日／ 3 日／ 5 日
②レジデンスコース…学生寮から通学（週 5 日）
③ IBDP コース…週 5 日
④オンラインコース…週 1 日／ 3 日オンライン授業
　　　　　　　　　集中スクーリング×年 1 回
⑤通信コース…集中的に 1 週間×年 1 回
⑥神戸学習センター通学コース…神戸週 1 日、本校週 1 日通学

【場所】
AIE 国際高等学校　東浦キャンパス
　〒 656-2304　兵庫県淡路市浜 1-48
AIE 国際高等学校　神戸学習センター
　〒 658-0047　兵庫県神戸市東灘区御影 2-2-12

生徒情報

【不登校経験者】基礎学習のサポート。中学復習プログラムを提供し、学習面での不安も解消。習熟度別の授業。週 1 〜 5 日の柔軟な通学スタイル選択。多彩なイベント、学校行事を通じた居場所づくり。
【転編入生】前籍校で修得した単位を活かせます。転入生の入学は 12 月まで可能です。後期入学あり（後期転入学は 5 月中旬まで）。
【保護者連絡】通学生の場合は、各学期の面談と、定期的な活動報告を行います。保護者面談、電話連絡、各種レポートの送付を行います。レジデンス生保護者には、毎週のレポート送付。

特色

■英語に触れて、英語を使う
教職員の多くが留学経験者で、常勤の外国人講師が複数いるため、コースにより最大 9 時間のオール・イングリッシュのクラスがあります。レベル別少人数制のクラス分けで、初級からでも着実に英語の力を身につけられます。英語劇、短期留学、国際会議企画運営、米国提携大学との交流など、英語を使う機会が豊富にあります。

■人間力を育てるリベラル・アーツ＜国際教養科目＞
ものごとの意味を問い、あたり前を考えなおす「Philosophy（哲学）」、社会や心理を科学する「Social Science（社会科学）」など、独自の国際科目により、バランスのとれた教養を育みます。

■充実した設備と学習環境
体育館やテニスコート、理科室、ライブラリー、カフェテリア（食堂）など、全日制高校と同等の設備があり、生徒は充実した学校生活を送ることができます。本校校横に新設の学生寮があり、寮生活を通じて、自立心と協調性を養います。

■スポーツ＆クリエイティビティー
スポーツアクティビティ、和太鼓部、スポーツフェスタ（体育祭）、英語演劇発表会、スピーチ大会、オンライン国際会議、大使館インタビュー、クリスマスパーティーなど。

■希望の進路に向けてオーダーメイドサポート
各生徒に担任が付き、学期開始時に個別面談で課題を設定。卒業後の進路に向けてサポートをします。また、全生徒に iPad を配布し、双方向のオンライン授業も充実。

2024 年度の募集要項

募集について

募集人員：200 名（国際科 120 名、普通科 80 名）
出願期間：
推薦　2023 年　9 月 19 日（火）〜 2023 年 11 月 17 日（金）
一般　2023 年 11 月 20 日（月）〜 2024 年　4 月 19 日（金）
試験日：出願期間に応じて随時
選考方法：書類選考、面接、筆記試験（国語科）
選考費用：12,000 円

学費について

入 学 金：	50,000 円
授 業 料：	250,000 円
システムスタート：	10,000 円
設 備 費：	90,000 円
ICT 設備費：	15,000 円
合　　計：	415,000 円

※通学、学生寮等の学費についてはお問い合わせください。
※授業料は就学支援金の対象となります。

卒業生の進路状況

米イリノイ大、米パシフィック・ルーテル大、米セントラルワシントン大、米セントマーチンズ大、米ピアスカレッジ、テイラーズ大（マレーシア）、名古屋市立大、立教大、立命館大、関西学院大、関西大、同志社大　等

【広域通信制】 （単位制）

第一学院高等学校
だいいちがくいんこうとうがっこう

(https://www.daiichigakuin.ed.jp/)

■校長名：【高萩本校】川原井　勝雄　【養父本校】岡本　達治
■住　所：全国にキャンパスあり。詳しくはHPをご覧ください。
■電　話：0120-761-080
■生徒が入学できる都道府県：全国47都道府県
■沿　革：内閣総理大臣から構造改革特区の認定を受け、2005年、茨城県高萩市にウィザス高等学校を、2008年、兵庫県養父市にウィザス ナビ高等学校を開校。2012年、生徒第一の想いを新たに、「第一学院高等学校（高萩本校／養父本校）」へ学校名を変更。
■建学の想い：
本校の教育はその長年に亘る経験と事例を集大成し、単なる教科教育や本校在籍期間のみの教育にとどまらず、生徒の適性や将来設計を重視し、生徒一人ひとりの「将来の自己像」を明確にし、その実現のための指導と支援を重点教育目標とするものです。
＜ Be Honest and Positive !　常に「素直な心」＞
＜ Keep Your Dreams Alive !　「夢」を意識し、「夢」を持つ＞
＜ Try Your Best and Work for Others !　達成実感・貢献実感＞

■形態・課程・学科：独立校／単位制による通信制課程／普通科
■入学・卒業時期：・入学時期　4月（転・編入は随時）
　　　　　　　　　・卒業時期　3月、9月
■修業年数：3年以上　■学期制：通年制
■卒業認定単位数：74単位以上

特色

教育理念は「1／1（いちぶんのいち）の教育」。一人ひとりの状況・ライフスタイルに合わせて通学とオンラインを組み合わせることができるため、自分のペースで高校卒業を目指すことが可能です。不登校や高校中退・転校を経験し再チャレンジを目指す生徒や、芸能・スポーツの分野で夢の実現に向けてチャレンジしている生徒など、さまざまなタイプの生徒を積極的にサポートしています。
① 通いたくなる！
新入生に寄り添って学校生活をサポートしてくれる「ピアサポーター」がいます。在校生ならではの視点で学校生活の相談に乗ったり、行事に一緒に参加したりなど、スムーズに学校生活をスタートするお手伝いをしてくれます。また、サークル活動やイベントも充実しており、友達ができる、笑顔が増えるたくさんのきっかけがあります。
② 学びたくなる！
一人ひとりに合わせた学びで、教科学習はもちろん、これからの社会で求められる力を身につける講座や体験がたくさんあります。自分自身の理解度や目的に合わせて自分のレベルに合った内容や空間を選択し、主体的に学習を進めることで、着実に成長を実感することができます。
③ 学びを選べる！
第一学院では、オンラインとオフラインのそれぞれを生かして、一人ひとりに合わせた主体的な学び、生徒同士や地域との共創を推進し、生徒の成長実感を向上します。教室に集まる対面授業だけでなく、自宅や外出先からオンラインで授業に参加したり、自分の目標に合わせて学ぶことができます。
④ 地域全体を「学校」と捉えた教育
地域全体が学校！キャンパス近くの企業や商店での職場体験や、専門的な講座（アニメ、声優、美容、調理など）をたくさん体験し、自分の未来を具体的にイメージしていきましょう。小論文講座やビジネスマナー講座など、進学・就職に役立つ講座も充実しています。
⑤ プラス思考に変える独自の意欲喚起教育
第一学院独自の意欲喚起教育により、生徒を前向きに・プラス思考に変える指導を行っています。高校卒業が最終ゴールではありません。第一学院を卒業した後の長い人生を有意義に過ごしてほしい、一生付き合っていく自分をもっともっと好きになってほしい、という想いから行っています。
⑥ 未来が楽しみになる！
卒業後の進路先として、グループ内に「第一学院 専攻科」「第一学院オンラインカレッジ」「新潟産業大学」「ネットの大学 managara（新潟産業大学 経済学部 経済経営学科 通信教育課程）」もあり、みなさんを継続的にサポートします。在学中・卒業後もキャリアの実現を支援する「キャリアサポートセンター」や、在学当時の仲間との繋がりを継続できる「チームD1」もあり、卒業後の長い人生をずっと見守っています。

生徒情報

【不登校生に対する指導について】
第一学院高校では、多くの教員が心理療法カウンセラーの資格を有しており、人間関係の悩みや不安、学習、高校卒業後の進路など高校生活全般にわたって親身なサポートを行っています。また、日本臨床心理士会所属の臨床心理士もスクールカウンセラーとしてサポートしています。
【夢の実現を目指す生徒】
第一学院高校には、芸能・文化活動やスポーツ活動などで夢の実現に向かって頑張っている生徒も多くいます。オンラインとの組み合わせで教科指導とキャリア指導の両面を各自のペースに合わせてサポートしています。
【保護者との連携】
学習管理システムで、生徒だけでなく保護者の方も担任とのメッセージのやりとりや、お子様のレポート進捗を確認することが可能です。また、同じ悩みを持つ保護者同士の交流の場も定期的に設けています。

2025年度の募集要項

募集について
出願資格：2025年3月卒業見込者もしくは中学既卒者
　　　　　転編入生は随時
選考方法：面接（本人及び保護者）・作文
　　　　　（スポーツコースは学科・実技・面接など有り）
入学検定科：10,000円
※詳しくはお問い合わせください。

学費
コースによって異なります。詳細はお問い合わせください。
※全てのコースが「私立高等学校等就学支援金」の対象です。

2022年度卒業生の進路状況

【2022年度　大学・短大・専門学校等合格実績】
大学等1,334名　　専門学校等1,108名　　就職555名
【過去3年間の大学合格実績】
国公立：京都大、一橋大、北海道大、東北大、千葉大、名古屋大、九州大、お茶の水女子大、東京学芸大、東京農工大、名古屋市立大、京都府立大、広島大、福島大、山形大、金沢大、埼玉大、静岡大、愛知教育大、京都工芸繊維大、岡山大、島根大、鳥取大、愛媛大、岡山県立大、尾道市立大、北九州市立大、熊本県立大、高知県立大、公立小松大、公立諏訪東京理科大、公立千歳科学技術大、公立はこだて未来大、静岡県立大、静岡文化芸術大、下関市立大、富山県立大、長野県看護大、長野大、新県立大、広島市立大、福井県立大、福知山立大、前橋工科大
私立・海外：早稲田大、慶應義塾大、上智大、東京理科大、国際基督教大、明治大、青山学院大、立教大、中央大、法政大、学習院大、南山大、関西大、関西学院大、同志社大、立命館大、芝浦工業大、津田塾大、東京女子大、日本女子大、学習院女子大、アサンプション大（タイ）、神奈川大、関西外国語大、神田外語大、岐阜医療科学大、京都外国語大、京都産業大、京都女子大、京都橘大、近畿大、クイーンズランド工科大（オーストラリア）、建国大校（韓国）、工学院大、甲南大、甲南女子大、國學院大、駒澤大、埼玉医科大、順天堂大、昭和女子大、昭和薬科大、女子栄養大、成蹊大、成城大、スタンフォード国際大（タイ）、西南学院大、専修大、創価大、東海大、東京工科大学、東京女子医科大学、東京電機大学、東京都市大学、東京農業大学、東京薬科大学、同志社女子大学、東洋大学、獨協大学、新潟産業大学、日本体育大学、日本医療科学大学、日本獣医生命科学大学、フェリス女学院大学、佛教大学、文教大学、北京外国語大学（中国）、ヘルプ大学（マレーシア）、明治学院大学、名城大学、龍谷大学　他多数

▼個別相談は随時行っております。（要予約）　▼問い合わせ：0120-761-080

【通信制】　　　　　　　　　　　　　　　　　　　　　（単位制）

兵庫県立網干高等学校

ひょうごけんりつあぼしこうとうがっこう

(https://www.hyogo-c.ed.jp/~aboshit-hs/　E-mail：info@aboshi-hs-c.jp)

■校長名：岩田　一雄
■住　所：〒671-1286　兵庫県姫路市網干区新在家259-1
■電　話：079-274-2014　■FAX：079-271-2521
■最寄駅：山陽電鉄「網干」駅下車、南西約2km
　　　　神姫バス「ダイセル前停留所」下車
■生徒が入学できる都道府県：兵庫
■沿革：
　1979年　開校（全日制、定時制、通信制）
　　　　　兵庫県立豊岡高等学校が協力校となる
　1980年　兵庫県立西脇北高等学校、兵庫県立川西高等学校が協力校となる
　1983年　定時制課程募集停止
　1999年　単位制となる
　2008年　県立神出学園、県立山の学校が教育連携協定校となる
　2015年　兵庫県立川西高等学校が閉校となり兵庫県立阪神昆陽高校が協力校となる

■形態・課程・学科：
　併設校・単位制による通信制課程・普通科
■併設する課程：
　学年制による全日制課程
■併設課程への転籍：
　全日制課程への転籍は原則できません（実績なし）。
■入学・卒業時期：入学時期4月、卒業時期3月
■修業年限：3年以上（在籍最長年数：8年）
■学期制：全期制　■卒業認定単位数：74単位以上
■始業・終業時刻：9：00～16：40、1日8時限、1時限45分
■教育連携：県立神出学園、県立山の学校

スクーリングの日数と場所

【登校日数】
月1～2回、年間30日。日、月曜日にスクーリングを実施しているので都合のよい日に出席する。協力校は土曜又は日曜のみ。
【場　所】
網干本校、協力校（阪神昆陽、豊岡、西脇北）
【その他】
網干本校では毎週水・木曜日にレポート作成をサポートする学習タイムを設定しています。学習進度表を作成し、毎月送付（担任がコメントを記入して指導）。

 特色
教育ビジョンを「めざせ　トリプルAの学校（明るい・温かい・安心）」とし、魅力ある学校づくりに取り組んでいます。学習到達度、学習進度等の学習診断を常に行い、個々の生徒に合わせた指導を行います。協力校（豊岡高校、西脇北高校、阪神昆陽高校）でスクーリングを受けることができます。県立神出学園、県立山の学校での活動を「体験活動」として、単位を認定します。

併修・単位について
県立錦城高等学校（定時制）、県立阪神昆陽高等学校（多部制）、県立豊岡高等学校（定時制）の生徒は、定通併修することができます。県立姫路北高等学校（定時制）、県立西脇北高等学校（定時制）の生徒は、連携併修することができます。

クラブ活動
【クラブ数6、クラブ加入率1.2%】
剣道部（全国大会出場歴有）、バレーボール部、バドミントン部（全国大会出場歴有）、バスケットボール部、卓球部（全国大会出場歴有）、コンピューター部

学校行事
新入生歓迎交流会（5月）、生活体験発表会（7月）、高校生ふるさと貢献活動事業（クリーン作戦）（5月）、公開講習会（6月）、生徒総会（5・11月）、防災行事（5月）、文化教育活動（9月）、インスパイア・ハイスクール事業（11月）

生活指導
指定の制服はありません。名札着用。

生徒情報

【不登校生】過去に不登校だった生徒は数多く在籍しています。担任が把握し、スクーリング日や電話等で対応しています。
【転編入生】前籍高校の単位は可能な限り認定します。高等学校卒業程度認定試験（旧大検）で合格した科目は、技能審査と合わせて年間17単位まで認定できる場合があります。転入は4月と8月、編入は4月のみ入学することができます。
【保護者連絡】保護者向け通信を必要に応じて送付しています。保護者会を年2回実施しています。（7月・11月）
【転編入の生徒数】　　　　　　　　　　　　2023年11月1日現在

1年次	2年次	3年次	4年次
編入生　2名	編入生24名	編入生　30名	編入生26名
転入生21名	転入生95名	転入生131名	転入生75名

【生徒数　普通科】　　　　　　　　　　　　2023年11月1日現在

年次	生徒数	男女比	クラス数	1クラスの平均人数
1年次	170名	44：56	3クラス	57名
2年次	236名	37：63	4クラス	59名
3年次	269名	48：52	4クラス	67名
4年次	184名	42：58	4クラス	46名

【教員数】
教員：15名／講師：本校…8名、協力校3校…100名
カウンセラー：年間15回来校

2024年度の募集要項

募集について
【一般入試】
願書受付：持参の場合…2月16日（金）、19日（月）、21日（水）、22日（木）、26日（月）
　　　　　郵送の場合…2月16日（金）～22日（木）で配達日指定、簡易書留
面接日：3月3日（日）、4日（月）

学費について
入学金：500円（2023年度実績）
受講料：1単位310円（就学支援金制度有）（2023年度実績）
例：1年次25単位の場合、310×25＝7,750円

2022年度卒業生の進路状況

【進路先】
卒業者数…166名
大学…25名　　短大…3名　　通信制大学…9名
専門学校…31名　就職…21名　その他…77名
【主な合格実績】
京都産業大、関西大、武庫川女子大、神戸学院大、姫路獨協大、関西福祉大、ノートルダム清心女子大
神戸電子専門、姫路情報システム専門、日本工科大学校、日本栄養専門、姫路理容美容専門など
【指定校推薦】
神戸医療未来大、姫路獨協大、姫路日ノ本短大、姫路情報システム専門、神戸電子専門、日本工科大学校など

◇◇◇◇◇◇◇◇◇◇　この学校にアクセスしてみよう！

学校説明会	入学前電話相談	文化祭見学	体育祭見学	資料請求
○	○	－	－	○

※資料は電話または郵便で請求してください。
▼学校説明会　10月、11月を予定

【通信制】　　　　　　　　　　　　　　　　　　　　　（単位制）

ひょうごけんりつせいうんこうとうがっこう
兵庫県立青雲高等学校

■校長名：谷口　慎哉
■住　所：〒653-0821　兵庫県神戸市長田区池田谷町2-5
■電　話：078-641-4200　■FAX：078-631-9058
■最寄駅：神戸高速線「高速長田」駅下車、徒歩15分
　　　　　神戸市営地下鉄西神・山手線
　　　　　「長田（長田神社前）」駅下車、徒歩15分
■生徒が入学できる都道府県：兵庫県
■沿革：
　1948年　県下2校に通信教育部開設
　1965年　長田高校通信制課程から分離独立し青雲高等学校創立
　1998年　単位制による課程に移行
　2015年　創立50周年を迎える

■形態・課程・学科：
　独立校、単位制による通信制、普通科、
　協力校2校（柏原・洲本実業）
■併設する課程：なし
■入学・卒業時期：
　・入学時期　4月　　・卒業時期　3月
■修業年限：
　・3年以上（在籍最長年数：制限なし※但し条件あり）
■学期制：2学期制　　■卒業認定単位数：74単位
■始業・終業時刻：9時〜16時20分
　　　　　　　　　1日6時限、1時限50分
■技能連携：なし　　　■実務代替：なし
■技能審査：技能審査の成果を単位認定し、修得単位に加えます。
■開設講座数：50講座、37科目

スクーリングの日数と場所

【登校日数】
　　月に2〜3回程度。日曜日、月曜日、木曜日
【その他】
　　集中スクーリングは実施していません。

特色　基礎学力の定着を目指し、中学校の総復習を旨とする社会入門、数学入門、英語入門や、専門的な内容のスポーツA（ニュースポーツ）、硬筆、自分さがしの心理学などの学校設定科目を設置しています。

併修・単位　県立長田商業高校（定時制課程）と併修できます。高卒程度認定試験による単位認定をしています。県立神出学園・県立山の学校での学習を単位認定しています。

クラブ活動　【クラブ・同好会数14、クラブ加入率約3.5%】
陸上競技、卓球、バレーボール、写真、コーラス、演劇、テニス（硬式・ソフト）、バスケットボール、書道、ESS、天文、創作研究、囲碁将棋同好会、数学・理科学習同好会

学校行事　「春の交流会」、「せいうん長商ふれあい祭（文化祭）」、「秋の遠足」、「生活体験発表大会」　など

生活指導　指定の制服はありません。

◇◇◇◇◇◇◇◇◇◇　この学校にアクセスしてみよう！

学校説明会	入学前電話相談	文化祭見学	体育祭見学	資料請求
電話でお問い合せ	○	―	―	○

※文化祭に関しては、コロナ対策の為、校内祭のみ実施予定
※定型サイズの返信用封筒に84円分の切手を貼って郵送して下さい。表に学校案内等資料希望などと朱書して下さい。

▼文化祭　11月3日

生徒情報

【不登校経験者】過去に不登校を経験した生徒はかなりいます。希望者はカウンセリングを受けることができます。
【転編入生】前籍高校で修得した単位は原則として生かすことができます。高校卒業程度認定試験で合格した科目は修得単位に加えます。転入考査は3月・7月に実施し、4月・9月に入学。編入考査は3月、入学は4月です。
【保護者連絡】保護者授業参観、第1年次保護者会、三者懇談など家庭との連携を大切にしています。
【転編入の生徒数】

1年次	2年次	3年次	4年次
転編入生5名	転編入生12名	転編入生31名	転編入生6名

【生徒数】　　　　　　　　　　　　2023年6月15日現在

年次	生徒数	男女比	クラス数	1クラスの平均人数
1年次	251名	94：157	5クラス	37名
2年次	228名	108：120	5クラス	38名
3年次	244名	118：126	6クラス	48名
4年次	267名	129：138	6クラス	43名

【教員数】
　教員：男性21名、女性9名
　スクールカウンセラー：2名
　スクールソーシャルワーカー：1名

2024年度の募集要項

募集について
【一般入試】
募集人員：約400名
出願期間：2月下旬
試験日：3月上旬
選考方法：面接
入学考査料：950円
その他：3月中旬に再募集あり（定員に充たない場合）

学費について
入学料：　　　　　　　　500円
教科書・学習書：　10,000〜20,000円
受講料：　　　　約7,000円（登録単位数×310円）
諸会費：　　　　　　　3,100円

合計：新入生は20,000〜30,000円程度

2022年度卒業生の進路状況

卒業生数　250名

【主な進学先】
岐阜大、岡山大、酪農学園大、武蔵野大、京都芸術大、京都精華大、同志社大、大阪電気通信大、関西学院大、神戸学院大、神戸芸術工科大、神戸松蔭女子学院大、甲南大、武庫川女子大、流通科学大、産業技術短大、武庫川女子大学短期大学部、大原簿記学校、HAL大阪、新大阪歯科技工士専門、神戸電子専門、大阪モード学園、大阪保健福祉専門、平成淡路看護専門　など

【指定校推薦】あり

【主な就職先】
ぼんち株式会社、医療法人社団　淡路平成会　平成病院、株式会社G-7・オート・サービス、株式会社イチネンケミカルズ播磨工場、株式会社ケーエスケー、社会福祉法人全電通近畿社会福祉事業団　特別養護老人ホーム　あいハート須磨、太陽ケーブルテック　株式会社　三田テクノセンター、日本通運　株式会社　大阪支店　など

【広域通信制】 （単位制）

飛鳥未来高等学校
（あすかみらいこうとうがっこう）

(https://www.sanko.ac.jp/asuka-mirai/　E-mail：asuka-jimu@sanko.ac.jp)

■校長名：植村　育代
■住　所：〒 632-0004　奈良県天理市櫟本町 1514-3
■電　話：0743-61-0031
■ＦＡＸ：0743-61-0131
■最寄駅：JR 桜井線「櫟本」駅 徒歩 1 分
■生徒が入学できる都道府県：
　北海道、宮城、千葉、東京、神奈川、愛知、大阪、奈良、広島、
　福岡など
■沿　革：
　2009 年 4 月 1 日　開校
■教育理念：技能と心の調和

■形態・課程・学科：独立校・単位制による通信制・普通科
■併設する課程：なし
■入学・卒業時期：
　［転・編入］・入学時期　随時　　・卒業時期　3 月、9 月
　［新入学］　・入学時期　4 月　　・卒業時期　3 月
■修業年限：3 年（在籍最長年数：6 年）
■学期制：2 学期制
■卒業認定単位数：74 単位
■技能連携：なし　　■実務代替：なし
■技能審査：20 単位まで

スクーリングの日数と場所

【登校日数】
①週 1 日～登校可能なベーシックスタイル、週 1 回のホームルームで皆に会えるスタンダードスタイル、週 3 日登校で生活習慣が身につく 3DAY スタイル、毎日通学で充実した高校生活を送れる 5DAY スタイル、好きな時に好きな場所で勉強できるネットスタイルから選択。
②履修科目数により異なりますが、最低年間 20 日程度。

【場　所】
札幌、仙台、千葉、池袋、綾瀬、横浜、名古屋、大阪、奈良、広島、福岡

●ポイント①
自分にあった通学スタイルが選べて、服装も自由！
一人ひとりの個性や自己表現を大切にしている飛鳥未来高校は、自分にあった通学スタイルを選ぶことができます。さらに、登校時の服装は自由！（制服を購入することもできます。）

●ポイント②
なりたい自分に！将来の夢につながる自由に選べるコース選択制（希望者のみ）
自分にあった通学スタイルが選べるだけでなく、本校では美容・医療事務・スポーツ・保育・調理などさまざまな専門分野を高校生のうちから学ぶことができます。
それは、飛鳥未来高校が全国にあらゆる分野の専門学校を持つ三幸学園グループの学校だからできること。各専門分野の授業は、専門学校のプロの先生が直接教えてくれます。
週に 2 日、好きな専門科目を自由に受講できるコースと、高校卒業と同時に最短 3 年間で美容師免許取得ができるコースがあります。
自分のやりたいこと・好きな専門分野を深めても良し、いろいろ体験してみて自分に向いている分野を探しても良し。
高校で専門科目を学んだ上で、三幸学園の専門学校に内部進学すれば、進学後の授業もスムーズにスタートすることができます。

●ポイント③
気軽にチャレンジ！「できる！」が見つかるアカデミー選択制（希望者のみ）
自分の好きな分野を学んだり、新しいことにチャレンジしてみたり、気楽に楽しみながら興味の幅を広げていきます。「好き」を「できる！」に変えてみよう！

●ポイント④
参加自由！友達と一緒に学校行事に参加して思い出をたくさん作ろう！
クラス制だけでなく、飛鳥未来高校には、参加・不参加を自由に選べる学校行事がたくさんあり、行事を通してクラスや学年を越えたたくさんの友達ができます。

●ポイント⑤
教職員が親身に一人ひとりの勉強も心もサポート。
メンタルサポートから、スマートフォンで学習状況がチェックできる学習サポートまで、生徒一人ひとりが安心して学校生活を送れるよう、担任の他、スクールカウンセラーや養護教諭、スクールソーシャルワーカーがサポートします。

●ポイント⑥
希望に合わせた進路サポートで卒業後の進路も安心！
大学、専門学校、就職など希望の進路の実現のために一人ひとりにあわせた個別の進路指導で希望の将来を目指します。姉妹校の専門学校や短大、大学への進学も有利で安心です。

●ポイント⑦
通信制高校だから自分のペースで学べて、学費の負担が少ない！
飛鳥未来高校は通信制高校なので、年間数日の通学から毎日の通学まで、自分のペースにあわせて通えます。また、通信制サポート校と違い、学費の負担が少ない点も魅力です。

併修・単位について
併修することはできません。

クラブ活動
サッカー部、野球部、テニス部、バドミントン部などがあります。キャンパスごとに異なります。

学校行事
体育祭、文化祭、入学式、卒業式など、キャンパスごとに異なります。

進学指導
個人面談を重ね、生徒本人の希望や目標を尊重した進路指導体制を整えています。

補習指導
一人ひとりの学力レベルに合わせて、個別にわかるまで、粘り強く教えています。

生活指導
服装は自由ですが、制服を購入することもできます。

生徒情報

【不登校生】
一人ひとりの生徒の高校生活が充実したものになるように担任制を導入しています。

【保護者連絡】
電話、メールなどで常に保護者様と密に連絡を取っています。

【転編入生】
前籍高校で修得した単位は認めています。転編入生も随時入学できます。

1年次	2年次	3年次	4年次
転入生　名	転入生　名	転入生　名	転入生　名
編入生　名	編入生　名	編入生　名	編入生　名

◇◇◇◇◇◇◇◇◇ この学校にアクセスしてみよう！

学校説明会	入学前電話相談	文化祭見学	体育祭見学	資料請求
○	○	○	○	○

※資料は電話・ホームページから請求して下さい。

2024年度の募集要項

募集について

【推薦入試】
出願期間：キャンパスごとに異なります。
試験日：キャンパスごとに異なります。
選考方法：書類審査・面接
選考料：10,000円

【一般入試】
出願期間：キャンパスごとに異なります。
試験日：キャンパスごとに異なります。
選考方法：書類審査・面接
選考料：10,000円

【転・入編】
出願期間：随時
試験日：随時
選考方法：書類審査・面接
選考料：10,000円

学費について

【初年度】
入 学 金：　　　　　　10,000円
授 業 料：　1単位 10,000円
施設設備費：　　　　　　60,000円（後期入学 約30,000円）
補 習 費：　　　　　 100,000円（後期入学 約50,000円）
諸 経 費：　　　　　約55,000円（後期入学 約32,000円）

※上記は奈良本校のベーシックスタイル学費例です。
　金額は各キャンパスによって異なります。
※別途特別活動費がかかります（参加を申し込んだ場合のみ）。
※授業料は高等学校等就学支援金制度により、
　補助の対象となります。

＜学校の施設＞※キャンパスごとに異なります。

校 地 面 積	1,656.01m²	図 書 室	あり
運動場面積	550m²	プ ー ル	なし
視聴覚教室	なし	食 堂	なし
体 育 館	なし	ラウンジ	あり
借りグラウンド	なし	カウンセリング室	あり

卒業生の進路状況

【進路先】
4年制大学、短期大学、専門学校、就職

【主な合格実績】
●大学　電気通信大学、三重大学、愛知県立大学、大阪府立大学、慶應義塾大学、上智大学、明治大学、青山学院大学、中央大学、法政大学、南山大学、獨協大学、明治学院大学、日本大学、東洋大学、駒澤大学、専修大学、金城学院大学、中京大学、名城大学、東京女子大学、順天堂大学、東京農業大学、日本体育大学、武蔵野大学、神奈川大学、立正大学、神田外国語大学、東京工芸大学、桜美林大学、実践女子大学、昭和女子大学、大東文化大学、東海大学、亜細亜大学、帝京大学、国士舘大学、多摩美術大学、武蔵野美術大学、洗足音楽大学、日本経済大学、関東学院大学、北海道医療大学　他多数
●三幸学園　東京未来大学、札幌スポーツ＆メディカル専門学校、札幌ビューティーアート専門学校、札幌こども専門学校、札幌スイーツ＆カフェ専門学校、札幌ブライダル＆ホテル観光専門学校、札幌医療秘書福祉専門学校、東京ビューティーアート専門学校、東京医療秘書歯科衛生＆IT専門学校、東京スイーツ＆カフェ専門学校、東京こども専門学校、東京リゾート＆スポーツ専門学校、東京スイーツ＆カフェ専門学校、東京ウェディング＆ブライダル専門学校、大宮ビューティー＆ブライダル専門学校、大宮こども専門学校、大宮医療秘書専門学校、大宮スイーツ＆カフェ専門学校、横浜ビューティーアート専門学校、横浜医療秘書専門学校、東京未来大学福祉保育専門学校　他多数
●専門学校　ベルエポック美容専門学校、日本電子専門学校、日本外国語専門学校、専門学校ビジョナリーアーツ、日本工学院専門学校、東京モード学園、日本児童教育専門学校、神田外語学院、東京工科自動車大学校、華調理製菓専門学校、東京エアトラベルホテル専門学校、山野美容専門学校、新宿鍼灸柔整歯科衛生専門学校、日本ペット＆アニマル専門学校、山手調理製菓専門学校、文化服装学院、早稲田美容専門学校　他多数
●就職先　株式会社そごう・西武、株式会社サイゼリヤ、株式会社テンポスホールディングス、株式会社フューチャーコミュニケーションズ、医療法人社団信長会オレンジ歯科クリニック、協和電機空調株式会社、ヤマトホールディングス株式会社、防衛省・自衛隊、三幸福祉会、神奈川県警事務職員、三菱ふそうトラック・バス株式会社、EARTH、LIPSERVICE　他多数

【広域通信制】　　　　　　　　　　　　　　　　　　　　　　　　（単位制）

関西文化芸術高等学校
（かんさいぶんかげいじゅつこうとうがっこう）

(https://www.kansaiarts.ac.jp/)

■校長名：大橋　智
■住　所：〒631-0803　奈良県奈良市山陵町 1179
■電話：0742-45-2156　　■FAX：0742-49-3543
■最寄駅：近鉄京都線　「高の原」駅　徒歩 18 分
■生徒が入学できる都道府県：
　滋賀、京都、大阪、兵庫、奈良、和歌山、三重
■沿革：
　1980 年 4 月　学校法人奈良立正芸術学院　奈良立正芸術学院を
　　　　　　　　各種学校として開校
　1998 年 4 月　専修学校関西文化芸術学院　開校
　2018 年 4 月　関西文化芸術高等学校　開校

■形態・課程・学科：独立校、単位制による通信制、普通科
■入学・卒業時期：・入学時期　4 月　　・卒業時期　3 月
■修業年限：3 年以上（在籍最長年数：6 年）
■学期制：2 学期制　　■卒業認定単位数：74 単位
■始業・終業時刻：9：15 ～ 15：55
■技能連携：なし　　■実務代替：なし
■技能審査：なし　　■開設講座数：　講座　科目

スクーリングの日数と場所

【登校日数】
　以下①～③の 3 つのコースがあります
　①週 5 日コース…月～金の 5 日登校
　②週 2 日コース…月・木の 2 日登校
　③週 1 日コース…木の登校
【場　所】
　全て本校にて
　（関西文化芸術高等学校：奈良市山陵町 1179
　　　　　　　　　　　　TEL：0742-45-2156

特色　週 5 日コースは「美術・デザイン・クラフト陶芸・音楽・パフォーマンス」の 5 つの「専攻芸術」があり、それぞれ基礎から専門的に学習します。専攻芸術の授業は週 12 時間あり、充実した設備を備え、芸術にとことん打ち込める環境が整っています。生徒たちは皆優しく穏やか、また学校周辺は自然が豊かで芸術には絶好。他に週 1 日コース、週 2 日コースがあり、絵画・CG・陶芸が学べます。

クラブ活動　吹奏楽部：
2023 年度第 65 回奈良県吹奏楽コンクール高等学校の部 小編成 金賞
演劇部：
2023 年度第 48 回奈良県高等学校演劇発表会県大会優秀賞
美術部：
2023 年度第 47 回全国高等学校総合文化祭鹿児島大会美術・工芸部門　出品

学校行事　文化祭、体育祭、球技大会、校外学習、音楽専攻定期演奏会、パフォーマンス専攻定期公演など

生活指導　週 5 日コースは正しく制服を着用してください。
週 2 日コース、週 1 日コースは制服か私服かを選択できます。
茶髪や、ピアス等のアクセサリーは規定があります。
バイク通学不可。
挨拶やマナーの指導を徹底しています。

進学補習指導　進学講座を開講（国語、英語、美術・音楽・パフォーマンス）。通常の英語の授業では、1・2 年生に対し習熟度別クラスにて授業を実施しています。

生徒情報

【不登校生】生徒それぞれの登校状況に応じた対応をします。在籍生徒の約 5 割が不登校経験者です。
【保護者連絡】担任が日常的に、生徒の状況を見てやり取りをします。また、年度当初の三者懇談、日常的な電話連絡、必要に応じた家庭訪問などを行っています。

【教員数】
　教員：男性 11 名、女性 2 名　　講師：男性 7 名、女性 15 名
　スクールカウンセラー：毎週月曜来校

【生徒数】　　　　　　　　　　　　　　　2023 年 12 月 1 日現在

年次	生徒数	男女比	クラス数	1 クラスの平均人数
1 年次	69 名	19：50	3 クラス	23.0 名
2 年次	69 名	21：48	3 クラス	23.0 名
3 年次	58 名	21：37	3 クラス	19.3 名

2024 年度の募集要項

募集について
募集人員：週 5 日コース／ 90 名
　　　　　週 2 日コース／ 10 名
　　　　　週 1 日コース／ 10 名
出願期間：2023 年 12 月 1 日以降
試験日：2023 年 12 月 19 日以降の各入試日
選抜方法：推薦入試／専攻実技、面接
　　　　　一般入試／専攻実技、面接、作文
選考料：20,000 円
※特待生入試（奨学金 300,000 円支給）、登校応援入試（不登校生対象）など、4 種類・計 9 回の受験機会を設けています。

学費について
入　学　料：　　　　　　20,000 円　※初年度のみ
授　業　料：　　　　　 300,000 円
施設設備資金：　　　　 200,000 円　※初年度のみ
設　備　費：　　　　　　15,000 円
講　習　費：　　　　　 200,000 円
実習費・他：　　　　　 255,000 円

合　　計	990,000 円（週 5 日コース）

2022 年度卒業生の進路状況

【進路先】
卒業者数…58 名
大学…19 名　　　　短大…8 名　　　専修・各種学校…16 名
浪人・その他…11 名　　就職…4 名

【主な合格実績】※過去のものを含む
筑波大、京都芸術大、大阪芸術大、京都精華大、成安造形大、大阪成蹊大、大阪音楽大、相愛大、武庫川女子大、奈良大、奈良芸術短大、大阪芸術大学短期大学部、龍谷大学短期大学部　等
指定校推薦（芸術系大学を含む）が多数あります

◇◇◇◇◇◇◇◇　**この学校にアクセスしてみよう！**

学校説明会	入学前電話相談	文化祭見学	体育祭見学	資料請求
○	○	－	－	○

※資料は、電話または HP の資料請求フォームより請求してください。

▼学校説明会
・2024 年度生向けの学校説明会を 3 月まで開催しています。
・2025 年度生向けのオープンキャンパスを 6・7・8・9 月に、学校説明会を 10 月以降に開催する予定です。
・実施日は、募集時期に本校ウェブサイトに掲載します。

奈良県立大和中央高等学校
（ならけんりつやまとちゅうおうこうとうがっこう）

（ https://www.e-net.nara.jp/hs/yamatochuo/　　E-mail：info011@nps.ed.jp ）

■校長名：南　勝紀
■住　所：〒 639-1123　奈良県大和郡山市筒井町 1201
■最寄駅：近鉄橿原線「筒井」駅、徒歩東へ約 1 ｋｍ
■生徒が入学できる都道府県：
　奈良
■沿革：
　2008 年 4 月 1 日　通信制課程を併設した三部制単位制高校を開設。

〈連絡先〉
〒 693-1123　奈良県大和郡山市筒井町 1201 番地
■電話：0743-56-2271　　■FAX：0743-56-5501

■形態・課程・学科：
　単位制による通信制課程・普通科
■併設する課程：
　単位制による昼夜定時制（午前の部・午後の部・夜間の部）
■併設課程への転籍：
　転籍は原則としてできません。
■入学・卒業時期：
　・入学時期　4 月　　・卒業時期　3 月
■修業年限：
　・3 年以上
■学期制：2 学期制　　■卒業認定単位数：74 単位
■始業・終業時刻：9：00 〜 15：15（原則）
■技能連携：なし　　■実務代替：なし
■技能審査：卒業単位として高卒程度認定試験の合格科目と合わせて 20 単位まで認定しています。
■開設講座数：91 講座 41 科目

スクーリングの日数と場所

【登校日数】
　週 1 日（日曜日または平日の定められた日）
【場　　所】
　大和中央高校

特色
「一人一人の適性・興味・関心等に応じ、自主的、自律的に学ぶ高校」
「一人一人の学びのスタイルを自らが設計して学ぶ高校」です。

併修・単位について
・17 単位まで併修を認めています。
・聴講（科目履修）の制度はありません。

クラブ活動
運動部系・器楽・スイーツ・イラスト同好会

学校行事
生徒会活動（文化行事、生徒交流会）
学校行事（生活体験発表会、スポーツ交流会など）

進学指導
進路ガイダンス、生徒に応じた個別指導

生活指導
指定の制服はありません。

生徒情報

【不登校生】
定期的に登校できるような環境づくりをします。
【転編入生】
前籍高校で修得した単位は全て本校の卒業単位として認定します。高卒認定試験で合格した科目は、卒業単位として 20 単位まで認定することができます。
転入生の入学時期は 4 月と 9 月です。編入生の入学時期は 4 月のみです。
【保護者連絡】
保護者面談を行っています。
【転編入の生徒数】
21 名（2023 年度の数値）

【生徒数】普通科　　　　　　　　　　　　2023 年 5 月 1 日現在

年次	生徒数	男女比（%）
1 年次	114 名	44：56
2 年次	87 名	37：63
3 年次	87 名	51：49
4 年次	32 名	63：37

【教員数】
　教員：男性 7 名、女性 3 名　講師：男性 3 名　女性 3 名

2024 年度の募集要項

募集について
2024 年度から新入生は募集停止

学費について
入 学 料：	500 円
教科書代：	約 20,000 円
諸 経 費：	約 6,000 円

合　　　計：	約 26,500 円

（2023 年度例）

2022 年度卒業生の進路状況

【進路先】
卒業者数…52 名
大学…11 名　　短大…2 名　　　専門学校…5 名
就職…12 名　　その他…22 名

【主な合格実績】
畿央大学、帝塚山大学、天理大学、奈良大学、大阪経済法科大学、関西大学、同志社大学、同志社女子大学、産業能率大学、サイバー大学、奈良佐保短期大学、南奈良看護専門学校、清風情報工科専門学校、大阪キャリナリー製菓調理専門学校

◇◇◇◇◇◇◇◇◇◇　**この学校にアクセスしてみよう！**

学校説明会	入学前電話相談	文化祭見学	体育祭見学	資料請求
－	－	－	－	－

北海道
青森
岩手
宮城
秋田
山形
福島
茨城
栃木
群馬
埼玉
千葉
東京
神奈川
新潟
富山
石川
福井
山梨
長野
岐阜
静岡
愛知
三重
滋賀
京都
大阪
兵庫
★ 奈良
和歌山
鳥取
島根
岡山
広島
山口
徳島
香川
愛媛
高知
福岡
佐賀
長崎
熊本
大分
宮崎
鹿児島
沖縄

【通信制】2024 年 4 月開設 　　　　　　　　　　　　（単位制）

奈良県立山辺高等学校 通信制課程

（ https://www.e-net.nara.jp/hs/yamabe/ ）

■**校長名**：倉田　嘉人
■**住　所**：〒 632-0246　奈良県奈良市都祁友田町 937
■**電話**：0743-82-0222　　■ **FAX**：0743-82-0779
■**最寄駅**：近鉄「榛原駅」駅よりバス 25 分、「天理」駅よりバス 45 分
■**生徒が入学できる都道府県**：
　奈良県
■**沿革**：
　2024 年 4 月　通信制課程開設予定

■**形態・課程・学科**：併設校、単位制による通信制、普通科
■**入学・卒業時期**：・入学時期　4 月　　・卒業時期　3 月
■**併設する課程**：単位制による全日制
■**修業年限**：3 年以上（在籍最長年数：6 年）
■**学期制**：1 学期制
■**卒業認定単位数**：74 単位
■**始業・終業時刻**：8：40 ～ 15：45
■**技能連携**：なし
■**実務代替**：なし
■**技能審査**：あり

スクーリングの日数と場所

【登校日数】
　　6 日程度
【場　　所】
　　山辺高校

特色

クラブ活動　クラブ活動は実施しません。

学校行事　未定。

生活指導　学校指定の制服はありません。
バイクでの通学はできません。

生徒情報

【不登校生】

【転編入生】
24 年度は編入学を受け付けません。
【保護者連絡】
メールを中心として行います。

【教員数】
　教員：男性　名、女性　名　　講師：男性　名、女性　名
　スクールカウンセラー：いません

【生徒数】新設校により生徒はいません

年次	生徒数	男女比	クラス数	1 クラスの平均人数
1 年次	名	：	クラス	名
2 年次	名	：	クラス	名
3 年次	名	：	クラス	名

2024 年度の募集要項

募集について
【一般入試】
募集人員：
出願期間：
試験日：　　　奈良県 HP による
選考方法：
選考料：

学費について
入学料：
授業料：　　　奈良県 HP による

2022 年度卒業生の進路状況
2024 年開設のためまだいません

【進路先】
卒業者数…　名
大学…　名　　　　　短大…　名　　　専修・各種学校…　名
浪人・その他…　名　　就職…　名
【主な合格実績】

◇◇◇◇◇◇◇◇◇◇ **この学校にアクセスしてみよう！**

学校説明会	入学前電話相談	文化祭見学	体育祭見学	資料請求
○	○	─	─	─

▼学校説明会
7/24 から e オープンスクール（動画）

【広域通信制】　　　　　　　　　　　　　　　　　　　　　　　（単位制）

奈良女子高等学校
（ https://www.shirafuji.ac.jp/t/ ）

■校長名：石原　勉
■住　所：〒 630-8121　奈良県奈良市三条宮前町 3 番 6 号
■電話：0742-85-1792（直通）　■FAX：0742-35-2312
■最寄駅：JR 大和路線「奈良」駅、西へ 400m
　　　　　近鉄奈良線「新大宮」駅、南東へ 600m
■生徒が入学できる都府県：
　滋賀、京都、大阪、兵庫、奈良、三重
■沿革：
　明治 26 年　　　　　天理市に正気書院開設
　昭和 25 年　　　　　校名を奈良白藤高等学校に改称
　平成 9 年　　　　　　校名を奈良女子高等学校に改称
　平成 24 年 10 月　創立 120 周年記念式典
　平成 26 年　4 月　通信制課程設置
■教育理念：
　建学の精神である「敬身・敬学・敬事」を念頭におき、次代
を担う若者を育て、社会に貢献することを使命とします。

■形態・課程・学科：併設校・普通科
■併設する課程：全日制課程
■併設課程への転籍：
　原則としてなし。
■入学・卒業時期：
　・入学時期　4 月　　　・卒業時期　3 月
　※転入学は年内であれば随時受け付けていますが、
　　まずはお問い合わせください。
■修業年限：
　3 年以上（在籍最長年数：8 年）
■学期制：2 学期制　　　■卒業認定単位数：74 単位以上
■始業・終業時刻：10：10 ～ 15：30（登録単位による）
■技能連携：なし　　　　■実務代替：なし
■技能審査：なし　　　　■開設講座数：30 科目ほど

スクーリングの日数と場所

【登校日数】
　スクーリング原則週 2 日（水曜・土曜）
　日曜日・祝日以外毎日登校可
【場　　所】
　奈良県奈良市三条宮前町 3 番 6 号　　奈良女子高校施設内

特色

■西日本初、通信制の女子高校！
　女子生徒の特性をよく理解した教員が、全日制で培
われたコース教育のノウハウを最大限生かし、安心
の教育を提供してまいります。
■学校らしい雰囲気で安心・安全の環境
　通信制高校といえばビルの一室や、服装などのルールがきびし
くない学校をイメージされるかもしれませんが、本校は学校の
校舎で、校則（基本的なルール）のもと、安心して学校生活を
送ることができます。
■無理のない登校日数
　基本は週 2 日の登校です。意欲があれば最大 6 日まで登校する
ことができます。毎日の登校には不安があるけれど、学校生活
をあきらめたくない気持ちを応援します。
■個性を引き出す体験型学習
　いろいろなことに興味・関心を持ってもらえるよう、プロ講師
によるデザイン講座や製菓・調理体験などの時間を設定。生徒
は生き生きと積極的に取りくみ、学年を超えたつながりも生ま
れています。

生徒情報

【不登校生】
じっくりお話を聴かせていただき、学校生活への向き合い方
をご家庭と連携しながら共に考えていきます。
【転・編入生】
高卒認定試験で合格した科目の振替は可能です。
転入生、編入生の入学についてはお問い合わせください。
【保護者連絡】
三者懇談を前期と後期の末に設定しています。状況に応じて
随時、電話・メール・家庭訪問・面談などで連携を取りあわ
せていただきます。

【教員数】教員：男性 3 名、女性 2 名

クラブ活動　生徒の要望により、サークル活動の立ち上げが可能です。

学校行事　校外学習、文化鑑賞、修学旅行、合宿、大学見学、デザイン講座、製菓・調理体験　など

生活指導　指定の制服はありません。
茶髪やピアス、化粧、ネイルは禁止しています。
バイクでの通学はできません。

2025 年度の募集要項

募集について

【一般入試】
募集人員：30 名程度
出願期間：1 月 11 日～
入試日：2 月 15 日・3 月 15 日
　　　　　※ただし転入学は年内随時
選抜方法：作文・面接
検定料：15,000 円

学費について

入学金：　　100,000 円
授業料：　　490,000 円
施設設備費： 50,000 円

合　計：　　640,000 円
（※その他諸経費）
・追加のサポート料はいただいておりません。
・国の「就学支援金制度」の対象校です。

卒業生の進路状況

【進路先】
四年制大学、短期大学、専門学校、就職
（各自の希望に応じて、進路指導をしていきます）
【主な合格実績】
神戸市立外国語大、同志社大、関西大、関西学院大、立命館大、
近畿大、龍谷大、京都産業大、京都女子大、同志社女子大、武庫
川女子大、甲南女子大、フェリス女子大、京都外国語大、佛教大、
奈良大、天理大、四天王寺大、京都光華女子大、京都華頂大、大
阪樟蔭女子大、帝塚山大、関西外国語大学短期大学部、奈良保育
学院　など
【指定校推薦】多数あり

◇◇◇◇◇◇◇◇◇　**この学校にアクセスしてみよう！**

学校説明会	入学前 電話相談	文化祭見学	体育祭見学	資料請求
HP参照	○	―	―	○

※資料は電話（0742-85-1792）または HP より請求してください。
▼夏期スクーリング体験　8 月 24 日（土）　▼学校説明会　12 月 14 日（土）

【広域通信制】 （単位制）

日本教育学院高等学校

（にほんきょういくがくいんこうとうがっこう）

(https://www.nkg-h.ed.jp　E-mail：info@nkg-h.ed.jp)

■校長名：住本 裕一

【奈良本校】
■住　所：〒 633-2141　奈良県宇陀市大宇陀上片岡 194-6
■電話：0745-80-2255　■FAX：0745-80-2120
■最寄駅：近鉄大阪線「榛原」駅下車、車で 25 分
　　　　　近鉄吉野線「大和上市」駅下車、車で 25 分
　　　　　※「榛原」駅、「大和上市」駅より無料送迎します。

【橿原校】（面接指導施設）
■住　所：〒 634-0804　奈良県橿原市内膳町 2-5-21
■電話：0744-55-2980　■FAX：0744-37-0951
■最寄駅：近鉄大阪線「大和八木」駅下車、徒歩 7 分
　　　　　近鉄橿原線「八木西口」駅下車、徒歩 3 分
　　　　　JR 桜井線「畝傍」駅下車、徒歩 7 分

■生徒が入学できる都道府県：奈良県、大阪府、兵庫県、三重県、京都府、
　滋賀県および和歌山県

■沿革：2015 年　4 月　認可
　　　　2015 年　9 月　開校
　　　　2017 年 12 月　橿原校　認可、開校

■教育理念：本校は「夢の実現」をモットーに、人格・実力ともに優れ
　た人作りとこれからの時代をリードしていく人材育成を目的としてい
　ます。一人の人間として社会に適応するためには、豊かな感性、優し
　い心配り、礼儀正しい態度、そして周りの人々に対する感謝の気持ち
　を忘れないことが大切ではないかと考えています。本校での学びを通
　して社会に巣立っていく力を身につけましょう。

■形態・課程・学科：単位制による通信制課程・普通科
■入学・卒業時期：・入学時期　4、10 月　・卒業時期 3、9 月
■修業年限：3 年以上　■学期制：2 学期制
■技能連携：あり　■実務代替：なし　■卒業認定単位数：74 単位
■始業・終業時刻：10：00 ～ 16：20（原則）

スクーリングの日数と場所

【場　所】奈良本校、橿原校
週 1 日から 2 日登校し、3 年間で 74 単位を取得すれば卒業できます。

特色

＜特徴＞
●時間割と学習ペースはあなたが決めます。
●本校ならではの特色ある学習テーマを選択することができます。
●あなたがしたいことと、学習を両立させることができます。
●旅行やアルバイトも自由にできます。

クラブ活動　写真部（奈良本校）

生徒情報

【不登校生】
不登校だった生徒や通学できない生徒を積極的に受け入れ、クラス
担任だけでなく全教職員が悩み事や学習の相談に対応しています。
一人ひとりがわかるところまでさかのぼって学習指導します。
【転編入生】
前籍高校で修得した単位は原則卒業単位に繰り入れられます。転入・
編入生は随時ご相談ください。
【保護者連絡】
電話や手紙、メールだけの連絡だけでなく、面談や家庭訪問を行っ
ています。

【生徒数】　　　　　　　　　　　　　　　　2023 年 5 月 1 日現在

年次	生徒数	男女比
1 年次	86 名	3：1
2 年次	78 名	3：1
3 年次	89 名	4：1

【教職員数】教職員：男性 15 名、女性 8 名

2024 年度の募集要項

募集について

生徒定員：465 名
選抜方法：推薦、一次　国語・英語・数学から 1 教科を選択、面接
■奈良本校・橿原校：
＜新入生＞
【推薦】
出願期間：11 月 27 日（月）～ 12 月 1 日（金）
試 験 日：12 月 9 日（土）
【1 次　専願・併願】
出願期間：1 月 15 日（月）～ 1 月 19 日（金）
試 験 日：1 月 27 日（土）
【2 次　専願】
出願期間：2 月 1 日（木）～ 3 月 26 日（火）
試 験 日：随時
＜転校生・編入生＞直接お問い合わせください
選抜方法：書類審査、面接

■選 考 料：10,000 円
※個別相談会等参加者は全額免除
※詳細は直接お問い合わせください。

学費について

入 学 料：10,000 円　　授 業 料：221,000 円
施設備費：60,000 円　　教育運営費：20,000 円
教育充実費：60,000 円
26 単位履修の場合
※その他、教科書教材費などが必要になります。
※ 2025 年度の募集要項はホームページでご確認ください。
　（後日、掲載いたします。）

2022 年度卒業生の進路状況

【進路先】
大学…24 名　　短期大学…4 名
大学校…2 名　　専門学校等…27 名
【主な合格実績】
東京工業大学、東京理科大学、同志社大学、芦屋大学、大阪大谷大学、
関西福祉科学大学、畿央大学、神戸松蔭女子学院大学、四天王寺大学、
帝京大学、帝塚山大学、阪南大学、びわこ成蹊スポーツ大学、太成学院
大学、京都精華大学、鷲磐会学園太学、相愛大学、大阪芸術大学、大阪
商業大学、大阪成蹊大学、大和大学白鳳短期大学　など

慶風高等学校
けいふうこうとうがっこう

（ https://keifu.ac.jp　E-mail：info@keifu.ac.jp ）

■校長名：田原　洋子
■住　所：〒640-1363　和歌山県海草郡紀美野町田64
■電　話：073-498-0100　　■ＦＡＸ：073-474-5156
■生徒が入学できる都道府県：全国47都道府県
■教育理念：
「愛情をもって根気よく」を建学の精神とし、「自主・友愛・創造」
を校訓としています。

■形態・課程・学科：
　独立校・学年制による広域通信制課程・普通科
■入学・卒業時期：
　・入学時期　4月　　・卒業時期　3月
■修業年限：
　・3年（在籍最長年数：6年）
■学期制：前期　後期　2期制
■卒業認定単位数：74単位
■併設する他の課程：学習スタイルによって、週5日や、週2日、
スポーツ中心コースなど、生徒個々のニーズにあわせた選択が
可能です。

スクーリングの日数と場所

【場　　所】
□本校
　和歌山県海草郡紀美野町田64　　　TEL：073-498-0100
□和歌山支援センター
　和歌山県和歌山市秋月198-6　　　TEL：073-474-2828
　最寄り駅:JR和歌山駅下車、徒歩20分
※令和5年度も感染症対策のため、殆どのスクーリングを
和歌山支援センターで開催しました。令和6年度も何日
間か本校で開催する予定です。

【登校日数】
　約10日間の日程を、年間を通して開講される予定日か
ら生徒自ら組み合わせて受講登録します。
　週1回程度や、月に数回など仕事やクラブ活動（試合等）
のスケジュールにあわせたり、遠方から通学する生徒は
前期後期ともに5日間連続開講する日程を選択するな
ど、ライフスタイルにあわせて通学することができます。
感染症対策のために一度に受講できる人数を制限し、登
校時の検温、十分な換気、マスク装着や、アルコール消
毒を徹底しています。

特色

高校で過ごす時間は、社会生活への準備期間であると
考えています。教科書から学ぶ知識や特別活動を通し
て経験することだけでなく、日常生活の中で約束を守
る、周囲の人々との意思疎通や健康を保つための努力
をすることも大切であると考えます。
　また、高校を卒業することがゴールではなく、卒業後も心身とも
にすこやかに過ごすためにはどうすべきか進学や就職など将来の
ことについて自ら考える機会を多く設けています。生徒本人・保
護者の皆様と共に相談しながら決定し実行することで自身の行動
と言動に責任をもつことにつながり、それらの経験が自信となり
ます。自学自習だけに任せることなく、個別に対応する担任である
教員やスタッフ・カウンセラーと常に相談しながら学校生活を
すごすので、非常に高い卒業率を誇っています。
　慶風では、「自主・友愛・創造」を柱に、教科学習、課外活動、
部活動、進路指導をバランスよく組み合わせ、「愛情をもって根
気よく」の建学の精神の下、生徒一人ひとりの自己実現を粘り強
くサポートいたします。
　令和4年度より、e-sportsクラブが発足しました。

生徒情報

【転編入生】
転入生は11月まで随時入学できます（受付期間　3月1日〜
11月1日まで）。編入生は、前籍校退学すぐに入学できます。
（受付期間　3月1日〜11月1日まで）

【保護者連絡】
必要な時随時、家庭訪問・面談・電話・メール等を行います。

2024年度の募集要項

募集について

出願期間：専願A…12月 5日（火）〜 12月13日（水）
　　　　　専願B… 1月16日（火）〜 1月24日（水）
　　　　　専願C… 2月 6日（火）〜 2月14日（水）
　　　　　専願D… 2月21日（水）〜 3月 6日（水）
　　　　　併願… 2月 6日（火）〜 2月14日（水）

試　験　日：専願A…12月16日（土）
　　　　　専願B… 1月27日（土）
　　　　　専願C… 2月17日（土）
　　　　　専願D… 3月 9日（土）
　　　　　併願…… 2月17日（土）

選抜方法：専願・併願…書類・面接・作文
選考料：10,000円

学費について

入学金：　　20,000円
授業料：　240,000円（予定、就学支援金給付あり）
教材費：　　15,000円（受講科目数による）
施設費：　　50,000円
諸経費：　　　未定

過去3年間の進路状況

【進路先】
大学や専門学校への進学が多く、就職する生徒は少ない。

【主な合格実績】
関西外国語大学、北里大学、大阪産業大学、摂南大学、近畿大学、
京都産業大学、和歌山信愛大学、大阪電気通信大学、帝塚山大学、
大阪商業大学　他

【指定校推薦】
奈良文化女子短大学、大阪商業大学、羽衣国際大学、大阪学院大学、
帝塚山学院大学、芦屋大学、大阪経済法科大学、西部文理大学

◇◇◇◇◇◇◇◇◇ この学校にアクセスしてみよう！

学校説明会	入学前 電話相談	文化祭見学	体育祭見学	資料請求
○	○	○	−	○

＊学校の説明・見学は随時しております。お電話で日時をご相談ください。
＊資料は電話・FAX・e-mailで請求ください。

北海道
青森
岩手
宮城
秋田
山形
福島
茨城
栃木
群馬
埼玉
千葉
東京
神奈川
新潟
富山
石川
福井
山梨
長野
岐阜
静岡
愛知
三重
滋賀
京都
大阪
兵庫
奈良
和歌山　★
鳥取
島根
岡山
広島
山口
徳島
香川
愛媛
高知
福岡
佐賀
長崎
熊本
大分
宮崎
鹿児島
沖縄

【広域通信制】 (単位制)

高野山高等学校
こうやさんこうとうがっこう

(https://www.koyasan-h.ed.jp/myway/)

- ■校長名：橋本 真人
- ■住 所：〒648-0288 和歌山県伊都郡高野町高野山 212
- ■電 話：0736-56-2204 ■FAX：0736-56-3705
- ■最寄駅：南海高野線「高野山駅」下車。
  南海りんかんバス「高校前」より3分。
  「愛宕前」より5分。「千手院橋」より15分。
- ■生徒が入学できる都府県：全国47都道府県
- ■沿革：明治19年5月1日 創立
  平成27年9月1日 広域通信制課程・普通科設置
- ■創立理念：
  高野山学園高野山高等学校は1886年（明治27年）5月1日創立以来、弘法大師空海の教えを世界に実現することを目標とし、知性・体力・慈悲の心を兼ね備え、社会貢献できる人材の育成を行ってまいりした。2015年（平成27年）9月からは現代の社会情勢を鑑み、芸術やスポーツ等に打ち込むため、全日制で学ぶことが困難な生徒、就学意欲のある中途退学者や不登校生、社会人の学び直しのため、全国どこからでも入学可能な広域通信制課程普通科マイウェイコースを併設しました。生徒一人一人に寄り添う指導を重視し、世界遺産高野山という地域の特性を活かしたプログラム、生徒の学習ニーズに対応したカリキュラムを編成しております。

- ■形態・課程・学科：併設校。単位制による通信制課程・普通科
- ■併設する課程：学年制による全日制課程（普通科・宗教科）
- ■併設校：高野山大学（併設校入試制度あり）、高野山大学大学院
- ■入学・卒業時期：
  ・入学時期 4月、10月 転入・編入は随時
  ・卒業時期 3月、9月
- ■修業年限：3年以上（在籍最長年数：8年）
- ■学期制：2学期制
- ■卒業認定単位数：74単位

スクーリングの日数と場所

【登校日数】
年2回の集中スクーリングを実施。1回の集中スクーリングは最長4日。自身の履修科目数に応じて登校するので、日数が少なく済む場合もあります。

【場 所】
高野山高等学校 本校：
和歌山県伊都郡高野町高野山 212

特色

高野山高等学校の最大の特色は、その多様性にあります。通信制マイウェイコースは、高野山に拠点を持ち、全国各地からの生徒が在籍しています。また、全日制には全国唯一の宗教科があり、普通科には特別進学・自己探求・スポーツ・吹奏楽の4コースがあります。通信制からでも、通学意欲が高まれば、全日制に転籍することも可能です。通信制の年間登校日数は、インターネット講座を利用することにより、出来る限り少なく設定しております。「スポーツや芸術の世界で活躍する生徒」「集団ではなく、自身のペースで学びたい生徒」「働きながら高校卒業を目指す生徒」「学校に拘束される時間を惜しみ、難関校を目指す生徒」等、地域や目的や年齢の異なる多様な生徒に選ばれています。

生徒情報

【不登校生】
不登校を経験している生徒も在籍しています。不登校を経験している教員もおり、女性のカウンセラーもおります。生徒だけでなく、保護者の方も御相談いただけます。

【転編入生】
前籍高校で修得した単位、在籍日数はすべて振り替えることができます。転編入生は随時入学できます。

【保護者連絡】
担任制、保護者面談、電話、メール登録による定期的な連絡等、小規模校の特徴を活かした丁寧な対応。

【教職員数】
教員数：男性13名、女性2名 講師数：男性5名、女性4名
カウンセラー：必要に応じ、面談可能

2024年度の募集要項

募集について
募集人員：900名
出願期間：随時
受付時間：随時
選考方法：書類審査、面接
選考料：10,000円

学費について
入学金：20,000円
授業料：10,000円（1単位）
維持費：50,000円
同窓会費：10,000円（入学時のみ）
その他：教科書、インターネット講座視聴料 等

2022年度までの卒業生の進路状況

【進路先】 （全日制・通信制合計）
＜大学＞東京大、東京芸術大、東北大、防衛大学校、徳島大、兵庫県立大、専修大、創価大、桜美林大、日本体育大、大阪工業大、近畿大、大阪産業大、大阪成蹊大、大阪人間科学大、帝塚山学院大、大谷大、京都薬科大、神戸薬科大、神戸国際大、神戸学院大、神戸医療福祉大、芦屋大、天理大、帝塚山大、徳島文理大、名古屋産業大、中京学院大、東海学園大、岡山理科大、流通科学大、福井工業大、高野山大、大阪夕陽ヶ丘学園短大
＜その他＞専門学校進学、就職、留学等

進路指導
全日制が併設されていますので、進学・就職ともに実績があります。高野山学園として併設されている高野山大学への進学が有利です。他大学への指定校推薦も可能です。

生活指導
服装：通信生は、制服・私服どちらでも可。
校則：あり

特別活動
世界遺産である高野山の特性を活かした特別活動が多くあります。写経・写仏・瞑想体験・文化財ふれあい体験・ゴマ豆腐作り 等。

◇◇◇◇◇◇◇◇◇◇◇ **この学校にアクセスしてみよう！**

学校説明会	入学前電話相談	文化祭見学	体育祭見学	資料請求
○	○	―	―	○

※資料請求は、お電話、ファックス、メール、いずれでも可能です

【通信制】　　　　　　　　　　　　　　　　　　　　　（単位制）

和歌山県立伊都中央高等学校
わかやまけんりついとちゅうおうこうとうがっこう

■校長名：坂上 裕昭
■住　所：〒649-7203　和歌山県橋本市高野口町名古曽558
■電　話：0736-42-2056　■FAX：0736-43-0005
■最寄駅：JR和歌山線「高野口」駅
■生徒が入学できる都道府県：
　和歌山県
■沿革：
　2015年4月9日開校式、第1回入学式挙行
■創立理念：
　立志・進取・協働

■形態・課程・学科：
　併設校・単位制による通信制・普通科
■併設する課程：定時制（昼・夜間）
■入学・卒業時期：
　・入学時期　4月
　・卒業時期　9月・3月
■修業年限：
　・3年以上（在籍最長年数：8年）
■学期制：2学期制
■卒業認定単位数：74単位
■始業・終業時刻：日によって異なります。
■技能審査：あり。卒業時に必要な単位に含みます。
■技能連携：なし

スクーリングの日数と場所

【登校日数】
　日曜（午前、午後）、月曜（夜）、水曜（午後）、木曜（午後）
【場　所】
　本校

特色
多様な在籍生徒に対し、一人一人ていねいに対応し、学び直しなど自分のペースに合った学びができるような教育活動を行っています。

クラブ活動
卓球部、バドミントン部（近畿通信制体育大会出場）、家庭部、音楽部、ボードゲーム部、自然科学同好会

学校行事
開講式、閉講式、遠足、文化祭、校内球技大会、生徒交流会、卒業生を送る会　等

生活指導
指定の制服はありません。
社会のルールを守ることを指導しています。

生徒情報

【転編入生】
高卒認定試験で合格した科目を振り替えることができます。
転入学4月、8月。編入学4月、8月。
【不登校生】
個別に担任や支援委員会等が対応するとともに入学時には、通信制のシステム（レポートやスクーリング等）のオリエンテーションを生徒及び保護者に開催しています。
【保護者連絡】
連絡は、保護者向け文書により、必要に応じて行います。保護者面談を年2回実施します。

【生徒数　普通科】

年次	生徒数	男	女	男女比	クラス数
1年次	名	名	名	：	クラス
2年次	名	名	名	：	クラス
3年次	名	名	名	：	クラス

【教職員数】
　教職員：男性5名、女性5名
　カウンセラー：週2回　　ソーシャルワーカー：週2回

2024年度の募集要項

募集について
詳細についてはお問い合わせください。

学費について
入 学 金：
施設設備費：
諸　　費：

詳細についてはお問い合わせください。

2022年度卒業生の進路状況

進学、就職

◇◇◇◇◇◇◇◇◇◇ この学校にアクセスしてみよう！

学校説明会	入学前電話相談	文化祭見学	体育祭見学	資料請求
○ 要予約	○	−	−	−

※各入学時期の前に実施します。

【通信制】　　　　　　　　　　　　　　　　　　　　　　　（単位制）

和歌山県立きのくに青雲高等学校

■校長名：宮本　裕司
■住　所：〒640-8137　和歌山県和歌山市吹上 5-6-8
■電　話：073-422-8402　■FAX：073-422-4045
■最寄駅：JR 線「和歌山」駅下車、
　　　　　南海線「和歌山市」駅下車、
　　　　　JR・南海ともにバス 15 分「堀止」下車、徒歩 5 分
■生徒が入学できる都道府県：
　和歌山県
■沿革：
　1948 年　和歌山県立桐蔭高等学校に通信教育部が設置される
　1962 年　通信制課程が設置される
　1964 年　和歌山県立和歌山通信制高等学校として桐蔭高等学校
　　　　　から分離し、独立
　1968 年　和歌山県立陵雲高等学校と校名改称し、NHK 学園高
　　　　　等学校の協力校となる
　1992 年　修業年限 3 年制を導入
　2002 年　校歌制定
　2012 年　青陵高等学校と統合し、きのくに青雲高等学校となる

■形態・課程・学科：
　単位制による通信制課程・普通科
■併設する課程：定時制（昼・夜間）
■入学・卒業時期：
　・入学時期　4 月・8 月（8 月は転編入学のみ）
　・卒業時期　3 月
■修業年限：
　・3 年以上（在籍最長年数：8 年）
■学期制：3 学期制
■卒業認定単位数：74 単位
■開設講座数：50 科目

スクーリングの日数と場所

【登校日数】
　月 2 ～ 10 回（日、月＜午後＞）
【場　所】
　本校
【その他】
　NHK 高校講座テレビ、ラジオ視聴等により、一部代替できます。

特色 本校本館には、車イス等を使用する生徒のためのエレベーターを設置しています。

クラブ活動
【クラブ数】
社研・文化、家庭、テニス、バドミントン、バスケットボール、卓球、ソフトボール、和太鼓、演劇

学校行事 現地セミナー、文化祭、体育祭、保護者と語る会、生活体験発表大会、学年行事、修学旅行

生活指導 指定の制服はありません。

生徒情報

【転編入生】
前籍高校で修得した単位は認定します（学校設定科目で認定できないものもあります）。転編入学は 4 月と 8 月です。
【保護者連絡】
保護者面談実施。

【生徒数　普通科】　　　　　　　　　　　2023 年 5 月 1 日現在

年次	生徒数	男	女	クラス数
1 年次	90 名	29 名	61 名	3 クラス
2 年次	119 名	49 名	70 名	4 クラス
3 年次	149 名	67 名	82 名	4 クラス
4 年次	408 名	218 名	190 名	7 クラス
その他	定通併修生 7 名、社会人聴講生 46 名			

【教職員数】
　教職員：48 名

2024 年度の募集要項

募集について

【一般入試】
出願期間：2024 年 3 月 4 日（月）～ 29 日（金）
受付時間：9：00 ～ 15：00（土・日・祝日を除く）
事前説明会：直接お問い合わせください。
選抜方法：調査書及び面接・作文を総合して判定する。
検定料：なし
その他：令和 6 年度和歌山県立高等学校入学者選抜実施要項にもとづき実施します。

【転編入学】
出願期間：4 月入学　2024 年 3 月 4 日（月）～ 8 日（金）
　　　　　8 月入学　2024 年 7 月 1 日（月）～ 5 日（金）
受付時間：9：00 ～ 15：00
事前説明会：直接お問い合わせください。

学費について

入 学 金：なし
施設設備費：なし
諸　　費：4,000 円＋ 1 単位につき学習費 200 円
　　　　　日本スポーツ振興センター加入費、教科書代が別途必要。授業料については状況により必要。

2022 年度卒業生の進路状況

【主な合格実績】
和歌山大学、関西学院大学、近畿大学、四天王寺大学、摂南大学、桃山学院大学、帝塚山学院大学、大阪商業大学、京都芸術大学、帝塚山大学、大阪観光大学、大阪河﨑リハビリテーション大学、相愛大学、京都先端科学大学、サイバー大学、和歌山市医師会看護専門学校、和歌山リハビリテーション専門職大学、和歌山コンピュータビジネス専門学校、京都建築大学校、京都調理師専門学校、西日本ヘアメイクカレッジ、大阪ECO動物海洋専門学校、大阪アニメ・声優＆eスポーツ専門学校、大阪アミューズメントメディア専門学校、大原簿記法律＆美容製菓専門学校和歌山校

◇◇◇◇◇◇◇◇◇◇ **この学校にアクセスしてみよう！**

学校説明会	入学前電話相談	文化祭見学	体育祭見学	資料請求
○ 要予約	○	―	―	○

※資料をご希望の方は学校に連絡して下さい。

【通信制】　　　　　　　　　　　　　　　　　　　　　　　（単位制）

和歌山県立南紀高等学校
わかやまけんりつなんきこうとうがっこう

(https://www.nanki-h.wakayama-c.ed.jp/)

■校長名：坂本　真理
■住　所：〒646-0024　和歌山県田辺市学園1番88号
■電　話：0739-22-3776　　■FAX：0739-26-0792
■最寄駅：JR「紀伊田辺」駅より徒歩20分、タクシー7分
　　　　　バス停「鶴ヶ丘」より徒歩5分
■生徒が入学できる都道府県：
　和歌山県
■沿革：
　2011年開校
■教育理念：

■形態・課程・学科：
　単位制による通信制課程　普通科
■入学・卒業時期：
　・入学時期　4月・8月（8月は転編入学のみ）
■修業年限：
　3年以上（在籍最長年数8年）
■学期制：2学期制
■卒業認定単位数：74単位
■併設する他の課程：定時制課程（昼・夜間）普通科
■技能連携：　　■実務代替：　　■技能代替：あり
■開設講座数：

スクーリングの日数と場所

【登校日数】
　月4～6回（日曜日が中心）
　平日のスクーリングもあり（午前・午後・夜間）
【場　所】
　田辺学級…和歌山県立南紀高等学校
　　　　　　　（和歌山県田辺市学園1-88）
　新宮学級…和歌山県立新宮高等学校内
　　　　　　　（和歌山県新宮市神倉3-2-39）
【その他】
　NHK高校講座テレビ・ラジオ視聴により一部代替できます。

併修・単位
　定通併修

クラブ活動
　【クラブ数　、クラブ加入率　約　%】
　バドミントン部、卓球部、手芸部、茶道部、芸術部

学校行事
　入学式、卒業式、文化祭（定時制と合同）、春季学習会、秋季学習会

進学指導

補習

生活指導

生徒情報

【転編入生】
前籍校で修得した単位は認定します。転編入は4月と8月に入学することができます。

【保護者連絡】
三者面談（保護者・本人・担任）年2回実施。
「南紀通信」随時発行。

【生徒数】　　　　　　　　　　　　　　　2023年6月1日現在

年次	生徒数	クラス数
1年次	22名	2クラス
2年次	41名	2クラス
3年次	53名	2クラス
4年次	176名	2クラス
合　計	292名	8クラス

【教員数】
　教員数（常勤講師含む）：9名
　非常勤講師数：13名
　カウンセラー：スクールカウンセラー配置（週1回）
　　　　　　　　スクールソーシャルワーカー配置（週1回）

2024年度の募集要項

募集について

詳細はお問い合わせください。
※詳しくは令和6年（2024年度）和歌山県立高等学校入学者選抜実施要項による。

学費について

（2023年度）
入　学　金：なし
授　業　料：県の規定による
諸　　　費：200円（1単位）

※その他、詳細についてはお問い合わせください。

2022年度卒業生の進路状況

【進路先】
卒業者数…34名
大学…5名　　　　短期大学…1名　　　専門学校…8名
就職…1名　　　　その他…19名
【主な合格実績】

【指定校推薦】

◇◇◇◇◇◇◇◇◇◇◇◇ **この学校にアクセスしてみよう！**

学校説明会	入学前電話相談	文化祭見学	体育祭見学	資料請求
○	○	○	―	○

※学校説明は随時（但し電話で相談日を決定）。
※資料は電話、FAXで請求して下さい。

【通信制】 (単位制)

和歌山信愛高等学校 通信制課程
（わかやましんあいこうとうがっこう つうしんせいかてい）

(https://www.shin-ai.ac.jp)

■校長名：平良　優美子
■住　所：〒640-8151　和歌山県和歌山市屋形町2丁目23
■電　話：073-424-1141　■FAX：073-424-1160
■最寄駅：JR阪和線「和歌山」駅、バス4分「三木町新通」、徒歩12分。南海「和歌山市」駅、バス12分「三木町新通」。
■生徒が入学できる都道府県：大阪府、和歌山県
■沿革：
1884年　「幼きイエズス修道会」教育事業 創設 信愛女学院 開設
1946年　和歌山女学院 開設
1955年　和歌山信愛女子短期大学、および、同附属高等学校・同附属中学校と校名変更
2013年　和歌山信愛中学校 高等学校に校名変更
2022年　和歌山信愛高等学校 通信制課程 Digna 開設
■創立理念：
「一つの心　一つの魂」un Seul Coeur une Seule Ame
信愛の経営母体「ショファイユの幼きイエズス修道会」の創立者レーヌ・アンティエの言葉です。
・あなた（わたし）は誰にもかえることもできないこの世にたった一人の大切な存在であること
・そこに集う者たちが互いによく関わることを通して信頼し合い、一致すること
・目標実現のために一途に取り組むこと
という意味が込められています。
和歌山信愛は、この言葉を基本に据えながらすべての教育活動を行っています。

■形態・課程・学科：
単位制による通信制課程・普通科
■併設する課程：学年制による全日制課程
■入学・卒業時期：
・入学時期　4月
・卒業時期　3月
■修業年限：
・3年以上（在籍最長年数：6年）
■学期制：2学期制
■卒業認定単位数：74単位
■始業・終業時刻：9：55～15：25

スクーリングの日数と場所

【登校日数】
週2日（水曜・土曜）
（自由登校日…火曜・木曜・金曜、休日…月曜・日曜）
【場　所】
本校

特色
カトリックミッションスクール。女子校。全日制との併設。少人数制。

進学・補導指導
一人ひとりに合わせた細やかな進路指導をします。（全日制で培った女子の進路指導のノウハウを活かす）併設している全日制の教員でサポートします。少人数制なので、一人ひとりのレベルに合わせた指導をします。

生活指導
制服はありませんが、TPOをわきまえて高校生らしい清楚な服装、髪型、持ち物を心掛けるよう指導します。パーマ、茶髪、ピアス、化粧、その他の装身具などは認めていません。基本、全日制の校則に準じます。バイク通学不可。

学校行事
修学旅行、料理教室、お菓子つくり教室、陶芸教室などを実施予定です。

生徒情報

【不登校生】
カトリックの理念を基調として、自分らしさ（自分の尊厳）を大切にし、安心して学校生活が送ることができるように、そして自分の目標が達成できるように、少人数制で一人ひとりに寄り添い、変化をしっかりキャッチし、サポートします。
【転編入生】
転入生は3月1日～10月31日の間受け入れています。
※上記期間以外の転編入ご希望の際はご相談ください。
【保護者連絡】
定期多岐に保護者会や保護者面談などを実施します。日頃の連絡方法はClassiです。場合によっては家庭訪問も実施します。

【生徒数】
80名程度（2024年1月現在）

【教員数】
教員：男性34名、女性34名　講師：男性13名、女性14名
養護：1名　カウンセラー：1名（週2回予約制）

2024年度の募集要項

募集について
募集人員：女子40名
出願期間：
第1回…2023年12月11日（月）～2024年2月8日（木）
第2回…2024年2月13日（火）～3月13日（水）
試験日：
第1回…2024年2月11日（日）14時～
第2回…2024年3月16日（土）14時～
選考方法：書類審査・作文・面接
選考料：10,000円

学費について
入　学　金：　100,000円
授　業　料：　444,000円
教育充実費：　72,000円
教育後援会費：24,000円

2022年度卒業生の進路状況

＜卒業者数14名＞

【進路先】
大学…10名　　短大…1名　　専門学校…1名
就職など…2名
【主な合格実績】
国立大…2名（和歌山大学、長崎大学）
私立大…11名（聖心女子大学、近畿大学、龍谷大学、神戸女学院大学、大阪芸術大学、京都橘大学）
看護医療系大学…2名（東京医療保健大学、関西医療大学）
短期大学：和歌山信愛女子短期大学

◇◇◇◇◇◇◇◇◇ この学校にアクセスしてみよう！

学校説明会	入学前電話相談	文化祭見学	体育祭見学	資料請求
○	○			○

※資料請求は本校ホームページ、または本校の通信制課程にご連絡下さい。
　（tel　073-424-1141　担当：北野）
▼学校説明会
2024年度の学校説明会日程はホームページにて随時更新致します。
なお、個別のご相談はいつでも受け付けておりますのでお気軽にお問い合わせください。

【広域通信制】 （単位制）

和歌山南陵高等学校
わ か や ま な ん り ょ う こ う と う が っ こ う

■校長名：関口　仁
■住　　所：〒 649-1443　和歌山県日高郡日高川町和佐 2223-5
■電　　話：0738-53-0316 ■ FAX：0738-53-0318
■最寄駅：JR 紀勢本線「和佐」駅、徒歩 20 分（送迎バスあり）
■生徒が入学できる都道府県：
　全国 47 都道府県
■沿革：
　平成 28 年　和歌山南陵高等学校　全日制・通信制課程　開校
■創立理念：
　建学の精神：人格完成を目指し、教育基本法に従い、社会に通
　　　　　　　用する人材の育成を期して行う
　教育理念：私学としての独自性を発揮し地域に根付き、愛され
　　　　　　　る学校の創造をするとともに、地域に役立ち文化や
　　　　　　　伝統を継承できる人材の育成と、仁義礼智信を大切
　　　　　　　にする道徳教育のもとに人格の完成を目指す。

■形態・課程・学科：単位制による通信制課程・普通科
■入学・卒業時期：
　・入学時期　4 月
　・卒業時期　3 月
■修業年限：
　・3 年以上（在籍最長年数：なし）
■学期制：2 学期制
■卒業認定単位数：74 単位
■開設講座数：44 科目

スクーリングの日数と場所

【登校日数】
　年間 10 日前後
【場　所】
　和歌山南陵高等学校（在宅）
　〒 649-1443　和歌山県日高郡日高川町和佐 2223-5
　TEL：0738-53-0316　　FAX：0738-53-0318

特色	全日制と通信制の編入学可能、寮完備 給付金制度、不登校・発達に課題を抱える生徒のサポート、お笑い芸人によるコミュニケーション授業
クラブ活動	サッカー、野球、バレーボール、空手、吹奏楽、バスケットボール
学校行事	文化祭、体育祭等の全日制の学校行事に参加します（希望者）。
生活指導	「協働の時代」と言われる 21 世紀の社会を生き抜くために、他者を思いやり、自ら考え、行動できる力を育てます。スクーリングで、自分に自信を持ち、コミュニケーション力が高まるよう指導していきます。

生徒情報

【不登校生】
無理なく、自分のペースで学習することができます。
【発達に課題を抱える生徒】
　資質や特性に配慮したし支援計画に基き、懇切丁寧なサポートを行います。
【転編入生】
前籍高校で修得した単位は、本校の単位と合えば振替可能です。また、高卒認定試験で合格した科目は、本校のカリキュラムに則り、振り替えることができます。
【保護者連絡】
メール、スカイプ、電話、保護者面談など。

【生徒数　普通科】　　　　　　　　　　　2023 年 7 月現在
57 名（男 34 名、女 23 名）

【教職員数】
　教職員：男性 8 名、女性 3 名

2024 年度の募集要項

募集について

出願期間：随時募集　※要相談
選考方法：作文、面接
選 考 料：20,000 円

※定員に満たなかった場合、追募集試験を実施します。
※発達に課題を抱える生徒も受け入れております。
　まずは電話連絡にてご相談ください。

学費について

入 学 金：50,000 円
授 業 料：9,000 円（1 単位）

2023 年度卒業生の進路状況

【進路先】
大学…3 名　　　　　専門学校…12 名　　　　就職…15 名

【主な合格実績】
和光大学表現学部、四天王寺大学経営学部、東放学園音響専門学校、東京トヨタ自動車大学校、ノアデザインカレッジ専門学校、中遠調理師専門学校　など

【主な就職先】
株式会社イトー急行、エルム食品株式会社、株式会社ゆたかカレッジ　など

◇◇◇◇◇◇◇◇◇◇◇ **この学校にアクセスしてみよう！**

学校説明会	入学前電話相談	文化祭見学	体育祭見学	資料請求
○	○	○	○	○

※資料請求は、HP から、もしくはお電話にてお申し込みください。

【通信制】　　　　　　　　　　　　　　　　　　　　　　　（単位制）

湯梨浜学園高等学校
ゆりはまがくえんこうとうがっこう

（ https://www.yurihamagakuen.ac.jp ）

- ■校長名：岩田　直樹
- ■住　所：〒689-0727　鳥取県東伯郡湯梨浜町田畑 32-1
- ■電　話：0858-48-6810（代表）／ 0858-32-2777（通信制）
- ■ＦＡＸ：0858-48-6813
- ■最寄駅：JR 山陰線「松崎」駅下車、徒歩 17 分
- ■生徒が入学できる都道府県：
  鳥取県
- ■沿革：
  平成 18 年 4 月　湯梨浜中学校・高等学校開校
  平成 27 年 4 月　通信制課程普通科開設

- ■形態・課程・学科：
  併設校・単位制による通信制課程・普通科
- ■併設する課程：学年制による全日制
- ■併設課程への転籍：あり
- ■入学・卒業時期：
  ・入学時期　4 月　　・卒業時期　3 月
- ■修業年限：3 年以上（制限なし）
- ■学期制：2 学期制
- ■卒業認定単位数：74 単位
- ■始業・終業時刻：毎週日曜　12：50 〜 16：50
- ■技能連携：なし　　■実務代替：なし　　■技能審査：なし
- ■開設講座数：29 科目

スクーリングの日数と場所

【登校日数】
　　月 1 〜 2 回　日曜午後（年間 20 〜 24 回）
【場　　所】
　　本校

特色　少人数制で、基礎学力の習熟から、専門学校・大学進学まで、生徒一人ひとりの目標に応じた幅広い対応を行っています。

併修・単位について　併修できない。

クラブ活動　なし。

生活指導　学校指定の制服はありません。

進学・補習指導　スクーリング日以外の補習（個人〜 3 名ほどの個別形式）を行っています。進学希望の生徒に対しては、スクーリング日以外の補習、課外授業への参加、また、提携予備校・塾の紹介を行っています。

この学校にアクセスしてみよう！

学校説明会	入学前電話相談	文化祭見学	体育祭見学	資料請求
○	○	－	－	○

▼学校説明会　随時

生徒情報

【転編入生】
前籍高校で修得したすべての単位を卒業に必要な単位として認めています。高卒認定試験で合格した科目を振り替えることもできます。転入生は 9 月まで随時入学できます。

【保護者連絡】
要望があれば随時行います。

【生徒数】　　　　　　　　　　2023 年 5 月 1 日現在

年次	生徒数	男女比	クラス数	1 クラスの平均人数
1 年次	23 名	12：11	1 クラス	名
2 年次	21 名	7：14	1 クラス	名
3 年次	29 名	13：16	1 クラス	名

【教員数】
　　教員：男性 3 名、女性 0 名
　　講師：男性 3 名、女性 1 名
　　カウンセラー：なし

2024 年度の募集要項

募集について

【一般入試】
募集人員：1 年次 40 名、2 年次 40 名、3 年次 40 名
出願期間：新・転・編入生
　　　　　前期入試出願　　　1 月 22 日〜 1 月 25 日
　　　　　中期・後期入試　　3 月　2 日〜 3 月 21 日
試 験 日：前期入試 1 月 27 日、中期入試 3 月 8 日、
　　　　　後期入試　3 月 22 日
選考方法：書類選考・面接試験
入学考査料：10,000 円

学費について

入 学 金：　　　　　　　　10,000 円
授 業 料：一単位 8,400 円
施 設 費：　　　　　　　　10,000 円

2021・2022 年度卒業生進路状況

【進路先】
＜進学＞
東京外国語大学国際社会学部、学習院大学国際社会科学部、文学部、順天堂大学国際教養学部、立教大学現代心理学部、東洋大学社会学部、日本女子大学人間社会学部、創価大学看護学部、帝京平成大学人文社会学部、立命館大学文学部、経済学部、京都女子大学文学部、大谷大学社会学部、大谷大学文学部、京都芸術大学通信教育部、関西大学経済学部、文学部、摂南大学国際学部、神戸学院大学薬学部、総合リハビリテーション学部、甲南大学経営学部、甲南女子大学国際学部、就実大学教育学部、徳島文理大学保健福祉学部、サイバー大学 IT 総合学部、大阪芸術大学短期大学部、鳥取短期大学幼児教育保育学科、生活学科、慶煕大学（韓国）
＜就職＞
トータルソーシング、（株）日本コンコードシステム、岡山県歯科医師会、（株）倉敷家具、大橋製本（株）、焼肉牛王倉吉店、株式会社木田商店、中山精工株式会社鳥取工場、菅公学生服株式会社米子工場、石田紙器株式会社、佐川急便株式会社倉吉営業所、株式会社トンボ倉吉工房、医療法人元町病院

島根県立浜田高等学校

しまねけんりつはまだこうとうがっこう

（ http://teitsu.hamakou.ed.jp/ ）

■校長名：志波　英樹
■住　所：〒697-8789　島根県浜田市黒川町 3749
■電　話：0855-22-0187
■ＦＡＸ：0855-22-2549
■最寄駅：JR 山陰線「浜田」駅下車、徒歩 15 分
■生徒が入学できる都道府県：
　島根
■沿革：
　2012 年 4 月　島根県立浜田高等学校　通信制課程開設
　　　　　　　（定時制課程併設）
■創立理念：
　知・徳・体の調和のとれた情操豊かな人間の育成

■形態・課程・学科：
　併設課程・単位制による通信制課程・普通科
■併設する課程：
　2 部制による、定時制（昼間部・夜間部）
　学年制による、全日制
■併設課程への転籍：なし
■入学・卒業時期：
　・入学時期　4 月、10 月　　・卒業時期　9 月、3 月
■修業年限：
　・3 年以上（在籍最長年数：10 年）
■学期制：前・後期制
■卒業認定単位数：74 単位
■始業・終業時刻：8：50 ～ 15：05
■技能連携：なし
■実務代替：なし
■技能審査：卒業までに 16 単位を上限とする。卒業に必要な単位
　　　　　　には含みません。
■開設講座数：40 講座

スクーリングの日数と場所

【登校日数】
週 2 回（日曜：年間 20 回程度、火曜：年間 20 回程度）
【場所】
本校および 2 校の協力校（大田市、益田市）
※協力校スクーリングは日曜のみ
【その他】

特色
島根県西部の通信制課程の拠点として、平成 24 年度に新設されました。大田市と益田市に協力校があり、自分のスケジュールに合わせた受講が可能です。

併修・単位について
年間 12 単位まで通定併修ができます。

学校行事
遠足、宿泊研修、スポーツ大会、生活体験発表
その他

生活指導
指定の制服はありません。
車・バイクでの通学は可能です。

生徒情報

【転編入生】
高卒認定試験で合格した科目は卒業までに 16 単位まで振り替えることができます。4 月と 10 月に転入することができます。
【保護者連絡】
年間 2 回、保護者面談期間を設けています。また会報の送付を行っています。
【転編入の生徒数】
転入生　27 名、編入生　3 名、転籍生　10 名（2023 年度）

【生徒数】　　　　　　　　　　　　　2023 年 10 月 1 日 現在

生徒数	男女比	クラス数	1 クラスの平均人数
254 名	124：130	8 クラス	32 名

【教員数】
　教員：男性 6 名、女性 6 名
　非常勤講師：本校（男性 3 名）、協力校（男性 3 名、女性 2 名）
　教育相談員・スクールカウンセラー・スクールソーシャルワーカー：定期的に来校します。

2024 年度の募集要項

募集について

募集人員：100 名
出願期間：
前期　2024 年 3 月 1 日（金）～ 3 月 25 日（月）
後期　2024 年 8 月 21 日（水）～ 9 月 4 日（水）
試験日：
前期　新入学
　　　2024 年 3 月 27 日（水）・28 日（木）のいずれか
　　　転入学・編入学
　　　2024 年 4 月 4 日（木）・5 日（金）のいずれか
後期　2024 年 9 月 15 日（日）
選考方法：面接、書類選考
選考料：800 円

学費について

諸経費：前期入学生…17,000 円
　　　　後期入学生… 9,000 円
授業料：申請により無償

2022 年度卒業生の進路状況

【進路先】
卒業者数…41 名
大学…2 名　　　　　専門学校…10 名　　　　就職…13 名
アルバイト等…5 名　　その他…11 名

◇◇◇◇◇◇◇◇◇◇ この学校にアクセスしてみよう！

学校説明会	入学前電話相談	文化祭見学	体育祭見学	資料請求
○	○	−	−	○

▼学校説明会　　12 ～ 2 月に 5 回実施。

北海道
青森
岩手
宮城
秋田
山形
福島
茨城
栃木
群馬
埼玉
千葉
東京
神奈川
新潟
富山
石川
福井
山梨
長野
岐阜
静岡
愛知
三重
滋賀
京都
大阪
兵庫
奈良
和歌山
鳥取
★ 島根
岡山
広島
山口
徳島
香川
愛媛
高知
福岡
佐賀
長崎
熊本
大分
宮崎
鹿児島
沖縄

【広域通信制】　　　　　　　　　　　　　　　　　　　　　　　　　　（単位制）

明誠高等学校
めいせいこうとうがっこう

(https://meisei-ship.com/　E-mail：ship-headoffice@meisei-masuda.ed.jp)

■校長名：岩本　康幸
■住　　所：〒698-0006　島根県益田市三宅町 7-37
■電　　話：0856-23-6877　■FAX：0856-22-8729
■最寄駅：JR 山陰線「益田」駅下車、徒歩 20 分
■生徒が入学できる都道府県：47 都道府県
■沿　　革：半世紀におよぶ全日制運営を基礎に 2007 年 4 月に開設

■形態・課程・学科：単位制による広域通信制課程・普通科
■併設する課程：学年制による全日制課程
■併設課程への転籍：できません
■入学・卒業時期：
　・入学時期　新入学…4 月、10 月　　転編入学…随時
　・卒業時期　3 月、9 月
■修業年限：3 年以上（在籍最長年数：6 年）
■学期制：2 学期制　　■卒業認定単位数：74 単位
■技能連携：なし　　■実務代替：なし　　■技能審査：なし
■開設講座数：14 講座、38 科目

【特色】
【全国に学習等支援施設「SHIP（シップ）」があります】
●高校卒業を全力でサポート
SHIP ではレポート課題作成のための個別または少人数体制での学習支援をはじめ、メディア学習やスクーリング、テストなど単位修得に必要な課題をきちんと終えられるように、ひとりひとりの理解度や進捗状況を把握・管理し、通信制課程での学び、高校卒業を全力で支援しています。
●自分のペース・都合にあわせて通えます
通学日数や時間数は各 SHIP の職員と相談して決めることができます。
●プログラムも充実
全国の SHIP ではそれぞれの教室でさまざまな体験プログラムや講座なども実施しており、ひとりひとりの個性や興味にあわせてより充実した高校生活を過ごせる体制を整えています。中学校の学習内容の復習や、進路指導（受験・就職）、資格試験のサポートも行っています。
●いろいろな悩みや不安に寄り添います
不登校の経験がある、発達障害の診断を受けている、心身の不調がある、外出や人の多いところが苦手・・・SHIP ではそうした方の学校生活もサポートしています。
＜SHIP 所在地＞
●札幌 SHIP：北海道札幌市中央区北 1 条西 7 丁目 難波ビル 1 階
●オホーツクゆめとこ SHIP：北海道網走郡美幌町字東 2 条北 4 丁目 1 番地
●群馬 international SHIP：群馬県高崎市新保町 149-2　ワンズビル 102 号
●東京 SHIP：東京都北区浮間 1-1-6 KMP 北赤羽駅前ビル 3F
●松江 SHIP：島根県松江市大正町 442-6
●益田 SHIP：島根県益田市本町 2-15
●福山 SHIP：広島県福山市神辺町徳田 650-1
●広島 SHIP：広島県廿日市市津田 596
●岡山 SHIP：岡山県岡山市北区駅元町 25-14
●鳥取 SHIP：鳥取県米子市冨士見町 1-5
●新潟 SHIP：新潟県新潟市西区松海が丘 3-9-24
●佐渡 SHIP：新潟県佐渡市真野新町 322
●大阪 SHIP：大阪府大阪市旭区高殿 7-18-7
●大阪中央 SHIP：大阪府大阪市天王寺区東高津町 9-23 ロロモチノキビル 5F
●南河内 SHIP：大阪府富田林市甲田 2-20-14
●大阪 international SHIP：大阪府大阪市城東区成育 3-14-13 4F
●京都 SHIP：京都府京都市南区久世高田町 257-139 コニシビル 1F
●京都南 SHIP：京都府城陽市寺田高田 40-9
●西宮名塩 SHIP：兵庫県西宮市名塩茶園町 14-3
●和歌山白浜 SHIP：和歌山県西牟婁郡白浜町 3137-10
●久留米 SHIP：福岡県久留米市六ツ門町 19-6
●大分 SHIP：大分県大分市日吉町 2-19
●沖縄中央 SHIP：沖縄県沖縄市知花 1-26-19
●沖縄うるま SHIP：沖縄県うるま市字堅 28
●沖縄那覇 SHIP：沖縄県那覇市首里鳥堀町 1-49-2
●仙台 SHIP：宮城県仙台市若林区土樋 1-11-10
●山形 SHIP：山形県酒田市中町 1-7-9
●新発田 SHIP：新潟県新発田市五十公野 4930-1
●四日市 SHIP：三重県四日市市楠町南川 19-1
●門真 SHIP：大阪府門真市柳町 11-18-1F
●尼崎 SHIP：兵庫県尼崎市神田中道 2-17-2
●高松 SHIP：香川県高松市小村町 301-5
●長崎 SHIP：長崎県長崎市昭和 3-387-1
※ SHIP へのお問い合わせは明誠高等学校 通信制課程 運営本部（06-6955-8101）まで

生徒情報

【不登校生】
自分のペースで学習したい、時間を有効に使いたい、対人関係に不審がある、不登校を経験し環境を変えて頑張りたい、など様々な理由や背景をもって入学されている方が多いです。
【転・編入生】
年間を通じていつでも出願・入学できます。
前在籍校で修得した単位も、当校の卒業単位に加えることができます。

【生徒数】　　　　　　　　　　　　　　　2023 年 5 月 1 日現在

年次	生徒数	男女比	クラス数	1 クラスの平均人数
1 年次	89 名	3：2	19 クラス	5 名
2 年次	131 名	4：3	21 クラス	6 名
3 年次	144 名	6：5	15 クラス	10 名

【教員数】教員：男性 20 名、女性 6 名／講師：男性 90 名、女性 42 名

スクーリングの日数と場所

【登校日数】
　・スクーリング：半期に 1 ～ 4 日程度
　・試験：半期に 1 ～ 2 日程度
　※履修科目により異なる。※特別活動は除く。
【場　　所】
　島根県益田市の本校または本校が指定する場所
　（各 SHIP 所在地の近隣地域施設での実施が中心です）
　＜スクーリング実施施設のある都道府県＞
　北海道・宮城県・群馬県・東京都・新潟県・石川県・長野県・愛知県・京都府・大阪府・兵庫県・和歌山県・鳥取県・島根県・岡山県・広島県・香川県・福岡県・佐賀県・長崎県・熊本県・大分県・沖縄県

【取り組みやすいレポート課題になっています】
1 回の学習範囲をせまくしているほか、基本の科目についてはゆっくり少しずつ学習する内容になっていますので、自分のペースで内容を理解し学習を進めていくことができます。

2024 年度の募集要項

【募集について】
出願期間：いつでも出願できます
試験日：個別に設定しています
選考方法：書類・面接
選考料：10,000 円

【学費について】
【初年度学費】
入学金：　　　　　　50,000 円（初年度のみ）
単位認定料：　　　　8,000 円（単位×履修単位数）
事務管理費：　　　　49,000 円
寄付金：　　　　　　5,000 円 ／口（入学時のみ・1 口以上）
学習指導料：所属先により異なります
その他：教科書代（年間 2,000 ～ 10,000 円程度・履修科目により異なる）・スクーリング会場までの交通費（実費）
※国より支給される「高等学校等就学支援金」の給付を受けていただくことができます（世帯収入により対象外の場合もあります）

2022 年度卒業生の進路状況

＜卒業者数…140 名＞
【進路先】
大学…19 名　　　　　　　短大…8 名
専門学校生…39 名　　　　就職…28 名　　　その他…46 名

◇◇◇◇◇◇◇◇◇◇ この学校にアクセスしてみよう！

学校説明会	入学前電話相談	文化祭見学	体育祭見学	資料請求
○	○	－	－	○

▼学校説明会　　随時個人相談に応じます

【通信制】 （単位制）

岡山県美作高等学校
おかやまけんみまさかこうとうがっこう

（ http://www.mimasaka.ed.jp　E-mail：tushin@mimasaka.ed.jp ）

■**校長名**：早瀬　直紀
■**住　所**：〒708-0004　岡山県津山市山北500
■**電　話**：0868-23-3116　■**FAX**：0868-24-6171
■**最寄駅**：津山線「津山」駅下車、徒歩20分
■**生徒が入学できる都道府県**：
　　岡山
■**沿革**：
　1915年　苫田教育会が津山高等裁縫学校設立
　1948年　学校法人美作学園岡山県美作高等学校設置
　1951年　美作短期大学創設
　1967年　美作女子大学創設、美作幼稚園開園
　2001年　岡山県美作高等学校に単位制通信制課程設置（収容定員300名）
　2003年　美作女子大学を美作大学と改称（男女共学）

■**形態・課程・学科**：
　単位制による通信制課程・普通科（狭域制）
■**併設する課程**：
　学年制による全日制課程
■**併設課程への転籍**：通信制から全日制には転籍できる
■**入学・卒業時期**：
　・入学時期　4月、10月　・卒業時期　3月、9月
■**修業年限**：
　・3年以上
■**学期制**：2学期制　■**卒業認定単位数**：74単位以上
■**始業・終業時刻**：12時〜16時30分、1日4時限、1時限50分
■**技能連携**：なし　■**実務代替／技能審査**：検討中
■**開設講座数**：24講座　24科目

スクーリングの日数と場所

【登校日数】
　月に3回、日曜スクーリング、それ以外に平日スクーリング（希望者対象）
【その他】
　スクーリング時にレポートについての個別指導を行っています。
　スクーリングの代替方法として補講スクーリングの実施、校外学修があります。集中スクーリングは実施しません。
　放課後スクーリングを実施（希望者対象）。

特色　全日制・通信制を併設しているのは岡山県北に一校のみであり、地域に根ざした教育がなされています。

クラブ活動　条件を満たした場合のみ、全日制課程の部活動に参加可能。

学校行事　入学式、卒業式、オリエンテーション、講演会、ウォーキング、研修旅行、球技大会

生活指導　学校指定の制服はありません。
茶髪・ピアスについて、特に指導はしていません。

生徒情報

【不登校生】
中学時代に不登校だった生徒は多いです。保護者との連携を常にとっています。
【転編入生】
前籍高校で取得した単位のうち64単位まで振り替えることができます。入学前に高卒認定試験で合格した科目を年間30単位まで振り替えることができます。転入生・編入生の入学時期は随時受け付けています。
【保護者連絡】
家庭訪問、保護者会、保護者向け通信を頻繁に行っています。保護者の方を対象とした相談も行っています。
【転編入の生徒数】

1年次	2年次	3年次
8名	30名	37名

【生徒数】　2023年5月1日現在

年次	生徒数	男女比	クラス数	1クラスの平均人数
1年次	32名	15：17	1クラス	32名
2年次	56名	26：30	2クラス	28名
3年次	61名	33：28	2クラス	30名

【教員数】
　教員：男性3名、女性4名／講師：男性0名、女性2名

2024年度の募集要項

募集について
【前期入試】
出願期間：2024年3月下旬
試験日：3月下旬
選抜方法：面接・作文
選考料：10,000円

※詳細はお問い合わせください。

学費について
入学金：　　　30,000円
授業料：　単位数×9,000円
その他：　　　10,000円
教育充実費：　10,000円（年間）

2022年度卒業生の進路状況

【進路先】
卒業者数　44名
大学…2名　　　短大…0名　　　専門学校…6名
浪人…0名　　　就職…11名　　　その他…26名

◇◇◇◇◇◇◇◇◇◇　この学校にアクセスしてみよう！

学校説明会	入学前電話相談	文化祭見学	体育祭見学	資料請求
○	○	—	—	○

※資料は電話で請求して下さい。

北海道
青森
岩手
宮城
秋田
山形
福島
茨城
栃木
群馬
埼玉
千葉
東京
神奈川
新潟
富山
石川
福井
山梨
長野
岐阜
静岡
愛知
三重
滋賀
京都
大阪
兵庫
奈良
和歌山
鳥取
島根
★岡山
広島
山口
徳島
香川
愛媛
高知
福岡
佐賀
長崎
熊本
大分
宮崎
鹿児島
沖縄

【広域通信制】 （単位制）

学校法人 みつ朝日学園 鹿島朝日高等学校
（ https://www.kg-school.net ）

（本校校舎）

【鹿島朝日のここが違う！】
1. 全日制と同じ卒業資格
2. 選べる学習センター（学習等支援施設）への通学
3. 進学実績で有名な学校法人が運営
4. 「就学支援金」適用（所得に応じて国から授業料が支給されます）
5. 学割適用－通学定期の利用可－※一部の公共交通機関は利用できません

転入学・編入学の方は、以前に在籍していた高校の単位と在籍期間を引き継ぐことができるので、最短で卒業することもできます。

【スイスイ高卒・イキイキ未来発見】
自分が思い描く高校生活、自分らしい学び方を自由に選べる高校です。
全日制も運営している学校法人が運営する通信制高校です。卒業時には、全日制と同じ卒業資格が授与されます。

●単位制だから…
単位制を採用しており、累計3年間の高校在籍期間で74単位を修得して卒業となります。
「学年」や「進級」という考え方がないため、「留年」がありません。

●学習センターを選べる！
日本各地に広がる学習センターから自分にぴったりの学習センターを選べます。

●スクーリングは地元で！
卒業までのすべての課程を地元（または最寄りのスクーリング会場）で修了できます。
※一部準備中の会場あり。地元会場だけでは時間数が足りない場合など、近県の会場にも参加するケースもあります。詳しくは学習センターへご相談ください。

●学習スタイルを選べる！
自分のライフスタイルやペースに合わせて学習への取り組み方を選べます。
≪完全自宅学習／週1～2日通学／週3～5日通学／個人指導制／家庭教師制≫
※途中で変更もできます。

●オプションも充実！
職人養成／音楽家養成／サッカー選手養成／ペットトリマー養成／インストラクター養成／eスポーツ／大学進学／韓国語講座／声優養成／スポーツトレーナー養成／特殊メイク／英会話・英検®対策／海外大学進学／暮らしのヨガ／IT／K-POP・メイク留学（韓国）スポーツ留学（カナダ）
※詳細はホームページでご確認ください。

■学園長：玉井 康宏
■本 校：
住 所：〒709-2136 岡山県岡山市北区御津紙工2590
最寄駅：JR津山線「金川」駅よりスクールバス20分
■電 話：（本校）086-726-0120（入学相談室）03-6709-9886
■生徒が入学できる都道府県：47都道府県、海外
■学校法人朝日学園グループ 沿革
1981年 4月 学校法人朝日学園 朝日塾幼稚園 開園
1993年 4月 学校法人朝日学園 朝日塾小学校 開校
2004年 4月 株式会社朝日学園 朝日塾中学校 開校
2007年 4月 株式会社朝日学園 朝日塾高等学校 開校
（朝日塾中学高等学校一貫教育を開始する）
2011年 4月 朝日塾中学校・朝日塾高等学校を
学校法人みつ朝日学園 朝日塾中等教育学校に
移行・開校
2014年 4月 学校法人みつ朝日学園 朝日塾国際高等学校 開校
2016年 4月 鹿島朝日高等学校へ名称変更
■建学の精神：「個性を伸ばすハイレベルの教育」

■形態・課程・学科：独立校・通信制課程（単位制）、普通科
■入学・卒業時期：入学時期：4月・10月（転・編入学随時）
卒業時期：3月・9月
■修業年限：3年（在学最長年数：6年）
■卒業認定単位数：74単位以上

スクーリングの日数と場所等

【スクーリング】
月1回程度の学校行事のほか集中スクーリングは、年に2～3回（夏・冬・春）10日間程度。

併修・単位について
在学期間や単位数を累積。単位制ですから、在学期間や修得単位数は累積加算されます。学年の区切りがないので留年がなく、一度修得した科目が無効になることもありません。転入学・編入学の場合は、以前の高校で修得した単位も卒業単位として認められます。また、高卒認定試験（旧大検）で合格した科目は振り替えられます。

生活指導
学習に適した服装での登校。
学校指定の制服がありますが着用は任意です。

学校行事
体験学習や芸術鑑賞その他の行事を予定しています。

＜学校の施設＞
校地面積 32,318m²
（寮敷地、テニスコート、実習田は含まない）

運動場面積 20,576m²	図書室	あり
視聴覚教室 あり	体育館	あり
情報処理室 あり	グラウンド	－

◆学びのスタイルは自分で決める！
通信制高校とは、レポートの提出（添削指導）と、スクーリング（面接指導）を中心に学ぶシステムです。
好きなときに勉強する「自学自習」が基本ですから、自分流の学び方でムリなく高卒資格を取得できます。

※月1回程度の学校行事のほか集中スクーリングは、年に2〜3回（夏・冬・春）10日間程度。

◆最寄りの教室・自分に合った教室で学ぶ
通いやすい学習センターを選べるのも、全国にある学習センター鹿島朝日の大きな魅力のひとつです。
各学習センターでは、授業を受けたり、レポートを作成したり、友達とふれあうことができます。

◆卒業までの道のりをきめ細かくサポート
各学習センターの職員が、どの科目をどのようなスケジュールで履修すればよいか、一人ひとりにぴったりの履修方法を個別にアドバイスします。
少人数制なので先生との距離がとても近いのも特徴です。学習面だけでなく、日常の悩みや卒業後の進路なども気軽に相談してください。

◆進学希望者に対する受験指導も充実
大学受験に高い実績を誇る提携予備校などの協力を得て、進学希望者のための受験指導も行います。時間に余裕がある通信制高校ならではの受験対策を、きめ細やかにサポート。国公立大学や難関私立大学への進学も実現します！

通学スタイル
※学習センターによって通学コースの設定は異なります。

■週3〜5日通学コース
「中学の勉強から学びなおしたい」「しっかりと学力をつけたい」「学校行事やイベントにも参加して思い出をたくさん作りたい」「仲間との交流がほしい」「大学進学を目指して指導を受けたい」
このような皆さんには週3〜5日通学コースが最適です。学習指導はグループ指導や個別指導など、それぞれの学力や目標に合わせたペースで行います。

■週1（〜2日）通学コース
趣味やアルバイトなど「自分の時間と学習の時間を両立させたい」「勉強のペースメーカーが必要」「専門学校や各種学校とダブルスクールで専門的な勉強も同時にしたい」

という皆さんには週1（〜2日）通学コースがピッタリ。曜日を決めたり事前連絡の必要もないので、自分の体調や予定に合わせて通えます。

■自宅学習コース
自宅学習コースではレポート学習は各自で行ない、授業は必修のスクーリングのみ（年に15日前後）参加して卒業を目指します。
芸能活動やスポーツなど「プロを目指して夢の実現に時間を使いたい」「アルバイトや家業の手伝いなど仕事をしながら高校を卒業したい」「"人"が苦手」「外に出るのがきつい」と考える皆さんには、自宅学習コースが最適です。

■個人指導コース
「自分のペースで指導を受けたい」「先生と1対1でしっかりと学習したい」…。このような人には、希望の時間にマンツーマンの指導が受けられる個人指導制があります。

■家庭教師コース
「自宅でレポートの指導を受けたい」「自宅で受験指導を受けたい」…。そんな人には、家庭教師が自宅に来る家庭教師制が最適です。

卒業までのペース配分は自由にフレキシブルに
※学習センターによって設定コースが異なりますので、詳細はお問い合わせください。
※通学コースを選択したからといって、必ず決められた日数通わなければいけないわけではありません。
※完全自宅学習コースでも進路の相談や日常の悩みなど、職員・スタッフにご相談いただけます。

【生徒数】
2023年11月1日現在

年次	生徒数	男女比	クラス数	1クラスの平均人数
1年次	1,167 名	1：1	一クラス	一名
2年次	1,779 名	1：1	一クラス	一名
3年次	2,377 名	1：1	一クラス	一名
合計	5,323 名	1：1	一クラス	一名

2024年度の募集要項

募集について
【一般入試】
定　員：普通科　8,000 名（男女）
出願期間（新入生）：（前期）1月上旬〜4月上旬
　　　　　　　　　　（後期）9月上旬〜9月下旬
　　　　　　（転・編入生）：随時
選考方法：書類、面接
選考料：　10,000 円

学費について
入　学　金：38,000 円
施　設　費：24,000 円（年間）
システム管理費・通信費：37,000 円（年間）
授　業　料：8,000 円（1単位）

※別途教科書代がかかります。
　（25単位履修で 8,000 〜 10,000 円程度）
※前年度収入により
　高等学校就学支援金制度を利用することができます。

◇◇◇◇◇◇◇◇ この学校にアクセスしてみよう！

学校説明会	入学前電話相談	学校見学	資料請求
○	○	○	○

※資料は HP 問い合わせフォームまたは電話にてお問い合わせください。

★全国47都道府県に約400の提携学習センターを開設。
　各地の学習センターについて、詳しくは『カシマの通信ホームページ（www.kg-school.net）』より、
　「鹿島朝日高等学校の学習支援施設（学習センター）」をご覧ください！

北海道
青森
岩手
宮城
秋田
山形
福島
茨城
栃木
群馬
埼玉
千葉
東京
神奈川
新潟
富山
石川
福井
山梨
長野
岐阜
静岡
愛知
三重
滋賀
京都
大阪
兵庫
奈良
和歌山
鳥取
島根
岡山 ★
広島
山口
徳島
香川
愛媛
高知
福岡
佐賀
長崎
熊本
大分
宮崎
鹿児島
沖縄

【広域通信制】　　　　　　　　　　　　　　　　　　　　　（単位制）

学校法人 ワオ未来学園 ワオ高等学校

（ https://www.wao.ed.jp/ ）

ミライに向かって走り出したワオ高生たち

■校長名：山本　潮
■住　所：(本校) 〒700-0826　岡山県岡山市北区磨屋町 7-2
■電　話：0120-806-705
■最寄駅：JR「岡山駅」山陽新幹線発着　徒歩 10 分
■生徒が入学できる都道府県：
　全国 47 都道府県
■教育理念：
　豊かな教養と正しい心をもって自ら幸福を求め、
　社会に貢献する人材の育成。

■形態・課程・学科：独立校・単位制による通信制課程・普通科
■入学・卒業時期：
　・入学時期　4 月
　※転入生は随時（高 1・2 対象）※高 3 は 5 月まで
■修業年限：3 年以上
■学期制：前期・後期の 2 学期制
■卒業認定単位数：74 単位以上

スクーリングの日数と場所

【登校日数】
　　年 2 回　3 泊 4 日のスクーリング
【スクーリング会場】
　　ワオ高等学校　岡山本校

普段はオンライン上でディスカッションを行っている全国の仲間たちと実際に会って、学びを深めよう。
※ご自宅からスクーリング会場（本校）までの往復交通費は各自でご用意ください。

将来に直結する学び
オプションプログラム
| 起業 | データサイエンス | 留学 | 大学受験 |

広い知識と考える力
教養探究科目
| 哲学 | 科学（自然/数理） | 経済 |

教科書による「基礎学習」
国語/地理歴史/公民/理科/数学/英語/芸術/家庭/情報/保健体育/総合

「好き×学び」でミライを切り拓く
対話を通じて生きる力を育むオンライン高校

能開センター・個別指導 Axis のワオ・コーポレーションがつくったオンライン高校です。教養探究科目（哲学・科学・経済）をベースに、生徒が自分の「好き」を自由に深めることができる教育を展開。大学の総合型選抜に強いカリキュラムを整えているほか、高校長期留学や海外大学進学、起業の夢を叶えるプログラムも提供しています。

学びの真ん中に「教養」を

急速な社会の変化に伴い、学び方、働き方、生き方について様々な選択肢が求められています。答えのない時代だからこそ「自ら学び、自ら考え、自ら判断し行動できる人」になってほしい。そこで、ワオ高では実社会を生き抜くために必要な知識と思考力を身につけるために「哲学・科学・経済」の学びを加えました。そしてこれらの普遍的な学びを通して、はじめて「知識を正しく活用し社会に役立てる考え方」を身につけることができると考えます。ワオ高校では時間や場所の制約を受けないオンラインを活用することで多様な人と情報が結びつき、学びの共創が始まり、人間として成長していく。そんな「学びのひろば」となることを目指します。

【学ぶ内容が違う】

■哲学探究
物事の捉え方を通して考える力を磨きます。
自己肯定感や志の大切さを学ぼう。

■自然科学探究
なぜだろう？不思議だな？と感じたら、それが科学の入り口。現象・理由から世界を読み解く力を手に入れよう。

■数理科学探究
計算が苦手でも、数学のすごさ、面白さは体験できる。物事をモデル化して仮説する力を身につけよう。

■経済探究
お金の本質である価値を知り、活かし方を身につけよう。経営や起業についても学びます。

教科の枠を超え、実社会とつながっている「哲学・科学・経済」を全国の仲間と対話を通してじっくり学ぶことで、どんな時でも自分でしっかりと考え、行動できる自立心を磨いて行きます。

コース

<<オプションコース>>
「共通コース」のカリキュラムにプラスし、より深い学びを楽しむオプションコースを準備しています。

【留学コース】
通信制高校の利点を最大限に活かした「高校留学」と、英語力を最大限まで引き上げてからチャレンジできる「海外大学進学」、2つの選択肢を用意しています。

◆英検対策　長期高校留学プログラム
英検3級から準1級までレベルにあわせて英語4技能を磨くプログラムを用意。身につけた英語力で提携先のオーストラリアの高校へ休学することなく長期留学にチャレンジできるプログラムです。高い英語力と留学経験を実績に、総合型選抜による大学進学に強みを発揮します。英検2級A以上の人は日豪両方の高校卒業資格が得られるダブルディプロマにもチャレンジ可能です。

◆TOEFL®iBT対策　海外大学進学プログラム
アカデミックな英語力を強化するTOEFL®iBT対策を通じて英語スキルを身に付けます。専門家が留学先の国選定や大学選びも手厚くサポート。教養×英語のスキルを徹底的に磨き、海外大学進学後に役立つ力を養いプログラムです。

【起業コース】
高校生のうちからアントレプレナーシップ（起業家精神）を学ぶため、アウトプットを重視したプログラムを展開しています。起業に関するノウハウを学び、実際の起業家による授業などを受けながら、株式会社の設立・運営を目指します。経済探究を実践的に学びます。

【通学コース】
※2024年4月スタート　岡山キャンパスのみ
週5日まで通えるスタイルでリアルの学びを充実させます。教養探究に、英会話・プログラミング学習を加えたシン・5科目を学びながら、仲間たちとの対話を通じてオンラインとリアル両面で学びを深めます。キャンパス専属コーチが学びの習慣化をサポートします。
★今後、東京、大阪でのキャンパス開校を予定しています。

生徒情報

【新入学生】
既存の全日制での学び方が合わない、不登校を経験している、一般的な学び内容では満足できないという生徒が数多く在籍しています。
【転編入生】
随時入学相談などを受付けています。また、在籍校または前籍校での修得科目や在籍期間によって、ワオ高での履修科目や在籍期間も変わってきますので、事前に個別相談を実施しています。
【生徒・保護者連絡】
学校独自のコミュニケーションツール「ワオ高HOME」を使い、双方向で連絡を取ります。学習の進捗状況、進路指導などはバーチャルキャンパスや電話等で面談を実施します。

学習システムの特徴

【学ぶ方法が違う】
主体的に学ぶと共に、自分の考えを表現できる最適な環境として「オンラインアクティブラーニング」を導入。デジタルツールを駆使し、議論と対話を繰り返し実践する中で、自らの意見を持ち他者と協働するコミュニケーションスキルと自己表現力を磨きます。

その他

<<プラスアルファの学び>>
◆データサイエンティスト養成講座
PythonのトレーニングやAIの核となる技術「機械学習」の理解などを経て、AIに関する一般的な知識を問う「G検定」の取得を目指します。外部のプログラミングコンペにも参加し、実践形式の開発にもチャレンジ可能です。

◆ユニークな部活動
ワオ高校独自科目「教養探究」の哲学をさらに発展した哲学部では、毎週「哲学カフェ」を開催し、外部の人も交えて答えのない問いに挑んでいます。生徒発案でさまざまな部活動が誕生し、英会話を楽しむ「英語café」、人の心について研究する「こころの研究会（心理学部）」、お嬢様部などがあります。

◆スタディツアー
実際に動いて社会の問題に触れる活動として、スタディツアーを実施しています。2023年度に東京で行ったスタディツアーではニュース配信会社や大学でワークショップを受け、学びの成果をプレゼンしました。

2024年度の募集要項

募集について

【新入学：新高1生】
◆新入学入試（9月から毎月実施）
出願期間：9月開始。詳細はHPまたは学校まで。
選考方法：書類審査（自己PRシート・調査書）、面接
　　　　　オプションプログラム希望者は別途課題あり。
選考料：10,000円
◆スカラシップ制度
本校を専願で受験する中学生対象に実施。特待生として、入学金・オプションプログラムの受講料一部免除する制度。（※入試結果により免除額は異なります）詳細はHPまたは学校まで。

【転編入学】
◆転入学（随時受付）
◆編入学（4月、10月のみ編入学可）
選考方法：書類審査（自己PRシート・調査書）、面接
選考料：10,000円
※単位互換については、事前に本校までお問い合わせください。個別にて対応いたします。

学費について

【初年度学費】
入学金：　　　　　50,000円（スカラシップ制度合格者は免除）
授業料：　　　　　9,600円×登録単位数
教育関連諸費：　　120,000円
スクーリング諸費：90,000円（3泊4日×年2回）
※オプションプログラムは別途費用がかかります

2022年度卒業生の進路状況

<国公立大 1,960名>東大17名、京大32名、東北大43名、大阪大53名、北海道大12名、名古屋大9名、九州大49名、国公立大医一医102名（他多数合格）
※総合型選抜：28名　学校推薦型選抜：11名
<私立大 6,308名>早慶上理169名、MARCH241名、関関同立811名、私立大医一医29名（他多数合格）
※ワオ・コーポレーションの2023年度合格実績です。

◇◇◇◇◇◇◇◇◇ **この学校にアクセスしてみよう！**

学校説明会	入学前相談 (オンライン・電話・来校)	文化祭見学	体育祭見学	資料請求
○	○	○	―	○

※資料は電話もしくはメールにて請求してください。
※オンラインでの学校説明会や各種イベントを開催中。

【通信制】　　　　　　　　　　　　　　　　　　　　（単位制）

岡山県立岡山操山高等学校

（ https://www.sozan.okayama-c.ed.jp　E-mail：sozan16@pref.okayama.jp ）

- ■校長名：藤岡　隆幸
- ■住　所：〒 703-8574　岡山県岡山市中区浜 412
- ■電　話：086-272-2040　　■FAX：086-272-2046
- ■最寄駅：JR 山陽本線「西川原」駅下車、徒歩 10 分
- ■生徒が入学できる都道府県：
　　岡山
- ■沿革：
　1948 年 2 月　岡山県第一岡山高等女学校通信教育部発足
　1949 年 8 月　岡山県立岡山操山高等学校通信教育部と改称
　1962 年 4 月　岡山県立岡山操山高等学校通信制課程と改称され
　　　　　　　　現在に至る

- ■形態・課程・学科：
　併設校・単位制による通信制課程・普通科
- ■併設する課程：
　単位制による全日制課程
- ■入学・卒業時期：
　・入学時期　4 月・10 月　・卒業時期　3 月・9 月
- ■修業年限：3 年以上（在籍最長年数：制限なし）
- ■学期制：前期・後期制
- ■卒業認定単位数：74 単位
- ■始業・終業時刻：8 時 40 分～ 16 時 05 分
　　　　　　　　　　1 日 7 時限、1 時限 50 分
- ■技能連携：なし　■実務代替：なし　■技能審査：なし
- ■開設講座数：43 科目

スクーリングの日数と場所

【登校日】
　①日曜日
　②月曜日（許可制）
【場　所】
　　　本校

特色
10 代だけでなく 20 代以上の幅広い年齢層の生徒が一緒に学習しています。受講生の平均年齢は、約 20 歳です。

学校行事
ハイキング、生活体験発表会、文化祭、スポーツ祭、フラワーアレンジメント学習会

生活指導
指定の制服はありません。

その他
生徒会は 3 つの委員会を中心に活動しており、学校行事などの企画、運営などを行っています。

生徒情報

【不登校生】
中学時代に不登校だった生徒も入学しています。
【転編入生】
前籍高校で修得した単位は、卒業までに修得すべき単位数に加えることができます。（一部できない科目もあります）
高卒認定試験（旧大検）で合格した科目は、校内の規定に従って 20 単位まで振り替えることができます。
【保護者連絡】
保護者会を実施します。
【転編入生の生徒数】
転入生 120 名、編入生 19 名（2023 年度）

【生徒数 普通科】　　　　　　　　　　2023 年 5 月 1 日現在

年次	生徒数	男女比
1 年次	69 名	23：46
2 年次	117 名	48：69
3 年次	139 名	54：85
4 年次	108 名	47：61

【教員数】
　　教員：男性 13 名、女性 6 名

2024 年度の募集要項

募集について
【一般入試】
募集人員：普通科　500 名
出願期間：2024 年 3 月 1 日（金）～ 3 月 31 日（日）
　　　　　2024 年 8 月 26 日（月）～ 9 月 3 日（火）
試 験 日：本校が指定する日
選抜方法：書類選考及び面接
選考料：なし

※ 2024 年度の募集要項は 2024 年 2 月に発表します。
※詳細は募集要項及び HP にてご確認ください。

学費について
入学金：　　500 円
受講料：　　330 円×単位数（年収等による軽減制度適用あり）
教材費：　　120 円×単位数 +1,000 円
諸会費：　　1,500 円
その他：　　3,500 円

教科書、学習書などの費用が別途必要となります。
上記の学費は 2023 年度のものです。

2022 年度卒業生の進路

【進路先】
卒業者数…111 名
大学…22 名　　　短大…2 名　　　専門学校…21 名
就職…7 名　　　在学中からの職業を継続…10 名
その他…49 名
【主な合格実績】
県内の大学、短大、専門学校を中心に進学します。
【指定校推薦】
あり

◇◇◇◇◇◇◇◇◇◇ この学校にアクセスしてみよう！

学校説明会	入学前電話相談	文化祭見学	体育祭見学	資料請求
○	○	－	－	○

※学校説明会に参加してください。その際に資料をお渡しします。
※資料は学校説明を受けた上でお受け取りください。

【広域通信制】　　　　　　　　　　　　　　　　　　　　（単位制）

岡山理科大学附属高等学校

（ https://www.r2hs.jp　E-mail：otoiawase@r2hs.jp ）

■校長名：田原　誠
■住　所：〒700-0005　岡山県岡山市北区理大町1-1
■電　話：086-256-8562　■ＦＡＸ：086-256-8563
■最寄駅：○ JR岡山駅より JR津山線でひと駅、「法界院」駅下車　徒歩約15分
　　　　　○岡山駅運動公園口（西口）発の岡電バス（岡山理科大学行）乗車　岡山理科大学下車【エスカレーターで校舎まで】
■生徒が入学できる都道府県：
　岡山、兵庫、広島、香川、愛媛、徳島、和歌山、群馬

■形態・課程・学科：単位制による通信制課程・普通科
■併設する課程：単位制による全日制課程
■入学・卒業時期：・入学時期　随時
　　　　　　　　　・卒業時期　9月、3月
■修業年限：3年（在籍最長年数：制限なし）
■学期制：2期制　■卒業認定単位数：74単位

スクーリングの日数と場所

【登校日数】通学のスタイルとは関係なく、各期に1回（約1週間程度×年2回）実施される集中スクーリングに登校します。レポート等の提出については各期の指定期間内に各自がオンラインで行います。
【場　所】本校
【その他】通学のスタイルについて
<@School型>集中スクーリングとは別に週1～5日登校します。学校で仲間と一緒に「好き」なことを究め、自分の第一志望の実現を目指します。自分の興味関心に合った5つの系統に分かれて、それぞれ活動します。
<@Home型>集中スクーリングのみ登校し、自宅等で「好き」なことを究めていきます。

@School型の5つの系統について

①グローバルSA系 ～英語を究め世界へ羽ばたく～
　日本を飛び出し、短期でも長期でも、高校生のうちに一度は海外での生活を体験してみたい！という意欲ある人のための系統です。今、英語が出来るかどうかではなく、海外で自己表現が出来るように学びを深めます。

②eスポーツ系 ～ゲームから人生を学ぶ～
eスポーツという「競技」に向き合う過程において、その技術のみならず、コミュニケーション力・チャレンジ精神・レジリエンス（復元力）など、生涯、社会で役立つ力を身につけます。国内外の大会参加や、大学との連携による地域コミュニティでの活動（イベント運営など）にも積極的にかかわります。

③ITロボティクス系 ～「イメージ」を「現実」に～
機械のデザインやプログラミングが好きな人のための系統です。校内外のロボット系大会の出場を目標に、仲間と協力しながらモノをカタチにしていく実作業を通して、論理や技術、創造力やプレゼンテーションスキルなどを高めます。

④たんQサイエンス系 ～科学を探究する～
理科実験が好き、昆虫や魚などの生き物が好き、恐竜や地震・火山活動などサイエンスが好きな人のための系統です。物理・化学・生物・地学の基礎を学び、それぞれ興味を持った分野に向けて学びを深めていきます。

⑤総合キャリア系 ～自分だけの好きをじっくり探す～
さまざまなプログラムを自由にお試し体験しながら、自分だけの「好き」をじっくりと探すことが可能です。寝ても覚めてもそのことを考えてしまうような「好き」の発見に向けてじっくり取り組みます。

生徒情報

【新入学生】
単位制の学校なので、中学校までのような学年やクラス単位での活動はありません。また、AI学習では個々の実状に合った形で中学校の学び直しが出来るので、無理なく高校の内容に進めることができます。
【転編入学】
前籍校で修得した単位はすべて認定されます。通学のスタイルも学期ごとに変更できるので、最初は@Home型でのんびり学習し、リズムが整ってきたら@School型で高校生活を再スタート！ということもできます。
【保護者連絡】
電話、メール、面談などを行っています。各学期に1回ずつ三者面談を実施するほか、気になることがあれば随時相談可。

2025年度の募集要項

募集について

【一般入試】
定　員：600名
出願期間：【新入学・編入学】1月～3月、8月～9月
　　　　　【転入学】随時
※但し、10月～12月に実施される「特別入試」を除く
試験日：個別対応
選考方法：書類選考、作文、面接
選考料：13,000円

学費について

入学金：　　50,000円
授業料：　　12,000円（@School型・1単位）
　　　　　　8,000円（@Home型・1単位）
施設設備費：37,500円／学期（@School型）
　　　　　　15,000円／学期（@Home型）
教育充実費：90,000円／学期　※@School型のみ
※そのほか、教科書代金、映像教材費、研修費等が必要になります。詳しくはHPをご覧ください。

2023年度卒業生の進路状況

【進路先】卒業者数…24名

大学…16名	短大…0名	専門学校…4名
浪人…1名	在籍中から有職…0名	就職者…0名
その他…3名		

【過去の主な合格実績】
［四年制大学］岡山大、高知大、東京都立大、豊田工業大、岡山県立大、広島市立大、岡山理科大、倉敷芸術科学大、慶応義塾大、立教大、明治大、法政大、青山学院大、東京理科大、学習院大、創価大、専修大、立命館大、関西学院大、南山大、龍谷大、京都ノートルダム女子大、ノートルダム清心女子大、就実大、山陽学園大、川崎医療福祉大　他
［専門学校］岡山理科大学専門、玉野総合医療専門、朝日医療大学校、岡山情報ビジネス学院、旭川荘厚生専門学院、岡山歯科技工専門学院、岡山高等歯科衛生専門学院、岡山県理容美容専門、中国デザイン専門、京都美容専門、大阪モード学園　他
［指定校推薦］岡山理among大、倉敷芸術科学大、吉備国際大、岡山医療専門職大、徳島工業短大、順正高等看護福祉専門、岡山情報ビジネス学院、岡山歯科技工専門学院、岡山科学技術専門、岡山医療福祉専門、岡山商科大学専門、くらしき総合福祉専門　他

◇◇◇◇◇◇◇◇◇◇ この学校にアクセスしてみよう！

学校説明会	入学前電話相談	文化祭見学	体育祭見学	資料請求
○	○	－	－	○

※資料はホームページもしくはお電話よりご請求ください。
▼学校説明会
　HPにて情報を公開しています。一部、オンラインでの参加もできます。

【広域通信制】 （単位制）

興譲館高等学校
こうじょうかんこうとうがっこう

(https://www.kojokan.net)

- ■校長名：岡田　公彦
- ■住　所：〒715-0006　岡山県井原市西江原町 2257-1
- ■電　話：0120-445-033　■ＦＡＸ：0866-62-1521
- ■最寄駅：JR 山陽本線「笠岡」駅下車、
　　　　　「井原バスセンター」バス 20 分、下車徒歩 5 分
- ■生徒が入学できる都道府県：全国 47 都道府県
- ■沿　革：
　　1853 年　興譲館設立
　　1948 年　学校法人興譲館　興譲館高等学校設立
　　2015 年　興譲館高等学校に単位制通信制課程開校
- ■教育理念：
　　創立 1853 年の伝統校です。受け継がれてきた教育理念をもとに親切で丁寧な対応で卒業まで確実にサポートします。

- ■形態・課程・学科：併設校・単位制による通信制課程・普通科
- ■併設する課程：学年制による全日制
- ■併設課程への転籍：面接、成績により転籍できます
- ■入学・卒業時期：
　　・入学時期　随時　　　・卒業時期　3 月（9 月）
- ■修業年限：3 年以上（在籍最長年数：6 年）
- ■学期制：2 学期制　　■卒業認定単位数：74 単位以上
- ■技能連携：なし　　■実務代替：なし
- ■技能審査：なし　　■開設講座数：49 科目

スクーリングの日数と場所

【登校日数】
　年 1 回の集中スクーリング（年 2 回設定しています）
【スクーリング会場】
　本校：岡山県井原市西江原町 2257-1
　東京：東京都千代田区三番町 6-16
　　　（二松學舍大学附属高等学校 二松學舍大学 九段キャンパス）
【サテライトキャンパス】
　福山校、岡山校
※詳細は TEL：0120-445-033 までお問い合わせください

■スクーリングは、年 1 回の集中スクーリングを本校で行います。豊かな自然環境のなかで、様々な体験プログラムを設定します。カヤック・釣り・海水浴・キャンプファイヤー・陶芸・漁業体験・星空観測など、ゆったりとした時間のなか、身も心もリフレッシュできます。

特色　興譲館高等学校は嘉永 6 年創立の 160 年を超える歴史を持つ伝統校です。
新たな教育の可能性を求めて通信制教育課程を開設します。徳育を実践する学校として全国の教育機関などから注目されています。

私たちスタッフは、皆さんをささやかにサポートします。
現在の皆さんの状況、育ってきた環境が様々であるように、今の自分に必要な課題も人それぞれに違うものです。日常の小さな目標から、大きな夢の実現まで、自分で考えた目標に向かうには、必要とする多くの課題や学びがあります。
私たちは、困ったとき、悩んでいるときに、気軽に相談したくなる関係を大切にしています。皆さんのささやかな居場所として、通信制課程は存在します。

併修・単位　高卒認定試験の一部科目履修は全て可能です。
商業・工業などの専門科目も全て振り替えることができます。

クラブ活動　生徒の希望に応じ毎年設立。やりたいことを部活にします。
その他有志によるボランティア活動に参加。

生徒情報

【不登校生】
インターネットを利用した相談も可能です。
【転編入生】
前籍高校で修得した単位すべてを振り替えることができます。また、高卒認定試験で合格した科目すべてを振り替えることができます。転入生の入学は随時受付けます。
【保護者連絡】
定期的に連絡をとります。保護者面談、電話、家庭訪問などを行います。

【生徒数】

年次	生徒数	男女比	クラス数	1 クラスの平均人数
1 年次	13 名	1：1	一クラス	一名
2 年次	22 名	1：1	一クラス	一名
3 年次	29 名	1：1	一クラス	一名

【教員数】
教員：男性　3 名、女性　4 名

2024 年度の募集要項

募集について
募集人員：240 名
出願期間：随時
試験日：随時
選考方法：書類審査、面接、作文
選考料：20,000 円

学費について
【初年度学費】
入　学　金：　　　　　　50,000 円
授　業　料：　1 単位 8,000 円
教育充実費：　　　　　　70,000 円
スポーツ振興センター：　　　　　230 円
教育振興費：　　　　　　50,000 円
ICT システム管理費：　　　5,000 円
※就学支援金が支給されます。
※就学支援金は、履修単位数などにより受給額は異なります。
※教科書代とインターネット動画視聴代は、別途かかります。
※学費が指定された期日までに納入のない場合は、入学辞退とみなします。また、既納入された入学金及び学費等は、理由の如何を問わず、返金いたしません。
※特別活動における交通費・参加費は学納金に含まれていません。

2022 年度卒業生の進路状況

【進路先】
4 年制大学…10 名　　　短期大学…1 名
専門学校…11 名　　　　就職…24 名

【主な 3 年間の合格実績】
岡山大学、岡山県立大学、駒澤大学、近畿大学、岡山理科大学、福山大学、就実大学、吉備国際大学、中国学園大学、京都女子大学、広島経済大学、山陽学園大学、奈良県立医科大学、京都産業大学、福山医療専門学校、中国職業能力開発大学校、明治大、川崎医療福祉大学、安田女子大学、環太平洋大学、岡山ビジネスカレッジ 他

◇◇◇◇◇◇◇◇◇◇ **この学校にアクセスしてみよう！**

学校説明会	入学前電話相談	文化祭見学	体育祭見学	資料請求
―	―	―	―	○

※資料は電話もしくはメールにて請求してください。

【広域通信制】 （単位制）

学校法人 大阪滋慶学園（がっこうほうじん おおさかじ けいがくえん）

滋慶学園高等学校（じ けいがくえんこうとうがっこう）

（ https://www.jghs.ed.jp/　E-mail：info@jghs.ed.jp ）

■校長名：福田　邦男
■住　所：〒707-0412　岡山県美作市古町1665番地
■電　話：0120-114-303　■FAX：0868-73-0083
■最寄駅：智頭急行智頭線「大原」駅　徒歩5分
■生徒が入学できる都道府県：全国47都道府県
■沿革：
　本校は2018年4月、岡山県美作市の全面的なサポートを受け、広域通信制・単位制・普通科として、岡山県美作市古町に滋慶学園高等学校美作キャンパスを本校として開校しました。

■形態・課程・学科：単位制による通信制課程・普通科
■入学・卒業時期：
　・入学時期（新入学）4月（転編入）随時
　・卒業時期　3月、9月
■修業年限：3年以上（在学最長年数：6年）
■学期制：2学期制　■卒業認定単位数：74単位
■始業・終業時刻：各キャンパスによる
■実務代替：なし　　■技能審査：なし

スクーリングの日数と場所

【登校日数】通学コース：週1日・3日・5日
　　　　　　通信コース：年1回　集中スクーリングまたは年10日間程度の登校
【場　所】滋慶学園高等学校美作キャンパス
　　　　　および各学習サポートセンター・コース

【特色】
【通学もできる広域通信制高校】
　本校のある美作キャンパスは、通学コースとして医学部や薬学部など難関大学を目指す特別進学コース、大阪滋慶学園姉妹校との高専連携教育を実践する総合進学コース、美作市の充実したスポーツ環境を生かした総合スポーツコースを設置しています。広域では新大阪・東京・福岡に学習サポートセンター/コースを置き、滋慶学園グループの各専門学校と協力・連携し、在学中から医療・福祉・バイオ・ロボット・スポーツ・音楽・ダンス・動物・デザイン・美容など様々な専門分野に関して学べるコースがあります。また出雲と鳥取の学習センターでは学習支援施設との連携により自分のペースで学びながら、学習相談、進路相談ができる環境があります。全国約80校の教育機関ネットワークを持つ滋慶学園グループの強みを生かして、生徒一人ひとりの進路選択、進路実現に向けてキャリア教育を通じて全面的にバックアップしています。
【学習サポートセンター・コース】
（新大阪）大阪府大阪市淀川区宮原4-4-65
　　　　　大阪ハイテクノロジー専門学校第2校舎6階
（東京）　東京都江戸川区西葛西3-14-8
　　　　　東京スクールオブミュージック＆ダンス専門学校内
（福岡）　福岡県福岡市博多区石城町21-2
　　　　　福岡スクールオブミュージック＆ダンス専門学校内
【学習センター】
（鳥取）鳥取県鳥取市東品治町103-2　鳥取市医療看護専門学校内
（出雲）島根県出雲市今市町1151-1　出雲医療看護専門学校内

【学校行事】
岡山県美作市の大自然をフィールドに、各施設を使った体験授業が充実しています。隣接する姉妹校の美作市スポーツ医療看護専門学校と合同で行うスポーツデイや文化祭など行事も充実しています。現在修学旅行については調整中です。

【生活指導】
通学コースは制服を着用。遠方の方のために生徒用マンションを完備しています。また、美作キャンパスでは、スクールバスを毎日運行しています。

生徒情報

【不登校生】不登校経験のある生徒には、個別に相談に応じます。また、スクールカウンセラーに生活面の悩みを相談できる環境を整えています。
【転編入生】前籍校での単位・在籍期間を引き継ぐことができます。転・編入学は随時受け付けております。また入学相談も個別に行っております。
【保護者連絡】電話、メール等で相談を随時受け付けております。また必要に応じて保護者面談等を随時行います。

【生徒数】　　　　　　　　　　　　　　2023年5月1日現在

年次	生徒数	男女比
1年次	58名	4：6
2年次	82名	4：6
3年次	77名	3：7

【教員数】
教員：20名、非常勤講師：22名、スクールカウンセラー：1名

2024年度の募集要項

募集について

募集対象：①2024年3月中学校卒業見込みの者
　　　　　②中学校既卒者
　　　　　③現在、高等学校に在籍中の生徒
　　　　　④高等学校を中途退学した者
出願期間：（新入生）各キャンパスで異なります
　　　　　　　　　　詳細はお問い合わせください
　　　　　（転・編入生）随時受け付けております
試験日：（新入生）各キャンパスで異なります
　　　　　　　　　詳細はお問い合わせください
　　　　（転・編入生）随時受け付けております
入学検定料：10,000円

学費について

入学金：100,000円
授業料：300,000円（1単位12,000円、25単位の場合）
※その他、総合演習費（教科書代・健康管理費など）、コース・専攻別費用として、別途費用が必要です。

卒業生の進路実績

【主な合格実績】
＜大学＞関西外国語大、福山大、岡山商科大、花園大、関西国際大、日本大、京都先端科学大、大阪電気通信大、倉敷芸術科学大、大阪芸術大、園田学園女子大、広島文化学園大、大阪商業大、愛知みずほ大、和洋女子大、人間環境大　他
＜短大＞関西外国語大学短期大学部、広島文化学園短大、京都経済短大、嵯峨美術短大　他
＜専門学校＞美作市スポーツ医療看護専門、鳥取市医療看護専門、出雲医療看護専門、神戸製菓専門、東京福祉専門、福岡医健・スポーツ専門、京都芸術デザイン専門、姫路理容美容専門、岡山理科大学専門、リハビリテーションカレッジ島根　他

◇◇◇◇◇◇◇◇◇ この学校にアクセスしてみよう！

学校説明会	入学前電話相談	文化祭見学	体育祭見学	資料請求
○	○	－	－	○

※資料はお電話もしくはホームページまたはinfo@jghs.ed.jpまでご請求ください。
※個別相談会・オンライン相談会も行っています。
▼学校説明会　随時受付中（要予約）

【通信制】 (単位制)

山陽女学園高等部（リアライズコース）
さんようじょがくえんこうとうぶ

(https://sanyo-jogakuen.ed.jp/realize/)

■**校長名：**石井 具巳
■**住 所：**〒738-8504 広島県廿日市市佐方本町 1-1
■**電 話：**0829-32-3330 　■**ＦＡＸ：**0829-32-7681
■**最寄駅：**広島電鉄「山陽女学園前」駅より徒歩 1 分
　　　　　JR「廿日市」駅より徒歩 10 分
■**生徒が入学できる都道府県：**広島、山口
■**沿革：**全日制の女子校として、90 年以上の歴史をもつ。新たな学びの提供として 2020 年 4 月開校。
■**創立理念：**女子の未来にこだわった、県内初「全日制併設の校内型」通信制課程。本校独自の様々な学習（SAP）がある。未来に輝く女性としての生きる力を育成。

■**形態・課程・学科：**全日制併設校・単位制による通信制課程・普通科
■**入学・卒業時期：**
　・入学時期：4 月（新入学）、随時（転入学・編入学）
　・卒業時期：3 月
■**併設する課程への転籍：**
　必要単位の修得、学力、意欲により全日制への転籍が可能。
■**修業年限：**3 年以上（在籍最長年数：8 年）
■**学期制：**2 学期制
■**卒業認定単位数：**74 単位
■**始業時間：**10 時 45 分
■**開設科目数：**55 科目

スクーリングの日数と場所

【登校日数】週に 2 日（水曜または木曜・隔週土曜）
【場　　所】本校

特色
県内初「併設型」。県内初「女子だけの通信制課程」。週 2 日スクーリング（登校して対面授業）。特別教室を利用しての授業（体育館・グラウンド・情報実習室・理科実験室・調理実習室・図書室　他）。学校指定の制服（夏・冬）着用。

進学補習指導
自由登校日を利用しての学習、担任による進路指導、進学説明会への参加。各種検定や模擬試験の実施。特別活動の実施。

クラブ活動
全日制の生徒とともに活動。
弓道部、陸上部、合気道同好会、マンドリン部、吹奏楽部・マーチングバンド、カラーガード部、ダンス部、軽音楽部、コーラス部、箏曲部、天文同好会、手芸同好会、演劇・ミュージカル部、サイエンス同好会、文芸同好会、茶華道同好会、漫画研究同好会　他。

学校行事
修学旅行（関西方面）。
いちご狩り、農園での栽培、園芸、芸術鑑賞、工場見学、講演会、能楽鑑賞　等。

生活指導
身だしなみのルールあり。日々の規則正しい生活リズムの形成を目指す。

生徒情報

【不登校生】
・まずは週 2 日のスクーリングへの促し
・定期的な個人面談の実施

【転編入生】
前籍校で修得した単位は全て振り替えることが可能

【保護者連絡】
・三者面談の実施
・連絡は主に Classi を利用

【生徒数】（2023 年 12 月 1 日現在）
83 名（女子）

【教員数】
教員：男性 1 名、女性 3 名／講師：男性 2 名、女性 3 名
スクールカウンセラー：1 名

2024 年度の募集要項

募集について

募集人員：40 名
出願期間：随時（詳細は HP でご確認ください）
試 験 日：随時（詳細は HP でご確認ください）
選考方法：面接・作文
選 考 科：19,000 円

※出願前に必ず「親子面談」を実施。

学費について

【初年度学費】
入 学 金：	200,000 円
授 業 料：	37,900 円／月
教 材 費：	約 10,000 円／年
制服一式：	約 48,000 円
諸 費：	約 20,000 円／年
合 計：	約 732,800 円

2023 年度卒業生の合格状況

【主な合格実績】
広島修道大学、安田女子大学、広島女学院大学、比治山大学、広島市学園大学、大阪人間科学大学、倉敷芸術科学大学、梅光学院大学、比治山短期大学部、穴吹デザイン専門学校　他

◇◇◇◇◇◇◇◇ **この学校にアクセスしてみよう！**

学校説明会	入学前電話相談	文化祭見学	体育祭見学	資料請求
○	○	—	—	○

※資料は WEB 申し込み、TEL、FAX、直接ご来校にてご請求ください。

▼**学校説明会・体験入学等**
　随時（詳細は HP でご確認ください）
▼**文化祭**
　11 月 3 日

北海道
青森
岩手
宮城
秋田
山形
福島
茨城
栃木
群馬
埼玉
千葉
東京
神奈川
新潟
富山
石川
福井
山梨
長野
岐阜
静岡
愛知
三重
滋賀
京都
大阪
兵庫
奈良
和歌山
鳥取
島根
岡山 ★
広島 ★
山口
徳島
香川
愛媛
高知
福岡
佐賀
長崎
熊本
大分
宮崎
鹿児島
沖縄

【広域通信制】 （学年制）

とうりんかんこうとうがっこう
東林館高等学校
(https://www.tohrinkan.com/)

■校長名：池田 忠輝
■住 所：〒720-0814 広島県福山市光南町 1-1-35
■電 話：084-923-4543 ■FAX：084-926-9607
■最寄駅：JR 山陽本線「福山」駅下車、徒歩 10 分
■生徒が入学できる都道府県：
　広島、岡山、山口、島根、鳥取、徳島、香川、愛媛、高知、福岡、兵庫、
　京都、和歌山、埼玉、千葉、東京、神奈川
■沿革：
　1995 年　　　各種学校「福山東林館」開校
　2000 年 4 月　学校法人喜田学園「東林館高等学校」開校
　2002 年 4 月　東林館高等学校 呉分校開校
　2010 年 4 月　本校を福山市に移転

■形態・課程・学科：
　独立校・学年制による通信制課程・普通科
　※単位制は募集停止中
■併設する課程：なし
■入学・卒業時期：
　・入学時期　4 月、10 月　　・卒業時期　3 月、9 月
■修業年限：3 年（学年制）
■学期制：2 学期制　　■卒業認定単位数：75 単位
■技能連携：なし　　■実務代替：なし　　■技能審査：なし
■開設講座数：31 科目

スクーリングの日数と場所

【登校日数】
　・月 1 回（土）〜年間 10 回（前期 5 日、後期 5 日）集中スクーリングングあり。
　・定期試験－前期 2 日、後期 2 日
　・本校は JR 福山駅から徒歩 10 分
　　呉校は JR 安芸阿賀駅から徒歩 15 分
【場　所】
　広島県福山市（本校）
　広島県呉市（分校）
　愛媛県松山市（松山東雲女子大学）
　広島県広島市安芸区（広島国際学院大学）
　徳島県徳島市（四国歯科衛生士学院専門学校）
【その他】
　インターネットで受講可。年間授業時数の半分まで利用可能。但し利用できない教科もある。登校日は少なくなる。

特色

　安全安心の中で、自己の課題を明確にしながら、人間信頼を取り戻す作業と並行的に高校の卒業資格を得ることを目標としています。不登校に対する専門的な取り組みと実績については、高い評価をいただいています。
　カウンセリングだけでなく、生徒指導に力を持つ教職員も多いのですが、校則は特に設定していません。お互いの立場を認め合おうという、安全安心の中での学習を保障しています。いじめなど一切ありません。
　また、東林館高等学校は現在 13 校の認定サポート校と連携しており、生徒は所属するサポート校に自分のペースで登校し科目の授業やサークル活動など様々な体験の場を通して人間関係を広げ、また担任との面談などを通して自分探しを進めていっています。
　また、広島県呉市に呉分校を設置しています。呉地区の不登校支援活動やスクーリングに関する広島県西部在住生徒の通学負担軽減を目指したものです。
住所：〒737-0004　広島県呉市阿賀南 6 丁目 4-28
電話：0823-76-5815
　なお、授業料に対し、基準に応じて国から就学支援金が支給されます。詳しくはお問い合わせください。

学校行事

　理事長杯（ペタンク大会）、秋季合宿（キャンプ）、月 1 回のレクリエーションなど。
　様々な行事が設定されています。自由参加です。

生徒情報

【不登校生】
過去に不登校だった生徒はかなりいます。専門カウンセラーを配置。教職員もカウンセラーとしての力量は高いものを持っています。医師・臨床心理士などとの連携、各中・高、教育委員会との連携をしています。
【転編入生】
前籍高校で修得した単位のうち、教科に関するものを内規に沿って振り替えることができます。高認（大検）で合格した科目は、在学中 30 単位まで振り替えることができます。在籍高校でその年度の留年が決定していなければ、12 月末までは東林館高校への転入が可能です。編入生は、4 月と 10 月に入学できます。
【保護者連絡】
家庭訪問、面談、電話など頻繁に連絡を行っています。

【生徒数】普通科　　　　　　　　　　　2023 年 12 月 1 日現在

年次	生徒数	男女比	クラス数	1 クラスの平均人数
1 年次	168 名	1：1	クラス	名
2 年次	163 名	1：1	クラス	名
3 年次	163 名	1：1	クラス	名

【教員数】
　教員：男性 11 名、女性 10 名
　講師：男性 10 名、女性 8 名

2024 年度の募集要項

募集について
【一般入試】
募集人員：150 名程度（定員になり次第〆切）
出願期間：年間を通じ募集（転編入含む）
面 接 日：個人あてに連絡
選抜方法：面接ならびにサポート校選抜結果
選 考 料：10,000 円

学費について
（学年制）
入 学 金：100,000 円
授 業 料：15,000 円（月額）
施設設備費：50,000 円（入学時）

過去の卒業生の進路状況

【主な合格実績】
60% 以上が大学、専門学校へ進学しています。
早稲田大、広島市立大、佛教大、龍谷大、福山大、福山平成大、広島国際学院大、比治山大、広島文化学園大、広島国際大、倉敷芸術大、岡山理科大、中国学園大、作陽音楽短大、国際基督教大、上智大、広島大、山口大、尾道市立大、倉敷市立短大、穴吹調理専門、朝日医療専門、リハビリテーションカレッジ島根　など

【指定校推薦実績】
福山大、福山平成大、広島国際学院大、広島文教女子大、比治山大、広島文化学園大、山梨学院大、横浜薬科大、城西大　など

◇◇◇◇◇◇◇◇◇◇ この学校にアクセスしてみよう！

学校説明会	入学前電話相談	文化祭見学	体育祭見学	資料請求
○ 要予約	○ 要予約	－	－	○

※資料は電話、FAX 等で請求して下さい。
（ホームページ）http://www.tohrinkan.com/

【広域通信制】 　　　　　　　　　　　　　　　　　　　　　　　（単位制）

なみきがくいんこうとうがっこう
並木学院高等学校

(https://www.namikigakuin.ac.jp/　E-mail：info@namikigakuin.ac.jp)

■校長名：髙橋　辰夫
■住　所：〒730-0041　広島県広島市中区小町 8-32
■電　話：082-241-9066　■FAX：082-241-5211
■最寄駅：JR「広島」駅、「横川」駅、「西広島」駅下車後乗り換え、
　　　　　バス・市内電車にて「中電前」下車、徒歩 7 分
■生徒が入学できる都道府県：
　全国 47 都道府県
■沿革：
　1955 年 3 月　大学予備校　広島英数学館　創立
　1969 年 4 月　学校法人英数学館　広島英数学館　開校
　2004 年 4 月　学校法人英数学館　並木学院高等学校　開校

■形態・課程・学科：独立校・単位制による通信制課程・普通科
■入学・卒業時期：
　・入学時期　年 3 回　4 月、9 月、1 月
　　　　　　　（転・編入は随時受け付け）
　・卒業時期　年 3 回　8 月、12 月、3 月
■修業年限：3 年以上（在籍最長年数：制限なし）
■学期制：3 学期制　■卒業認定単位数：74 単位以上
■開設講座数：12 教科、91 科目

スクーリングの日数と場所

本校スクーリング
【登校日数】コース・クラスごとに異なります。（週 5 日、週 2 日、月 2 日）
【場　所】本校（広島市中区小町）
協力校スクーリング
【登校日数】年 1～2 回計 4～8 日程度
【場　所】各地域にある協力校など

特色
●総合教養コース（制服着用）
◎5 日制専門クラス／午前中は一般科目を学び、午後からそれぞれ専門授業に分かれます。部活動と学業の両立を目指すアクティブ専攻、大学進学を目指すアドバンスト専攻、動物と関わる仕事を目指すアニマル専攻があります。
◎5 日制一般クラス／午前中に授業を受け、午後からは各自のスキルアップに時間が使えます。学校行事を通して集団生活を送り、日々の学校生活の中で多くの事を学んでいくクラスです。
◎2 日制クラス／「毎日学校に通えるようになりたいけど、まだ自信がない」などと感じる人のためのクラスです。週 2 日、決められた曜日に登校します。1 年次のみのクラスです。
●フリースタイルコース／週 2 日の登校で学業と学外活動の両立を目指します。自由な服装で登校するコースです。
●通信コース／スクーリングは月曜日で、月 2 回程度の登校。家庭での自学自習によるレポート作成が中心です。自由な服装で登校するコースです。

併修・単位
併修はできません。高卒認定受験生は、一部科目履修することができ、最大で 9 科目まで習得できます。

学校行事
宿泊研修、進路学習、校外学習、並木祭（文化祭）、球技大会・修学旅行など

その他
1 クラスあたり 20 人程度の少人数での授業のため、教員からしっかりサポートを受けることができます。また、各種専門学校と提携し、犬のしつけ、ドッグトレーニング、イラスト・まんがなどオリジナルの授業を展開しています。部活動も充実しており、硬式野球部、サッカー部、書道部、e スポーツ部、軽音楽部などがあります。

関連校
岡山理科大学、千葉科学大学、倉敷芸術科学大学など、多種多様な大学専門学校があり、関連校入試制度（指定校推薦同様）という特別な入試制度を設けています。

生活指導
忘れ物・遅刻・連絡・提出物等、社会人になった時に大切な基本的生活習慣を身に付けられるよう、生活指導もしっかり行います。

生徒情報

【不登校生】
自分のペースに合わせてコースを選べ学期ごとでの変更もできるので心配ありません。不登校だった生徒に対しては、教育相談を実施します。（生徒相談室あり）
【転編入生】
前在籍高校で修得した単位数と在籍期間は全て累積加算します。本校在学中に高卒業程度認定試験で合格した科目を振り替えることはできますが、学習指導要領の標準単位を上限とします。転・編入生の入学時期は各学期始めですが、随時入学可能です。
【保護者連絡】
保護者への連絡は、電話、さくら連絡網（メール）、郵便、家庭訪問、「並木学院新聞」発行などにより、頻繁に行っています。

【生徒数】　　　　　　　　　　　　　　　　2023 年 5 月 1 日現在

年次	生徒数	男子	女子
無学年制	807 名	457 名	350 名

【教員数】
　教員：69 名
　カウンセラー：スクールカウンセラー（臨床心理士）によるカウンセリングを受けることができます。

2024 年度の募集要項

募集について
募集人員：普通科　2300 名
出願期間：随時出願受け付けしています。
試　験　日：出願後随時実施
選考方法：各コース・クラスによって異なります。
　　　　　（面接・書類・筆記等）
選 考 料：10,000 円

学費について
入学金：50,000 円
授業料：通信コース…24,700 円（1 ヵ月）
　　　　総合教養コース 2 日制・フリースタイルコース…38,400 円
　　　　　　　　　　　　　　　　　　　　　　　　　　（1 ヵ月）
　　　　総合教養コース 5 日制…49,700 円（1 ヵ月）

2022 年度卒業生の進路状況

【進学先】
卒業者数…157 名
大学…37 名　　　　　　　専門学校…37 名
【主な合格実績】
広島修道大、安田女子大、広島工業大、学習院大、帝京大、大阪学院大、大阪芸術大、川崎医療福祉大、岡山理科大、広島アニマルケア専門他多数
【指定校推薦】
神戸学院大、広島経済大、広島工業大、広島国際大、広島文教大、流通科学大、美作大、日本福祉大、学習院大、九州共立大、岡山理科大他多数

◇◇◇◇◇◇◇◇◇ **この学校にアクセスしてみよう！**

学校説明会	入学前電話相談	文化祭見学	体育祭見学	資料請求
○ 要予約	○	―	―	○

※資料はインターネット（ホームページ有り）、電話申込み、直接来校にて、請求して下さい。
▼学校説明会・オープンスクール　随時（各学期ごとに日程を設けます）

並木学院福山高等学校

（なみきがくいんふくやまこうとうがっこう）

(https://nfh.ed.jp)

■校長名：野口　利三
■住　所：〒720-0072　広島県福山市吉津町 12-27
■電　話：084-982-7329　■ＦＡＸ：084-982-7332
■最寄駅：JR 山陽本線「福山」駅下車、徒歩 15 分
■生徒が入学できる都道府県：広島、岡山
■沿革：平成 23 年 4 月　開校
■創立理念：一人ひとりの能力を最大限に引き出し、引き伸ばす。

■形態・課程・学科：独立校・単位制による通信制課程・普通科
■入学・卒業時期：
　・入学時期：4 月、10 月　　・卒業時期：3 月、9 月
■修業年限：3 年以上（在籍最長年数：9 年）
■学期制：2 学期制　　■卒業認定単位数：74 単位以上
■始業時間：9：30 ～　　■技能連携：なし
■実務代替：36 単位まで認定（卒業に必要な単位に含む）
■技能審査：36 単位まで認定（卒業に必要な単位に含む）
■開設講座数：約 83 講座

スクーリングの日数と場所

【登校日数】
　①基本コース（1 日制）
　　　　　　　：通信制クラス　　（水曜日）
　　　　　　　：集中クラス　　　（前期・後期末の約 1 週間程度）
　②2 日制コース：2 日制クラス　（月・火・水・木・金より 2 日）
　　　　　　　：個別クラス　　　（水曜日）
　　　　　　　：フレキシブルクラス　　（フリー）
　　　　　　　：ネット学習クラス　　　（フリー）
　③4 日制コース：特進クラス　　（月・火・木・金）
　　　　　　　：進学クラス　　　（月・火・木・金）
　　　　　　　：総合クラス　　　（月・火・木・金）
　　　　　　　：学年別クラス　　（月・火・木・金）

【場　所】
　本校

併修・単位
「高大、高専連携」単位「高等学校卒業程度認定試験」の読み込みも可。

進学補習指導
進学希望の生徒には、進学対策講座・進学合同説明会・e-learning システム・模試等で指導しています。
また集団の苦手な生徒には個別クラス・フレキシブルクラス・ネット学習クラス等があります。

クラブ活動
陸上競技部、卓球部、書道部、美術部、文芸部、パソコン部、柔道部、e スポーツ部

学校行事
修学旅行（東京ディズニーランド、2 泊 3 日）
その他、球技大会、ガイダンス、遠足、新入生歓迎会、校外体育（ボウリング、ゴルフ、ウォーキング、アイススケート、スキー）、文化祭　等

生活指導
学校指定の制服はありますが、基本的には自由です。
（4 日制コースは制服着用のこと。）

◇◇◇◇◇◇◇◇　この学校にアクセスしてみよう！

学校説明会	入学前電話相談	文化祭見学	体育祭見学	資料請求
○ 要予約	○	○	−	○

※資料は電話、HP で請求して下さい。

▼学校説明会・体験入学等
学校説明会日程につきましては、HP をご覧ください。
また、個別にも学校説明会を行っております。お電話にてご予約ください。
https://nfh.ed.jp

生徒情報

【不登校生】
不登校を経験した生徒には、基本（1 日制）コースや 2 日制個別クラスを設けています。

【転編入生】
高卒認定試験で合格した科目は全て振り替えることができます。転編入生は随時入学できます。

【保護者連絡】
各期の受講登録、保護者会、ガイダンス、三者懇談等でコミュニケーションをはかります。保護者面談、電話、出席状況の送付等で連絡を取ります。

【生徒数】（2023 年 5 月 1 日現在）
　267 名

【教員数】
教員：男性 5 名、女性 4 名／講師：男性 4 名、女性 8 名
スクールカウンセラー：1 名

2024 年度の募集要項

募集について

【推薦入試】
募集人員：400 名
出願期間：一次…2023 年 12 月 8 日（金）～ 12 月 15 日（金）
　　　　　二次…2024 年 1 月 17 日（水）～ 1 月 24 日（水）
試 験 日：一次…2023 年 12 月 20 日（水）
　　　　　二次…2024 年 1 月 31 日（水）
選考方法：面接・作文・書類選考
　　　　　（基本コース・週 4 日制コース総合クラスは学力（英・数・国）テストあり）
選考料：10,000 円

【一般入試】
募集人員：400 名
出願期間：
　専願出願…2024 年 2 月 1 日（木）～ 4 月 19 日（金）
　併願出願（前期）…2024 年 2 月 9 日（金）～ 4 月 19 日（金）
　併願出願（後期）…2024 年 9 月 2 日（月）～ 9 月 30 日（月）

試 験 日：随時
選考方法：面接・作文・書類選考
　　　　　（基本コース・週 4 日制コース総合クラスは学力＜英・数・国＞テストあり）
選 考 料：10,000 円

学費について

入 学 金：50,000 円　※推薦入試合格者は免除
授 業 料：基本コース 23,000 円／月
　　　　　2 日制　　　38,000 円／月
　　　　　4 日制　　　46,000 円／月
施設設備費：1,500 円／月
※本校は就学支援金の対象校となっています。上記の金額より、就学支援金分が減額となります。

2022 年度卒業生の進路状況

【主な合格実績】
大学：
長崎県立大学、尾道市立大学、立命館大学、近畿大学、神戸学院大学、京都橘大学、川崎医療福祉大学、広島工業大学、福山大学、広島修道大学、岡山理科大学、倉敷芸術科学大学、吉備国際大学、中国大学　他
専門学校：
岡山情報ビジネス学院、福山医療専門学校、穴吹ビジネス専門学校、福山医師会看護専門学校、岡山理科大学専門学校　他

北海道
青森
岩手
宮城
秋田
山形
福島
茨城
栃木
群馬
埼玉
千葉
東京
神奈川
新潟
富山
石川
福井
山梨
長野
岐阜
静岡
愛知
三重
滋賀
京都
大阪
兵庫
奈良
和歌山
鳥取
島根
岡山
★広島
山口
徳島
香川
愛媛
高知
福岡
佐賀
長崎
熊本
大分
宮崎
鹿児島
沖縄

【通信制】　　　　　　　　　　　　　　　　　　　　　　　（単位制）

学校法人 鶴学園 広島工業大学高等学校
（がっこうほうじん つるがくえん）（ひろしまこうぎょうだいがくこうとうがっこう）

(https://www.kodaikoko.ed.jp)

■**校長名**：山口　健治
■**住　所**：〒 731-3163　広島県広島市安佐南区伴北 6 丁目 4104-2
■**電　話**：082-849-6755　■**ＦＡＸ**：082-848-0167
■**最寄駅**：JR 山陽本線「五日市」駅よりスクールバスで約 50 分
　　　　　アストラムライン「大原」駅よりスクールバスで 10 分
■**生徒が入学できる都道府県**：広島、山口
■**沿革**：
　昭和 31 年　鶴虎太郎先生を校祖として鶴襄先生（つるのぼる）により広島市
　　　　　　西蟹屋町に広島高等電波学校を創設
　平成 23 年　広島工業大学高等学校に通信制課程（エンカレッジコース）を併設
■**創立理念**：
　建学の精神 「教育は愛なり」
　教育方針 「常に神と共に歩み社会に奉仕する」

■**形態・課程・学科**：
　単位制による通信制課程・普通科・共学
■**入学・卒業時期**：
　・入学時期：4 月（転編入生は随時）
　・卒業時期：9 月、3 月
■**修業年限**：3 年以上
■**学期制**：4 学期制　■**卒業認定単位数**：74 単位以上
■**始業時間**：10 時 30 分 ～ 15 時 40 分
■**技能連携**：なし
■**開設講座数**：64 科目

スクーリングの日数と場所

【**登校日数**】
　自分のペースで学べる個別の時間割を作成します。
　毎日（月〜金）スクーリングを展開。
【**場　所**】
　沼田キャンパス（広島工業大学沼田校舎）
　〒 731-3163　広島市安佐南区伴北 6 丁目 4104-2
　TEL：082-849-6755
　商工センター入口発 JR 五日市駅経由のスクールバスがあります。（アストラムライン「大原駅」「大塚駅」「広域公園前駅」からもご利用いただけます）

特色
　一般的な通信制とは、教育プログラムが異なります。
　　①自分の心と向き合う学び
　　②社会的自立を確かにする交流学習
　　③テーマ追求型のひとり学び
　を 20 万㎡の森のキャンパスで展開します。

併修・単位
　併修はできません。

授業（スクーリング）内容
　主要 5 教科の他にも、乗馬、工芸、アドベンチャー活動のような特色ある授業を展開しています。

学校行事
　新入生歓迎会・夏至祭・エンカレ祭・秋分祭・修学旅行・学習発表会・春分祭　等

◇◇◇◇◇◇◇◇ **この学校にアクセスしてみよう！**

学校説明会	入学前電話相談	文化祭見学	体育祭見学	資料請求
○	○	○	—	○

※資料は入試事務室：TEL082-849-6755 にお電話下さい。

生徒情報

【**学校生活**】
チューター制を導入しております。学習から生活の相談まで親身に対応します。学年やクラスはなく、異年齢で構成しています。
【**転編入生**】
前籍校での修得単位・高卒認定試験で合格した科目は振り替えることができます。転編入生は随時入学試験を行います。
【**保護者との連携**】
各チューターが保護者の方々と、連絡を密に取り合い学校の様子や学習状況などをお伝えします。また、カウンセラー等も保護者の相談に対応します。

【**生徒数**】単位制普通科（学年はありません）　　2023 年 12 月 1 日現在
生徒数 133 名　男女比は 6：4
【**教員数**】
教員：男性 10 名、女性 8 名
カウンセラー：1 名

2024 年度の募集要項

募集について
　募集人数：年間 80 名
　出願期間：2023 年 12 月 20 日（水）〜
　試験日：
　A 日程…2024 年 1 月 16 日（火）、17 日（水）、18 日（木）
　B 日程…2024 年 2 月 15 日（木）
　C 日程…2024 年 3 月 14 日（木）
　D 日程…2024 年 3 月 21 日（木）
　選考方法：小論文・面接
　選考料：17,000 円

学費について

入 学 金：	220,000 円
授 業 料：	33,000 円 ／月
施設設備費：	3,000 円 ／月
諸　　　費：	3,000 円 ／月
合　　　計：	39,000 円 ／月

（但し支援金額に応じて減額）

2022 年度卒業生の進路状況

【**進学先**】
大学…11 名　　　　専門学校…11 名
【**主な合格実績**】
広島工業大学、広島文教大学、広島国際大学、広島経済大学、広島女学院大学、比治山大学、帝京大学、広島工業大学専門学校、広島コンピューター専門学校、穴吹デザイン専門学校、ＩＧＬ医療福祉専門学校、広島歯科技術専門学校、岩国 YMCA 国際医療福祉専門学校、AWS 動物学院
【**指定校推薦**】
広島工業大学・広島工業大学専門学校への学園内推薦制度を設けています。

【通信制】 （単位制）

広島国際学院高等学校

（ひろしまこくさいがくいんこうとうがっこう）

■校長名：岡田　隆治
■住　所：〒739-0321　広島県広島市安芸区中野6-20-1
■電　話：082-820-2515
■ＦＡＸ：082-820-2512
■生徒が入学できる都道府県：広島、山口
■沿革：2021年4月　開設

■形態・課程・学科：
　併設校、単位制による通信制、普通科
■併設する課程：全日制
■併設課程への転籍：不可
■入学時期：
　・入学時期　4月　　・卒業時期　3月
　・転編入学　2024年4月以降随時
■修業年限：
■学期制：3学期制　　■卒業認定単位数：74単位
■始業・終業時刻：10：00 〜 15：40（全日コース）
　　　　　　　　　　10：20 〜 15：40（週3日コース）
■技能連携：なし　　　■実務代替：なし
■技能審査：なし
■開設講座数：45講座

スクーリングの日数と場所

【登校日数】
　　・週3日コース…週3回（月・水・金）
　　・全日コース…週5回（月〜金）
【場　所】
　　広島国際学院高等学院　中野キャンパス

特色
学びの気持ちを持続させ豊かな教養を身につける全日コースと、自分のペースで学びながら希望の進路を選択する週3日コースを併設し、生徒のニーズに対応できます。

クラブ活動
【クラブ数 0】

学校行事
始業式、終業式、卒業式、文化祭

進学補習指導
適宜

併修・単位について
なし

生活指導
全日制課程に準ずる生活指導をしています。
制服または私服での学校生活となります。

生徒情報

【不登校生】

【転編入生】
転編入は随時入学可能です。

【保護者連絡】
保護者または生徒本人にはClassiで連絡します。また年に3回（学期末）ほど三者面談を行っています。

【生徒数】2024年1月1日現在
　23名（男子12名、女子11名）
【教員数】
　教員：男性4名、女性1名
　講師：男性10名、女性3名

2024年度の募集要項

募集について
募集人員：
出願期間：
試験日：　　詳細はお問い合わせください。
選抜方法：
選考料：

学費について
授業料：　　　　38,000円／月
諸費：　　　　　20,000円／年
施設設備費：　　3,000円／月

※要件を満たす場合は、国の就学支援金や県の授業料等軽減制度の利用ができます。

卒業生の進路状況

【主な合格実績】
広島修道大学、広島国際大学、広島文化学園大学、立命館大学、大東文化大学、日本福祉大学、関西福祉大学、広島医療秘書こども専門学校、広島アニマルケア専門学校、バンタンゲームアカデミー

【指定校推薦】
あり

◇◇◇◇◇◇◇◇◇ この学校にアクセスしてみよう！

学校説明会	入学前電話相談	文化祭見学	体育祭見学	資料請求
未定	○	—	—	○

【通信制】 （単位制）

広島市立広島みらい創生高等学校

（ http://www.miraisousei-h.edu.city.hiroshima.jp ）

■**校長名**：井林　秀樹
■**住　所**：〒730-0051　広島県広島市中区大手町四丁目4番4号
■**電　話**：082-545-1671　■**FAX**：082-545-1672
■**最寄駅**：広島電鉄「市役所前」下車　徒歩約4分
■**生徒が入学できる都道府県**：広島
■**沿革**：
　平成30年4月　　開校
　平成30年7月　　新校舎竣工
■**創立理念**：
　生徒一人ひとりの個性を最大限に伸長させ、社会の発展に貢献
　できる人間性豊かな活力ある人材を育成する。

■**形態・課程・学科**：
　定通併置校・単位制・フレキシブル課程通信教育コース（通信
　制の課程）・キャリアデザイン科（総合学科）
■**入学・卒業時期**：
　・入学時期：4月、10月　　・卒業時期：3月、9月
■**併置する課程への転籍**：
　学習状況等により、定時制課程への転籍が可能。
■**修業年限**：3年以上（在籍最長年数：8年）
■**学期制**：2学期制　　■**卒業認定単位数**：74単位
■**始業時間**：8：50～21：10（曜日により異なる）
■**技能連携**：なし　　■**実務代替**：なし
■**技能審査**：あり。卒業に必要な単位に含む。教育課程と照合・
　判断し認定。
■**開設講座数**：62講座・56科目（令和5年時点）

スクーリングの日数と場所

【登校日数】
　2週間に1回（日曜、月曜もしくは火曜）または毎週1回（木
　曜夜）
【場　所】
　本校

特色
　日・月・火・木からスクーリング日を選択するなど、
　自分のライフスタイルに合わせて学習することができ
　ます。

併修・単位
　進路に関する科目のみ通定併修可。

進学補習指導
　進学希望の生徒に対しては進路ガイダンスを行いま
　す。また、教科別質問教室の開催など、個別指導を行い
　ます。

クラブ活動
　【部活動数：13】
　令和5年度全国大会出場：卓球部、陸上競技部、ソフ
　トテニス部

学校行事
　文化祭、通信大会（生徒交流会）

生活指導
　制服はありません。学びの場にふさわしい服装を心掛
　けるよう促しています。バイク・自動車通学は不可。
　校内での携帯・スマホ・電子機器（ゲーム等）の使用
　不可。

生徒情報

【不登校生】
生徒一人ひとりの個性や特性を理解し、多様な背景などに配
慮した教育支援体制を整えています。

【転編入生】
前籍校で修得した単位は、本校の教育課程にあわせて卒業に
必要な単位数に加えることができます。高卒認定試験で合格
した科目は単位の修得を認めることができます。転編入生の
入学時期は各学期の始めです。

【保護者連絡】
生徒の状況により、電話連絡・保護者面談・通信の送付など
を随時行っています。

【生徒数】（2023年5月1日現在）
　1,088名（通信制課程）

【教員数】
　教員：男性16名、女性15名／講師：男性5名、女性1名
　スクールカウンセラー：週3日ほどの勤務

2024年度の募集要項

募集について

【一般入試】
募集人員：400名
出願期間：
一次選抜〈出願登録〉…2024年1月24日～2月9日正午
二次選抜〈出願登録〉…2024年3月13日～3月15日正午
試験日：
一次選抜…2024年2月27日～2月29日
二次選抜…2024年3月22日
選考方法：
一次選抜…学力検査、自己表現、面接
二次選抜…自己表現、面接
入学者選抜料：950円

学費について

【初年度学費】
入　学　料：1,100円
そ　の　他：PTA会費及び生徒会費等の諸費や教科書・教
　　　　　　材費等

2022年度卒業生の進路状況

【主な合格実績】
卒業生…217名
4年制大学…50名　　短大…3名
専門学校…51名　　各種学校…6名　　　就職…29名

◇◇◇◇◇◇◇◇◇◇ この学校にアクセスしてみよう！

学校説明会	入学前電話相談	文化祭見学	体育祭見学	資料請求
○	○	－	－	－

▼学校説明会・体験入学等
　8月、10月に開催

広島新庄高等学校（未来デザインコース）

ひろしましんじょうこうとうがっこう

(https://www.shinjou.jp)

■校長名：荒木　猛
■住　所：〒 731-2103　広島県山県郡北広島町新庄 848
■電　話：0826-82-2323
■ＦＡＸ：0826-82-3273
■生徒が入学できる都道府県：広島、島根
■沿革：
　明治 42 年（1909 年）5 月 3 日、新庄女学校として設立され、その後共学の中高一貫校となる。2024 年 4 月、高校通信制課程を開設する。
■創立理念：
　「至誠一貫」「質実剛健」「協力一致」を校訓とし、日本及び世界の平和・文化に貢献する有為な人物を育成する。

■形態・課程・学科：併設校、単位制による通信制、普通科
■併設する課程：全日制
■併設課程への転籍：
　可（必要単位の修得、学力、意欲などをみる校内審査をして全日制への転籍が可能）
■入学時期：
　・入学時期　4 月
　・卒業時期　3 月
■修業年限：3 年以上（在籍最長年数：8 年）
■学期制：3 学期制　　■卒業認定単位数：74 単位
■始業・終業時刻：
■技能連携：　　　　■実務代替：
■技能審査：　　　　■開設講座数：27 科目

スクーリングの日数と場所

【登校日数】
　　週 2 回（火曜日・隔週土曜日）
【場　　所】
　　本校

	特色

クラブ活動	希望により相談。全日制と活動可。

学校行事	修学旅行（関西方面に 1 泊 2 日）、スキー教室。他、地元の自然や歴史力を見学・体験する活動を行います。

進学補習指導	全日制進路指導室の利用や担任による進路指導を行います。学力不振に関しては、自由登校日を利用して個別対応を行います。

生活指導	全日制課程に準じます。

生徒情報

【不登校生】

【転編入生】
高卒認定試験で合格した科目を振り替えられます。
入学次期は各学期初めですがご相談ください。

【保護者連絡】
面談は年に 3 回程度、その他必要に応じて行います。
校内連絡用アプリ、電話、面談

【生徒数】※ 2024 年 4 月開設のためまだいません
　　　名（男子　名、女子　名）

【教員数】
　教員：男性 8 名、女性 4 名
　カウンセラー：1 名（週 1 回／木曜日）

2024 年度の募集要項（予定）

募集について

募集人員：
出願期間：
試　験　日：第 1 回…12 月
　　　　　　第 2 回…1 月
　　　　　　第 3 回…2 月
　　　　　　第 4 回…3 月
選抜方法：書類審査、作文、面接
選　考　料：17,000 円
※出願前に本人・保護者同伴の面談をします。

学費について

入学金：　　210,000 円
授業料：　　26,000 円／月

2022 年度卒業生の進路状況

【主な合格実績】　　　※ 2024 年 4 月開設のためまだいません
卒業生…　名
4 年制大学…　名　　　短大…　名
専門学校…　名　　　各種学校…　名　　　就職…　名
【進路先】

【主な合格実績】

【指定校推薦】
あり

◇◇◇◇◇◇◇◇◇◇ この学校にアクセスしてみよう！

学校説明会	入学前電話相談	文化祭見学	体育祭見学	資料請求
○	○	○	○	○

▼学校説明会
　5 月、7 月、9 月、10 月、11 月、12 月に開催
※資料は HP・電話にてお申し込みください。
※文化祭…11 月、体育祭…5 月

北海道 / 青森 / 岩手 / 宮城 / 秋田 / 山形 / 福島 / 茨城 / 栃木 / 群馬 / 埼玉 / 千葉 / 東京 / 神奈川 / 新潟 / 富山 / 石川 / 福井 / 山梨 / 長野 / 岐阜 / 静岡 / 愛知 / 三重 / 滋賀 / 京都 / 大阪 / 兵庫 / 奈良 / 和歌山 / 鳥取 / 島根 / 岡山 / ★広島 / 山口 / 徳島 / 香川 / 愛媛 / 高知 / 福岡 / 佐賀 / 長崎 / 熊本 / 大分 / 宮崎 / 鹿児島 / 沖縄

【広域通信制】 （単位制）

松陰高等学校
（しょういんこうとうがっこう）

(https://www.sho-in.ed.jp　E-mail：info@sho-in.ed.jp)

- ■校長名：湯山　俊樹
- ■住　所：〒740-0904　山口県岩国市錦町宇佐郷507
- ■電　話：0827-74-5200　　■FAX：0827-74-5201
- ■最寄駅：錦川鉄道「錦町」駅下車、バス30分
- ■生徒が入学できる都道府県：47都道府県
- ■沿革：
  平成23年1月1日　広域通信制普通科高等学校として山口県知事より認可を受け開校

■教育理念：
「19世紀末の世界史の奇跡」といわれる日本近代化の礎を築いた山口県に本校を構え、画一的な授業形態ではなく、社会とどうつながるかを、生徒自身が考え、見出す事を目標としています。生徒一人ひとりのどんな個性も価値観も尊重し、生徒の「個」に応じた教育を実践します。比較的自由に時間を使えるという通信制高校のメリットを活かしながら、生徒自らが、学問の面白さを実感し、自分自身を見つめる時間を教職員と共有することで、進路の実現を果たせるようサポートを続けています。

■形態・課程・学科：
独立校・単位制による通信制課程・普通科

■入学・卒業時期：
- ・入学時期　新入生（4月）、編入生（4月、10月）、転入生（随時）
- ・卒業時期　3月、9月

■修業年限：
- ・3年以上（在籍最長年数：6年）

■学期制：2学期制
■卒業認定単位数：74単位
■始業・終業時刻：9時30分〜17時（1日6時間）
■技能審査：あり（他の学校外学修と合わせて36単位まで卒業に必要な単位に含む）
■開設講座数：30科目

スクーリングの日数と場所

【場　所】
本校・全国学習センター
※全国どの学習センターでも本校と同じようにスクーリングを受けることができます。

各種コース紹介 ※各学習センターによってコースが異なります。

●オンラインサポートプラス
大学進学の指導を長年手掛けてきた、スタッフが大学受験のノウハウを活用し、一人ひとりの学力、個性と向き合った完全個別対応のサポートをオンラインで受けることができます。

●プログラミングコース
プログラミングスクールを全国運営する、IT教育専門企業と提携し、日々の学習指導を受けながら、プログラミングの専門学習をオンラインで学べるカリキュラムを構築しております。

●同時入学コース
アメリカの通信制高校へ同時入学し、日本とアメリカの高校卒業資格取得を同時に目指すことができるコース（ワールドアローズインターナショナルスクール）や、昨今需要が高まってきているメタバースクリエイター人材を養成するMEキャンパスとの提携がスタートしています。

● Voice Study コース
「話し方でより人生を豊かに」をテーマに、日常のコミュニケーションに不可欠な話し方から、声のお仕事（声優など）を目指す人のレベルまで幅広い場で使える講義内容を展開しています。

●スポーツコース
2022年度よりテニス部、フィギュアスケート部の活動がスタートしています。また硬式野球部の生徒募集もスタートしており、生徒の国内外の活動をサポートしながら、高体連の大会へのエントリーも行っております。

特色

●少人数を対象に学習するゼミ形式の授業や、マンツーマンで行う個別指導など、生徒それぞれの学力や個性に対応したきめ細かな学習指導を行っています。とくに集団活動の苦手な生徒には、寺子屋式の対面指導やオンラインを利用した学習が有効で、効率のよい学習ができています。
●生徒の悩みや相談事項について、専門のカウンセラーが対応できるようにしています。
●英語や数学など学力差の大きい科目の学習においては、基礎学力の定着から大学受験レベルまで、それぞれの生徒の学力に対応したレポート指導等を行っています。
●個別学習プランの作成をもとに難関大学を目指すオンラインコースがあります。
●生徒に国際社会で活躍したいとする意欲と関心を持たせられるよう、英会話など英語コミュニケーション力を身につける学習を積極的に行っています。さらに、語学研修や海外留学を希望する生徒には、充実した実用英語の学習とともに旅行手続きのサポートも行っています。松陰高等学校は本校に通うことなく全国全ての学習センターのみで、高校卒業資格を取得することができます。

■タブレット学習も推奨しています
タブレット活用により、時間、場所に関係なく以下の機能が可能になります。
- ①レポート学習、提出
- ②メディア視聴（教科書解説動画、NHK高校講座等）
- ③サテライト講座（英会話等）
- ④ Web上の学校連絡掲示板の活用
タブレット上の様々なコンテンツで学習を進めることにより、進路や目標の実現に向け、反復学習を行うことができます。また、従来の通信教育よりもさらに自由に、効率的に学習することができます。※一部の学習センターでは、タブレットを利用できない場合があります。

併修・単位について

併修できます。高卒程度認定試験の受験生の一部科目履修はできます。

進学指導

個人面談を重ね、個々の能力や適性をみきわめた上で、生徒本人の意思や目標を尊重した進学指導を行っています。進路決定期には小論文対策、面接等のきめ細かい個別指導を行います。AO入試、推薦入試から一般入試、二次試験まで幅広く対応できます。

個別指導

授業やレポートに関してわからない箇所や問題があれば個別指導を受けることができます。また、基礎学力の向上から進学指導まで幅広く指導を受けられます。また気軽に教職員に相談できる環境を整えています。

学校行事

・修学旅行は実施予定（行き先は未定）
・芸術鑑賞、校外学習、宿泊研修

生活指導

誰もが安心して通学できる環境をつくるため、「社会ルール」を守るように生活指導を行っています。平成25年度より制服を導入しています。着用については自由選択です。

生徒情報

【不登校生】
過去に不登校だった生徒には、カウンセリングを行います。

【転編入生】
・前籍高校で修得済の単位は原則として認められます。
・転編入生の入学は随時受けつけます。

【保護者連絡】
電話連絡を必要に応じて行います。成績表の通知送付、保護者面談、各連絡文書送付など。

【生徒数】 　　2023年7月現在

年次	生徒数	男女比	クラス数	1クラスの平均人数
1年次	353名	4：6	クラス	名
2年次	462名	5：5	クラス	名
3年次	421名	5：5	クラス	名

【教員数】

教員数：男性5名、女性6名／講師数　男性20名、女性15名
カウンセラー：常駐1名
※上記は本校の教員数です。各学習センターにより異なります。

2024年度の募集要項

募集について

【一般入試】
収容人員：1,200名
出願期間：2023年12月1日（金）〜
試験日：各学習センターにお問い合わせください。
選考方法：書類選考、面接、基礎学力テスト
選考料：10,000円

学費について

入学金：　　　　0円
授業料：　　288,000円
施設設備費：　　36,000円
教育運営費：　　50,000円
教育充実費：※入学の際各学習センターにご確認ください。

※入学の際各学習センターにご確認ください。

この学校にアクセスしてみよう！

学校説明会	入学前電話相談	文化祭見学	体育祭見学	資料請求
○	○	−	−	○

※学校説明会は随時行っています。電話などでご確認ください。
※資料は電話またはホームページからの請求となります。

＜学校の施設＞

校地面積	3,875m²	図書室	あり
体育館	あり	視聴覚教室	なし
グラウンド	あり	ラウンジ	なし
プール	なし	カウンセリング室	あり
多目的ホール	あり		

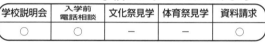

【学習センター】

本校	山口県岩国市錦町宇佐郷507 TEL：0827-74-5200	
岩国学習センター	山口県岩国市麻里布町2-6-25　7F TEL：0827-22-3900	
島根松江学習センター	島根県松江市宍道町宍道1178-4 TEL：0852-25-6343	
大阪梅田学習センター	大阪府大阪市北区芝田2-1-18　西阪急ビル7F TEL：06-6372-7220	
愛知春日井学習センター	愛知県春日井市中央通1-88　駅前第3共同ビル3F TEL：0568-93-6790	
滋賀草津学習センター	滋賀県草津市大路2-3-11　成基草津ビル TEL：077-501-5300	
静岡浜松学習センター	静岡県浜松市中区上島6-25-9 TEL：053-412-0675	
名古屋西学習センター	愛知県弥富市五明町内川平465-1 TEL：0567-67-6488	
愛知岡崎学習センター	愛知県岡崎市大平町石亀65-1 TEL：0120-672-758	
神戸元町学習センター	兵庫県神戸市中央区下山手通8-4-26 TEL：078-341-1897	
岡山中央学習センター	岡山県岡山市北区中山下1-10-10　新田ビル4・5F TEL：0120-270-920	
大阪南森町学習センター	大阪府大阪市北区東天満1-4-3 TEL：06-6881-0803	
みなとみらい学習センター	神奈川県横浜市中区本町4-43　A-PLACE馬車道7F TEL：045-264-4637	
徳島阿南学習センター	徳島県阿南市富岡町今福寺12-3　中原ビル2F TEL：0884-23-4303	
北摂川西学習センター	兵庫県川西市小花1-6-21　肥爪第2ビル3F TEL：072-756-8072	
岩手盛岡学習センター	岩手県盛岡市盛岡駅前通2-30 D'グラフォート盛岡駅前タワーズ102 TEL：019-623-2881	
静岡富士学習センター	静岡県富士市爪島町167 TEL：0545-51-0337	
堺なかもず学習センター	大阪府堺市北区百舌鳥梅町3-1-3 TEL：06-6946-7588	
堺深井学習センター	大阪府堺市中区深井清水町1797-1 TEL：06-6946-7588	
大阪福島学習センター	大阪府大阪市福島区大開1-1-1 TEL：06-6946-7588	
名古屋駅前学習センター	愛知県名古屋市中村区椿町21-2　第3太閣ビル10F TEL：052-446-8008	
兵庫尼崎校	兵庫県尼崎市潮江1-15-3 TEL：06-4960-7351	

丸亀校	香川県丸亀市浜町45-1 TEL：0877-85-3766	
高松校	香川県高松市亀井町8-11 TEL：087-813-3781	
燕三条校	新潟県三条市興野2-2-58　りとるたうんA2-1 TEL：0256-47-1140	
大阪心斎橋学習センター	大阪府大阪市中央区西心斎橋1-10-5　2F TEL：06-6243-7779	
浦安学習センター	千葉県浦安市北栄3-33-10 TEL：0120-59-3782	
京都学習センター	京都府京都市伏見区桃山町伊庭郡部町5-2　知求館ギャラクシー成基学園3F TEL：0120-59-3782 ※ 0120-59-3782 TEL：075-606-1100	
金沢校	石川県金沢市駅西本町1-13-25　システム金沢ビル2F TEL：0120-968-389	
加古川校	兵庫県加古川市別府町別府986-11　藤田ビル TEL：079-437-3395	
新潟中央校	新潟県新潟市中央区東大通2-3-28　パーク東大通ビル4F TEL：0120-250-013	
福岡天神学習センター	福岡県福岡市中央区天神3-16-24　ハーツ天神ビル6F TEL：092-753-8577	
川崎学習センター	神奈川県川崎市川崎区小川町4-1　ラチッタデッラマッジョーレ2F TEL：044-201-8188	
富山学習センター	富山県魚津市双葉町4-1 TEL：0765-23-1864	
日進学習センター	愛知県日進市赤池1-2313　山田店舗2F TEL：052-700-5400	
京都二条学習センター	京都府京都市中京区西ノ京職司町63-2　フィル・パーク京都二条2F TEL：075-823-6230	
名古屋中央学習センター	愛知県名古屋市中村区名駅南1-3-17　2F・3F TEL：052-485-4455	
彦根学習センター	滋賀県彦根市西今町字下郷77-8　ギャザ1F TEL：0749-47-5502	
広島学習センター	広島県広島市南区荒神町5-4　KMNビル2F・4F TEL：082-548-8880	
市川妙典学習センター	千葉県市川市妙典5-17-19 TEL：0120-59-3782	
新浦安学習センター	千葉県浦安市入船4-13-5 TEL：0120-59-3782	
西船橋学習センター	千葉県船橋市東中山2-14-25 TEL：0120-59-3782	
北大路学習センター	京都府京都市北区小山北上総町13　知求館成基学園内 TEL：075-366-2295	
木更津学習センター	千葉県木更津市大和一丁目8番地6　モリビル2F TEL：0438-97-7165	

【広域通信制】　　　　　　　　　　　　　　　　　　　　　　（単位制）

せいかがくえんこうとうがっこう

精華学園高等学校

(https://www.seikagakuen.ac.jp)

■校長名：西村 悟
■住 所：〒 754-0026　山口県山口市小郡栄町 5-22
■電 話：083-976-8833（代表）　■FAX：083-976-8839
■最寄駅：「新山口」駅
■生徒が入学できる都道府県：全都道府県
■沿 革：
　2009 年 7 月 1 日　精華学園高等学校開校
　2013 年 4 月 1 日　本校移転
■創立理念：
　本校は、徹底的に生徒の立場に立ち、あたたかく、かつ甘えのない指導を貫くことを教育方針としています。生徒の皆さんが生きる力を育み、未来を自ら切り開く自立心と、心豊かな冒険心あふれる逞しい精神を持ち、日本の未来を担う有為な青少年に育てていこうとする教育理念のもとに設立しました。

■形態・課程・学科：
　独立校・単位制による通信制・普通科
■入学・卒業時期：
　入学時期　随時　　・卒業時期　3 月、9 月
■修業年限：3 年以上（在籍最長年数：制限なし）
■学期制：2 学期制　　■卒業認定単位数：74 単位以上
■始業・終業時刻：9：00 ～ 17：00
■技能連携：なし　　　■実務代替：なし
■技能審査：増加単位として認定

スクーリングの日数と場所

【登校日数】
　年間 7 日～ 20 日程度
　※履修科目、補助教材利用状況により変わります。
【場　所】
　本校・全国校舎
　全国どの校舎でも本校と同じようにスクーリング・試験を受けることができます。

【学校へのアクセス】

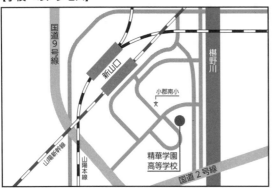

特色

通いたい日、通いたい時間を自由に計画して登校でき、無理なく学習が進められます。自分の夢を叶えたい、自分のペースで学習したい、働いているから学校に行く暇がない、自分の目標に集中したい、集団学習が苦手など、生徒一人ひとりに合わせたカリキュラムを作成、個別対応で先生と相談しながら学習できます。
　レポート課題を中心に、スクーリングと試験を受けて単位を修得し、74 単位以上の修得で卒業可能です。勉強する科目やレポートは、個々の進路や学力に応じて選択可能です。
　転入生・編入生の受入れは随時、柔軟に対応します。また、以前の学校で修得した単位を本校の卒業に必要な単位として認定します。
　精華学園高等学校の校歌は、クリプトン・フューチャー・メディア（株）とのコラボレーションにより、「初音ミク」を使用した公募で生まれました。
　こちらで校歌を聴くことができます。
https://piapro.jp/static/?view=seikagakuen_result

■開講コース
進学個別指導、英語、情報、美大・芸大、声優、イラスト、建設技能、アーティスト、e スポーツ、ドローン、アスリートなど、生徒の皆さんの目標に合わせた各種コースを本校含め、各校舎で開講しています。詳細については、お問い合わせください。

※開設コースにつきましては本校および各校舎ホームページをご確認ください。

■最新のノート型タブレット PC でデジタル学習！
これまでより更にパワーアップして使いやすくなったキーボード付きタブレット PC を入学者全員に無償貸与！
タブレット PC の活用により、時間や場所に関係なく以下の機能が利用できます。
①レポート学習及び提出（一部対応していない科目があります）
②メディア視聴（教科書の内容を分かりやすく解説した動画）
③スタディサプリ高校講座（基礎から大学進学まで幅広いレベルの授業動画）
④日本語検定などの学習専用アプリ
⑤現役一流声優の深見梨加さんや津田英佑さんによる声優コース特別授業動画の視聴
⑥メッセージの送受信
タブレット PC 内の様々な学習コンテンツを利用することで、従来の通信教育よりもさらに自由に、効率的に進路や目標の実現に向けた反復学習を行うことができます。
※卒業時には譲渡されます。
※一部の校舎では、タブレット PC 及びデジタル学習を利用できない場合があります。

■全国初！
精華学園高等学校の各校舎は、学校教育法第 1 条に記されている高等学校の一部に準じると山口県知事より認可されており、レポート添削・面接指導（スクーリング）・試験は本校と同等に実施できます。また、各校舎の管理・運営は学校法人山口精華学園 精華学園高等学校が責任をもって行っています。

単位認定	高卒認定試験や技能審査（英検・TOEIC・P検・漢検・数検など）により単位の一部として認定できます。
学校行事	修学旅行、夏合宿、海水浴、スポーツ大会、社会見学、ヨットクルージング、街頭清掃ボランティア活動、進路相談会など、各種行事を選択して参加できます。
進学指導	生徒の適性に応じた個別指導を行います。先生と相談しながら学習を進めることができます。学力向上、資格取得のための各種講座を用意しています。また、ハローワークとの提携により、学校にて就職指導を受けることができます。
生活指導	生徒一人ひとりの個性や自己表現を大切にします。服装や髪型などの規制はありませんが、社会規範から逸脱しないよう指導します。また、希望者には制服もあります。

生徒情報

【新入生】自分のやりたい事、学習スタイルの柔軟さ、スキルアップを目指して自ら選択し、入学する生徒が増えています。

【転編入生】前籍校で修得した単位は、卒業に必要な単位として認めています。高卒認定試験で合格した科目は 20 単位まで認められます。

【全日制カリキュラムや全体授業に馴染めない生徒の入学】当校は全日制カリキュラムや全体授業に馴染めず入学した生徒が多くいます。家庭と連携しながら、本人に合った学習スタイルに配慮し、前向きに学習及び学校生活に取り組めるよう個別指導にて対応しています。

【保護者連絡】生徒個々の状況に応じて随時行っています。学校新聞の発行や三者面談、個別面談、電話などで個々に対応しています。

【生徒数】

1 年次	2 年次	3 年次	合 計
1,339 名	1,236 名	1,035 名	3,610 名

【教員数】教員：男性 160 名、女性 180 名

2024 年度の募集要項

募集について

募集人員：普通科 3,200 名（男女）
出願期間：毎年 12 月 1 日〜（転編入は随時）
選抜方法：書類選考（必要に応じて面接を実施します）
検定料：10,000 円

学費について

入学金：なし
授業料：1 単位 10,500 円×登録単位数
施設設備費：36,000 円
教育充実運営費：72,000 円

※当校は就学支援金の対象となります。
　保護者の所得状況に応じて授業料に適用されます。

合格実績

【主な合格実績】

【国公立大学】東北大学、茨城大学、東京工業大学、静岡大学、和歌山大学、山口大学、高知大学、九州工業大学、佐賀大学、長崎大学、公立はこだて大学、都留文科大学、岡山県立大学、周南公立大学、山口東京理科大学、下関市立大学、北九州市立大学、鹿児島大学

【私立大学】早稲田大学、慶應義塾大学、明治大学、立教大学、中央大学、法政大学、上智大学、自治医科大学、川崎医科大学、東京理科大学、学習院大学、明治学院大学、日本大学、清泉女子大学、関西大学、関西学院大学、同志社大学、立命館大学、近畿大学、福岡大学、武蔵野美術大学、多摩美術大学、女子美術大学、京都芸術大学、大阪芸術大学 など他多数

【海外の大学】ブリティッシュコロンビア大学、マラヤ大学、エルカミノカレッジ、弘益大学校

【校舎】

函館校	〒 040-0065	北海道函館市豊川町 21-9	TEL:0138-86-6519
札幌校	〒 060-0063	北海道札幌市中央区南 3 条西 3 丁目 12－3　Ｎ・メッセビル 6F	TEL:011-212-1824
上尾校	〒 362-0071	埼玉県上尾市井戸木 2-2-22	TEL:048-856-9800
千葉校日本サーフアカデミー高等部	〒 299-5107	千葉県夷隅郡御宿町浜 2163-93	TEL:0470-62-6075
長南茂原校	〒 297-0112	千葉県長生郡長南町米満 101　長南町立旧豊栄小学校南側校舎 2 階	TEL:047-536-6675
幕張芸術学部校	〒 261-8501	千葉県千葉市美浜区中瀬 1-3　幕張テクノガーデン D 棟 7 階	TEL:043-307-5845
町田校	〒 194-0013	東京都町田市原町田 4-1-10 フジモトビル 4F	TEL:042-739-7140
探究アカデミー東京校	〒 130-0022	東京都墨田区江東橋 1 丁目 11-8　日伸ビル 4 階	TEL:03-6658-5222
東京芸術学部校	〒 169-0073	東京都新宿区百人町 1-22-17　新宿リサーチパークビル 1 階	TEL:03-5337-8114
東京芸術学部 立川校（認可申請中）	〒 190-0012	東京都立川市曙町 1-17-1　石川ビル 3 階	TEL:042-506-1850
横浜芸術学部校（認可申請中）	〒 220-0005	神奈川県横浜市西区南幸 2-18-2　LUCID SQUARE Yokohama West4 階	TEL:045-620-5110
神奈川校日本サーフアカデミー高等部	〒 256-0874	神奈川県小田原市鴨宮 235 番地　江嶋倶楽部 3 階	TEL:0465-43-6427
新潟校	〒 950-0911	新潟県新潟市中央区笹口 1 丁目 12 番地 13　セイプ笹口 2F	TEL:025-240-5215
新潟中央校	〒 951-8068	新潟県新潟市中央区上大川前通 7 番町 1239 番地 1	TEL:025-228-9203
三条校	〒 955-0045	新潟県三条市一ノ門 2-12-17	TEL:0256-33-9339
金沢校	〒 921-8052	石川県金沢市保古 1-36	TEL:076-220-7900
掛川校	〒 436-0111	静岡県掛川市本郷 1418	TEL:0537-64-4152
清水校	〒 424-0816	静岡県静岡市清水区真砂町 4-18	TEL:054-364-7700
富士校（認可申請中）	〒 416-0909	静岡県富士市松岡 1210-6	TEL:0545-67-3239
多治見校	〒 507-0033	岐阜県多治見本町五丁目 9 番地の 1　陶都創造館 2 階	TEL:0572-26-8432
岐阜校	〒 500-8177	岐阜県岐阜市本旗町 1 丁目 1 番地アクナガハタ 2 階	TEL:058-267-6186
岐阜中央校	〒 501-3714	岐阜県美濃市曽代 117-14	TEL:0575-38-9025
豊橋校	〒 440-0806	愛知県豊橋市八町通一丁目 28 番地	TEL:0532-56-8603
名古屋ドーム南校	〒 464-0086	愛知県名古屋市東区砂田橋 4 丁目 4-11 置場ビル 3 F	TEL:052-719-4050
名古屋駅前校	〒 450-0002	愛知県名古屋市中村区名駅 3 丁目 22-4　名駅みのりビル 3 階	TEL:052-462-1313
国際パシフィック名古屋校	〒 461-0001	愛知県名古屋市東区泉 1 丁目 23 番 37 号　PACIFIC ビル 7 階	TEL:052-228-4344
大阪南校	〒 580-0043	大阪府松原市阿保 5-2-4　田中塾 1 階・2 階	TEL:072-339-7006
和歌山校	〒 640-8342	和歌山県和歌山市友田町 2 丁目 145 番地 KEG 教育センタービル 2 階から 6 階	TEL:073-421-1515
レイモンド学園奈良校	〒 636-0821	奈良県生駒郡三郷町立野北 3-12-7　レイモンドヴィレッジ 5 号館 2 階	TEL:0745-44-3432
神戸長田校	〒 653-0036	兵庫県神戸市長田区腕塚町 5 丁目 5 番 1 号　地階 003 区画　アスタにしづか 1 番館北東	TEL:078-754-5770
神戸駅前校	〒 650-0015	兵庫県神戸市中央区多聞通 4 丁目 1 番 2 号 4F 5F	TEL:078-371-7155
姫路校	〒 670-0936	兵庫県姫路市古二階町 80 番地 1F 2F 3F	TEL:079-284-4488
兵庫ハシュアール校	〒 670-0985	兵庫県姫路市東辻井 454 番地 7　手手テナント	TEL:079-290-9577
島根校	〒 690-0824	島根県松江市殿町 180 番地　アイウォーク蓬田ビル 2F　206	TEL:0852-33-7662
岡山校	〒 700-0821	岡山県岡山市北区中山下 1 丁目 7-18　K3 ビル 3 階・4 階・5 階	TEL:0120-66-8512
広島校	〒 732-0053	広島県広島市南区青崎 10-11　加藤ビル　2F	TEL:082-536-1103
東広島校	〒 739-0016	広島県東広島市西条岡町 9-1 岩井ビル 1 階 2 階	TEL:082-424-0580
宮島校	〒 739-0437	広島県廿日市市大野中央 4 丁目 4-16　古田屋 2 階 1 号室	TEL:0829-78-1638
周南校	〒 745-0845	山口県周南市河東町 9 番 35 号	TEL:0834-33-9314
山口宇部校	〒 755-0042	山口県宇部市松島町 17 番 25 号	TEL:0836-39-3430
LAN 学習センター	〒 759-0206	山口県宇部市大字東須恵字丸山本 3517	TEL:0836-44-4423
徳島校	〒 770-0832	徳島県徳島市寺島本町東 3 丁目 12－8　k－1 ビル 4F	TEL:088-678-3744
愛媛校	〒 797-0018	愛媛県西予市宇和町下松葉 374 横崎ハイツ 1 階	TEL:0894-62-4422
福岡中央校	〒 815-0041	福岡県福岡市南区野間町 1 丁目 11-25　新岩城ビル 2 階	TEL:092-552-1117
北九州校	〒 802-0004	福岡県北九州市小倉北区香春口 1 丁目 2-16　米原ビル 4F	TEL:093-512-8858
福岡東校	〒 813-0013	福岡県福岡市東区千早 5-21-8　鶴石ビル 2 階	TEL:092-672-1950
久留米校	〒 830-0032	福岡県久留米市東町 5-13　ミチノ国マンション 301	TEL:0942-65-5551
大分校	〒 871-0027	大分県中津市上宮永 395 番地	TEL:0979-64-6110
沖縄校　夢咲学園	〒 904-2171	沖縄県沖縄市高原六丁目 7 番地 40 号	TEL:098-923-4351
浦添校	〒 901-2133	沖縄県浦添市城間 1-32-7　ハロービル 5 階	TEL:098-874-1234

【通信制】 （単位制）

誠英高等学校
せいえいこうとうがっこう

（ https://www.seiei.ac.jp　E-mail：tsushin@seiei.ac.jp ）

■**校長名**：降矢　麗子
■**住　所**：〒747-0813　山口県防府市東三田尻1丁目2番14号
■**電　話**：0835-38-6161　　■**FAX**：0835-38-6364
■**最寄駅**：JR山陽本線「防府」駅下車、徒歩15分
■**生徒が入学できる都道府県**：
　山口、島根
■**沿革**：
　1926年　　山口県三田尻高等女学校として創立
　1948年　　学制改革により校名を三田尻女子高等学校と改称
　2003年　　校名を誠英高等学校に変え、男女共学になる
　2003年4月　誠英高等学校に通信制を設置

■**形態・課程・学科**：
　併設校・単位制による通信制課程・普通科
■**併設する課程**：
　学年制による全日制課程
■**併設課程への転籍**：できません
■**入学・卒業時期**：
　・入学時期　4月、10月　　・卒業時期　3月、9月
■**修業年限**：
　・3年以上（在籍最長年数：8年）
■**学期制**：前期・後期の二期制
■**卒業認定単位数**：74単位以上
■**始業・終業時刻**：9：00～16：00
　　　　　　　　　　　1日6時間、1時限50分
■**技能連携**：なし　　■**実務代替**：なし　　■**技能審査**：なし
■**開設講座数**：83科目（新、旧課程を合わせた数）

スクーリングの日数と場所

【登校日数】
　月4日（第2・第4土曜、第2・第4日曜）
【場所】
　誠英高等学校
【その他】
　NHK高校講座の利用（テレビ放送は30分番組を2回分でスクーリングの1時間。ラジオ放送は20分番組を3回分でスクーリングの1時間に充てる事ができる）により登校日が少なくなります。

特色
1926年（大正15年）に創立した本校は、今年で97周年を迎える伝統校です。
2003年4月から通信制課程を設置し、個々の生徒に応じたきめ細かな指導を教育目標としています。

併修・単位について
年間10単位まで全定通併修することができます。
高卒認定試験に合格した科目は、本校の履修科目として単位を認定します。

クラブ活動
体操（2023年度インターハイ出場）
卓球（2023年度全国定通体育大会出場）

学校行事・特別活動
入学式、卒業式、一日遠足

生活指導
指定の制服はありませんが、学生らしい服装での登校をお願いしています。

生徒情報

【不登校生】
不登校生徒については、個別にカウンセリング等で対応をしています。
【転編入生】
前籍高校の単位はそのほとんどを本校の卒業に必要な単位として認めています。高卒認定試験で合格した科目は制限なしで振り替えることができます。転入は随時、編入は4月と10月に入学できます。[受付期間：Ⅰ期…1月5日～2月2日、Ⅱ期…2月16日～3月15日までと8月20日～9月18日まで]
【保護者連絡】
保護者向け会報の送付、電話連絡、メールなど頻繁に行っています。

【生徒数】　　　　　　　　　　　　　　　2023年5月1日現在

年次	男	女	学年別合計数	クラス数
1年次	7名	21名	28名	1クラス
2年次	16名	24名	40名	1クラス
3年次	18名	22名	40名	1クラス
男女別合計	41名	67名	108名	3クラス

【教員数】
　教員：男性4名、女性4名／講師：男性4名、女性1名
　養護教員：1名常駐しています

2024年度の募集要項

募集について

【一般入試】
募集人員：普通科200名
出願期間：
　4月入学生Ⅰ期…2024年1月5日（金）～2月2日（金）
　　　　　　Ⅱ期…2024年2月16日（金）～3月15日（金）
　10月入学生…2024年8月20日（火）～9月18日（水）
試験日：
　4月入学生Ⅰ期…2024年2月10日（土）
　　　　　　Ⅱ期…2024年3月22日（金）、26日（火）、27日（水）
　10月入学生…2024年9月24日（火）
選抜方法：書類審査・面接（未成年者は保護者同伴）
選考料：14,000円

学費について

入学金：30,000円
授業料：10,000円×27単位（年額）（予定）
教材費：10,000円程度（年額）（予定）
諸費：9,000円（年額）
※就学支援金の対象者には支給がありますので、授業料の自己負担額が軽減されます。

2022年度卒業生の進路状況

【進路先】
卒業者数…34名
4年制大学…3名　　　　　　短大…2名
専門学校…5名　　　　　　　就職その他…24名

◇◇◇◇◇◇◇◇◇◇　**この学校にアクセスしてみよう！**

学校説明会	入学前電話相談	文化祭見学	体育祭見学	資料請求
－	○	－	－	○

※資料は電話で請求して下さい。

【通信制】　　　　　　　　　　　　　　　　　　　　　　　（単位制）

聖光高等学校
せいこうこうとうがっこう

(https://www.seiko-h.ed.jp/)

- ■校長名：廣川 晋
- ■住　所：〒743-0011　山口県光市光井9丁目22番1号
- ■電　話：0833-72-7070　■FAX：0833-72-1308
- ■最寄駅：JR 山陽本線「光」駅下車、JR バス10分
- ■生徒が入学できる都道府県：山口、広島
- ■沿革：
  - 1929年　　　下松市で山口県下松高等女学校として開校
  - 1948年　　　聖光中学校、聖光高等学校として光市に移転
  - 2003年4月　　単位制通信制課程（普通科）として開校

- ■形態・課程・学科：
  - 併設校・単位制による通信制・普通科
- ■併設する課程：学年制による全日制
- ■併設課程への転籍：全日制へ転籍できる（転籍条件有）
- ■入学・卒業時期：
  - ・入学時期　4月、10月（転編入は随時）
  - ・卒業時期　3月、9月
- ■修業年限：3年以上（在籍最長年数：7年）
- ■学期制：2期制
- ■卒業認定単位数：74単位
- ■始業・終業時刻：9：15〜16：05、1日6時限、1時限50分
- ■技能連携：なし　■実務代替：なし　■技能審査：なし
- ■開設講座数：14講座、44科目

スクーリングの日数と場所

【登校日数】
毎週土曜（条件により平日登校で補講・集中スクーリングを受講可）

【場　　所】
本校

特色
山口県東部にある通信制高校で、不登校生や進路変更等の生徒に対して開かれた学校として20年前に開校。不得意科目克服や進学に対しては平日登校による指導を行っています。また、情報・福祉・家庭科・商業といった多様な科目を開設し、生徒のニーズに対応しています。

併修・単位について
併修はできません。高卒認定試験合格科目を年3科目まで認定することはできます。

クラブ活動
陸上、卓球、剣道、柔道、バドミントン

（定時制通信制体育大会前のみ）
eスポーツ

学校行事
ボウリング大会、体験活動実習（農業、フィッシング、スケート実習等）、愛校祭、バス旅行

生活指導
登校時の服装は自由ですが、華美な服装、露出度の高い服装については注意を促しています。バイク・自動車通学はできます。

◇◇◇◇◇◇ この学校にアクセスしてみよう！

学校説明会	入学前電話相談	文化祭見学	体育祭見学	資料請求
○（随時）	○	−	−	○

※資料は電話、メールで請求してください。

生徒情報

【不登校生】
過去に不登校だった生徒が約半数います。

【転編入生】
前籍高校で修得したすべての単位を卒業に必要な単位として認めています。高卒認定試験で合格した科目を振り替えることはできません。転編入生の入学時期は随時受け付けます。

【保護者連絡】
成人している生徒へは面談等を行い、それ以外は保護者との連携を行って生徒を指導しています。
家庭訪問、保護者面談、スクールライフ（学校通信）、Eメール、電話連絡を行っています。

【転編入の生徒数】

1年次	2年次	3年次
24名	35名	31名

【生徒数】　　　　　　　　　　　　　　　2023年11月1日現在

年次	生徒数	男女比	クラス数	1クラスの平均人数	
1年次	70名	36：34	2クラス	名	編成によりクラス卒業時期に
2年次	72名	34：38	2クラス	名	
3年次	46名	21：25	2クラス	名	

【教員数】
教員：男性5名、女性1名／講師：男性6名、女性4名

2024年度の募集要項

※予定。詳細はHPをご覧ください。

募集について

募集人員：200名
出願期間：1回目　1／9〜2／9　試験日　2／17
　　　　　2回目　2／21〜3／19　試験日　3／23
　　　　　3回目　8／21〜9／11　試験日　9／14
　　　　　＜転編入学は随時募集＞
選抜方法：作文、面接と出願書類の審査によって選考
選考料：15,000円

学費について

入学金：　　　　　　30,000円（転編入生　50,000円）
授業料（※）：　　　11,000円（1単位当たり／年間）
施設費：　　　　　　20,000円（年間）
後援（PTA）会費：　5,000円（年間）
生徒会費：　　　　　3,600円（年間）

※就学支援金制度があります。

2022年度卒業生の進路状況

【進路先】
卒業者数…39名
大学…5名　　　　短期大学…0名　　　専門学校…12名
各種学校…1名　　就職…1名　　　　　家居…20名

【これまでの主な合格実績】
山口大、北九州市立大、周南公立大、京都女子大、立正大、広島工業大、梅光学院大、藤田医科大、佛教大、福岡大、九州女子大、九州共立大、九州産業大、広島経済大、広島修道大、徳山大、宇部フロンティア大、嵯峨美術大、川崎医療福祉大、文教女子大、山口コ・メディカル学院、広島美容専門、神戸医療福祉専門、原看護専門、、YIC情報ビジネス専門、徳山看護専門、東部高等産業技術学校、自衛隊　など

【通信制】 （単位制）

長門高等学校
（なが と こう とう がっ こう）

（ E-mail：nagimi-3@joy.ocn.ne.jp ）

- ■**校長名**：村田 勇吉
- ■**住 所**：〒 759-4101 山口県長門市東深川 1621
- ■**電 話**：0837-22-2944 ■ **FAX**：0837-22-6359
- ■**最寄駅**：JR 山陰線「長門市」駅下車、徒歩 10 分
- ■**生徒が入学できる都道府県**：
  島根、山口
- ■**沿革**：
  2007 年 10 月 1 日 新規開校

- ■**教育理念**：
  全日制・定時制に不向きな生徒に学ぶ機会を提供します。
- ■**形態・課程・学科**：
  併設校・単位制による通信制課程・普通科
- ■**併設する課程**：
  全日制（普通・商業）
- ■**併設課程への転籍**：
  全日制へ転籍できます。
- ■**入学・卒業時期**：
  ・入学時期 4 月、10 月 ・卒業時期 3 月、9 月
- ■**修業年限**：
  ・3 年（在籍最長年数：15 年）
- ■**学期制**：2 学期制 ■**卒業認定単位数**：74 単位
- ■**始業・終業時刻**：9：00 ～ 14：00
- ■**技能審査**：なし
- ■**開設講座数**： 科目

スクーリングの日数と場所

【登校日数】
週 1 回（土曜日）
【場 所】
本校

特色 少人数でアットホームな授業を実施。卒業へ向けての全面的サポートを実施します。

併修・単位について 併修することはできません。高卒認定試験受験生は一部科目を履修することはできません。

クラブ活動

学校行事 修学旅行は実施していません。

生活指導 制服はありません。茶髪・ピアスなどに対しての指導はしていません。自動車やバイクでの通学はできます。

◇◇◇◇◇◇◇◇◇ **この学校にアクセスしてみよう！**

学校説明会	入学前電話相談	文化祭見学	体育祭見学	資料請求
－	○	－	－	○

※資料は電話で請求して下さい。

生徒情報

【不登校生】
入学前に登校して、予備学習を実施します。
【転編入生】
入学前に高卒認定試験で合格した科目は、振り替えることができません。転入生・編入生は随時入学できます。
【保護者連絡】

【転編入の生徒数】

	1 年次	2 年次	3 年次
	転入生 2 名	転入生 2 名	転入生 2 名
	編入生 0 名	編入生 0 名	編入生 0 名

【生徒数】 2023 年 11 月 1 日現在

年次	生徒数	男女比	クラス数	1 クラスの平均人数
1 年次	10 名	4：6	1 クラス	10 名
2 年次	18 名	10：8	1 クラス	18 名
3 年次	15 名	8：7	1 クラス	15 名

【教員数】
教員数：男性 1 名／講師数 男性 10 名 女性 3 名
カウンセラー：いません

2024 年度の募集要項

募集について
【一般入試】
選考方法：作文・面接
選考料：15,000 円

学費について
入 学 金： 30,000 円
授 業 料： 7,000 円（1 単位）
施 設 費： 10,000 円（半期）
諸 経 費： 3,600 円（1 年）

2022 年度卒業生の進路状況

【進路先】
卒業者数…15 名
大学…0 名　　　　短大…0 名　　　　専門学校…3 名
就職…3 名　　　　有職者…0 名　　　　その他…9 名
【主な合格実績】

【指定校推薦】

【通信制】 （単位制）

山口県立山口松風館高等学校
やまぐちけんりつやまぐちしょうふうかんこうとうがっこう

(https://www.shofukan-h.ysn21.jp/)

- ■**校長名**：中野 聡
- ■**住 所**：〒 754-0041　山口県山口市小郡令和 3-6-18
- ■**電 話**：083-974-0066　■**FAX**：083-974-0033
- ■**最寄駅**：山陽本線「新山口」駅下車、徒歩 6 分
- ■**生徒が入学できる都道府県**：
  山口県内及びスクーリング会場への通学可能地域
- ■**沿革**：2022 年 4 月　開校

- ■**形態・課程・学科**：
  併設校・単位制による通信制課程・普通科
- ■**併設する課程**：
  単位制による 3 部制定時制課程
- ■**併設課程への転籍**：

- ■**入学・卒業時期**：
  　・入学時期 4 月、10 月　　・卒業時期 9 月、3 月
- ■**修業年限**：3 年
- ■**学期制**：2 学期制　　■**卒業認定単位数**：74 単位
- ■**始業・終業時刻**：9 時 00 分～ 15 時 55 分（日曜スクーリング）
  　　　　　　　　　　9 時 00 分～ 15 時 35 分（平日スクーリング）
- ■**技能連携**：県内准看護師養成施設と技能連携を行っています。
- ■**実務代替**：なし　　■**技能審査**：なし
- ■**開設講座数**：31 科目

スクーリングの日数と場所

【実施日数】
　月 2 回（程度）（日曜日）
　その他平日スクーリング、特別スクーリング（7 月・12 月）、
　平日学習会等実施
【場　　所】
　山口、岩国、徳山、萩、下関の 5 カ所で実施

特色　山口松風館高校と県内 4 つの協力校でスクーリングを
実施しています。

併修・単位について　定時制課程から併修することができます。併修の形態
は定通併修です。
前年度に定通併修の協定を結んだ定時制課程の高校の
み併修ができます。

クラブ活動　なし

学校行事　新入生歓迎特活、秋季特活。

生活指導　学校指定の制服はありません。

◇◇◇◇◇◇◇◇◇ この学校にアクセスしてみよう！

学校説明会	入学前電話相談	文化祭見学	体育祭見学	資料請求
※	○	—	—	○

※通信制についての説明は随時いたしますので、お問い合わせください。
※資料のご請求は、140 円切手を貼り、宛先を明記した角形 2 号の封筒を山口松
　風館高校通信制に郵送してください。

生徒情報

【不登校生】
過去に不登校だった生徒も在籍しています。
入学時にアンケートをとり、特に配慮してほしい点などを確
認し、共通理解を図っています。
【転編入生】
前籍高校で修得した単位は、本校の基準により認定します。
本校での履修科目について、本校生徒が高校卒業程度認定試
験（旧大検）に合格した場合には、一定の基準で単位認定を
します。
転入学・編入学は学期途中ではできません。受付期間は本校
の募集要項で確認してください。編入学は高等学校を中途退
学し、一部の科目を修得している場合です。0 単位の場合は
中卒新入生扱いになります。なお、通信制課程からの転入学
は随時受付をします。詳細は山口松風館高校通信制までお問
い合わせください。
【保護者連絡】
保護者のみに対しての連絡は随時行っています。学校からの
連絡は生徒宛に毎月機関紙を送付します。また、メール配信
システムへの登録もお願いしています。
必要があれば保護者面談も実施しますが、主に電話で連絡を
しています。

【生徒数】　　　　　　　　　　　　　　2023 年 5 月 1 日現在
■**生徒数**：340 名
■**男女比**：（男）131　（女）209

【教員数】
教員：23 名／講師：5 名
カウンセラー：1 名

2024 年度の募集要項

募集について

募集人員：400 名
出願期間：＜春季募集＞
　　　　　2024 年 3 月 18 日（月）、21 日（木）、22 日（金）
　　　　　　　　　　　27 日（水）、28 日（木）
　　　　　＜秋季募集＞
　　　　　2024 年 8 月 22 日（木）、23 日（金）
※転編入学は、入学者選抜の日程に加え、
　秋季募集は 8 月 21 日（水）が加わる。
選抜方法：作文、面接
※実施日は、出願期間のうち、出願手続きのため登校した日
入学試験料：100 円

学費について

受講料は、1 単位 100 円です。その他、生徒会費、育成会費、
教科書・学習書代等を合わせて、年間 2 ～ 3 万円程度が必要
です。

2022 年度卒業生の進路状況

【進路先】
※新設校のためまだいません。

【主な合格実績】
※新設校のためまだいません。

北海道
青森
岩手
宮城
秋田
山形
福島
茨城
栃木
群馬
埼玉
千葉
東京
神奈川
新潟
富山
石川
福井
山梨
長野
岐阜
静岡
愛知
三重
滋賀
京都
大阪
兵庫
奈良
和歌山
鳥取
島根
岡山
広島
山口
徳島 ★
香川
愛媛
高知
福岡
佐賀
長崎
熊本
大分
宮崎
鹿児島
沖縄

【通信制】 （単位制）

徳島県立徳島中央高等学校
とくしまけんりつとくしまちゅうおうこうとうがっこう

(https://www.tokushimachuo.tokushima-ec.ed.jp)

- ■校長名：都筑 吉則
- ■住 所：〒 770-0006 　徳島県徳島市北矢三町 1 丁目 3 番 8 号
- ■電 話：088-631-1332　■FAX：088-633-3669
- ■最寄駅：JR「徳島」駅下車、徳島市バス「島田石橋行、循環バス」に乗車、「科学技術高校」下車、徒歩 3 分
JR「佐古」駅下車、徒歩 20 分
- ■生徒が入学できる都道府県：
徳島
- ■沿革：
  - 1978 年 4 月　定時制課程夜間部（普通科のほかに建築科、機械科、電気科も設置）と通信制課程（普通科、衛生看護科）として設置
  - 1998 年 4 月　定時制課程昼間部（普通科）を新設
  - 2012 年 3 月　夜間部工業科を廃止

- ■形態・課程・学科：
単位制による通信制・普通科、衛生看護科
- ■併設する課程：単位制による定時制昼間部・定時制夜間部
- ■併設課程への転籍：なし
- ■入学・卒業時期：
  - ・入学時期　4 月、10 月（転編のみ）
  - ・卒業時期　9 月、3 月
- ■修業年限：
  - ・3 年以上（在籍最長年数：8 年）
- ■学期制：2 期制　　■卒業認定単位数：74 単位
- ■始業・終業時刻：8：45 ～ 16：15
- ■技能連携：徳島県立総合看護学校
- ■実務代替：なし　　■技能審査：なし
- ■開設講座数：43 講座、38 科目

スクーリングの日数と場所

【登校日数】
週 1 回程度開設（日曜、木曜どちらかに登録）
必要出席時数は科目毎に異なる
【場 所】
本校

特色
明るく伸びやかな環境の下で、自分の個性や適性にあった学習ができます。あまり校則に縛られることがなく「自由」である代わりに「自己責任」が求められます。2 年目からは自由に科目登録ができます。3 年以上在籍し、所定の単位数と特別活動時数が修得できれば卒業が認められます。

併修・単位
定通併修は可。高卒程度認定試験の合格科目は 15 単位まで本校の修得単位として認めています。

クラブ活動
【部数 15 （同好会 5、休部 1 を含む）】

学校行事
修学旅行、文化祭、体育祭、遠足など

生活指導
制服はありません。バイク・車の通学は日曜以外認められていません。敷地内は全面禁煙です。

◇◇◇◇◇◇◇◇◇◇ **この学校にアクセスしてみよう！**

学校説明会	入学前電話相談	文化祭見学	体育祭見学	資料請求
○	○	―	―	○

※資料は電話で請求してください。

生徒情報

【転編入生】
前籍高校で標準単位以上の単位修得した普通科の科目は、本校での修得単位に振り替えることができます。専門科目は 10 単位まで。転編入は 4 月と 10 月に受け入れ可。
【保護者連絡】
ＰＴＡ総会時に希望者に面談を行っています。その他随時に。
【転編入の入学生徒数】

2021 年	2022 年	2023 年
18 名	16 名	19 名

【生徒数】　　　　　　　　　　　　　2023 年 5 月 1 日現在

年次	生徒数	男女比
23 年生	69 名	33：36
22 年生	40 名	14：26
21 年生	23 名	12：11
20 年以前	22 名	11：11

【教員数】
教諭：男性 8 名、女性 6 名（教頭 1 名含む）
講師：男性 1 名、女性 6 名

2024 年度の募集要項

募集について

募集人員：定員なし
出願期間：転・編入生
　一次　2024 年 2 月 14 日（水）、15 日（木）
　二次　2024 年 3 月 14 日（木）、15 日（金）
新入生
　一次　2024 年 2 月 26 日（月）、2 月 27 日（火）
　二次　2024 年 3 月 19 日（火）、21 日（木）
受付時間は 9 ～ 16 時とする。
新規中卒生は在籍中学校に、転入希望者は在籍高校に相談してください。事前のガイダンス、ヒアリングがあります。

選抜方法：出願書類、作文、面接

学費について

入学金：　500 円（参考：2023 年度）

総 額：　40,000 円 程度（9 科目年額、教科書代等含）

2022 年度卒業生の進路状況

【進路先】
卒業者数…31 名
大学…5 名　　　　短大…2 名　　　　専門学校…9 名
就職…2 名　　　　有職者… 名　　　　その他…0 名
【指定校推薦】
あります。

406

【広域通信制】　　　　　　　　　　　　　　　　　　（単位制）

学校法人 穴吹学園　穴吹学園高等学校
（ https://hs.anabuki.ac.jp ）

■校長名：篠原　達司
【本校】
■住　所：〒760-0017　香川県高松市番町2-4-14
■電　話：087-802-3655　　■FAX：087-802-3656
■最寄駅：JR「高松」駅より徒歩13分
【徳島学習センター】
■住　所：〒770-0852　徳島県徳島市徳島町2-20
　　　　　　専門学校徳島穴吹カレッジ内
■電　話：未定　　■FAX：未定
■最寄駅：JR「徳島」駅より徒歩10分
■生徒が入学できる都道府県：
　大阪、兵庫、岡山、広島、山口、徳島、香川、愛媛、高知
■沿革：令和 2 年12月　香川県知事認可
　　　　令和 3 年 4 月　穴吹学園高等学校　開校
　　　　令和 6 年 4 月　徳島学習センター　開設
■教育理念：チャレンジ精神を持って自己実現に向けて努力し、
将来、社会で活躍できる人材を育成する。

■形態・課程・学科：独立校・単位制による通信制課程・普通科
■併設する課程：なし　　■併設課程への転籍：なし
■入学・卒業時期：
　（新入の場合）・入学時期　4 月　・卒業時期　3 月
■修業年限：3 年以上（在籍最長年数：6 年）
■学期制：2 学期制　　■卒業認定単位数：74 単位
■始業・終業時刻：9：35 ～ 15：20
■技能連携：なし　　■実務代替：なし　　■技能審査：なし
■開設講座数：33 科目

特色

■登校スタイル：「週5日登校型」と月1回程度登校す
る「フレックス型」の2種類があります。「週5日登校型」
には、プロコース（動物コース・デザインコース・IT
メディアコース・パティシエコース）、進学総合コース、
大学進学コースがあります。＊通信制高校の強みを活かした学び
ができます＊
■専門学校との連携授業：プロコース（動物コース・デザインコー
ス・ITメディアコース・パティシエコース）は、学校法人穴吹
学園の専門学校と連携しており、プロの先生から学べる授業があ
ります。
■一人一台タブレット学習：タブレットを利用した学習を行いま
す。レポート提出や映像授業の視聴ができる他、学習支援ツール
を用いて、基礎基本からの学習から難関大学受験対策まで、個々
の進度やレベルに応じた学習が可能となります。
■国際教育プログラム：穴吹学園の留学生との交流を実施。また、
コミュニケーションの基礎となる語学力を育成するため、ネイティ
ブ講師による英会話レッスンや海外語学研修（希望者）も実施
しています。また、外国留学も可能です。
■課題探究プログラム：社会とかかわる様々な学びや職業体験に
より将来の進路や職業について具体的に考えることができます。
プレゼンテーションなどについて学べ、発表する力を伸ばすこと
ができます。

進路指導
■穴吹学園全体のチカラで、進路目標や夢の実現を全
力で応援！
■手厚いサポートで難関大学等の合格をめざす！
　志望校にあわせた学習計画を立て、一人一台タブレッ
トを使ったネット学習や対策授業などにより効率
的な学習ができます。
　また、穴吹ゼミと提携しているため、受験のプロの
先生などからの手厚いサポートも可能です。
■専門学校や専門職短大の内部進学制度を活用！
　穴吹学園の専門学校や専門職短大への進学にはたく
さんのメリットがあります。
■就職希望者への強力なバックアップ！
　豊富な就職のノウハウを有する穴吹学園の専門スタッ
フ等が、全面的に支援します。

生徒情報

【不登校生】過去に学校に通いにくかった経験を持つ生徒はい
ますが、環境が変わり登校できるようになるケースが多く見
られます。スクールカウンセラー、スクールソーシャルワー
カーや養護教諭などの手厚いサポートがあります。
【転編入生】前籍高校で修得した単位は振り替えることができ
ます。転入・編入は随時ご相談ください。
【保護者連絡】必要に応じて、面談や家庭訪問を実施します。
希望者には、学校からの連絡等を配信します。

【生徒数】122 名　　　　　　　　　2024 年 3 月 1 日現在
【教員数】
　教員：男性5名、女性6名（養護教諭1名を含む）
　講師：男性3名、女性4名、ALT1名
　スクールカウンセラー：1名　スクールソーシャルワーカー：1名
　ジョブサポートティーチャー：1名

学校行事　修学旅行、スポーツ活動、遠足、社会見学、各種体験
活動、地域清掃ボランティア活動　など

生活指導　学校指定の制服があります。スクールカウンセラー・
養護教諭などが相談にのります。

スクーリングの日数と場所（本校）

【登校日数】　週5日登校型＝週5日登校
　　　　　　フレックス型＝月1回程度登校
【場　所】　穴吹学園高等学校（香川県高松市番町2-4-14）

2024 年度の募集要項（本校）

募集について		【専願入試】	【一般入試】
	募集人員：	専願・一般合わせて 80 名	
	出願期間：	2024 年 1 月～ 2 月	2024 年 1 月～ 3 月
	試験日：	2024 年 1 月～ 2 月	2024 年 1 月～ 3 月
	選考方法：		
	選考料：	15,000 円	15,000 円

※募集要項にてご確認ください。

学費について		週5日登校型	フレックス型
	（初年度学費）		
	入 学 料：	100,000 円	100,000 円
	授 業 料：	396,000 円	216,000 円
	教育充実費：	70,000 円	70,000 円
	施設維持費：	84,000 円	44,000 円
	合 計：	650,000 円	430,000 円

※高等学校等就学支援金制度を利用することができます。

卒業生の進路状況

【進路先】国公立大学、私立大学、短大、専門職短大、専門学校、
就職などを目指しています。
【主な合格実績】新設校のためなし

◇◇◇◇◇◇◇◇◇◇ **この学校にアクセスしてみよう！**

学校説明会	入学前電話相談	文化祭見学	体育祭見学	資料請求
○	○	－	－	○

※資料請求はお電話・HP・メール（hs-info@anabuki.ac.jp）にて
お問い合わせください。
※徳島学習センターの内容については、直接本校までお問い合わせくだ
さい。

【通信制】 （単位制）

香川県立高松高等学校
（かがわけんりつたかまつこうとうがっこう）

(https://www.kagawa-edu.jp/takah02/)

■校長名：中筋 功雄
■住 所：〒760-0017 香川県高松市番町3丁目1番1号
■電 話：087-831-7244 ■FAX：087-831-0010
■最寄駅：JR「高松」駅下車、徒歩15分
　　　　　琴電「瓦町」駅下車、徒歩10分
■生徒が入学できる都道府県：
　香川に在住する者
■沿革：
　昭和23年4月新学制実施により香川県立高松中学校を香川県立高松高等学校と改称し、通信制課程が併置される。
■教育理念：独立自主

■形態・課程・学科：併設校、単位制による通信制課程、普通科
■併設する課程：学年制による全日制、夜間定時制
■併設課程への転籍：できません。
■入学・卒業時期：
　・入学時期　4月　・卒業時期　3月
■修業年限：4年以上　（在籍最長年数8年）
■学期制：なし　■卒業認定単位数：74単位
■始業・終業時刻：8:40～15:30
■技能連携：なし　■実務代替：なし　■技能審査：なし
■開設講座数：30科目

スクーリングの日数と場所

【登校日数】
月2回～3回（日曜日）
【場所】
高松

特色
生涯自ら学習できる自主的・創造的な精神と健康な身体及び心豊かな情操をもつ人間の育成を目指す。単位制をとり出席指導、レポート提出指導をおこなっている。

併修・単位について
定通併修できます。
（本校定時制のみ）

クラブ活動
【クラブ数　、クラブ加入率約　%】
キャリア倶楽部（各種資格検定取得）

学校行事
つどい、定通総体、文化祭、体育祭、生活体験発表会、遠足、歓送会

進学指導
校外模擬の実施、面接試験対策、
大学入学共通テスト対策

補習授業
学習会で国・数・英を中心に自学自習

生活指導
学校指定の制服はありません。自動車やバイクでの通学はできます。

この学校にアクセスしてみよう！

学校説明会	入学前電話相談	文化祭見学	体育祭見学	資料請求
○	○	○	－	－

生徒情報

【不登校生】
過去に不登校だった生徒もいます。希望によりスクールカウンセラーと面談を行っています。
【転編入生】
転編入生の場合、前籍高校で修得した単位のうち可能な限り振り替えられます。入学前に高卒認定試験で合格した科目を振り替えることができないことがあります。
【保護者連絡】
年1回保護者懇談会実施、月1回の「高高通信」を配布しています。
【転編入の生徒数】

1年次	2年次	3年次	4年次
0名	8名	9名	8名

【生徒数】　　　　　　　　　　　2023年5月1日現在

年次	生徒数	男女比	クラス数	1クラスの平均人数
1年次	36名	13：23	1クラス	36名
2年次	28名	12：16	1クラス	28名
3年次	27名	9：18	1クラス	27名
4年次	32名	12：20	1クラス	32名

【教員数】
　教員：男性4名、女性3名
　講師：男性1名
　カウンセラー：年間88時間配置
　スクールソーシャルワーカー：年間48時間配置

2024年度の募集要項

募集について

【一般入試】
募集人員：
出願期間：2024年3月1日～3月22日
試験日：2024年3月10日、3月23日
選考方法：作文、面接、書類選考
選考料：480円

学費について

入 学 金：	0円	
受 講 料：	730円	×受講科目数
施 設 費：	0円	※ただし、条件を満たせば、
諸 経 費：	約6,000円	受講料は返金される
合 計：	約11,000円	

2022年度卒業生の進路状況

【進路先】
卒業者数…33名
大学…2名　　短大…1名　　専門学校…9名
就職…5名　　有職者…14名　その他…2名
【主な合格実績】
徳島文理大学、岡山理科大学、穴吹リハビリテーションカレッジ、トヨタ名古屋自動車大学校、東部リハビリテーション学院、四国総合ビジネス専門学校　など

【通信制】　　　　　　　　　　　　　　　　　　　（単位制）

香川県立丸亀高等学校

（かがわけんりつまるがめこうとうがっこう）

■校長名：髙倉　和弘
■住　所：〒763-8512　香川県丸亀市六番丁1番地
■電　話：0877-23-5248（通信制直通：0877-23-6003）
■ＦＡＸ：0877-23-6013
■最寄駅：JR「丸亀」駅から1.2km
■生徒が入学できる都道府県：香川
■沿革：
　明治26年4月7日、香川県尋常中学校丸亀分校設置。令和5年に創立130周年。通信制は昭和23年4月1日香川県立女子高等学校通信教育部として設置。
■創立理念：
　全日制、定時制、通信制が併設されている。校訓「終始一誠意」。

■形態・課程・学科：
　併設校・単位制による通信制の課程・普通科
■併設する課程：全日制と夜間定時制
■併設課程への転籍：通信制からは転籍できない
■入学・卒業時期：
　・入学時期　4月　　・卒業時期　3月
■修業年限：3年以上（在籍最長年数：8年）
■学期制：2期制　　■卒業認定単位数：74単位
■始業・終業時刻：8：40～15：30／16：25
■技能連携：なし　　■技能審査：なし
■開設講座数：35講座35科目

スクーリングの日数と場所

【登校日数】
　　週1回、日曜日のみ
【場　　所】
　　本校

特色
通信制のモットーは「魅力ある学校、楽しい学習、温かい仲間づくり」。
全定通合同の学校行事として、文化祭（斯文祭）、卒業証書授与式があり、同窓会も共有している。

学習指導
日曜スクーリングの他に、希望者に対して、課外や進路相談、学習相談、模試などを実施しています。

クラブ活動

学校行事・特別活動
新入生歓迎行事、文化祭、丸通レク大会、遠足、研修旅行、進路講演会、保健講座　など

生活指導
丸通生徒としての自覚を持ち、社会人としてのマナー・モラルを守って、お互いに気持ちよい学校生活を送れるように心がけてもらいます。そのために守るべきルールは入学後配付する「丸通のしおり」に載せております。

この学校にアクセスしてみよう！

学校説明会	入学前電話相談	文化祭見学	体育祭見学	資料請求
－	○	－	－	○

▼公開授業予定日　　要事前予約 0877-23-6003
　11月24日、12月1日

生徒情報

【不登校生】
願書配付前に公開授業、通信制紹介。
【転編入生】
前籍校で取得した単位は、卒業までに必要な単位数に加算することができます。（条件あり）
【保護者連絡】
基本的に手紙と電話、電子メールで行います。必要があれば、随時保護者面談を行います。
【転編入の生徒数】

1年次	2年次	3年次	4年次
転編入生0名	転編入生17名	転編入生8名	転編入生0名

【生徒数】（在籍生徒数）計177名　　　2023年5月1日現在

年次	生徒数	男女比	クラス数	1クラスの平均人数
1年次	75名	48：52	2クラス	38名
2年次	53名	36：64	3クラス	18名
3年次	47名	55：45	4クラス	12名
4年次	0名	：	クラス	名

【教員数】
　教員：男性5名、女性2名
　講師：男性3名、女性3名　（兼務を含める）
　カウンセラー：年間88時間配置

2024年度の募集要項

募集について
募集人員：香川県報に掲載されます
出願期間：2024年3月1日～3月22日
試験日：2024年3月10日または3月23日
選考方法：作文、面接
選考料：480円

学費について
入学料：　　　　　　0円
受講料：　　　　1科目730円
　　　　（平成26年度より公立高等学校就学支援金制度あり）
諸経費：　　　9,000円／年（空調費含みます。）
教材費：22,000円（教科書代・学習書代）

2022年度卒業生の進路状況

【進路先】
法政大学、大阪産業大学、追手門学院大学、美作大学、徳島文理大学、四国学院大学、香川短期大学、穴吹ビジネスカレッジ、穴吹動物看護カレッジ、大阪ビューティーアート専門学校、ESPエンタテイメント大阪、岡山ビューティーモード

【広域通信制】　　　　　　　　　　　　　　　　　　　　　（単位制）

高松中央高等学校
たかまつちゅうおうこうとうがっこう

(https://www.ta-chuo.ed.jp/tsuushin/)

- ■校長名：香川　泰造
- ■住　所：〒760-0068　香川県高松市松島町 1-14-8
- ■電　話：087-812-5285　　■ＦＡＸ：087-831-1295
- ■最寄駅：ことでん「瓦町」駅より徒歩 10 分
- ■生徒が入学できる都道府県：
  大阪、兵庫、京都、奈良、和歌山、鳥取、島根、岡山、広島、山口、徳島、香川、愛媛、高知、福岡、佐賀、長崎、熊本、大分、宮崎、鹿児島
- ■沿革：
  明治 32 年 5 月　高松市内に高松和洋技芸女学校を創立。
  昭和 49 年 4 月　途中高校女子商業高等学校などを経て、高松中央高等学校と改称。普通科を新設し、男女共学となる。
  平成 24 年 4 月　高松中央高等学校通信制課程普通科（広域制）を新設。
- ■形態・課程・学科：併設校・通信制課程・普通科
- ■併設する課程：全日制課程
- ■併設課程への転籍：不可
- ■入学・卒業時期：入学時期 4 月、10 月（新入の場合）
  　　　　　　　　　卒業時期 3 月、9 月
- ■修業年限：3 年以上（在籍最長年数：上限なし）
- ■学期制：2 学期制（前期・後期）
- ■卒業認定単位数：74 単位
- ■始業・終業時刻：8 時 30 分～ 12 時 40 分（週 1 回コースの場合）
- ■技能連携：なし　　■実務代替：なし
- ■技能審査：なし　　■開設講座数：36 科目

スクーリングの日数と場所

【登校日数】①か②を選択
　①週 1 回コース　　土曜日（午前）
　②集中コース　　　前期 4 日・後期 4 日（8 月と 12 月）

【場　所】
高松中央高等学校　本校（香川県高松市松島町 1-14-8）
TEL：087-812-5285

【その他】
サポート校の生徒については、県外に設けたスクーリング会場でもスクーリングを受けられる。

特色

併修・単位について

クラブ活動　【クラブ数―】

学校行事　修学旅行（2 泊 3 日 関東方面）

生活指導　登校については制服または私服。私服については常識の範囲内の服装であればよい。頭髪などについては基本的には全日制の指導に準ずる。

◇◇◇◇◇◇◇◇◇◇ この学校にアクセスしてみよう！

学校説明会	入学前電話相談	文化祭見学	体育祭見学	資料請求
○	○	―	―	○

※資料請求はお電話にてお問い合わせください。

生徒情報

【不登校生】
基本的には不登校生に対応する学校として新設しているので、状況を十分に把握し、個別に対応する。

【保護者連絡】
学級担任制をとるので、担任と保護者は電話、携帯電話のメール、家庭訪問などで綿密に連絡をとることにしている。

【転編入生】
前籍高校で修得した単位は、振り替えて認定することができる。高認（旧大検）で合格した科目についても、認定できます。入学時期は 2 月まで随時受け付けています。

【生徒数】　　　　　　　　　　　　　　　　　2023 年 11 月 1 日現在

年次	生徒数	男女比	クラス数	1 クラスの平均人数
1 年次	134 名	34：33	4 クラス	34 名
2 年次	302 名	77：74	10 クラス	30 名
3 年次	452 名	1：1	15 クラス	30 名
合　計	888 名	56：55	29 クラス	31 名

【教員数】
教員：男性 19 名、女性 21 名／講師：男性 16 名、女性 12 名
カウンセラー：予約制

2024 年度の募集要項

募集について

【一般入試】
募集人員：200 名
出願期間：新入生　　　前期：12 月初旬～ 3 月下旬
　　　　　　　　　　　後期：8 月初旬～ 9 月下旬
　　　　　転・編入生　随時
試験日：随時
選考方法：面接と書類
選考料：11,000 円

学費について

入 学 金：　50,000 円
授 業 料：　7,000 円／単位 ※
施 設 費：　30,000 円（月額 2,500 円× 12）
教 材 費：　実費
※ご家庭の年収によって就学支援金 4,812 円
　もしくは全額の 7,000 円が支給されます。
※就学支援金や入学した時期、履修する単位数によって学費が変わります。

2022 年度卒業生の進路状況

【進路先】
卒業者数…387 名
大学…213 名　　　　　短大…7 名　　　　　専門学校…61 名
浪人…27 名　　　　　　就職…10 名　　　　　その他…69 名

【主な合格実績】
大阪大学、神戸大学、広島大学、岡山大学、大阪公立大学、神戸市外国語大学、都留文科大学、香川県立保健医療大学、慶應義塾大学、早稲田大学、上智大学、青山学院大学、中央大学、明治大学、津田塾大学、日本大学、東洋大学、同志社大学、立命館大学、関西大学、関西学院大学、京都産業大学、近畿大学、龍谷大学、甲南大学、松山大学　ほか

【指定校推薦】
あり

【通信制】 （単位制）

村上学園高等学校

（ https://www.murakami-gakuen.com　E-mail：info@murakami-gakuen.com ）

■校長名：村上　太
【丸亀校】
■住　所：〒763-0048　香川県丸亀市幸町 1-10-16
■電　話：0877-43-4777　■ＦＡＸ：0877-25-0284
■最寄駅：JR「丸亀」駅下車、徒歩 5 分
【高松校】
■住　所：〒760-0076　香川県高松市観光町 545-3
■電　話：087-833-4777　■ＦＡＸ：087-833-4788
■最寄駅：ことでん花園駅下車徒歩 5 分
■生徒が入学できる都道府県：香川、岡山県
■沿革：
　2012 年 1 月　香川県より認可される
　2020 年 4 月　高松校開校（香川県高松市亀井町 8-10）
　2023 年 4 月　高松校校舎移転（香川県高松市観光町 545-3）
■教育目標：社会で通用する人材の育成

■形態・課程・学科：独立校、単位制による通信制課程、普通科
■入学・卒業時期：
　・入学時期　4 月　・卒業時期　3 月
　※転編入時期によって卒業時期が異なる場合がある
■修業年限：3 年以上　（在籍最長年数　8 年）
■学期制：3 学期制　■卒業認定単位数：74 単位
■始業・終業時刻：9：00 ～ 15：25
■技能連携：なし　■実務代替：なし　■技能審査：なし
■開設講座数：　講座、33 科目

スクーリングの日数と場所

【登校日数】 丸亀校：通信教育コース：週 1 日登校
　　　　　　　　　　通学コース：週 5 日登校
　　　　　　　　高松校：通信教育コース：週 1 日登校
　　　　　　　　　　通学コース：週 4 日登校
　　　　　　　　　　大学進学コース：週 5 日
【場　所】 村上学園高等学校 丸亀校／高松校

特色　開校 12 年目。高松校では経営母体である高松高等予備校のバックアップを得て、「進学コース」の充実をはかります。
村上学園高校への予備校講師のデリバリーの授業など、他の学校ではできない授業展開を行っていきます。

進学指導　2016 年度より高松高等予備校と連携。

補習授業　放課後に個別・集団指導を行っています。

学校行事　修学旅行、文化祭、体育祭、校外学習、球技大会

クラブ活動　卓球部、ボランティア部、華道部、合気道部、軽音楽部、太鼓部

生活指導　学校指定の制服があります。

◇◇◇◇◇◇◇◇ この学校にアクセスしてみよう！

学校説明会	入学前電話相談	文化祭見学	体育祭見学	資料請求
○	○	－	－	○

学校説明会： 月～金 随時実施します。事前にお電話又は、メール下さい。
　　　　　なお、学校の様子は HP で日々公開しております。
授業公開： 月～金 随時実施します。事前にお電話又は、メール下さい。
資料請求： お電話又は、メール下さい。

生徒情報

【不登校生】
義務教育時代に不登校であった生徒はかなりいます。
【転編入生】
前籍高校で修得した単位はすべて振り替えられます。入学前に高卒認定試験で合格した科目は 24 単位まで認められます。転・編入生の入学時期は各学期始めとなります。
【保護者連絡】
定期・不定期に家庭通信のやりとりをしています。また、保護者には、頻繁に電話連絡をし、共通理解をとり、協力が得られるよう工夫しています。家庭訪問も不定期に実施。

【生徒数】　2023 年 5 月 1 日現在

年次	生徒数	男女比	クラス数	1 クラスの平均人数
1 年次	73 名	47：26	7 クラス	10 名
2 年次	63 名	40：23	8 クラス	8 名
3 年次	50 名	27：23	7 クラス	7 名

【教員数】
　教員数：男性 11 名、女性 8 名
　講師数：男性 10 名、女性 15 名

2024 年度の募集要項

募集について
【一般入試】
募集人員： 100 名（丸亀校・高松校あわせて）
出願期間： 2024 年 1 月初旬、2 月初旬、3 月下旬
試験日： 2024 年 1 月 6 日（土）
　　　　　2 月 3 日（土）
　　　　　2 月 19 日（月）～ 3 月 19 日（火）出願後決定
選考方法： 国、数、英、面接、調査書を総合して判定します。
選考料： 11,000 円

学費について
入学金： 100,000 円

【通学コース】【大学進学コース】（月額）	【通信教育コース】（月額）
教育充実費：　10,000 円	教育充実費：　2,000 円
施設整備費：　10,000 円	施設整備費：　2,000 円
授業料：　25,000 円※	授業料：　25,000 円※

※学費は月払いです。　　　　※学費は月払いです。

※授業料は高等学校等就学支援金制度により、補助の対象となります。

2022 年度卒業生の進路状況

【進路先】
卒業者数…64 名
大学…14 名　短大…4 名　専門学校…20 名
就職…10 名　有職者…0 名　その他…16 名
【主な合格実績】
岡山大（理）、香川大（経）、香川県立保健医療大（看護）、県立広島大（生命環境）、広島国際大（看護）、徳島文理大（薬・保健福祉）、京都精華大（芸術）、手塚山大（経営）、四国学院大（文）、関西福祉大（社会福祉）、手塚山学院大（人間科学）、岡山理科大（理）、神戸学院大（栄養）、東京農業大（造園）、京都産業大（法・経）、龍谷大（農）、松山大（英米・経）、立命館大（法）、香川短大（食物栄養）、嵯峨美術短大（美術）

【広域通信制】 （単位制）

RITA学園高等学校
（リタがくえんこうとうがっこう）

(https://www.rita.ed.jp E-mail:info@rita.ed.jp)

- ■校長名：小野　康裕
- ■住　所：〒764-0015　香川県仲多度郡多度津町西浜 12-44
- ■電　話：0877-32-3000　　■FAX：0877-32-3236
- ■最寄駅：JR予讃線・土讃線「多度津」駅、徒歩 20 分
- ■生徒が入学できる都道府県：全国 47 都道府県
- ■沿革：

昭和 43 年	準学校法人禅林学園を設立する。
昭和 51 年	専修学校に移行し、高等課程・専門課程を設置する。
平成 14 年	高等課程普通科を開講する。
平成 15 年	専門学校禅林学園に校名を変更する。
平成 16 年	高等課程普通科が大学入学資格付与指定校となる。
平成 24 年	学校法人禅林学園に組織を変更する。 禅林学園高等学校（広域通信制課程 単位制普通科）を設置する。
平成 25 年	禅林学園高等学校を開校する。
平成 27 年	高等課程普通科を閉講する。コース名を修身、創造、学修に変更する。
令和 3 年	RITA学園高等学校に校名を変更。（4 月 1 日より）

- ■教育理念：

「利他の心を育む」教育を通じて、関わる全ての人の素晴らしい人生を応援します。
本校は、「利他を育む」教育を通して、自分の行動が他者や社会にどのような影響を与えるかを常に考え、思いやりを忘れずに行動することを軸に据え、自分と他者との調和のとれた教育活動に取り組んでいきます。主体的に学び深く考え、そして自分らしく未来を切り拓く力を身に付けた生徒を育むことに努力してまいります。

- ■形態・課程・学科：独立校・単位制による通信制課程・普通科
- ■入学・卒業時期：・入学時期　4 月、10 月　・卒業時期　3 月、9 月
- ■修業年限：3 年以上　　■学期制：2 期制
- ■卒業認定単位数：74 単位

特色

①少人数制クラス（登校スタイルのみ）
ステップアップクラス
⇒自分の現在の到達度を正しく認識し、基礎から一歩ずつ確実に成長することを目指すクラスです。各種検定にチャレンジし、自己肯定感を養います。（20 名程度）
マイスタイルクラス
⇒こころの知能指数「EQ」に目を向け、自分と相手の感情を知り、上手くコントロールして、自分や他者に働きかける能力を養うことを目指します。（10 名程度）

②「利他育」
本校は、「利他育」の授業を展開します。社会生活や職業生活において、利他的行動を行うことが、良いことであることを理解し、他者を大切な存在と感じて思いやる心を身につけることを目指します。

③「夢プロジェクト」
卒業 10 年後の自分についてどのような姿になりたいかを考え、目標を設定し、実現するためにはどのようなことが必要かを考える「夢プロジェクト」に取り組みます。
プロジェクトの一環として大学や専門学校、企業の見学や職場体験、特別講師による講義など、「キャリア教育」を毎年行うことによって卒業後を見据えた知識や技術の習得を目指していきます。

④「企業との連携」
全国の企業が「応援サポート企業」として、生徒の学習や進路のサポートをしてくれています。様々な企業と連携し、職業経験を積んだり、講演会を通して起業家精神を育みます。

⑤学習拠点
本校のある香川県以外に、奈良県に技能連携校、東京都と兵庫県・和歌山県にサポート校を展開しており、学習のサポート体制が整っています。また、各地域にスクーリング施設があるので遠方にお住まいの方は、香川県にこなくてもスクーリングを受けることができます。

【RITAの学習形態について】
登校スタイル
週 5 日登校。クラスメイトと協力し、楽しみながら学習を進めていきます。個に寄り添った少人数授業を展開し、生徒一人一人の「得意分野」や「好きなこと」を見つけていきます。生徒の皆さんに「できた！」を感じてもらえるまで、教職員が徹底的にお付き合いします！

オンラインスタイル
月 1 回、または半期ごとの集中スクーリング（夏と冬に各 5 日間）登校。生徒一人一人が安心し、集中できる空間で行う学習を、オンライン授業や個別授業でサポートします。自分の時間を多くとれるので、将来の夢のために時間を使ったり、働きながら学習に励んだりできるようになります。

集団連携スタイル
技能連携校に所属し、商業科目等を学ぶスタイルです。本校（香川県）へスクーリングに来なくても、所属する連携校で面接指導を受けることが可能です。

生徒情報

【不登校生】
少人数でのクラス運営や、ゆとりある時間割を設定しているため、高校生活に不安を抱えている生徒も安心して登校できます。
【転編入生】
転入学試験は随時、編入学試験は年 2 回、3 月と 8 月に実施します。以前に在籍していた高校で取得した単位、また高校卒業程度認定試験で合格した科目は、内規に従って振り替えが可能です。
【保護者連絡】
電話や手紙、メール、「学校通信」をとおして、コミュニケーションを密に取ります。また、三者面談も実施します。オンラインスタイルについては、生徒の日課表をもとに、保護者との連携を強めていきます。

スクーリングの日数と場所

【登校日数】
以下の①②③から学習形態を選択できます。
①登校スタイル・・・週 5 日登校
②オンラインスタイル・・・年 2 回の集中スクーリングまたは月 1 日登校
　※随時登校し、教師に質問したり、図書室で自習したりすることができます。
③集団連携スタイル・・・技能連携校における所定の登校日
【場所】本校、技能連携校、各提携スクーリング施設

クラブ活動　少林寺拳法部（毎年全国大会に出場。本校 OB 世界大会優勝）

学校行事　遠足、スポーツ大会、ボランティア活動、映画館鑑賞会、体験学習、学園祭、講演会、修学旅行　など

生活指導　登校スタイル…制服あり。／オンラインスタイル・集団連携スタイル…制服は希望制。
本校は人が人を育てる「心の教育」を主体に置いています。師弟一体の教育から、一人ひとりの生徒の置かれている環境や社会的諸条件に対応し、自分の進むべき道を自分の力で切り開き、社会に役立つ人材の養成を図ります。

2024 年度の募集要項

募集について

募集人員：100 名
試験日：前期　第 1 次・専願　2024 年 1 月 7 日（日）
　　　　　　　第 2 次　2024 年 2 月 23 日（金）
　　　　　　　第 3 次　2024 年 3 月 28 日（木）
　　　　　　　第 4 次　2024 年 4 月 9 日（火）（書類選考のみ）
　　　　後期　　　　　　2024 年 8 月 29 日（木）
※第 4 次入試はオンラインスタイルのみの募集になります。

選考方法：
【登校スタイル】
　・基礎学力試験（60 分）国語、数学、英語・作文　400 字（30 分）
　・面接（保護者同伴）
【オンラインスタイル】書類選考（課題作文・自己推薦書）
入学検定料：10,000 円
入学金：30,000 円

学費について

	【オンラインスタイル】	【登校スタイル】
授業料：	269,400 円	456,000 円
教育充実費：	30,000 円	30,000 円
施設費：	20,000 円	20,000 円
合　計：	319,400 円	506,000 円

※申請により上記授業料より、
　高等学校等就学支援金分が差し引かれます。

【広域通信制】 （単位制）

今治精華高等学校
（いまばりせいかこうとうがっこう）

（ https://www.imabariseika.ac.jp　E-mail：mail2@imabariseika.ac.jp ）

■校長名：森　一男
■住　所：〒794-0055　愛媛県今治市中日吉町2丁目1番34号
■電　話：0898-32-7100（代）　0898-32-7260（直）
■FAX：0898-32-7260
■最寄駅：JR線「今治」駅下車、徒歩7分
■生徒が入学できる都道府県：
　全国47都道府県
■沿革：
　1926年　今治精華高等女学校創立
　1948年　今治精華高等学校と改称
　2003年　通信制課程開設

■形態・課程・学科：
　併設校・通信制課程・普通科
■併設する課程：全日制課程・普通科、調理科
■併設課程への転籍：なし
■入学・卒業時期：入学時期4月、10月　卒業時期3月、9月
■修業年限：3年以上（在籍最年長数：6年）
■学期制：2学期制　　■卒業認定単位数：74単位
■始業・終業時刻：8時30分〜16時30分
■技能連携：なし　　■実務代替：なし
■技能審査：指定した各種資格試験に合格した場合、本校で修得した科目の増加単位として認める。
■開設講座数：32科目

スクーリングの日数と場所

【登校日数】
　①平日スクーリング　②夏期集中10日　③冬期集中7日
　※共に特別活動の日数含む。①〜③の期間で各科目規定の時間数に出席。

【場　　所】
　今治本校
　　愛媛県今治市中日吉町2-1-34　　TEL：0898-32-7100
　松山学習センター
　　愛媛県松山市大街道1-1-6　　TEL：089-931-4511
　西条学習センター
　　愛媛県西条市神拝甲150-2　　TEL：0897-66-7050
　四国中央学習センター
　　愛媛県四国中央市金生町791-2　　TEL：0120-242-158
　宇和島学習センター
　　愛媛県宇和島市丸之内1-3-24　　TEL：0120-242-158
　高知学習センター
　　高知県高知市駅前町3-3　　TEL：088-802-7192

特色
・多様な生徒の個に応じた教育。
・地域と連携した教育。
・人間関係を培い、豊かな人間性を育成する教育。

併修・単位について
年間4科目12単位まで定通併修できます。
高校卒業程度認定試験受験生は4科目12単位まで一部科目履修することができます。

クラブ活動
【クラブ数2】
軟式野球部、卓球部

学校行事
校外ボランティア、精華祭、ウォークラリー、スポーツマッチ、スノーボード合宿、修学旅行、遠足

生徒情報

【転編入生】
　前籍高校で修得した単位は、審議のうえ卒業に必要な単位として認定することができます。専門科目については20単位まで認定できます。高認（旧大検）で合格した科目についても、20単位まで卒業に必要な単位として認定できます。入学時期は年間を通じて随時受け付けています。

【学校通信】
　毎月末に学校通信（SEIKA MAIL）を郵送します。また、必要に応じて文書、E-mailまたは電話にて連絡します。

【生徒数】　2023年8月1日現在

年次	生徒数	男女比	クラス数	1クラスの平均人数
1年次	111名	1：1	6クラス	18名
2年次	136名	1：1	6クラス	22名
3年次	183名	1：1	6クラス	30名
合　計	457名	1：1	18クラス	23名

【教員数】
　教員：男性13名、女性4名
　カウンセラー：2名

2024年度の募集要項

募集について
【一般入試】
出願資格：2024年の3月に中学校卒業見込みの方。既に中学を卒業している方。中学校卒業程度の学力を有すると認められる方。
出願期間：前期生　2024年2月1日〜2024年4月15日
　　　　　後期生　2024年9月1日〜2024年9月30日
選考方法：書類選考
選考料：10,000円

学費について
入学金：　30,000円
授業料：　10,000円（1単位につき）
施設設備費：20,000円（年額）
教育運営費：20,000円（年額）
諸費：　3,000円（年額）

2022年度卒業生の進路状況

【進路先】
卒業者数…175名
大学…20名　短大…25名　専門学校…40名
浪人…0名　就職…56名　その他…34名

【主な合格実績】
県立広島大、聖カタリナ大、松山東雲大、徳島文理大、広島国際大、神戸国際大、大阪学院大、四国学院大、高松大、岡山理科大、高知大、高知県立大、龍谷大、愛媛大、松山大、京都産業大、福山大、大谷大、広島経済大

【指定校推薦】
近畿、中・四国、九州地方に4年制・短期大学、専門学校、約40校

◇◇◇◇◇◇◇◇◇◇　この学校にアクセスしてみよう！

学校説明会	入学前電話相談	文化祭見学	体育祭見学	資料請求
○	○	○	−	○

※資料請求はフリーダイヤル0120-242-158にお電話ください。

【広域通信制】　　　　　　　　　　　　　　　　　　　　（単位制）

学校法人タイケン国際学園　日本ウェルネス高等学校

（ https://www.taiken.ac.jp/gakuin/　　E-mail：gakuin@taiken.ac.jp ）

■校長名：柴岡 三千夫
■住　所：〒794-1307　愛媛県今治市大三島町口総 4010
■電　話：0897-74-1356　　■ＦＡＸ：0897-74-1357
■最寄駅：JR 予讃線「今治」駅より約 1 時間
■生徒が入学できる都道府県：全 47 都道府県
■沿革：2006 年 4 月開校
■教育理念：スポーツを中心とした徳育・体育の人間教育をもって、生活習慣を正し、社会ルールを守り、他者や社会との関わりを理解する要素を身につけ、「生きる力」を育成することを目指して 2006 年に設立。現在は経済的理由等によって、昼間部高校に通学できない生徒に広く門戸を開くと共に、不登校生徒や引きこもり状態にある生徒、及び中途退学生徒の学校復帰や社会的自立に向けて心の改善に重点を置くこととしている。

■形態・課程・学科：独立校・単位制による通信制・普通科
■併設する課程：なし
■入学・卒業時期：入学時期 4 月、10 月、卒業時期 3 月、9 月
■修業年限：3 年以上
■学期制：2 学期制　　■卒業認定単位数：74 単位
■始業・終業時刻：始業 9：00・10：00、終業 12：50
■実務代替：なし　　■技能連携：なし
■開設講座数：要問い合わせ

スクーリングの日数と場所

【登校日数】
①通学 0　スクーリング年間 4 ～ 10 日
②週 5 日（スポーツ専攻は全員週 5 日コース）
③週 2 日

【場　所】
東京キャンパス
　東京都板橋区成増 1-12-19　　　　　TEL：03-3938-7500
　東京都練馬区旭町 3-28-17　　　　　TEL：03-6909-8681
神保町キャンパス
　東京都千代田区神田神保町 1-52-4　TEL：03-5577-2878
利根キャンパス
　茨城県北相馬郡利根町布川 1377　　TEL：0297-68-6787
名古屋キャンパス
　愛知県名古屋市中区栄 1-22-31　　　TEL：052-218-8313
信州筑北キャンパス
　長野県東筑摩郡筑北村西条 4200-2　TEL：0263-66-0012
広島キャンパス
　広島県広島市安芸区中野 2-21-26-8　TEL：082-892-3015
北九州キャンパス
　福岡県北九州市八幡東区勝山 2-7-5　TEL：093-654-3677
沖縄キャンパス
　沖縄県沖縄市海邦 1-22-13　　　　　TEL：098-901-7630

特色

本校は、通学 0、週 5、週 2 の 3 スタイルから自分のペースに合わせた通学スタイルを選べます。また、高校卒業を目指す「総合コース」をはじめ、総合型・学校推薦型入学選抜対策に特化した「進学専攻」、早くから動物のことを学ぶことが出来る「ペット専攻」、「保育専攻」、「スポーツ専攻」等、多種多様な専攻を設置しています。また、グループの大学・専門学校への推薦入学（優先入学）も可能です。

＜コース一例＞
総合コース（大学、歯科衛生、ペット、保育、スポーツの専門学校へ内部推薦あり）：高校卒業を目指します。又、大学・専門学校への進学や就職に備えて基礎学力を養います。
進学専攻：大学・専門学校等へ進学を目指す専攻で総合型・学校推薦型大学選抜対策に特化し、面接及び小論文指導等が中心。一般受験対策も行います。
ペット専攻／進学専攻／音楽専攻／吹奏楽専攻／保育専攻／イラスト・マンガ専攻／声優専攻　他
※専攻はキャンパスによって異なります。
＜内部推薦が可能な大学と専門学校＞
日本ウェルネススポーツ大学／日本ウェルネススポーツ専門学校（東京校・北九州校・広島校）／日本ペット＆アニマル専門学校（東京）／日本ウェルネス歯科衛生専門学校（東京）／日本グローバル専門学校（埼玉）／日本ウェルネス AI・IT・保育専門学校（東京）／日本グローバルビジネス専門学校（茨城）
＜姉妹校＞【全日制】
日本ウェルネス長野高等学校
〒 399-7501 長野県東筑摩郡筑北村西条 4228　TEL：0263-66-0057
日本ウェルネス宮城高等学校
〒 981-0303 宮城県東松島市小野字裏丁 1　TEL：0225-20-9030
＜姉妹校＞【通信制】
日本ウェルネス高等学校 茨城
〒 309-1622 茨城県笠間市南吉原 1188　TEL：0296-71-5553

学習システム

①通学 0 スタイル（在宅スタイル）
　自宅でのレポート作成を中心に学習を進めていき、最低年 4 日間の集中スクーリングに参加してもらいます。

②通学スタイル（週 5 日・週 2 日）
　基礎から進学まで幅広い授業を行います。数ある選択肢の中から自分に合った将来を選択することができます。他にも、教室内での学習ばかりではなく、校外学習なども多数行っています。

③各種コース・専攻
　通常授業 + α の部分です。
　本格的な専門知識やスキル、資格取得を目指すものから、学校に来る楽しみの一つとなるものまで様々なコース・専攻がそろっています。

クラブ活動

野球部（男女）、陸上部、バドミントン部、その他にもあらゆる競技種目の選手を募集しています。また、これらの運動部以外にも、吹奏楽部等も活動しています。※キャンパスにより異なります。宮城校（全日制）・日本ウェルネス高校茨城・東京キャンパス・長野校（全日制）・沖縄キャンパスは「高等学校野球連盟」「高等学校体育連盟」に加入しています。

学校行事

4月：入学式
5月：学園合同体育祭
6月：動物ふれあい体験
7月：バーベキューパーティー
10月：校外学習（東京ディズニーリゾート等）
11月：タイケンフェスティバル
12月：遠足
3月：卒業式　　　　　　　　　　　　　等

生活指導

制服あり（希望者のみ）
頭髪・服装等の身だしなみに関する制約はありません。

『義務づけるのではなく、習慣づける』
人に迷惑をかけないことと、社会のルールやマナーを守れるように指導しています。

生徒情報

【不登校生】 本校は不登校生だった生徒や通学できない生徒を積極的に受け入れています！！

【転編入生】 前籍校の単位を振り替えることができます。入学時期は随時です。

1年次	2年次	3年次	4年次
転入生　名	転入生　名	転入生　名	転入生　名
編入生　名	編入生　名	編入生　名	編入生　名

【教員数】 教員数：78名　　カウンセラー：1名

補習指導

希望すればいつでも補習やレポート作成の補助が受けられます。基礎学力の向上から進学指導まで、幅の広い指導をしています。資格や検定にも数多く取り組んでいます。

進路指導

学園内の専門学校と連携して進学ガイダンスや職業ガイダンスを定期的に実施し、早くから進路への意識づけに力を入れています。特に進学指導は充実していて、指定校推薦から総合型選抜・学校推薦型選抜等にも対応しています。

2024・2025年度の募集要項

募集について

出願期間：2024年1月～
試験日：随時
選考方法：書類審査、面接
選考料：10,000円

学費について

[週5日スタイル]
入学金：　　　　　　　10,000円
教育充実費：　　　　　50,000円
授業料：　　　　　1単位 8,000円
通学スタイル費：　　 300,000円

[週2日スタイル]
入学金：　　　　　　　10,000円
教育充実費：　　　　　50,000円
授業料：　　　　　1単位 8,000円
通学スタイル費：　　 180,000円

[通学0スタイル]
入学金：　　　　　　　10,000円
教育充実費：　　　　　50,000円
授業料：　　　　　1単位 8,000円

※高等学校等就学支援金が各ご家庭の収入に応じて受けられます。詳しくは本校までお問い合わせください。

◇◇◇◇◇◇◇◇◇ この学校にアクセスしてみよう！

学校説明会	入学前電話相談	文化祭見学	体育祭見学	資料請求
○	○	―	○	○

※資料請求はTEL、Eメール、FAX等でご請求下さい。
▼学校説明会　　学校見学・個別相談随時実施

<学校の施設>

校地面積	16,149m²	図書室	あり
運動場面積	5,275m²	プール	なし
視聴覚教室	あり	食堂	あり
体育館	あり	ラウンジ	あり
グラウンド	あり	カウンセリング室	あり

卒業生合格先一覧

日本ウェルネススポーツ大、明治大、立教大、早稲田大、日本大、中央大、東海大、大阪大、西武文理大、専修大、学習院大、青山学院大、大東文化大、拓殖大、玉川大、千葉工業大、帝京科学大、帝京平成大、帝京大、東亜大、龍谷大、琉球大、埼玉大、千葉大、東洋英和女学院大、愛知淑徳大、愛知学院大、神奈川県立保健福祉大、東京女子大、東京医科大、東京音楽大、東京学芸大、東京家政大、東京経済大、東京工科大、東京国際大、東京情報大、東京電機大、東京理科大、東京薬科大、東洋大、獨協大、日本女子大、日本工業大、広島国際大、フェリス女学院大、文化女子大、文教大学大、文京学院大、法政大、北海道工業大、武蔵工業大、明星大、横浜商科大、和光大、跡見学園女子大、亜細亜大、いわき明星大、大妻女子大、神奈川大、神田外語大、北里大　ほか多数

▼全国のおもな学習センター

〈愛媛本校〉	愛媛県今治市大三島町口総4010
〈青森学習支援センター〉	青森県青森市
〈東京キャンパス〉	東京都板橋区成増
〈神保町キャンパス〉	東京都千代田区神田神保町
〈新宿学習支援センター〉	東京都新宿区新宿
〈世田谷学習支援センター〉	東京都世田谷区
〈戸田学習支援センター〉	埼玉県戸田市
〈坂戸学習支援センター〉	埼玉県坂戸市
〈利根キャンパス〉	茨城県北相馬郡利根町
〈稲敷学習支援センター〉	茨城県稲敷市
〈名古屋キャンパス〉	愛知県名古屋市中区栄
〈信州筑北キャンパス〉	長野県東筑摩郡筑北村
〈広島キャンパス〉	広島県広島市安芸区
〈北九州キャンパス〉	福岡県北九州市八幡東区
〈沖縄キャンパス〉	沖縄県沖縄市海邦　　　その他、全国各地に学習支援センターを設置

【広域通信制】 （単位制）

未来高等学校
みらいこうとうがっこう

（ https://mirai-hs.kawahara.ac.jp E-mail：mirai-h-pr@kawahara.ac.jp ）

- ■校長名：野村 和弘
- ■住 所：〒790-0001 愛媛県松山市一番町 1-1-3
- ■電 話：089-947-4447 ■FAX：089-947-4432
- ■最寄駅：JR「松山」駅より市内電車（道後温泉行）「勝山町」駅下車、徒歩 2 分
- ■生徒が入学できる都道府県：北海道～沖縄まで 42 都道府県
- ■沿革：2007 年 4 月開校 ■教育理念：感謝の心を育てる

- ■形態・課程・学科：独立校・単位制による通信制課程・普通科
- ■併設する課程：なし ■併設課程への転編：—
- ■入学・卒業時期：入学時期 4 月、10 月 卒業時期 3 月、9 月
- ■修業年限：3 年（在籍最長年数 ：制限なし）
- ■学期制：前期・後期制 ■卒業認定単位数：74 単位
- ■始業・終業時刻：— ■技能審査：あり

スクーリングの日数と場所

【登校日数】
- ① 週 5 日（月～金）
- ② 週 2 日（木、金）
- ③ 月 2 日
- ④ 集中（夏季 or 冬季 14 日間程度）

週 5 日～年間 14 日前後。本校または各学習センター事務所にお問い合わせください。

【場 所】
松山本校：〒790-0001 愛媛県松山市一番町 1-1-3
　　フリーダイヤル：0120-89-4447 FAX：089-947-4432
新居浜校：〒792-0812 愛媛県新居浜市坂井町 1-9-23
　　フリーダイヤル：0120-00-8628 FAX：0897-34-6009
宇和島スクーリング会場（宇和島市総合福祉センター）
今治スクーリング会場（今治地域地場産業振興センター）
東海キャンパス：〒472-0025 愛知県知立市池端 3-1 ヨツヤビル 3F
TEL：0566-84-3310

【その他】
東京、神奈川、埼玉、千葉、富山、山梨、静岡、愛知、兵庫、島根、山口、香川、徳島、福岡、熊本、大分、沖縄に学習センターがあります。

特色
未来高等学校の母体である学校法人河原学園グループの総合的な教育力を活かし、大学・短期大学・専門学校への進学をフォローします。個別指導と集団指導のメリットを取り入れ、一人一人のレベルに合わせた、生徒に寄り添う指導を行っています。
松山本校には、5 つの通学コースがあります。毎日通学するコースから年間 14 日程度の集中コースまで、個々の生徒に合ったコースを選べます。週 5 日コース・週 2 日コースでは河原学園の強みを活かした、専門学校や大学と連携した授業があります。大学・専門学校での体験により、将来のイメージを具体化させ、その目標に向かうための方法を一緒に考えます。
全国にある、26 学習センターでは、センターごとに進路指導や学習フォロー、特別活動など特徴のある取組を行っています。

併修・単位について
併修することができます。高卒認定試験受験生は 3 ～ 4 科目を履修することができます。併修の場合、年間単位数は相談によります。

生活指導
週 5 日コースは、指定の制服があります。
コースにより、頭髪・服装などに関するルール指導があります。
自動車やバイクでの通学はできません。

クラブ活動
バスケットボール部、卓球部、和太鼓部、イラストサークル、e スポーツ部、野球部（沖縄、富山）

◇◇◇◇◇◇ この学校にアクセスしてみよう！

学校説明会	入学前電話相談	文化祭見学	体育祭見学	資料請求
○	○	—	—	○

※資料は HP・TEL にて請求して下さい。
▼個別相談 月～土曜日 随時
▼オープンスクール ホームページにてご確認ください。

生徒情報

【不登校生】過去に不登校だった生徒も多くいます。中学校で不登校でも、本校週 5 日コースで皆勤生が多くいます。
【転編入生】前籍高校で修得した単位は引き継ぐことができます。高卒認定試験で合格した科目は本校の修得単位に含めることができます。転入生は随時入学できますが、同一年度に進級を希望される場合は別途条件があります。編入生は前期（4 月）と後期（10 月）入学ができます。

【生徒数】 2023 年 11 月 1 日現在

年次	生徒数
1 年次	798 名
2 年次	817 名
3 年次	943 名
合計	2,558 名

【教員数】普通科
教員数：31 名　　講師数：199 名

2024 年度の募集要項

募集について
【推薦入試】
出願期間：2023 年 12 月 1 日～ 2024 年 3 月 23 日
試 験 日：2024 年 1 月 16 日より 4 回
選抜方法：面接
選 考 料：10,000 円
【一般入試】
出願期間：2024 年 1 月 10 日～ 2024 年 4 月 2 日
試 験 日：2024 年 2 月 6 日より 4 回
選抜方法：作文・面接
選 考 料：10,000 円

学費について

入学金：	30,000 円 or	20,000 円
授業料：	10,000 円（1 単位）×履修単位数 – 就学支援金	
教材費・その他：	30,000 円 ～	100,000 円
施設費：	20,000 円 ～	0 円
諸経費：	180,000 円 ～	0 円
合 計：	約 540,000 円 ～	30,000 円 程度

※学費はコースによって異なります。
※授業料は高等学校等就学支援金制度により、家庭の収入の状況に応じて、補助の対象となります。
※詳細は本校または最寄りの学習センターにお問い合わせください。

卒業生の進路状況

【進学先】
[大学]
都留文科大学、愛媛大学、高知大学、大分大学、神戸市外国語大学、島根県立大学、下関市立大学
[私立大学]
早稲田大学、立教大学、学習院大学、法政大学、関西大学、文教大学、玉川大学、東洋大学、日本大学、立命館大学、駒沢大学、専修大学、近畿大学、実践女子大学、武蔵野大学、産業能率大学、愛知大学、武庫川女子大学、江戸川大学、東京経済大学、目白大学、常葉大学、愛知工業大学、帝塚山大学、広島修道大学、駿河台大学、駒沢女子大学、愛知学院大学、金城学院大学、中部大学、松山大学、人間環境大学、聖カタリナ大学、松山東雲女子大学、四国大学、徳島文理大学、四国学院大学 など
[専門学校]
河原電子ビジネス専門学校、河原医療大学校、河原調理専門学校、河原医療福祉専門学校、大原簿記公務員専門学校愛媛、河原デザイン・アート専門学校、河原ビューティモード専門学校、河原外語観光・製菓専門学校、河原アイペットワールド専門学校 など

【通信制】 （単位制）

高知県立大方高等学校
こうちけんりつおおがたこうとうがっこう
(https://www.kochinet.ed.jp/ogata-h/)

■校長名：泥谷　耕二
■住　所：〒789-1931　高知県幡多郡黒潮町入野5507番地
■電　話：0880-43-1079　■FAX：0880-43-1379
■最寄駅：土佐くろしお鉄道中村線「土佐入野」駅下車徒歩5分
■生徒が入学できる都道府県：
　高知（県外の場合は許可制による）
■沿革：
　2005年4月　通信制を併置した多部制単位制普通科高校として
　　　　　　　開校

■形態・課程・学科：
　併設校・単位制による通信制・普通科
■併設する課程：単位制による全日制・定時制
■併設課程への転籍：全日制と定時制へ転籍できる
　　　　　　　　　　（学力や適正等を判断して決定）
■入学・卒業時期：
　・入学時期　4月10日　・卒業時期　3月9日
■修業年限：3年以上（在籍最長年数：8年）
■学期制：2学期制　■卒業認定単位数：74単位
■始業・終業時刻：8：45～16：25
■技能連携：なし　■実務代替：なし
■技能審査：学校外の学修、高卒程度認定試験を含めて
　　　　　　36単位まで卒業に必要な単位に含められる
■開設講座数：46講座、40科目

スクーリングの日数と場所

【登校日数】
　毎週1回（日曜・水曜）
　※原則日曜日で、水曜スクーリングは補充日
【場　所】
　本校

特色
3年間で卒業することもできます。多様な教科・科目を学ぶことができます。進学就職希望の生徒に対しては、補習を実施しています。また、黒潮町の補助で資格取得（英語・漢字検定など）が可能です。

併修・単位について
定通併修は可。単位については年度12単位、卒業まで36単位。

クラブ活動
卓球部、バドミントン部、柔道部、陸上部

生活指導
自動車・バイク・自転車通学は可。制服はありません。頭髪や服装は自由で規定はありません。喫煙は学校敷地内で全面禁止です。

学校行事
修学旅行は希望者を対象に、3年に1度実施しています。

◇◇◇◇◇◇◇◇ この学校にアクセスしてみよう！

学校説明会	入学前電話相談	文化祭見学	体育祭見学	資料請求
－	○	－	－	○

生徒情報

【不登校生】
過去に不登校だった生徒は多数在籍しています。不登校だった生徒にはスクールカウンセラーとスクールソーシャルワーカーとの連携による指導を行っています。

【転編入生】
前籍高校で修得したすべての単位を卒業に必要な単位として認めています。学校外学修、技能審査を含めて36単位までは高卒認定試験で合格した科目を振り替えることができます。

【保護者連絡】
電話、メール、文書通知、保護者面談、家庭訪問を行っています。

【転編入の生徒数】

1年次	2年次	3年次以降
12名	10名	3名

【生徒数】　　　　　　　　　　　　　2023年12月1日現在

年次	生徒数	男女比	クラス数	1クラスの平均人数
1年次	33名	9：24	1クラス	27名
2年次	30名	16：14	1クラス	33名
3年次	10名	5：5	1クラス	11名
4年次以降	6名	2：4	1クラス	6名

【教員数】
　教員：男性5名、女性3名／職員：女性1名

2024年度の募集要項

募集について

募集人員：100人
出願期間：前期第一次　2024年2月28日（水）から29日（木）
　　　　　前期第二次　2024年3月15日（金）から19日（火）
　　　　　後期　　　　2024年8月26日（月）から27日（火）
試験日：前期第一次　2024年3月10日（日）
　　　　前期第二次　2024年3月24日（日）
　　　　後期　　　　2024年9月1日（日）
合格発表：前期第一次　2024年3月12日（火）
　　　　　前期第二次　2024年3月25日（月）
　　　　　後期　　　　2024年9月2日（月）
選抜方法：面接

学費について

授業料：　　　　330円（1単位当たり）
教科書：
学習書：｝約22,000円
諸経費：　約12,000円
―――――――――――――――
合計：　　約35,000円

2022年度卒業生の進路状況

【進路先】
卒業者数…18名
専門学校…4名　　　就職…3名　　　大学（短期）…2名
その他…9名
【主な合格実績】
岡山商科大学、神戸学院大学、高知開成専門学校、大阪医療技術学園、龍馬学園フードビジネス専門学校、辻製菓専門学校、上田安子服飾専門学校

【通信制】　　　　　　　　　　　　　　　　　　　　　（単位制）

こうちけんりつこうちきたこうとうがっこう
高知県立高知北高等学校

（ https://www.kochinet.ed.jp/kita-h/HPtusin/ ）

■校長名：正木　敏政
■住　所：〒780-8039　高知市東石立町160番地
■電　話：088-832-2182　■ＦＡＸ：088-833-7484
■最寄駅：JR土讃線「旭」駅、徒歩19分
■生徒が入学できる都道府県：
　　高知
■沿革：
　　昭和46年、高知県立高知追手前高等学校定時制の課程と高知県立高知小津高等学校通信制の課程が統合され、高知県立高知北高等学校として発足
■創立理念：自由・真理・友愛・不撓

■形態・課程・学科：
　　併設校・単位制による通信制課程・普通科
■併設する課程：単位制による定時制課程（昼間・夜間）
■併設課程への転籍：不可
■入学・卒業時期：・入学時期　4月　・卒業時期　3月
■修業年限：1年以上（在籍最長年数：9年）
■学期制：3学期制
■卒業認定単位数：74単位以上（必履修科目を含む）
■始業・終業時刻：9：00～17：00
■技能連携：なし
■実務代替：なし
■技能審査：行いません
■開設講座数：39講座

スクーリングの日数と場所

【登校日数】
　　科目や人によって異なります。水・日のいずれか。
【場　所】
　　本校

特色
本校は定時制昼間部と夜間部・通信制があり
日本一あったかな学校づくりを目指しています。

併修・単位について
年間10単位まで定通併修できます。

クラブ活動
活動はありませんが、定通大会への参加は出来ます。

学校行事
県体育大会・防災訓練・リーダー研修・入学式・卒業式・生活体験作文発表会・北通祭（文化祭）等

進学指導
本人の希望等を聞きながら、進路指導を行っています。保護者を交えた三者面談も実施。
自習室で自習したり、分からない時は教員等に質問することもできます。再試あり。

生活指導
「他人に迷惑をかけない」ことが基本です。

◇◇◇◇◇◇ この学校にアクセスしてみよう！ ◇◇◇◇◇◇

学校説明会	入学前電話相談	文化祭見学	体育祭見学	資料請求
○	○	○	−	○

※資料は電話やメール等で請求してください。
▼学校説明会　1月に3回ほど行っています。

生徒情報

【不登校生】
SC、SSW や大学生のピアサポーターがおり、登校時に学習支援や悩みの相談ができます。授業時の座席指定はなく、不登校の生徒も学びやすい環境です。
【転編入生】
前籍校で修得した単位を、本校を卒業するために必要な単位として認めることができる場合があります。
高卒認定試験等で合格した科目は卒業までに20単位まで認定することができます。転編入可能な時期は4月のみです。
【保護者連絡】
基本的には本人と行いますが、保護者にはスグールなどのオンライン登録・電話・会報の送付にて連絡を行います。

【生徒数】　　　　　　　　　　　　　　　　2023年5月1日現在

入学年度	生徒数	クラス数	1クラスの平均人数
R5年度	91名	4クラス	23名
R4年度	111名	5クラス	22名
R3年度	90名	4クラス	23名

【教員数】
　教員：19名　　講師：4名
　カウンセラー：生徒の登校日に在校します。

2024年度の募集要項

募集について
募集人員：前期…150名、後期…50名（前後期合わせて200名）
出願期間：前期…2月に3日、後期…3月に3日
試験日：前期…2月20日頃、後期…3月30日頃
選抜方法：面接・学力検査（国・数・英）基礎的な内容
選考料：0円

学費について
入学金：　　　　500円
諸経費：　　　8,000円
受講料：　　10,890円 ★（1単位330円・1年最大33単位）
教科書学習書代：26,500円 ★

合　計：約46,000円

※★は最大の金額です。
　条件を満たせば後日返金される場合もあります。
※上記金額は予定です。

2022年度卒業生の進路状況

【進路先】
卒業者数…66名
大学・短大…7名　　　　専門学校…6名　　　　就職…6名
その他…47名

【主な進路先】
関西福祉科学大学、神戸女学院大学、東京通信大学、岡山商科大学、高知リハビリテーション専門職大学、大阪芸術大学短期大学部、近畿大学短期大学部、高知開成専門学校、龍馬看護ふくし専門学校、土佐情報経理専門学校、高知福祉専門学校、高知理容美容専門学校、久保田食品株式会社、株式会社ワークウェイ、株式会社三翠園、陸上自衛隊、株式会社エースワン、有限会社イー・クリーン

【通信制】 （単位制）

太平洋学園高等学校
たいへいようがくえんこうとうがっこう

(https://www.taiheiyo.ed.jp/　E-mail：taiheiyo@taiheiyo.ed.jp)

■校長名：光富 祥
■住　所：〒780-0061　高知県高知市栄田町1丁目3番8号
■電　話：088-822-3584　■ＦＡＸ：088-822-3585
■最寄駅：JR線「高知」駅下車、徒歩3分
■生徒が入学できる都道府県：
　高知
■沿革：
　1946年2月　高知女子専門学園を開校
　1966年4月　高知女子高等学校開校
　1976年2月　高知女子専門学校と改名
　1993年4月　太平洋学園高等学校と改名
　2001年4月　定時制高等学校設立　総合学科設置

■形態・課程・学科：
　独立校・単位制による通信制課程・総合学科
■併設する課程：単位制による昼間定時制課程
■併設課程への転籍：
　昼間定時制に転籍できます（保護者同伴による事前面談・転籍願い提出・面接試験を学期ごとに行います）
■入学・卒業時期：・入学時期　4月、10月　・卒業時期　9月、3月
■修業年限：3年以上（在籍最長年数：制限なし）
■学期制：2学期制　■卒業認定単位数：74単位
■始業・終業時刻：9：00～12：30　1日3～4時限、1時限45分
■技能連携：なし
■実務代替：年間2単位まで。1週間に20時間以上の就業が必要、専門科目を履修していること、卒業までに技能審査、他の学校外の学修の単位と合わせて36単位を越えないこと（卒業に必要な単位に含む）
■技能審査：年間修得単位数の制限はありませんが、卒業までに学校外における学修の単位と合わせて36単位を越えないこと。
■開設講座数：50講座、42科目

スクーリングの日数と場所

【登校日数】
　週1回（下記①②③のいずれかを選択）
　　①土曜コース（9：00～12：30）
　　②水曜昼コース（13：15～16：45）
　　③水曜夜コース（18：00～21：30）
【場　所】
　　本校

特色
不登校生には、訪問によるスクーリングや集中スクーリングを実施しています。単位認定は半期ごと。ただし、2年間の継続履修が可能です。
2003年末には新校舎（全館冷暖房完備）が完成し、移転しました（JR高知駅3分）。2004年からは新校舎での授業を開始しています。

併修・単位について
卒業に必要な単位数の1/2を超えない限り、定通併修（太平洋学園高校の昼間定時制課程と併修）ができます。学校設定科目のみ一部科目履修することができます。

クラブ活動
【クラブ数5、クラブ加入率約5%】
卓球（'01・'02・'16・'17・'18・'19・'21・'22・'23年夏　全国大会出場）、バドミントン（2015・2021・2022・2023年夏全国大会出場）

学校行事
遠足、学園祭、研修旅行、映画鑑賞、ボウリング、体験発表会

進学指導
外部面接や受験時などにアドバイスをしています。

生活指導
制服はありますが、着用は自由です。
茶髪・ピアスなどに対して指導はしていません。服装に関するものは自由です。

◇◇◇◇◇◇　この学校にアクセスしてみよう！

学校説明会	入学前電話相談	文化祭見学	体育祭見学	資料請求
○ 要予約	○	○	－	○

※資料は電話で請求して下さい。
▼文化祭　　12月（公開・定時制と合同、日程は予定）
▼体育祭

生徒情報

【不登校生】
不登校だった生徒はかなりいます。訪問スクーリングや、集中スクーリングを実施しており、保護者同伴による授業、行事などへの参加も可能です。個々の生徒に合わせて専門機関と連携してサポートしています。また保護者に対する相談窓口を開設しています。
【転編入生】
前籍高校で修得した単位は全て振り替えることができます。
高卒認定試験で合格した科目を振り替えることができます。年間修得単位数の制限はありませんが、技能審査、その他の学校外学修と合わせて卒業までに20単位を越えないこと。転入・編入は各学期始めに入学することができます。
【保護者連絡】
電話、通信、家庭訪問、保護者面談など頻繁に連絡しています。
【転編入の生徒数】

1年次	2年次	3年次	4年次
転入生6名	転入生9名	転入生7名	転入生0名
編入生0名	編入生4名	編入生2名	編入生1名

【生徒数】　　　　　　　　　　　　　　2023年10月1日現在

年次	生徒数	男女比	クラス数	1クラスの平均人数
1年次	60名	27：33	2クラス	25名
2年次	65名	21：44	2クラス	31名
3年次	72名	29：43	3クラス	23名
4年次	52名	26：26	2クラス	27名

【教員数】
　教員：男性12名、女性5名
　カウンセラー：教員の中に相談組織があります。

2024年度の募集要項

募集について
【一般入試】
募集人員：総合学科　100名
出願期間：3月、9月（詳しくはお問い合わせ下さい）
試験日：出願期間中随時
選抜方法：作文、面接
選考料：10,000円

学費について

入　学　金	50,000円	入学後の納付金
教材費	30,000円	半期分（4月・10月）
施設費	8,000円	科目登録料77,000～165,000円
諸会費	3,200円	（7単位）（15単位）
		その他／年　6,000円
合　　計：	約91,200円	113,000円～201,000円

2022年度卒業生の進路状況

【進路先】
卒業者数　65名
大学・短大…13名　　専門学校…27名　　就職…8名
その他…17名

【主な合格実績】
高知県立大学、徳島文理大学、人間環境大学、龍谷大学、放送大学、高知リハビリテーション専門職大学、四国学院大学、高知大学、京都芸術大学、昭和音楽大学短期大学部、鳥取短期大学、東京経営短期大学、朝日医療大学校、大阪法律公務員専門学校天王寺校、河原電子ビジネス専門学校、神戸電子専門学校、清風情報工科学院、総合学院ヒューマンアカデミー大阪校、ブレーメン動物専門学校、おくりびとアカデミー、大阪リゾート＆スポーツ専門学校、河原ビューティーモード専門学校、公務員ビジネス専門学校、日産愛媛自動車大学校

419

【通信制】 （単位制）

学校法人 恭敬学園 福岡芸術高等学校
（ふくおかげいじゅつこうとうがっこう）

（ https://fukugei.kyokei.ac.jp ）

■校長名：藤井 秀重
■住　所：〒812-0011　福岡県福岡市博多区博多駅前
　　　　　3丁目 11-10
■電　話：092-409-2293　　■ＦＡＸ：092-409-2296
■生徒が入学できる都道府県：
福岡、佐賀
■沿　革：
2005年11月　学校教育法による高等学校として認可
2006年 4月　北海道芸術高等学校開校
　　　　　　　札幌・仙台・名古屋サテライトキャンパス開設
2008年 4月　東京池袋サテライトキャンパス開設
2012年 4月　福岡サテライトキャンパス開設
2013年 4月　横浜サテライトキャンパス開設
2015年 4月　『学校法人恭敬学園北海道芸術高等学校』として
　　　　　　　スタート
2016年 4月　生徒専用宿泊施設（ドミトリー）完成
2018年 4月　名古屋サテライトキャンパスを高等専修学校化
2020年 4月　仙台サテライトキャンパスを高等専修学校化
2021年 4月　横浜サテライトキャンパスを高等専修学校化
　　　　　　　サテライトキャンパスを学習センター化
2023年 4月　福岡サテライトキャンパスを福岡芸術高等学校
　　　　　　　として開校
■教育理念：表情もまた学力である

■形態・課程・学科：独立校、単位制、普通科
■入学・卒業時期：入学時期　4月　卒業時期　3月
■修業年限：3年以上（在籍最長年数制限なし）
■学期制：1学期制
■卒業認定単位数：74単位
■開講講座数：99科目

スクーリングの日数と場所

【登校日数】
年間で7～10日程度を分散して行います。

【場　所】
福岡芸術高等学校
（福岡県福岡市博多区博多駅前3丁目 11-10）
全ての学習が福岡芸術高等学校で完結します！
環境が変わる事なく安心して学習に取り組むことができます。
※美容師コース
美容師国家資格の勉強も福岡芸術高等学校にて行います。
高校と専門学校のWスクールは不要！
3年後、確実に高校卒業資格＋美容師国家資格を取得できます。

特色
通信制と全日制の良い所を併せ持った高等学校。
芸術科目（マンガ・イラスト・声優・ビューティー・美容・ダンス＆ボーカル・eスポーツ）が高校の単位として認定される日本でも数少ない高等学校です。

■充実した芸術科目
各コース、現役で活躍しているイラストレーターや声優、プロeスポーツチーム、メイクアップアーティスト、美容師の方が直接授業を担当。最新の設備で確実に高校卒業資格を取得し、卒業後の進路にも力をいれています。

■美容師養成施設も併設
美容師コースは、高校卒業と同時に美容師国家試験受験資格も取得が可能。専門学校へ通うことなく、「高校卒業資格」と「美容師国家資格」が3年間で同時に取得できます。

■学び直し授業
中学校の学び直し授業にも力を入れています。特に国語、数学、英語の授業は中学校の勉強を振り返りながら基礎学力向上に努めています。

■充実したキャリア教育
1年次から卒業後の進路決に向けたキャリア教育を行っていきます。進学、就職、プロデビューなど一人ひとりに合った進路指導を行い、それぞれの目標達成に向けた指導を丁寧に行っていきます。

＜学校の施設＞

校舎面積	1,263m²	事務室	あり
保健室	あり	ラウンジ	なし
職員室	あり	図書室	あり
カウンセリング室	あり		

その他…普通教室の他に、声優やダンス専用のスタジオ、美容師コース実習教室など各コースの専用教室を完備。

学習状況

【学習システムの特長】

■対面授業とオンライン授業

対面授業と、オンライン授業のハイブリッド授業を展開！レポートを取り組むための解説動画はいつでも何度でも視聴可能です！校舎内は Wi-Fi 完全完備。最新の設備で学習することができます。

進路指導

1 年から進路希望調査を行い、生徒一人ひとりの個性を重視した進路指導を実施しています。また専門分野以外にも、各種大学や専門学校の指定校推薦枠があるため、推薦を利用した進学などのサポートも積極的に行っています。芸術高校ならではの求人も多数、届きます。

補習指導

レポート課題に取組むための映像動画（オンデマンド）、試験対策授業も実施。いつでも個別に学習相談ができる体制が整っています。

【学力不振対策】

レポートを解くための授業動画（オンデマンド）を公開していますので自分のペースで学習を進めることができます。また、各コースの担任がいつでも個別相談に対応しています。

学校行事

新入生歓迎会、バスハイク、芸術鑑賞会、キャンパス祭、ハロウィンフェスティバルなど年間行事も充実。一年間の学びの集大成として行う芸術発表会は、各業界からも注目されている一大イベントです。

クラブ活動

演劇部は誰でも所属することができます。

また、e スポーツは大会に向け放課後練習を行ったり、ネイル検定、パーソナルカラリスト検定など多数の検定にチャレンジすることがきます。

生活指導

服装は自由です。教養科目・芸術科目の指導はもちろんですが、「挨拶」や「礼儀」など社会に出てから困らないよう生活指導にもかなり力をいれています。

生徒情報

【不登校生】

同じ目標や趣味、共通の話題を持った友人に出会うことができるのが強みです。言えなかったことが言える、話したいことが話せるようなクラスの雰囲気で、通学する習慣を身に付けていくことができています。

【転編入生】

美容師コース以外、転入生の受入れを行っています。前籍校の単位も引き継ぐことができますので、安心です。

【保護者連絡】

生徒への連絡事項、レポートやスクーリングなどの単位に関わること、出席状況は保護者の皆様にも共有しています。各コースで参観日や三者面談も随時行っていますので、学校での学習を保護者の皆様と協力して取り組んでいきます。

【生徒数】　　　　　　　　　　　　　　2023 年 5 月 1 日現在

年次	生徒数	男女比	クラス数	1 クラスの平均人数
1 年次	94 名	3：7	クラス	名
2 年次	70 名	2：8	クラス	名
3 年次	63 名	2：8	クラス	名

【教員数】

教員：男性 6 名、女性 13 名
講師：男性 17 名、女性 36 名
養護教諭：女性 1 名
カウンセラー：1 名

◇◇◇◇◇◇◇◇◇ **この学校にアクセスしてみよう！**

学校説明会	入学前電話相談	文化祭見学	体育祭見学	資料請求
○	○	○	—	○

※学校資料はホームページよりご請求ください。

2024 年度の募集・過去の進路状況

募集について

【校長推薦入試】

対　　象：学校長の推薦が受けられる方／本校を単願であること

出願期間：2023 年 11 月 1 日（水）〜 11 月 10 日（金）必着

選抜方法：書類審査

【自己推薦入試】

出願期間：2023 年 11 月 13 日（月）〜 11 月 30 日（木）必着

試 験 日：2023 年 12 月 16 日（土）

選抜方法：書類審査（エントリーシート）と面接（受験者・保護者）

選 考 料：20,000 円

※募集定員になり次第、早期に募集締め切りとさせていただきます。

【一般入試】

出願期間：【A日程】2023 年 12 月 1 日（金）〜 2024 年 1 月 12 日（金）必着
　　　　　【B日程】2024 年 1 月 15 日（月）〜 2 月 2 日（金）必着
　　　　　【C日程】2024 年 2 月 5 日（月）〜 2 月 22 日（木）必着

試 験 日：【A日程】2024 年 1 月 27 日（土）
　　　　　【B日程】2024 年 2 月 10 日（土）
　　　　　【C日程】2024 年 3 月 2 日（土）

選抜方法：書類審査と面接（受験者・保護者）

選 考 料：20,000 円

学費について

入 学 金：	50,000 円
授 業 料：	360,000 円
サポート授業料：	312,000 円
施 設 費：	84,000 円
実 習 費：	54,000 円
行 事 費：	30,000 円
合 計：	890,000 円

2022 年度卒業生の進路状況

【進路先】

卒業者数…88 名

大学…6 名　　　短期大学…4 名　　　専門学校…28 名
浪人…0 名　　　就職…11 名　　　その他…4 名

【主な合格実績】

福岡大学、大阪芸術大学、京都芸術大学、日本経済大学、鎮西大学、武蔵野大学、九州産業大学、九州大谷短期大学、九州女子短期大学、美容室 EARTH、テアトルアカデミー、日本デザイナー学院、九州デザイナー学院、九州ビジュアルアーツ　他

【指定校推薦】

日本経済大学、東亜大学、九州大谷短期大学、九州デザイナー学院、日本デザイナー学院　他

【通信制】2024 年 4 月開設　　　　　　　　　　　　　（単位制）

久留米信愛高等学校

（ https://www.kurume-shinai.ac.jp ）

- ■**校長名**：菅原　信博
- ■**住　所**：〒839-8508 福岡県久留米市御井町 2278-1
- ■**電　話**：0942-43-4533　■**FAX**：0942-43-4543
- ■**最寄駅**：「西鉄久留米」駅より西鉄バスにて約 17 分
　　　　　JR「久留米」駅より西鉄バスにて約 26 分
　　　　　JR「久留米大学前」駅より西鉄バスにて約 5 分
- ■**生徒が入学できる都道府県**：福岡県、佐賀県
- ■**沿革**：
　フランス ショファイユの幼きイエズス修道会を設立母体とする。
　1961 年（昭和 36 年）　久留米信愛女学院高等学校設立（学校法
　　　　　　　　　　　　人久留米信愛女学院設立）
　1990 年（平成 2 年）　久留米信愛女学院中学校設立
　2018 年（平成 30 年）　久留米信愛中学校・高等学校に改称、中
　　　　　　　　　　　　学校で男女共学化
　2019 年（平成 31 年）　高等学校で男女共学化
- ■**創立理念**：カトリックの教育理念の基づき、すべての人々の命
を大切にし、誠実かつ敬虔にして、公共の福祉、平和の実現にす
すんで貢献できる人物を育成する。

- ■**形態・課程・学科**：併設校、単位制による通信制・普通科
- ■**併設する課程**：全日制
- ■**併設課程への転籍**：
　申請後、会議を経て全日制の授業に対応できる学力等があると
判断された場合認められます。
- ■**入学・卒業時期**入学時期　4 月　卒業時期　3 月
- ■**修業年限**：3 年以上（在籍最長年数：6 年）
- ■**学期制**：2 期制　　■**卒業認定単位数**：74 単位
- ■**始業・終業時刻**：9：55 ～ 16：40　　■**実務代替**：なし
- ■**技能審査**：なし　　■**開設講座数**：31 科目

スクーリングの日数と場所

【登校日数】
　　　週 1 日（水曜日）自由登校日（火木金曜日）
【場　所】
　　　本校（基本的に通信制 Vita Gratia 用の校舎）

特色　カトリックミッションスクール
　　　一人ひとりを大切にする教育
　　　全日制高等学校と併設
　　　通信制 Vita　Gratia 用校舎でゆったりとした学びの空間

通信制課程「Vita　Gratia」ーあなたにはあなただけが果たせる
使命がある。いただいているこのいのちで、自分はどう生きるよ
うに呼ばれているのか。共に学び考えながら、あなたの使命を見
つけられるよう教育活動を行っていきます。

クラブ活動　生徒の要望を受け、今後検討する予定です。

学校行事　ミサ、芸術鑑賞、国際交流プログラム、進路ガイダンス等
を予定しています。

進学指導　進学相談、補習、模試の実施、大学訪問、大学説明会
イベント参加等
　　　【学力不振対策】
　　　補習、学び直し教材の提供をいたします。

生活指導　学校指定の制服はありますが、着用するかどうかは自
由です。自由服は学びの場にふさわしい服装。制服着
用の場合は別に規定があります。バイク通学不可。

生徒情報

【不登校生】
カトリックの人間観をもとに、自分らしさを大切にしながら
生きていく上で軸となる価値観を学ぶ「クレオクラス」（宗教）
の授業があります。学び直し教材を使用して、スモールステ
ップの積み重ねで無理なく学習を進められるよう工夫します。
【転編入生】
転入生は 12 月まで随時入学できます。
【保護者連絡】
年に 1 回は保護者面談期間を設定する予定です。また、必要
に応じて情報交換を行います。保護者面談、HP、メール等を
用いて必要に応じて行います。

【生徒数】
2024 年開設のためまだいません。

【教員数】
　教員：15 名程度　　　カウンセラー：月に 2 回（予約制）

2024 年度の募集要項

募集について

募集人員：240 名（男女）
出願期間：1 期…2023 年 12 月 1 日～ 2024 年 1 月 15 日
　　　　　　2 期…2024 年 2 月 14 日～ 3 月 8 日
　　　　　　3 期…2024 年 3 月 13 日～ 3 月 16 日
試験日：1 期…2024 年 1 月 17 日
　　　　　2 期…2024 年 3 月 12 日
　　　　　3 期…2024 年 3 月 21 日
選抜方法：書類選考（志望理由書）・作文・面接
選考料：10,000 円

学費について

入　学　金：	100,000 円
授　業　料：	384,000 円
教　材　費　等：	50,000 円
生徒会費（参考）：	6,000 円
後援会費（参考）：	15,600 円
合　　　計：	555,600 円

2022 年度卒業生の進路状況

【進路先】　　　　　　　2024 年開設のためまだいません
卒業者数… 名
大学… 名　　　　　　　短大… 名
専門学校… 名　　　　　就職… 名
【主な合格実績】

【指定校推薦】

◇◇◇◇◇◇ この学校にアクセスしてみよう！

学校説明会	入学前電話相談	文化祭見学	体育祭見学	資料請求
○	○	○	○	○

※資料請求は電話、学校 HP の専用フォームよりご請求ください。

▼学校説明会
　8 月 24 日・9 月・10 月・11 月・12 月を予定しています。

【広域通信制】　　　　　　　　　　　　　　　　　　　　　　（単位制）

第一薬科大学付属高等学校
だいいちやくかだいがくふぞくこうとうがっこう

（ https://t.f-parama.ed.jp 　　E-mail：tsuushin@f-parama.ed.jp ）

■校長名：都築　仁子
＜本校・福岡市南区と東京渋谷駅前の２つキャンパスがあります。＞
■住　所：〒815-0037　福岡県福岡市南区玉川町 22-1
■電　話：092-562-4749（直通）　　■FAX：092-541-0476
■最寄駅：西鉄大牟田線「高宮」駅下車、徒歩５分
　　　　　JR鹿児島本線「竹下」駅下車、徒歩15分
■生徒が入学できる都道府県：全国47都道府県
＜渋谷キャンパス＞
■住　所：〒150-0031　東京都渋谷区桜丘町 25-14
■電　話：03-3463-0878（直通）　　■FAX：03-3463-2312
■最寄駅：JR、各地下鉄、私鉄「渋谷」駅下車、徒歩３分
■生徒が入学できる都道府県：全国47都道府県
■沿革：
　本校は、1956年に個性教育を理想として創立された福岡第一高等学校に隣接校として1966年に創立され、2000年に通信制課程を設置しました。ました。本校ならではの、自由度の高い科目設定や最小限のスクーリング日数で、皆さんの夢実現のための支援を続けています。このコロナ禍においても柔軟な授業 スタイルや、ICT を使った学習で、手厚いサポート体制の下、学びを止めない環境づくりを進めています。

■形態・課程・学科：併設校・単位制による通信制課程・普通科
■併設する課程：学年制による全日制課程
■入学・卒業時期：入学時期　随時／卒業時期　３月、９月
■修業年限：3年（在籍最長年数：5年）※以降は1年毎の更新
■学期制：前・後期制　　■卒業認定単位数：74単位以上
■始業・終業時刻：スタンダードコース 8：45〜16：45／1時限100分
　　　　　　　　　ネットコース 8：45〜17：20／1時限50分
■技能連携：なし　　　■実務代替：なし　　　■技能審査：なし
■開設科目数：72科目

スクーリングの日数と場所

【登校日数】
①前期スクーリング実施月　5、6、7月　前期試験 8月
　後期スクーリング実施月　10、11、12月　後期試験 1月
②集中スクーリング実施月　7月、12月
③レポート指導随時（希望者は登校可）
【場　所】
　本校（福岡県福岡市南区玉川町 22-1）
　渋谷キャンパス（東京都渋谷区桜丘町 25-14）他3県
【その他】
　指定するテレビ・ラジオ番組やネットコンテンツを視聴して、その報告書を提出することで代替可能。但し科目ごとに枚数制限あり。長期出張などの場合、福岡、渋谷の両方のキャンパスでスクーリング受講振替可。

特色

毎週土曜日に開催している「パラマ塾」（サンスクリット語で“第一義諦”、即ち“個性”という意味）は資格取得の為の塾や受験の為の塾、芸能塾、声優塾といった教養塾、ヨット塾や乗馬塾などのスポーツを中心とした塾など40種類以上の講座を開講しています。

週1日、年間9日登校の「スタンダードコース」と、自分の好きな時間に学べるネット学習を中心とした、年間4〜5日間登校の「ネットコース」を準備しました。

併修・単位について
科目履修生
①高卒認定試験受験生の一部科目履修ができます。
②定時制高等学校の一部科目履修ができます。
単位
①専門教科（工業・商業・保育等）は20単位まで認めます。
②高卒認定試験で合格した科目は20単位まで振り替えることが出来ます。

クラブ活動
eスポーツ部
パラマ塾への参加も可能。

学校行事等
パラマ祭（学園祭福岡キャンパスのみ）
校外学習 随時実施

生徒情報

【生徒の多様性】芸能活動や起業、海外留学を目的として通う生徒もいて多様性があります。週一回のスクーリングや集中スクーリングなので、中学・高校での不登校経験者も無理なく通学できています。
【卒業年度】前期・後期それぞれに単位認定をしているので、転入生は卒業年度が遅れずに卒業することが可能です。（但し、スクーリング実施期間内の転入が必要です）
【在籍期間】原則として、本校入学時より5年間は認められます。5年目以降は1年毎の更新が必要となります。自分のペースに合った学習が認められます。
【保護者連絡】電話・FAX・メール・公式 LINE など頻繁に行っています。年4回の進捗状況・成績の郵送を実施しています。

2024 年度の募集要項

募集について

【一般入試】
募集人員：普通科　500 名（男女）
出願期間：＜福岡キャンパス＞
　　　　　第1期…11月2日（木）〜11月10日（金）
　　　　　第2期…12月1日（金）〜12月8日（金）
　　　　　第3期…1月5日（金）〜1月12日（金）
　　　　　第4期…2月2日（金）〜2月9日（金）
　　　　　＜渋谷キャンパス＞
　　　　　第1期…12月1日（金）〜12月25日（月）
　　　　　第2期…1月4日（木）〜1月31日（水）
　　　　　第3期…2月28日（水）〜3月6日（水）
試験日：＜福岡キャンパス＞
　　　　第1期…11月17日（金）／第2期…12月15日（金）
　　　　第3期…1月19日（金）／第4期…2月16日（金）
　　　　＜渋谷キャンパス＞
　　　　第1期…12月27日（水）／第2期…2月2日（金）
　　　　第3期…3月7日（木）／随時…3月11日（月）〜
選抜方法：個性を表現して頂くため記入する用紙（パラマカード）に基づいて面接を行います。
選 考 料：15,000 円
※転編入は随時受け付けます。
※一般入試後の新入生（中卒見込み及び既卒者）については随時相談を受け付けます。

学費について

入 学 金：10,000 円
授 業 料：1単位当たり　7,200 円
設備費（年間）：スタンダードコース：　　　0 円
　　　　　　　　ネットコース：　　35,000 円
諸経費（年間）：スタンダードコース：　　　0 円
　　　　　　　　ネットコース：　　12,000 円

2022 年度卒業生の進路状況

【進路先】卒業者数…95 名（内訳：前期 2 名、後期 93 名）
大学…33 名　　　　　短大… 名
専門学校…14 名　　　その他…48 名（有職者、専業主婦）
【主な合格実績】
慶應義塾大学、神奈川大学、千葉大学、専修大学、相模女子大学、大正大学、第一工科大学、中央大学、帝京大学、日本経済大学、つくば国際ペット専門学校、九州デザイナー専門学校、福岡 ECO 動物海洋専門学校
【指定校推薦】
第一薬科大、横浜薬科大、日本経済大、第一工業大、福岡こども短大、福岡天神医療リハビリ専門学校、第一自動車整備専門学校　等
※9月卒業予定者には「日本経済大学」への9月入学推薦あり

※学校見学は随時受付けています。（事前電話予約）
※資料請求は電話或いは郵送で請求して頂ければ郵送いたします。

【通信制】 (単位制)

つくば開成福岡高等学校
（かいせいふくおかこうとうがっこう）

(https://www.tkf.ed.jp/)

- ■校長名：松永 健一
- ■住 所：〒810-0001 福岡市中央区天神5-3-1
- ■電 話：092-761-1663 ■FAX：092-761-1667
- ■最寄駅：西鉄大牟田線「福岡天神」駅、徒歩13分
  福岡市営地下鉄「天神」駅、徒歩8分
  西鉄バス「那の津口」徒歩1分
- ■生徒が入学できる都道府県：福岡県
- ■沿革：平成27年4月1日開校
- ■創立理念：校訓 「自針・熱中・徳積」

- ■形態・課程・学科：独立校、単位制による通信制・普通科
- ■併設する課程：なし
- ■併設課程への転籍：なし
- ■入学・卒業時期：入学時期 4月、10月 卒業時期 3月、9月
- ■修業年限：3年以上（在籍最長年数：6年）
- ■学期制：2期制 ■卒業認定単位数：74単位以上
- ■実務代替：なし ■技能審査：なし
- ■開設講座数：基礎学力と受験学力養成講座（国・数・英・社・理）、系統別学習（コミュ系・情報系・デザイン創作系・心理系・理科系・社会学系）、進路学習（専門分野別の講演など）

スクーリングの日数と場所

【登校日数】
　特進Ⅰ型・特進Ⅱ型（週5日登校）
　キャリアデザイン型（週3日登校）
　ステップ型集団スタイル、ステップ型個別スタイル（週1日登校）

【場 所】
　つくば開成福岡高等学校　福岡市中央区天神5-3-1
　古賀分教室（ステップ型のみ：詳細はお問い合わせください）

【その他】
　公設の体育施設等

特色　本校は、生徒一人ひとりが自分に合った学びができる福岡県の認可を受けた県内唯一の登校型・通信制単独の私立高等学校です。中学校時代不登校気味で、集団が苦手であっても高校での学習を通じて、より良き確かな将来を作りたいという意欲を持った生徒が入学してきます。

将来につながる今、高校生として学ぶべき自立への学習が登校する中にたくさんあります。全クラス15名〜20名程度の少人数で、登校日数により編制し、きめ細やかな学習指導・進路指導が受けられます。

学校行事　ふれあい合宿、スポーツ活動、職場体験、大学見学、進路説明会、校外模試、社会体験学習、異文化交流、調理実習、ボランティア活動、24時間TVチャリティーなど
※令和6年度より体育祭及び文化祭を実施する予定をしております。
※修学旅行は全員参加のために実施しておりませんが、特進型・キャリアデザイン型は研修旅行を実施しております。

生活指導　学校指定の制服はありませんが、希望者が購入できる通学服を準備しております。あわせて、服装に関しては校内指導を実施しています。自転車・バイクなどでの通学はできません。

進学指導　進路学習・指導の時間を設け、日常的に行っている二者面談や三者面談、進路説明会や校外模試等を活用し進学に必要な情報提供や相談を行っております。
また、進学の意欲が高まるように検定・模試を実施しており、検定1級の合格者が多数出ています。

生徒情報

【不登校生】
少人数クラス編制を基に、担任や養護教諭などとの面談を実施し、生徒の不安を軽減させ意欲が高まるようにしています。

【転編入生】
本校に入学前に取得済みである前籍校の単位を引き継ぎ、高卒認定試験で合格した科目を振り替えることができます。

【保護者連絡】
頻繁に行い、情報の共有を図っています。また、朝礼・終礼で職員間の情報共有をとっています。

【生徒数 普通科】　　　　　　　　2023年5月1日現在

年次	生徒数	男女比	クラス数	1クラスの平均人数
1年次	77名	1:1	7クラス	11名
2年次	97名	1:2	7クラス	14名
3年次	85名	1:1	6クラス	14名

【教員数】
　教員：男性6名、女性4名　　　講師：男性15名、女性17名

2024年度の募集要項

募集について　お問い合わせください。

学費について　お問い合わせください。

2022年度卒業生の進路状況

【進路先】
卒業者数…85名
大学…35名　　　　　　短大…6名
専門学校…23名　　　　就職…2名

【主な合格実績】
九州大、広島大、福岡県立大、西南学院大、福岡大、九州産業大、久留米大、中村学園大、福岡工業大、筑紫女学園大、福岡女学院大、九州女子大、国際医療福祉大、福岡看護大、令和健康科学大、水産大学校、法政大、東海大、日本医科大、東京慈恵会医科大、神戸女学院大、女子美術大、帝塚山学院大　等

【指定校推薦】
あり

【通信制】 （単位制）

福岡県立博多青松高等学校
ふくおかけんりつはかたせいしょうこうとうがっこう

(https://seisho-tsushin.fku.ed.jp/Default2.aspx)

- ■校長名：工藤　宏敏
- ■住　所：〒 812-0044　福岡市博多区千代 1-2-21
- ■電　話：092-632-4193（代表）　■FAX：092-632-4199
- ■最寄駅：鹿児島本線「吉塚」駅下車、徒歩 12 分
　　　　　地下鉄「千代県庁口」駅下車、徒歩 8 分
- ■生徒が入学できる都道府県：福岡
- ■沿革：
　1997 年 4 月　福岡県初の単位制高校として、定時制課程と通信制課程を併置して開校。

- ■形態・課程・学科：併設校・単位制による通信制課程・普通科
- ■併設する課程：
　単位制による 3 部制の定時制課程（普通科・情報科学科）
- ■併設課程への転籍：なし
- ■入学・卒業時期：
　・入学時期　4 月／10 月　・卒業時期　3 月／9 月
- ■修業年限：3 年以上（在籍最長年数：制限なし）
- ■学期制：2 学期制　■卒業認定単位数：74 単位
- ■併修制：本校定時制と（条件あり）
- ■高認試験：一部認定あり
- ■始業・終業時刻：8：50 ～ 17：00（不定）
- ■技能連携：なし　　■実務代替：なし
- ■高大連携：放送大学
- ■技能審査：英検・漢検等（本校在学中に限る）
　※外部単位あり。（高卒認定試験は 20 単位まで。併修は上限なし。技能審査、高大連携は合計 36 単位まで）
- ■開設講座数：94 講座、47 科目（2023 年度）

スクーリングの日数と場所

【登校日数】
　前・後期それぞれ 7 回（土・日）の通常スクーリング。
　集中スクーリング（4 日間）。
【場　所】
　全て本校で実施します。
【その他】
　事前の申し出により NHK テレビ・ラジオの「高校講座」視聴などによるスクーリング出席免除（一部）を受けることができる科目があります。

特色
　15 才から 50 才代までの人が学んでいます。生徒会活動も活発で、生活体験発表会、運動会、予餞会、地区交流会等を生徒が中心となって催しています。居住地を中心にクラス編成をしており、福岡県下 6 ヶ所で、月 2 回程度学習会を行っています。（北九州市、飯塚市、久留米市、福岡市東区、同早良区、春日市）。キーワードは「自己管理」。

併修・単位
　一年間に通信制で受講できるのは最大 30 単位まで。本校定時制に通定併修できます。（2 年目より可能、成績面での条件有）

部活動
　2023 年度は剣道部が全国大会優勝。
　男子バスケットボール部、バドミントン部、柔道部は全国大会出場。

学校行事
　全地区交流会（遠足）、生活体験発表会、地区別交流会、運動会、予餞会　（※参加は希望制です。）

生活指導
　服装・頭髪検査はありません。成人であっても喫煙は厳禁です。

この学校にアクセスしてみよう！

学校説明会	入学前電話相談	文化祭見学	体育祭見学	資料請求
○ 要確認	○	―	―	○

※資料は本人への手渡し、または郵送を行います。学校案内資料の郵送についてはホームページをご覧下さい。

生徒情報

【不登校生】過去に不登校だった生徒も多く在籍しています。スクール・カウンセラー、スクール・ソーシャルワーカーも在籍しています。

【転編入生】前籍高校で修得した単位は原則全て、また高卒認定試験で合格した科目は卒業時に 20 単位まで振り替えることができます。

【保護者連絡】学習状況書を約 1 か月に 1 回発送。

【在籍生徒数　1,782 名】

2023 年度	2022 年度	2021 年度	2020 年度以前
599 名	504 名	276 名	403 名

【生徒数】普通科　　　　　　　　　2023 年 6 月 1 日現在

年次	生徒数	男女比	クラス数	1 クラスの平均人数
1 年次	390 名	46：54	23 クラス	72 名
2 年次以上	1,261 名	44：56		

上記以外に併修生クラスが 1 クラス（20 名）あります。

【教員数】
　教員：男性 18 名、女性 8 名
　スクールカウンセラー：年間 31 日

2024 年度の募集要項

募集について

【一般入試】
募集人員：普通科　前期：450 名（男女）／後期：150 名（男女）
出願期間：前期 3 月 21 日（木）～ 3 月 26 日（火）午後 1 時まで
　　　　　後期 9 月 11 日（水）～ 9 月 15 日（日）午後 1 時まで
※前期は 2 月中旬から、後期入試は 9 月中旬から願書配布・入学説明会を行います。出願者は必ず参加する必要があります。ただし、転入学志願者は、在籍校を通して手続きをします。詳しい日程は HP をご覧ください。
　面接・作文による選考を行います。

学費について

入 学 金：470 円
校 納 金：16,000 ～ 50,000 円程度
　　　　　（登録する単位数によって異なります）
※一年分を一括納入。
　受講料、入学料、教科書代、体育用品代、生徒会費等全ての経費を含みます。

2022 年度卒業生の進路状況

【進路先】
卒業者数…233 名
大学…135 名　　　　　　短大…13 名　　　　　　専門学校…69 名
就職…19 名（新規就職のみ）

【主な合格実績】（過去 8 年間）
九州大、北九州大、大分大、佐賀大、山口大、福岡教育大、九州工業大、長崎県立大、西南学院大、福岡大、九州産業大、福岡工業大、久留米大、中村学園大、筑紫女学園大、福岡女学院大、法政大、慶應義塾大、日本大、関西学院大、明治大、立教大、中央大、駒澤大、奈良大、武蔵野美大、多摩美大、大阪芸術大、芝浦工業大、専修大、東海大、東京理科大、立命館大、立命館アジア太平洋大、岡山理科大、放送大　他

▼学校説明会　地区別（北九州・福岡・筑豊・筑後）に実施。
▼学校内容説明　随時（事前にお電話ください。）
▼文化発表会
▼運 動 会

【広域通信制】 （単位制）

福智高等学校
（ふくちこうとうがっこう）

(https://www.fukuchi-h.ed.jp/)

- ■校長名：小早川 邦彦
- ■住 所：〒825-0002 福岡県田川市大字伊田 3934
- ■電 話：0947-42-4711 ■FAX：0947-44-7289
- ■最寄駅：日田彦山線「田川伊田」駅下車、徒歩 15 分
- ■生徒が入学できる都道府県：
  福岡、埼玉、千葉、神奈川、静岡、愛知、三重、京都、大阪、兵庫、奈良、広島、愛媛、佐賀、長崎、熊本、宮崎、鹿児島
- ■沿革：
  1961 年 3 月　学校法人福智学園　福智高等学校を創立
  1968 年 6 月　広域通信制課程商業科を設置
  1989 年 4 月　通信制課程普通科設置
  1990 年 4 月　通信制課程単位制設置
  1993 年 4 月　通信制課程生活文化科設置
- ■形態・課程・学科：
  併設校　技能連携制・単位制による普通科、商業科
- ■併設する課程：学年制による全日制課程
- ■併設課程への転籍：通信制課程への転籍ができる。
- ■入学・卒業時期：
  ・入学時期　4 月、10 月　　・卒業時期　3 月、9 月
- ■修業年限：3 年以上（在籍最長年数：制限なし）
- ■学期制：2 期制　■卒業認定単位数：74 単位以上
- ■技能連携：あり
- ■実務代替：年間 2 単位まで認定（卒業に必要な単位に含む）
- ■技能審査：年間 2 単位まで認定（卒業に必要な単位に含む）
- ■開設講座数：45 科目

スクーリングの日数と場所

【登校日数】
5 月、6 月、7 月、10 月、11 月、12 月の日曜日

【場 所】
（単位制）本校
（技能連携制）5 県 6 校 ［福岡］福岡有朋高等専修学校 ［広島］広島舟入商業高等専修学校 ［兵庫］大岡学園高等専修学校 ［静岡］富士宮高等専修学校 ［宮崎］向洋学園高等専修学校

【その他】
NHK 放送番組やマルチメディア利用によりスクーリング免除がある。

特色
本校は静岡から宮崎まで 5 県に所在する専修学校 5 校に生徒 700 余名が在学し、専修学校の目指すスペシャリスト育成の教育と同時に、高等学校の課程（普通科、商業科）を学び、専修学校卒業と同時に高等学校卒業資格を得られるようにしています。
本校の通信教育は、高等学校卒業資格を取得したい人や生涯学習の観点から希望する科目を学習したい人のため広く門戸を開いています。高等学校卒業を目的としなくても興味、関心のある科目だけ学習する科目履修制度もあります。また、定時制全日制課程等の在学生が、在籍校の校長の許可を得て、卒業に必要な単位の一部を履修することができます。

併修・単位について
（単位制）高等学校卒業程度認定試験受験生は科目履修ができます。定時制高校との併修は年間 36 単位まで。

クラブ活動
【クラブ数 5、クラブ加入率－ %】
剣道、陸上、卓球、柔道、バドミントン

学校行事等
体育大会、文化祭、修学旅行、バスハイク

生活指導
指定の制服はありません。服装などは自由です。自動車、バイク、自転車での通学もできます。

生徒情報

【不登校生】
新卒（中学校）の生徒が増加しています。

【転編入生】
高等学校卒業程度認定試験で合格した科目は在学中は年間 15 単位まで、入学前の合格科目単位数を含め合計 36 単位まで振り替えることができます。
転入は随時、編入は 4 月・10 月入学できます。

【保護者連絡】
頻繁に行っています。

【生徒数 普通科・商業科】 2023 年 5 月 1 日現在

年次	生徒数	男女比	クラス数	1 クラスの平均人数
1 年次	84 名	44：56	3 クラス	28 名
2 年次	89 名	53：47	3 クラス	30 名
3 年次	103 名	50：50	4 クラス	26 名

【教員数】
教頭：男性 1 名、教諭：女性 1 名
講師：男性 8 名、女性 3 名

2024 年度の募集要項

募集について

募集人員：普通科 300 名・商業科 100 名
出願期間：4 月生第 1 回　2024 年 2 月 27 日（火）～29 日（木）
　　　　　　　第 2 回　2024 年 3 月 11 日（月）～14 日（木）
　　　　　　10 月生第 1 回　2024 年 9 月 2 日（月）～ 5 日（木）
　　　　　　　　　　※上記期間後も 9 月中旬まで随時受付
試 験 日：4 月生第 1 回　2024 年 3 月 3 日（日）
　　　　　　　第 2 回　2024 年 3 月 17 日（日）
　　　　　10 月生第 1 回　2024 年 9 月 7 日（土）
　　　　　　9：00～12：00
選抜方法：作文・面接
選 考 料：8,000 円

学費について

【普通科・商業科】
入 学 金：12,000 円
授 業 料：12,000 円（1 単位）
そ の 他：2,280 円

2022 年度卒業生の進路状況

【進路先】
卒業者数…85 名
大学…2 名　　　　短大…3 名　　　専門学校…9 名

【主な合格実績】
久留米大、九州女子大、純真短期大、福岡こども短期大

【指定校推薦】
あり

◇◇◇◇◇◇◇◇◇◇◇◇ **この学校にアクセスしてみよう！**

学校説明会	入学前電話相談	文化祭見学	体育祭見学	資料請求
－	○	－	－	○

【広域通信制】 （単位制）

明蓬館高等学校
（めいほうかんこうとうがっこう）
（ https://www.at-mhk.jp/　E-mail：info@at-mhk.jp ）

■校長名：日野　公三
■住　所：〒827-0001　福岡県田川郡川崎町安眞木1373
■電　話：0947-49-5111　■FAX：0947-49-5112
■最寄駅：JR日田彦山線「豊前川崎」駅
（入学相談室・品川キャンパス）
〒141-0001　東京都品川区北品川5-12-4
TEL：03-3449-7904　　FAX：03-5423-2813
■生徒が入学できる都道府県：全国
■沿革：
1999年10月	米国アルジャー・インディペンダンス・ハイスクールと提携調印
2000年4月	米国の高卒資格取得校として東京インターハイスクール開校
2004年9月30日	構造改革教育特区高校の第1号として美川特区　アットマーク国際高等学校開校
2009年4月1日	「地産・地習・e環境教育特区」として明蓬館高等学校開校

■教育理念：
学習者の良き伴走者、支援者となり、メディアやテクノロジーを道具に人間が学ぶことの原点に忠実に立ち戻る為、通信制高校のスタンダードを目指すものである。

■形態・課程・学科：
独立校・単位制による通信制課程・普通科
■併設課程への転籍：
■入学・卒業時期：
　・入学時期　4月、10月　　・卒業時期　3月、9月
■修業年限：3年以上（在籍最長年数：10年）
■学期制：2学期制
■卒業認定単位数：
74単位
※発達特性をもつ生徒向けの
　SNEC（スペシャルニーズエデュケーションセンター）を併設。

スクーリングの日数と場所

【登校日数】
　年間1回参加（3泊4日）※履修科目と科目数による
【場　　所】
　福岡県（田川郡川崎町）
【その他】
　インターネットを使って日々の学習をネット授業やレポートを通して行いますので、スクーリングの日数は4日と減免されています。また、本校スクーリングではグリーンツーリズムをテーマに様々な体験授業を用意しています。

特色
地産、地習、e環境教育特区として、福岡県川崎町にアットマーク・グループの3校目の通信制高校として開校したインターネット高校とも言える充実のネットシステムを利用しています。
　密に生徒をサポートする担任と教科の先生が、一人ひとりにつき、進路・卒業までをコーチング（自己決定を促すようにコミュニケーションをとる方法）します。

◇◇◇◇◇◇◇◇ この学校にアクセスしてみよう！

学校説明会	入学前電話相談	文化祭見学	体育祭見学	資料請求
○	○	○	―	○

※資料は電話・メールにてお問合せ下さい。

生徒情報

【不登校生】
不登校を経験した生徒はたくさんいます。様々な事情で登校を拒否していた生徒やホームスクーリング（自宅を学校として親の責任のもと学ぶ）を経験した生徒もいます。
【保護者連絡】
定期的に2者、3者の面談を開催する他、必要に応じて電話、ビデオチャットで連絡をとります。
連絡方法は面談、電話、ネット面談、メールなど。
【転編入生】
前籍校で修得した単位は、すべて振り替えることができます。
高卒認定試験で合格した科目は振り替えが可能です。
転校受け入れは4月1日～1月1日までの間で随時行っています。

【生徒数】　　　　　　　　　　　　　　　2023年4月現在

年次	生徒数	男女比	クラス数	1クラスの平均人数
1年次	80名	3：7	一クラス	一名
2年次	80名	3：7	一クラス	一名
3年次	80名	3：7	一クラス	一名

【教員数】18名

2024年度の募集要項

募集について
募集人員：150名
出願期間：詳しくはお近くの学習センターまでお問い合わせください。
試験日：随時
選考方法：書類審査、課題作文、面接
選考料：15,000円～
※学業、芸術、スポーツなど、充実の特待生制度を用意しています。お問い合わせ下さい。

学費について
初年度学費
入学金：　　　　　　　　100,000円
授業料：　　　　　　　　10,000円（1単位）
教育充実費・設備費：　60,000円～　80,000円
コーチング料：　　　　　0円～360,000円
特別支援サポート費：　360,000円～
　　　　　　　　　　　　　※コースにより異なります。

卒業生の進路状況

【進路先】
卒業者数…191名
大学…73名　　　　　専門学校…57名
浪人…5名　　　　　就職…27名　　　　その他…19名
【主な合格実績】
上智大、大正大、東洋大、江戸川大、恵泉女学園大、白百合女子大、東京家政大、天使大、麗澤大、城西国際大、岐阜聖徳大、国際基督教大、早稲田大、和洋女子大、横浜美術大、和光大　ほか
（専門学校）山野美容専門学校、早稲田医学院歯科衛生士専門学校、福岡建設専門学校、京都栄養医療専門、日本工学院、織田ファッション専門、東京商科学院、文化服装学院、篠原学園　ほか
【指定校推薦】
サイバー大、日本経済大、麗澤大、多摩大、東京工芸大、デジタルハリウッド大、杉野服飾大、長浜バイオ大、岐阜聖徳学園大、名古屋産業大　ほか多数

【通信制】2024 年 4 月開設　　　　　　　　　　　　　　　　　　　　　（単位制）

柳川高等学校
（やながわこうとうがっこう）

(https://www.yanagawa.ed.jp)

■校長名：古賀　賢
■住　所：〒 832-0061　福岡県柳川市本城町 125
■電　話：0944-73-3333　■FAX：0933-73-0575
■最寄駅：西鉄「柳川」駅　徒歩 30 分、バス 10 分
■生徒が入学できる都道府県：
　　福岡、佐賀
■沿革：

■創立理念：

■形態・課程・学科：
　　単位制による通信制、普通科
■併設する課程：全日制課程
■併設課程への転籍：不可
■入学・卒業時期：
　　・入学時期　4 月、9 月　　・卒業時期　3 月
■修業年限：3 年以上（在籍最長年数：6 年）
■学期制：
■卒業認定単位数：74 単位
■技能連携：なし
■実務代替：なし
■技能審査：なし
■開設講座数：11 講座 30 科目

スクーリングの日数と場所

【登校日数】
　　年間 30 日（毎週土曜日）
【場　所】
　　柳川高等学校　〒 832-0061　福岡県柳川市本城町 125
　　TEL：0944-73-3333

特色　通信制課程『シリウス』（単位制）の他に、全日制で途中から科学技術学園高校で在籍のまま学べる全通併修制度があります。

※シリウスは併修できません。

進学・補修指導　進学希望者に対しては大学・専門学校体験、及び説明会を行います。
学力不振対策として、木曜、金曜に登校させて、細やかな対応を行う予定です。

クラブ活動　なし

学校行事等　特別時間割による補講

生活指導　指定の制服はありません。自己マネージメントができるように理解を促します。

生徒情報

【不登校生】
学力の育成だけでなく、進路目標を持たせ津ような指導を行います。
【転編入生】
入学前に高卒認定試験で合格した科目は 32 単位まで振り替えることができます。
転入生は 6 月、11 月まで随時入学できます。
【保護者連絡】
メールにてできるだけ多く行う予定です。

【生徒数】　　　　名　　　　　　　　2024 年開設のためまだいません

【教員数】
　　教頭：男性 3 名、教諭：女性 0 名
　　カウンセラー：なし

2024 年度の募集要項

募集について

募集人員：90 名
出願期間：
前期…2024 年 2 月 28 日～ 3 月 21 日
後期…2024 年 9 月 1 日～ 9 月 12 日
試験日：
前期…2024 年
後期…2024 年
選抜方法：提出書類・作文・面接
選考料：10,000 円

学費について

入　学　金：　30,000 円
授　業　料：225,000 円
教育実習費：　60000 円
─────────────────
合　　　計：315,000 円

2022 年度卒業生の進路状況
2024 年開設のためまだいません

【進路先】
卒業者数…　名
大学…　名　　短大…　名　　専門学校…　名　　就職…　名

【主な合格実績】

◇◇◇◇◇◇◇◇◇◇ **この学校にアクセスしてみよう！**

学校説明会	入学前電話相談	文化祭見学	体育祭見学	資料請求
○	○	－	－	○

▼学校説明会
2023 年 10 月 14 日（2024 年度前・後期）
2024 年 3 月 16 日（2024 年度前期）

【通信制】 （単位制）

敬徳高等学校 通信制（単位制）課程
（ https://keitoku.ed.jp/ ）

■校長名：立石　琢磨
■住　所：〒848-0027　佐賀県伊万里市立花町86番地
■電　話：0955-29-8571（直通）　■FAX：0955-29-8575
■最寄駅：JR「伊万里駅」・MR「伊万里駅」

■生徒が入学できる都道府県：佐賀、長崎
■沿革
1964年	4月	学校法人伊万里学園 伊万里女子高等学校を設立。第一回入学式（生徒数255名）
1968年	4月	校名「伊万里学園高等学校」とし男女共学となる
1974年	4月	「造船科」新設（定員50名）
1977年	4月	「特別進学コース」新設（定員20名）
1980年	4月	造船科を「総合技術科」に改定「自動車コース」新設
1985年	4月	「自動車整備科」新設
1994年	8月	全館、冷暖房設備を完工
1995年	4月	校名を「敬徳高等学校」と改定「学生寮」設置
2008年	4月	「総合進学コース」「食といのちのコース」新設
2013年	10月	体育館兼講堂耐震補強工事竣工
2014年	4月	男子寮移転
2014年	10月	普通教室棟（南校舎）耐震補強工事竣工
2014年	10月	創立50周年記念式典 挙行
2017年	4月	通信制課程 新設

■形態・課程・学科：
　併設校、単位制による通信制普通科
■併設する他の課程：学年制による全日制
■併設課程への転籍：全日制普通科に転籍できます。
　（学校の基準によります）
■入学・卒業時期：
　・入学時期 4月、10月　・卒業時期 3月、9月
■修業年限：3年以上（在籍最長年数：6年）
■学期制：2期制　■卒業認定単位数：74単位
■始業・終業時刻：9：00 ～ 15：20
■技能連携：なし　■実務代替：なし
■技能審査：なし
■開設講座数：47講座

スクーリングの日数と場所

【登校日数】
　通常毎週土曜日（年間30日程度）※試験日等は除く
【場所】
　敬徳高等学校　北校舎2階

特色 浄土真宗本願寺派の関係学校で自動車整備科と普通科の2学科からなる。
"「倫理指数日本一」を目指して"を教育の基本とし、宗教教育を通じて生徒の情操教育を行っている。
平成29年度より通信制（単位制）課程を新設しました。

補習指導 平日（レポート）指導の希望があれば、添削を行います。

生活指導 茶髪・ピアス・バイク・自家用車通学は基本的に不可です。
また、スクーリング参加への継続的な指導を行っています。

生徒情報

【不登校生】今までの経緯をしっかり聞き、現在の状況を把握しながら、学習指導を行っています。
【転編入生】前籍校で修得した単位は、振り替えることができます。転入生・編入生は、随時、転入できます。
【保護者連絡】年2回、保護者面談を行っています。また、家庭訪問、広報誌、電話、パンフレットの送付などを行っています。

【生徒数】　2023年11月現在
年次	生徒数	男女比	クラス数
1年次	29名	15：14	1クラス
2年次	29名	15：14	1クラス
3年次	42名	24：18	1クラス

【教員数】
　教員：男性9名、女性5名
　カウンセラー：毎月2～3回程度

2024年度の募集要項

募集について
募集人員：80名
出願期間：2024年3月1日（金）～3月22日（金）まで
試験日：4月生　①2024年3月10日（日）9：00～
　　　　　　　②2024年3月23日（土）9：00～
　　　　10月生　2024年9月14日（土）9：00～
　　　　…転・編入生で10月入学希望者のみ。その他はいつでも募集しています。
選抜方法：面接、作文、調査書など
選考料：15,000円

学費について
入学金：　50,000円
教育充実費：48,000円
授業料：　1単位 10,000円
　　　　※標準…1年次24単位、2年次26単位
　　　　　3年次24単位
※入学願書は入学説明会で配布します！

2022年度卒業生の進路状況

【進路先】
卒業者数…34名
大学…2名　短大…0名　専門学校…8名　就職…9名

【主な合格実績】
別府大学、東京未来大学、武雄看護リハビリテーション学校、西鉄国際ビジネスカレッジ、日本デザイナー学院九州校、佐世保高等技術専門校

【指定校推薦】
専門学校福岡ビジョナリーアーツ

◇◇◇◇◇◇◇◇◇◇ **この学校にアクセスしてみよう！**

学校説明会	入学前電話相談	文化祭見学	体育祭見学	資料請求＊
○	○	―	―	○

※資料請求は、通信制広報担当まで、お電話にてご連絡ください。
※入学願書については、説明会参加者のみにお渡しいたします。
※文化祭・体育祭は実施しません。
▼学校説明会　2024年度募集
　2/24（土）、3/15（金）14:00～　※本校通信制教室で開催

【通信制】　　　　　　　　　　　　　　　　　　　　　　　（単位制）

佐賀県立佐賀北高等学校
（さがけんりつさがきたこうとうがっこう）

(https://www.education.saga.jp/hp/sagakitakoukou-c/)

■校長名：上赤　真澄
■住　所：〒840-0851　佐賀県佐賀市天祐 2-6-1
■電　話：0952-23-2203　　■FAX：0952-29-4090
■最寄駅：長崎本線「佐賀」駅下車、バス 15 分、徒歩 30 分
　　　　　長崎本線「鍋島」駅下車、バス 10 分、徒歩 25 分
■生徒が入学できる都道府県：
　　佐賀、スクーリングに通学可能な近県
■沿革：1948 年　開校
　　　　1963 年　県立佐賀北高等学校新設に伴い併置
　　　　1997 年　50 周年記念式典挙行
　　　　2021 年　新校舎落成
■形態・課程・学科：単位制による通信制課程・普通科、被服科（引地学園との連携生のみ）課程（佐賀、唐津、月曜）
■併設課程への転籍：なし
■入学・卒業時期：入学時期 4 月、10 月、卒業時期 3 月、9 月
■修業年限：3 年以上
■学期制：2 学期制　　■卒業認定単位数：74 単位以上
■始業・終業時刻：9：00 ～ 16：10　1 日 3 時限、1 時限 100 分
■技能連携：引地学園　専門学校モードリゲル
■学校外学習活動：高卒認定試験科目認定と合計して 20 単位まで認定。
■開設講座数：207 講座、38 科目

スクーリングの日数と場所

【登校日数・場所】
　①日 2 回　日曜日（佐賀北高校・唐津西高校）
　②月 2 回　月曜日（佐賀北高校）
　　①か②のコースを選択する。

【その他】
　集中スクーリング、体育大会などの学校行事はすべて佐賀北高校で行う。

特色　本校では、生徒一人ひとりが自主的に勉強し、学力をつけています。部活動についても、文化部や体育部が各分野で活躍しています。

併修・単位　佐賀県内の定時制生徒で、許可を受けた者は年間 3 コマ 12 単位まで定通併修ができます。

クラブ活動　2023 年度の佐賀県高等学校定時制通信制体育大会では、男女バスケットボール部が優勝、男子卓球部が男子団体優勝と男子個人優勝と準優勝を勝ち取りました。8 月に開催された全国高等学校定時制通信制体育大会に出場しています。
文化部では、美術部、写真部、書道部、文芸部が佐賀県高等学校総合文化祭の各部門で特選や準特選などの輝かしい成績を挙げています。

学校行事　バスハイクや文化祭、体育大会、生徒生活体験発表大会などの行事があります。2022 年度に開かれた佐賀県高等学校生徒生活体験発表大会では、佐賀新聞社賞を受賞しました。

生活指導　本校は指定の制服はありませんが、学校（学ぶ場）にふさわしい服装や頭髪であること、その他、ルールやマナーについても遵守することが求められます。生徒指導部と生徒会では思いやりのある学校づくりを目指しています。

▼学校説明会　年 2 回実施（8 月、12 月）。個別説明については、問い合わせください。

▼体育大会　（第 63 回）

生徒情報

本校には 15 歳から 50 歳代という幅広い年齢層の多様な生徒が通っており、高校卒業資格をめざしてがんばっています。現在、仕事を持っている生徒は 57％で、就職と進学を希望する生徒の割合はおなじくらいです。
【転編入生】4 月と 10 月に入学することが可能です。入学の際には前籍校の単位が認定されます（一部除外）。また高卒認定試験に合格した科目は、合計 12 単位まで振り替えることができます。
【連絡】毎月、機関紙「樟蔭」を全生徒に発送し、学校行事や生徒の活動について連絡をしています。また月 2 回のホームルームでは、担任が「スクーリング連絡」を配布して、詳細な説明を行っています。

【活動生】　　　　　　　　　　　　　　　　2023 年 5 月現在

年次	生徒数	男女比	クラス数	1 クラスの平均人数
1 年次	124 名	40：84	5 クラス	25 名
2 年次	110 名	41：69	5 クラス	22 名
3 年次	61 名	30：31	5 クラス	12 名
4 年次	133 名	48：85	6 クラス	22 名

【教員数】
　教員：22 名／講師：1 名

2024 年度の募集要項

募集について

【一般入試】
募集人員：定員なし
出願期間：（前期）2024 年 2 月 29 日（木）～ 3 月 14 日（木）
　　　　　（後期）2024 年 8 月 21 日（水）～ 8 月 28 日（水）
　　　　　※土曜日・日曜日を除く
選抜方法：書類審査、作文・面接
選考料：50 円

学費
授業料：有（就学支援金等、制度あり）
※他に振興会費、生徒会費等あり

2022 年度卒業生の進路状況

【進路先】
卒業者数…105 名
大学…14 名　　短大…3 名　　専門…17 名　　就職…21 名
【過去 5 年間の主な合格実績】
佐賀大、福岡教育大、鹿児島大、長崎県立大、山口県立大、西南学院大、福岡大、久留米大、九州産業大、西九州大、中村学園大、桜美林大、京都精華女子大、活水女子大、佐賀県医療センター好生館看護学院、九州国際情報ビジネス専門　他
【過去 5 年間の主な就職実績】
（株）有明電設　（株）オニザキコーポレーション佐賀工場、（株）ニシキ、（株）ヨコオ、（株）トーモク九州工場、森永デザート（株）、（株）ヨシムラ、金子産業（株）、（株）マルハニチロ物流サービス九州、（株）トワード、アサヒ再生ゴム（株）　他

◇◇◇◇◇◇◇◇◇◇　この学校にアクセスしてみよう！

学校説明会	入学前電話相談	文化祭見学	体育祭見学	資料請求 *
○	○	○	○	○

※資料は A4 用紙がそのまま入る返信用封筒（140 円切手を貼付）を同封して請求して下さい。

【広域通信制】 （単位制）

こころ未来高等学校
（みらいこうとうがっこう）

(https://www.kokoromirai.ed.jp/)

■校長名：平山　サナエ
■住　所：〒850-0822　長崎県長崎市愛宕3丁目19-23
■電　話：095-822-7733　■FAX：095-822-6611
■最寄駅：長崎バス「弥生ヶ丘」バス停　徒歩3分
■生徒が入学できる都道府県：47都道府県
■沿革：
　平成24年　4月　こころプロフェッショナルカレッジ高等部開校
　平成25年　4月　こころ夢未来高等学院に名称変更
　平成27年12月　長崎県初の広域通信制私立高等学校として認可
　平成28年　4月　こころ未来高等学校開校
■創業理念：心技翔創変の精神、誠実（挨拶・心くばり）・気力（体力・集中力）・知恵（感性・思考）・行動（意識・存在感）

■形態・課程・学科：独立校・単位制による通信制課程・普通科
■入学・卒業時期：入学時期 4月・10月　卒業時期 3月・9月
　　　　　　　　（1・2年生 転入可能期間　4月1日～1月1日 随時）
　　　　　　　　（3年生 転入可能期間　4月1日～10月1日 随時）
■修業年限：3年以上
■学期制：2学期制
■卒業認定単位数：74単位以上
■始業・終業時刻：9時10分～16時00分

スクーリングの日数と場所

【登校日数】
①ウィークデイコース…週4日（月～木曜日）
②ツーデイコース…週1日（金曜日）＋平日の1日（午後）を選択
③在宅通信制コース（長崎本部校）…月に2回の登校日があります。（木曜日午後）
④サポート校（夢未来高等学院）…サポート校一覧：長崎県（おおむら校、しまばら校、佐世保校）、佐賀県（佐賀校、佐賀校唐津教室）、福岡県（千早校、北九州校、北九州校八幡教室）、兵庫県（姫路校、宝塚校）、大阪府（大阪信愛校）、三重県（MIE校）、静岡県（静岡校、オイスカ浜松校）、岐阜県（想論館学園、想論館学園関教室、想論館学園岐阜教室）

 特色
・自分だけのスタイルで通学・学習ができる
・多様な選択授業と資格取得
・基礎学力の定着
・高い卒業率・豊富な進路実績
・個別相談や訪問支援等充実のフォロー体制
・前籍校の単位・在籍期間を活かし、転・編入学が随時可能

 クラブ活動
【クラブ数3、クラブ加入率30%】
バドミントン（全国大会出場）、卓球（全国大会出場）、eスポーツ

 学校行事
入学式、卒業式、体育祭、文化祭、球技大会　など

進学指導
・基礎学力定着を目指す生徒から大学進学等を希望する生徒を対象に個別指導形式の選択授業（照心屋）の実施

生活指導
生徒が安全に安心して学べる学習環境を保障し、より良く成長するために、学習上及び生活上守るべき規則を「生徒心得」として定めています。
制服、私服どちらでも可としています。

生徒情報

【不登校生】
SSWによる訪問支援や関係機関との連携を行い、充実した高校生活をサポートします。
【転・編入生】
前籍高校で修得した単位を卒業に必要な単位として認めています。転・編入生の入学時期は、1・2年生は1月、3年生は10月まで随時転入学できます。

【生徒数 普通科】＜活動生＞　　　　2023年12月15日現在

年次	生徒数	男女比	クラス数
1年次	237名	37：63	7クラス
2年次	267名	40：60	7クラス
3年次	251名	45：55	7クラス

【教員数】男性10名、女性7名　【講師数】男性5名、女性2名

2024年度の募集要項（予定）

募集について

【募集人員】310名
【専願入試】
　出願期間：2024年1月9日～12日
　試験日：2024年1月16日
　選考方法：学力検査（国・数・英）、面接試験
　選考料：15,000円
【一般入試】
　出願期間：①2024年1月25日～1月31日
　　　　　　②2024年2月13日～2月19日
　　　　　　③2024年3月13日～3月19日
　試験日：①2024年2月6日　②2024年2月22日
　　　　　③2024年3月25日
　選考方法：学力検査（国・数・英）、面接試験
　選考料：15,000円

学費について

（初年度学費）在宅通信制コース
入学金：　　　　　　　　　　100,000円
授業料（在宅通信制）：　　　360,000円
施設利用費：　　　　　　　　 12,000円

合計　　　　　　　　　　　　472,000円
※別途教科書代等が必要となります。
※通学コースによって授業料が異なりますので、詳しくはこころ未来高等学校までお問合せください。

2022年度卒業生の進路状況

【進路先】卒業者数…282名
大学・短大…44名、専門学校…61名、就職…140名、その他…37名
【主な合格実績】
【大学・短期大学】＜県内＞長崎純心大、長崎外国語大、長崎国際村大、活水村大、鎮西学院大、長崎総合科学大、長崎短期村大、長崎女子短期大＜県外＞福岡工業大、名古屋学院大、鹿児原国際大、愛知淑徳大、岐阜協立大、九州共立大、京都芸術村大、九州産業大、久留米大、京都文教村大、日本大　他
【専門学校等】＜県内＞こころ医療福祉専門学校、佐世保美容専門学校、佐世保高等技術専門学校、長崎市医師会看護専門学校、長崎高等技術専門学校、長崎歯科衛生士専門学校、メトロITカレッジ　他
＜県外＞大阪ビジュアルアーツ専門学校　他
【就職】株式会社香蘭社、株式会社ネットワークソリューション、西州建設株式会社、株式会社トモケン　他

【通信制】 　　　　　　　　　　　　　　　　　　　　　　　　（単位制）

長崎県立佐世保中央高等学校
ながさきけんりつさせぼちゅうおうこうとうがっこう

- ■校長名：松尾　修
- ■住　所：〒857-0017　長崎県佐世保市梅田町10-14
- ■電　話：0956-22-1161　　■FAX：0956-23-5116
- ■最寄駅：MR 松浦鉄道「北佐世保」駅下車、徒歩5分
- ■生徒が入学できる都道府県：
  制限はありません。
- ■沿革：
  昭和52年に県下初の定時独立校として創立。通信制では、令和4年度までに4,458名が卒業。平成29年10月に創立40周年記念式典を挙行。

- ■形態・課程・学科：
  併設校・単位制による通信制・普通科
- ■併設する課程：定時制昼間部、定時制夜間部課程
- ■併設課程への転籍：年度途中不可
- ■入学・卒業時期：
  ・入学時期4月　　　・卒業時期3月
- ■修業年限：3年以上
- ■学期制：2学期制　　■卒業認定単位数：74単位
- ■始業・終業時刻：8時50分～15時15分
  1日6限時、1時限50分
- ■技能連携：なし　■実務代替：なし　■技能審査：なし
- ■開設講座数：36科目

スクーリングの日数と場所

【登校日数】
　月0～6回（日・月・木）月平均4～5回

【場　　所】
　本校

併修・単位について
定通併修を実施しています。

クラブ活動
【クラブ数7・クラブ加入数約10%】
バレーボール、バドミントン、バスケットボール、卓球、書道、美術、ボランティア

学校行事
スポーツフェスティバル、文化祭、バス研修旅行、生活体験発表大会、定通体育大会

生活指導
学校指定の制服はありません。

生徒情報

【不登校生】
過去不登校だった生徒は多数在籍しています。
【転編入生】
前籍高校で修得した単位を振り替えることができます。
高卒認定試験で合格した科目を、卒業までに20単位まで振り替えることができます。
転入生入学時期：4月
編入生入学時期：4月
【保護者連絡】
保護者への連絡は、1～2か月に1回の新聞、メールなど。
【転編入の生徒数】
44名（令和5年度）

【生徒数】　　　　　　　　　　　　　　　　　2023年度当初

年次	生徒数	クラス数	1クラスの平均人数
1年次	101名	5クラス	20名
2年次	92名	4クラス	23名
3年次	108名	4クラス	27名

【教員数】
　教員：男性8名、女性7名
　カウンセラー：2名
　スクールソーシャルワーカー：2名

2024年度の募集要項

募集について
【一般入試】
募集人員：（普通）300名
出願期間：2024年3月4日～3月28日

学費について
入学金：	なし
受講料：	1単位100円（×22＝2,200）
教材費：	芸術科目履修時は微収500円～1,500円
施設費：	なし
その他：	諸納金　10,000円程度、教科書、学習書代など
合　計：	30,000円　程度

2022年度卒業生の進路状況

【進学先】
卒業者数…67名
大学…8名　　　短大…3名　　　専門学校…5名
【主な合格実績】
奈良女子大学、長崎県立大学、明治大学、東京理科大学　ほか

◇◇◇◇◇◇◇◇◇ この学校にアクセスしてみよう！

学校説明会	入学前電話相談	文化祭見学	体育祭見学	資料請求
○	○	○	－	○

※資料は返信用封筒同封で、本校通信制宛に郵送して下さい。

【通信制】　　　　　　　　　　　　　　　　　　　　　（単位制）

長崎県立鳴滝高等学校

（ながさきけんりつなるたきこうとうがっこう）

(https://www.news.ed.jp/narutaki-h/)

■校長名：竹嶋　潤一
■住　所：〒850-0011　長崎県長崎市鳴滝1丁目4番1号
■電　話：095-820-0099　■FAX：095-820-0070
■最寄駅：JR長崎本線「長崎」駅下車、電車10分
■生徒が入学できる都道府県：
　長崎県
■沿革：
　2000年4月　県立長崎西高等学校より移管しました。

■形態・課程・学科：
　併設校・単位制による通信制課程・普通科
■併設する課程：
　単位制による定時制昼間部・定時制夜間部
■併設課程への転籍：
　システムの違いにより、転籍は難しい状況です。
■入学・卒業時期：
　・入学時期　4月　　・卒業時期　3月
■修業年限：
　・3年以上（在籍最長年数：6年）
■学期制：2学期制　　■卒業認定単位数：74単位
■始業・終業時刻：
　8時40分〜16時20分、1日7時限、1時限45分
■技能連携：なし　　■実務代替：なし　　■技能審査：なし
■開設講座数：37科目

スクーリングの日数と場所

【登校日数】
　年間行事予定で定められたスクーリング日
　（平均すると月に2〜3日、日曜または月曜）
【場　　所】
　本校（長崎）、協力校（島原、五島、壱岐、対馬）
【その他】
　ＮＨＫの高校講座を視聴し、報告書を提出することにより、
　各科目の必要出席時数60％までを代替することができる。

特色
自宅でのレポート作成を中心とした自学自習と、学校でのスクーリングの2つが大きな柱となります。
したがって、途中で諦めないで最後までやり抜く、という意志の強さが必要です。
各協力校へは、インターネットを利用した遠隔授業を年間数回行っています。

併修・単位について
高卒認定試験により20単位以内の単位を認定します。

クラブ活動
運動部は日曜日と水曜日に、文化部は日曜日に活動しています。

学校行事
鳴通レク、スポーツフェスタ、文化祭、校内生活体験発表大会などを行っています。

生活指導
学校指定の制服はありません。高校生活を送る上でのルールとマナーを守ることが求められます。

生徒情報

【不登校生】
過去に不登校を経験した生徒も数多く在籍しています。スクールカウンセラーによるカウンセリングを受けることができます。
【転編入生】
前籍高校で修得した単位を受け入れます。普通科目は基本的に全単位を受け入れ、職業科目等も本校の規定内で受け入れることができます。
編入は4月のみ。転入は後期から受け入れることもあります。必ず問い合わせ願います。
【保護者連絡】
必要に応じて行っています。

【生徒数 普通科】＜活動生＞　　　　2023年6月1日現在

年次	生徒数	男女比	クラス数	1クラスの平均人数
1年次	97名	41：56	4クラス	24名
2年次	141名	54：87	5クラス	28名
3年次	132名	53：29	4クラス	33名
4年次	71名	42：29	4クラス	19名

2024年度の募集要項

募集について

【一般入試】
新入生
　出願期間：2024年3月4日（月）〜3月28日（木）
　選考方法：書類審査
　選考料：なし
※1月までに本校HPで新入生・転編入生の募集についてお知らせします。
※2月〜3月の学校説明会で出願等について詳しい説明をしますので、出願を予定している場合は必ず出席してください。

学費について

入学金：なし
授業料：1単位×100円（就学支援金認定者は不要）
諸納金：7,720円
教材費等：約2万円

2022年度卒業生の進路状況

【進路先】
卒業者数…116名
大学…20名　　　　　短大…2名
専門学校…9名　　　　就職…11名

【主な合格実績】
九州工業大、活水女子大、長崎外国語大、産業医科大、鎮西学院大、熊本大　他

【指定校推薦】
長崎純心大、長崎総合科学大、活水女子大、長崎外国語大

◇◇◇◇◇◇◇◇◇◇◇◇ この学校にアクセスしてみよう！

学校説明会	入学前電話相談	文化祭見学	体育祭見学	資料請求
○	○	−	−	○

※2月以降、学校説明会で募集要項を配布しています。

433

【通信制】　　　　　　　　　　　　　　　　　　　　　　　　　　（単位制）

長崎南山高等学校（スプレンドールコース）
ながさきなんざんこうとうがっこう

（ E-mail：splendor@n-nanzan.ed.jp ）

■**校長名**：西 経一
■**住　所**：〒 852-8544　長崎県長崎市上野町 25-1
■**電　話**：095-844-1302　■**FAX**：095-844-1496
■**最寄駅**：長崎本線「浦上駅」、路面電車「大橋」電停 徒歩 8 分
■**生徒が入学できる都道府県**：長崎県、佐賀県
■**沿革**：
　1952 年　　　カトリックの全日制普通科男子校として長崎南山
　　　　　　　　高等学校設立。
　2023 年 4 月　通信制コースを新設。
　2024 年 4 月　通信制コース　男女共学
■**創立理念**：
　教育目標に「人間の尊厳のために」を掲げ、「一人ひとりの生徒が自分は唯一無二のかけがえのない人間であることを自覚する」ということの大切さを教える。

■**形態・課程・学科**：併設校・単位制による通信制・普通科
■**併設する課程**：学年制による全日制
■**併設課程への転籍**：
　全日制の授業に対応できる学力があると判断された場合、認められます。
■**入学・卒業時期**：
　・入学時期 4 月　　・卒業時期 3 月
■**修業年限**：3 年以上（在籍最長年数：6 年）
■**学期制**：2 学期制　　■**卒業認定単位数**：74 単位
■**始業・終業時刻**：8：50 ～ 16：05
■**技能連携**：なし　　■**実務代替**：なし　　■**技能審査**：なし

スクーリングの日数と場所

【登校日数】
　　　　週に 1 日　スクーリングは毎週水曜日
【場　　所】
　　　　本校
【その他】
　　　　ただし、校舎は通信制（スプレンドールコース）専用

特色
カトリック学校として「人間の尊厳のために」という教育目標を掲げ、困っている生徒の一人ひとりを大切にし、丁寧に支援します。また、これまで培ってきた大学進学の実績を活かし、進学指導及び学力向上にも力を入れます。

進路指導
スクーリングがない曜日の午後、進学希望者対象の特別学習講座を開講します。

【補習指導】
スクーリングがない日も常時校内の自習室を自由に使用できるようにするとともに、個人指導を行います。

クラブ活動
【クラブ数　・クラブ加入数約　％】
生徒の要望を受け入れ、検討する予定です。

学校行事
修学旅行は実施しません。
生徒の要望を受け入れながら、文化的行事や体育的行事などを実施する予定です。

生活指導
服装や頭髪は、高校生としての良識と品位を保ち、端正なものにしてもらいます。　バイクでの通学は認めません。

生徒情報

【不登校生】
個人の体調やペースに合わせ、最大限配慮します。
メディア教材や個人指導等を計画的に行っていきます。
【転編入生】
前籍高校で修得した単位は振り替えられます。
高卒認定試験科目を単位認定することもできます。
入学は随時可能です。
【保護者連絡】
少なくとも週に 1 回、学校用 SNS で情報交換を行います。
また保護者面談を行います。

【生徒数】　　　　　　　　　　　　　　　　2023 年 11 月 1 日現在

年次	生徒数	クラス数	1 クラスの平均人数
1 年次	9 名	1 クラス	名
2 年次	10 名	1 クラス	名
3 年次	0 名	0 クラス	名

【教員数】
　教員：男性 11 名、女性 2 名
　講師：男性 2 名
　カウンセラー：月に 3 日

2024 年度の募集要項

募集について
募集人員：80 名　2024 年度から男女共学になります。
出願期間：Ⅰ期　12 月 1 日（金）～ 1 月 11 日（木）
　　　　　Ⅱ期　2 月 2 日（金）～ 2 月 15 日（木）
　　　　　Ⅲ期　2 月 22 日（木）～ 3 月 6 日（水）
試験日：Ⅰ期　1 月 13 日（土）
　　　　Ⅱ期　2 月 16 日（金）
　　　　Ⅲ期　3 月 7 日（木）

学費について
入 学 金：　120,000 円
授 業 料：　444,000 円
教育充実費：　30,000 円
設 備 費：　72,000 円
育友会費：　　8,400 円
合　　　計：　674,400 円

2023 年度卒業生の進路状況

【進学先】　2023 年 4 月開校のため 2023 年度の卒業生はおりません。
卒業者数… 名
大学… 名　　　　短大… 名　　　専門学校… 名
【主な合格実績】

◇◇◇◇◇◇◇ **この学校にアクセスしてみよう！**

学校説明会	入学前電話相談	文化祭見学	体育祭見学	資料請求
○	○	－	－	○

※資料請求は本校に電話かメールでお問い合わせください。
▼学校説明会
　随時個別相談を受け付けております。

【通信制】 （単位制）

熊本県立湧心館高等学校

（くまもとけんりつゆうしんかんこうとうがっこう）

(https://sh.higo.ed.jp/yusinkan/)

■校長名：打越　博臣
■住　所：〒 862-8603　熊本県熊本市中央区出水 4-1-2
■電　話：096-372-5372（直通）　■ＦＡＸ：096-364-9382
■最寄駅：JR 豊肥本線「新水前寺」駅、徒歩 30 分
■生徒が入学できる都道府県：
　熊本県
■沿革：
　1979 年 4 月　熊本県立江津高校として定時制・通信制の独立校開設
　1992 年 4 月　現在の校名に変更
　1996 年 4 月　全日制が加わり現在の 3 課程の学校となる
■創立理念：
　勤労者の高校卒業資格取得を支える学校
■形態・課程・学科：
　併設校・単位制による通信制課程・普通科
■併設する課程：全日制、夜間定時制
■修業年限：3 年以上
■学期制：2 学期制　　■卒業認定単位数：74 単位以上
■始業・終業時刻：始業 9：00、終業 16：40（本校の場合）
■技能連携・実務代替・技能審査：なし
■開設講座数：112 講座、67 科目

スクーリングの日数と場所

【登校日数】①本校：2 週間に 1 回程度（日曜・月曜）
　　　　　　②協力校：1 ヶ月に 1 〜 2 回程度（日曜）
【場所】①本校：湧心館高等学校
　　　　②各協力校
　　熊本県立鹿本高等学校　〒 861-0532 山鹿市鹿校通 3-5-1
　　　　　　　　　　　　　　　　　　　TEL：0968-44-5101
　　熊本県立人吉高等学校　〒 868-8511 人吉市北泉田町 350
　　　　　　　　　　　　　　　　　　　TEL：0966-22-2261
　　熊本県立天草高等学校　〒 863-0003 天草市本渡町本渡 557
　　　　　　　　　　　　　　　　　　　TEL：0969-23-5533
　　熊本県立芦北高等学校　〒 869-5431 芦北郡芦北町乙千屋 20-2
　　　　　　　　　　　　　　　　　　　TEL：0966-82-2034

特色
・すべての教育活動を通して、校訓「自主・責任・創造」の
　精神を涵養する。
・自学自習を基本とし、4 年間での卒業を目指すが、条件や希
　望により 3 年修業での卒業も可能。

併修・単位について
県内の定時制高校の生徒が併修可能。

クラブ活動
【クラブ数 16】
卓球、バドミントン（2023 年全国大会出場）など

学校行事
[生徒会主催]
クラスマッチ、生活体験発表会、文化発表会、生徒総会、
など
（修学旅行は行いません）

生活指導
服装は、学校で授業を受けるのにふさわしいものを着用し
てください。学校の敷地内は全面禁煙です。自動車やバイ
クで通学する生徒は車両通学願を提出し、許可を受けてく
ださい。

生徒情報

【転編入生】
転・編入生は 4 月、10 月に入学。
転編入の場合、保護者も受付及び面接に出席していただきます。
前在籍高校で修得した単位は原則として認められます。
高等学校卒業程度認定試験で合格した科目は卒業までに 20 単位まで
認めることができます。

【保護者連絡】
保護者への連絡は郵送等にて行います。

【生徒数】　　　　　　　　　　　　　　2023 年 5 月 1 日現在

年次	生徒数	男	女	クラス数	1 クラスの平均人数
1 年次	187 名	76 名	111 名	6 クラス	31 名
2 年次	174 名	75 名	99 名	6 クラス	29 名
3 年次	166 名	77 名	89 名	6 クラス	28 名
4 年次	97 名	38 名	59 名	5 クラス	19 名

【教員数】　教職員：男性 25 名、女性 20 名
　　　　　　カウンセラー：月に 2 回来校　　SSW：週 4 回来校

2024 年度の募集要項（新入学）

募集について

【一般入試】
募集人員：定めていない
　　　　　（協力校を含む 2022 年度の実績は 127 名）
出願期間：
　前期入学（4 月）… 2024 年 3 月 8 日（金）〜 3 月 14 日（木）正午
　後期入学（10 月）… 2024 年 8 月 30 日（金）〜 9 月 3 日（火）正午
試 験 日：なし
選考方法：書類選考
選考費用：なし

学費について

入学金：　　　　　500 円
授業料：　　　　7,728 円（前期入学）
校納金：　　　　9,400 円
教材費：　　約 35,000 円

合　計：　約 53,000 円

※上記は 2023 年度の例です

2022 年度卒業生の進路状況

【進学先】
卒業者数…154 名（2022 年 9 月卒業生を含む）
大学…21 名　　　　短大…2 名　　　　専門学校…22 名
就職…27 名　　　　有職…14 名　　　　その他…72 名

【主な合格実績】
周南公立大学、熊本県立大学、福岡大学、東海大学、熊本学園大学、崇
城大学、尚絅大学、熊本市医師会看護専門学校　など多数

【指定校推薦】
多数あり

◇◇◇◇◇◇◇◇◇◇ この学校にアクセスしてみよう！

学校説明会	体験入学	文化祭見学	体育祭見学	資料請求
○	○	−	−	○

※詳細は、学校 HP をご覧ください。

北海道
青森
岩手
宮城
秋田
山形
福島
茨城
栃木
群馬
埼玉
千葉
東京
神奈川
新潟
富山
石川
福井
山梨
長野
岐阜
静岡
愛知
三重
滋賀
京都
大阪
兵庫
奈良
和歌山
鳥取
島根
岡山
広島
山口
徳島
香川
愛媛
高知
福岡
佐賀
長崎
★熊本
大分
宮崎
鹿児島
沖縄

【広域通信制】 （単位制）

勇志国際高等学校
ゆうしこくさいこうとうがっこう

(https://www.yushi-kokusai.jp　E-mail：info@yushi-kokusai.jp)

熊本県天草市の本校校舎

■校長名：今井 修
■住　所：〒 866-0334　熊本県天草市御所浦町牧島 1065-3
■電　話：0969-67-3911　　FAX：0969-67-3950
■生徒が入学できる都道府県：全国 47 都道府県
■沿革：
　2005 年 4 月　株式会社立勇志国際高等学校　開校
　2010 年 4 月　学校法人青叡舎学院　勇志国際高等学校に変更
■教育理念：誇りある日本人を育成する

■形態・課程・学科：独立校、単位制による通信制課程・普通科
■入学・卒業時期：
　入学時期　前期生 4 月、後期生 10 月（転編入学生は随時可能）
　卒業時期　前期生 3 月、後期生 9 月
■修業年限：3 年以上（在籍最長年数　制限なし）
■学期制：3 学期制　　■始業・終業時期：―
■技能連携：なし　　　■実務代替：なし
■技能代替：なし
■卒業認定単位数：74 単位
■開設講座数：13 教科 57 科目

スクーリングの日数と場所

【登校日数】○通学生：年 3 回分散型
　　　　　　○ネット生：年 1 回集中型
詳しくは、本校または各学習センターにお問い合わせください。
【場　　所】
本校
　熊本県天草市御所浦町牧島 1065-3　　　　TEL：0969-67-3911
熊本学習センター
　熊本県熊本市中央区九品寺 2-1-24 熊本九品寺ビル 1F
　TEL：096-277-5931
福岡学習センター
　福岡県福岡市博多区博多駅前 2-20-15 第 7 岡部ビル 7F
　TEL：092-433-5931
千葉学習センター
　千葉県松戸市新松戸 4-48　　　　　　　TEL：044-346-5555
宮崎学習センター
　宮崎県宮崎市橘通西 3-10-32 宮崎ナナイロ
　TEL：0985-31-5931
【その他】
ネット生は、全国 6 か所のスクーリング会場の中から 1 会場を選択して参加してもらいます。生徒ご自身の状況に合わせてお選びください。
中でも天草本校で行われるスクーリングは、4 泊 5 日のスペシャルスクーリングを実施しています。海に囲まれた環境の中で、マリンスポーツ、船釣り、地引網体験、無人島体験など大自然を体感でき、一生の思い出に残る体験学習が満載のスクーリングです。

勇志国際高等学校では、「なりたい自分が、本当の自分」という言葉を合言葉に、生徒たちの「心の居場所」となり、生徒の皆さんが夢や目標に向かって自分らしく充実した高校生活を送ることができる学校です。
また学習スタイルは、インターネットを使って自宅からオンラインで高校生活を満喫するネット生。全国各地にある校舎に通学し、登校する仲間たちとともに一人ひとりの目標・課題に応じた学習を行う通学生の 2 つの学習スタイルから選択できます。

＜ネット生＞
自宅や留学先などでインターネットを活用し高校生活を送れるのがネット生です。「Growth プログラム」という、生徒が充実した高校生活を送るとともに、これから実社会に出たときに求められる思考力・判断力・コミュニケーション能力など様々なスキル・実践力を身につけられるよう、プログラミング、英会話、Abobe 講座、コミュニケーション授業など当校オリジナルカリキュラムを取り入れています。
多様なコンテンツと万全のサポート体制で、皆さんの高校生活とその後の将来を輝かせることができます。日々変化するこの社会で、改めて「通信」の可能性を感じられる新しい学校生活の形です。

＜通学生＞
全国各地に所在する学習センターに週 1 ～ 5 日の中で、自分にあった登校日数、登校曜日を選択し登校し学習することができます。
一人ひとりの目標・課題に応じた学習を行う個別最適化学習により、基礎力を身に付けます。身に付けた基礎力をもとに、これから社会で必要とされる様々な能力を、当校オリジナルのアクティブラーニングを中心とした学習で本格的な実践力を身に付けていけます。
さらに課外授業や部活動、ボランティア活動など、たくさんの行事を開催しており、一人ひとりが自分の長所を見つけ、伸ばしていける機会を用意しています。

| 進路指導 | 学年別に行う進路ガイダンスや職業体験型の進路ガイダンス、さらに様々な職業の第一線で活躍している方の講演会など、将来の目標を定める契機となるイベントを実施。進学・就職問わず、将来にわたり有利となる検定試験・資格取得にも力を入れています。全国各地の大学・短大・専門学校からの指定校推薦枠が100校以上あり、受験指導も充実しています。 |

| 生活指導 | 「通学生」をご希望の方は制服着用での登校となります。「ネット生」の方は制服の購入の規定はありません。在籍・卒業後の不安を和らげるための心のケアを行っています。スクールカウンセラーによるカウンセリングを通し、段階に合わせた生活習慣の改善を図ります。 |

| 学校行事 | 体育祭、文化祭、宿泊研修をはじめ、ディズニーランド遠足、USJ旅行など毎月たくさんのイベントを開催しています。毎月11日を絆の日としてボランティア活動に取り組んでいます。 |

| クラブ活動 | サッカー部、フットサル部、バドミントン部、卓球部、イラスト部、写真部などたくさんの部活動が行われています。体育会系の部活は全国大会目指して練習に励んでいます。
さらに、コミュニケーションツールを活用して、自分が興味関心を持ったネット部活動にも参加することができます。全国各地に在籍する生徒たちと繋がり交流を深めていくことができます。 |

生徒情報

【不登校対策】
過去に不登校だった生徒はたくさんいます。担任の先生を中心に、生徒一人一人の状況にあわせ卒業に向けてサポートしていきます。さまざまな悩み、心配事など、高校生活を安心して過ごせるようにスクールカウンセラーに相談することができます。

【転編入生】
転・編入生は随時受け付けています。また、在籍高校の修得科目と在籍期間を引き継ぐことができますので、卒業までの期間、履修単位数について、お気軽にご相談ください。

【生徒数】 1,887名　　　　2023年7月現在

年次	生徒数	男女比	クラス数	1クラスの平均人数
1年次	541名	：	クラス	名
2年次	680名	：	クラス	名
3年次	666名	：	クラス	名
合 計	1,887名	：	クラス	名

【教員数】
教員47名、職員30名

2024年度の募集要項

| 募集について | **【新高校1年生】**
≪自己推薦入試≫
出願期間：
前期生…2023年12月18日（月）～2024年1月12日（金）
試験日：
【通学生】2024年1月17日（水）～2024年1月19日（金）
【ネット生】2024年1月22日（月）～2024年1月24日（水）
入学試験：
【通学生】書類、面接、作文（一次：事前郵送）、作文（二次：選考日）
【ネット生】書類、面接、作文
出願方法： 当校HPよりWEB出願にて受付
≪一般入試≫
出願期間：
前期生…2024年2月1日（木）～2024年4月10日（水）
後期生…2024年8月1日（木）～2024年10月10日（木）
試験日：
前期生…2024年2月5日以降の指定日
後期生…2024年8月5日以降の指定日
入学試験：
【通学生】書類、面接、作文（一次：事前郵送）、作文（二次：選考日）
【ネット生】書類、面接、作文
出願方法： 当校HPよりWEB出願にて受付
【高校1年生以外】
随時募集しています。詳しくはHPをご覧いただくか、お近くの校舎へご連絡ください。 |

| 学費について | 入　学　金： 30,000円
授　業　料： 12,000円（1単位）
教育充実費： 80,000円
視聴覚授業料： 50,000円
施設設備費（通学生）：150,000円
　　　　　　（ネット生）： 30,000円
年間の学費（通学生）：280,000円～580,000円
　　　　　　（ネット生）：160,000円～460,000円

※授業料を25単位として算出
※授業料は、高等学校等就学支援金制度により、
　家庭の収入状況に応じて免除されます。 |

2022年度卒業生の進路状況

＜卒業者数　519名＞

【進路先】

大学…72名	短大…6名	専門学校…145名
留学…3名	就職…155名	有職者…39名
その他…99名		

【主な合格実績】
＜大学＞
東京大学、宮崎大学、長崎大学、多摩大学大学院、早稲田大学、慶應義塾大学、上智大学、学習院大学、明治大学、立教大学、青山学院大学、同志社女子大学、津田塾大学、東京電機大学、千葉工業大、西南学院大学、東京女子大学、獨協大学、麗澤大学、近畿大学、亜細亜大学、神田外語大学、大東文化大学、帝京大学、東海大学、昭和女子大学、大正大学、明海大学、福岡大学、熊本学園大学、西南女学院大学、福岡女学院大学、尚絅大学、久留米大学、中央学院大学、和洋女子大学、江戸川大学、東京未来大学、崇城大学、九州国際大学、奈良大学、流通経済大学、長崎純心大学、日本工業大学、第一工科大学、サイバー大学、宮崎産業経営大学、東亜大学、西九州大学、東京福祉大学、医療創生大学、徳島文理大学、産業能率大学、東京通信大学、北海道情報大学、レイクランド大学ジャパン・キャンパス

＜短期大学＞
大妻女子短期大学、城西短期大学、尚絅大学短期大学部、福岡工業大学短期大学部、九州大谷短期大学、自由が丘産業短期大学

【指定校推薦】
全国約100大学

＜学校の施設＞

校地面積	1,225m²	図書室	あり
運動場面積	2,100m²	プール	なし
視聴覚教室	あり	食堂	なし
体育館	なし	ラウンジ	なし
借りグラウンド	あり	カウンセリング室	あり

この学校にアクセスしてみよう！

学校説明会	入学前電話相談	文化祭見学	体育祭見学	資料請求
○	○	－　※2	－	○

※　資料はHP、電話で請求して下さい。
※2　教室ごとの実施のため、可能、不可能があります。

【広域通信制】　　　　　　　　　　　　　　　　　　　　　　（単位制）

くまもと清陵高等学校
せいりょうこうとうがっこう

(https://www.k-seiryo.jp/　E-mail：seiryo@kumazemi.co.jp)

■校長名：組脇 泰光
■住　所：〒869-1411　熊本県阿蘇郡南阿蘇村大字河陰字小野 5-300
■電　話：0967-63-8251　　■FAX：0967-63-8255
■最寄駅：南阿蘇鉄道「中松」駅、自家用車 10 分、徒歩 30 分
■生徒が入学できる都道府県：
　全国 47 都道府県
■沿革：
　2004 年 12 月　内閣府より「南阿蘇村教育特区」認定
　2005 年 1 月　南阿蘇村より設置認可
　2005 年 4 月　株式会社立くまもと清陵高等学校 開校
　2017 年 4 月　学校法人立くまもと清陵高等学校として再スタート
　2019 年 4 月　新たに滋賀学習センターが新規開校

■形態・課程・学科：独立校・単位制による広域通信制・普通科
■併設する課程：なし
■入学・卒業時期：
　・入学時期　4 月、10 月、転編入学生は随時　・卒業時期　3 月、9 月
■修業年限：3 年以上
■学期制：2 学期制　　■卒業認定単位数：74 単位
■始業・終業時刻：始業 10：30、終業 17：00（スクーリング時）
■開設講座数：37 科目

スクーリングの日数と場所

【登校日数】前期と後期に複数回実施する集中スクーリング日程の中から、選択して受講します。スクーリング日数は年に 6 日～10 日程度。
【場所】熊本県南阿蘇村の本校舎（熊本市内より車で約 50 分の場所）
【内容】自然体験や農林業体験を織り交ぜた特色豊かなスクーリングです。
【その他】「スクールバスでの送迎」「保護者の自家用車の送迎」から選択可能。
　　　　　スクールバス発着場所：学習センター ※スクールバス利用料無料！
　　　　　熊本市中央区神水 1-8-12　TEL.096-213-7811、FAX.096-213-7771

特色　自分発見!! 未来邂逅 !!
阿蘇郡南阿蘇村は、阿蘇くじゅう国立公園の中にある、水と緑に恵まれた自然あふれる高原の里。そんな自然環境を背景に、「実学」・「環境」・「農育」をキーワードに、教科内容はもちろんのこと、農林業体験・職業専門学習・企業（大学・専門学校）インターンシップなどの体験学習を数多く取り入れた、自己実現教育を実践する新しいタイプの広域通信制高校をくまもと清陵高校は目指します。自己実現とは、生徒達が当校での三年間で、自分の「夢」を見つけ、それを実現するための第一歩（＝生きる力）を踏み出すことだと考えます。そのために、熊本の企業、大学、専門学校等とのネットワークを構築し、南阿蘇村での集中スクーリングや熊本市内にある学習センターで、生徒一人ひとりに必要なサポートを実践いたします。さらに平成 29 年 4 月より学校法人熊ゼミ学園くまもと清陵高等学校として再スタートいたしました。

併修・単位について
併修することはできません。
「高等学校卒業程度認定試験受験生」の一部科目履修は可能です。（TEL：096-213-7811 までお問い合わせください）

クラブ活動
【クラブ数 3】
2023 年 5 月 1 日現在、野球同好会、バドミントン同好会、卓球同好会があります。2008 年度熊本県定時制通信制高校総体軟式野球初出場初優勝達成。全国大会出場。2009 年度 2 連覇達成、2013 年度も全国大会に出場！　バドミントンはシングルス 2009 年度と 2010 年度 2 連覇。2019 年度も、バドミントンと卓球が全国大会出場。2022 年度も卓球が全国大会出場。

学校行事
修学旅行は 2006 年 11 月にニュージーランドへの海外研修旅行、2007 年度は沖縄への国内研修旅行を実施。さらに 2008 年度は冬に北海道ヘスキー研修旅行を実施しました。2010 年度は全員での卒業旅行を実施。2014 年度は韓国。2015 年度は台湾。その他、農業体験等の特別活動を毎週木曜日に実施。卒業要件のひとつである特別活動に力を入れています。

生活指導
現在、学校指定の制服はありません。生徒が希望すれば制服製作委員会を作り、生徒に話し合いをさせる予定です。自転車ならびに原付バイクでの通学は可能です。度を超える髪の毛の色には注意を促します。他人が不快になる行為にも注意します。他人に迷惑をかけないこと。これが当校の最大のルールです。

※資料請求は電話 096-213-7811 まで、
　E メール：seiryo@kumazemi.co.jp
※学校説明会も電話 096-213-7811 にお問い合わせ下さい。
　E メール：seiryo@kumazemi.co.jp

生徒情報

【不登校生】
スクールカウンセラーが 2 名勤務し、生徒および保護者とのきめの細かい対応を行い、生徒が気持ちよく通学できるようにしています。
【転編入生】
転入生は随時入学できます。
編入生も随時入学できます。
前在籍高校で修得した単位はすべて認められます。
高等学校卒業程度認定試験で合格した科目は、最大 20 単位まで振り替えることができます。
【保護者連絡】
TEL 連絡、E メール、カウンセリング等により、保護者とのきめの細かい連携を図っています。LINE も導入しています。

【生徒数】　計 207 名　　　　　　　2023 年 11 月 18 日現在

年次	生徒数	男女比	クラス数	1 クラスの平均人数
1 年次	43 名	：	クラス	名
2 年次	72 名	：	クラス	名
3 年次	92 名	：	クラス	名

【教員数】教職員：男性 14 名、女性 13 名（非常勤含む）
　　　　　カウンセラー：公認心理師が男女各 1 名勤務

2024 年度の募集要項

募集について

【推薦入試・前期】
募集人員：50 名　出願期間：2023 年 12 月 18 日（月）～2 月 29 日（木）
試 験 日：2024 年 1 月 6 日（土）以降の毎週土曜日
選考方法：学校長面接（本人＋保護者）のみ。
選考費用：10,000 円

【一般入試・前期】
募集人員：50 名　出願期間：2024 年 3 月 1 日（金）～
試 験 日：2024 年 3 月 2 日（土）以降の毎週土曜日
選考方法：作文および学校長面接（本人＋保護者）
選考費用：10,000 円

【転編入試・前期】
募集人員：50 名　出願期間：2023 年 12 月 18 日（月）より受付開始
試 験 日：2024 年 1 月 6 日（土）（以降、随時毎週土曜日実施）
選考方法：作文および学校長面接（本人＋保護者）
選考費用：10,000 円

学費について

入 学 金：50,000 円（推薦合格者のみ半額 25,000 円）
授 業 料：12,000 円（1 単位あたり）
教 材 費：実費（5,000 円～20,000 円程度）
施設設備費：36,000 円（年間）
教育充実費：30,000 円（年間）

合　　計：初年度年間約 91,000 円～391,000 円（推薦入学生の場合）
※サポート校教育センターを利用される場合、教育センターの学習支援費等が別途必要になります。また、1 単位あたり 4,812 円～12,000 円の範囲で就学支援金が支給されます。（前年度の所得によっては支給されないケースもございますので、詳細はお問い合わせください。）

2022 年度卒業生の進路状況

【進学先】
卒業者数…93 名
大学…31 名　　　　短大…2 名　　　　専門学校…25 名
就職…16 名　　　　その他…19 名
【これまでの主な合格実績】
防衛大、京都教育大、熊本大、熊本県立大、福岡大、西南学院大、高知工科大、横浜薬科大、帝塚山学院大、東京情報大、崇城大、九州ルーテル学院大、熊本学園大、広島国際大、東海大、西南女学院大、福岡経済大、山口東京理科大、ICU 等
【指定校推薦】全 50 校以上
崇城大、熊本学園大、東海大等、ほか多数あり。

◇◇◇◇◇◇◇◇◇◇◇　この学校にアクセスしてみよう！

学校説明会	入学前電話相談	文化祭見学	体育祭見学	資料請求
○	○	○	－	○

▼文化祭：文化祭は本校の一大イベントです。2023 年度は通常通り開催予定。

【広域通信制】　　　　　　　　　　　　　　　　　　　（単位制）

一ツ葉高等学校
（ひとつばこうとうがっこう）

（ https://www.hitotsuba.ed.jp 　※ PC・モバイル共通アドレスです。）

■校長名：佐藤　利幸
■住　所：〒 861-3672　熊本県上益城郡山都町目丸 2472
■電　話：0967-72-3344
■生徒が入学できる都道府県：全都道府県
■沿　革：2008 年　一ツ葉高等学校開校
　　　　　2014 年　東大合格（難関大学への対応が可能に）
　　　　　2016 年　ニューヨーク留学（留学・海外進学の対応が可能に）
　　　　　2017 年　全日本ジュニアテニス選手権優勝
　　　　　2018 年　122 期ボートレーサー合格
　　　　　2019 年　WDC2019FINAL HIGH SCHOOL5　全国優勝
　　　　　2020 年　早稲田大学より指定校推薦枠付与
■教育理念：「私たちは、社会に通用する教養を身に付け、自己実現を目指す実行力のある人材を育てます。」

■形態・課程・学科：独立校・単位制による通信制・普通科
■併設する課程：なし
■入学・卒業時期：入学時期　4 月、10 月　　卒業時期　3 月、9 月
■修業年限：3 年（在籍最長年数：制限なし）
■学期制：2 学期制または通年制　　■卒業認定単位数：74 単位
■始業・終業時刻：10：00 〜 17：00
■技能連携：なし　　■実務代替：あり（年間 4 単位まで）
■技能審査：あり（年間 8 単位まで）　■開設講座数：65 講座

スクーリングの日数と場所

【登校日数】3 泊 4 日（年 1 回）あるいは 2 泊 3 日（年 2 回）
【場　所】一ツ葉高校本校
　　　　　熊本県上益城郡山都町目丸 2472　　TEL：0967-72-3344

 特色

◆一ツ葉高校はこんな学校です
　自分の夢を実現するために確実な高卒と進路決定に力を入れている高校です。2022 年度の卒業率は 98.5％！レポート指導はサポート体制が整っているので学習に不安がある方も確実に行うことができます。e ラーニングを活用して、無理なく卒業を目指せます。今の状況に合わせてコースを決められることも利点です。
◆一ツ葉だけのソーシャルスキル科目を設置
　より良い人や社会のとの関わり方を学ぶことで、自分らしさを発揮するための科目です。国立大学法人「福岡教育大学」との共同研究によって開発されたオリジナルのプログラムで"生きる力"を育てます。社会でも最も重要とされるコミュニケーション能力の基礎を固めます。
◆卒業後の進路を大切にします
　一人ひとりの進路決定に向けて丁寧に指導します。少人数制一斉授業と個別指導を準備しているため、学力や状況に合わせた学習ができます。学び直して大学を目指せる授業が好評です。
　コースは目標やライフスタイルに合わせた多様なコースを設置。
《大学進学コース》2022 年は東京大合格者 2 名、2013-2023 年は 11 年連続早稲田大合格、第一志望校に現役合格を目指します。
《一般コース》週 5 日、週 3 日、週 2 日、週 1 日、月 1 日の登校で進路決定を目指します。いろいろな資格に挑戦したり、多くのイベントへの参加したりして高校生活を楽しみます。アルバイトや仕事との両立も可能です。
《ニューヨークダンス留学コース》ダンスの本場、ニューヨークへ留学するコースです。留学期間は平均 3 ヶ月。本場のダンスを学びスキルアップできると評判です。
《アメリカ大学進学コース》系列校 New York English Academy（NYEA）のコース受講でストレートに NY ブルックリンの伝統校 St. Francis College への進学を果たします。TOEFL や IELTS などのテストスコアは免除されるのでスムーズな進学が可能です。
　また、文部科学省推進プログラム「トビタテ！留学 JAPAN」に今まで 27 名合格して、トビタテ留学しました。海外留学、海外進学を希望する生徒はもちろんのこと、プロスポーツ選手、プロダンサー、アイドル、俳優など自分の夢を追う生徒も全力で応援しています。

◇◇◇◇◇◇◇◇◇◇ **この学校にアクセスしてみよう！**

学校説明会	入学前電話相談	文化祭見学	体育祭見学	資料請求
○	○	○	○	○

※資料は電話・ホームページから請求して下さい。

生徒情報

【不登校生】
不登校を経験した生徒も多数在籍しています。時間をかけて登校できるようにしていきますので、ほとんどの生徒が登校を再開できています。一人ひとりのサポートを細かく行っています。
【転編入生】
遅れずに卒業することを目標にしています。高卒認定試験の科目合格を単位として認める対応も行います。
【保護者連絡】
電話及びメールにて定期的に連絡を行います。出欠管理システムにより登校状況がメールで届くので安心です。また、年間 1 〜 2 回の面談では進路の相談はもちろんのこと生活相談まで受け付けています。各種案内は郵送しますので、情報が確実に受け取れると安心していただいています。

【生徒数】　　　　　　　　　　　　　　　　　　2023 年 5 月現在

年次	生徒数	男女比
1 年次	194 名	1：1
2 年次	389 名	1：1
3 年次	514 名	1：1

【教員数】
教員数：男性 27 名、女性 38 名（非常勤含む）
カウンセラー：1 名

2025 年度の募集要項

募集について

【一般入試】
出願期間： 4 月入学生…1 月〜 3 月中旬
　　　　　10 月入学生…8 月〜 10 月中旬
試 験 日：2025 年 1 月 25 日（土）、2 月 15 日（土）、
　　　　　3 月 1 日（土）、3 月 21 日（金）
選考方法：面接、作文
選 考 料：10,000 円
【転入試験】
出願期間：随時　　　　　試 験 日：随時
選考方法：面接、作文　　選 考 料：10,000 円
【編入試験】
出願期間： 4 月入学生…1 月〜 4 月中旬
　　　　　10 月入学生…8 月〜 10 月中旬
試 験 日：随時
選考方法：面接、作文　　選 考 料：10,000 円
特待生制度（A 特待／ B 特待）
1：スポーツ・芸能・技術・芸術特待生
　スポーツやダンス、楽器、歌や書道・絵などに秀でた才能が認められる場合、特待生と認定します。認定は各分野によってその基準が異なります。一ツ葉高校特待生認定委員会で審議、決定します。
2：学力特待生
　直近の模擬試験の結果および一ツ葉高校の学力試験の受験結果で判断します。
お問い合わせください。

学費

2022 年度卒業生の進路状況

＜海外進学＞2 名現役合格
＜国公立大学＞東京工業大 1 名、お茶の水女子大 1 名、大阪公立大 1 名、広島大 1 名、九州大 2 名など 9 名合格
＜私立大学＞214 名合格　過去最高の合格者数更新！
＜専門学校＞67 名
＜就職＞20 名

【広域通信制】　　　　　　　　　　　　　　　　　　　　　（単位制）

やまと高等学校

（ https://www.yamato-hs.ed.jp/ ）

■校長名：西　泰弘
■住　所：〒 861-3902　熊本県上益城郡山都町滝上 223
■電　話：0120-333-053
■ＦＡＸ：096-342-4924
■生徒が入学できる都道府県：全国 47 都道府県
■沿　革：2022 年 4 月開校
■創立理念：ICT の普及等によって労働環境が大きく変化しつつある今、日本が「人的資本大国」の実現を果たすには、自ら主体的に人生設計できること、学びたい時期に必要な知識や技能を修得できる環境を整える必要があります。一方、新型コロナウイルス感染症の流行拡大以降、社会の様相は一変し、ライフスタイルや働き方の変革が一気に進んでいます。私たちはこのような時勢に応えて新しい教育環境を構築し、社会に貢献することのできる多彩な人材の育成を目指すために、広域通信制高等学校「やまと高等学校」を設立しました。

■形態・課程・学科：独立校、単位制による通信制課程普通科
■併設する課程：なし
■入学・卒業時期：・新入学　4 月　・転入学及び編入学　随時
■修業年限：3 年以上　■在籍最長年数：6 年
■学期制：2 学期制　　■卒業認定単位数：74 単位以上
■始業・終業時刻：8：30 ～ 15：30　■技能連携：なし
■実務代替：なし　■技能審査：なし　■開設講座数：53 科目

スクーリングの日数と場所

【登校日数】スクーリングは年間 5 日間程度
【場　所】やまと高等学校（本校）及び山都町内
【その他】
＜宿泊所＞スクーリングの際に宿泊が必要な生徒は当社が運営する道の駅「そよ風パーク」の「HOTEL WINDY」に格安で泊まることができます。阿蘇五岳～九重連山～祖母山をパノラマで楽しめ、阿蘇の大地の力を感じられる宿です。
＜送迎バス＞スクーリングの際には熊本駅からやまと高校まで、無料の送迎バスを出します。「HOTEL　WINDY」に宿泊する生徒は、ホテルまでの送迎もします。

・個性を伸ばす 3 つのコース
"好きなこと"、"つけたい力" は人それぞれ。個性や希望に応じて「ベーシック・クエスト・アドバンス」の 3 つから、あなたに一番合うコースを選ぶことができます。

・独自の科目やプログラム
高校で学ぶ一般的な科目に加えて、やまと高校ならではのワクワクするような科目やプログラムがあなたを待っています。もちろん、修得した単位は、卒業に必要な単位数に含めることができます。
・課題を発見し、解決する探究活動
・苦手を改善・克服する自立活動
・スポーツ専門科目
・文化・芸術の教養科目
・e スポーツ

・ICT 機器を活用した新しい学びのスタイル
インターネットの環境が整えば、いつでもどこでも何度でも VOD の授業が受けられます。時にはリモート授業を通して、自宅にいながら本校の先生と LIVE でやり取りすることができます。

・実力派ぞろいの教職員
本校の先生は高校もしくは教育現場での豊富な経験を持つ実力派ぞろい。教育的愛情とカウンセリングマインドにあふれ、確かな指導力を持った先生があなたを待っています。
・難関大学や医学部受験生の指導経験者
・特別支援教育コーディネーター
・養護教諭、心理カウンセラー（公認心理師）
・元教育委員会事務局、元中央教育審議会メンバー
・5 ヶ国語話せる ALT
…など多数！

生徒情報

【不登校生】担任、養護教諭、スクールカウンセラー、特別支援教育コーディネーターを中心に個別に対応し、きめ細やかな支援を行っていきます。
【転編入生】転入生及び編入生は随時入学できます。原則として前籍校の単位は引き継げます。詳しくはご相談ください。入学前に高卒認定試験で合格した単位を振り替えることができます。
【保護者連絡】学期毎に面談を実施し、また必要に応じて随時コミュニケーションを図っていきます。保護者会等も開催します。電話、メール、LINE、面談などにより対応します。

【教員数】
教職員：19 名　　養護教諭：1 名　　カウンセラー：1 名
事務職員：2 名

2024 年度の募集要項

募集について

【専願入試】
出願期間：2023 年 11 月 1 日（水）～ 2024 年 2 月 29 日（木）
試験日：出願書類受付後、受験者と打ち合わせの上決定。
選考方法：書類審査、面接
選考費用：10,000 円

【一般入試】
出願期間：2023 年 11 月 1 日（水）～ 2024 年 3 月 29 日（金）
試験日：出願書類受付後、受験者と打ち合わせの上決定。
選考方法：書類審査、面接
選考費用：10,000 円

学費について

（初年度学費）
入 学 金：　60,000 円
授 業 料：　12,000 円（1 単位）
教育充実費：　46,000 円
施設充実費：　40,000 円

2022 年度卒業生の進路状況

【進路先】4 年制大学・専門学校へ進学

進学指導
進学希望の生徒には、学校の授業と学習等支援施設「そよ風学舎」での講座を組み合わせることで、受験に必要な学力を、基礎から応用まで幅広くカバーします。また、「総合型選抜」において重視される課題発見・解決能力を磨くことができる独自のプログラムがあります。

学校行事
修学旅行やキャンプ、農業体験、文化祭など様々な楽しい行事をたくさん準備しております。どの行事も参加は任意で、好きな行事を選んで参加できます。

◇◇◇◇◇◇◇◇◇ この学校にアクセスしてみよう！

学校説明会	入学前電話相談	文化祭見学	体育祭見学	資料請求
○	○	○	○	○

※資料は Web ページや電話などで随時受付けております。
（電話は平日の 9:00 ～ 17:00 まで）
▼個別相談会　Web ページから申し込みできます。
　詳しくは Web ページをご覧下さい。

【通信制】2024 年 4 月開設 （学年制）

学校法人 稲葉学園

稲葉学園高等学校

（ https://inabagakuen.jp ）

- ■**校長名：**梅木　仲彦
- ■**住　所：**〒 878-0013　大分県竹田市大字竹田 2509
- ■**電　話：**0974-63-3223　■ **FAX：**0974-63-1399
- ■**最寄駅：**JR 豊肥本線「豊後竹田」駅より徒歩 15 分
- ■**生徒が入学できる都道府県：**
  福岡県、大分県
- ■**沿革：**
  1916 年　開校
  1969 年　竹田南高等学校に改称
  2016 年　創立 100 周年
  2022 年　稲葉学園高等学校に改称
- ■**創立理念：**
  「実社会で生きて働く力を育てる」建学の精神「幸福（しあわせ）な人間を作る」

- ■**形態・課程・学科：**
  併設校・学年制による通信制課程・普通科
- ■**併設する課程：**単位制による全日制課程・学年制による全日制課程
- ■**併設課程への転籍：**全日制課程単位制への転籍は可能
- ■**入学・卒業時期：**入学時期 4 月　卒業時期 3 月
- ■**修業年限：**3 年以上
- ■**学期制：**全日制…3 学期制、通信制…2 学期制
- ■**卒業認定単位数：**74 単位
- ■**始業・終業時刻：**8：40 ～ 16：20（基本）
- ■**技能連携：**なし
- ■**実務代替：**なし
- ■**技能審査：**なし
- ■**開設講座数：**12 講座 9 科目

スクーリングの日数と場所

【登校日数】
　　15 日
【場　　所】
　　本校

併修・単位　併修はできません。

クラブ活動　未定

学校行事　未定

進学・補習指導　未定

生活指導　指定の制服はありません。
バイクでの通学はできます。

生徒情報

【不登校生】
個別に指導します。
【転編入生】

【保護者連絡】
家庭訪問、面談、書類の送付など行います。

【生徒数】　　名　　　　2024 年開設のためまだいません

【教員数】
　教員：男性　名、女性　名　兼務
　講師：男性　名、女性　名　未定
　カウンセラー：いません

2024 年度の募集要項

募集について

【一般入試】
募集人員：20 名
出願期間：2024 年 2 月 2 日～ 2 月 16 日、2 月 26 日～ 3 月 8 日、3 月 11 日～ 3 月 21 日
試験日：2024 年 2 月 22 日、3 月 14 日、3 月 26 日
選考方法：個人面談
選考料：10,000 円

学費について

入　学　金：
授　業　料：

2022 年度卒業生の進路状況

2024 年開設のためまだいません

【進路先】
卒業者数…　名
大学…　名　短大…　名　専門学校…　名　就職…　名

【主な合格実績】

◇◇◇◇◇◇◇◇◇◇ **この学校にアクセスしてみよう！**

学校説明会	入学前電話相談	文化祭見学	体育祭見学	資料請求
○	○	未定	未定	○

※資料請求は HP、電話にてお申し込みください。

【通信制】 （単位制）

大分県立爽風館高等学校

おおいたけんりつそうふうかんこうとうがっこう

(https://kou.oita-ed.jp/sofukan-tusin/)

■校長名：石井　圭一郎
■住　所：〒870-8525　大分県大分市上野丘1丁目11番14号
■電　話：097-547-7735　　■FAX：097-543-6389
■最寄駅：JR日豊線「大分」駅より徒歩12分
　　　　　JR久大線「古国府」駅より徒歩10分
■生徒が入学できる都道府県：
　大分
■沿革：
　2010年4月　開校
■創学の理念：
　夢を持ち、情熱を持って明日を拓く人をつくる

■形態・課程・学科：
　単位制による通信制課程・普通科
■併設する課程：単位制による3部制（昼夜間）の定時制課程
■併設課程への転籍：実施
■入学・卒業時期：入学時期4月、10月
　　　　　　　　　卒業時期3月、9月
■修業年限：3年以上（在籍最長年数：6年）
■学期制：2学期制
■卒業認定単位数：74単位以上
■始業・終業時刻：8：40～16：20（基本）
■技能連携：なし
■実務代替：実施
■技能審査：実施
■開設講座数：約50講座

スクーリングの日数と場所

【登校日数】
　　約20日
【場　所】
　大分市、中津市、日田市、佐伯市

特色
・2010年4月に開校。
・単位制による定時制（午前・午後・夜間）課程と通信制課程を併置。

併修・単位について
年間10単位まで定通併修。

クラブ活動
卓球（男子・女子）、バドミントン（男子・女子）
書道、イラスト、音楽、ダンス、放送
簿記（同好会）

学校行事
定通体育大会、スポーツ・文化祭　他

進学・補習指導
進路説明会、進学模試

生活指導
指定の制服はありません。
人に迷惑をかける行為、人を傷つける行為、法に反する行為は厳正に指導します。

生徒情報

【不登校生】
平日スクーリング等による対応
【保護者連絡】
月1回の学習状況通知票の送付をしています。
保護者との連携方法、頻度は随時。
【転編入生】
転編入生の入学時期は4月と10月です。
単位の振替については入学時に判断します。

【生徒数】約1,230名（2023年度）

【教員数】
　38名

2024年度の募集要項

募集について

募集人員：400名（男女）
春季入学者選抜：
　出願期間　2024年3月6日（水）～3月11日（月）
　　　　　　9時～16時（最終日は正午まで）
　検査日　　2024年3月15日（金）面接、作文
秋季入学者選抜：
　募集人員　春季募集の結果、入学定員に満たなかった数
　出願期間　2024年8月19日（月）～8月21日（水）
　　　　　　9時～16時（最終日は正午まで）
　検査日　　2024年8月29日（木）面接、作文

学費について

年間約25,000円

2022年度卒業生の進路状況

【進路先】
卒業者数…169名
4年制大学…17名　　短期大学…8名　　専門学校…40名
就職…14名

【主な合格実績】
大分大学、北九州市立大学、西南女学院大学、多摩美術大学、京都芸術大学、九州共立大学、日本福祉大学、九州産業大学、奈良大学、日本文理大学、別府大学　等

【指定校推薦】
大学…29校　　　　短期大学…12校
専門学校…54校　（2022年度実績）

◇◇◇◇◇◇◇ この学校にアクセスしてみよう！

学校説明会	入学前電話相談	文化祭見学	体育祭見学	資料請求
○	○	－	－	○

【通信制】 （単位制）

藤蔭高等学校
とういんこうとうがっこう

(http://www.tohin.ac.jp)

■校長名：吉田　英喜
■住　所：〒877-0026　大分県日田市田島本町5番41号
■電　話：0973-23-6655　■FAX：0973-24-3224
■最寄駅：JR久大本線「日田」駅下車、徒歩3分
■生徒が入学できる都道府県：
　大分、福岡
■沿革：
・昭和25年（1950）創立
・昭和60年（1985）藤蔭高等学校に校名変更
・平成19年（2007）通信制課程開設
■教育理念：
「鋭きも鈍きも共に捨てがたし」（広瀬淡窓）

■形態・課程・学科：
　併設校・単位制による通信制・普通科
■併設する課程：学年制による全日制課程
■併設課程への転籍：できません。
■入学・卒業時期：
　・入学時期　4月、10月　　・卒業時期　3月、9月
■修業年限：3年以上（在籍最長年数8年）
■学期制：2学期制　■卒業認定単位数：74単位
■始業・終業時刻：9：00〜15：40
■技能連携：なし　■実務代替：なし　■技能代替：なし
■開設している講座数・科目数：33科目

スクーリングの日数と場所

【登校日数】
　毎週土曜日
【場　　所】
　藤蔭高等学校

特色　本校は福岡県との県境に位置し、清流と緑あふれる自然環境の中にあります。母体の全日制課程には、情報経済科と普通科があり、進学・就職において毎年確実な進路実績を積み重ねてきました。そのノウハウを生かし、卒業後の進路を見据えた指導を行っています。

学校行事　バスハイク、ボウリング大会、農業体験学習

進路指導　平日を利用し個別指導を行います。

補習授業　平日を利用した指導もできます。

生活指導　学校指定の制服はありません。
バイク・車での通学はできます。
※許可制

生徒情報

【不登校生】
過去のことは関係ありません。
【転編入生】
前籍高校で修得した単位は認定できる限り振り替えることができます。高卒認定試験で合格した科目を振り替えることができます。
転入は随時受け付けています。
【保護者連絡】
年2回全体の保護者会。個別は随時行います。面談・会報・必要であれば家庭訪問を行います。

【生徒数】　　　　　　　　　　　　　　2023年11月1日現在

年次	生徒数	男女比	クラス数	1クラスの平均人数
1年次	17名	10：7	クラス	名
2年次	11名	5：6	クラス	名
3年次	7名	2：5	クラス	名

【教員数】
　教員：男性7名、女性3名／講師：女性1名

2024年度の募集要項

募集について

【一般入試】
募集人員：80名
出願期間：・4月入学　2024年2月1日〜4月1日
　　　　　・10月入学　2024年9月1日〜9月30日
　　　　　・転入学はいつでも受け付けています
試験日：随時
選抜方法：課題作文・面接・書類審査
選考料：15,000円

学費について

入学金：50,000円
授業料：10,000円（1単位・年間）
教育充実費：36,000円（年間）
生徒会費：6,000円（年間）

※詳細については藤蔭高等学校ホームページに掲載しています。

近年の進路状況

【2023年の進路先】
卒業者数…17名
大学…0名　　　　　専門学校…4名
就職…13名　　　　短期大学…0名

【主な合格実績】
福岡大、九州産業大、立命館アジア太平洋大、東海大、久留米大、中村学園大、福岡美容専、博多メディカル専　など

◇◇◇◇◇◇◇◇◇◇◇ この学校にアクセスしてみよう！

学校説明会	入学前電話相談	文化祭見学	体育祭見学	資料請求
−	○	−	−	○

※資料は電話、FAXなどで請求してください。

【通信制】　　　　　　　　　　　　　　　　　　　　　　（単位制）

府内高等学校
ふないこうとうがっこう

(http://www.funai.ed.jp/ 　E-mail：info@funai.ed.jp)

■校長名：西田　彰
■住　所：〒870-0839　大分県大分市金池南１丁目8-5
■電　話：097-546-4777　　■FAX：097-546-3271
■最寄駅：JR「大分」駅下車、徒歩３分
■生徒が入学できる都道府県：大分、福岡
■沿革：平成22年（2010年）４月新設
■教育理念：
　一人ひとりが様々な活動を通して、個を完成させ社会的自立を果たせる強いからだと心の育成を目指す

■形態・課程・学科：独立校・単位制による通信制・普通科
■併設する課程：なし
■入学・卒業時期：入学時期　４月、10月　卒業時期　９月、３月
■修業年限：３年以上（在籍最長年数６年）
■学期制：２学期制
■卒業認定単位数：74単位以上
■始業・終業時刻：9：20～17：10
■技能連携：なし
■実務代替：9単位まで認定。卒業単位に含まれます。
■技能代替：なし
■開設している講座数・科目数：42講座、42科目

スクーリングの日数と場所

【登校日数】①週１日コース……週１日（水曜日）
　　　　　②週５日コース…月～金曜
　　　　　※本校のサポート校に同時入学するコースです
【場　所】本校

特色
現在の状況の中で、自分なりのペースで学習しながら高校生活を送れます。
今までの遅れを取り戻したい人は、個別に学習指導を受けることもできます。（週５日コースで対応）

併修・単位について
併修することはできません。
高認試験受験生の一部科目履修は、制限なしで修得できます。

進学補習指導
進学希望者には大学受験対策講座、学力不振の生徒には個別指導を用意しています。
どちらも併設のサポート校（週５日コース）にて受講できます。

学校行事
バス遠足、卒業生を送る会など
修学旅行（２泊３日、東京他）
文化祭（「若葉祭」）
体育祭

クラブ活動
【クラブ数５】
陸上部※、バドミントン部※、卓球部※、柔道部※、
eスポーツ部
※全国大会出場

生活指導
・体操服・体育館シューズは学校指定のものを全員購入となります。制服（標準服）もありますが、購入・着用は自由です。
・頭髪やピアスなどは厳しく指導していませんが、頭髪の染色および髪型については、高校生らしく、華美にならないよう指導しています。
・バイクでの通学はできます。

この学校にアクセスしてみよう！

学校説明会	入学前電話相談	文化祭見学	体育祭見学	資料請求
○	○	○	－	○

※資料は郵送、電話、ＦＡＸ、メール（info@funai.ed.jp）で請求してください。
▼学校説明会　個別に対応いたします。ご連絡ください。

生徒情報

【不登校生】
・入学生の中には不登校経験者もいるため、個々の状況に応じた対処をします。
【転編入生】
・前籍高校で修得した単位は64単位まで振り替えることができます。高卒認定試験で合格した科目を振り替えることができます。
・転入は12月まで随時受け付け、ただし３年生は10月まで。
【保護者連絡】
定期郵送（毎月）、三者面談（年２回）、保護者会（年２回）、保護者交流会（偶数月）

【生徒数】　　　　　　　　　　　　　　2023年11月10日現在

年次	生徒数	男女比	クラス数	１クラスの平均人数
１年次	66名	5：5		
２年次	92名	5：5	6クラス	39名
３年次	77名	5：5		

【教員数】
　教員：男性４名、女性３名／講師：男性８名、女性５名

2024年度の募集要項

募集について
【一般入試】
募集人員：40名（各コース）
出願期間：2023年12月18日（月）～2024年３月20日（水）
試験日：2024年１月24日（水）
　　　　2月１日（木）、3月13日（水）、3月27日（水）
選抜方法：英・数・国より一科目選択（週５日コースのみ）、作文、面接
選考料：15,000円（週５日コースは20,000円）

学費について
入学金：60,000円
授業料：12,000円／１単位
実験実習費：
施設費：｝授業料に含む
生徒会費：7,500円
※週５日コースは別途学費がかかります。

卒業生の進路状況（過去実績）

【進路先】
大分大、三重大、中央大、東京都市大、同志社大、京都女子大、津田塾大、摂南大、福岡大、西南女学院大、第一薬科大、別府大、立命館アジア太平洋大（APU）、早稲田大、大阪芸大、関西学院大、杉野服飾大、久留米大、花園大、日本文理大、関東学院大、大阪学院大、フェリス女学院大、帝京大、筑紫女学園大、法政大、立正大、福岡女学院大、広島国際大、神奈川大、多摩大、九州看護福祉大、専修大、東洋大、西九州大、広島修道大、福岡工業大、九州国際大、放送大、多摩美術大、東洋大、西九州大、大分県立芸術文化短大等

【主な合格実績】
明治大、青山学院大、立教大、立命館大、京都女子大、武庫川女子大

【指定校推薦】
九州共立大、別府溝部学園短期大、東京工芸大、久留米大、活水女子大、別府大、南九州大、九州情報大、聖学院大、長崎ウエスレヤン大、九州産業大、広島国際大、東亜大、姫路大、日本文理大　等

【通信制】　　　　　　　　　　　　　　　　　　　　　（単位制）

小林西高等学校
こばやしにしこうとうがっこう

(https://www.kobayashi-nishi.net/)

■校長名：竹元　和寛
■住　所：〒886-8588　宮崎県小林市細野 588 番地 48
■電　話：0984-22-5155　■ＦＡＸ：0984-22-6112
■最寄駅：JR 吉都線「小林」駅下車、徒歩 20 分
■生徒が入学できる都道府県：宮崎、鹿児島
■沿革：
　昭和 27 年 4 月　小牧初徳氏　小林市上町に小林高等経理学校を創立
　昭和 41 年 4 月　学校法人高千穂小林西高等学校の開校式を挙行
　昭和 53 年 3 月　第 7 回全国選抜女子バレーボール優勝大会ベスト 8（東京）
　平成 5 年 8 月　第 75 回全国高校野球大会（甲子園）初出場ベスト 8 進出
　平成 8 年 4 月　第 98 回九州高校野球大会（大分県）準優勝
　平成 10 年 3 月　第 20 回全国高校柔道選手権大会女子個人 78kg 超級　準優勝
　平成 11 年 8 月　全国高校ワープロ競技大会ワープロの部 団体優勝

■形態・課程・学科：独立校・単位制による通信制課程・普通科
■併設する課程：全日制、昼間単位制
■併設課程への転籍：不可
■入学・卒業時期：
　・入学時期　4 月・10 月
　・卒業時期　3 月・9 月
■修業年限：3 年以上（在籍最長年数：制限なし）
■学期制：2 学期制　　■卒業認定単位数：74 単位
■始業・終業時刻：9:20 ～ 16:20
■技能連携：なし　　■実務代替：なし　　■技能審査：なし
■開設講座数：40 講座、22 科目（令和 4 年度以降入学生）

スクーリングの日数と場所

【日　　数】前後期とも 15 日程度　毎週月曜日
【場　　所】本校

特色

■小林西高校の 3 大目標
1. 実力の錬磨
　社会で活躍するために必要な、知力・体力・気力を身に付ける
2. 道徳心の涵養
　善悪を正しく判断した上で広く世の中に貢献できる人になる
3. 自主性の養成
　周りに頼らず、自ら考え進んで物事に取り組もうとする
■生徒信条
①進んで勉学にいそしみ、深い知性と豊かな情操を身につける。
②スポーツを愛好し心身を鍛える。
③保護者の愛にこたえるとともに隣人を敬愛する人になる。
④互いに個性を尊重し、明朗で純粋な 友情を育てる。
⑤勤労を尊び、進んで社会の為に奉仕する。
⑥礼儀を正しくし、品位を保つように努める。
⑦公衆道徳を重んじ法規を守り責任のある行動をする。

クラブ活動　生徒の希望に応じて準備予定

学校行事　LHR、SHR などを予定

生徒情報

【不登校生】
新入生については出身中学校・家庭と連携し対応します。

【転編入生】
前籍高校の単位は普通科で認められる単位すべてを認定します。高卒認定試験の科目合格は、年間 8 単位まで、卒業までに 16 単位まで振り替えることができます。
また、転入生は各学期始めに入学可能です。

【保護者連絡】
毎月学校通信を発行する予定です。また、個別に連絡アプリを利用して情報共有・連絡等を行っています。

【生徒数】
1 年次相当 14 名、2 年次相当 6 名、3 年次相当 6 名

【教員数】
　教員：男性 14 名、女性 4 名　講師：男性 3 名、女性 1 名
　カウンセラー：あり

2024 年度の募集要項

募集について
募集人員：20 名
出願期間：2024 年 2 月 1 日（木）～ 13 日（火）
試験日：2024 年 2 月 25 日（日）
合格発表：2024 年 3 月 4 日（月）
選考方法：面接
選考料：10,000 円

学費について
入 学 金：75,000 円
施設設備費：20,000 円

授 業 料：24,000 円／月
施 設 費：3,000 円／月
校 納 金：5,700 円／月

2022 年度卒業生の進路状況

＜卒業者数 1 名＞

【進路先】
就職…1 名

【主な合格実績】

◇◇◇◇◇◇◇◇◇◇ **この学校にアクセスしてみよう！**

学校説明会	入学前電話相談	文化祭見学	体育祭見学	資料請求
○	○	—	—	○

※資料請求は電話でお問い合わせください。

【通信制】 （単位制）

日南学園高等学校
にちなんがくえんこうとうがっこう

- ■校長名：藤原　昭悟
- ■住　所：〒887-0041　宮崎県日南市吾田東 3-5-1
- ■電　話：0987-23-1311　■ＦＡＸ：0987-23-1313
- ■最寄駅：JR 日南線「日南」駅、徒歩 10 分
- ■生徒が入学できる都道府県：
　宮崎
- ■沿革：

- ■形態・課程・学科：
　併設校・単位制による通信制　普通科
- ■併設する課程：
　単位制による全日制
- ■併設課程への転籍：
　可能（学力試験・面接あり）
- ■入学・卒業時期：
　・入学時期　4 月、10 月
　・卒業時期　3 月、9 月
- ■修業年限：3 年以上（在籍最長年数：制限なし）
- ■学期制：2 学期制　■卒業認定単位数：74 単位
- ■始業・終業時刻：

- ■技能連携：なし　■実務代替：なし　■技能審査：なし
- ■開設講座数：23 講座、12 科目

スクーリングの日数と場所

【日　　数】
　原則月 2 回、第 2 第 4 土曜日
【場　　所】
　日南学園高等学校
　宮崎県日南市吾田東 3-5-1（TEL：0987-23-1311）

特色

クラブ活動　【部数 0、加入率 0%】

学校行事　なし

進学指導　個別指導やスマートフォン、タブレットなど ICT を活用して行います。

生活指導　学校指定の制服はありません。学習にふさわしい服装を心がけてください。
進学、就職指導と連携し茶髪やピアスなども指導します。
バイク通学可。
カウンセリングの充実と基本的生活習慣の確立を目指します。

生徒情報

【不登校生】
カウンセリングの実施と家庭訪問。ICT を活用した教育活動。

【転編入生】
前籍高校で修得した単位は 24 単位まで振替可能です。
転入生の入学時期は各学期始めです。

【保護者連絡】
月 2 回（場合になってはそれ以上）、家庭訪問・面接を行います。ICT（スマートフォン）も活用します。

【生徒数】　　　　　　　　　　　　2023 年 1 月現在

年次	生徒数
1 年次	名
2 年次	名
3 年次	名
合　計	名

【教員数】
教員：男性 1 名、女性 2 名
カウンセラー：1 名（常駐ではない）

2024 年度の募集要項

募集について

【推薦入試】
募集人員：20 名
出願期間：2023 年 12 月 18 日～ 2024 年 1 月 15 日
試 験 日：2024 年 1 月 25 日
選考方法：面接試験
選 考 料：5,000 円

学費について

【初年度学費】
入学金：　　　110,000 円
授業料：　　　300,000 円
―――――――――――――
合　計：　　　410,000 円

2022 年 3 月卒業生の進路状況

＜卒業者数　　　　名＞

【進路先】
大学… 名　　短大… 名　　専門学校… 名
就職… 名

【主な合格実績】

◇◇◇◇◇◇◇◇ この学校にアクセスしてみよう！

学校説明会	入学前電話相談	文化祭見学	体育祭見学	資料請求
－	○	－	－	○

※資料請求に関しては日南学園事務局までお問い合わせ下さい。

【通信制】　　　　　　　　　　　　　　　　　　　　（単位制）

都城聖ドミニコ学園高等学校
（みやこのじょうせいがくえんこうとうがっこう）

- ■校長名：持永　一美
- ■住　所：〒885-0061　宮崎県都城市下長飯町881
- ■電　話：0986-39-1303
- ■ＦＡＸ：0986-39-4117
- ■最寄駅：JR日豊本線「西都城」駅下車、徒歩30分
- ■生徒が入学できる都道府県：宮崎、鹿児島
- ■沿革：
  1969年4月　　都城聖ドミニコ学園高等学校 設立（全日制）
  2019年4月　　通信制課程 設置
- ■教育理念：常に真理を求め、真の愛に成長する。

- ■形態・課程・学科：併設校・単位制による通信制課程・普通科
- ■併設する課程：全日制
- ■併設課程への転籍：不可
- ■入学・卒業時期：
  ・入学時期　4月
  ・卒業時期　3月・9月
- ■修業年限：3年以上
- ■学期制：2学期制
- ■卒業認定単位数：74単位
- ■始業・終業時刻：9：45～16：05
- ■技能連携：なし
- ■実務代替：なし
- ■技能審査：なし
- ■開設講座数：34科目、42講座

スクーリングの日数と場所

- 【日　　数】
  水曜・金曜に前期・後期それぞれ12回ずつ実施します。
- 【場　　所】
  本校

特色

カトリックミッションの女子校です。

進路指導

個別指導を行います。

補習授業

空き時間等に教員による指導等を行います。

クラブ活動

なし

学校行事

特別活動は遠足、入学式、卒業式などを実施します。
（年間20時間程度水曜・金曜に計画）
体育祭・文化祭は実施予定はありません。
修学旅行は実施するかどうかを検討中です。

生徒情報

【不登校生】
家庭と連携して対応します。

【転編入生】
原則として、併設校からの転籍のみ受け入れます。

【保護者連絡】
必要に応じて、文書発送・面談・家庭訪問等を行います。

【生徒数】　　　　　　　　　　　　　2023年11月

年次	生徒数
1年次	7名
2年次	8名
3年次	10名

【教員数】※全日制と兼任
　教員：男性2名、女性1名　講師：男性8名、女性4名
　カウンセラー：月1回

2024年度の募集要項

募集について

【専願入試】
募集人員：総定員30名
出願期間：2024年1月31日（水）～2月7日（水）
　　　　　※出願は事前に見学・相談をした者に限ります
試 験 日：2024年2月28日（水）
選抜方法：作文、面接
選 考 料：10,000円

学費について

入学金：　　 30,000円
授業料：　　288,000円／年（月24,000円）
その他：　　132,000円／年（月11,000円）
合　計：　　450,000円／年（月35,000円）

2022年度卒業生の進路状況

【主な合格実績】
南九州大学、宮崎情報ビジネス医療専門学校、宮崎ペットワールド専門学校

◇◇◇◇◇◇◇◇ この学校にアクセスしてみよう！

学校説明会	入学前電話相談	文化祭見学	体育祭見学	資料請求
ー	○	ー	ー	ー

※学校説明会は個別で対応します。お問い合わせください。

【通信制】　　　　　　　　　　　　　　　　　　　　　　　　　　　　　　（単位制）

宮崎県立延岡青朋高等学校

（ https://www.miyazaki-c.ed.jp/nobeokaseihou-h/　E-mail：6042hb@miyazaki-c.ed.jp ）

- ■校長名：梅津　政俊
- ■住　所：〒882-0866　宮崎県延岡市平原町2丁目2618-2
- ■電　話：0982-33-4980　■FAX：0982-33-3957
- ■最寄駅：JR日豊本線「南延岡」駅下車、徒歩15分
- ■生徒が入学できる都道府県：
  宮崎　※スクーリングに出席可能な場合は県外居住者も可
- ■沿革：
  - 1947年7月　宮崎県立延岡中学校に定時制夜間部設置
  - 1969年4月　宮崎県立延岡第二高等学校として独立校となる
  - 2001年4月　通信制課程設置
  - 2006年4月　宮崎県立延岡青朋高等学校に校名変更
- ■形態・課程・学科：
  併設校・単位制による通信制課程・普通科
- ■併設する課程：
  単位制による定時制課程（昼夜開講型）
- ■併設課程への転籍：
  条件を満たせば定時制への転籍ができます。（試験有）
- ■入学・卒業時期：
  ・入学時期　4月・10月　※10月は転編入学のみ
  ・卒業時期　3月・9月
- ■修業年限：3年以上（在籍最長年数：制限なし）
- ■学期制：2学期制　■卒業認定単位数：74単位
- ■始業・終業時刻：9：30～16：10　1日7時限、1時限45分
- ■技能連携：なし　■実務代替：なし　■技能審査：有
- ■開設講座数：42科目、76講座（来年度の講座数と科目数です）

スクーリングの日数と場所

【日　数】
日曜スクーリング
　行事や式典、テスト等を除き、本校、各協力校それぞれ年間18日。
月曜スクーリング
　本校のみ年間18日。

【場　所】
本校（延岡市）と協力校3校の計4会場
　※協力校→高千穂高校（高千穂町）、富島高校（日向市）、高鍋農業高校（高鍋町）

【その他】
スクーリングはどの会場で受けてもかまいません。
日曜・月曜スクーリングの併用も可能です。
放送視聴、行事出席による出席の代替制度があります。

特色
□支援学習会
　レポート支援学習会（質問に応じて個別指導）、進学支援学習会（火～木に4コマ授業）、テスト前学習会（各地区夜間に実施）
□保護者会
　未成年者の保護者を中心に組織され、年間4回程度保護者会が開かれています。
□敷地内全面禁煙
　成人者も含めて本校、協力校はスクーリング時には全て禁煙です。

クラブ活動
卓球、バレーボール、バドミントン、バスケットボール、野球、柔道、剣道

学校行事
校内球技大会、県定通体育大会、校内生活体験発表会、進路講演会、校外研修、県生活体験発表会、体育祭等

生徒情報

【不登校生】不登校経験のある生徒はいますが、特別な措置はしておりません。相談体制としては、教育相談員がおり、いつでも相談に乗れます。尚、出席者の少ない月曜スクーリングを利用したり、保護者同伴で出席するなどしている生徒もいます。

【転編入生】前在籍高校の単位はほとんど卒業に必要な単位として認めています。転入・編入の入学時期は、4月・10月です。1年次（0単位）の転入学も可能です。入学する生徒の7割近くが転編入学生です。

【年齢構成】7割が10代の生徒ですが、30才以上の方も5％程います。

【生徒数 普通科】　　　　　　　　　　　　　　　2023年6月

年次	生徒数
1年次	94名
2年次	115名
3年次	132名
合　計	341名

【教員数】
　常勤：17名／非常勤：6名

2024年度の募集要項

	前期		後期
	新入学生	転編入学生	転編入学生
募集人員	250名（男女）		
出願期間	未定	3月	8月
試験日	未定	3月	9月
選考方法	個人面接・作文・提出書類		
選考料	新入生・編入生は無料。転入生は¥950。		

学費について
入　学　金：500円
授　業　料：一部無償
教　材　費：16,000円　　前後
諸　経　費：12,000円　　程度

※入学金については、宮崎県内の公立高校からの転入学は不要

2022年度卒業生の進路状況

【主な合格実績】
宮崎産業経営大学、九州保健福祉大学、広島国際大学、崇城大学、IPU環太平洋大学、宮崎国際大学、宮崎学園短期大学、精華女子短期大学、別府溝部学園短期大学、創価女子短期大学、大分県立芸術短期大学、宮崎マルチメディア専門学校、宮崎情報ビジネス専門学校　等

◇◇◇◇◇◇◇◇◇ **この学校にアクセスしてみよう！**

学校説明会	入学前電話相談	文化祭見学	体育祭見学	資料請求
○	○	－	○	○

※令和6年度募集要項（新・転編入学）は2月1日から配布します。郵送をご希望の場合は、住所・氏名を記入した用紙と、250円分の切手を同封してください。
※募集要項・出願書類は本校Webサイトからダウンロードして使用できます。
※学校説明会は例年7月と2月に行っています。お問い合わせください。

【通信制】　　　　　　　　　　　　　　　　（単位制）

宮崎県立宮崎東高等学校

（ https://www.miyazaki-c.ed.jp/miyazakihigashi-h/ ）

■校長名：長谷川　岳洋
■住　所：〒880-0056　宮崎県宮崎市神宮東 1-2-42
■電　話：0985-24-3405　■FAX：0985-32-1109
■最寄駅：日豊本線「宮崎神宮」駅下車、徒歩 10 分
■生徒が入学できる都道府県：
　制限はありません。
■沿革：
　1948 年　県立宮崎大宮高等学校に通信教育部設置
　1974 年　県立宮崎東高等学校設置、通信制課程を置く
　1990 年　単位制高等学校となる

■形態・課程・学科：
　併設校・単位制による通信制課程・普通科
■併設する課程：
　単位制による昼間定時制・夜間定時制課程
■併設課程への転籍：
　昼間定時制・夜間定時制に転籍はできる
■入学・卒業時期：
　・入学時期　4 月、10 月（10 月は転編入学のみ）
　・卒業時期　9 月、3 月
■修業年限：
　・3 年以上
■学期制：2 学期制
■卒業認定単位数：74 単位以上
■始業・終業時刻：9：00 ～ 15：45　1 日 7 時限、1 時限 45 分
■技能連携：なし　■実務代替：なし
■技能審査：認定（卒業に必要な単位に含む）
■開設講座数：47 講座、47 科目

スクーリングの日数と場所

【登校日数】
　　月 2 回（日または月）
【場　　所】
　　宮崎、都城、小林、日南
【その他】
　　放送視聴によってスクーリングの代替ができる科目があります。

特色
通信制の最大の特長は、主として自宅で学習を進めることができるという点です。月 2 回ほど登校するスクーリングは本校以外に、県内に 3 つの協力校（都城泉ケ丘高校、小林高校、日南高校）があり、そのいずれでもスクーリングを受けることができます。

クラブ活動
【クラブ数 15、クラブ加入率 4%】
卓球、バドミントン、バスケットボール、演劇　など

学校行事
修学旅行（隔年実施）、新入生歓迎行事（遠足）、体育祭、生活体験発表大会、文化祭　など

生活指導
指定の制服はありません。

◇◇◇◇◇◇◇◇◇◇ **この学校にアクセスしてみよう！**

学校説明会	入学前 電話相談	文化祭見学	体育祭見学	資料請求
－	○	○	○	○

※資料の請求は 250 円の郵券を同封して郵送するか、直接取りに来て下さい。

生徒情報

【転編入生】
前籍校で修得した単位は、振り替えることができます。
転編入学時期は 4 月、10 月。

【生徒数 普通科】　　　　　　　　　2023 年 5 月 1 日現在

年次	生徒数	クラス数	1 クラスの 平均人数
1 年次	211 名		
2 年次	264 名	18 クラス	40 名
3 年次	244 名		

※年次別のクラス編成はしていません。2023 年度の生徒数は 719 名
　（科目履修・併修を除きます）

【教員数】
　教員：男性 13 名、女性 9 名／講師：男性 2 名

2024 年度の募集要項

募集について
【一般入試】
募集人員：普通科 350 名
出願期間：（新入生）2024 年 3 月 8 日（金）～ 21 日（木）
　　　　　（転編入生）2024 年 2 月 13 日（火）～ 16 日（金）

試験日：（新入生）2024 年 3 月 26 日（火）
　　　　（転編入生）2024 年 3 月 22 日（金）
選抜方法：面接・作文・その他必要な書類

学費について
入 学 金：　　　　500 円
授 業 料：1 単位 230 円（免除になる場合有）
学校諸納金：　　9,010 円　程度
教 材 費：　　15,000 円　程度
─────────────────
合　　　計：　　30,000 円　程度

2022 年度卒業生の進路状況

【進路先】
卒業者数…176 名
大学…10 名　　　　短大…4 名　　　　専門学校…36 名
浪人…0 名　　　　就職…12 名

【主な合格実績】
（令和元年～ 4 年）
東京大、筑波大、電気通信大、茨城大、熊本大、宮崎大、宮崎公立大、宮崎県立看護大、早稲田大、上智大、津田塾大、宮崎産業経営大、九州保健福祉大、宮崎国際大、崇城大、第一薬科大、大分大、東京理科大、明治大、南九州大、志學館大

【指定校推薦】
増加傾向にあります。

449

北海道 青森 岩手 宮城 秋田 山形 福島 茨城 栃木 群馬 埼玉 千葉 東京 神奈川 新潟 富山 石川 福井 山梨 長野 岐阜 静岡 愛知 三重 滋賀 京都 大阪 兵庫 奈良 和歌山 鳥取 島根 岡山 広島 山口 徳島 香川 愛媛 高知 福岡 佐賀 長崎 熊本 大分 宮崎 鹿児島 ★ 沖縄

【通信制】 （単位制）

鹿児島県立開陽高等学校
（かごしまけんりつかいようこうとうがっこう）

(http://www.edu.pref.kagoshima.jp/sh/kaiyo/top.html)

- ■校長名：原 憲一
- ■住 所：〒891-0198 鹿児島県鹿児島市西谷山1-2-1
- ■電 話：099-263-3733 ■FAX：099-260-8233
- ■最寄駅：JR指宿枕崎線「慈眼寺」駅下車、徒歩10分
- ■生徒が入学できる都道府県：
  鹿児島
- ■沿革：
  2000年度開校。全定通3課程の単位制高校。

- ■形態・課程・学科：
  独立校・単位制による通信制（普通科・衛生看護科）
- ■併設する課程：
  全日制・定時制（昼・夜間）
- ■併設課程への転籍：
  併設している、全日制、定時制に転籍できます。
- ■入学・卒業時期：
  ・入学時期4月、10月 ・卒業時期3月、9月
- ■修業年限：3年（在籍最長年数：制限なし）
- ■学期制：2学期制 ■卒業認定単位数：74単位
- ■始業・終業時刻：9時00分〜15時15分
  1日3校時、1校時90分
- ■技能連携：肝付町立高山准看護学校
- ■実務代替：なし
- ■技能審査：年間4単位まで、かつ総単位10単位まで認定しています。卒業に必要な単位に含みます。
- ■開設講座数：120講座

スクーリングの日数と場所

【登校日数】
5、6、7月の3ヶ月に本校8回、協力校7〜8回
（ほか、芸術鑑賞会、ふれあいレクリエーション大会 等）
10、11、12月の3ヶ月に本校8回、協力校7〜8回
（ほか、弁論大会、ふれあいレクリエーション大会、文化祭 等）

【場 所】
本校、協力校（14校）

特色　単位制2学期制。前・後期の新・転・編入の受入をしています。

併修・単位について　開陽高校全日制・定時制と併修することができます。1年以上の在籍と、前年度4単位以上の修得があれば、年間10単位まで併修することができます。高卒認定試験受験生が一部科目を履修することはできません。

クラブ活動　フットサル、バレーボール、卓球、バスケットボール、軟式野球、バドミントン、弓道、空手道、テニス、剣道、柔道、陸上競技、文芸、吹奏楽、書道、美術、演劇等

学校行事等　芸術鑑賞会、ふれあいレクリエーション大会、文化祭、弁論大会 等

生活指導　制服や細かい校則はなく、自己責任、自己管理によって学校生活を過ごすことができます。

◇◇◇◇◇◇◇◇ この学校にアクセスしてみよう！

学校説明会	入学前電話相談	文化祭見学	体育祭見学	資料請求
○ 要予約	○			○

▼学校説明会　三課程（全日・定時・通信）概要説明。質疑応答。希望者へは個別に応じています。

生徒情報

【不登校生】
少人数制の水曜スクーリングを開設。保護者同伴で出席することも可能です。

【転編入生】
前籍高校で修得したほとんどの単位は卒業の単位として認められます。併修および高卒認定試験合格による単位、技能審査による増加単位も、条件がありますが卒業の単位として認められます。転編入生の入学時期は4月と10月です。受付期間は、3月と8月です。

【保護者連絡】
年2回保護者会を実施しています。また、毎月発行の機関誌を生徒と一緒に見るように勧めています。

【転編入の生徒数】2023年5月1日現在
2023年度 前期転入生243名・編入生42名
※単位制なので年次はありません。

【生徒数】　2023年5月1日現在　単位制普通科のみ

年次	生徒数	男女比	クラス数	1クラスの平均人数
Aグループ：0〜15単位	548名	1：1	9クラス	60名
Bグループ：16〜44単位	604名	1：1	10クラス	60名
Cグループ：45単位以上	573名	1：1	11クラス	52名

【教員数】
教員：男性16名、女性14名
カウンセラー：2名

2024年度の募集要項

募集について

【入学手続】
募集学科：普通科、衛生看護科
出願期間
（新入生）：
（前期）2024年3月8日（金）〜3月27日（水）正午
（後期）2024年8月5日（月）〜8月22日（木）正午
（転・編入生）：
（前期）2024年3月8日（金）〜3月27日（水）正午
（後期）2024年8月5日（月）〜8月22日（木）正午
選考方法：書類選考

学費について

入学金：500円
授業料：1単位310円（就学支援金等の申請可）
教材費：20,000〜30,000円
諸会費：（前期入学）8,500円 （後期入学）5,450円
合計：〜40,000円

2022年度卒業生の進路状況

【進路先】
卒業者数…534名
大学…56名　　短大…12名　　専門学校…70名

【主な合格実績】
鹿児島国際大学，志學館大学，第一工科大学，九州産業大学，京都芸術大学，熊本学園大学，創価大学，崇城大学，東海大学，日本大学，福岡大学，佛教大学，別府大学，法政大学，立命館大学，立命館アジア太平洋大学，鹿児島県立短期大学，鹿児島純心女子短期大学，鹿児島女子短期大学，赤塚学園看護専門学校，今村学園ライセンスアカデミー，鹿児島医療技術専門学校　など

【指定校推薦】
鹿児島国際大学，志學館大学，鹿児島純心女子短期大学，鹿児島女子短期大学　など

450

【広域通信制】 （単位制）

神村学園高等部
（かみむらがくえんこうとうぶ）

(https://angel.kamimuta.ac.jp/koiki/)

- ■校長名：神村 慎二
- ■住 所：〒896-8686 鹿児島県いちき串木野市別府4460
- ■電 話：0996-32-3232 ■FAX：0996-32-2990
- ■最寄駅：JR鹿児島本線「神村学園前」駅下車、徒歩1分
- ■生徒が入学できる都道府県：
  全国47都道府県
- ■沿革：
  - 1956年 串木野経理専門学校創設
  - 1967年 串木野女子高等学校
  - 1990年 神村学園高等部
  - 2010年 広域通信制課程認可
- ■教育理念：
  人柄教育、個性教育を教育理念とし、『実学による人間性豊かな人柄教育』を行う。

- ■形態・課程・学科：併設校・単位制による通信制課程・普通科
- ■併設する課程：学年制による全日制課程
- ■入学・卒業時期：
  ・入学時期 4月・10月※転編入は随時
  ・卒業時期 3月・9月
- ■修業年限：3年以上 ■学期制：2学期制
- ■卒業所要単位数：74単位
- ■始業・終業時刻：― ■実務連携：なし
- ■実務代替：なし
- ■技能審査：なし。ただし「合格証明書」提出で最大10単位まで認める。

スクーリングの日数と場所

【登校日数】集中スクーリング
5日間（学科、体験学習、野外活動）
【場 所】本校
【その他】
教科の面接指導の他、その時々の体験学習があります。理科の実験、水族館訪問や吹上浜での活動など、スクーリングでありながら楽しい体験が味わえます。中には修学旅行を兼ねて訪れるキャンパスもあります。

「実学による人間性豊かな人柄教育」の教育理念のもと、少人数制で1人1人の目的に沿った通学スタイル（週5日、週3日、週2日、週1日、web在宅）と、学習コースを設置し、自己実現をサポートしています。

主な設置コース：「大学進学コース」「キャリアデザインコース」「プログラマコース」「美容コース」etc.
※キャンパスによって異なります。

◇◇◇◇◇◇◇◇◇◇ この学校にアクセスしてみよう！

学校説明会	入学前電話相談	文化祭見学	体育祭見学	資料請求
○	○	○	―	○

生徒情報

【不登校生に対する指導】
生徒の事情により、いろいろな対応ができます。
【転編入生について】
前籍高校で修得した単位は認定されます。
高卒認定試験で合格した科目の振替は可能です。
転編入学生は随時入学できます。
【保護者との連絡】
家庭訪問、保護者面談を適宜行います。

進学・就職指導
個別に細かな進路指導を行います。指定校推薦枠を活用した進路指導も行います。

2025年度の募集要項

募集について
募集人員：合わせて300名
出願期間：2024年12月1日（土）～2025年3月28日（金）
選考方法：面接・作文
選考料：10,000円
※選考の結果は、入試から約1週間で通知します。合格者には、「選考結果通知書」と「入学手続の書類」などが送付されます。
※転編入生は、随時入学出来ます。

学費について
入学金： 40,000円
授業料： 10,000円 （1単位）
施設設備費： 45,000円 ／年
教育充実費：各学習センター・コースによって異なりますので、詳しくは各学習センターへお問い合わせください。

卒業後の進路

【指定校推薦】
＜私立大学＞
近畿医療福祉大、大阪青山大、京都文教大、関西大、関西学院大、立命館大、神戸女学院大学、愛知学泉大、城西国際大、別府大、中村学園大、京都女子大、広島工業大、大阪商業大、九州産業大、福岡女学院大、熊本学園大、岡山理科大、九州共立大、鹿児島国際大

【一般・推薦等】
関西大、関西学院大、同志社大、立命館大、京都造形芸術大、同志社女子大、近畿大、京都産業大、京都光華女子大、花園大、長浜バイオ大学関西国際大、大阪商業大、大阪工業大、大阪成蹊大、大成学院大、北里大、摂南大、神戸女学院大、朝日大、人間環境大、岐阜保健大、中京学院大、慶應義塾大、早稲田大、明治大、神奈川大、東洋大、東海大 等々

京都学習センター 〒600-8441 京都市下京区新町通四条下る346 丸岸ビル2・3・4F TEL：0120-43-4460 FAX：075-353-3088
大阪梅田学習センター 〒530-0001 大阪府大阪市北区梅田1丁目3-1000 大阪駅前第一ビル10F 5-1 TEL：06-6147-2200 FAX：06-6147-2230
伊賀 〒518-0204 三重県伊賀市山畑1373 TEL：0595-41-1234 FAX：0595-41-1212
福岡東学習センター 〒813-0013 福岡県福岡市東区香椎駅前2丁目9-2 香椎ユーマイビル4F TEL：092-410-6767 FAX：092-410-6787
飯塚キャンパス 〒820-0001 福岡県飯塚市有安1035
宮崎学習センター 明倫館学院 〒880-0951 宮崎県宮崎市大塚町大迫南平4487-3 TEL：0985-52-2220
広島学習センター 〒730-0031 広島県広島市中区紙屋町1-4-1 三村玉川堂ビル3F TEL：082-451-288 FAX：082-545-1236
東日本教育サポートセンター 〒155-0031 東京都世田谷区北沢2丁目26-8 コニーGRビル2F TEL：03-6407-1722 FAX：03-6407-1723
武雄校舎 〒849-2303 佐賀県武雄市山内町大字三間坂甲13800 山内支所3F TEL：0954-45-3232

北海道
青森
岩手
宮城
秋田
山形
福島
茨城
栃木
群馬
埼玉
千葉
東京
神奈川
新潟
富山
石川
福井
山梨
長野
岐阜
静岡
愛知
三重
滋賀
京都
大阪
兵庫
奈良
和歌山
鳥取
島根
岡山
広島
山口
徳島
香川
愛媛
高知
福岡
佐賀
長崎
熊本
大分
宮崎
鹿児島 ★
沖縄

【広域通信制】　　　　　　　　　　　　　　　　　　　　　　　　（単位制）

学校法人 KTC学園 屋久島おおぞら高等学校 / おおぞら高校

（ https://www.ohzora.net ）

- ■校長名：茂木 健一郎
- ■住　所：〒891-4406　鹿児島県熊毛郡屋久島町平内 34-2
- ■電　話：0997-47-3300
- ■FAX：0997-47-3351
- ■生徒が入学できる都道府県：
  全 47 都道府県
- ■沿　革：
  2005 年 4 月　開校
- ■教育理念：
  なりたい大人になるための学校として、「直観力」「共感力」を磨き、身に付けるための直接体験型の学びを大切にしています。私たちはこれをセンパス教育と呼んでいます。
  ※センパス…ラテン語の「SENSUS（感覚）」と「VIVUS（生活）」からとった造語。
- ■形態・課程・学科：
  独立校・単位制による通信制課程・普通科
- ■入学・卒業時期：
  ・入学時期　4 月、10 月※転・編入学は随時受付
  ・卒業時期　3 月、9 月
- ■修業年限：
  3 年以上
- ■卒業認定単位数：74 単位

スクーリングの日数と場所

【登校日数】
　　　集中スクーリング 4 泊 5 日、8 泊 9 日

【場　所】
　　　屋久島（鹿児島県）

特色
通信制の「屋久島おおぞら高等学校」と通学できるサポート校の「おおぞら高等学院」からなる『おおぞら高校』。あなたの「好き」をみらいにつなげる、「なりたい大人になるための学校 ®」です。
広域通信制・単位制高等学校の屋久島おおぞら高等学校は、学校法人 KTC 学園を設立母体として 2005 年 4 月に開校されました。本校は、世界自然遺産に登録されている屋久島にあり、全国から集まった生徒や屋久島での時間を支える先生や大人たち、そして自然と向き合うことで、今までの自分とは違う自分を発見し、直観力や共感力を育むことができます。
おおぞらでは、学び方のスタイルに合わせて二つの学科から選択することができます。そして、なりたい大人になるためにやりたいことや興味のあることを学べる多彩なコースが用意されています。キャンパスでの交流、オンラインでのつながり。あなたにぴったりのコースで、あなただけのみらいを見つけてください。

学習状況
[生徒のスタイルに合わせた学科]
●みらい学科™…全国のサポートキャンパスへ通学し、さまざまな体験を通してみらいを描く学科です。
●つながる学科…自宅でオンラインを活用し、人や自然とつながりながらみらいを描く学科です。

◇◇◇◇◇◇◇ この学校にアクセスしてみよう！

学校説明会	入学前電話相談	文化祭見学	体育祭見学	資料請求
○	○	－	－	○

※資料はホームページからお問い合わせください。

生徒情報

【転入学・編入学生など】
転編入学生は随時入学できます。

【保護者との連絡】
サポートキャンパスでは生徒のみならず、保護者へのサポートも充実しています。保護者同士の悩みを共感したり、コミュニケーションを深める機会を設定しています。また、電話やメールなど、個々のニーズに応じてサポートします。

【生徒数】　　　　　　　　　　　　　　　　2023 年 5 月 1 日現在

年次	生徒数	男女比	クラス数	1 クラスの平均人数
1 年次	3,285 名	：	クラス	名
2 年次	4,074 名	：	クラス	名
3 年次	4,070 名	：	クラス	名

2024 年度の募集要項

募集について

【4 月生】
出願期間：12 月 1 日〜4 月 15 日（必着）
選考方法：面接・作文・プレイスメントチェック
【10 月生】
出願期間：9 月 1 日〜10 月 15 日（必着）
選考方法：面接・作文・プレイスメントチェック
※転・編入学は毎月受付します。
　出願期間はお問い合わせください。

学費について

入学金・授業料・施設費が必要です。
詳しくはお問い合わせください。

卒業後の進路

【主な合格実績】
青山学院大学、追手門学院大学、大妻女子大学、岡山理科大学、神奈川大学、金沢大学、関西大学、関西外国語大学、関西学院大学、北九州市立大学、九州大学、京都大学、京都造形芸術大学、近畿大学、近畿医療福祉大学、金城学院大学、慶應義塾大学、甲南大学、甲南女子大学、神戸市外国語大学、神戸女子大学、神戸薬科大学、駒澤大学、上智大学、成蹊大学、中央大学、中京大学、筑波大学、東海大学、東京理科大学、東北学院大学、東洋大学、同志社大学、名古屋大学、名古屋音楽大学、南山大学、日本大学、広島大学、福岡女学院大学、法政大学、明治大学、立教大学、立命館大学、龍谷大学、早稲田大学　他多数（五十音順）
短期大学、専門学校多数

【指定校推薦】
多数あります。屋久島おおぞら高等学校または、サポートキャンパスへお問い合わせください。

【通信制】　　　　　　　　　　　　　　　　　　　　　　　　（単位制）

沖縄県立宜野湾高等学校
おきなわけんりつぎのわんこうとうがっこう

■校長名：仲宗根　勝
■住　所：〒 901-2224　沖縄県宜野湾市真志喜 2-25-1
■電　話：098-942-2363　　■ＦＡＸ：098-942-2364
■生徒が入学できる都道府県：沖縄県
■沿革：2012 年　通信制課程　開設
■創立理念：
　生涯学習の視点から、高校進学の機会がなかった人や、働きながら学びたい人に学習の機会を与える。

■形態・課程・学科：
　併設校・単位制による通信制課程・普通科
■併設する課程：全日制
■併設課程への転籍：できません
■入学・卒業時期：・入学時期　4 月、10 月（定員あり）
・卒業時期　3 月、9 月
■修業年限：3 年以上（在籍最長年数：6 年）
■学期制：2 学期制　　■卒業認定単位数：74 単位
■始業・終業時刻：8：45 ～ 16：10
■技能連携：なし
■実務代替：なし
■技能審査：なし
■開設講座数：33 科目

スクーリングの日数と場所

【登校日数】週 1 日（日曜日のみ）
【場所】本校

特色
平成 24 年度に宜野湾高校に併設され、今年度で 10 年目を迎えました。添削指導、面接指導の工夫・改善を常に行っており、生徒がのびのびと学習が行える学校です。各クラスともにアットホームな雰囲気で和やかです。

併修・単位について
沖縄県には本校を含め 2 校の通信制の県立高校があるが、この 2 校間での併修は可。但し併修するにはいくつかの条件があります。

クラブ活動
【クラブ数 0】
今年度は、現在のところ部活動はありませんが、生徒からの希望があれば検討していきます。

学校行事
生徒会親睦行事、生活体験発表会などがあります。

生活指導
現在、学校指定の制服はありません。
車輌での通学は可能ですが、校内への駐車については許可制です。
校内および学校周辺は禁煙です。

生徒情報

【転編入生】
転編入生の入学時期は、4 月と 10 月です。
（説明会があります）

【保護者連絡】
定期郵送（学期）、個別面談（随時）

【生徒数】　　　　　　　　　　　　　　2023 年 11 月 1 日現在

年次	生徒数	男	女	クラス数	1 クラスの平均人数
1 年次	90 名	39 名	90 名	2 クラス	45 名
2 年次	76 名	35 名	41 名	2 クラス	38 名
3 年次	108 名	53 名	55 名	4 クラス	27 名

【教員数】　教員：男性 5 名、女性 5 名
　　　　　　講師：男性 2 名、女性 5 名

2024 年度の募集要項

募集について

【一般入試】
募集人員：80 名
出願期間：学校 HP をご参照下さい。
試 験 日：学校 HP をご参照下さい。
選考方法：面接・書類審査
選考費用：なし

学費について

20,000 円～ 30,000 円程度
（教科書・学習書代　等）

2022 年度卒業生の進路状況

【進学先】
四年制大学…3 名
短期大学…2 名
専門学校…3 名

【主な合格実績】
沖縄国際大学、湘南医療大学、沖縄女子短期大学　など

◇◇◇◇◇◇◇◇◇◇◇ この学校にアクセスしてみよう！

学校説明会	入学前電話相談	文化祭見学	体育祭見学	資料請求
○	○	－	－	○

▼学校説明会：事前連絡により個別対応します。

【広域通信制】 （単位制）

エヌ こうとうがっこう

N高等学校

（ https://nnn.ed.jp/ ）

■校長名：奥平 博一
■住 所：〒 904-2421 沖縄県うるま市与那城伊計 224
■電 話：0120-0252-15
■生徒が入学できる都道府県：全国 47 都道府県
■創立理念：あなたの個性に、才能を。
高い専門性や個性的な能力など、求められる人物像が変化する現代において、教育スタイル自体も変化していく必要があります。N高等学校では従来の平均的な力を求める教育システムではなく、生徒たちが興味のある分野で生徒の能力を最大限引き出すことができるように多様な環境を提供することで、将来、社会で自立できる人材を輩出したいと考えています。

■形態・課程・学科：独立校・単位制による通信制・普通科
■入学・卒業時期：
・入学時期 4 月、7 月、10 月、1 月 ※転入生は随時受付
・卒業時期 3 月、6 月、9 月、12 月
■修業年限：3 年以上（在籍最長年数：6 年）
■学期制：4 学期制 ■卒業認定単位数：74 単位
■技能連携：なし ■実務代替：なし ■技能審査：なし

スクーリングの日数と場所

【登校日数】
<1・3 年次 >7 ～ 8 間程度
<2 年次 >8 ～ 9 間程度（本校スクーリング（4 ～ 5 間程度）、
全国拠点のスクーリング（4 ～ 5 間程度）
【場 所】
<1・3 年次 > 全国の拠点で実施
<2 年次 >
N 高等学校本校所在地：沖縄県うるま市与那城伊計 224
S 高等学校本校所在地：茨城県つくば市作谷 578 番地 2

特色

最先端 VR 教材で学びが深まる、世界が広がる
ネットコース／通学コース／通学プログラミングコース／
オンライン通学コース／個別指導コースから自由に選択可能

いずれのコースに在籍しても、最新 VR 教材による最先端の学びが可能です。没入感たっぷりのバーチャル空間で集中力を切らさず授業を受けられます。必修授業のほか、英会話や面接練習などの VR の特色を生かした課外講座や、全国の N 高生・S 高生と交流できる仕組みを提供しています。
また、コースでもメンターになる先生がついて、勉強の進め方や悩み、やりたいことのサポートをしてくれます。生徒はプロフェッショナル講師陣による、質のバラつきのない一流の映像授業を受講できるため、地域間の格差もなくなります。

①大学受験講座
大学受験のプロによるオリジナル映像授業。学習習熟度と目標に合わせたコース（カリキュラム）があり、高校基礎から大学二次試験まで対応します。

②プログラミング
ドワンゴのトップエンジニアが講師を務めるプログラミングの授業も。市販の教科書に書かれていない実際の開発体験に基づいたノウハウがつまっています。

③文化祭（ニコニコ超会議）
11 万人以上が幕張メッセに集うニコニコ超会議が文化祭です。かけがえのない経験と思い出を作りましょう。

④職業体験
「刀鍛冶」「イカ釣り」「観光地経営」等、地方自治体と連携したプログラムです。参加者のほぼ全員が「職業体験に参加してよかった」と回答しています。VR を用いたバーチャル空間やオンラインでの職業体験・ワークショップ・トークセッションも開催。幅広く参加が可能です。

⑤学びコーチング〔通学コース／オンライン通学コース〕
「目標に向かって着実に努力できる」よう、生徒一人ひとりの成長を個別にサポートするのが「学びコーチング」です。メンター教員と一緒に「目標」を設定し、達成を重ねていくことで、目標へ向かって 1 歩ずつ成長する技術を身につけます。
まだなりたい仕事や夢がわからない、学習へのやる気が続かない、など、心配・不安があっても大丈夫。メンター教員が定期的に生徒とマンツーマン面談を行い、一人ひとりに寄り添って学習の問題や悩みを解決します。

⑥PBL（プロジェクト学習）
本校ではふつうの学校の中ではなかなか学べない、実社会の学びを教室に取り入れています。
・「プロジェクト N ／ PBL」…実社会を題材に、自ら課題を考え、解決策を発見・発表するプロジェクト学習です。社会人になってから経験の中で身につける力を高校生のうちから身につけることは、生徒たちが社会で生き抜く力となります。また、問題に取り組むだけでなく「自分がやりたいことを見つける」「表現力の育成」など、より実社会に貢献できる人材になるためのカリキュラムが組まれています。
・「N ／ S 高マイプロジェクト」…「全国高校生マイプロジェクトアワード」に挑戦するプロジェクトです。参加は任意で、自分たちでプロジェクトを考えチームを作り、アワードに向けて長期的なチャレンジをします。

◇◇◇◇◇◇◇◇◇ この学校にアクセスしてみよう！

学校説明会	入学前 電話相談	文化祭見学	体育祭見学	資料請求
○	○	ニコニコ超会議内で実施	―	○

クラブ活動

起業部、投資部、政治部、eスポーツ部、ダンス部、研究部、美術部、音楽部、コンピューター部、クイズ研究会、人狼部、囲碁部、将棋部

eスポーツ部：
「Coca-Cola STAGE:0 eSPORTS High-School Championship 2023」オーバーウォッチ2　優勝N高　準優勝S高
「Coca-Cola STAGE:0 eSPORTS High-School Championship 2023」ヴァロラント　準優勝　N高
囲碁部：
「第47回文部科学大臣杯全国高校囲碁選手権大会」女子個人戦、優勝、S高等学校・3年生

学校行事

VR入学式、文化祭（in ニコニコ超会議）、ネット遠足（年3回）、NED（N Expression Discovery）、ネット運動会、卒業式、職業体験・ワークショップ（酪農・刀鍛冶・民泊・商品開発など）、バーチャル修学旅行
※バーチャル修学旅行とは、普通科の生徒を対象にしたVRのヘッドマウントディスプレイ（頭部に装着するディスプレイ装置）を使用し、自宅にいながら生徒同士でバーチャルに体験できる修学旅行です。2023年度：海外旅行（1日行程）／国内旅行（2日行程）

進路・履修指導

【進学指導】
学習アプリ「N予備校」：「大学受験」講座／個別指導コース　総合進学クラス／N塾
【学力不振対策】
学習アプリ「N予備校」：「高校準備・大学受験準備」講座／個別指導コース　基礎学習クラス

生徒情報

【不登校生】
中学時代ほとんど学校に行っていなくても大丈夫です。また、生徒一人ひとりに複数のメンターがつきます。メンターはカリキュラムや学習の進め方、進路の悩みなど高校生活を安心して過ごせるようにさまざまなアドバイスをしますので、なんでも気軽に相談してください。

【転編入生】
随時入学相談などを受け付けています。また、在籍校または前籍校での修得科目や在籍期間によって、N高での履修科目や在籍期間も変わってきますので、事前のご相談をお勧めいたします。

【保護者との連絡】
保護者用マイページ、保護者通信、三者面談など

【生徒数】26,197人（※グループ合計在籍数）

2023年9月30日時点

生活指導

制服の購入・着用は所属コースにかかわらず任意です。また上着のみ、スカートのみなど一部購入することや、好みに合わせカスタマイズして着用することも可能です。頭髪や装飾など身なりに関する校則もありません。ただし、周囲の方に迷惑がかかるなどと判断すれば、指導する場合があります。

2024年度の募集要項

募集について

【新高1生】
■出願期間：
2024年度の最新の出願期間は公式サイトをご覧ください。
（2025年度の出願期間も決まり次第、公式サイトにて発表致します。）

■通学コース・通学プログラミングコース希望の方
課題作文と面接の試験をおこないます。指定された日時に従って受験してください。
通学コース・通学プログラミングコース試験日：
　出願期ごとの指定日
通学コース・通学プログラミングコース試験会場：
　札幌・仙台・東京・名古屋・大阪・広島・福岡ほか

【新高1生以外】
随時募集しています。詳細は公式サイトをご覧ください。
■出願方法：
①公式サイトよりWEB出願の登録をしてください。（出願はWEBでのみ受け付けます）
②WEB出願時の案内に従い、入学検定料5,000円を納付してください。
　（オンライン通学コースを希望される方は別途5,000円の事務手数料、通学コース・通学プログラミングコースを希望される方は別途15,000円の受験料が必要です。）
③学校作成書類を募集要項同封の専用封筒にて郵送してください。

※合格通知はメールで行いますので、メールアドレスに間違いのないようにしてください。また手続き中は受信メールのチェックを忘れないようにしてください。

学費

3年間の実質負担額…206,200円〜（ネットコースの場合）
※就学支援金の適用を受けた場合
コースや学び方などによって異なりますので、詳しくはお問合せください。

卒業生の主な進路状況

＜進路決定率 86.22%＞

大学等進学…33.24%　　専門学校他…23.12%　　浪人…10.94%
留学 0.70%　　　　　　就職…9.04%　　　　　アルバイト等…9.18%
進路未定…13.59%　　　その他…0.19%

※2023年4月28日時点。
※分母(n)は、2023年3月31日付で卒業した生徒の人数（2022年度に在籍していたN/S高の4月生のみ）です。
※「大学等進学」は、大学、短期大学、大学・短期大学の通信教育部、高等学校（専攻科）および特別支援学校高等部（専攻科）へ、進学した者または進学しかつ就職した者が対象です。
※「専門学校他」には、専門学校（専門課程・一般課程）・公共職業能力開発施設・各種スクール等が含まれます。

【主な合格実績】
国公立大学：東京、京都、北海道、東北、名古屋、東京工業、一橋、大阪、九州など
私立大学：
早稲田、慶應義塾、学習院、明治、青山学院、立教、中央、法政、関西、関西学院、同志社、立命館など
海外大学：
マンチェスター、メルボルン、キングス・カレッジ・ロンドン、シドニー、ニューサウスウェールズ、クイーンズランド、モナシュ、バーミンガム、ボストンなど
（N／S高合計）

【通学コースキャンパス】
北海道（札幌）東北（仙台、岩手盛岡、山形、福島郡山）、関東（御茶ノ水、秋葉原、東陽町、蒲田西口、代々木、渋谷、池袋、立川、武蔵境、町田、聖蹟桜ヶ丘、横浜、溝の口、川崎、相模原橋本、平塚、本厚木、大宮、川越、川口駅前、春日部、千葉、海浜幕張、松戸、柏、水戸、取手、つくば、群馬前橋、高崎、群馬太田、宇都宮、JR宇都宮）、東海（名古屋、名駅、東岡崎、静岡、浜松、岐阜、四日市）、北陸・甲信越（新潟、長野、金沢）、近畿（天王寺、梅田、心斎橋、堺東、神戸、姫路、西宮北口、京都、京都山科、奈良西大寺）、中国・四国（広島、岡山、高松、松山）、九州・沖縄（北九州、福岡、博多駅南、久留米、鹿児島、長崎駅前、那覇）※2024年4月時点

【通信制】

精華学園高等学校 浦添校
（せいかがくえんこうとうがっこう　うらそえこう）

（ https://seikagakuen-sns.jp/ ）

時間にしばられない
あなただけの
高校3年間を

School
Life
Design

■校舎長名：伊元　信尚
■住　所：〒901-2133　沖縄県浦添市城間 1-32-7 ハロービル5階
■電　話：098-874-1234　■ＦＡＸ：098-870-4134
■最寄バス停：「屋富祖」バス停、徒歩 30 秒
　　　　　　　「屋富祖入り口」バス停、徒歩 5 分
■創立年：2018 年 4 月
■沿　革：
　2009 年 7 月 1 日　精華学園高等学校開校
　2018 年 4 月 1 日　浦添校開校
■教育理念：
　「困っている生徒を助けたい」をモットーに、生徒・保護者と共に高校卒業を全力でサポートします。

【特色】精華学園高等学校浦添校は、学校教育法第 1 条に記されている高等学校に準ずる施設として認可されています。
とことん生徒に寄り添い、高校卒業・進路決定に向けた教育を実践します。

＜浦添校　高校通学の 7 つの不安・悩みを解消！＞

①個別でのスクーリング、レポート指導
　→高校卒業に必要なレポート、スクーリング、テストも浦添校のみで完結。県外スクーリング・宿泊スクーリングはありません。
②登校
　→通学コースなら平日の 10 時から 16 時まで好きな時間に登校 OK！
　マイペースで登校できるから安心！
③進路
　→通信制高校の魅力はなんといっても「進路に向けた学び」に時間を多く使えること！
　進学をはじめ、就職・起業方法等、「自立して生きていく力」を磨こう！
④勉強面
　→学びなおしの教科もあり、分からないところは個別で指導します。
⑤発達障がい等へのサポート体制
　→個別対応で集団の苦手をカバー。マイペースをできる限りサポート。二次障がいがあっても通学しやすい！
⑥保護者との関係
　→家庭が学校を利用する学校運営をモットーにしています。その子の個性を共有できて安心！
⑦学費
　→就学支援金対象校のため、学費の一部が支援されます。
　※ただし、1 年目は支給時期の関係で全額負担となります。詳しくはお問い合わせください。

【学校へのアクセス】

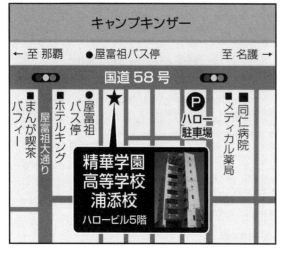

キャンプキンザー

← 至 那覇　●屋富祖バス停　至 名護 →

国道 58 号

まんが喫茶パフィー
ホテルキング
屋富祖バス停
屋富祖大通り
★
Ｐ ハロー駐車場
同仁病院
メディカル薬局

精華学園
高等学校
浦添校
ハロービル5階

＜学校の施設＞

校 舎 面 積	120m²	事 務 室	あり
保 健 室	なし	ラウンジ	なし
職 員 室	なし	図 書 室	なし
カウンセリング室	なし		

【生活指導】服装は自由で OK！でも、登校するときや式や行事のときに着ていく服を選ぶのは大変…。
そこで、希望者には制服を購入することができます。身だしなみももちろん自由。ただし、清潔感のある身だしなみの指導も行います。バイク通学は不可です。

【クラブ活動】ありません。

◇◇◇◇◇◇◇◇◇ この学校にアクセスしてみよう！

学校説明会	入学前電話相談	文化祭見学	体育祭見学	資料請求
○	○	－	－	○

※資料請求は、電話・FAX・E メールにてご請求ください。

▼学校説明会　学校見学・個別相談、お待ちしています。平日毎日開催しています。電話にてご予約ください。

学習状況

【学習システムの特長】
浦添校の校舎にてスクーリングが可能です。集団が苦手だったり、通学に保護者の同伴が必要でも、個別でスクーリングもできます。

【入学時の学力検査】
入学試験は作文と面接です。作文は自宅で作成して面接当日に持参する形式です。

【進学希望者への指導】
将来どんな自分になっていたいのかを徹底して考えさせます。その「なりたい自分」を実現するための選択肢として、進学先を一緒に探すところから始めています。

【補習の指導】
つまづいた時点での学びなおしからしっかり指導しています。小学校範囲の基礎はもちろん、中学校の基本も個人指導を心掛けています。

学習システムの特徴

◆通学コース
月曜日から金曜日まで、10時から16時の間ならいつでも登校できるコースです。自分のペースで学習ができるのでオススメです。

◆通信コース
自宅でのレポート学習が基本になります。毎月所定の日に登校してスクーリング（面接指導）を受けます。

◆動画クリエイターコース
高校卒業資格に必要な単位を修得しながら動画制作の技術を身につけて、自分の作品を世の中に配信する方法まで学べます。現役クリエイターが監修したカリキュラムで、CM・広告映像、ミュージックビデオ、ロゴアニメーション、ショートムービー等を作成して、YouTube、TikTok などで発信していきましょう！

◆マンガ・イラストコース
高校卒業資格に必要な単位を修得しながら、マンガ、イラスト制作に必要なアナログからデジタルまでの幅広い専門技術を身につけ、自らの作品を世の中に配信する方法までを学んでいきます。キャラクターを魅力的に描き、世界観を表現できるマンガ家・イラストレーターを目指します。↱

生徒情報

【不登校生】 近年、不登校は「二次障がい」として考える傾向があります。
浦添校でもそのように捉え、治療を進めていっていただき、その生徒に合わせたライフデザインをしながら、ゆっくり卒業・進路に向けた指導を心掛けています。

【いじめ対策】 生徒1人ひとりが過ごしやすい距離感で学習できる学校です。教職員も生徒とコミュニケーションをとりながら、穏やかな環境の維持を心掛けています。

【保護者との連絡】 主に電話・SNSにて連絡を取り合い、家庭との協同教育を実践しています。

【生徒数】 　　　　　　　　　　　　　　2023年12月現在

年次	生徒数	男女比
1年次	53名	2：3
2年次	50名	1：1
3年次	31名	1：1

【教員数】
専任講師：男性2名、女性2名、非常勤講師：男性1名

◆K-POPコース
高校卒業資格に必要な単位を修得しながら、韓国のK-POP文化をダンスやボーカル授業を通して学んでいきます。趣味でK-POPに興味がある方はもちろん、本気でK-POPアイドルやダンサーなどを目指す方の土台となるスキルを身につけていきますので、高校時代から将来の夢に繋がる第一歩を踏み出せます。1年間で約10曲程度のK-POPスキルを身につけることができます。

◆グラフィックデザインコース
高校卒業資格に必要な単位を修得しながら、グラフィックデザインを制作するスキルを身につけます。ポスター、名刺、うちわ、パッケージ、書籍や雑誌の表紙など、自分の作成したいものを作成してみてください。

2024年度の行事予定

月	4月～6月	7月～9月	10月～12月	1月～3月
行事	4月　入学式 　　　オリエンテーション 5月　レクリエーション など	7月　映画鑑賞会 8月　遠足 9月　前期単位認定試験 など	10月　ハロウィンパーティー 12月　クリスマス会 　　　卒業見込生 後期単位認定試験 など	2月　後期単位認定試験 3月　卒業式 　　　レクリエーション など

2025年度の募集・過去の進路状況

募集について

募集人員：40名
出願期間：2024年12月1日（日）
　　　　　　　～2025年3月18日（火）まで
試験日：詳しくは校舎までお問い合せください。
選考方法：書類選考、面接、作文
選考料：10,000円
※転編入希望生徒については随時受付・面接等を行っています。

学費について

入学金：0円
授業料：1単位 10,500円×登録単位数
施設整備費：36,000円
教育充実・運営費：72,000円
特別教科学習費：60,000円～

卒業後の進路

【卒業者数：33名】
沖縄大、川村学園女子大、サイバー大、東京通信大、福山大、慶應義塾大、専門学校マーキュリー情報コミュニケーションカレッジ、沖縄県歯科医師会歯科衛生士学校、インターナショナルデザインアカデミー、バンタンテックフォードアカデミー専門学校、他沖縄県内専門学校

主な合格実績

【海外大学】 ブリティッシュコロンビア大（カナダ）、マラヤ大（マレーシア）、エルカミノカレッジ（アメリカ）など
【国立大学】 茨城大、山口大、和歌山大、九州工業大　など
【私立大学】 慶應義塾大、早稲田大、東京理科大、立教大、明治大、中央大、法政大、多摩美術大、武蔵野美術大、女子美術大、東京工芸大、横浜美術大、京都芸術大、東海大、関西大、立命館大、近畿大学長崎国際大、福岡大、福岡看護大、西南女学院大、立命館アジア太平洋大　など
【短期大学】 産業能率期大、大阪芸術大学短期大学部　など
【専門学校】 代々木アニメーション学院、専門学校HAL、東京アナウンス学院、東京ベルエポック専門学校　など

※上記は精華学園高等学校全体の進学実績です。
※就職に関しては、就職100％保証制度（条件あり）があります。

【広域通信制】　　　　　　　　　　　　　　　　　　　　　　　（単位制）

つくば開成国際高等学校
（かいせいこくさいこうとうがっこう）

（ https://tkaisei-okinawa.jp/ ）

■校長名：糸賀　修
■住　所：〒 900-0022　沖縄県那覇市樋川 2 丁目 5 番 1 号
■電　話：098-835-0298
■ＦＡＸ：098-835-0299
■最寄駅：ゆいレール「安里」駅、「牧志」駅　徒歩約 13 分
■生徒が入学できる都道府県：全国 47 都道府県
■沿　革：平成 29 年 4 月 1 日開校
■創立理念：夢と世界

■形態・課程・学科：独立校・単位制による通信制・普通科
■入学・卒業時期：
　・入学時期　随時　　・卒業時期　9 月、3 月
■修業年限：3 年以上（在籍最長年数：6 年）
■卒業認定単位数：74 単位
■技能連携：なし　　　■実務代替：なし
■技能審査：あり（卒業に必要な単位に含む）
■開設講座数：52 科目

スクーリングの場所

・つくば開成国際高等学校（本校）
〒 900-0022　沖縄県那覇市樋川 2 丁目 5 番 1 号
TEL：098-835-0298
・つくば開成国際高等学校 柏分校
〒 277-0005　千葉県柏市柏 4 丁目 3 番 3 号
TEL：04-7160-2351
・つくば開成国際高等学校 滋賀校
〒 524-0021　滋賀県守山市吉身 5-2-45
TEL：077-514-1120
※詳細は各校へお問い合わせください。

特色　自由な登校スタイルで、大学進学を見据えた勉強ができる

　沖縄本校は、生徒一人ひとりを大切に、個々のニーズに対応した教育を行います。勉強に集中したい人、学校に慣れることから始めたい人、趣味やアルバイトと両立したい人など、自分の生活ペースに合わせたスケジュールで学習することができます。また、本校では検定対策や大学進学に力をいれております。国公立大学や私立大学など大学受験対策に特化した学習で志望大学合格に導きます。

【登校・学習スタイル】
「自由登校」と「個別指導」を学習の基本としています。「自由登校」は、スクーリングの開講時間内であればいつでも登校し、学習を行うことができる通い方です。＜週 1 日の登校＞、＜午後のみの登校＞など個々の登校スタイルに合わせて学習できます。「個別指導」は、全日制高校の一斉授業とは対極にあるものです。生徒一人ひとりの習熟度、学習進度に応じた指導を行っています。

【選べる 2 つのコース】
中学校の基礎から始めて、大学・専門学校への進学を目指す特進コース、自分のペースで通って高校卒業をめざす一般コースがあります。生徒一人ひとりの目標や進路に応じて特進コース、一般コースのいずれかを選択することができます。特進コースでは、受験のプロである予備校出身の講師陣による大学受験対策の授業を行っています。他の学校では味わうことのできない充実した進路指導を提供しています。

【充実した検定対策講座】
英語検定・漢字検定・数学検定・各種情報検定・Ｎ検定などの誰でも無料で受講できる検定対策講座があります。

【プロ講師による大学受験のサポート】
予備校で豊富な指導経験を持つ受験のプロ集団による集団・少人数・個別授業を行っています。詰め込み型の学習ではないから、毎回「分かる！」「できる！」を体感できます。

【生徒の声】
入学時は学業に後ろ向きだった私が、先生がかけてくださった言葉の数々に安心して学業に励んでいます。なかでも、理科に興味がなかった私が「身近な生物」の話を聞き、今では、生物が好きになりました。先生方とは、学業のことだけではなく、日常生活の中で起きたたわいもない話をしたりします。明るくキレイな校舎ではいつも誰かの喋り声が聞こえてきます。学年の垣根も超えた友人もでき、毎日が充実しています。＜令和元年度卒業生＞

私はつくば開成国際高等学校に入って、本当にたくさんのことを学びました。特に私が鍛えられたと思うのは自己管理能力です。「つくば」は自分で好きな時に来れるので必然的に自律する精神が求められると思います。その反面、厳しいところもありますが、私にとっては社会に出る前にとても良い勉強になりました。先生方も親切に私たちに接してくれて不安になることはありませんでした。本当にありがとうございました。＜令和 2 年度卒業生＞

<table>
<tr><td>進学指導</td><td>希望の生徒に対して、適性に応じた個別指導を行います。全国統一模試の実施をはじめ、小論文指導、面接指導、プレゼン指導等、各選抜方式に合わせて、充実した進学指導を行います。</td></tr>
</table>

進学指導
希望の生徒に対して、適性に応じた個別指導を行います。全国統一模試の実施をはじめ、小論文指導、面接指導、プレゼン指導等、各選抜方式に合わせて、充実した進学指導を行います。

補習指導
個別指導を中心に少人数学習や集団学習など生徒にあった学習指導を行います。

生活指導
私服OK。染髪・化粧・アクセサリー着用や露出度の高い服装・校内でのスマホ使用は禁止です。自転車・バイクによる通学はできません。

クラブ活動
ありません。

学校行事
進学ガイダンス、校外学習（野外炊飯・博物館見学・芸能鑑賞）、進路相談会、大学見学ツアー、キャリア教育、スポーツ大会　等

生徒情報

【転編入生】
前籍校で修得した単位や高卒認定試験で合格した科目をすべて振り替えられます。
転編入生は4～1月の間で随時入学可能です。

【保護者連絡】
電話、メール、文書発送など、個々に対応します。

【教員数】
教員：男性14名、女性10名／講師：男性18名、女性17名

2024年度の募集要項

募集について

募集人員：普通科3,000名（男女）
出願資格：2024年3月中学卒業見込み者
　　　　　2023年3月以前に中学卒業した者
　　　　　高校在学中の者
　　　　　高校を退学した者
出願期間：入学生出願受付中
出願書類：①入学願書
　　　　　②成績・単位修得証明書または調査書
　　　　　③写真1枚（縦4cm×横3cm）
検定料：10,000円
出願方法：出願書類は、本校所定の封筒を使用して、沖縄本校に簡易書留で郵送、または持参してください。
選考方法：作文、面接

※転編入生は随時受け付けています。

学費について

入学金：　　　　30,000円
授業料：1単位12,000円×単位数
施設設備費：　　36,000円（年額）
教育運営費：　　50,000円（年額）
教育充実費：　240,000円（年額）
教科学習指導費：120,000円（年額）

※地域や選択コース、学習内容によって異なります。
※就学支援金の対象者は、
　授業料の一部～全額が無料となります。

過去の進路状況

【合格実績】
【国公立大学】九州大／北海道大／東北大／帯広畜産大／岡山大／琉球大／沖縄県立芸術大／公立鳥取環境大／北九州市立大

【私立大学】國學院大／専修大／関西外国語大／近畿大／明治大／順天堂大／北里大／津田塾大／成城大／東京都市大／桜美林大／東京農業大／京都産業大／武蔵野美術大／大阪国際大学／立正大学／武蔵野大学／千葉科学大学／千葉工業大／京都精華大／四天王寺大／吉備国際大／常磐大／大阪人間科学大／仁愛大／星槎大／帝京平成大／明星大／淑徳大／成安造形大／聖徳大／東海学園大／静岡英和学院大／静岡産業大／京都美術工芸大／沖縄キリスト教学院大／沖縄国際大／沖縄大

【海外大学】元智大（台湾）／メリーランド大（アメリカ）

【短大大学】文教短大／滋賀短大／びわこ学院大学短期大学部／千葉職業能力開発短大／華頂短大

【専門学校】HAL東京／東京アナウンス学院専門／ヒューマンアカデミー／浦添看護専門／琉球調理専門／文化服飾専門／バンタンデザイン研究所／日本工学院八王子専門／インターナショナルリゾート＆カレッジ／福岡医健・スポーツ専門／琉美インターナショナルビューティーカレッジ／沖縄福祉保育専門／沖縄統合医療学院／国際電子ビジネス専門／ビューティーモードカレッジ／沖縄ペットワールド専門／琉球リハビリテーション／沖縄こども専門／尚学院国際ビジネスアカデミー／神田外語学院／沖縄リゾート＆スポーツ専門／さいたま柔整専門／福岡理容美容専門／サイテクカレッジ那覇／大阪バイオメディカル専門／京都コンピュータ学院／京都医療福祉専門／青山製図専門／東京ビジュアルアーツ専門／東放学園専門／東京医療秘書福祉専門／東京情報クリエイター工学院専門／道灌山学園保育福祉専門／東京電子専門／日本外国語専門／大原簿記専門／東京ビューティーアート専門／静岡デザイン専門　など多数

この学校にアクセスしてみよう！

学校説明会	入学前電話相談	文化祭見学	体育祭見学	資料請求
○	○	未定	未定	○

※資料はお電話もしくはホームページよりご請求ください

北海道
青森
岩手
宮城
秋田
山形
福島
茨城
栃木
群馬
埼玉
千葉
東京
神奈川
新潟
富山
石川
福井
山梨
長野
岐阜
静岡
愛知
三重
滋賀
京都
大阪
兵庫
奈良
和歌山
鳥取
島根
岡山
広島
山口
徳島
香川
愛媛
高知
福岡
佐賀
長崎
熊本
大分
宮崎
鹿児島
沖縄 ★

【広域通信制】 （単位制）

学校法人 佐藤学園（がっこうほうじん さとうがくえん）

ヒューマンキャンパス高等学校（こうとうがっこう）

（ https://www.hchs.ed.jp ）

■校長名：谷 修二郎
■住 所：〒905-2264　沖縄県名護市三原263番
■電 話：0120-953-979　　■FAX：0980-45-9112
■最寄駅：
■生徒が入学できる都道府県：
全国47都道府県
■沿 革：
2014年4月開校
■創立理念：
通いたくなる学びの場の創造

■形態・課程・学科：
単位制による通信制・普通科
■入学・卒業時期：
【新入学】・入学時期　4月/10月　・卒業時期　3月/9月
【転・編入学】・入学時期　随時　・卒業時期　3月/9月
■修業年限：
・3年以上
■学期制：
■卒業認定単位数：74単位
■始業・就業時刻：各学習センターによって異なります。
■技能連携：なし
■実務代替：なし
■技能審査：なし
■開設講座数：40分野以上

登校日数とスクーリング場所

【登校日数】
以下の①～④のコースより選択可能
①専門コース…週3～5日
②専門チャレンジコース…週1～5日
③通学コース…週1～5日
④一般通信コース…年10日間程度（登校日以外自宅学習）
【スクーリング場所】
ヒューマンキャンパス高等学校　本校
各面接指導施設

特色

◆自分の「好き！・なりたい！」を
　自分のペースで好きなだけ！
◆学べる分野は40以上！目指せる職種は100以上！
　いろんな「なりたい」に対応

《専門分野》
メイク・美容／ネイル／マンガ・イラスト／絵本作家／ゲーム・アニメ／eスポーツ／AI・ロボット／プログラミング／CADエンジニア／声優・タレント／YouTuber／ダンス／AI大学進学／韓国語／英会話／サイエンス／調理・製菓／心理・コミュニケーション／ペット／ねこプロ／ドルフィントレーナー／アクア／鉄道サービスなど

◆学習センターは全国20か所以上！
　自宅近くでサポートが受けられる
◆現場で実際に学べる！本格的な専門学習
◆専門教育35年以上の実績を誇る
　ヒューマンアカデミーと連携
◆在校生・保護者向け相談窓口を設置
◆進学・就職・プロデビューをサポートする
　「キャリア相談室」を設置
◆全国の生徒向けオンライン配信授業を平日毎日実施
◆300時間の専門授業動画が見放題
◆多彩な学校行事

◇◇◇◇◇◇ **この学校にアクセスしてみよう！**

学校説明会	入学前電話相談	文化祭見学	体育祭見学	資料請求
○	○	−	−	○

※資料請求は、電話・ホームページで可能。

学校行事

体育大会／校外学習（遠足）／文化祭／校内オーディション・コンテスト／三者面談
など
※各学習センターによって異なります。

〜教育連携校行事〜
マンガ合宿／東京ゲームショウ／ファッションショー／舞台公演　など

修学旅行

実施予定。
行き先は、各学習センターによって異なります。

進学指導

個々の志望大学やその他希望する進路に合わせて、受験科目対策、面接指導、小論文対策、AO入試対策などを行っています。

補習指導

中学校の学習などを含めた基礎学習指導

生活指導

制服はありますが購入・着用は希望者のみ。
バイク通学は不可。

生徒情報

【不登校生】
生徒の状況を踏まえ、保護者の方と二人三脚での指導を心がけます。

【転編入生】
転編入生の場合、前籍校で修得した単位は振替えられます。
入学前に高卒資格認定試験で合格した科目を振替えることができます。
転入生の入学は12月まで随時可能です。

【保護者連絡】
各家庭の要望に合わせて行います。
学級通信、家庭訪問、保護者面談。

【生徒数】　　　　　　　　　　　　　　2024年1月現在

年次	生徒数	男女比	クラス数	1クラスの平均人数
1年次	676名	3：7	クラス	名
2年次	806名	3：7	クラス	名
3年次	1,670名	3：7	クラス	名

2025年度の募集要項

募集について

募集定員：各学習センターにより異なります。
出願資格：・2025年3月中学校卒業見込みの者
　　　　　　・中学校を卒業した者
　　　　　　・高校を途中で退学した者
　　　　　　・高校在学中の者
　　　　　　※転入時期により出願時期が若干異なります。
出願期間：4月入学生…12月より受付開始
　　　　　　途中入学生…随時受付
試験日：各学習センターにより異なります。
試験内容：書類選考・面接・作文
　　　　　　※各学習センターにより若干異なる場合があります。
試験会場：各学習センター

※出願締切日や入試日は各学習センターにより異なります。
　詳細はお問合せください。

学費について

入学金：	10,000円
授業料：	288,000円（1単位12,000円）
施設設備費：	60,000円（10月〜3月入学生については30,000円）
教科学習費：	32,000円
合計：	390,000円

※その他　総額はコースによって変動します。
　　　　　転入・編入生は個々人の履修単位数に応じて異なります。
　　　　　別途スクーリング費用がかかります。

卒業生の主な進路状況

【主な合格実績】
北海道情報大学、宮城大学、新潟経営大学、明治大学、学習院大学、東洋大学、東京工科大学、国際基督教大学、嘉悦大学、東海大学、日本大学、学習院大学、東洋大学、レイクランド大学、目白大学、神奈川工科大学、愛知みずほ大学、関西学院大学、関西大学、近畿大学、立命館大学、龍谷大学、京都女子大学、大阪成蹊大学、大阪芸術大学、京都嵯峨美術大学、京都産業大学、日本福祉大学、岡山理科大学、高知大学、愛媛大学、福岡県立大学、九州看護福祉大学、別府大学、志學館大学、鹿児島国際大学、琉球大学、名桜大学、沖縄国際大学、総合学園ヒューマンアカデミー、大阪バイオメディカル専門学校ほか各種専門学校などに進学

＜学校の施設＞

校地面積	−m²	図書室	−	
運動場面積	−m²	プール	−	
視聴覚教室	−	食堂	−	
体育館	−	ラウンジ	−	
借りグラウンド	−	カウンセリング室	−	

<学習センター>
仙台学習センター	〒980-0022	宮城県仙台市青葉区五橋1-6-6　五橋ビル6F
宇都宮学習センター	〒320-0811	栃木県宇都宮市大通り4-2-10　宇都宮駅前ビル5F（2024年4月移転 認可申請中）
大宮学習センター	〒330-0854	埼玉県さいたま市大宮区桜木町1-7-5　ソニックシティビル24F
柏学習センター	〒277-0021	千葉県柏市中央町3-2　柏トーセイビル2F
秋葉原学習センター	〒101-0023	東京都千代田区神田松永町4-1　ラウンドクロス秋葉原7F
立川学習センター	〒190-0023	東京都立川市柴崎町2-4-11　ファインビル3F
浜松学習センター	〒430-0933	静岡県浜松市中区鍛冶町140　浜松Cビル7F
名古屋学習センター	〒450-0003	愛知県名古屋市中村区名駅南1-23-17　笹島ビル3F
四日市学習センター	〒510-0075	三重県四日市市安島1丁目2-18　三誠ビル6F
なんば学習センター	〒556-0017	大阪府大阪市浪速区湊町1-4-1　OCAT（大阪シティエアターミナル）ビル3F
岡山学習センター	〒700-0815	岡山県岡山市北区野田屋町1-7-17　野田屋町JNビル8F
広島学習センター	〒730-0017	広島県広島市中区鉄砲町5-7　広島偕成ビル9F
福山学習センター	〒720-0808	広島県福山市昭和町6-1　福山電業3F
高松学習センター	〒760-0023	香川県高松市寿町1-1-12　パシフィックシティ高松6F
高知学習センター	〒780-0822	高知県高知市はりまや町1-5-33　土電ビル7F
北九州学習センター	〒802-0001	福岡県北九州市小倉北区浅野1-1-1　小倉ターミナルビル アミュプラザ西館8F
福岡学習センター	〒810-0001	福岡県福岡市中央区天神1-16-1　毎日福岡会館5F
熊本学習センター	〒860-0844	熊本県熊本市中央区水道町3-22　第7ロータリービル3F
宮崎学習センター	〒880-0056	宮崎県宮崎市神宮東3丁目2-33
鹿児島学習センター	〒892-0847	鹿児島県鹿児島市西千石町17-3　太陽生命鹿児島第2ビル5F
那覇学習センター	〒900-0013	沖縄県那覇市牧志1-19-29　D-naha 8F

【通信制】 （単位制）

沖縄県立泊高等学校
おきなわけんりつとまりこうとうがっこう

(http://www.tomari-h.open.ed.jp)

■校長名：上地 さとみ
■住　所：〒900-8610　沖縄県那覇市泊 3-19-2
■電　話：098-868-1237　■ＦＡＸ：098-868-0618
■生徒が入学できる都道府県：沖縄県
■育てたい生徒像：
1　自覚力：周りとの関わりの中に自分の置かれている立場や自分の能力・役割を見いだすことができる、自己を生かす力を持った生徒
2　敬愛の精神：互いに尊敬して親しみの気持ちをもち協働することができる、他者や社会とつながる力を持った生徒
3　実践力：自己の目標に向かって挑戦し行動することができる、前に踏み出す力を持った生徒
■沿革：
1968 年 4 月　琉球政府立小禄高等学校通信制課程設置
1977 年 4 月　県立泊高等学校定時制課程設置　小禄高等学校通信制課程から移管
1990 年 4 月　定時制課程午前部開設　定時制課程 2 部　通信制課程の単位制高校

■形態・課程・学科：
県内唯一の単位制による定時制通信制普通科併設校
■併設する課程：単位制による午前定時制、夜間定時制
■併設課程への転籍：転籍可（書面および面接検査）
■入学時期：入学時期　4 月　※後期転編入学有り（10 月受入）
■修業年限：3 年（在籍最長年数：7 年）
■学期制：2 学期制　　■卒業認定単位数：74 単位
■始業・終業時刻：日曜　始業 8：45　終業 16：00
　　　　　　　　　月曜　始業 9：35　終業 16：50
■技能連携：なし　　■実務代替：なし
■技能審査：卒業に必要な単位に含む（本校在学中に限る）
■開設講座数：35 科目

スクーリングの日数と場所

【登校日数】
　　　　週 1 日（日曜または月曜）※日曜、月曜両方来ることも可
【場　所】
　　　本校（那覇市）協力校（宮古島市、石垣市、久米島町）

特色
10 代から 70 代まで、幅広い年齢層の生徒が学んでいます。校友会（生徒会）が主体となり、運動会や球技大会など定時制生徒会と協力してハロウィンイベント等行事を行っています。毎年 150 名程度の生徒が卒業しています。

クラブ活動
【クラブ数　、クラブ加入率　約 8%】
文化系＜書道、簿記等＞
体育系＜バスケットボール、バレーボール、陸上競技、バドミントン、卓球、軟式野球等＞

学校行事等
球技大会・授業参観（5 月）
校内生活体験発表大会（7 月）
協力校学習交流会（7 月）
運動会（12 月）

併修・単位
併修に関する規程有り

補習指導
随時実施

生活指導
随時実施

生徒情報

【不登校生】電話、メールでの状況確認、また、教育相談時に就学支援員（心理、福祉各 1 名）、スクールカウンセラーへの相談やケース会議を開き、必要な際は関係機関に繋げています。

【転編入生】前籍校での取得単位を卒業単位として認めています。前期 4 月、後期 10 月入学です。

【保護者連絡】年 1 回授業見学と併せて保護者説明会を実施。常時、学校ホームページや必要時は郵送にて情報提供を行っています。

【生徒数】　　　　　　　　　　　　　　2023 年 12 月 1 日現在

年次	生徒数	男女比	クラス数	1 クラスの平均人数
1 年次	210 名	4：6	4 クラス	42 名
2 年次	279 名	4：6	5 クラス	42 名
3 年次	278 名	4：6	5 クラス	42 名

【教員数】
男性 14 名　女性 19 名　養護教諭常駐
就学支援員（心理、福祉各 1 名）、スクールカウンセラー 1 名は年間 20 ～ 25 日

2024 年度の募集要項

募集について

【一般入試】
募集人員：250 名（転編入生含む）
出願期間：2024 年 2 月 7 日（水）、8 日（木）
試験日：本校…2024 年 2 月 18 日（日）
　　　　久米島協力校…2024 年 3 月 5 日（火）
　　　　八重山協力校…2024 年 3 月 2 日（土）
　　　　宮古協力校…2024 年 3 月 3 日（日）
選抜方法：面接および書類審査
選考料：なし

学費
入学金：　　　500 円
校納金：　10,000 円 程度
※他に教科書・学習書 10,000 円程度、体育着等 10,000 円程度

卒業生の進路状況

【進路先】
生活協同組合コープおきなわ、（株）あさひ、（株）空港協力事業、（株）沖縄イエローハット、（株）ロジカルサポート、（株）まえたか

【主な合格実績】
琉球大学、沖縄大学、沖縄国際大学、小松大学、キリスト教短期大学等　ほか専門学校 7 校

【指定校推薦】あり

◇◇◇◇◇◇◇◇ **この学校にアクセスしてみよう！**

学校説明会	入学前電話相談	文化祭見学	体育祭見学	資料請求
○	○	－	－	○

▼学校説明会：HP で確認して下さい。
※入学前電話相談は随時受け付けています。
※資料請求はお電話にて受け付けています。098-868-1237

【広域通信制】 （単位制）

学校法人 みずほ学園 瑞穂MSC高等学校

（ https://mizuho-msc.com　E-mail：info@mizuho-msc.com ）

■校長名：仲田 洋一
■住 所：〒907-0014　沖縄県石垣市新栄町 6-18
■電 話：0120-555-720　■FAX：03-3518-8244
■最寄駅：バス（系統 5 平野折返伊原間線）バスターミナル 徒歩 8 分
　　　　　バス（石垣空港線・下り）石垣港離島ターミナル 徒歩 8 分
■生徒が入学できる都道府県：全国 47 都道府県
■沿革：2023 年 瑞穂 MSC 高等学校 開校
■創立理念：「個性豊かな人材を育成し生徒の希望溢れる未来を創造」という理念の下、人にやさしく個性豊かな人材の育成を目標としています。
当校は、医療人 3 万人を輩出した MIZUHO グループが作った学校であり、医療系（薬学部、看護学部、理学療法学科など）への進学・医療職への就職サポートを強みとしています。
大人気アニメ『秘密結社鷹の爪』とコラボした『ズルい！合格法』シリーズで、医薬品の販売に関する国の資格（登録販売者）試験を合格するまでサポートいたします（日本初の合格保証制度あり）。
私たちは「誰一人見捨てない、温かみのある NET 高校」として、学生一人ひとりの“今”と“未来”を支えていきます。

■形態・課程・学科：独立校・単位制による通信制課程・普通科
■併設する課程：なし
■入学・卒業時期：・入学時期　4 月、10 月　・卒業時期　3 月、9 月
■修業年限：3 年以上（在籍最長年数：制限なし）
■学期制：2 学期制　■卒業認定単位数：74 単位
■始業・終業時刻：面接指導時間によって異なります
■開設講座数：782 コンテンツ（MIZUHO チャンネル）

スクーリングの日数と場所

【登校日数】
年 5 日間程度　※単位認定試験で別途 2 日程登校します

【場所】
・石垣島本校（沖縄県石垣市新栄町 6-18）
・東京校（東京都荒川区西日暮里 2-40-3 横山ビル 7F）
・神戸校（兵庫県神戸市東灘区本山南町 8-6-26 東神戸センタービル 8F）
・北海道会場（北海道札幌市手稲区前田 7 条 15-4-1 北海道科学大学）
　※期間限定で使用
・埼玉会場（埼玉県川越市中台元町 1-18-1 医学アカデミー理学療法学科）
・愛知会場（愛知県名古屋市千種区楠元町 1-100 愛知学院大学）
　※期間限定で使用
・大阪会場（大阪府東大阪市小若江 3-4-1）※期間限定で使用
・福岡会場（福岡県福岡市城南区七隈 8 丁目 19-1）※期間限定で使用

特色

当校は、医療人 3 万人を輩出した MIZUHO グループがつくったネット高校です。
学校の特徴に以下 3 つを掲げています。

1 国の資格試験「登録販売者」合格までサポート※合格保証制度有り
2 医療分野の大学等進学に必須の基礎知識が高校から学べる
　※指定校推薦 …62 校（2024 年 1 月現在）
3 本校のある石垣島でのスクーリング　※ 3 年間に一度

クラブ活動
【クラブ数 5】
e-Sports 部、音楽サークル、書道部、英語部、O- キャン部
（部活は生徒の自主性を重んじ、生徒の希望で設立できます。）

生活指導
バーチャルキャンパス等、オンライン上での行為を含む暴力・暴言、いじめなどは指導します。
また月 1 回、担任との面談があります。

進学指導
スタディサプリによる受験対策。MIZUHO チャンネルやショートタームプログラムによる国の資格である登録販売者の資格取得サポート。さらに薬、看護、理学療法進学のための独自対策を行います。
【学力不振対策】
AI 学習システムと教職員によるサポートを行います。

生徒情報

【不登校生】
ラーニングパートナー制度による生徒の個性に対応したきめ細やかな支援。特にメンタルサポートでは NET 保健室を設置。
【転編入生】
前籍高校で修得した単位は 72 単位まで振り替え可能です。また、入学前に高卒認定試験で合格した科目はすべて振り替えることができます。
【保護者連絡】
担任や事務局より必要に応じて随時連絡します。保護者の方からの相談にも担任が対応します。

【生徒数】2024 年 1 月 11 日現在
89 名

【教員数】2024 年 1 月 11 日現在
教員：男性 8 名、女性 7 名　講師：男性 3 名、女性 3 名
カウンセラー：15 名

2024 年度の募集要項

募集について

募集人員：460 名
出願期間：
第 1 期…2023 年 11 月 1 日（水）～ 11 月 30 日（木）
第 2 期…2023 年 12 月 1 日（金）～ 2024 年 1 月 5 日（金）
第 3 期…2024 年 1 月 8 日（月）～ 2 月 9 日（金）
第 4 期…2024 年 2 月 12 日（月）～ 4 月 5 日（金）
※ 2023 年 12 月 26 日～ 2024 年 1 月 4 日は願書の受取不可期間です。
※出願後、原則 1 週間以内に合否結果を連絡します。
試験日：
書類選考のみのため、試験はありません。
選考方法：
原則書類（願書、調査書など）選考のみ
※当校、規定により必要と判断した場合、面接を実施
選考費用：10,000 円

学費について

入 学 金：　20,000 円
授 業 料：　12,000 円 ×単位数（初年度は標準 24 単位を履修）
施設設備費：　20,000 円／年
教育関連諸費：　40,000 円／年

合計（入学初年度）：368,000 円（高等学校等就学支援金制度の適用者は 80,000 円～）
※別途、教科書代や受講用パソコン購入費用、スクーリングの交通費・旅費などが必要となります。

2022 年度卒業生の進路状況

【進学先】2023 年 4 月開校予定のためまだいません。

この学校にアクセスしてみよう！

学校説明会	入学前電話相談	文化祭見学	体育祭見学	資料請求
○	○	○	—	○

▼個別相談会　平日 11:00 ～ 18:00（オンライン・来校・電話）
▼オープンキャンパス
東京校・神戸校で週末に開催しています。詳しい日程は当校 HP よりご確認ください。
▼FRIDAY オンライン説明会
毎週金曜 17:00 ～ 18:00 ／ 18:00 ～ 19:00 ／ 19:00 ～ 20:00
※資料請求は学校ホームページや、お電話・LINE 等学校へのお問い合わせにより受付けます。

【広域通信制】　　　　　　　　　　　　　　　　　　　　　　（単位制）

八洲学園大学国際高等学校
やしまがくえんだいがくこくさいこうとうがっこう

(https://www.yashima.ac.jp/okinawa)

■**校長名**：中村　成希
■**住　所**：〒905-0207　沖縄県国頭郡本部町備瀬 1249 番地
■**電　話**：0980-51-7711　■**FAX**：0980-48-4115
■**最寄駅**：那覇空港よりスクールバスで約 100 分
■**生徒が入学できる都道府県**：全都道府県
■**沿革**：
　1951 年　私立学校法施行により、学校法人八洲学園を設立
　1992 年　八洲学園高等学校の設置認可をうける
　2000 年　八洲学園国際高等学校の設置認可をうける
　2006 年　校名変更

■**形態・課程・学科**：
　独立校・単位制による通信制・普通科
　生徒募集地域：全国（47 都道府県）
■**併設する課程**：なし
■**入学・卒業時期**：
　・入学時期　4 月、10 月　※途中転・編入　随時受付
　・卒業時期　3 月、9 月
■**修業年限**：
　3 年（前籍校があれば通算して）（在籍最長年数：制限なし）
■**学期制**：2 期制　　■**卒業認定単位数**：74 単位以上
■**実務代替**：なし　　■**技能審査**：なし
■**開設講座数**：38 科目

スクーリングの日数と場所

【**登校日数**】
　年に 1 回 6 泊 7 日の集中スクーリング
【**場　所**】
　本校（沖縄）
【**その他**】
　スクーリングの際は学校宿舎を利用出来ます。また、近隣
の宿泊施設を利用して参加することも可能です。
【**単位認定の評価形式**】
　評定は、レポート・視聴報告書・スクーリング・試験の結
果を総合評価して決定します。

特色

1 年間に 1 回の「沖縄短期集中スクーリング」と「自
宅学習」で高校卒業資格が取得できます。1 年間で単
位修得が出来なかった科目は 2 年目も有効にしていま
すので安心です。また、二期制を採用しているため最
短 6 ヵ月での単位修得が可能です。
入学すると担任が決まり、自宅学習・スクーリング・卒業までの
学習をフルサポートします。また、「短期集中（標準）コース」「海
外チャレンジコース」「通学コース」「資格取得・専門コース」「高
認合格コース」の 5 コースを用意しており、自分に合ったコース
を選択することができます。
（「通学コース」は全国に 60 ヵ所以上の学習提携校があります。）

学校行事

スクーリングは年間 15 回開催していますので、その
中から年 1 回好きな時期に参加出来ます。また、毎月
様々なテーマで開催しており、自分の好みで参加月・
テーマを選ぶことが出来ます。
美ら海水族館やエメラルドビーチなど、沖縄有数のリ
ゾートエリアに位置する学校ならではのアクティビ
ティを体験しながら学習を進めます。
例）マリンスポーツ、沖縄芸術、大冒険、沖縄料理、
　　音楽など

生徒情報

【**転編入生**】
高校在籍経験者は、随時入学可能です。
【**保護者連絡**】
生徒さんと同様、希望する保護者は担任と随時連絡を取って、
学習・進路相談が可能です。また、ID・パスワード管理のも
とインターネットを通じていつでも学習状況の確認が可能で
す。
【**その他**】
生徒一人ひとりのサポートを大切にしており、担任が LINE
や電話、メール等を活用して定期的に連絡を取り、学習・進
路指導や日常生活の話しまで密にコミュニケーションを取っ
ています。

【**生徒数**】普通科　　　　　　　　2023 年 5 月 1 日現在
　1,224 名
　（生徒の出身地）47 都道府県
【**教員数**】
　教員：25 名

2024・2025 年度の募集要項

募集について

出願期間：
2024 年度 4 月生：
　2023 年 11 月 1 日〜2024 年 4 月 30 日【必着】
2024 年度 10 月生：
　2024 年 9 月 1 日〜2024 年 10 月 31 日【必着】
2025 年度 4 月生：
　2024 年 11 月 1 日〜2025 年 4 月 30 日【必着】
※転編入は随時入学可能です。
問合せ先：八洲学園大学国際高等学校　入学案内係

学費について

登 録 料：　20,000 円
授 業 料：　10,000 円（1 単位、2 年間有効）
諸 経 費：　10,000 円（科目登録時）
施設利用料：　20,000 円（年間）

※「授業料」は高等学校等就学支援金により約 5 割〜全額軽
　減されます。詳細は募集要項を確認して下さい。
※教科書・ワークブック代（1 教科 1,300 円程度）、集中スクー
　リング参加費（6 泊 7 日の場合、宿泊・食事・保険加入費
　込で 18,500 円）、沖縄（那覇空港）までの交通費は別途必
　要ですが、空港から学校までは学校バス（無料）で送迎を
　行っています。

過去の進路状況

【**主な進路先**】
慶應義塾大、成蹊大、青山学院大、法政大、神奈川大、神奈川歯
科大、八洲学園大、沖縄大、明治学院大、神戸夙川学院大、大東
文化大、東京工芸大、日本歯科薬専門、平成医療学園専門、北海
道芸術デザイン専門、琉球調理師専修学校、日産愛知自動車大学
校　他

◇◇◇◇◇◇◇◇◇◇ **この学校にアクセスしてみよう！**

学校説明会	入学前電話相談	文化祭見学	体育祭見学	資料請求
○	○	−	−	○

※資料は電話、インターネットで請求して下さい。

最新！ 詳細！

高等専修学校
技能連携校

大学入学資格付与
指定校

● 紹介している学校は、
　北から都道府県順に掲載しています。

● ページの左右にある県名のタグは、
　校舎のある都道府県を ■■■ で色付けしてあります。

● ★マークは本校所在地を表しています。

【技能連携校】【サポート校】

浦和高等学園　高校部 中学部

（うらわこうとうがくえん）

（ https://urazono.net　E-mail：adm@urazono.net ）モバイル専用サイトもあります。

■住　所：
　<高校部>〒330-0052　埼玉県さいたま市浦和区本太2-29-12
　<中学部>〒330-0053　埼玉県さいたま市浦和区前地3-14-12
　　　　　　第2スミダビル3階
■電　話：0800-800-5877　■FAX：048-813-5804
■URL：https://urazono.net
■最寄駅：JR京浜東北線、宇都宮線・高崎線（湘南新宿ライン・上野東京ライン）「浦和」駅、アトレ北口徒歩8分
■沿　革：2003年4月　設立
■教育理念：
「自由・平等・博愛」を共通価値として、必要としている者に必要な教育を提供する
■運営母体【設立法人】：
　名　　称：URAZONO
　所在地：〒330-0052　埼玉県さいたま市浦和区本太2-29-12
　電　話：048-813-5803
　（主な事業）教育
■生徒が同時に入学する通信制高校：星槎国際高等学校

特色

★難関大学合格も夢じゃない！★
友達ができる！　勉強が好きになる！　自分に自信がつく！

◎ゼロからはじめる大学受験！
・やりたいことに合わせて自分で作れる時間割。
・難関大学合格はおまかせ！カリスマティーチャー！

◎検定合格を徹底サポート！
・英語検定、漢字検定、数学検定、秘書検定などの対策授業を実施。
・8級から2級、準1級まで、合格実績あり。
・検定合格で指定校推薦ゲット！
　ワード・エクセル・パワーポイントの検定で内定！！

◎AI「すらら」×先生で偏差値⇒60へ！
・小中学校の復習から、大学受験まで幅広い学力（偏差値～60）に対応！！
・「教科書」＝「検定」＝「すらら」で、無駄のない授業。
・学力アップの秘訣は、やっぱり個別指導！

◎担任の先生と週1回の面談
・担任の先生と週1回の面談で、学習や生活の悩みを徹底サポート
・学習習慣が身につく "IEP"（生活・学習記録）

◎友達ができるゼミ・部活・特別活動
・仲間とつくれる部活
　（ゲーム・イラスト・エンタメ・ビューティー・スポーツ・ダンス・歴史・鉄道など）
・選択ゼミでキャリアデザイン！
　（音楽・アート・プログラミング・スポーツ・ライフなど）
・進学・就職・将来に向けた多彩な特別活動
　（臨海学校・スノボ合宿・紅葉ハイキング・三ツ又沼自然観察・社会科見学・ボランティア活動・ゲームショウなど）

◇◇◇◇◇◇◇◇◇ **この学校にアクセスしてみよう！**

学校説明会	入学前電話相談	文化祭見学	体育祭見学	資料請求
○	○	○	○	○

※資料請求は電話またはメールによる請求。学園に直接取りに来ていただくこともできます。

<学校の施設>
校舎面積　　222m²　　事務室　　なし
保健室　　　あり　　　ラウンジ　なし
職員室　　　あり　　　カウンセリング室　あり
その他の施設　軽運動のできるスペースと屋上。駐車場が5台分。

▼学校説明会・学校見学　随時可能

<table>
<tr><td rowspan="1">学習システムの特徴</td><td colspan="2">

≪教科学習≫
個別学習×グループ学習×学年別授業のハイブリッド！！

「個別学習」
●県内初導入となる満足度№1のe-ラーニング教材「すらら」を英語・数学・国語の授業で積極的に活用。
●無学年式教材で丁寧にやり直しができるので、基礎学力が定着。
●できるところからはじめられるので、学習の進め方が自然と身につく。
●マンツーマンの個別指導も実施し、わかるまでサポート。

「グループ学習」
●学力別にグループ分けを行い、同じ課題に取り組むので仲間意識をもって学習に取り組める。
●お互いに教えあうことを含め、思考力や伝える力を養える。

「学年別授業」
●高校卒業に必要な課題を進めるために丁寧な解説を実施。
●全生徒に1人1台の無線LAN内蔵ノートパソコンを貸与し、各授業で使用。
●動画やオンラインでも学習をサポート。
●入学時からの進路指導により、一人ひとりの希望する進路を実現。

≪各種検定≫
全生徒が様々な検定を受験、合格の喜びを実感！！
●英語検定、漢字検定、数学検定、日本語検定、ワープロ検定、秘書検定を全員受験。
●7, 8級から準2級、2級、準1級の上位級まで合格多数！！

≪教員≫
学校、塾などで実績のある教科担当者。親身に寄り添う担任。教員はカウンセラーの資格を保持し、定期的に研修を受けた上で生徒と接していますので、安心です。
</td></tr>
</table>

生徒情報

【毎日の登校に不安がある生徒への指導】担任だけでなく、教科担当教員も生徒・保護者と連絡をとりながら個別面談・個別指導からはじめていきます。登校が難しい生徒さんには家庭訪問を実施します。放課後や土曜日も含め、ご家庭や学校以外の場所で面談をしたり、学習指導に取り組むことも可能です。スクールカウンセラーと教員が連携しながら、学校生活・教科学習のサポートを一緒にしていきます。

【ソーシャルスキルトレーニング】学習が成果に結びつかない、友達づくりが苦手、感受性が強く様々なことが気になる、長期間学校に登校していない…という生徒さんには、中学部からの中高連携サポートをお勧めしています。3＋α（1～3）年間の教育を行うことで、時間をかけて課題に対応し、改善していくことが可能になります。また、日常の学校生活の中で細かい指導を行っていますので、ソーシャルスキルが身につき、先輩・後輩・同級生の仲間たちの関わりが楽しくなり、友達ができるようになります。

【メンタルサポート】教員間で常に生徒達を見守る環境が整っています。朝・昼・夕方の会議を通して生徒一人ひとりの状況について情報共有をしています。定期的にスクールカウンセラーによるカウンセリング・SSTの授業をしています。

【転編入】入学は随時受け入れていますのでご相談ください。個人の目標に合わせて学習を進めていきます。途中からクラスに入る不安もあると思いますが、生徒たちが温かく受け入れるサポート体制、雰囲気があるので安心して転編入ができます。

【生徒数】　　　　　　　　　　　　　　　　　　2024 年1 月現在

学年	生徒数	クラス数
1 年次	39 名	1 クラス
2 年次	30 名	1 クラス
3 年次	35 名	1 クラス
中学部・その他	30 名	3 クラス
※個別時間割で登校　5 名程度		

【教員数】
専任講師：男性3 名、女性3 名／非常勤講師：男性10 名、女性15 名
専任カウンセラー：臨床心理士5 名

2023 年度の行事（参考）

月	4 月～6 月	7 月～9 月	10 月～12 月	1 月～3 月
行事	4 月／入学式、新入生ガイダンス、新入生歓迎会、各教科二者面談 5 月／三ツ又沼ビオトープ自然観察、進路三者面談 6 月／SEISA フットサル大会、進路ガイダンス、秘書検定、環境展	7 月／SEISA オリンピック（スポーツ大会）、進路面談、漢字検定 8 月／三者面談 9 月／野球大会、臨海学校（マリンスポーツ実習）、英語検定	10 月／URAZONO 祭（文化祭） 11 月／紅葉ハイキング、日本語検定 12 月／職業体験フェスタ見学、クリスマス会、ワープロ検定	1 月／進路ガイダンス、個別カウンセリング、数学検定 2 月／スノーボード合宿 3 月／卒業式、駅伝大会、卒業旅行

2024 年度の募集・進路状況

募集について

随時募集しています。
※パンフレットと募集要項をお送りします。
募集定員
・中学部 ― 集団生 30 名、個別指導生 10 名
・高校部 ― 集団生 25 名、個別指導生 5 名
・転入生 ― 若干名
・編入生 ― 若干名

学費について

◎入学方法、登校スタイルによって学費が変わりますので、詳細はご来校の上ご相談ください。

卒業後の進路

【過去5 年間の卒業者】

大学 40%		専門学校 42%
就職 10%		その他 8%

主な合格実績

埼玉大、早稲田大、上智大、学習院大、中央大、青山学院大、成蹊大、國學院大、立教大、嘉悦大、ものつくり大、人間科学総合大、芝浦工業大、東京電機大、東洋大、専修大、多摩美術大、成城大、目白大、城西大、帝京平成大、東京未来大、東洋大、大正大、武蔵野大看護科、十文字女子大、国士舘大、日本女子大、東海大、拓殖大、大東文化大、尚美学園大、日本橋学館大、聖学院大、立正大、星槎大、星槎道都大、跡見学園女子大、帝京短大、埼玉学園大、埼玉工業大、高崎健康福祉大、明星大、埼玉工業専門、中央工学校、ヤマザキ動物看護専門職短大、TCA 専門、埼玉福祉専門、東京アニメ声優専門、声優専門、東京スクールオブミュージック＆ダンス専門、日本工学院、越生自動車大学校、関東工業自動車大学校、華服飾専門、共立医療秘書専門、音響芸術専門、資生堂美容技術専門、西武文理大学附属調理師専門、エコール・ベルエポック専門、東都コンピュータ専門、日本芸術写真専門、東京自動車大学校、中央工学校、日本電子専門、国際航空専門、西武調理師専門、ミス・パリビューティ専門、呉竹医療専門、埼玉自動車専門、東京農業大学校、国際理容美容専門学校、埼玉コンピュータ専門、IT 会計専門、大原専門

【技能連携校】

松実高等学園

まつみこうとうがくえん

(https://www.matsumi-gakuen.net　E-mail：info@matsumi-gakuen.net)

■学園長名：松井　寛
■住　所：〒344-0067　埼玉県春日部市中央 1-55-15
■電　話：048-738-4191　■FAX：048-738-3222
■最寄駅：東武鉄道「春日部」駅 西口駅前　徒歩 5 分
■沿　革：2003 年 2 月　設立
　　　　　2004 年 3 月　埼玉県教育委員会より
　　　　　　　　　　　　技能連携校の指定を受ける
　　　　　2008 年 4 月　つくば松実高等学校と連携
　　　　　2019 年 6 月　志学会高等学校と連携
■併設校：高等部 ANNEX
　　　（住所）〒344-0067 埼玉県春日部市中央 1-58-4
　　　（最寄駅）東武鉄道「春日部」駅 西口より徒歩 5 分
　　　中央 ANNEX（中等部）
　　　（住所）〒344-0067 埼玉県春日部市中央 1-58-2
　　　（最寄駅）東武鉄道「春日部」駅 西口より徒歩 5 分
　　　谷原 ANNEX（初等部）
　　　（住所）〒344-0035 埼玉県春日部市谷原新田 2168-5
　　　（最寄駅）東武鉄道「春日部」駅 西口よりバス約 20 分
■運営母体【設立法人】：
名　称：ＩＳＭ株式会社　　代表者　松井石根
所在地：〒344-0067　埼玉県春日部市中央 1-55-15
電　話：048-738-4190　ＦＡＸ：048-738-3222
（主な事業）教育関連事業
■生徒が入学する通信制高校：志学会高等学校

特色

松実高等学園は、今までの学校のスタイルになかなかなじめなかった生徒や様々な悩みを抱えた生徒、将来の目的が明確な生徒など多種多様に受け入れています。個々の生徒に合った「学習の場」を生徒自らが選択する時代、自分の得意なことを中心に学習できる環境を皆さんに提供しています。3 ヶ月に一度面談を実施し、進路希望や目標の確認・修正、課題の設定等を行います。徹底した進路指導で個々の生徒に最適な進路の実現へと導きます。
個々の生徒の興味や関心に応じて、「自ら考え、自ら学ぶ」学習を行うことにより、学ぶ楽しさ、わかる喜びをみつけ、人生を主体的に生きる力を身につけます。

学習システムの特徴

社会での自立と共生を目的に、個々の生徒が自分に最も適した学習の場において、伸び伸びと自分の個性を発揮できるように、長年教育に携わったベテランの先生と情熱あふれる若手の先生が生徒一人ひとりに対して学習の支援をします。高等学校普通科の科目と社会で役立つ専門科目を効率的に学ぶことにより、大学進学はもちろん、専門資格の取得など、高校卒業と同時に、大学進学や社会での活動につながる学習を個々の生徒に対応して実施しています。

学習状況

【教育内容】
・中学程度の基礎学力から高校卒業までの学力を確実に取得するよう指導を行います。
・希望者全員が大学進学できるよう学習指導を行います。
・社会に役立つ職業関連科目（技能連携科目）や専門資格取得のための学習を行います。
・体験授業を通じ、社会性を身につけます。たくさんのふれあいを体験し、自らの興味・関心・適性への理解を深め、豊かな心を育てます。
・公認心理師資格を持つ教員による心理の授業、3 名のカウンセラーがいる相談しやすい環境で手厚くメンタルサポートを行います。
・実際の登校とオンライン授業を併用し、多様な学びの機会に対応しています。
【夢創造支援室】
進路について迷うこともたくさんあることでしょう。当学園では、生徒の皆さんの様々な夢をかなえるために、夢創造支援室を設置しています。定期的に大学・短大・専門学校・事業所の専門家が、当学園で講義やデモンストレーションなどを行う進路ガイダンスを実施しています。さまざまな学校・職業を専門家の方に講演・実技などで教えてもらうことができるので進路の道が広がります。
【入学時点での学力検査】
学力検査はありません。作文提出と面接を行います。

コース
・中央校（週 5 日の登校）
・多目的コース（週 1 日からの登校）
・音楽コース（現役プロによる指導）

進学指導

大学などへの進学は目的を達成するための一つの手段です。大切なことは将来の目的を定めることです。その目的を達成するのに最も適した大学などを選択することです。当学園は、歴史が新しい学園ですが着実に進学先が増えています。自らの目標を定めることができれば、大学への進学の道もグッと近づくでしょう。目的を持った大学進学を専門の教職員が支援します。

生活指導

基本的には当学園指定の制服を着用してもらいますが、普段の登校は好きな服装でも大丈夫です。

クラブ活動

テニス・バスケットボール・フットサル・書道・演劇・音楽・生物・バドミントン・美術・卓球・鉄道模型・野球・英語探求・ねこ

生徒情報

【不登校生に対する指導】
不登校を経験した生徒は多く在籍しています。環境が変わることで大幅に生徒は変わる可能性を秘めています。また、公認心理師、臨床発達心理士、カウンセラーでもある教員中心に先生たちがカウンセリングマインドを持って対応します。カウンセリングも実施。家庭と学園で密に連携をとりながら卒業と将来を見据えてゆっくり、じっくり生徒のペースで対応をしています。

【学園の約束】
当学園では、生徒の自主性を尊重するために細かな校則はありませんが、次のことをお願いしています。
①法律を守ること（飲酒・喫煙・暴力の排除）
②自分を大切にする（唯一無二の存在である自分自身を大切にする）

【保護者との連絡】
保護者との連絡は、電話連絡・面談（随時）など頻繁に行っています。保護者会は、年間3回実施します。

【教員数】
専任講師：男性18名、女性9名／非常勤講師：男性8名、女性2名
カウンセラー：3名（講師兼務）
公認心理師、臨床発達心理士、学校心理士：常勤1名

【生徒数】（高等部は技能連携コースのみ）　　2024年2月現在

高等部	年次	生徒数	クラス数	1クラスの平均人数
	1	60	3	20
	2	60	3	20
	3	60	3	20

中等部	年次	生徒数	クラス数	1クラスの平均人数
	1	20名	1	20
	2	30名	1	30
	3	30名	2	15

初等部	年次	生徒数	クラス数	1クラスの平均人数
		25	1	25

年間の行事

月	4月～6月	7月～9月	10月～12月	1月～3月
行事	入学式 オリエンテーション 自然体験学習 進路ガイダンス 運動会 他	保護者会 野球大会 進路ガイダンス サマーキャンプ 前期試験 他	自然体験学習 進路ガイダンス 保護者会 スポーツ大会 学園祭 他	自然体験学習 進路ガイダンス 卒業旅行 後期試験 保護者会 卒業式　他

2024年度の募集要項／卒業生の進路状況

募集について

募集人員： 60名
出願期間： 9月10日頃～
試験日： お問い合わせください。
出願書類： 入学願書／誓約書／確認書（受験料振込用紙控を添付）／写真2枚（4×3cm）／調査書／推薦書
選考方法： 書類、面接、作文
選考料： 20,000円＋消費税

※本学を受験希望される方は、必ず保護者の方との事前相談または学校説明会への参加が必要となります。
※転校生は随時受付

主な合格実績

4年制大学・短大： 東京学芸大、早稲田大、上智大、東京理科大、明治大、青山学院大、法政大、駒澤大、立命館大、明治学院大、北里大、東京電機大、日本大、東洋大、追手門大、工学院大、獨協大、文教大、日本薬科大、立正大、亜細亜大、東邦音楽大、跡見学園女子大、明星大、白鷗大、京都精華大、千葉経済大、千葉工業大、日本工業大、聖学院大、共栄大、淑徳大、十文字学園女子大、聖徳大、明海大、浦和大、江戸川大、文京学院大、埼玉学園大、尚美大、城西国際大、東京福祉大、人間科学総合大、日本橋学館大、富士大、デジタルハリウッド大、レイクランドジャパン大、青山学院短大、大妻女子短大、川口短大、共栄短大、女子美術短大、星美学園短大、東京成徳短大　など

専門学校： 越谷保育専門、東京デザイナー学院専門、TSM東京スクールオブミュージック、山野美容専門、東京バイオテクノロジー専門、大宮国際動物専門、群馬社会福祉大附属医療福祉専門、東京テクノロジーコミュニケーション専門、早稲田美容専門、早稲田川口芸術専門、埼玉福祉専門、日本医学柔整鍼灸専門、東京IT会計専門、東京ビューティーアート専門、新宿調理師専門、HAL東京専門、文化学院、東京ビジュアルアーツ専門、アップルスポーツカレッジ専門、東京スポーツ・レクリエーション専門、専門学校ちば愛犬動物学園、東京アニメーションカレッジ専門、日本書道専門、東京アナウンス学院、ミスパリビューティー専門、日本フレーバーフレグランス専門、埼玉福祉専門、華調理師専門、神田外語学院、青山製図専門、目白ファッション＆アートカレッジ、埼玉自動車大学校　など

海外： ハンガリー国立デブレツェン大学医学部、EFインターナショナルスクール

卒業後の活躍： 総務省、東京消防庁、市役所、アメリカ大使館、幼稚園の先生、旅行会社、鉄道会社、ホテル業、保育士、歯科クリニック、農業、製造業、福祉系、養蜂園　など

◇◇◇◇◇◇◇◇ この学校にアクセスしてみよう！

学校説明会	入学前電話相談	文化祭見学	体育祭見学	資料請求
○	○	○	○	○

※資料は、電話・メールでの申込みになります。
※Zoomアプリを使用したオンライン個別相談も実施しています。
※相談、見学随時対応いたします。

学校見学、個別相談は随時実施いたします。入学相談室：0120-980-683までご予約ください。

【高等専修学校】【技能連携校】

学校法人 野田鎌田学園杉並高等専修学校

（ https://noda-kamada.ac.jp/sugi/ ）

- ■校長名：藤井 弘晶
- ■住所：〒167-0043　東京都杉並区上荻 4-29-8
- ■電話：03-6913-5655　■FAX：03-6913-5993
- ■最寄駅：JR中央線「西荻窪」駅下車、徒歩 10 分
- ■校訓：「誠実・勤勉・奉仕」
　目指すのは心身ともに健康で豊かな人間性の育成
- ■運営母体【設立法人】：
　名　称：学校法人　野田鎌田学園　代表者：長森　修三
　所在地：〒278-0037　千葉県野田市野田 389-1
　電　話：04-7121-5523　FAX：04-7121-1136
- ■グループ校：
　●野田鎌田学園横浜高等専修学校
　所在地：〒223-0059　神奈川県横浜市港北区北新横浜 1-4-1
　電　話：045-642-3900
　最寄駅：横浜市営地下鉄ブルーライン「北新横浜」駅
　　徒歩 2 分／JR横浜線、相鉄・東急線「新横浜」駅 徒
　　歩 15 分
　●野田鎌田学園高等専修学校
　所在地：〒278-0037　千葉県野田市野田 389-1
　電　話：04-7121-5523
　最寄駅：東武アーバンパークライン（東武野田線）「野田市」
　　駅下車、徒歩 4 分／「愛宕」駅下車、徒歩 4 分
- ■生徒が入学する通信制高校：あずさ第一高等学校

【学校へのアクセス】

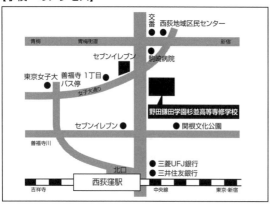

特色 一挙両得！
国家資格調理師免許 &
あずさ第一高等学校卒業資格

東京都教育委員会が指定する技能教育施設、高等専修学校です。高卒資格も取得できます。
「調理高等科」では調理コースとスイーツ・パンコースを設置。国家資格「調理師免許」とあずさ第一高等学校卒業資格、2 つの資格が取得できます。
「情報高等科」はパソコンを徹底的にマスターし、あずさ第一高等学校卒業資格と進学や就職に有利な資格にチャレンジできます。普通教科の学習もしっかり行いますので幅広い進路選択が可能です。校内には生徒一人ひとりが、より良い学校生活を送るために「心の相談室」も設置。スクールカウンセラーが相談に応じます。

＜第 16 回スイーツ甲子園東日本ブロック進出！＞
高校生パティシエ日本一を決定するコンテストであるスイーツ甲子園は、パティシエへの登竜門。多くの学校が参加する中、見事 1 次選考を突破し、全国で 24 チーム（東西 12 チームずつ）のみが出場できる東日本ブロック大会進出を果たしました。

学習状況

【カリキュラムの特長】

●調理高等科
○調理コース
☆日本料理、西洋料理、中華料理を幅広く学べます
☆調理実習を中心に技術を身につけます
調理の現場を支え新しい食文化を作り出す人材を育成します。料亭やホテルの料理長など各分野に精通した特別講師から指導を受ける経験は一生の財産となります。レシピが一つずつ増える喜びを肌で感じることができます。

○スイーツ・パンコース
☆製菓・製パンの基本をしっかりと身につけます
☆調理台は人工大理石！ 一流の設備に触れられます
心の栄養であるお菓子を通し、お客様に夢と感動を与える作品を生み出します。『スイーツ甲子園』をはじめ、各種コンテストへのチャレンジを応援してくれる校風です。調理師免許を取得しますので、日本料理・西洋料理・中華料理の実習も行います。

●情報高等科
即戦力になるための実践力を身につけることに主眼をおいています。
一人一台パソコン使用環境で初歩のキーボードの入力から、社会人必須の office の修得から画像処理、言語までを学んでいきます。また就職に有利な資格試験にも積極的に取り組んでいきます。1 年生で IT パスポートに合格した生徒もいます。
資格への挑戦で、自信を育てよう！
・I T パスポート試験
・基本情報技術者試験
・P 検
・文書デザイン検定
・M O S
（マイクロソフト オフィス スペシャリスト）
・L P I C
情報関係に限らず、将来に有利な資格の取得を推奨しています。e スポーツにもチャレンジしています！

| 生活指導 | 学校指定の基準服があります。制服はブランド「ベネトン」を採用。都会的なライトグレーを基調としたブレザーに、女子はイタリアンブランドならではのポップなチェック、男子はシックなダークのチェックで制服を着ることが楽しみになります。調理高等科の生徒はコックコートもユニフォームとして着用します。 |

| 進学指導 | 三年間で学んだ専門技術や知識が問われるのは進路。教職員という協力者は担当や肩書きに係わらず本気で親身の協力を惜しみません。生徒の夢の実現への熱い思いと行動に同じ熱意で応えます。 |

| 補習指導 | 普通科目は高等学校を卒業するための最小限度の単位数を修得します。授業は基礎的な内容中心になります。専門科目、普通科目とも休まないで出席していれば修得できますが補習授業も行っています。 |

| その他 | 〈卒業時に取得できる資格について〉調理高等科は国家資格である調理師免許とあずさ第一高等学校卒業資格です。さらに専門調理師学科試験免除を取得できます。専門調理師の学科試験の合格者は90%です。専門調理師とは調理師免許取得者が実務6年以上で学科試験と実技試験を合格すると取得できる資格です。その学科が免除になります。情報高等科はあずさ第一高等学校卒業資格です。さらに在学中に本人の希望にあわせてITパスポート、P検等の資格の取得に挑戦することができます。 |

生徒情報

【不登校生への対応】
ノダスギは新しい学校ですから校風は生徒の皆さんが作り出すものです。自分の好きなことをやれる、自分の夢の実現に近づいている、という実感や期待感が不登校を解消してくれるでしょう。校内に相談室があり専任のカウンセラーがいますので、気軽に相談できます。遠慮なくいつでもご相談ください。

【カウンセリングについて】
生徒一人ひとりがより良い学校生活を送るために、「心の相談室」を設置し、専任のスクールカウンセラーが生徒の抱える問題に一緒に取り組んでいます。常勤カウンセラーですから、生徒の動きや人間関係も観察しながら対応ができます。この安心感がノダスギの魅力の一つです。

【生徒数】 2024年2月1日現在

学年	生徒数	男	女	1クラスの平均人数
1年次	98名	74名	24名	33名
2年次	83名	49名	34名	28名
3年次	82名	53名	29名	27名

【教員数】
専任講師：男性11名、女性6名
スクールカウンセラー：3名

行事予定

月	4月〜6月	7月〜9月	10月〜12月	1月〜3月
行事	4月：入学式、新入生オリエンテーション、宿泊校外学習（1年生）、健康診断 5月：修学旅行（九州等：3年生）、校外学習（1・2年生） 6月：テーブルマナー研修、調理校外実習（3年生）	7月：全国高等専修学校体育大会参加、体験入学スタート（12月まで毎月実施） 8月：夏休み 9月：前期末試験　スイーツ甲子園	10月：創立記念日（1日）　体育祭（野田杉杯） 11月：文化祭（杉学祭）	1月：専門調理師学科試験（技術考査3年生） 2月：学年末試験、卒業試験（3年生）、スキー教室（希望者）、卒業記念保護者昼食会 3月：卒業式、終了式

2025年度の募集要項（予定）

募集について

募集人員：調理高等科：80名、情報高等科：20名
考査料：20,000円

【推薦入試】
願書受付日：2024年11月1日（金）〜12月13日（金）
　　　　　　受付時間…本校窓口9時から17時
　　　　　　　　※日曜・祝日＜11月9日（土）、25日（月）、26日（火）＞を除く
選考日：早期…2024年12月14日（土）
　　　　特待生…2025年1月11日（土）
選考方法：面接（本人のみ）、作文
　　　　　特待生は学科試験あり（英・数）
※単願のみ

【一般入試】
願書受付日：2025年1月10日（金）〜受験日の前日まで
　　　　　　受付時間…本校窓口9時から17時
　　　　　　　　※日曜・祝日＜1月25日（土）、2月1日（土）＞を除く
選考日：①2025年1月18日（土）
　　　　②2025年2月8日（土）
　　　　以降、随時実施します。
　　　　定員になり次第締め切ります。
選考方法：面接（本人のみ）、作文
※都立高校等との併願可

学費について

入学金：	0円
授業料：	596,000円
施設・設備費：	100,000円
合計	696,000円

※特待生制度及び10万円免除の早期入学割引のほか、国の就学支援金や東京都の助成金の補助制度もあります。
※東京都にお住まいの方　私立高等学校等授業料軽減助成金適用されます

◇◇◇◇◇◇◇◇ この学校にアクセスしてみよう！

学校説明会	入学前電話相談	文化祭見学	体育祭見学	資料請求
○	○ 要予約	―	―	○

※資料は、電話、メール、FAX、来校等により請求してください。

【技能連携校】

町田みのり高等部
（まちだ）（こうとうぶ）

(https://minori-hs.jp)

■校長名：多田　浩之

【町田みのり高等部】
■住　所：〒194-0022　東京都町田市森野 1-27-14　サカヤビル
■電　話：042-851-7191　　■FAX：042-851-7193
■最寄駅：小田急線「町田」駅 徒歩4分、JR「町田」駅 徒歩7分

【三宮みのり高等部】
■住　所：〒651-0086　兵庫県神戸市中央区磯上通 8-1-33　幸和ビル 2F
■電　話：078-261-2835　　■FAX：078-261-2836
■最寄駅：JR「三ノ宮」駅 徒歩5分、阪神「神戸三宮」駅 徒歩5分、
　　　　　阪急「神戸三宮」駅 徒歩7分

■沿　革：
　1948 年　　奈良県においてヤシマ裁縫学院として創立
　1992 年　　八洲学園高等学校 設立
　1997 年　　八洲学園高等学校東京本部 設立（広域化）
　2010 年　　八洲学園高等学校横浜分校 認可
　2016 年　　大阪中央校、町田分室 開校
　2016 年　　町田みのり高等部 開校
　2021 年 4 月　三宮みのり高等部 開校

■教育理念：
　1）先を見据え、将来の為に必要なことを学び力を育む。
　2）人とのふれあいを大切にする力を育む。
　3）心を育て、自分自身と周囲の人も幸せになる力を育む。

■運営母体：
名称：学校法人　八洲学園　学校運営機構株式会社
代表者：和田　公人
所在地：〒160-0022　東京都新宿区 2-12-13
ＴＥＬ：03-6457-8989
ＦＡＸ：03-6457-8989
（主な事業）学校の「管理・運営機能」
■併設校：学校法人　八洲学園　八洲学園高等学校
■生徒が入学する通信制高校：学校法人　八洲学園　八洲学園高等学校

【学校へのアクセス】

特色

町田みのり高等部は、発達障がいや不登校、対人関係等で
お悩みの方のための完全少人数制の高校です

小・中学校で何らかの理由で学校に通うことが難しくなった経験がある
方や、友人関係などの対人関係に不安がある方、発達障がいなどの特性
で進学に不安がある方、学習面に不安を抱えている方のための学校です。
一学年 20 名定員の完全少人数制教育で、生徒一人ひとりの特性や能力に
あわせ、学習と自立への支援をおこない、個々の能力を引き出すサポート
をおこないます。常に生徒一人ひとりの将来を見据え、今本人に何が
必要かを考え一緒に学んでいきます。
また、教員は様々な生徒に対応できるよう、特別支援教諭の免許を取得
しています。主要五教科の復習と商業科目の技能教育をおこなう学校の
ため、将来に役立つ知識と技術を身に付けていきます。
また、勉強だけでなく、体験型の学習や実践、行事などを通して、学校
生活の中で心の成長を育むことができます。
八洲学園高等学校の卒業資格を取得することができるため、進路選択の
幅を広く持つことができます。

＜サポート体制＞
教員は高校の教員免許はもちろんですが、特別支援教諭の免許も所持し
ています。
教え導くことだけではなく、生徒に寄り添い、「待つ」ことも大事にし、
自ら踏み出す一歩を常に促していきます。
教員の人数も通常より多めに配置し、様々な視点をもってサポートしま
す。

学習状況

【カリキュラムの特長】
「進学」「就職」「自立」を目指すカリキュラム
学ぶ意欲育成を目的に動機づけ学習をおこないます。また、
商業科目などを中心に、PCスキルの習得や、ビジネスマ
ナーと知識を学び、将来に役立つ実践的な内容を学習しま
す。さらに、心を育てる授業として、コミュニケーション
能力の育成と様々な体験型授業や行事を通し、情操教育を
実践していきます。
【学習システムの特長】
八洲学園高等学校との教育連携施設です。そのため、確実
な卒業と様々な状況の生徒への配慮とサポートを個々にお
こなえる学習システムになります。

472

進路指導 卒業後の進路は生徒一人ひとりの状況にあわせ、進学・就職・福祉と多岐にわたる選択があります。希望を実現するために、様々な学習やトレーニングを重ねていきます。将来生きていくうえで知っておくべき情報を学び、活用する力も身に付けていきます。

【検定について】
生徒それぞれでタイミングは異なりますが、いずれ訪れる就業に向け必ず役に立つ資格や検定へのチャレンジを積極的に実施しています。
最終的な目標は検定に合格し、資格を取得することですが、学んだ知識や努力し続けた経験を自信へと繋げ、自らの歩みに役に立つことを見越し、毎日の学校生活の中で資格・検定をきっかけにし、成長を促す教育も実施しています。

<実施資格>
将来の就業に向け、下記の資格取得に力を入れ学習を実施しています。
※年度により実施内容を変更する場合があります。
・ICT プロフィシエンシー検定試験（P 検定）
・MOS 検定
・ニュース時事能力検定
・秘書技能検定
・ビジネス文書技能検定
・簿記
・実用英語技能検定
・日本漢字能力検定

補習指導 能力別の学習を実施するとともに、個別補講などをおこない、一つ一つ、つまずきがなくなるまで指導します。

生徒情報

【保護者連絡】
保護者面談、電話、メール、通信物などを用いて、頻繁におこないます。

【不登校生に対する指導について】
小・中学校と不登校経験がある生徒が多く在籍しています。それぞれの状況にあわせて対応していきます。
現在、毎日の登校に不安がある方でも、教員が家庭訪問や電話・メールなどでつながりを継続することで、学習フォローや相談できる存在となります。

【いじめ防止対策】
いじめ自体がない学校です。少人数教育をおこなうため、一人ひとりと向きあい、いじめに発展する前に、防ぐことが可能です。感謝の気持ちと思いやりの心の育成に力を入れています。

【教員数】
常勤教職員：男性３名／非常勤講師：男性５名、女性 10 名
カウンセラー：週１回来校

生活指導 制服があります。身だしなみを整えることで、気持ちの落ち着きを持てるようにします。
※着用困難な場合は、要相談。
頭髪、ピアスなどの指導は、身だしなみや高校生らしさを逸脱しないことをルールとし、身だしなみの大切さを教えていきます。
生活面の指導は、物事に対して、粘り強く誠実に取り組む姿勢を身に付けさせ、一歩一歩積み重ねることの重要性を理解させます。
自転車・バイクでの通学はできません。

主な行事

月	４月〜６月	７月〜９月	10 月〜12 月	１月〜３月
行事	入学式 親睦会 飯盒炊爨 店舗見学 遠足	夏祭り 遠足 スポーツ大会	みのり祭 登山遠足 試演会	初詣 学年末遠足 感謝の会 卒業式

2024 年度の募集要項

募集について

【第１期】（優先入試）
募集人員：15 名程度
出願期間：2023 年 7 月 1 日（月）〜 7 月 24 日（水）
試 験 日：2023 年 7 月 26 日（金）〜 8 月 5 日（月）

【第２期】
募集人員：5 名程度
出願期間：2023 年 8 月 22 日（木）〜 9 月 6 日（金）
試 験 日：2023 年 9 月 11 日（水）〜 9 月 24 日（火）

【第３期】
募集人員：若干名
出願期間：2023 年 10 月 1 日（火）〜 10 月 11 日（金）
試 験 日：個別設定

【第４期】
出願期間：2023 年 11 月 1 日（金）〜 11 月 11 日（月）

【第５期】
出願期間：2023 年 12 月 2 日（月）〜

選考方法：三者面談
受 験 料：なし

※出願期間は土日祝・休校日除きます。
※定員 20 名を満たした場合は、受付を終了します。

学費について

入 学 金：	100,000 円
授 業 料：	700,000 円
施設管理費：	100,000 円
通信制高校費：	95,000 円
合 計：	995,000 円

※通信制高校学費が含まれます。
※教材費 5,000 円が年度毎にかかります。

【入学時点での学力検査】 実施しません。

2022 年度卒業生の進路状況

【進路先】 卒業者数…19 名
大学…6 名　専門学校…5 名　就職…4 名　その他…4 名

【合格実績】 桜美林大学、多摩大学、田園調布学園大学、和光大学、厚木総合専門学校、医療ビジネス観光福祉専門学校、東京デザインテクノロジーセンター専門学校、町田デザイン＆建築専門学校、横浜デジタルアーツ専門学校、関東サービス株式会社、株式会社スルガ相模原工場、株式会社山助、職業能力開発校、ミライてらす大和など

◇◇◇◇◇◇◇◇◇ この学校にアクセスしてみよう！

学校説明会	入学前 電話相談	文化祭見学	体育祭見学	資料請求
○	○	○	―	○

※資料は、電話、メール、インターネットなどでの申込みになります。
▼学校説明会：随時個別にて対応

北海道
青森
岩手
宮城
秋田
山形
福島
茨城
栃木
群馬
埼玉
千葉
東京
神奈川 ★
新潟
富山
石川
福井
山梨
長野
岐阜
静岡
愛知
三重
滋賀
京都
大阪
兵庫
奈良
和歌山
鳥取
島根
岡山
広島
山口
徳島
香川
愛媛
高知
福岡
佐賀
長崎
熊本
大分
宮崎
鹿児島
沖縄

【高等専修学校】【技能連携校】

学校法人 野田鎌田学園 野田鎌田学園横浜高等専修学校

（ https://noda-kamada.ac.jp/yoko/ ）

- ■校長名：新留 光一郎
- ■住 所：〒 223-0059　神奈川県横浜市港北区北新横浜 1-4-1
- ■電 話：045-642-3900　■FAX：045-642-3910
- ■最寄駅：横浜市営地下鉄ブルーライン「北新横浜」駅
　　　　　徒歩 2 分
　　　　　JR 横浜線、相鉄・東急線「新横浜」駅 徒歩 15 分
- ■校 訓：「誠実・勤勉・奉仕」
　　　　　目指すのは心身ともに健康で豊かな人間性の育成
- ■運営母体【設立法人】：
　　名　称：学校法人　野田鎌田学園　代表者：長森　修三
　　所在地：〒 278-0037　千葉県野田市野田 389-1
　　電　話：04-7121-5523　FAX：04-7121-1136
- ■グループ校：
　●野田鎌田学園杉並高等専修学校
　　所在地：〒 167-0043　東京都杉並区上荻 4-29-8
　　電　話：03-6913-5655
　　最寄駅：JR 中央線「西荻窪」駅下車、徒歩 10 分
　●野田鎌田学園高等専修学校
　　所在地：〒 278-0037　千葉県野田市野田 389-1
　　最寄駅：東武アーバンパークライン（東武野田線）「野田市」
　　　　　　駅下車、徒歩 4 分／「愛宕」駅下車、徒歩 4 分
- ■生徒が入学する通信制高校：あずさ第一高等学校

【学校へのアクセス】

一挙両得！
国家資格調理師免許 &
あずさ第一高等学校卒業資格

神奈川県教育委員会が指定する技能教育施設、高等専修学校です。あずさ第一高等学校との技能連携により高卒資格も取得できます。

「調理高等科」では調理コースとスイーツ・パンコースを設置。国家資格「調理師免許」とあずさ第一高等学校卒業資格、2 つの資格が取得できます。

「情報メディア高等科」はパソコンをマスターし、あずさ第一高等学校卒業資格と進学や就職に有利な資格にチャレンジできます。普通教科の学習もしっかり行いますので幅広い進路選択が可能です。校内には生徒一人ひとりが、より良い学校生活を送るために「心の相談室」も設置。スクールカウンセラーが相談に応じます。

＜第 16 回スイーツ甲子園東日本ブロック進出！＞
高校生パティシエ日本一を決定するコンテストであるスイーツ甲子園は、パティシエへの登竜門。多くの学校が参加する中、見事 1 次選考を突破し、全国で 24 チーム（東西 12 チームずつ）のみが出場できる東日本ブロック大会進出を果たしました。

学習状況

【カリキュラムの特長】

●調理高等科
○調理コース
　包丁の持ち方や切り方といった調理の基本、食材の見極め方など料理人に必要な技術と知識を学びます。調理実習では日本料理・中国料理・西洋料理などをすべて学習。また栄養学、食品衛生なども学びます。

○スイーツ・パンコース
　時代のニーズに応えられるパティシエをめざし、スイーツの基本から高度なテクニックまでを習得します。調理実習ではスイーツだけでなく日本料理・中国料理・西洋料理も学ぶので、幅広い調理法が身につきます。
　※ 2 年次進級時、調理コース又はスイーツ・パンコースを選択

＜生徒たちの夢のせた「お菓子の船」完成！！＞
2019 年には野田鎌田学園 80 周年と野田鎌田学園横浜高等専修学校開校を記念して、生徒たちが全長 5 m、高さ 2.6 m の「お菓子の船」を完成させました。

●情報メディア高等科
パソコンをマスターし、進学や就職に有利な資格（日商簿記検定、IT パスポート試験、MOS ＜マイクロオフィスソフトスペシャリスト＞など）にチャレンジします。普通教科の学習もしっかり行いますので幅広い進路選択が可能です。
2023 年度から「e スポーツコース」「ビジネスコース」を開設します。実習時にコース分けをし、知識やスキルの習得はもちろんのこと、仕事や将来につながるように指導します。

資格への挑戦で、自信を育てよう！
・日商簿記検定
・IT パスポート試験
・ビジネス文書実務検定
・MOS（マイクロソフト オフィス スペシャリスト）
　情報関係に限らず、将来に有利な資格の取得を推奨しています！

| 生活指導 | 学校指定の制服があります。制服はブランド「ベネトン」を採用。都会的なライトグレーを基調としたブレザーに、女子はイタリアンデザインならではのライトなタータンチェック、男子はシックなダークタータンの制服を着ることが楽しみになります。調理高等科の生徒はコックコートもユニフォームとして着用します。 |

生徒情報

【不登校生への対応】
野田横は新しい学校ですから校風は生徒の皆さんが作り出すものです。自分の好きなことをやれる、自分の夢の実現に近づいている、という実感や期待感が不登校を解消してくれるでしょう。校内に相談室もあり専任のカウンセラーがいますので、気軽に相談できます。遠慮なくいつでもご相談ください。

【カウンセリングについて】
生徒一人ひとりがより良い学校生活を送るために、「心の相談室」を設置し、専任のスクールカウンセラーが生徒の抱える問題に一緒に取り組んでいます。何らかの理由により、学習への不安や友人関係などの悩みがある生徒にはマン・ツー・マンで対応。生徒一人ひとりの置かれた状況を把握し、心のケアと適切なアドバイスをします。

進学指導
三年間で学んだ専門技術や知識が問われるのは進路。教職員は担当や肩書きに係わらず本気で親身の協力を惜しみません。生徒の夢の実現への熱い思いと行動に同じ熱意で応えます。

補習指導
一般科目は高等学校を卒業するための最小限度の単位数を修得します。授業は基礎的な内容が中心になります。専門科目、一般科目ともきちんと出席し試験に合格すれば修得できますが、欠席してしまった場合でも補習授業を行っています。

【教員数】
専任講師　：男性8名、女性7名
非常勤講師：男性2名、女性4名

その他
〈卒業時に取得できる資格について〉
調理高等科は国家資格である調理師免許とあずさ第一高等学校卒業資格です。さらに専門調理師学科試験免除を取得できます。専門調理師とは調理師免許取得者が実務6年以上で学科試験と実技試験を合格すると取得できる資格です。その学科が免除になります。情報メディア高等科はあずさ第一高等学校卒業資格です。さらに在学中に本人の希望にあわせて簿記、ITパスポート試験等の資格の取得に挑戦することができます。

行事予定

月	4月～6月	7月～9月	10月～12月	1月～3月
行事	4月：入学式、新入生オリエンテーション、健康診断 5月：修学旅行（沖縄等：3年生）、新入生歓迎スポーツ大会 6月：体験入学スタート（12月まで毎月実施）、宿泊校外学習（1年生）	7月：全国高等専修学校体育大会、調理校外実習（3年生） 8月：夏休み 9月：前期末試験　校外研修	10月：創立記念日（1日）　体育祭（野田横杯） 11月：学園祭（翔新祭） 12月：冬休み	1月：専門調理師学科試験（技術考査3年生）、テーブルマナー＜ホテルにて＞ 2月：学年末試験、卒業試験（3年生）、芸術鑑賞会 3月：卒業式、修了式

2025年度の募集要項（予定）

募集について

募集人員：調理高等科：80名
情報メディア高等科：40名
（ビジネスコース：20名
eスポーツコース：20名）

入学検定料：20,000円

【推薦入試】
願書受付日：2024年11月1日（金）～受験日の前日まで
受付時間…本校窓口9時から17時
※日曜・祝日・本校休校日を除く

選考日：早期推薦…① 2024年11月23日（土）
　　　　　　　　　② 2024年12月14日（土）
　　　　特待生推薦…2024年11月23日（土）

選考方法：面接、作文
　　　　　特待生推薦は面接、作文、学科試験（英・数）
　　　　　　　　　　　　　　　　　　　　※単願のみ

【一般入試】
願書受付日：2024年12月17日（火）～受験日の前日まで
受付時間…本校窓口9時から17時
※日曜・祝日・本校休校日を除く

選考日：一般推薦…2025年1月11日（土）
　　　　一般単願・併願…① 2025年1月25日（土）
　　　　　　　　　　　　② 2025年2月1日（土）

選考方法：面接、作文
　　　　　　　　　　　　　　　　　　　　※併願可

学費について

入学金：	150,000円
授業料：	596,000円
施設費：	100,000円
合　計：	846,000円

※技能連携校（あずさ第一高等学校）単位履修登録料102,000円（予定）等が別途必要です。
※制服代・教材費・積立金（修学旅行等）等が別途必要です。
※特待生制度及び10万円免除の早期入学割引のほか、国の就学支援金や神奈川県の学費補助金の学費負担軽減制度もあります。
※神奈川県にお住まいの方には私立高等学校等生徒学費補助金が適用されます。

◇◇◇◇◇◇◇◇◇◇ この学校にアクセスしてみよう！

学校説明会	入学前電話相談	文化祭見学	体育祭見学	資料請求
○ 要予約	○ 要予約	○ 要予約	—	○

※資料は、ホームページ、電話により請求してください。

北海道
青森
岩手
宮城
秋田
山形
福島
茨城
栃木
群馬
埼玉
千葉
東京
神奈川
新潟
富山
石川
福井
山梨
長野
岐阜
静岡
愛知
三重
滋賀
京都
大阪 ★
兵庫
奈良
和歌山
鳥取
島根
岡山
広島
山口
徳島
香川
愛媛
高知
福岡
佐賀
長崎
熊本
大分
宮崎
鹿児島
沖縄

【高等専修学校】【技能連携校】

学校法人 岡崎学園 とうほうこうとうせんしゅうがっこう 東朋高等専修学校

（ https://www.okazakigakuen.jp/ 　E-mail：toho@okazakigakuen.jp ）

■校長名：太田 功二
■住　所：〒543-0017　大阪府大阪市天王寺区城南寺町 7 番 19 号
■電　話：06-6761-3693　　■ＦＡＸ：06-6761-5810
■最寄駅：近鉄大阪線「大阪上本町」駅より徒歩約 7 分
　　　　　大阪メトロ「谷町九丁目」駅（11 番出口）より徒歩約 7 分
　　　　　JR 大阪環状線「鶴橋」駅（中央改札）より徒歩約 13 分
　　　　　大阪シティバス「上本町六丁目バス停」より徒歩約 7 分
■沿　革：1946 年コンドル洋裁学校を開校／1951 年コンドルドレスメー
　　　　　カー学院に改名／1976 年私立専修学校認可コンドル家政専
　　　　　門学校に改名／1984 年技能教育施設認可／1986 年東朋モー
　　　　　ド工科専門学校に改名／1990 年東朋ビジネス工科専門学校に
　　　　　改名／2000 年東朋高等専修学校に改名
■教育理念：生きていくための力を身につけることを目標に、自ら考え、
　　　　　判断し、行動できる人間を育成する。また、知識だけでな
　　　　　く知恵を身につけさせ、社会に即戦力として通用する人材
　　　　　を育成する。
【教育目標】可能性を最大限に伸ばす 3 つの指導
　　　　　「自立する力」「生きる知恵」「考える力」
■運営母体：名称／（学）岡崎学園　代表者／岡崎泰道（理事長）
■併設校：「大阪自動車整備専門学校」「東朋学園高等学校」
　　　　　「就労移行支援事業所レアルタ」
　　　　　「自立訓練（生活訓練）事業所 カムデイ」
　　　　　「放課後等デイサービス フォレスト」
■生徒が同時に入学する高校（選択制）：東朋学園高等学校
　　　　　※狭域制のため入学可能エリアが大阪府、兵庫県に在住の方になります。

【学校へのアクセス】

心の成長を促しながら「生きる力」を育みます

一人ひとりの個性を伸ばす
生徒が主役のキャンパスライフ
本校は生徒の個性に合わせた 2 つの学科「普通科」と「総合
教育学科（特別支援教育）」を設置しています。
普通科、総合教育学科 高卒資格コースは、技能連携制度により高校卒業
資格が取得できます。

◆『普通科』
〝好きなコトが見つかるたくさんの学び〟
3 年間で「やりたい！」ことを見つけ出す。
【特徴】・1 クラス 30 名程度のクラス編成
　　　　・たくさんのコースから学びたいコトを自分で選択できる
　　　　・様々な検定・資格に挑戦できる
◆『総合教育学科』（特別支援教育）
〝一人ひとりの自立に向けた学び〟
3 年間でひとつでも多くの「できる！」を見つける。
【特徴】・1 クラス 10 名程度の少人数制
　　　　・学科行事が多く、いろいろな体験をしながら生きる力を身につけ
　　　　　られる
《高等専修コース》
学力・学習ペースに合わせた習熟度別・進路希望別クラス
《高卒資格コース》
少人数クラスのよさはそのまま、高校卒業資格が取得できる！
◆心のサポート＆安心できる居場所◆
不登校傾向生徒受け入れクラス「ほほえみクラス（普通科）」「ふれあい
クラス（総合教育学科）」を設置し、生徒の個性を尊重する授業を実施。
自分のペースで少しずつ学校に慣れていくことを大切にしています。
また、イライラする時、体調が優れない時の休憩スペースとして「らく
らくルーム」、「ほっとルーム」を設置しています。

学習
状況

■普通科 学習内容
月曜日〜金曜日の週 5 日制です。
普通科は、午前中に一般科目を効率よく学習。
午後からの授業のほとんどは、生徒の能力や個性に応じた
コース別の選択科目になっており、楽しみながら学ぶこと
ができます。
《選択教科》
「プロフェッショナルコース」
〜専門的な知識と技術の習得を目標に〜
トータルビューティー／オリジナルアート
モータービジネス／フードクリエイト
「情報コース」
〜情報社会への対応、多彩なスキルと知識の習得〜
IT ベーシック／ゲーム＆イラスト制作
コンピュータクリエイティブ／ビジュアル・プログラミング
「資格取得コース」
〜社会で役立つ資格取得に挑戦〜
商業系／工業系／ビジネス系／教養系／介護系

■総合教育学科（特別支援教育）学習内容
月曜日〜金曜日の週 5 日制です。
総合教育学科は 1 クラス 10 名程度の少人数制で、社会に出
て生きていく力を身につけるため、基礎学力に加え、生活
する力・コミュニケーションスキルの向上にも重点を置い
たカリキュラムを用意しています。
■エンジョイコース ※普通科・総合教育学科 共通
〜 20 種類以上の講座から選べます〜
屋外スポーツ、まち歩き、わくわく料理教室、楽しい陶芸、
デジタルゲーム研究、映画研究 、アナログゲーム など

■取得できる「資格」について
文書処理能力検定、情報処理検定 表計算、日本語ワープロ
検定、電卓計算能力検定、硬筆毛筆書写技能検定、漢字能
力検定、秘書検定、ビジネス実務マナー検定、ネイリスト
技能検定、介護職員初任者研修、小型フォークリフト、小
型車両系建設機械、小型移動式クレーン、玉掛け、危険物
取扱丙種 など

進学・補習指導
希望大学・専門学校の入試状況にあわせて対策し、補習を行っています。
各学期ごとに補習指導を行っています。

生活指導
「自立する力」「生きる知恵」「考える力」
可能性を最大限に伸ばす指導を行っています。

クラブ活動
野球部、バドミントン部、卓球部、陸上部、ダンス部、スポーツ吹き矢部、音楽部、アート部、鉄道研究部、eスポーツマルチメディア部など

生徒情報

【保護者連絡】
電話連絡、家庭訪問等は、必要に応じて行っています。
【不登校生に対する指導について】
平成11年度から不登校傾向生徒受け入れクラスを各学科に設置し、学校をあげて取り組んでいます。
【いじめ防止対策】
教職員対象・生徒対象に人権研修を実施し、啓発しています。

【教員数】 専任講師 ：男性18名、女性17名
非常勤講師 ：男性4名、女性19名　　カウンセラー：2名

【生徒数】 普通科　　　　　　　　　　　　2023年12月31日現在

学年	生徒数	男	女	クラス数	1クラスの平均人数
1年次	72名	54名	18名	3クラス	24名
2年次	81名	61名	20名	3クラス	27名
3年次	83名	52名	31名	3クラス	28名
合　計	236名	167名	69名	9クラス	26名

【生徒数】 総合教育学科　　　　　　　　　2023年12月31日現在

学年	生徒数	男	女	クラス数	1クラスの平均人数
1年次	81名	56名	25名	7クラス	12名
2年次	57名	39名	18名	5クラス	11名
3年次	36名	27名	9名	3クラス	12名
合　計	174名	122名	52名	15クラス	12名

学校行事
※下記以外にもたくさんの「やりたい！」「できる！」が見つかる行事を予定しています

月	4月～6月	7月～9月	10月～12月	1月～3月
行事	【4月】入学式、始業式、健康診断 【5月】修学旅行（普通科3年）、クラス行事（普通科1・2年）、学年行事（総合教育学科）、中間考査、東朋スポ☆レクDAY 【6月】期末考査	【7月】三者懇談、終業式、全国高等専修学校体育大会、ラフティングキャンプ 【8月】サイクリングキャンプ 【9月】始業式、修学旅行（総合教育学科3年）	【10月】中間考査、校外学習 【11月】東朋祭、期末考査 【12月】スキー・スノーボード実習、三者懇談、終業式	【1月】始業式、卒業考査、マラソン大会 【2月】学年末考査 【3月】創立記念日、卒業、進路説明会、三者懇談、修了式

募集要項・進路状況

募集について

募集人員： 普通科…100名　男・女
総合教育学科…60名　男・女

出願期間：
普通科…推薦入試出願1月9日（火）～1月12日（金）
　　　　一般入試出願1月24日（水）～1月31日（水）
総合教育学科…推薦入試出願12月4日（月）～12月8日（金）
　　　　　　　一般入試出願1月24日（水）～1月31日（水）

試験日：
普通科…推薦入試1月20日（土）／一般入試2月10日（土）
総合教育学科…推薦入試12月16日（土）／一般入試2月10日（土）

学費について

※学費詳細につきましては学科によって異なりますのでお問い合わせ下さい。
【助成制度】・大阪府育英会奨学金制度　・各市町村等奨学金制度
・大阪府私立高校生等就学支援推進校の指定を受けております。
（国の就学支援金、大阪府の授業料支援補助金の対象校）
【その他】 JR・各私鉄・大阪シティバス・大阪メトロの学割が利用できます。
【岡崎学園グループ特典】 卒業後、大阪自動車整備専門学校への進学の場合は入学金が免除されます。

＜学校の施設＞
校舎面積　2,930m² 　事務室　あり
保健室　なし　ラウンジ　なし
職員室　あり　カウンセリング室　あり
図書室　なし　体育館　あり
その他の施設…ほほえみクラス（普通科）、ふれあいクラス（総合教育学科）、らくらくルーム、ほっとルーム

この学校にアクセスしてみよう！

学校説明会	入学前電話相談	文化祭見学	体育祭見学	資料請求
○	○	○	－	○

※資料は、メール・FAX・電話での申し込みになります。
▼学校説明会・見学会随時（メール・FAX・電話でご連絡下さい）

【卒業後の進路】

【進路先】 卒業者数118名
進学…36名　　　　　　　　就職…33名
福祉サービス…35名　　　　その他…14名
その他…84名（訓練校等含）

過去5年間の主な合格実績

進学： 大阪商業大学、東大阪大学　短期大学部、ECCコンピュータ専門学校、HAL大阪、OCA大阪デザイン＆ITテクノロジー専門学校、大阪ECO動物海洋専門学校、大阪アニメーションカレッジ専門学校、大阪観光専門学校、大阪航空専門学校、大阪こども専門学校、大阪自動車整備専門学校、大阪社体スポーツ専門学校、大阪情報ITクリエイター専門学校、大阪情報コンピュータ専門学校、大阪情報専門学校、大阪総合デザイン専門学校、大阪美術専門学校、大阪保健福祉専門学校、キャットミュージックカレッジ専門学校、近畿コンピュータ電子専門学校、修成建設専門学校、専門学校ESPエンタテイメント大阪、辻学園調理・製菓専門学校、南海福祉看護専門学校、ビジュアルアーツ専門学校大阪、ヒューマンアカデミー、ユービック情報専門学校、大阪動物専門学校、尼崎理容美容専門学校　他
就職： アサヒサンクリーン株式会社、井藤漢方製薬株式会社、株式会社ENEOSジェネレーションズ、角丸ゴム株式会社、株式会社KSP・WEST　関西空港事業部、株式会社セイワ運輸、株式会社ゼテックス、株式会社ナニワ電装、株式会社マルハニチロ物流サービス関西、株式会社ヨシダオートサービス、河内環境株式会社、関西チューブ株式会社、北野緑生園株式会社、協和電線工業株式会社、コマツカスタマーサポート株式会社、山洋商事株式会社、サンヨー機材株式会社、社会福祉法人　宝生会、社会福祉法人稲穂会　やすらぎの園、社会福祉法人逢花　特別養護老人ホーム菜乃花、センコー株式会社、中華料理五福、浪速工業株式会社、ニシヤマグネット、日興精機株式会社、日本製線株式会社、ビューティドア株式会社、福田工業株式会社、フジミ印刷株式会社、北港化学株式会社、大和鋼材株式会社、ヤマト精機株式会社、吉川運輸株式会社、利昌工業株式会社　尼崎工場、医療法人みどり会、株式会社　大村組、株式会社グッドライフケア、株式会社ハッピーフードシステム、株式会社渡辺塗装、阪和化工株式会社、三坂工業株式会社、社会医療法人若弘会　わかくさ竜間リハビリテーション病院、西村電装、扇町運送株式会社、相互タクシー株式会社、大開工業株式会社、日本ルートサービス株式会社、豊國製油株式会社、陸上自衛隊　他

【技能連携校】

三宮みのり高等部
（さんのみや／こうとうぶ）

(https://minori-hs.jp/sannomiya/)

■校長名：多田　浩之

【三宮みのり高等部】
■住　所：〒651-0086　兵庫県神戸市中央区磯上通 8-1-33　幸和ビル 2F
■電　話：078-261-2835　　■FAX：078-261-2836
■最寄駅：JR「三ノ宮」駅 徒歩 5 分、阪神「神戸三宮」駅 徒歩 5 分、
　　　　　阪急「神戸三宮」駅 徒歩 7 分

【町田みのり高等部】
■住　所：〒194-0022　東京都町田市森野 1-27-14　サカヤビル 1F
■電　話：042-851-7191　　■FAX：042-851-7193
■最寄駅：小田急線「町田」駅 徒歩 4 分、JR「町田」駅 徒歩 7 分

■沿　革：
　1948 年　　　奈良県においてヤシマ裁縫学院として創立
　1992 年　　　八洲学園高等学校 設立
　1997 年　　　八洲学園高等学校東京本部 設立（広域化）
　2010 年　　　八洲学園高等学校横浜分校 認可
　2016 年　　　大阪中央校、町田分室 開校
　2016 年　　　町田みのり高等部 開校
　2021 年 4 月　三宮みのり高等部 開校

■教育理念：
　1）先を見据え、将来の為に必要なことを学び力を育む。
　2）人とのふれあいを大切にする力を育む。
　3）心を育て、自分自身と周囲の人も幸せになる力を育む。

■運営母体：
名称：学校法人　八洲学園　学校運営機構株式会社
代表者：和田　公人
所在地：〒160-0022　東京都新宿区 2-12-13
Ｔ Ｅ Ｌ：03-6457-8989
Ｆ Ａ Ｘ：03-6457-8989
（主な事業）学校の「管理・運営機能」
■併設校：学校法人　八洲学園　八洲学園高等学校
■生徒が入学する通信制高校：学校法人　八洲学園　八洲学園高等学校

【学校へのアクセス】

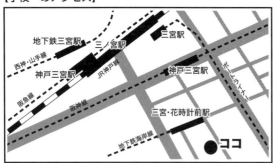

地下鉄三宮駅　三ノ宮駅　三宮駅
西神・山手線　神戸三宮駅　JR神戸線　神戸三宮駅　ポートライナー
阪急線　阪神線　三宮・花時計前駅
地下鉄海岸線　●ココ

特色

三宮みのり高等部は、発達障がいや不登校、対人関係等で
お悩みの方のための完全少人数制の高校です

机に座って学ぶだけじゃない！
みのりの学びは、『ポジティブな学び』です！

小・中学校で何らかの理由で学校に通うことが難しくなった経験がある
方や、友人関係などの対人関係に不安がある方、発達障がいなどの特性
で進学に不安がある方、学習面に不安を抱えている方のための学校です。
一学年 20 名定員の完全少人数制教育で、生徒一人ひとりの特性や能力に
あわせ、学習と自立への支援をおこない、個々の能力を引き出すサポー
トをおこないます。常に生徒一人ひとりの将来を見据え、今本人に何が
必要かを考え一緒に学んでいきます。
また、教員は様々な生徒に対応できるよう、特別支援教諭の免許を取得
しています。主要五教科の復習と商業科目の技能教育をおこなう学校の
ため、将来に役立つ知識と技術を身に付けていきます。
また、勉強だけでなく、体験型の学習や実践、行事などを通して、学校
生活の中で心の成長を育むことができます。体験型学習が多いことから、
仲間との交流時間も増え、楽しく学校生活を過ごせます。
八洲学園高等学校の卒業資格を取得することができるため、進路選択の
幅を広く持つことができます。

<体験学習>
「みのり食堂」を運営し、疑似体験を通じて社会に必要な力を身に付けま
す。お店のチラシ、看板やメニュー表などの作成から、商品の仕入れや
売り上げなどの商業的な内容、お店での業務の役割分担、そして実際の
接客など、あらゆることが学びの場となります。また、八洲学園内にあ
る農園で農業体験をすることで、自分たちで育てる喜びや、その野菜を
利用してお客様に提供をすることで自信に繋げます。これらの体験学習
は、年間を通して運営体験をしますので、繰り返し学ぶことが経験となり、
自信に繋がります。また、人との繋がりを通し、コミュニケーション能
力を高めます。活動を通し、自己肯定感を育みながら、生徒の自立を促
します。

<サポート体制>
教員は高校の教員免許はもちろんですが、特別支援教諭の免許も所持し
ています。教え導くことだけではなく、生徒に寄り添い、「待つ」ことも
大事にし、自ら踏み出す一歩を常に促していきます。
教員の人数も通常より多めに配置し、様々な視点をもってサポートしま
す。

学習状況

【カリキュラムの特長】
「進学」「就職」「自立」を目指すカリキュラム
学ぶ意欲育成を目的に動機づけ学習をおこないます。また、商業科目などを中心に、ＰＣスキルの習得や、ビジネスマナーと知識を学び、将来に役立つ実践的な内容を学習します。さらに、心を育てる授業として、コミュニケーション能力の育成と様々な体験型授業や行事を通し、情操教育を実践していきます。

【学習システムの特長】
八洲学園高等学校との教育連携施設です。そのため、確実な卒業と様々な状況の生徒への配慮とサポートを個々におこなえる学習システムになります。

生活指導

制服があります。身だしなみを整えることで、気持ちの落ち着きを持つようにします。
※着用困難な場合は、要相談。
頭髪、ピアスなどの指導は、身だしなみや高校生らしさを逸脱しないことをルールとし、身だしなみの大切さを教えていきます。
生活面の指導は、物事に対して、粘り強く誠実に取り組む姿勢を身に付けさせ、一歩一歩積み重ねることの重要性を理解させます。
自転車・バイクでの通学はできません。

進路指導

卒業後の進路は生徒一人ひとりの状況にあわせ、進学・就職・福祉と多岐にわたる選択があります。希望を実現するために、様々な学習やトレーニングを重ねていきます。将来生きていくうえで知っておくべき情報を学び、活用する力も身に付けていきます。

生徒情報

【保護者連絡】
保護者面談、電話、メール、通信物などを用いて、頻繁におこないます。

【不登校生に対する指導について】
小・中学校と不登校経験がある生徒が多く在籍しています。それぞれの状況にあわせて対応していきます。
現在登校することが困難な方でも、教員が家庭訪問や電話・メールなどでつながりを継続することで、学習フォローや相談できる存在となります。

【いじめ防止対策】
いじめ自体がない学校です。少人数教育をおこなうため、一人ひとりと向きあい、いじめに発展する前に、防ぐことが可能です。感謝の気持ちと思いやりの心の育成に力を入れています。

【教員数】
常勤教職員：男性３名、女性２名／非常勤講師：男性４名、女性８名
カウンセラー：週１回来校

補習指導

能力別の学習を実施するとともに、個別補講などをおこない、一つ一つ、つまずきがなくなるまで指導します。

2024年度実施予定行事

月	4月〜6月	7月〜9月	10月〜12月	1月〜3月
行事	入学式 交流会 遠足 進路懇談会	みのり旅行 芸術鑑賞	みのり文化祭 大掃除 ハロウィンパーティー クリスマス会	書き初め 初詣 感謝の会 遠足

2024年度の募集要項

募集について

募集人員：20名

【推薦入試】（専願）
出願期間：第1期　2023年7月3日（月）〜7月26日（水）
　　　　　第2期　2023年8月1日（火）〜8月25日（金）

【一般入試】
出願期間：第1期　2023年9月1日（金）〜9月29日（金）
　　　　　第2期　2023年10月2日（月）〜11月30日（木）

試験日：推薦入試：2023年8月1日（火）、9月1日（金）
　　　　一般入試：出願日当日
選考方法：三者面談
受験料：なし

※定員20名を満たした場合は、受付を終了します。
※二次募集は欠員が出た時のみ行いますので
　詳しくはお問い合わせください。
※優先入試、専願入試、一般入試の詳細は
　説明会参加時にお話しさせていただきます。

学費について

入 学 金：	100,000円
授 業 料：	700,000円
施設管理費：	100,000円
通信制高校費：	95,000円
合　　計：	995,000円

※通信制高校学費が含まれます。
※教材費5,000円程度が年度毎にかかります。

【入学時点での学力検査】 実施しません。

2022年度卒業生の進路状況

2021年4月開校のため卒業生はいません。

◇◇◇◇◇◇◇◇◇◇ この学校にアクセスしてみよう！

学校説明会	入学前 電話相談	文化祭見学	体育祭見学	資料請求
◯	◯	◯	—	◯

※資料は、電話、メール、インターネットなどでの申込みになります。
▼学校説明会：随時個別にて対応

【高等専修学校】【技能連携校】

学校法人 瀧澤学園 千葉モードビジネス専門学校 高等課程

（ https://www.takizawa-hs.jp/ ）

- ■校長名：後藤 康夫
- ■住　所：〒 264-0026　千葉県千葉市若葉区西都賀 3-18-5
- ■電　話：043-307-1813　■ FAX：043-307-1814
- ■最寄駅：JR 総武本線・千葉都市モノレール線「都賀」駅、徒歩 3 分
- ■沿　革：昭和 23 年 4 月設立
- ■創立理念：

「夢を実現」し、社会に貢献できる人間を育成する。全ての生徒が『未来が明るく、幸せになってもらうこと』を我々の使命と考え生徒、教職員ともに机上の学問ではなく、生きた学問を学び、一人一人が自立できる基盤を育むこと、一人一人の無限の可能性を尊重し共に創造し育てていくことを教育の根本とする。本学園での学びを実社会で生かし、自己実現できる人格形成を目指す。

- ■形態・課程・学科：

独立校・高等専修学校・情報ビジネス科、ファッションビジネス科
- ■併設する課程：全日制
- ■併設課程への転籍：できません
- ■入学・卒業時期：入学時期 4 月、卒業時期 3 月
- ■修業年限：3 年（在籍最長年数：5 年）
- ■学期制：2 学期制
- ■卒業認定単位数：74 単位
- ■始業・終業時刻：
  - 8：50 からショートホームルーム
  - 9：00 から授業開始
  - 月曜・水曜・金曜は 15：00 終了
  - 火曜・木曜は 12：30 終了
- ■技能連携：あずさ第一高等学校　普通科目
  〒 278-0037 千葉県野田市野田 405-1　TEL　04-7122-2400

スクーリングの日数と場所

普段の授業がスクーリングとして扱われるので、別の場所での開催や、長期休暇中の実施はありません。

併修・単位
併修はできません。高卒認定試験受験生の一部科目履修はできません。

クラブ活動
【クラブ数 1　クラブ加入率約 40%】
硬式野球部

学校行事
修学旅行（国内、2 泊 3 日）
文化祭、遠足、スポーツ大会、学習発表会など

進学補習指導
行事として進路説明会を行っています。進学希望生徒には定期的な個別進路指導も実施しています。学力不振の生徒には放課後等使用し個別での対応を実施しています。

生活指導
制服はあります。
特に服装について注意することはありませんし、登校は私服でも可です。髪色・ピアス・ネイルは自由です。
バイクでの通学はできません。
喫煙や飲酒など法律にふれるようなことは絶対にしないよう指導しています。

生徒情報

【不登校生に対する指導】
1 クラス少人数なので、学習面はもちろんのこと、生活面やメンタル面についてもしっかりサポートすることができます。授業数が少ない分小・中学校の振り返り学習をすることができます。

【保護者連絡】
毎月 1 回の学校便りと年間 2 回保護者会がありますが、必要に応じて適宜コミュニケーションをとっています。保護者面談や月 1 回の学校便り、電話などです。

【生徒数】 2024 年 2 月 1 日現在

年次	生徒数	クラス数	1 クラスの平均人数
1 年次	20 名	1 クラス	20 名
2 年次	24 名	1 クラス	24 名
3 年次	12 名	1 クラス	12 名

【教員数】
教員：男性 4 名、女性 6 名／講師：男性 4 名、女性 6 名
カウンセラー：常駐していません。

2024 年度の募集要項

募集について

【一般入試】
募集人員：情報ビジネス科 20 名　ファッションビジネス科 20 名
出願期間：｝募集要項をご覧ください
試験日：
選考方法：書類審査、作文、面接
選考料：30,000 円

学費について

（初年度学費）

入学金：	100,000 円
授業料：	384,000 円
教材費：	30,000 円
設備費：	35,000 円
特別活動費：	45,000 円
修学旅行積立金：	70,000 円
保険料：	730 円
合　計：	664,730 円

※あずさ第一高校との技能連携費が約 150,000 円（1 年次）別途必要になります。
※ファッションビジネス科はネイル教材代 22,000 円が別途必要になります。
※選考料には技能連携校の検定料が含まれています。
※就学支援金や千葉県私学授業料減免制度で最大 384,000 円（瀧澤学園の授業料）が減免されます。

この学校にアクセスしてみよう！

学校説明会	入学前電話相談	文化祭見学	体育祭見学	資料請求
○	○	○	−	○

※資料はメールもしくは、お電話で請求して下さい。
※オープンスクール・入学試験説明会はホームページでご確認ください。

【高等専修学校】【技能連携校】

大阪情報コンピュータ高等専修学校
（おおさかじょうほう）（こうとうせんしゅうがっこう）

(https://www.oic.ed.jp　E-mail：info@oic.ed.jp)

■校長名：豊川　誠敏
■住　所：〒 544-0033　大阪府大阪市生野区勝山北 1-13-22
■電　話：06-6741-5318　　■FAX：06-6741-5319
■最寄駅：JR 大阪環状線「桃谷」駅　南口下車、徒歩 2 分
■沿　革：
1984 年 4 月	学校法人・大阪情報コンピュータ専門学校に高等課程情報処理技術科を設立
1985 年 4 月	科学技術学園高校と技能連携を行う。同時に文部省学校教育法により文部大臣の指定高等専修学校となる。
1992 年 4 月	大阪情報コンピュータ高等専修学校と改名。桃谷に校舎新設する。
2001 年 4 月	転・編入学制度を導入／第 2 実習室を増設
2002 年	学科名を IT 総合学科に変更、3 コース制を導入
2003 年	ゲームコースを新設／第 1 実習室リニューアル
2006 年	選択科目制度導入
2008 年	第 2 実習室リニューアル
2009 年	4 コース制に変更
2010 年	第 1 実習室リニューアル／多目的ホール新設
2013 年	普通教室、廊下、階段を全面改修
2014 年	第 2 実習室リニューアル
2015 年	トイレ全面改修
2016 年	ボーカロイド・ムービーコース新設、職員室を改修
2017 年	第 1 実習室リニューアル
2019 年	玄関ホールリニューアル
2020 年	第 2 実習室リニューアル
2021 年	校内 LAN 高速化、Wi-Fi アクセスポイント増強
2022 年	全普通教室プロジェクタ更新

■教育理念：
　1. コンピュータ教育を中心に学力向上を目指す
　2. 一人ひとりを大切にする（不登校生サポート、個別支援）
　3. いじめ・差別・暴力を許さない
　4. 満足のいく進路を保障する
■運営母体：
名称：学校法人　大阪経理経済学園
代表者：金沢　俊孝
所在地：〒 543-0001　大阪市天王寺区上本町 6 丁目 8-4
　TEL：06-6772-2233　　　FAX：06-6772-1272
（主な事業）学校運営
■併設校：大阪情報コンピュータ専門学校
■生徒が入学する通信制高校：科学技術学園高等学校

特色
●本校と大学・専門学校・通信制高等学校のネットワークをフルに生かした確かな進路指導ときめ細かい指導。
●様々な行事による仲間づくりで学校生活の安定化をはかる。
●月 1 回「OiC カフェ（不登校を考える会）」を開催。
●本校と科学技術学園の卒業証書同時取得。
●転・編入学生を受け入れている。（制限有り）

学習状況
【カリキュラムの特長】
ゲームコース、マンガアニメコース、IT ビジネスコース、ボーカロイド・ムービーコース（2 年次から開始）
【入学時点での学力検査】
専願…国、併願…国・英
2 年、3 年生希望者に放課後、週 1 日 2 時間補習を実施

進学指導

補習指導
1. 実習において、一部アシスタントを採用。
2. 基礎学力補習、定期試験特別補習
3. 検定特別補習（情報処理、ビジネス文書、英語）

クラブ活動
軽音楽部、デジタルクリエイティブ部　など

生活指導
制服なし。（一定のドレスコードあり）
生活指導上の問題は、改善するよう促す。
バイクでの通学は不可。（バイクの免許も取らないよう指導）

生徒情報

【不登校生】
過去に不登校を経験した生徒は約 40％います。
【不登校生に対する指導について】
○「不登校を考える会」月例会（保護者対象）
○個別支援体制
【いじめ防止対策】
「いじめ」を許さない雰囲気づくりをあらゆる機会を通して心がけています。

【生徒数】　　　　　　　　　　　　　　　2023 年 12 月現在

年次	生徒数	男	女	クラス数	1 クラスの平均人数
1 年次	95 名	57 名	38 名	2 クラス	48 名
2 年次	81 名	54 名	27 名	2 クラス	41 名
3 年次	89 名	68 名	21 名	2 クラス	45 名
合　計	265 名	181 名	86 名	6 クラス	44 名

【教員数】
専任講師：男性 9 名、女性 2 名／非常勤講師：男性 13 名、女性 14 名

2024 年度の募集要項

募集について

募集人員：IT 総合学科　定員 93 名
【推薦入試】
出願期間：2024 年 1 月 16 日（火）～ 18 日（木）
試験日：2024 年 1 月 20 日（土）
選考方法：国語
【一般入試】
出願期間：2024 年 1 月 25 日（木）～ 2 月 5 日（月）
試験日：2024 年 2 月 10 日（土）
選考方法：専　国、併　国・英
受験料：13,000 円
※オープンスクール参加者は、受験料全額免除

学費について

入学金：	130,000 円
授業料：	582,000 円
施設費：	120,000 円
合　計：	832,000 円

※全て通信制高校分を含む

大阪府私立高校生就学支援推進費（国・府より最大 60 万円補助）
※推薦入試合格者は本校入学金の半額（60,000 円）免除

2022 年度卒業生の進路状況

【進路先】卒業者数	87 名
大学	12 名
短大	0 名
専門学校	47 名
就職	15 名
その他（浪人含む）	13 名

【主な合格実績】
大阪経済法科大学、大阪産業大学、大阪芸術大学、大阪情報コンピュータ専門（グループ校）

◇◇◇◇◇◇◇◇◇◇ **この学校にアクセスしてみよう！**

学校説明会	入学前電話相談	文化祭見学	体育祭見学	資料請求
○	○	―	―	○

※資料は、電話・FAX・ホームページでの申込みになります。

【高等専修学校】

学校法人 大前学園 猪名川甲英高等学院
（がっこうほうじん おおまえがくえん いながわこうえいこうとうがくいん）

（ https://inagawa.kouei.ed.jp/ ）

■校長名：大角 猛仁
■住 所：〒666-0231 兵庫県川辺郡猪名川町上阿古谷字畑ヶ芝56-3
■電 話：0120-969-196
■最寄駅：「川西池田」駅または「川西能勢口」駅よりバス40分
「日生中央」駅よりバス10分
「新三田」駅よりバス40分
※学校の最寄駅から無料スクールバスの送迎があります。

■沿 革：
平成元年 『学校法人大前学園 甲英学院国際ビジネス高等専修学校』を開校。
平成11年 甲英学院別科 [通信制] 開設。
平成23年 甲英学院国際ビジネス高等専修学校を『専修学校 西宮甲英高等学院』に校名変更。本科を『全日コース』、別科を『通信コース』とする。
平成28年 猪名川甲英高等学院・農業実務課程開設。
平成30年 猪名川甲英高等学院 通信コース川西能勢口キャンパス 開設

■教育理念：「3つのSai」
再：苦手はあっていい。安心して再チャレンジしよう。
才：興味関心を持ったり、夢中になれることにこそ、才能の原石はある。
彩：苦手があるのも自分。その才能を伸ばそうとしているのも自分。自分には自分にしか作れない、彩りある人生がある。

■運営母体：名称：学校法人 大前学園 代表者：理事長 大前 繁明
所在地：〒663-8244 兵庫県西宮市津門綾羽町2-3
T E L：0798-34-2893 F A X：0798-34-3236
■生徒が入学する通信制高校：駿台甲府高等学校通信制課程（山梨県）

特色
教育理念
「再」「才」「彩」の3つのSai

【キャンパスはのどかで自然ゆたかな農村全部】
【人間本来の明るくたくましい成長を実感しよう】
猪名川甲英高等学院は、長い歴史を持つ小学校の閉校跡活用事業として2016年に開校した、自然ゆたかな農村のちいさな高校です。
一般科目の授業は最低限で、特徴的なのは農業の実習です。作業着で農園に出て野菜を作ることを学びます。さらには農家での実習やインターンシップなどで、プロの指導も受けます。自然と対話しながら食物を作ることは、就農を考えている人だけでなく、飲食・食品業界や、身体を動かして働く業界への興味も高めることでしょう。
学校の運営には多くの地域の人々が関わっています。生徒と地域住民が一緒に運営し、廃れかけていた地域の伝統行事にも参加。高校生としてだけでなく、村の一員としての生活は生徒たちの自己肯定感を確かにします。

【文科省の地域産業中核的人材養成事業モデル校】
同校の教育理念の根底にある思想は、「苦手や不足はあっていい」。苦手を克服するために苦しい思いをすることも大事かもしれませんが、苦手を抱えたままでも、得意や興味を活かして人生を作っていくこともできるはずという考えから、選択授業を充実させています。クラスで共通の活動をするのは午前中で、午後はそれぞれの興味関心や志向に基づいて活動を選択できます。より進んだ勉強、農業、スポーツ、地域との活動など、同じ関心を持つ他学年の生徒との合同授業によって、興味の幅を広げることもできます。
通信制高校との連携により高校卒業資格も取得。文部科学省の「地域産業中核的人材養成事業」のモデル校でもあり、進路は4年制大学や各種専門学校から、多岐に渡る就職先までさまざま。
学校まではJR新三田駅、阪急川西能勢口駅、能勢電鉄日生中央駅からスクールバスが利用できます。都会から離れ、自然に囲まれた農村で暮らす3年間は、生徒を明るくたくましく成長させてくれます。

生徒情報

【不登校生に対する指導】
甲英では「ブレイクイン期間」として、入学してすぐの1ヶ月ほどは午前中のみの登校とし、学校に慣れてもらう期間を設定しています。また、生徒への負担を考慮して休校日を独自に設け、そのかわりに長期休み期間中における登校日を多く設定しています。
【自由な校則】
こまごまとした校則はなく「規則だから」という理由だけで生徒を押さえつけたりすることはしません。しかし、何もかも自由というわけではなく、教員が人としておかしいと思ったことはしっかりと伝え、特に「他人を嘲笑したり傷つけたりする行為」については厳しく指導します。
【幸せを見つけるための進路指導】
甲英の進路先は必ずしも農業関係ばかりではありません。むしろ農業以外の進路を選ぶ生徒が大半です。また「行ける学校に行く」という、偏差値に照らし合わせて学校を選ぶような進路指導は行いません。あくまで自己実現可能な未来を見据えて、そのために適切な進路先をいっしょに考えることをたいせつにしています。

【生徒数】 2023年5月1日現在

年次	生徒数	クラス数
1年次	48 名	2クラス
2年次	39 名	2クラス
3年次	38 名	2クラス
合 計	125 名	6クラス

【教員数】
専任講師：男性7名、女性4名／非常勤講師：男性2名、女性3名
カウンセラー：週1回来校

2024年度の募集要項

募集について

募集人員：第1学年50名（男・女）
出 願 日：
自己推薦A 2023年11月15日（水）～17日（金）
自己推薦B 2023年12月13日（水）・14日（木）
自己推薦C 2024年 1月26日（金）
一般入試A 2024年 2月 5日（月）～6日（火）
一般入試B 2024年 2月29日（木）
調整入試 2024年 3月22日（金）

試 験 日：
自己推薦A 2023年11月24日（金）
自己推薦B 2023年12月19日（火）
自己推薦C 2024年 1月30日（火）
一般入試A 2024年 2月 9日（金）
一般入試B 2024年 3月 6日（水）
調整入試 2024年 3月25日（月）

選考方法：自己推薦A・B 個人面接
自己推薦C 個人面接・課題作文（出願時に提出）
一般入試A・B・調整入試：
個人面接・課題作文（出願時に提出）

選 考 料：20,000 円
※調整入試は、定員に達した場合は実施しません。

学費について

入学金：自己推薦A 50,000 円
自己推薦B・C 100,000 円
一般・調整 200,000 円
※学納金
2024年度版の募集要項をご確認ください。

2022年度卒業生の進路状況

【進路先】卒業者数…18名
大学・短大…1名 専門学校…5名 就職…9名
就労移行…2名 その他…1名
【主な合格実績】
流通科学大学、関西国際大学、大阪商業大学、高山自動車短期大学、神戸電子専門学校、愛甲農業科学専門学校、育成調理専門学校、阪神自動車航空鉄道専門学校、京都芸術デザイン専門学校、大阪ハイテクノロジー専門学校 等

【高等専修学校】【技能連携校】

学校法人 大前学園
西宮甲英高等学院
（ https://nishinomiya.kouei.ed.jp ）

■校長名：大前　繁明
■住　所：〒663-8244　兵庫県西宮市津門綾羽町2-3
■電　話：0120-932-408
■最寄駅：阪急「阪神国道」駅、徒歩5分／阪神「今津」駅、徒歩5分
　　　　　JR「西宮」駅、徒歩13分
■沿　革：
　平成元年　『学校法人大前学園　甲英学院国際ビジネス高等専修学校』
　　　　　　を開校。
　平成11年　甲英学院別科 [通信制] 開設。
　平成23年　甲英学院国際ビジネス高等専修学校を『専修学校　西宮甲
　　　　　　英高等学院』に校名変更。本科を『全日コース』、別科を『通
　　　　　　信コース』とする。
　平成28年　猪名川甲英高等学院・農業実務課程開設。
　平成30年　猪名川甲英高等学院 通信コース川西能勢口キャンパス 開設
■教育理念：「3つのSai」
　　　　　　再：苦手はあっていい。安心して再チャレンジしよう。
　　　　　　才：興味関心を持ったり、夢中になれることにこそ、才能
　　　　　　　　の原石はある。
　　　　　　彩：苦手があるのも自分。その才能を伸ばそうとしている
　　　　　　　　のも自分。自分には自分にしか作れない、彩りある人
　　　　　　　　生がある。
■運営母体：名称：学校法人 大前学園　　代表者：理事長　大前　繁明
　所在地：〒663-8244　兵庫県西宮市津門綾羽町2-3
　ＴＥＬ：0798-34-2893　　　ＦＡＸ：0798-34-3236
■生徒が入学する通信制高校：駿台甲府高等学校通信課程（山梨県）

特色

教育理念
「再」「才」「彩」の3つのSai

【学校がおもろないと思っていたあなたへ】
「勉強ができない、学校に馴染めない、他が普通にできることができない」そんな自分はダメだと思っている人もいるかもしれません。そんな自分の学校生活は「おもろない」と思っているかもしれません。自分の将来に不安を感じているかもしれません。
でも、安心してください。「勉強ができない、学校に馴染めない、他が普通にできることができない」そんな過去を持っていても、幸せになっている大人はいくらでもいます。
甲英では、苦手は「無理に克服しなくてよい」と考えています。苦手のある自分でも、得意を活かして、「自分に合った生き方」を見つけて、彩りある人生を歩んでほしいと思っています。

【苦手は克服することだけが向き合い方じゃない】
「勉強ができない、学校に馴染めない、他が普通にできることができない」そうした苦手は、多くの学校では克服させようとします。けれどもはたしてそれだけが苦手との向き合い方なのでしょうか？
「できないところからやり直そう」「少しずつでもコツコツと努力する」ということもけっして間違いではありません。しかし「そもそもそれって、克服する必要が本当にあるの？」と考えたときに、学校におけるさまざまなことが、社会に出て幸せになるために必要なものばかりではなく「克服する必要すらない」ことがあるのです。甲英では、生徒全員に一律で同じことを求めることはしません。一人ひとりの興味関心が持てるものを大切にし、そうしたものに出会えるようなカリキュラムを用意しています。

生徒情報

【登校に不安を抱える生徒のために】甲英では「ブレイクイン期間」として、入学してすぐの1ヶ月ほどは午前中のみの登校とし、学校に慣れてもらう期間を設定しています。また、生徒への負担を考慮して休校日を独自で設け、そのかわりに長期休み期間中における登校日を多く設定しています。
【自由な校則】西宮甲英全日コースについては、制服は選択制です。また、こまごまとした校則はなく「規則だから」という理由だけで生徒を押さえつけたりすることはしません。しかし、何もかも自由というわけではなく、教員が人としておかしいと思ったことはしっかりと伝え、特に「他人を嘲笑したり傷つけたりする行為」については厳しく指導します。
【幸せを見つけるための進路指導】甲英では「行ける学校に行く」という、偏差値に照らし合わせて学校を選ぶような進路指導は行いません。あくまで自己実現可能な未来を見据えて、そのために適切な進路先をいっしょに考えることをたいせつにしています。

【生徒数】　　　　　　　　　　　　　　　2023・5月1日現在

年次	生徒数	クラス数
1年次	83名	3クラス
2年次	71名	3クラス
3年次	76名	3クラス
合　計	230名	9クラス

【教員数】
専任講師：男性7名、女性6名／非常勤講師：男性0名、女性2名
カウンセラー：週1回来校

2024年度の募集要項

募集について

募集人員：第1学年90名（男・女）

出願日：
自己推薦A　2023年11月15日（水）～17日（金）
自己推薦B　2023年12月13日（水）・14日（木）
自己推薦C　2024年 1月26日（金）
一般入試A　2024年 2月 5日（月）～6日（火）
一般入試B　2024年 2月29日（木）
調整入試　　2024年 3月22日（金）

試験日：
自己推薦A　2023年11月24日（金）
自己推薦B　2023年12月19日（火）
自己推薦C　2024年 1月30日（火）
一般入試A　2024年 2月 9日（金）
一般入試B　2024年 3月 6日（水）
調整入試　　2024年 3月25日（月）

選考方法：
自己推薦A・B　個人面接
自己推薦C　　　個人面接・課題作文（出願時に提出）
一般入試A・B・調整入試：
　個人面接・課題作文（出願時に提出）

選考料：20,000円
※調整入試は、定員に達した場合は実施しません。

学費について

入学金：
自己推薦A　　　 50,000円
自己推薦B・C　 100,000円
一般・調整　　　200,000円

※学納金
2024年度版の募集要項をご確認ください。

2022年度卒業生の進路状況

【進路先】 卒業者数…45名
大学・短大…6名　専門学校…21名　就職…9名
就労移行…3名　その他…6名
【主な合格実績】
関西国際大学、大阪商業大学、大手前大学、大阪バイオメディカル専門学校、OCA大阪デザイン＆テクノロジー専門学校、辻学園調理・製菓専門学校、尼崎理容美容専門学校、神戸電子専門学校、関西保育福祉専門学校、神戸動植物環境専門学校、大阪アミューズメントメディア専門学校、大原簿記専門学校、放送芸術学院専門学校、大阪リゾート＆スポーツ専門学校、阪神自動車航空鉄道専門学校　等

みんないろいろありました

不登校あるある

2023年6月発売
定価：1,540円（本体1,400円＋税10%）
ISBN：978-4-908555-65-7
体裁：四六判 208ページ

京都で活動する親の会
親子支援ネットワーク♪あんだんて♪
http://oyakonet-andante.org/

学びリンク株式会社　https://www.manabilink .co.jp
〒101-0064 東京都千代田区神田猿楽町 2-1-14 A&X ビル 6F　TEL:03-6260-5100 FAX:03-6260-510

最新！ 詳細！

サポート校
（学習等支援施設）

インターナショナル
ハイスクール
高認予備校

● 紹介している学校は、
　北から都道府県順に掲載しています。

● ページの左右にある県名のタグは、
　校舎のある都道府県を ■■ で色付けしてあります。

● ★マークは本校所在地を表しています。

【サポート校】

成美学園グループ
せい び がくえん

(https://katsuuraseibi.com/)

■校長名：酒井　一光
■住　所：〒297-0022　千葉県茂原市町保37-3
■電　話：0475-44-5777
■ＦＡＸ：0475-22-6010
■最寄駅：
■沿　革：2007年4月〜
■教育理念：
　当学園は、【毎日通えるコース】から、【年に数回通うコース】まで自分に合ったスタイルで高校生活を送ることができ、先生のサポートもと、3年間で高校卒業資格が取得できます。 また、特徴として少人数制の学園なので、勉強のサポートや卒業後の進路まで担任の先生が一人ひとり丁寧にサポートしています。
■生徒が入学する通信制高校：
　成美学園高等學校

■形態・課程・学科：
　独立校・単位制による通信制課程・普通科
■入学・卒業時期：
　・入学時期　4月　　・卒業時期　3月、9月
■修業年限：3年以上（在籍最長年数：なし）
■学期制：2学期制　　■卒業認定単位数：74単位
■始業・終業時刻：始業10：00〜　完全下校17：00
■技能連携：あり　　■実務代替：なし　　■技能審査：なし
■開設講座数：47科目

生徒の多様性を重んじ、様々な通い方、コースを設置しております。

●普通科…毎日登校する学科です。

●個別科…自分のペースで登校をしながら個別の学習指導を受けながら卒業をめざす学科です。

●通信科・社会人科…働きながらでも通えるように、週に一度の通学で学習指導を受けながら卒業をめざす学科です。

●音楽科…プロの音楽講師から個別レッスンを手厚く受けられる学科です。

●eスポーツ科…eスポーツ科の専用カリキュラムを通し、ゲームスキルのみならず動画編集やデザインなどなどを専門的に学べる学科です。

●オンライン校…オンラインによる学習指導を受けながら卒業をめざす学科です。

＜学校の施設＞
校舎面積　　－ m²　　運動場面積　　－ m²
視聴覚教室　　　　　　体育館
図書室　　　　　　　　プール
食堂　　　　　　　　　ラウンジ
カウンセリング室

◇◇◇◇◇◇◇◇◇◇ この学校にアクセスしてみよう！

学校説明会	入学前電話相談	文化祭見学	体育祭見学	資料請求
○	○	○	○	○

※資料はHPまたは電話でお問い合わせください。
▼学校説明会　9月以降実施検討中。
▼文化祭　12月14日　▼体育祭　11月4日、14日

併修・単位	併修はできません。高卒程度認定試験受験生は10科目まで履修できます。
クラブ活動	音楽、ダンス、パソコン、調理など。 詳しくは各校舎にお問い合わせください。
学校行事	修学旅行は3年次に実施予定です（2泊3日、行き先は未定）。入学式、校外学習、体育祭、文化祭、卒業式。
進学補習指導	進学希望の生徒には、外部の専門講師と委託して大学受験のカリキュラムを設定しております。 学力不振の生徒には、学習支援コースやクラブ活動の中でも補習クラブを設置し、個々でしております。
生活指導	学校指定の制服があります。 茶髪やピアスに関する校則がないため、特に指導はしません。 バイクでの通学ができます。

生徒情報

【不登校生】
少人数制をとっており、また生徒一人一人に担任がつくため、ケアが行き届きやすくしております。

【転編入生】
高卒認定試験で合格した科目を振り替えることができます。

【保護者連絡】
主に電話、保護者面談で連絡を取ります。保護者会や三者面談を年間スケジュールの中に設けております。

【生徒数】

【教員数】
教員：サポート校による
カウンセラー：未定

2024年度の募集・進路状況

募集について

募集人員：サポート校による
出願期間：2023年11月1日～2024年3月31日
試験日：サポート校による
選考方法：面接・作文・学力試験
選考料：10,000円

学費について

入学金：	100,000円（12月末までの出願で免除）
授業料：	38,000円×12
教科外活動費：	46,000円
スクーリング費：	45,000円
冷暖房費：	20,000円
教育充実費：	1,500円×12
合　　計：	685,000円

卒業生の進路状況

【学習センター・協力校】

成美学園	茂原校	〒297-0022	千葉県茂原市町保37-3　成美学園ビル
成美学園	かずさ校	〒292-0057	千葉県木更津市東中央2-1-1　ドリームビルディング3・4・5F
成美学園	成田校	〒286-0044	千葉県成田市不動ヶ岡2158-4　マルセイビル
成美学園	蘇我校	〒260-0834	千葉県千葉市中央区今井2-10-2　第二山一ビル3F
成美学園	館山校	〒294-0045	千葉県館山市北条1872-8　水口ビル2F
成美学園	旭校	〒289-2516	千葉県旭市ロの633-10　三川屋ビル2・3F　西号室・東号室
成美学園	取手校	〒302-0024	茨城県取手市新町3-1-23　セントラルビルTORIDE　2・4F
成美学園	八千代校	〒276-0031	千葉県八千代市八千代台北1-13-3　第1アイディール八千代2F
成美学園	小山校	〒323-0022	栃木県小山市駅東通り2-36-11　小山サンビル
成美学園	足利校	〒326-0814	栃木県足利市通2-12-16　岩下書店ビル3F
成美学園	伊勢崎校	〒372-0052	群馬県伊勢崎市寿町83-3
成美学園	熊谷校	〒360-0037	埼玉県熊谷市筑波1-146　つくばねビル3F
成美学園	久喜校	〒346-0014	埼玉県久喜市吉羽181-9　TKビル2・3F
成美学園	前橋校	〒371-0843	群馬県前橋市新前橋町25-1　うちでビル3F
成美学園	市川校	〒272-0133	千葉県市川市行徳駅前1丁目17-17　Ⅱ2F一條ビル
成美学園	栃木校	〒328-0037	栃木県栃木市倭町6-20　ラポルト倭1F
成美学園	秦野校	〒257-0035	神奈川県秦野市本町1丁目1-6　クレアーレMKビル4F
成美学園	茅ヶ崎校	〒253-0044	神奈川県茅ヶ崎市新栄町1-14　新榮ビル5F
成美学園	横須賀校	〒238-0008	神奈川県横須賀市大滝町1-9　品川ビル402

ウッド高等部

こうとうぶ

(https://nakanocampus.net/highschool_alldays/)

■校長名：小野　裕
■住　所：〒160-0022　東京都新宿区新宿 2-4-6
　　　　　　　　　　　　フォーシーズンアネックスビル
■電　話：総合受付　03-3341-8846　■FAX：総合受付　03-3352-2098
■最寄駅：JR「新宿」駅、地下鉄「新宿三丁目」駅より徒歩 3 〜 10 分
■創立年：1976 年
■教育理念：
　高校と両立して音楽・芸能・アートのプロを目指します。アーティストやミュージシャン・ボカロ P・声優・アイドル・漫画家などを目指しながら高校を卒業する、通信制高校と専門校の融合型教育です。多くプロデビュー者を輩出した実績は他校の追従を許しません。皆さんの『遊びじゃない！本気でデビュー！』に応える学校です。
■運営母体【設立法人】：
　名　称：WOOD PRO ART GROUP　　代表者名：小野　裕
　所在地：〒160-0022　東京都新宿区新宿 3-32-8
　（主な事業）音楽、ライター、声優、アイドル、マンガなどの教育事業
■生徒が入学する通信制高校：
　日本ウェルネス高等学校（学校法人タイケン国際学園）他

特色

●「WOOD PRO ART GROUP」は music school ウッド、声優スクール WOOD、ライタースクール WOOD、イラスト・マンガ教室 daichi など、エンターテイメント系の学校を幅広く運営しています。特に音楽・芸能部門では数多くのメジャーデビュー者やミュージシャン、作曲家、アイドル、声優アーティストを育てたプロ養成校として知られています。また、マンガ・イラスト部門でも多くのプロを育ててきました。

●通信制高校は全日制高校と違い、自分の目指すことに多くの時間が使えます。スポーツ界でもメダリストの多くは、トレーニングや試合のために通信制高校を選んでいます。アイドルや声優、アーティスト、マンガ家、作曲家などを真剣に目指すなら、専門分野を中心に学ぶことが大切です。「ウッド高等部」はアーティスト、声優、アイドル、ミュージシャン、ボカロ P などを目指しながら高校を卒業します。

●「ウッド高等部」「ダイチ高等部 (マンガ)」のレッスンは、「ウッド・ダイチ全日制コース」で成人や大学卒業者たちと一緒に学びます。他の高校のように高校生だけのレッスンとはレベルがまったく違います。真剣にプロを目指す年長者と一緒に学ぶことは、技術面だけでなくプロに対する意識、デビューへのモチベーションなど大きく上がります。そのために圧倒的なプロデビュー者を生みだしています。また学費も高校費用と合わせて、全日制でも年間 55 万円からと他校よりも大幅にリーズナブルになっています。

●「WOOD PRO ART GROUP」はこれまで多くの人材を育成してきました。音楽でしたら歌手やアイドルだけでなく、ヤマハなどの音楽教室講師、作曲家・ボカロ P など、多くの音楽業界で活躍するプロを育ててきました。また、声優やマンガ・イラスト分野は、その業界にとどまらず、アニメ、ゲーム、インターネット等、さまざまなメディアで活躍の場を広げています。自分で描いたマンガ・イラストを生かして新しい分野を開拓することも夢ではないでしょう。

●マンガ・イラストの daichi 高等部は、世界からマンガの聖地として注目の秋葉原と横浜で開講。全日制コースは週 4 日の秋葉原校に通学でマンガ・イラストを学びながら高校を卒業します。さらに、日本全国どこでもマンガ・イラストをレッスン動画やオンラインで学べる通信コースも開講。初心者ですと月 6,600 円。本格的な通信コースは年間 19 万 8 千円からと格安な専攻科目受講料です。その他様々な通学・オンラインコースを開講しています。

学習システムの特徴

●本格的な専門分野を中心とした学習
音楽はボーカリストやミュージシャン、作曲家として必要なテクニック・知識に関するレッスンを徹底的に学びます。アイドル専攻は音楽レッスン＋ダンスやステージング・演技レッスンが加わります。イラスト・マンガ、声優も本格的な専門授業です。

●目指すは本物。メジャーデビューです。
ウッドは音楽業界、芸能界、放送業界、マンガ・アニメ業界等に太いパイプを持ち、坂道グループTOPメンバーやバンドリの声優アーティストなど多くのデビュー者を育ててきました。「WOOD アーティストプロジェクト」があなたのデビューを強力にバックアップします。

●夜間や週1回のコースも開講
平日夜間や土・日に通える『PRO アーティスト科』は、全日制高校に進まれた方や、他の通信制高校の音楽レッスンに満足できない方にお勧めします。費用も年間30万円程度と格安でプロを目指せます。また、週1回、月6,600円からの音楽・マンガ・イラスト・声優レッスンも開講しています。

●リーズナブルな授業料
アーティスト、アイドル、声優、マンガ・イラスト、ボカロPを目指す方が一人でも多く学べるように、他の音楽・美術系高校よりもリーズナブルな金額を実現しており、高校在学中に専門的なスキルを確実に身につけられます。「低学費で最高の指導を」がWOOD GROUPの想いです。

●マンガ・イラスト、声優専攻は全国どこでも
マンガ・イラスト、声優は動画とオンラインで全国どこでも受講ができます。高校には年に10日程度の登校だけ。また専門授業受講料は年間19万8千円と格安なので無理がありません。全国日本ウェルネス高校でも受付けています。

●大学進学も出来る
タイケン学園の大学や専門学校、提携大学に優先的に入学が出来ます。高校卒業後に大学進学を希望されている方は、ウッド大学部がございます。

生徒情報

【登校ペースのできていない生徒への指導】
その方に合わせたアドバイスや相談をいたします。マンガ・イラストはその日の体調に合わせて自由に通学でもオンラインでも受講できますので無理がありません。

【将来の目標が見つけられない方】
通信制高校の最大の利点は時間が自由に使えるので、目標に集中できること。しかし、多くの人は「自分には何が向いているのだろう？」と目標を模索しています。日本ウェルネス高校ならば、様々な事柄にトライできます。

【高校授業について】
通信制高校の各自の学習レベルは大きく違います。その方の学習レベルに合ったサポートを行いますので、高校卒業は万全です。高校の学習に不安のある方は「通信制高校がよく分かる説明会」にご参加ください。

生活指導
ウッド高等部には厳しい校則はありません。服装や髪型などの制限もありません。皆さんが気持ちよく自由に学んでいただけることを目指しております。ただし、他人に迷惑をかける行為や、他人が嫌がる行為は禁止いたします。

進学指導
ウッド高等部で学べる音楽もマンガ・イラストも、基本的には学歴は重視されない職業です。しかし、目標が変わって他の仕事に就く場合には学歴は大きな力になります。ウッド高等部では大学に進学したい方は日本ウェルネス高校を運営する学校法人タイケン学園の系列大学や提携大学に優先的に入学できるよう推薦いたします。また同じくタイケン学園の専門学校への推薦入学も可能です。

◇◇◇◇◇◇◇◇◇◇ この学校にアクセスしてみよう！

学校説明会	入学前電話相談	文化祭見学	体育祭見学	資料請求
○	○	―	―	○

※音楽・マンガ・声優・高校の資料請求・お問合せは、ウッド総合受付まで。03-3341-8846

2024年度の行事

月	4月〜6月	7月〜9月	10月〜12月	1月〜3月
行事	開講式 オリエンテーション 新入生歓迎コンサート プロデューサー講座 新宿御苑散策	高校スクーリング 校内ライブ 声優セミナー コンサート鑑賞	校外イベント ライブ出場 マンガ・イラスト制作発表 声優特別授業 クリスマスパーティー	高校スクーリング 作品制作 レコーディング実習 音楽事務所オーディション コンサート出場　他

2025年度の募集・進路状況

募集について

募集人員：音楽通学100名／マンガ・声優通学30名／通信200名
出願期間：通年
試験日：個別に行います。
選考方法：面談、書類審査
受験資格：中学校を卒業した者・卒業見込みの者
入学時期：基本は4月
　編入学（高等学校を卒業していない方）、転入学（現在の高校から転校の方）は随時受付。
選考料：0円

学費について

入 学 金：10,000〜175,000円（高校含む）
専門授業料：（音楽・芸能全日制）330,000〜704,000円／年
　（マンガ・イラスト全日制）330,000円／年
　（マンガ・イラスト、声優通信制）198,000円／年
　（音楽・マンガ・声優週1日）6,600円〜／月

※現在の高校を転校しなくてもウッド高等部に入学できます。
※高校授業料は年間20万円〜30万円ですが、高等学校就学支援金により多くの方が実質0円。

卒業後の進路

アーティスト、ヴォーカリスト、アニソンシンガー、シンガーソングライター、ギタリスト、ベーシスト、キーボーディスト。作曲家、ゲーム音楽担当者、アレンジャー、ピアノ・エレクトーン講師、ブライダル奏者、音楽教室開設、ヤマハ音楽教室などの音楽講師。声優、BanG Dream!などの声優アーティスト、坂道グループなどのアイドル。マンガ家、マンガ原作者、シナリオライター、イラストレーター、放送作家などのスペシャリスト。また、短大・大学進学にも積極的に対応。

＜学校の施設＞

校舎面積	1,200m²	ラウンジ	あり
保健室	なし	職員室	あり
図書室	なし	事務室	あり

その他の施設…スタジオ・教室43ルーム
　　　　　　　多目的ホール

【サポート校】【大学受験予備校】

河合塾COSMO
(かわいじゅく コスモ)

(https://www.kawai-juku.ac.jp/cosmo/kanto/　E-mail：cosmo@kawaijuku.jp)

【学校へのアクセス】

 河合塾COSMOでは各自の様々な状況に対応できるような幅広いカリキュラムを用意。担当フェローと相談しながら各自の時間割を編成していきます。

■住　所：〒160-0023　新宿区西新宿7-14-7 河合塾新宿校別館
■電　話：0120-800-694　　■ＦＡＸ：03-5331-7582
　　　　　https://www.kawai-juku.ac.jp/cosmo/kanto/
　　　　　E-mail：cosmo@kawaijuku.jp
■最寄駅：JR線「新宿」駅西口下車、徒歩7分・西武新宿線「西武新宿」駅下車、徒歩5分

■創立年：1988年
■沿　革：1988年4月　　名古屋（千種）にてコスモコース
　　　　　　　　　　　　として開校
　　　　　1989年4月　　東京（千駄ヶ谷）にも開校
　　　　　2006年4月　　東京校を新宿に移転
　　　　　現在に至る
■教育理念：
　　一つの基準のなかだけで物を考えることをやめよう。人にはさまざまな生き方と人生があり、他人の持っているその可能性を認めあおう。COSMOが大切にしているのは「自由・自主・自律」です。
■運営母体【設立法人】：
　　名　称：学校法人河合塾　　代表者：河合 英樹
　　所在地：〒464-8610　愛知県名古屋市千種区今池2-1-10
　　電　話：052-735-1588
　　（主な事業）進学事業。大学受験科（高卒生コース）、小・中・高の現役生コース、芸大進学コース、専門学校、模擬試験（小、中、高、高卒用）実施運営、その他。
■運営母体との提携関係：
　　COSMOの大学受験希望者は成績基準をクリアすることにより大学受験科コースの授業を無料で受講することができる（新宿校）。また、必要な公開模擬試験も自由に受験できる（事前申込が必要）。

学習状況

【カリキュラムの特長】
中学、高校内容の学習から高卒認定・大学受験対策まで幅広い教科別講座を設置。また自分のやりたいことを見つけることができる様々なテーマ別ゼミ講座を開設。それらのなかから自分のペースで自由に選択できるカリキュラム。

【入塾時の学力検査】
実施していません。

【公開模擬試験】
事前申込を行うことにより、無料受験できます。（河合塾主催の模擬試験）

【校内テスト】
実施していません。

【夏期・冬期・春期特別授業】
高卒認定試験直前対策講座。大学受験対策講座等。

▼個別相談会　随時、相談に対応します。なお、体験受講も可能です（電話にてご連絡ください）。

併修生　通信制高校との併修生が在籍しています。大学受験にむけて体系的に学力を養成していくとともに、高校での授業及びレポートのフォローを行っています。

補習指導　少人数グループ学習、個別学習を行っています。個別対応の他、高卒認定用学習会や大学受験用のフォローアップも充実。

【生徒数】

＜出身別＞

区　分	高校中退者	通信制在籍者	中学卒業者	高卒者	合　計
構成比	21.5%	35.4%	6.2%	36.9%	100%

＜年齢別＞

年齢	16歳	17歳	18歳	19歳	20歳	21歳以上	合計
構成比	18.1%	17.4%	14.8%	19.4%	11.6%	18.7%	100%

※男女構成　男子 50.4%　女子 49.6%

生徒情報

【心理面の相談】
　講師・フェローなどのスタッフが随時個別の相談に対応します。

【保護者との連絡】
　随時、保護者からの相談に対応。状況に応じて電話・個別相談を実施しています。保護者会は年に2～3回実施。
　また、保護者どうしの情報交換の場として年に数回、茶話会を実施しています。

【教員数】
講師：男性 27 名、女性 2 名
生徒指導補佐：常駐している（8 名）
　　　　　　　名称・フェロー
専任カウンセラー：予備校常駐

2023 年度の行事

月	4月～6月	7月～9月	10月～12月	1月～3月
行事	入塾オリエンテーション　　　　　　　（4月） Ⅰ期レギュラー授業　　　（4月～）	高卒認定対策直前講座 第1回高卒認定試験　　　　（8月） 夏期特別授業　　　（7～8月） Ⅰ期レギュラー授業　　（～7月） Ⅱ期レギュラー授業　　（9月～） 共通テスト出願ガイダンス	Ⅱ期レギュラー授業　（～12月） 第2回高卒認定試験　　（11月） 冬期特別授業　　　（12月～）	Ⅲ期レギュラー授業 　　　　　　　　（1～3月） 冬期特別授業　　　（～1月） 春期特別授業　　　　（3月）

募集、実績と進路状況

高認実績

＜高認実績＞（2022 年　第1回・第2回合算）

高　認 受験者数	一部科目 合格者数	全科目 合格者数
17 名	1 名	16 名

学費について

入塾金：　　　100,000 円
授業料：　　　970,000 円
―――――――――――――
合　計：　　1,070,000 円

※ 2023 年度

2022年度入試合格実績

一橋大、慶応義塾大、早稲田大、上智大、青山学院大、学習院大、中央大、法政大、明治大、立教大、國學院大、成蹊大、成城大、専修大、東洋大、日本大、芝浦工業大、千葉工業大、東京電機大、東京農業大、杏林大、大妻女子大、昭和女子大、津田塾大、亜細亜大、桜美林大、大東文化大、帝京大、東海大、文教大、立正大、目白大、帝京科学大、東京有明医療大、東京未来大、日本医療科学大、人間総合科学大、立命館太平洋アジア大、流通経済大、和光大、国際ファッション専門職大 他

【大学受験むけの学習指導】

COSMO では大学受験むけの様々な講座を設置しており、担当フェローと相談しながら講座を選択します。また、指定の学力診断テストの成績をクリアすれば、必要に応じて大学受験科の授業が受講可能です（新宿校）。河合塾実施の公開模擬試験が無料で受験でき、受験大学決定面談なども希望に応じて実施します。また、大学入試情報や共通テスト出願に関するガイダンスも随時実施します。

＜学校の施設＞

校舎面積	－m²	自習室	あり
保健室	あり	面談室	あり
教務室	あり	ラウンジ	あり

【関連コース】 https://www.kawai-juku.ac.jp/konin/
【高卒認定試験生・通信制高校生専用進学塾】
●サポートコース梅田　〒531-0072　大阪市北区豊崎 3-14-4　セルスタ 1 階　TEL：06-6372-5124

北海道
青森
岩手
宮城
秋田
山形
福島
茨城
栃木
群馬
埼玉
千葉
東京 ★
神奈川
新潟
富山
石川
福井
山梨
長野
岐阜
静岡
愛知
三重
滋賀
京都
大阪
兵庫
奈良
和歌山
鳥取
島根
岡山
広島
山口
徳島
香川
愛媛
高知
福岡
佐賀
長崎
熊本
大分
宮崎
鹿児島
沖縄

【サポート校】

国際文化学園 高等部
こくさいぶんかがくえん こうとうぶ

(https://www.web-ics.jp)

- ■校長名：吉積 和成
- ■住 所：〒160-0004 東京都新宿区四谷2丁目11-6
- ■電 話：03-3355-9811 ■FAX：03-3355-9812
- ■最寄駅：JR中央線「四ツ谷」駅下車、徒歩5分
  東京メトロ丸の内・南北線「四ツ谷」駅下車、
  徒歩5分
- ■創立年：1998年
- ■教育理念：
  人はありのまま受け入れられることで、ホッとして、自分らしさを発見し、少しずつ自立していくものだと信じています。本校は、のびのびとした自由な環境のもと、その人らしさを本当に見つけてもらいたいという願いから創立しました。
- ■運営母体【設立法人】：
  名 称・ 代表者・
  所在地・
  電 話 FAX
  （主な事業）
- ■生徒が入学する通信制高校：
  私立通信制高校

【学校へのアクセス】

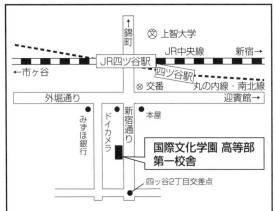

 特色

すべてのコースが週5日制と週3日制から選択できます。10：00始業・1コマ40分の授業で必修授業は14：30で終了します。この後は希望者には自由選択授業および各種選択コース授業となります。高校卒業コースの他、選択コースは大学進学コース、保育・福祉コース、音楽コース（ギター、ボーカル、ベース、ドラム、キーボード、シンガーソングライター）、国際コース、美術コース、芸能・演劇・ダンスコース、ファッション＆ビューティーコースの7つ。
一方、学習・登校ペースのつかめない生徒には、個別家庭訪問を行い、在宅学習課題を用意しています。
1クラス20名程度の少人数クラス編成により、学力不振、勉強嫌いの方から、学力に自信のある方まで、生徒個人に適した方法で、最短期間による高卒資格取得に向けて、無理なく学習できます。新入学の入学時期は4月と10月の年2回、転入は年間随時受け入れています。

学習状況

【カリキュラムの特長】
すべてのコースが週5日制と週3日制から選択できます。希望者には、14：30以降に選択コースとして、美術コース、大学進学コース、国際コース、保育・福祉コース、音楽コース、芸能・演劇コース、ダンスコース、ファッション＆ビューティーコースがあります。

【入学時点の学力検査】
実施していません。

【進学希望者への指導】
大学、短大、専門学校希望に分けてきめ細かく指導します。

【補習の指導】
中学校の内容の基礎補習、不登校者のための時間外補習。

 ＜学校の施設＞

校舎面積	m²	ラウンジ	なし
体育館	なし	カウンセリング室	なし
図書室	あり	職員室	あり
事務室	あり		
その他の施設			

◇◇◇◇◇◇◇◇◇ **この学校にアクセスしてみよう！**

学校説明会	入学前電話相談	文化祭見学	体育祭見学	資料請求
○	○	－	－	○

※資料は電話やハガキで請求して下さい。 遠隔地からの入学希望者は提携学生寮への入居が可能です。
※学校見学も受け付けています。予約制なのでご連絡の上お越し下さい。

| 学習シテムの特徴 | 少人数による大学受験指導、英語指導、美術指導、音楽指導（ロック・ポピュラーのギター、ボーカルなど）、芸能・演劇指導（ダンス、演技等）。 |

<学習システムの特徴>

＜大学進学コース＞
大学・短大進学希望者のためのコースです。あなたの志望校に沿ってベテランの進路指導教師による徹底した進路指導と各人に応じた個別学習で総合的学習指導を行っています。

＜保育・福祉コース＞
幼児教育や福祉に関心があり、保父母や社会福祉関係の仕事を目標にする人のコースです。卒業後は各種の専門学校に進学し、より専門的な学習を行うことを前提にしたカリキュラムを編成しています。

＜音楽コース＞
高卒資格を目指しながら、音楽のロック、ポピュラーなどのジャンルに応じて少人数の個別レッスンを受けます。（ボーカル科、キーボード科、ピアノ科、ギター科、シンガーソングライター科、ドラム科）

＜国際コース＞
国際人を目指す人のためのコースです。国際文化理解、日常英会話の習得、英検合格のための実践的内容です。就職時にも有利です。年間及び短期留学希望の方、ご相談下さい。

＜美術コース＞
制作を通し、美術の表現力を高めます。リラックスして、一緒に何かを探しましょう。

＜芸能・演劇・ダンスコース＞
演技指導・ダンスレッスンを通じて自分らしさの発見や芸能界への道も。芸能・演劇のみ、ダンスのみも可能。

＜ファッション＆ビューティーコース＞
ファッション・ヘア＆メイク・ネイルアートに興味がある方を対象とした"プロ"による実践的なレッスン＆実技。

| 生活指導 | 基準服があります。着用は、生徒本人の自由意志により着用または非着用が選べます。本学園では、校則や出席日数には制限は一切ありません。一人ひとりの個性を本当に認めております。 |

| クラブ活動 | あります。 |

生徒情報

【登校ペースのできていない生徒への指導】
過去に不登校だった生徒は 20％程度います。登校ペースがつかめない生徒には特別補習や家庭訪問も実施しています。安心して学習に取り組むことができます。

【保護者への連絡】
担任よりの電話、保護者面談、学校だよりなど頻繁に行っています。保護者サークルを開設し、親・子・学校がスムーズな連絡体制をとれるよう、細かい配慮をしています。

【生徒数】
全体で約 50 名

【教員数】
常勤講師：男性　名、女性　名
非常勤講師：男性　名、女性　名
専任カウンセラー：常駐しています。

2023 年度の行事　※すべての行事は自由参加

月	４月〜６月	７月〜９月	10 月〜12 月	１月〜３月
行事	入学式 バーベキュー大会 スポーツ大会 音楽鑑賞会 ディズニーランド遠足	保護者会 合同キャンプ 前期テスト 教育セミナー	修学旅行 スポーツ大会 学園フェスティバル クリスマスパーティー 保護者会 ディズニーシー遠足	東京ドーム遠足 教育セミナー 後期テスト 卒業式

2024 年度の募集・過去の進路実績

| 募集について | 募集人員：50 名（年間）
受験資格：中学校卒業者および 2024 年 3 月卒業見込みの者
必要書類：1. 入学願書（本学園所定用紙）
　　　　　2. 調査書（本学園所定用紙）
　　　　　3. 写真 3 枚（縦 4cm ×横 3cm）
選考料：20,000 円
出願期間：9 月より願書受付中
　　　　　（転入は年間いつでも受け付け）
試験日：日程はお問い合わせ下さい。
選考内容：面接 |

| 学費について | 高卒資格取得コース
　　　　　年間 480,000 円〜
※コースにより異なります。
※通信制高校の費用が別途必要。 |

| 卒業後の進路 | 早稲田大、上智大、多摩美大、東海大、和光大、慶應義塾大、駒澤大、専修大、桜美林大、文化服装学院、山野美容専門、代々木アニメーション学院　etc. |

【サポート校】
駿台通信制サポート校
（すんだいつうしんせい・こう）

特色
「駿台のノウハウ」×「AI・ICT学習」を駆使した選べる3つのサポートコース

例年、東大をはじめ難関大学に数多くの合格者を輩出している駿台予備学校100年の実績と、最新AI・ICT学習ツールで、基礎学力の向上から難関大学受験対策まで新時代の学習メソッドをご提供いたします。

◆**大学進学コース**…「駿台予備学校」の受験のノウハウと、最新のAI・ICT学習ツールを使った大学受験対策で、4年制大学への進学を目標に、大学入試レベルの学力をめざすコースです。

◆**総合進学3DAYコース**…週3日程度の登校で、基本的な生活習慣と学習習慣を身に付けながら高校の基礎内容を学び、主要教科の基礎学力を強化していくコースです。

◆**スタンダードコース**…自宅学習を中心とし、自分のペースで好きな時に自習室登校ができるコースです。

進路変更に合わせてコース変更も可能です。

■**校舎：**
《東京》
【四谷校】
最寄駅：JR・東京メトロ丸ノ内線・南北線「四ツ谷」駅、徒歩5分

《神奈川》
【横浜校】
最寄駅：JR・京浜急行・東急東横線・みなとみらい線・相鉄線・横浜市営地下鉄「横浜」駅、徒歩4分

《埼玉》
【大宮校】
最寄駅：JR・東武アーバンパークライン・埼玉新都市交通伊奈線「大宮」駅、徒歩5分

《千葉》
【千葉校】※2024年10月開校予定
最寄駅：JR「千葉」駅、徒歩3分

《愛知》
【名古屋丸の内校】
最寄駅：名古屋市営地下鉄鶴舞線・桜通線「丸の内」駅、徒歩2分
市バス「愛知県図書館」徒歩2分

《京都》
【京都校】
最寄駅：JR・近鉄京都線・京都市営地下鉄烏丸線「京都」駅、徒歩1分

■**沿革：**
2021年 4月 四谷校・吉祥寺校（※）・あざみ野校（※）・大宮校・名古屋丸の内校・京都校を開校
※吉祥寺は四谷、あざみ野は横浜学習センターへ移管
2022年 4月 横浜校を開校
2024年 10月 千葉校を開校予定

■**教育理念：**「愛情教育」
駿台予備学校や駿台甲府高等学校など全駿台グループに共通した教育理念です。
駿台教職員は根本に愛情教育という意識を持って生徒と向き合います。すべての教育活動はこの理念に則って行われ、生徒一人ひとりに対し、細かな生活指導や進路指導がなされます。

■**生徒が入学する通信制高校：**駿台甲府高等学校

生活指導
学校指定の制服はありません。
※希望者は駿台甲府高等学校通信制課程の制服を購入できます。

進路指導
・受験に精通した進路アドバイザーが、一人ひとりに合わせたきめ細かいコーチングを行い、希望進路実現に向けたサポートをします。
・駿台グループのサポート校だから得られる、最新入試情報を提供します。

その他
【校舎利用】
・在籍校舎の自習室が利用できます。
・ティーチングアシスタント（現役大学生）に学習の不明点などを個別に質問・相談できます。
・自習室でオンライン学習をする生徒にタブレットの貸し出しを行っています。

学習状況

◆通学型講習

・基礎力養成講座
【対象コース：総合進学 3DAY、大学進学】
学習の基礎となる高校教科書の内容を、対面またはオンライン配信で学びます。見逃し配信もあります。
※対面受講は四谷校のみ。そのほかの校舎は登校してリアルタイムのオンライン配信をタブレットで視聴。

・大学受験対策講座
【対象コース：大学進学】
大学受験レベルの内容を学びたい方向けの対面講座です。大学入試に精通した駿台のプロ講師の授業を受けられます。（希望者申込制、別途有料）

◆ ICT 教材

・映像講座「駿台サテネット21」
【対象コース：全コース】
駿台予備学校でも使っている約350講座が見放題。駿台講師による本格的な授業を自由に視聴できます。（教材費別途）

・atama+ －アタマプラス－
【対象コース：大学進学】
一人ひとりの理解度や弱点、ミスの傾向などを解析して専用カリキュラムを作ってくれる、AIを使った学習システムです。中学校範囲の学び直しにも対応しています。

・manabo －マナボー
【対象コース：大学進学】
わからない問題を撮影して投稿すると、オンライン上で個別指導が受けられる質問アプリです。自宅学習でつまづいたとき、その場ですぐに質問できます。

生徒情報

【不登校生】
不登校だった生徒・不登校傾向の生徒も受け入れます。

【転編入生】
前籍高校で修得した全ての単位を振り替えることができます。高卒認定試験で合格した科目は20単位を限度として、振り替えることができます。転入・編入生の卒業には、本校において6カ月以上の在籍、10単位以上修得の条件があります。

【保護者連絡】
必要に応じて、随時面談や情報共有を行っています。
親子で参加できる進路ガイダンスでは、時期に応じたタイムリーな情報をお伝えします。同じ情報をお子様と共有し、進路についてご家庭で一緒に考えていただけます。

2024 年度の行事予定 （駿台甲府高等学校行事予定準拠）

月	4月〜6月	7月〜9月	10月〜12月	1月〜3月
行事	○駿台甲府高等学校通信制課程入学式 ○履修登録 ○集中スクーリング ○体育スクーリング ○レポート中間提出期限 ○高3生進学ガイダンス	○集中スクーリング ○体育スクーリング ○レポート最終提出期限 ○定期試験 ○単位認定 ○高3生進学ガイダンス ○高1・2生のための進路選択ガイダンス ○駿台甲府高等学校通信制課程前期卒業式	○履修登録 ○集中スクーリング ○体育スクーリング ○レポート中間提出期限 ○高3生進学ガイダンス ○高1・2生のための進路選択ガイダンス	○集中スクーリング ○体育スクーリング ○レポート最終提出期限 ○定期試験 ○単位認定 ○駿台甲府高等学校通信制課程卒業式

2024 年度の募集状況

募集について

受験資格：駿台甲府高等学校通信制課程在籍生
選考方法：面接
選考料：なし

学費について

入学金：0円

大学進学コース：360,000 円／年間
※大学受験対策講座は1講座 100,000 円／年間
総合進学 3DAY コース（対面型）：300,000 円／年間
※四谷校のみ
総合進学 3DAY コース（配信型）：276,000 円／年間
スタンダードコース：252,000 円／年間

※すべて税込金額です

◇◇◇◇◇◇◇◇◇◇ この学校にアクセスしてみよう！

学校説明会	入学前電話相談	文化祭見学	体育祭見学	資料請求
○	○	－	－	○

※詳細は web サイトをご覧ください。

四谷校	東京都新宿区四谷 1-17-6	TEL：03-6273-2931
横浜校	神奈川県横浜市神奈川区鶴屋町 3-31-1 （駿台 横浜みらい館内）	TEL：045-321-6715
大宮校	埼玉県さいたま市大宮区桜木町 2-277　大宮田中ビル 5F	TEL：048-645-7711
千葉校	千葉県千葉市中央区富士見 1-1-8 （駿台 千葉校内）＜ 2024 年 10 月開校予定＞	TEL：03-6273-2931 （四谷）
名古屋丸の内校	愛知県名古屋市中区丸の内 1-7-4 （駿台 丸の内校内）	TEL：052-202-0280
京都校	京都府京都市南区東九条上殿田町 43 （駿台 京都駅前校内）	TEL：075-691-8788

北海道
青森
岩手
宮城
秋田
山形
福島
茨城
栃木
群馬
埼玉
千葉
東京 ★
神奈川
新潟
富山
石川
福井
山梨
長野
岐阜
静岡
愛知
三重
滋賀
京都
大阪
兵庫
奈良
和歌山
鳥取
島根
岡山
広島
山口
徳島
香川
愛媛
高知
福岡
佐賀
長崎
熊本
大分
宮崎
鹿児島
沖縄

【サポート校】

総合学園ヒューマンアカデミー

（ https://ha.athuman.com/　E-mail：ha@athuman.com ）

■沿　革：1994 年 4 月 1 日開校
■教育理念：
「早期才能発見」や「生きる力（ライフスキル）の養成」をベースに「コミュニケーション能力」「人間力」「倫理道徳」の習得・育成を目指します。
■運営母体【設立法人】：
　名称：ヒューマンアカデミー株式会社
　代表取締役：川上　輝之
　所在地：〒 160-0023　東京都新宿区西新宿 7-8-10
　　　　　　　　　　　　オークラヤビル 5F
　（主な事業）
　教育関連事業
■生徒が入学する通信制高校：広域通信制課程　普通科（単位制）
　学校法人佐藤学園　ヒューマンキャンパスのぞみ高等学校

【学習状況】

★高校卒業資格を取得しながら、
　プロを目指すユースコース

◆ユースコース

ユースコースは、中学校卒業後、＜バスケットボールカレッジ・フィッシングカレッジに通学しながら、提携する通信制高校にて高校卒業資格を取得する 3 年制コース＞です。

「高卒資格を取得しながら、バスケットボールプレーヤーやバスプロ、各業界への就職を目指したい」「高校を中退したけど、もう一度好きなことにチャレンジしたい」という人におすすめです。

◎バスケットボールカレッジ

バスケットボールに関わる"プロ"を育成する日本初の教育機関です。B.LEAGUE1 部「大阪エヴェッサ」との教育連携を実現し、最高のプロ講師陣や、実践的なカリキュラムをはじめ、プロになるための本格的な学習環境は勿論、コーチや業界就職のフォローも充実しています。

◎フィッシングカレッジ

JB・NBC の全面バックアップのもと、次代のフィッシング業界を担う人材の育成に努める、日本初の釣り専門教育機関です。数多くのプロ講師を迎え、フィッシング業界の高度な専門知識と技術を幅広く習得できます。業界との強力なコネクションにより抜群の就職力となっています。

※設置カレッジは校舎により異なります。

【学校へのアクセス】

[東京校]
〒 169-0075
東京都新宿区高田馬場 2-14-17　ヒューマン教育センター第 2 ビル
☎ 0120-06-8601
取り扱い分野：バスケットボールカレッジ

[富士河口湖校]
〒 401-0301　山梨県南都留郡富士河口湖町船津 6713-61
☎ 0120-06-8601
取り扱い分野：フィッシングカレッジ

[大阪心斎橋校]
〒 542-0081　大阪市中央区南船場 4-3-2
ヒューリック心斎橋ビル 9F
☎ 0120-06-8601
取り扱い分野：バスケットボールカレッジ、フィッシングカレッジ

[福岡校]
〒 810-0001
福岡県福岡市中央区天神 4 丁目 4-11
天神ショッパーズ福岡 6F
☎ 0120-06-8601
取り扱い分野：フィッシングカレッジ

特色 1 番の特長は高校と専門校の 2 つを卒業できること。高卒資格と興味のある分野の知識と技術を身につけ、なりたい自分を目指す学校です。毎年約 5,000 人が学んでおり、入門的カリキュラムからスタートします。ココには同じ夢を持った仲間がたくさんいます！

クラブ活動

ありません。

生活指導

基準服はありますが、購入・着用の義務はありません。
服装の基準はありません。
髪型・ピアスの基準はありません。
バイクでの通学はできません。
社会的マナーやモラル、礼儀などについては指導します。

生徒情報

【サポートシステム】
先輩が後輩に対してさまざまなケアを行う【シャフロン制度】などサポート体制も万全。また、日々の授業内容に関する質問、学習方法指導、業界情報の提供から生活面の相談まで、生徒が学習に専念できるようバックアップします。

【保護者との連絡】
年3回の保護者会の開催を予定しております。

【生徒数】
非公表

【教員数】
非公表

2024年度の行事予定 （各校舎により異なります。表は一例です）

月	4月〜6月	7月〜9月	10月〜12月	1月〜3月
行事	入学式 入学ガイダンス オリエンテーション 球技大会	遠足 保護者会 三者面談 終業式 夏休み 前期テスト	学園祭 保護者会 三者面談 終業式 冬休み	後期テスト 個別保護者会 スクーリング 終業式 春休み

学生募集要項

募集について

募集人員：各学院・校舎毎に異なります。
お問い合わせください

出願期間：新入学生…2024年8月1日より願書受付中
※校舎により異なります。

試験日：出願後、順次実施

選考方法：書類選考・面接（保護者同伴）・実技・筆記
※校舎・専攻により異なる

学校見学：随時（要予約：各校舎にご連絡ください）

説明会：随時（要予約：各校舎にご連絡ください）

学費について

※設置カレッジ・校舎により異なります。
詳しくはお問い合わせください。

※別途、通信制高校の学費が必要になります。

◇◇◇◇◇◇◇◇◇ この学校にアクセスしてみよう！

学校説明会	入学前電話相談	文化祭見学	体育祭見学	資料請求
○ 要予約	○	○	－	○

※資料は電話またはホームページ、メールから請求してください

＜学校の施設＞

校舎面積	m²	ラウンジ	－
保健室	－	カウンセリング室	－
図書室	－	職員室	－
事務室	－		
その他の施設			

▼学校見学・入学相談は随時行っております。お電話またはメールにて事前にご予約ください。

北海道
青森
岩手
宮城
秋田
山形
福島
茨城
栃木
群馬
埼玉
千葉
東京 ★
神奈川
新潟
富山
石川
福井
山梨
長野
岐阜
静岡
愛知
三重
滋賀
京都
大阪
兵庫
奈良
和歌山
鳥取
島根
岡山
広島
山口
徳島
香川
愛媛
高知
福岡
佐賀
長崎
熊本
大分
宮崎
鹿児島
沖縄

【サポート校】

ダイチ高等部

（ こうとうぶ ）

(https://www.wellness-school.com/course/course_anime.html)

マンガ・イラスト COMIC & ILLUST

通学コース

全国どこでも オンライン

通信コース

■校長名：樹山　大地
■住　所：〒 101-0041　東京都千代田区神田須田町 2-8-8
　　　　　CHACHA ビル
■電　話：03-3341-8846（WOOD グループ総合受付）
■最寄駅：JR「秋葉原」駅より徒歩 5 分、地下鉄「岩本町」駅より徒歩 1 分
■創立年：2013 年
■教育理念：
ダイチ高等部は、マンガ・イラストを本格的に学びながら高校を卒業する学校です。通信制高校のメリットである "時間が自由に使える" を最大限に活かし、マンガやイラストのプロを目指す方から、大好きなマンガやイラストに取り組みながら高校を卒業したい方まで、皆さんの夢を形にします。
■運営母体【設立法人】：
　名　　称：WOOD PRO ART GROUP ダイチ・アート
　代表者名：小野　裕
　所在地：〒 160-0022　東京都新宿区新宿 3-32-8
　（主な事業）マンガ、イラスト、シナリオ、声優などの教育事業
■生徒が入学する通信制高校：
　日本ウェルネス高等学校（学校法人タイケン学園・タイケン国際学園）

特色
●ダイチ高等部が所属する「WOOD PRO ART GROUP」は、イラスト・マンガ教室 daichi、声優スクール WOOD、ライタースクール WOOD、music school ウッドなど多くのエンターテイメント系の学校を運営しています。マンガ・イラスト部門では、日本ウェルネス高等学校と協力して「通学コース」「通信コース」「その他のコース」を開講。通学だけでなく、日本全国いつでも・どこでも漫画・イラストを学べる通信コースも開講しています。

●通信制高校は全日制高校と違い、自分の目標や夢に多くの時間が使えます。スポーツの世界ではメダリストの多くは通信制高校を卒業しています。マンガやイラストでも、プロを目指すなら高校を卒業して専門学校に進学したのでは遅すぎます。一日でも早くマンガ・イラストの勉強を始めましょう。ダイチ高等部はマンガ・イラストをしっかり学びながら高校卒業ができる学校です。

●ダイチ高等部の通学コースは「プロを目指す成人たち」と一緒に学びます。他の高校のように高校生だけのクラスとはレベルが全く違います。真剣にプロを目指す成人と一緒に学ぶことは、技術面だけでなくプロに対する意識、モチベーションが大きく違ってきます。

●日本ウェルネス高等学校のマンガ・イラスト専攻はダイチが担当しています。多くの通信制高校のマンガ・イラストコースは、高校の教室内で授業を行っています。しかし本格的に学ぶにはペンやインク、定規などの小物から、ライトボックスなどのトレース台、クリップスタジオなどを使う PC や液晶タブレット、講師の手元を映す大型 TV やプロジェクター。そして様々な漫画・イラスト関係の資料など、多くの備品や道具が必要です。しかしこれらを常備することは高校の教室の中では難しいのが現状です。充実したマンガ・イラスト指導を通学で受けるには専門校での受講がベストです。

●ダイチ高等部は、世界からマンガの聖地として注目されている秋葉原と横浜で開講。通学コースは秋葉原校で週 4 日マンガ・イラストを学びながら高校を卒業します。年 10 日程度の高校スクーリングとテストは、日本ウェルネス神田神保町キャンパスで行います。また通信コースのスクーリングとテストも全国の日本ウェルネス高等学校各キャンパスで行います。合宿スクーリングではありませんので安心です。

<table>
<tr><td rowspan="2">学習シ
ステム
の特徴</td><td></td></tr>
</table>

学習システムの特徴

●全国どこでも本格的に学べる
《通学コース》と《通信コース》を選べます。通信コースなら全国どこでも本格的なマンガ・イラスト授業が受けられます。さらに横浜では週2回の通学で気軽に学べるコースも開講。

●通学・オンライン毎回自由
秋葉原の通学コースは毎回、通学・オンラインを自由に選べます。その日の体調や気分で自宅から参加できます。もちろんすべてをオンラインでの受講もできます。

●通信コースは日本全国どこでも
通信コースは、動画教材が年間約100本＋レッスンシート＋添削課題＋週1回のオンラインレッスン＋作品制作と充実しています。その場での質問や添削を受けられるオンラインレッスンもありしっかり上達できます。

●リーズナブルな受講料
通信制高校でマンガやイラストの授業を受けると驚くほど高額で、中には高校授業料と合わせて100万円を超える高校もあります。ダイチ高等部なら日本ウェルネス高校の学費を合わせても格安です。

●高校卒業が確実に
通信制高校卒業には自己管理力が必要です。しかし自己管理力を持っている人は多くありません。マンガ・イラストなどを学ぶことは、高校生としての意識を保つことができますので卒業がより確かになります。

●プロを目指すには
マンガ・イラストのプロになるには、本人の努力や才能と、教える学校の指導力が大切です。ダイチは、■多くのプロデビュー者を育てた実績、■業界との太いパイプ、■デビューのための的確な指導とアドバイス、など定評があります。

●初心者から学べる
ダイチ高等部は初心者でもわかりやすく・楽しく学べます。初めての方・経験の浅い方も歓迎いたします。

生 徒 情 報

【登校ペースのできていない生徒への指導】
その方に合わせたアドバイスや相談をいたします。通信コースは自宅で受講できますので問題はありません。通学コースは、その日の体調で自宅でもオンラインでも受講できます。

【将来の目標が見つけられない方】
マンガ・イラストが好きならば、ハッキリした目標が無くても始めてみませんか。マンガ・イラストを受講して自分に合わないなと思えば1年で終了ができます。日本ウェルネス高校ならいろいろ模索でき、自分の目標探しができます。

【高校授業について】
通学コースはその方に合わせたサポートが行われます。通信コースは日本ウェルネス高校の各キャンパスの先生からアドバイスが受けられます。

生活指導
日本ウェルネス高等学校とダイチ高等部には厳しい校則はありません。皆さんが気持ちよく自由に学んでいただけることを目指しています。ただし、他人に迷惑をかける行為は禁止いたします。

進学指導
マンガ・イラストのプロになるには学歴は全く関係ありません。しかし一般的には学歴はあった方が良いのも事実。もし学歴を取得するなら、専門学校よりも大学がベストではないでしょうか。日本ウェルネス高校卒業者は系列大学に優先入学できます。また大学も通信を選べば年28万円の低学費で学士号が取得できます。

2024 年度の行事

月	4月～6月	7月～9月	10月～12月	1月～3月
行事	開講式 オリエンテーション	高校スクーリング 作品審査会	郊外イベント コミケ クリスマスパーティー	高校スクーリング 作品制作 イベント体験

2025 年度の募集・進路状況

募集について

募集人員：通信コース100名／通学コース30名／横浜通学20名
出願期間：通年
試験日：
選考方法：面談、書類審査
受験資格：中学卒業者・卒業見込み者
入学時期：新入学者は4月。転校生は随時。
マンガ・イラスト選考料：0円

卒業後の進路

漫画家、イラストレーター、同人誌作家、SNSイラスト作家、マンガ原作者など。

学費について

入 学 金：10,000 ～ 165,000 円
専門授業料：（通信コース）198,000 円／年
　　　　　　　（通学コース）330,000 円／年
　　　　　　　（その他のコース）6,600 円／月 ～ 270,000 円／年

◇◇◇◇◇◇◇◇◇ この学校にアクセスしてみよう！

学校説明会	入学前 電話相談	文化祭見学	体育祭見学	資料請求
○	○	－	－	○

＜学校の施設＞

校 舎 面 積	－	ラ ウ ン ジ	あり
保 健 室	なし	職 員 室	あり
図 書 室	なし	事 務 室	あり

【サポート校】

中央高等学院
（ちゅうおうこうとうがくいん）

吉祥寺本校・池袋校・渋谷原宿校・横浜校・千葉校・さいたま校・名古屋本校
（きちじょうじほんこう・いけぶくろこう・しぶやはらじゅくこう・よこはまこう・ちばこう・さいたまこう・なごやほんこう）

(https://chuos.com　E-mail:info@chuos.com)

- ■校長名： 斉藤 守
- ■住 所： 〒180-0004　東京都武蔵野市吉祥寺本町2-21-8
- ■電 話： 0422-22-7787　■FAX： 0422-22-7731
- ■最寄駅： JR中央線「吉祥寺」駅下車、徒歩5分
　　　　京王井の頭線「吉祥寺」駅下車、徒歩5分
- ■創立年： 1978年
- ■教育理念：
　『かけがえのない青春だから』『学ぶことの素晴らしさ』
　『自由にのびのびと』
- ■生徒が入学する通信制高校：
　中央国際高等学校

特色

『できることからはじめようよ。』
が合い言葉！

- ●留年なし！3年間でムリなく必ず卒業できます！
- ●入学試験なし！朝10時でゆったり登校できます！
- ●一人ひとりのコミュニケーションを大切にしています！
- ●中学校の基礎から始められるので安心して授業に参加！
- ●修学旅行やディズニーランドなどイベントいっぱい！
- ●私大から国公立大学まできめ細かく受験指導しています！
- ●大学・短大・各種専門学校へ推薦が受けられます！
- ●在学中にさまざまな資格取得も可能です！

学習状況

少人数制授業＋レベル別指導です。一人ひとりを大切にするコミュニケーション指導で不登校・学力不振から大学受験までゆっくり丁寧にサポートします。

【レベル別講座】
サポートコースは中学校の基礎から高校教科書レベルまでの1～3クラスに分かれ、大学入試コースでは、主要科目は4クラスに分かれ志望校や習熟度別に学習することが出来ます。

【進学希望者への指導】
2・3年次に大学入試コースで授業が受けられます。私大文理系から国公立医・歯・薬系まできめ細かく指導します。少人数制授業＋個別指導で合格までサポート。基礎のキソを大切にするコミュニケーション指導。

【校舎へのアクセス】

吉祥寺本校

池袋校

渋谷原宿校

横浜校

千葉校

さいたま校

名古屋本校

＜学校の施設＞

ラウンジ	あり	職員室	あり
自習室	あり	事務室	あり

◇◇◇◇◇◇◇◇◇◇ この学校にアクセスしてみよう！

学校説明会	入学前電話相談	文化祭見学	体育祭見学	資料請求
○ 要予約	○ 要予約	—	—	○

※資料は、LINE、電話、メール、はがき、FAXなどで請求して下さい。遠隔地からの生徒には、提携学生寮への入居が可能です。また、アパートなどの斡旋も行います。寮費は1カ月あたり63,000～93,000円（朝・夕食事付き 家具・電話・テレビ等）

▼学校説明会　毎日9：30～21：00（土日祝日も対応）　【お問い合せ】0120-89-1146

コース
●通信制高校サポートコース
●大学入試コース（文・理・国公立）
●ライフサポートコース
●介護福祉就職コース
●中学生コース
●自宅 de 高卒コース

学習システムの特徴

当学院独自のレベル別講座により、勉強に自信のない人も中学校の内容から学習を進めていくことができます。また、進学を考えている人は 2 年次から大学受験の準備を始めることができて、希望者は早い段階から併設の大学入試コースで学習することができます。どのコース・授業も個別指導や学習相談が受けられます。

【大学受験向けの学習指導】
学習習熟度別のクラス編成で実のある授業を展開。学習に関してだけでなく、進路指導や受験生としての生活面からもアドバイスしています。

【総合型選抜・対策指導】
志望校の傾向により、面接や小論文等、万全の体制で生徒一人ひとりに個別指導を行っています。

生活指導

指定制服はありますが、購入・着用義務はありません。
芸能・モデル・スポーツ活動を行っている生徒も多数在籍しております。

2024 年度の行事（予定）※コロナ等の影響により変更になる可能性があります

月	4 月～ 6 月	7 月～ 9 月	10 月～ 12 月	1 月～ 3 月
行事	入学式 入学・新学期ガイダンス 映画鑑賞 集中スクーリング	1 年生臨海学校 前期試験 2・3 年生修学旅行 野外レクリエーション 大学受験夏期講習 進路ガイダンス 七夕祭り	GREEN DAY 進路ガイダンス 演劇鑑賞会 クリスマスパーティー 大学入試コース説明会 集中スクーリング 緑翔祭（文化祭・体育祭）	後期試験 大学受験冬期講習 防災センター見学 スキー＆スノボ教室 大学受験春期講習 卒業式・修了式

2024 年度の募集・進路状況

募集について

募集人員：新入生 100 名（各校）
出願期間：～ 2024 年 4 月中旬まで
選考方法：面接のみ

募集人員：転・編入生各学年 150 名
出願期間：随時
選考方法：面接のみ

後期生（10 月生）、その他はお気軽にご相談下さい。

学費について

入学金：	
授業料：	入学時期やコースによって変わります。
教材費：	直接お問い合わせください。
施設費：	
諸経費：	
合　計	

※通信制高校の費用が別途必要

卒業後の進路

【卒業後の進路】
2022 年 3 月卒業者・修了者 約 1,100 名

【主な進路先】
四年制大学・短期大学	71%
専門学校	20%
就職・その他	9%

主な合格実績

【2023 年度 主な合格実績】
＜国公立＞
筑波大、東京農工大、東京海洋大、電気通信大

＜私立＞
早稲田大、慶応義塾大、上智大、中央大、青山学院大、立教大、明治大、法政大、立命館大、学習院大、国際医療福祉大、東京薬科大、日本女子大、成蹊大、成城大、國學院大、日本大学、駒澤大、東洋大、専修大、北里大、東海大、亜細亜大、杏林大、工学院大、国士舘大、桜美林大、芝浦工業大、順天堂大、大妻女子大、帝京科学大、帝京平成大、武蔵大、獨協大、東京女子医科大、岐阜医療科学大、東京農業大、関西外国語大、名古屋外国語大、京都女子大

【校舎】
池 袋 校	東京都豊島区東池袋 1-12-8	TEL：03-3590-0130
渋谷原宿校	東京都渋谷区神宮前 6-27-8	TEL：03-5469-7070
横 浜 校	神奈川県横浜市中区太田町 2-23	TEL：045-222-4111
さいたま校	さいたま市大宮区桜木町 1-1-6	TEL：048-650-1155
千 葉 校	千葉県千葉市中央区新千葉 2-7-2	TEL：043-204-2292
名古屋本校	愛知県名古屋市中村区名駅 2-45-19	TEL：052-562-7585

【兄弟校】
中央アートアカデミー高等部（渋谷原宿校）　東京都渋谷区神宮前 6-27-8　　　TEL：03-5469-7086　　公式 HP：https://chuo-arts.com
e スポーツ高等学院　東京都渋谷区宇田川町 20-17　NMF 渋谷公園通りビル 8F　TEL：0120-428-133　　公式 HP：https://esports-hs.com/

※お問い合わせはフリーダイヤルまで　0120-89-1146

【サポート校】

東京共育学園高等部
とうきょうきょういくがくえんこうとうぶ

(https://www.kyoiku-gakuen.com/　E-mail：kyoiku@kyoiku-gakuen.com)

- ■校長名：櫻井　啓子
- ■住　所：〒114-0023 東京都北区滝野川 7-3-2
- ■電　話：03-3910-2400　　■ＦＡＸ：03-3910-4300
- ■最寄駅：JR埼京線「板橋」駅下車、徒歩０分
　　　　　都営地下鉄三田線「新板橋」駅下車、徒歩５分
　　　　　東武東上線「下板橋」駅下車、徒歩７分
- ■創立年：1995 年
- ■沿　革：1995 年 4 月　　開校
　　　　　2023 年 3 月　　第 26 期卒業生
- ■教育理念：
  1. 自由と責任を自覚し、真に自立（自律）できる人材を育てる。
  2. 常に目標を持ち、積極的に行動する人材を育てる。
  3. 幅広い視野と人をいたわる心を培い、
　　社会に貢献できる人材を育てる。
- ■運営母体【設立法人】
  名　称・一般財団法人 共生教育財団　代表者・芹澤　健二
  所在地・〒 114-0023　東京都北区滝野川 7-3-2
  電　話：03-3910-2344　ＦＡＸ：03-3910-4300
  （主な事業）通信制サポート校
- ■生徒が入学する通信制高校：
  さくら国際高等学校

【学校へのアクセス】

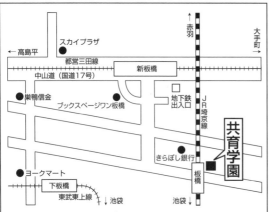

学習状況

【カリキュラムの特長】
通常授業は 12 時 40 分まで。午後は 2 年次から「進学コース」、「ビジネスコース」「普通コース」のいずれかを選択します。
（進学コース）大学、短大への進学希望者のためのコースです。より高度で実践的な知識とともに、受験に向けての学習方法や心構えを身に付けられるよう指導しています。
開講科目：英語、現代文、古文、漢文、世界史、日本史、地理、政治経済、物理、化学、生物、理系数学、文系数学他。
（ビジネスコース）就職希望者・専門学校への進学希望者のためのコースです。各種資格検定に向けての学習を通して、「やればできる」という自信を持つことができるよう指導しています。
開講科目：ワード検定、エクセル検定、簿記検定、秘書検定、電卓検定。

【入学時点の学力検査】
実施しています。合否の参考とし、入学後、基礎講座（中学の復習講座）を受講すべきかどうかのアドバイスのために利用しています。

【進学希望者への指導】
進学コースの他、随時個別に対応しています。

【補習の指導】
入学前は「プレ入学」（希望者には入学直前の 3 月まで隔週の土曜日に学校を開放し遊びに来てもらう制度）で、小・中学校の復習をすることもできます。入学後は、基礎講座（小・中学の復習講座、英・数）を火曜日、木曜日、午後 1 時 30 分から 3 時 10 分まで開講しています。

特色

必修授業は月～金曜日、午前 9 時～ 12 時 40 分まで。ゆとりある時間割ですから、無理なく自分の時間が作れます。1 クラス 20 名程度の少人数クラス編成です。職員室がありませんから、先生と生徒の距離が近く、悩み事など、いつでも気軽に話すことができます。
希望者は、2 年生よりコース（進学、ビジネス）別授業を選択できます。それぞれの進路を万全にフォローします。
小・中学校分野の復習（英語・数学）をしたい生徒のための講座「基礎講座」があります。学力にどうしても自信の持てない生徒も「わからないところ」から一人ひとりのペースに合わせて個別にじっくりと指導しますから、着実にレベルアップできます。不登校、高校中退、転入・編入希望の生徒も積極的に受け入れています。

◇◇◇◇◇◇◇◇◇ **この学校にアクセスしてみよう！**

学校説明会	入学前電話相談	文化祭見学	体育祭見学	資料請求
○ 要予約	○	―	―	○

※資料は電話またはハガキ、メールなどで請求して下さい（無料）。
※遠隔地からの入学を希望する生徒には提携学生寮への入居が可能です。またアパートなどの斡旋も行っています。
　（提携学生寮の寮費：年間約 90 万円、1 カ月約 8 万円 2 食込み）
※学校見学も受け付けています。予約制です。ご連絡の上お越し下さい。

＜学校の施設＞

校舎面積	513.7m²	事務室	あり
保健室	あり	ラウンジ	あり
職員室	なし	カウンセリング室	あり
図書室	なし		

学習システムの特徴

●基礎講座

基礎講座では、小・中学校での既習分野を中心に、少人数で生徒一人ひとりの「わからない部分」からはじめます。学力に不安のある生徒でも理解しやすいように配慮しています。

●進学コース特別集中授業

普段の受験対策の授業に加え、春期・夏期・冬期に集中授業を行います。

●進路対策の授業

3年生は、通常授業の中に「進路対策の授業」が組み込まれます。「時事問題」「論文・面接対策」「一般教養」「社会常識」など、進学・就職に直接役に立つ内容を幅広く指導しています。

クラブ活動

半数以上の生徒が加入しています。現在、活動中のクラブは、野球部、屋外競技部（フットサル、ソフトテニスなど）、室内競技部（バドミントン、卓球、バレーボール、バスケットボールなど）、スキー・スノーボード部、ダンス部、フリーライティング部、アニメカラオケ部、インドアゲーム部、映画鑑賞部、鉄道研究部、ボウリング部、アニメ研究部、軽音楽部、プログラミング部、写真同好会、生物研究同好会、フリークラフト同好会です。他にも自分たちのやりたいクラブを作ることができます。

野球部は2010年JASA野球大会にて優勝しました。

生活指導

基準服があります。本人の自由意志により着用または非着用が選べます。

頭髪（茶髪など）やピアスなどに対する指導は特に行いません。

生徒情報

【登校ペースのできていない生徒への指導】

欠席の理由として考えられるあらゆるケースを想定し、対応しています。もし万が一、休みがちになった場合でも、無理のないペースで通学し、休んだ授業も後日必ず個別の学習のフォローを行います。また「個別指導クラス」は、登校を強制せず、フレックスな時間帯で通えるクラスです。専任のカウンセラーと相談しながらその子その子に合わせて学習を進めていきます。

【いじめ対策】

職員室を廃止し、安心できるスペースを作っています。また、ホームルームなどでの動機付けやカウンセリングを通して、生徒との対話を重視しています。

【保護者との連絡】

保護者との連絡は頻繁に行っています。

電話連絡、保護者会、保護者面談の実施、保護者向け会報の送付、父母勉強会、教育講演会の実施

【生徒数】　　　　　　　　　　　　　　　　　2023年

学年	生徒数	クラス数	1クラスの平均人数
1年次	40名	2クラス	20名
2年次	57名	2クラス	28名
3年次	41名	2クラス	20名
合計	138名	6クラス	23名

【教員数】

常勤講師：男性　6名、女性　8名

非常勤講師：男性　0名、女性　0名

専任カウンセラー：常勤2名

行　事

月	4月〜6月	7月〜9月	10月〜12月	1月〜3月
行事	入学式・始業式　（4月） 新入生歓迎オリエンテーション 　（4月） 父母勉強会　（5月） 遠足　（5月） 保護者会　（6月） 春の校外学習　（6月）	ボウリング大会　（7月） 教育講演会　（7月） 前期試験　（7月） スポーツ祭　（9月） 秋の校外学習　（9月）	父母勉強会　（10月） 共育学園祭　（10月） 保護者会　（11月） 芸術鑑賞会　（11月） アイススケート　（12月）	修学旅行（2年）　（1月） 保護者会　（2月） 後期試験　（2月） スキー・スノーボードスクール 　（2月） 卒業式・修了式　（3月）

2024年度の募集・進路状況

募集について

募集人員：1年生…40名、2・3年生…募集しておりません

出願期間：第1回…2023年11月6日（月）〜17日（金）

試験日：第1回…2023年11月25日（土）、26日（日）

※定員に余裕がある場合は、2024年4月5日（金）まで随時実施します

※出願期間・試験日の第2回以降はホームページをご覧ください

選抜方法：面接（生徒及び保護者）、基礎学力診断

受験資格：中学卒業者及び卒業見込みの者（高校転編入学可）

必要書類：1. 入学願書（本学園所定用紙に写真を貼付したもの）

2. 調査書

3. 在学証明書（転入希望の場合）

4. 併願申請書（併願の場合）

5. 作文（推薦の場合）

6. 写真2枚（入学願書に貼付）

選考料：15,000円

卒業後の進路

これまで26回の卒業生（911名）を輩出しています。

【2022年度卒業者数：43名】

大学・短大	5名
専門学校	9名
各種学校	20名
就職	1名
浪人、他	8名

主な合格実績

＜大学＞埼玉大、青山学院大、国学院大、亜細亜大、専修大、明治大、立教大、東洋大、日本大、上智大学　他

＜専門＞神田外語学院専門、中央動物専門、東京電子専門、東京ビューティーアート専門、日本外国語専門、目白デザイン専門　他

＜就職＞株式会社トステム、日本郵便株式会社、西東京バス株式会社、東京都特別区公務員　他

学費について

お問い合わせください。

北海道
青森
岩手
宮城
秋田
山形
福島
茨城
栃木
群馬
埼玉
千葉
東京 ★
神奈川
新潟
富山
石川
福井
山梨
長野
岐阜
静岡
愛知
三重
滋賀
京都
大阪
兵庫
奈良
和歌山
鳥取
島根
岡山
広島
山口
徳島
香川
愛媛
高知
福岡
佐賀
長崎
熊本
大分
宮崎
鹿児島
沖縄

【サポート校】

東京YMCA高等学院／YMCA学院高校

とうきょうワイエムシーエー こうとうがくいん ／ ワイエムシーエー がくいんこうこう

（ https://tokyo.ymca.or.jp/highschool/ 　E-mail：highschool@tokyoymca.org ）

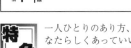

探してきた「ちょうど良い」がここにある

■校長名：井口 真
■住 所：〒 169-0051　東京都新宿区西早稲田 2-18-12
■電 話：03-3202-0326
■FAX：03-3202-0329
■最寄駅：JR 山手線・西武新宿線「高田馬場」駅、早稲田口より徒歩 7 分
　　　　　東京メトロ東西線「高田馬場」駅、7 番出口より徒歩 5 分
　　　　　東京メトロ副都心線「西早稲田」駅、1 番出口より徒歩 3 分
■沿 革：
　YMCA は 1844 年イギリスのロンドンで誕生しました。日本では 1880 年東京 YMCA が誕生したのが最初です。以来、人間関係を養うスポーツとしてのバスケットボールやバレーボールなど YMCA が生み出したものは多く、組織キャンプによる体験的教育活動など、青少年の育成、社会教育の分野に貢献してきました。
■教育理念：
　「あなたは、あなたらしくあっていい」ということを大切にする学校です。その自己肯定感を持てる環境の中で、自由と信頼を基礎に、体験を重視した学びを進めます。
■運営母体【設立法人】：
　名 称：公益財団法人東京 YMCA　　代表者名：菅谷 淳
　所在地：〒 169-0051　東京都新宿区西早稲田 2 丁目 3 番 18 号
　　　　　日本キリスト教会館 6 階
　T E L：03-6302-1960　　FAX：03-6302-1966
　（主な事業）青少年育成活動　社会教育活動
■併設校：オープンスペース liby、社会体育保育専門学校、
　　　　　国際ホテル専門学校、医療福祉専門学校、
　　　　　にほんご学院 TYIS（インターナショナルスクール）
■生徒が入学する通信制高校：
　YMCA 学院高等学校（大阪府）

【学校へのアクセス】

東京メトロ東西線
高田馬場駅 7 番出口 徒歩 5 分

至早稲田

早稲田通り

高田馬場駅

JR 山手線

西武新宿線

至新宿

BIG BOX

カラオケ館

早稲田松竹

明治通り

AOKI

VELOCE

インド大使館邸

YMCA

東京メトロ副都心線
西早稲田駅 1 番出口 徒歩 3 分

自転車屋

特色
一人ひとりのあり方、考え方を尊重し、「あなたは、あなたらしくあっていい」という自己肯定感を持てる環境の中で、自由と信頼を基礎に、体験を重視した学びを進めます。
少人数でアットホームな雰囲気を大切にします。
単位制・総合学科なので、YMCA の得意とする福祉分野、保育や社会体育の分野、世界に拠点のある YMCA の特色を生かした多文化共生や、エコロジーやキャンプといった体験活動を多く取り入れた豊富な選択科目が用意されています。

■選べる学習プラン

①カラフルプラン
たっぷりサポート！学校生活を満喫したい！
週 3 日以上、毎日でも OK です。全日制の高校と同じ生活サイクルになるので、生活のペースを作りやすくなります。レポートに則した授業でレポートの作成もグッとラクに！多彩な授業に出席して、カラフルな高校生活を送りましょう。

②フレックスプラン
マイペースで自分の時間も大切にしたい！
週 1 日または 2 日が選べます。自分の夢が決まっていて、夢のために時間を使いたい人や、仕事を持っている等、なるべく少ない登校で卒業を目指したい人にうってつけのプランです。登校に割く時間は最低限にして、それでも確実に高校卒業を目指します。授業時間外の補講・質問にも対応します。

■多様なプログラム展開
　東京 YMCA は学校の他にも
　多彩なプログラムを展開しています！
学校と同じ建物の中には、永年に渡って指導しているスイミングスクール、英会話クラス、ピアノ、また 100 周年を迎えた野外教育キャンプなどの様々な活動があり、興味・関心に応じて参加することができます。
他にも、オープンスペース liby（let it be at the YMCA of Tokyo）もあります。1998 年より学校でも家庭でもない第 3 の居場所として運営を始め、主に不登校の子どもたちの居場所を活動の柱にしています。見学なども実施していますので、お気軽にお問合せください。

◇◇◇◇◇◇◇◇◇◇ **この学校にアクセスしてみよう！**

学校説明会	入学前電話相談	文化祭見学	体育祭見学	資料請求
○	○	○	○	○

※資料請求は、ホームページから、または電話、ファックスなどで請求ください。

＜学校の施設＞

校舎面積	m²	ラウンジ	なし
保健室	なし	カウンセリング室	あり
職員室	あり	図書室	あり
事務室	あり		

学習状況

【カリキュラムの特長】
東京 YMCA 高等学院は、高校卒業資格に必要な必修単位はもちろんのこと、エコロジーや福祉、保育、多文化共生、ウエルネスといった充実した選択科目があります。また YMCA の得意である体験学習の機会が豊富なので机上ではなく実体験に裏打ちされた、しっかりした新しい自分に出会えます。
登校パターンは、全日制高校のように週3日～週5日通うカラフルプランと、自分のペースを大切にして、週1日か2日、個別対応を基本としながら通うフレックスプランの2種類から選べます。
また、好きなことややりたいことが見つかる「選択ゼミ」も開講しています。（ゼミ一例：調理、ゲーム、スポーツ、ギター、食×農、野外活動　等）

【入学時点での学力検査】
簡単な面接による入学検定のみ実施しています。

【サポート体制】
・中学生のための居場所・学びの場「あっと Y」
・発達段階に応じた小・中・高生のためのソーシャルスキルトレーニング「ASCA（あすか）クラス」
・高校卒業後の大学適応・就労支援クラス「START-Y」
＊他校の生徒・学生も参加・受講可能です

学習システムの特徴

総合学科の特色を生かし、YMCA ならではの体験学習を重視した学習を行います。レポート作成をサポートする授業を展開し、無理なく学習が進められます。スクーリングは夏と冬に集中して実施。豊富な特別活動は参加・不参加を選べます。

進路指導

先ずは自分の特色を知り、興味の方向を見出します。その上で大学の他 YMCA の持つ専門学校等、じっくり話し合って進めていきます。推薦入学の枠も用意します。また、就職活動も指導します。

生徒情報

【不登校生に対する指導について】
個別相談からじっくり本人と、家族のお話を伺います。その上で学習のプランを考えて、本人と家庭の気持を尊重し、うまくいかないことがあっても、何度もやり直せます。

【クラスの雰囲気】
少人数のアットホームな学校です。教員も生徒もニックネームで呼び合うなど、温かな雰囲気のクラス運営をしています。

【保護者との連携】
学校通信やホームページを通じて学校の状況を報告しています。保護者面談やメーリングリスト、電話等、必要に応じて用い、保護者との連携を進めています。

【教員数】
専任：男性3名、女性2名
非常勤：男性8名、女性6名
※常勤者として 臨床心理士、公認心理師がいるので気軽に相談できます

補習指導

少人数ならではの個別指導で、動機付けを確かなものとし、意欲を持って取り組みます。一人ひとりの進度や都合に合わせて個別に指導します。

クラブ活動

生徒の意欲や興味に合わせて、日々いろんな活動がされています。生徒の興味や意欲で次々と新しい活動を行っています。

生活指導

標準服を用意していますが、購入は自由です。特別な服装規定は設けていません。バイク通学はできません。校則は原則ありません。自由と信頼を基礎に指導していきます。

年間行事

月	4月～6月	7月～9月	10月～12月	1月～3月
行事	4月：入学礼拝、講座登録、オリエンテーション、サポート校授業開始、田植え 5月：遠足、社会見学 6月：芸術鑑賞（音楽など）、保護者面談	7月：サポート校授業終了、スクーリング 8月：夏休み、夏祭り、単位認定テスト、特別活動（キャンプ・ボランティアなど） 9月：チャリティーラン、卒業礼拝、稲刈り	10月：入学礼拝、講座登録、オリエンテーション、サポート校授業開始、バザー、ソフトボール大会 11月：芸術鑑賞、社会見学、保護者面談 12月：クリスマス礼拝、冬休み	1月：スクーリング、特別活動（スノースポーツなど） 2月：サポート校授業終了、単位認定テスト 3月：卒業礼拝

2024 年度の募集・進路状況

募集について

【一般入試】
募集人員：30 名
出願期間：各回前々日までに到着のこと
試験日：2月11日（祝）
　　※2月11日（祝）以降は、随時実施します。
　　※新入学は4月・10月に随時入学可能。
　　　転・編入は毎月可能です。

選抜方法：面接
選考料：10,000 円

学費について

諸 経 費：	13,200 円 ／半期
学習指導料：	363,000 円 ／半期
施設使用料：	66,000 円 ／年度ごと
合 計：	442,200 円

※通信制高校（YMCA 学院高等学校）の学費が別途必要となります。（高等学校等就学支援金が適用されます）

▼**学校見学・説明会**　毎月の説明会・体験授業の予定はホームページにてご確認ください。
　　　　　　　　　　　個別相談にも応じます。ご希望の方はお申し出ください。

北海道
青森
岩手
宮城
秋田
山形
福島
茨城
栃木
群馬
埼玉
千葉
東京 ★
神奈川
新潟
富山
石川
福井
山梨
長野
岐阜
静岡
愛知
三重
滋賀
京都
大阪
兵庫
奈良
和歌山
鳥取
島根
岡山
広島
山口
徳島
香川
愛媛
高知
福岡
佐賀
長崎
熊本
大分
宮崎
鹿児島
沖縄

【サポート校】

トライ式高等学院
しきこうとうがくいん

(https://www.try-gakuin.com　　E-mail：try-gakuin-info@trygroup.com)

■**名　称：**トライ式高等学院

【東京本部・飯田橋キャンパス】
■**住　所：**〒102-0072 東京都千代田区飯田橋 1-10-3
■**最寄駅：**JR・東京メトロ「飯田橋」駅より徒歩 5 分

【名古屋本部・千種キャンパス】
■**住　所：**〒464-0075 愛知県名古屋市千種区内山 3-30-9 nonoha 千種 2F
■**最寄駅：**地下鉄「千種」駅 4 番出口より徒歩 5 分

【大阪本部・天王寺キャンパス】
■**住　所：**〒545-0051 大阪府大阪市阿倍野区旭町 1-1-10 竹澤ビル 2F
■**最寄駅：**JR・大阪メトロ「天王寺」駅西口より徒歩 5 分
上記含め、**全国に 123 ヶ所のキャンパス**

■**電　話：**0120-919-439（受付 9:00 〜 22:00 土日・祝日も対応）
■**創立年：**2010 年
■**沿　革：**

1987 年	「家庭教師のトライ」の前身となる「富山大学トライ」を創業
1990 年	株式会社トライグループ設立
2000 年	1 対 1 個別指導塾「個別教室のトライ」事業を開始
2010 年	通信制高校サポート校「トライ式高等学院」を開校
2014 年	特定非営利活動法人「JHP・学校をつくる会」と協同で、カンボジアに小学校を設立
2014 年	「トライ式合宿」事業を開始
2015 年	永久 0 円の映像授業サービス「Try IT（トライ イット）」を開始
2017 年	全国で「プログラミング教室」を開始
2019 年	学習支援事業が全国 200 以上の自治体・行政機関・学校に展開
2020 年	ソニーグループの AI の会社であるギリア株式会社と資本業務提携を行い、共同制作により「トライ式 AI 学習診断」を開発、2019 年度「教育 AI 賞」を受賞
2020 年	ZVC Japan 株式会社（Zoom）と事業協力をし、「オンライン個別指導」サービスを開始
2020 年	株式会社旺文社と業務提携。さらに、ギリア社との共同制作により、トライグループ、旺文社、ギリア社の 3 社連携によって志望大学別入試対策 AI「入試問題的中 AI」を開始
2021 年	株式会社旺文社と、英検学習サービス「トライ式英検® 合格コース」を開始
2023 年	「トライ式中等部」開校

■**教育理念：**
「人は、人が教える。人は、人が育てる。」という理念を大切にしながらすべての生徒の夢や目標を実現へ導くためのサポートを行います。
・マンツーマンによる個別サポートで生徒一人ひとりを丁寧に指導します。
・キャンパスライフや様々な学校行事を通じて社会性を育み、心身共に成長させて自立へと導きます。

■**運営母体：**
名　称：㈱トライグループ　　代表取締役：物部　晃之
所在地：〒102-0072 東京都千代田区飯田橋 1-10-3
＜主な事業＞ "家庭教師のトライ" や "個別教室のトライ"、大人向けの生涯教育事業、映像授業などの e-learning 事業などを展開中。

■**生徒が入学する通信制高校：**
鹿島学園高等学校、日本航空高等学校、高松中央高等学校、ルネサンス大阪高等学校、鹿島朝日高等学校、近畿大阪高等学校

【特色】

トライ式高等学院は通信制高校の中で大学進学率 No.1 ※

日本全国すべての都道府県で、完全マンツーマン授業を行います。

全国に 123 ヶ所にキャンパスがあります（2024 年 4 月現在）。最寄りのキャンパスへの通学が可能です。

＜トライ式だからできる、一人ひとりの夢や目標の実現！＞

◆**一人ひとりの夢や目標をかなえる**
「家庭教師のトライ」で培ってきたマンツーマン授業のノウハウを活かし、お子さま一人ひとりの夢や目標の実現に向けてマンツーマンでサポートします。
生活スタイルや体調面に合わせて「通学型」「在宅型」「オンライン型」の 3 つから自分に合ったスタイルを選択することができます。もちろん、途中で変更することも可能です。どのスタイルも、高校卒業から大学進学、就職などその先の進路を実現できるよう、目標に合わせて「普通科」「特進科」をお選びいただけます。
当学院の強みは、全教職員が「ご家族やお子さまの、夢や目標の実現を絶対にあきらめないこと」。志望校に特化したオーダーメイドの学習カリキュラムと完全マンツーマンサポート、トライ式 AI 学習で、お子さまの夢や目標の実現をサポートします。

◆**生徒一人ひとりの夢や目標に合わせて担任が個別に学習計画を作成！**
生活スタイルや性格、学力や精神面の状況は生徒一人ひとり大きく異なります。トライ式では生徒一人ひとりに担任が付き、お子さまの状況を考慮した学習計画をオーダーメイドで作成しています。まずは自信を回復させることから始めたり、高い目標を最短距離で実現する学習計画を立てるなど、一人ひとりの生徒が主役になれるプランを個別にご案内します。

◆**「不登校」「ひきこもり」でも大丈夫。**
　無理なく自宅から始めることができる！
当学院には、不登校のお子さまや新しい高校生活になじめなかったお子さまも多数在籍しています。体調が悪かったり、人と接することが苦手な方など、通学が難しい場合はご自宅へ講師やカウンセラーが訪問しサポートを行うため、無理なく始めることが可能です。キャンパスに通学ができるよう、ステップを踏みながら導きます。

◆**「教育支援カウンセラー」によるメンタルサポートも万全！**
トライ式高等学院には不登校のお子さまへのサポートスキルを持つ「教育支援カウンセラー」資格を有した職員が在籍しております。不登校解決をご家族と一緒になって考え、解決策をご提案します。
※「教育支援カウンセラー」とは：一般社団法人全国心理業連合会により現場での一定の実施訓練を経た職員が資格取得の権利を得て、連合会による研修と資格試験に合格した者に与えられる資格です。

◆**「家庭教師のトライ」のノウハウを活かし難関大も多数合格！**
当学院には受験対策に強いプロ講師、医学部受験や難関大受験の専門チームもいるため、どのような進学先に対しても万全の体制でサポートします。大学進学に向けた学習サポートだけではなくプログラミングや料理などの分野においても、専門講師による個別サポートも行っています。予備校に行く必要がなくトライ式高等学院だけで対策できるので、費用対効果も抜群です。

※在籍生徒数 3,500 人以上の通信制高校・サポート校において進学率全国 1 位。2023/3/23 産経メディックス調べ。
トライ式高等学院は通信制高校サポート校です。

▼**学校説明会**　随時開催中。お申し込み・お問い合わせはいつでも受け付けております。　0120-919-439（受付時間 9:00 〜 22:00　※土日・祝も受付）

学習システムの特徴

■ 一人ひとりの夢や目標に合わせた個別プラン ■

当学院では、生徒一人ひとりが目標に向けて学びたいことを自由に学べるように、個別に学習プランを設定しています。「生徒が学校に合わせるのではなく、学校が生徒に合わせてカタチを変える」これがトライ式高等学院です。

＜様々な目的に合わせて一歩ずつ確実に。＞

■大学進学
・選べる3つのスタイル（通学／在宅／オンライン）
・一般入試／推薦入試の対策が可能
・難関大学の合格者が多数

■就職や専門学校への進学
・進路を見つけるキャリア教育が充実
・各種資格の就職サポートを実施
・短期間での高認取得もサポート

■フリースクール（トライ式中等部）
・中学生を対象としたサポートコース
・学習のフォローアップも万全
・在籍中学の学校長の許可があれば出席カウントも可能

■一人ひとりの可能性を広げるトライ式ならではの「多様な学び」

当学院では、各科目の学習サポートに加えて「多様な学び」を「授業」としてご受講いただけます。授業の中には、興味関心がある業界で働く人と交流できる機会もあります。また、トライグループが運営する「大人の家庭教師」とのサービス連携で「習い事」から「仕事に必要なスキル」まで幅広く授業を受けられます。その道のプロがマンツーマンで授業を行うので、高校生のうちから将来への具体的なイメージを膨らませることができます。

「人は、人が教える。人は、人が育てる。」という理念のもと、当学院は一人ひとりの夢に向かって前向きに学べる環境を提供し、視野を広げることで、生徒の将来の可能性を伸ばします。

＜1対1で受講できるカリキュラム＞

テニス、ダンス、料理、語学、マンガ、美術、プログラミング、語学、演技、ボーカロイド、音楽、マジック・・・他多数

Q&A

Q. ひきこもって全く部屋から出てこない子でも入学できますか。
A. 入学できます。トライ式高等学院では自宅やオンラインで授業を受けることも可能です。ひきこもり解決のサポート経験を持つ講師がお子さまと根気よく向き合い、スクーリングに参加できるよう少しずつ導きます。自宅カウンセリングも可能です。

Q. 人と接するのが苦手なので、先生との1対1の個別サポートは緊張すると思います。
A. ご安心ください。最初の授業は特に勉強よりもコミュニケーションに重点を置き、距離を縮めることから始めています。また、緊張をほぐすために周りが気にならない環境を用意したり、生徒と趣味が似ている講師を担任にするなど工夫しています。各キャンパスでは個別サポートの机の間に仕切りを設けていますので、個々のスペースが確保されています。

Q. いじめを受けて心に深い傷を負っているのですが、精神面のサポートもしていただけますか。
A. 可能です。学習面だけでなく精神面でのサポートも万全です。当学院には「教育支援カウンセラー」の資格を所有した職員が在籍しています。

Q. 高卒資格のほかにも資格を取ることはできますか。
A. 様々な専門資格や検定を取得することが可能です。英検®、漢検、TOEIC®、日商簿記、MOS、IT パスポート、公務員試験などの対策授業を行っています。当学院には公認会計士や行政書士の資格を持つ講師もいるので、難関資格対策も個別サポートで受けられます。

Q. トライ式高等学院へ入学したいと思ったら、どうすればいいですか。試験などはありますか。
A. まずは保護者の方と一緒にキャンパスへお越しいただき、雰囲気や授業の様子などをご覧ください。その際に、申込書等をお渡しします。入学選考は、面接試験と作文です。面接は保護者の方と一緒に受けていただき、作文は事前に作成していただきます。作文のテーマは「将来の自分について」で、300～350文字程度です。

Q. 現在中3ですが、中学の学習内容がほぼ理解できていない状態です。授業についていけますか。
A. 大丈夫です。当学院はマンツーマンサポートなので、一人ひとりの学力レベルに合わせたサポートを行います。理解するまで講師が何度でも教えるため、わからない部分を残したまま進むことはありません。

Q. トライはマンツーマンサポートですが、友達を作ることもできますか。
A. もちろん可能です。毎日のランチタイムや様々なイベント・行事など、生徒同士の時間を通じて交流を深めることができます。ボウリングやゲーム大会などの少人数で行うイベントや林間学校、修学旅行、体育祭、文化祭などの行事を通して価値観の合う友人を見つけることができます。参加は自由選択制のため、無理なく参加することができます。

2024 年度の行事

※行事は変更する場合がございます。詳しくはお問い合わせください。

	4月～6月	7月～9月	10月～12月	1月～3月
行事	入学式、オリエンテーション、新入生歓迎、進路説明会、入学後三者面談、林間学校、体育祭	スクーリング＋単位認定テスト、夏期講習、夏期三者面談、推薦入試対策合宿、弁論大会（高3）、チームプレゼン大会	文化祭、修学旅行、冬期講習、受験進路面談、冬期三者面談、弁論大会（高1・2）、進路探求合宿	スクーリング＋単位認定テスト、3年生を送る会、卒業式、春期講習、春期三者面談

募集について

2024 年度の募集要項

出願資格：
【推薦】・現在中3生（2024年3月に中学校卒業見込みの方）
・中学校卒業後高校に入学したことのない方
・本学院を単願希望で、在籍中学校の推薦がある方
・本学院実施のオープンキャンパスに参加した方
【一般】・現在中3生（2024年3月に中学校卒業見込みの方）
・中学校卒業後高校に入学したことのない方
【転・編入学】・現在、高等学校に在学中の方（休学中も含みます）
・高等学校中途退学者

出願受付期間：
【推薦】2023年7月1日～2023年12月27日
【一般】〈単願〉2024年1月5日～2024年3月31日
〈併願〉2023年10月2日～2024年1月25日

募集定員：キャンパスにより異なります。※詳細はお問い合わせください。

入学時期：2023年8月1日～2024年4月1日
転入・編入は上記期間以外も随時受け入れ

選考内容：面接、作文（一般のみ）

※転・編入学は随時受け付けております。

卒業後の進路

卒業生の進路状況

卒業率99.2%（※1）
進学率68.7%（※2）
過去5年間の大学合格実績 6,957名

≪過去5年間の主な合格実績≫
東京大、京都大、北海道大、名古屋大、大阪大、九州大、一橋大、東京工業大、神戸大、山梨大（医）、岡山大（医）、広島大（医）、佐賀大（医）、和歌山県立医科大、奈良県立医科大、筑波大、横浜国立大、広島大学、千葉大、金沢大、熊本大、新潟大、信州大、富山大、山形大、福島大、埼玉大、静岡大、大阪教育大、滋賀大、山口大、長崎大、慶應義塾大、早稲田大、上智大、東京理科大、国際基督教大、明治大、青山学院大、立教大、中央大、法政大、学習院大、関西大、関西学院大、同志社大、立命館大、他多数（トライ式高等学院のみの合格実績）

※1.卒業対象のうち、退学者を除いた割合。2023年3月末時点。
※2.進路決定者のうち、大学・短大・専門職大学に合格した割合。2023年3月末時点。

学校推薦型・総合型選抜で難関大学へ合格する生徒も多数！
自分の強みを生かせる受験方式や志望校合格に向けたアドバイスなど、一人ひとりに合わせた丁寧な進路指導を行います。

学費

履修単位およびご希望のコースにより変動します。詳しくはお問い合わせください。

【サポート校】

プラドアカデミー高等学院

(https://www.tomon-kg.jp　E-mail:pa-h.info@pradgroup.jp)

慶応義塾大合格
東京大合格
上智大合格
立教大合格

■学院長名：倉沢　礼宏
■住　所：〒170-0002 東京都豊島区巣鴨 1-14-5　第一松岡ビル 7F
■電　話：03-5319-1230
■ＦＡＸ：03-5319-1240
■最寄駅：JR 山手線・都営三田線「巣鴨」駅下車、徒歩 1 ～ 2 分
■創立年：2002 年
■沿　革：
　1984 年より、個別指導塾稲門学舎を開校。そのノウハウを生かし、2001 年 10 月、個別指導型の通信制サポート校稲門高等学院の募集開始。2002 年 4 月開校。2021 年 9 月に校名をプラドアカデミー高等学院に変更。

■教育理念：
　個別指導によって『長所を褒め伸ばし、夢を与える』が私たちの教師信条です。生徒たちが夢や理想を持って、明確な目標へ向かって前進するためには "自分を信じる力（自信）" を持つことが何よりも大事です。私たちは生徒に、自信となる体験を積み重ねて、志望大学合格まで応援します。

■運営母体【設立法人】：
　名　称・（株）プラドラーニングスタイル
　代表者名・西岡　悟
　所在地・〒169-0075　東京都新宿区高田馬場 1-29-4 7F
　（主な事業）サポート校・学習塾

■生徒が入学する通信制高校：
　翔洋学園高等学校

【学校へのアクセス】

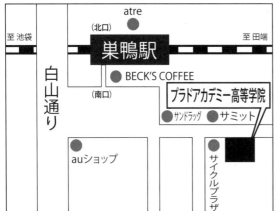

至 池袋　　atre（北口）　至 田端
巣鴨駅
BECK'S COFFEE
（南口）
白山通り
プラドアカデミー高等学院
サンドラッグ　サミット
auショップ
サイクルプラザ

学習状況

【カリキュラムの特長】
個々の生徒の目標、状態に合わせたオリジナルカリキュラムを作成し、大学入試のプロ教師が 1 対 1 のマンツーマン授業で指導します。
【入学時点の学力検査】
なし（入学後に学力診断テスト実施）
【進学希望者への指導】
個別面談による進路指導を実施し、夏・冬・春期には特別講習を実施しています。大学見学会も開催しています。

特色

当校は、大学進学を専門とした個別指導型サポート校です（大学進学率 83%）。志望大学の入試科目に合わせたカリキュラムを生徒一人ひとりに作成し、入試科目以外で高校卒業のために必要な科目はその学習負担を軽減します。大学合格までを効率よくサポートします。入学は随時可能です。

＜大学進学【通学コース】＞
月～土曜日の週 1 ～ 6 日の通学コース。高校卒業はもちろん、大学入試対策のためのコースで、科目の選択も志望大学の入試科目を目安にして自由に選ぶことができます。

＜大学進学【オンラインコース】＞
パソコンやスマホ、タブレットを使用し、1：1 のマンツーマンで授業を進めるので、対面授業同様にリラックスして質問できます。

＜中等部【通学生・オンライン生】＞
高校進学から、その先の大学進学を目指す中学生の方のサポートを目的としたコースです。

＜学校の施設＞

校 舎 面 積	200㎡	ラ ウ ン ジ	なし
図 書 室	なし	カウンセリング室	あり
職 員 室	あり	保 健 室	なし
事 務 室	あり		

◇◇◇◇◇◇◇◇◇ **この学校にアクセスしてみよう！**

学校説明会	入学前電話相談	文化祭見学	体育祭見学	資料請求
○	○	－	－	○

※資料は、電話またはホームページから請求して下さい。
※遠隔地からの入学は転居を前提に入学できます。原則として住居は生徒本人の責任で探して下さい。
※学校見学も受け付けています。予約制ですのでご連絡の上お越し下さい。

▼学校見学・入学相談　随時、実施しております。（月～土 /9:30 ～ 18:00）お電話でご予約下さい。
▼資料請求　お電話、またはホームページよりお申し込み下さい。
▼無料体験授業　随時、実施しております。お電話でお申し込み下さい。

学習システムの特徴	個別にカリキュラムを組むため、授業についていけないという心配はありません。 ①生徒一人ひとりの目標（大学）に合わせたマンツーマンの授業②毎日行われる英語演習③授業前後に行われる自由演習授業（予習・復習）の3つの柱で大学進学を強力にサポートします。夏期冬期には個別による講習会・勉強合宿（任意）も実施しています。 また、当校オリジナルの大学入学共通テスト対策講座や河合塾の模試で学力推進を確認し、カリキュラムの改善を図っています。
生活指導	学校指定の制服はありません。 頭髪やピアス等に対する校則はありませんが、一般常識に照らし合わせた指導を行っています。
その他	・スクーリング 　短期集中スクーリングを、都内会場で実施。 　※宿泊型のスクーリングではありません。 ・特待生制度有 　（詳しくは教務部までお問い合わせください） ・オンライン授業 　当校のオンライン授業は、お互いの表情だけでなく、手元も見える独自のシステムです。

生 徒 情 報

【登校ペースのできていない生徒への指導】
登校ペースができていない場合は、本人・保護者と個別の相談を随時行います。当校は、「個別指導型」であるので、不登校であった生徒でも通いやすく、そのほとんどが毎日元気に通って来ています。

【転入学の生徒たちが80%】
高校転入学の生徒が多く、その中でも最近は私立中高一貫校の生徒、他通信制高校からの生徒が増えています。

【いじめ対策】
お互いに感謝し合うこと、尊重し合うことを、学校生活の中でも常に意識させ、いじめや暴力は絶対に許さないということを明確に打ち出しています。

【保護者との連絡】
授業内容の詳細については、Webシステムによりアプリで随時確認することができます。その他、個別面談、進路相談は随時受け付けています。

【教員数】
常勤スタッフ：男性　9名、女性　3名
非常勤講師：45名
専任カウンセラー：学習・進路の相談員が常勤

2023年度の行事

※毎月1回、総合学習プログラムと体育スクーリングがあります。（宿泊型のスクーリングではありません）

月	4月～6月	7月～9月	10月～12月	1月～3月
行事	入学式、始業式　　　　　　（4月） 進路ガイダンス　　　　　　（4月） オリエンテーション　　　　（4月） 個別面談（教科・進路）　　（6月）	夏期集中スクーリング　　　（8月） 夏期講習会　　　　　　　　（8月） 前期単位認定試験　　　　　（9月）	後期始業式　　　　　　　　（10月） 個別面談（教科・進路）　　（11月） 冬期集中スクーリング　　　（12月）	冬期講習会（12月下旬～1月上旬） 後期単位認定試験 　　　　　　　（1月下旬～2月上旬） 卒業式　　　　　　　　　　（3月） 春期集中授業　　　　　　　（3月）

2024年度の募集・進路状況

募集について	**募集人員**： **受験資格**： **選考方法**： **選考料**：	定員100名（大学進学コース） ※定員になり次第、募集を停止させていただきます。 ① 2024年3月中学校卒業見込みの方、または中学校既卒の方 ② 高校転入学・編入学を希望する方 ③ その他（中学生・社会人） 面接（保護者同伴） なし		

学費について	**入　学　金**：53,900円 **授業料（年間）**：700,920円（大学進学3コース） **システム運営費（年間）**：33,000円 **学習サポート費（年間）**：50,600円（初年度61,600円） **合　　　　計**：838,420円 ～ ※上記費用は全て税込表示となっています。 ※授業料はコースによって異なります。

主な合格実績
東京大、筑波大、早稲田大、慶應大、上智大、東京理科大、ICU、立教大、明治大、中央大、法政大、学習院大、麻布大、芝浦工業大、立命館大、東京農業大、成蹊大、明治学院大、国学院大、日本大、専修大、東洋大、駒澤大、東海大、拓殖大、東京都市大、東京電機大、東京経済大、東京福祉大、大東文化大、立正大、武蔵野大、神田外語大、千葉工大、東京女子大、日本女子大、白百合女子大、大妻女子大、昭和女子大、東京家政大、鎌倉女子大、フェリス女学院大、恵泉女学園大他
＜医歯薬系＞岩手医科大、東京女子医大、川崎医科大、北里大、順天堂大、東京歯科大、日本歯科大、星薬科大、東京薬科大　他
＜芸術系＞東京芸術大、多摩美術大、武蔵野美術大、女子美術大　他

【併設校】 ブラドアカデミー

【インターナショナルスクール】

四谷インターナショナルスクール 小等部・中等部・高等部
（ しょうとうぶ ちゅうとうぶ こうとうぶ ）

（ https://www.web-yis.jp ）

- ■校長名：
- ■住　所：〒160-0004　東京都新宿区四谷2-11
- ■電　話：03-3355-4990
- ■創立年：2003年
- ■最寄駅：JR中央線「四ツ谷」駅下車、徒歩5分
  東京メトロ丸の内線・南北線「四ツ谷」駅下車、
  徒歩5分
- ■沿　革：
- ■教育理念：
- ■運営母体【設立法人】：
  - 名　称：
  - 代表者名：
  - 所在地：
  - 電　話：
  - ＦＡＸ：
- ■生徒が入学する通信制高校：

学習状況

【カリキュラムの特長】
授業形態は、生徒の英語力に合わせて
　(1) 英語中心
　(2) 日本語と英語をミックス
の2つからの選択できます。

【学校へのアクセス】

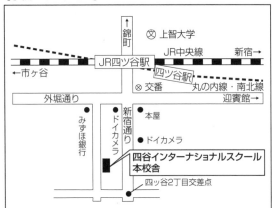

↑錦町
Ⓧ 上智大学
JR中央線　新宿→
JR四ツ谷駅
←市ヶ谷
四ツ谷駅
⊗ 交番　丸の内線・南北線
外堀通り　迎賓館→
新宿通り
● 本屋
ドイカメラ
● ドイカメラ
みずほ銀行
四谷インターナショナルスクール
本校舎
四ツ谷2丁目交差点

特色

当校は2003年、アメリカ合衆国の正式教育認定機関の加盟校として新宿区四谷に開校。英語の苦手な生徒にも対応した新しいタイプのインターナショナルスクールです。生徒の英語力に合わせて「英語中心」「日本語と英語をミックス」の2つの授業形態から選択できることを最大の特長としています。生徒の自主性・独立心を育て、真の意味での「国際的な視野を持つ人材」の育成に力を注いでいます。年間を通じて多彩な校外活動・ボランティア活動等を実施。また、様々な分野のユニークな外部講師を招き、単に英語力をつけるだけではなく、真の意味での"国際的な視野を持つ人材"の育成に力を注いでいます。加えて、在学中に短期・中期・長期の留学制度もあります。

＜学校の施設＞

校舎面積	m²	保健室	
図書室		ラウンジ	
職員室		カウンセリング室	
事務室			

◇◇◇◇◇◇◇◇◇◇ **この学校にアクセスしてみよう！**

学校説明会	入学前電話相談	文化祭見学	体育祭見学	資料請求
○ 要予約	○	○	○	○

※体験入学も受け付けています。

進学指導
卒業後は本校卒業資格と同時に、希望者は日本の高校卒業資格を取得できます。卒業後は海外の大学等の他、日本の大学・短大への進学が可能です。

転編入について
新入学は4月および9・10月ですが、転・編入学は年間を通じていつでも可能です。日本国内外を問わず、前在籍校で修得した単位・在籍期間の認定が可能です。中学卒業程度の人であれば、最長3年間で本校卒業資格が取得できます。また、希望者は日本の高校卒業資格も取得できます。

生活指導
基準服があります。インターナショナルスクールなので着用は本人の自由意志です。
人にめいわくをかけない事以外は、校則は一切ありません。一人ひとりの生徒の個性を尊重しています。

生 徒 情 報

【保護者との連絡】
担任より電話、保護者面談、学園だより等を頻繁に行っています。親・子・学校が緊密な連絡体制をとれるよう、細かい配慮をしています。

帰国子女の受け入れも積極的に行っております。
高校在学中の方も年間いつでも転入できます。
●小等部・中等部あります。いつでも転入学できます。

【生徒数】
全体で約100名

【教員数】
常勤スタッフ：男性　名、女性　名
非常勤スタッフ：男性　名、女性　名
専任カウンセラー：常駐しています。

2023年度の行事　※すべての行事は自由参加

月	4月～6月	7月～9月	10月～12月	1月～3月
行事	入学式 新入生歓迎ディズニーランド遠足 スポーツレクリエーション	水族館見学 ぶどう狩り 高原野外教室	ディズニーシー遠足 スポーツレクリエーション クリスマス会	バーベキュー遠足 修学旅行（ハワイ） 卒業式

2024年度の募集・過去の進路状況

募集について

【一般入試】
募集人員：50名
出願期間：9月より願書受付中
選抜方法：面接
選考料：20,000円

学費について

入 学 金：	100,000円
授 業 料：	1,050,000円
教 材 費：	200,000円
設 備 費：	200,000円
合　　計：	1,550,000円

卒業後の進路

【進路先】 卒業者数　名
大学　　　　名
短大　　　　名
専門学校　　名
浪人　　　　名
就職　　　　名
フリーター　名

主な合格実績

慶應義塾大、上智大、早稲田大、青学大、立教大、明治大、明治学院大、国学院大、法政大、フェリス女子大、桜美林大、高麗大（韓国）
その他、米国の大学および日本の各種専門学校等

北海道
青森
岩手
宮城
秋田
山形
福島
茨城
栃木
群馬
埼玉
千葉
東京 ★
神奈川
新潟
富山
石川
福井
山梨
長野
岐阜
静岡
愛知
三重
滋賀
京都
大阪
兵庫
奈良
和歌山
鳥取
島根
岡山
広島
山口
徳島
香川
愛媛
高知
福岡
佐賀
長崎
熊本
大分
宮崎
鹿児島
沖縄

【サポート校】

代々木グローバル高等学院

(https://www.yoyogigh.jp)

【東京校へのアクセス】

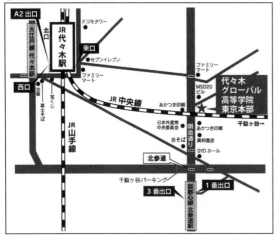

【沖縄校へのアクセス】

 己を知り、日本を知り、そして海外を知ることで、
『真の国際人を目指す』
ことを軸に学習、生活指導をします。

　　　これからますます国際社会に向かう日本で、国内外で養う国際感覚と共に、日本独自の文化や考え方とは異なる様々な基準で物事を捉えるべく3つの点を重視しています。
『グローバルな人材育成』英語の上達のみならず、生徒一人ひとりの資質や個性を伸ばし、日本独自の文化や考え方とは異なる世界で通用するグローバルな人材育成を目的にしています。
『人間力の向上』自分の考えと意見をしっかりと持ち、それを伝えられる日本語・英語共に高いコミュニケーション能力を身につけ、一人ひとりの資質や個性を伸ばし人間力の高い真の国際人として羽ばたいて欲しいとの願いを込めて指導します。

■【東京校】
■住　所：〒151-0051　東京都渋谷区千駄ヶ谷5-8-2
■電　話：03-6384-2388　　■ＦＡＸ：03-6893-8905
■最寄駅：JR「代々木」駅 東口 徒歩5分、
　　　　　東京メトロ 副都心線「北参道」駅1番出口 徒歩5分
　　　　　都営大江戸線「代々木」駅 A2出口 徒歩7分
【沖縄校】
■住　所：〒902-0067　沖縄県那覇市安里 361-34
　　　　　　　　　　　　託一ビル6階
■電　話：098-884-7320
■最寄駅：ゆいレール「安里」駅徒歩6分
【金沢校】
■住　所：〒920-0919　石川県金沢市南町 5-14 アポー金沢1階
■電　話：076-255-6560
■最寄駅：北陸本線「金沢」駅徒歩20分
　　　　　北鉄バス 南町・尾山神社バス停 徒歩1分

■沿革：2013年　代々木高等学校　海外留学コース　設立
　　　　2019年　代々木高等学校　国際教養課程　設立
　　　　2021年　代々木グローバル高等学院　創設
■教育理念：
　将来的に世界で通用するグローバルな人材育成を目指します。広い世界に視野を向け高校留学を目指す生徒はもちろん、様々な理由から通学に問題を抱える生徒でもこの高校生活を通してリセット、そして「人間力」の高い真の国際人として羽ばたいてほしいとの願いを込めて指導します。
■運営母体【設立法人】：
　名　称：株式会社代々木グローバル学園
　所在地：東京都渋谷区千駄ヶ谷5-8-2
　理事長：鶴巻　智子
　（主な事業）通信制高校サポート、学習支援、海外留学企画手配、国際交流促進、各種コンサルティング等
■生徒が入学する通信制高校：本校が提携する通信制高校

『主体性を育む』
高校生活を通して様々な経験をし、世界に通用する基準で多角的に物事を考え判断し、リーダーシップの強い生徒を育てる。
●グローバルコース
国内学習×海外留学のハイブリッドコースで、高校3年間のうち2年間を海外で過ごします。休学や留年なく高校卒業を目指しつつ、海外でたくさんの経験をし、英語力だけでなく協調性や主体性を養います。
1年次は英語「を」学ぶカナダ語学留学。ここで英語のベースを作り、2年次は英語「で」学ぶアメリカ高校交換留学。
英語漬け環境でアメリカンハイスクールライフを過ごします。これは異文化交流を目的としたプログラムなので、学業以外にも様々な日本では出来ない体験・経験をします。
帰国後、3年次では留学で培った高い英語力や国際的な感覚をアドバンテージに入試対策に取り組みます。
●DYOコース
DYO（Design Your Own）コースでは、あなただけのこれがやりたいという希望に合わせてコースをデザインすることができます。日本の高校卒業資格取得を目指しながら、国内外でのいろいろな経験を通じ、通信制高校だからこそある「時間」というアドバンテージを最大限利用して、自分自身で高校生活をデザインします。また、プロによるレッスンで専門的な知識やスキルを身につけることができる専門コースにも参加できます。多様なコースの中からあなたのやりたいことを見つけて、一緒に将来の可能性を広げていきましょう。
●高卒資格取得コース（基礎コース）
学習は自宅で、自分のペースで進めることが可能です。時間を有効活用しながら、高校卒業を目指しましょう。

学習状況

【カリキュラムの特長】

・Global Communication

真の国際人を目指し、実用的かつ実践的な英語をツールとして身に付けることができるようなカリキュラムを組んでいます。外国人講師とのスピーキングに重きを置いた内容はもちろん、グループディスカッションやワークを通し、各自の自発性、積極性を養うことを大切にしています。

【学習システムの特徴】

複数の通信制高校との提携により、一人一人の学習スタイルや目的に合った通信制高校を選択することが可能です。学習面やスクーリングへの不安等もヒヤリングしながら、ベストな通信制高校を一緒に選びましょう。

進路指導

自己の経験や授業などを通して「どんな未来を歩んでいきたいのか」を、生徒自身がしっかりと見つめることを大切にし、面談や指導を行う中でそれぞれ生徒に合ったサポートを行っています。進学においても面接指導や論文対策なども行っています。

転編入について

前籍校で取得した単位や在籍期間は認定することができます。また、転入生は随時入学することができます。編入生については、都度ご相談ください。

生活指導

社会で必要とされるルールやマナーをしっかり学ぶとともに、自己管理や時間への意識を持つことをコミュニケーションを通して理解することを大切にしています。

また、社会の一員としっかりとした自分自身を築き上げることで、自己肯定感を高めていくように面接指導なども行います。

生徒情報

【個別対応】

他人と比べる前に、自分自身としっかり向きあうこと、また目的意識を持った生活を行うことを大切にしております。

そして、人との繋がりの重要性を学び、多くの人の中で生きている自分を知ることで、自分の行動や意識を考えることを指導しています。

また、生徒が悩みや話したいことを相談しやすい環境や多様なツールでの環境を整え、迅速に対応できるよう体制を整えています。

【保護者との連絡】

電話、メール、保護者面談、手紙の送付など、保護者・本人にとって必要であればその都度、もしくは生活面、学習面での伝達を定期的に行う予定です。

その他

■主な留学先（例）

語学学校：

カナダ（バンクーバー、ビクトリア）、マルタ、イギリス（カンタベリー、ボーンマス）、アメリカ（ロサンゼルス、ボストン）、オーストラリア（シドニー、ゴールドコースト）、ニュージーランド（オークランド）など

現地高校：

カナダ（ブリティッシュコロンビア州、アルバータ州、ノバスコシア州、ニューブランズウィック州など）、アメリカ（オハイオ州、ユタ州、インディアナ州、ミズーリ州、コロラド州、カンザス州、ミネソタ州、ノースカロライナ州など）、ニュージーランド（オークランド、クライストチャーチなど）

Q&A

Q. 不登校でも留学に行けますか？

A. もちろん、可能です。なんとなく海外に興味ある、英語が話せたらいいなくらいの気持ちがあれば十分、留学は可能なので安心してください。

Q. 英語が全然できません。大丈夫ですか？

A. 問題ありません！最初は全く分からなくても、毎日の積み重ねで「英語耳」に変わっていきます。あとは身振り手振りでも、相手に伝えようとする意気込みさえあれば楽しく学ぶことができます。

Q. 遠方の場合でも通学は可能ですか？

A. 提携する学生寮があります。各キャンパス近隣の学生寮から通学が可能です。

Q. イベントや行事はありますか？

A. BBQや遠足、ハロウィンやクリスマスパーティーなど様々あります。他にも当校では、「遊び」が「学び」になるアクティビティがあり、生徒が主体となって様々な計画・実施を行います。

2025年度の募集・進路状況

募集について

募集人員：300名（グローバルコース80名）

※グローバルコースは定員になり次第、募集を締め切らせて頂きます。

出願期間：

専願入試（Ⅰ期）第1回…2024年7月〜9月（予定）

専願入試（Ⅱ期）第2回…2024年9月〜11月（予定）

一般入試…2024年12月2日〜2025年3月31日

※転入学、編入学は随時受け付けております。

試験日：随時

選考方法：

専願入試…エントリーシート、面接

一般入試…面接

選考料：10,000円

※専願入試（Ⅰ期）の場合、入学金を免除

※専願入試（Ⅱ期）の場合、入学金から55,000円を免除

学費について

入学金：
授業料：　入学時期やコースによって変わります。直接お問い合わせください。

卒業生の主な進路状況

【主な合格実績】

国内：早稲田大学、慶應義塾大学、立教大学、法政大学、学習院大学、上智大学、国際基督教大学、明治大学、立命館アジア太平洋大学、明治学院大学、駒澤大学、日本大学、専修大学、國學院大學、国士舘大学、立正大学　等

海外：清華大学、ブリティッシュコロンビア大学、アルバータ大学、ハンバーカレッジ、ミラコスタカレッジ、マッコーリー大学　等

◇◇◇◇◇◇◇◇◇◇◇ この学校にアクセスしてみよう！

学校説明会	入学前電話相談	文化祭見学	体育祭見学	資料請求
○	○	－	－	○

※資料はWEBサイト、メール、電話等でお申し込みください。

＜学校の施設＞

職員室　　あり　事務室　　あり

ラウンジ　あり　自習室　　あり

513

【サポート校】【高認予備校】

大成学園
（たいせいがくえん）

(http://taiseigakuen.net/)

■学院長：浅葉 孝己（慶應義塾大学 卒）
■住 所：〒221-0835 神奈川県横浜市神奈川区鶴屋町 3-33-7
　　　　　横浜 OS ビル 3 階
■電 話：045-313-1359
■最寄駅：JR 線等「横浜」駅 西口下車、徒歩 5 分
■創立年：2020 年
■教育理念：
　時代は昭和・平成を駆け抜け、令和となりました。世界中を巻き込んだ新型コロナウイルス感染を避けるため、多くの学校では授業形態が変わりました。未曾有の社会生活の変動の中、不安を抱えた現代の高校生は、将来へも大きな不安を持つようになっています。特に色々な悩みを乗り越えてきた通信制高校生にとっても大きな指針が必要になっています。引きこもりを避け、できるだけ多くの方と触れ合う大切さ、仲間、友人を持つ楽しさを知ることは自立への第一歩として支援します。今は、他の高校生に比べて未熟な点が多いが、時間をかけ、切磋琢磨し、自分の特技や資格を身につけいずれ成功者になっていく。このような大きな夢を持った大器晩成型の生徒にも支援していく学校づくりをしていきます。

【学校へのアクセス】

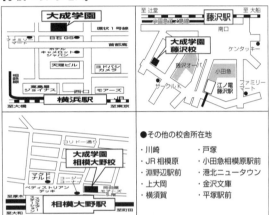

●その他の校舎所在地
・川崎　　　　　・戸塚
・JR 相模原　　・小田急相模原駅前
・淵野辺駅前　　・港北ニュータウン
・上大岡　　　　・金沢文庫
・横須賀　　　　・平塚駅前

学習システムの特徴

【カリキュラムの特長】
・大学進学コースあり
・週 3 回・5 回通学型あり
・不登校生もサポート
・発達障がい児に学習支援コースあり
・費用が安い
・ワンディコースあり

【特別講習】
高認試験に 8 月・11 月に合格のための特別講習を実施。大学受験希望の方には、並行して受験科目についての特訓を実施。

【設置クラス】
・全日総合クラス（週 3・5 日制）
週 3 日制：各学習センターに通い、レポート作成のほか、高校生にふさわしい能力・学力を養成するとともに、将来の進学・就職までを見据えた学習を行います。中学校までの復習ができる科目を 1 年生に組み込んでいるので、基礎学力を固めることができます。
週 5 日制：週 3 日制に、2 日を加えたコース。加えられた 2 日は、高校 1・2 年次は、中学校時代の基礎学力を高めるためのプログラムを個別に作成し、基礎・基本の定着をはかります。高校 3 年次には、大学受験（AO 入試や推薦入学対策講座など）や就職試験等の一般教養やビジネススキル定着のための学習・実習も行います。
・個別指導クラス
学習拠点は全日総合クラスの 3 校のほか、ご相談のうえ実施できます。
集団コースが苦手な方など、少人数の個別指導で学習を行うコースです。
・学習支援コース
週 5 日制。県内 16 教室利用の学習支援コース。
全日総合コースに加えて、完全個別プログラムの特別授業を含む週 5 日の学習支援授業を併用した、基礎学力の定着、及び生活力の向上を目的としたカリキュラムを行うコースです。教室には専門支援員が常駐しています。

特色

　当校は、いじめ・不登校・学校が合わないなどの理由で、"学校に通学できなくなった"などの挫折感を味わった子どもたち、学業不振で悩まれている子どもたちや支援級の生徒だったり、発達障がいがあったとしても、将来の目標として高卒取得挑戦のための学校作りを目的としています。通信制高校の単位を無事取得し、通学して卒業し、その後のステップアップ（大学進学や専門学校を目標とする進路や就職）のための努力を併用して行う高等教育機関です。個々の生徒の能力や目標に合わせ、全日総合コース（週 3 回、5 回）、個別指導コース、学習支援コース（発達障がい児対応）など多くのコースを用意しております。
　当校は、年々増加している不登校の生徒や高校中退者達に"リベンジ（復活）の大切さ"を教え、伝えながら多感な生徒達の潜在的な能力や個性を引き出し、夢や希望のある人生のスタートラインに彼らを再び立たせたいと考えています。その実現のため主要科目（英・数・国）などの基礎学習指導や発展的な大学受験のための内容の濃い授業まで生徒の個々の実力と目標に合わせたメニュー作りをしています。

◇◇◇◇◇◇◇ **この学校にアクセスしてみよう！** ◇◇◇◇◇◇◇

学校説明会	入学前電話相談	文化祭見学	体育祭見学	遠隔地からの生徒の入学
○	○	○	○	○

※資料は電話・ハガキ・ホームページ等で請求して下さい。4 回の無料体験授業を実施しています。

補習

個別に、必要に応じて補習しています。

進学指導

将来の進学・就職までを見据えた学習を行います。主要科目（英・数・国）などの基礎学習指導や発展的な大学受験のための内容の濃い授業まで、生徒の個々の実力と目標に合わせたメニュー作りをしております。

生活指導

服装は自由ですが、学校指定の制服もあります。

生徒情報

【心理面の相談】
長年の指導実績のある教務スタッフが常に相談に応じます。

【いじめ対策】
遅刻・欠席時の電話連絡等、頻繁に御家庭と連絡をとっています。学期ごとに三者面談を実施しています。

【生徒数】
＜出身別＞

区　分	高校中退者	中学卒業者	その他	合　計
構成比	50%	50%	－ %	100%

【教員数】
常勤講師：男性5名、女性5名
非常勤講師：男性3名、女性3名
専任カウンセラー：常時5名の教務スタッフが指導

2023年度の行事

月	4月～6月	7月～9月	10月～12月	1月～3月
行事	入学式・前期スタート 遠足 英検・漢検	校内スポーツ大会 前期試験対策講座 前期単位認定試験 夏季集中スクーリング（7・9月）	後期スタート 英検・漢検 スタンプラリー バーベキュー大会 遠足 校内スポーツ大会 クリスマス会	冬期講習 冬期集中スクーリング 後期試験対策 後期認定試験 終業式・卒業式 春季講習

募集・実績と進路状況

募集について

募集対象：① 2024年3月に中学校卒業見込みの生徒
②中学校を既に卒業した生徒
出願期間：2023年10月1日～2024年3月29日
選抜方法：面談によって受験生の能力、適性、将来の夢や目標から総合的に審査し、受験生が本校に適するかを人物重視で選抜します。
入学時の学力検査：実施していません。目的・目標を聞き個別にカリキュラムを作成します。
選考料：10,000円
※詳しくは、お問い合せください。
※学校説明会もしくは、個別相談会にご参加ください。

学費について

（週3回・5回コース）
入学金：無料
教材費等：15,000円（税別）／月
授業料：週3回…380,000円（税別）／年
週5回…560,000円（税別）／年

（注）大学受験コースは別途費用が必要です。8月合格者は、9月以降費用を大学受験コースに移行できます。

進路状況（過去3年間）

基礎力のない生徒を1年間で見事、下記大学に合格させました。

早稲田大、慶應義塾大、上智大…12名
明治大、中央大、立教大、青山学院大、法政大 等…25名
日本大、東洋大、駒澤大、専修大 等…40名
その他中堅大…70名
その他短大…50名

卒業後の進路

ほとんどの生徒が大学進学をめざします。当校の推薦のある大学もあります。

日本大、国士舘大、指定校推薦あり

＜学校の施設＞

校舎面積	180m²		
保健室	なし	図書室	なし
職員室	あり	ラウンジ	あり
自習室	あり	カウンセリング室	なし

神奈川（横浜）学習センター　神奈川県横浜市神奈川区鶴屋町3-33-7　　TEL：045-313-1359
藤沢校　　　　　　　　　　　神奈川県藤沢市南藤沢2-1-3　　　　　　TEL：0466-54-7779
相模大野校　　　　　　　　　神奈川県相模原市相模大野3-9-1　　　　TEL：042-701-0256
東京学習センター　　　　　　東京都大田区蒲田5-5-6　　　　　　　　TEL：045-313-1359（藤沢校／準備室）
その他の校舎所在地　　　　　川崎、戸塚、JR相模原、小田急相模原駅前、淵野辺駅前、港北ニュータウン、上大岡、金沢文庫、横須賀、平塚駅前

北海道
青森
岩手
宮城
秋田
山形
福島
茨城
栃木
群馬
埼玉
千葉
東京
神奈川
新潟
富山
石川
福井
山梨
長野
岐阜
静岡
愛知 ★
三重
滋賀
京都
大阪
兵庫
奈良
和歌山
鳥取
島根
岡山
広島
山口
徳島
香川
愛媛
高知
福岡
佐賀
長崎
熊本
大分
宮崎
鹿児島
沖縄

【サポート校】

学校法人 KTC学園（がっこうほうじん ケイティーシー がくえん） おおぞら高等学院（こうとうがくいん）/ おおぞら高校（こうこう）

(https://www.ohzora.net)

特色

通信制の「屋久島おおぞら高等学校」と通学できるサポート校の「おおぞら高等学院」からなる『おおぞら高校』。あなたの「好き」をみらいにつなげる、「なりたい大人になるための学校®」です。

●なりたい大人になるためのステップ

おおぞら高校では、自分の「好き」を増やし、つなげ、カタチにしていくことで「なりたい大人」をめざします。まずは、みらいの架け橋レッスンやイベントなど様々なことにチャレンジして、自分の「好き」をたくさん見つけて増やしましょう。そうして見つけたたくさんの「好き」を、働く方のお話を聞いたり、実際の現場を体験したり、留学を通して世界を知ったり、屋久島の大自然を五感で感じたりしてつなげていき、あなたのみらいをカタチにしていきます。また、一人ひとりに渡される「みらいノート®」が、「好き」を見つけてみらいにつなげる手助けをしてくれます。

生活指導

本学院では、仲間づくりのために必要な「自分の気持ちを素直に伝える」「相手の思いを理解する」ことを大切にしています。また、服装は自由です。オリジナルの基準服（制服）も選択可。

奨学制度

国の教育ローン適用校。同時入学する通信制高校に関しては、就学支援金対象校。

＜学校の施設＞

校舎面積	m²	事務室	なし	
保健室	なし	カウンセリング室	あり	
図書室	なし	ラウンジ	なし	
職員室	なし			

◇◇◇◇◇◇ この学校にアクセスしてみよう！

学校説明会	入学前電話相談	文化祭見学	体育祭見学	資料請求
○ 要予約	○ 要予約	○ 要予約	○ 要予約	○

※資料は電話、ホームページからお問い合わせください。

資料請求・学校見学・個別相談に関するお問い合わせは
各キャンパス共通 0120-12-3796

■教育理念：

なりたい大人になるための学校として、「直観力」「共感力」を磨き、身に付けるための直接体験型の学びを大切にしています。私たちはこれをセンバス教育と呼んでいます。
※センバス…ラテン語の「SENSUS（感覚）」と「VIVUS（生活）」からとった造語。

■運営母体【設立法人】：

名 称・学校法人KTC学園　理事長・前田　益見
所在地・〒891-4406 鹿児島県熊毛郡屋久島町平内 34-2
電 話　052-452-1126　　　FAX　052-452-1138

■生徒が入学する通信制高校：屋久島おおぞら高等学校

学習状況

【カリキュラムの特長】

将来の夢や目標を持って高校生活をおくりたい人、進学や高度な学習が必要な人、将来やりたいことがまだ決まっていない、これから見つけていきたい、と考えている人、それぞれの「なりたい」にあわせた学科・コースがあります。

◆みらい学科™

今は明確でなくても、将来の夢や目標を持って高校生活をおくりたいあなたにおすすめの学科です。キャンパスでの通常授業やみらいの架け橋レッスンでさまざまなことにチャレンジし、経験を積んでいきます。そして、将来やりたいことを見つけ、なりたい大人を目指していきます。

◎どこでも、どことでも型学習

おおぞらが大切にしているリアルなつながりが、ICT化の整備によって、より広くオンラインでもつながれるようになりました。自宅でもキャンパスでも授業に参加でき、屋久島や海外、提携の大学や企業ともライブでつながり学べます。

◎先生じゃない、マイコーチ®

先生を超えた存在、マイコーチ。　おおぞら高等学院では、先生を「マイコーチ」と呼びます。学習面だけではなく、生徒と1対1で向き合い、近い目線で、将来の不安や夢を分かち合い、生徒の「幸せなみらい」に向けて共に歩みます。

◎みらいの架け橋レッスン®

みらいの架け橋レッスンとは、なりたい大人になるために、好きなものやことを見つけるためのおおぞらオリジナル授業。机にむかうだけでは学べない体験ができます。知っていることも、知らないことも、まずはトライ！「たのしい！」「もっとやってみたい！」と感じたら、新しい自分を発見できるかも？世界には、まだまだ経験したことのないことがあふれています。レッスンを通して、新しい「好きなこと」を感じてください。友だちや先輩・後輩とのコミュニケーションも深まります。※開講内容はキャンパスにより異なります。

「スペシャリスト」科目…ヘアメイク・声優・ネイリスト・トリマー・エステティシャン・ゲーム制作・webデザイナー・プログラミング・保育士 etc
「ライセンス（資格）」科目…パソコン・色彩検定・ネイル・漢検・英検・秘書検定 etc
「ホビー（趣味・遊び）」科目…ギター・料理・映画・フラワーアレンジメント・マンガ・陶芸 etc
「スポーツ」科目…ダンス・バスケット・バレーボール・テニス・野球・サッカー・フットサル・ヨガ etc
「スタディプラス」…受験基礎英語／数学／国語・小論文・面接対策 etc

| 保護者との連絡 | 保護者会・保護者向け文書送付・マイコーチからの電話連絡・保護者専用スマホアプリなどにより、保護者への連絡は頻繁に行っています。 |

| 学校施設 | 教室は、オープンスペース（壁のない開放空間）とクローズスペース（壁のある閉じられた空間）を機能分化しています。 |

| 進路指導 | ●将来、どんな大人になれたら幸せですか？ おおぞらには、「なりたい大人」を見つけ、やりたいことや好きなことに近づくためのキャリア教育プログラムがあります。「進学したい」「憧れの職業に就きたい」「何をしたいか分からない」生徒の思いはさまざまです。社会に出た後のミスマッチを防ぐため、生徒が本当の自分に合った進路を見つけ決断する力を身に付けるため、職場見学やプロ（職人）からのコーチング、地域社会活動の理解など、実用的な内容となっています。 |

学校生活の特徴

●さあ、たのしいキャンパスライフが待っている！
「楽しく高校生活を送りたい」「自分のペースで勉強したい」と思ったことはありませんか。おおぞら高等学院は、登校のスタイル、マイコーチ（担任）、豊富な体験授業、進学サポート、留学サポートなど、さまざまなことを自由にアレンジできる通信制高校サポート校。生徒一人ひとりが描く「なりたい大人」をめざすためのさまざまな体験や環境を用意しています。新しい「好きなこと」を見つける「みらいの架け橋レッスン」・誰もが主役になれる全国大会「おおぞら杯」・人生を変える新しい世界へ「海外体験プログラム」、その他、イベント・学校行事では、さまざまなフィールドで社会との関わりや友だち・マイコーチ・家族との関係を深めます。例）バーベキュー・ボウリング・各種職場体験など。
●あなたの背中を押してくれる存在がいます！
もし、何か困ったことや不安なことがあったら、マイコーチに相談してください。好きなこと、自慢したいこと、ぜひマイコーチに教えてください。マイコーチが、みなさん一人ひとりをサポートしていきます。

2024 年度の募集・進路状況

| 募集について | 定　員：各キャンパスにより異なる。（各校）
受験資格：●3月中学卒業見込の方
　　　　　●中学校既卒の方
　　　　　●高等学校に在籍している、または中途退学した方
試験日：出願後、随時
選考方法：面接、作文、プレイスメントチェック
選考料：15,000 円 |

| 学費について | 授業料：学科により異なります。詳しくはお問い合わせください。 |

【キャンパス情報一覧】※2024 年 1 月現在

■仙台：〒980-0021 宮城県仙台市青葉区中央 4-2-27 510 ビルディング 7F
JR 仙台駅西口より徒歩 4 分
■郡山：〒963-8004 福島県郡山市中町 11-2 ホテルグローバルビュー郡山 2F
JR 郡山駅西口より徒歩 5 分
■宇都宮：〒321-0964 栃木県宇都宮市駅前通り 3-2-3 チサンホテル宇都宮 3F
JR 宇都宮駅西口より徒歩 1 分
■高崎：〒370-0828 群馬県高崎市宮元町 227 高崎ステージビル 1F・6F
JR 高崎駅西口より徒歩 6 分
■春日部：〒344-0067 埼玉県春日部市中央 1-8-6 ベル島田 2F
東武野田線・東武スカイツリーライン春日部駅西口より徒歩 5 分
■川越：〒350-0046 埼玉県川越市菅原町 23-1 アトランタビル壱号館 1F
JR・東武東上線川越駅東口より徒歩 4 分／西武新宿線本川越駅より徒歩 8 分
■大宮：〒330-0846 埼玉県さいたま市大宮区大門町 3-150-2
JR 大宮駅東口より徒歩 8 分
■柏：〒277-0021 千葉県柏市中央町 6-19 コープビル柏 1F
JR・東武柏駅東口より徒歩 6 分
■千葉：〒260-0028 千葉県千葉市中央区新町 22-1 新町 55 ビル 1F
JR 千葉駅南口より徒歩 5 分
■東京秋葉原：〒110-0005 東京都台東区上野 1-1-12 プライム末広町ビル 2F
JR 御徒町駅南口より徒歩 6 分
■東京：〒160-0023 東京都新宿区西新宿 8-13-6
地下鉄丸ノ内線西新宿駅①番出口より徒歩 4 分
■立川：〒190-0012 東京都立川市曙町 1-14-14 コアビル 1・2・3F
立川駅北口より徒歩 3 分
■町田：〒194-0013 東京都町田市原町田 3-2-1 原町田中央ビル 3F
JR 町田駅ターミナル口より徒歩 1 分／小田急線町田駅西口より徒歩 6 分
■溝の口：〒213-0001 神奈川県川崎市高津区溝口 1-20-8 第 2 多田ビル 1F
東急田園都市線溝の口駅・JR 南武線武蔵溝ノ口駅より徒歩 5 分
■横浜：〒221-0052 神奈川県横浜市神奈川区栄町 17-2 ポートサイドサクラビル 1・2F
JR 横浜駅きた口より徒歩 8 分
■湘南：〒251-0026 神奈川県藤沢市鵠沼東 1-1 玉半ビル 1・3F
JR 藤沢駅南口より徒歩 5 分
■厚木：〒243-0018 神奈川県厚木市中町 4-9-17 原田センタービル 1・2F
小田急線本厚木駅北口より徒歩 5 分
■新潟：〒950-0088 新潟県新潟市中央区万代 1-3-7 NDK 万代ビル 4F
JR 新潟駅万代口より徒歩 8 分／新潟交通バスセンターより徒歩 1 分
■松本：〒390-0811 長野県松本市中央 2-1-24 五幸本町ビル 3F
JR 松本駅お城口（東口）より徒歩 4 分
■静岡：〒422-8067 静岡県静岡市駿河区南町 10-5 地建南町ビル 5F
JR 静岡駅南口より徒歩 1 分
■浜松：〒430-0933 静岡県浜松市中央区鍛治町 319-28 遠鉄鍛治町ビル 6・9F
JR 浜松駅北口より徒歩 4 分
■岡崎：〒444-0864 愛知県岡崎市明大寺町字川端 19-13 山七東岡崎ビル
名鉄東岡崎駅北口より徒歩 4 分
■名古屋：〒453-0015 愛知県名古屋市中村区椿町 12-7
JR 名古屋駅太閤通南口より徒歩 5 分

■三重四日市：〒510-0074 三重県四日市市鵜の森 1-1-18 太陽生命四日市ビル 2F
近鉄四日市駅西出口より南へ徒歩 1 分
■岐阜：〒500-8429 岐阜県岐阜市加納清水町 3-8-1 日本泉ビル 3F
JR 岐阜駅加納口（南口）より徒歩 1 分
■滋賀：〒525-0037 滋賀県草津市西大路町 4-32 エストピアプラザ 4F
JR 草津駅西口より徒歩 3 分
■京都：〒600-8095 京都府京都市下京区東洞院通仏光寺上ル扇酒屋町 298 KAJINOHA ビル 2F
地下鉄四条駅・阪急烏丸駅より徒歩 3 分
■梅田：〒530-0015 大阪府大阪市北区中崎西 2-4-43 山本ビル梅田
阪急大阪梅田駅茶屋町口改札口より東へ徒歩 5 分
■大阪東：〒577-0058 大阪府東大阪市足代北 2-2-18 2F
近鉄大阪線／奈良線布施駅より徒歩 1 分
■堺：〒591-8023 大阪府堺市北区中百舌鳥町 5-6 中百舌鳥駅前ビル 4F
南海電鉄中百舌鳥駅前より徒歩 1 分
■西宮：〒662-0841 兵庫県西宮市両度町 3-1 ラピタス 31 西宮 1F
阪急西宮北口駅南阪急西宮芸術文化センター出口より西へ徒歩 5 分
■神戸：〒650-0004 兵庫県神戸市中央区中山手通 2-1-8 太陽生命神戸ビル 1・3F
各線三宮駅より北西へ徒歩 8 分
■姫路：〒670-0912 兵庫県姫路市南町 11 キャピタル・アイ姫路 1F
JR 姫路駅より徒歩 3 分／山陽姫路駅より徒歩 5 分
■岡山：〒700-0026 岡山県岡山市北区奉還町 1-9-8 RGB1・2・3F
JR 岡山駅西口より北へ徒歩 5 分
■倉敷：〒710-0055 岡山県倉敷市阿知 3-21-9 倉敷平和ビル 3・4F
JR 倉敷駅より徒歩 10 分
■福山：〒720-0066 広島県福山市三之丸町 9-16 山陽第 2 ビル 1F
JR 福山駅南口より徒歩 5 分
■広島：〒730-0015 広島県広島市中区橋本町 3-16 エイワビル 1F
広電銀山町駅電停より徒歩 5 分
■海田ナビ：〒736-0035 広島県安芸郡海田町海田川堀川町 6-10 坪田ビル 101 号
JR「海田市駅」から「矢野駅」方面へ徒歩 12 分
■高松：〒760-0017 香川県高松市番町 1-6-6 甲南アセット番町ビル 1F
JR 高徳線・予讃線高松駅／琴電 瓦町駅より徒歩 10 分
■松山：〒790-0011 愛媛県松山市千舟町 4-4-3 松山 MC ビル 2F
伊予鉄松山市駅より徒歩 3 分
■小倉：〒802-0001 福岡県北九州市小倉北区浅野 1-1 新幹線小倉駅 1F
JR 小倉駅新幹線口構内
■福岡：〒812-0013 福岡県福岡市博多区博多駅東 3-1-1 ZENNO 筑紫通りビル 1・2・B1F
JR 博多駅筑紫口より徒歩 7 分
■九大学研都市：〒819-0379 福岡県福岡市西区北原 1-6-20 ドーミー九大学研都市 1F
JR 筑肥線九大学研都市駅北口より徒歩 1 分
■久留米：〒830-0039 福岡県久留米市花畑 2-15-1 Galet 2・4・5F
西鉄花畑駅西口より徒歩 2 分／JR 久留米高校前駅より徒歩 13 分
■佐賀：〒840-0816 佐賀県佐賀市駅前中央 3-3 地産開発ビル 2F
JR 佐賀駅南口より徒歩 4 分
■熊本：〒860-0803 熊本県熊本市中央区新市街 7-19 ひかりビル 2F
熊本市電辛島町電停より徒歩 1 分
■カナダ バンクーバー：Vancouver, BC V6B 5J3 Canada　605 Robson Street 3rd Floor

北海道
青森
岩手
宮城
秋田
山形
福島
茨城
栃木
群馬
埼玉
千葉
東京
神奈川
新潟
富山
石川
福井
山梨
長野
岐阜
静岡
愛知
三重
滋賀
京都
大阪 ★
兵庫
奈良
和歌山
鳥取
島根
岡山
広島
山口
徳島
香川
愛媛
高知
福岡
佐賀
長崎
熊本
大分
宮崎
鹿児島
沖縄

【サポート校】

大阪中央エミール高等学院
（おおさかちゅうおう）（こうとうがくいん）

鹿島学園高等学校グループ連携サポートキャンパス

(https://www.kateikyousi.com)

■代表名：米田　進二
■住　所：〒541-0056　大阪市中央区久太郎町 1-8-15
■電　話：0120-33-4475　　■ＦＡＸ：06-6271-6225
■最寄駅：大阪メトロ堺筋線・中央線「堺筋本町」駅、
　　　　　⑥出口徒歩 2 分
■沿　革：
　1969 年（昭和 44 年）　大阪で家庭教師派遣創業
　1974 年（昭和 49 年）　株式会社組織へ
　1998 年（平成 10 年）　株式会社エミール設立
　1999 年（平成 11 年）・2005 年（平成 17 年）　大阪の大手塾が
　　　　　　　　　　　　家庭教師部門をエミールに移管
　2006 年（平成 18 年）　首都圏でもプロ家庭教師派遣
　2009 年（平成 21 年）　鹿島学園高校　大阪キャンパス開校
　2012 年（平成 24 年）　鹿島学園高校　堺キャンパス開校
　2017 年（平成 29 年）　鹿島学園高校　尼崎キャンパス開校
■教育理念：
　18 世紀のフランスの哲学者ジャン・ジャック・ルソーの著書に
　「エミール」があります。社名は、その主人公エミール少年が、
　理想的な家庭教師のもとでたくましく成長したことにちなんで
　います。「一人ひとりのために 50 年」を経ました。
■運営母体【設立法人】：
　名　称：株式会社エミール
　所在地：〒541-0056 大阪市中央区久太郎町 1-8-15
　TEL：06-6261-5443　FAX：06-6271-6225
　(主な事業)
　　家庭教師派遣、通信制高校サポート、通学型個別指導、教員
　　紹介、入試問題著作権許諾申請代行、広告・印刷
■生徒が入学する通信制高校：
　鹿島学園高等学校、鹿島朝日高等学校

【学校へのアクセス】

堺筋本町駅
中央大通
大阪メトロ中央線
中央区役所
大阪メトロ堺筋線
ライフ
本社（浪華ビル）
堺筋
阪神高速道路

特色

■「エミール高等学院」と「家庭教師のエミール教育
研究所」は、株式会社エミールの教育事業部門です。
1969 年（昭和 44 年）大阪で家庭教師派遣創業、
2019 年（令和元年）で実績 55 年です。
関西ではプロ家庭教師派遣の老舗として、よく知られています。
1999 年（平成 11 年）テレビ紹介、2005 年（平成 17 年）以降
毎月「朝日小学生新聞家庭教師コラム」、2008 年（平成 20 年）「プ
レジデントファミリー」記事、2010 年（平成 22 年）「読売新聞」
特集…などでも取り上げられています。
近年首都圏でもプロ家庭教師派遣を開始、さらに学校・塾・予
備校とのお付き合いの中で教員紹介や派遣、入試問題等著作物
使用許諾代行業務、その他各媒体への広告・案内書の印刷（別
の広告事業部門の扱い）と、幅広く教育関連のサービスを行っ
ています。

■不登校生とのかかわりは長く、通信制高校生のケースでは、中
学校レベルの復習やレポート作成のフォロー・テスト準備とい
うものから、ほぼ自学自習で全単位修得後の国立大学受験対策
をしているものもあります。「一人ひとりのために 55 年」。指
導時間帯や回数の設定・休学・再開自由です。通学の強制はあ
りません。

学習状況

「一人ひとりのために 55 年」の永い実績と信用。
指導時間回数・休学・再開自由。

【カリキュラムの特長】
　在宅型家庭教師（関西圏）または通学型個別指導（大
阪）です。
　在宅型家庭教師であれば、自宅でマイペースで指導
が受けられます。
　通学型個別指導は、外にでる機会を増やしたり、生
活のリズムを保つためには、お薦めします。

■プロ教師／在宅型家庭教師コース
　　　　　　　　　　　　　　　　　（大阪ほか関西圏）
　経験、指導力、管理能力など総合力が安定していま
す。入学前無料体験指導を実施中。小・中学校受験か
ら大学受験指導まで、個別にカリキュラムを組んで、
合格へと導きます。
【料金例】ベテランプロ教師で、1 回 2 時間月 4 回の
場合、入学金 20,000 円（税別）月額　8,000 円／時間×
2 時間× 4 回／月＝ 64,000 円／月（税別・交通費込み）

■鹿島学園高校　大阪キャンパス
　　　　　　　　　　　　　　　　　　　　　　（大阪）
①鹿島学園高校生は自宅学習制は 1 年間 4 万円のみ。
②「週 1 ～ 5 回」通学もあります。
③大阪府内で年間 200 時限のスクーリングを実施。
　最低約 25 時限の出席で OK！
④毎月 2 回のキャンパス通信紙を無料送付。

| 学進
指導 | 小・中学校受験から大学受験指導まで、個別にカリキュラムを組んで、合格へ導きます。 |

生徒情報

【保護者との連絡】
　電話連絡、家庭訪問、保護者面談、保護者向け会報送付などを行います。
【いじめ対策】
　在宅型家庭教師、1：1の個別指導のため、対策は特に行っていません。
【その他】
　1：1の個別指導ですので、時間はかなり生徒の自由に設定できます。ただし、開始直前の中止・変更は認めません。
　在宅型家庭教師であれば、自宅でマイペースで指導が受けられます。
　通学型個別指導は、外にでる機会を増やしたり、生活のリズムを保つためには、お薦めします。

| 補習
指導 | 小学生・中学生・高校生など学年を問わず、お持ちのテキストに沿ってわかりやすく前学年内容にも遡って指導します。 |

| 学校
行事 | 入学随時（休学・再開も自由）。個別にカリキュラムを組みます。
全員参加の学校行事はありません。 |

| 生活
指導 | 服装や髪型等に関しては、特に制限を設けておりません。 |

【生徒数】
年間を通じ
在宅型家庭教師（ホームスクール）・・・多数
鹿島学園高等学校（大阪キャンパス）・・・約50名
在籍しています。

【教員数】
専任講師：男性1名、女性1名
非常勤講師：男性多数、女性多数

2024年度の募集・進路状況

募集について

関西圏　大阪・兵庫・京都・奈良など
募集教室・人員／通学（大阪）＝約20名、在宅＝多数
指導教師／プロ1：1

対象生徒／①通信制高校在学生　②不登校生、中退生徒、高認受験者など　③その他（家庭教師派遣ですので、学年不問です）
募集日／随時（休学・再開も自由）
選考方法／面接・プロ無料体験指導
選考料／無料

転入・編入先は、鹿島学園高等学校または鹿島朝日高等学校です。

学費について

鹿島学園高等学校の生徒の場合
通信制高校の費用のほか、1年間4万円のみで自宅学習をフォローいたします。

※通信制高校の費用は別途必要です。

卒業後の進路

全体としての家庭教師派遣のなかで、毎年多数の合格者がいます。
国公立大学、私立大学、専門学校、高校、国私立中学校、国私立小学校など。

＜学校の施設＞
校 舎 面 積	90m²	ラ ウ ン ジ	なし
保 健 室	なし	カウンセリング室	なし
図 書 室	なし	職 員 室	あり

◇◇◇◇◇◇◇◇◇◇ **この学校にアクセスしてみよう！**

学校説明会	入学前 電話相談	文化祭見学	体育祭見学	資料請求
○	○	－	－	○

※通学型個別指導（大阪市・プロ教師）の相談、教室見学は随時行っています。
※資料請求・体験指導（ともに無料）は、電話フリーダイヤルまたはホームページからお申込みください。

【サポート校】【高認予備校】

高宮学院 高等部

たかみやがくいん こうとうぶ

(http://www.takamiya-gr.jp/)

■学校長：丸山　友子
■住　所：〒815-0041　福岡県福岡市南区野間1-11-25 野間四角
■電　話：092-554-1777　■ＦＡＸ：
■最寄駅：天神からの場合
　　　　　西鉄天神大牟田線「高宮」駅下車、徒歩3分
　　　　　JR博多駅からの場合
　　　　　博多駅正面（博多口）
　　　　　B乗場から50番のバス）
　　　　　C乗場から64～67番のバス
　　　　　バスで約15分「野間四角」下車、徒歩1分
■沿　革：昭和63年4月　創立
■教育理念：左下「学校長からのメッセージ」をご覧ください。
■生徒が入学する通信制高校：
　・他校では、県外の本校に年1～2回、5～7日間、6人部屋
　　で宿泊して授業を受ける高校もありますが、
　　当校であれば、福岡のこの校舎に出席すればよいので、
　　集団生活での泊まり込みの必要はありません。

【学校へのアクセス】

■学校長　丸山 友子からのメッセージ

　私自身、小3・中2・中3と、不登校でした。中卒後、5年間
働き、定時制・通信制高校を経て、大検（現在の高卒認定試験）に
合格し、九州大学を卒業。他にも、小・中不登校で、国立東京
外国語大学卒業の先生もいます。
　私の教室には色々な方が相談においでになります。
その一人ずつの悩みの多くが私の体験なのです。例えば、朝起
きられない昼夜逆転の生活。実は私もそうした時期がありました。
学校に行かなければ特別、朝起きる意味がなかったのです。また、
学年が遅れて同級生に取り残されてしまったような不安。私も
20歳すぎてから、勉強を始めた時は、心細くてたまりませんで
した。
　目的を持って勉強しなければならないと考えている方が多いと
思いますが、私は自分が何をしたいのか分からなかったし、
人より10年遅く大学に入学した時でさえ、大学へ行く明確な
目的を持ってはいませんでした。
　私にとって必要なのはきっかけでした。人生を進めていくには、
何か行動しなくてはなりません。考えることも大切ですが、
頭の中だけでグルグル同じ所を回っていては結論が出せません。
まず一歩、踏み出すことが大切だと思います。

学習状況

【カリキュラムの特長】
1　高卒コース
(1) 出席は50分だけ、1日だけでも出席した分の
　　単位が取れるので、不登校の方でも確実に、
　　高卒できます。出席は①～③のいずれでも可。
　　①月1日→毎月でなくてもかまいません。
　　②年5日→とびとびでも連続でも出席OK。
　　③週1日～5日の通学コースもあります。
　　・月～金、土のみ、日のみ、組み合わせもOK。
　　　毎週、違う曜日でも大丈夫です。
　　・午前のみ、午後からの出席もできます。
(2) 今の高校が合わない、今の高校では出席不足・
　　留年・中退でも、学年が遅れず高卒できます。
　　①今高1で転校・編入学の方が一番多いです。
　　　→学年も遅れません！
　　②今高2、高1・2の途中で中退、高1で留年でも
　　　→今すぐ高2になれ、学年が遅れず高卒！
　　③今高3、高2・3の途中で中退、留年して高2でも
　　　→学年が遅れず、今年度高卒できます。
(3) 大学・専門学校の指定校推薦枠もあります。
(4) 不登校の方の気持ちを大切に、一人ひとりに
　　合わせた指導をしています。
　　特に、中学校不登校の方、高1～高3の方へ
　　・集団行動や人が多い所が苦手な方は
　　　→個別での授業、個室での授業もOKです。
　　・友人関係が不安な方は（行事は自由参加）
　　　→美術館見学、ハイキング、ボーリング等の
　　　　行事を通して生徒同士の交流が深まります。
　　・勉強が不安な方は
　　　→少人数制の授業と一人ひとりに合わせた
　　　　個別指導で基礎からやり直して学べます。
2　県立博多青松高校　入試対策コース
(1) 学年が遅れず、青松高校に編入することもできます。
　　編入合格者の約半数が高宮学院出身です。
(2) 通信制サポートコースもあります。
3　高卒認定コース
(1) 高卒認定コースは、特に18歳以上の方にお勧め。
(2) 3か月で8科目が公的に免除合格となるので、
　　試験は1科目のみでOKという独自のカリキュ
　　ラムが特長です。
(3) 8科目免除の場合でも最短5日間の出席でOK。

学習シムステスの特徴	少人数制授業だけでなく、ひとりひとりの学力・希望進路・現在の状況にあわせた個別指導を行っており、基礎からやり直して勉強することができます。また、英検や漢検などの資格取得にも力を入れており、通いなれた教室で受験ができる準会場に認定されています。 また、人が多い場所がまだ苦手な人や緊張してしまう人のために個別教室や個別視聴覚室などの施設も充実しています。 自分に合ったところから、無理なくスタートして、自分に合ったペースを見つけ、最終的には自分の将来や進路について考えていくための環境がここにはあります。

生徒情報

【いじめ対策】
少人数で生徒と先生との距離が近いので、いじめが起こらない環境です。
いつでも安心して学習できる環境を作っています。

【保護者との連絡】
電話での連絡・相談、保護者面談などを頻繁に行っています。

生活指導	私服で自由です。 基準服もありますが、必ずしも購入の必要はありません。 茶髪・ピアスなど特に指導は行っていません。

【生徒数】男女比　1：1

【教員数】
専任講師：男性1名、女性8名
非常勤講師：男性1名、女性2名
カウンセラー：1名常駐しています

2024年度の行事予定　※集団が苦手な人は行事は自由参加。個別指導もOK。

月	4月～6月	7月～9月	10月～12月	1月～3月
行事	4月　入学式 5月　高認説明会 6月　ハイキング 　　　進路相談会 　　　大学、専門学校奨学金 　　　予約申込説明会	7月　登山、博物館見学、映画鑑 　　　賞会、大学・専門学校オー 　　　プンキャンパス見学会 8月　前期テスト、大学・専門学 　　　校推薦入試説明会、高認説 　　　明会 8月～12月　後期生入学相談会	10月　文化祭、進学相談会 11月　ハイキング、登山、ボウリ 　　　ング大会、職業体験、食育 　　　教育 12月　博物館見学、映画鑑賞会、 　　　進学相談会、保護者面談	1月　後期テスト、進学相談会 1月～8月　前期生入学相談会

2024年度の募集・進路状況

募集について	募集人員： 出願期間：随時 試験日：随時 選考方法：学校見学のみ（学科試験はありません） 選考料：

卒業後の進路	【進路先】卒業者数　　　　名 大学　　　　　　　　　　　名 短大　　　　　　　　　　　名 専門学校　　　　　　　　　名 浪人　　　　　　　　　　　名 就職　　　　　　　　　　　名 有職者　　　　　　　　　　名 その他（家事手伝い）　　　名

学費について	入学金：　　　　0 ～ 80,000 円 維持費：　　　　0 ～ 50,000 円 指導料：月額 20,000 ～ 55,000 円 ※当校の特長として、国の就学支援金（返済不要）との差額だけ納入すればよいので、入学時の負担が少ない。 ※福岡県の奨学金が月額2.5万円無利子で貸与されます。成績基準はありませんので、不登校の方でも大丈夫です。 ※大学・専門学校の奨学金の予約もできます。（日本学生支援機構）

主な合格実績	<国公立>九州大、北九州大、熊本大、長崎大、大分大、九州工業大、信州大、京都大、筑波大、鹿児島大　など <私立>西南大、福大、九産大、久留米大、中村大、中村大短大、筑紫女学園大、福岡学院大、福岡女学園短大、同志社大、立命館大、関西学院大、関西学院大、甲南大、京都産業大、大阪学院大、日本福祉大、広島修道大、上智大、慶応大、明治大、東京理科大、中央大、青山学院大、学習院大、日大、駒澤大、専修大、東洋大、北里大、麻布大　など <専門学校>看護士、作業療法士、理学療法師、歯科衛生士などの医療系、保育、動物看護士、美容師、栄養士、自動車整備士、建築、航空整備士、救急救命士などの各専門学校への進学

<学校の施設>

校舎面積	m²	ラウンジ	あり
保健室	あり	カウンセリング室	あり
図書室	あり	事務室	あり
職員室	あり		

◇◇◇◇◇◇◇◇◇　**この学校にアクセスしてみよう！**

学校説明会	入学前 電話相談	文化祭見学	体育祭見学	資料請求
○	○	○	─	○

※学校説明会　月～金、10時～21時／土日祝、11時～21時
※資料は電話・ハガキ・FAX等でご請求いただければ、無料で送付いたします。
■他の方と重ならなければ、当日見学も可。
　土日祝の見学は必ず電話連絡を下さい。
※2食付学生寮あり。アパート斡旋可。

最新！ 詳細！

リスト

「通信制高校・本校」一覧

「通信制高校 協力校・
学習センター等」一覧

「高等専修学校・技能連携校」一覧

「サポート校（学習等支援施設）」一覧

「高卒認定試験予備校」一覧

広域通信制高校の入学エリア一覧

「通信制高校・本校」一覧

- 【広域】のマークがある学校は、本校のある都道府県以外からも、広く入学することができる「広域通信制高校」です。【広域】のマークのない学校は、居住地・勤務地が本校のある都道府県または隣接する都道府県のみから入学ができます。詳しくは、P586の「広域通信制高校の入学エリア一覧」、P122からの個別の学校紹介を参照してください。また、通信制高校の概要についてはP96をご覧ください。

- ○印は私立、無印は公立です。

学 校 名		〒	住所	電話番号
北海道				
北海道有朋高校		002-8504	北海道札幌市北区屯田9条7	011-773-8200
○星槎国際高校	【広域】	004-0014	北海道札幌市厚別区もみじ台北5-12-1	011-899-3830
○小樽双葉高校		047-0014	北海道小樽市住ノ江1-3-17	0134-31-3100
○北海道芸術高校	【広域】	048-2411	北海道余市郡仁木町東町5-4-1	0135-48-5131
○池上学院高校		062-0903	北海道札幌市豊平区豊平3条5-1-38	011-811-5297
○札幌静修高校　通信制課程	【広域】	064-0916	北海道札幌市中央区南16条西6-2-1	0120-128-771
○とわの森三愛高校	【広域】	069-8533	北海道江別市文京台緑町569	011-388-4831
○クラーク記念国際高校	【広域】	078-0151	北海道深川市納内町3-2-40	0164-24-2001
○札幌自由が丘学園三和高校	【広域】	098-0112	北海道上川郡和寒町字三和412	011-743-1267
青森県				
青森県立北斗高校		030-0813	青森県青森市松原2-1-24	017-734-4464
○東奥学園高校		030-0821	青森県青森市勝田2-11-1	017-721-3655
○青森山田高校	【広域】	030-0943	青森県青森市幸畑2-3-1　青森大学4号館2F	017-728-5030
青森県立八戸中央高校		031-0803	青森県八戸市諏訪1-2-17	0178-22-2751
青森県立尾上総合高校		036-0211	青森県平川市高木松元7-6	0172-57-5528
○五所川原第一高校		037-0044	青森県五所川原市元町6-1	0173-26-6662
岩手県				
○盛岡中央高校		020-0122	岩手県盛岡市材木町9-13	019-622-6056
岩手県立杜陵高校		020-8543	岩手県盛岡市上田2-3-1	019-652-1123
○一関学院高校		021-0871	岩手県一関市八幡町5-24	0191-23-4240
岩手県立宮古高校		027-0052	岩手県宮古市宮町2-1-1	0193-63-7428
宮城県				
宮城県美田園高校		981-1217	宮城県名取市美田園2-1-4	022-784-3571
○仙台白百合学園高校	【広域】	981-3205	宮城県仙台市泉区紫山1-2-1	022-777-6625
○仙台育英学園高校	【広域】	983-0045	宮城県仙台市宮城野区宮城野2-4-1	022-256-4148
○飛鳥未来きずな高校	【広域】	987-0331	宮城県登米市米山町中津山字筒場坪215	0220-55-3770
○東陵高校	【広域】	988-0812	宮城県気仙沼市大峠山1-1	0226-23-3100
秋田県				
秋田県立秋田明徳館高校		010-0001	秋田県秋田市中通2-1-51	018-834-0473
○秋田修英高校		014-0047	秋田県大仙市大曲須和町1-1-30	0187-63-2622
山形県				
○惺山高校		990-0832	山形県山形市城西町3-13-7	023-643-0321
○和順館高校		998-0025	山形県酒田市南千日町4-50	0234-26-1670
山形県立庄内総合高校		999-7707	山形県東田川郡庄内町廿六木字三ツ車8	0234-24-2991
福島県				
○聖光学院高校	【広域】	960-0486	福島県伊達市六角3	024-573-1801
福島県立郡山萌世高校		963-8002	福島県郡山市駅前2-11-1	024-925-6432
○東日本国際大学附属昌平高校		970-8023	福島県いわき市平鎌田寿金沢22-1	0246-88-6743
○大智学園高校	【広域】	979-1202	福島県双葉郡川内村大字下川内字宮渡18-7	03-5925-2773
茨城県				
○土浦日本大学高校　通信制課程	【広域】	300-0837	茨城県土浦市右籾1521-1	029-893-3030
○つくば開成高校	【広域】	300-1211	茨城県牛久市柏田町3315-10	029-872-5532
○S高校	【広域】	300-4204	茨城県つくば市作谷578-2	0120-0252-15

学 校 名		〒	住所	電話番号
○ 晃陽学園高校	【広域】	306-0011	茨城県古河市東1-5-26	0280-31-5455
○ 日本ウェルネス高校	【広域】	309-1622	茨城県笠間市南吉原1188	0296-71-5553
○ 水戸平成学園高校		310-0067	茨城県水戸市根本2-545	029-300-5777
○ 飛鳥未来きぼう高校※	【広域】	310-0801	茨城県水戸市桜川1-7-1	050-5530-5358
茨城県立水戸南高校		310-0804	茨城県水戸市白梅2-10-10	029-247-4284
○EIKOデジタル・クリエイティブ高校		310-0913	茨城県水戸市見川町2582-9	029-297-4018
○ 鹿島学園高校	【広域】	314-0042	茨城県鹿嶋市田野辺141-9	0299-85-2020
○ 明秀学園日立高校		317-0064	茨城県日立市神峰町3-2-26	0294-25-1556
○ 第一学院高校	【広域】	318-0001	茨城県高萩市赤浜2086-1	0120-761-080
○ 翔洋学園高校	【広域】	319-1221	茨城県日立市大みか町4-1-3	0294-27-1101
○ ルネサンス高校	【広域】	319-3541	茨城県久慈郡大子町大字町付1543	0120-816-737
栃木県				
栃木県立宇都宮高校		320-0846	栃木県宇都宮市滝の原3-5-70	028-633-1427
栃木県立学悠館高校		328-8558	栃木県栃木市沼和田町2-2	0282-20-7073
○ 日々輝学園高校	【広域】	329-2332	栃木県塩谷郡塩谷町大宮2475-1	0287-41-3851
群馬県				
群馬県立高崎高校		370-0861	群馬県高崎市八千代町2-4-1	027-330-2277
群馬県立前橋清陵高校		371-8573	群馬県前橋市文京町2-20-3	027-224-0513
群馬県立太田フレックス高校		373-0844	群馬県太田市下田島町1243-1	0276-31-0513
群馬県立桐生高校		376-0601	群馬県桐生市梅田町1-185-1	0277-32-2181
埼玉県				
埼玉県立大宮中央高校		331-0825	埼玉県さいたま市北区櫛引町2-499-1	048-652-6481
○ 開智高校		339-0004	埼玉県さいたま市岩槻区徳力186	048-793-1370
○ 武蔵野星城高校	【広域】	343-0851	埼玉県越谷市七左町3-89-2	048-987-1094
○ 松栄学園高校	【広域】	344-0038	埼玉県春日部市大沼2-40	048-738-0378
○ 志学会高校	【広域】	345-0015	埼玉県北葛飾郡杉戸町大字並塚1642	0480-38-1810
○ 清和学園高校	【広域】	350-0417	埼玉県入間郡越生町上野東1-3-2	049-292-2017
○ 霞ヶ関高校	【広域】	350-1101	埼玉県川越市的場2797-24	049-233-3636
○ 聖望学園高校		357-0006	埼玉県飯能市中山292	042-973-1500
○ 大川学園高校	【広域】	357-0038	埼玉県飯能市仲町16-8	042-971-1717
○ わせがく夢育高校	【広域】	357-0211	埼玉県飯能市大字平戸130-2	0120-299-325
○ 国際学院高校	【広域】	362-0806	埼玉県北足立郡伊奈町小室10474	048-721-5931
○ 創学舎高校	【広域】	366-0006	埼玉県深谷市血洗島244-4	03-3271-1537
千葉県				
○ 明聖高校	【広域】	260-0014	千葉県千葉市中央区本千葉町10-23	043-225-5622
千葉県立千葉大宮高校		264-8505	千葉県千葉市若葉区大宮町2699-1	043-264-1981
○ 中山学園高校		273-0005	千葉県船橋市本町3-34-10	047-422-4380
○ 麗澤高校　通信制課程		277-8686	千葉県柏市光ヶ丘2-1-1　麗澤大学生涯教育プラザ5F	04-7173-3780
○ あずさ第一高校	【広域】	278-0037	千葉県野田市野田405-1	04-7122-2400
○ 千葉科学大学附属高校　通信制課程		288-0025	千葉県銚子市潮見町3	0479-30-4800
○ 敬愛大学八日市場高校	【広域】	289-2143	千葉県匝瑳市八日市場口390	0479-72-1588
○ わせがく高校	【広域】	289-2231	千葉県香取郡多古町飯笹向台252-2	0479-70-7622
○ 鴨川令徳高校		296-0001	千葉県鴨川市横渚815	04-7099-0101
○ ヒューマンキャンパスのぞみ高校	【広域】	297-0065	千葉県茂原市緑ヶ丘1-53	0475-44-7541
○ 中央国際高校	【広域】	299-5102	千葉県夷隅郡御宿町久保1528	0470-68-2211
○ 成美学園高校	【広域】	299-5241	千葉県勝浦市松部1000-1	047-064-4777
東京都				
東京都立一橋高校		101-0031	東京都千代田区東神田1-12-13	03-3865-6536
○ 大原学園美空高校	【広域】	101-0051	東京都千代田区神田神保町2-42	03-3237-3141
○ 北豊島高校	【広域】	116-0012	東京都荒川区東尾久6-41-12	03-3895-3051
○ 立志舎高校	【広域】	130-0012	東京都墨田区太平2-9-6	03-5608-1033
○ 東海大学付属望星高校	【広域】	151-0063	東京都渋谷区富ヶ谷2-10-1	03-3467-8111
○ 目黒日本大学高校	【広域】	153-0063	東京都目黒区目黒1-6-15	03-3492-6674
○ 科学技術学園高校	【広域】	157-8562	東京都世田谷区成城1-11-1	03-5494-7711
東京都立新宿山吹高校		162-8612	東京都新宿区山吹町81	03-5261-9729
○ NHK学園高校	【広域】	186-8001	東京都国立市富士見台2-36-2	0120-451-424
東京都立砂川高校		190-8583	東京都立川市泉町935-4	042-537-4611
○ 聖パウロ学園高校	【広域】	192-0154	東京都八王子市下恩方2727	042-651-3882

※飛鳥未来きぼう高校<仮称>　茨城県設置認可申請中（設置計画承認済み）

学校名		〒	住所	電話番号
神奈川県				
○ 清心女子高校		222-0024	神奈川県横浜市港北区篠原台町36-37	045-421-8864
○ 柏木学園高校		242-0018	神奈川県大和市深見西4-4-22	046-260-9011
神奈川県立厚木清南高校		243-0021	神奈川県厚木市岡田1-12-1	046-228-1612
○ 厚木中央高校		243-0032	神奈川県厚木市恩名1-17-18	046-221-5678
神奈川県立横浜修悠館高校		245-0016	神奈川県横浜市泉区和泉町2563	045-800-3711
○ 秀英高校		245-0016	神奈川県横浜市泉区和泉町7895	045-806-2100
○ 鹿島山北高校		258-0201	神奈川県足柄上郡山北町中川921-87	0465-78-3900
新潟県				
○ 長岡英智高校		940-1154	新潟県長岡市宮栄3-16-14	0258-31-6771
新潟県立高田南城高校		943-0837	新潟県上越市南城町3-3-8	025-524-0523
○ managara HighSchool	【広域】	945-1397	新潟県柏崎市大字安田2510-2	0120-616-010
○ 開志学園高校		950-0925	新潟県新潟市中央区弁天橋通1-4-1	025-287-3390
新潟県立新潟翠江高校		950-1112	新潟県新潟市西区金巻1657	025-370-1721
○ 創進学園高校		954-0051	新潟県見附市本所2-2-21	0258-62-0703
富山県				
富山県立雄峰高校		930-0009	富山県富山市神通町2-12-20	076-441-5164
石川県				
○ 美川特区アットマーク国際高校	【広域】	920-0869	石川県金沢市上堤町1-35	0120-5931-87
石川県立金沢泉丘高校		921-8517	石川県金沢市泉野出町3-10-10	076-241-6424
福井県				
○ 啓新高校		910-0005	福井県福井市大手3-1-1	0776-63-6448
○ AOIKE高校		917-0084	福井県小浜市小浜広峰108	0770-52-3481
福井県立道守高校		918-8575	福井県福井市若杉町35-21	0776-36-1184
山梨県				
○ 甲斐清和高校	【広域】	400-0033	山梨県甲府市寿町10-8	055-221-7888
山梨県立中央高校		400-0035	山梨県甲府市飯田5-6-23	055-226-4411
○ 日本航空高校	【広域】	400-0108	山梨県甲斐市宇津谷445	0551-28-0011
○ 駿台甲府高校	【広域】	400-0845	山梨県甲府市上今井町884-1	055-243-0277
○ 山梨英和高校	【広域】	400-8507	山梨県甲府市愛宕町112	055-252-6187
○ 山梨学院高校	【広域】	400-8575	山梨県甲府市酒折2-4-5	055-224-1414
○ 自然学園高校	【広域】	408-0101	山梨県北杜市須玉町小尾6900	0551-45-0510
長野県				
長野県長野西高校		380-8530	長野県長野市箱清水3-8-5	026-234-2262
○ 長野日本大学高校		381-0038	長野県長野市東和田253	026-243-1079
○ ステップ高校	【広域】	381-2344	長野県長野市信更町上尾2200	026-285-0909
○ 地球環境高校	【広域】	385-0051	長野県佐久市中込2923-1	0267-63-1411
○ コードアカデミー高校	【広域】	386-0012	長野県上田市中央1-2-21	0268-75-7877
○ さくら国際高校	【広域】	386-1433	長野県上田市手塚1065	0268-39-7707
○ 長野俊英高校 通信制課程		388-8006	長野県長野市篠ノ井御幣川1045	026-292-0726
○ ID学園高校	【広域】	389-0501	長野県東御市新張1931	03-3828-2206
○ 信濃むつみ高校		390-0832	長野県松本市南松本1-13-26	0263-27-3700
長野県松本筑摩高校		390-8531	長野県松本市島立2237	0265-47-1526
○ 飯田女子高校		395-8528	長野県飯田市上郷飯沼3135-3	0265-22-1386
○ 松本国際高校	【広域】	399-0036	長野県松本市村井町南3-6-25	0263-88-0044
○ つくば開成学園高校		399-0428	長野県上伊那郡辰野町大字伊那富3305-94	0266-75-0581
○ 天龍興譲高校	【広域】	399-1202	長野県下伊那郡天龍村神原3974	0260-32-3581
○ 緑誠蘭高校	【広域】	399-5302	長野県木曽郡南木曽町吾妻3859-39	0264-24-0477
岐阜県				
○ 城南高校		500-8238	岐阜県岐阜市細畑1-10-14	058-240-3335
岐阜県立華陽フロンティア高校		500-8286	岐阜県岐阜市西鶉6-69	058-275-7185
○ 啓晴高校		500-8407	岐阜県岐阜市高砂町2-8	058-265-1666
○ ぎふ国際高校		500-8856	岐阜県岐阜市橋本町3-9	058-251-8181
○ 清凌高校		503-0883	岐阜県大垣市清水町65-3	0584-78-3383
○ 西濃桃李高校		503-0887	岐阜県大垣市郭町3-209	0584-82-6611
岐阜県立飛騨高山高校		506-0052	岐阜県高山市下岡本町2000-30	0577-32-6013
○ 中京高校 通信制課程	【広域】	509-6101	岐阜県瑞浪市土岐町7074-1	0572-66-1255
静岡県				
静岡県立静岡中央高校		420-8502	静岡県静岡市葵区城北2-29-1	054-209-2431
○ キラリ高校		421-0304	静岡県榛原郡吉田町神戸726-4	0548-33-4976

学校名		〒	住所	電話番号
愛知県				
○ 愛知産業大学三河高校		440-0005	愛知県岡崎市藤川町西川向1-20	0564-48-5230
愛知県立刈谷東高校		448-8653	愛知県刈谷市半城土町三ツ又20	0566-21-3347
○ 愛知産業大学工業高校		460-0016	愛知県名古屋市中区橘1-21-25	052-322-5255
愛知県立旭陵高校		461-8654	愛知県名古屋市東区出来町3-6-23	052-721-5371
○ 菊華高校		463-0011	愛知県名古屋市守山区小幡5-8-13	052-791-8261
○ 中京大学附属中京高校	【広域】	466-8525	愛知県名古屋市昭和区川名山町122	052-761-5311
○ ルネサンス豊田高校	【広域】	470-0302	愛知県豊田市藤沢町丸竹182	0120-816-737
三重県				
○ 大橋学園高校		510-0863	三重県四日市市大字塩浜149-8	059-348-4800
三重県立北星高校		510-8027	三重県四日市市大字茂福字横座668-1	059-363-8110
○ 四日市メリノール学院 通信制課程		512-1205	三重県四日市市平尾町2800	059-326-0067
○ 一志学園高校		515-2524	三重県津市一志町大仰326	0598-42-8174
三重県立松阪高校		515-8577	三重県松阪市垣鼻町1664	0598-26-7522
○ 英心高校		516-0009	三重県伊勢市河崎1-3-25	0596-28-2077
○ 代々木高校	【広域】	517-0217	三重県志摩市磯部町山原785	0599-56-0770
○ 徳風高校	【広域】	519-0145	三重県亀山市和賀町1789-4	0595-82-3561
滋賀県				
滋賀県立大津清陵高校		520-0867	滋賀県大津市大平1-14-1	077-537-5333
○ ECC学園高校	【広域】	520-1645	滋賀県高島市今津町椋川512-1	0120-027-144
○ 綾羽高校		525-0025	滋賀県草津市西渋川1-18-1	077-563-3435
○ 司学館高校		527-0026	滋賀県東近江市八日市野々宮町2-30	0748-22-1176
京都府				
○ 京都つくば開成高校		600-8320	京都府京都市下京区西洞院通七条上る福本町406	075-371-0020
○ 京都美山高校	【広域】	602-0926	京都府京都市上京区元真如堂町358	0120-561-380
京都府立朱雀高校		604-8384	京都府京都市中京区西ノ京式部町1	075-841-0754
○ 京都芸術大学附属高校	【広域】	606-8271	京都府京都市左京区北白川上終町24	0120-87-37-39
○ 京都成章高校		610-1106	京都府京都市西京区大枝沓掛町26	075-332-4830
○ 京都長尾谷高校（京都府認可申請中 2024年4月開校予定）		612-0089	京都府京都市伏見区深草佐野屋敷町11-1	075-574-7676
○ 京都西山高校		617-0002	京都府向日市寺戸町西野辺25	075-934-2480
○ 京都廣学館高校	【広域】	619-0245	京都府相楽郡精華町下狛中垣内48	0774-93-0518
○ 京都共栄学園高校	【広域】	620-0933	京都府福知山市篠尾62-5	0773-22-6241
京都府立西舞鶴高校		624-0841	京都府舞鶴市字引土145	0773-75-3131
大阪府				
○ ルネサンス大阪高校	【広域】	530-0012	大阪府大阪市北区芝田2-9-20	0120-816-737
○ 大阪つくば開成高校		530-0043	大阪府大阪市北区天満2-2-16	06-6352-0020
○ 東朋学園高校		543-0017	大阪府大阪市天王寺区城南寺町7-28	0120-960-224
○ YMCA学院高校	【広域】	543-0073	大阪府大阪市天王寺区生玉寺町1-3	06-6779-5690
大阪府立桃谷高校		544-0021	大阪府大阪市生野区勝山南3-1-4	06-6712-0371
○ 天王寺学館高校		547-0041	大阪府大阪市平野区平野北1-10-43	06-6795-1860
○ 英風高校		553-0006	大阪府大阪市福島区吉野4-13-4	06-6464-0668
○ 向陽台高校	【広域】	567-0051	大阪府茨木市宿久庄7-20-1	072-643-6681
○ 長尾谷高校	【広域】	573-0163	大阪府枚方市長尾元町2-29-27	072-850-9111
○ 賢明学院高校		590-0812	大阪府堺市堺区霞ケ丘町4-3-30	072-241-1679
○ 八洲学園高校	【広域】	593-8327	大阪府堺市西区鳳中町8-3-25	072-262-8281
○ 神須学園高校		596-0076	大阪府岸和田市野田町1-7-12	072-493-3977
○ 秋桜高校		597-0002	大阪府貝塚市新町2-10	072-432-6007
○ 近畿大阪高校		599-0232	大阪府阪南市箱作1054-1	072-447-4761
兵庫県				
兵庫県立青雲高校		653-0821	兵庫県神戸市長田区池田谷町2-5	078-641-4200
○ AIE国際高校	【広域】	656-2304	兵庫県淡路市浜1-48　東浦キャンパス	0799-74-0020
○ 第一学院高校	【広域】	667-1102	兵庫県養父市大谷13	072-766-1256
兵庫県立網干高校		671-1286	兵庫県姫路市網干区新在家259-1	079-274-2014
○ 相生学院高校	【広域】	678-0044	兵庫県相生市野瀬700	0791-24-0100
奈良県				
○ 奈良女子高校	【広域】	630-8121	奈良県奈良市三条宮前町3-6	0742-85-1792
○ 関西文化芸術高校	【広域】	631-0803	奈良県奈良市山陵町1179	0742-45-2156
○ 飛鳥未来高校	【広域】	632-0004	奈良県天理市櫟本町1514-3	0743-61-0031
○ 日本教育学院高校	【広域】	633-2141	奈良県宇陀市大宇陀上片岡194-6	0745-80-2255
奈良県立大和中央高校		639-1123	奈良県大和郡山市筒井町1201	0743-56-2271

学 校 名		〒	住所	電話番号
和歌山県				
○ 慶風高校	【広域】	640-1363	和歌山県海草郡紀美野町田64	073-498-0100
和歌山県立きのくに青雲高校		640-8137	和歌山県和歌山市吹上5-6-8	0734-22-8402
○ 和歌山信愛高校　通信制課程		640-8151	和歌山県和歌山市屋形町2-23	073-424-1141
和歌山県立南紀高校		646-0024	和歌山県田辺市学園1-88	0739-22-3776
○ 高野山高校	【広域】	648-0288	和歌山県伊都郡高野町高野山212	0736-56-2204
○ 和歌山南陵高校	【広域】	649-1443	和歌山県日高郡日高川町和佐2223-5	0738-53-0316
和歌山県立伊都中央高校		649-7203	和歌山県橋本市高野口町名古曽558	0736-42-2056
鳥取県				
鳥取県立鳥取緑風高校		680-0945	鳥取県鳥取市湖山町南3-848	0857-37-3100
○ 湯梨浜学園高校		689-0727	鳥取県東伯郡湯梨浜町田畑32-1	0858-48-6810
鳥取県立米子白鳳高校		689-3411	鳥取県米子市淀江町福岡24	0859-37-4020
島根県				
島根県立浜田高校		697-0024	島根県浜田市黒川町3749	0855-22-0187
○ 明誠高校	【広域】	698-0006	島根県益田市三宅町7-37	0856-23-6877
島根県立宍道高校		699-0492	島根県松江市宍道町宍道1586	0852-66-7577
岡山県				
○ 岡山理科大学附属高校	【広域】	700-0005	岡山県岡山市北区理大町1-1	086-256-8562
○ ワオ高校	【広域】	700-0826	岡山県岡山市北区磨屋町7-2	0120-806-705
岡山県立岡山操山高校		703-8574	岡山県岡山市中区浜412	086-272-2040
○ 滋慶学園高校	【広域】	707-0412	岡山県美作市古町1665	0868-73-0081
○ 岡山県美作高校		708-0004	岡山県津山市山北500	0868-23-3116
○ 鹿島朝日高校	【広域】	709-2136	岡山県岡山市北区御津紙工2590	050-3645-8219
○ 興譲館高校	【広域】	715-0006	岡山県井原市西江原町2257-1	0120-445-033
広島県				
○ 並木学院福山高校		720-0072	広島県福山市吉津町12-27	084-982-7329
広島県立東高校		720-0082	広島県福山市木之庄町6-11-2	084-922-0810
○ 東林館高校	【広域】	720-0814	広島県福山市光南町1-1-35	084-923-4543
○ 並木学院高校	【広域】	730-0041	広島県広島市中区小町8-32	082-241-9066
広島市立みらい創生高校		730-0051	広島県広島市中区大手町4-4-4	082-545-1671
○ 広島工業大学高校		731-3163	広島県広島市安佐南区伴北6-4104-2	082-849-6755
○ 広島国際学院高校　通信制課程		736-0003	広島県安芸郡海田町曽田1-5	082-823-3401
○ 山陽女学園高等部		738-0003	広島県廿日市市佐方本町1-1	0829-32-2222
山口県				
○ 松陰高校	【広域】	740-0904	山口県岩国市錦見町宇佐郷507	0827-74-5200
○ 聖光高校		743-0011	山口県光市光井9-22-1	0833-72-7070
○ 誠英高校		747-0813	山口県防府市東三田尻1-2-14	0835-38-6161
○ 下関国際高校		751-0862	山口県下関市大字伊倉字四方山7	083-256-2322
○ 精華学園高校	【広域】	754-0026	山口県山口市小郡栄町5-22	083-976-8833
山口県立山口松風館高校		754-0041	山口県山口市小郡令和3-6-18	083-974-0011
○ 成進高校		759-2212	山口県美弥市大嶺町3294	0837-52-1350
○ 長門高校		759-4101	山口県長門市東深川1621	0837-22-2944
徳島県				
徳島県立徳島中央高校		770-0006	徳島県徳島市北矢三町1-3-8	088-631-1332
香川県				
○ 穴吹学園高校	【広域】	760-0017	香川県高松市番町2-4-14	087-802-3655
香川県立高松高校		760-0017	香川県高松市番町3-1-1	087-831-7244
○ 高松中央高校	【広域】	760-0068	香川県高松市松島町1-14-8	087-812-5285
○ 村上学園高校		763-0048	香川県丸亀市幸町1-10-16	0877-43-4777
香川県立丸亀高校		763-8512	香川県丸亀市六番丁1	0877-23-6003
○ RITA学園高校	【広域】	764-0015	香川県仲多度郡多度津町西浜12-44	0877-32-3000
愛媛県				
○ 未来高校	【広域】	790-0001	愛媛県松山市一番町1-1-3	089-947-4447
愛媛県立松山東高校		790-8521	愛媛県松山市持田町2-2-12	089-943-0187
○ 今治精華高校	【広域】	794-0055	愛媛県今治市中日吉町2-1-34	0898-32-7100
○ 日本ウェルネス高校	【広域】	794-1307	愛媛県今治市大三島町口総4010	0897-74-1356
高知県				
○ 太平洋学園高校		780-0061	高知県高知市栄田町1-3-8	088-822-3584
高知県立高知北高校		780-8039	高知県高知市東石立町160	088-832-2182
高知県立大方高校		789-1931	高知県幡多郡黒潮町入野5507	0880-43-1079

学 校 名		〒	住所	電話番号
福岡県				
○ つくば開成福岡高校		810-0001	福岡県福岡市中央区天神5-3-1	092-761-1663
○ 福岡芸術高校		812-0011	福岡県福岡市博多区博多駅前3-11-10	0120-290-154
福岡県立博多青松高校		812-0044	福岡県福岡市博多区千代1-2-21	092-631-0405
○ 第一薬科大学付属高校	【広域】	815-0037	福岡県福岡市南区玉川町22-1	092-562-4749
○ 福智高校	【広域】	825-0002	福岡県田川市大字伊田3934	0947-42-4711
○ 明蓬館高校	【広域】	827-0001	福岡県田川郡川崎町安眞木1373	0120-9587-19
○ 久留米信愛高校		839-8508	福岡県久留米市御井町2278-1	0942-43-4533
佐賀県				
佐賀県立佐賀北高校		840-0851	佐賀県佐賀市天祐2-6-1	0952-23-2203
○ 敬徳高校		848-0027	佐賀県伊万里市立花町86	0955-22-6191
長崎県				
長崎県立鳴滝高校		850-0011	長崎県長崎市鳴滝1-4-1	095-820-0099
○ こころ未来高校	【広域】	850-0822	長崎県長崎市愛宕3-19-23	095-822-7733
○ 長崎南山高校		852-8544	長崎県長崎市上野町25-1	095-844-1572
長崎県立佐世保中央高校		857-0017	長崎県佐世保市梅田町10-14	0956-22-1161
熊本県				
○ 一ツ葉高校	【広域】	861-3672	熊本県上益城郡山都町目丸2472	0967-72-3344
○ やまと高校	【広域】	861-3902	熊本県上益城郡山都町滝上223	0120-333-053
熊本県立湧心館高校		862-8603	熊本県熊本市中央区出水4-1-2	096-372-5372
○ 勇志国際高校	【広域】	866-0334	熊本県天草市御所浦町牧島1065-3	0969-67-3911
○ くまもと清陵高校	【広域】	869-1411	熊本県阿蘇郡南阿蘇村大字陰字小野5-300	096-213-7811
大分県				
大分県立爽風館高校		870-0835	大分県大分市上野丘1-11-14	097-547-7735
○ 府内高校		870-0839	大分県大分市金池南1-8-5	097-546-4777
○ 明豊高校		874-0903	大分県別府市野口原3088	0977-27-3311
○ 藤蔭高校		877-0026	大分県日田市田島本町5-41	0973-23-6655
宮崎県				
宮崎県立宮崎東高校		880-0056	宮崎県宮崎市神宮東1-2-42	0985-24-3405
宮崎県立延岡青朋高校		882-0866	宮崎県延岡市平原町2-2618-2	0982-33-4980
○ 都城聖ドミニコ学園高校 通信制課程		885-0061	宮崎県都城市下長飯881	0986-39-1303
○ 小林西高校 通信制課程		886-8588	宮崎県小林市細野588-48	0984-22-5155
○ 日南学園高校 通信制		887-0041	宮崎県日南市吾田東3-5-1	0987-23-1311
鹿児島県				
○ 鹿児島実業高校		891-0180	鹿児島県鹿児島市五ヶ別府町3591-3	099-286-1508
鹿児島県立開陽高校		891-0198	鹿児島県鹿児島市西谷山1-2-1	099-263-3723
○ 屋久島おおぞら高校	【広域】	891-4406	鹿児島県熊毛郡屋久島町平内34-2	052-451-3302
○ 神村学園高等部	【広域】	896-8686	鹿児島県いちき串木野市下名4460	0996-32-3232
沖縄県				
○ つくば開成国際高校	【広域】	900-0022	沖縄県那覇市樋川2-5-1	098-835-0298
沖縄県立泊高校		900-8610	沖縄県那覇市泊3-19-2	098-868-1237
沖縄県立宜野湾高校		901-2224	沖縄県宜野湾市字真志喜2-25-1	098-942-2363
○ N高校	【広域】	904-2421	沖縄県うるま市与那城伊計224	0120-0252-15
○ 八洲学園大学国際高校	【広域】	905-0207	沖縄県国頭郡本部町備瀬1249	0120-840-598
○ ヒューマンキャンパス高校	【広域】	905-2264	沖縄県名護市三原263	0120-953-979
○ 瑞穂MSC高校	【広域】	907-0014	沖縄県石垣市新栄町6-18	0120-555-720

「通信制高校 協力校・学習センター等」一覧

・通信制高校で、本校以外で学習することのできる学校の一覧です。本校の一覧は、P524をご参照ください。
・○印は私立、無印は公立です。

学校名		〒	住所	電話番号
北海道				
○ 星槎国際高校	札幌北学習センター	001-0011	北海道札幌市北区北11条西4-2-3	011-700-3830
○ 相生学院高校	札幌校	001-0027	北海道札幌市北区北27条西15-1-28	本校 (0791-24-0100) まで
○ 日本航空高校	札幌学習支援センター	002-8074	北海道札幌市北区あいの里4条5-10-2	0551-28-0011
○ NHK学園高校	北海道有朋高校	002-8504	お問い合わせはNHK学園高校本校(0120-451-424)まで	0120-451-424
○ クラーク記念国際高校	札幌白石キャンパス	003-0029	北海道札幌市白石区平和通2丁目北11-18	011-867-6216
北海道有朋高校	函館中部高校	040-0012	北海道函館市時任町11-3	0138-52-0303
○ 精華学園高校	函館校	040-0065	北海道函館市豊川町 21-9	0138-86-6519
北海道有朋高校	江差高校	043-0022	北海道桧山郡江差町字伏木戸町460-1	0139-53-6224
北海道有朋高校	奥尻高校	043-1402	北海道奥尻郡奥尻町字赤石411-2	0139-72-2354
北海道有朋高校	倶知安高校	044-0057	北海道虻田郡倶知安町北7条西2	0136-22-1085
北海道有朋高校	岩内高校	045-0012	北海道岩内郡岩内町字宮園243	0135-62-1445
北海道有朋高校	小樽潮陵高校	047-0002	北海道小樽市潮見台2-1-1	0134-22-0754
北海道有朋高校	松前高校	049-1501	北海道松前郡松前町字建石216	0139-42-5136
北海道有朋高校	桧山北高校	049-4433	北海道久遠郡せたな町北檜山区丹羽360	0137-84-5331
○ ヒューマンキャンパスのぞみ高校	室蘭学習センター	050-0074	北海道室蘭市中島町1-9-7 吉田塾併設	0120-953-979
北海道有朋高校	室蘭栄高校	050-0083	北海道室蘭市東町3-29-5	0143-44-3120
北海道有朋高校	伊達高校	052-0011	北海道伊達市竹原町44	0142-23-2525
○ クラーク記念国際高校	苫小牧キャンパス	053-0022	北海道苫小牧市表町5-10-7 セントラル駅前ビル6F	0144-82-8433
北海道有朋高校	苫小牧東高校	053-8555	北海道苫小牧市清水町2-12-20	0144-33-4141
北海道有朋高校	静内高校	056-0023	北海道日高郡新ひだか町静内1-1-1	0146-42-1075
○ ヒューマンキャンパスのぞみ高校	札幌駅前学習センター	060-0003	北海道札幌市中央区北三条西2-1 NC北専北三条ビル5F	0120-06-8603
○ 飛鳥未来きぼう高校※	札幌駅前キャンパス	060-0005	北海道札幌市中央区北5条西5-7 sapporo55 3F	050-5536-9751
○ NHK学園高校	まなびや札幌	060-0032	北海道札幌市中央区北2条東1-5-2 イーホライズン北2条3F 3C	011-211-6745
○ クラーク記念国際高校	連携校 札幌大通キャンパス	060-0041	北海道札幌市中央区大通東8-1-61	011-233-5515
○ ヒューマンキャンパスのぞみ高校	札幌大通学習センター	060-0042	北海道札幌市中央区大通西7-2-13 小学館ビル1F	011-215-0162
○ 飛鳥未来高校	札幌キャンパス	060-0042	北海道札幌市中央区大通西17-1-15	011-640-8755
○ 北海道芸術高校	札幌サテライトキャンパス	060-0042	北海道札幌市中央区大通西19-1-27	0120-154-550
○ N高校・S高校	札幌キャンパス	060-0061	北海道札幌市中央区南1条西1-9 パークタワービル2F	0120-0252-15
○ ワオ高校	個別指導Axis大通校	060-0061	北海道札幌市中央区南1条西5-20 郵政福祉札幌第1ビル2F	0120-806-705
○ 飛鳥未来きずな高校	札幌キャンパス	060-0061	北海道札幌市中央区南1条西8-11-2 8F	011-221-5631
○ 精華学園高校	札幌校	060-0063	北海道札幌市中央区南三条西3-12-3 N・メッセビル6F	011-212-1824
○ 第一学院高校	札幌キャンパス	060-0807	北海道札幌市北区北7条西4-1-1 第五北海道通信ビル5F	0120-761-080
○ 札幌自由が丘学園三和高校	札幌学習センター	060-0908	北海道札幌市東区北8条東1-3-10	011-743-1267
○ 星槎国際高校	北広島キャンパス	061-1196	北海道北広島市中の沢149 星槎道都大学内	011-372-8207
○ NHK学園高校	北海道集中	063-0051	北海道札幌市西区宮の沢1条1-1-10	0120-451-424
○ 青森山田高校	札幌	063-0911	北海道札幌市豊平区旭町4-1-40 北海学園研究棟ビル地下1F	011-825-4509
○ 日本航空高校	北海道キャンパス	066-8622	北海道千歳市泉沢1007-95	0123-28-1155
北海道有朋高校	岩見沢東高校	068-0826	北海道岩見沢市東山町112	0126-22-0175
○ 星槎国際高校	旭川キャンパス	070-0031	北海道旭川市1条通9-90-21	0166-74-3133
○ クラーク記念国際高校	旭川キャンパス	070-0033	北海道旭川市三条通8-右6	0166-21-5001
北海道有朋高校	旭川東高校	070-0036	北海道旭川市6条通11丁目左	0166-26-1053
○ ヒューマンキャンパスのぞみ高校	旭川学習センター	070-8012	北海道旭川市神居2条18-5-7 (かむいサンビレッジ併設)	0166-63-2231
北海道有朋高校	滝川高校	073-0023	北海道滝川市緑町4-5-77	0125-23-1114
○ 星槎国際高校	芦別学習センター	075-0007	北海道芦別市北7条西5-2-13	0124-24-6101
北海道有朋高校	富良野高校	076-0011	北海道富良野市末広町1-1	0167-22-2174
北海道有朋高校	留萌高校	077-0011	北海道留萌市東雲町1-84	0164-42-0730
○ クラーク記念国際高校	深川キャンパス	078-0151	北海道深川市納内町3-2-40	0164-24-2001

学 校 名		〒	住所	電話番号
北海道有朋高校	羽幌高校	078-4194	北海道苫前郡羽幌町南町8	0164-62-1050
○ 星槎国際高校	帯広学習センター	080-0015	北海道帯広市西5条南10-37	0155-22-3830
北海道有朋高校	帯広柏葉高校	080-0805	北海道帯広市東5条南1	0155-23-5897
○ クラーク記念国際高校	釧路キャンパス	085-0014	北海道釧路市末広町13-1-2　土屋ホーム不動産釧路駅前ビル2F	0154-65-5903
北海道有朋高校	釧路湖陵高校	085-0814	北海道釧路市緑ヶ丘3-1-31	0154-43-3131
北海道有朋高校	中標津高校	086-1106	北海道標津郡中標津町西6条南5-1	0153-72-2059
北海道有朋高校	根室高校	087-0002	北海道根室市牧の内146	0153-24-4675
北海道有朋高校	大樹高校	089-2155	北海道広尾郡大樹町緑町1	01558-6-2063
北海道有朋高校	本別高校	089-3308	北海道中川郡本別町弥生町49	0156-22-2052
○ NHK学園高校	北見北斗高校	090-0035	お問い合わせはNHK学園高校本校（0120-451-424）まで	0120-451-424
北海道有朋高校	北見北斗高校	090-0035	北海道北見市北斗町1-1-11	0157-24-3195
北海道有朋高校	網走桂陽高校	093-0084	北海道網走市向陽ヶ丘6-2-1	0152-43-2930
北海道有朋高校	紋別高校	094-0007	北海道紋別市南が丘町6-3-47	0158-23-6848
北海道有朋高校	名寄高校	096-0071	北海道名寄市字徳田204-1	01654-3-6842
北海道有朋高校	稚内高校	097-0017	北海道稚内市栄1-4-1	0162-33-4154
北海道有朋高校	利尻高校	097-0401	北海道利尻郡利尻町沓形字神居189	0163-84-3325
北海道有朋高校	浜頓別高校	098-5738	北海道枝幸郡浜頓別町緑ヶ丘5-15	01634-2-2109
北海道有朋高校	遠軽高校	099-8581	北海道紋別郡遠軽町南町1	0158-42-2675
青森県				
○ 青森山田高校	青森校	030-0123	青森県青森市大矢沢里見111-1	017-728-5030
○ 日本ウェルネス高校	青森学習支援センター	030-0812	青森県青森市堤町2-12-9	090-2275-3357
○ NHK学園高校	北斗高校	030-0813	お問い合わせはNHK学園高校本校（0120-451-424）まで	0120-451-424
○ さくら国際高校	青森キャンパス	030-0846	青森県青森市青葉2-2-1	0268-39-7707
○ ワオ高校	個別指導Axis造道校	030-0913	青森県青森市東造道3-6-3　テーオービル 2F	0120-806-705
○ 日本航空高校	八戸学習支援センター	031-0001	青森県八戸市大字類家字堤端73-1	0178-47-2225
青森県立北斗高校	青森県立八戸中央高校分室	031-0803	青森県八戸市諏訪1-2-17	0178-22-2039
○ さくら国際高校	本八戸駅学習センター	031-0804	青森県八戸市青葉1-1-21　やまいちビル2F-1	0268-39-7707
○ 仙台育英学園高校	ILC青森	031-0844	青森県八戸市美保野13-98　光星学院美保野キャンパス内	0178-30-2524
○ さくら国際高校	三沢学習センター	033-0052	青森県三沢市本町4-122-84	0268-39-7707
青森県立北斗高校	青森県立尾上総合高校分室	036-0211	青森県平川市荒木松元7-6	0172-57-5528
○ さくら国際高校	弘前城東学習センター	036-8093	青森県弘前市城東中央2-4-23　サクラメントハウス212C	0268-39-7707
○ さくら国際高校	弘前本町学習センター	036-8203	青森県弘前市本町87-6	0268-39-7707
岩手県				
○ 第一学院高校	盛岡キャンパス	020-0022	岩手県盛岡市大通3-6-12　開運橋センタービル2F	0120-761-080
○ 松本国際高校	盛岡学習センター	020-0022	岩手県盛岡市大通3-6-19　バーセル開運橋302	0196-81-7220
○ 松陰高校	岩手盛岡学習センター	020-0034	岩手県盛岡市盛岡駅前通2-30　Dグラフォート盛岡駅前タワーズ102	019-623-2881
○ N高校・S高校	岩手盛岡キャンパス（2024年4月開設予定）	020-0034	岩手県盛岡市盛岡駅前通16-21　盛岡駅前通ビル5F	0120-0252-15
○ さくら国際高校	盛岡北飯岡キャンパス	020-0857	岩手県盛岡市北飯岡1-2-10	0268-39-7707
○ ワオ高校	個別指導Axis盛岡校	020-0871	岩手県盛岡市中ノ橋通1-4-22　中ノ橋106ビル 1F	0120-806-705
○ さくら国際高校	盛岡肴町キャンパス	020-0878	岩手県盛岡市肴町3-18　ラオエムコート1F	0268-39-7707
○ NHK学園高校	杜陵高校	020-8543	お問い合わせはNHK学園高校本校（0120-451-424）まで	0120-451-424
○ さくら国際高校	一関学習センター	021-0821	岩手県一関市三関字神田175-3	0268-39-7707
○ 松本国際高校	一関学習センター	021-0866	岩手県一関市南新町3　ヴィラいまい201	0191-26-3220
○ 松本国際高校	大船渡校	022-0003	岩手県大船渡市盛町字内ノ脇9-27　2F	0192-27-6699
岩手県立杜陵高校	奥州校	023-0064	岩手県奥州市水沢区字土器田1　水沢商業高校内	0197-25-2983
○ 松本国際高校	水沢学習センター	023-0813	岩手県奥州市水沢中町44　イーストジャパンビル2F　西	0197-34-3383
○ 松本国際高校	北上学習センター	024-0031	岩手県北上市青柳町1-5-3　2F	0197-62-6767
○ さくら国際高校	花巻学習センター	025-0084	岩手県花巻市桜台2-27-14	0268-39-7707
○ 松本国際高校	花巻学習センター	025-0092	岩手県花巻市大通1-10-30　2F	0198-29-5820
○ 松本国際高校	釜石学習センター	026-0031	岩手県釜石市鈴木町1-1　プロスパービル2F　北西	0193-55-4086
○ 第一学院高校	宮古キャンパス	027-0042	岩手県宮古市神田沢町1-6	0120-761-080
岩手県立杜陵高校	宮古分室	027-0052	岩手県宮古市宮町2-1-1　宮古高校内	0193-63-7428
○ 松本国際高校	宮古学習センター	027-0083	岩手県宮古市大通4-1-9　1F	0193-77-4900
○ 松本国際高校	久慈学習センター	028-0051	岩手県久慈市川崎町15-5　2F	0194-75-3205
○ 松本国際高校	二戸学習センター	028-6101	岩手県二戸市福岡八幡下68-6　本宮ビル3F	0195-43-3966
宮城県				
○ NHK学園高校	まなびや仙台	980-0021	宮城県仙台市青葉区中央1-10-1　ヒューモスファイヴ8F	022-797-6321
○ ヒューマンキャンパスのぞみ高校	仙台駅前学習センター	980-0021	宮城県仙台市青葉区中央3-1-22　エキニア青葉通りビル7F	0120-06-8603
○ ワオ高校	個別指導Axis仙台校	980-0021	宮城県仙台市青葉区中央3-7-25　2F	0120-806-705
○ 屋久島おおぞら高校	仙台入学相談室	980-0021	宮城県仙台市青葉区中央4-2-27　510ビルディング7F	0120-43-8940
○ ヒューマンキャンパス高校	仙台学習センター	980-0022	宮城県仙台市青葉区五橋1-6-6　五橋ビル6F	022-302-6581

※飛鳥未来きぼう高校＜仮称＞　茨城県設置認可申請中（設置計画承認済み）

学 校 名		〒	住所	電話番号
○ 第一学院高校	仙台キャンパス	980-0023	宮城県仙台市青葉区北目町1-18　ピースビル北目町2F	0120-761-080
○ 勇志国際高校	ぶれいんはーと	980-0802	宮城県仙台市青葉区二日町12-21　アークオフィスビル4F	022-726-0654
○ 松本国際高校	仙台校（仙台日本語学校）	980-0874	宮城県仙台市青葉区角五郎2-44-3	0263-88-0044
○ 日本ウェルネス高校	宮城キャンパス	981-0303	宮城県東松島市小野字裏丁1	0229-25-5461
○ さくら国際高校	仙台泉キャンパス	981-3133	宮城県仙台市泉区泉中央4-11-6　啓進ビル泉中央2F・5F	022-725-3120
○ NHK学園高校	東北集中	981-8570	宮城県仙台市青葉区川平2-26-1	0120-451-424
○ NHK学園高校	仙台大学附属明成高校	981-8570	お問い合わせはNHK学園高校本校（0120-451-424）まで	0120-451-424
○ 星槎国際高校	仙台学習センター	983-0044	宮城県仙台市宮城野区宮千代2-18-7	022-231-5450
○ さくら国際高校	仙台宮城野学習センター	983-0045	宮城県仙台市宮城野区宮城野1-5-35	0268-39-7707
○ 北海道芸術高校	仙台サテライトキャンパス	983-0852	宮城県仙台市宮城野区榴岡4-6-20	0120-105-370
○ 飛鳥未来高校	仙台キャンパス	983-0852	宮城県仙台市宮城野区榴岡4-9-10	022-292-0058
○ 飛鳥未来きずな高校	仙台キャンパス	983-0863	宮城県仙台市宮城野区車町102-5　3F	022-791-0315
○ さくら国際高校	仙台大和町学習センター	984-0042	宮城県仙台市若林区大和町4-13-37	0268-39-7707
○ クラーク記念国際高校	仙台キャンパス	984-0051	宮城県仙台市若林区新寺1-7-20	022-791-3222
○ N高校・S高校	仙台キャンパス	984-0051	宮城県仙台市若林区新寺2-1-6　THE ISビル4F	0120-0252-15
○ さくら国際高校	仙台沖野学習センター	984-0831	宮城県仙台市若林区若林6-2-3	0268-39-7707
○ さくら国際高校	塩釜海岸通学習センター	985-0022	宮城県塩釜市海岸通3-5-2	0268-39-7707
○ さくら国際高校	石巻大橋学習センター	986-0805	宮城県石巻市大橋3-5-2	0268-39-7707
○ 日本航空高校	石巻学習支援センター	986-0822	宮城県石巻市中央3-2-2　石巻テラスNウィング101	0225-94-7484
○ さくら国際高校	石巻門脇キャンパス	986-0853	宮城県石巻市門脇字青葉東92-3	0268-39-7707
○ さくら国際高校	柴田学習センター	989-1622	宮城県柴田郡柴田町西船迫4-1-119	0268-39-7707
○ さくら国際高校	古川学習センター	989-6162	宮城県大崎市古川駅前大通1-5-5　3F	0268-39-7707
秋田県				
○ ワオ高校	個別指導Axis秋田校	010-0002	秋田県秋田市東通仲町4-1　拠点センターアルヴェ3F	0120-806-705
○ 第一学院高校	秋田キャンパス	010-0041	秋田県秋田市広面字屋敷田301	0120-761-080
○ NHK学園高校	秋田令和高校	010-0877	お問い合わせはNHK学園高校本校（0120-451-424）まで	0120-451-424
○ クラーク記念国際高校	連携　秋田キャンパス	010-0921	秋田県秋田市大町1-2-7　サンパティオ内	018-888-3838
○ さくら国際高校	秋田キャンパス	010-0951	秋田県秋田市山王2-1-53　秋田山王21ビル405	0268-39-7707
○ さくら国際高校	湯沢学習センター	012-0826	秋田県湯沢市柳町1-1-4	0268-39-7707
○ さくら国際高校	横手学習センター	013-0060	秋田県横手市条里1-7-31	0268-39-7707
○ さくら国際高校	大曲学習センター	014-0024	秋田県大仙市大曲中通町1-24	0268-39-7707
山形県				
○ N高校・S高校	山形キャンパス（2024年4月開設予定）	990-0031	山形県山形市十日町1-1-34　リアライズ山形駅前通ビル1F	0120-0252-15
○ ワオ高校	個別指導Axis十日町校	990-0031	山形県山形市十日町3-1-45　ヨシオ美容室ビル1F	0120-806-705
○ 翔洋学園高校	山形学習センター	990-0038	山形県山形市幸町6-1	023-665-5691
○ 松本国際高校	山形校（明徳予備校）	990-0047	山形県山形市旅篭町3-2-14	023-641-4123
○ さくら国際高校	山形学習センター	990-2323	山形県山形市桜田東4-9-21　沼沢ビル2F	0268-39-7707
○ さくら国際高校	寒河江学習センター	991-0041	山形県寒河江市大字寒河江甲1145-1	0268-39-7707
○ さくら国際高校	米沢キャンパス	992-1128	山形県米沢市八幡原5-4149-8　テクノセンター内	0268-39-7707
○ さくら国際高校	新庄学習センター	996-0027	山形県新庄市本町4-37	0268-39-7707
○ さくら国際高校	酒田学習センター	998-0858	山形県酒田市新橋1-7-16	0268-39-7707
○ 日本航空高校	山形学習支援センター	999-0121	山形県東置賜郡川西町上小松3128　（有）伏見屋2F	0120-5931-47
福島県				
福島県立郡山萌世高校	橘高校	960-8011	福島県福島市宮下町7-41	024-535-3395
○ NHK学園高校	有朋高等学院	960-8018	福島県福島市松木町10-13	有朋高等学院に問い合わせください
○ ワオ高校	個別指導Axis福島校	960-8031	福島県福島市栄町1-35　福島キャピタルフロントビル1F	0120-806-705
○ 尚志高校	福島キャンパス	960-8081	福島県福島市五月町3-11	024-522-8383
福島県立郡山萌世高校	福島南高校	960-8141	福島県福島市渡利字七社宮17	024-523-4740
福島県立郡山萌世高校	白河実業高校	961-0822	福島県白河市瀬戸原6-1	0248-24-1176
○ 翔洋学園高校	白河学習センター	961-8053	福島県西白河郡西郷村前山東18	0248-27-8141
○ さくら国際高校	福島郡山キャンパス	963-0551	福島県郡山市喜久田町菖蒲池1-1　福島パルス内	0268-39-7707
○ 翔洋学園高校	郡山学習センター	963-8002	福島県郡山市駅前1-14-21　花椿ビル10F	024-934-3173
○ N高校・S高校	福島郡山キャンパス（2024年4月開設予定）	963-8002	福島県郡山市駅前2-3-7　エリート30　4F	0120-0252-15
○ 屋久島おおぞら高校	郡山入学相談室	963-8004	福島県郡山市中町11-2　ホテルグローバルビュー郡山2F	0120-43-8940
○ 尚志高校	郡山駅前キャンパス	963-8004	福島県郡山市中町14-18	024-927-0550
○ 第一学院高校	郡山キャンパス	963-8005	福島県郡山市清水台1-6-21　山相郡山ビル9F	0120-761-080
○ 星槎国際高校	郡山学習センター	963-8872	福島県郡山市栄町5-16	024-995-3280
○ 翔洋学園高校	会津学習センター	965-0041	福島県会津若松市駅前6-42　山惣センタービル2F	0242-32-7611
福島県立郡山萌世高校	若松商業高校	965-0875	福島県会津若松市米代1-3-31	0242-27-0753
福島県立郡山萌世高校	会津大学	965-8580	福島県会津若松市一箕町鶴賀字上居合90	0242-37-2500
○ クラーク記念国際高校	いわきキャンパス	970-0101	福島県いわき市平下神谷字立田帯5	0246-34-4555

学 校 名		〒	住所	電話番号
○ さくら国際高校	いわき学習センター	970-8026	福島県いわき市平三町目24　クオリティ21ネモトいわき駅前ビル3F	0268-39-7707
○ 翔洋学園高校	いわき学習センター	970-8026	福島県いわき市平字田町120　ラトブ8F	0246-35-5111
福島県立郡山萌世高校	いわき翠の杜高校	973-8403	福島県いわき市内郷綴町板宮2	0246-26-2596
福島県立郡山萌世高校	相馬農業高校	975-0012	福島県南相馬市原町区三島町1-65	0244-23-5175
茨城県				
○ 翔洋学園高校	土浦キャンパス	300-0034	茨城県土浦市港町1-7-6　Port.1ビル3F	029-835-2212
○ つくば開成高校	土浦学習センター	300-0037	茨城県土浦市桜町1-17-15　三和桜町ビル2F	029-835-2007
○ 日本ウェルネス高校	稲敷学習支援センター	300-0522	茨城県稲敷市蒲ケ山864	029-875-5558
○ 土浦日本大学　通信制課程	土浦日本大学中等教育学校	300-0826	茨城県土浦市小松ヶ丘町4-46	029-822-3386
○ 鹿島学園高校	荒川沖キャンパス	300-0875	茨城県土浦市中荒川沖町2-6　ツインビル401	0298-75-3840
○ 日本ウェルネス高校	利根キャンパス	300-1622	茨城県北相馬郡利根町布川1377	0297-68-6787
○ 鹿島学園高校	龍ヶ崎キャンパス	301-0032	茨城県龍ヶ崎市佐貫4-4-15　SIビル2F	2097-84-6636
○ N高校・S高校	取手キャンパス	302-0024	茨城県取手市新町1-8-38　新町第6ビル3F	0120-0252-15
○ 成美学園高校	取手校	302-0024	茨城県取手市新町4-5-11　太平洋不動産取手ビル2・3F	0297-79-5888
○ わせがく高校	守谷キャンパス（認可申請中）	302-0115	茨城県守谷市中央1-9-3	0297-38-7261
○ つくば開成高校	守谷学習センター	302-0115	茨城県守谷市中央1-20-4	0297-38-4455
茨城県立水戸南高校	茨城県立下妻第一高校	304-0067	茨城県下妻市下妻乙226-1	0296-44-5158
○ N高校・S高校	つくばキャンパス	305-0031	茨城県つくば市吾妻1-7-1　トナリエクレオ4F	0120-0252-15
○ ワオ高校	個別指導Axis研究学園校	305-0817	茨城県つくば市研究学園5-11-1　サーパスつくば1F	0120-806-705
○ わせがく高校	古河キャンパス	306-0023	茨城県古河市本町1-1-15	0280-30-8651
○ 翔洋学園高校	古河キャンパス	306-0023	茨城県古河市本町2-1-31	0280-30-8631
○ 明秀学園日立高校	下館キャンパス	308-0031	茨城県筑西市丙156-1　小倉ビル1F	0296-25-6240
○ 翔洋学園高校	下館キャンパス	308-0041	茨城県筑西市乙836　ヤマタビル3F	0296-23-2711
○ 土浦日本大学高校　通信制課程	岩瀬日本大学高校	309-1453	茨城県桜川市友部1739	0296-75-2242
○ わせがく高校	水戸キャンパス	310-0015	茨城県水戸市宮町1-3-38	029-233-7023
○ 明秀学園日立高校	水戸キャンパス	310-0015	茨城県水戸市宮町2-2-31　三友ビル2F	029-222-4240
○ N高校・S高校	水戸キャンパス	310-0021	茨城県水戸市南町1-3-35　オカバ水戸三の丸ビル3F	0120-0252-15
○ 翔洋学園高校	水戸キャンパス	310-0801	茨城県水戸市桜川1-4-14	029-302-3711
○ つくば開成高校	鹿嶋学習センター	314-0032	茨城県鹿嶋市宮下3-6-6	0299-84-0220
○ 鹿島学園高校	鹿島キャンパス	314-0033	茨城県鹿嶋市鉢形台2-3-4　プランローゼ88D	0299-95-6661
○ 明秀学園日立高校	日立キャンパス	317-0063	茨城県日立市若葉町1-17-9	0294-23-2400
栃木県				
○ 成美学園高校	宇都宮校	320-0033	栃木県宇都宮市本町4-12　虎屋ビル5-A	028-612-6513
○ N高校・S高校	JR宇都宮キャンパス（2024年4月開設予定）	320-0035	栃木県宇都宮市	0120-0252-15
○ N高校・S高校	宇都宮キャンパス	320-0035	栃木県宇都宮市伝馬町1-9　宇都宮KSビル5F	0120-0252-15
○ 飛鳥未来きずな高校	宇都宮キャンパス	320-0035	栃木県宇都宮市伝馬町1-9　宇都宮KSビル7F	028-615-7523
○ クラーク記念国際高校	宇都宮キャンパス	320-0037	栃木県宇都宮市昭和1-2-18	028-650-5900
○ ワオ高校	個別指導Axis宇都宮校	320-0801	栃木県宇都宮市池上町5-1　宇都宮本館4F	0120-806-705
○ さくら国際高校	宇都宮曲師町学習センター	320-0803	栃木県宇都宮市曲師町5-1　大島ビル3F	0268-39-7707
○ 日々輝学園高校	宇都宮キャンパス	320-0807	栃木県宇都宮市松が峰1-1-14	028-614-3866
○ 第一学院高校	宇都宮キャンパス	320-0811	栃木県宇都宮市大通り2-1-5　明治安田生命ビル8F	0120-761-080
○ 明秀学園日立高校	宇都宮キャンパス	320-0815	栃木県宇都宮市中河原町3-19　宇都宮セントラルビル4F	028-666-5831
○ ヒューマンキャンパスのぞみ高校	宇都宮学習センター	321-0945	栃木県宇都宮市宿郷3-10-5　新部ビル2F（ノーバス内）	028-649-8055
○ さくら国際高校	那須塩原学習センター	321-0951	栃木県那須塩原市沓掛1-12-2　102	0268-39-7707
○ 屋久島おおぞら高校	宇都宮入学相談室	321-0964	栃木県宇都宮市駅前通り3-2-3　チサンホテル宇都宮3F	052-451-3302
○ さくら国際高校	宇都宮今泉学習センター	321-0966	栃木県宇都宮市今泉2-11-1　十五ビル2F	0268-39-7707
○ さくら国際高校	宇都宮キャンパス	321-2115	栃木県宇都宮市金井町字中島585-10	0268-39-7707
○ 成美学園高校	真岡校	321-4306	栃木県真岡市台町2352-1	0120-25-4109
○ さくら国際高校	真岡学習センター	321-4341	栃木県真岡市高勢町2-37-4	0285-84-5960
○ 成美学園高校	鹿沼校	322-0043	栃木県鹿沼市万町937-3　TKビルⅡ　2F	0120-25-4109
○ 成美学園高校	小山校	323-0022	栃木県小山市駅東通り2-36-11　小山サンビル	0285-38-7717
○ 成美学園高校	足利校	326-0814	栃木県足利市通2-12-16　岩下書店ビル3F	043-312-7444
○ 成美学園高校	栃木校	328-0037	栃木県栃木市倭町6-20　ラポルト倭1F	0282-25-5488
○ さくら国際高校	鹿沼坂田山学習センター	329-0069	栃木県鹿沼市坂田山4-114	0268-39-7707
○ 日本ウェルネス高校	下野学習センター	329-0403	栃木県下野市医大前2-5-15	0285-43-1234
○ 成美学園高校	那須塩原校	329-2727	栃木県那須塩原市永田町2-18　1F	0120-25-4109
群馬県				
○ ワオ高校	個別指導Axis高崎校	370-0052	群馬県高崎市旭町34-5　旭町ビル3F	0120-806-705
○ ヒューマンキャンパスのぞみ高校	高崎学習センター	370-0813	群馬県高崎市寺尾2496-1	0120-953-979
○ 飛鳥未来きずな高校	高崎キャンパス	370-0826	群馬県高崎市連雀町81　オカバ高崎ビル2F	027-386-6821
○ 屋久島おおぞら高校	高崎入学相談室	370-0828	群馬県高崎市宮元町227　高崎ステージビル1・6F	052-451-3302

学 校 名		〒	住所	電話番号
○ 岡山理科大学附属高校	群馬教室（小野池学院内）	370-0841	群馬県高崎市栄町15-3	027-310-7577
○ 第一学院高校	高崎キャンパス	370-0841	群馬県高崎市栄町16-11　高崎イーストタワー4F	0120-761-080
○ N高校・S高校	高崎キャンパス	370-0849	群馬県高崎市八島町58-1　ウエスト・ワンビル1F	0120-0252-15
○ さくら国際高校	富岡学習センター	370-2312	群馬県富岡市星田383	0274-62-1026
○ さくら国際高校	前橋キャンパス	371-0011	群馬県前橋市下沖町333-4	0268-39-7707
○ N高校・S高校	群馬前橋キャンパス（2024年4月開設予定）	371-0024	群馬県前橋市表町2-2-6　前橋ファーストビルディング7F	0120-0252-15
○ クラーク記念国際高校	前橋キャンパス	371-0842	群馬県前橋市下石倉町31-20	027-253-5596
○ わせがく高校	前橋キャンパス	371-0843	群馬県前橋市新前橋町18-26	027-289-0692
○ 成美学園高校	前橋校	371-0843	群馬県前橋市新前橋町25-1	0120-25-4109
○ NHK学園高校	昌賢学園	371-0846	お問い合わせはNHK学園高校本校（0120-451-424）まで	0120-451-424
○ 成美学園高校	伊勢崎校	372-0052	群馬県伊勢崎市寿町83-3	0270-75-6722
○ わせがく高校	太田キャンパス	373-0026	群馬県太田市東本町23-7	0276-50-2011
○ N高校・S高校	群馬太田キャンパス（2024年4月開設予定）	373-0851	群馬県太田市飯田町1220-1　オカバ太田ビル4F	0120-0252-15
○ 成美学園高校	館林校	374-0024	群馬県館林市本町2-5-45　多田ビル2F	0120-25-4109
○ クラーク記念国際高校	桐生キャンパス	376-0011	群馬県桐生市相生町5-59-28	0277-53-8511
○ わせがく高校	桐生キャンパス	376-0022	群馬県桐生市稲荷町4-20	0277-46-7592
埼玉県				
○ EIKOデジタル・クリエイティブ高校	浦和校	330-0063	埼玉県さいたま市浦和区高砂3-6-18	048-767-8655
○ 一ツ葉高校	大宮キャンパス	330-0802	埼玉県さいたま市大宮区宮町1-24　GSビル6F	0120-277-128
○ ヒューマンキャンパスのぞみ高校	大宮東口学習センター	330-0802	埼玉県さいたま市大宮区宮町1-103-1　大宮YKビル1F	0120-06-8603
○ クラーク記念国際高校	CLARK SMART さいたま	330-0803	埼玉県さいたま市大宮区高鼻町1-20-1　大宮中央ビルディング4F	048-650-7355
○ N高校・S高校	大宮キャンパス	330-0803	埼玉県さいたま市大宮区高鼻町1-20-1　大宮中央ビルディング8F	0120-0252-15
○ クラーク記念国際高校	さいたまキャンパス	330-0803	埼玉県さいたま市大宮区高鼻町2-69-5	048-657-9160
○ NHK学園高校	大宮開成高校	330-0804	お問い合わせはNHK学園高校本校（0120-451-424）まで	0120-451-424
○ 国際学院高校	大宮学習センター	330-0843	埼玉県さいたま市大宮区吉敷町2-5	048-641-0345
○ 松栄学園高校	大宮スクーリング会場	330-0844	埼玉県さいたま市大宮区下町1-35	048-648-2550
○ 第一学院高校	埼玉キャンパス	330-0844	埼玉県さいたま市大宮区下町1-42-2　TS-5BLDG.　6・7F	0120-761-080
○ 日々輝学園高校	さいたまキャンパス	330-0845	埼玉県さいたま市大宮区仲町2-60　仲町川鍋ビル	048-650-0377
○ 屋久島おおぞら高校	大宮入学相談室	330-0846	埼玉県さいたま市大宮区大門町3-150-2	052-451-3302
○ 中央国際高校	中央高等学院　さいたま校	330-0854	埼玉県さいたま市大宮区桜木町1-1-6	048-650-1155
○ ヒューマンキャンパス高校	大宮学習センター	330-0854	埼玉県さいたま市大宮区桜木町1-7-5　ソニックシティビル24F	048-871-8093
○ 飛鳥未来きずな高校	大宮キャンパス	330-0854	埼玉県さいたま市大宮区桜木町1-266-6　2F	048-640-3580
○ ID学園高校	大宮キャンパス	330-0854	埼玉県さいたま市大宮区桜木町2-155　大宮西口ビル	0120-426-966
○ 駿台甲府高校	大宮学習センター	330-0854	埼玉県さいたま市大宮区桜木町2-277　大宮田中ビル5F	048-645-7711
○ 星槎国際高校	大宮キャンパス	331-0802	埼玉県さいたま市北区本郷町258-1	048-661-1881
○ あずさ第一高校	さいたまキャンパス	331-0812	埼玉県さいたま市北区宮原町4-23-9	048-782-9962
○ N高校・S高校	川口駅前キャンパス（2024年4月開設予定）	332-0017	埼玉県川口市栄町3-2-1　KIKビル3F	0120-0252-15
○ 星槎国際高校	川口キャンパス	332-0034	埼玉県川口市並木3-4-26	048-229-3522
○ 日本ウェルネス高校	戸田学習支援センター	335-0021	埼玉県戸田市新曽2075-2　セプトハイツ1F	048-299-3664
○ ワオ高校	個別指導Axis中浦和校	338-0836	埼玉県さいたま市桜区町谷1-17-11　丸八真綿町谷ビル	0120-806-705
○ さくら国際高校	草加キャンパス	340-0011	埼玉県草加市栄町3-4-11　エスタシオン草加松原2F	048-932-5139
埼玉県立大宮中央高校	埼玉県立吉川美南高校	342-0035	埼玉県吉川市高久600	048-652-6481
○ 日本航空高校	吉川学習支援センター	342-0058	埼玉県吉川市きよみ野2-25-1　きよみ野ビル202	048-932-5139
○ 松本国際高校	越谷花田学習センター	343-0015	埼玉県越谷市花田4-8-8　ベルエアコート1F	048-999-6064
○ さくら国際高校	越谷学習センター	343-0042	埼玉県越谷市千間台東1-9-5　菅山ビル	048-972-5950
○ 松栄学園高校	越谷スクーリング会場	343-0042	埼玉県越谷市千間台東2-6-9	048-978-0828
○ N高校・S高校	春日部キャンパス（2024年4月開設予定）	344-0067	埼玉県春日部市中央1-57-5　アイピー春日部ビル3F	0120-0252-15
○ 屋久島おおぞら高校	春日部入学相談室	344-0067	埼玉県春日部市中央1-8-6　ベル島田2F	052-451-3302
○ 成美学園高校	久喜校	346-0003	埼玉県久喜市吉羽181-9	0480-31-6040
○ さくら国際高校	加須学習センター	347-0055	埼玉県加須市中央1-1-15　加須マイン2F	0268-39-7707
○ 第一学院高校	川越キャンパス	350-0045	埼玉県川越市南通町14-4　三番町ビル2F	0120-761-080
○ 屋久島おおぞら高校	川越入学相談室	350-0046	埼玉県川越市菅原町23-1　アトランタビル壱号館1F	052-451-3302
○ 日本ウェルネス高校	坂戸キャンパス	350-0226	埼玉県坂戸市本町2-9	049-298-8558
○ わせがく夢育高校	川越キャンパス	350-1122	埼玉県川越市脇田町103	049-225-7021
○ 飛鳥未来きぼう高校※	川越キャンパス	350-1123	埼玉県川越市脇田本町16-23　川越駅前ビル3F	050-5536-9754
○ N高校・S高校	川越キャンパス	350-1123	埼玉県川越市脇田本町16-23　川越駅前ビル6F	0120-0252-15
埼玉県立大宮中央高校	埼玉県立狭山緑陽高校	350-1320	埼玉県狭山市広瀬東4-3-1	048-652-6481
○ 鹿島学園高校	志木キャンパス	352-0001	埼玉県新座市東北2-36-27　志木駅前新座ビル4F	048-424-4049
○ 未来高校	埼玉西学習センター	354-0036	埼玉県富士見市ふじみ野東1-12-14	049-293-7787
○ 日々輝学園高校	東京校	358-0011	埼玉県入間市下藤沢1061-1	04-2965-9800
○ さくら国際高校	所沢学習センター	359-0038	埼玉県所沢市北秋津735-4　KSビル301	04-2936-9952

学 校 名		〒	住所	電話番号
○ クラーク記念国際高校	所沢キャンパス	359-0038	埼玉県所沢市北秋津788-3	04-2991-5515
○ わせがく夢育高校	所沢キャンパス	359-1123	埼玉県所沢市日吉町12-1　ワルツ所沢2F	04-2925-1426
○ 成美学園高校	熊谷校	360-0037	埼玉県熊谷市筑波1-146　つくばねビル3F	048-578-4135
○ さくら国際高校	埼玉熊谷学習センター	360-0037	埼玉県熊谷市筑波1-173　筑波ビル1F-3F	0268-39-7707
○ 未来高校	埼玉東学習センター	362-0021	埼玉県上尾市原市576	048-708-4412
○ 精華学園高校	上尾校	362-0071	埼玉県上尾市井戸木2-2-22	048-856-9800
○ さくら国際高校	本庄キャンパス	367-0232	埼玉県本庄市児玉町塩谷35-9	0268-39-7707
埼玉県立大宮中央高校	埼玉県立秩父農工科学高校	368-0005	埼玉県秩父市大野原2000	048-652-6481
埼玉県立大宮中央高校	埼玉県立吹上秋桜高校	369-0113	埼玉県鴻巣市前砂907-1	048-652-6481

千葉県

学 校 名		〒	住所	電話番号
○ 翔洋学園高校	千葉キャンパス	260-0013	千葉県千葉市中央区中央2-5-1　千葉中央ツインビル2号館2F	043-445-8777
○ 飛鳥未来高校	千葉キャンパス	260-0014	千葉県千葉市中央区本千葉町8-9　7F	043-308-0877
○ 駿台甲府高校	千葉学習センター（2024年10月開設予定）	260-0015	千葉県千葉市中央区富士見1-1-8（駿台 千葉校内）	03-6273-2931
○ ワオ高校	個別指導Axis千葉新宿校	260-0021	千葉県千葉市中央区新宿1-5-14	0120-806-705
○ 第一学院高校	千葉キャンパス	260-0028	千葉県千葉市中央区新町16-10　悠久ビル6F	0120-761-080
○ 屋久島おおぞら高校	千葉入学相談室	260-0028	千葉県千葉市中央区新町22-1　新町55ビル1F	052-451-3302
○ 中央国際高校	中央高等学院　千葉校	260-0031	千葉県千葉市中央区新千葉2-7-2	043-204-2292
○ クラーク記念国際高校	千葉キャンパス	260-0044	千葉県千葉市中央区松波1-1-1	043-290-6133
○ クラーク記念国際高校	CLARK SMART 千葉	260-0045	千葉県千葉市中央区弁天1-2-1	043-306-4851
○ 一ツ葉高校	千葉キャンパス	260-0045	千葉県千葉市中央区弁天1-2-8　四谷学院ビル5F	043-305-5780
○ あずさ第一高校	千葉キャンパス	260-0045	千葉県千葉市中央区弁天1-3-5	043-254-1877
○ N高校・S高校	千葉キャンパス	260-0045	千葉県千葉市中央区弁天1-5-1　オーパスビルディング2F	0120-0252-15
○ 成美学園高校	蘇我校	260-0834	千葉県千葉市中央区今井2-10-2　第2山一ビル3F	043-312-0808
○ わせがく高校	稲毛海岸キャンパス	261-0004	千葉県千葉市美浜区高洲3-10-1	043-277-5982
○ N高校・S高校	海浜幕張キャンパス（2024年4月開設予定）	261-0023	千葉県千葉市美浜区中瀬1-7-1　住友ケミカルエンジニアリングセンタービル23F	0120-0252-15
○ 精華学園高校	幕張芸術学部校	261-8501	千葉県千葉市美浜区中瀬1-3　幕張テクノガーデンD棟7F	043-307-5845
○ さくら国際高校	千葉緑学習センター	266-0031	千葉県千葉市緑区おゆみ野2-4-12　2F	043-420-8468
○ 勇志国際高校	千葉学習センター	270-0034	千葉県松戸市新松戸4-48	047-346-5555
○ 松本国際高校	流山学習センター	270-0114	千葉県流山市東初石3-103-34　須藤ビル201	04-7156-7157
○ 松本国際高校	我孫子学習センター	270-1151	千葉県我孫子市本町2-7-18　WISE COURT　402	04-7179-7189
○ 成美学園高校	松戸校	270-2253	千葉県松戸市日暮1-1-6　湯浅ビル4F	047-382-5111
○ N高校・S高校	松戸キャンパス（2024年4月開設予定）	271-0092	千葉県松戸市松戸1307-1　松戸ビル1・2F	0120-0252-15
○ ワオ高校	個別指導Axis下総中山校	272-0015	千葉県市川市鬼高3-5-7　川野ビル1F	0120-806-705
○ さくら国際高校	本八幡学習センター	272-0021	千葉県市川市八幡3-4-1　アクス本八幡2F	0120-973-581
○ さくら国際高校	市川キャンパス	272-0023	千葉県市川市八幡4-4-16　ライオンズマンション市川第5　101	047-307-9596
○ 松本国際高校	市川学習センター	272-0034	千葉県市川市市川2-1-1　パークノヴァ市川2F	047-325-1130
○ 成美学園高校	市川校	272-0133	千葉県市川市行徳駅前1-17-17　一條ビルⅡ　2F	047-325-9445
○ NHK学園高校	日出学園高校	272-0824	お問い合わせはNHK学園高校本校（0120-451-424）まで	0120-451-424
○ さくら国際高校	船橋駅前学習センター	273-0005	千葉県船橋市本町7-5-2　2F	0268-39-7707
○ わせがく高校	西船橋キャンパス	273-0031	千葉県船橋市西船4-12-10	047-431-3936
○ 松本国際高校	新鎌ヶ谷学習センター	273-0107	千葉県鎌ヶ谷市新鎌ヶ谷1-7-30　新鎌ヶ谷センタービル3F	047-436-8100
○ さくら国際高校	船橋三山学習センター	274-0072	千葉県船橋市三山4-18-7	0268-39-7707
○ 未来高校	千葉学習センター	275-0011	千葉県習志野市大久保2-4-3　ファレ101　3F	0120-726-926
○ さくら国際高校	習志野学習センター	275-0011	千葉県習志野市大久保4-1-8　CHIビル	047-474-6368
○ 松本国際高校	千葉薬事専門学校	275-0016	千葉県習志野市津田沼5-13-6	047-451-4611
○ わせがく高校	勝田台キャンパス	276-0020	千葉県八千代市勝田台北1-2-2	047-480-7221
○ 成美学園高校	八千代校	276-0031	千葉県八千代市台北1-13-3　第1アイディール八千代2F	047-411-7171
○ つくば開成高校	柏校	277-0005	千葉県柏市柏4-3-3	04-7160-2351
○ わせがく高校	柏キャンパス	277-0005	千葉県柏市柏4-5-10	04-7168-5959
○ 松栄学園高校	柏学習センター	277-0011	千葉県柏市東上町1-4	04-7162-2135
○ ヒューマンキャンパス高校	柏学習センター	277-0021	千葉県柏市中央区3-2　柏トーセイビル2F	04-7196-6401
○ 屋久島おおぞら高校	柏入学相談室	277-0021	千葉県柏市中央区6-19　コープビル柏1F	052-451-3302
○ 松本国際高校	柏学習センター	277-0827	千葉県柏市松葉町3-15-5　江原ビル1F	04-7131-2263
○ あずさ第一高校	柏キャンパス	277-0843	千葉県柏市明原1-2-2	04-7145-1023
○ N高校・S高校	柏キャンパス	277-0843	千葉県柏市明原1-8-22　JMR柏ビル1F	0120-0252-15
○ クラーク記念国際高校	柏キャンパス	277-0852	千葉県柏市旭町2-2-3	04-7146-1455
○ 第一学院高校	柏キャンパス	277-0852	千葉県柏市旭町1-6-18　鈴木第二ビル4・5F	0120-761-080
○ 翔洋学園高校	柏キャンパス	277-0852	千葉県柏市旭町1-6-4　島田ビル4F	04-7141-5411
○ 星槎国際高校	柏キャンパス	277-0863	千葉県柏市豊四季1002-2	04-7192-6681
○ 松陰高校	千葉浦安学習センター	279-0002	千葉県浦安市北栄3-33-10　伸栄学習会内	0120-59-3782
○ 松本国際高校	浦安学習センター	279-0004	千葉県浦安市猫実4-18-34　3F	047-318-3113

	学 校 名	〒	住所	電話番号
○ 成美学園高校	成田校	286-0033	千葉県成田市不動ヶ岡2158-4　マルセイビル	0476-85-6003
○ NHK学園高校	千葉黎明高校	289-1115	お問い合わせはNHK学園高校本校（0120-451-424）まで	0120-451-424
○ 明蓬館高校	東関東馬事高等学院	289-1213	千葉県山武市雨坪10番地	050-6875-3336
○ 成美学園高校	旭校	289-2516	千葉県旭市ロ633-10　三川屋ビル2F　西	0479-62-3030
○ ワオ高校	個別指導Axis五井駅前校	290-0054	千葉県市原市五井中央東2-5-2　山崎第二ビル2F	0120-806-705
○ 成美学園高校	かずさ校	292-0057	千葉県木更津市東中央2-1-1　日の出ビル3〜5F	0438-20-8050
○ 成美学園高校	館山校	294-0045	千葉県館山市北条1872-8　水口ビル2・3F	0470-23-9001
○ 精華学園高校	長南茂原校	297-0112	千葉県長生郡長南町米満101　長南町立旧豊栄小学校南側校舎2F	047-536-6675
○ 精華学園高校	千葉校日本サーフアカデミー高等部	299-5107	千葉県夷隅郡御宿町浜2163-93	0470-62-6075
○ 今治精華高校	松戸市学習支援センター		お問い合わせは今治精華高校本校（0120-242-158）まで	0120-242-158
○ 今治精華高校	千葉緑区学習支援センター		お問い合わせは今治精華高校本校（0120-242-158）まで	0120-242-158
○ 今治精華高校	千葉幕張学習支援センター		お問い合わせは今治精華高校本校（0120-242-158）まで	0120-242-158
東京都				
○ ID学園高校	秋葉原キャンパス	101-0021	東京都千代田区外神田1-16-8　ギークス秋葉原6F	0120-426-966
○ N高校・S高校	秋葉原キャンパス	101-0021	東京都千代田区外神田3-16-8　秋葉原三和東洋ビル6F	0120-0252-15
○ CLARK NEXT Akihabara		101-0021	東京都千代田区外神田6-5-12	03-5807-3455
○ ヒューマンキャンパス高校	秋葉原学習センター	101-0023	東京都千代田区神田松永町4-1　ラウンドクロス秋葉原7F	03-6260-7581
○ 第一学院高校	秋葉原キャンパス	101-0024	東京都千代田区和泉町1-2-19　石井ビル2F	0120-761-080
○ ヒューマンキャンパスのぞみ高校	秋葉原東学習センター	101-0025	東京都千代田区神田佐久間町3-21-5　三共ビル	0120-06-8603
○ 日本ウェルネス高校	秋葉原学習支援センター	101-0041	東京都千代田区神田須田町2-8-8　CHACHAビル3F	03-3341-8846
○ 日本ウェルネス高校	神保町キャンパス	101-0051	東京都千代田区神田神保町1-52-4	03-5577-2878
○ さくら国際高校	水道橋学習センター	101-0061	東京都千代田区神田三崎町2-2-15　ダイワ三崎町ビル5F	03-5937-0513
○ N高校・S高校	御茶ノ水キャンパス	101-0064	東京都千代田区神田猿楽町1-4-12　L.Biz神保町ビル	0120-0252-15
○ 神村学園高等部	東日本教育サポートセンター	102-0071	東京都千代田区富士見1-6-1　フジビュータワー飯田橋905	03-4567-0081
○ 第一学院高校	四ツ谷キャンパス	102-0083	東京都千代田区麹町5-5	0120-761-080
○ さくら国際高校	月島学習センター	104-0052	東京都中央区月島4-18-12　桶彦ビル2F	03-6204-2436
○ 第一学院高校	銀座キャンパス	104-0061	東京都中央区銀座1-11-1	0120-761-080
○ さくら国際高校	赤坂学習センター	107-0052	東京都港区赤坂7-10-6　301	0268-39-7707
○ 札幌静修高校 通信制課程	東京学習支援施設（AIC東京キャンパス）	108-0073	東京都港区三田2-14-5　フロイントゥ三田508	0120-128-771
○ 高野山高校	東京学習センター	108-0074	東京都港区高輪3-15-18　高野山東京別院内	03-6721-9355
○ 屋久島おおぞら高校	東京秋葉原入学相談室	110-0005	東京都台東区上野1-1-12　プライム末広町ビル2F	052-451-3302
○ さくら国際高校	秋葉原学習センター	111-0016	東京都台東区台東1-29-3　イースタンクロスアキバ101	03-5050-2461
○ 相生学院高校	文京白山校	112-0001	東京都文京区白山5-18-10　フューチャービュービル2F	03-5940-0411
○ ID学園高校	郁文館グローバル高校	113-0023	東京都文京区向丘2-19-1	03-3828-2206
○ ID学園高校	郁文館高校	113-0023	東京都文京区向丘2-19-1	03-3828-2206
○ 飛鳥未来きずな高校	お茶の水キャンパス	113-0034	東京都文京区湯島2-31-8　1F	03-5803-1992
○ さくら国際高校	板橋キャンパス	114-0023	東京都北区滝野川7-3-2	03-3910-2400
○ 瑞穂MSC高校	東京校	116-0013	東京都荒川区西日暮里2-40-3　横山ビル7F	0120-555-720
○ 松本国際高校	日暮里学習センター	116-0014	東京都荒川区東日暮里5-52-5　D1ハイム日暮里502	03-6806-5964
○ 未来高校	東京城東学習センター	120-0003	東京都足立区東和2-18-5	03-5856-2277
○ 飛鳥未来高校	足立キャンパス（2024年度綾瀬キャンパスから移転）	120-0015	東京都足立区足立1-13-26-5F	03-5629-5220
○ さくら国際高校	足立学習センター	123-0843	東京都足立区西新井栄町2-22-6	03-6479-2683
○ NHK学園高校	安田学園高校	130-0015	お問い合わせはNHK学園高校本校（0120-451-424）まで	0120-451-424
○ 精華学園高校	探究アカデミー東京	130-0022	東京都墨田区江東橋1-11-8　日伸ビル4F	03-6658-5222
○ 飛鳥未来きぼう高校※	両国キャンパス	130-0026	東京都墨田区両国4-36-8　相生ビル	050-5536-9756
○ 松本国際高校	押上学習センター	131-0045	東京都墨田区押上3-21-4　グランドステータス2F	090-8646-6429
○ ワオ高校	個別指導Axis東葛西校	134-0084	東京都江戸川区東葛西6-28-1　フローラル東葛西8 1F	0120-806-705
○ 青森山田高校	東京校	134-0087	東京都江戸川区清新町2-10-1	03-6661-3335
○ 滋慶学園高校	学習サポートセンター（東京スクールオブミュージック&ダンス専門学校）	134-0088	東京都江戸川区西葛西3-14-8	0120-532-314
○ さくら国際高校	森下学習センター	135-0004	東京都江東区森下2-19-8　谷ビル2F	03-5913-9693
○ N高校・S高校	東陽町キャンパス（2024年4月開設予定）	135-0016	東京都江東区東陽3-23-24　VORT東陽町4F	0120-0252-15
○ 日本航空高校	江東学習支援センター	136-0072	東京都江東区大島7-38-34　2F	03-5743-7458
○ さくら国際高校	品川大井町学習センター	140-0011	東京都品川区東大井5-2-7　202	0268-39-7707
○ 美川特区アットマーク国際高校	品川サイバーキャンパス学習センター	141-0001	東京都品川区北品川5-12-4　2F	03-3446-2546
○ 明蓬館高校	品川・御殿山学習センター	141-0001	東京都品川区北品川6-7-22　和田ビル2F	0120-995-857
○ N高校・S高校	蒲田口キャンパス（2024年4月開設予定）	144-0051	東京都大田区西蒲田7-25-7　グレワンビル2F	0120-0252-15
○ 松本国際高校	蒲田駅前学習センター	144-0051	東京都大田区蒲田5-27-10　りそな蒲田ビル4F	03-3735-2039
○ 翔洋学園高校	東京学習センター	144-0052	東京都大田区蒲田5-5-6	045-313-1359(藤沢校/準備室)
○ 松本国際高校	京急蒲田学習センター	144-0052	東京都大田区蒲田5-36-2　相互蒲田ビル702	03-6428-7464
○ 松本国際高校	池上学習センター	146-0082	東京都大田区池上6-2-26　サンライズ池上202	03-3751-9151
○ さくら国際高校	青山学習センター	150-0001	東京都渋谷区神宮前1-11-11　グリーンファンタジアビル5F	03-6721-1635

学　校　名		〒	住所	電話番号
○ 中央国際高校	中央高等学院　渋谷原宿校	150-0001	東京都渋谷区神宮前6-27-8	03-5469-7070
○ N高校・S高校	渋谷キャンパス	150-0002	東京都渋谷区渋谷1-3-9　ヒューリック渋谷一丁目ビル2F	0120-0252-15
○ 相生学院高校	東京校	150-0011	東京都渋谷区東1-26-30　宝ビル4F	03-6427-3454
○ あずさ第一高校	渋谷キャンパス	150-0031	東京都渋谷区桜丘町5-4	03-6416-0425
○ 第一薬科大学付属高校	渋谷キャンパス	150-0031	東京都渋谷区桜丘町25-14	03-3463-0878
○ 鹿島学園高校	渋谷キャンパス	150-0045	東京都渋谷区神泉町15-11　1F事務室	03-6452-5270
○ さくら国際高校	北参道学習センター	151-0051	東京都渋谷区千駄ヶ谷5-8-2	03-6384-2388
○ 代々木高校	東京校	151-0051	東京都渋谷区千駄ヶ谷5-8-2	050-3535-2797
○ ルネサンス高校	新宿代々木キャンパス	151-0053	東京都渋谷区代々木1-13-5	0120-816-737
○ 一ツ葉高校	代々木キャンパス	151-0053	東京都渋谷区代々木1-36-1　ミユキビル2F	03-6276-7578
○ さくら国際高校	東京校	151-0053	東京都渋谷区代々木1-43-8	03-3370-0718
○ N高校・S高校	代々木キャンパス	151-0053	東京都渋谷区代々木2-22-8　代々木二丁目プレイス1・2F	0120-0252-15
○ 第一学院高校	中目黒キャンパス	153-0043	東京都目黒区東山1-4-1	0120-761-080
○ 日本航空高校	東京キャンパス	153-0064	東京都目黒区下目黒2-14-14	03-5434-8611
○ 日本ウェルネス高校	世田谷学習支援センター	154-0001	東京都世田谷区池尻3-28-8	03-5431-8085
○ さくら国際高校	池尻大橋学習センター	154-0001	東京都世田谷区池尻3-28-8	03-5431-8085
○ さくら国際高校	駒沢学習センター	158-0081	東京都世田谷区深沢5-5-18　2F	03-6314-4421
○ 駿台甲府高校	四谷学習センター	160-0004	東京都新宿区四谷1-17-6	03-6273-2931
○ さくら国際高校	東京四谷学習センター	160-0004	東京都新宿区四谷2-11-6	03-3355-9811
○ 日本ウェルネス高校	新宿学習支援センター	160-0022	東京都新宿区新宿3-35-3	03-3938-7500
○ 鹿島学園高校	新宿キャンパス	160-0023	東京都新宿区西新宿7-10-6　西新宿小林ビル6F	03-6380-0078
○ ヒューマンキャンパスのぞみ高校	新宿学習センター	160-0023	東京都新宿区西新宿7-11-10	0120-06-8603
○ 八洲学園高校	新宿キャンパス	160-0023	東京都新宿区西新宿7-11-18　新宿711ビル7F	03-6279-2053
○ 松蔭高校	新宿西口学習センター	160-0023	東京都新宿区西新宿7-16-6　森正ビル1・2F	03-3369-4811
○ 屋久島おおぞら高校	東京入学相談室	160-0023	東京都新宿区西新宿8-13-6	0120-43-8940
○ 松本国際高校	東京校	162-0844	東京都新宿区市谷八幡町14　市ヶ谷中央ビル2F	03-3260-9021
○ 星槎国際高校	中野サテライトキャンパス	164-0012	東京都中野区本町2-13-2	03-5308-1616
○ 明聖高校	中野キャンパス	166-0003	東京都杉並区高円寺南5-15-3	03-5340-7210
○ 精華学園高校	東京芸術学部校	169-0073	東京都新宿区百人町1-22-17　新宿リサーチパークビル1F	03-5337-8114
○ 大智学園高校		169-0074	東京都新宿区北新宿1-21-10	03-5925-2773
○ クラーク記念国際高校	CLARK SMART 東京	169-0075	東京都新宿区高田馬場1-16-17　3F	03-6233-1155
○ クラーク記念国際高校	東京キャンパス	169-0075	東京都新宿区高田馬場1-16-17	03-3203-3600
○ ヒューマンキャンパスのぞみ高校	高田馬場学習センター	169-0075	東京都新宿区高田馬場2-14-17　ヒューマン教育センター第二ビル	0120-06-8603
○ わせがく高校	東京キャンパス	169-0075	東京都新宿区高田馬場4-9-9	03-3369-5938
○ 中央国際高校	中央高等学院　池袋	170-0013	東京都豊島区東池袋1-12-8	03-3590-0130
○ ルネサンス高校	池袋キャンパス	170-0013	東京都豊島区東池袋1-30-6　セイコーサンシャインビルXII　5F	0120-816-737
○ 北海道芸術高校	東京池袋サテライトキャンパス	171-0014	東京都豊島区池袋4-1-12	0120-150-296
○ N高校・S高校	池袋キャンパス	171-0014	東京都豊島区池袋4-32-8　サンポウ池袋ビル5F	0120-0252-15
○ ID学園高校	池袋キャンパス	171-0021	東京都豊島区西池袋1-10-10　東武アネックス6F	0120-426-966
○ 飛鳥未来きずな高校	池袋キャンパス	171-0022	東京都豊島区南池袋2-19-11　第14野萩ビル2F	03-5391-3402
○ 飛鳥未来高校	池袋キャンパス	171-0022	東京都豊島区南池袋2-31-2	03-5979-8388
○ 八洲学園高校	池袋キャンパス	171-0022	東京都豊島区南池袋3-11-10　ペリエ池袋4F	03-5954-7391
○ CLARK NEXT Tokyo		173-0004	東京都板橋区板橋4-11-4	03-6905-6911
○ さくら国際高校	ときわ台学習センター	174-0071	東京都板橋区常盤台2-15-9	03-5918-9167
○ 日本ウェルネス高校	東京校	175-0094	東京都板橋区成増1-12-19	03-3938-7500
○ 晃陽学園高校	東京・吉祥寺学習センター	180-0003	東京都武蔵野市吉祥寺南町2-6-1　早坂ビル3F	0422-26-5469
○ 中央国際高校	中央高等学院　吉祥寺本校	180-0004	東京都武蔵野市吉祥寺本町2-21-8	0422-22-7787
○ N高校・S高校	武蔵境キャンパス	180-0023	東京都武蔵野市境南町2-3-16　武蔵境第一高木ビル2F	0120-0252-15
○ さくら国際高校	三鷹学習センター	181-0013	東京都三鷹市下連雀3-27-12　コアパレス常葉11　6F	0120-973-581
○ 鹿島学園高校	調布キャンパス	182-0024	東京都調布市布田2-10-2	042-444-4744
○ ワオ高校	個別指導Axis西調布校	182-0034	東京都調布市下石原3-11-7　WEST BEAR　3F	0120-806-705
○ 未来高校	国立学習センター	186-0004	東京都国立市中1-8-5	042-505-6662
○ 明蓬館高校	東京・国立学習センター	186-0004	東京都国立市中1-9-4　2F	042-505-4353
○ 屋久島おおぞら高校	立川入学相談室	190-0012	東京都立川市曙町1-14-14　コアビル1・2・3F	052-451-3302
○ 精華学園高校	東京芸術学部 立川校	190-0012	東京都立川市曙町1-17-1　石川ビル3F	042-506-1850
○ クラーク記念国際高等学校	立川キャンパス	190-0012	東京都立川市曙町1-26-13	0120-833-350
○ ID学園高校	立川キャンパス	190-0012	東京都立川市曙町2-4-3　TISビル3F	0120-426-966
○ N高校・S高校	立川キャンパス	190-0022	東京都立川市錦町2-4-6　立川錦町SSビル1F	0120-0252-15
○ 飛鳥未来きずな高校	立川キャンパス	190-0012	東京都立川市曙町2-19-12　2F	042-548-5613
○ 一ツ葉高校	立川キャンパス	190-0022	東京都立川市錦町3-6-6　中村LKビル3F	042-512-9602
○ 星槎国際高校	立川学習センター	190-0022	東京都立川市錦町6-9-5	042-521-3699

※飛鳥未来きぼう高校＜仮称＞　茨城県設置認可申請中（設置計画承認済み）

学 校 名		〒	住所	電話番号
○ 第一学院高校	立川キャンパス	190-0023	東京都立川市柴崎町2-3-13　Eightyeight Tachikawa Duo　4F	0120-761-080
○ ヒューマンキャンパス高校	立川学習センター	190-0023	東京都立川市柴崎町2-4-11　ファインビル3F　Jサポート内	042-527-1688
○ あずさ第一高校	立川キャンパス	190-0023	東京都立川市柴崎町3-8-14	042-595-9915
○ 星槎国際高校	八王子学習センター	193-0826	東京都八王子市元八王子町2-1419	042-661-6092
○ 精華学園高校	町田校	194-0013	東京都町田市原町田4-1-10　フジモトビル4F	042-739-7140
○ 屋久島おおぞら高校	町田入学相談室	194-0013	東京都町田市原町田3-2-1　原町田中央ビル3F	052-451-3302
○ N高校・S高校	町田キャンパス	194-0021	東京都町田市中町1-5-1　フレグラント町田2F	0120-0252-15
○ 第一学院高校	町田キャンパス	194-0022	東京都町田市森野1-13-1　6〜8F	0120-761-080
○ 八洲学園高校	町田分室	194-0022	東京都町田市森野1-27-14　サカヤビル1F	042-851-7192
○ あずさ第一高校	町田キャンパス	194-0022	東京都町田市森野1-39-10	042-850-8800
○ 未来高校	昭島学習センター事務所	196-0015	東京都昭島市昭和町5-6-20	042-519-7673
○ 松本国際高校	拝島学習センター	197-0003	東京都福生市熊川1396-2　第一森六ビル2F	042-513-0351
○ N高校・S高校	聖蹟桜ヶ丘キャンパス（2024年4月開設予定）	206-0011	東京都多摩市関戸1-7-5　京王聖蹟桜ヶ丘ショッピングセンターC館7F	0120-0252-15
○ さくら国際高校	北多摩キャンパス	207-0012	東京都東大和市新堀1-1435-20	042-565-7151
○ 興譲館高校	興譲館アカデミア東京校		お問い合わせは興譲館高校本校（0120-445-033）まで	0120-445-033
○ 今治精華高校	新宿学習支援センター		お問い合わせは今治精華高校本校（0120-242-158）まで	0120-242-158
○ 今治精華高校	世田谷学習支援センター		お問い合わせは今治精華高校本校（0120-242-158）まで	0120-242-158
○ 今治精華高校	西新宿学習支援センター		お問い合わせは今治精華高校本校（0120-242-158）まで	0120-242-158
○ 今治精華高校	町田学習支援センター		お問い合わせは今治精華高校本校（0120-242-158）まで	0120-242-158
○ 今治精華高校	調布学習支援センター		お問い合わせは今治精華高校本校（0120-242-158）まで	0120-242-158
○ 今治精華高校	東京都リーフ学習支援センター		お問い合わせは今治精華高校本校（0120-242-158）まで	0120-242-158
○ 今治精華高校	日野市学習支援センター		お問い合わせは今治精華高校本校（0120-242-158）まで	0120-242-158
○ 今治精華高校	八王子学習支援センター		お問い合わせは今治精華高校本校（0120-242-158）まで	0120-242-158
○ 今治精華高校	武蔵小金井学習支援センター		お問い合わせは今治精華高校本校（0120-242-158）まで	0120-242-158
○ 今治精華高校	豊島学習支援センター		お問い合わせは今治精華高校本校（0120-242-158）まで	0120-242-158
○ 今治精華高校	北区王子学習支援センター		お問い合わせは今治精華高校本校（0120-242-158）まで	0120-242-158
○ 今治精華高校	練馬学習支援センター		お問い合わせは今治精華高校本校（0120-242-158）まで	0120-242-158

神奈川県

学 校 名		〒	住所	電話番号
○ N高校・S高校	溝の口キャンパス（2024年4月開設予定）	210-0001	神奈川県川崎市高津区溝口2-16-5　アイピー溝の口ビル4F	0120-0252-15
○ 鹿島学園高校	川崎キャンパス	210-0002	神奈川県川崎市川崎区榎町1-1　川崎センタービル4F	044-380-3236
○ ヒューマンキャンパスのぞみ高校	川崎学習センター	210-0006	神奈川県川崎市川崎区砂子1-2-4　川崎砂子ビルディング3F	0120-06-8603
○ 松陰高校	川崎学習センター	210-0023	神奈川県川崎市川崎区小川町4-1　ラ チッタデッラマッジョーレ2F	044-201-8188
○ N高校・S高校	川崎キャンパス（2024年4月開設予定）	210-0024	神奈川県川崎市川崎区日進町7-1　川崎日進町ビルディング15F	0120-0252-15
○ ワオ高校	個別指導Axis平間校	211-0014	神奈川県川崎市中原区田尻町60-9　1F	0120-806-705
○ ワオ高校	個別指導Axis武蔵中原校	211-0042	神奈川県川崎市中原区下新城1-11-26　ケイハウス西館1F	0120-806-705
○ 屋久島おおぞら高校	溝の口入学相談室	213-0001	神奈川県川崎市高津区溝口1-20-8　第2多田ビル1F	052-451-3302
○ 明蓬館高校	ノーベル高等学院	213-0001	神奈川県川崎市高津区溝口4-5-5　山中屋ビル3F	045-891-9982
○ ワオ高校	個別指導Axis高津校	213-0002	神奈川県川崎市高津区二子5-3-10　DMビル2F	0120-806-705
○ 鹿島学園高校	溝の口キャンパス	213-0005	神奈川県川崎市高津区久本1-7-13　3F	044-820-6240
○ 明蓬館高校	ユニバーサル服飾高等学院	214-0014	神奈川県川崎市多摩区登戸2130-2	044-900-8844
○ 松本国際高校	新百合ヶ丘学習センター	215-0021	神奈川県川崎市麻生区上麻生1-13-6　ツエニーワンビル2F	045-352-8182
○ 未来高校	新百合ヶ丘学習センター	215-0021	神奈川県川崎市麻生区上麻生5-40-3　プライムスクエア2F	044-988-1940
○ 中央国際高校	中央高等学院　横浜校	231-0011	神奈川県横浜市中区太田町2-23	045-222-4111
○ ID学園高校	横浜キャンパス	220-0005	神奈川県横浜市西区南幸2-15-20　YBS南幸ビル6F	0120-426-966
○ 松本国際高校	横浜西口学習センター	220-0005	神奈川県横浜市西区幸2-16-20　YKビル8F	045-548-5586
○ 精華学園高校	横浜芸術学部校	220-0005	神奈川県横浜市西区南幸2-18-2　YS南幸ビル4F	042-620-5110
○ 代々木高校	横浜REOキャンパス	220-0011	神奈川県横浜市西区高島2-5-10　ストーク菱沼ビル5F	045-444-2540
○ クラーク記念国際高校	横浜キャンパス	220-0021	神奈川県横浜市西区桜木町1-4-1	045-224-8501
○ 八洲学園高校	横浜分校	220-0021	神奈川県横浜市西区桜木町7-42　八洲学園大学内3F	045-312-5588
○ 松本国際高校	岩谷学園テクノビジネス横浜保育専門学校	220-0023	神奈川県横浜市西区平沼1-38-10	045-321-3210
○ N高校・S高校	横浜キャンパス	221-0052	神奈川県横浜市神奈川区栄町2-9　東部ヨコハマビル1F	0120-0252-15
○ 第一学院高校	横浜キャンパス	221-0052	神奈川県横浜市神奈川区栄町2-6	0120-761-080
○ 屋久島おおぞら高校	横浜入学相談室	221-0052	神奈川県横浜市神奈川区栄町17-2　ポートサイドサクラビル1・2F	052-451-3302
○ ルネサンス高校	横浜キャンパス	221-0056	神奈川県横浜市神奈川区金港町6-9　横浜金港町第2ビル2F	0120-816-737
○ N高校・S高校	横浜金港キャンパス	221-0056	神奈川県横浜市神奈川区金港町7-3　金港ビル6F	0120-0252-15
○ 飛鳥未来高校	横浜キャンパス	221-0821	神奈川県横浜市神奈川区富家町6-7	045-439-0231
○ あずさ第一高校	横浜キャンパス	221-0834	神奈川県横浜市神奈川区台町14-22	045-322-6336
○ 一ツ葉高校	横浜キャンパス	221-0835	神奈川県横浜市神奈川区鶴屋町2-21-9　9F	045-577-0420
○ 駿台甲府高校	横浜学習センター	221-0835	神奈川県横浜市神奈川区鶴屋町3-31-1　駿台 横浜みらい館内	045-321-6715
○ ヒューマンキャンパスのぞみ高校	横浜西口学習センター	221-0835	神奈川県横浜市神奈川区鶴屋町3-33-8　アサヒビルヂング1F	0120-06-8603
○ 翔洋学園高校	神奈川学習センター	221-0835	神奈川県横浜市神奈川区鶴屋町3-33-14　第一米林ビル	045-313-4233

学 校 名		〒	住所	電話番号
○ 北海道芸術高校	横浜サテライトキャンパス	222-0032	神奈川県横浜市港北区大豆戸町608-3	0120-196-026
○ さくら国際高校	横浜キャンパス	222-0036	神奈川県横浜市港北区小机町2482-1	045-473-7880
○ 松本国際高校	横浜日吉センター	223-0062	神奈川県横浜市港北区日吉本町1-3-16　日吉ソシアルビル3F	045-548-8079
○ 日々輝学園高校	横浜校	224-0041	神奈川県横浜市都筑区仲町台1-10-18	045-945-3778
○ さくら国際高校	横浜鴨居学習センター	224-0053	神奈川県横浜市都筑区池辺町4328	045-479-5513
○ 星槎国際高校	横浜鴨居学習センター	224-0053	神奈川県横浜市都筑区池辺町4654	045-929-5010
○ 松本国際高校	横浜港北センター	224-0065	神奈川県横浜市都筑区高山1-41　エトワール富士見が丘2F	045-942-5941
○ クラーク記念国際高校	横浜青葉キャンパス	225-0003	神奈川県横浜市青葉区新石川2-5-5	045-905-2571
○ 松本国際高校	横浜青葉台センター	227-0062	神奈川県横浜市青葉区青葉台2-11-24　セカンドエイド3F	045-482-6081
○ さくら国際高校	横浜鶴見学習センター	230-0027	神奈川県横浜市鶴見区菅沢町5-18　2F	050-7118-3032
○ 松陰高校	みなとみらい学習センター	231-0005	神奈川県横浜市中区本町4-43　A-PLACE馬車道7F	045-264-4637
○ 明蓬館高校	横浜・関内学習センター	231-0007	神奈川県横浜市中区弁天通3-48　弁三ビル315	045-225-8657
○ 飛鳥未来きぼう高校※	横浜みなとみらいキャンパス	231-0021	神奈川県横浜市中区日本大通7　合人社横浜日本大通7　1F	050-5536-9757
○ 飛鳥未来高校	横浜関内キャンパス	231-0033	神奈川県横浜市中区長者町4-9-10　8F	045-718-6871
○ クラーク記念国際高校	CLARK SMART 横浜	231-0063	神奈川県横浜市中区花咲町2-65-6　コウノビルMM21　8F	045-260-6507
○ NHK学園高校	関東学院高校	232-0002	お問い合わせはNHK学園高校本校（0120-451-424）まで	0120-451-424
○ 松本国際高校	能見台駅前学習センター	236-0053	神奈川県横浜市金沢区能見台通7-1　KRビル2F	045-782-5252
○ 松本国際高校	横須賀中央学習センター	238-0007	神奈川県横須賀市若松町3-20-16　アーバンヒルズ横須賀中央2FA	0120-619-134
○ 成美学園高校	横須賀校	238-0008	神奈川県横須賀市大滝町1-9　品川ビル 4F	046-874-9004
○ さくら国際高校	横須賀学習センター	238-0012	神奈川県横須賀市安浦町2-33-1　ザ・タワーハウス101	0268-39-7707
○ ステップ高校	神奈川校	240-0107	神奈川県横須賀市湘南国際村1-7-3	026-285-0909
○ 星槎高校		241-0801	神奈川県横浜市旭区若葉台4-35-1	045-442-8686
○ さくら国際高校	二俣川キャンパス	241-0821	神奈川県横浜市旭区二俣川1-45-69	045-465-6175
○ さくら国際高校	大和学習センター	242-0029	神奈川県大和市上草柳1021	0463-45-4447
○ クラーク記念国際高校	厚木キャンパス	243-0014	神奈川県厚木市旭町1-32-7	046-220-5539
○ 明蓬館高校	湘南厚木学習センター	243-0017	神奈川県厚木市栄町1-17-12　Lavie本厚木5F	042-505-4353
○ N高校・S高校	本厚木キャンパス（2024年4月開設予定）	243-0018	神奈川県厚木市中町2-2-20　オーイズミ本厚木ビル7F	0120-0252-15
○ 星槎国際高校	厚木学習センター	243-0018	神奈川県厚木市中町3-16-8	046-296-5252
○ 屋久島おおぞら高校	厚木入学相談室	243-0018	神奈川県厚木市中町4-9-17　原田センタービル1・2F	052-451-3302
○ 松本国際高校	横浜戸塚センター	244-0003	神奈川県横浜市戸塚区戸塚町3960　吉田屋ビル3F	045-410-8377
○ 松本国際高校	ブルーライン中田駅前学習センター	245-0012	神奈川県横浜市泉区中田東1-37-7　コヤマトシビル2F	045-352-8182
○ さくら国際高校	横浜戸塚学習センター	245-0063	神奈川県横浜市戸塚区戸塚町476-4　102	0268-39-7707
○ 松本国際高校	逗子学習センター	249-0006	神奈川県逗子市逗子1-11-23　Ocean's6　203	046-897-7665
○ 星槎国際高校	小田原学習センター	250-0024	神奈川県小田原市根府川41	0465-28-3830
○ 飛鳥未来きずな高校	小田原キャンパス	250-0045	神奈川県小田原市城山4-5-1　小田原短期大学内南館2F	0465-22-1055
○ さくら国際高校	小田原学習センター	250-0852	神奈川県小田原市栢山3498	0465-27-3777
○ 鹿島学園高校	湘南キャンパス	251-0024	神奈川県藤沢市鵠沼橘1-2-4　クゲヌマファーストビル3F	0466-47-9988
○ さくら国際高校	藤沢学習センター	251-0025	神奈川県藤沢市鵠沼石上1-5-6　渡辺ビル4・5F	0466-54-7306
○ 屋久島おおぞら高校	湘南入学相談室	251-0026	神奈川県藤沢市鵠沼東1-1　玉半ビル1・3F	052-451-3302
○ 第一学院高校	湘南藤沢キャンパス	251-0055	神奈川県藤沢市南藤沢19-13　一水ビル4F	0120-761-080
○ N高校・S高校	相模原橋本キャンパス（2024年4月開設予定）	252-0143	神奈川県相模原市緑区橋本3-25-1　橋本MNビル2F	0120-0252-15
○ さくら国際高校	相模原中央学習センター	252-0231	神奈川県相模原市中央区相模原3-8-18	042-768-7332
○ 自然学園高校	相模原キャンパス	252-0238	神奈川県相模原市中央区星が丘4-2-45	042-786-0510
○ 松本国際高校	相模原学習センター	252-0239	神奈川県相模原市中央区中央2-7-9　中央歯科3F	042-707-0160
○ さくら国際高校	相模大野学習キャンパス	252-0303	神奈川県相模原市南区相模大野8-2-6　第一島ビル401	0120-305-897
○ 日々輝学園高校	神奈川校	252-1104	神奈川県綾瀬市大上4-20-27	0467-77-8288
○ 成美学園高校	茅ヶ崎校	253-0044	神奈川県茅ケ崎市新栄町1-14　新栄ビル 5F	0467-40-5663
○ N高校・S高校	平塚キャンパス	254-0034	神奈川県平塚市宝町3-1　平塚MNビル8F	0120-0252-15
○ 精華学園高校	神奈川校 日本サーフアカデミー高等部	256-0816	神奈川県小田原市酒匂3-7-15	0465-43-6427
○ 成美学園高校	秦野校	257-0035	神奈川県秦野市本町1-1-6　クレアールMK 4F	0463-71-6362
○ 星槎国際高校	湘南学習センター	259-0111	神奈川県中郡大磯町国府本郷1805-2　星槎湘南大磯キャンパス内	0463-71-6049
○ 今治精華高校	鎌倉市学習支援センター		お問い合わせは今治精華高校本校（0120-242-158）まで	0120-242-158
○ 今治精華高校	湘南学習支援センター		お問い合わせは今治精華高校本校（0120-242-158）まで	0120-242-158
○ 今治精華高校	川崎市高津区学習支援センター		お問い合わせは今治精華高校本校（0120-242-158）まで	0120-242-158
○ 今治精華高校	川崎市川崎区学習支援センター		お問い合わせは今治精華高校本校（0120-242-158）まで	0120-242-158
○ 今治精華高校	川崎市中原区学習支援センター		お問い合わせは今治精華高校本校（0120-242-158）まで	0120-242-158
新潟県				
○ つくば開成学園高校	長岡学習センター	940-0063	新潟県長岡市旭町2-1-3　旭町いづみプラザ2F	0258-89-7930
○ 中央国際高校	新潟学習センター（井手塾中央高等学院）	943-0832	新潟県上越市本町5-5-9　ランドビル1F	025-522-9302
○ つくば開成学園高校	上越学習センター	943-0832	新潟県上越市本町5-2-1　クリタビル1・2F	025-520-7860
○ 第一学院高校	高田キャンパス	943-0834	新潟県上越市西城町1-3-2	0120-761-080

※飛鳥未来きぼう高校＜仮称＞　茨城県設置認可申請中（設置計画承認済み）

学 校 名		〒	住所	電話番号
○ ヒューマンキャンパスのぞみ高校	十日町学習センター	948-0061	新潟県十日町市昭和町4-155-2	025-755-5969
○ ヒューマンキャンパスのぞみ高校	魚沼学習センター	949-7413	新潟県魚沼市堀之内2718-6	0120-953-979
○ NHK学園高校	新潟市立明鏡高校	950-0075	お問い合わせはNHK学園高校本校 (0120-451-424) まで	0120-451-424
○ N高校・S高校	新潟キャンパス	950-0087	新潟県新潟市中央区東大通2-1-20 ステーションプラザ新潟1F	0120-0252-15
○ 屋久島おおぞら高校	新潟入学相談室	950-0088	新潟県新潟市中央区万代1-3-7 NDK万代ビル4F	052-451-3302
○ ワオ高校	個別指導Axis新潟校	950-0088	新潟県新潟市中央区万代3-4-31 2F	0120-806-705
○ 第一学院高校	新潟キャンパス	950-0088	新潟県新潟市中央区万代4-1-6 新潟あおばビル5・6F	0120-761-080
○ ヒューマンキャンパスのぞみ高校	新潟学習センター	950-0088	新潟県新潟市中央区万代4-1-8 文光堂ビル8F	025-246-0550
○ 相生学院高校	新潟校	950-0901	新潟県新潟市中央区弁天3-1-20 真友ビル	025-243-8556
○ 精華学園高校	新潟校	950-0911	新潟県新潟市中央区笹口1-12-13 セイブ笹口2F	025-240-5215
○ つくば開成学園高校	新潟学習センター	950-0911	新潟県新潟市中央区笹口1-20-5 ファイビル3F	025-383-6751
○ さくら国際高校	新潟キャンパス	950-0913	新潟県新潟市中央区鐙1-5-9	050-3573-7532
○ 松陰高校	新潟中央校	950-0916	新潟県新潟市中央区米山5-2-18 美幸ビル1F C	0120-250-013
○ 翔洋学園高校	新潟学習センター	950-0917	新潟県新潟市中央区天神1-12-3 メビウス第一ビル6F	025-290-6721
○ 明誠高校	新潟SHIP	950-2075	新潟市新潟市西区松海が丘3-9-24	050-3746-1614
○ 精華学園高校	新潟中央校	951-8068	新潟県新潟市中央区上大川前通7番町1239-1	025-228-9203
○ ヒューマンキャンパス高校	佐渡学習センター	952-0318	新潟県佐渡市真野新町322	0120-953-979
○ 精華学園高校	三条校	955-0045	新潟県三条市一ノ門2-12-17	0256-33-9339
○ 松陰高校	燕三条校	955-0046	新潟県三条市興野2-2-58 りとるたうんA2-1	0256-47-1140
○ 松本国際高校	新潟矢代田校 (秋葉P&T)	956-0113	新潟県新潟市秋葉区矢代田1974-6	0250-25-7353
○ 松本国際高校	新潟天ヶ沢校 (秋葉P&T)	956-0114	新潟県新潟市秋葉区天ヶ沢253-1	0250-25-7353
○ さくら国際高校	秋葉キャンパス	956-0864	新潟県新潟市秋葉区新津本町4-9-17	0268-39-7707
○ さくら国際高校	新発田キャンパス	957-0017	新潟県新発田市新富町1-992-4	0268-39-7707
○ 第一学院高校	新潟村上キャンパス	958-0037	新潟県村上市瀬波温泉3-2-30	0120-761-080
富山県				
○ 星槎国際高校	富山学習センター	930-0002	富山県富山市新富町1-2-3 CiCビル5F	076-471-7472
○ 第一学院高校	富山キャンパス	930-0005	富山県富山市新桜町4-28 朝日生命富山ビル5F	0120-761-080
○ 未来高校	富山中央学習センター事務所	930-0013	富山県魚津市天神野新147-1	076-461-6516
○ ワオ高校	個別指導Axis上本町校	930-0057	富山県富山市上本町3-16 上本町ビル 2F	0120-806-705
○ 日本航空高校	小矢部学習支援センター	932-0045	富山県小矢部市中央町17-8	0766-68-1951
○ 日本航空高校	高岡学習支援センター	933-0802	富山県高岡市蓮花寺134-1	0766-25-2866
○ 未来高校	富山学習センター事務所	937-0067	富山県魚津市釈迦堂1-12-10	0765-23-4933
○ 松陰高校	富山学習センター	937-0868	富山県魚津市双葉町4-1	0765-23-1864
○ さくら国際高校	富山キャンパス	939-0341	富山県射水市三ケ2467 2F	0766-75-3885
○ ワオ高校	個別指導Axis速星校	939-2706	富山県富山市婦中町速星959-1 アスリート速星	0120-806-705
石川県				
○ 松陰高校	金沢校	920-0025	石川県金沢市駅西本町1-13-25 システム金沢ビル2F	0120-968-389
○ 代々木高校	よよこ〜北陸本部	920-0042	石川県金沢市長田3-5 エスポワール1F	076-263-1185
○ 第一学院高校	金沢キャンパス	920-0849	石川県金沢市堀川新町2-1 井門金沢ビル2F	0120-761-080
○ N高校・S高校	金沢キャンパス	920-0853	石川県金沢市本町1-5-2 リファーレ2F	0120-0252-15
○ 美川特区アットマーク国際高校	金沢中央キャンパス学習センター	920-0869	石川県金沢市上堤町1-35	076-265-6888
○ 日本航空高校	金沢学習支援センター	921-8033	石川県金沢市寺町4-19-7	076-247-2324
○ 日本航空高校	西金沢学習支援センター	921-8052	石川県金沢市保古1-36	076-227-9878
○ 精華学園高校	金沢校	921-8052	石川県金沢市保古1-36	076-220-7900
○ NHK学園高校	県立金沢泉丘高校	921-8116	お問い合わせはNHK学園高校本校 (0120-451-424) まで	0120-451-424
○ ワオ高校	個別指導Axis泉丘校	921-8116	石川県金沢市泉野出町3-2-20 松本ビル 1F	0120-806-705
○ 日本航空高校	金沢学遊学習支援センター	921-8133	石川県金沢市四十万町イ52-2	090-9767-0584
○ 日本航空高校	石川学習支援センター		お問い合わせは日本航空高校本校 (0551-28-0011) まで	0551-28-0011
福井県				
○ ワオ高校	個別指導Axis福井駅前校	910-0005	福井県福井市大手3-1-1 システム大手ビル4F 402	0120-806-705
○ クラーク記念国際高校	福井キャンパス	910-0006	福井県福井市中央3-1-3 太田屋ビル	0776-25-3261
○ 星槎国際高校	福井学習センター	918-8055	福井県福井市若杉4-2618	0776-33-5070
山梨県				
○ つくば開成高校	山梨学習センター	400-0024	山梨県甲府市北口2-15-4	055-253-1311
○ 第一学院高校	甲府キャンパス	400-0031	山梨県甲府市丸の内1-2-11 サン黒澤ビル7F	0120-761-080
○ 自然学園高校	甲府キャンパス	400-0031	山梨県甲府市丸の内3-2-14	055-237-0510
○ 星槎国際高校	甲府学習センター	400-0032	山梨県甲府市中央2-2-8	055-244-2307
○ さくら国際高校	大月キャンパス	401-0004	山梨県大月市賑岡町強瀬747 大月市教育支援センター2F	0554-22-3362
○ ヒューマンキャンパスのぞみ高校	富士河口湖学習センター	401-0301	山梨県南都留郡富士河口湖町船津6713-61	0120-06-8603
○ 自然学園高校	須玉キャンパス	408-0101	山梨県北杜市須玉町小尾6900	0551-45-0510
○ 自然学園高校	梁川キャンパス	409-0503	山梨県大月市梁川町綱の上1225	0554-56-8500

学 校 名		〒	住所	電話番号
○ 未来高校	山梨学習センター事務所	409-2305	山梨県南巨摩郡南部町内船4573-4	0556-64-2722
○ さくら国際高校	身延学習センター	409-2947	山梨県南巨摩郡身延町上之平558	0268-39-7707
○ ワオ高校	個別指導Axis常永校	409-3862	山梨県中巨摩郡昭和町上河東1324-4　常永店舗1F　北	0120-806-705
○ 神村学園高等部	山梨学習センター	409-3867	山梨県中巨摩郡昭和町清水新居1559　ベストライフビル4F	055-242-6963
長野県				
○ ワオ高校	個別指導Axis長野北校	380-0802	長野県長野市上松4-1-1　タカノビル1F	0120-806-705
○ N高校・S高校	長野キャンパス（2024年4月開設予定）	380-0821	長野県長野市上千歳町1137-23　長野1137ビル8F	0120-0252-15
○ 中央国際高校	長野学習センター（信州中央高等学院）	380-0821	長野県長野市鶴賀上千歳町1112-1　NTTドコモビル1F	026-219-3132
○ つくば開成学園高校	長野学習センター	380-0835	長野県長野市新田町1475　表参道ビル2・3F	026-223-1981
○ 第一学院高校	長野キャンパス	380-0936	長野県長野市岡田町166-1　森ビル新館5F	0120-761-080
○ さくら国際高校	渋温泉学習センター	381-0401	長野県下高井郡山ノ内町平穏2171	0269-33-2531
○ さくら国際高校	川中島学習センター	381-2233	長野県長野市川中島町上氷鉋1414-1	026-286-5770
○ さくら国際高校	須坂キャンパス	382-0003	長野県須坂市旭ヶ丘6-42	026-285-0450
○ さくら国際高校	北信キャンパス	383-0042	長野県中野市西条836-2	0269-38-0183
○ さくら国際高校	小諸駅前学習センター	384-0025	長野県小諸市相生町1-3-1	0268-39-7707
○ さくら国際高校	佐久平学習センター	385-0022	長野県佐久市岩村田758	0267-54-8339
○ つくば開成学園高校	上田学習センター	386-0018	長野県上田市常田2-20-26　トキダビル2F	0268-29-6731
○ クラーク記念国際高校	長野キャンパス	386-0027	長野県上田市常磐城2-6-4	0268-26-5515
○ さくら国際高校	長野キャンパス	389-1105	長野県長野市豊野町豊野1344	026-266-0046
○ さくら国際高校	飯山学習センター	389-2234	長野県飯山市大字木島字向田978-1	0269-67-0415
○ さくら国際高校	松本学習センター	390-0802	長野県松本市旭1-6-34	0263-33-2298
○ つくば開成学園高校	松本学習センター	390-0811	長野県松本市中央1-15-7　ハネサム松本4F	0263-50-6001
○ 駿台甲府高校	松本中央学習センター	390-0811	長野県松本市中央1-18-1　Mウイング	0120-17-1524
○ 屋久島おおぞら高校	松本入学相談室	390-0811	長野県松本市中央2-1-24　五幸本町ビル3F	052-451-3302
○ 中央国際高校	諏訪学習センター（信州中央高等学院）	391-0002	長野県茅野市塚原1-3-21	0266-78-6830
○ さくら国際高校	諏訪学習センター	392-0015	長野県諏訪市中洲2843	0266-58-5678
○ つくば開成学園高校	岡谷学習センター	394-0027	長野県岡谷市中央町1-4-12	0266-23-9101
○ さくら国際高校	南信キャンパス	395-0816	長野県飯田市松尾久井2323-3	0268-39-7707
○ さくら国際高校	桜橋学習センター	396-0025	長野県伊那市荒井3428-7　産業と若者が息づく拠点allla　1F	0265-76-7627
○ さくら国際高校	伊那学習センター	396-0025	長野県伊那市荒井3500-1　いなっせ5F　伊那市生涯学習センター	0265-76-7627
○ さくら国際高校	高遠学習センター	396-0304	長野県伊那市高遠町山室3009	0265-94-5028
○ さくら国際高校	辰野学習センター	399-0428	長野県上伊那郡辰野町伊那富2841	0268-39-7707
○ 緑誠蘭高校	サテライト塩尻校	399-0736	長野県塩尻市大門一番町6-13	0263-31-5490
○ さくら国際高校	ディヤーナ学習センター	399-3101	長野県下伊那郡高森町山吹5948-1	0265-35-8615
○ つくば開成学園高校	駒ヶ根学習センター	399-4112	長野県駒ヶ根市中央3-6　マスヤビル3F	0265-81-8151
○ さくら国際高校	箕輪学習センター	399-4601	長野県上伊那郡箕輪町中箕輪11944-6	0268-39-7707
○ 日本ウェルネス高校	信州筑北キャンパス	399-7501	長野県東筑摩郡筑北村西条4200-2	0263-66-0012
岐阜県				
○ さくら国際高校	岐阜キャンパス	500-8175	岐阜県岐阜市長住町1-18　沢田ビル2F	058-215-6651
○ 精華学園高校	岐阜校	500-8177	岐阜県岐阜市長旗町1-1-1　アクトナガハタ2F	0572-56-2022
○ 日本航空高校	西岐阜学習支援センター	500-8288	岐阜県岐阜市中鶘3-63-1	058-272-3570
○ 勇志国際高校	塾ペガサス	500-8381	岐阜県岐阜市市橋3-12-16	058-272-8787
○ NHK学園高校	県立岐阜工業高校	500-8389	お問い合わせはNHK学園高校本校（0120-451-424）まで	0120-451-424
○ 屋久島おおぞら高校	岐阜入学相談室	500-8429	岐阜県岐阜市加納清水町3-8-1　日本泉ビル3F	052-451-3302
○ N高校・S高校	岐阜キャンパス	500-8833	岐阜県岐阜市神田町9-20　G-Front　3F	0120-0252-15
○ 中京高校　通信制課程	岐阜学習センター	500-8842	岐阜県岐阜市金町8-28	0120-716-150
○ つくば開成高校	岐阜学習センター	500-8847	岐阜県岐阜市金宝町2-5-1　クニイビル4F	058-215-9432
○ クラーク記念国際高校	岐阜駅前キャンパス	500-8849	岐阜県岐阜市金岡町5	058-215-0202
○ ワオ高校	個別指導Axi岐大前校	501-1132	岐阜県岐阜市折立286-1　YkⅡマンション1F	0120-806-705
○ 精華学園高校	岐阜中央校	501-3714	岐阜県美濃市曽代117-14	0572-56-2022
○ 代々木高校	岐阜関キャンパス	501-3903	岐阜県関市桜ケ丘3-1-1	0575-24-1296
○ 日本航空高校	郡上八幡学習支援センター	501-4222	岐阜県郡上市八幡町島谷72-21	0575-67-9208
○ 日本航空高校	可児学習支援センター	505-0027	岐阜県美濃加茂市本郷町7-898-3	0574-69-0258
○ クラーク記念国際高校	岐阜キャンパス	507-0027	岐阜県多治見市上野町1-96	0572-22-9341
○ 精華学園高校	多治見校	507-0033	岐阜県多治見市本町5-9-1　陶都創造館2F	0572-56-2022
○ さくら国際高校	多治見学習センター	507-0073	岐阜県多治見市小泉町8-102	0572-29-3661
○ 緑誠蘭高校	サテライト中津川校	508-0038	岐阜県中津川市新町1-16　中央ビル1F	0573-67-7750
○ 中京高校　通信制課程	可児学習センター	509-0207	岐阜県可児市今渡682-1	0572-66-1255
○ 中京高校　通信制課程	瑞浪学習センター	509-6121	岐阜県瑞浪市寺河戸町1184-3	0572-66-1255
○ さくら国際高校	岐阜東濃キャンパス	509-7201	岐阜県恵那市大井町172-13	0120-803-759
○ 鹿島朝日高校	恵那キャンパス	509-7201	岐阜県恵那市大井町228-9　山内ビル3F	050-6860-3288

学 校 名		〒	住所	電話番号
静岡県				
○ さくら国際高校	裾野学習センター	410-1102	静岡県裾野市深良1327-1	055-957-1557
○ さくら国際高校	沼津東キャンパス	410-0022	静岡県沼津市大岡2449-1　ヒーローマンション1F	055-957-6778
○ さくら国際高校	沼津大岡学習センター	410-0022	静岡県沼津市大岡2473	055-939-5568
○ キラリ高校	沼津キャンパス	410-0048	静岡県沼津市新宿町2-2　水の杜ビル3F	055-921-4976
○ 代々木高校	沼津キャンパス	410-0048	静岡県沼津市新宿町12-2	055-929-0700
○ 未来高校	静岡沼津学習センター事務所	410-0056	静岡県沼津市高島町30-17	055-946-5831
○ さくら国際高校	沼津学習センター	410-0312	静岡県沼津市原193-3	055-966-0132
○ つくば開成高校	沼津学習センター	410-0801	静岡県沼津市大手町1-1-3　沼津産業ビル4F	055-957-1262
○ 中京高校　通信制課程	沼津学習センター	410-0801	静岡県沼津市大手町5-7-1　2F	055-928-5277
○ さくら国際高校	沼津吉田町学習センター	410-0836	静岡県沼津市吉田町31-11　マルツ吉田町ビル2F	0120-321-591
○ 鹿島学園高校	三島校	411-0036	静岡県三島市一番町12-13　第1カツマタビル3F	055-971-6166
○ さくら国際高校	清水町キャンパス	411-0906	静岡県駿東郡清水町八幡178-1	0268-39-7707
静岡県立静岡中央高校	東部キャンパス	411-8502	静岡県三島市文教町1-3-93	055-928-5757
○ さくら国際高校	御殿場学習センター	412-0034	静岡県御殿場市大坂368-3	0550-70-7572
○ ID学園高校	御殿場サテライトキャンパス	412-0042	静岡県御殿場市萩原26-1	0550-89-9788
○ 代々木高校	御殿場キャンパス	412-0042	静岡県御殿場市萩原26-1　ウエストゲイト1F	0550-88-2177
○ 第一学院高校	伊東キャンパス	414-0027	静岡県伊東市竹の内1-3-13-101	0120-761-080
○ 未来高校	静岡学習センター事務所	416-0906	静岡県富士市本市場421-10	0545-38-9431
○ 精華学園高校	富士校（認可申請中）	416-0909	静岡県富士市松岡1210-6	0545-67-3239
○ 松陰高校	静岡富士学習センター	417-0057	静岡県富士市瓜島町167	0545-51-0337
○ 中京高校　通信制課程	函南学習センター	419-0100	静岡県田方郡函南町仁田185-10	055-960-9423
○ キラリ高校	静岡キャンパス	420-0839	静岡県静岡市葵区鷹匠2-25-22	054-266-5160
○ ワオ高校	個別指導Axis巴校	420-0843	静岡県静岡市葵区巴町45-1　K-HOUSE静岡1F	0120-806-705
○ N高校・S高校	静岡キャンパス	420-0851	静岡県静岡市葵区黒金町3　シャンソンビル1F	0120-0252-15
○ ヒューマンキャンパスのぞみ高校	静岡駅前学習センター	420-0852	静岡県静岡市葵区紺屋町11-4　太陽生命静岡ビル5F	0120-06-8603
○ 駿台甲府高校	静岡中央学習センター	420-0856	静岡県静岡市葵区駿府町2-90	0120-17-1524
○ 飛鳥未来きずな高校	静岡キャンパス	420-0857	静岡県静岡市葵区御幸町6　静岡セントラルビル8F	054-275-2688
○ 中京高校　通信制課程	静岡学習センター	420-0857	静岡県静岡市葵区御幸町11-8　3F	054-272-2720
○ つくば開成高校	静岡校	420-0858	静岡県静岡市葵区伝馬町9-1　河村ビル4F	054-275-0588
○ 第一学院高校	静岡キャンパス	420-0858	静岡県静岡市葵区伝馬町9-4　福一伝馬町ビルディング3F	0120-761-080
○ クラーク記念国際高校	静岡キャンパス	422-8061	静岡県静岡市駿河区森下町4-20	054-202-8288
○ 星槎国際高校	静岡学習センター	422-8063	静岡県静岡市駿河区馬渕3-16-28	054-287-3830
○ 屋久島おおぞら高校	静岡入学相談室	422-8067	静岡県静岡市駿河区南町10-5　地建南町ビル5F	052-451-3302
○ 未来高校	静岡中央学習センター	422-8076	静岡県静岡市駿河区八幡1-1-1	054-281-0191
○ NHK学園高校	清水国際高校	424-0809	お問い合わせはNHK学園高校本校（0120-451-424）まで	0120-451-424
○ 精華学園高校	清水校	424-0816	静岡県静岡市清水区真砂町4-18	054-364-7700
○ 第一学院高校	島田キャンパス	427-0053	静岡県島田市御仮屋町8804-4	0120-761-080
○ クラーク記念国際高校	浜松キャンパス	430-0929	静岡県浜松市中央区中央3-7-1　ハーモニア新町2F	053-459-2370
○ N高校・S高校	浜松キャンパス	430-0929	静岡県浜松市中央区中央3-9-3　UNビル3F	0120-0252-15
○ ヒューマンキャンパス高校	浜松学習センター	430-0933	静岡県浜松市中央区鍛冶町140　浜松Cビル7F	053-401-0805
○ 屋久島おおぞら高校	浜松入学相談室	430-0933	静岡県浜松市中央区鍛冶町319-28　遠鉄鍛冶町ビル6・9F	052-451-3302
○ 第一学院高校	浜松キャンパス	430-0944	静岡県浜松市中央区田町230-7	0120-761-080
○ キラリ高校	浜松キャンパス	430-0944	静岡県浜松市中央区田町230-15	0548-33-4976
静岡県立静岡中央高校	西部キャンパス	431-0398	静岡県湖西市新居町内山2036	053-595-1300
○ 星槎国際高校	浜松学習センター	432-8042	静岡県浜松市中央区上浅田2-4-30	053-450-9820
○ 松陰高校	静岡浜松学習センター	433-8122	静岡県浜松市中央区上島6-25-9	053-412-0675
○ 第一学院高校	掛川キャンパス	436-0093	静岡県掛川市連雀1-5　1F-A	0120-761-080
○ 精華学園高校	掛川校	436-0111	静岡県掛川市本郷1418	0537-64-4152
○ 日本航空高校	沼津学習支援センター		お問い合わせは日本航空高校本校（0551-28-0011）まで	0551-28-0011
○ 日本航空高校	静岡学習支援センター		お問い合わせは日本航空高校本校（0551-28-0011）まで	0551-28-0011
愛知県				
○ NHK学園高校	桜丘高校	440-0014	お問い合わせはNHK学園高校本校（0120-451-424）まで	0120-451-424
○ 松本国際高校	豊橋校（豊橋日本語学校）	440-0806	愛知県豊橋市八町通1-18　豊橋中央ビル	0532-43-5300
○ 精華学園高校	豊橋校	440-0806	愛知県豊橋市八町通1-28	0532-56-8603
○ 第一学院高校	豊橋キャンパス	440-0888	愛知県豊橋市駅前大通3-60　豊橋イーストビル5F	0120-761-080
○ 松本国際高校	豊橋学習センター	440-0897	愛知県豊橋市松葉町2-45　柴田ビル2F	0532-35-9367
○ さくら国際高校	豊川中央学習センター	441-1231	愛知県豊川市一宮町栄178	0533-83-1280
○ さくら国際高校	新城学習センター	441-1354	愛知県新城市片山字西野畑545　スギ薬局2F	0533-89-4985
○ 中京高校　通信制課程	田原学習センター	441-3432	愛知県田原市野田町田尻15-14	0531-22-3315
○ さくら国際高校	愛知キャンパス	441-3432	愛知県田原市野田町田尻15-14	0531-22-3515

542

	学 校 名	〒	住所	電話番号
○ 日本航空高校	豊橋学習支援センター	441-8113	愛知県豊橋市西幸町字笠松195-1	0532-38-0525
○ 中京高校　通信制課程	豊橋学習センター	441-8141	愛知県豊橋市草間町字東山143-6	0531-22-3315
○ 中京高校　通信制課程	豊川学習センター	442-0036	愛知県豊川市豊川栄町21	0531-22-3316
○ 松陰高校	愛知岡崎学習センター	444-0007	愛知県岡崎市大平町石亀65-1	0120-672-758
○ 松本国際高校	岡崎学習センター	444-0057	愛知県岡崎市材木町2-60　エムワイビル3F	0564-64-3571
○ さくら国際高校	岡崎学習センター	444-0854	愛知県岡崎市六名本町19-9	0564-64-2885
○ 屋久島おおぞら高校	岡崎入学相談室	444-0864	愛知県岡崎市明大寺町川端19-13　山七東岡崎ビル	052-451-3302
○ N高校・S高校	東岡崎キャンパス	444-0864	愛知県岡崎市明大寺町川端19-14　山七ANNEX　1F	0120-0252-15
○ さくら国際高校	碧海学習センター	446-0059	愛知県安城市三河安城本町1-27-6　NKコントラ2F（ペガサス内）	0566-87-5167
○ さくら国際高校	碧南高浜学習センター	447-0865	愛知県碧南市浅間町5-66	0566-41-0002
○ さくら国際高校	刈谷学習センター	448-0801	愛知県刈谷市板倉町1-6-6　エンゼルハイム1F	080-8259-0892
○ 中央国際高校	中央高等学院　名古屋本校	450-0002	愛知県名古屋市中村区名駅2-45-19	052-562-7585
○ クラーク記念国際高校	名古屋キャンパス	450-0002	愛知県名古屋市中村区名駅3-12-12　竹生ビル2F	052-589-2282
○ 精華学園高校	名古屋駅前	450-0002	愛知県名古屋市中村区名駅3-22-4　名駅前みどりビル3F	052-462-1313
○ ヒューマンキャンパスのぞみ高校	名古屋駅前学習センター	450-0002	愛知県名古屋市中村区名駅3-26-8　KDX名古屋駅前ビル9F	0120-06-8603
○ 松陰高校	名古屋中央校	450-0003	愛知県名古屋市中村区名駅南1-3-17　2・3F	052-485-4455
○ ヒューマンキャンパス高校	名古屋学習センター	450-0003	愛知県名古屋市中村区名駅南1-23-17　笹島ビル3F	052-485-4461
○ 飛鳥未来高校	名古屋キャンパス	451-0045	愛知県名古屋市西区名駅2-20-18	052-569-5250
○ 飛鳥未来きぼう高校※	名古屋キャンパス	451-0051	愛知県名古屋市西区則武新町3-1-17　Bizrium名古屋5F	050-5536-9758
○ 日本ウェルネス高校	名古屋学習支援センター1	451-0062	愛知県名古屋市西区花の木3-14-19　マルサンビル3F　A	052-522-6720
○ 飛鳥未来きずな高校	名古屋キャンパス	453-0013	愛知県名古屋市中村区亀島1-5-24-2	052-589-3150
○ N高校・S高校	名駅キャンパス	453-0013	愛知県名古屋市中村区亀島2-17-23　カルム亀島2F	0120-0252-15
○ 北海道芸術高校	名古屋サテライトキャンパス	453-0015	愛知県名古屋市中村区椿町11-2	0120-758-158
○ 屋久島おおぞら高校	名古屋入学相談室	453-0015	愛知県名古屋市中村区椿町12-7	052-451-3302
○ 松陰高校	名古屋駅前学習センター	453-0015	愛知県名古屋市中村区椿町21-2　第3大閣ビル10F	052-446-8008
○ 代々木高校	丸の内中部高等学院キャンパス	458-0034	愛知県名古屋市緑区若田3-1102-2	052-623-1143
○ NHK学園高校	中部集中	459-8001	愛知県名古屋市緑区大高町蝦池4-6	0120-451-424
○ 駿台甲府高校	名古屋丸の内学習センター	460-0002	愛知県名古屋市中区丸の内1-7-4	052-202-0280
○ 日本航空高校	名古屋学習支援センター	460-0002	愛知県名古屋市中区丸の内1-12-2	052-232-5400
○ さくら国際高校	名古屋丸の内学習センター	460-0002	愛知県名古屋市中区丸の内1-12-2	052-232-5401
○ 科学技術学園高校	名古屋分室	460-0003	愛知県名古屋市中区錦1-8-33	052-222-7781
○ N高校・S高校	名古屋キャンパス	460-0004	愛知県名古屋市中区新栄町2-3　YWCAビル5F	0120-0252-15
○ 代々木高校	名古屋アクアキャンパス	460-0007	愛知県名古屋市中区新栄2-17-2	052-263-3135
○ 日本ウェルネス高校	名古屋キャンパス	460-0008	愛知県名古屋市中区栄1-22-31	052-218-8313
○ 日本ウェルネス高校	名古屋学習支援センター2	460-0008	愛知県名古屋市中区栄1-24-38　エムズハウス栄1-B	052-209-6453
○ ルネサンス豊田高校	名古屋栄キャンパス	460-0008	愛知県名古屋市中区栄3-4-21　TOSHIN SAKAEビル6F	0120-816-737
○ ルネサンス豊田高校	名古屋eスポーツキャンパス	460-0008	愛知県名古屋市中区栄3-18-1　ナディアパークビジネスセンター10F	0120-816-737
○ 中京高校　通信制課程	名古屋栄学習センター	460-0008	愛知県名古屋市中区栄4-16-29　中統奨学館ビル5F	052-251-5530
○ 未来高校	名古屋学習センター事務所	460-0011	愛知県名古屋市中区大須1-21-35	052-228-0280
○ 第一学院高校	鶴舞キャンパス	460-0012	愛知県名古屋市中区千代田3-21-25	0120-761-080
○ 星槎国際高校	名古屋学習センター	461-0001	愛知県名古屋市東区泉1-2-8	052-212-8211
○ 精華学園高校	国際パシフィック名古屋校	461-0001	愛知県名古屋市東区泉1-23-22	052-955-8429
○ 第一学院高校	名古屋キャンパス	461-0004	愛知県名古屋市東区葵3-14-17	0120-761-080
○ NHK学園高校	まなびや名古屋	461-0005	愛知県名古屋市東区東桜1-13-3　NHK名古屋放送センタービル9F	052-253-7711
○ さくら国際高校	名古屋中央学習センター	461-0011	愛知県名古屋市東区白壁2-1-28　法令堂ビル3F	052-684-7290
○ 中京高校　通信制課程	名古屋千種学習センター	464-0086	愛知県名古屋市千種区萱場1-6-7	052-711-2005
○ 未来高校	愛知学習センター事務所	464-0086	愛知県名古屋市千種区萱場1-6-7	052-711-2005
○ 精華学園高校	名古屋ドーム南校	464-0086	愛知県名古屋市千種区萱場2-4-11　萱場ビル3F	052-719-4050
○ 代々木高校	鶴舞キャンパス	464-0856	愛知県名古屋市千種区吹上2-4-25	052-732-4450
○ ワオ高校	個別指導Axis藤が丘校	465-0033	愛知県名古屋市名東区明が丘124-1　amiamiビル1F	0120-806-705
○ ぎふ国際高校	名古屋学習センター	467-0852	愛知県名古屋市瑞穂区明前町15-23　（2・3年次への転・編入のみ受付）	058-251-8181
○ NHK学園高校	名古屋大谷高校	467-8511	お問い合わせはNHK学園高校本校（0120-451-424）まで	0120-451-424
○ 松本国際高校	名古屋（東海第一高等学院）	468-0047	愛知県名古屋市天白区井の森町232-1　アイコービル4F	052-715-9666
○ 松陰高校	日進学習センター	470-0125	愛知県日進市赤池1-2313　山田店舗2F	052-700-5400
○ 代々木高校	愛知豊田キャンパス	471-0026	愛知県豊田市若宮町1-8-5	0565-41-3028
○ さくら国際高校	豊田駅前学習センター	471-0034	愛知県豊田市小坂本町1-4-12　梅村ビル1F-2	0565-41-3028
○ ルネサンス豊田高校	豊田駅前キャンパス	471-0034	愛知県豊田市小坂本町1-9-1	0120-816-737
○ 緑誠館高校	サテライト知立校	472-0025	愛知県知立市池端2-3	0566-84-2150
○ 未来高校	東海キャンパス	472-0025	愛知県知立市池端3-1	0566-84-3310
○ クラーク記念国際高校	愛知キャンパス	475-0859	愛知県半田市天王町1-30	0569-21-0156
○ さくら国際高校	知多学習センター	478-0012	愛知県知多市巽が丘2-90　杉ビル1F	0562-31-7050

	学 校 名		〒	住所	電話番号
○	日本航空高校	常滑学習支援センター	479-0803	愛知県常滑市桧原字神水1-1	0569-89-6913
○	さくら国際高校	常滑キャンパス	479-0852	愛知県常滑市神明町3-35（とこなめ市民交流センター内）	090-1782-7740
○	代々木高校	愛知柏森キャンパス	480-0103	愛知県丹羽郡扶桑町柏森天神301-1	0587-96-6264
○	さくら国際高校	柏森学習センター	480-0103	愛知県丹羽郡扶桑町柏森天神301-1　ラ・プルミエール203	0587-96-6264
○	さくら国際高校	犬山学習センター	484-0076	愛知県犬山市橋爪西浦7	0268-39-7707
○	第一学院高校	犬山キャンパス	484-0081	愛知県犬山市犬山富士見町9-1	0120-761-080
○	松陰高校	愛知春日井学習センター	486-0825	愛知県春日井市中央通1-88　駅前第3共同ビル3F	0568-93-6790
○	代々木高校	愛知一宮キャンパス	491-0858	愛知県一宮市栄3-7-1	0586-23-6186
○	ワオ高校	個別指導Axis一宮駅前校	491-0858	愛知県一宮市栄4-1-5　aaaBLD2F	0120-806-705
○	明蓬館高校	ユーアップ高等学院	491-0859	愛知県一宮市本町3-10-15　三栄本町ビル6・7F	0586-82-8577
○	日本航空高校	尾張学習支援センター	492-8389	愛知県稲沢市横野町764-1	0586-68-7068
○	さくら国際高校	津島学習センター	496-0072	愛知県津島市南新開町1-286	0567-27-4433
○	松陰高校	名古屋西学習センター	498-0014	愛知県弥富市五明町内川平465-1	0567-67-6488
○	日本航空高校	愛知学習支援センター		お問い合わせは日本航空高校本校（0551-28-0011）まで	0551-28-0011
○	日本航空高校	天白学習支援センター		お問い合わせは日本航空高校本校（0551-28-0011）まで	0551-28-0011
三重県					
○	屋久島おおぞら高校	三重四日市入学相談室	510-0074	三重県四日市市鵜の森1-1-18　太陽生命四日市ビル2F	052-451-3302
○	第一学院高校	四日市キャンパス	510-0074	三重県四日市市鵜の森1-3-15　リックスビル2F	0120-761-080
○	N高校・S高校	四日市キャンパス	510-0074	三重県四日市市鵜の森1-5-17　d_IIYOKKAICHI　1F	0120-0252-15
○	ヒューマンキャンパス高校	四日市学習センター	510-0075	三重県四日市市安島1-2-18　三誠ビル6F	0120-953-979
○	ワオ高校	個別指導Axis日永校	510-0891	三重県四日市市日永西3-10-13　レーベンハイム1F	0120-806-705
○	代々木高校	四日市キャンパス	510-8022	三重県四日市市蒔田3-3-21	059-328-5115
○	中京高校　通信制課程	鈴鹿学習センター	513-0806	三重県鈴鹿市算所3-9-50	059-399-7911
○	徳風高校	津サポート教室	514-0007	三重県津市大谷町234	0595-82-3561
○	代々木高校	伊勢キャンパス	516-0073	三重県伊勢市吹上1-8-36	0599-43-6177
○	神村学園高等部	伊賀	518-0204	三重県伊賀市北山1373	0595-41-1234
滋賀県					
○	ワオ高校	個別指導Axis膳所校	520-0802	滋賀県大津市馬場1-7-12　TOKIMEKIビル1F	0120-806-705
○	さくら国際高校	高島キャンパス	520-1501	滋賀県高島市新旭町旭2-1-10	0740-25-2300
○	ワオ高校	個別指導Axis瀬田校	520-2144	滋賀県大津市大萱1-15-24　2F	0120-806-705
○	松陰高校	彦根学習センター	522-0054	滋賀県彦根市西今町字下郷77-8	0749-47-5502
○	クラーク記念国際高等学校	彦根キャンパス	522-0074	滋賀県彦根市大東町10-12　クロスビル2F	0120-833-350
○	つくば開成高校	滋賀	524-0021	滋賀県守山市吉身5-2-45	077-514-1120
○	松陰高校	滋賀草津学習センター	525-0032	滋賀県草津市大路2-3-11	077-501-5300
○	ワオ高校	個別指導Axis草津校	525-0037	滋賀県草津市西大路町3-8　ジュモネオティ202	0120-806-705
○	屋久島おおぞら高校	滋賀入学相談室	525-0037	滋賀県草津市西大路町4-32　エストピアプラザ4F	052-451-3302
京都府					
○	N高校・S高校	京都山科キャンパス（2024年4月開設予定）	607-8035	京都府京都市山科区四ノ宮神田町1　古橋山科ビル4F	0120-0252-15
○	ECC学園高校	京都学習センター	600-8004	京都府京都市下京区四条通寺町西入奈良物町358（四条駐屋町上ル）　日新火災京都ビル5F	0120-027-144
○	ヒューマンキャンパスのぞみ高校	京都四条通学習センター	600-8005	京都府京都市下京区四条通り柳馬場東入ル立売東町12-1　日土地京都四条通ビル6F	0120-06-8603
○	ワオ高校	個別指導Axis四条烏丸校	600-8007	京都府京都市下京区立売西町66　京都証券ビル3F	0120-806-705
○	飛鳥未来きぼう高校※	京都キャンパス	600-8031	京都府京都市下京区寺町通四条下る貞安前之町589　TM四条寺町ビル5F	050-5536-9760
○	屋久島おおぞら高校	京都入学相談室	600-8095	京都府京都市下京区東洞院通仏光寺上ル扇酒屋町298　KAJINOHAビル2F	052-451-3302
○	鹿島朝日高校	京都駅前キャンパス	600-8216	京都府京都市下京区東塩小路町544-2　ONビル3F	0120-391-351
○	札幌静修高校 通信制課程	京都学習等支援施設（AIC京都キャンパス）	600-8216	京都府京都市下京区東塩小路町607　辰巳ビル1F	0120-128-771
○	N高校・S高校	京都キャンパス	600-8413	京都府京都市下京区烏丸通仏光寺下ル大政所町680　インターワンプレイス烏丸Ⅱ　9F	0120-0252-15
○	第一学院高校	京都キャンパス	600-8418	京都府京都市下京区烏丸通松原下ル五条烏丸町407-2　烏丸KT第2ビル5F	0120-761-080
○	クラーク記念国際高校	京都キャンパス	600-8432	京都府京都市下京区仏光寺通新町東入糸屋町219（2024年4月移転）	075-353-6955
○	神村学園高等部	京都学習センター	600-8441	京都府京都市下京区新町通四条下ル四条町346　丸岸ビル2F・3F・4F	0120-43-4460
○	駿台甲府高校	京都学習センター	601-8002	京都府京都市南区東九条上殿田町43	075-691-8788
○	明誠高校	京都SHIP	601-8211	京都府京都市南区久世高田町257-139	06-6955-8101
○	松陰高校	北大路学習センター（2024年4月開設）	603-8142	京都府京都市北区小山北上総町13	075-366-2295
○	松陰高校	京都二条学習センター	604-8381	京都府京都市中京区西ノ京職司町63-2　フィル・パーク京都二条2F	075-823-6230
○	日本航空高校	京都学習支援センター	606-0827	京都府京都市左京区下鴨西半木町94	075-211-0120
○	ステップ高校	京都校	606-8351	京都府京都市左京区岡崎徳成町28-22	075-708-7333
○	日本航空高校	山科学習支援センター	607-8162	京都府京都市山科区椥辻草海道町38-42　2F	075-591-4048
○	明誠高校	京都南SHIP	610-0121	京都府城陽市寺田高田40-9	0774-26-8245
○	NHK学園高校	京都翔英高校	611-0013	お問い合わせはNHK学園高校本校（0120-451-424）まで	0120-451-424
○	松陰高校	京都学習センター	612-0074	京都府京都市伏見区桃山井伊掃部西町5-2　知求館ギャラクシー成基学園3F	075-606-1100
○	京都廣学館高校	通信制	619-0245	京都府相楽郡精華町下狛長芝11	0774-94-4178
○	京都共栄学園高校	サポートセンター福知山	620-0045	京都府福知山市駅前町140-11	0773-22-6210

学 校 名		〒	住所	電話番号
○ 日本航空高校	京都学習支援センター		お問い合わせは日本航空高校本校（0551-28-0011）まで	0551-28-0011
大阪府				
○ 八洲学園高校	梅田キャンパス	530-0001	大阪府大阪市北区梅田1-3-1　大阪駅前第1ビル2F	06-6343-1173
○ 神村学園高等部	大阪梅田学習センター	530-0001	大阪府大阪市北区梅田1-3-1000　大阪駅前第1ビル10F　5-1	06-6147-2200
○ クラーク記念国際高校	CLARK SMART 大阪梅田	530-0002	大阪府大阪市北区曽根崎新地2-6-11　A&Sビル5・6F	06-4798-7700
○ 松陰高校	大阪梅田校	530-0012	大阪府大阪市北区芝田2-1-18　西阪急ビル7F	06-6372-7220
N N高校・S高校	梅田キャンパス	530-0012	大阪府大阪市北区芝田2-7-18　ルーシッドスクエア梅田9F	0120-0252-15
○ ワオ高校	個別指導Axis梅田校	530-0012	大阪府大阪市北区芝田2-9-19　イノイ第2ビル301	0120-806-705
○ 屋久島おおぞら高校	梅田入学相談室	530-0015	大阪府大阪市北区中崎西2-4-43　山本ビル梅田1-4F	052-451-3302
○ ルネサンス大阪高校	梅田eスポーツキャンパス	530-0027	大阪府大阪市北区堂山町1-5　三共梅田ビル7F	0120-526-611
○ 第一学院高校	大阪梅田キャンパス	530-0028	大阪府大阪市北区万歳町4-12　浪速ビル西館8F	0120-761-080
○ 星槎国際高校	大阪学習センター	530-0043	大阪府大阪市北区天満4-13-11	06-6147-3830
○ 松陰高校	大阪南森町学習センター	530-0044	大阪府大阪市北区東天満1-4-3	06-6881-0803
○ 長尾谷高校	梅田校	531-0071	大阪府大阪市北区中津6-5-17	06-6454-8810
○ ECC学園高校	大阪学習センター	531-0072	大阪府大阪市北区豊崎2-11-8	0120-027-144
○ 滋慶学園高校	新大阪学習サポートセンター	532-0003	大阪府大阪市淀川区宮原4-4-65　大阪ハイテクノロジー専門学校第2校舎6F	06-6120-6735
○ さくら国際高校	新大阪キャンパス	532-0011	大阪府大阪市淀川区西中島4-5-22　レクシア西中島Ⅲ4F	06-6195-3478
○ 飛鳥未来高校	大阪キャンパス	532-0011	大阪府大阪市淀川区西中島6-11-23	06-6300-5650
○ 明誠高校	大阪SHIP	535-0031	大阪府大阪市旭区高殿7-18-7	06-6955-8101
○ 明誠高校	大阪インターナショナルSHIP	536-0007	大阪府大阪市城東区成育3-14-13　4F	06-6955-8101
○ さくら国際高校	大阪鶴見学習センター	538-0043	大阪府大阪市鶴見区今津南2-5-3	0268-39-7707
○ 八洲学園高校	大阪中央校	540-0004	大阪府大阪市中央区玉造1-3-15	06-6762-1248
N NHK学園高校	まなびや大阪	540-0026	大阪府大阪市中央区内本町1-1-6　内本町B&Mビル902	06-6776-2474
○ 札幌静修高校 通信制課程	大阪学習等支援施設（AIC大阪キャンパス）	541-0046	大阪府大阪市中央区平野町3-1-6	0120-128-771
○ 代々木高校	大阪	541-0056	大阪府大阪市中央区久太郎町2-5-19　丸忠第3ビル3F　306	06-6115-6450
○ さくら国際高校	大阪本町学習センター	541-0056	大阪府大阪市中央区久太郎町2-5-19　丸忠第3ビル3F　306	06-6241-4450
○ ルネサンス大阪高校	なんばeスポーツキャンパス	542-0076	大阪府大阪市中央区難波2-3-7　南海難波御堂筋ウエスト6F	0120-526-611
○ ヒューマンキャンパスのぞみ高校	大阪心斎橋学習センター	542-0081	大阪府大阪市中央区南船場4-3-2　ヒューリック心斎橋ビル9F	0120-06-8603
N N高校・S高校	心斎橋キャンパス	542-0085	大阪府大阪市中央区心斎橋筋2-7-18　プライムスクエア心斎橋6F	0120-0252-15
○ 松陰高校	大阪心斎橋学習センター	542-0086	大阪府大阪市中央区西心斎橋1-10-5　2F	06-6243-7779
○ ワオ高校	個別指導Axis上本町校	543-0001	大阪府大阪市天王寺区上本町6-9-17　上六日光ビル 6F	0120-806-705
○ 明誠高校	大阪中央SHIP	543-0021	大阪府大阪市天王寺区東高津町9-23　ロロモチノキビル5F	06-6710-4555
○ クラーク記念国際高校	CLARK SMART 大阪天王寺	543-0052	大阪府大阪市天王寺区大道3-1-7　グラン・ピア天王寺20A	0120-833-350
N NHK学園高校	大阪夕陽丘学園高校	543-0073	お問い合わせはNHK学園高校本校（0120-451-424）まで	0120-451-424
○ ワオ高校	個別指導Axis天王寺校	545-0052	大阪府大阪市阿倍野区阿倍野筋1-4-7　Gビル阿倍野01　6F	0120-806-705
N N高校・S高校	天王寺キャンパス	545-0052	大阪府大阪市阿倍野区阿倍野筋1-5-36　アベノセンタービル3F	0120-0252-15
○ 日本教育学院高校	大阪南校	547-0026	大阪府大阪市平野区喜連西4-7-15　関西情報工学院内	06-6707-5000
○ 科学技術学園高校	大阪分室	550-0004	大阪府大阪市西区靱本町1-8-4	06-6479-0335
○ 第一学院高校	大阪本町キャンパス	550-0011	大阪府大阪市西区阿波座1-10-21	0120-761-080
○ 飛鳥未来きぼう高校※	大阪なんばキャンパス	550-0015	大阪府大阪市西区南堀江1-20-1　NX南堀江ビル2F	050-5536-9762
○ 松陰高校	大阪福島校	553-0007	大阪府大阪市福島区大開1-1-1　桂文ビル3F	06-6946-7588
○ 日本航空高校	なんばサテライト	556-0016	大阪府大阪市浪速区元町1-2-2　井上難波ビル6F	080-7275-9073
○ 長尾谷高校	なんば校	556-0016	大阪府大阪市浪速区元町1-11-1	06-4396-7281
○ 第一学院高校	大阪キャンパス	556-0016	大阪府大阪市浪速区元町2-3-19　TCAビル6F	0120-761-080
○ ヒューマンキャンパス高校	なんば学習センター	556-0017	大阪府大阪市浪速区湊町1-4-1　OCAT　3F	06-6644-1796
N NHK学園高校	履正社高校	561-0874	お問い合わせはNHK学園高校本校（0120-451-424）まで	0120-451-424
○ 日本航空高校	大阪サテライト	569-0071	大阪府高槻市城北町1-2-6　NK城北ビル2F	072-648-3631
○ ワオ高校	個別指導Axis枚方校	573-0032	大阪府枚方市岡東町17-36　第2村田ビル2F	0120-806-705
○ さくら国際高校	大阪枚方キャンパス	573-0034	大阪府枚方市岡山手町11-110	072-807-6763
○ 屋久島おおぞら高校	大阪東入学相談室	577-0058	大阪府東大阪市足代北2-2-18　2F	052-451-3302
○ さくら国際高校	東大阪キャンパス	578-0931	大阪府東大阪市花園東町1-6-31	0268-39-7707
○ さくら国際高校	大阪松原学習センター	580-0024	大阪府松原市東新町4-16-3　2・3F	070-1400-9639
○ 精華学園高校	大阪南校	580-0043	大阪府松原市阿保5-2-4　田中塾1・2F	072-339-7006
○ 明誠高校	南河内SHIP	584-0036	大阪府富田林市甲田2-20-14	0721-81-0417
○ ワオ高校	個別指導Axis堺東校	590-0028	大阪府堺市堺区三国ヶ丘御幸通10　三幸ビル 1F	0120-806-705
N N高校・S高校	堺東キャンパス（2024年4月開設予定）	590-0048	大阪府堺市堺区一条通16-8　サンビル堺東3F	0120-0252-15
○ 屋久島おおぞら高校	堺入学相談室	591-8023	大阪府堺市北区中百舌鳥町5-6　中百舌鳥駅前ビル4F	052-451-3302
○ 日本航空高校	堺学習支援センター	591-8025	大阪府堺市北区長曽根町1904-5　2F	072-275-8010
○ 松陰高校	堺なかもず校	591-8032	大阪府堺市北区百舌鳥梅町3-1-3　牧原ビル3F	06-6946-7588
N NHK学園高校	近畿集中	592-0002	大阪府高石市羽衣公園丁	0120-451-424
○ 松陰高校	堺深井校	599-8273	大阪府堺市中区深井清水町1797-1-10　三和ビル2F	06-6946-7588

※飛鳥未来きぼう高校＜仮称＞　茨城県設置認可申請中（設置計画承認済み）

学校名		〒	住所	電話番号
○ 日本航空高校	大阪学習支援センター		お問い合わせは日本航空高校本校（0551-28-0011）まで	0551-28-0011
○ 日本航空高校	天王寺学習支援センター		お問い合わせは日本航空高校本校（0551-28-0011）まで	0551-28-0011
兵庫県				
○ 屋久島おおぞら高校	神戸入学相談室	650-0004	兵庫県神戸市中央区中山手通2-1-8　太陽生命神戸ビル1・3F	052-451-3302
○ 日本航空高校	神戸中央学習支援センター	650-0011	兵庫県神戸市中央区下山手通7-6-15　広狩ビル101	078-335-6808
○ 松陰高校	神戸元町学習センター	650-0011	兵庫県神戸市中央区下山手通8-4-26	078-341-1897
○ 精華学園高校	神戸駅前校	650-0015	兵庫県神戸市中央区多聞通4-1-2　4・5F	079-284-4488
○ ヒューマンキャンパスのぞみ高校	神戸三宮学習センター	650-0021	兵庫県神戸市中央区三宮町1-9-1　三宮センタープラザ東館5F	0120-06-8603
○ 飛鳥未来きぼう高校※	神戸元町キャンパス	650-0024	兵庫県神戸市中央区海岸通1-2-18	050-5536-9761
○ N高校・S高校	神戸キャンパス	650-0024	兵庫県神戸市中央区海岸通6　建隆ビルⅡ　8F	0120-0252-15
○ 鹿島朝日高校	神戸学園都市キャンパス	650-2103	兵庫県神戸市西区学園西町1-1-1　ユニバープラザ2F	078-381-6637
○ 相生学院高校	神戸	651-0071	兵庫県神戸市中央区筒井町1-3-17	078-855-5511
○ クラーク記念国際高校	神戸三宮キャンパス	651-0084	兵庫県神戸市中央区磯辺通4-1-6　アンビシャスビルⅡ	078-262-0855
○ 第一学院高校	神戸キャンパス	651-0085	兵庫県神戸市中央区磯部通4-1-38　ザ・シティ神戸三宮ビル7F	0120-761-080
○ ワオ高校	個別指導Axis三宮校	651-0085	兵庫県神戸市中央区八幡通4-2-13　フラワーロード青山ビル1F	0120-806-705
○ 八洲学園高校	三宮キャンパス	651-0086	兵庫県神戸市中央区磯上通8-1-33　幸和ビル2F	078-261-2835
○ 飛鳥未来きずな高校	神戸キャンパス	651-0087	兵庫県神戸市中央区御幸通3-2-22	078-325-3586
○ クラーク記念国際高等学校	西神中央キャンパス	651-2273	兵庫県神戸市西区糀台5-3-11　西神ビル2F	0120-833-350
○ 精華学園高校	神戸長田校	653-0036	兵庫県神戸市長田区腕塚町5-5-1　地階003区画アスタくにづか1番館北棟	078-754-5770
○ NHK学園高校	啓明学院高校	654-0131	お問い合わせはNHK学園高校本校（0120-451-424）まで	0120-451-424
兵庫県立青雲高校	兵庫県立洲本実業高校	656-0012	兵庫県洲本市宇山2-8-65	0799-22-1240
○ 相生学院高校	洲本	656-0051	兵庫県洲本市物部2-14-5	0799-25-2185
○ 相生学院高校	淡路島校	656-1512	兵庫県淡路市北山2069	090-9709-4112
○ ワオ高校	個別指導Axis六甲道校	657-0038	兵庫県神戸市灘区深田町4-1-1　ウェルブ六甲道2番街102、103	0120-806-705
○ 日本航空高校	神戸学習支援センター	657-0846	兵庫県神戸市灘区岩屋北町4-3-19　三尚堂ビル5F	078-871-1109
○ 瑞穂MSC高校	神戸校	658-0015	兵庫県神戸市東灘区本山南町8-6-26　東神戸センタービル8F	0120-555-720
○ 未来高校	神戸学習センター	658-0032	兵庫県神戸市東灘区向洋町中1-16	078-846-2040
○ AIE国際高校	神戸校	658-0047	兵庫県神戸市東灘区御影2-2-12	078-811-1402
○ クラーク記念国際高校	CLARK SMART 芦屋	659-0061	兵庫県芦屋市上宮川4-1	0797-22-6600
○ 日本航空高校	塚口サテライト	661-0012	兵庫県尼崎市南塚口町3-13-3　4F	06-4400-1638
○ 相生学院高校	尼崎校	661-0021	兵庫県尼崎市名神町3-9-24　古川ビル202	06-6480-5971
○ 相生学院高校	立花校	661-0025	兵庫県尼崎市立花町1-13-3	06-7657-8270
○ 相生学院高校	JR尼崎駅前校	661-0976	兵庫県尼崎市潮江1-20-1-106	06-6491-1192
○ 松陰高校	兵庫尼崎校	661-0976	兵庫県尼崎市潮江1-15-3　アミング潮江イースト15-3号棟1F	06-4960-7351
○ 屋久島おおぞら高校	西宮入学相談室	662-0841	兵庫県西宮市両度町3-1　ラピタス31西宮1F	052-451-3302
○ ワオ高校	個別指導Axis阪神西宮校	662-0915	兵庫県西宮市馬場町1-4　北本ビル1F	0120-806-705
○ N高校・S高校	西宮北口キャンパス（2024年4月開設予定）	663-8204	兵庫県西宮市高松町8-25　阪急西宮ガーデンズプラス館8F	0120-0252-15
○ 松陰高校	北摂川西学習センター	666-0015	兵庫県川西市小花1-6-21　肥爪第2ビル3F	072-756-8072
兵庫県立網干高校	兵庫県立川西協力校	666-0025	兵庫県川西市加茂3-15-1	072-759-3394
○ 相生学院高校	猪名川校	666-0251	兵庫県川辺郡猪名川町若葉2-41	072-766-1256
○ クラーク記念国際高校	豊岡キャンパス	668-0032	兵庫県豊岡市千代田町12-34	0796-29-0888
兵庫県立網干高校	兵庫県立豊岡協力校	668-0042	兵庫県豊岡市京町12-91	0796-22-2111
○ 明誠高校	西宮名塩SHIP	669-1144	兵庫県西宮市名塩茶園町14-3	06-6955-8101
○ 日本航空高校	三田学習支援センター	669-1321	兵庫県三田市けやき台1-1	079-563-0300
○ クラーク記念国際高校	三田キャンパス	669-1512	兵庫県三田市高次1-10-10　4F	079-553-1558
○ 相生学院高校	三田校	669-1529	兵庫県三田市中央町5-19	079-564-1100
○ 勇志国際高校	優和三田教室	669-1529	兵庫県三田市中央町9-27	079-563-1177
兵庫県立青雲高校	兵庫県立柏原高校	669-3302	兵庫県丹波市柏原町東奥50	0795-72-1166
札幌静修高校 通信制課程	兵庫学習等支援施設（AIC兵庫キャンパス）	669-4322	兵庫県丹波市市島町上田1134	0120-128-771
○ 屋久島おおぞら高校	姫路入学相談室	670-0912	兵庫県姫路市南町11　キャピタル・アイ姫路1F	052-451-3302
○ 第一学院高校	姫路キャンパス	670-0921	兵庫県姫路市綿町119　姫路不動産5・6F	0120-761-080
○ クラーク記念国際高校	姫路キャンパス	670-0926	兵庫県姫路市忍町89	079-225-8114
○ 日本航空高校	姫路学習支援センター	670-0935	兵庫県姫路市北条口1-59　大和ビル4F	0792-87-1555
○ 精華学園高校	姫路校	670-0936	兵庫県姫路市古二階町80　1・2・3F	079-284-4488
○ 相生学院高校	姫路校	670-0936	兵庫県姫路市古二階町166	079-283-5656
○ N高校・S高校	姫路キャンパス	670-0964	兵庫県姫路市豊沢町137　姫路センタービル9F	0120-0252-15
○ 精華学園高校	兵庫ハシュアール校	670-0985	兵庫県姫路市玉手454-7　玉手テナント	079-290-9577
○ 相生学院高校	高砂校	671-0101	兵庫県姫路市大塩町292-22　2F	079-227-4126
○ 相生学院高校	姫路南よべ校	671-1262	兵庫県姫路市余部区上余部88-25	079-227-7304
○ 相生学院高校	宍粟校	671-2560	兵庫県宍粟市山崎町塩山37-17	0790-67-0001
○ 相生学院高校	明石校	673-0011	兵庫県明石市西明石町5-15-16	078-926-1177

546

	学 校 名		〒	住所	電話番号
○	相生学院高校	加古川校	675-0031	兵庫県加古川市加古川町北在家2723　センタービル3F	079-420-0100
○	松陰高校	加古川学習センター	675-0122	兵庫県加古川市別府町別府986-11　藤田ビル	079-437-3395
○	相生学院高校	環境リサーチ加西校	675-2113	兵庫県加西市網引町2001-39	0790-49-3321
	兵庫県立網干高校	兵庫県立西脇北協力校	677-0014	兵庫県西脇市郷瀬町669-32	0795-22-5850
○	相生学院高校	多可校	679-1201	兵庫県多可郡多可町加美区豊部1879-1	0795-35-0081
○	日本航空高校	芦屋学習支援センター		お問い合わせは日本航空高校本校（0551-28-0011）まで	0551-28-0011
○	日本航空高校	阪神学習支援センター		お問い合わせは日本航空高校本校（0551-28-0011）まで	0551-28-0011
○	日本航空高校	神戸学習支援センター		お問い合わせは日本航空高校本校（0551-28-0011）まで	0551-28-0011
○	日本航空高校	兵庫学習支援センター		お問い合わせは日本航空高校本校（0551-28-0011）まで	0551-28-0011
奈良県					
○	さくら国際高校	奈良学習センター	630-0251	奈良県生駒市谷田町371-3　ファミール生駒301	050-7112-3843
○	長尾谷高校	奈良校	630-8115	奈良県奈良市大宮町1-115-1	0742-30-1131
○	鹿島朝日高校　通信制課程	奈良富雄キャンパス	631-0078	奈良県奈良市富雄元町2-3-29-1　上田ビル2F	050-6860-3288
○	さくら国際高校	奈良キャンパス	631-0802	奈良県奈良市歌姫町1194	0268-39-7707
○	第一学院高校	奈良キャンパス	631-0821	奈良県奈良市西大寺東町2-1-31　サンワ西大寺東町ビル4F	0120-761-080
○	YMCA学院高校	奈良センター	631-0823	奈良県奈良市西大寺国見町2-14-1	0742-44-2207
○	N高校・S高校	奈良西大寺キャンパス（2024年4月開設予定）	631-0824	奈良県奈良市西大寺南町2-4　サンスクリット西大寺3F	0120-0252-15
○	ワオ高校	個別指導Axis西大寺校	631-0824	奈良県奈良市西大寺南町5-30	0120-806-705
○	ワオ高校	個別指導Axis八木校	634-0804	奈良県橿原市内膳町1-6-4	0120-806-705
○	日本教育学院高校	橿原校	634-0804	奈良県橿原市内膳町2-5-21	0744-55-2980
○	ワオ高校	個別指導Axis王寺校	636-0002	奈良県北葛城郡王寺町王寺2-8-25　田中愛ビル 1F	0120-806-705
○	精華学園高校	レイモンド学園奈良校	636-0821	奈良県生駒郡三郷町立野北3-12-7　レイモンドヴィレッジ5号館2F	074-544-3432
○	日本航空高校	奈良学習センター		お問い合わせは日本航空高校本校（0551-28-0011）まで	0551-28-0011
○	日本航空高校	奈良第2学習支援センター		お問い合わせは日本航空高校本校（0551-28-0011）まで	0551-28-0011
和歌山県					
○	YMCA学院高校	和歌山センター	640-8323	和歌山県和歌山市太田1-12-13	073-473-3338
○	ワオ高校	個別指導Axis和歌山校	640-8341	和歌山県和歌山市黒田1-4-16　能開ビル4F	0120-806-705
○	精華学園高校	和歌山校	640-8342	和歌山県和歌山市友田町2-145　KEG教育センタービル2F	073-421-1515
○	明誠高校	和歌山白浜SHIP	649-2211	和歌山県西牟婁郡白浜町3137-10	0739-43-8981
鳥取県					
○	ワオ高校	個別指導Axis西町校	680-0022	鳥取県鳥取市西町2-102　西町フロインドビル1F	0120-806-705
○	滋慶学園高校	学習センター（鳥取市医療看護専門学校）	680-0835	鳥取県鳥取市東品治町103-2	0868-73-0081
○	第一学院高校	鳥取キャンパス	680-0844	鳥取県鳥取市興南町95-3　伝習館	0120-761-080
○	クラーク記念国際高校	鳥取キャンパス	680-0947	鳥取県鳥取市湖山町西2-228-1	0857-32-2555
○	勇志国際高校	翔文館	682-0806	鳥取県倉吉市昭和町2-254　旭ビル2F	0858-23-7936
○	さくら国際高校	米子キャンパス	683-0001	鳥取県米子市皆生温泉2-2-24	0859-22-0505
○	明誠高校	鳥取SHIP	683-0055	鳥取県米子市冨士見町1-5	0859-21-8174
○	相生学院高校	米子校	683-0805	鳥取県米子市西福原7-11-36	0859-21-0169
○	クラーク記念国際高校	米子キャンパス	683-0811	鳥取県米子市錦町2-175	0859-33-0019
島根県					
○	明誠高校	松江SHIP	690-0002	島根県松江市大正町442-6	050-1487-3043
○	未来高校	島根学習センター事務所	690-0061	島根県松江市白潟本町42	0852-33-7997
○	精華学園高校	島根校	690-0824	島根県松江市菅田町180　アイウォーク菅田ビル2F　206	0852-33-7662
○	第一学院高校	島根松江キャンパス	690-0824	島根県松江市菅田町180　アイウォーク菅田ビル2F	0120-761-080
○	ワオ高校	個別指導Axis学園通り校	690-0825	島根県松江市学園1-8-10　ファミールA	0120-806-705
○	さくら国際高校	島大前学習センター	690-0825	島根県松江市学園2-13-10	0852-23-9005
○	滋慶学園高校	学習センター（出雲医療看護専門学校）	693-0001	島根県出雲市今市町1151-1	0868-73-0081
○	松陰高校	島根松江学習センター	699-0401	島根県松江市宍道町宍道1178-4	0852-25-6343
岡山県					
○	並木学院高校	英数学館岡山校	700-0011	岡山県岡山市北区学南町1-9-1	086-252-6760
○	勇志国際高校	聖友館	700-0022	岡山県岡山市北区岩田町5-3　シティハイツ岩田103	086-232-5561
○	日本航空高校	岡山学園支援センター	700-0023	岡山県岡山市北区駅前町2-7-14　アサヒアカデミー内	086-235-2625
○	興譲館高校　通信制課程	岡山キャンパス	700-0024	岡山県岡山市北区駅元町31-1　指月ビル5F	0120-44-50-33
○	鹿島朝日高校	岡山駅西口学習センター	700-0024	岡山県岡山市北区駅元町22-13　西口駅前ビル2F	086-259-3444
○	屋久島おおぞら高校	岡山入学相談室	700-0026	岡山県岡山市北区奉還町1-9-8　岡山奉還町RGB　1・2・3F	052-451-3302
○	クラーク記念国際高校	岡山キャンパス	700-0033	岡山県岡山市北区島田本町1-2-12	086-239-1623
○	ヒューマンキャンパス高校	岡山学習センター	700-0815	岡山県岡山市北区野田屋町1-7-17　野田屋町JNビル8F	086-226-1237
○	松陰高校	岡山中央学習センター	700-0821	岡山県岡山市北区中山下1-10-10	0120-270-920
○	精華学園高校	岡山校	700-0821	岡山県岡山市北区中山下1-7-18　K3ビル3・4・5F	086-235-1512
○	ワオ高校	個別指導Axis岡山校	700-0826	岡山県岡山市北区磨屋町7-2　能開ビル6F	0120-806-705
○	第一学院高校	岡山キャンパス	700-0902	岡山県岡山市北区錦町1-1　岡山駅前ビル5F	0120-761-080

※飛鳥未来きぼう高校＜仮称＞　茨城県設置認可申請中（設置計画承認済み）

学　校　名		〒	住所	電話番号
○ N高校・S高校	岡山キャンパス	700-0907	岡山県岡山市北区下石井1-1-3　日本生命岡山第二ビル新館3・4F	0120-0252-15
○ 相生学院高校	岡山校	702-8035	岡山県岡山市南区福浜町12-25　日乃出ビル1F	0120-757-527
○ 相生学院高校	岡山総合学習センター	703-8216	岡山県岡山市東区宍甘65-12	086-201-2355
○ NHK学園高校	岡山操山高校	703-8256	お問い合わせはNHK学園高校本校（0120-451-424）まで	0120-451-424
○ 東林館高校	岡山学芸館高校	704-8502	岡山県岡山市東区西大寺上1-19-19	086-942-3864
○ 鹿島朝日高校	通信制課程連携　津山キャンパス	708-0034	岡山県津山市船頭町74-2　国藤ビル2F	050-6860-3288
岡山県立岡山操山高校	岡山県立津山高校	708-0051	岡山県津山市椿高下62	0868-22-4511
○ 勇志国際高校	なのはなファミリー	709-4307	岡山県勝田郡勝央町石生495	0868-38-3656
岡山県立岡山操山高校	岡山県立倉敷青陵高校	710-0043	岡山県倉敷市羽島1046-2	0852-25-6343
○ ワオ高校	個別指導Axis倉敷校	710-0055	岡山県倉敷市阿知3-1-14　能開ビル2F	0120-806-705
○ 屋久島おおぞら高校	倉敷入学相談室	710-0055	岡山県倉敷市阿知3-21-9　倉敷平和ビル3・4F	052-451-3302
○ 中京高校　通信制課程	岡山学習センター	710-0833	岡山県倉敷市西中新田137-4	0120-716-150
○ 東林館高校	岡山龍谷高校	714-0081	岡山県笠岡市笠岡874	0865-63-2525
広島県				
○ ワオ高校	個別指導Axis福山校	720-0065	広島県福山市東桜町1-1　アイネスフクヤマビル3F	0120-806-705
○ 屋久島おおぞら高校	福山入学相談室	720-0066	広島県福山市三之丸町9-16　山陽第2ビル1F	052-451-3302
○ ヒューマンキャンパス高校	福山学習センター	720-0808	広島県福山市昭和町6-1　福山電業3F	084-999-8824
○ 明誠高校	福山SHIP	720-2104	広島県福山市神辺町道上2891-1	084-962-5139
○ 相生学院高校	尾道校	722-0036	広島県尾道市東御所町1-20　JB本四高速尾道ビル2F	0848-29-9911
○ 東林館高校	如水館高校	723-8501	広島県三原市深町1183	0848-63-2423
○ 日本航空高校	竹原学習支援センター	725-0026	広島県竹原市中央4-6-24	0846-22-6077
○ 屋久島おおぞら高校	広島入学相談室	730-0015	広島県広島市中区橋本町3-16　エイワビル1F	052-451-3302
○ ヒューマンキャンパスのぞみ高校	広島八丁堀学習センター	730-0017	広島県広島市中区鉄砲町5-7　広島偕成ビル2F	0120-06-8603
○ ヒューマンキャンパス高校	広島学習センター	730-0017	広島県広島市中区鉄砲町5-7　広島偕成ビル9F	082-846-6611
○ 神村学園高等部	広島学習センター	730-0031	広島県広島市中区紙屋町1-1-13　長崎ビル3F	082-541-1277
○ NHK学園高校	まなびや広島	730-0041	広島県広島市中区小町3-25　三共ビル9F	082-207-3075
○ NHK学園高校	県立広島国泰寺高校	730-0042	お問い合わせはNHK学園高校本校（0120-451-424）まで	0120-451-424
○ N高校・S高校	広島キャンパス	730-0051	広島県広島市中区大手町3-1-9　広島鯉城通りビル4F	0120-0252-15
○ 日本航空高校	広島南学習支援センター	730-0052	広島県広島市中区千田町3-11-29　2F	082-241-2262
○ 日本航空高校	広島北学習支援センター	731-0221	広島県広島市安佐北区可部3-37-40	082-814-7493
○ ワオ高校	個別指導Axis五日市校	731-5125	広島県広島市佐伯区五日市駅前2-18-20　コーポマルゼン1F	0120-806-705
○ 広島工業大学高校	広島なぎさ高校	731-5138	広島県広島市佐伯区海老山南2-2-1	082-921-2137
○ クラーク記念国際高校	広島キャンパス	732-0005	広島県広島市西区西白島町7-27	082-224-2510
○ 精華学園高校	広島校	732-0053	広島県広島市東区若草町10-11　加藤ビル2F	082-536-1103
○ 第一学院高校	広島キャンパス	732-0053	広島県広島市東区若草町9-7　三共若草ビル5F	0120-761-080
○ 松陰高校	広島校	732-0807	広島県広島市南区荒神町5-5	082-548-8880
○ 飛鳥未来高校	広島キャンパス	732-0827	広島県広島市南区稲荷町1-27	082-568-7681
○ ルネサンス高校	広島キャンパス	733-0011	広島県広島市西区横川町3-3-7　2F	0120-816-737
○ ルネサンス大阪高校	広島キャンパス	733-0011	広島県広島市西区横川町3-3-7　2F	0120-816-737
○ ルネサンス豊田高校	広島キャンパス	733-0011	広島県広島市西区横川町3-3-7　2F	0120-816-737
○ 星槎国際高校	広島学習センター	733-0034	広島県広島市西区南観音町1-1	082-503-1430
○ 科学技術学園高校	広島山陽学園山陽高校	733-8551	広島県広島市観音新町4-12-5	082-232-9156
○ 屋久島おおぞら高校	海田ナビ入学相談室	736-0035	広島県安芸郡海田町南堀川町6-10　坪田ビル101	052-451-3302
○ NHK学園高校	中国・四国集中	737-2126	広島県江田島市江田島町津久茂1-1-1	0120-451-424
○ 勇志国際高校	フリースクールきぼう	738-0017	広島県廿日市市須賀4-8　サンライズビル2F	0829-30-6848
○ 明蓬館高校	木のねっこ高等学院	738-0026	広島県廿日市市上平良233-2	0829-20-4547
○ 明誠高校	広島SHIP	738-0222	広島県廿日市市津田596	0829-40-1150
○ 精華学園高校	東広島校	739-0016	広島県東広島市西条岡町9-1　岩井ビル1・2F	082-424-0580
○ 日本ウェルネス高校	広島キャンパス	739-0321	広島県広島市安芸区中野2-21-26-8	082-892-3015
○ 精華学園高校	宮島校	739-0437	広島県廿日市市大野中央4-4-16	0829-78-1638
○ さくら国際高校	広島学習センター	739-1733	広島県広島市安佐北区口田南3-22-25　大上免ビル201	082-845-1657
○ 近畿大学附属福岡高校	近畿大学附属東広島高校	739-2116	広島県東広島市高屋うめの辺2	082-434-7111
○ 日本航空高校	広島東学習支援センター	739-2611	広島県東広島市黒瀬町大多田205-1	0823-82-7048
○ 興譲館高校	興譲館アカデミア広島校		お問い合わせは興譲館本校（0120-445-033）まで	0120-445-033
山口県				
山口県立山口高校	山口県立岩国商業高校東分校	740-0014	山口県岩国市日の出町1-60	0827-21-4311
○ クラーク記念国際高校	岩国キャンパス	740-0018	山口県岩国市麻里布町3-16-22　和光麻里布レジデンス参番館4F	0827-29-1123
○ 松陰高校	岩国学習センター	740-0018	山口県岩国市麻里布町2-4-31	0827-22-3900
○ 未来高校	山口東学習センター事務所	740-0022	山口県岩国市山手町1-6-16	0827-29-1471
山口県立山口高校	山口県立柳井高校	742-0032	山口県柳井市古開作611-1	0820-22-2721
○ クラーク記念国際高校	周南キャンパス	745-0011	山口県周南市桜馬場通り2-3	0834-33-1123

548

学 校 名		〒	住所	電話番号
山口県立山口高校	山口県立徳山高校	745-0061	山口県周南市鐘楼町2-50	0834-21-0099
○ 精華学園高校	周南校	745-0845	山口県周南市河東町9-35	0834-33-9314
山口県立山口高校	山口県立防府商業高校	747-0802	山口県防府市中央町3-1	0835-22-3790
○ 鹿島朝日高校	下関キャンパス	750-0025	山口県下関市竹崎町2-12-4　書ビル3F	050-6860-3288
山口県立山口高校	山口県立下関西高校	751-0826	山口県下関市後田町4-10-1	083-222-0892
○ 神村学園高等部	山口学習センター	751-0878	山口県下関市秋根上町3-2-33	(Webページ準備中)
○ 未来高校	山口下関学習センター事務所	752-0955	山口県下関市長府八幡3-25	083-246-4350
○ ワオ高校	個別指導Axis山口中央校	753-0074	山口県山口市中央4-3-10	0120-806-705
○ クラーク記念国際高校	新山口キャンパス	754-0014	山口県山口市小郡高砂町3-24　伸光ビル2・3F	083-976-1123
○ 鹿島朝日高校	山口キャンパス	754-0021	山口県山口市小郡黄金町7-66	050-6860-3288
山口県立山口高校	山口県立宇部中央高校	755-0039	山口県宇部市東梶返4-10-30	0836-21-7266
○ 精華学園高校	山口宇部校	755-0042	山口県宇部市松島町17-25	0836-39-3430
○ 未来高校	山口西学習センター事務所	755-0066	山口県宇部市小松原町2-6-8	0836-33-2944
山口県立山口高校	山口県立萩高校	758-0057	山口県萩市堀内132	0838-22-0076
○ 精華学園高校	LAN学習センター	759-0206	山口県宇部市大字東須恵字丸山本3517	0836-44-4423
徳島県				
○ 未来高校	徳島学習センター事務所	770-0022	徳島県徳島市佐古二番町5-18	088-626-1359
○ 精華学園高校	徳島校	770-0832	徳島県徳島市寺島本町東3-12-8　k-1ビル4F	088-678-3744
○ ワオ高校	個別指導Axis徳島駅前校	770-0832	徳島県徳島市寺島本町東3-15-5　フレシアとくしま1F	0120-806-705
○ 神村学園高等部	徳島学習センター	770-8064	徳島県徳島市城南町3-1317-19	(Webページ準備中)
○ 松陰高校	徳島阿南学習センター	774-0030	徳島県阿南市富岡町今福寺12-3　中原ビル2F	0884-23-4303
香川県				
○ N高校・S高校	高松キャンパス	760-0017	香川県高松市番町1-6-1　両備高松ビル3F	0120-0252-15
○ 屋久島おおぞら高校	高松入学相談室	760-0017	香川県高松市番町1-6-6　甲南アセット番町ビル1F	052-451-3302
○ ワオ高校	個別指導Axis高松校	760-0023	香川県高松市寿町1-1-8　日本生命高松駅前ビル1F	0120-806-705
○ ヒューマンキャンパス高校	高松学習センター	760-0023	香川県高松市寿町1-1-12　パシフィックシティ高松6F	087-823-6630
○ 松陰高校	高松校	760-0050	香川県高松市亀井町8-11	087-813-3781
○ 星槎国際高校	高松学習センター	760-0062	香川県高松市塩上町3-8-11	087-837-6323
○ 未来高校	香川中央学習センター事務所	761-0302	香川県高松市上林町510-39	087-815-1539
○ 松陰高校	丸亀校	763-0022	香川県丸亀市浜町45-1	0877-85-3766
○ 星槎国際高校	丸亀学習センター	763-0023	香川県丸亀市本町7-1	0877-43-3610
○ ワオ高校	個別指導Axis丸亀校	763-0026	香川県丸亀市六番丁4-46	0120-806-705
愛媛県				
○ N高校・S高校	松山キャンパス (2024年4月開設予定)	790-0011	愛媛県松山市千舟町5-5-3　EME松山千舟町ビル4F	0120-0252-15
○ 第一学院高校	松山キャンパス	790-0006	愛媛県松山市南堀端町4-8　HAMADAビル1F	0120-761-080
○ 屋久島おおぞら高校	松山入学相談室	790-0011	愛媛県松山市千舟町4-4-3　松山MCビル2F	052-451-3302
○ ワオ高校	個別指導Axis松山市駅校	790-0012	愛媛県松山市湊町4-2-1　新玉産業ビル 1F	0120-806-705
○ NHK学園高校	県立松山東高校	790-0855	お問い合わせはNHK学園高校本校 (0120-451-424) まで	0120-451-424
○ 神村学園高等部	愛媛学習センター	790-0932	愛媛県松山市東石井7-5-29　ベストケアデイサービスセンター石井2F	(Webページ準備中)
○ 未来高校	新居浜校	792-0812	愛媛県新居浜市坂井町1-9-23	0897-34-9555
○ 日本航空高校	西条学習支援センター	793-0044	愛媛県西条市古川甲324-5	0897-55-7761
○ 未来高校	今治スクーリング会場	794-0042	愛媛県今治市旭町2-3-5	089-947-4447
○ 精華学園高校	愛媛宇和校	797-0018	愛媛県西予市宇和町下松葉374　横崎ハイツ1F	0894-64-4422
○ 未来高校	宇和島スクーリング会場	798-0003	愛媛県宇和島市住吉町1-6-16	0120-89-4447
○ 今治精華高校	四国中央スクーリング会場	799-0111	愛媛県四国中央市金生町下分791-2	0120-242-158
高知県				
○ ワオ高校	個別指導Axisはりまや橋校	780-0822	高知県高知市はりまや町3-1-1　2F	0120-806-705
○ ヒューマンキャンパス高校	高知学習センター	780-0870	高知県高知市はりまや町1-5-33　土電ビル7F	088-802-8808
○ 東林館高校	高知中央高校	781-5103	高知県高知市大津乙324-1	088-833-5777
福岡県				
○ 第一学院高校	小倉キャンパス	802-0001	福岡県北九州市小倉北区浅野2-12-21　SSビル3F	0120-761-080
○ ヒューマンキャンパス高校	北九州学習センター	802-0001	福岡県北九州市小倉北区浅野1-1-1　アミュプラザ小倉西館8F	093-383-0726
○ 屋久島おおぞら高校	小倉入学相談室	802-0001	福岡県北九州市小倉北区浅野1-1　新幹線小倉駅1F	052-451-3302
○ 一ツ葉高校	小倉キャンパス	802-0002	福岡県北九州市小倉北区京町3-14-17　五十鈴ビル井新館5F	093-533-8101
○ ワオ高校	個別指導Axis小倉駅前校	802-0003	福岡県北九州市小倉北区米町1-1-7　小倉駅前奥田ビル3F	0120-806-705
○ N高校・S高校	北九州キャンパス	802-0003	福岡県北九州市小倉北区米町2-1-2　小倉第一生命ビルディング4F	0120-0252-15
○ 精華学園高校	北九州校	802-0004	福岡県北九州市小倉北区鍛冶町1-2-16　米原ビル4F	093-512-8858
○ 日本ウェルネス高校	北九州学習支援センター2	803-0811	福岡県北九州市小倉北区大門2-1-15	093-980-7494
○ クラーク記念国際高校	北九州キャンパス	803-0856	福岡県北九州市小倉北区弁天町2-8	093-562-1777
○ 星槎国際高校	北九州キャンパス	804-0066	福岡県北九州市戸畑区初音町9-34　ジュネスタ汐井2F	093-967-2685
○ 日本ウェルネス高校	北九州キャンパス	805-0043	福岡県北九州市八幡東区勝山2-7-5	093-654-3677

	学 校 名	〒	住所	電話番号
○ 日本ウェルネス高校	北九州学習支援センター3	805-0050	福岡県北九州市八幡東区春の町4-5-15　MAXビル	093-681-3448
○ 日本ウェルネス高校	北九州学習支援センター1	806-0021	福岡県北九州市八幡西区黒崎3-8-22	070-8694-9696
○ NHK学園高校	折尾愛真高校	807-0861	お問い合わせはNHK学園高校本校（0120-451-424）まで	0120-451-424
○ さくら国際高校	北九州若松学習センター	808-0144	福岡県北九州市若松区高須町3-11-32	093-701-9786
○ N高校・S高校	博多駅前キャンパス（2024年4月開設予定）	810-0000	福岡県福岡市	0120-0252-15
○ NHK学園高校	まなびや福岡	810-0001	福岡県福岡市中央区天神3-16-15　サンヨービル5F　C	0120-451-424
○ ヒューマンキャンパス高校	福岡学習センター	810-0001	福岡県福岡市中央区天神1-16-1　毎日福岡会館5F	092-401-0708
○ ヒューマンキャンパスのぞみ高校	福岡天神学習センター	810-0001	福岡県福岡市中央区天神4-4-11　天神ショッパーズ福岡6F	0120-06-8603
○ 松陰高校	福岡天神学習センター	810-0001	福岡県福岡市中央区天神3-26-24　ハーツ天神ビル6F	0120-41-7337
○ N高校・S高校	福岡キャンパス	810-0004	福岡県福岡市中央区渡辺通2-4-8　福岡小学館ビル7F	0120-0252-15
○ 星槎国際高校	福岡中央学習センター	810-0012	福岡県福岡市中央区白金1-6-2	092-534-6705
○ クラーク記念国際高校	福岡中央キャンパス	810-0014	福岡県福岡市中央区平尾1-7-47	092-534-6116
○ クラーク記念国際高校	連携校TIBC福岡校	810-0014	福岡県福岡市中央区平尾1-7-1	092-534-6116
○ ワオ高校	個別指導Axis薬院大通校	810-0022	福岡県福岡市中央区薬院4-1-27　薬院大通センタービル304	0120-806-705
○ 日本航空高校	福岡市唐人町学習支援センター	810-0063	福岡県福岡市中央区唐人町1-1-1　成城ビル7F	092-791-9690
○ 飛鳥未来きずな高校	福岡天神キャンパス	810-0073	福岡県福岡市中央区舞鶴1-9-38	092-409-2331
○ クラーク記念国際高校	連携校C&S学院	810-0074	福岡県福岡市中央区大手門2-9-24	092-717-8770
○ 星槎国際高校	福岡東学習センター	811-0213	福岡県福岡市東区和白丘1-20-9	092-605-0577
○ NHK学園高校	九州集中	811-2402	福岡県糟屋郡篠栗町金出3350-2	0120-451-424
○ さくら国際高校	福岡古賀キャンパス	811-3114	福岡県古賀市舞の里3-4-5	0268-39-7707
○ 勇志国際高校	純世国際学院　学習相談室	812-0007	福岡県福岡市博多区東比恵2-13-1-302	092-483-5118
○ ルネサンス高校	博多キャンパス	812-0011	福岡県福岡市博多区博多駅前1-23-2　Park Front 博多駅前一丁目ビル2F	0120-816-737
○ ルネサンス大阪高校	博多キャンパス	812-0011	福岡県福岡市博多区博多駅前1-23-2　Park Front 博多駅前一丁目ビル2F	0120-816-737
○ ルネサンス豊田高校	博多キャンパス	812-0011	福岡県福岡市博多区博多駅前1-23-2　Park Front 博多駅前一丁目ビル2F	0120-816-737
○ 日本航空高校	博多駅前学習支援センター	812-0011	福岡県福岡市博多区博多駅前3-12-3　玉井親和ビル7　E	092-743-5027
○ 一ツ葉高校	博多駅前キャンパス	812-0011	福岡県福岡市博多区博多駅前3-27-24　博多タナカビル2F	092-431-2550
○ 第一学院高校	博多キャンパス	812-0011	福岡県福岡市博多区博多駅前2-3-7　シティ21ビル5F	0120-761-080
○ 勇志国際高校	福岡学習センター	812-0011	福岡県福岡市博多区博多駅前2-20-15　第7岡部ビル7F	092-433-5931
○ 中央国際高校	福岡学習センター（ふくおか中央高等学院）	812-0012	福岡県福岡市博多区博多駅中央街9-1	0120-446-601
○ 飛鳥未来高校	博多キャンパス	812-0013	福岡県福岡市博多区博多駅東3-6-21	092-434-7181
○ 札幌静修高校 通信制課程	福岡学習支援施設（AIC福岡キャンパス）	812-0013	福岡県福岡市博多区博多駅東1-14-3　第2サンライト東口ビル1F	0120-128-771
○ 屋久島おおぞら高校	福岡入学相談室	812-0013	福岡県福岡市博多区博多駅東3-1-1　ZENNO筑紫通リビルB1・1・2F	052-451-3302
○ 滋慶学園高校	学習サポートセンター（福岡スクールオブミュージック&ダンス専門学校）	812-0032	福岡県福岡市博多区石城町21-2　福岡スクールオブミュージック高等専修学校内	0120-253-206
○ NHK学園高校	県立博多青松高校	812-0044	お問い合わせはNHK学園高校本校（0120-451-424）まで	0120-451-424
○ 神村学園高等部	福岡東学習センター	813-0013	福岡県福岡市東区香椎駅前2-9-2　香椎ユーマイビル4F	092-410-6767
○ 精華学園高校	福岡東校	813-0013	福岡県福岡市東区千早5-21-8　鶴石ビル2F	092-672-1950
○ 一ツ葉高校	福岡西新キャンパス	814-0002	福岡県福岡市早良区西新1-8-21　西新新光ハイム2F	092-407-7160
○ 神村学園高等部	福岡学習センター	814-0002	福岡県福岡市早良区西新6-10-30	092-834-4451
○ 第一薬科大学付属高校	福岡キャンパス	815-0037	福岡県福岡市南区玉川町22-1	092-562-4749
○ 精華学園高校	福岡中央校	815-0041	福岡県福岡市南区野間1-11-25　新松嵜ビル2F	092-554-1117
○ さくら国際高校	太宰府キャンパス	818-0104	福岡県太宰府市通古賀3-11-21　フィールド都府楼1F	092-555-3688
○ 勇志国際高校	塾21　福岡学習相談室	819-0373	福岡県福岡市西区周船寺2-15-48	092-806-6307
○ 屋久島おおぞら高校	九大学研都市入学相談室	819-0379	福岡県福岡市西区北原1-6-20　ドーミー九大学研都市1F	052-451-3302
○ 未来高校	福岡西学習センター事務所	819-1119	福岡県糸島市前原東1-4-6	092-322-3220
○ 神村学園高等部	RAFA飯塚キャンパス	820-0011	福岡県飯塚市有安1039-1	(Webページ準備中)
○ 日本航空高校	飯塚市学習支援センター	820-0032	福岡県飯塚市東徳前4-13	0948-23-8282
○ 明誠高校	久留米SHIP	830-0031	福岡県久留米市六ツ門町19-6	0942-35-5325
○ 精華学園高校	久留米校	830-0032	福岡県久留米市東町5-13　ミチパールマンション301	0942-65-5551
○ N高校・S高校	久留米キャンパス（2024年4月開設予定）	830-0033	福岡県久留米市天神町1-8　千歳プラザ（リベール）6F	0120-0252-15
○ クラーク記念国際高校	久留米キャンパス	830-0033	福岡県久留米市天神町2-56	0942-35-4943
○ さくら国際高校	久留米キャンパス	830-0035	福岡県久留米市東和町1-14　成富第1ビル4F・5F	0942-36-8833
○ 屋久島おおぞら高校	久留米入学相談室	830-0039	福岡県久留米市花畑2-15-1　Galet（ガレ）2・4・5F	052-451-3302
○ 勇志国際高校	ソフィア	836-0862	福岡県大牟田市原山町1-6	0944-52-8889
佐賀県				
○ ワオ高校	個別指導Axis佐賀駅前校	840-0801	佐賀県佐賀駅前中央1-5-15　モードビル3F	0120-806-705
○ クラーク記念国際高校	佐賀キャンパス	840-0804	佐賀県佐賀市神野東1-9-32	0952-50-7291
○ 屋久島おおぞら高校	佐賀入学相談室	840-0816	佐賀県佐賀市駅南本町3-3　地産開発ビル2F	052-451-3302
○ さくら国際高校	基山キャンパス	841-0204	佐賀県三養基郡基山町字宮浦246-16	0268-39-7707
○ 鹿島朝日高校	佐賀唐津キャンパス	847-0045	佐賀県唐津市京町1783　KARAE　2F	050-6860-3288
佐賀県立唐津北高校	唐津西高校	847-0821	佐賀県唐津市町田1992	0955-72-7184
○ 神村学園高等部	武雄校舎	849-2303	佐賀県武雄市山内町三間坂13800	0954-45-3232

学 校 名		〒	住所	電話番号
長崎県				
長崎県立鳴滝高校	長崎県立壱岐高校	811-5136	長崎県壱岐市郷ノ浦町片原触88	0920-47-0081
長崎県立鳴滝高校	長崎県立対馬高校	817-0016	長崎県対馬市厳原町東里120	0920-52-0628
○ N高校・S高校	長崎駅前キャンパス（2024年4月開設予定）	850-0051	長崎県長崎市西坂町2-3　長崎駅前第一生命ビルディング3F	0120-0252-15
○ 近畿大学附属福岡高校	瓊浦高校	850-0802	長崎県長崎市伊良林2-13-4	095-826-1261
○ クラーク記念国際高校	長崎キャンパス	852-8134	長崎県長崎市大橋町23-3	095-847-0639
○ 神村学園高等部	長崎学習センター	852-8137	長崎県長崎市千歳町3-8　平方ビル204	（Webページ準備中）
○ ワオ高校	個別指導Axis住吉校	852-8154	長崎県長崎市住吉町3-1　サン住吉ビル 202・203	0120-806-705
長崎県立鳴滝高校	長崎県立五島高校	853-0018	長崎県五島市池田町1-1	0959-72-2944
○ 鹿島朝日高校	諫早キャンパス	854-0072	長崎県諫早市永昌町9-9　KRP永昌ビル3F	050-6860-3288
○ NHK学園高校	鎮西学院高校	854-0082	お問い合わせはNHK学園高校本校（0120-451-424）まで	0120-451-424
長崎県立鳴滝高校	長崎県立島原高校	855-0036	長崎県島原市城内2-1130	0957-63-7100
○ 神村学園高等部	おおむら学習センター	856-0811	長崎県大村市宮小路2-538-1	0957-51-5329
熊本県				
○ 屋久島おおぞら高校	熊本入学相談室	860-0803	熊本県熊本市中央区新市街7-19　ひかりビル2F	052-451-3302
○ 中央国際高校	熊本学習センター（くまもと中央高等学院）	860-0805	熊本県熊本市中央区桜町1-25	0120-000-719
○ 第一学院高校	熊本キャンパス	860-0806	熊本県熊本市中央区花畑町1-5　尚亜ビル7F	0120-761-080
○ 一ツ葉高校	熊本キャンパス	860-0844	熊本県熊本市中央区水道町5-21　コスギ不動産水道町ビル6F	096-212-5250
○ 飛鳥未来きずな高校	熊本キャンパス	860-0845	熊本県熊本市中央区上通町1-1　NK第1ビル2F	096-276-6884
○ さくら国際高校	くまもと合志キャンパス	861-1101	熊本県合志市須屋1921-2	096-346-1321
○ さくら国際高校	御船木倉学習センター	861-3204	熊本県上益城郡御船町木倉1131-4	0268-39-7707
○ 神村学園高等部	熊本学習センター	861-8001	熊本県熊本市北区武蔵ケ丘8-6-1　3F	096-249-3155
○ ヒューマンキャンパス高校	熊本学習センター	862-0844	熊本県熊本市中央区水道町3-22　第7ロータリービル3F	096-285-6868
○ ワオ高校	個別指導Axis新水前寺校	862-0949	熊本県熊本市中央区国府1-1-1　オーシャンズビル3	0120-806-705
○ 星槎国際高校	熊本キャンパス	862-0951	熊本県熊本市中央区上水前寺1-9-21	096-288-6134
○ くまもと清陵高校	技能教育施設教育センター	862-0954	熊本県熊本市中央区神水1-8-12	096-213-7811
○ 未来高校	熊本学習センター事務所	862-0954	熊本県熊本市中央区神水1-15-9	096-285-7461
○ 東海大学付属望星高校	熊本校	862-0970	熊本県熊本市中央区渡鹿9-1-1	096-383-7330
○ クラーク記念国際高校	熊本キャンパス	862-0972	熊本県熊本市中央区新大江1-27-2	096-327-8323
○ 勇志国際高校	熊本学習センター	862-0976	熊本県熊本市中央区九品寺2-1-24　熊本九品寺ビル1F	096-277-5931
○ NHK学園高校	開新高校	862-0977	お問い合わせはNHK学園高校本校（0120-451-424）まで	0120-451-424
○ 勇志国際高校	熊本進学ゼミ　学習相談室	867-0012	熊本県水俣市古城1-13-35	0966-63-7129
大分県				
○ 神村学園高等部	大分学習センター	870-0021	大分県大分市府内町1-6-10　第2吉良ビル2・3F	（Webページ準備中）
○ 明誠高校	大分府内SHIP	870-0021	大分県大分市府内町2-5-7	097-532-2803
○ 勇志国際高校	大分学習センター（2024年4月開校予定）	870-0029	大分県大分市高砂町2-50　OASISひろば21　B1F	097-533-7030
○ クラーク記念国際高校	大分（教育連携校）	870-0037	大分県大分市東春日町17-21　IVY大分高度コンピュータ専門学校内	097-537-2471
○ 未来高校	大分学習センター事務所	870-0822	大分県大分市大道町2-8-11　1F	050-7561-8109
○ ワオ高校	個別指導Axis大分駅前校	870-0831	大分県大分市要町6-46　MJR大分駅前ザ・レジデンス1F	0120-806-705
○ 明誠高校	大分SHIP	870-0918	大分県大分市日吉町2-19	097-574-4087
○ 未来高校	大分北学習センター事務所	870-0942	大分県大分市羽田8組-2	080-5204-4202
○ 精華学園高校	大分校	871-0031	大分県中津市中殿563-1　エルグラン205	0979-64-6110
○ ワオ高校	個別指導Axis別府校	874-0908	大分県別府市上田の湯町17-25	0120-806-705
○ さくら国際高校	別府学習センター	874-0926	大分県別府市京町1-28	0268-39-7707
○ 鹿島朝日高校	佐伯キャンパス	876-0803	大分県佐伯市駅前2-1-9	050-6860-3288
宮崎県				
○ 勇志国際高校	宮崎学習センター	880-0001	宮崎県宮崎市橘3-10-32　宮崎ナナイロ東館7F	0985-31-5931
○ ヒューマンキャンパス高校	宮崎学習センター	880-0056	宮崎県宮崎市神宮東3-2-33	0120-953-979
○ NHK学園高校	県立宮崎東高校	880-0056	お問い合わせはNHK学園高校本校（0120-451-424）まで	0120-451-424
○ クラーク記念国際高校	宮崎キャンパス	880-0801	宮崎県宮崎市老松1-3-7	0985-25-4251
○ 第一学院高校	宮崎キャンパス	880-0803	宮崎県宮崎市旭2-1-25　北斗塾第8ビル3F	0120-761-080
○ 日本航空高校	宮崎学習支援センター	880-0803	宮崎県宮崎市旭2-1-25　北斗塾第8ビル3F	0985-65-3364
○ ワオ高校	個別指導Axis橘通校	880-0805	宮崎県宮崎市橘通東4-3-11　ローソン橘通東店2F	0120-806-705
○ 神村学園高等部	宮崎学習センター	880-0927	宮崎県宮崎市源藤町九日市280-1	0985-67-6525
宮崎県立延岡青朋高校	宮崎県立高千穂高校	882-1101	宮崎県西臼杵郡高千穂町大字三田井1234	0982-72-3111
宮崎県立延岡青朋高校	宮崎県立富島高校	883-0052	宮崎県日向市鶴町3-1-42	0982-52-2158
宮崎県立延岡青朋高校	宮崎県立高鍋高校	884-0002	宮崎県児湯郡高鍋町大字北高鍋4628-1	0983-23-0005
宮崎県立宮崎東高校	宮崎県立都城泉ヶ丘高校	885-0033	宮崎県都城市妻ヶ丘町27-15	0986-23-0223
宮崎県立宮崎東高校	宮崎県立小林高校	886-8505	宮崎県小林市大字真方124	0984-23-4164
宮崎県立宮崎東高校	宮崎県立日南高校	889-2533	宮崎県日南市大字星倉5800	0987-25-1669

学 校 名		〒	住所	電話番号
鹿児島県				
○ ワオ高校	個別指導Axis鹿児島中央駅前校	890-0046	鹿児島県鹿児島市西田2-28-6　アスカビルⅡ　2F	0120-806-705
○ 第一学院高校	鹿児島キャンパス	890-0053	鹿児島県鹿児島市中央町4-42　山下事務器ビル3F	0120-761-080
○ クラーク記念国際高校	鹿児島キャンパス	890-0055	鹿児島県鹿児島市上荒田町6-18	099-813-8360
○ NHK学園高校	開陽高校	891-0117	お問い合わせはNHK学園高校本校（0120-451-424）まで	0120-451-424
○ N高校・S高校	鹿児島キャンパス	892-0844	鹿児島県鹿児島市山之口町1-30　出原ビル2F	0120-0252-15
○ ヒューマンキャンパス高校	鹿児島学習センター	892-0847	鹿児島県鹿児島市西千石町17-3　太陽生命鹿児島第2ビル5F	099-216-8312
○ 鹿児島実業高校	れいめい高校	895-0041	鹿児島県薩摩川内市限之城町2205	0996-23-3178
○ 並木学院高校	姶良学習支援センター	899-5231	鹿児島県姶良市加治木町反土1010-2	0995-55-8454
○ 鹿児島実業高校	尚志館高校	899-7104	鹿児島県志布志市志布志町安楽6200	099-472-1318
沖縄県				
○ N高校・S高校	那覇キャンパス（2024年4月開設予定）	900-0012	沖縄県那覇市泊2-15-9　住太郎那覇ビル9F	0120-0252-15
○ 飛鳥未来きずな高校	沖縄キャンパス	900-0012	沖縄県那覇市泊1-18-6	098-941-3103
○ 日本航空高校	沖縄学習支援センター	900-0012	沖縄県那覇市泊2-17-4　尚学院内	098-867-3515
○ ヒューマンキャンパス高校	那覇学習センター	900-0013	沖縄県那覇市牧志1-19-29　D-naha　8F	0120-06-8603
○ 未来高校	沖縄学習センター事務所	900-0034	沖縄県那覇市東町23-1	098-863-0936
○ 精華学園高校	浦添校	901-2133	沖縄県浦添市城間1-32-7　ハロービル5F	098-874-1234
沖縄県立泊高校	久米島高校	901-3121	沖縄県島尻郡久米島町嘉手苅727	098-985-2233
○ NHK学園高校	興南高校	902-0061	お問い合わせはNHK学園高校本校（0120-451-424）まで	0120-451-424
○ クラーク記念国際高校	沖縄キャンパス	902-0066	沖縄県那覇市大道5-1	098-885-5312
○ 星槎国際高校	那覇学習センター	902-0066	沖縄県那覇市大道130	098-917-0501
○ 明誠高校	沖縄南SHIP	903-0805	沖縄県那覇市首里鳥堀町1-49-2　大城アパート2F	070-6595-1320
○ ワオ高校	個別指導Axis首里校	903-0806	沖縄那研覇市首里汀良町1-27	0120-806-705
○ 仙台育英学園高校	ILC沖縄	904-0021	沖縄県沖縄市胡屋2-6-17	098-930-4111
○ 星槎国際高校	沖縄学習センター	904-0032	沖縄県沖縄市諸見里3-7-1	098-931-1003
○ さくら国際高校	沖縄キャンパス	904-0324	沖縄県中頭郡読谷村長浜14	098-923-4225
○ 明誠高校	沖縄中央SHIP	904-2143	沖縄県沖縄市知花1-26-19　2F	06-6955-8101
○ 日本ウェルネス高校	沖縄キャンパス	904-2162	沖縄県沖縄市海邦1-22-13	098-901-7630
○ 精華学園高校	沖縄　夢咲学園	904-2171	沖縄県沖縄市高原6-7-40	098-923-4351
○ 明誠高校	沖縄うるまSHIP	904-2211	沖縄県うるま市宇堅28	080-7175-4688
沖縄県立泊高校	宮古高校	906-0012	沖縄県宮古島市平良字西里718-1	0980-72-2118
沖縄県立泊高校	八重山高校	907-0004	沖縄県石垣市登野城275	0980-82-3972
○ 鹿島朝日高校	石垣島キャンパス	907-0014	沖縄県石垣市新栄町75-2　コーラルベイ石垣島参番館	050-6860-3288

552

「高等専修学校・技能連携校」一覧

・（　）内は、高卒資格を認定する連携高校です。
・高等専修学校についてはP107、技能連携校の学習システムについてはP106をご覧ください。

学校名		〒	住所	電話番号
北海道				
函館市医師会看護専門学校		042-0932	北海道函館市湯川町3-38-45	0138-36-0070
小樽市医師会看護高等専修学校		047-0033	北海道小樽市富岡1-5-15	0134-25-0017
苫小牧高等商業学校		053-0021	北海道苫小牧市若草町5-5-15	0144-34-3135
苫小牧高等商業学校	（北海道有朋高校）	053-0021	北海道苫小牧市若草町5-5-15	0144-34-3135
札幌放送芸術&ミュージック・ダンス専門学校		060-0001	北海道札幌市中央区北1条西8-2-75	011-280-2100
専修学校 クラーク高等学院	札幌大通校	060-0041	北海道札幌市中央区大通東8-1-61	011-233-5515
札幌科学技術専門学校		060-0042	北海道札幌市中央区大通西17-1-22	011-631-8811
札幌自由が丘学園	（星槎国際高校）	060-0908	北海道札幌市東区北8条東1-3-10	011-743-1267
北海道文化服装専門学校		062-0904	北海道札幌市豊平区豊平4条8-1-7	011-811-0101
修学院札幌調理師専門学校		064-0918	北海道札幌市中央区南18条西10	011-531-4455
札幌科学技術専門学校	（科学技術学園高校）	065-0024	北海道札幌市東区北24条東1-3-12	011-748-3888
岩見沢市医師会附属看護高等専修学校		068-0030	北海道岩見沢市10条西3-1	0126-22-5347
旭川市医師会看護専門学校		070-0029	北海道旭川市金星町1-1-50	0166-23-5716
旭川理容美容専門学校		070-0034	北海道旭川市四条通12-1444-9	0166-22-1331
帯広市医師会看護高等専修学校		080-0803	北海道帯広市東3条南11-2	0155-24-1028
釧路商科専門学校		085-0048	北海道釧路市駒場町3-35	0154-22-3337
道東ヘアメイク専門学校		085-0826	北海道釧路市城山1-6-10	0154-41-2295
北見商科高等専修学校		090-0817	北海道北見市常盤町3-14-18	0157-23-4430
北見商科高等専修学校	（北海道有朋高校）	090-0817	北海道北見市常盤町3-14-18	0157-23-4430
青森県				
八戸あおば高等学院	（星槎国際高校）	031-0081	青森県八戸市柏崎2-7-14	0178-22-3470
サンモードスクールオブデザイン	（青森県立尾上総合高校）	036-8356	青森県弘前市下白銀町12	0172-32-0129
岩手県				
東北ヘアーモード学院		021-0864	岩手県一関市旭町5-14	0191-31-3300
一関市医師会附属一関准看護高等専修学校		021-0884	岩手県一関市大手町3-31	0191-23-4571
岩手理容美容専門学校		025-0097	岩手県花巻市若葉町2-14-39	0198-23-4239
星北高等学園		028-3613	岩手県紫波郡矢巾町北矢幅1-9-3	019-698-2782
星北高等学園	（星槎国際高校）	028-3613	岩手県紫波郡矢巾町北矢幅1-9-3	019-698-2782
宮城県				
赤門自動車整備大学校高等課程		980-0852	宮城県仙台市青葉区川内川前丁61	022-223-6031
専門学校赤門自動車整備大学校	（科学技術学園高校）	980-0852	宮城県仙台市青葉区川内川前丁61	022-223-6031
宮城調理製菓専門学校		981-0917	宮城県仙台市青葉区葉山町1-10	022-272-3131
あすと長町高等学院	（星槎国際高校）	982-0003	宮城県仙台市太白区郡山6-2-2	022-249-4023
東北芸術高等専修学校		983-0852	宮城県仙台市宮城野区榴岡4-6-20	022-297-2710
仙台デザイン&テクノロジー専門学校 高等課程	（認可申請中）	983-0852	宮城県仙台市宮城野区榴岡4-12-10	0120-482-134
仙台スクールオブミュージック&ダンス専門学校 高等課程	（認可申請中）	984-0051	宮城県仙台市若林区新寺2-1-11	0120-482-132
気仙沼リアス調理専門学校高等課程		988-0017	宮城県気仙沼市南町2-2-12	0226-48-5014
秋田県				
高等専修学校 秋田クラーク高等学院		010-0921	秋田県秋田市大町1-2-7　サンパティオ内	018-888-3838
山形県				
国際高等学院	（星槎国際高校）	990-0039	山形県山形市香澄町2-3-36	023-633-2177
白鷹高等専修学校		992-0771	山形県西置賜郡白鷹町大字鮎貝3446	0238-85-2081
白鷹高等専修学校	（山形県立霞城学園高校）	992-0771	山形県西置賜郡白鷹町大字鮎貝3446	0238-85-2081
パリス文化服装専門学校		996-0023	山形県新庄市沖の町2-15	0233-22-0604
福島県				
有朋高等学院		960-8018	福島県福島市松木町10-13	024-534-0046
福島県高等理容美容学院		960-8141	福島県福島市渡利字馬場町14-2	024-522-5544

学 校 名		〒	住所	電話番号
白河医師会白河准看護学院		961-0054	福島県白河市北中川原313	0248-23-3701
福島県理工専門学校		963-7731	福島県田村郡三春町大字下舞木字石崎157	024-956-2031
今泉女子専門学校		963-8001	福島県郡山市大町1-2-3	024-932-0429
郡山学院高等専修学校		963-8005	福島県郡山市清水台2-11-8	024-923-1400
郡山看護専門学校		963-8031	福島県郡山市字上亀田14-4	024-953-3155
国際アート&デザイン専門学校		963-8811	福島県郡山市方八町2-4-1	024-941-0010
AIZUビューティーカレッジ		965-0041	福島県会津若松市駅前町4-3	0242-24-7271
みとみ高等学院	(星槎国際高校)	965-0853	福島県会津若松市材木町1-8-15	0242-29-2222
会津若松医師会附属会津准看護高等専修学校		965-0876	福島県会津若松市山鹿町4-29	0242-26-6467
喜多方准看護高等専修学校		966-0802	福島県喜多方市桜が丘1-149-2	0241-22-1219
磐城高等芸術商科総合学園		970-0101	福島県いわき市平下神谷字立田帯5	0246-34-4555
磐城高等芸術商科総合学園	(クラーク記念国際高校)	970-0101	福島県いわき市平下神谷字立田帯5	0246-34-4555
磐城学芸専門学校		970-1151	福島県いわき市好間町下好間字浦田154-1	0246-25-1110
IWAKIヘアメイクアカデミー		970-8036	福島県いわき市平谷川瀬字明治町96-1	0246-25-4294
キャンパス高等部	(星槎国際高校)	971-8172	福島県いわき市泉玉露2-5-7	0246-56-2121
茨城県				
東海学院高等専修学校		302-0015	茨城県取手市井野台1-22-14	0297-72-1000
晃陽看護栄養専門学校	(晃陽学園高校)	306-0011	茨城県古河市東1-5-26	0280-31-7333
細谷高等専修学校		308-0041	茨城県筑西市乙288	0296-22-2733
細谷高等専修学校	(茨城県立水戸南高校)	308-0041	茨城県筑西市乙288	0296-22-2733
日立工業専修学校	(科学技術学園高校)	316-0032	茨城県日立市西成沢町2-17-1	0294-28-5009
栃木県				
夢作志学院	(星槎国際高校)	320-0833	栃木県宇都宮市不動前1-3-35	028-610-6341
宇都宮美容専門学校		321-0108	栃木県宇都宮市春日町16-4	028-658-2793
国際TBC高等専修学校		321-0966	栃木県宇都宮市今泉2-10-12	028-627-9237
国際TBC高等専修学校	(科学技術学園高校)	321-0966	栃木県宇都宮市今泉2-10-12	028-627-9237
宇都宮准看護高等専修学校		321-0974	栃木県宇都宮市竹林町968	028-625-2216
国際TBC調理・パティシエ専門学校		323-0821	栃木県小山市三峯1-10-21	0285-28-0777
国際TBC調理・パティシエ専門学校	(科学技術学園高校)	323-0821	栃木県小山市三峯1-10-21	0285-28-0777
国際自動車・ビューティ専門学校		324-0058	栃木県大田原市紫塚2-2609-2	0287-23-8484
群馬県				
高崎市医師会看護専門学校准看護学科	(群馬県立前橋清陵高校)	370-0006	群馬県高崎市問屋町4-8-11	027-363-3555
東日本調理師専門学校		370-1203	群馬県高崎市矢中町23-10	027-346-0389
富岡市甘楽郡医師会立富岡准看護学校	(群馬県立前橋清陵高校)	370-2343	群馬県富岡市七日市553-1	0274-62-0284
専修学校群馬芸術学園		371-0006	群馬県前橋市石関町136-3	027-269-7744
前橋市医師会立前橋准看護学校	(群馬県立前橋清陵高校)	371-0022	群馬県前橋市八千代町1-7-4	027-231-5795
蒼羽藝術高等専修学校		371-0024	群馬県前橋市表町1-28-13	027-226-1560
中央高等専修学校	前橋校	371-0842	群馬県前橋市下石倉町31-20	027-253-5596
中央高等専修学校	桐生校	376-0011	群馬県桐生市相生町5-59-28	0277-53-8511
桐生市医師会立桐生准看護学校	(群馬県立前橋清陵高校)	376-0027	群馬県桐生市元宿町18-2	0277-47-2504
吾妻郡医師会立吾妻准看護学校	(群馬県立前橋清陵高校)	377-0423	群馬県吾妻郡中之条町大字伊勢町25-9	0279-75-3904
沼田准看護学校	(群馬県立前橋清陵高校)	378-0056	群馬県沼田市高橋場町2219-1	0278-23-2053
専門学校群馬自動車大学校		379-2215	群馬県伊勢崎市赤堀今井町1-581	0270-62-0167
埼玉県				
浦和高等学園	(星槎国際高校)	330-0052	埼玉県さいたま市浦和区本太2-29-12	048-813-5803
星槎学園高等部 大宮校	(星槎国際高校)	331-0802	埼玉県さいたま市北区本郷町258-1	048-661-1881
日本産業専門学校		332-0012	埼玉県川口市本町4-8-3	048-224-8155
川口文化服装専門学校		332-0016	埼玉県川口市幸町3-5-33	048-253-0331
川口文化服装専門学校	(埼玉県立大宮中央高校)	332-0016	埼玉県川口市幸町3-5-33	048-253-0331
浦和美術専門学校・高等専修学校		336-0923	埼玉県さいたま市緑区大間木76-5	048-873-6171
幸手看護専門学校		340-0160	埼玉県幸手市香日向4-5-1	0480-31-7121
興学社高等学院 新越谷校	(星槎国際高校)	343-0845	埼玉県越谷市南越谷1-15-1	047-309-8181
松実高等学園	(志学会高校)	344-0067	埼玉県春日部市中央1-55-15	048-738-4191
自然学園	(星槎国際高校)	344-0067	埼玉県春日部市中央5-1-21	048-733-8282
川越看護専門学校		350-0036	埼玉県川越市小仙波町2-53-1	049-224-8421
川越文化ファッション専門学校		350-0044	埼玉県川越市通町19-7	049-222-3564
むさしの高等学院	(星槎国際高校)	353-0007	埼玉県志木市柏町4-5-28　12	048-487-0006
大川学園高等専修学校		357-0016	埼玉県飯能市大字下加治345	042-974-8880
飯能看護専門学校		357-0016	埼玉県飯能市下加治359	042-974-1736
大川学園高等専修学校	(大川学園高校)	357-0035	埼玉県飯能市柳町8-4	042-974-8880

学 校 名		〒	住所	電話番号
専門学校浜西ファッションアカデミー		359-1111	埼玉県所沢市緑町1-19-15	04-2924-0611
専門学校浜西ファッションアカデミー	（埼玉県立大宮中央高校）	359-1111	埼玉県所沢市緑町1-19-15	04-2924-0611
東京西武学館　高等部	（鹿島朝日高校）	359-1115	埼玉県所沢市御幸町16-15	04-2926-0224
本庄情報ビジネス専門学校		367-0041	埼玉県本庄市駅南2-3-5	0495-24-1943
グルノーブル美容専門学校		367-0232	埼玉県児玉郡神川町新里1368-13	0495-74-1565
千葉県				
パリ総合美容専門学校	千葉校	260-0854	千葉県千葉市中央区長洲1-15-12	043-227-7446
パリ総合美容専門学校千葉校	（向陽台高校）	260-0854	千葉県千葉市中央区長州1-15-12	043-227-7446
千葉モードビジネス専門学校		264-0026	千葉県千葉市若葉区西都賀1-11-11	043-287-2725
千葉モードビジネス専門学校	（あずさ第一高校）	264-0026	千葉県千葉市若葉区西都賀1-11-11	043-287-2725
興学社高等学院	（星槎国際高校）	270-0034	千葉県松戸市新松戸4-35	047-309-8181
専門学校中央自動車大学校		270-1431	千葉県白井市根1920-7	047-491-9211
パリ総合美容専門学校	柏校	277-0005	千葉県柏市柏3-4-7	04-7165-8810
パリ総合美容専門学校　柏校	（向陽台高校）	277-0005	千葉県柏市柏3-4-7	04-7165-8810
柏高等技術学園	（星槎国際高校）	277-0871	千葉県柏市若柴132	04-7132-3661
野田鎌田学園高等専修学校		278-0037	千葉県野田市野田389-1	04-7121-5523
野田鎌田学園高等専修学校	（あずさ第一高校）	278-0037	千葉県野田市野田389-1	04-7121-5523
市原看護専門学校		290-0062	千葉県市原市八幡1050	0436-41-7065
木更津看護学院		292-0832	千葉県木更津市新田3-4-30	0438-23-9320
東京都				
東京理容専修学校		101-0065	東京都千代田区西神田1-3-4	03-3293-9871
下谷医師会立看護高等専修学校		110-0015	東京都台東区東上野3-38-1	03-3836-0007
華調理製菓専門学校		110-8662	東京都台東区根岸1-1-12	03-3875-1111
国際共立学園高等専修学校		116-0013	東京都荒川区西日暮里2-33-23	03-3803-6696
葛飾区医師会附属看護専門学校		124-0011	東京都葛飾区四つ木1-6-5	03-3691-3635
東京マスダ学院調理師専門学校		132-0035	東京都江戸川区平井4-13-4	03-3684-2255
東京マスダ学院文化服装専門学校		132-0035	東京都江戸川区平井4-13-4	03-3684-2255
東京文化美容専門学校		133-0056	東京都江戸川区南小岩6-31-25	03-3673-5500
東京表現高等学院MIICA		133-0057	東京都江戸川区西小岩5-3-20	03-3650-8523
東京スクールオブミュージック&ダンス専門学校 高等課程		134-0088	東京都江戸川区西葛西3-14-8	0120-532-304
東京フィルムセンター映画・俳優専門学校		134-0088	東京都江戸川区西葛西3-14-9	0120-233-557
江東服飾高等専修学校		135-0016	東京都江東区東陽3-3-1	03-3645-9891
江東服飾高等専修学校	（星槎国際高校）	135-0016	東京都江東区東陽3-3-1	03-3645-9891
東京服装文化学院		136-0071	東京都江東区亀戸2-18-11	03-3681-0261
すず学園高等専修学校		143-0016	東京都大田区大森北6-13-2	03-3763-1437
吉崎家政高等専修学校		143-0016	東京都大田区大森北1-16-6	03-3766-2411
蒲田医師会立看護高等専修学校		144-0052	東京都大田区蒲田4-24-12	03-3731-3317
東京誠心調理師専門学校		144-0052	東京都大田区蒲田3-21-4	03-3734-4411
渋谷区医師会附属看護高等専修学校		150-0031	東京都渋谷区桜丘町23-21　渋谷区文化総合センター大和田9F	03-3462-2318
服部栄養専門学校		151-0051	東京都渋谷区千駄ヶ谷5-25-4	03-3356-7175
山野美容専門学校		151-8539	東京都渋谷区代々木1-53-1	03-3379-0111
世田谷中央看護高等専修学校		154-0017	東京都世田谷区世田谷1-34-10	03-3429-7341
世田谷区医師会立看護高等専修学校		154-0024	東京都世田谷区三軒茶屋2-53-16	03-3410-5115
日本菓子専門学校		158-0093	東京都世田谷区上野毛2-24-21	03-3700-2615
東放学園高等専修学校		160-0023	東京都新宿区西新宿4-5-2	03-3378-7505
織田学園中野高等専修学校		164-0001	東京都中野区中野5-30-5	03-3228-2100
東京CPA会計学院 高等課程		164-0001	東京都中野区中野3-39-9	0120-55-1937
野田鎌田学園杉並高等専修学校		167-0043	東京都杉並区上荻4-29-8	03-6913-5655
野田鎌田学園杉並高等専修学校	（あずさ第一高校）	167-0043	東京都杉並区上荻4-29-8	03-6913-5655
ヘレン・ケラー学院		169-0072	東京都新宿区大久保3-14-20	03-3200-0525
東京製菓学校		169-0075	東京都新宿区高田馬場1-14-1	03-3200-7171
池袋調理師専門学校		171-0021	東京都豊島区西池袋5-21-4	03-3982-9271
武蔵野調理師専門学校		171-0022	東京都豊島区南池袋3-12-5	03-3982-6116
東京フード製菓中医薬専門学校		171-0032	東京都豊島区雑司ヶ谷3-16-5	03-3986-0441
板橋区医師会立看護高等専修学校		175-0082	東京都板橋区高島平3-12-6	03-3975-8145
武蔵野学芸専門学校高等課程		180-0006	東京都武蔵野市中町1-27-2	0422-50-1177
武蔵野東高等専修学校		180-0013	東京都武蔵野市西久保3-25-3	0422-54-8611
府中看護高等専修学校		183-0055	東京都府中市府中町1-23-3	042-316-3638
日本芸術高等学園		185-0024	東京都国分寺市泉町2-10-6	042-322-7801
国際パティシエ調理師専門学校	（東海大学付属望星高校）	187-0031	東京都小平市小川東町5-21-14	042-344-5880

学校名		〒	住所	電話番号
国際ビジネス専門学校		187-0032	東京都小平市小川町2-2059-1	042-344-1522
西東京調理師専門学校		190-0011	東京都立川市高松町3-15-5	042-548-1689
国際製菓専門学校		190-0012	東京都立川市曙町1-32-1	042-540-8181
日野工業高等学園	(科学技術学園高校)	191-8660	東京都日野市日野台3-1-1	042-586-5053
大竹高等専修学校		193-0931	東京都八王子市台町3-29-19	042-624-3888
町田調理師専門学校		194-0021	東京都町田市中町1-13-1	042-725-0446
町田美容専門学校		194-0021	東京都町田市中町2-10-24	042-794-7716
町田調理師専門学校	(東海大学付属望星高校)	194-0021	東京都町田市中町1-13-1	042-725-0446
町田美容専門学校	(東海大学付属望星高校)	194-0021	東京都町田市中町2-10-24	042-724-3234
町田みのり高等部	(八洲学園高校)	194-0022	東京都町田市森野1-27-14	042-851-7191
芸術工芸高等専修学校		206-0001	東京都多摩市和田1717-2	042-375-7314
東京多摩調理製菓専門学校		206-0011	東京都多摩市関戸4-20-3	042-375-8215
東京多摩調理製菓専門学校	(向陽台高校)	206-0011	東京都多摩市関戸4-20-3	042-375-8215
神奈川県				
川崎市医師会附属准看護学校		210-0012	神奈川県川崎市川崎区宮前町8-3	044-222-0999
国際フード製菓専門学校		220-0004	神奈川県横浜市西区北幸2-9-6	045-313-4411
岩谷学園高等専修学校		220-0023	神奈川県横浜市西区平沼1-38-19	045-324-5867
岩谷学園高等専修学校	(東海大学付属望星高校)	220-0023	神奈川県横浜市西区平沼1-38-19	045-324-5867
横浜デザイン学院		220-0051	神奈川県横浜市西区中央1-33-6	045-323-0300
横浜デザイン学院	(星槎国際高校)	220-0051	神奈川県横浜市西区中央1-33-6	045-323-0300
星槎学園高等部　横浜ポートサイド校	(星槎高校)	221-0052	神奈川県横浜市神奈川区栄町8-4　プラザ栄光ビル6F	045-451-6751
横浜調理師専門学校		221-0835	神奈川県横浜市神奈川区鶴屋町3-31-4	045-311-4126
横浜理容美容専門学校		222-0001	神奈川県横浜市港北区樽町2-6-11	045-541-0567
YGS高等部	(星槎国際高校)	222-0011	神奈川県横浜市港北区菊名7-7-5	045-421-5416
横浜芸術高等専修学校		222-0032	神奈川県横浜市港北区大豆戸町608-3	0120-196-026
横浜健育高等学院	(クラーク記念国際高校)	222-0035	神奈川県横浜市港北区鳥山町968	045-594-9013
野田鎌田学園横浜高等専修学校		223-0059	神奈川県横浜市港北区北新横浜1-4-1	045-642-3900
野田鎌田学園横浜高等専修学校	(あずさ第一高校)	223-0059	神奈川県横浜市港北区北新横浜1-4-1	045-642-3900
星槎学園高等部　北斗校	(星槎高校)	226-0025	神奈川県横浜市緑区十日市場町1726-4	045-530-1313
湘南芽吹高等学院	(科学技術学園高校)	238-0042	神奈川県横須賀市汐入町3-36-11	046-824-8281
ヨコスカ調理師専門学校		238-0042	神奈川県横須賀市汐入町2-9	046-826-3848
ヨコスカ調理師専門学校	(啓晴高校)	238-0042	神奈川県横須賀市汐入町2-9	0468-26-3848
大和商業高等専修学校		242-0012	神奈川県大和市深見東1-1-9	046-262-0122
大和商業高等専修学校	(科学技術学園高校)	242-0012	神奈川県横浜市深見東1-1-19	0462-62-0122
厚木調理師学校		243-0018	神奈川県厚木市中町2-2-19	046-221-0719
専門学校神奈川総合大学校		243-0032	神奈川県厚木市恩名1-17-18	046-221-5678
専門学校神奈川総合大学校	(厚木中央高校)	243-0032	神奈川県厚木市恩名1-17-18	046-221-5678
小田原看護専門学校		250-0055	神奈川県小田原市久野195-1	0465-35-2702
専門学校国際新堀芸術学院湘南ミュージックハイスクール		251-0052	神奈川県藤沢市藤沢143-13	0466-23-8338
相模原調理師専門学校		252-0239	神奈川県相模原市中央区中央5-8-1	042-758-0850
生蘭高等専修学校		252-1121	神奈川県綾瀬市小園1520	0467-76-1616
生蘭高等専修学校	(向陽台高校)	252-1121	神奈川県綾瀬市小園1520	0467-76-1616
アイム湘南理容美容専門学校		257-0011	神奈川県秦野市尾尻536-1	0463-85-3780
アイム湘南理容美容専門学校	(科学技術学園高校)	257-0011	神奈川県秦野市尾尻536-1	0463-85-3780
神奈川県立西部総合職業技術校	(神奈川県立秦野総合高校)	257-0045	神奈川県秦野市桜町2-1-3	0463-80-3001
星槎学園高等部湘南校	(星槎高校)	259-0123	神奈川県中郡二宮町二宮1352-4	0463-71-0991
新潟県				
長岡凛晴高等学院	(科学技術学園高校)	940-0076	新潟県長岡市本町2-4-4　タカサカヤビル2・3F	0258-36-9002
新潟調理師専門学校		950-0906	新潟県新潟市中央区東幸町8-8	025-244-2161
富山県				
富山ファッション・カレッジ		930-0018	富山県富山市千歳町2-7-1	076-432-2513
富山県技術専門学院	(富山県立富山工業高校)	930-0916	富山県富山市向新庄町1-14-48	076-451-3504
総合カレッジSEO	(星槎国際高校)	939-1379	富山県砺波市出町中央6-9	0763-32-1371
富山市医師会看護専門学校		939-8087	富山県富山市大泉2-11-20	076-425-4110
富山市医師会看護専門学校准看護学科	(富山県立雄峰高校)	939-8087	富山県富山市大泉2-11-20	076-425-4110
石川県				
石川県立金沢産業技術専門校	(石川県立金沢中央高校)	920-0352	石川県金沢市観音堂町チ9	076-267-2221
金沢科学技術専門学校		920-0861	石川県金沢市三社町11-16	076-224-3118
石川県立総合看護専門学校	(石川県立金沢泉丘高校)	920-8201	石川県金沢市鞍月東2-1	076-238-5877
石川県立小松産業技術専門校	(石川県立加賀聖城高校)	923-0967	石川県小松市青路町130	0761-44-1183

学 校 名		〒	住所	電話番号
福井県				
WILLBE高等学院	（クラーク記念国際高校）	910-0006	福井県福井市中央3-1-3　太田屋ビル	0776-25-3261
天谷調理製菓専門学校		910-1142	福井県吉田郡永平寺町松岡兼定島34-3-10	0776-61-0233
青池調理師専門学校		917-0084	福井県小浜市広峰108	0770-52-3481
若狭ものづくり美学舎	（星槎国際高校）	917-1504	福井県三方上中郡若狭町大鳥羽27-13-4	0770-64-1788
山梨県				
甲府看護専門学校		400-0026	山梨県甲府市塩部3-1-4	055-254-3300
甲府看護専門学校	（山梨県立中央高校）	400-0026	山梨県甲府市塩部3-1-4	055-254-3300
長野県				
長野看護専門学校		380-0928	長野県長野市若里7-1-5	026-226-0600
長野法律高度専門学校		381-0042	長野県長野市稲田1-42-2	026-244-3889
上田看護専門学校		386-0012	長野県上田市中央2-22-10	0268-25-0539
豊野高等専修学校		389-1105	長野県長野市豊野町豊野1344	026-257-2127
豊野高等専修学校	（さくら国際高校）	389-1105	長野県長野市豊野町豊野1344	026-257-2127
白馬国際学院	（星槎国際高校）	399-9301	長野県北安曇郡白馬村みそら野2940	0261-72-6118
岐阜県				
城南高等専修学校		500-8238	岐阜県岐阜市細畑1-10-1	058-240-3335
城南高等専修学校	（城南高校）	500-8238	岐阜県岐阜市細畑1-10-1	058-240-3335
コロムビア・ファッション・カレッジ		500-8402	岐阜県岐阜市竜田町1-7-1	058-247-1221
大垣文化総合専門学校		503-0883	岐阜県大垣市清水町65-3	0584-78-3383
ヴィジョンネクスト情報デザイン専門学校	（清凌高校）	503-0883	岐阜県大垣市清水町65	0584-78-3383
多治見文化洋裁専門学校		507-0025	岐阜県多治見市宮前町1-128	0572-22-3058
専修学校中部国際自動車大学校		509-5117	岐阜県土岐市肥田浅野朝日町2-7	0572-55-8511
中部国際自動車大学校	（科学技術学園高校）	509-5117	岐阜県土岐市肥田浅野朝日町2-7	0572-55-8511
静岡県				
クラ・ゼミ輝高等学院　沼津校	（キラリ高校）	410-0048	静岡県沼津市新宿町2-2	055-921-4976
未来を創る学舎　沼津校	（中京高校 通信制課程・日本航空高校）	410-0801	静岡県沼津市大手町5-7-1　2F	055-928-5277
富士コンピュータ専門学校		410-2512	静岡県伊豆市中原戸277-2	0558-83-5588
富士調理技術専門学校		416-0901	静岡県富士市岩本1951	0545-62-0077
富士調理技術専門学校	（東海大学付属望星高校）	416-0901	静岡県富士市岩本1951	0545-62-0077
富士宮高等専修学校		418-0065	静岡県富士宮市中央町14-7	0544-26-3472
富士宮高等専修学校	（福智高校）	418-0065	静岡県富士宮市中央町14-7	0544-26-3472
未来を創る学舎　伊豆函南校	（中京高校 通信制課程・日本航空高校）	419-0114	静岡県田方郡函南町仁田185-10	055-960-9423
静岡県美容専門学校		420-0823	静岡県静岡市葵区春日2-4-10	054-252-4848
駿河学院専門学校		420-0834	静岡県静岡市葵区音羽町19-22	054-247-9933
静進情報高等専修学校		420-0834	静岡県静岡市葵区音羽町26-31	054-200-5515
駿河学院実務専門学校	（科学技術学園高校）	420-0834	静岡県静岡市葵区音羽町19-22	054-247-9933
静進情報高等専修学校	（科学技術学園高校）	420-0834	静岡県静岡市葵区音羽町26-31	054-200-5515
クラ・ゼミ輝高等学院　静岡校	（キラリ高校）	420-0839	静岡県静岡市葵区鷹匠2-25-22	054-266-5160
未来を創る学舎　静岡校	（中京高校 通信制課程・日本航空高校）	420-0857	静岡県静岡市葵区御幸町11-8　3F	054-272-2720
清水学院高等専修学校		424-0811	静岡県静岡市清水区二の丸町6-51	054-365-9933
清水学院高等専修学校	（科学技術学園高校）	424-0811	静岡県静岡市清水区二の丸町6-51	054-365-9933
川口調理師専門学校		424-0841	静岡県静岡市清水区追分2-6-4	054-366-1898
netアビニオンスクール	（星槎国際高校）	424-0886	静岡県静岡市清水区草薙1-2-26　アートインクサナギ3F	0543-49-7711
藤枝学院高等専修学校		426-0017	静岡県藤枝市大手1-23-33	054-641-9933
藤枝学院高等専修学校	（科学技術学園高校）	426-0017	静岡県藤枝市大手1-23-23	054-641-9933
島田実業高等専修学校		427-0057	静岡県島田市元島田9217-1	0547-37-5209
クラ・ゼミ輝高等学院　浜松校	（キラリ高校・中京高校　通信制課程）	430-0944	静岡県浜松市中区田町230-15	053-458-6111
明桜館	（鹿島学園高校）	432-8003	静岡県浜松市中区海老塚2-1-16	053-456-0801
デザインテクノロジー専門学校		432-8036	静岡県浜松市中区東伊場1-1-8	053-454-6565
デザインテクノロジー専門学校	（向陽台高校）	432-8036	静岡県浜松市中区東伊場1-1-8	053-454-6565
静岡アルス美容専門学校	（あずさ第一高校）	436-0074	静岡県掛川市葛川1155-2	0537-22-0039
中遠調理師家政専門学校		437-1612	静岡県御前崎市池新田3891	0537-86-2047
中遠調理師家政専門学校	（駿台甲府高校）	437-1612	静岡県御前崎市池新田3891	0537-86-2047
東海文化専門学校		438-0078	静岡県磐田市中泉1694	0538-32-5183
東海文化高等専修学校	（東海大学付属望星高校）	438-0078	静岡県磐田市石原町1694	0538-32-5183
静岡高等学園	（八洲学園高校）	439-0011	静岡県菊川市仲島2-5-2	0537-35-6513
愛知県				
豊橋情報ビジネス専門学校		440-0057	愛知県豊橋市旭町字旭348-3	0532-52-7206
豊橋情報ビジネス専門学校	（愛知産業大学三河高校）	440-0057	愛知県豊橋市旭町字旭348-3	0532-52-7206

557

学 校 名		〒	住所	電話番号
豊橋調理製菓専門学校		440-0806	愛知県豊橋市八町通1-22-2	0532-53-2809
あいち情報専門学校		440-0891	愛知県豊橋市関屋町1-6	0532-52-1122
あいち情報専門学校　高等課程	(愛知産業大学三河高校)	440-0891	愛知県豊橋市関屋町1-6	0532-52-1122
西尾高等家政専門学校		445-0062	愛知県西尾市丁田町落16	0563-54-2203
西尾高等家政専門学校	(愛知産業大学三河高校)	445-0062	愛知県西尾市丁田町落16	0563-24-2203
安城生活福祉高等専修学校		446-0037	愛知県安城市相生町5-9	0566-76-4118
安城生活福祉高等専修学校	(東海大学付属望星高校)	446-0037	愛知県安城市相生町5-9	0566-76-4118
安城文化服装専門学校		446-0065	愛知県安城市大東町11-28	0566-76-3586
大岡学園ファション文化専門学校	(愛知産業大学三河高校)	446-0065	愛知県安城市大東町11-28	0566-76-3586
デンソー工業学園	(科学技術学園高校)	446-8507	愛知県安城市高棚町新道1	0566-73-2613
専修学校クラーク高等学院	名古屋校	450-0002	愛知県名古屋市中村区名駅3-11-20	052-589-3731
中央高等学院　名古屋本校	(中央国際高校)	450-0002	愛知県名古屋市中村区名駅2-45-19	052-562-7585
ニュートン高等専修学校		450-0003	愛知県名古屋市中村区名駅南2-7-64	052-588-6661
ニュートン高等専修学校	(科学技術学園高校)	450-0003	愛知県名古屋市中村区名駅南2-7-64	052-588-6661
中日美容専門学校		450-0003	愛知県名古屋市中村区名駅南4-11-23	052-565-1123
専修学校東洋調理技術学院		451-0046	愛知県名古屋市西区牛島町1-1	052-322-3426
専修学校東洋調理技術学院	(愛知産業大学三河高校)	451-0046	愛知県名古屋市西区牛島町1-1	052-587-1010
精和高等専修学校		453-0013	愛知県名古屋市中村区亀島2-6-10	052-459-5670
専修学校さつき調理・福祉学院		453-0013	愛知県名古屋市中村区亀島1-11-6	052-452-2255
専修学校さつき調理・福祉学院	(向陽台高校)	453-0013	愛知県名古屋市中村区亀島1-11-6	052-452-2255
名古屋ユマニテク調理製菓専門学校	(大橋学園高校)	453-0013	愛知県名古屋市中村区亀島2-6-10	052-459-5670
名古屋市医師会看護専門学校		455-0031	愛知県名古屋市港区千鳥1-13-22	052-654-5551
明美文化服装専門学校		456-0002	愛知県名古屋市熱田区金山町1-11-8	052-682-4827
サンデザイン専門学校		456-0012	愛知県名古屋市熱田区沢上1-1-14	052-683-1231
サンデザイン専門学校	(科学技術学園高校)	456-0012	愛知県名古屋市熱田区沢上1-1-14	052-683-1231
名古屋工学院専門学校		456-0031	愛知県名古屋市熱田区神宮4-7-21	052-681-1311
東海工業専門学校	熱田校	456-0033	愛知県名古屋市熱田区花表町19-14	052-871-8621
東海工業専門学校　熱田校	(愛知産業大学工業高校)	456-0033	愛知県名古屋市熱田区花表町19-14	052-871-8621
名古屋工学院専門学校	(愛知産業大学工業高校)	456-0034	愛知県名古屋市熱田区伝馬2-24-14	052-682-7871
あいちビジネス専門学校	(愛知産業大学三河高校)	456-0034	愛知県名古屋市中区伊勢山2-13-28	052-681-4888
名古屋情報専門学校	(愛知産業大学三河高校)	458-0801	愛知県名古屋市緑区有松町912	052-624-5658
名古屋情報専門学校		458-0924	愛知県名古屋市緑区有松912	052-624-5658
名古屋福祉専門学校		460-0002	愛知県名古屋市中区丸の内1-3-25	052-211-2231
名古屋福祉専門学校	(向陽台高校)	460-0002	愛知県名古屋市中区丸の内1-3-25	052-211-2231
名古屋スクールオブミュージック&ダンス専門学校 高等課程		460-0008	愛知県名古屋市中区栄3-19-15	0120-329-758
名古屋綜合美容専門学校		460-0012	愛知県名古屋市中区千代田3-21-25	052-321-3782
あいちビジネス専門学校		460-0026	愛知県名古屋市中区伊勢山2-13-28	052-331-7888
菊武ビジネス専門学校		461-0012	愛知県名古屋市東区相生町60	052-931-3441
菊武ビジネス専門学校	(菊華高校)	461-0012	愛知県名古屋市東区相生町60	052-931-3441
愛知芸術高等専修学校		462-0825	愛知県名古屋市北区大曽根山田2-2-33	052-459-3555
あいち造形デザイン専門学校		464-0850	愛知県名古屋市千種区今池4-13-12	052-732-1631
アリアーレビューティー専門学校		464-0850	愛知県名古屋市千種区今池2-1-14	052-732-3131
あいち造形デザイン専門学校	(愛知産業大学工業高校)	464-8616	愛知県名古屋市千種区今池4-13-12	052-745-8655
名古屋調理師専門学校		467-0856	愛知県名古屋市瑞穂区新開町5-3	052-871-3781
名古屋調理師専門学校	(愛知産業大学三河高校)	467-0856	愛知県名古屋市瑞穂区新開町5-3	052-871-3781
名東学院高等部	(屋久島おおぞら高校)	468-0011	愛知県名古屋市天白区平針3-116	052-803-1839
トヨタ工業学園	(科学技術学園高校)	470-0344	愛知県豊田市保見町井ノ向57-28	0565-43-3211
山本学園情報文化専門学校		472-0025	愛知県知立市池端1-13	0566-81-2151
山本学園情報文化専門学校	(緑誠蘭高校)	472-0025	愛知県知立市池端1-13	0566-81-2151
桐華家政専門学校		475-0859	愛知県半田市天王町1-30	0569-21-0156
専門学校緑ケ丘女学院		489-0985	愛知県瀬戸市松原町2-8	0561-82-5891
愛知自動車整備専門学校		490-1435	愛知県海部郡飛島村梅之郷東ノ割145-14	0567-55-2215
愛知自動車整備専門学校	(科学技術学園高校)	490-1435	愛知県海部郡飛島村梅之郷東ノ割145-14	0567-55-2215
三重県				
ミエ・ヘア・アーチストアカデミー		510-0002	三重県四日市市羽津中2-5-19	059-330-2525
中部調理製菓専門学校		510-0067	三重県四日市市浜田町4-15	059-352-2214
中部ライテクビジネス専門学校	(向陽台高校)	510-0067	三重県四日市市浜田町4-15	059-352-2214
向陽台総合学院	(向陽台高校)	515-0078	三重県松阪市春日町2-82　アクセスポイント春日町1A号	0598-30-8070
伊勢調理製菓専門学校		516-0009	三重県伊勢市河崎1-10-47	0596-24-3432
徳風技能専門学校		519-0145	三重県亀山市和賀町1789-4	0595-82-3561

学　校　名		〒	住所	電話番号
滋賀県				
大津市医師会立看護専修学校		520-0036	滋賀県大津市園城寺町字常在寺233-5	077-526-2059
滋賀県立高等技術専門校　草津校舎	(滋賀県立大津漁業高校　駒坂校・滋賀県立瀬田工業高校)	525-0041	滋賀県草津市青地町1093	077-564-3296
京都府				
京都近畿情報高等専修学校		601-1366	京都府京都市伏見区醍醐大構町27-2	075-634-5635
京都近畿情報高等専修学校	(長尾谷高校)	601-1366	京都府京都市伏見区醍醐大構町27-2	075-634-5636
京都バレエ専門学校		603-8325	京都府京都市北区北野上白梅町20	075-463-0997
京都府医師会看護専門学校		607-8169	京都府京都市山科区椥辻西浦町1-13	075-502-9500
京都製菓製パン技術専門学校		616-8083	京都府京都市右京区太秦安井西沢町4-5	0120-593276
京都調理師専門学校		616-8083	京都府京都市右京区太秦安井西沢町4-5	0120-593276
福知山医師会看護高等専修学校		620-0871	京都府福知山市岡ノ174	0773-23-6039
大阪府				
専修学校クラーク高等学院	大阪梅田校	530-0003	大阪府大阪市北区堂島2-3-29	06-6147-8600
ECCコンピュータ専門学校　高等課程		530-0015	大阪府大阪市北区中崎西2-3-35	06-6374-0144
大阪アニメーションスクール専門学校		530-0042	大阪府大阪市北区天満橋1-5-9	06-6536-7161
大阪中央理容美容専門学校		530-0042	大阪府大阪市北区天満橋3-4-28	06-6358-0961
関西テレビ電気専門学校		530-0052	大阪府大阪市北区南扇町3-16	06-6314-0261
関西テレビ電気専門学校	(向陽台高校)	530-0052	大阪府大阪市北区南扇町3-16	06-6314-0261
淀川区医師会看護専門学校		532-0005	大阪府大阪市淀川区三国本町2-3-20	06-6393-6677
スクールプラス（SCHOOLPLUS）	(向陽台高校)	532-0011	大阪府大阪市淀川区西中島4-5-22　第三新大阪ビル4F	06-4862-4141
東洋学園高等専修学校		535-0013	大阪府大阪市旭区森小路2-8-25	06-6954-9751
東洋学園高等専修学校	(長尾谷高校)	535-0013	大阪府大阪市旭区森小路2-8-25	06-6954-9751
大阪美容専門学校		540-0004	大阪府大阪市中央区玉造2-28-27	06-6761-6559
大阪美容専門学校	(八洲学園高校)	540-0004	大阪府大阪市中央区玉造2-28-27	06-6761-6559
東朋高等専修学校		543-0017	大阪府大阪市天王寺区城南寺町7-19	0120-88-3693
東朋高等専修学校	(東朋学園高校)	543-0017	大阪府大阪市天王寺区城南寺町7-19	06-6761-3693
専修学校クラーク高等学院	天王寺校	543-0045	大阪府大阪市天王寺区寺田町2-1-21	06-6772-6666
アイム・キンキ理容美容専門学校		543-0056	大阪府大阪市天王寺区堀越町4-24	06-6773-3366
山口ビジネス総合学院　大阪校	(向陽台高校)	543-0072	大阪府大阪市天王寺区生玉前町1-19	06-6774-2690
NRB日本理容美容専門学校		544-0031	大阪府大阪市生野区鶴橋1-6-34	06-6731-0229
大阪情報コンピュータ高等専修学校		544-0033	大阪府大阪市生野区勝山北1-13-22	06-6741-5318
大阪情報コンピュータ高等専修学校	(科学技術学園高校)	544-0033	大阪府大阪市生野区勝山北1-13-22	06-6741-5318
関西外語専門学校		545-0053	大阪府大阪市阿倍野区松崎町2-9-36	06-6623-1851
中央学園高等専修学校		546-0044	大阪府大阪市東住吉区北田辺1-11-1	06-6719-0170
中央学園高等専修学校	(向陽台高校)	546-0044	大阪府大阪市東住吉区北田辺1-11-1	06-6719-0170
関西情報工学院専門学校		547-0026	大阪府大阪市平野区喜連西4-7-15	06-6704-6800
関西情報工学院専門学校	(日本教育学院高校)	547-0026	大阪府大阪市平野区喜連西4-7-15	06-6704-6800
大阪YMCA国際専門学校高等課程		550-0001	大阪府大阪市西区土佐堀1-5-6	06-6441-0848
大阪YMCA国際専門学校　高等課程	(YMCA学院高校)	550-0001	大阪府大阪市西区土佐堀1-5-6	06-6411-9067
大阪スクールオブミュージック高等専修学校		550-0013	大阪府大阪市西区新町1-18-11	06-6536-7176
Jouerファッションクリエイト学院	(星槎国際高校)	550-0015	大阪府大阪市西区南堀江1-11-8	06-6533-4681
英風女子高等専修学校	(英風高校)	553-0006	大阪府大阪市福島区吉野4-13-4	06-6464-0668
小出美容専門学校	大阪校	556-0013	大阪府大阪市浪速区戎本町2-10-8	072-251-4100
スマイルファクトリーハイスクール	(星槎国際高校)	563-0017	大阪府池田市伏尾台2-11	072-751-1145
キャットミュージックカレッジ専門学校		564-0062	大阪府吹田市垂水町3-29-18	0120-256-258
高槻市医師会看護専門学校		569-0065	大阪府高槻市城西町2-31	072-675-0001
関西空翔高等学院	(星槎国際高校)	573-1167	大阪府枚方市甲斐田町9-12	072-848-8525
近畿情報高等専修学校		573-1178	大阪府枚方市渚西1-43-1	072-840-5800
近畿情報高等専修学校	(長尾谷高校)	573-1178	大阪府枚方市渚西1-43-1	072-840-5800
鴻池学園高等専修学校		578-0976	大阪府東大阪市西鴻池町1-5-4	06-6745-7868
鴻池学園高等専修学校	(徳風高校)	578-0976	大阪府東大阪市西鴻池町1-5-4	06-6745-7868
八尾高等学院	(星槎国際高校)	581-0801	大阪府八尾市山城町1-2-35	0729-92-9336
大精協看護専門学校		591-8003	大阪府堺市北区船堂町2-8-7	072-253-3223
堺看護専門学校		591-8021	大阪府堺市北区新金岡町5-10-1	072-251-6900
小出美容専門学校	堺本校	591-8023	大阪府堺市北区中百舌鳥町4-60	072-251-4100
清恵会医療専門学院		591-8031	大阪府堺市北区百舌鳥梅北町2-83	072-259-3901
やしま学園高等専修学校		593-8327	大阪府堺市西区鳳中町4-132	072-262-5741
やしま学園高等専修学校	(八洲学園高校)	593-8327	大阪府堺市西区鳳中町4-132	072-262-5741
泉大津市医師会附属看護高等専修学校		595-0013	大阪府泉大津市宮町2-25	0725-32-0660
岸和田市医師会看護専門学校		596-0004	大阪府岸和田市荒木町1-1-51	072-443-5944

学 校 名		〒	住所	電話番号
大阪技能専門学校		596-0833	大阪府岸和田市神須屋町413	072-427-7600
大阪技能専門学校	(徳風高校)	596-0833	大阪府岸和田市神須屋町413	072-427-7600
河﨑会看護専門学校		597-0104	大阪府貝塚市水間511	072-446-1631
兵庫県				
高等専修学校神戸セミナー		650-0011	兵庫県神戸市中央区下山手通8-4-26	078-341-1897
神戸・甲陽音楽ダンス&アート高等専修学校		650-0032	兵庫県神戸市中央区伊藤町107-1	0120-117-540
三宮みのり高等部	(八洲学園高校)	651-0086	兵庫県神戸市中央区磯上通8-1-33　幸和ビル2F	078-261-2835
神戸YMCA学院	(YMCA学院高校)	651-2102	兵庫県神戸市西区学園東町2-1-3	078-793-7435
神戸理容美容専門学校		652-0898	兵庫県神戸市兵庫区駅前通1-3-28	078-575-6725
神戸女子洋裁専門学校		653-0022	兵庫県神戸市長田区東尻池町2-5-19	078-652-0620
神戸女子洋裁専門学校	(八洲学園高校)	653-0022	兵庫県神戸市長田区東尻池町2-5-19	078-652-0620
東亜学園商業実務専門学校		653-0862	兵庫県神戸市長田区西山町4-11-25	078-691-3171
東亜学園商業実務専門学校	(福智高校)	653-0862	兵庫県神戸市長田区西山町4-11-25	078-691-3171
神戸動植物環境専門学校		658-0032	兵庫県神戸市東灘区向洋町中1-15	078-857-3612
専門学校アートカレッジ神戸		658-0032	兵庫県神戸市東灘区向洋町中1-15	078-857-3005
BEAUTY ARTS KOBE日本高等美容専門学校		658-0054	兵庫県神戸市東灘区御影中町8-4-14	078-851-7875
BEAUTY ARTS KOBE日本高等美容専門学校	(八洲学園高校)	658-0054	兵庫県神戸市東灘区御影中町8-4-14	078-851-7875
専修学校クラーク高等学院	芦屋校	659-0065	兵庫県芦屋市公光町1-18	0797-22-6600
エコーペットビジネス総合高等学院	(八洲学園高校)	660-0807	兵庫県尼崎市長洲西通1-3-23	06-6483-4371
育成調理師専門学校		660-0862	兵庫県尼崎市開明町2-30-2	06-6411-6921
育成調理師専門学校	(向陽台高校)	660-0862	兵庫県尼崎市開明町2-30-2	06-6411-6921
兵庫栄養調理製菓専門学校		662-0833	兵庫県西宮市北昭和町9-32	0798-66-1981
西宮甲英高等学院		663-8244	兵庫県西宮市津門綾羽町2-3	0798-34-2893
西宮甲英高等学院	(駿台甲府高校)	663-8244	兵庫県西宮市津門綾羽町2-3	0798-34-2893
猪名川甲英高等学院		666-0231	兵庫県川辺郡猪名川町上阿古谷畑ヶ芝56-3	072-767-2266
大岡学園高等専修学校		668-0065	兵庫県豊岡市戸牧500-3	0796-22-3786
大岡学園高等専修学校	(福智高校)	668-0065	兵庫県豊岡市戸牧500-3	0796-22-3786
三田モードビジネス専門学校		669-1526	兵庫県三田市相生町15-5	079-562-2620
三田モードビジネス専門学校	(向陽台高校)	669-1526	兵庫県三田市相生町15-5	079-562-2620
F.S.播磨西高等学院　姫路校	(星槎国際高校)	670-0012	兵庫県姫路市本町68-170　大手前第一ビル2F	079-223-3334
専修学校クラーク高等学院	姫路校	670-0926	兵庫県姫路市東駅前町97	079-255-8114
日本調理製菓専門学校		670-0955	兵庫県姫路市安田1-2	079-288-8255
姫路理容美容専門学校		670-0962	兵庫県姫路市南駅前町13	079-284-0678
山崎文化専門学校		671-2576	兵庫県宍粟市山崎町東deep沢24-5	0790-62-0143
F.S.播磨西高等学院　加古川校	(星槎国際高校)	675-0066	兵庫県加古川市加古川町寺家町101	0794-22-0549
西脇家政高等専修学校		677-0015	兵庫県西脇市西脇369-4	0795-22-3935
平田調理専門学校		678-1231	兵庫県赤穂郡上郡町上郡31-1	0791-52-0615
奈良県				
阪奈中央看護専門学校		630-0243	奈良県生駒市俵口町450	0743-74-9058
奈良情報経理高等専修学校		630-8113	奈良県奈良市法蓮町7-2	0742-26-3971
リタ学園　奈良学習館	(RITA学園高校)	630-8114	奈良県奈良市芝辻町4-3-8	0742-36-3881
奈良高等学園		630-8121	奈良県奈良市三条宮前町4-29	0742-35-6303
奈良理容美容専門学校		630-8325	奈良県奈良市西木辻町57-1	0742-24-0461
奈良調理製菓専門学校		632-0005	奈良県天理市楢町543-1	0743-65-0116
橿原美容専門学校		634-0831	奈良県橿原市曽我町915-1	0744-22-1660
美芸学園高等専修学校		635-0095	奈良県大和高田市大中176	0745-53-0357
美芸学園高等専修学校	(八洲学園高校)	635-0095	奈良県大和高田市大中176	0745-53-0357
鳥取県				
鳥取県理容美容高等専修学校		680-0843	鳥取県鳥取市南吉方1-71-3	0857-22-2951
鳥取県東部医師会附属鳥取看護高等専修学校		680-0845	鳥取県鳥取市富安1-27	0857-24-0888
あすなろ高等専修学校		680-0947	鳥取県鳥取市湖山町西2-228-1	0857-32-2555
あすなろ高等専修学校	(クラーク記念国際高校)	680-0947	鳥取県鳥取市湖山町西2-228-1	0857-32-2555
鳥取県中部医師会附属倉吉看護高等専修学校		682-0871	鳥取県倉吉市旭田町18	0858-22-8371
若葉学習会専修学校		683-0811	鳥取県米子市錦町2-261	0859-33-3471
若葉学習会専修学校	(クラーク記念国際高校)	683-0811	鳥取県米子市錦町2-175	0859-33-0019
専門学校米子女学園		683-0824	鳥取県米子市久米町239	0859-22-5571
鳥取県西部医師会附属米子看護高等専修学校		683-0824	鳥取県米子市久米町136	0859-23-6556
中央高等学園専修学校		689-2221	鳥取県東伯郡北栄町由良宿818-8	0858-37-5011
中央高等学園専修学校	(星槎国際高校)	689-2303	鳥取県東伯郡東伯町徳万265-5	0858-22-9795

560

学 校 名		〒	住所	電話番号
島根県				
浜田ビューティーカレッジ	(島根県立浜田高校)	697-0022	島根県浜田市浅井町1429-20	0855-22-7130
福岡県				
英数学館岡山校	(並木学院高校)	700-0011	岡山県岡山市北区学南町1-9-1	086-252-6760
専修学校自由高等学院		700-0033	岡山県岡山市北区島田本町1-2-12	086-239-1623
専修学校自由高等学院	(クラーク記念国際高校)	700-0033	岡山県岡山市北区島田本町1-2-12	086-239-1623
中国デザイン専門学校		700-0842	岡山県岡山市北区船頭町12	086-225-0791
倉敷少林寺高等専修学校		712-8061	岡山県倉敷市神田1-5-33	086-444-7069
広島県				
広島県立広島高等技術専門校	(広島県立福山工業高校)	720-0092	広島県福山市山手町6-30-1	084-951-0260
広島舟入商業高等専修学校		730-0842	広島県広島市中区舟入中町8-23	082-231-1600
広島舟入商業高等専修学校	(福智高校)	730-0842	広島県広島市中区舟入中町8-23	082-231-1600
専門学校きくのファッションデザインカレッジ		731-5116	広島県広島市佐伯区八幡1-14-3	082-928-0413
専門学校きくのファッションデザインカレッジ	(科学技術学園高校)	731-5116	広島県広島市佐伯区八幡1-14-3	082-928-0413
中川学園広島総合教育専門学校		732-0054	広島県広島市東区愛宕町3-14	082-262-1230
小井手ファッションビューティ専門学校		732-0825	広島県広島市南区金屋町1-20	082-263-0001
小井手ファッションビューティ専門学校	(向陽台高校)	732-0825	広島県広島市南区金屋町1-20	082-263-0001
広島県立高等技術専門校	(広島県立宮島工業高校)	733-0851	広島県広島市西区田方2-25-1	082-273-2291
広島生活福祉専門学校		736-0041	広島県安芸郡海田町大正町2-28	082-823-2272
広島生活福祉専門学校	(東海大学付属望星高校)	736-0041	広島県安芸郡海田町大正町2-28	082-823-2272
広島県立呉高等技術専門校	(広島県立呉工業高校)	737-0003	広島県呉市阿賀中央5-11-17	0823-71-8816
山口県				
柳井医師会附属柳井准看護学院	(山口県立山口松風館高校)	742-0031	山口県柳井市南町6-12-1	0820-22-3029
ネムハイスクール　徳山校	(クラーク記念国際高校)	745-0011	山口県周南市桜馬場通2-3	0834-33-1123
ネムハイスクール　山口校	(クラーク記念国際高校)	745-0011	山口県山口市小郡高砂町3-10	083-976-1123
防府看護専門学校		747-0814	山口県防府市三田尻1-3-1	0835-24-5424
防府看護専門学校　高等課程　准看護科	(山口県立山口松風館高校)	747-0814	山口県防府市三田尻1-3-1	0835-24-5424
山口ビジネス総合学院　山口校	(向陽台高校)	750-0025	山口県下関市竹崎町1-17-8　岡田ビル2F	083-249-6527
立修館高等専修学校		750-1144	山口県下関市小月茶屋3-4-26	083-282-0303
立修館高等専修学校	(クラーク記念国際高校)	750-1144	山口県下関市小月茶屋3-4-26	083-282-0303
下関看護専門学校		751-0831	山口県下関市大学町2-1-2	083-252-4451
山口理容美容専修学校		754-0002	山口県山口市小郡下郷2314-1	083-972-0653
吉南准看護学院	(山口県立山口松風館高校)	754-0002	山口県山口市小郡下郷山手下799	083-972-0634
山口調理製菓専門学校		754-0021	山口県山口市小郡黄金町9-8	083-974-1415
宇部看護専門学校		755-0072	山口県宇部市中村3-12-53	0836-31-5368
厚狭准看護学院	(山口県立山口松風館高校)	757-0001	山口県山陽小野田市大字厚狭466-1	0836-72-0578
萩准看護学院	(山口県立山口松風館高校)	758-0074	山口県萩市大字平安古町209-1	0838-25-6665
徳島県				
龍昇経理情報専門学校		770-0042	徳島県徳島市蔵本町2-39	088-631-8561
徳島県立総合看護学校	(徳島県立徳島中央高校)	770-0046	徳島県徳島市鮎喰町2-41-6	088-633-6611
香川県				
吉田愛服飾専門学校		760-0017	香川県高松市番町2-3-11	087-821-0911
キッス調理技術専門学校		760-0018	香川県高松市天神前9-25	087-831-0787
高松市医師会看護専門学校		760-0068	香川県高松市松島町1-16-20	087-831-9585
愛媛県				
河原高等専修学校		790-0001	愛媛県松山市一番町1-1-3	089-934-2666
松山看護専門学校		790-0014	愛媛県松山市柳井町2-85	089-915-7702
愛媛調理製菓専門学校		790-0876	愛媛県松山市旭町107	089-943-7151
新居浜高等学院	(星槎国際高校)	792-0812	愛媛県新居浜市坂井町2-3-8	0897-32-5356
東予理容美容専門学校		792-0017	愛媛県新居浜市若水町2-3-44	0897-32-2780
今治看護専門学校		794-0026	愛媛県今治市別宮7-3-2	0898-22-6545
今治高等学院	(星槎国際高校)	794-0026	愛媛県今治市別宮町7-2-33	0898-32-0231
高知県				
高知高等学院	(星槎国際高校)	780-0056	高知県高知市北本町2-8-21	088-878-8887
高知外語ビジネス専門学校		780-0862	高知県高知市鷹匠町1-2-47	088-823-8119
ヒューマンビジネス専修学校		780-0863	高知県高知市与力町3-21	088-822-8844
RKC調理師学校		780-0985	高知県高知市南久万58-1	088-822-8234
高知高等技術学校	(高知県立高知東工業高校)	781-0112	高知県高知市仁井田1188	088-847-6601

学 校 名		〒	住所	電話番号
福岡県				
北九州自由高等学院	（クラーク記念国際高校）	803-0856	福岡県北九州市小倉北区弁天町2-8	093-562-1777
東京国際ビジネスカレッジ福岡校　高等課程		810-0014	福岡県福岡市中央区平尾1-7-1	092-534-6116
専修学校FRBビューティーカレッジ		810-0041	福岡県福岡市中央区大名2-2-9	092-741-3897
C&S学院		810-0074	福岡県福岡市中央区大手門2-9-24	092-717-8770
福岡有朋高等専修学校		810-0074	福岡県福岡市中央区大手門1-3-7	092-751-5495
福岡有朋高等専修学校	（福智高校）	810-0074	福岡県福岡市中央区大手門1-3-7	092-751-5495
福岡国際高等学院	（星槎国際高校）	811-3114	福岡県古賀市舞の里3-4-5	092-940-1280
福岡スクールオブミュージック高等専修学校		812-0032	福岡県福岡市博多区石城町20-39	0120-253-206
福岡ベルエポック美容専門学校　高等課程		812-0033	福岡県福岡市博多区大博町4-17	0120-717-255
福岡ECO動物海洋専門学校　高等課程		812-0033	福岡県福岡市博多区大博町4-16	0120-717-264
福岡城西学園	（並木学院高校）	814-0002	福岡県福岡市早良区西新6-10-30	092-834-4451
九国高等学院	（星槎国際高校）	820-0005	福岡県飯塚市新飯塚4-17　コンパルハイツ2F	0948-29-3599
専修学校久留米ゼミナール	（クラーク記念国際高校）	830-0033	福岡県久留米市天神町2-56	0942-35-4943
佐賀県				
九州国際高等学園		840-0804	佐賀県佐賀市神野東1-9-32	0952-31-7291
佐賀星生学園		840-0842	佐賀県佐賀市多布施4-3-62	0952-97-8941
佐賀星生学園	（星槎国際高校）	840-0842	佐賀県佐賀市多布施4-3-62	0952-97-8941
鳥栖三養基医師会立看護高等専修学校		841-0062	佐賀県鳥栖市幸津町1923	0942-83-2282
武雄看護学校		843-0023	佐賀県武雄市武雄町昭和297	0954-23-7171
唐津看護専門学校		847-0011	佐賀県唐津市栄町2588-8	0955-74-6125
専門学校モードリゲル		847-0843	佐賀県唐津市桜馬場1309-1	0955-72-8165
専門学校モードリゲル	（佐賀県立佐賀北高校）	847-0843	佐賀県唐津市桜馬場1309-1	0955-72-8165
伊万里看護学校		848-0027	佐賀県伊万里市立花町通谷1542-15	0955-23-4635
佐賀市医師会立看護専門学校		849-0924	佐賀県佐賀市新中町2-11	0952-31-1414
鹿島藤津地区医師会立看護高等専修学校		849-1311	佐賀県鹿島市大字高原町813	0954-63-3969
長崎県				
こころ医療福祉専門学校		850-0048	長崎県長崎市上銀座町11-8	095-846-5561
長崎市医師会看護専門学校		850-8511	長崎県長崎市栄町2-22	095-818-5800
野田国際高等学院	（クラーク記念国際高校）	852-8134	長崎県長崎市大橋町23-3	095-847-0639
長崎県中央看護学校		854-0072	長崎県諫早市永昌町23-23	0957-25-2111
大村看護高等専修学校		856-0820	長崎県大村市協和町779	0957-52-6712
佐世保市医師会看護専門学校		857-0801	長崎県佐世保市祇園町257	0956-23-3015
熊本県				
熊本ベルェベル美容専門学校		860-0012	熊本県熊本市中央区紺屋今町2-18	0120-1155-27
熊本市医師会看護専門学校		860-0811	熊本県熊本市中央区本荘3-3-3	096-366-3638
専修学校常盤学院		860-0816	熊本県熊本市中央区本荘町683-2	096-364-5203
専修学校九州美容専門学校		860-0848	熊本県熊本市中央区南坪井町10-28	096-326-2288
熊本YMCA学院		860-8739	熊本県熊本市中央区新町1-3-8	096-353-6391
鹿本医師会看護学校		861-0501	熊本県山鹿市山鹿332-1	0968-44-6098
菊池郡市医師会立看護高等専修学校		861-1331	熊本県菊池市隈府764-1	0968-25-2182
熊本県立高等技術専門校	（熊本県立湧心館高校）	861-4108	熊本県熊本市南区幸田1-4-1	096-378-0121
水前寺高等学園	（星槎国際高校）	862-0950	熊本県熊本市中央区水前寺6-1-38	096-381-3121
志成館高等学院	（日本航空高校・鹿島朝日高校）	862-0971	熊本県熊本市中央区大江7-3	096-366-1008
天草准看護高等専修学校		863-0002	熊本県天草市本渡町本戸馬場1078-2	0969-22-2309
八代実業専門学校		866-0055	熊本県八代市迎町1-16-33	0965-33-1800
八代看護学校		866-0074	熊本県八代市平山新町4453-2	0965-34-5573
九州技術教育専門学校		868-0006	熊本県人吉市駒井田町216-12	0966-22-3412
人吉市医師会附属人吉准看護学院	（熊本県立人吉高校）	868-0037	熊本県人吉市南泉田町72-2	0966-22-3065
宇城看護高等専修学校		869-0502	熊本県宇城市松橋町松橋351	0964-32-0432
三角商業専門学校		869-3207	熊本県宇城市三角町三角浦1159-78	0964-52-2266
大分県				
田北調理師専門学校		870-0021	大分県大分府内町2-5-7	097-532-2803
大分市医師会立大分准看護専門学院		870-0100	大分県大分市大字宮崎字古園1315	097-569-3328
専門学校国際調理フラワーカレッジ		870-0823	大分県大分市東大道1-6-1	097-547-9913
専修学校明星国際ビューティカレッジ		870-0907	大分県大分市大津町1-1-1	0120-807-400
中津ファビオラ看護学校		871-0162	大分県中津市大字永添字小森2110	0979-24-7270
別府市医師会看護専門学校		874-0908	大分県別府市上田の湯町10-21	0977-21-7612
日田准看護学院		877-1232	大分県日田市清水町802-5	0973-23-8836

学 校 名		〒	住所	電話番号
宮崎県				
宮崎美容専門学校		880-0805	宮崎県宮崎市橘通東1-7-13	0985-22-6076
宮崎情報ビジネス専門学校		880-0806	宮崎県宮崎市広島2-10-21	0985-25-4251
向洋学園高等専修学校		880-0812	宮崎県宮崎市高千穂通1-8-32	0985-27-2525
向洋学園高等専修学校	(福智高校)	880-0812	宮崎県宮崎市高千穂通1-8-32	0985-27-2525
きぼう高等学院	(星槎国際高校)	880-0917	宮崎県宮崎市宮崎市城ヶ崎2-1-15	0985-67-6525
宮崎看護専門学校		880-0932	宮崎県宮崎市大坪西1-2-3	0985-52-5118
トライアート・カレッジ		882-0825	宮崎県延岡市須崎町4-6	0982-32-3840
日向看護高等専修学校		883-0052	宮崎県日向市鶴町1-6-2	0982-52-0222
都城調理師高等専修学校		885-0083	宮崎県都城市都島町210-4	0986-22-4626
鹿児島県				
野村服飾専門学校		890-0056	鹿児島県鹿児島市下荒田3-28-12　野村学園ビル5F	099-254-3358
今村学園ライセンスアカデミー		892-0838	鹿児島県鹿児島市新屋敷町2-10	099-225-3300
鹿児島県理容美容専門学校		892-0846	鹿児島県鹿児島市加治屋町17-7	099-226-3636
肝付町立高山准看護学校	(鹿児島県立開陽高校)	893-1207	鹿児島県肝属郡肝付町前田1072-1	0994-65-2864
川内看護専門学校		895-0076	鹿児島県薩摩川内市大小路町70-26	0996-22-5317
英数学館並木学院高校　姶良学習支援センター	(英数学館並木学院高校)	899-5231	鹿児島県姶良市加治木町反土 1010-2	0995-55-8454
沖縄県				
専修学校那覇尚学院	(科学技術学園高校)	900-0012	沖縄県那覇市泊2-16-3	098-867-3515
琉美インターナショナルビューティカレッジ		900-0013	沖縄県那覇市牧志2-6-25	098-868-2288
沖縄ラフ&ピース専門学校　高等課程		900-0014	沖縄県那覇市松尾2-1-29	0120-787-847
専修学校インターナショナルデザインアカデミー		900-0021	沖縄県那覇市泉崎1-13-3	0120-784-361
沖縄調理師専門学校		900-0033	沖縄県那覇市久米1-18-7	098-861-7100
KBC学園インターナショナルデザインアカデミー　高等課程	(未来高校)	900-0034	沖縄県那覇市東町23-1	098-863-0936
琉球調理師専修学校		901-2126	沖縄県浦添市宮城5-2-3	098-877-4980
専門学校大育		902-0066	沖縄県那覇市大道88-5	0120-557-370
大育高等専修学校		902-0066	沖縄県那覇市大道5-1	098 885 5312
大育理容美容専門学校		902-0066	沖縄県那覇市大道5-1	0120-557-370
大育高等専修学校	(クラーク記念国際高校)	902-0066	沖縄県那覇市大道5-1	098-885-5312
FC琉球高等学院	(鹿島朝日高校)	904-0012	沖縄県沖縄市安慶田5-1-16	098-923-0547
中部美容専門学校		904-2173	沖縄県沖縄市比屋根1-10-2	098-933-3283

「サポート校（学習等支援施設）」一覧

サポート校についてはP104をご覧ください。また、P485からの個別学校紹介をご参照ください。

学 校 名		〒	住所	電話番号
北海道				
トライ式高等学院	新札幌キャンパス	004-0053	北海道札幌市厚別区厚別中央三条5-8-7　源田ビル2F	0120-919-439
トライ式高等学院	函館キャンパス	040-0011	北海道函館市本町3-12　カーニープレイス函館1F	0120-919-439
エコール函館五稜郭		040-0011	北海道函館市本町26-18　第2名美ビル4F	011-206-4543
赤井川塾		046-0511	北海道余市郡赤井川村日ノ出193-1	0135-34-7227
エコール札幌		060-0031	北海道札幌市中央区北一条東1-4-1　サン経成ビル5F	011-206-4543
札幌中央義塾高等学院		060-0062	北海道札幌市中央区南2条西8　DAIKO BLG.　3F	011-271-8720
トライ式高等学院	札幌キャンパス	060-0809	北海道札幌市北区北9条西3-10-1　小田ビル2F	0120-919-439
山手中央高等学院	札幌校　月寒キャンパス	062-0020	北海道札幌市豊平区月寒中央通7-6-20　JA月寒中央ビル2F	011-272-2060
パクス・ミュージックスクール		064-0801	北海道札幌市中央区南1条西24-1-6　5F	011-699-6808
ホリプロデジタル高等学院	北海道千歳サテライト	066-8622	北海道千歳市泉沢1007-95	0123-28-1155
トライ式高等学院	旭川キャンパス	070-0031	北海道旭川市一条通8-108　フイール旭川3F	0120-919-439
青森県				
エコール青森		030-0862	青森県青森市古川1-15-10　スカイビル4F　B	017-757-9471
興道舘高等学院	八戸サテライト	031-0042	青森県八戸市十三日町15　3F　八戸ニューポート内	0194-53-3808
ウイング高等学院	新荒町教室	031-0056	青森県八戸市新荒町38-2	0120-861-419
ウイング高等学院	白銀教室	031-0822	青森県八戸市白銀町字三島上29-5	017-833-8080
トライ式高等学院	青森キャンパス	038-0012	青森県青森市柳川1-2-3　青森駅ビルラビナ5F	0120-919-439
ウイング高等学院	階上教室	039-1201	青森県三戸郡階上町道仏字耳ヶ吠11-55	017-888-5858
岩手県				
トライ式高等学院	盛岡キャンパス	020-0034	岩手県盛岡市盛岡駅前通7-12　はちや盛岡駅前ビル2F	0120-919-439
DSC高卒資格サポートセンター	一関キャンパス	021-0866	岩手県一関市南新町3　ヴィラいまい201	0191-26-3220
DSC高卒資格サポートセンター	大船渡キャンパス	022-0003	岩手県大船渡市盛町字田中9-27　2F	0192-27-6699
DSC高卒資格サポートセンター	水沢キャンパス	023-0813	岩手県奥州市水沢区中町44　イーストジャパンビル2F　D	0197-34-3383
DSC高卒資格サポートセンター	北上キャンパス	024-0031	岩手県北上市青柳町1-5-3　3F	0197-62-6767
DSC高卒資格サポートセンター	花巻キャンパス	025-0092	岩手県花巻市大通1-10-30　2F	0198-29-5820
DSC高卒資格サポートセンター	釜石キャンパス	026-0031	岩手県釜石市鈴子町1-1　プロスパービル2F	0193-55-4086
KG高等学院	岩手キャンパス	020-0034	岩手県盛岡市盛岡駅前通8-11　4F	019-681-4811
DSC高卒資格サポートセンター	宮古キャンパス	027-0083	岩手県宮古市大通4-1-9　1F	0193-77-4900
DSC高卒資格サポートセンター	久慈キャンパス	028-0051	岩手県久慈市川崎町15-5　2F	0194-75-3205
興道舘高等学院	久慈本校	028-0065	岩手県久慈市十八日町1-27（中の橋通り）	0194-53-3808
DSC高卒資格サポートセンター	遠野キャンパス	028-0523	岩手県遠野市中央通り11-20　富士ビル2F	0198-68-3255
DSC高卒資格サポートセンター	二戸キャンパス	028-6101	岩手県二戸市福岡八幡下68-6　3F	0195-43-3966
宮城県				
代々木アニメーション学院高等部&サポートスクール仙台校		980-0014	宮城県仙台市青葉区本町1-10-28	022-268-6511
エコール仙台中央		980-0021	宮城県仙台市青葉区中央2-11-23　第一太田ビル3F	022-796-2160
おおぞら高等学院	仙台キャンパス	980-0021	宮城県仙台市青葉区中央4-2-27　510ビルディング7F	0120-12-3796
トライ式高等学院	泉中央キャンパス	981-3133	宮城県仙台市泉区泉中央1-7-1　泉中央駅ビル(SWING)5F	0120-919-439
国際高等学院	仙台校	981-3133	宮城県仙台市泉区泉中央4-11-6　啓進ビル泉中央2F	022-725-3120
フリースクールだいと高等部		982-0003	宮城県仙台市太白区郡山6-2-2	022-249-4023
CL学院高等部	仙台校	982-0034	宮城県仙台市太白区西多賀3-13-40	022-302-3202
トライ式高等学院	仙台キャンパス	983-0852	宮城県仙台市宮城野区榴岡1-6-30　ディーグランツ仙台ビル3F	0120-919-439
ミヤギユースセンター		983-0852	宮城県仙台市宮城野区榴岡2-2-8　2F	022-256-7977
KG高等学院	石巻キャンパス	986-0853	宮城県石巻市門脇字青葉東92-3	0225-96-3373
国際高等学院	古川校	989-6162	宮城県大崎市古川駅前大通1-5-15　共栄舎ビル4F　中央西側	0229-87-5357
秋田県				
エデュース国際学院		010-0042	秋田県秋田市桜1-12-8	018-827-7047
トライ式高等学院	秋田キャンパス	010-0874	秋田県秋田市千秋久保田町3-15　三宅ビル4F	0120-919-439

学 校 名		〒	住所	電話番号
山形県				
エコール山形		990-0038	山形県山形市幸町8-26　丹野ビル2F	023-674-0672
トライ式高等学院	山形キャンパス	990-0039	山形県山形市香澄町1-3-15　山形むらきさわビル1F	0120-919-439
CL学院高等部	山形校	990-0044	山形県山形市木の実町5-15	023-633-0070
福島県				
KG高等学院	福島駅前キャンパス	960-8011	福島県福島市宮下町17-16　ゼミA	024-573-0280
トライ式高等学院	福島キャンパス	960-8031	福島県福島市栄町7-33　錦ビル3F	0120-919-439
KG高等学院	白河駅前キャンパス	961-0908	福島県白河市大手町2-1	0248-21-5151
うつみね健康学園		963-1244	福島県郡山市田村町栃本水沢527	024-985-1005
エコール郡山		963-8002	福島県郡山市駅前1-9-1　松風堂ビル4F	024-953-8620
トライ式高等学院	郡山キャンパス	963-8002	福島県郡山市駅前1-14-1　増子駅前ビル4F	0120-919-439
おおぞら高等学院	郡山キャンパス	963-8004	福島県郡山市中町11-2　ホテルグローバルビュー郡山2F	0120-12-3796
日本国際高等学院	郡山校	963-8004	福島県郡山市中町5-18	024-935-0176
CL学院高等部	福島校	963-8011	福島県郡山市若葉町19-13	024-983-8870
FSG高等部		963-8811	福島県郡山市方八町2-4-1	0120-858-676
NPO法人　寺子屋方丈舎	会津キャンパス	965-0042	福島県会津若松市大町1-1-57　紀州屋	0242-93-7950
みとみ高等学院		965-0853	福島県会津若松市材木町1-8-15	0242-29-2222
KG高等学院	いわきキャンパス	970-8026	福島県いわき市平字白銀町6-1	0246-38-8100
茨城県				
KG高等学院	土浦学習センター	300-0036	茨城県土浦市大和町9-3　ウララ3　3F	029-879-9366
マナラボ高等部	みらい平キャンパス	300-2358	茨城県つくばみらい市陽光台4-14-4　ハイツYHⅢ　101	0297-38-6609
KG高等学院	取手通信制サポートキャンパス	302-0015	茨城県取手市井野台1-22-14	0297-72-1000
KG高等学院	守谷キャンパス	302-0115	茨城県守谷市中央4-13-17　NCビル201	0297-21-5266
開智学院	常総キャンパス	303-0005	茨城県常総市水海道森下町4366	0297-23-4091
つくばサポートキャンパス（筑波教育学館）		305-0003	茨城県つくば市桜2-42-4　関谷ビル3F	029-857-6996
KG高等学院	つくばキャンパス	305-0031	茨城県つくば市吾妻3-16-7　野上ビル2A	050-1003-2882
TSUKUBA学びの杜学園		305-0031	茨城県つくば市吾妻3-11-5　ヴェルンハイムK　103	029-898-9905
トライ式高等学院	つくばキャンパス	305-0031	茨城県つくば市吾妻1-5-7　ダイワロイネットホテルつくば1F	0120-919-439
つくば高等学院		305-0051	茨城県つくば市二の宮1-2-1	029-858-5208
マナラボ高等部	研究学園キャンパス	305-0816	茨城県つくば市学園の森2-16-1	029-846-3277
KG高等学院	通信制 古河セレーヌキャンパス	306-0013	茨城県古河市東本町1-22-26　友愛コーポUIプラザ2F	0280-23-2171
KG高等学院	下館個別指導キャンパス	308-0031	茨城県筑西市丙209-13　エスタ21　3F	080-3210-0554
トライ式高等学院	水戸キャンパス	310-0015	茨城県水戸市宮町1-2-4　マイムビル4F	0120-919-439
KG高等学院	水戸キャンパス	310-0801	茨城県水戸市桜川1-5-18　すざく駅前ビル2F　201	029-227-6641
桜徳高等学園		310-0803	茨城県水戸市城南1-5-16	029-224-3015
ひたちなかサポートキャンパス（立志学）		312-0042	茨城県ひたちなか市東大島1-18-1　浜道ビル2F	029-219-5089
KG高等学院	石岡進修館キャンパス	315-0014	茨城県石岡市石岡1-17-8	0299-24-3988
エジソン高等学院		315-0014	茨城県石岡市国府1-4-7	0299-27-8200
DSC高卒資格サポートセンター	日立多賀キャンパス	316-0015	茨城県日立市金沢町2-1-13-101	0120-834-259
栃木県				
KG高等学院	宇都宮キャンパス	321-0953	栃木県宇都宮市東宿郷1-7-2　アジマコーポ2F	028-615-7072
おおぞら高等学院	宇都宮キャンパス	321-0964	栃木県宇都宮市駅前通り3-2-3　チサンホテル宇都宮3F	0120-12-3796
トライ式高等学院	宇都宮キャンパス	321-0964	栃木県宇都宮市駅前通り1-4-6　宇都宮西口ビルd棟1F	0120-919-439
安藤塾	鹿沼キャンパス	322-0027	栃木県鹿沼市貝島町652-49	0289-62-6269
KG高等学院	小山キャンパス	323-0022	栃木県小山市駅東通り1-5-9　増田ビル3F	0285-38-9301
KG高等学院	通学ゼロキャンパス	323-0022	栃木県小山市駅東通り1-5-9　増田ビル3F	0120-173-153
KG高等学院	LOWコストスクール	323-0022	栃木県小山市駅東通り1-5-9　増田ビル3F	0120-173-153
トライ式高等学院	足利キャンパス	326-0814	栃木県足利市通2-12-16　岩下ビル2F	0120-919-439
けいゆう国際学園	足利キャンパス	326-0822	栃木県足利市田中町920-3　三和駅前ビル3F	0284-22-7766
KG高等学院	ヤマト栃木スクール	328-0043	栃木県栃木市境町4-11　2F	0282-88-5510
KG高等学院	那須キャンパス	329-3157	栃木県那須塩原市大原間西1-1-11　ヤナイビル3F	0287-74-3900
群馬県				
KG高等学院	北高崎キャンパス	370-0069	群馬県高崎市飯塚町205	027-364-3337
おおぞら高等学院	高崎キャンパス	370-0828	群馬県高崎市宮元町227　高崎ステージビル1・6F	0120-12-3796
高崎学院		370-0848	群馬県高崎市鶴見町1-1　丸三高崎ビル2F	050-6861-2520
トライ式高等学院	高崎キャンパス	370-0849	群馬県高崎市栄町3-23　高崎タワー21　2F	0120-919-439
KG高等学院	前橋サポート校	371-0805	群馬県前橋市南町4-29-1　IEPビル3F	027-226-1537
Prima国際高等学院	前橋校	371-0843	群馬県前橋市新前橋18-29　3・4F	0272-030-398
KG高等学院	伊勢崎キャンパス	372-0042	群馬県伊勢崎市中央町24-16　プラザYAM　2F	0270-61-9777
KG高等学院	通信制ぐんまキャンパス	373-0851	群馬県太田市飯田町1303-1　アルモニービル2F	0276-50-1656
けいゆう国際学園	館林キャンパス	374-0025	群馬県館林市緑町1-3-1	0276-75-9663

学校名		〒	住所	電話番号
埼玉県				
彩星学舎		330-0043	埼玉県さいたま市浦和区大東2-12-33	048-884-1234
アソマナ学園	代々木高校浦和サテライト校	330-0061	埼玉県さいたま市浦和区常盤9-17-1	048-866-0000
トライ式高等学院	浦和キャンパス	330-0062	埼玉県さいたま市浦和区仲町2-3-20　須原屋ビル4F	0120-919-439
WIN&WIN高等学院		330-0074	埼玉県さいたま市浦和区北浦和1-2-18　本多ビル3F	048-816-4860
KG高等学院	大宮東口キャンパス	330-0844	埼玉県さいたま市大宮区下町2-71　松村ビル2F	048-741-3036
おおぞら高等学院	大宮キャンパス	330-0846	埼玉県さいたま市大宮区大門町3-150-2	0120-12-3796
KG高等学院	大宮西口キャンパス	330-0854	埼玉県さいたま市大宮区桜木町2-403　ほていやビル1F	048-729-8146
駿台通信制サポート校	大宮校	330-0854	埼玉県さいたま市大宮区桜木町2-277　大宮田中ビル5F	048-645-7711
中央高等学院	さいたま校	330-0854	埼玉県さいたま市大宮区桜木町1-1-6	048-650-1155
トライ式高等学院	大宮キャンパス	330-0854	埼玉県さいたま市大宮区桜木町4-252　ユニオンビルディング2F	0120-919-439
トライ式高等学院	川口キャンパス	332-0012	埼玉県川口市本町4-3-2　明邦川口第8ビル5F	0120-919-439
KG高等学院	川口キャンパス	333-0801	埼玉県川口市東川口2-2-30　ヴィラ東川口1F　スクールNAC	048-229-0492
KG高等学院	さいたまキャンパス	336-0017	埼玉県さいたま市南区南浦和2-39-16　第五大雄ビル2F	048-749-1528
聖進学院	埼玉校	336-0017	埼玉県さいたま市南区南浦和2-41-5　メゾン大東ビル2F	048-615-6611
よすが学院		336-0024	埼玉県さいたま市南区根岸4-15-9	048-839-4870
学研のサポート校WILL学園	さいたまキャンパス	338-0013	埼玉県さいたま市中央区鈴谷2-744-1　第一フロンティアビル3F	0120-883-122
国際高等学院	草加校	340-0011	埼玉県草加市栄町3-4-11　エスタシオン草加松原2F	048-932-5139
つばさ高等学院	埼玉吉川校	342-0058	埼玉県吉川市きよみ野2-25-1　きよみ野ビル202	048-984-0283
育英国際学院	越谷校	343-0821	埼玉県越谷市瓦曽根1-16-37	048-985-4310
国際高等学院	新越谷校	343-0845	埼玉県越谷市南越谷1-16-16　Kビル2F	048-973-7777
おおぞら高等学院	春日部キャンパス	344-0067	埼玉県春日部市中央1-8-6　ベル島田2F	0120-12-3796
トライ式高等学院	春日部キャンパス	344-0067	埼玉県春日部市中央1-1-5　小島ビル5F	0120-919-439
KG高等学院	春日部キャンパス	344-0067	埼玉県春日部市中央1-16-10	048-755-5670
けいゆう国際学園	加須キャンパス	347-0055	埼玉県加須市中央1-6-8　寿々木別館ビル3F	050-1397-2588
KG高等学院	蓮田キャンパス	349-0121	埼玉県蓮田市関山3-8-28	048-768-9669
翔志学園高等部		350-0033	埼玉県川越市富士見町11-25	050-5217-7234
おおぞら高等学院	川越キャンパス	350-0046	埼玉県川越市菅原町23-1　アトランタビル壱号館1F	0120-12-3796
トライ式高等学院	川越キャンパス	350-1122	埼玉県川越市脇田町18-6　川越小川ビル6F	0120-919-439
たまみずき高等学院		351-0011	埼玉県朝霞市本町1-8-2　カーサモア朝霞2F	048-423-0549
埼玉みらい高等学院		354-0036	埼玉県富士見市ふじみ野東1-12-14	049-293-6340
トライ式高等学院	所沢キャンパス	359-0037	埼玉県所沢市くすのき台3-1-1　角三上ビル1F	0120-919-439
KG高等学院	所沢キャンパス	359-1116	埼玉県所沢市東町10-18　グリーンビル5F	04-2924-5711
龍彩学園高等部		360-0034	埼玉県熊谷市万平町2-121	048-525-3941
トライ式高等学院	熊谷キャンパス	360-0037	埼玉県熊谷市筑波2-115　アズ熊谷6F	0120-919-439
KG高等学院	熊谷キャンパス	360-1136	埼玉県熊谷市桜木町2-5　シティーホームズ桜木町3F	048-522-5808
KG高等学院	行田キャンパス	361-0077	埼玉県行田市忍2-14-20	048-556-7200
夢かがやき高等学院		362-0021	埼玉県上尾市原市3724-6	048-722-0992
KG高等学院	通信制　上尾キャンパス	362-0036	埼玉県上尾市宮本町13-9　モアニビル2F	048-856-9926
早稲田国際学園		365-0047	埼玉県鴻巣市逆川1-7-2	048-542-8346
NOW高等学院	深谷キャンパス	366-0801	埼玉県深谷市上野台483-10　エイトスポット1C・1D	048-522-8499
千葉県				
駿台通信制サポート校	千葉校(2024年10月開校予定)	260-0015	千葉県千葉市中央区富士見1-1-8(駿台 千葉校内)	03-6273-2931
トライ式高等学院	千葉キャンパス	260-0015	千葉県千葉市中央区富士見2-14-1　千葉EXビル4F	0120-919-439
おおぞら高等学院	千葉キャンパス	260-0028	千葉県千葉市中央区新町22-1　新町55ビル1F	0120-12-3796
KG高等学院	千葉駅前キャンパス	260-0031	千葉県千葉市中央区新千葉2-4-12　コーメービル203	043-307-9097
中央高等学院	千葉校	260-0031	千葉県千葉市中央区新千葉2-7-2	043-204-2292
KG高等学院	千葉キャンパス	260-0033	千葉県千葉市中央区春日2-21-7　日東不動産ビル2F	043-248-0615
PBLスクール千葉		260-0044	千葉県千葉市中央区松波4-13-1	043-306-1140
DSC高卒資格サポートセンター	流山キャンパス	270-0114	千葉県流山市東初石3-103-34　須藤ビル201	04-7156-7157
高卒資格サポートセンター	DSC真岡キャンパス	270-0114	千葉県流山市東初石3-103-34　須藤ビル201（DSC流山キャンパス内）	0120-834-259
DSC高卒資格サポートセンター	サイバーハイスクール	270-0114	千葉県流山市東初石3-103-34　須藤ビル201	0120-834-259
トライ式高等学院	流山おおたかの森キャンパス	270-0128	千葉県流山市おおたかの森1-2-3　流山アゼリアテラスA棟2F　203区画	0120-919-439
KG高等学院	野田キャンパス	270-0235	千葉県野田市尾崎837-54　川間KSビル201	04-7197-5375
DSC高卒資格サポートセンター	我孫子キャンパス	270-1151	千葉県我孫子市本町2-7-18　WISECOURT　402	04-7179-7198
KG高等学院	千葉ニュータウンキャンパス	270-1335	千葉県印西市原1-2　ビッグホップガーデンモール印西2F　C-201a	0476-36-8328
橘学院		272-0021	千葉県市川市八幡3-3-2　グランドターミナルタワー本八幡J403	047-324-2889
学びサポートセンター高等部	本八幡校	272-0021	千葉県市川市八幡3-4-1　アクス本八幡2F	070-1459-3887
CL学院	東京東校	272-0025	千葉県市川市大和田2-15-13	047-374-3321
KG高等学院	市川キャンパス	272-0034	千葉県市川市市川2-1-1-203	047-325-1130

学 校 名		〒	住所	電話番号
トライ式高等学院	船橋キャンパス	273-0005	千葉県船橋市本町1-3-11　Faceビル1101	0120-919-439
KG高等学院	船橋キャンパス	273-0005	千葉県船橋市本町6-3-15　MSビルB1F　サイエンス倶楽部内	050-3375-9775
東京学力会	船橋校	273-0005	千葉県船橋市本町6-3-15　MSビル船橋2F	047-424-8610
インターナショナルスクール船橋		273-0011	千葉県船橋市湊町2-1-6	047-420-3727
マナラボ高等部	下総中山キャンパス	273-0035	千葉県船橋市本中山3-21-15　渡邊ビル2F	047-317-2097
KG高等学院	新鎌ケ谷キャンパス	273-0107	千葉県鎌ケ谷市新鎌ヶ谷1-7-30　新鎌ヶ谷センタービル2F	047-436-8100
KG高等学院	津田沼キャンパス	275-0016	千葉県習志野市津田沼5-13-6	047-406-4350
KG高等学院	八千代台キャンパス	276-0031	千葉県八千代市八千代台北5-8-17　八千代福音キリスト教会3F	050-5309-5525
おおぞら高等学院	柏キャンパス	277-0021	千葉県柏市中央町6-19　コープビル柏1F	0120-12-3796
コワクナイボクシング	柏の葉キャンパス	277-0813	千葉県柏市大室1191-28　ルピナスホール2F	04-7114-2818
DSC高卒資格サポートセンター	柏キャンパス	277-0827	千葉県柏市松葉町3-15-5　江原ビル2F	0120-834-259
トライ式高等学院	柏キャンパス	277-0852	千葉県柏市旭町1-1-5　浜島ビル7F	0120-919-439
KG高等学院	浦安キャンパス	279-0004	千葉県浦安市猫実4-18-34　井上ビル301	047-318-3113
トライ式高等学院	新浦安キャンパス	279-0012	千葉県浦安市入船1-5-2　プライムタワー新浦安7F	0120-919-439
KG高等学院	東金学習センター	283-0802	千葉県東金市東金723　タニノイ店舗202	0475-78-5103
KG高等学院	成田キャンパス	286-0033	千葉県成田市花崎町828-11　スカイタウン成田3F	0476-24-7641
総合教育商社翔英館	銚子キャンパス	288-0044	千葉県銚子市西芝町13-16　エビスビル2F	0479-21-9301
総合教育商社翔英館	旭キャンパス	288-0044	千葉県銚子市西芝町13-16　エビスビル2F	0479-21-9301
KG高等学院	市原キャンパス	290-0081	千葉県市原市五井中央東2-8-33　小宮ビル2F	0436-37-5016
YUME School	木更津校	292-0831	千葉県木更津市富士見1-2-1　スパークルシティ木更津	050-5491-6821
KG高等学院	青葉茂原キャンパス	297-0034	千葉県茂原市中の島町831	0475-25-3785
東京都				
KG高等学院	秋葉原個別指導キャンパス	101-0024	東京都千代田区神田和泉町1-2-1　小森ビル5F	080-3210-7727
ダイチ高等部		101-0041	東京都千代田区神田須田町2-8-8　CHACHAビル	03-3341-8846
代々木アニメーション学院	東京校	101-0061	東京都千代田区神田三崎町1-3-9	0120-310-042
KG高等学院	水道橋連携キャンパス	101-0061	東京都千代田区神田三崎町2-2-15　ダイワ三崎町ビル5F	03-5937-0513
桜丘学園高等部		102-0071	東京都千代田区富士見2-5-13	03-3265-2821
トライ式高等学院	飯田橋キャンパス	102-0072	東京都千代田区飯田橋1-10-3　1F	0120-919-439
サンライズ学園	飯田橋教室	102-0072	東京都千代田区飯田橋4-6-5	03-5276-0601
ココロミル学院		106-0045	東京都港区麻布十番2-5-2　JMNビル4F	03-6721-7855
ゼロ高等学院		106-0046	東京都港区元麻布3-1-35　VORT元麻布B2	050-5236-1420
KG高等学院	品川キャンパス	108-0074	東京都港区高輪4-11-24　ヒルズ高輪A-302	03-6721-7855
おおぞら高等学院	東京秋葉原キャンパス	110-0005	東京都台東区上野1-1-12　プライム末広町ビル2F	0120-12-3796
日本宝飾クラフト学院高等部	東京本校	110-0016	東京都台東区台東3-13-10	03-3835-3388
KG高等学院	浅草キャンパス	111-0042	東京都台東区寿4-16-6　寿ビル5F	03-5246-3485
東京共育学園高等部		114-0023	東京都北区滝野川7-3-2	03-3910-2400
KG高等学院	赤羽キャンパス	115-0044	東京都北区赤羽南1-1-2　三信ビル1・2F	03-5939-9445
KG高等学院	eスポーツキャンパス	115-0044	東京都北区赤羽南1-1-2　三信ビル1・2F	03-5939-9445
滝野川高等学院		115-0051	東京都北区浮間1-1-6　KMP北赤羽駅前ビル3F	03-5916-8900
KG高等学院	西日暮里駅前キャンパス	116-0013	東京都荒川区西日暮里5-18-11　ヤマダビル2F	03-6806-5509
DSC高卒資格サポートセンター	日暮里キャンパス	116-0014	東京都荒川区東日暮里5-52-5　D1ハイム502	03-6805-5964
東都みらい高等学院		120-0005	東京都足立区綾瀬1-33-11	03-6231-2130
KGオンラインスクール		120-0026	東京都足立区千住旭町40-23　中里ビル3F	03-5284-7049
トライ式高等学院	北千住キャンパス	120-0034	東京都足立区千住2-58　ジェイシティ北千住2F	0120-919-439
イデア高等學院		120-0034	東京都足立区千住3-4　結城ビル1F	03-6806-1815
KG高等学院	通信制　北千住キャンパス	120-0034	東京都足立区千住3-5　小寺ビル2F	03-5284-7049
足立学習センター	西新井キャンパス	123-0843	東京都足立区西新井栄町2-22-6	03-6479-2683
KG高等学院	金町キャンパス	125-0041	東京都葛飾区東金町1-44-17　星野金町ビル5F	03-5876-5230
KG高等学院	錦糸町キャンパス	130-0013	東京都墨田区錦糸3-8-6　錦糸レジデンス5F	03-6456-1252
トライ式高等学院	錦糸町キャンパス	130-0022	東京都墨田区江東橋3-9-10　丸井錦糸町店6F	0120-919-439
両国第一高等学院		130-0026	東京都墨田区両国2-21-5　両国ダイカンプラザ7F	050-3551-5167
KG高等学院	西葛西キャンパス	134-0088	東京都江戸川区西葛西3-15-9　共栄ビル5F　サイエンス倶楽部内	050-3375-9775
KG高等学院	通信制　江東キャンパス	135-0042	東京都江東区木場3-18-15　木場コーポラス1F	03-6666-6886
豊洲高等学院		135-6010	東京都江東区豊洲4-10-18	03-6914-7191
ディルーカ国際自由学園		141-0001	東京都品川区北品川5-12-1　2F	03-5798-3030
KG高等学院	目黒キャンパス	141-0021	東京都品川区上大崎2-11-2　第9吉田ビル3F	03-6455-7070
バンタンクリエイターアカデミー高等部	東京校	141-0031	東京都品川区西五反田2-14-9　五反田ケイズビル5・6F	0800-111-4042
品川国際高等学院	荏原キャンパス	142-0053	東京都品川区中延3-7-10	03-3781-0315
大成学園	東京校	144-0052	東京都大田区蒲田5-5-6	045-313-1359(藤沢校/準備室)
KG高等学院	蒲田キャンパス	144-0052	東京都大田区蒲田5-36-2　相互蒲田ビル7F	03-6428-7464

学校名		〒	住所	電話番号
トライ式高等学院	蒲田キャンパス	144-0052	東京都大田区蒲田5-38-1　第一美須ビル2F	0120-919-439
品川国際高等学院	御嶽山キャンパス	145-0073	東京都大田区北嶺町11-6　2F	03-6421-8627
DSC高卒資格サポートセンター	池上キャンパス	146-0082	東京都大田区池上6-2-26　サンライズ池上202	0120-834-259
国際高等学院	原宿校	150-0001	東京都渋谷区神宮前2-30-9　エスパティオ神宮前203	03-6804-3206
中央高等学院	渋谷原宿校	150-0001	東京都渋谷区神宮前6-27-8	03-5469-7070
青山ビューティ学院高等部	東京校	150-0001	東京都渋谷区神宮前1-11-11　グリーンファンタジアビル5F	03-6721-1635
ネイルクラフトアーティスト学院		150-0001	東京都渋谷区神宮前4-32-12　ニューウェーブ原宿3F	03-3479-0010
原宿AIA高等学院		150-0001	東京都渋谷区神宮前6-18-12　イー・ハラジュク4F	0120-524-758
通信制シティーキャンパス	原宿表参道シティーキャンパス	150-0001	東京都渋谷区神宮前6-34-14　3F	090-2764-1200
通信制シティーキャンパス	渋谷駅東口シティーキャンパス	150-0001	東京都渋谷区神宮前6-42-15　3F	090-2764-1200
通信制シティーキャンパス	新宿駅西口シティーキャンパス	150-0001	東京都渋谷区神宮前6-42-15　3F	090-2764-1200
BLEA女子高等部	東京校	150-0002	東京都渋谷区渋谷2-17-3　アイビスビル3F	03-5468-0730
渋谷女子インターナショナルスクール		150-0002	東京都渋谷区渋谷1-22-1　ＣＨビル2F（運営事務局）	03-6820-2174
東京インターハイスクール		150-0002	東京都渋谷区渋谷1-23-18　ワールドイーストビル4F	03-6427-3450
アイディア高等学院		150-0002	東京都渋谷区渋谷3-9-10　KDC渋谷ビル1F	050-3528-6868
バンタンデザイン研究所高等部	東京校	150-0022	東京都渋谷区恵比寿南1-9-14	0120-123-604
ヴィーナスアカデミー高等部	東京校	150-0022	東京都渋谷区恵比寿南1-9-14	0120-55-5140
バンタンテックフードアカデミー高等部	東京校	150-0022	東京都渋谷区恵比寿南1-9-14	0120-945-834
TAC高等学院		150-0031	東京都渋谷区桜丘町31-15　JMFビル渋谷02　5F	03-6385-7355
トライ式高等学院	渋谷キャンパス	150-0031	東京都渋谷区桜丘町24-1　橋本ビル3F	0120-919-439
Loohcs高等学院		150-0031	東京都渋谷区桜丘町16-12　桜丘フロントビル3F	050-3627-5896
あすなろ式高等学院		150-0032	東京都渋谷区鶯谷町4-11　カイホウビル2F	03-5459-7561
SPINNS高等学院	東京教室	150-0036	東京都渋谷区南平台町1-10　SPINNSプレスルーム	お問合せはメールにて
eスポーツ高等学院	シブヤeスタジアム	150-0042	東京都渋谷区宇田川町20-17　NMF渋谷公園通りビル8F	0120-428-133
MIジャパン	東京キャンパス	150-0043	東京都渋谷区道玄坂1-16-6	03-3476-1597
東京自由学院高等部		150-0043	東京都渋谷区道玄坂2-18-11　サンモール道玄坂6F	03-3476-0102
日本文理学院高等部		150-0045	東京都渋谷区神泉町15-11	03-6455-0910
VAW栄光ハイスクール		151-0051	東京都渋谷区千駄ヶ谷3-54-8	03-5413-3661
代々木グローバル高等学院	東京校	151-0051	東京都渋谷区千駄ヶ谷5-8-2	03-6384-2388
キズキ共育塾		151-0051	東京都渋谷区千駄ヶ谷5-16-19　安岡ビル1F	03-6273-2953
東京療術学院高等部		151-0053	東京都渋谷区代々木2-4-9　NMF新宿南口ビル6F	03-3375-1854
東京音楽芸術学園高等部		151-0072	東京都渋谷区幡ヶ谷1-3-1　3F	03-6300-0010
KG高等学院	通信制　自由が丘キャンパス	152-0034	東京都目黒区緑が丘1-23-15　O-FLATS　2F	03-6421-1277
渡辺高等学院		153-0043	東京都目黒区東山1-4-1	0120-300-151
レコールバンタン高等部	東京校	153-0051	東京都目黒区上目黒1-3-3	0120-778-573
バンタンゲームアカデミー高等部	東京校	153-0061	東京都目黒区中目黒2-10-17	0120-51-0505
ホリプロデジタル高等学院	目黒サテライト	153-0064	東京都目黒区下目黒2-14-14　JAAビル	03-5434-8611
志成館高等学院	東京校	153-0064	東京都目黒区下目黒2-3-4　フタバ目黒ビル	03-6824-9690
ホリプロデジタル高等学院		153-8660	東京都目黒区下目黒1-2-5	03-6822-5601
国立音楽院		154-0001	東京都世田谷区池尻3-28-8	03-5431-8085
ビューティードッグスクール	下北沢校	155-0032	東京都世田谷区代沢3-16-6　B1F	03-6804-0997
東京YMCA "liby（リビー）"		156-0051	東京都世田谷区宮坂3-23-2　東京YMCA南コミュニティーセンター3F	03-3420-5361
KG高等学院	世田谷キャンパス	156-0052	東京都世田谷区経堂1-19-14　第六経堂ビル402	03-6413-9417
KG高等学院	千歳烏山キャンパス	157-0062	東京都世田谷区南烏山6-4-18　カルスハイツ3F	03-5314-9892
トライ式高等学院	自由が丘キャンパス	158-0083	東京都世田谷区奥沢5-26-16　自由が丘MAST　2F	0120-919-439
駿台通信制サポート校	四谷校	160-0004	東京都新宿区四谷1-17-6	03-6273-2931
国際文化学園高等部		160-0004	東京都新宿区四谷2-11-6	03-3355-9811
ジールダンスハイスクール		160-0021	東京都新宿区歌舞伎町2-44-1　東京都健康プラザハイジア17F	03-3203-5225
NIC International High School	東京校	160-0022	東京都新宿区新宿5-9-16　NIC International College in Japan	03-5379-5551
ウッド高等部		160-0022	東京都新宿区新宿2-4-6　新宿君嶋ビル4F	03-3341-8846
KG高等学院	新宿エルタワーキャンパス	160-0023	東京都新宿区西新宿1-6-1　新宿エルタワー18F	03-5937-0513
K-twoビューティー&ファッションハイスクール新宿校（第一校舎）		160-0023	東京都新宿区西新宿1-3-17　新宿第一アオイビル10F	0120-226-852
トライ式高等学院	新宿キャンパス	160-0023	東京都新宿区西新宿1-7-1　松岡セントラルビル6F	0120-919-439
インターナショナル・メディア学院高等部	西新宿声優キャンパス	160-0023	東京都新宿区西新宿8-3-23　ローズガーデンテラス1F　B1F	03-5386-7545
おおぞら高等学院	東京キャンパス	160-0023	東京都新宿区西新宿8-13-6	0120-12-3796
河合塾COSMO	東京校	160-0023	東京都新宿区西新宿7-14-7	0120-800-694
ニチガク高等学院		160-0023	東京都新宿区西新宿7-16-6　森正ビル1F	080-3852-0154
Allight Educational Consulting	神楽坂校	162-0811	東京都新宿区水道町1-19　ESTビル3F	03-4400-1228
トライ式高等学院	中野キャンパス	164-0001	東京都中野区中野4-2-12　三明ビル2F	0120-919-439
KG高等学院	中野キャンパス	164-0001	東京都中野区中野5-68-2　中野中央ビル5F　サイエンス倶楽部内	050-3375-9775

学 校 名		〒	住所	電話番号
フリースクールフェルマータ		164-0001	東京都中野区中野3-19-2　ディアコート102	03-6382-5304
悠々舎高等学院		164-0001	東京都中野区中野5-3-24　ヴァドール3F	050-3375-9775
翔和学園		164-0011	東京都中野区中央1-38-1　アクロスシティ中野坂上2F	03-5338-0338
ポケットフリースクール		166-0003	東京都杉並区高円寺南4-7-3	03-6689-3892
招来舎高等学院		166-0004	東京都杉並区阿佐ヶ谷南1-16-9　エムワンビル301・302	03-6304-9093
KG高等学院	荻窪キャンパス	167-0032	東京都杉並区天沼3-3-4-2　魚耕ビル2F	03-6383-5410
東京YMCA高等学院		169-0051	東京都新宿区西早稲田2-18-12	03-3202-0326
学研のサポート校WILL学園	高田馬場キャンパス	169-0075	東京都新宿区高田馬場1-14-9	0120-883-122
総合学園ヒューマンアカデミー	東京校	169-0075	東京都新宿区高田馬場2-14-17　教育センター第二ビル	0120-06-8603
早稲田ゼミナール高等部		169-0075	東京都新宿区高田馬場1-24-13	0120-4103-86
東京芸能学園高等部		169-0075	東京都新宿区高田馬場1-29-20　安念ビル1F	03-6233-7773
東京文理学院　高等部		169-0075	東京都新宿区高田馬場4-4-11	03-3365-1781
KG高等学院	留学館高卒NEXT　巣鴨校	170-0002	東京都豊島区巣鴨1-31-5　巣鴨茂木ビル3F	0120-061-068
プラドアカデミー高等学院		170-0002	東京都豊島区巣鴨1-14-5　第一松岡ビル7F	0120-88-1230
bグローバル国際高等学院	大塚キャンパス	170-0005	東京都豊島区南大塚3-36-7　南大塚T&Tビル6F　RYOZANPARK内	045-550-7174
フレンドシップ東京学院中等部・高等部		170-0005	東京都豊島区南大塚3-43-12　アライビル	03-3984-9922
KG大塚通信制サポートキャンパス		170-0005	東京都豊島区南大塚1-58-7	03-5940-7080
通信制学習センター	池袋サンシャインキャンパス	170-0013	東京都豊島区東池袋1-20-2	090-2764-1200
通信制シティーキャンパス	池袋サンシャインキャンパス	170-0013	東京都豊島区東池袋1-3	090-2764-1200
eスポーツ高等学院	プクロeスタジアム	170-0013	東京都豊島区東池袋1-12-8	0120-428-133
中央高等学院	池袋校	170-0013	東京都豊島区東池袋1-12-8	03-3590-0130
国際芸術学園		170-0013	東京都豊島区東池袋1-22-5　サンケイビル6F	03-6826-5959
managara BASE	池袋	170-0013	東京都豊島区東池袋 1-9-1　セイコーサンシャインビルXI　9F	0120-934-707
吉本興業高等学院	東京校	170-0013	東京都豊島区東池袋3-1-4　サンシャインシティ文化会館ビル7F	03-5962-0168
DSC高卒資格サポートセンター	池袋キャンパス	170-0014	東京都豊島区池袋1-7-14　天心堂ビル3F	03-5954-2442
がんば式高等学園		171-0021	東京都豊島区西池袋3-29-12	03-5957-7231
トライ式高等学院	池袋キャンパス	171-0022	東京都豊島区南池袋1-19-4　南池袋幸伸ビル8F	0120-919-439
学力会		173-0004	東京都板橋区板橋1-30-11	03-3961-7511
つばさ高等学院	東京板橋校	173-0005	東京都板橋区仲宿55-8　2F	048-984-0283
動物飼育技術学院	板橋	174-0046	東京都板橋区蓮根3-23-17	03-5918-9100
ビューティードッグスクール	板橋校	174-0046	東京都板橋区蓮根3-23-17	03-5918-9100
KG高等学院	練馬キャンパス	176-0012	東京都練馬区豊玉北5-14-2　永井ビル2F	03-6914-7191
トライ式高等学院	大泉学園キャンパス	178-0063	東京都練馬区東大泉1-30-7　瀧島ビル4F	0120-919-439
KG高等学院	吉祥寺キャンパス	180-0001	東京都武蔵野市吉祥寺北町1-1-19　2F	0422-23-7707
トライ式高等学院	吉祥寺キャンパス	180-0004	東京都武蔵野市吉祥寺本町1-10-10　ロータスビル4F	0120-919-439
中央高等学院	吉祥寺本校	180-0004	東京都武蔵野市吉祥寺本町2-21-8	0422-22-7787
三鷹富士学院		180-0006	東京都武蔵野市中町1-22-9	0422-55-2284
フリースクールコスモ高等部		181-0013	東京都三鷹市下連雀1-14-3　文化学習協同センター内	0422-47-8706
学びサポートセンター高等部	三鷹校	181-0013	東京都三鷹市下連雀3-27-12　コアパレス常葉11　6F	080-7178-0980
マナラボ高等部	調布キャンパス	182-0024	東京都調布市布田1-1-2　第二安田ビル2F	042-444-0887
トライ式高等学院	府中キャンパス	183-0055	東京都府中市府中町1-1-5　府中髙木ビル5F	0120-919-439
トライ式高等学院	国分寺駅前キャンパス	185-0012	東京都国分寺市本町2-2-14　セントオークビル2F	0120-919-439
KG高等学院	国分寺キャンパス	185-0021	東京都国分寺市南町3-11-7　吉田ビル3F	042-313-9215
KG高等学院	国立キャンパス	186-0002	東京都国立市東1-16-17　国立中央B1F　サイエンス倶楽部内	042-313-9215
みらい国際高等学院		186-0004	東京都国立市中1-8-5　茜サマリヤプラザ3F	042-505-6662
KG高等学院	田無キャンパス	188-0012	東京都西東京市南町5-4-1　オグチビル3F	042-497-5860
おおぞら高等学院	立川キャンパス	190-0012	東京都立川市曙町1-14-14　コアビル1・2・3F	0120-12-3796
トライ式高等学院	立川キャンパス	190-0012	東京都立川市曙町1-14-13　立川MKビル2F	0120-919-439
学研のサポート校WILL学園	立川キャンパス	190-0023	東京都立川市柴崎町3-10-20　渡辺ビル4F	0120-883-122
立川学習センター須田学習塾		190-0023	東京都立川市柴崎町3-10-4	042-524-9864
エコール八王子		192-0082	東京都八王子市東町1-14　橋完ビル2F	042-631-0097
東京国際高等学院		192-0082	東京都八王子市東町1-14	042-631-0097
トライ式高等学院	八王子キャンパス	192-0083	東京都八王子市旭町12-4　日本生命八王子ビル5F	0120-919-439
東京みらい高等学院		192-0364	東京都八王子市南大沢2-27	042-676-5787
おおぞら高等学院	町田キャンパス	194-0013	東京都町田市原町田3-2-1　原町田中央ビル3F	0120-12-3796
KG高等学院	町田キャンパス	194-0021	東京都町田市中町1-18-12　MFビル2F	042-729-3220
ピア高等部		194-0021	東京都町田市中町1-21-16	042-860-7682
トライ式高等学院	町田キャンパス	194-0022	東京都町田市森野1-34-10　第一矢沢ビル2F	0120-919-439
GRES高等学院		196-0034	東京都昭島市玉川町1-1-12　エルビル3F-A	042-519-2385
DSC高卒資格サポートセンター	拝島キャンパス	197-0003	東京都福生市熊川1396-2　第一森六ビル2F	042-513-0351

学　校　名		〒	住所	電話番号
英明学舎		197-0021	東京都福生市東町2-8	042-553-3012
寺子屋一心舎高等部通信制キャンパス		201-0003	東京都狛江市和泉本町1-2-5　サブマリーンビル3F	03-5761-3463
武蔵野情報学園高等部		203-0014	東京都東久留米市東本町1-15　ウィステリアMFビル3F	042-476-2445
NPO法人　文化高等学院		207-0012	東京都東大和市新堀1-1435-20	042-565-7151
神奈川県				
ビューティードッグスクール	川崎校	210-0003	神奈川県川崎市川崎区堀之内町10-18　1F	080-4434-5352
動物飼育技術学院	川崎校	210-0003	神奈川県川崎市川崎区堀之内町10-18　松ロイヤルビル1F	03-5918-9100
トライ式高等学院	川崎キャンパス	210-0007	神奈川県川崎市川崎区駅前本町15-5　十五番館6F　C区画	0120-919-439
YUME School	川崎ラ チッタデッラ校	210-0023	神奈川県川崎市川崎区小川町4-1　ラ チッタデッラ内　マッジョーレ2F	044-201-8188
ICA今西コーチングアカデミー高等部		211-0009	神奈川県川崎市中原区新丸子町736-1　戸川ビル2F	044-819-5401
トライ式高等学院	武蔵小杉キャンパス	211-0063	神奈川県川崎市中原区新丸子東2-924　大谷ビル2F	0120-919-439
動物飼育技術学院	川崎西校	212-0004	神奈川県川崎市幸区小向西町2-22-3	03-5918-9100
大成学園	川崎校	212-0012	神奈川県川崎市幸区新川通11-12　金子ビル4F	044-589-7177
武蔵MSG高等学院	MSG溝ノ口校	213-0001	神奈川県川崎市高津区溝の口1-22-26	044-455-6063
おおぞら高等学院	溝の口キャンパス	213-0001	神奈川県川崎市高津区溝口1-20-8　第2多田ビル1F	0120-12-3796
KG高等学院	稲田堤キャンパス	214-0003	神奈川県川崎市多摩区菅稲田堤1-17-50	044-712-3500
KG高等学院	新百合ヶ丘キャンパス	215-0021	神奈川県川崎市麻生区上麻生1-13-6　ツエニーワンビル2F	044-767-8117
JUNSE国際学院	東京校	215-0023	神奈川県川崎市麻生区片平4-10-19	044-712-0490
トライ式高等学院	横浜キャンパス	220-0004	神奈川県横浜市西区北幸2-5-3　アスカビル3F	0120-919-439
教育アカデミー高等部	横浜西口キャンパス	220-0005	神奈川県横浜市西区南幸2-16-20　YKビル8F	045-548-5586
KG高等学院	横浜岩谷キャンパス	220-0023	神奈川県横浜市西区平沼1-38-19　岩谷学園5号館2F	045-312-7613
おおぞら高等学院	横浜キャンパス	221-0052	神奈川県横浜市神奈川区栄町17-2　ポートサイドサクラビル1・2F	0120-12-3796
エデュベル学園		221-0822	神奈川県横浜市神奈川区西神奈川1-15-14	045-309-9299
学研のサポート校WILL学園	横浜キャンパス	221-0835	神奈川県横浜市神奈川区鶴屋町2-21-1　ダイヤビル6F	0120-883-122
大成学園	横浜校	221-0835	神奈川県横浜市神奈川区鶴屋町3-33-7	045-313-1359
駿台通信制サポート校	横浜校	221-0835	神奈川県横浜市神奈川区鶴屋町3-31-1　駿台 横浜みらい館内	045-321-6715
東京学力会	横浜校	221-0835	神奈川県横浜市神奈川区鶴屋町3-32　アカデミービル3F	045-317-3181
Y's Make Up High School		221-0844	神奈川県横浜市神奈川区沢渡3-1　東興ビル2-b	045-620-0642
教育アカデミー高等部	横浜駅前キャンパス	222-0033	神奈川県横浜市港北区新横浜3-6-1　新横浜SRビル9C	045-534-5342
教育アカデミー高等部	日吉キャンパス	223-0062	神奈川県横浜市港北区日吉本町1-18-21　塚本ウエストサイドビル202	045-548-8079
大成学園	港北ニュータウン校	224-0041	神奈川県横浜市都筑区仲町台1-2-8　横浜パレス201	045-507-5205
キッカケ学園高等部		224-0053	神奈川県横浜市都筑区池辺町4328	045-479-5513
マナラボ高等部	青葉台キャンパス	227-0054	神奈川県横浜市青葉区しらとり台1-10　岡部ビル2F	045-516-0990
教育アカデミー高等部	横浜青葉台キャンパス	227-0062	神奈川県横浜市青葉区青葉2-11-24　セカンドエイド3F	045-482-6081
トライ式高等学院	青葉台キャンパス	227-0062	神奈川県横浜市青葉区青葉1-6-13　ケントロンビル5F	0120-919-439
bグローバル国際高等学院	鶴見キャンパス	230-0027	神奈川県横浜市鶴見区菅沢町5-18　2F	045-550-7174
中央高等学院	横浜校	231-0011	神奈川県横浜市中区太田町2-23	045-222-4111
eスポーツ高等学院	ヨコハマeスタジアム	231-0011	神奈川県横浜市中区太田町2-23	0120-428-133
トライ式高等学院	上大岡駅前キャンパス	233-0002	神奈川県横浜市港南区上大岡西1-6-1　ゆめおおおかオフィスタワー22F	0120-919-439
上大岡高等学院		233-0008	神奈川県横浜市港南区最戸2-21-10　MOEビル302	045-341-0035
港南台高等学院		234-0054	神奈川県横浜市港南区港南台5-5-1　福島ショッピングセンター2F	045-835-3010
教育アカデミー高等部	横浜根岸キャンパス	235-0005	神奈川県横浜市磯子区東町15-32　モンビル6F	080-4836-6542
セレンディップ高等学院	横浜磯子ラーニングスペース(LS)	235-0023	神奈川県横浜市磯子区森5-21-7	045-294-4967
大成学園	金沢文庫校	236-0016	神奈川県横浜市金沢区谷津町333　1F	045-352-8709
KG高等学院	能見台駅前キャンパス	236-0053	神奈川県横浜市金沢区能見台通7-1　KRビル2F	045-782-5252
大成学園	横須賀校	238-0007	神奈川県横須賀市若松町1-8	046-826-0087
教育アカデミー高等部	横須賀キャンパス	238-0007	神奈川県横須賀市若松町3-20-16　アーバンヒルズ横須賀中央2FA	046-874-9117
湘南国際学院		238-0042	神奈川県横須賀市汐入町2-46-1	046-827-1941
神南高等スクール		239-0831	神奈川県横須賀市久比里2-13-4　居垣ビル1F	046-845-6862
武蔵MSG高等学院	MSG二俣川キャンパス	241-0821	神奈川県横浜市旭区二俣川1-45-69	045-465-6175
KG高等学院	大和キャンパス	242-0021	神奈川県大和市中央4-1-24　セントラルフォート301	046-244-0877
栄眞学園高等部		242-0024	神奈川県大和市福田5512-2	046-259-6723
KG高等学院	厚木キャンパス	243-0013	神奈川県厚木市泉町3-6　光正ビル301	046-228-5154
トライ式高等学院	本厚木キャンパス	243-0018	神奈川県厚木市中町2-1-24　柳田ビル3F	0120-919-439
おおぞら高等学院	厚木キャンパス	243-0018	神奈川県厚木市中町4-9-17　原田センタービル1・2F	0120-12-3796
教育アカデミー高等部	海老名キャンパス	243-0432	神奈川県海老名市中央3-1-5　スカイビル・エビナ7F	0120-619-134
教育アカデミー高等部	横浜戸塚キャンパス	244-0003	神奈川県横浜市戸塚区戸塚町3960　吉田屋ビル3F	045-410-8377
大成学園	戸塚校	244-0033	神奈川県横浜市戸塚区戸塚町3982-1　倉田ビル2	045-438-8988
教育アカデミー高等部	横浜港北キャンパス	244-0065	神奈川県横浜市都筑区高山1-41　エトワール富士見ヶ丘2F	045-942-5941
トライ式高等学院	戸塚キャンパス	244-0817	神奈川県横浜市戸塚区吉田町3002-1　第7吉本ビル1F	0120-919-439

学　校　名		〒	住所	電話番号
Seeds学院高等部		247-0055	神奈川県鎌倉市小袋谷1-9-3　大船Rビル2F	045-392-3559
KG高等学院	由比ガ浜キャンパス	248-0014	神奈川県鎌倉市由比ガ浜2-16-1　若宮大路ビル202	050-1391-6431
KG高等学院	逗子キャンパス	249-0006	神奈川県逗子市逗子4-1-2　2F	046-854-4258
KG高等学院	小田原キャンパス	250-0011	神奈川県小田原市栄町1-2-1　小田原駅前ビル4F	0465-43-9445
湘南国際アカデミー高等部		251-0015	神奈川県藤沢市川名2-5-31　1F	0466-41-9177
湘南一ツ星高等学院		251-0023	神奈川県藤沢市鵠沼石上1-5-6　渡辺ビル4・5F	0466-54-7306
トライ式高等学院	藤沢キャンパス	251-0025	神奈川県藤沢市鵠沼石上1-5-6　渡辺ビル1F	0120-919-439
おおぞら高等学院	湘南キャンパス	251-0026	神奈川県藤沢市鵠沼東1-1　玉半ビル1・3F	0120-12-3796
学研のサポート校WILL学園	湘南キャンパス	251-0041	神奈川県藤沢市辻堂神台2-2-2　ココテラス湘南5F	0120-883-122
鹿島学園高校・鹿島朝日高校・鹿島山北高校連携WEBキャンパス		251-0055	神奈川県藤沢市南藤沢18-1　グレイシャスK南藤沢5F	0120-973-649
大成学園	藤沢校	251-0055	神奈川県藤沢市南藤沢2-1-3　ダイヤモンドビル5F	0466-54-7779
セルフ高等学院	橋本キャンパス	252-0105	神奈川県相模原市緑区久保沢1-4-22　小池ビル2F	042-783-4556
セルフ高等学院	橋本駅前キャンパス	252-0143	神奈川県相模原市緑区橋本3-19-17　プリムローズハウス804	042-703-6011
大成学園	JR相模原校	252-0231	神奈川県相模原市中央区相模原2-10-14　水谷商事ビル2F	042-711-7318
武蔵MSG高等学院	MSG相模原キャンパス	252-0231	神奈川県相模原市中央区相模原3-8-18	042-776-5101
大成学園	淵野辺駅前校	252-0233	神奈川県相模原市中央区鹿沼台1-11-7　カルミア淵野辺1F	042-851-3602
太陽の村	高校生部門	252-0239	神奈川県相模原市中央区中央2-7-9　中央歯科3F	042-707-0160
KG高等学院	相模原キャンパス	252-0242	神奈川県相模原市中央区横山2-3-12　2F	042-707-1333
武蔵MSG高等学院	MSG相模田名校	252-0244	神奈川県相模原市中央区田名4321-1　3F	042-785-2385
大成学園	相模大野校	252-0303	神奈川県相模原市相模大野3-9-1　岡田屋モアーズ相模大野5F	042-701-0256
TOS高等学院		252-0303	神奈川県相模原市南区相模大野8-2-6　第一島ビル4F	0120-305-897
大成学園	小田急相模原駅前校	252-0321	神奈川県相模原市南区相模台2-4-2　吉見ビル201	042-701-0256
大成学園	平塚駅前校	254-0035	神奈川県平塚市宮の前7-11　Y&S平塚	0463-20-8328
KG高等学院	平塚キャンパス	254-0043	神奈川県平塚市紅谷町10-12	0463-22-4647
日本サーフアカデミー高等部		256-0816	神奈川県小田原市酒匂3-7-15	0465-43-6427
ゆがわら中央高等学院		259-0301	神奈川県足柄下郡湯河原町中央2-3-10　二見ビル1F	0465-44-4263
新潟県				
トライ式高等学院	長岡キャンパス	940-0048	新潟県長岡市台町2-8-35　ホテルニューオータニ長岡1F	0120-919-439
葵高等学院	長岡校	940-0062	新潟県長岡市大手通1-4-12　都屋ビル2・3F	0120-691-900
井studio中央高等学院		943-0832	新潟県上越市本町5-5-9　ランドビル1F	025-522-9302
トライ式高等学院	新潟キャンパス	950-0087	新潟県新潟市中央区東大通1-7-7　IMA-Ⅲビル2F	0120-919-439
おおぞら高等学院	新潟キャンパス	950-0088	新潟県新潟市中央区万代1-3-7　NDK万代ビル4F	0120-12-3796
DSC高卒資格サポートセンター	新潟学習キャンパス	950-0914	新潟県新潟市中央区紫竹山2-5-3　紫鳥線ビル2F　G	025-250-7893
富山県				
トライ式高等学院	富山キャンパス	930-0002	富山県富山市新富町1-2-3　富山ステーションフロントCiC　2F	0120-919-439
富山KG学院		930-0002	富山県富山市新富町2-4-25　カーニープレイス4F　C	050-6860-3288
AOIKE高等学院	富山キャンパス	930-0061	富山県富山市一番町3-20	076-491-1177
学習塾プロセス		937-0046	富山県魚津市上村木1-1-10　オセルビル2F	0765-32-5501
石川県				
代々木アニメーション学院高等部&サポートスクール金沢校		920-0852	石川県金沢市此花町7-8	076-210-3939
トライ式高等学院	金沢キャンパス	920-0853	石川県金沢市本町2-15-1　ポルテ金沢2F	0120-919-439
金沢KG学院		920-0901	石川県金沢市広岡2-13-37　ST金沢ビル3F	050-6860-3288
代々木グローバル高等学院	金沢校	920-0919	石川県金沢市南町5-14　アポー金沢1F	076-210-5370
ひふみ学園		921-8052	石川県金沢市保古1-36　2F	076-227-9878
吉田スクール		923-0861	石川県小松市沖町レ99	0761-24-5245
福井県				
福井KG学院		910-0005	福井県福井市大手2-4-26　シラサワビル203	050-6860-3288
トライ式高等学院	アオッサキャンパス	910-0858	福井県福井市手寄1-4-1　AOSSA　2F	0120-919-439
AOIKE高等学院	敦賀キャンパス	914-0054	福井県敦賀市白銀町5-30	0770-47-6224
京都進学会	小浜キャンパス	917-0077	福井県小浜市駅前町7-22　駅前ビル2F	0770-52-3456
AOIKE高等学院	小浜キャンパス	917-0084	福井県小浜市小浜広峰108	0770-52-3481
山梨県				
KAI高等学院		400-0016	山梨県甲府市武田1-2-19	055-251-5560
トライ式高等学院	甲府キャンパス	400-0024	山梨県甲府市北口3丁目4-33　セインツ25　3F	0120-919-439
総合学園ヒューマンアカデミー	富士河口湖校	401-0301	山梨県南都留郡富士河口湖町船津6713-61	0120-06-8603
長野県				
飯田学習院		359-0052	長野県飯田市元町5430-5　第一吉川ビル301	050-6861-2520
信州中央高等学院	長野学習センター	380-0821	長野県長野市鶴賀上千歳町1112-1　NTTドコモ長野支店1F	026-219-3132
アーネスト高等学院		380-0822	長野県長野市南千歳965　アネックスビル2F	026-268-0051
KATEKYO高等学院	長野大通り校	380-0823	長野県長野市南千歳2-8　KATEKYOビル	026-228-0228

学 校 名		〒	住所	電話番号
トライ式高等学院	長野キャンパス	380-0824	長野県長野市南石堂町1971　A-ONE City the agora 3F	0120-919-439
KATEKYO高等学院	長野駅東口校	380-0921	長野県長野市栗田343-1	026-223-5050
KATEKYO高等学院	運動公園前校	381-0038	長野県長野市東和田592　山陽運動公園ビル2F	026-217-0220
KATEKYO高等学院	長野吉田校	381-0043	長野県長野市吉田2-9-6　岡沢ビル3F	026-219-5678
KATEKYO高等学院	須坂駅前校	382-0077	長野県須坂市北横町1295-1　シルキービル2F	026-246-4455
KATEKYO高等学院	中野駅前校	383-0021	長野県中野市西1-564-1　門脇ビル北1・2F	0269-24-0055
アーサー学院	信州中野校	383-0045	長野県中野市大字江部1376-23	0269-24-7119
寺子屋高等学院	小諸駅前キャンパス(鹿島朝日提携コース)	384-0025	長野県小諸市相生町2-1-5　相生会館1F	0267-54-8339
KATEKYO高等学院	小諸駅前校	384-0025	長野県小諸市相生町2-2-25　小久ビル2F	0267-25-6677
寺小屋高等学院	佐久平キャンパス	385-0022	長野県佐久市岩村田758	0267-54-8339
KATEKYO高等学院	佐久岩村田校	385-0022	長野県佐久市岩村田795-1　神津ビル2F	0267-68-6666
KATEKYO高等学院	上田駅前校	386-0012	長野県上田市中央1-1-22　桝林本店ビル2F	0268-24-1515
KG高等学院	上田キャンパス	386-0024	長野県上田市大手2-3-1　YCC第2ビル	0268-75-7212
KATEKYO高等学院	上田原校	386-1102	長野県上田市上田原802-19　セイワビル2F	0268-75-9393
Prima国際高等学院	屋代校	387-0013	長野県千曲市大字小島3131-5	026-273-8825
KATEKYO高等学院	屋代駅前校	387-0013	長野県千曲市小島3146　宮坂ビル1・2F	026-273-4433
KATEKYO高等学院	篠ノ井駅前校	388-8007	長野県長野市篠ノ井布施高田872　田中ビル1F	026-292-0505
Prima国際高等学院	松本校	390-0811	長野県松本市中央1-10-25　UDビル2F	0263-31-0808
おおぞら高等学院	松本キャンパス	390-0811	長野県松本市中央2-1-24　五幸本町ビル3F	0120-12-3796
トライ式高等学院	松本キャンパス	390-0811	長野県松本市中央1-15-7　ハネサム松本1F	0120-919-439
KATEKYO高等学院	松本駅前校	390-0815	長野県松本市深志2-1-5　森田ビル3F	0263-35-3388
松本スクエア		390-0815	長野県松本市深志2-1-5　森田ビル3F	0263-88-6624
KATEKYO高等学院	松本合庁前校	390-0852	長野県松本市島立1054-15　吉澤ビル102	0263-35-3388
KATEKYO高等学院	松本桐校	390-0871	長野県松本市桐3-2-45　山本ビル201	0263-50-5544
KG高等学院	松本キャンパス	390-0875	長野県松本市城西1-3-30　学校法人秋桜会松の内ビジネス専門学校	0263-32-5589
KATEKYO高等学院	茅野駅前校	391-0001	長野県茅野市ちの3550-29　シナノヤビル2F	0266-73-0088
信州中央高等学院	諏訪学習センター	391-0002	長野県茅野市塚原1-3-21	0266-78-6830
KATEKYO高等学院	上諏訪駅前校	392-0004	長野県諏訪市諏訪1-3-7	0266-57-3388
子どもサポートチームすわ		392-0015	長野県諏訪市中洲2843	0266-58-5678
DSC高卒資格サポートセンター	岡谷キャンパス	394-0028	長野県岡谷市本町1-7-22　マルイビル2F	0266-78-6901
KATEKYO高等学院	岡谷校	394-0028	長野県岡谷市本町4-11-34	0266-78-6667
KATEKYO高等学院	飯田駅前校	395-0086	長野県飯田市東和町2-33-5	0265-22-6600
KATEKYO高等学院	伊那北駅前校	396-0023	長野県伊那市山寺八幡町1980　松崎ビル2・3F	0265-73-8899
KATEKYO高等学院	村井駅前校	399-0036	長野県松本市村井町南1-35-51　メゾン西中屋1F	0263-87-8717
KATEKYO高等学院	塩尻駅前校	399-0737	長野県塩尻市大門八番町561-5　小沢ビル3F	0263-52-4477
KATEKYO高等学院	駒ヶ根駅前校	399-4112	長野県駒ヶ根市中央23-16	0120-00-1111
KATEKYO高等学院	穂高柏矢町校	399-8303	長野県安曇野市穂高764　サンライズあづみ野ビル2F	0263-81-3322
飯田仲ノ町高等学院			長野県飯田市　お問い合わせは（050-3635-3815）まで	050-3635-3815
岐阜県				
トライ式高等学院	岐阜駅前キャンパス	500-8175	岐阜県岐阜市長住町2-7　アーバンフロントビル2F	0120-919-439
七色高等学院	岐阜校	500-8175	岐阜県岐阜市長住町2-6-23　新岐阜ビル3・4・5F	0120-716-150
想論館学園高等部	岐阜教室	500-8175	岐阜県岐阜市長住町2-6　新岐阜ビル5F　北側	0574-58-5588
おおぞら高等学院	岐阜キャンパス	500-8429	岐阜県岐阜市加納清水町3-8-1　日本泉ビル3F	0120-12-3796
岐阜みずほ高等学院（代々木高校岐阜駅前教室）		500-8843	岐阜県岐阜市住田町2-18　YOビル3F	058-203-9039
ユーロ高等学院	日本オフィス	500-8863	岐阜県岐阜市千手堂南町4-27-2	058-252-7387
岐阜KG学院		500-8864	岐阜県岐阜市真砂町12-6-1　大脇ビル2F	050-6860-3288
想論館学園高等部	関教室	501-3827	岐阜県関市宮地町5-6　旭ヶ丘総合ビル201	0574-58-5588
岐阜未来教育学園（通信制高校提携校）	岐阜関校	501-3903	岐阜県関市桜ヶ丘1-1	0575-24-1296
REBOOT.coco		501-3904	岐阜県関市稲河町7-3	058-241-3100
ぎふ中央高等学院		501-6105	岐阜県岐阜市柳津町梅松1-126	058-201-7250
大垣KG学院		503-0901	岐阜県大垣市高屋町1-19　西田ビル2F	050-6860-3288
各務原KG学院		504-0837	岐阜県各務原市那加甥田町6	050-6860-3288
ドリーム高等学院		506-0026	岐阜県高山市花里町4-108	0577-62-8586
ラリュミエール高等学院		507-0033	岐阜県多治見市本町1-85　曽根ビル3F	0120-3719-37
志学高等学院	多治見校	507-0034	岐阜県多治見市豊岡町2-60　2・3F	052-251-5530
明誠義塾高等学院	可児校	509-0201	岐阜県可児市川合2749-65　サーバント虹ビル3F	0574-66-1212
想論館学園高等部		509-0207	岐阜県可児市今渡408-2　クレスト今渡2F	0574-58-5588
七色高等学院	可児校	509-0214	岐阜県可児市広見4-5	0120-716-150
E's Class		509-7201	岐阜県恵那市大井町225-3	0573-25-1561

学校名		〒	住所	電話番号
静岡県				
ドリカムハイスクール	通信制 沼津キャンパス	410-0046	静岡県沼津市米山町10-32-2	055-922-9110
沼津高等学園		410-0312	静岡県沼津市原193-3	055-966-0132
未来を創る学舎	沼津校	410-0801	静岡県沼津市大手町5-7-1　2F	055-928-5277
動物飼育技術学院	沼津校	410-0822	静岡県沼津市下香貫七面1111-3	055-933-2182
ビューティードッグスクール	沼津校	410-0822	静岡県沼津市下香貫七面1111-3	055-933-2182
夢未来高等学院	静岡校	411-0035	静岡県三島大宮町3-20-19　石川ビル2F	055-991-0807
トライ式高等学院	三島キャンパス	411-0036	静岡県三島市一番町15-21　増田ビル2F	0120-919-439
ビューティードッグスクール	長泉校	411-0943	静岡県駿東郡長泉町下土狩1331-8	0120-777-044
適応支援教室アルファー高等部		416-0924	静岡県富士市水戸島本町11-9	090-1476-3995
ビューティードッグスクール	富士校	416-0931	静岡県富士市蓼原1654	0120-777-044
アドバンス学習塾	新富士駅前キャンパス	416-0942	静岡県富士市上横割258-7　マキシム21ビル　2F	0545-30-8220
わかば高等学院		416-0944	静岡県富士市横割3-1-8	0545-67-5551
未来を創る学舎	伊豆函南校	419-0100	静岡県田方郡函南町仁田185-10	055-960-9423
秀英NEO高等学院		420-0839	静岡県静岡市葵区鷹匠2-16-1　4F	054-665-8191
静岡学習院		420-0852	静岡県静岡市葵区紺屋町8-12　金清軒ビル3F	050-6861-2520
トライ式高等学院	静岡キャンパス	420-0857	静岡県静岡市葵区御幸町6-10　静岡モディ5F	0120-919-439
未来を創る学舎	静岡校	420-0857	静岡県静岡市葵区御幸町11-8　3F	054-272-2720
学習研究会プログレス		420-0886	静岡県静岡市葵区大岩4-1-32	054-248-8867
元気学園		422-8034	静岡県静岡市駿河区高松1969-7	054-236-5015
おおぞら高等学院	静岡キャンパス	430-0933	静岡県静岡市駿河区南町10-5　地建南町ビル5F	0120-12-3796
焼津学習院		425-0027	静岡県焼津市栄町1-1-32　アピオビル3-B	050-6861-2520
トライ式高等学院	浜松キャンパス	430-0933	静岡県浜松市中央区鍛冶町1-35　中村企画ビル1F	0120-919-439
おおぞら高等学院	浜松キャンパス	430-8655	静岡県浜松市中央区鍛冶町319-28　遠鉄鍛冶町ビル6・9F	0120-12-3796
オイスカ夢未来高等学院	浜松校	431-1115	静岡県浜松市中央区西区和地町5835	053-486-3011
NPC高等学院（通信制高校提携校）	浜松校	433-8122	静岡県浜松市中央区上島6-25-9	053-412-0675
愛知県				
トライ式高等学院	豊橋キャンパス	440-0075	愛知県豊橋市花田町西宿無番地　豊橋ビルカルミア4F	0120-919-439
豊橋駅前学習院		440-0888	愛知県豊橋市駅前大通1-27-1　ウォールキャピタルヒル6F	050-6861-2520
DSC高卒資格サポートセンター	豊橋キャンパス	440-0897	愛知県豊橋市松葉町2-45　2F	0532-35-9367
ゆずりは学園	田原校	441-3432	愛知県田原市野田町田尻15-14	0531-22-3315
ゆずりは学園	アイプラザ豊橋会場	441-8141	愛知県豊橋市草間町字東山143-6　アイプラザ豊橋内	0531-22-3315
スターシャル学院	豊橋教室	441-8141	愛知県豊橋市草間町字東山143-6　アイプラザ豊橋内	052-732-4450
ゆずりは学園	豊川稲荷校	442-0036	愛知県豊川市豊川栄町21	0531-22-3315
NPC高等学院（通信制高校提携校）	大平キャンパス	444-0007	愛知県岡崎市大平町石亀96-1	056-466-0855
岡崎KG学院		444-0044	愛知県岡崎市明大寺町川端10　丸勝ビル3F	050-6860-3288
DSC高卒資格サポートセンター	岡崎キャンパス	444-0057	愛知県岡崎市材木町2-60　エムワイビル3F	0564-64-3571
NPC高等学院（通信制高校提携校）	羽根キャンパス	444-0813	愛知県岡崎市羽根町鰻ヶ池242	0564-53-7849
トライ式高等学院	東岡崎キャンパス	444-0864	愛知県岡崎市明大寺町字寺東1-1　名鉄東岡崎駅南館2F	0120-919-439
おおぞら高等学院	岡崎キャンパス	444-0864	愛知県岡崎市明大寺町川端19-13　山七東岡崎ビル1F	0120-12-3796
刈谷KG学院		448-0027	愛知県刈谷市相生町1-1-6	050-6860-3288
スターシャル学院	刈谷教室	448-0027	愛知県刈谷市相生町1-1-6　刈谷市産業振興センター内	052-732-4450
学研のサポート校WILL学園	名古屋キャンパス	450-0002	愛知県名古屋市中村区名駅2-40-16　名駅野村ビル4F	0120-840-557
中央高等学院	名古屋本校	450-0002	愛知県名古屋市中村区名駅2-45-19	052-562-7585
eスポーツ高等学院	ナゴヤeスタジアム	450-0002	愛知県名古屋市中村区名駅2-45-19	0120-428-133
トライ式高等学院	名駅キャンパス	450-0002	愛知県名古屋市中村区名駅2-45-19　桑山ビル3F	0120-919-439
七色高等学院	名古屋校	450-0002	愛知県名古屋市中村区名駅2-41-20　ＣＫ18名駅前ビル1F	0120-716-150
愛知芸能専門学院 高等部		453-0014	愛知県名古屋市中村区則武2-3-2　サン・オフィス名古屋3F	050-6861-2520
スーパーハイスクール名古屋		453-0014	愛知県名古屋市中村区則武2-3-2　サン・オフィス名古屋3F	050-6861-2520
名古屋駅前学習院		453-0014	愛知県名古屋市中村区則武2-3-2　サン・オフィス名古屋3F	050-6861-2520
おおぞら高等学院	名古屋キャンパス	453-0015	愛知県名古屋市中村区椿町12-7	0120-12-3796
代々木アニメーション学院高等部&サポートスクール名古屋校		453-0015	愛知県名古屋市中村区椿町21-9	052-451-3251
ヴィーナスアカデミー高等部	名古屋校	453-0801	愛知県名古屋市中村区太閤3-2-14　2F	0800-170-5013
バンタンゲームアカデミー高等部	名古屋校	453-0801	愛知県名古屋市中村区太閤3-2-14　2F	0800-170-5013
バンタンテックフードアカデミー高等部	名古屋校	453-0801	愛知県名古屋市中村区太閤3-2-14　2F	0800-170-5013
バンタンデザイン研究所　高等部	名古屋校	453-0801	愛知県名古屋市中村区太閤3-2-14　2F	0800-170-5013
ナーシング高等学院		458-0035	愛知県名古屋市緑区曽根2-270	052-990-3150
駿台通信制サポート校	名古屋丸の内校	460-0002	愛知県名古屋市中区丸の内1-7-4	052-202-0280
名古屋栄学習院		460-0003	愛知県名古屋市中区錦1-10-12　服部ビル6F	050-6861-2520
日本宝飾クラフト学院高等部	名古屋	460-0008	愛知県名古屋市中区栄2-9-8　クリエイトセンター伏見ビル2F	052-223-3228

学　校　名		〒	住所	電話番号
志学高等学院	名古屋校(事務局)	460-0008	愛知県名古屋市中区栄4-16-29　中統奨学館ビル5F	052-251-5530
愛の森高等学園		460-0022	愛知県名古屋市中区金山2-4-2	052-750-1765
つくし学園	名古屋教場	460-0022	愛知県名古屋市中区丸の内1-12-2	052-232-5401
トライ式高等学院	金山キャンパス	460-0022	愛知県名古屋市中区金山1-15-10　NFC金山駅前ビル10F	0120-919-439
金山学習院		460-0022	愛知県名古屋市中区金山1-14-9　長谷川ビル8F	050-6861-2520
渡辺高等学院	名古屋校	461-0004	愛知県名古屋市東区葵3-14-17	0120-19-4347
つなぐ高等学院		461-0004	愛知県名古屋市東区葵3-25-15	080-7582-8127
中京ドリーム高等学院		464-0015	愛知県名古屋市千種区富士見台1-23	052-722-6987
ひゅーるエデュケアアカデミー		464-0067	愛知県名古屋市千種区池下1-2-4	052-761-4100
トライ式高等学院	千種キャンパス	464-0075	愛知県名古屋市千種区内山3-30-9　nonoha千種2F	0120-919-439
NSA高等学院		464-0086	愛知県名古屋市千種区豊明1-6-7　NSAビル	052-711-2005
名古屋外語専門学校		464-0850	愛知県名古屋市千種区今池5-24-4	052-732-4600
スターシャル学院	事務所・吹上教室	464-0856	愛知県名古屋市千種区吹上2-4-25　トラフィック吹上5F	052-732-4450
匠高等学院		465-0024	愛知県名古屋市名東区本郷2-66-2　トキワビル2F	052-737-1700
ゆいまーる学園		466-0064	愛知県名古屋市昭和区鶴舞3-4-3　富田ビル2F	052-732-0180
桃栄学院		467-0042	愛知県名古屋市瑞穂区八勝通1-9-2　倉山ビル3F	050-6861-2520
スターシャル学院	天白教室	468-0011	愛知県名古屋市天白区平針1-1907　ほっと平針2F　A	052-732-4450
東海第一高等学院		468-0047	愛知県名古屋市天白区井の森町232-1　アイコービル4F	052-746-0111
名古屋敬進高等学院		468-0073	愛知県名古屋市天白区塩釜口1-825-1	052-880-5180
トライ式高等学院	豊田キャンパス	471-0025	愛知県豊田市西町1-200　とよた参合館2F	0120-919-439
豊田学習院		471-0077	愛知県豊田市竹生町4-62　アイワビル2F	050-6861-2520
トライ式高等学院	知立キャンパス	472-0037	愛知県知立市栄1-5　エキタス知立202	0120-919-439
大府学習院		474-0022	愛知県大府市中央町3-96-1　アズイン大府セミナー室	050-6861-2520
NEXT高等学院		475-0922	愛知県半田市昭和町2-43-1　AOIビル	0569-84-0707
あおい高等学園		480-0151	愛知県丹羽郡大口町さつきが丘1-193	0587-50-7411
まなぶみ学園		484-0081	愛知県犬山市大字犬山字甲塚48-3	0568-68-8389
犬山学習院		484-0081	愛知県犬山市犬山字高見町7-4　水野ビル3F	050-6861-2520
犬山総合動物学院		484-0081	愛知県犬山市犬山富士見町9-1	0568-68-9140
春日井翔陽高等学院	明蓬館SNEC愛知・春日井学習センター校	486-0825	愛知県春日井市中央通1-70　オレオール101	0568-83-0887
春日井学習院		486-0844	愛知県春日井市鳥居松町4-168　春日井ビル5F	050-6861-2520
高蔵寺駅前学習院		487-0016	愛知県春日井市高蔵寺町北4-1-15　ファーストビル6F	050-6861-2520
スターシャル学院	尾張旭教室	488-0021	愛知県尾張旭市狩宿町4-41-1　横地ビル2F	052-732-4450
岐阜未来教育学園（通信制高校提携校）	愛知一宮校	491-0858	愛知県一宮市栄3-7-1　石照ビル3F	0586-23-6186
NPO法人　瑞穂学習支援会	岐阜・一宮エリア事務局	491-0858	愛知県一宮市栄3-1-2　i-ビル3F　一宮市民活動支援センター内	080-9580-6611
早稲田ネット高等学院		491-0858	愛知県一宮市栄1-6-8　タツミヤビル3F	050-6861-2520
一宮学習院		491-0858	愛知県一宮市栄1-6-8　タツミヤビル5F	0586-71-1531
明海高等学院	本校	491-0918	愛知県一宮市末広1-4-13	0120-3719-37
つくし学園	津島教場	496-0072	愛知県津島市南新開町1-286	0567-27-4433
NPC高等学院（通信制高校提携校）	名古屋本校	498-0014	愛知県弥富市五明町内川467-1	056-766-0455
NEXT高等学院	安城校		愛知県安城市　お問い合わせは（0566-71-1733）まで	0566-71-1733
NEXT高等学院	大府校		愛知県大府市　お問い合わせは（0569-84-0707）まで	0569-84-0707
三重県				
おおぞら高等学院	三重四日市キャンパス	510-0074	三重県四日市市鵜の森1-1-18　太陽生命四日市ビル2F	0120-12-3796
トライ式高等学院	四日市キャンパス	510-0075	三重県四日市市安島1-2-5　パークサイドビル2F	0120-919-439
四日市KG学院		510-0086	三重県四日市市諏訪栄町4-10　アピカビル3F	050-6860-3288
桑名KG学院		511-0068	三重県桑名市中央町1-92　桑名REビル4F	050-6860-3288
鈴鹿中央高等学院		513-0806	三重県鈴鹿市算所3-9-50	059-399-7911
トライ式高等学院	津駅前キャンパス	514-0009	三重県津市羽所町242-1　近鉄津駅西口1F	0120-919-439
津KG学院		514-0009	三重県津市羽所町345　第一ビル5F	050-6860-3288
MIE・夢未来高等学院		515-0011	三重県松阪市高町215	0598-31-2112
ichi高等学院		514-0083	三重県津市片田新町68-6	0572-66-8686
GONZO自転車学院		511-0864	三重県桑名市西方小谷2411　スポーツマジック桑名内	0594-23-8686
滋賀県				
学習センター	大津キャンパス	520-0832	滋賀県大津市粟津町13-18　ヒラノビル3F	077-548-7511
ゴールフリー高等学院（通信制高校連携校）	彦根キャンパス	522-0054	滋賀県彦根市西今町字下郷77-8	0749-47-5502
学習センター	彦根駅前キャンパス	522-0074	滋賀県彦根市大東町2-38　SISビル東館3F　301	0749-47-3914
トライ式高等学院	草津キャンパス	525-0025	滋賀県草津市西渋川1-1-18　イーカムビル4F	0120-919-439
ゴールフリー高等学院（通信制高校連携校）	草津キャンパス	525-0032	滋賀県草津市大路2-3-11	077-501-5300
草津学習院		525-0032	滋賀県草津市大路1-12-1　星空館205	050-6861-2520
アットスクール高等学院		525-0032	滋賀県草津市大路1-18-28　藤井ビル2F	077-565-7337
おおぞら高等学院	滋賀キャンパス	525-0037	滋賀県草津市西大路町4-32　エストピアプラザ4F	0120-12-3796

学 校 名		〒	住所	電話番号
長浜学習院		526-0057	滋賀県長浜市北船町5-12	050-6861-2520
京都府				
青山ビューティ学院高等部	京都校	600-8009	京都府京都市下京区四条室町角（北東角）　WAONビル4F	0120-266-841
おおぞら高等学院	京都キャンパス	600-8095	京都府京都市下京区東洞院通仏光寺上ル扇酒屋町298　KAJINOHAビル2F	0120-12-3796
駿台通信制サポート校	京都校	601-8002	京都府京都市南区東九条上殿田町43	075-691-8788
豊翔高等学院	京都校	601-8211	京都府京都市南区久世高田町257-139　コニシビル1F	06-6710-4555
KG高等学院	京都駅前キャンパス	600-8216	京都府京都市下京区東塩小路町544-2　ONビル302　401	075-754-8933
KG高等学院	eスポーツキャンパス(西日本)	600-8216	京都府京都市下京区東塩小路町544-2　ONビル302　401	075-754-8933
ゴールフリー高等学院（通信制高校連携校）	北大路キャンパス(2024年4月開設)	603-8142	京都府京都市北区小山北上総町13	075-366-2295
トライ式高等学院	丸太町キャンパス	604-0862	京都府京都市中京区少将井町230-1　トライグループ烏丸ビル1F	0120-919-439
SPINNS高等学院	京都教室	604-8061	京都府京都市中京区寺町通蛸薬師上ル式部町261　ヒューマンフォーラムビル	075-754-8191
YUME School	京都二条校	604-8381	京都府京都市中京区西ノ京職司町63-2　フィル・パーク京都二条2F	080-6203-2298
受験指導センター		607-8035	京都府京都市山科区四ノ宮神田町18-309	075-581-2255
京都山科学習支援センター		607-8162	京都府京都市山科区椥辻草海道町38-42　イーグルコート椥辻・オーレ2F	075-583-3060
レッグキャンパス関西本部		607-8178	京都府京都市山科区大宅五反畑町9-2	075-581-2255
京都宇治学習院		611-0021	京都府宇治市宇治妙楽174-5　セゾン宇治橋ビル	050-6861-2520
ゴールフリー高等学院（通信制高校連携校）	京都キャンパス	612-0074	京都府京都市伏見区桃山井伊掃部西町5	075-606-1100
正化学園高等部	京都伏見校	612-8052	京都府京都市伏見区瀬戸物町732　ピックドワンビル	050-3733-2044
トライ式高等学院	丹波橋キャンパス	612-8085	京都府京都市伏見区京町南7-25-1　京町ブルームスベリー1F	0120-919-439
サポートセンター慶学館　鹿島学園高校	京都四条キャンパス	615-0021	京都府京都市右京区西院三蔵町33　廣学館内	075-323-6833
トライ式高等学院	長岡天神キャンパス	617-0823	京都府長岡京市長岡1-1-10　長岡プラザ2F	0120-919-439
KG高等学院	福知山キャンパス	620-0035	京都府福知山市内記22　惇明ビル1F-D	0773-45-3839
京都進学会	北京都キャンパス	625-0036	京都府舞鶴市字浜215-1	0773-62-9737
大阪府				
COLORS		530-0001	大阪府大阪市北区梅田2-4-41　桜橋キタハチビル4F	06-6345-4466
正化学園高等部	大阪梅田校	530-0002	大阪府大阪市北区曽根崎新地1-4-10　銀泉桜橋ビル4F	050-3733-2044
NIC International High School	大阪校	530-0003	大阪府大阪市北区堂島2-1-7	06-4256-6925
日本宝飾クラフト学院高等部	大阪梅田学習センター	530-0012	大阪府大阪市北区芝田2-1-18　西阪急ビル7F	06-6372-7220
トライ式高等学院	梅田キャンパス	530-0012	大阪府大阪市北区芝田2-7-18　LUCID SQUARE UMEDA　1F	0120-919-439
大阪希望学園		530-0012	大阪府大阪市北区芝田2-8-31	06-6485-5598
学研のサポート校WILL学園	大阪梅田キャンパス	530-0015	大阪府大阪市北区中崎西1-2-13　サプライズビル4F	0120-883-122
ESPギタークラフトアカデミー高等部	大阪校	530-0015	大阪府大阪市北区中崎西2-5-18	0120-06-2082
おおぞら高等学院	梅田キャンパス	530-0015	大阪府大阪市北区中崎西2-4-43　山本ビル梅田	0120-12-3796
ECCアーティスト美容専門学校 高等部		530-0015	大阪府大阪市北区中崎西2-6-11	06-6373-1447
ECC国際外語専門学校 高等部		530-0015	大阪府大阪市北区中崎西2-1-6	06-6311-1446
MIジャパン大阪キャンパス		530-0016	大阪府大阪市北区中崎3-1-2	06-6376-4611
代々木アニメーション学院高等部	大阪校	530-0038	大阪府大阪市北区紅梅町2-8	06-6353-9876
managara BASE	梅田	530-0047	大阪府大阪市北区西天満4-14-3　リゾートトラスト御堂筋ビル18F	06-7652-4308
日本宝飾クラフト学院高等部	大阪校	531-0072	大阪府大阪市北区豊崎3-6-8　TOビル2F	06-6376-3378
JUNSE国際学院	大阪校	533-0032	大阪府大阪市東淀川区淡路5-16-11	090-9090-1646
トライ式高等学院	京橋キャンパス	534-0024	大阪府大阪市都島区東野田町1-6-16　ワタヤ・コスモスビル5F	0120-919-439
京橋学習院		534-0024	大阪府大阪市都島区東野田町1-21-14　ニュー若杉ビル801	050-6861-2520
夢未来高等学院	大阪信愛校(通信制高校協力校)	536-8585	大阪府大阪市城東区古市2-7-30	06-6939-4391
大阪中央エミール高等学院	大阪中央キャンパス	541-0056	大阪府大阪市中央区久太郎町1-8-15　浪華ビル8F	0120-33-4475
FC大阪高等学院		541-0057	大阪府大阪市中央区北久宝寺町2-1-10　SD船場ビル9F	06-6264-2411
吉本興業高等学院	大阪校	542-0075	大阪府大阪市中央区難波千日前12-35　SWINGヨシモト6F	06-6633-3807
バンタンゲームアカデミー高等部	大阪校	542-0076	大阪府大阪市中央区難波4-4-4　御堂筋センタービルB1F・3F	0120-43-9555
総合学園ヒューマンアカデミー	大阪校	542-0081	大阪府大阪市中央区南船場4-3-2　ヒューリック心斎橋ビル9F	0120-06-8603
バンクーバー高等学院		542-0082	大阪府大阪市中央区島之内1-11-30　イトウアレイ9F	06-6252-3975
バンタンデザイン研究所高等部	大阪校	542-0086	大阪府大阪市中央区西心斎橋2-8-5	0120-757-333
レコールバンタン高等部	大阪校	542-0086	大阪府大阪市中央区心斎橋2-9-38	0120-726-555
ヴィーナスアカデミー高等部	大阪校	542-0086	大阪府大阪市中央区西心斎橋2-3-12	0120-38-8772
バンタンクリエイターアカデミー高等部	大阪校	542-0086	大阪府大阪市中央区西心斎橋2-8-5	0800-111-4042
ネクサス大阪高等学院	上本町キャンパス	543-0002	大阪府大阪市天王寺区上汐4-5-21　ヨシダゼミナール内	06-6776-0577
豊翔高等学院	大阪校	543-0021	大阪府大阪市天王寺区東高津町9-23　ロロモチノキビル5F	06-6710-4555
メディカル・ナース高等学院		543-0045	大阪府大阪市天王寺区寺田1-7-1（医進会関西看護医療本部ビル）	06-6776-2244
ネクサス大阪高等学院	天王寺キャンパス	543-0054	大阪府大阪市天王寺区南河堀町9-43　ターミナル天王寺北口ビル201　桜灯塾内	06-6779-9507
天王寺学習院		543-0055	大阪府大阪市天王寺区悲田院町8-26　天王寺センターハイツ2F	050-6861-2520
ダンススタジオ　タートル		543-0055	大阪府大阪市天王寺区悲田院町8-11　新和興産ビル603	06-6775-5060
大阪あべのの学習センター		545-0011	大阪府大阪市阿倍野区昭和町1-2-1　昭芝ビル2F	06-6630-7768

学 校 名		〒	住所	電話番号
トライ式高等学院	天王寺キャンパス	545-0051	大阪府大阪市阿倍野区旭町1-1-10　竹澤ビル2F	0120-919-439
AR-Lab-アルラボ-		547-0011	大阪府大阪市平野区長吉出戸6-13-1　パークハイツ竹村203	06-6630-7768
大阪ドッグサイエンス学院		550-0013	大阪府大阪市西区新町2-11-13　BN新町ビル5F	06-6536-9191
起業家育成高等学院		550-0014	大阪府大阪市西区北堀江1-6-2　サンワールドビル4F	お問い合わせはHPから
アーツエンターテインメント学院		550-0014	大阪府大阪市西区北堀江1-1-27　イマイビル3F	06-6533-0039
新大阪駅学習院		553-0003	大阪府大阪市福島区福島6-14-5　民放ビル2F	050-6861-2520
トライ式高等学院	豊中キャンパス	560-0021	大阪府豊中市本町3-1-57　ルミエール豊中2F	0120-919-439
豊中学習院		560-0021	大阪府豊中市本町1-5-8　豊中第一高山ビル302	050-6861-2520
トライ式高等学院	千里中央キャンパス	560-0082	大阪府豊中市新千里東町1-4-1　阪急千里中央ビル5F	0120-919-439
トライ式高等学院	茨木キャンパス	567-0829	大阪府茨木市双葉町2-29　エスタシオン茨木3F	0120-919-439
KG高等学院	高槻キャンパス	569-0804	大阪府高槻市紺屋町1-1　グリーンプラザ高槻1号館1F	072-668-1493
あおい高等学院		573-0016	大阪府枚方市村野本町25-10	072-380-8537
KG高等学院	四條畷キャンパス	575-0003	大阪府四條畷市岡山東2-2-20	072-432-5560
KG高等学院	東大阪キャンパス	577-0054	大阪府東大阪市高井田元町1-12-2　新星ビル永和301	050-3630-0824
おおぞら高等学院	大阪東キャンパス	577-0058	大阪府東大阪市足代北2-2-18　2F	0120-12-3796
トライ式高等学院	布施キャンパス	577-0841	大阪府東大阪市足代2-3-6　橋本ビル2F	0120-919-439
松原学習センター		580-0044	大阪府松原市田井城1-6-22　松原富士ホームビル3F-A	050-8883-3014
ネクサス大阪高等学院	柏原キャンパス	582-0009	大阪府柏原市大正2-4-30　クスノ塾内	072-972-2135
Aコーン高等学院	藤井寺キャンパス	583-0027	大阪府藤井寺市岡2-8-37　フジビル202	072-951-5424
オリオンアカデミー高等学院	河内長野キャンパス	586-0048	大阪府河内長野市三日市町233	0721-26-9338
大阪中央エミール高等学院	堺キャンパス	590-0013	大阪府堺市堺区東雲西町1-6-16	0120-224-112
レックス・アカデミー	堺キャンパス	590-0013	大阪府堺市堺区東雲西町1-16-16	072-224-0507
FC大阪高等学院	堺校	590-0952	大阪府堺市堺区市之町東6-2-16　堺東EH第二ビル8F	06-6264-2411
ネクサス大阪高等学院	堺キャンパス	590-0953	大阪府堺市堺区甲斐町東2-1-6　3・4F　未来アカデミー内	072-232-0567
ネクサス大阪高等学院	堺北花田キャンパス	591-8006	大阪府堺市北区宮本町3-201　戸島塾内	072-275-6407
おおぞら高等学院	堺キャンパス	591-8023	大阪府堺市北区中百舌鳥5-6　中百舌鳥駅前ビル4F	0120-12-3796
堺KG学院		591-8025	大阪府堺市北区長曽根町3083-19　サンティアラビル3F	050-6860-3288
トライ式高等学院	鳳キャンパス	593-8324	大阪府堺市西区鳳東町4-354-1　プリモ鳳2F	0120-919-439
KG高等学院	岸和田キャンパス	596-0048	大阪府岸和田市上野町西19-25	072-432-5560
トライ式高等学院	岸和田キャンパス	596-0076	大阪府岸和田市野田町1-6-21　88ビル4F	0120-919-439
兵庫県				
トライ式高等学院	三宮キャンパス	650-0001	兵庫県神戸市中央区加納町4-3-3　さくら三神ビル7F	0120-919-439
おおぞら高等学院	神戸キャンパス	650-0002	兵庫県神戸市中央区中山手通2-1-8　太陽生命神戸ビル1・3F	0120-12-3796
神戸セミナー		650-0011	兵庫県神戸市中央区下山手通8-4-26	078-341-1897
トライ式高等学院	元町キャンパス	650-0012	兵庫県神戸市中央区北長狭通5-1-2　太陽ビル1F	0120-919-439
神戸自由学院		650-0012	兵庫県神戸市中央区北長狭通7-3-11　坂下ビル2F	078-360-0016
正化学園高等部	神戸駅前校	650-0015	兵庫県神戸市中央区多聞通4-1-2	050-3733-2044
代々木アニメーション学院高等部&サポートスクール神戸校		650-0021	兵庫県神戸市中央区三宮町2-11-1	078-327-6362
KG高等学院	Eラーニングキャンパス	650-0034	兵庫県神戸市中央区京町67　KANJUビル4F	0120-974-055
KG高等学院	神戸三宮キャンパス	650-0034	兵庫県神戸市中央区京町67　KANJUビル4F	078-325-1787
アイエス学園	神戸学習館	651-0084	兵庫県神戸市中央区磯辺通4-2-8	078-200-4531
Gakken高等学院	鈴蘭台校	651-1113	兵庫県神戸市北区鈴蘭台南町6-1-43　ダイエー鈴蘭台店5F	0120-833-350
関メディ高等学院		658-0023	兵庫県神戸市東灘区深江浜町81	078-862-6231
神戸高等学院		658-0032	兵庫県神戸市東灘区向洋町中1-16	078-846-2040
ぽぷら高等学院		658-0047	兵庫県神戸市東灘区御影2-34-18	078-571-0010
KG高等学院	尼崎杭瀬キャンパス	660-0815	兵庫県尼崎市杭瀬北新町2-8-2	090-4272-7057
日本航空高校提携校塚口サテライト		661-0012	兵庫県尼崎市南塚口町3-13-3　4F	0120-4337-4738
YUME School	尼崎校	661-0976	兵庫県尼崎市潮江1-15-3　アミング潮江イースト15-3号棟1F	06-4960-7351
トライ式高等学院	尼崎キャンパス	661-0976	兵庫県尼崎市潮江1-16-1　アミング潮江ウエスト二番館302-EF	0120-919-439
KG高等学院	尼崎駅前キャンパス	661-0976	兵庫県尼崎市潮江1-20-1　アミング潮江イーストA2棟4F	0120-974-055
西宮北学習院		662-0832	兵庫県西宮市甲風園1-8-11　エビータの森	050-6861-2520
トライ式高等学院	西宮北口キャンパス	662-0833	兵庫県西宮市北昭和町3-18　カサマドンナV　2・3F	0120-919-439
おおぞら高等学院	西宮キャンパス	662-0841	兵庫県西宮市両度町3-1　ラピタス31西宮103	0120-12-3796
ノア・テニスアカデミー西宮		663-8142	兵庫県西宮市鳴尾浜1-1-3　ノア・アカデミー西宮	0798-46-7888
アップ高等学院		663-8204	兵庫県西宮市高松町5-22　阪急西宮ガーデンズゲート館6F	0798-61-7750
西宮中英高等学院　3day・通信コース	西宮学習センター	663-8243	兵庫県西宮市津門大箇町6-8	0120-932-409
日本福祉高等教育学校		664-0858	兵庫県伊丹市中央6-1-32	072-785-6583
夢未来高等学院	宝塚校	665-0815	兵庫県宝塚市山本丸橋2-15-3　アウフヘーベン東宝塚1F　T104	079-289-5554
猪名川甲英高等学院通信コース	川西能勢口キャンパス	666-0016	兵庫県川西市中央町6-3　セントカワニシ3F	0120-946-465
KG高等学院	兵庫ひかみキャンパス	669-3602	兵庫県丹波市氷上町常楽514-4　卯野ビル2F	0795-27-7055

学校名		〒	住所	電話番号
おおぞら高等学院	姫路キャンパス	670-0912	兵庫県姫路市南町11　キャピタル・アイ姫路1・2F	0120-12-3796
トライ式高等学院	姫路キャンパス	670-0927	兵庫県姫路市駅前町254　姫路駅前ビル5F	0120-919-439
正化学園高等部	姫路校	670-0935	兵庫県姫路市北条口2-18　宮本ビル3F	050-3733-2044
夢未来高等学院	姫路校	671-1531	兵庫県揖保郡太子町立岡80-1	079-289-5554
トライ式高等学院	西明石キャンパス	673-0016	兵庫県明石市松の内2-1-6　コーポ山口3F	0120-919-439
青楓館高等学院	明石本校	673-0882	兵庫県明石市相生町2-5-8　J/1 BLD　2F	お問い合わせはメールにて
Gakken高等学院	明石校	673-0891	兵庫県明石市大明石町1-3-8　ユタカ第２ビル 4F	0120-833-350
学研のサポート校WILL学園	明石キャンパス	673-0892	兵庫県明石市本町1-1-28　明石中村ビル4F	0120-883-122
KG高等学院	兵庫北はりまキャンパス	673-1431	兵庫県加東市社1487-2　アーケードショップ1F	0795-27-7055
Gakken高等学院	加古川校	675-0039	兵庫県加古川市加古川町粟津234-7　セラサス 加古川3F	0120-833-350
トライ式高等学院	加古川キャンパス	675-0064	兵庫県加古川市加古川町溝之口510-51　平成ビル3F	0120-919-439
正化学園高等部	明石土山校	675-0151	兵庫県加古郡播磨町野添1662-4　瓜生ビル3F	050-3733-2044
奈良県				
トライ式高等学院	生駒キャンパス	630-0257	奈良県生駒市元町1-5-12　本城ビル2F	0120-919-439
トライ式高等学院	西大寺キャンパス	631-0821	奈良県奈良市西大寺東町2-1-31　サンワ西大寺東町ビル7F	0120-919-439
学校法人永井学園	鹿島学園高校連携奈良キャンパス	631-0832	奈良県奈良市西大寺新田町1-15	0742-41-5000
トライ式高等学院	大和八木キャンパス	634-0804	奈良県橿原市内膳町5-2-32　ナカタニ第壱ビル3F	0120-919-439
橿原学習院		634-0804	奈良県橿原市内膳町1-3-10　第2陽光ビル3F	050-6861-2520
香芝学習院		639-0225	奈良県香芝市瓦口158-4　エー・アイ・ビル101	050-6861-2520
KG高等学院	葛城キャンパス	639-2122	奈良県葛城市薑115-8	050-3630-0824
和歌山県				
トライ式高等学院	和歌山駅前キャンパス	640-8331	和歌山県和歌山市美園町5-2-5　アイワビル3F	0120-919-439
和歌山KG学院		640-8331	和歌山県和歌山市美園町5-1-1	050-6860-3288
鳥取県				
トライ式高等学院	鳥取キャンパス	680-0834	鳥取県鳥取市永楽温泉町151　永楽寿商事ビル2F	0120-919-439
国立音楽院	南部校	683-0322	鳥取県西伯郡南部町阿賀314-3	0859-66-6139
よなご中央高等学院		683-0824	鳥取県米子市久米町239　米子ファッションビジネス学園内	0859-22-5571
島根県				
トライ式高等学院	松江キャンパス	690-0001	島根県松江市東朝日町107　田中殖産第一ビル3F	0120-919-439
ウイングス		690-0826	島根県松江市学園南1-18-8　島根スイミングスクール内2F　ウイングス	0852-24-4774
岡山県				
西日本電子計算学院	岡山駅前キャンパス	700-0023	岡山県岡山市北区駅前町2-5-20	086-232-7679
おおぞら高等学院	岡山キャンパス	700-0026	岡山県岡山市北区奉還町1-9-8　岡山奉還町RGB　1・2・3F	0120-12-3796
Prima国際高等学院	岡山校	700-0816	岡山県岡山市北区富田町2-9-1　小野ビル1F	086-230-2340
トライ式高等学院	岡山キャンパス	700-0901	岡山県岡山市北区本町1-2　炭屋ビル5F	0120-919-439
Prima国際高等学院	岡山校本部	700-0901	岡山県岡山市北区本町6-36　第一セントラルビル1号館3F	086-899-8649
希望高等学園		700-0903	岡山県岡山市北区幸町9-1　幸町会館4F	086-232-8135
JUNSE国際学院	岡山校	701-0204	岡山県岡山市南区大福1223-65	090-1973-2592
おおぞら高等学院	倉敷キャンパス	710-0055	岡山県倉敷市阿知3-21-9　倉敷平和ビル3・4F	0120-12-3796
トライ式高等学院	倉敷キャンパス	710-0055	岡山県倉敷市阿知1-7-1　天満屋倉敷店5F	0120-919-439
倉敷KG学院		710-0055	岡山県倉敷市阿知1-7-2　倉敷シティプラザ西ビル5F	050-6860-3288
ほっとルーム倉敷		710-0834	岡山県倉敷市笹沖695-1	0120-59-8160
総合学習サポートセンターSelfish		710-1101	岡山県倉敷市茶屋町1628-14	086-429-0500
広島県				
KG高等学院	福山キャンパス	720-0044	広島県福山市笠岡町1-9	084-931-2277
興譲館アカデミア	福山校	720-0054	広島県福山市城見町1-1-1　内田ビル3F	0120-445-033
おおぞら高等学院	福山キャンパス	720-0066	広島県福山市三之丸町9-16　山陽第2ビル1F	0120-12-3796
トライ式高等学院	福山キャンパス	720-0066	広島県福山市三之丸町4-1　ツツミビル3F	0120-919-439
おおぞら高等学院	広島キャンパス	730-0015	広島県広島市中区橋本町3-16　エイワビル1F	0120-12-3796
保田高等学院		730-0031	広島県広島市中区紙屋町1-1-13　長崎ビル3F	082-541-1277
KG高等学院	広島中央キャンパス	730-0041	広島県広島市中区小町9-28	082-546-9121
悠学館		730-0042	広島県広島市中区国泰寺町2-5-4	082-249-4560
KG高等学院	安佐キャンパス	731-0103	広島県広島市安佐南区緑井2-21-23　ミドリビル201	082-554-2520
KG高等学院	広島廿日市キャンパス	731-5137	広島県広島市佐伯区美の里1-12-14	082-942-2066
トライ式高等学院	広島キャンパス	732-0053	広島県広島市東区若草町11-1　ザ・広島タワー1F	0120-919-439
代々木アニメーション学院高等部&サポートスクール広島校		732-0817	広島県広島市南区比治山町2-7	082-506-3511
広島KG学院		732-0828	広島県広島市南区京橋町1-3　赤心ビル4F	082-535-5219
広島自由学院		732-0835	広島県広島市南区金屋町1-20	082-262-6311
トライ式高等学院	横川キャンパス	733-0011	広島県広島市西区横川町2-9-1　マツモトビル1F	0120-919-439
こうわ高等学院	こうわ高等学院	735-0017	広島県安芸郡府中町青崎南6-24　2F	082-510-5656

学 校 名		〒	住所	電話番号
おおぞら高等学院	海田ナビキャンパス	736-0035	広島県安芸郡海田町南堀川町6-10　坪田ビル101	0120-12-3796
KG高等学院	呉キャンパス	737-0811	広島県呉市西中央1-6-2　西村ビル5F	0823-25-5215
東広島學院	東広島學院	739-0007	広島県東広島市西条土与丸6-3-61	082-430-6070
山口県				
トライ式高等学院	新山口キャンパス	754-0043	山口県山口市小郡明治2-12-5　TPUビル2F	0120-919-439
徳島県				
四国高等学院		770-0002	徳島県徳島市佐古二番町8-8	088-626-1359
トライ式高等学院	徳島キャンパス	770-0831	徳島県徳島市寺島本町西1-57　徳島駅前ターミナルビル4F	0120-919-439
学習センター徳島キャンパス　鹿島朝日高校連携教室		770-0833	徳島県徳島市一番町2-13　藤川ビルディング3F	088-679-1275
香川県				
おおぞら高等学院	高松キャンパス	760-0017	香川県高松市番町1-6-6　甲南アセット番町ビル1F	0120-12-3796
トライ式高等学院	高松キャンパス	760-0054	香川県高松市常磐町1-3-1　瓦町FLAG　9F	0120-919-439
学習センター高松キャンパス　鹿島朝日高校連携教室		760-0054	香川県高松市常磐町1-3-1　瓦町FLAG　9F	087-802-3738
明聖館高等学院	高松本校	760-0062	香川県高松市塩上町3-8-11　クリエイトビル	087-837-6323
匠の学舎		766-0002	香川県仲多度郡琴平町45	0877-89-1676
愛媛県				
トライ式高等学院	松山キャンパス	790-0011	愛媛県松山市千舟町5-5-3　EME松山千舟町ビル1F	0120-919-439
おおぞら高等学院	松山キャンパス	790-0011	愛媛県松山市千舟町4-4-3　松山MCビル2F	0120-12-3796
朝日ヶ丘高等学園		790-0811	愛媛県松山市本町7-3-7　1F	089-994-8862
学習センター新居浜キャンパス　鹿島朝日高校連携教室		792-0812	愛媛県新居浜市坂井町2-1-32	0897-66-7588
高知県				
卒業支援高等学院	高知駅前校	780-0056	高知県高知市北本町1-13-5　4F	088-823-3433
学習センター高知キャンパス　鹿島朝日高校連携教室		780-0822	高知県高知市はりまや町1-5-29　マンハッタンビル3F	088-821-8030
トライ式高等学院	高知キャンパス	780-0833	高知県高知市南はりまや町1-17-1　ケンタッキービル3F	0120-919-439
福岡県				
おおぞら高等学院	小倉キャンパス	802-0001	福岡県北九州市小倉北区浅field1-1　新幹線小倉駅1F	0120-12-3796
学習センター	小倉キャンパス	802-0001	福岡県北九州市小倉北区浅野1-2-39　クルーズ浅野ビル303	093-521-2811
九州医療スポーツ専門学校附属夢未来高等学院 北九州校		802-0006	福岡県北九州市小倉北区魚町3-2-18　2F	093-512-8222
夢未来高等学院	北九州校八幡教室	805-0061	福岡県北九州市八幡東区西本町2-2-1　九州CTB理容美容専門学校内	093-512-8222
トライ式高等学院	小倉キャンパス	806-0006	福岡県北九州市小倉北区魚町1-4-21　北九州魚町センタービル2F	0120-919-439
総合学園ヒューマンアカデミー	福岡校（専門分野）	810-0001	福岡県福岡市中央区天神4-4-11　天神ショッパーズ福岡6F	0120-06-8603
トライ式高等学院	薬院キャンパス	810-0004	福岡県福岡市中央区渡辺通2-4-8　福岡小学館ビル2F	0120-919-439
そよ風学舎	福岡校	810-0004	福岡県福岡市中央区渡辺通4-9-18　福酒ビル3F	0120-333-053
天神学習院		810-0021	福岡県福岡市中央区今泉2-5-28　ノイラ天神603	050-6861-2520
トライ式高等学院	福岡天神キャンパス	810-0041	福岡県福岡市中央区大名2-9-30　淀ビル1F	0120-919-439
ヴィーナスアカデミー高等部	福岡校入学準備室	812-0011	福岡県福岡市博多区博多駅前3-4-25　アクロスキューブ博多駅前	0120-21-8885
バンタンゲームアカデミー高等部	福岡校入学準備室	812-0011	福岡県福岡市博多区博多駅前3-4-25　アクロスキューブ博多駅前	0120-21-8885
バンタンテックフォードアカデミー高等部	福岡校入学準備室	812-0011	福岡県福岡市博多区博多駅前3-4-25　アクロスキューブ博多駅前	0120-21-8885
福岡国際高等学院	博多駅前校	812-0011	福岡県福岡市博多区博多駅前4-13-27-1103	0120-580-722
代々木アニメーション学院高等部&サポートスクール福岡校		812-0011	福岡県福岡市博多区博多駅前4-14-15	092-471-6311
eスポーツ高等学院	ハカタeスタジアム	812-0012	福岡県福岡市博多区博多駅中央街9-1	0120-446-601
ふくおか中央高等学院		812-0012	福岡県福岡市博多区博多駅中央街9-1	0120-446-601
おおぞら高等学院	福岡キャンパス	812-0013	福岡県福岡市博多区博多駅東3-1-1　ZENNO筑紫通りビルB1・1・2F	0120-12-3796
博多学習院		812-0013	福岡県福岡市博多区博多駅東1-12-5　大島ビル6F	050-6861-2520
福岡翔学館高等学院		812-0013	福岡県福岡市博多区博多駅東2-5-11　コスギビル5F	092-433-0451
ASO高等部		812-0016	福岡県福岡市博多区博多駅南1-14-12　麻生塾福岡キャンパス11号館1F	092-415-2015
早稲田向陽台学習センター	博多キャンパス	812-0016	福岡県福岡市博多区博多駅南1-15-28	050-8882-5967
夢未来高等学院	千早校	813-0044	福岡県福岡市東区千早4-10-1-111	092-776-5579
福岡国際高等学院	飯塚校	814-0174	福岡県福岡市飯塚市新飯塚7-25-2F	0948-92-3003
高宮学院高等部		815-0041	福岡県福岡市南区野間1-10-1　野間四角　4F	092-554-1777
福岡国際高等学院	春日校	816-0844	福岡県春日市上白水1-41	092-588-8889
おおぞら高等学院	九大学研都市キャンパス	819-0379	福岡県福岡市西区北原1-6-20　ドーミー九大研都市1F	0120-12-3796
福岡国際高等学院	田隈校	820-0005	福岡県福岡市早良区田隈3-22-17	092-834-5554
久留米学習院		830-0032	福岡県久留米市東町39-17　ドミネイトビル6F	050-6861-2520
トライ式高等学院	久留米キャンパス	830-0033	福岡県久留米市天神町1-6　FLAG KURUME　2F	0120-919-439
マイン高等学院	久留米キャンパス	830-0035	福岡県久留米市東和町6-12　TOWAビル1F	0942-30-8444
おおぞら高等学院	久留米キャンパス	830-0039	福岡県久留米市花畑2-15-1　Galet（ガレ）2・4・5F	0120-12-3796
福岡国際高等学院	久留米・筑後校	833-0031	福岡県筑後市大字西牟田3990-4	0942-48-7019
福岡国際高等学院	久留米中央校	839-0862	福岡県久留米市野中町1297-5-3F	0942-80-4600
佐賀県				
トライ式高等学院	佐賀キャンパス	840-0801	佐賀県佐賀市駅前中央1-6-20　駅前局ビル3F	0120-919-439

学 校 名		〒	住所	電話番号
佐賀KG学院		840-0801	佐賀県佐賀市駅前中央1-2-28　プラザ337ビル205	050-6860-3288
夢未来高等学院	佐賀校	840-0813	佐賀県佐賀市唐人2-2-7	0952-97-6338
おおぞら高等学院	佐賀キャンパス	840-0816	佐賀県佐賀市駅南本町3-3　地産開発ビル2F	0120-12-3796
夢未来高等学院	佐賀校唐津教室	847-0021	佐賀県唐津市松南町2-77　唐津ビジネスカレッジ内	0952-97-6338
長崎県				
長崎KG学院		850-0057	長崎県長崎市大黒町5-11　アミティ長崎駅202	050-6860-3288
トライ式高等学院	長崎キャンパス	852-8154	長崎県長崎市住吉町2-26　シャンドゥプレ住吉2F	0120-919-439
夢未来高等学院	しまばら校	855-0861	長崎県島原市川尻町1	0957-61-0886
夢未来高等学院	おおむら校	856-0807	長崎県大村市宮小路2-538-1	0957-51-5329
トライ式高等学院	佐世保キャンパス	857-0862	長崎県佐世保市白南風町1-16　エス・プラザ2F	0120-919-439
夢未来高等学院	佐世保校	857-0862	長崎県佐世保市白南風町6-24　3F	0956-23-7276
佐世保KG学院		857-0871	長崎県佐世保市本島町3-27　安東ビル3F	050-6860-3288
熊本県				
トライ式高等学院	熊本キャンパス	860-0047	熊本県熊本市西区春日1-14-2　くまもと森都心201	0120-919-439
おおぞら高等学院	熊本キャンパス	860-0803	熊本県熊本市中央区新市街7-19　ひかりビル2F	0120-12-3796
eスポーツ高等学院	クマモトeスタジアム	860-0805	熊本県熊本市中央区桜町1-25	096-288-0087
くまもと中央高等学院		860-0805	熊本県熊本市中央区桜町1-25	096-288-0087
そよ風学舎	熊本校	860-0805	熊本県熊本市中央区桜町4-10　甲斐田ビル4F	0120-333-053
熊本高等学院		862-0950	熊本県熊本市水前寺3-1-3	096-382-6761
志成館高等学院	熊本本校	862-0973	熊本県熊本市中央区大江本町7-3	0120-08-3730
志成館高等学院	八代校	866-0852	熊本県八代市大手町1-59-2	0965-65-8008
大分県				
きらら国際高等学院	大分本校	870-0021	大分県大分市府内町1-6-29	097-538-1827
トライ式高等学院	大分キャンパス	870-0026	大分県大分市金池町2-6-15　EME大分駅前ビル1F	0120-919-439
マイン高等学院	大分キャンパス	870-0027	大分県大分市末広町2-10-24　DIC学園ビル3F	097-540-6675
大分KG学院		870-0035	大分県大分市中央町2-1-22　NEXTビル4F	050-6860-3288
マイン高等学院	中津キャンパス	871-0031	大分県中津市中殿町3-27-7　ドコモビル2F	0979-26-0507
きらら国際高等学院	中津校	871-0032	大分県中津市東本町2-8	0979-53-9447
大分SEIKA高等学院		871-0035	大分県中津市大字島田756　2F	0979-64-6110
別府KG学院		874-0909	大分県別府市田の湯町3-7　アライアンスタワーZ　8F	050-6860-3288
宮崎県				
トライ式高等学院	宮崎駅前キャンパス	880-0813	宮崎県宮崎市丸島町4-17　中村消防ビル1F	0120-919-439
学習センター宮崎キャンパス　鹿島朝日高校連携教室		880-0902	宮崎県宮崎市大淀3-5-18　南宮崎駅前ビル3F	0985-72-7785
きぼう高等学院		880-0927	宮崎県宮崎市源藤町九日市280-1	0985-67-6525
セレンディップ高等学院	みやざき延岡ラーニングセンター	882-0816	宮崎県延岡市桜小路369-4	0982-21-8560
はまゆう高等学院		885-0023	宮崎県都城市栄町19-13-2　都城駅前木野田ビル	0986-46-2711
学習センター都城キャンパス　鹿島朝日高校連携教室		885-0025	宮崎県都城市前田町15-6　デラコラル前田ビル	0986-51-7799
鹿児島県				
学習センター	鹿児島キャンパス	890-0045	鹿児島県鹿児島市武1-5-22　エスポワールリアンビル2F	099-296-9432
かごしま中央高等学院		890-0053	鹿児島県鹿児島市中央町3-1	0120-33-7807
そよ風学舎	鹿児島校	890-0053	鹿児島県鹿児島市中央町16-5　Macken BLDG.　6F	0120-333-053
学習センター	指宿キャンパス	891-0403	鹿児島県指宿市十二町2202-1　メゾン雅1F	0993-23-8671
トライ式高等学院	鹿児島中央キャンパス	892-0846	鹿児島県鹿児島市加治屋町1-2　東洋タイルビル1F	0120-919-439
桜心学院		892-0847	鹿児島県鹿児島市西千石町3-21　有馬ビル6F	099-813-7515
学習センター	鹿屋キャンパス	893-1205	鹿児島県肝属郡肝付町宮下248-5	0994-65-8011
NIC International High School	鹿児島校	895-0012	鹿児島県薩摩川内市平佐町2977-17	0996-20-4786
学習センター	薩摩川内キャンパス	895-0024	鹿児島県薩摩川内市鳥追町3-1　福山ビル1F	0996-29-5272
学習センター国分キャンパス　鹿島朝日高校連携教室		899-4332	鹿児島県霧島市国分野口東6-11　MBC開発国分ビル2F	0995-73-8222
沖縄県				
トライ式高等学院	那覇新都心キャンパス	900-0006	沖縄県那覇市おもろまち3-3-1　コープあっぷるタウン2F	0120-919-439
エコール沖縄		900-0012	沖縄県那覇市泊1-4-13　504	098-869-4036
マイン高等学院	沖縄キャンパス	900-0033	沖縄県那覇市久米2-4-14　JB-NAHAビル5F	098-860-5020
トライ式高等学院	小禄キャンパス	901-0151	沖縄県那覇市鏡原町34-21　コープおろく2F	0120-919-439
エンカレッジ高等学院	本校	901-2302	沖縄県中頭郡北中城村字渡口981-2	098-923-1813
AR-Lab久米島教室		901-3123	沖縄県島尻郡久米島町字大田548　久米島ブルーオーシャン	050-3748-0514
沖縄グローバル高等学院		902-0067	沖縄県那覇市安里361-34　託一ビル6F	098-884-7320
マイン高等学院	中部キャンパス	904-0004	沖縄県沖縄市中央2-5-1　レインボーシャワー1F	098-860-5020
FC琉球高等学院		904-0012	沖縄県沖縄市安慶田5-1-16	098-923-0547
夢咲学園		904-2171	沖縄県沖縄市高原6-7-40	098-930-1066
エコールうるま		904-2215	沖縄県うるま市みどり町4-1-16	098-923-5909
西表自然学校		907-1541	沖縄県八重山郡竹富町上原546-3	090-4350-5102

「高卒認定試験予備校」一覧

- ・高等学校卒業程度認定試験（高卒認定試験）の合格を目指す予備校の一覧です。
- ・高卒認定試験の概要についてはP108をご参照ください。

学 校 名		〒	住所	電話
北海道				
大成会　北15条教室		001-0015	北海道札幌市北区北15条西4-2-27　北15条ビル2F	0120-519-509
童夢学習センター心理教育相談室		003-0002	北海道札幌市白石区東札幌2条6-5-1　ターミナルハイツ白石609	011-863-3420
トライ式高等学院	新札幌キャンパス	004-0053	北海道札幌市厚別区厚別中央三条5-8-7　源田ビル2F	0120-919-439
トライ式高等学院	函館キャンパス	040-0011	北海道函館市本町3-12　カーニープレイス函館1F	0120-919-439
プラス学習舎		060-0001	北海道札幌市中央区北1条西19-2-17　表参道明豊ビル2F　242	011-616-1610
四谷学院	札幌駅前教室	060-0808	北海道札幌市北区北8条西4-1-2　四谷学院ビル	011-737-4511
トライ式高等学院	札幌キャンパス	060-0809	北海道札幌市北区北9条西3-10-1　小田ビル2F	0120-919-439
NPO法人　訪問型フリースクール漂流教室		064-0808	北海道札幌市中央区南8条西2-　市民活動プラザ星園401	050-3544-6448
大成会　元町教室		065-0024	北海道札幌市東区北24条東16-1-1　第四中田ビル3F	0120-519-509
トライ式高等学院	旭川キャンパス	070-0031	北海道旭川市一条通8-108　フイール旭川3F	0120-919-439
青森県				
トライ式高等学院	青森キャンパス	038-0012	青森県青森市柳川1-2-3　青森駅ビルラビナ5F	0120-919-439
学習サークル「サンハウス」		039-1212	青森県三戸郡階上町蒼前西5-9-1634	090-2990-4200
岩手県				
NPO法人　盛岡ユースセンター		020-0022	岩手県盛岡市大通3-1-23　クリエイト3F	019-681-7070
トライ式高等学院	盛岡キャンパス	020-0034	岩手県盛岡市盛岡駅前通7-12　はちや盛岡駅前ビル2F	0120-919-439
宮城県				
仙台文理　高認試験コース		980-0021	宮城県仙台市青葉区中央4-1-26　レインボービル2F	022-722-1365
トライ式高等学院	泉中央キャンパス	981-3133	宮城県仙台市泉区泉中央1-7-1　泉中央駅ビル(SWING)5F	0120-919-439
トライ式高等学院	仙台キャンパス	983-0852	宮城県仙台市宮城野区榴岡1-6-30　ディーグランツ仙台ビル3F	0120-919-439
四谷学院	仙台駅前教室	983-0852	宮城県仙台市宮城野区榴岡2-3-6	022-291-3931
ミヤギユースセンター		983-0852	宮城県仙台市宮城野区榴岡2-2-8-203	022-256-7977
NPO法人　まきばフリースクール		987-2183	宮城県栗原市高清水袖山62-18	090-3127-8925
秋田県				
トライ式高等学院	秋田キャンパス	010-0874	秋田県秋田市千秋久保田町3-15　三宅ビル4F	0120-919-439
山形県				
トライ式高等学院	山形キャンパス	990-0039	山形県山形市香澄町1-3-15　山形むらきさわビル1F	0120-919-439
フリースクールせいよう		998-0864	山形県酒田市新橋1-7-16	0234-23-4655
福島県				
トライ式高等学院	福島キャンパス	960-8031	福島県福島市栄町7-33　錦ビル3F	0120-919-439
NPO法人ヒューマンコミュニティサポートAI付属　うつみね健康学園		963-1244	福島県郡山市田村町栃本字水沢527	024-985-1005
トライ式高等学院	郡山キャンパス	963-8002	福島県郡山市駅前1-14-1　増子駅前ビル4F	0120-919-439
NPO法人　寺子屋方丈舎		965-0871	福島県会津若松市栄町2-14　レオクラブガーデンスクエア5F	0242-93-7950
いわきキャンパス		971-8172	福島県いわき市泉玉露2-5-7	0246-56-2121
茨城県				
トライ式高等学院	つくばキャンパス	305-0031	茨城県つくば市吾妻1-5-7　ダイワロイネットホテルつくば1F	0120-919-439
トライ式高等学院	水戸キャンパス	310-0015	茨城県水戸市宮町1-2-4　マイムビル4F	0120-919-439
栃木県				
トライ式高等学院	宇都宮東キャンパス	321-0953	栃木県宇都宮市東宿郷5-1-16　ルーセントビル2F	0120-919-439
トライ式高等学院	宇都宮キャンパス	321-0964	栃木県宇都宮市駅前通り1-4-6　宇都宮西口ビルd棟1F	0120-919-439
トライ式高等学院	足利キャンパス	326-0814	栃木県足利市通2-12-16　岩下ビル2F	0120-919-439
群馬県				
トライ式高等学院	高崎キャンパス	370-0849	群馬県高崎市栄町3-23　高崎タワー21　2F	0120-919-439
私立志學館		373-0027	群馬県太田市金山町31-19	0276-25-0132
埼玉県				
トライ式高等学院	浦和キャンパス	330-0062	埼玉県さいたま市浦和区仲町2-3-20　須原屋ビル4F	0120-919-439
中央高等学院	さいたま校	330-0854	埼玉県さいたま市大宮区桜木町1-1-6	048-650-1155

学 校 名		〒	住所	電話
トライ式高等学院	大宮キャンパス	330-0854	埼玉県さいたま市大宮区桜木町4-252　ユニオンビルディング3F	0120-919-439
四谷学院	大宮教室	330-0854	埼玉県さいたま市大宮区桜木町4-85　四谷学院ビル	048-641-7761
トライ式高等学院	川口キャンパス	332-0012	埼玉県川口市本町4-3-2　明邦川口第8ビル5F	0120-919-439
四谷学院	南浦和駅前教室	336-0017	埼玉県さいたま市南区南浦和2-35-11　四谷学院ビル	048-882-2751
国際高等学院		340-0011	埼玉県草加市栄町3-4-11	048-932-5139
一般社団法人正和会　畠塾自立支援センター		344-0011	埼玉県春日部市藤塚250-58	048-738-0701
トライ式高等学院	春日部キャンパス	344-0067	埼玉県春日部市中央1-1-5　小島ビル5F	0120-919-439
トライ式高等学院	川越キャンパス	350-1122	埼玉県川越市脇田町18-6　川越小川ビル6F	0120-919-439
四谷学院	川越駅前教室	350-1123	埼玉県川越市脇田本町14-15　四谷学院ビル	049-246-6271
トライ式高等学院	所沢キャンパス	359-0037	埼玉県所沢市くすのき台3-1-1　角三上ビル1F	0120-919-439
トライ式高等学院	熊谷キャンパス	360-0037	埼玉県熊谷市筑波2-115　アズ熊谷6F	0120-919-439
千葉県				
四谷学院	千葉教室	260-0013	千葉県千葉市中央区中央2-2-1　四谷学院ビル	043-221-6621
トライ式高等学院	千葉キャンパス	260-0015	千葉県千葉市中央区富士見2-14-1　千葉EXビル4F	0120-919-439
中央高等学院	千葉校	260-0031	千葉県千葉市中央区新千葉2-7-2	043-204-2292
一ツ葉高校	千葉キャンパス	260-0045	千葉県千葉市中央区弁天1-2-8　四谷学院ビル5F	043-305-5780
NPO法人　東京シューレ　フリースクール東京シューレ流山		270-0121	千葉県流山市西初石3-103-5　グーローリアビル初石Ⅱ　401	047-199-7141
トライ式高等学院	流山おおたかの森キャンパス	270-0128	千葉県流山市おおたかの森西1-2-3　流山アゼリアテラスA棟2F 203区画	0120-919-439
フリースクールあおば		272-0021	千葉県市川市八幡3-3-2　j403	047-324-2889
トライ式高等学院	船橋キャンパス	273-0005	千葉県船橋市本町1-3-11　Faceビル1101	0120-919-439
四谷学院	船橋駅前教室	273-0005	千葉県船橋市本町7-7-1　船橋ツインビル西館6F	047-421-5851
四谷学院	柏教室	277-0005	千葉県柏市柏2-8-10　四谷学院ビル	04-7167-8671
トライ式高等学院	柏キャンパス	277-0852	千葉県柏市旭町1-1-5　浜島ビル7F	0120-919-439
トライ式高等学院	新浦安キャンパス	279-0012	千葉県浦安市入船1-5-2　プライムタワー新浦安7F	0120-919-439
東京都				
トライ式高等学院	飯田橋キャンパス	102-0072	東京都千代田区飯田橋1-10-3　トライグループ東京本社ビル1F	0120-919-439
ココロミル麻布校（高認・大学進学塾）		106-0045	東京都港区麻布十番2-5-2　JMN ビル	03-6427-9314
勁草学舎		110-0015	東京都台東区東上野3-9-5	03-3834-5576
J-School		112-0002	東京都文京区小石川2-3-4　第一川田ビル	0120-934-670
J-Web School		112-0002	東京都文京区小石川2-3-4　第一川田ビル	0120-142-359
東京教育学院		113-8520	東京都文京区本郷5-24-6	03-5803-9101
NPO法人　東京シューレ　フリースクール東京シューレ王子		114-0021	東京都北区岸町1-9-19	03-5993-3135
トライ式高等学院	北千住キャンパス	120-0034	東京都足立区千住2-58　ジェイシティ北千住2F	0120-919-439
トライ式高等学院	錦糸町キャンパス	130-0022	東京都墨田区江東橋3-9-10　マルイ錦糸町店6F	0120-919-439
トライ式高等学院	蒲田キャンパス	144-0052	東京都大田区蒲田5-38-1　第一美須ビル2F	0120-919-439
NPO法人　東京シューレ　フリースクール東京シューレ大田		144-0055	東京都大田区仲六郷2-7-11	03-6424-8311
中央高等学院	渋谷原宿校	150-0001	東京都渋谷区神宮前6-27-8	03-5469-7070
考学舎		150-0002	東京都渋谷区渋谷1-7-5　青山センブンハイツ503	03-3498-7758
ココロミル渋谷校（高認・大学進学塾）		150-0002	東京都渋谷区渋谷 3-6-16　エメラルドアオキビル 3F/4F	03-6427-9314
トライ式高等学院	渋谷キャンパス	150-0031	東京都渋谷区桜丘24-1　橋本ビル3F	0120-919-439
日本文理学院高等部　特別支援教育研究所Wish		150-0045	東京都渋谷区神泉15-11	03-6455-0910
ココロミル新宿校（高認・大学進学塾）		151-0053	東京都渋谷区代々木 2-10-8　出雲ビル5F	03-6427-9314
一ツ葉高校	代々木キャンパス	151-0053	東京都渋谷区代々木1-36-1　ミユキビル2F	03-6276-7578
四谷学院	自由が丘駅前校	152-0035	東京都目黒区自由が丘1-30-3　自由が丘東急プラザ6F	03-5701-5871
SCHOOL WILLING		154-0001	東京都世田谷区池尻3-4-8	03-5430-5478
四谷学院	下北沢駅前教室	155-0031	東京都世田谷区北沢2-20-17　Recips SIMOKITA　8F	03-6450-7671
NPO　僕んち（フリースクール僕んち）		155-0033	東京都世田谷区代田4-32-17-B	03-3327-7142
東京YMCA"liby（リビー）"		156-0051	東京都世田谷区宮坂3-23-2　東京YMCA南コミュニティーセンター3F	03-3420-5361
トライ式高等学院	自由が丘キャンパス	158-0083	東京都世田谷区奥沢5-26-16　自由が丘MAST2F	0120-919-439
四谷学院	四谷駅前教室	160-0004	東京都新宿区四谷1-1-1　四谷学院ビル	03-3357-8081
四谷学院	四谷校　高認通学コース	160-0004	東京都新宿区四谷1-10　四谷学院ビル	03-3357-8081
四谷ゼミナール		160-0015	東京都新宿区大京町4-6	03-3355-0005
トライ式高等学院	新宿キャンパス	160-0023	東京都新宿区西新宿1-7-1　松岡セントラルビル6F	0120-919-439
河合塾COSMO	東京校	160-0023	東京都新宿区西新宿7-14-7	0120-800-694
NPO法人　東京シューレ　フリースクール東京シューレ新宿		162-0056	東京都新宿区若宮町28-27	03-5155-9803
トライ式高等学院	中野キャンパス	164-0001	東京都中野区中野4-2-12　三明ビル2F	0120-919-439
プラドアカデミー高等学院		170-0002	東京都豊島区巣鴨1-14-5　第一松岡ビル7F	03-5319-1230
中央高等学院	池袋校	170-0013	東京都豊島区東池袋1-12-8	03-3590-0130
トライ式高等学院	池袋キャンパス	171-0022	東京都豊島区南池袋1-19-4　南池袋幸伸ビル8F	0120-919-439
八洲学園高校	池袋キャンパス　高認コース	171-0022	東京都豊島区南池袋3-11-10　ペリエ池袋4F	045-312-5588

学 校 名		〒	住所	電話
四谷学院	池袋駅前教室	171-0022	東京都豊島区南池袋2-27-8　第10野萩ビル1F	03-3985-7821
フリースクール@なります		175-0094	東京都板橋区成増4-31-11	03-6784-1205
トライ式高等学院	大泉学園キャンパス	178-0063	東京都練馬区東大泉1-30-7　瀧島ビル4F	0120-919-439
四谷学院	吉祥寺駅前教室	180-0022	東京都武蔵野市吉祥寺南町1-9-4	0422-45-8101
中央高等学院	吉祥寺本校	180-0004	東京都武蔵野市吉祥寺本町2-21-8	0422-22-7787
トライ式高等学院	吉祥寺キャンパス	180-0004	東京都武蔵野市吉祥寺本町1-10-10　ロータスビル4F	0120-919-439
数学塾むれ		180-0006	東京都武蔵野市中町　ハイツ杉山403	0422-55-0563
トライ式高等学院	府中キャンパス	183-0055	東京都府中市府中町1-1-5　府中高木ビル5F	0120-919-439
トライ式高等学院	国分寺駅前キャンパス	185-0012	東京都国分寺市本町2-2-14　セントクオークビル2F	0120-919-439
トライ式高等学院	立川キャンパス	190-0012	東京都立川市曙町1-14-13　立川MKビル3F	0120-919-439
四谷学院	立川教室	190-0012	東京都立川市曙町2-29-13　四谷学院ビル	042-540-7681
一ツ葉高校	立川キャンパス	190-0022	東京都立川市錦町3-6-6　中村Kビル3F	042-512-9602
四谷学院	八王子駅前教室	192-0083	東京都八王子市旭町12-1　ファルマ802ビル7F	042-646-6991
トライ式高等学院	八王子キャンパス	192-0083	東京都八王子市旭町12-4　日本生命八王子ビル5F	0120-919-439
四谷学院	町田駅前教室	194-0022	東京都町田市中町1-2-1	042-725-8751
トライ式高等学院	町田キャンパス	194-0022	東京都町田市森野1-34-10　第一矢沢ビル2F	0120-919-439
八洲学園高校	町田分室　高認コース	194-0022	東京都町田市森野1-27-14　サカヤビル1F	045-312-5588
神奈川県				
トライ式高等学院	川崎キャンパス	210-0007	神奈川県川崎市川崎区駅前本町15-5　十五番館6F　C区画	0120-919-439
トライ式高等学院	武蔵小杉キャンパス	211-0063	神奈川県川崎市中原区新丸子東2-924　大谷ビル2F	0120-919-439
トライ式高等学院	横浜キャンパス	220-0004	神奈川県横浜市西区北幸2-5-3　アスカビル3F	0120-919-439
四谷学院	横浜駅前教室	220-0004	神奈川県横浜市西区北幸1-5-6　四谷学院ビル	045-320-2151
中央高等学院	横浜校	231-0011	神奈川県横浜市中区太田町2-23	045-222-4111
少人数制予備校WIP（ウイップ）		220-0011	神奈川県横浜市西区高島2-6-41　福島ビル2F	0120-913-758
大成学園	横浜校	221-0835	神奈川県横浜市神奈川区鶴屋町3-33-7	045-313-1359
四谷学院	あざみ野駅前教室	225-0003	神奈川県横浜市青葉区新石川1-9-1　眞澄スクエアビル2F	045-507-6971
トライ式高等学院	青葉台キャンパス	227-0062	神奈川県横浜市青葉区青葉台1-6-13　ケントロンビル5F	0120-919-439
トライ式高等学院	上大岡キャンパス	233-0002	神奈川県横浜市港南区上大岡西1-6-1　ゆめおおおかオフィスタワー22F	0120-919-439
四谷学院	本厚木駅前教室	243-0018	神奈川県厚木市中町3-12-1　厚木国際ビル3F	046-225-5781
トライ式高等学院	本厚木キャンパス	243-0018	神奈川県厚木市中町2-1-24　柳田ビル3F	0120-919-439
トライ式高等学院	戸塚キャンパス	244-0817	神奈川県横浜市戸塚区吉田町3002-1　第7吉本ビル1F	0120-919-439
NPO法人　子どもと生活文化協会（CLCA）		250-0045	神奈川県小田原市城山1-6-32　Sビル2F	0465-35-8420
湘南一ツ星高等学院		251-0023	神奈川県藤沢市鵠沼花沢町1-12	0466-54-7306
トライ式高等学院	藤沢キャンパス	251-0025	神奈川県藤沢市鵠沼石上1-5-6　渡辺ビル1F	0120-919-439
四谷学院	藤沢教室	251-0052	神奈川県藤沢市藤沢110-7　四谷学院ビル	0466-54-4281
大成学園	藤沢校	251-0055	神奈川県藤沢市南藤沢2-1-3　ダイヤモンドビル5F	0466-54-7779
新潟県				
トライ式高等学院	長岡キャンパス	940-0048	新潟県長岡市台町2-8-35　ホテルニューオータニ長岡1F	0120-919-439
トライ式高等学院	新潟キャンパス	950-0087	新潟県新潟市中央区東大通1-7-7　IMA-Ⅲビル2F	0120-919-439
真友学院		950-0088	新潟県新潟市中央区万代4-1-6　新潟あおばビル	025-241-5701
富山県				
トライ式高等学院	富山キャンパス	930-0002	富山県富山市新富町1-2-3　富山ステーションフロントCiC　2F	0120-919-439
財団法人　富山YMCAフリースクール		930-0003	富山県富山市桜町1-3-4　東洋ビル12　4～7F	076-431-5588
石川県				
トライ式高等学院	金沢キャンパス	920-0853	石川県金沢市本町2-15-1　ポルテ金沢2F	0120-919-439
NPO法人　ワンネススクール		921-8161	石川県金沢市久安5-8	076-259-5359
福井県				
トライ式高等学院	アオッサキャンパス	910-0858	福井県福井市手寄1-4-1　AOSSA　2F	0120-919-439
長野県				
トライ式高等学院	長野キャンパス	380-0824	長野県長野市南石堂町1971　A-ONE City the agora　3F	0120-919-439
トライ式高等学院	松本キャンパス	390-0811	長野県松本市中央1-15-7　ハネサム松本1F	0120-919-439
NPO法人　子どもサポートチームすわ		392-0015	長野県諏訪市中洲上金子2843	0266-58-5678
岐阜県				
トライ式高等学院	岐阜駅前キャンパス	500-8175	岐阜県岐阜市長住町2-7　アーバンフロントビル2F	0120-919-439
静岡県				
トライ式高等学院	三島キャンパス	411-0036	静岡県三島市一番町1-15-21　増田ビル2F	0120-919-439
トライ式高等学院	静岡キャンパス	420-0857	静岡県静岡市葵区御幸町6-10　静岡モディ5F	0120-919-439
松浦塾		422-8033	静岡県静岡市駿河区登呂5-13-23	054-285-9000
フリースクール空		430-0855	静岡県浜松市中央区楊子町93-1　あさがお新聞店内	080-5295-5785

学 校 名		〒	住所	電話
トライ式高等学院	浜松キャンパス	430-0933	静岡県浜松市中央区鍛冶町1-35　中村企画ビル1F	0120-919-439
フリースクールドリーム・フィールド		435-0013	静岡県浜松市中央区天竜川町201	053-422-5203
愛知県				
トライ式高等学院	豊橋キャンパス	440-0075	愛知県豊橋市花田町西宿無番地　豊橋駅前ビルカルミア4F	0120-919-439
トライ式高等学院	東岡崎キャンパス	444-0864	愛知県岡崎市明大寺町字寺東1-1　名鉄東岡崎駅南館2F	0120-919-439
中央高等学院	名古屋本校	450-0002	愛知県名古屋市中央区名駅2-45-19	052-562-7585
トライ式高等学院	名駅キャンパス	450-0002	愛知県名古屋市中央区名駅2-45-19　桑山ビル3F	0120-919-439
四谷学院	名古屋駅前教室	453-0015	愛知県名古屋市中央区椿町16-14　四谷学院ビル	052-459-3941
名古屋みらい高等学院（愛知PFS協会）		460-0008	愛知県名古屋市中央区栄1-26-8　5A	052-228-0280
トライ式高等学院	金山キャンパス	460-0022	愛知県名古屋市中央区金山1-15-10　NFC金山駅前ビル10F	0120-919-439
四谷学院	千種駅前教室	464-0075	愛知県名古屋市千種区内山3-26-1　四谷学院ビル	052-784-5671
トライ式高等学院	千種キャンパス	464-0075	愛知県名古屋市千種区内山3-30-9　nonoha千種2F	0120-919-439
ATJエスクール		464-0075	愛知県名古屋市千種区内山3-25-6　千種ターミナルビル901	052-228-0280
まなび場		466-0833	愛知県名古屋市昭和区隼人町7-3	052-835-6266
名東学院		468-0011	愛知県名古屋市天白区平針3-116	052-803-1839
トライ式高等学院	豊田キャンパス	471-0025	愛知県豊田市西町1-200　とよた参号館2F	0120-919-439
トライ式高等学院	知立キャンパス	472-0037	愛知県知立市栄1-5　エキタス知立202	0120-919-439
三重県				
トライ式高等学院	四日市キャンパス	510-0075	三重県四日市市安島1-2-5　パークサイドビル2F	0120-919-439
トライ式高等学院	津駅前キャンパス	514-0009	三重県津市羽所町242-1　近鉄津駅西口1F	0120-919-439
滋賀県				
彦根大学受験セミナーRゼミナール		522-0081	滋賀県彦根市京町3-4-18	0749-22-9101
トライ式高等学院	草津キャンパス	525-0025	滋賀県草津市西渋川1-1-18　イーカムビル4F	0120-919-439
アットスクール高等学院（明蓬館SNEC滋賀）		525-0063	滋賀県草津市大路1-18-28	077-565-7337
京都府				
ECC高認学院	京都校	600-8004	京都府京都市下京区四条通寺町西入奈良物町358（四条麩屋町上ル）日新火災京都ビル5F	0120-933-144
ほっとハウス		601-8446	京都府京都市南区西九条高畠町21	075-672-3125
安養寺フリースクール		602-8288	京都府京都市上京区中立売千本東入丸町379-3	075-414-4192
安養寺通信制大学・高校サポート校		603-8176	京都府京都市北区紫野上島田町26	075-414-4192
トライ式高等学院	丸太町キャンパス	604-0862	京都府京都市中京区少将井町230-1　トライグループ烏丸ビル1F	0120-919-439
NPO法人　京都教育サポートセンター		604-8005	京都府京都市中京区三条川原町東入恵比須町439　早川ビル6F	075-211-0750
四谷学院	京都四条烏丸教室	604-8152	京都府京都市中京区烏丸通蛸薬師下ル手洗水町678　四谷学院ビル6F	075-212-9781
TOB塾	京都南教室	610-0121	京都府城陽市寺田庭井1-6	0774-52-0012
塾芳春庵		612-0881	京都府京都市伏見区深草稲荷御前町93-203	0120-617-800
トライ式高等学院	丹波橋キャンパス	612-8085	京都府京都市伏見区京町南7-25-1　京町ブルームスベリー1F	0120-919-439
トライ式高等学院	長岡天神キャンパス	617-0823	京都府長岡京市長岡1-1-10　長岡プラザ2F	0120-919-439
大阪府				
八洲学園高校	梅田キャンパス　高認コース	530-0001	大阪府大阪市北区梅田1-3-1　大阪駅前第1ビル2F	045-312-5588
トライ式高等学院	梅田キャンパス	530-0012	大阪府大阪市北区芝田2-7-18　LUCID SQUARE UMEDA　1F	0120-919-439
四谷学院	梅田駅前教室	530-0012	大阪府大阪市北区芝田2-6-21　四谷学院ビル	06-6374-6861
NPO法人　フリースクールみなも		530-0044	大阪府大阪市北区東天満1-4-3	06-6881-0803
ECC高認学院	大阪校	530-0072	大阪府大阪市北区豊崎2-11-8	0120-933-144
河合塾サポートコース梅田		531-0072	大阪府大阪市北区豊崎3-1-14　セルスタ1F	0120-070-527
スクールプラス		532-0011	大阪府大阪市淀川区西中島4-5-22　第3新大阪ビル4F	06-6195-3478
トライ式高等学院	京橋キャンパス	534-0024	大阪府大阪市都島区東野田町1-6-16　ワタヤ・コスモスビル5F	0120-919-439
NPO法人　関西こども文化協会旭自由学院		535-0031	大阪府大阪市旭区高殿3-32　大阪市営高殿西住宅1号棟110	
八洲学園高校	大阪中央校　高認コース	540-0004	大阪府大阪市中央区玉造1-3-15	045-312-5588
お昼間の塾わなどぅ	大阪校	540-0012	大阪府大阪市中央区谷町3-4-9　EM&Cビル3F	06-6946-7588
四谷学院	なんば駅前教室	542-0076	大阪府大阪市中央区難波2-3-7　南海難波御堂筋ウエスト1F	06-6211-5061
トライ式高等学院	天王寺キャンパス	545-0051	大阪府大阪市阿倍野区旭町1-1-10　竹澤ビル2F	0120-919-439
四谷学院	天王寺駅前教室	545-0052	大阪府大阪市阿倍野区阿倍野筋1-5-36　アベノセンタービル4F	06-6643-9781
アットスクール大阪校		553-0003	大阪府大阪市福島区福島7-14-18　601	06-6225-7020
トライ式高等学院	豊中キャンパス	560-0021	大阪府豊中市本町3-1-57　ルミエール豊中2F	0120-919-439
トライ式高等学院	千里中央キャンパス	560-0082	大阪府豊中市新千里東町1-4-1　阪急千里中央ビル5F	0120-919-439
トライ式高等学院	茨木キャンパス	567-0829	大阪府茨木市双葉町2-29　エスタシオン茨木3F	0120-919-439
フリースクールはらいふ		569-1051	大阪府高槻市原91-13	072-668-6440
トライ式高等学院	布施キャンパス	577-0841	大阪府東大阪市足代2-3-6　橋本ビル2F	0120-919-439
トライ式高等学院	鳳キャンパス	593-8324	大阪府堺市西区鳳東町4-354-1　プリモ鳳2F	0120-919-439
八洲学園高校	堺本校　高認コース	593-8327	大阪府堺市西区鳳中町8-3-25	045-312-5588
トライ式高等学院	岸和田キャンパス	596-0076	大阪府岸和田市野田町1-6-21　88ビル4F	0120-919-439

学 校 名		〒	住所	電話
兵庫県				
トライ式高等学院	三宮キャンパス	650-0001	兵庫県神戸市中央区加納町4-3-3　さくら三神ビル7F	0120-919-439
学校法人神戸セミナー (松陰高校神戸元町学習センター併設)		650-0011	兵庫県神戸市中央区下山手通8-4-26	078-341-1897
トライ式高等学院	元町キャンパス	650-0012	兵庫県神戸市中央区北長狭通5-1-2　太陽ビル1F	0120-919-439
神戸自由学院		650-0012	兵庫県神戸市中央区北長狭通り7-3-11	078-360-0016
四谷学院	神戸三宮教室	650-0021	兵庫県神戸市中央区三宮町2-11-1　センタープラザ西館4F	078-331-9611
八洲学園高校	三宮キャンパス　高認コース	651-0086	兵庫県神戸市中央区磯上通8-1-33　幸和ビル2F	045-312-5588
NPO法人　ふぉーらいふ　高校ステーション		655-0022	兵庫県神戸市垂水区瑞穂通7-2	078-706-6186
トライ式高等学院	尼崎キャンパス	661-0976	兵庫県尼崎市潮江1-16-1　アミング潮江ウエスト二番館302-EF	0120-919-439
トライ式高等学院	西宮北口キャンパス	662-0833	兵庫県西宮市北昭和町3-18　カサマドンナV　2・3F	0120-919-439
TOB塾	西宮本校	663-8032	兵庫県西宮市高木西町14-6	0798-56-7139
四谷学院	西宮北口教室	663-8035	兵庫県西宮市北口町1-2-136　アクタ西宮東館3F	0798-31-5451
トライ式高等学院	姫路キャンパス	670-0927	兵庫県姫路市駅前町254　姫路駅前ビル5F	0120-919-439
トライ式高等学院	西明石キャンパス	673-0016	兵庫県明石市松の内2-1-6　コーポ山口3F	0120-919-439
トライ式高等学院	加古川キャンパス	675-0064	兵庫県加古川市加古川町溝之口510-51　平成ビル3F	0120-919-439
一般社団法人　デモクラティックスクールまっくろくろすけ		679-2324	兵庫県神崎郡市川町坂戸592	0790-26-1129
奈良県				
トライ式高等学院	生駒キャンパス	630-0257	奈良県生駒市元町1-5-12　本城ビル2F	0120-919-439
フリースペースSAKIWAI		630-8114	奈良県奈良市芝辻町2-11-16	0742-48-8552
TOB塾	奈良校	631-0034	奈良県奈良市学園南1-1-18	0798-56-7139
トライ式高等学院	西大寺キャンパス	631-0821	奈良県奈良市西大寺東町2-1-31　サンワ西大寺東町ビル7F	0120-919-439
奈良YMCA心のフリースクール		631-0823	奈良県奈良市西大寺国見町2-14-1	0742-44-2207
トライ式高等学院	大和八木キャンパス	634-0804	奈良県橿原市内膳町5-2-32　ナカタニ第壱ビル3F	0120-919-439
和歌山県				
トライ式高等学院	和歌山駅前キャンパス	640-8331	和歌山県和歌山市美園町5-2-5　アイワビル3F	0120-919-439
鳥取県				
トライ式高等学院	鳥取キャンパス	680-0834	鳥取県鳥取市永楽温泉町151　永楽寿商事ビル2F	0120-919-439
岡山県				
トライ式高等学院	岡山キャンパス	700-0901	岡山県岡山市北区本町1-2　炭屋ビル5F	0120-919-439
トライ式高等学院	倉敷キャンパス	710-0055	岡山県倉敷市阿知1-7-2　くらしきシティプラザ西ビル2F	0120-919-439
広島県				
トライ式高等学院	福山キャンパス	720-0066	広島県福山市三之丸町4-1　ツツミビル3F	0120-919-439
楽らくゼミナール		730-0847	広島県広島市中区舟入南1-4-41	082-234-1004
トライ式高等学院	広島キャンパス	732-0053	広島県広島市東区若草町11-1　ザ・広島タワー1F	0120-919-439
四谷学院	広島駅前教室	732-0053	広島県広島市東区若草町12-1　アクティブインターシティ広島1F	082-263-3671
トライ式高等学院	横川キャンパス	733-0011	広島県広島市西区横川町2-9-1　マツモトビル1F	0120-919-439
NPO法人　フリースクール木のねっこ		738-0026	広島県廿日市市上平良233-2	0829-20-4547
木のねっこ高等学院		738-0026	広島県廿日市市上平良233-02	0829-78-1904
FreeSchool あぃぴぃ		739-0014	広島県東広島市西条昭和町5-3	082-424-3391
山口県				
NPO法人　Nest		751-0832	山口県下関市生野町2-27-7　4F	083-255-1026
NPO法人　フリースクールAUC		753-0021	山口県山口市桜畠4-3-21	083-928-6339
トライ式高等学院	新山口キャンパス	754-0043	山口県山口市小郡明治2-12-5　TPUビル2F	0120-919-439
徳島県				
四国高等学院		770-0022	徳島県徳島市佐古2番町5-18	088-626-1359
トライ式高等学院	徳島キャンパス	770-0831	徳島県徳島市寺島本町西1-57　徳島駅前ターミナルビル4F	0120-919-439
香川県				
トライ式高等学院	高松キャンパス	760-0054	香川県高松市常磐町1-3-1　瓦町FLAG　9F	0120-919-439
愛媛県				
フリースクール楓・松山東林館		790-0002	愛媛県松山市二番町3-7-14　松山ガーデンスクウェア南4F	089-948-8106
トライ式高等学院	松山キャンパス	790-0011	愛媛県松山市千舟町5-5-3　EME松山千舟町ビル1F	0120-919-439
高知県				
トライ式高等学院	高知キャンパス	780-0833	高知県高知市南はりやま町1-17-1　ケンタッキービル3F	0120-919-439
フリースクールウィン		780-8010	高知県高知市桟橋通3-26-29	088-833-1137
福岡県				
四谷学院	北九州小倉駅前教室	802-0001	福岡県北九州市小倉北区浅野2-14-2　小倉興産16号館11F	093-533-6631
一ツ葉高校	小倉キャンパス	802-0002	福岡県北九州市小倉北区京町3-14-17　五十鈴ビル新館5F	093-533-8101
トライ式高等学院	小倉キャンパス	806-0006	福岡県北九州市小倉北区魚町1-4-21　北九州魚町センタービル2F	0120-919-439

学 校 名		〒	住所	電話
大学受験のTG		808-0825	福岡県北九州市八幡西区折尾3-1-14　TGビル	0120-593-620
トライ式高等学院	薬院キャンパス	810-0004	福岡県福岡市中央区渡辺通2-4-8　福岡小学館ビル2F	0120-919-439
トライ式高等学院	福岡天神キャンパス	810-0041	福岡県福岡市中央区大名2-9-30　淀ビル1F	0120-919-439
四谷学院	福岡天神教室	810-0041	福岡県福岡市中央区大名2-1-24　四谷学院ビル	092-731-7121
一ツ葉高校	博多駅前キャンパス	812-0016	福岡県福岡市博多区博多駅前3-27-24　博多タナカビル2F	092-431-2550
高宮学院高卒認定コース・大学受験コース		815-0041	福岡県福岡市南区野間1-10-1　松崎西ビル4F	092-554-1777
久留米中央高等学院		830-0031	福岡県久留米市六ツ門町19-6	0942-35-532
トライ式高等学院	久留米キャンパス	830-0033	福岡県久留米市天神町1-6　FLAG KURUME　2F	0120-919-439
久留米ゼミナール 大学受験科高卒認定コース		830-0033	福岡県久留米市天神町2-56	0942-35-4970
佐賀県				
トライ式高等学院	佐賀キャンパス	840-0801	佐賀県佐賀市駅前中央1-6-20　駅前局ビル3F	0120-919-439
久留米ゼミナール 大学受験科高卒認定コース		840-0804	佐賀県佐賀市神野東4-2-10	0952-30-0303
長崎県				
桑原塾		852-8014	長崎県長崎市竹の久保町13-20	0120-15-9849
トライ式高等学院	長崎キャンパス	852-8154	長崎県長崎市住吉町2-26　シャンドゥプレ住吉2F	0120-919-439
トライ式高等学院	佐世保キャンパス	857-0862	長崎県佐世保市白南風町1-16　エス・プラザ2F	0120-919-439
熊本県				
トライ式高等学院	熊本キャンパス	860-0047	熊本県熊本市西区春日1-14-2　くまもと森都心201	0120-919-439
一ツ葉高校	熊本キャンパス	860-0844	熊本県熊本市中央区水道町5-21　コスギ不動産水道町ビル6F	096-212-5250
江原予備校		862-0950	熊本県熊本市中央区水前寺3-1-3	096-382-6761
志成館高認受験科		862-0971	熊本県熊本市中央区大江本町7-3	096-371-3870
大分県				
トライ式高等学院	大分キャンパス	870-0026	大分県大分市金池町2-6-15　EME大分駅前ビル1F	0120-919-439
宮崎県				
トライ式高等学院	宮崎駅前キャンパス	880-0813	宮崎県宮崎市丸島町4-17　中村消防ビル1F	0120-919-439
のびのびフリースペース&学習教室		882-0844	宮崎県延岡市春日町2-11-1	0982-26-2335
鹿児島県				
学校法人歓誠学園 専修学校鹿児島高等予備校「みらいコース」		890-0051	鹿児島県鹿児島市高麗町15-10	099-293-5151
トライ式高等学院	鹿児島中央キャンパス	892-0846	鹿児島県鹿児島市加治屋町1-2　東洋タイルビル1F	0120-919-439
沖縄県				
トライ式高等学院	那覇新都心キャンパス	900-0006	沖縄県那覇市おもろまち3-3-1　コープあっぷるタウン2F	0120-919-439
トライ式高等学院	小禄キャンパス	901-0151	沖縄県那覇市鏡原町34-21　コープおろく2F	0120-919-439
NPO法人　珊瑚舎スコーレ		901-1414	沖縄県南城市佐敷津波古509-4	098-836-9011
八洲学園大学国際高校		905-0207	沖縄県国頭郡本部町備瀬1249	0120-917-840
全国				
第一学院高校	高認取得通信コース			0120-761-080
J-Web School				0120-142-359

広域通信制高校の入学エリア一覧

※「広域」は本校が遠くても入学が可能

区分	クラーク記念国際高校	札幌静修高校	星槎国際高校	とわの森三愛高校	北海道芸術高校	青森山田高校	飛鳥未来きずな高校	仙台育英学園高校	仙台白百合学園高校	大智学園高校	飛鳥未来きぼう高校	S高校	第一学院高校	鹿島学園高校
本校所在地	北海道	北海道	北海道	北海道	北海道	青森	宮城	宮城	宮城	福島	茨城	茨城	茨城／兵庫	茨城
北海道	★●○	★●○	★●○	★○	★●○	●○	●○		○		●○	●○	●○	
青森県	○		●○	○		★●○	○	●○	○		○	○	○	
岩手県	●○		●○	○	○		○	○	○	○	○	●○	●○	●○
宮城県	●○		●○	○	●○		★●○	★○	★○	○	○	●○	●○	●○
秋田県	●○		○	○			○	○	○	○	○	○	○	○
山形県	○		○	○			○	○	○	○	○	○	○	○
福島県	●○		●○	○	○		○	○	○	★○	○	●○	●○	●○
茨城県	●○		○				○			○	★●○	★●○	★●○	★●○
栃木県	●○		●○	○	○		●○	○		○	○	●○	●○	●○
群馬県	●○		○	○			●○			○	○	●○	●○	●○
埼玉県	●○	○	●○	○	○		●○			●○	○	●○	●○	●○
千葉県	●○	○	●○	○	○	○	●○			●○	○	●○	●○	●○
東京都	●○	●○	●○	○	●○	●○	●○			●○	●○	●○	●○	●○
神奈川県	●○	○	●○	○	●○	○	●○		○	●○	●○	●○	●○	●○
新潟県	○		●○	○	○		○		○		○	●○	●○	●○
富山県	●○		●○	○	○		○				○	○	●○	
石川県	○		○	○			○				○	○	●○	
福井県	●○	○	●○	○			○				○	○	○	
山梨県	○		●○	○	○		○			○	○			
長野県	●○		●○	○	○		○				○	●○	●○	●○
岐阜県	●○		●○	○	○		○				○	●○	○	
静岡県	●○		●○	○			●○				○	●○	○	●○
愛知県	●○		●○	★○	●○		●○				●○	●○	●○	●○
三重県	○		○	○			○				○	○	●○	
滋賀県	●○		○	○	○		○				○	○	○	●○
京都府	●○	●○	○	○	○		○				●○	●○	●○	●○
大阪府	●○	●○	●○	○			○				●○	●○	●○	●○
兵庫県	●○	●○	●○	○			●○				●○	●○	★●○	●○
奈良県	●○		○	○			○				○	●○	●○	●○
和歌山県	○		○	○			○				○		○	
鳥取県	●○		●○	○	○		○				○		●○	
島根県	○		○	○	○		○				○		●○	
岡山県	●○		○	○			○				○	●○	●○	
広島県	●○		●○	○	○		○				○	●○	●○	●○
山口県	●○		○	○			○				○	○	○	
徳島県	●○		○	○			○				○	○	○	
香川県	●○		●○	○			○				○	●○	○	
愛媛県	●○		●○	○	○		○				○	●○	○	
高知県	○		●○	○			○				○	○	○	
福岡県	●○	●○	●○	○	○		●○				○	●○	●○	●○
佐賀県	●○	○	○	○			○				○	○	○	
長崎県	●○		○	○	○		○				○	●○	○	
熊本県	●○		●○	○	○		●○				○	○	●○	
大分県	●○		○	○	○		○				○	○	○	
宮崎県	●○		○	○	○		○				○	○	●○	
鹿児島県	●○		○	○			○				○	●○	●○	●○
沖縄県	●○		●○	○	○		●○	●○			○	●○	○	

表の見方
○は○印の都道府県に在住・在勤している人が入学できるエリア
●は協力校、学習センター、キャンパス、分室などがあるところ
★は本校所在地

広域通信制高校は本校所在地以外でも入学することができます。
あなたが入学できる学校はどこか、チェックしてみましょう！

晃陽学園高校	翔洋学園高校	つくば開成高校	土浦日本大学高校	日本ウェルネス高校	ルネサンス高校	日々輝学園高校	大川学園高校	霞ヶ関高校	国際学院高校	志学会高校	清和学園高校	創学舎高校	武蔵野星城高校	区分
茨城	茨城	茨城	茨城	茨城	茨城	栃木	埼玉	埼玉	埼玉	埼玉	埼玉	埼玉	埼玉	本校所在地
		○	○	○	●○	○						○		北海道
	○	○		○	○	○						○		青森県
●○	○	○		○	○	○						○		岩手県
●○	○	○	○	●○	●○	○						○		宮城県
	○	○		○	○	○						○		秋田県
	●○	○		○	○	○						○		山形県
○	●○	●○		○	○	○						○		福島県
★○	★●○	★●○	★●○	★○	★○	○		○	○	○		○	○	茨城県
○	●○	○		●○	○	★●○		○	○	○		○	○	栃木県
○	○	○	○	○	○	○	○	○	○	○	○	○	○	群馬県
○	●○	○		○	○	●○	★○	★○	★●○	★○	★○	★○	★○	埼玉県
○	●○	●○		○	○	○	○	○	○	○		○	○	千葉県
●○	●○	○		●○	●○	●○	○	○	○	○		○	○	東京都
	●○	○	○	○	●○	●○	○				○	○		神奈川県
○	●○	○		○	○	○						○		新潟県
		○		○	○	○						○		富山県
		○		○	○	○						○		石川県
		○		○	○	○						○		福井県
	○	●○	○	○	○	○	○	○				○		山梨県
	○	●○	○	○	○	○						○		長野県
	○	○		○	○	○						○		岐阜県
		●○		○	○	○						○		静岡県
		○		○	●○	○						○		愛知県
		○		○	○	○						○		三重県
		●○		○	○	○						○		滋賀県
		●○	○	○	○	○						○		京都府
		○	○	○	●○	○						○		大阪府
		○		○	○	○						○		兵庫県
		○		○	○	○						○		奈良県
		○		○	○	○						○		和歌山県
		○		○	○	○						○		鳥取県
		●○		○	○	○						○		島根県
		○		○	○	○						○		岡山県
		●○		○	●○	○						○		広島県
		○		○	○	○						○		山口県
		○		○	○	○						○		徳島県
		○		○	○	○						○		香川県
		○		○	○	○						○		愛媛県
		○		○	○	○						○		高知県
		●○	○	○	●○	○						○		福岡県
		○		○	○	○						○		佐賀県
		○		○	○	○						○		長崎県
		○		○	○	○						○		熊本県
		○		○	○	●○						○		大分県
		○	○	○	○	○						○		宮崎県
		○		○	○	○						○		鹿児島県
		○		○	○	○						○		沖縄県

表の見方

○は○印の都道府県に在住・在勤している人が入学できるエリア
●は協力校、学習センター、キャンパス、分室などがあるところ
★は本校所在地

広域通信制高校の入学エリア一覧

※「広域」は本校が遠くても入学が可能

区分	わせがく夢育高校	あずさ第一高校	敬愛大学八日市場高校	成美学園高校	千葉科学大学附属高校	中央国際高校	ヒューマンキャンパスのぞみ高校	明聖高校	わせがく高校	NHK学園高校	大原学園美空高校	科学技術学園高校	北豊島高校	聖パウロ学園高校
本校所在地	埼玉	千葉	千葉	千葉	千葉	千葉	千葉	千葉	千葉	東京	東京	東京	東京	東京
北海道		○		○	○	○	●○	○	○	●○		●○		
青森県				○	○	○	○	○	○	●○		○		○
岩手県				○	○	○	○	○	○	●○		○		○
宮城県				○	○	○	●○	○	●○	●○		●○		
秋田県				○	○	○	○	○	○	○		○		
山形県				○	○	○	○	○	○	○		○		
福島県				○	○	○	○	○	○	●○		○		○
茨城県	○	○	○	●○	○	○	○	○	○	●○	○	●○	○	○
栃木県	○		○	●○	○	○	●○	○	○	○		●○		
群馬県	○	○	○	●○	○	○	○	○	●○	●○		○		
埼玉県	★●○	●○	○	●○	○	●○	●○	○	●○	○				
千葉県	○	★●○	★●○	★●○	★○	★●○	★●○	★○	★●○	●○	○	●○		○
東京都	○	●○	○	○	○	●○	●○	●○	●○	★●○	★○	★○	●○	★○
神奈川県	○	●○	○	●○	○	●○	●○	○	●○	●○		●○	○	●○
新潟県		○		○	○	●○	●○	○	○	●○		●○		
富山県				○	○	○	○	○	○	○		○		
石川県		○		○	○	○	○	○	○	○		○		
福井県				○	○	○	○	○	○	○		○		
山梨県	○	○		○	○	○	●○	○	○	○	○			○
長野県		○		○	○	●○	○	○	○	○		○		○
岐阜県		○		○	○	●○	○	○	○	●○		●○		
静岡県		○		○	○	○	●○	○	○	●○		●○		
愛知県		○		○	○	●○	○	○	○	●○		●○		
三重県				○	○	○	○	○	○	○				○
滋賀県				○	○	○	○	○	○	○		○		
京都府		○		○	○	○	●○	○	○	●○		○		○
大阪府				○	○	○	●○	●○	●○	●○		●○		○
兵庫県				○	○	●○	●○	○	●○	●○		●○		○
奈良県		○		○	○	○	○	○	○	○		●○		
和歌山県				○	○	○	○	○	○	○		○		
鳥取県				○	○	●○	○	○	○	○		○		
島根県				○	○	○	○	○	○	○		○		
岡山県				○	○	○	○	○	○	●○		○		○
広島県				○	○	○	●○	○	○	●○		●○		
山口県				○	○	○	○	○	○	○		○		
徳島県				○	○	○	○	○	○	○		○		
香川県				○	○	○	○	○	○	○		○		
愛媛県				○	○	○	○	○	○	●○		○		○
高知県				○	○	○	○	○	○	○		○		
福岡県				○	○	○	●○	○	○	●○		●○		
佐賀県				○	○	○	○	○	○	○		○		
長崎県				○	○	○	○	○	○	●○		○		○
熊本県				○	○	●○	○	○	○	●○		○		
大分県				○	○	○	○	○	○	○		○		
宮崎県				○	○	○	○	○	○	●○		○		○
鹿児島県				○	○	●○	○	○	○	●○		○		○
沖縄県				○	○	○	○	○	●○	●○		○		

表の見方
○は○印の都道府県に在住・在勤している人が入学できるエリア
●は協力校、学習センター、キャンパス、分室などがあるところ
★は本校所在地

東海大学付属望星高校	目黒日本大学高校	立志舎高校	鹿島山北高校	managara highschool	アットマーク国際高校	AOIKE高校	自然学園高校	駿台甲府高校	日本航空高校	山梨英和高校	山梨学院高校	ID学園高校	コードアカデミー高校	区分
東京	東京	東京	神奈川	新潟	石川	福井	山梨	山梨	山梨	山梨	山梨	長野	長野	本校所在地
○			●○		○	○	○	○	●○		○			北海道
○			●○		○	○	●○	○	●○		○			青森県
○			●○		○	○	○	○	●○		○			岩手県
○			●○		○	○	○	○	●○		○			宮城県
○									●○		○			秋田県
○			●○		○	○	●○	○	●○		○			山形県
○			●○		○	○	○	○	●○		○			福島県
○	○	○	●○		○	○	○	○	●○	○	○	○		茨城県
○	○		●○		○	○	○	○	●○	○	○			栃木県
○	○		●○		○	○	●○	○	●○	○	○	○		群馬県
○	○	○	●○		○	○	○	●○	●○	○	○	●○	●○	埼玉県
○	○	○	●○		○	○	○	●○	●○	○	○	○	●○	千葉県
★○	★○	★●○	●○	●○	●○	○	●○	○	○	○	○	●○	●○	東京都
○	○	○	★●○	○	○	○	●○	●○	○	○	○	○	●○	神奈川県
○			●○	★○	○	○	○	●○	○		○		●	新潟県
○			○	○	○	●○			●○		○			富山県
○			○	○	★●○	○			●○		○			石川県
○			●○	○	○	★●○		○	●○		○			福井県
○	○		●○	○	○	○	★●○	★○	★●○	★○	★●○	○		山梨県
○			●○	○	○	○	○	●○	●○	○	○	★●○	★○	長野県
○			○	○	○	○	●○	○	●○		○		○	岐阜県
○			●○	○	○	○	●○	●○	●○	○	○	●○		静岡県
○			●○	○	○	○	○	●○	●○	○	○		●○	愛知県
○			○	○	○	○		○	●○		○		○	三重県
○			○	○	○	○		○	●○		○			滋賀県
○			●○	○	○	○		●○	●○		○	○	○	京都府
○			●○	●○	○	○		○	●○		○	●○	●○	大阪府
○			●○	○	○	○		●○	●○		○	○	○	兵庫県
○			●○	○	○	○		○	○		○	○	○	奈良県
○			○	○	○	○		○	○		○			和歌山県
○			○	○	○	○			●○		○			鳥取県
○			○	○	○	○			●○		○			島根県
○			○	○	○	○			●○		○			岡山県
○			●○	○	○	○			●○		○			広島県
○			●○	○	○	○			●○		○			山口県
○			○	○	○	○		○	●○		○			徳島県
○			○	○	○	○		○	●○		○			香川県
○			●○	○	○	○		○	●○		○			愛媛県
○			○	○	○	○		○	●○		○			高知県
○			●○	○	○	○		●○	●○		○			福岡県
○			○	○	○	○		○	○		○			佐賀県
○			○	○	○	○		○	●○		○			長崎県
○			○	○	○	○		○	●○		○			熊本県
○			○	○	○	○		○	●○		○			大分県
○			●○	○	○	○		○	●○		○			宮崎県
○			○	○	○	○			●○		○			鹿児島県
○			●○	○	○	○			●○		○			沖縄県

表の見方 ▶ ○は○印の都道府県に在住・在勤している人が入学できるエリア
●は協力校、学習センター、キャンパス、分室などがあるところ
★は本校所在地

589

広域通信制高校の入学エリア一覧

※「広域」は本校が遠くても入学が可能

区分	さくら国際高校	地球環境高校	天龍興譲高校	松本国際高校	緑誠蘭高校	中京高校	啓晴高校	ルネサンス豊田高校	中京大学附属中京高校	徳風高校	代々木高校	ECC学園高校	京都芸術大学附属高校	京都廣学館高校
本校所在地	長野	長野	長野	長野	長野	岐阜	岐阜	愛知	愛知	三重	三重	滋賀	京都	京都
北海道						○	○	●○	○		○	○		
青森県	○					○	○	○	○		○	○		
岩手県	○			●○		○	○	○	○		○	○		
宮城県	●○			●○		○	○	●○	○		○	○		
秋田県	○					○	○	○	○		○	○		
山形県	○					○	○	○	○		○	○		
福島県	○					○	○	○	○		○	○		
茨城県		○		●○		○	○	●○	○		○	○		
栃木県	○					○	○	○	○		○	○		
群馬県	○					○	○	○	○		○	○		
埼玉県	●○	○		●○		○	○	○	○		●○	○		
千葉県	●○	○		●○		○	○	○	○		●○	○		
東京都	●○	○		●○		○	○	●○	○		●○	○		
神奈川県	●○	○	○	●○		○	○	○	○		●○	○		
新潟県	●○					○	○	○	○		○	○		
富山県	●○					○	○	○	○		●○	○		
石川県						○	○	○	○		●○	○		
福井県						○	○	○	○	○	○	○		
山梨県	●○					○	○	○	○		○	○		
長野県	★●○	★○	★○	★●○	★●○	○	○	○	○		○	○		
岐阜県	●○			●○	●○	★○	★○	○	○	○	●○	○		
静岡県	●○					○	○	○	○		●○	○		
愛知県	●○		○	●○	●○	●○	○	★●○	★○	○	●○	○		
三重県	○			●○	○	○	○	○	○	★●○	★●○	○		○
滋賀県	●○					○	○	○	○	○	○	★●○	●○	○
京都府	○			●○		○	○	○	○	○	●○	●○	★●○	★○
大阪府	●○			●○		○	○	●○	○	○	●○	●○	○	
兵庫県	○					○	○	○	○	○	●○	○	●○	○
奈良県	●○			●○		○	○	○	○	○	●○	●○	●○	○
和歌山県						○	○	○	○	○	●○	○		
鳥取県	●○					○	○	○	○		○			
島根県	●○					○	○	○	○		○			
岡山県						○	○	○	○		○			
広島県	●○					○	○	●○	○		○			
山口県						○	○	○	○		○			
徳島県						○	○	●○	○		○			
香川県	●○			●○		○	○	○	○		○			
愛媛県						○	○	○	○		○			
高知県						○	○	○	○		○			
福岡県	●○			●○		○	○	●○	○		●○			
佐賀県	○					○	○	○	○		○			
長崎県						○	○	○	○		○			
熊本県	●○					○	○	○	○		●○			
大分県	●○					○	○	○	○		○			
宮崎県						○	○	○	○		○			
鹿児島県	○			●○		○	○	○	○		○			
沖縄県	●○			●		○	○	○	○		●○			

表の見方
○は○印の都道府県に在住・在勤している人が入学できるエリア
●は協力校、学習センター、キャンパス、分室などがあるところ
★は本校所在地

広域通信制高校は本校所在地以外でも入学することができます。
あなたが入学できる学校はどこか、チェックしてみましょう！

京都美山高校	向陽台高校（一般生）	長尾谷高校	八洲学園高校	ルネサンス大阪高校	YMCA学院高校	相生学院高校	AIE国際高校	第一学院高校	飛鳥未来高校	関西文化芸術高校	日本教育学院高校	奈良女子高校	慶風高校	区分
京都	大阪	大阪	大阪	大阪	大阪	兵庫	兵庫	兵庫/茨城	奈良	奈良	奈良	奈良	和歌山	本校所在地
				●○		●○	○	●○	●○				●○	北海道
				○		○	○	○	○				○	青森県
				○		○	○	●○	○				○	岩手県
	○			●○		○	○	●○	○				○	宮城県
				○		○	○	●○	○				○	秋田県
	○			○		○	○	○	○				○	山形県
	○			○		○	○	●○	○				○	福島県
				●○	●○	○	○	★●○	○				○	茨城県
	○			○		○	○	●○	○				○	栃木県
	○			○		○	○	●○	○				○	群馬県
	○		○	○	●○	○	○	●○	○				●○	埼玉県
	○		○	○	●○	○	○	●○	●○				○	千葉県
	○		●○	●○	●○	●○	○	●○	●○				○	東京都
	○		●○	○	●○	○	○	●○	●○				○	神奈川県
	○			○		●○	○	●○	○				○	新潟県
				○		○	○	○	○				○	富山県
	○			○		○	○	●○	○				●○	石川県
○	○			○		○	○	○	○				○	福井県
				○		○	○	●○	○				○	山梨県
	○			○		○	○	●○	○				○	長野県
	○			○		○	○	○	○				○	岐阜県
	○			○		○	○	○	○				○	静岡県
	○			●○		○	○	●○	●○				●○	愛知県
	○	○		○	●○	○	○	●○	○	○	○	○	○	三重県
○	○	○		○	●○	○	○	○	○	○	○	●○	○	滋賀県
★●○	○	○	○	○	●○	○	○	●○	○	○	○	●○	●○	京都府
○	★○	★●○	★●○	★●○	★●○	●○	○	●○	●○	○	●○	●○	●○	大阪府
○	○	●○		○	●○	★●○	★●○	★●○	○	○	○	●○	○	兵庫県
○	○	○	○	○	●○		○	●○	★○	★○	★○	★●○	●○	奈良県
○	○	○	○	○	●○	○	○	○	○	○	○		★●○	和歌山県
	○			○		●○	○	●○	○				○	鳥取県
				○		○	○	●○	○				○	島根県
	○			○		●○	○	●○	○				○	岡山県
	○			●○		●○	○	●○	●○				○	広島県
				○		○	○	○	○				○	山口県
				○		○	○	○	○				○	徳島県
	○			○		○	○	○	○				○	香川県
	○			○		○	○	●○	○				○	愛媛県
	○			○		○	○	○	○				○	高知県
	○			●○		○	○	●○	●○				○	福岡県
				○		○	○	○	○				○	佐賀県
				○		○	○	○	○				○	長崎県
	○			○		○	○	●○	○				○	熊本県
	○			○		○	○	○	○				○	大分県
	○			○		○	○	●○	○				○	宮崎県
				○		○	○	●○	○				○	鹿児島県
				○		○	○	○	○				○	沖縄県

表の見方
○は○印の都道府県に在住・在勤している人が入学できるエリア
●は協力校、学習センター、キャンパス、分室などがあるところ
★は本校所在地

591

広域通信制高校の入学エリア一覧

※「広域」は本校が遠くても入学が可能

区分	高野山高校	和歌山南陵高校	明誠高校	鹿島朝日高校	岡山理科大学附属高校	興譲館高校	滋慶学園高校	ワオ高校	東林館高校	並木学院高校	松陰高校	精華学園高校	穴吹学園高校	RITA学園高校
本校所在地	和歌山	和歌山	島根	岡山	岡山	岡山	岡山	岡山	広島	広島	山口	山口	香川	香川
北海道	○	○	●○	●○		○	○	○		○	○	●○		○
青森県	○	○	○	●○		○	○	○		○	○	○		○
岩手県	○	○	○	●○		○	○	○		○	●○	○		○
宮城県	○	○	●○	●○		○	○	○		○	●○	○		○
秋田県	○	○	○	●○		○	○	○		○	○	○		○
山形県	○	○	○	●○		○	○	○		○	○	○		○
福島県	○	○	○	●○		○	○	○		○	○	○		○
茨城県	○	○	○	●○		○	○	○		○	○	○		○
栃木県	○	○	○	●○		○	○	○		○	○	○		○
群馬県	○	○	●○	●○	○	○	○	○		○	○	○		○
埼玉県	○	○	○	●○		○	○	○	○	○	○	●○		○
千葉県	○	○	○	●○		○	○	○	○	○	●○	●○		○
東京都	●○	○	●○	●○		●○	●○	○		○	●○	●		○
神奈川県	○	○	○	●○		○	○	○		○	●○	●		○
新潟県	○	○	●○	●○		○	○	○		○	●○	●○		○
富山県	○	○	○	●○		○	○	○		○	○	○		○
石川県	○	○	●○	●○		○	○	○		○	●○	●○		○
福井県	○	○	○	●○		○	○	○		○	○	○		○
山梨県	○	○	○	●○		○	○	○		○	○	○		○
長野県	○	○	●○	●○		○	○	○		○	○	○		○
岐阜県	○	○	○	●○		○	○	○		○	○	●○		○
静岡県	○	○	○	●○		○	○	○		○	●○	●○		○
愛知県	○	○	●○	●○		○	○	○		○	●○	●○		○
三重県	○	○	○	●○		○	○	○		○	●○	○		○
滋賀県	○	○	○	●○		○	○	○		○	●○	○		○
京都府	○	○	●○	●○		○	○	○	○	●○	●○			○
大阪府	●○	○	●○	●○		○	●○	○		○	●○	●○	○	○
兵庫県	○	○	●○	●○	○	○	○	○		○	●○	●○	○	○
奈良県	○	○	○	●○		○	○	○		○	○	○		○
和歌山県	★○	★●	●○	●○	○	●○	○	○		○	○	●○		○
鳥取県	○	○	●○	●○		○	●○	○		○	○	○		○
島根県	○	○	★●○	●○		○	●○	○		●○	●○	○		○
岡山県	○	○	●○	★●○	★○	★●○	★○	★○	●○	●○	●○	●○		○
広島県	○	○	●○	●○	○	●○	●○	○	★●○	★○	○	●○		○
山口県	○	○	○	●○		○	○	○	○	●○	★●○	★●○		○
徳島県	○	○	○	●○		○	○	○	●○	●○	●○	●	●○	○
香川県	○	○	●○	●○		○	○	○	○	●○	●○	○	★○	★○
愛媛県	○	○	○	●○		○	○	○	●○	●○	○	●○		○
高知県	○	○	○	●○		○	○	○		○	○	○		○
福岡県	○	○	●○	●○		○	●○	○		○	●○	○		○
佐賀県	○	○	●○	●○		○	○	○		○	●○	○		○
長崎県	○	○	●○	●○		○	○	○		○	○	●○		○
熊本県	○	○	●○	●○		○	○	○		○	○	○		○
大分県	○	○	●○	●○		○	○	○		○	○	●○		○
宮崎県	○	○	○	●○		○	○	○		○	○	○		○
鹿児島県	○	○	○	●○		○	○	○		○	●○	●○		○
沖縄県	○	○	●○	●○		○	○	○		○	○	●○		○

表の見方
○は○印の都道府県に在住・在勤している人が入学できるエリア
●は協力校、学習センター、キャンパス、分室などがあるところ
★は本校所在地

広域通信制高校は本校所在地以外でも入学することができます。
あなたが入学できる学校はどこか、チェックしてみましょう！

高松中央高校	今治精華高校	日本ウェルネス高校	未来高校	第一薬科大学付属高校	福智高校	明蓬館高校	こころ未来高校	くまもと清陵高校	一ツ葉高校	やまと高校	勇志国際高校	神村学園高等部	屋久島おおぞら高校	区分
香川	愛媛	愛媛	愛媛	福岡	福岡	福岡	長崎	熊本	熊本	熊本	熊本	鹿児島	鹿児島	本校所在地
	○	○	○	○		○	○	○	○	○	○	○	○	北海道
	○	○	○	○		○	○	○	○	○	○	○	○	青森県
	○	○	○	○		○	○	○	○	○	○	○	○	岩手県
	○	●○	○	○		●○	○	○	○	○	●○	○	●○	宮城県
	○	○	○	○		○	○	○	○	○	○	○	○	秋田県
	○	○		○		○	○	○	○	○	○	○	○	山形県
	○	○		○		○	○	○	○	○	○	○	●○	福島県
	○	●○	○	○		●○	○	○	○	○	●○	○	○	茨城県
	○	●○	○	○		●○	○	○	○	○	○	○	●○	栃木県
	○	○	○	○		○	○	○	○	○	○	○	○	群馬県
	○	●○	●○	○	○	●○	○	○	○	○	●○	○	●○	埼玉県
	○	○	●○	○	○	●○	○	○	●○	○	●○	○	●○	千葉県
	○	●○	●○	●○		●○	○	○	●○	○	○	●○	●○	東京都
	○	○	●○	○	○	○	○	○	○	○	●○	○	●○	神奈川県
	○	○		○		○	○	○	○	○	○	○	●○	新潟県
	○	○	●○	○		○	○	○	○	○	○	○	○	富山県
	○	○	○	○		○	○	○	○	○	○	○	○	石川県
	○	○	○	○		○	○	○	○	○	○	○	○	福井県
	○	○	●○	○		○		○	○	○	○	●○	○	山梨県
	○	●○	○	○		●○	○	○	○	○	○	○	○	長野県
	○	○		○		●○	●○	○	○	○	○	●○	○	岐阜県
	○	○	●○	○	○	●○	●○	○	○	○	○	○	○	静岡県
	○	●○	●○	○		●○	●○	○	○	○	○	○	●○	愛知県
	○	○		○	○	●○	●○	○	○	○	○	●○	●○	三重県
	○	○	○	○		●○	○	●○	○	○	○	○	●○	滋賀県
●○	○	○	○	○	○	○	○	○	○	○	○	●○	●○	京都府
●○	○	○	○	○		●○	●○	○	○	○	○	●○	●○	大阪府
●○	○	○	●○	○		○	○	○	○	○	●○	○	●○	兵庫県
●○	○	○	○	○		○	○	○	○	○	○	●○	○	奈良県
●○	○	○	○	○		○	○	○	○	○	○	●○	○	和歌山県
○	○	○	○	○		○	○	○	○	○	●○	○	○	鳥取県
○	○	○	●○	○		●○	○	○	○	○	○	○	○	島根県
●○	○	○	○	○		○	○	○	○	○	●○	○	●○	岡山県
○	○	●○	●○	○	○	○	○	○	○	○	○	●○	●○	広島県
○	○	○	●○	○		○	○	○	○	○	○	●○	○	山口県
●○	○	○	●○	○		○	○	○	○	○	○	●○	○	徳島県
★●○	○	○	●○	○		○	○	○	○	○	○	●○	○	香川県
●○	★●○	★○	★●○	○	○	○	○	○	○	○	●○	●○	○	愛媛県
○	●○	○	○	○		○	○	○	○	○	○	●○	○	高知県
○	○	●○	●○	★●○	★○	★●○	●○	●○	●○	●○	●○	●○	●○	福岡県
○	○	○	○	○		○	●○	○	○	○	○	●○	●○	佐賀県
○	○	○	○	○	○	○	★●○	○	○	○	○	●○	○	長崎県
○	○	○	●○	○	○	○	○	★●○	★●○	★●○	★●○	●○	●○	熊本県
○	○	○	●○	○		○	○	○	○	○	○	●○	○	大分県
○	○	○	○	○		●○	○	○	○	○	●○	●○	○	宮崎県
○	○	○	○	○		○	○	○	○	●○	●○	★○	★○	鹿児島県
	○	●○	●○	○		○	○	○	○	○	●○	●○	○	沖縄県

表の見方

○は○印の都道府県に在住・在勤している人が入学できるエリア
●は協力校、学習センター、キャンパス、分室などがあるところ
★は本校所在地

593

※「広域」は本校が遠くても入学が可能

区分	N高校	ヒューマンキャンパス高校	つくば開成国際高校	八洲学園大学国際高校	瑞穂MSC高校						
本校所在地	沖縄	沖縄	沖縄	沖縄	沖縄						
北海道	●○	○	○	●○	●○						
青森県	○	○	○	●○	○						
岩手県	●○	○	○	●○	○						
宮城県	●○	●○	○	●○	○						
秋田県	○	○	○	●○	○						
山形県	●○	○	○	○	○						
福島県	●○	○	○	○	○						
茨城県	●○	○	●○	●○	○						
栃木県	●○	○	○	○	○						
群馬県	●○	○	○	○	○						
埼玉県	●○	●○	○	●○	●○						
千葉県	●○	●○	●○	●○	○						
東京都	●○	●○	○	●○	●○						
神奈川県	●○	○	○	○	○						
新潟県	●○	●○	○	○	○						
富山県	○	○	○	●○	○						
石川県	●○	○	○	●○	○						
福井県	○	○	○	○	○						
山梨県	○	○	○	○	○						
長野県	●○	○	○	●○	○						
岐阜県	●○	○	○	○	○						
静岡県	●○	●○	○	●○	○						
愛知県	●○	●○	○	●○	●○						
三重県	●○	●○	○	●○	○						
滋賀県	○	○	●○	●○	○						
京都府	●○	○	○	●○	○						
大阪府	●○	●○	○	●○	●○						
兵庫県	●○	●○	○	●○	○						
奈良県	●○	○	○	●○	○						
和歌山県	○	●○	○	○	○						
鳥取県	○	○	○	○	○						
島根県	○	○	○	○	○						
岡山県	●○	●○	○	○	○						
広島県	●○	●○	○	●○	○						
山口県	○	○	○	●○	○						
徳島県	○	●○	○	○	○						
香川県	●○	●○	○	○	○						
愛媛県	●○	○	○	○	○						
高知県	○	●○	○	●○	○						
福岡県	●○	●○	●○	●○	●○						
佐賀県	○	○	○	●○	○						
長崎県	●○	○	○	●○	○						
熊本県	○	●○	○	●○	○						
大分県	○	○	○	●○	○						
宮崎県	○	●○	○	●○	○						
鹿児島県	●○	●○	○	●○	○						
沖縄県	★●○	★●○	★○	★○	★○						

表の見方
○は○印の都道府県に在住・在勤している人が入学できるエリア
●は協力校、学習センター、キャンパス、分室などがあるところ
★は本校所在地

最新！ 詳細！

さくいん

「50 音順」さくいん

「都道府県別」さくいん

50音順さくいん

凡例・学校名の後の（　）内の表記は、学校の種類を表します。
（通　　信）＝ 通信制高校　　　　　　　　　　　　　　　（技　　能）＝ 技能連携校
（高等専修）＝ 高等専修学校　　　　　　　　　　　　　　（サポート）＝ サポート校
（高　　認）＝ 高校卒業程度認定試験のための予備校　（インター）＝ インターナショナルスクール

あ

相生学院高等学校	（通　信）	357
愛知県立刈谷東高等学校	（通　信）	301
愛知県立旭陵高等学校	（通　信）	304
愛知産業大学工業高等学校	（通　信）	305
愛知産業大学三河高等学校	（通　信）	306
ID学園高等学校	（通　信）	272
AOIKE高等学校	（通　信）	262
青森県立尾上総合高等学校	（通　信）	134
青森県立八戸中央高等学校	（通　信）	135
青森県立北斗高等学校	（通　信）	136
青森山田高等学校　通信制課程課程	（通　信）	232
秋田県立秋田明徳館高等学校	（通　信）	147
秋田修英高等学校	（通　信）	148
飛鳥未来きずな高等学校	（通　信）	142
飛鳥未来きぼう高等学校	（通　信）	156
飛鳥未来高等学校	（通　信）	364
あずさ第一高等学校	（通　信）	196
厚木中央高等学校	（通　信）	246
穴吹学園高等学校	（通　信）	407
ECC学園高等学校	（通　信）	320
飯田女子高等学校	（通　信）	280
池上学院高等学校	（通　信）	128
石川県立金沢泉丘高等学校	（通　信）	260
一志学園高等学校	（通　信）	309
一関学院高等学校	（通　信）	138
猪名川甲英高等学院	（高等専修）	482
稲葉学園高等学校	（通　信）	441
茨城県立水戸南高等学校	（通　信）	170
今治精華高等学校	（通　信）	413
岩手県立杜陵高等学校	（通　信）	139
岩手県立杜陵高等学校　奥州校　通信制課程	（通　信）	140
ウッド高等部	（サポート）	488
浦和高等学園 高校部・中学部	（技　連）	466
EIKOデジタル・クリエイティブ高等学校	（通　信）	158
英心高等学校	（通　信）	312
英心高等学校 桔梗が丘校	（通　信）	313
英風高等学校	（通　信）	334
AIE国際高等学校	（通　信）	360
S高等学校	（通　信）	160
NHK学園高等学校	（通　信）	233
N高等学校	（通　信）	454
大分県立爽風館高等学校	（通　信）	442
大川学園高等学校	（通　信）	185
大阪情報コンピュータ高等専修学校	（高等専修・技能）	481
大阪中央エミール高等学院（鹿島学園高校連携サポートキャンパス）	（サポート）	518
大阪つくば開成高等学校	（通　信）	336
おおぞら高等学院/おおぞら高校	（サポート）	516
大橋学園高等学校	（通　信）	314
大原学園美空高等学校	（通　信）	234
岡山県美作高等学校	（通　信）	381
岡山県立岡山操山高等学校	（通　信）	386
岡山理科大学附属高等学校	（通　信）	387
沖縄県立宜野湾高等学校	（通　信）	453
沖縄県立泊高等学校	（通　信）	462
小樽双葉高等学校	（通　信）	129

か

開志学園高等学校	（通　信）	254
科学技術学園高等学校	（通　信）	218
香川県立高松高等学校	（通　信）	408
香川県立丸亀高等学校	（通　信）	409
鹿児島県立開陽高等学校	（通　信）	450
鹿島朝日高等学校	（通　信）	382
鹿島学園高等学校	（通　信）	162
鹿島山北高等学校	（通　信）	242
霞ヶ関高等学校	（通　信）	186
神奈川県立厚木清南高等学校	（通　信）	247
神奈川県立横浜修悠館高等学校	（通　信）	248
神村学園高等部	（通　信）	451
神村学園高等部　大阪梅田学習センター	（通　信）	338
鴨川令徳高等学校　通信制課程	（通　信）	212
河合塾COSMO	（サポート・高認）	490
関西文化芸術高等学校	（通　信）	366
菊華高等学校	（通　信）	307
北豊島高等学校	（通　信）	235
岐阜県立飛彈高山高等学校	（通　信）	289
ぎふ国際高等学校	（通　信）	294
京都芸術大学附属高等学校	（通　信）	323
京都廣学館高等学校	（通　信）	328
京都成章高等学校	（通　信）	329
京都つくば開成高等学校	（通　信）	324
京都長尾谷高等学校	（通　信）	330

50音順さくいん

京都西山高等学校	（通　信）	…	331
京都府立朱雀高等学校	（通　信）	…	332
京都府立西舞鶴高等学校	（通　信）	…	333
京都美山高等学校	（通　信）	…	326
キラリ高等学校	（通　信）	…	298
近畿大阪高等学校	（通　信）	…	340
熊本県立湧心館高等学校	（通　信）	…	435
くまもと清陵高等学校	（通　信）	…	438
クラーク記念国際高等学校	（通　信）	…	122
久留米信愛高等学校	（通　信）	…	422
群馬県立太田フレックス高等学校	（通　信）	…	181
群馬県立桐生高等学校	（通　信）	…	182
群馬県立高崎高等学校	（通　信）	…	183
群馬県立前橋清陵高等学校	（通　信）	…	184
敬愛大学八日市場高等学校	（通　信）	…	213
啓新高等学校	（通　信）	…	263
啓晴高等学校	（通　信）	…	295
敬徳高等学校　通信制（単位制）課程	（通　信）	…	429
慶風高等学校	（通　信）	…	371
賢明学院高等学校	（通　信）	…	352
興譲館高等学校	（通　信）	…	388
神須学園高等学校	（通　信）	…	353
高知県立大方高等学校	（通　信）	…	417
高知県立高知北高等学校	（通　信）	…	418
高野山高等学校	（通　信）	…	372
晃陽学園高等学校	（通　信）	…	171
向陽台高等学校	（通　信）	…	354
コードアカデミー高等学校	（通　信）	…	281
国際学院高等学校	（通　信）	…	187
国際文化学園　高等部	（サポート）	…	492
こころ未来高等学校	（通　信）	…	431
五所川原第一高等学校	（通　信）	…	137
小林西高等学校	（通　信）	…	445

さ

埼玉県立大宮中央高等学校	（通　信）	…	188
佐賀県立佐賀北高等学校	（通　信）	…	430
さくら国際高等学校	（通　信）	…	274
さくら国際高等学校 東京校	（通　信）	…	220
札幌静修高等学校	（通　信）	…	130
三宮みのり高等部	（技　連）	…	478
山陽女学園高等部（リアライズコース）	（通　信）	…	390

志学会高等学校	（通　信）	…	189
司学館高等学校	（通　信）	…	319
滋賀県立大津清陵高等学校	（通　信）	…	322
滋慶学園高等学校	（通　信）	…	389
静岡県立静岡中央高等学校	（通　信）	…	299
自然学園高等学校	（通　信）	…	265
信濃むつみ高等学校	（通　信）	…	282
島根県立浜田高等学校	（通　信）	…	379
秀英高等学校	（通　信）	…	249
秋桜高等学校	（通　信）	…	355
松陰高等学校	（通　信）	…	398
翔洋学園高等学校	（通　信）	…	172
駿台甲府高等学校	（通　信）	…	266
駿台通信制サポート校	（サポート）	…	494
誠英高等学校	（通　信）	…	402
精華学園高等学校	（通　信）	…	400
精華学園高等学校　長南茂原校	（通　信）	…	198
精華学園高等学校　新潟校	（通　信）	…	252
精華学園高等学校　幕張芸術学部校	（通　信）	…	200
精華学園高等学校　浦添校	（通　信）	…	456
精華学園高等学校　多治見校/岐阜中央校/岐阜校	（通　信）	…	290
精華学園高等学校　東京芸術学部校	（通　信）	…	222
精華学園高等学校　東京芸術学部立川校	（通　信）	…	224
精華学園高等学校　函館校	（通　信）	…	124
精華学園高等学校　姫路校/神戸駅前校	（通　信）	…	358
精華学園高等学校　町田校	（通　信）	…	236
精華学園高等学校　横浜芸術学部校	（通　信）	…	244
聖光高等学校	（通　信）	…	403
星槎高等学校	（通　信）	…	250
星槎国際高等学校	（通　信）	…	131
惺山高等学校	（通　信）	…	149
清心女子高等学校	（通　信）	…	251
西濃桃李高等学校	（通　信）	…	296
聖パウロ学園高等学校	（通　信）	…	237
成美学園グループ	（サポート）	…	486
成美学園高等學校	（通　信）	…	202
聖望学園高等学校	（通　信）	…	190
清凌高等学校	（通　信）	…	297
清和学園高等学校	（通　信）	…	191
仙台育英学園高等学校	（通　信）	…	144
仙台白百合学園高等学校	（通　信）	…	145

凡例・学校名の後の（　）内の表記は、学校の種類を表します。
（通　　信）＝ 通信制高校　　　　　　　　　　　　　　（技　　能）＝ 技能連携校
（高等専修）＝ 高等専修学校　　　　　　　　　　　　　（サポート）＝ サポート校
（高　　認）＝ 高校卒業程度認定試験のための予備校　（インター）＝ インターナショナルスクール

学校名	種類	ページ
創学舎高等学校	（通　信）	192
総合学園ヒューマンアカデミー	（サポート）	496
た		
第一学院高等学校	（通　信）	173
第一学院高等学校	（通　信）	361
第一薬科大学付属高等学校	（通　信）	423
大成学園	（サポート）	514
大智学園高等学校	（通　信）	153
ダイチ高等部	（サポート）	498
太平洋学園高等学校	（通　信）	419
高松中央高等学校	（通　信）	410
高宮学院　高等部	（サポート・高認）	520
地球環境高等学校	（通　信）	283
千葉科学大学附属高等学校	（通　信）	214
千葉県立千葉大宮高等学校	（通　信）	215
千葉モードビジネス専門学校 高等課程	（高等専修・技能）	480
中央高等学院	（サポート）	500
中央国際高等学校	（通　信）	204
中京高等学校　通信制課程	（通　信）	292
中京大学附属中京高等学校	（通　信）	308
つくば開成学園高等学校	（通　信）	276
つくば開成高等学校	（通　信）	164
つくば開成国際高等学校	（通　信）	458
つくば開成福岡高等学校	（通　信）	424
土浦日本大学高等学校　通信制課程	（通　信）	174
天王寺学館高等学校	（通　信）	342
天龍興譲高等学校	（通　信）	284
藤蔭高等学校	（通　信）	443
東海大学付属望星高等学校	（通　信）	238
東京共育学園高等部	（サポート）	502
東京都立新宿山吹高等学校	（通　信）	239
東京都立砂川高等学校	（通　信）	240
東京都立一橋高等学校	（通　信）	241
東京YMCA高等学院/YMCA学院高等学校	（サポート・通信）	504
東朋学園高等学校	（通　信）	344
東朋高等専修学校	（高等専修・技能）	476
東林館高等学校	（通　信）	391
徳島県立徳島中央高等学校	（通　信）	406
徳風高等学校	（通　信）	315
栃木県立宇都宮高等学校	（通　信）	177
栃木県立学悠館高等学校	（通　信）	180
富山県立雄峰高等学校	（通　信）	259
トライ式高等学院	（サポート）	506
とわの森三愛高等学校	（通　信）	132
な		
長岡英智高等学校	（通　信）	255
長尾谷高等学校	（通　信）	346
長崎県立佐世保中央高等学校	（通　信）	432
長崎県立鳴滝高等学校	（通　信）	433
長崎南山高等学校(スプレンドールコース)	（通　信）	434
長門高等学校	（通　信）	404
長野県長野西高等学校	（通　信）	285
長野県松本筑摩高等学校	（通　信）	286
長野日本大学高等学校　通信制課程	（通　信）	287
中山学園高等学校	（通　信）	216
並木学院高等学校	（通　信）	392
並木学院福山高等学校	（通　信）	393
奈良県立大和中央高等学校	（通　信）	367
奈良県立山辺高等学校	（通　信）	368
奈良女子高等学校	（通　信）	369
新潟県立高田南城高等学校	（通　信）	256
新潟県立新潟翠江高等学校	（通　信）	257
西宮甲英高等学院	（高等専修・技能）	483
日南学園高等学校	（通　信）	446
日本ウェルネス高等学校	（通　信）	414
日本ウェルネス高等学校	（通　信）	166
日本教育学院高等学校	（通　信）	370
日本航空高等学校	（通　信）	268
沼津中央高等学校	（通　信）	300
野田鎌田学園杉並高等専修学校	（高等専修・技能）	470
野田鎌田学園横浜高等専修学校	（高等専修・技能）	474
は		
東日本国際大学附属昌平高等学校	（通　信）	154
一ツ葉高等学校	（通　信）	439
日々輝学園高等学校	（通　信）	178
ヒューマンキャンパス高等学校	（通　信）	460
ヒューマンキャンパスのぞみ高等学校	（通　信）	206
兵庫県立網干高等学校	（通　信）	362
兵庫県立青雲高等学校	（通　信）	363
広島工業大学高等学校	（通　信）	394
広島国際学院高等学校	（通　信）	395
広島市立広島みらい創生高等学校	（通　信）	396

広島新庄高等学校	（通　信）	…	397
福井県立道守高等学校	（通　信）	…	264
福岡芸術高等学校	（通　信）	…	420
福岡県立博多青松高等学校	（通　信）	…	425
福島県立郡山萌世高等学校	（通　信）	…	155
福智高等学校	（通　信）	…	426
府内高等学校	（通　信）	…	444
プラドアカデミー高等学院	（サポート）	…	508
北海道芸術高等学校	（通　信）	…	126
北海道有朋高等学校	（通　信）	…	133

ま

町田みのり高等部	（技　連）	…	472
松栄学園高等学校	（通　信）	…	193
松実高等学園	（技　連）	…	468
松本国際高等学校	（通　信）	…	288
managara HighSchool（新潟産業大学附属高等学校 通信制課程）	（通　信）	…	258
三重県立北星高等学校	（通　信）	…	316
三重県立松阪高等学校	（通　信）	…	317
美川特区アットマーク国際高等学校	（通　信）	…	261
瑞穂ＭＳＣ高等学校	（通　信）	…	463
水戸平成学園高等学校	（通　信）	…	175
宮城県美田園高等学校	（通　信）	…	146
都城聖ドミニコ学園高等学校	（通　信）	…	447
宮崎県立延岡青朋高等学校	（通　信）	…	448
宮崎県立宮崎東高等学校	（通　信）	…	449
未来高等学校	（通　信）	…	416
武蔵野星城高等学校	（通　信）	…	194
村上学園高等学校	（通　信）	…	411
明秀学園日立高等学校	（通　信）	…	176
明聖高等学校	（通　信）	…	208
明誠高等学校	（通　信）	…	380
明蓬館高等学校	（通　信）	…	427
目黒日本大学高等学校	（通　信）	…	226
盛岡中央高等学校	（通　信）	…	141

や

屋久島おおぞら高等学校	（通　信）	…	452
八洲学園高等学校	（通　信）	…	348
八洲学園大学国際高等学校	（通　信）	…	464
柳川高等学校	（通　信）	…	428
山形県立霞城学園高等学校　Ⅳ部	（通　信）	…	150
山形県立庄内総合高等学校	（通　信）	…	151

山口県立山口松風館高等学校	（通　信）	…	405
やまと高等学校	（通　信）	…	440
山梨英和高等学校　通信制課程　グレイスコース	（通　信）	…	269
山梨学院高等学校	（通　信）	…	270
山梨県立中央高等学校	（通　信）	…	271
勇志国際高等学校	（通　信）	…	436
湯梨浜学園高等学校	（通　信）	…	378
四日市メリノール学院高等学校　通信制課程	（通　信）	…	318
四谷インターナショナルスクール小等部・中等部・高等部	（インター）	…	510
代々木グローバル高等学院	（サポート）	…	512
代々木高等学校	（通　信）	…	310

ら

RITA学園高等学校	（通　信）	…	412
立志舎高等学校	（通　信）	…	228
緑誠蘭高等学校	（通　信）	…	278
ルネサンス大阪高等学校	（通　信）	…	350
ルネサンス高等学校	（通　信）	…	168
ルネサンス高等学校　池袋/新宿代々木/横浜キャンパス	（通　信）	…	230
ルネサンス豊田高等学校	（通　信）	…	302
麗澤高等学校　通信制課程	（通　信）	…	217

わ

YMCA学院高等学校	（通　信）	…	356
ワオ高等学校	（通　信）	…	384
和歌山県立伊都中央高等学校	（通　信）	…	373
和歌山県立きのくに青雲高等学校	（通　信）	…	374
和歌山県立南紀高等学校	（通　信）	…	375
和歌山信愛高等学校　通信制課程	（通　信）	…	376
和歌山南陵高等学校	（通　信）	…	377
和順館高等学校	（通　信）	…	152
わせがく高等学校	（通　信）	…	210
わせがく夢育高等学校	（通　信）	…	195

都道府県別さくいん

凡例・学校名の後の（ ）内の表記は、学校の種類を表します。
（通　　信）＝ 通信制高校　　　　　　　　　　　　　　（技　　能）＝ 技能連携校
（高等専修）＝ 高等専修学校　　　　　　　　　　　　　（サポート）＝ サポート校
（高　　認）＝ 高校卒業程度認定試験のための予備校　（インター）＝インターナショナルスクール

北海道

相生学院高等学校	札幌校	（通　信）	… 357
青森山田高等学校	札幌校	（通　信）	… 232
飛鳥未来きずな高等学校	札幌キャンパス	（通　信）	… 142
飛鳥未来きぼう高等学校	札幌駅前キャンパス	（通　信）	… 156
飛鳥未来高等学校	札幌キャンパス	（通　信）	… 364
池上学院高等学校	本校	（通　信）	… 128
NHK学園高等学校	北海道有朋高校	（通　信）	… 233
NHK学園高等学校	まなびや札幌	（通　信）	… 233
NHK学園高等学校	北海道集中	（通　信）	… 233
NHK学園高等学校	北見北斗高校	（通　信）	… 233
N高等学校・S高等学校	札幌キャンパス	（通　信）	… 454・160
小樽双葉高等学校	本校	（通　信）	… 129
クラーク記念国際高等学校	本校	（通　信）	… 122
クラーク記念国際高等学校	札幌白石キャンパス	（通　信）	… 122
クラーク記念国際高等学校	苫小牧キャンパス	（通　信）	… 122
クラーク記念国際高等学校	連携校 札幌大通キャンパス	（通　信）	… 122
クラーク記念国際高等学校	旭川キャンパス	（通　信）	… 122
クラーク記念国際高等学校	深川キャンパス	（通　信）	… 122
クラーク記念国際高等学校	釧路キャンパス	（通　信）	… 122
札幌静修高等学校	本校	（通　信）	… 130
精華学園高等学校	函館校	（通　信）	… 124
精華学園高等学校	札幌校	（通　信）	… 400
星槎国際高等学校	本部校	（通　信）	… 131
星槎国際高等学校	北広島キャンパス	（通　信）	… 131
星槎国際高等学校	札幌北学習センター	（通　信）	… 131
星槎国際高等学校	旭川キャンパス	（通　信）	… 131
星槎国際高等学校	芦別学習センター	（通　信）	… 131
星槎国際高等学校	帯広学習センター	（通　信）	… 131
第一学院高等学校	札幌キャンパス	（通　信）	… 173
トライ式高等学院	新札幌キャンパス	（サポート）	… 506
トライ式高等学院	函館キャンパス	（サポート）	… 506
トライ式高等学院	札幌キャンパス	（サポート）	… 506
トライ式高等学院	旭川キャンパス	（サポート）	… 506
トライ式高等学院	新札幌キャンパス	（高　認）	… 506
トライ式高等学院	函館キャンパス	（高　認）	… 506
トライ式高等学院	札幌キャンパス	（高　認）	… 506
トライ式高等学院	旭川キャンパス	（高　認）	… 506
とわの森三愛高等学校	本校	（通　信）	… 132
日本航空高等学校	札幌学習支援センター	（通　信）	… 268
日本航空高等学校	北海道キャンパス	（通　信）	… 268
ヒューマンキャンパスのぞみ高等学校	室蘭学習センター	（通　信）	… 206
ヒューマンキャンパスのぞみ高等学校	札幌駅前学習センター	（通　信）	… 206
ヒューマンキャンパスのぞみ高等学校	札幌大通学習センター	（通　信）	… 206
ヒューマンキャンパスのぞみ高等学校	旭川学習センター	（通　信）	… 206
北海道芸術高等学校	本校	（通　信）	… 126
北海道芸術高等学校	札幌サテライトキャンパス	（通　信）	… 126
北海道有朋高等学校	本校	（通　信）	… 133
北海道有朋高等学校	函館中部高校	（通　信）	… 133
北海道有朋高等学校	江差高校	（通　信）	… 133
北海道有朋高等学校	奥尻高校	（通　信）	… 133
北海道有朋高等学校	倶知安高校	（通　信）	… 133
北海道有朋高等学校	岩内高校	（通　信）	… 133
北海道有朋高等学校	小樽潮陵高校	（通　信）	… 133
北海道有朋高等学校	松前高校	（通　信）	… 133
北海道有朋高等学校	桧山北高校	（通　信）	… 133
北海道有朋高等学校	室蘭栄高校	（通　信）	… 133
北海道有朋高等学校	伊達高校	（通　信）	… 133
北海道有朋高等学校	苫小牧東高校	（通　信）	… 133
北海道有朋高等学校	静内高校	（通　信）	… 133
北海道有朋高等学校	岩見沢東高校	（通　信）	… 133
北海道有朋高等学校	旭川東高校	（通　信）	… 133
北海道有朋高等学校	滝川高校	（通　信）	… 133
北海道有朋高等学校	富良野高校	（通　信）	… 133
北海道有朋高等学校	留萌高校	（通　信）	… 133
北海道有朋高等学校	羽幌高校	（通　信）	… 133
北海道有朋高等学校	帯広柏葉高校	（通　信）	… 133
北海道有朋高等学校	釧路湖陵高校	（通　信）	… 133
北海道有朋高等学校	中標津高校	（通　信）	… 133
北海道有朋高等学校	根室高校	（通　信）	… 133
北海道有朋高等学校	大樹高校	（通　信）	… 133
北海道有朋高等学校	本別高校	（通　信）	… 133
北海道有朋高等学校	北見北斗高校	（通　信）	… 133
北海道有朋高等学校	網走桂陽高校	（通　信）	… 133
北海道有朋高等学校	紋別高校	（通　信）	… 133
北海道有朋高等学校	名寄高校	（通　信）	… 133
北海道有朋高等学校	稚内高校	（通　信）	… 133
北海道有朋高等学校	利尻高校	（通　信）	… 133
北海道有朋高等学校	浜頓別高校	（通　信）	… 133
北海道有朋高等学校	遠軽高校	（通　信）	… 133
ワオ高等学校	個別指導Axis大通校	（通　信）	… 384

青森県

青森県立尾上総合高等学校	本校	（通　信）	… 134
青森県立八戸中央高等学校	本校	（通　信）	… 135
青森県立北斗高等学校	本校	（通　信）	… 136
青森県立北斗高等学校	青森県立八戸中央高校分室	（通　信）	… 136
青森県立北斗高等学校	青森県立尾上総合高校分室	（通　信）	… 136
青森山田高等学校	青森校	（通　信）	… 232
NHK学園高等学校	北斗高校	（通　信）	… 233
五所川原第一高等学校	本校	（通　信）	… 137
さくら国際高等学校	青森キャンパス	（通　信）	… 274
さくら国際高等学校	本八戸駅学習センター	（通　信）	… 274
さくら国際高等学校	三沢学習センター	（通　信）	… 274
さくら国際高等学校	弘前城東学習センター	（通　信）	… 274
さくら国際高等学校	弘前本町学習センター	（通　信）	… 274
仙台育英学園高等学校	ILC青森	（通　信）	… 144
トライ式高等学院	青森キャンパス	（サポート）	… 506
トライ式高等学院	青森キャンパス	（高　認）	… 506
日本ウェルネス高等学校	青森学習支援センター	（通　信）	… 414
日本航空高等学校	八戸学習支援センター	（通　信）	… 268

ワオ高等学校	個別指導Axis造道校	(通信)	… 384

岩手県

学校名	校舎	区分	ページ
一関学院高等学校	本校	(通信)	… 138
岩手県立杜陵高等学校	本校	(通信)	… 139
岩手県立杜陵高等学校	宮古分室	(通信)	… 139
岩手県立杜陵高等学校	奥州校　通信制課程	(通信)	… 140
NHK学園高等学校	杜陵高校	(通信)	… 233
N高等学校・S高等学校	岩手盛岡キャンパス（2024年4月開設予定）	(通信)	… 454・160
さくら国際高等学校	盛岡北飯岡キャンパス	(通信)	… 274
さくら国際高等学校	盛岡肴町キャンパス	(通信)	… 274
さくら国際高等学校	一関学習センター	(通信)	… 274
さくら国際高等学校	花巻学習センター	(通信)	… 274
松陰高等学校	岩手盛岡学習センター	(通信)	… 398
第一学院高等学校	盛岡キャンパス	(通信)	… 173
第一学院高等学校	宮古キャンパス	(通信)	… 173
トライ式高等学院	盛岡キャンパス	(サポート)	… 506
トライ式高等学院	盛岡キャンパス	(高認)	… 506
松本国際高等学校	盛岡学習センター	(通信)	… 288
松本国際高等学校	一関学習センター	(通信)	… 288
松本国際高等学校	大船渡校	(通信)	… 288
松本国際高等学校	水沢学習センター	(通信)	… 288
松本国際高等学校	北上学習センター	(通信)	… 288
松本国際高等学校	花巻学習センター	(通信)	… 288
松本国際高等学校	釜石学習センター	(通信)	… 288
松本国際高等学校	宮古学習センター	(通信)	… 288
松本国際高等学校	久慈学習センター	(通信)	… 288
松本国際高等学校	二戸学習センター	(通信)	… 288
盛岡中央高等学校	本校	(通信)	… 141
ワオ高等学校	個別指導Axis盛岡校	(通信)	… 384

宮城県

飛鳥未来きずな高等学校	本校	(通信)	… 142
飛鳥未来きずな高等学校	仙台キャンパス	(通信)	… 142
飛鳥未来きずな高等学校	仙台キャンパス	(通信)	… 364
NHK学園高等学校	まなびや仙台	(通信)	… 233
NHK学園高等学校	東北集中	(通信)	… 233
NHK学園高等学校	仙台大学附属明成高校	(通信)	… 233
N高等学校・S高等学校	仙台キャンパス	(通信)	… 454・160
おおぞら高等学院	仙台キャンパス	(サポート)	… 516
クラーク記念国際高等学校	仙台キャンパス	(通信)	… 122
さくら国際高等学校	仙台宮城野学習センター	(通信)	… 274
さくら国際高等学校	仙台大和町学習センター	(通信)	… 274
さくら国際高等学校	仙台沖野学習センター	(通信)	… 274
さくら国際高等学校	塩釜海岸通学習センター	(通信)	… 274
さくら国際高等学校	石巻大橋学習センター	(通信)	… 274
さくら国際高等学校	石巻門脇キャンパス	(通信)	… 274
さくら国際高等学校	柴田学習センター	(通信)	… 274
さくら国際高等学校	古川学習センター	(通信)	… 274
さくら国際高等学校	仙台泉キャンパス	(通信)	… 274
星槎国際高等学校	仙台学習センター	(通信)	… 131
仙台育英学園高等学校	本校	(通信)	… 144
仙台白百合学園高等学校	本校	(通信)	… 145
第一学院高等学校	仙台キャンパス	(通信)	… 173
トライ式高等学院	泉中央キャンパス	(サポート)	… 506
トライ式高等学院	仙台キャンパス	(サポート)	… 506
トライ式高等学院	泉中央キャンパス	(高認)	… 506
トライ式高等学院	仙台キャンパス	(高認)	… 506
日本ウェルネス高等学校	宮城キャンパス		… 414
日本航空高等学校	石巻学習支援センター	(通信)	… 268
ヒューマンキャンパス高等学校	仙台学習センター	(通信)	… 460
ヒューマンキャンパスのぞみ高等学校	仙台駅前学習センター	(通信)	… 206
北海道芸術高等学校	仙台サテライトキャンパス	(通信)	… 126
松本国際高等学校	仙台(仙台日本語学校)	(通信)	… 288
宮城県美田園高等学校	本校	(通信)	… 146
屋久島おおぞら高等学校	仙台入学相談室	(通信)	… 452
勇志国際高等学校	ぷれいんはーと	(通信)	… 436
ワオ高等学校	個別指導Axis仙台校	(通信)	… 384

秋田県

秋田県立秋田明徳館高等学校	本校	(通信)	… 147
秋田修英高等学校	本校	(通信)	… 148
NHK学園高等学校	秋田令和高校	(通信)	… 233
クラーク記念国際高等学校	連携　秋田キャンパス	(通信)	… 122
さくら国際高等学校	秋田キャンパス	(通信)	… 274
さくら国際高等学校	湯沢学習センター	(通信)	… 274
さくら国際高等学校	横手学習センター	(通信)	… 274
さくら国際高等学校	大曲学習センター	(通信)	… 274
第一学院高等学校	秋田キャンパス	(通信)	… 173
トライ式高等学院	秋田キャンパス	(サポート)	… 506
トライ式高等学院	秋田キャンパス	(高認)	… 506
ワオ高等学校	個別指導Axis秋田校	(通信)	… 384

山形県

学校名	校舎	区分	ページ
N高等学校・S高等学校	山形キャンパス（2024年4月開設予定）	(通信)	… 454・160
さくら国際高等学校	山形学習センター	(通信)	… 274
さくら国際高等学校	寒河江学習センター	(通信)	… 274
さくら国際高等学校	米沢キャンパス	(通信)	… 274
さくら国際高等学校	新庄学習センター	(通信)	… 274
さくら国際高等学校	酒田学習センター	(通信)	… 274
翔洋学園高等学校	山形学習センター	(通信)	… 172
惺山高等学校	本校	(通信)	… 149
トライ式高等学院	山形キャンパス	(サポート)	… 506
トライ式高等学院	山形キャンパス	(高認)	… 506
日本航空高等学校	山形学習支援センター	(通信)	… 268
松本国際高等学校	山形校(明徳予備校)	(通信)	… 288
山形県立霞城学園高等学校　IV部	本校	(通信)	… 150
山形県立庄内総合高等学校	本校	(通信)	… 151
ワオ高等学校	個別指導Axis十日町校	(通信)	… 384
和順館高等学校	本校	(通信)	… 152

福島県

学校名	校舎	区分	ページ
NHK学園高等学校	有朋高等学院	(通信)	… 233

都道府県別さくいん

凡例・学校名の後の（ ）内の表記は、学校の種類を表します。
（通　信）＝ 通信制高校　　　　　　　　　　　（技　能）＝ 技能連携校
（高等専修）＝ 高等専修学校　　　　　　　　　　（サポート）＝ サポート校
（高　認）＝ 高校卒業程度認定試験のための予備校　（インター）＝インターナショナルスクール

学校名	キャンパス	種類	ページ
N高等学校・S高等学校	福島郡山キャンパス（2024年4月開設予定）	（通　信）	454・160
おおぞら高等学院	郡山キャンパス	（サポート）	516
クラーク記念国際高等学校	いわきキャンパス	（通　信）	122
さくら国際高等学校	福島郡山キャンパス	（通　信）	274
さくら国際高等学校	いわき学習センター	（通　信）	274
尚志高等学校	福島キャンパス	（通　信）	172
尚志高等学校	郡山駅前キャンパス	（通　信）	172
翔洋学園高等学校	白河学習センター	（通　信）	172
翔洋学園高等学校	郡山学習センター	（通　信）	172
翔洋学園高等学校	会津学習センター	（通　信）	172
翔洋学園高等学校	いわき学習センター	（通　信）	172
星槎国際高等学校	郡山学習センター	（通　信）	131
第一学院高等学校	郡山キャンパス	（通　信）	173
大智学院高等学校	本校	（通　信）	153
トライ式高等学院	福島キャンパス	（サポート）	506
トライ式高等学院	郡山キャンパス	（サポート）	506
トライ式高等学院	福島キャンパス	（高　認）	506
トライ式高等学院	郡山キャンパス	（高　認）	506
東日本国際大学附属昌平高等学校	本校	（通　信）	154
福島県立郡山萌世高等学校	本校	（通　信）	155
福島県立郡山萌世高等学校	橘高校	（通　信）	155
福島県立郡山萌世高等学校	福島南高校	（通　信）	155
福島県立郡山萌世高等学校	白河実業高校	（通　信）	155
福島県立郡山萌世高等学校	若松商業高校	（通　信）	155
福島県立郡山萌世高等学校	会津大学	（通　信）	155
福島県立郡山萌世高等学校	いわき翠の杜高校	（通　信）	155
福島県立郡山萌世高等学校	相馬農業高校	（通　信）	155
屋久島おおぞら高等学校	郡山入学相談室	（通　信）	452
ワオ高等学校	個別指導Axis福島校	（通　信）	384

茨城県

学校名	キャンパス	種類	ページ
飛鳥未来きぼう高等学校	本校	（通　信）	156
茨城県立水戸南高等学校	本校	（通　信）	170
茨城水戸南高等学校	茨城県立下妻第一高校	（通　信）	170
EIKOデジタル・クリエイティブ高等学校	本校	（通　信）	158
S高等学校	本校	（通　信）	160
N高等学校・S高等学校	取手キャンパス	（通　信）	454・160
N高等学校・S高等学校	水戸キャンパス	（通　信）	454・160
N高等学校・S高等学校	つくばキャンパス	（通　信）	454・160
鹿島学園高等学校	本校	（通　信）	162
鹿島学園高等学校	荒川沖キャンパス	（通　信）	162
鹿島学園高等学校	龍ヶ崎キャンパス	（通　信）	162
鹿島学園高等学校	鹿島キャンパス	（通　信）	162
晃陽学園高等学校	本校	（通　信）	171
翔洋学園高等学校	本校	（通　信）	172
翔洋学園高等学校	土浦キャンパス	（通　信）	172
翔洋学園高等学校	古河キャンパス	（通　信）	172
翔洋学園高等学校	下館キャンパス	（通　信）	172
翔洋学園高等学校	水戸キャンパス	（通　信）	172
成美学園高等學校	取手校	（通　信）	202
第一学院高等学校	高萩本校	（通　信）	173
つくば開成高等学校	本校	（通　信）	164
つくば開成高等学校	土浦学習センター	（通　信）	164
つくば開成高等学校	守谷学習センター	（通　信）	164
つくば開成高等学校	鹿嶋学習センター	（通　信）	164
土浦日本大学高等学校　通信制課程	本校	（通　信）	174
土浦日本大学高等学校　通信制課程	土浦日本大学中等教育学校	（通　信）	174
土浦日本大学高等学校　通信制課程	岩瀬日本大学高校	（通　信）	174
トライ式高等学院	つくばキャンパス	（サポート）	506
トライ式高等学院	水戸キャンパス	（サポート）	506
トライ式高等学院	つくばキャンパス	（高　認）	506
トライ式高等学院	水戸キャンパス	（高　認）	506
日本ウェルネス高等学校	本校	（通　信）	166
日本ウェルネス高等学校	稲敷学習支援センター	（通　信）	414
日本ウェルネス高等学校	利根キャンパス	（通　信）	414
水戸平成学園高等学校	本校	（通　信）	175
明秀学園日立高等学校	本校	（通　信）	176
明秀学園日立高等学校	下館キャンパス	（通　信）	176
明秀学園日立高等学校	水戸キャンパス	（通　信）	176
明秀学園日立高等学校	日立キャンパス	（通　信）	176
ルネサンス高等学校	本校	（通　信）	168
ワオ高等学校	個別指導Axis研究学園校	（通　信）	384
わせがく高等学校	守谷キャンパス（認可申請中）	（通　信）	210
わせがく高等学校	古河キャンパス	（通　信）	210
わせがく高等学校	水戸キャンパス	（通　信）	210

栃木県

学校名	キャンパス	種類	ページ
飛鳥未来きずな高等学校	宇都宮キャンパス	（通　信）	142
N高等学校・S高等学校	JR宇都宮キャンパス（2024年4月開設予定）	（通　信）	454・160
N高等学校・S高等学校	宇都宮キャンパス	（通　信）	454・160
おおぞら高等学院	宇都宮キャンパス	（サポート）	516
クラーク記念国際高等学校	宇都宮キャンパス	（通　信）	122
さくら国際高等学校	宇都宮曲師町学習センター	（通　信）	274
さくら国際高等学校	那須塩原学習センター	（通　信）	274
さくら国際高等学校	宇都宮今泉学習センター	（通　信）	274
さくら国際高等学校	宇都宮キャンパス	（通　信）	274
さくら国際高等学校	真岡学習センター	（通　信）	274
さくら国際高等学校	鹿沼坂田山学習センター	（通　信）	274
成美学園高等学校	宇都宮校	（通　信）	202
成美学園高等學校	真岡校	（通　信）	202
成美学園高等學校	鹿沼校	（通　信）	202
成美学園高等學校	小山校	（通　信）	202
成美学園高等學校	足利校	（通　信）	202
成美学園高等學校	栃木校	（通　信）	202
成美学園高等學校	那須塩原校	（通　信）	202
第一学院高等学校	宇都宮キャンパス	（通　信）	173
栃木県立宇都宮高等学校	本校	（通　信）	177
栃木県立学悠館高等学校	本校	（通　信）	180
トライ式高等学院	宇都宮キャンパス	（サポート）	506
トライ式高等学院	足利キャンパス	（サポート）	506
トライ式高等学院	宇都宮東キャンパス	（高　認）	506

602

トライ式高等学院	宇都宮キャンパス	(高　認)	… 506
トライ式高等学院	足利キャンパス	(高　認)	… 506
日本ウェルネス高等学校	下野学習センター	(通　信)	… 414
日々輝学園高等学校	本校	(通　信)	… 178
日々輝学園高等学校	宇都宮キャンパス	(通　信)	… 178
ヒューマンキャンパスのぞみ高等学校	宇都宮学習センター	(通　信)	… 206
明秀学園日立高等学校	宇都宮キャンパス	(通　信)	… 176
屋久島おおぞら高等学校	宇都宮入学相談室	(通　信)	… 452
ワオ高等学校	個別指導Axis宇都宮校	(通　信)	… 384

群馬県

飛鳥未来きずな高等学校	高崎キャンパス	(通　信)	… 142
NHK学園高等学校	昌賢学園	(通　信)	… 233
N高等学校・S高等学校	高崎キャンパス	(通　信)	… 454・160
N高等学校・S高等学校	群馬前橋キャンパス（2024年4月開設予定）	(通　信)	… 454・160
N高等学校・S高等学校	群馬太田キャンパス（2024年4月開設予定）	(通　信)	… 454・160
おおぞら高等学院	高崎キャンパス	(サポート)	… 516
岡山理科大学附属高等学校	群馬教室(小野池学院内)	(通　信)	… 387
クラーク記念国際高等学校	前橋キャンパス	(通　信)	… 122
クラーク記念国際高等学校	桐生キャンパス	(通　信)	… 122
群馬県立太田フレックス高等学校	本校	(通　信)	… 181
群馬県立桐生高等学校	本校	(通　信)	… 182
群馬県立高崎高等学校	本校	(通　信)	… 183
群馬県立前橋清陵高等学校	本校	(通　信)	… 184
さくら国際高等学校	富岡学習センター	(通　信)	… 274
さくら国際高等学校	前橋キャンパス	(通　信)	… 274
成美学園高等學校	前橋校	(通　信)	… 202
成美学園高等學校	伊勢崎校	(通　信)	… 202
成美学園高等學校	館林校	(通　信)	… 202
第一学院高等学校	高崎キャンパス	(通　信)	… 173
トライ式高等学院	高崎キャンパス	(サポート)	… 506
トライ式高等学院	高崎キャンパス	(高　認)	… 506
ヒューマンキャンパスのぞみ高等学校	高崎学習センター	(通　信)	… 206
屋久島おおぞら高等学校	高崎入学相談室	(通　信)	… 452
ワオ高等学校	個別指導Axis高崎校	(通　信)	… 384
わせがく高等学校	前橋キャンパス	(通　信)	… 210
わせがく高等学校	太田キャンパス	(通　信)	… 210
わせがく高等学校	桐生キャンパス	(通　信)	… 210

埼玉県

ID学園高等学校	大宮キャンパス	(通　信)	… 272
飛鳥未来きずな高等学校	大宮キャンパス	(通　信)	… 142
飛鳥未来きぼう高等学校	川越キャンパス	(通　信)	… 156
あずさ第一高等学校	さいたまキャンパス	(通　信)	… 196
浦和高等学園 高校部・中学部		(技　連)	… 466
EIKOデジタル・クリエイティブ高等学校	浦和校	(通　信)	… 158
NHK学園高等学校	大宮開成高校	(通　信)	… 233
N高等学校・S高等学校	川口駅前キャンパス（2024年4月開設予定）	(通　信)	… 454・160
N高等学校・S高等学校	春日部キャンパス（2024年4月開設予定）	(通　信)	… 454・160
N高等学校・S高等学校	川越キャンパス	(通　信)	… 454・160
N高等学校・S高等学校	大宮キャンパス	(通　信)	… 454・160
大川学園高等学校	本校	(通　信)	… 185
おおぞら高等学院	大宮キャンパス	(サポート)	… 516
おおぞら高等学院	春日部キャンパス	(サポート)	… 516
おおぞら高等学院	川越キャンパス	(サポート)	… 516
鹿島学園高等学校	志木キャンパス	(通　信)	… 162
霞ヶ関高等学校	本校	(通　信)	… 186
クラーク記念国際高等学校	CLARK SMART さいたま	(通　信)	… 122
クラーク記念国際高等学校	さいたまキャンパス	(通　信)	… 122
クラーク記念国際高等学校	所沢キャンパス	(通　信)	… 122
国際学院高等学校	本校	(通　信)	… 187
国際学院高等学校	大宮学習センター	(通　信)	… 187
埼玉県立大宮中央高等学校	本校	(通　信)	… 188
埼玉県立大宮中央高等学校	埼玉県立吉川美南高校	(通　信)	… 188
埼玉県立大宮中央高等学校	埼玉県立狭山緑陽高校	(通　信)	… 188
埼玉県立大宮中央高等学校	埼玉県立秩父農工科学高校	(通　信)	… 188
埼玉県立大宮中央高等学校	埼玉県立吹上秋桜高校	(通　信)	… 188
さくら国際高等学校	草加キャンパス	(通　信)	… 274
さくら国際高等学校	越谷学習センター	(通　信)	… 274
さくら国際高等学校	加須学習センター	(通　信)	… 274
さくら国際高等学校	所沢学習センター	(通　信)	… 274
さくら国際高等学校	埼玉熊谷学習センター	(通　信)	… 274
さくら国際高等学校	本庄キャンパス	(通　信)	… 274
志学会高等学校	本校	(通　信)	… 189
駿台甲府高等学校	大宮学習センター	(通　信)	… 266
駿台通信制サポート校	大宮校	(サポート)	… 494
精華学園高等学校	上尾校	(通　信)	… 400
星槎国際高等学校	大宮キャンパス	(通　信)	… 131
星槎国際高等学校	川口キャンパス	(通　信)	… 131
成美学園高等學校	久喜校	(通　信)	… 202
成美学園高等學校	熊谷校	(通　信)	… 202
聖望学園高等学校	本校	(通　信)	… 190
清和学園高等学校	本校	(通　信)	… 191
創学舎高等学校	本校	(通　信)	… 192
第一学院高校	埼玉キャンパス	(通　信)	… 173
第一学院高校	川越キャンパス	(通　信)	… 173
中央高等学院	さいたま校	(サポート)	… 500
中央高等学院	さいたま校	(高　認)	… 500
中央国際高等学校	中央高等学院　さいたま校	(通　信)	… 204
トライ式高等学院	浦和キャンパス	(サポート)	… 506
トライ式高等学院	大宮キャンパス	(サポート)	… 506
トライ式高等学院	川口キャンパス	(サポート)	… 506
トライ式高等学院	春日部キャンパス	(サポート)	… 506
トライ式高等学院	川越キャンパス	(サポート)	… 506
トライ式高等学院	所沢キャンパス	(サポート)	… 506
トライ式高等学院	熊谷キャンパス	(サポート)	… 506
トライ式高等学院	浦和キャンパス	(高　認)	… 506
トライ式高等学院	大宮キャンパス	(高　認)	… 506
トライ式高等学院	川口キャンパス	(高　認)	… 506
トライ式高等学院	春日部キャンパス	(高　認)	… 506

凡例・学校名の後の（ ）内の表記は、学校の種類を表します。
（通　信）＝ 通信制高校　　　　　　　　（技　能）＝ 技能連携校
（高等修）＝ 高等専修学校　　　　　　　（サポート）＝ サポート校
（高　認）＝ 高校卒業程度認定試験のための予備校　（インター）＝インターナショナルスクール

学校名	キャンパス等	種別	ページ
トライ式高等学院	川越キャンパス	（高　認）	… 506
トライ式高等学院	所沢キャンパス	（高　認）	… 506
トライ式高等学院	熊谷キャンパス	（高　認）	… 506
日本ウェルネス高等学校	戸田学習支援センター	（通　信）	… 414
日本ウェルネス高等学校	坂戸キャンパス	（通　信）	… 414
日本航空高等学校	吉川学習支援センター	（通　信）	… 268
一ツ葉高等学校	大宮キャンパス	（通　信）	… 439
日々輝学園高等学校	さいたまキャンパス	（通　信）	… 178
日々輝学園高等学校	東京校	（通　信）	… 178
ヒューマンキャンパス高等学校	大宮学習センター	（通　信）	… 460
ヒューマンキャンパスのぞみ高等学校	大宮東口学習センター	（通　信）	… 206
松栄学園高等学校	本校	（通　信）	… 193
松栄学園高等学校	大宮スクーリング会場	（通　信）	… 193
松栄学園高等学校	越谷スクーリング会場	（通　信）	… 193
松実高等学園		（技　連）	… 468
松本国際高等学校	越谷花田学習センター	（通　信）	… 288
未来高等学校	埼玉西学習センター	（通　信）	… 416
未来高等学校	埼玉東学習センター	（通　信）	… 416
武蔵野星城高等学校	本校	（通　信）	… 194
屋久島おおぞら高等学校	大宮入学相談室	（通　信）	… 452
屋久島おおぞら高等学校	春日部入学相談室	（通　信）	… 452
屋久島おおぞら高等学校	川越入学相談室	（通　信）	… 452
ワオ高等学校	個別指導Axis中浦和校	（通　信）	… 384
わせがく夢育高等学校	本校	（通　信）	… 195
わせがく夢育高等学校	川越キャンパス	（通　信）	… 195
わせがく夢育高等学校	所沢キャンパス	（通　信）	… 195
千葉県			
飛鳥未来高等学校	千葉キャンパス	（通　信）	… 364
あずさ第一高等学校	本校	（通　信）	… 196
あずさ第一高等学校	千葉キャンパス	（通　信）	… 196
あずさ第一高等学校	柏キャンパス	（通　信）	… 196
今治精華高等学校	松戸市学習支援センター	（通　信）	… 413
今治精華高等学校	千葉市緑区学習支援センター	（通　信）	… 413
今治精華高等学校	千葉幕張学習支援センター	（通　信）	… 413
NHK学園高等学校	日出学園高校	（通　信）	… 233
NHK学園高等学校	千葉黎明高校	（通　信）	… 233
N高等学校・S高等学校	千葉キャンパス	（通　信）	… 454 / 160
N高等学校・S高等学校	松戸キャンパス（2024年4月開設予定）	（通　信）	… 454 / 160
N高等学校・S高等学校	海浜幕張キャンパス（2024年4月開設予定）	（通　信）	… 454 / 160
N高等学校・S高等学校	柏キャンパス	（通　信）	… 454 / 160
おおぞら高等学院	千葉キャンパス	（サポート）	… 516
おおぞら高等学院	柏キャンパス	（サポート）	… 516
鴨川令徳高等学校　通信制課程	本校	（通　信）	… 212
クラーク記念国際高等学校	千葉キャンパス	（通　信）	… 122
クラーク記念国際高等学校	CLARK SMART 千葉	（通　信）	… 122
クラーク記念国際高等学校	柏キャンパス	（通　信）	… 122
敬愛大学八日市場高等学校	本校	（通　信）	… 213
さくら国際高等学校	千葉緑学習センター	（通　信）	… 274
さくら国際高等学校	本八幡学習センター	（通　信）	… 274
さくら国際高等学校	市川キャンパス	（通　信）	… 274
さくら国際高等学校	船橋駅前学習センター	（通　信）	… 274
さくら国際高等学校	船橋三山学習センター	（通　信）	… 274
さくら国際高等学校	習志野学習センター	（通　信）	… 274
松陰高等学校	千葉浦安学習センター	（通　信）	… 398
翔洋学園高等学校	千葉キャンパス	（通　信）	… 172
翔洋学園高等学校	柏キャンパス	（通　信）	… 172
駿台甲府高等学校	千葉学習センター（2024年10月開設予定）	（通　信）	… 266
駿台通信制サポート校	千葉校（2024年10月開設予定）	（サポート）	… 494
精華学園高等学校	千葉校日本サーフアカデミー高等部	（通　信）	… 400
精華学園高等学校　長南茂原校	本校	（通　信）	… 198
精華学園高等学校　幕張芸術学部校	本校	（通　信）	… 200
星槎国際高等学校	柏キャンパス	（通　信）	… 131
成美学園高等學校	本校	（通　信）	… 202
成美学園高等學校	蘇我校	（通　信）	… 202
成美学園高等學校	松戸校	（通　信）	… 202
成美学園高等學校	市川校	（通　信）	… 202
成美学園高等學校	八千代校	（通　信）	… 202
成美学園高等學校	成田校	（通　信）	… 202
成美学園高等學校	旭校	（通　信）	… 202
成美学園高等學校	かずさ校	（通　信）	… 202
成美学園高等學校	館山校	（通　信）	… 202
第一学院高等学校	千葉キャンパス	（通　信）	… 173
第一学院高等学校	柏キャンパス	（通　信）	… 173
千葉科学大学附属高等学校	本校	（通　信）	… 214
千葉県立千葉大宮高等学校	本校	（通　信）	… 215
千葉モードビジネス専門学校 高等課程		（高等専修・技能）	… 480
中央高等学院	千葉校	（サポート）	… 500
中央高等学院	千葉校	（高　認）	… 500
中央国際高等学校	本校	（通　信）	… 204
中央国際高等学校	中央高等学院　千葉校	（通　信）	… 204
つくば開成高等学校	柏校	（通　信）	… 164
トライ式高等学院	千葉キャンパス	（サポート）	… 506
トライ式高等学院	流山おおたかの森キャンパス	（サポート）	… 506
トライ式高等学院	船橋キャンパス	（サポート）	… 506
トライ式高等学院	柏キャンパス	（サポート）	… 506
トライ式高等学院	新浦安キャンパス	（サポート）	… 506
トライ式高等学院	千葉キャンパス	（高　認）	… 506
トライ式高等学院	流山おおたかの森キャンパス	（高　認）	… 506
トライ式高等学院	船橋キャンパス	（高　認）	… 506
トライ式高等学院	柏キャンパス	（高　認）	… 506
トライ式高等学院	新浦安キャンパス	（高　認）	… 506
中山学園高等学校	本校	（通　信）	… 216
一ツ葉高等学校	千葉キャンパス	（通　信）	… 439
一ツ葉高等学校	千葉キャンパス	（高　認）	… 439
ヒューマンキャンパス高等学校	柏学習センター	（通　信）	… 460
ヒューマンキャンパスのぞみ高等学校	本校	（通　信）	… 206
松栄学園高等学校	柏学習センター	（通　信）	… 193
松本国際高等学校	流山学習センター	（通　信）	… 288
松本国際高等学校	我孫子学習センター	（通　信）	… 288

松本国際高校	市川学習センター	（通　信）	… 288
松本国際高校	新鎌ヶ谷学習センター	（通　信）	… 288
松本国際高校	千葉薬事専門学校	（通　信）	… 288
松本国際高校	柏学習センター	（通　信）	… 288
松本国際高校	浦安学習センター	（通　信）	… 288
未来高等学校	千葉学習センター	（通　信）	… 416
明聖高等学校	本校	（通　信）	… 208
明蓬館高等学校	東関東馬事高等学院	（通　信）	… 427
屋久島おおぞら高等学校	千葉入学相談室	（通　信）	… 452
屋久島おおぞら高等学校	柏入学相談室	（通　信）	… 452
勇志国際高等学校	千葉学習センター	（通　信）	… 436
麗澤高等学校　通信制課程	本校	（通　信）	… 217
ワオ高等学校	個別指導Axis千葉新宿校	（通　信）	… 384
ワオ高等学校	個別指導Axis下総中山校	（通　信）	… 384
ワオ高等学校	個別指導Axis五井駅前校	（通　信）	… 384
わせがく高等学校	本校	（通　信）	… 210
わせがく高等学校	稲毛海岸キャンパス	（通　信）	… 210
わせがく高等学校	西船橋キャンパス	（通　信）	… 210
わせがく高等学校	勝田台キャンパス	（通　信）	… 210
わせがく高等学校	柏キャンパス	（通　信）	… 210

東京都

相生学院高等学校	文京白山校	（通　信）	… 357
相生学院高等学校	東京校	（通　信）	… 357
ID学園高等学校	秋葉原キャンパス	（通　信）	… 272
ID学園高等学校	郁文館グローバル高校	（通　信）	… 272
ID学園高等学校	郁文館高校	（通　信）	… 272
ID学園高等学校	池袋キャンパス	（通　信）	… 272
ID学園高等学校	立川キャンパス	（通　信）	… 272
青森山田高等学校　通信制課程		（通　信）	… 232
青森山田高等学校	東京校	（通　信）	… 232
飛鳥未来きずな高等学校	お茶の水キャンパス	（通　信）	… 142
飛鳥未来きずな高等学校	池袋キャンパス	（通　信）	… 142
飛鳥未来きずな高等学校	立川キャンパス	（通　信）	… 142
飛鳥未来きぼう高等学校	両国キャンパス	（通　信）	… 156
飛鳥未来高等学校	足立キャンパス（2024年度綾瀬キャンパスから移転）	（通　信）	… 364
飛鳥未来高等学校	池袋キャンパス	（通　信）	… 364
あずさ第一高等学校	渋谷キャンパス	（通　信）	… 196
あずさ第一高等学校	立川キャンパス	（通　信）	… 196
あずさ第一高等学校	町田キャンパス	（通　信）	… 196
今治精華高等学校	新宿学習支援センター	（通　信）	… 413
今治精華高等学校	世田谷学習支援センター	（通　信）	… 413
今治精華高等学校	西新宿学習支援センター	（通　信）	… 413
今治精華高等学校	町田学習支援センター	（通　信）	… 413
今治精華高等学校	調布学習支援センター	（通　信）	… 413
今治精華高等学校	東京都リーフ学習支援センター	（通　信）	… 413
今治精華高等学校	日野市学習支援センター	（通　信）	… 413
今治精華高等学校	八王子学習支援センター	（通　信）	… 413
今治精華高等学校	武蔵小金井学習支援センター	（通　信）	… 413
今治精華高等学校	豊島学習支援センター	（通　信）	… 413
今治精華高等学校	北区王子学習支援センター	（通　信）	… 413
今治精華高等学校	練馬学習支援センター	（通　信）	… 413
ウッド高等部		（サポート）	… 488
NHK学園高等学校	本校	（通　信）	… 233
NHK学園高等学校	安田学園高校	（通　信）	… 233
N高等学校・S高等学校	御茶ノ水キャンパス	（通　信）	… 454・160
N高等学校・S高等学校	東陽町キャンパス（2024年4月開設予定）	（通　信）	… 454・160
N高等学校・S高等学校	蒲田西口キャンパス（2024年4月開設予定）	（通　信）	… 454・160
N高等学校・S高等学校	渋谷キャンパス	（通　信）	… 454・160
N高等学校・S高等学校	代々木キャンパス	（通　信）	… 454・160
N高等学校・S高等学校	池袋キャンパス	（通　信）	… 454・160
N高等学校・S高等学校	武蔵境キャンパス	（通　信）	… 454・160
N高等学校・S高等学校	立川キャンパス	（通　信）	… 454・160
N高等学校・S高等学校	町田キャンパス	（通　信）	… 454・160
N高等学校・S高等学校	聖蹟桜ヶ丘キャンパス（2024年4月開設予定）	（通　信）	… 454・160
N高等学校・S高等学校	秋葉原キャンパス	（通　信）	… 454・160
おおぞら高等学院	東京秋葉原キャンパス	（サポート）	… 516
おおぞら高等学院	東京キャンパス	（サポート）	… 516
おおぞら高等学院	立川キャンパス	（サポート）	… 516
おおぞら高等学院	町田キャンパス	（サポート）	… 516
大原学園美空高等学校	本校	（通　信）	… 234
科学技術学園高等学校	本校	（通　信）	… 218
鹿島学園高等学校	渋谷キャンパス	（通　信）	… 162
鹿島学園高等学校	新宿キャンパス	（通　信）	… 162
鹿島学園高等学校	調布キャンパス	（通　信）	… 162
神村学園高等部	東日本教育サポートセンター	（通　信）	… 451
河合塾COSMO	東京校	（サポート）	… 490
河合塾COSMO	東京校	（高　認）	… 491
北豊島高等学校	本校	（通　信）	… 235
クラーク記念国際高等学校	CLARK SMART 東京	（通　信）	… 122
クラーク記念国際高等学校	東京キャンパス	（通　信）	… 122
クラーク記念国際高等学校	立川キャンパス	（通　信）	… 122
CLARK NEXT Akihabara		（通　信）	… 122
CLARK NEXT Tokyo		（通　信）	… 122
興譲館アカデミア東京校		（通　信）	… 388
国際文化学園高等部		（サポート）	… 492
高野山高等学校	東京学習センター	（通　信）	… 372
晃陽学園高等学校	東京・吉祥寺学習センター	（通　信）	… 171
さくら国際高等学校	水道橋学習センター	（通　信）	… 274
さくら国際高等学校	月島学習センター	（通　信）	… 274
さくら国際高等学校	赤坂学習センター	（通　信）	… 274
さくら国際高等学校	秋葉原学習センター	（通　信）	… 274
さくら国際高等学校	板橋キャンパス	（通　信）	… 274
さくら国際高等学校	足立学習センター	（通　信）	… 274
さくら国際高等学校	森下学習センター	（通　信）	… 274
さくら国際高等学校	品川大井町学習センター	（通　信）	… 274
さくら国際高等学校	青山学習センター	（通　信）	… 274

都道府県別さくいん

凡例・学校名の後の（ ）内の表記は、学校の種類を表します。
（通　　信）＝通信制高校　　　　　　　　　　　　（技　　能）＝技能連携校
（高等専修）＝高等専修学校　　　　　　　　　　　（サポート）＝サポート校
（高　　認）＝高校卒業程度認定試験のための予備校　（インター）＝インターナショナルスクール

学校名	施設名	種類	ページ
さくら国際高等学校	北参道学習センター	（通　信）	274
さくら国際高等学校	池尻大橋学習センター	（通　信）	274
さくら国際高等学校	駒沢学習センター	（通　信）	274
さくら国際高等学校	東京四谷学習センター	（通　信）	274
さくら国際高等学校	ときわ台学習センター	（通　信）	274
さくら国際高等学校	三鷹学習センター	（通　信）	274
さくら国際高等学校	北多摩キャンパス	（通　信）	274
さくら国際高等学校 東京校		（通　信）	220
札幌静修高等学校 通信制課程	東京学習等支援施設（AIC東京キャンパス）	（通　信）	130
滋慶学園高等学校	学習サポートセンター（東京スクールオブミュージック&ダンス専門学校）	（通　信）	389
松陰高等学校	新宿西口学習センター	（通　信）	398
翔洋学園高等学校	東京学習センター	（通　信）	172
駿台甲府高等学校	四谷学習センター	（通　信）	266
駿台通信制サポート校	四谷校	（サポート）	494
精華学園高等学校	探究アカデミー東京校	（通　信）	400
精華学園高等学校 東京芸術学部校		（通　信）	222
精華学園高等学校 東京芸術学部立川校		（通　信）	224
精華学園高等学校 町田校		（通　信）	236
星槎国際高等学校	中野サテライトキャンパス	（通　信）	131
星槎国際高等学校	立川学習センター	（通　信）	131
星槎国際高等学校	八王子学習センター	（通　信）	131
聖パウロ学園高等学校	本校	（通　信）	237
第一学院高等学校	秋葉原キャンパス	（通　信）	173
第一学院高等学校	四ツ谷キャンパス	（通　信）	173
第一学院高等学校	銀座キャンパス	（通　信）	173
第一学院高等学校	中目黒キャンパス	（通　信）	173
第一学院高等学校	立川キャンパス	（通　信）	173
第一学院高等学校	町田キャンパス	（通　信）	173
ダイチ高等部		（サポート）	498
第一薬科大学付属高等学校	渋谷キャンパス	（通　信）	423
大成学園	東京校	（サポート）	514
大智学園高校		（通　信）	153
中央高等学院	渋谷原宿校	（サポート）	500
中央高等学院	池袋校	（サポート）	500
中央高等学院	吉祥寺本校	（サポート）	500
中央国際高等学校	中央高等学院　渋谷原宿校	（通　信）	204
中央国際高等学校	中央高等学院　池袋校	（通　信）	204
中央国際高等学校	中央高等学院　吉祥寺本校	（通　信）	204
東海大学付属望星高等学校	本校	（通　信）	238
東京都立新宿山吹高等学校	本校	（通　信）	239
東京都立砂川高等学校	本校	（通　信）	240
東京都立一橋高等学校	本校	（通　信）	241
東京YMCA高等学院		（サポート）	504
トライ式高等学院	飯田橋キャンパス	（サポート）	506
トライ式高等学院	北千住キャンパス	（サポート）	506
トライ式高等学院	錦糸町キャンパス	（サポート）	506
トライ式高等学院	蒲田キャンパス	（サポート）	506
トライ式高等学院	渋谷キャンパス	（サポート）	506
トライ式高等学院	自由が丘キャンパス	（サポート）	506
トライ式高等学院	新宿キャンパス	（サポート）	506
トライ式高等学院	中野キャンパス	（サポート）	506
トライ式高等学院	池袋キャンパス	（サポート）	506
トライ式高等学院	大泉学園キャンパス	（サポート）	506
トライ式高等学院	吉祥寺キャンパス	（サポート）	506
トライ式高等学院	府中キャンパス	（サポート）	506
トライ式高等学院	国分寺駅前キャンパス	（サポート）	506
トライ式高等学院	立川キャンパス	（サポート）	506
トライ式高等学院	八王子キャンパス	（サポート）	506
トライ式高等学院	町田キャンパス	（サポート）	506
トライ式高等学院	飯田橋キャンパス	（高　認）	506
トライ式高等学院	北千住キャンパス	（高　認）	506
トライ式高等学院	錦糸町キャンパス	（高　認）	506
トライ式高等学院	蒲田キャンパス	（高　認）	506
トライ式高等学院	渋谷キャンパス	（高　認）	506
トライ式高等学院	自由が丘キャンパス	（高　認）	506
トライ式高等学院	新宿キャンパス	（高　認）	506
トライ式高等学院	中野キャンパス	（高　認）	506
トライ式高等学院	池袋キャンパス	（高　認）	506
トライ式高等学院	大泉学園キャンパス	（高　認）	506
トライ式高等学院	吉祥寺キャンパス	（高　認）	506
トライ式高等学院	府中キャンパス	（高　認）	506
トライ式高等学院	国分寺駅前キャンパス	（高　認）	506
トライ式高等学院	立川キャンパス	（高　認）	506
トライ式高等学院	八王子キャンパス	（高　認）	506
トライ式高等学院	町田キャンパス	（高　認）	506
日本ウェルネス高等学校	秋葉原学習支援センター	（通　信）	414
日本ウェルネス高等学校	神保町キャンパス	（通　信）	414
日本ウェルネス高等学校	世田谷学習支援センター	（通　信）	414
日本ウェルネス高等学校	新宿学習支援センター	（通　信）	414
日本ウェルネス高等学校	東京キャンパス	（通　信）	414
日本航空高等学校	江東学習支援センター	（通　信）	268
日本航空高等学校	東京キャンパス	（通　信）	268
野田鎌田学園杉並高等専修学校		（高等専修・技能）	470
一ツ葉高等学校	代々木キャンパス	（通　信）	439
一ツ葉高等学校	立川キャンパス	（通　信）	439
ヒューマンキャンパス高等学校	秋葉原学習センター	（通　信）	460
ヒューマンキャンパス高等学校	立川学習センター	（通　信）	460
ヒューマンキャンパスのぞみ高等学校	秋葉原東学習センター	（通　信）	206
ヒューマンキャンパスのぞみ高等学校	新宿学習センター	（通　信）	206
ヒューマンキャンパスのぞみ高等学校	高田馬場学習センター	（通　信）	206
プラドアカデミー高等学院		（サポート）	508
北海道芸術高等学校	東京池袋サテライトキャンパス	（通　信）	126
町田みのり高等部	八洲学園高校	（技　能）	472
松本国際高等学校	日暮里学習センター	（通　信）	288
松本国際高等学校	押上学習センター	（通　信）	288
松本国際高等学校	蒲田駅前学習センター	（通　信）	288
松本国際高等学校	京急蒲田学習センター	（通　信）	288
松本国際高等学校	池上学習センター	（通　信）	288
松本国際高等学校	東京校	（通　信）	288
松本国際高等学校	拝島学習センター	（通　信）	288
美川特区アットマーク国際高等学校	品川サイバーキャンパス学習センター	（通　信）	261

瑞穂MSC高等学校	東京校	（通　信）	… 463
未来高等学校	東京城東学習センター	（通　信）	… 416
未来高等学校	国立学習センター	（通　信）	… 416
未来高等学校	昭島学習センター事務所	（通　信）	… 416
明聖高等学校	中野キャンパス	（通　信）	… 208
明蓬館高等学校	品川・御殿山学習センター	（通　信）	… 427
明蓬館高等学校	東京・国立学習センター	（通　信）	… 427
目黒日本大学高等学校	本校	（通　信）	… 226
屋久島おおぞら高等学校	東京秋葉原入学相談室	（通　信）	… 452
屋久島おおぞら高等学校	東京入学相談室	（通　信）	… 452
屋久島おおぞら高等学校	立川入学相談室	（通　信）	… 452
屋久島おおぞら高等学校	町田入学相談室	（通　信）	… 452
八洲学園高等学校	新宿キャンパス	（通　信）	… 348
八洲学園高等学校	池袋キャンパス	（通　信）	… 348
八洲学園高等学校	町田分室	（通　信）	… 348
代々木高等学校	東京校	（通　信）	… 310
代々木グローバル高等学院	東京校	（サポート）	… 512
立志舎高等学校	本校	（通　信）	… 228
ルネサンス高等学校	新宿代々木キャンパス	（通　信）	… 230
ルネサンス高等学校	池袋キャンパス	（通　信）	… 230
ワオ高等学校	個別指導Axis東葛西校	（通　信）	… 384
ワオ高等学校	個別指導Axis西調布校	（通　信）	… 384
わせがく高等学校	東京キャンパス	（通　信）	… 210

神奈川県

ID学園高等学校	横浜キャンパス	（通　信）	… 272
飛鳥未来きずな高等学校	小田原キャンパス	（通　信）	… 142
飛鳥未来きぼう高等学校	横浜みなとみらいキャンパス	（通　信）	… 156
飛鳥未来高等学校	横浜キャンパス	（通　信）	… 364
飛鳥未来高等学校	横浜関内キャンパス	（通　信）	… 364
あずさ第一高等学校	横浜キャンパス	（通　信）	… 196
厚木中央高等学校	本校	（通　信）	… 246
今治精華高等学校	鎌倉市学習支援センター	（通　信）	… 413
今治精華高等学校	湘南学習支援センター	（通　信）	… 413
今治精華高等学校	川崎市高津区学習支援センター	（通　信）	… 413
今治精華高等学校	川崎市川崎区学習支援センター	（通　信）	… 413
今治精華高等学校	川崎市中原区学習支援センター	（通　信）	… 413
NHK学園高等学校	関東学院高校	（通　信）	… 233
N高等学校・S高等学校	溝の口キャンパス（2024年4月開設予定）	（通　信）	… 454・160
N高等学校・S高等学校	川崎キャンパス（2024年4月開設予定）	（通　信）	… 454・160
N高等学校・S高等学校	横浜キャンパス	（通　信）	… 454・160
N高等学校・S高等学校	横浜金港キャンパス	（通　信）	… 454・160
N高等学校・S高等学校	本厚木キャンパス（2024年4月開設予定）	（通　信）	… 454・160
N高等学校・S高等学校	相模原橋本キャンパス（2024年4月開設予定）	（通　信）	… 454・160
N高等学校・S高等学校	平塚キャンパス	（通　信）	… 454・160
おおぞら高等学院	溝の口キャンパス	（サポート）	… 516
おおぞら高等学院	横浜キャンパス	（サポート）	… 516
おおぞら高等学院	厚木キャンパス	（サポート）	… 516
おおぞら高等学院	湘南キャンパス	（サポート）	… 516

鹿島学園高等学校	川崎キャンパス	（通　信）	… 162
鹿島学園高等学校	溝の口キャンパス	（通　信）	… 162
鹿島学園高等学校	湘南キャンパス	（通　信）	… 162
鹿島山北高等学校	本校	（通　信）	… 242
神奈川県立厚木清南高等学校	本校	（通　信）	… 247
神奈川県立横浜修悠館高等学校	本校	（通　信）	… 248
クラーク記念国際高等学校	横浜キャンパス	（通　信）	… 122
クラーク記念国際高等学校	横浜青葉キャンパス	（通　信）	… 122
クラーク記念国際高等学校	CLARK SMART 横浜	（通　信）	… 122
クラーク記念国際高等学校	厚木キャンパス	（通　信）	… 122
さくら国際高等学校	横浜キャンパス	（通　信）	… 274
さくら国際高等学校	横浜鴨居学習センター	（通　信）	… 274
さくら国際高等学校	横浜鶴見学習センター	（通　信）	… 274
さくら国際高等学校	横須賀学習センター	（通　信）	… 274
さくら国際高等学校	二俣川キャンパス	（通　信）	… 274
さくら国際高等学校	大和学習センター	（通　信）	… 274
さくら国際高等学校	横浜戸塚学習センター	（通　信）	… 274
さくら国際高等学校	小田原学習センター	（通　信）	… 274
さくら国際高等学校	藤沢学習センター	（通　信）	… 274
さくら国際高等学校	相模原中央学習センター	（通　信）	… 274
さくら国際高等学校	相模大野学習キャンパス	（通　信）	… 274
自然学園高等学校	相模原キャンパス	（通　信）	… 265
秀英高等学校	本校	（通　信）	… 249
松陰高等学校	川崎学習センター	（通　信）	… 398
松陰高等学校	みなとみらい学習センター	（通　信）	… 398
翔洋学園高等学校	神奈川学習センター	（通　信）	… 172
駿台甲府高等学校	横浜学習センター	（通　信）	… 266
駿台通信制サポート校	横浜校	（サポート）	… 494
精華学園高等学校	横浜芸術学部校	（通　信）	… 244
精華学園高等学校	神奈川校 日本サーフアカデミー高等部	（通　信）	… 400
星槎高等学校	本校	（通　信）	… 250
星槎国際高等学校	横浜鴨居学習センター	（通　信）	… 131
星槎国際高等学校	厚木学習センター	（通　信）	… 131
星槎国際高等学校	小田原学習センター	（通　信）	… 131
星槎国際高等学校	湘南学習センター	（通　信）	… 131
清心女子高等学校	本校	（通　信）	… 251
成美学園高等學校	横須賀校	（通　信）	… 202
成美学園高等学校	茅ヶ崎校	（通　信）	… 202
成美学園高等學校	秦野校	（通　信）	… 202
第一学院高等学校	横浜キャンパス	（通　信）	… 173
第一学院高等学校	湘南藤沢キャンパス	（通　信）	… 173
大成学園	川崎校	（サポート）	… 514
大成学園	横浜校	（サポート）	… 514
大成学園	港北ニュータウン校	（サポート）	… 514
大成学園	金沢文庫校	（サポート）	… 514
大成学園	横須賀校	（サポート）	… 514
大成学園	戸塚校	（サポート）	… 514
大成学園	藤沢校	（サポート）	… 514
大成学園	JR相模原校	（サポート）	… 514
大成学園	淵野辺駅前校	（サポート）	… 514

都道府県別さくいん

凡例・学校名の後の（　）内の表記は、学校の種類を表します。
（通　　信）＝ 通信制高校　　　　　　　　　　　　（技　　能）＝ 技能連携校
（高等専修）＝ 高等専修学校　　　　　　　　　　　（サポート）＝ サポート校
（高　　認）＝ 高校卒業程度認定試験のための予備校　（インター）＝インターナショナルスクール

大成学園	相模大野校	（サポート）	… 514
大成学園	小田急相模原駅前校	（サポート）	… 514
大成学園	平塚駅前校	（サポート）	… 514
大成学園	横浜校	（高　認）	… 514
大成学園	藤沢校	（高　認）	… 514
中央高等学院	横浜校	（サポート）	… 500
中央高等学院	横浜校	（高　認）	… 500
中央国際高校	中央高等学院　横浜校	（通　信）	… 204
トライ式高等学院	川崎キャンパス	（サポート）	… 506
トライ式高等学院	武蔵小杉キャンパス	（サポート）	… 506
トライ式高等学院	横浜キャンパス	（サポート）	… 506
トライ式高等学院	青葉台キャンパス	（サポート）	… 506
トライ式高等学院	上大岡駅前キャンパス	（サポート）	… 506
トライ式高等学院	本厚木キャンパス	（サポート）	… 506
トライ式高等学院	戸塚キャンパス	（サポート）	… 506
トライ式高等学院	藤沢キャンパス	（サポート）	… 506
トライ式高等学院	川崎キャンパス	（高　認）	… 506
トライ式高等学院	武蔵小杉キャンパス	（高　認）	… 506
トライ式高等学院	横浜キャンパス	（高　認）	… 506
トライ式高等学院	青葉台キャンパス	（高　認）	… 506
トライ式高等学院	上大岡キャンパス	（高　認）	… 506
トライ式高等学院	本厚木キャンパス	（高　認）	… 506
トライ式高等学院	戸塚キャンパス	（高　認）	… 506
トライ式高等学院	藤沢キャンパス	（高　認）	… 506
野田鎌田学園横浜高等専修学校		（高等専修・技能）	… 474
一ツ葉高等学校	横浜キャンパス	（通　信）	… 439
日々輝学園高等学校	横浜校	（通　信）	… 178
日々輝学園高等学校	神奈川校	（通　信）	… 178
ヒューマンキャンパスのぞみ高等学校	川崎学習センター	（通　信）	… 206
ヒューマンキャンパスのぞみ高等学校	横浜西口学習センター	（通　信）	… 206
北海道芸術高等学校	横浜サテライトキャンパス	（通　信）	… 126
松本国際高等学校	新百合ヶ丘学習センター	（通　信）	… 288
松本国際高等学校	横浜西口学習センター	（通　信）	… 288
松本国際高等学校	岩谷学園テクノビジネス横浜保育専門学校	（通　信）	… 288
松本国際高等学校	横浜日吉センター	（通　信）	… 288
松本国際高等学校	横浜港北センター	（通　信）	… 288
松本国際高等学校	横浜青葉台センター	（通　信）	… 288
松本国際高等学校	能見台駅前学習センター	（通　信）	… 288
松本国際高等学校	横須賀中央学習センター	（通　信）	… 288
松本国際高等学校	横浜戸塚センター	（通　信）	… 288
松本国際高等学校	ブルーライン中田駅前学習センター	（通　信）	… 288
松本国際高等学校	逗子学習センター	（通　信）	… 288
松本国際高等学校	相模原学習センター	（通　信）	… 288
未来高等学校	新百合ヶ丘学習センター	（通　信）	… 416
明蓬館高等学校	ノーベル高等学院	（通　信）	… 427
明蓬館高等学校	ユニバーサル服飾高等学院	（通　信）	… 427
明蓬館高等学校	横浜・関内学習センター	（通　信）	… 427
明蓬館高等学校	湘南厚木学習センター	（通　信）	… 427
屋久島おおぞら高等学校	溝の口入学相談室	（通　信）	… 452
屋久島おおぞら高等学校	横浜入学相談室	（通　信）	… 452

屋久島おおぞら高等学校	厚木入学相談室	（通　信）	… 452
屋久島おおぞら高等学校	湘南入学相談室	（通　信）	… 452
八洲学園高等学校	横浜分校	（通　信）	… 348
代々木高等学校	横浜REOキャンパス	（通　信）	… 310
ルネサンス高等学校	横浜キャンパス	（通　信）	… 168
ワオ高等学校	個別指導Axis平間校	（通　信）	… 384
ワオ高等学校	個別指導Axis武蔵中原校	（通　信）	… 384
ワオ高等学校	個別指導Axis高津校	（通　信）	… 384
新潟県			
相生学院高等学校	新潟校	（通　信）	… 357
NHK学園高等学校	新潟市立明鏡高校	（通　信）	… 233
N高等学校・S高等学校	新潟キャンパス	（通　信）	… 454 / 160
おおぞら高等学院	新潟キャンパス	（サポート）	… 516
開志学園高等学校	本校	（通　信）	… 254
さくら国際高等学校	新潟キャンパス	（通　信）	… 274
さくら国際高等学校	秋葉キャンパス	（通　信）	… 274
さくら国際高等学校	新発田キャンパス	（通　信）	… 274
松陰高等学校	新潟中央校	（通　信）	… 398
松陰高等学校	燕三条校	（通　信）	… 398
翔洋学園高等学校	新潟学習センター	（通　信）	… 172
精華学園高等学校	新潟校	（通　信）	… 252
精華学園高等学校	新潟中央校	（通　信）	… 400
精華学園高等学校	三条校	（通　信）	… 400
第一学院高等学校	高田キャンパス	（通　信）	… 173
第一学院高等学校	新潟キャンパス	（通　信）	… 173
第一学院高等学校	新潟村上キャンパス	（通　信）	… 173
中央国際高等学校	新潟学習センター（井手塾中央高等学校）	（通　信）	… 204
つくば開成学園高等学校	長岡学習センター	（通　信）	… 164
つくば開成学園高等学校	上越学習センター	（通　信）	… 164
つくば開成学園高等学校	新潟学習センター	（通　信）	… 164
トライ式高等学院	長岡キャンパス	（サポート）	… 506
トライ式高等学院	新潟キャンパス	（サポート）	… 506
トライ式高等学院	長岡キャンパス	（高　認）	… 506
トライ式高等学院	新潟キャンパス	（高　認）	… 506
長岡英智高等学校	本校	（通　信）	… 255
新潟県立高田南城高等学校	本校	（通　信）	… 256
新潟県立新潟翠江高等学校	本校	（通　信）	… 257
ヒューマンキャンパス高等学校	佐渡学習センター	（通　信）	… 460
ヒューマンキャンパスのぞみ高等学校	十日町学習センター	（通　信）	… 206
ヒューマンキャンパスのぞみ高等学校	魚沼学習センター	（通　信）	… 206
ヒューマンキャンパスのぞみ高等学校	新潟学習センター	（通　信）	… 206
松本国際高等学校	新潟矢代田校（秋葉P&T）		… 288
松本国際高等学校	新潟天ヶ沢校（秋葉P&T）		… 288
managara HighSchool（新潟産業大学附属高等学校 通信制課程）	本校	（通　信）	… 258
明誠高等学校	新潟SHIP	（通　信）	… 380
屋久島おおぞら高等学校	新潟入学相談室	（通　信）	… 452
ワオ高等学校	個別指導Axis新潟校	（通　信）	… 384
富山県			
さくら国際高等学校	富山キャンパス	（通　信）	… 274

学校名	センター・キャンパス	区分	ページ
松陰高等学校	富山学習センター	(通 信)	… 398
星槎国際高等学校	富山学習センター	(通 信)	… 131
第一学院高等学校	富山キャンパス	(通 信)	… 173
富山県立雄峰高等学校	本校	(通 信)	… 259
トライ式高等学院	富山キャンパス	(サポート)	… 506
トライ式高等学院	富山キャンパス	(高 認)	… 506
日本航空高等学校	小矢部学習支援センター	(通 信)	… 268
日本航空高等学校	高岡学習支援センター	(通 信)	… 268
未来高等学校	富山中央学習センター事務所	(通 信)	… 416
未来高等学校	富山学習センター事務所	(通 信)	… 416
ワオ高等学校	個別指導Axis上本町校	(通 信)	… 384
ワオ高等学校	個別指導Axis速星校	(通 信)	… 384

石川県

学校名	センター・キャンパス	区分	ページ
石川県立金沢泉丘高等学校	本校	(通 信)	… 260
NHK学園高等学校	県立金沢泉丘高校	(通 信)	… 233
N高等学校・S高等学校	金沢キャンパス	(通 信)	… 454・160
松陰高等学校	金沢校	(通 信)	… 398
精華学園高等学校	金沢校	(通 信)	… 400
第一学院高等学校	金沢キャンパス	(通 信)	… 173
トライ式高等学院	金沢キャンパス	(サポート)	… 506
トライ式高等学院	金沢キャンパス	(高 認)	… 506
日本航空高等学校	金沢学習支援センター	(通 信)	… 268
日本航空高等学校	西金沢学習支援センター	(通 信)	… 268
日本航空高等学校	金沢学遊学習支援センター	(通 信)	… 268
日本航空高等学校	石川学習支援センター	(通 信)	… 268
美川特区アットマーク国際高等学校	本校	(通 信)	… 261
美川特区アットマーク国際高等学校	金沢中央キャンパス学習センター	(通 信)	… 261
代々木高等学校	よよこ〜北陸本部	(通 信)	… 310
代々木グローバル高等学院	金沢校	(サポート)	… 512
ワオ高等学校	個別指導Axis泉丘校	(通 信)	… 384

福井県

学校名	センター・キャンパス	区分	ページ
AOIKE高等学校	本校	(通 信)	… 262
クラーク記念国際高等学校	福井キャンパス	(通 信)	… 122
啓新高等学校	本校	(通 信)	… 263
星槎国際高等学校	福井学習センター	(通 信)	… 131
トライ式高等学院	アオッサキャンパス	(サポート)	… 506
トライ式高等学院	アオッサキャンパス	(高 認)	… 506
福井県立道守高等学校	本校	(通 信)	… 264
ワオ高等学校	個別指導Axis福井駅前校	(通 信)	… 384

山梨県

神村学園高等部	山梨学習センター	(通 信)	… 451
さくら国際高等学校	大月キャンパス	(通 信)	… 274
さくら国際高等学校	身延学習センター	(通 信)	… 274
自然学園高等学校	本校	(通 信)	… 265
自然学園高等学校	甲府キャンパス	(通 信)	… 265
自然学園高等学校	須玉キャンパス	(通 信)	… 265
自然学園高等学校	梁川キャンパス	(通 信)	… 265
駿台甲府高等学校	本校	(通 信)	… 266
星槎国際高等学校	甲府学習センター	(通 信)	… 131
総合学園ヒューマンアカデミー	富士河口湖校	(サポート)	… 496
第一学院高等学校	甲府キャンパス	(通 信)	… 173
つくば開成高等学校	山梨学習センター	(通 信)	… 164
トライ式高等学院	甲府キャンパス	(サポート)	… 506
日本航空高等学校	本校	(通 信)	… 268
ヒューマンキャンパスのぞみ高等学校	富士河口湖学習センター	(通 信)	… 206
未来高等学校	山梨学習センター事務所	(通 信)	… 416
山梨英和高等学校 通信制課程 グレイスコース	本校	(通 信)	… 269
山梨学院高等学校	本校	(通 信)	… 270
山梨県立中央高等学校	本校	(通 信)	… 271
ワオ高等学校	個別指導Axis常永校	(通 信)	… 384

長野県

学校名	センター・キャンパス	区分	ページ
ID学園高等学校	本校	(通 信)	… 272
飯田女子高等学校	本校	(通 信)	… 280
おおぞら高等学院	松本キャンパス	(サポート)	… 516
N高等学校・S高等学校	長野キャンパス（2024年4月開設予定）	(通 信)	… 454・160
クラーク記念国際高等学校	長野キャンパス	(通 信)	… 122
コードアカデミー高等学校	本校	(通 信)	… 281
さくら国際高等学校	本校	(通 信)	… 274
さくら国際高等学校	渋温泉学習センター	(通 信)	… 274
さくら国際高等学校	川中島学習センター	(通 信)	… 274
さくら国際高等学校	須坂キャンパス	(通 信)	… 274
さくら国際高等学校	北信キャンパス	(通 信)	… 274
さくら国際高等学校	小諸駅前学習センター	(通 信)	… 274
さくら国際高等学校	佐久平学習センター	(通 信)	… 274
さくら国際高等学校	長野キャンパス	(通 信)	… 274
さくら国際高等学校	飯山学習センター	(通 信)	… 274
さくら国際高等学校	松本学習センター	(通 信)	… 274
さくら国際高等学校	諏訪学習センター	(通 信)	… 274
さくら国際高等学校	南信キャンパス	(通 信)	… 274
さくら国際高等学校	桜橋学習センター	(通 信)	… 274
さくら国際高等学校	伊那学習センター	(通 信)	… 274
さくら国際高等学校	高遠学習センター	(通 信)	… 274
さくら国際高等学校	辰野学習センター	(通 信)	… 274
さくら国際高等学校	箕輪学習センター	(通 信)	… 274
さくら国際高等学校	ディヤーナ学習センター	(通 信)	… 274
信濃むつみ高等学校	本校	(通 信)	… 282
駿台甲府高等学校	松本中央学習センター	(通 信)	… 266
第一学院高等学校	長野キャンパス	(通 信)	… 173
地球環境高等学校	本校	(通 信)	… 283
中央国際高等学校	諏訪学習センター（信州中央高等学校）	(通 信)	… 204
中央国際高等学校	長野学習センター（信州中央高等学校）	(通 信)	… 204
つくば開成学園高等学校	本校	(通 信)	… 276
つくば開成学園高等学校	長野学習センター	(通 信)	… 164
つくば開成学園高等学校	上田学習センター	(通 信)	… 164
つくば開成学園高等学校	松本学習センター	(通 信)	… 164
つくば開成学園高等学校	岡谷学習センター	(通 信)	… 164
つくば開成学園高等学校	駒ヶ根学習センター	(通 信)	… 276
天龍興譲高等学校	本校	(通 信)	… 284
長野県長野西高等学校	本校	(通 信)	… 285

都道府県別さくいん

長野県松本筑摩高等学校	本校	（通　信）	… 286
長野日本大学高等学校　通信制課程	本校	（通　信）	… 287
日本ウェルネス高等学校	信州筑北キャンパス	（通　信）	… 414
松本国際高等学校	本校	（通　信）	… 288
屋久島おおぞら高等学校	松本入学相談室	（通　信）	… 452
緑誠蘭高等学校	本校	（通　信）	… 278
緑誠蘭高等学校	サテライト塩尻校	（通　信）	… 278
ワオ高等学校	個別指導Axis長野北校	（通　信）	… 384

岐阜県

NHK学園高等学校	県立岐南工業高校	（通　信）	… 233
N高等学校・S高等学校	岐阜キャンパス	（通　信）	… 454 160
おおぞら高等学院	岐阜キャンパス	（サポート）	… 516
鹿島朝日高等学校	恵那キャンパス	（通　信）	… 382
岐阜県立飛騨高山高等学校	本校	（通　信）	… 289
ぎふ国際高等学校	本校	（通　信）	… 294
クラーク記念国際高等学校	岐阜駅前キャンパス	（通　信）	… 122
クラーク記念国際高等学校	岐阜キャンパス	（通　信）	… 122
啓晴高等学校	本校	（通　信）	… 295
さくら国際高等学校	岐阜キャンパス	（通　信）	… 274
さくら国際高等学校	多治見学習センター	（通　信）	… 274
さくら国際高等学校	岐阜東濃キャンパス	（通　信）	… 274
精華学園高等学校	岐阜校	（通　信）	… 290
精華学園高等学校	岐阜中央校	（通　信）	… 290
精華学園高等学校	多治見校	（通　信）	… 290
西濃桃李高等学校	本校	（通　信）	… 296
清凌高等学校	本校	（通　信）	… 297
中京高等学校　通信制課程	本校	（通　信）	… 292
中京高等学校　通信制課程	岐阜学習センター	（通　信）	… 292
中京高等学校　通信制課程	可児学習センター	（通　信）	… 292
中京高等学校　通信制課程	瑞浪学習センター	（通　信）	… 292
つくば開成高等学校	岐阜学習センター	（通　信）	… 164
トライ式高等学院	岐阜駅前キャンパス	（サポート）	… 506
トライ式高等学院	岐阜駅前キャンパス	（高　認）	… 506
日本航空高等学校	西岐阜学習支援センター	（通　信）	… 268
日本航空高等学校	郡上八幡学習支援センター	（通　信）	… 268
日本航空高等学校	可児学習支援センター	（通　信）	… 268
屋久島おおぞら高等学校	岐阜入学相談室	（通　信）	… 452
勇志国際高等学校	塾ペガサス	（通　信）	… 436
代々木高等学校	岐阜関キャンパス	（通　信）	… 310
緑誠蘭高等学校	サテライト中津川校	（通　信）	… 278
ワオ高等学校	個別指導Axis岐大前校	（通　信）	… 384

静岡県

ID学園高等学校	御殿場サテライトキャンパス	（通　信）	… 272
飛鳥未来きずな高等学校	静岡キャンパス	（通　信）	… 142
NHK学園高等学校	清水国際高校	（通　信）	… 233
N高等学校・S高等学校	静岡キャンパス	（通　信）	… 454 160
N高等学校・S高等学校	浜松キャンパス	（通　信）	… 454 160
おおぞら高等学院	静岡キャンパス	（サポート）	… 516
おおぞら高等学院	浜松キャンパス	（サポート）	… 516

鹿島学園高等学校	三島キャンパス	（通　信）	… 162
キラリ高等学校	本校	（通　信）	… 298
キラリ高等学校	沼津キャンパス	（通　信）	… 298
キラリ高等学校	静岡キャンパス	（通　信）	… 298
キラリ高等学校	浜松キャンパス	（通　信）	… 298
クラーク記念国際高等学校	静岡キャンパス	（通　信）	… 122
クラーク記念国際高等学校	浜松キャンパス	（通　信）	… 122
さくら国際高等学校	裾野学習センター	（通　信）	… 274
さくら国際高等学校	沼津東キャンパス	（通　信）	… 274
さくら国際高等学校	沼津大岡学習センター	（通　信）	… 274
さくら国際高等学校	沼津学習センター	（通　信）	… 274
さくら国際高等学校	沼津吉田町学習センター	（通　信）	… 274
さくら国際高等学校	清水町キャンパス	（通　信）	… 274
さくら国際高等学校	御殿場学習センター	（通　信）	… 274
静岡県立静岡中央高等学校	本校	（通　信）	… 299
静岡県立静岡中央高等学校	東部キャンパス	（通　信）	… 299
静岡県立静岡中央高等学校	西部キャンパス	（通　信）	… 299
松陰高等学校	静岡富士学習センター	（通　信）	… 398
松陰高等学校	静岡浜松学習センター	（通　信）	… 398
駿台甲府高等学校	静岡中央学習センター	（通　信）	… 266
精華学園高等学校	富士校（認可申請中）	（通　信）	… 400
精華学園高等学校	清水校	（通　信）	… 400
精華学園高等学校	掛川校	（通　信）	… 400
星槎国際高等学校	静岡学習センター	（通　信）	… 131
星槎国際高等学校	浜松学習センター	（通　信）	… 131
第一学院高等学校	伊東キャンパス	（通　信）	… 173
第一学院高等学校	静岡キャンパス	（通　信）	… 173
第一学院高等学校	島田キャンパス	（通　信）	… 173
第一学院高等学校	浜松キャンパス	（通　信）	… 173
第一学院高等学校	掛川キャンパス	（通　信）	… 173
中京高等学校　通信制課程	沼津学習センター	（通　信）	… 292
中京高等学校　通信制課程	函南学習センター	（通　信）	… 292
中京高等学校　通信制課程	静岡学習センター	（通　信）	… 292
つくば開成高等学校	沼津学習センター	（通　信）	… 164
つくば開成高等学校	静岡校	（通　信）	… 164
トライ式高等学院	三島キャンパス	（サポート）	… 506
トライ式高等学院	静岡キャンパス	（サポート）	… 506
トライ式高等学院	浜松キャンパス	（サポート）	… 506
トライ式高等学院	三島キャンパス	（高　認）	… 506
トライ式高等学院	静岡キャンパス	（高　認）	… 506
トライ式高等学院	浜松キャンパス	（高　認）	… 506
日本航空高等学校	沼津学習支援センター	（通　信）	… 268
日本航空高等学校	静岡学習支援センター	（通　信）	… 268
沼津中央高等学校	本校	（通　信）	… 300
ヒューマンキャンパス高等学校	浜松学習センター	（通　信）	… 460
ヒューマンキャンパスのぞみ高等学校	静岡駅前学習センター	（通　信）	… 206
未来高等学校	静岡沼津学習センター事務所	（通　信）	… 416
未来高等学校	静岡学習センター事務所	（通　信）	… 416
未来高等学校	静岡中央学習センター	（通　信）	… 416
屋久島おおぞら高等学校	静岡入学相談室	（通　信）	… 452

学校名	キャンパス	区分	ページ
屋久島おおぞら高等学校	浜松入学相談室	（通　信）	… 452
代々木高等学校	沼津キャンパス	（通　信）	… 310
代々木高等学校	御殿場キャンパス	（通　信）	… 310
ワオ高等学校	個別指導Axis巴校	（通　信）	… 384

愛知県

学校名	キャンパス	区分	ページ
愛知県立刈谷東高等学校	本校	（通　信）	… 301
愛知県立旭陵高等学校	本校	（通　信）	… 304
愛知産業大学工業高等学校	本校	（通　信）	… 305
愛知産業大学三河高等学校	本校	（通　信）	… 306
飛鳥未来きずな高等学校	名古屋キャンパス	（通　信）	… 142
飛鳥未来きぼう高等学校	名古屋キャンパス	（通　信）	… 156
飛鳥未来高等学校	名古屋キャンパス	（通　信）	… 364
NHK学園高等学校	桜丘高校	（通　信）	… 233
NHK学園高等学校	中部集中	（通　信）	… 233
NHK学園高等学校	まなびや名古屋	（通　信）	… 233
NHK学園高等学校	名古屋大谷高校	（通　信）	… 233
N高等学校・S高等学校	東岡崎キャンパス	（通　信）	… 454・160
N高等学校・S高等学校	名駅キャンパス	（通　信）	… 454・160
N高等学校・S高等学校	名古屋キャンパス	（通　信）	… 454・160
おおぞら高等学院	岡崎キャンパス	（サポート）	… 516
おおぞら高等学院	名古屋キャンパス	（サポート）	… 516
科学技術学園高等学校	名古屋分室	（通　信）	… 218
菊華高等学校	本校	（通　信）	… 307
ぎふ国際高等学校	名古屋学習センター	（通　信）	… 294
クラーク記念国際高等学校	名古屋キャンパス	（通　信）	… 122
クラーク記念国際高等学校	愛知キャンパス	（通　信）	… 122
さくら国際高等学校	新城学習センター	（通　信）	… 274
さくら国際高等学校	愛知キャンパス	（通　信）	… 274
さくら国際高等学校	豊川中央学習センター	（通　信）	… 274
さくら国際高等学校	岡崎学習センター	（通　信）	… 274
さくら国際高等学校	碧海学習センター	（通　信）	… 274
さくら国際高等学校	碧南高浜学習センター	（通　信）	… 274
さくら国際高等学校	刈谷学習センター	（通　信）	… 274
さくら国際高等学校	名古屋丸の内学習センター	（通　信）	… 274
さくら国際高等学校	名古屋中央学習センター	（通　信）	… 274
さくら国際高等学校	豊田駅前学習センター	（通　信）	… 274
さくら国際高等学校	知多学習センター	（通　信）	… 274
さくら国際高等学校	常滑キャンパス	（通　信）	… 274
さくら国際高等学校	柏森学習センター	（通　信）	… 274
さくら国際高等学校	犬山学習センター	（通　信）	… 274
さくら国際高等学校	津島学習センター	（通　信）	… 274
松陰高等学校	愛知岡崎学習センター	（通　信）	… 398
松陰高等学校	名古屋中央校	（通　信）	… 398
松陰高等学校	名古屋駅前学習センター	（通　信）	… 398
松陰高等学校	日進学習センター	（通　信）	… 398
松陰高等学校	愛知春日井学習センター	（通　信）	… 398
松陰高等学校	名古屋西学習センター	（通　信）	… 398
駿台甲府高等学校	名古屋丸の内学習センター	（通　信）	… 266
駿台通信制サポート校	名古屋丸の内校	（サポート）	… 494
精華学園高等学校	豊橋校	（通　信）	… 400
精華学園高等学校	名古屋駅前校	（通　信）	… 400
精華学園高等学校	名古屋ドーム南校	（通　信）	… 400
精華学園高等学校	国際パシフィック名古屋校	（通　信）	… 400
星槎国際高等学校	名古屋学習センター	（通　信）	… 131
第一学院高等学校	豊橋キャンパス	（通　信）	… 173
第一学院高等学校	鶴舞キャンパス	（通　信）	… 173
第一学院高等学校	名古屋キャンパス	（通　信）	… 173
第一学院高等学校	犬山キャンパス	（通　信）	… 173
中央高等学院	名古屋本校	（サポート）	… 500
中央高等学院	名古屋本校	（高　認）	… 500
中央国際高等学校	中央高等学院　名古屋本校	（通　信）	… 204
中京高等学校　通信制課程	田原学習センター	（通　信）	… 292
中京高等学校　通信制課程	豊橋学習センター	（通　信）	… 292
中京高等学校　通信制課程	豊川学習センター	（通　信）	… 292
中京高等学校　通信制課程	名古屋栄学習センター	（通　信）	… 292
中京高等学校　通信制課程	名古屋千種学習センター	（通　信）	… 292
中京大学附属中京高等学校	本校	（通　信）	… 308
トライ式高等学院	豊橋キャンパス	（サポート）	… 506
トライ式高等学院	東岡崎キャンパス	（サポート）	… 506
トライ式高等学院	名駅キャンパス	（サポート）	… 506
トライ式高等学院	金山キャンパス	（サポート）	… 506
トライ式高等学院	千種キャンパス	（サポート）	… 506
トライ式高等学院	豊田キャンパス	（サポート）	… 506
トライ式高等学院	知立キャンパス	（サポート）	… 506
トライ式高等学院	豊橋キャンパス	（高　認）	… 506
トライ式高等学院	東岡崎キャンパス	（高　認）	… 506
トライ式高等学院	名駅キャンパス	（高　認）	… 506
トライ式高等学院	金山キャンパス	（高　認）	… 506
トライ式高等学院	千種キャンパス	（高　認）	… 506
トライ式高等学院	豊田キャンパス	（高　認）	… 506
トライ式高等学院	知立キャンパス	（高　認）	… 506
日本ウェルネス高等学校	名古屋学習支援センター1	（通　信）	… 414
日本ウェルネス高等学校	名古屋キャンパス	（通　信）	… 414
日本ウェルネス高等学校	名古屋学習支援センター2	（通　信）	… 414
日本航空高等学校	豊橋学習支援センター	（通　信）	… 268
日本航空高等学校	名古屋学習支援センター	（通　信）	… 268
日本航空高等学校	常滑学習支援センター	（通　信）	… 268
日本航空高等学校	尾張学習支援センター	（通　信）	… 268
日本航空高等学校	愛知学習支援センター	（通　信）	… 268
日本航空高等学校	天白学習支援センター	（通　信）	… 268
ヒューマンキャンパス高等学校	名古屋学習センター	（通　信）	… 460
ヒューマンキャンパスのぞみ高等学校	名古屋駅前学習センター	（通　信）	… 206
北海道芸術高等学校	名古屋サテライトキャンパス	（通　信）	… 126
松本国際高等学校	豊橋校(豊橋日本語学校)	（通　信）	… 288
松本国際高等学校	豊橋学習センター	（通　信）	… 288
松本国際高等学校	岡崎学習センター	（通　信）	… 288
松本国際高等学校	名古屋校(東海第一高等学院)	（通　信）	… 288
未来高等学校	愛知学習センター事務所	（通　信）	… 416
未来高等学校	名古屋学習センター事務所	（通　信）	… 416

都道府県別さくいん

凡例・学校名の後の（　）内の表記は、学校の種類を表します。
（通　　信）＝ 通信制学校
（高等専修）＝ 高等専修学校
（高　　認）＝ 高校卒業程度認定試験のための予備校
（技　　能）＝ 技能連携校
（サポート）＝ サポート校
（インター）＝インターナショナルスクール

学校名	キャンパス名	種類	ページ
未来高等学校	東海キャンパス	（通　信）	416
明蓬館高等学校	ユーアップ高等学院	（通　信）	427
屋久島おおぞら高等学校	岡崎入学相談室	（通　信）	452
屋久島おおぞら高等学校	名古屋入学相談室	（通　信）	452
代々木高等学校	丸の内中部高等学校キャンパス	（通　信）	310
代々木高等学校	名古屋アクアキャンパス	（通　信）	310
代々木高等学校	鶴舞キャンパス	（通　信）	310
代々木高等学校	愛知豊田キャンパス	（通　信）	310
代々木高等学校	愛知柏森キャンパス	（通　信）	310
代々木高等学校	愛知一宮キャンパス	（通　信）	310
緑誠蘭高等学校	サテライト知立校	（通　信）	278
ルネサンス豊田高等学校	本校	（通　信）	302
ルネサンス豊田高等学校	名古屋栄キャンパス	（通　信）	302
ルネサンス豊田高等学校	名古屋eスポーツキャンパス	（通　信）	302
ルネサンス豊田高等学校	豊田駅前キャンパス	（通　信）	302
ワオ高等学校	個別指導Axis藤が丘校	（通　信）	384
ワオ高等学校	個別指導Axis一宮駅前校	（通　信）	384
三重県			
一志学園高等学校	本校	（通　信）	309
英心高等学校	本校	（通　信）	312
英心高等学校　桔梗が丘校		（通　信）	313
N高等学校・S高等学校	四日市キャンパス	（通　信）	454 / 160
おおぞら高等学院	三重四日市キャンパス	（サポート）	516
大橋学園高等学校	本校	（通　信）	314
神村学園高等部	伊賀	（通　信）	451
第一学院高等学校	四日市キャンパス	（通　信）	361
中京高等学校　通信制課程	鈴鹿学習センター	（通　信）	292
徳風高等学校	本校	（通　信）	315
徳風高等学校	津サポート教室	（通　信）	315
トライ式高等学院	四日市キャンパス	（サポート）	506
トライ式高等学院	津駅前キャンパス	（サポート）	506
トライ式高等学院	四日市キャンパス	（高　認）	506
トライ式高等学院	津駅前キャンパス	（高　認）	506
ヒューマンキャンパス高等学校	四日市学習センター	（通　信）	460
三重県立北星高等学校	本校	（通　信）	316
三重県立松阪高等学校	本校	（通　信）	317
屋久島おおぞら高等学校	三重四日市入学相談室	（通　信）	452
四日市メリノール学院高等学校　通信制課程	本校	（通　信）	318
代々木高等学校	本校	（通　信）	310
代々木高等学校	四日市キャンパス	（通　信）	310
代々木高等学校	伊勢キャンパス	（通　信）	310
ワオ高等学校	個別指導Axis日永校	（通　信）	384
滋賀県			
ECC学園高等学校	本校	（通　信）	320
おおぞら高等学院	滋賀キャンパス	（サポート）	516
クラーク記念国際高等学校	彦根キャンパス	（通　信）	122
さくら国際高等学校	高島キャンパス	（通　信）	274
司学館高等学校	本校	（通　信）	319
滋賀県立大津清陵高等学校	本校	（通　信）	322
松陰高等学校	彦根学習センター	（通　信）	398
松陰高等学校	滋賀草津学習センター	（通　信）	398
つくば開成高等学校	滋賀校	（通　信）	164
トライ式高等学院	草津キャンパス	（サポート）	506
トライ式高等学院	草津キャンパス	（高　認）	506
屋久島おおぞら高等学校	滋賀入学相談室	（通　信）	452
ワオ高等学校	個別指導Axis膳所校	（通　信）	384
ワオ高等学校	個別指導Axis瀬田校	（通　信）	384
ワオ高等学校	個別指導Axis草津校	（通　信）	384
京都府			
飛鳥未来きぼう高等学校	京都キャンパス	（通　信）	156
ECC学園高等学校	京都学習センター	（通　信）	320
NHK学園高等学校	京都翔英高校	（通　信）	233
N高等学校・S高等学校	京都山科キャンパス（2024年4月開設予定）	（通　信）	454 / 160
N高等学校・S高等学校	京都キャンパス	（通　信）	454 / 160
おおぞら高等学院	京都キャンパス	（サポート）	516
鹿島朝日高等学校	京都駅前キャンパス	（通　信）	382
神村学園高等部	京都学習センター	（通　信）	451
京都芸術大学附属高等学校	本校	（通　信）	323
京都廣学館高等学校	本校	（通　信）	328
京都廣学館高等学校	本校	（通　信）	329
京都成章高等学校	本校	（通　信）	329
京都つくば開成高等学校	本校	（通　信）	324
京都長尾谷高等学校	本校	（通　信）	330
京都西山高等学校	本校	（通　信）	331
京都府立朱雀高等学校	本校	（通　信）	332
京都府立西舞鶴高等学校	本校	（通　信）	333
京都美山高等学校	本校	（通　信）	326
クラーク記念国際高等学校	京都キャンパス	（通　信）	122
札幌静修高等学校　通信制課程	京都学習等支援施設（AIC京都キャンパス）	（通　信）	130
松陰高等学校	北大路学習センター（2024年4月開設）	（通　信）	398
松陰高等学校	京都二条学習センター	（通　信）	398
松陰高等学校	京都学習センター	（通　信）	398
駿台甲府高等学校	京都学習センター	（通　信）	266
駿台通信制サポート校	京都校	（サポート）	494
第一学院高等学校	京都キャンパス	（通　信）	361
トライ式高等学院	丸太町キャンパス	（サポート）	506
トライ式高等学院	丹波橋キャンパス	（サポート）	506
トライ式高等学院	長岡天神キャンパス	（サポート）	506
トライ式高等学院	丸太町キャンパス	（高　認）	506
トライ式高等学院	丹波橋キャンパス	（高　認）	506
トライ式高等学院	長岡天神キャンパス	（高　認）	506
日本航空高等学校	京都学習支援センター	（通　信）	268
日本航空高等学校	山科学習支援センター	（通　信）	268
日本航空高等学校	京都学習支援センター	（通　信）	268
ヒューマンキャンパスのぞみ高等学校	京都四条通学習センター	（通　信）	206
明誠高等学校	京都SHIP	（通　信）	380
明誠高等学校	京都南SHIP	（通　信）	380
屋久島おおぞら高等学校	京都入学相談室	（通　信）	452
ワオ高等学校	個別指導Axis四条烏丸校	（通　信）	384

大阪府

飛鳥未来きぼう高等学校	大阪なんばキャンパス	（通　信）	… 156
飛鳥未来高等学校	大阪キャンパス	（通　信）	… 364
ECC学園高等学校	大阪学習センター	（通　信）	… 320
英風高等学校	本校	（通　信）	… 334
NHK学園高等学校	まなびや大阪	（通　信）	… 233
NHK学園高等学校	大阪夕陽丘学園高校	（通　信）	… 233
NHK学園高等学校	履正社高校	（通　信）	… 233
NHK学園高等学校	近畿集中	（通　信）	… 233
N高等学校・S高等学校	梅田キャンパス	（通　信）	… 454・160
N高等学校・S高等学校	心斎橋キャンパス	（通　信）	… 454・160
N高等学校・S高等学校	天王寺キャンパス	（通　信）	… 454・160
N高等学校・S高等学校	堺東キャンパス（2024年4月開設予定）	（通　信）	… 454・160
大阪情報コンピュータ高等専修学校		（高等専修・技能）	… 481
大阪中央エミール高等学院（鹿島学園高校連携サポートキャンパス）		（サポート）	… 518
大阪つくば開成高等学校	本校	（通　信）	… 336
おおぞら高等学院	梅田キャンパス	（サポート）	… 516
おおぞら高等学院	大阪東キャンパス	（サポート）	… 516
おおぞら高等学院	堺キャンパス	（サポート）	… 516
科学技術学園高等学校	大阪分室	（通　信）	… 218
神村学園高等部	大阪梅田学習センター	（通　信）	… 338
河合塾サポートコース梅田		（高　認）	… 490
近畿大阪高等学校	本校	（通　信）	… 340
クラーク記念国際高等学校	CLARK SMART 大阪梅田	（通　信）	… 122
クラーク記念国際高等学校	CLARK SMART 大阪天王寺	（通　信）	… 122
賢明学院高等学校	本校	（通　信）	… 352
神須学園高等学校	本校	（通　信）	… 353
向陽台高等学校	本校	（通　信）	… 354
さくら国際高等学校	新大阪キャンパス	（通　信）	… 274
さくら国際高等学校	大阪鶴見学習センター	（通　信）	… 274
さくら国際高等学校	大阪本町学習センター	（通　信）	… 274
さくら国際高等学校	大阪枚方キャンパス	（通　信）	… 274
さくら国際高等学校	東大阪キャンパス	（通　信）	… 274
さくら国際高等学校	大阪松原学習センター	（通　信）	… 274
札幌静修高等学校 通信制課程	大阪学習等支援施設（AIC大阪キャンパス）	（通　信）	… 130
滋慶学園高等学校	新大阪学習サポートセンター	（通　信）	… 389
秋桜高等学校	本校	（通　信）	… 355
松陰高等学校	大阪梅田校	（通　信）	… 398
松陰高等学校	大阪南森町学習センター	（通　信）	… 398
松陰高等学校	大阪心斎橋学習センター	（通　信）	… 398
松陰高等学校	大阪福島校	（通　信）	… 398
松陰高等学校	堺なかもず校	（通　信）	… 398
松陰高等学校	堺深井校	（通　信）	… 398
精華学園高等学校	大阪南校	（通　信）	… 400
星槎国際高等学校	大阪学習センター	（通　信）	… 131
総合学園ヒューマンアカデミー	大阪校	（サポート）	… 496
第一学院高等学校	大阪梅田キャンパス	（通　信）	… 361
第一学院高等学校	大阪本町キャンパス	（通　信）	… 361
第一学院高等学校	大阪キャンパス	（通　信）	… 361
天王寺学館高等学校	本校	（通　信）	… 342
東朋学園高等学校	本校	（通　信）	… 344
東朋高等専修学校		（高等専修・技能）	… 476
トライ式高等学院	梅田キャンパス	（サポート）	… 506
トライ式高等学院	京橋キャンパス	（サポート）	… 506
トライ式高等学院	天王寺キャンパス	（サポート）	… 506
トライ式高等学院	豊中キャンパス	（サポート）	… 506
トライ式高等学院	千里中央キャンパス	（サポート）	… 506
トライ式高等学院	茨木キャンパス	（サポート）	… 506
トライ式高等学院	布施キャンパス	（サポート）	… 506
トライ式高等学院	鳳キャンパス	（サポート）	… 506
トライ式高等学院	岸和田キャンパス	（サポート）	… 506
トライ式高等学院	梅田キャンパス	（高　認）	… 506
トライ式高等学院	京橋キャンパス	（高　認）	… 506
トライ式高等学院	天王寺キャンパス	（高　認）	… 506
トライ式高等学院	豊中キャンパス	（高　認）	… 506
トライ式高等学院	千里中央キャンパス	（高　認）	… 506
トライ式高等学院	茨木キャンパス	（高　認）	… 506
トライ式高等学院	布施キャンパス	（高　認）	… 506
トライ式高等学院	鳳キャンパス	（高　認）	… 506
トライ式高等学院	岸和田キャンパス	（高　認）	… 506
長尾谷高等学校	本校	（通　信）	… 346
長尾谷高等学校	梅田校	（通　信）	… 346
長尾谷高等学校	なんば校	（通　信）	… 346
日本教育学院高等学校	大阪南校	（通　信）	… 370
日本航空高等学校	なんばサテライト	（通　信）	… 268
日本航空高等学校	大阪サテライト	（通　信）	… 268
日本航空高等学校	堺学習支援センター	（通　信）	… 268
日本航空高等学校	大阪学習支援センター	（通　信）	… 268
日本航空高等学校	天王寺学習支援センター	（通　信）	… 268
ヒューマンキャンパス高等学校	なんば学習センター	（通　信）	… 460
ヒューマンキャンパスのぞみ高等学校	大阪心斎橋学習センター	（通　信）	… 206
明誠高等学校	大阪SHIP	（通　信）	… 380
明誠高等学校	大阪インターナショナルSHIP	（通　信）	… 380
明誠高等学校	大阪中央SHIP	（通　信）	… 380
明誠高等学校	南河内SHIP	（通　信）	… 380
屋久島おおぞら高等学校	梅田入学相談室	（通　信）	… 452
屋久島おおぞら高等学校	大阪東入学相談室	（通　信）	… 452
屋久島おおぞら高等学校	堺入学相談室	（通　信）	… 452
八洲学園高等学校	梅田キャンパス	（通　信）	… 348
八洲学園高等学校	大阪中央校	（通　信）	… 348
八洲学園高等学校	梅田キャンパス　高認コース	（高　認）	… 348
八洲学園高等学校	大阪中央校　高認コース	（高　認）	… 348
八洲学園高等学校	堺本校　高認コース	（高　認）	… 348
八洲学園高等学校	本校	（通　信）	… 348
代々木高等学校	大阪校	（通　信）	… 310
ルネサンス大阪高等学校	梅田eスポーツキャンパス	（通　信）	… 350
ルネサンス大阪高等学校	なんばeスポーツキャンパス	（通　信）	… 350
ルネサンス大阪高等学校	本校	（通　信）	… 350

都道府県別さくいん

凡例・学校名の後の（　）内の表記は、学校の種類を表します。
（通　　信）＝ 通信制高校　　　　　　　　　　　　　　（技　　能）＝ 技能連携校
（高等専修）＝ 高等専修学校　　　　　　　　　　　　　（サポート）＝ サポート校
（高　　認）＝ 高校卒業程度認定試験のための予備校　　（インター）＝ インターナショナルスクール

学校名	校舎	種類	頁
YMCA学院高等学校	本校	（通　信）	356
ワオ高等学校	個別指導Axis梅田校	（通　信）	384
ワオ高等学校	個別指導Axis上本町校	（通　信）	384
ワオ高等学校	個別指導Axis天王寺校	（通　信）	384
ワオ高等学校	個別指導Axis枚方校	（通　信）	384
ワオ高等学校	個別指導Axis堺東校	（通　信）	384
兵庫県			
相生学院高等学校	本校	（通　信）	357
相生学院高等学校	神戸校	（通　信）	357
相生学院高等学校	洲本校	（通　信）	357
相生学院高等学校	淡路島校	（通　信）	357
相生学院高等学校	尼崎校	（通　信）	357
相生学院高等学校	立花校	（通　信）	357
相生学院高等学校	JR尼崎駅前校	（通　信）	357
相生学院高等学校	猪名川校	（通　信）	357
相生学院高等学校	三田校	（通　信）	357
相生学院高等学校	姫路校	（通　信）	357
相生学院高等学校	高砂校	（通　信）	357
相生学院高等学校	姫路南よべ校	（通　信）	357
相生学院高等学校	宍粟校	（通　信）	357
相生学院高等学校	明石校	（通　信）	357
相生学院高等学校	加古川校	（通　信）	357
相生学院高等学校	環境リサーチ加西校	（通　信）	357
相生学院高等学校	多可校	（通　信）	357
飛鳥未来きずな高等学校	神戸キャンパス	（通　信）	142
飛鳥未来きぼう高等学校	神戸元町キャンパス	（通　信）	156
猪名川甲英高等学院		（高等専修）	482
AIE国際高等学校	神戸校	（通　信）	360
NHK学園高等学校	啓明学院高校	（通　信）	233
N高等学校・S高等学校	神戸キャンパス	（通　信）	454・160
N高等学校・S高等学校	西宮北口キャンパス（2024年4月開設予定）	（通　信）	454・160
N高等学校・S高等学校	姫路キャンパス	（通　信）	454・160
おおぞら高等学院	西宮キャンパス	（サポート）	516
おおぞら高等学院	姫路キャンパス	（サポート）	516
おおぞら高等学院	神戸キャンパス	（サポート）	516
鹿島朝日高等学校	神戸学園都市キャンパス	（通　信）	382
クラーク記念国際高等学校	神戸三宮キャンパス	（通　信）	122
クラーク記念国際高等学校	CLARK SMART 芦屋	（通　信）	122
クラーク記念国際高等学校	豊岡キャンパス	（通　信）	122
クラーク記念国際高等学校	三田キャンパス	（通　信）	122
クラーク記念国際高等学校	姫路キャンパス	（通　信）	122
クラーク記念国際高等学校	西神中央キャンパス	（通　信）	122
札幌静修高等学校 通信制課程	兵庫学習等支援施設（AIC兵庫キャンパス）	（通　信）	130
三宮みのり高等部		（技　連）	478
松陰高等学校	神戸元町学習センター	（通　信）	398
松陰高等学校	兵庫尼崎校	（通　信）	398
松陰高等学校	北摂川西学習センター	（通　信）	398
松陰高等学校	加古川学習センター	（通　信）	398
精華学園高等学校	神戸駅前校	（通　信）	358
精華学園高等学校	神戸長田校	（通　信）	400
精華学園高等学校	姫路校	（通　信）	358
精華学園高等学校	兵庫ハシュアール校	（通　信）	400
第一学院高等学校	養父本校	（通　信）	361
第一学院高等学校	神戸キャンパス	（通　信）	361
第一学院高等学校	姫路キャンパス	（通　信）	361
トライ式高等学院	三宮キャンパス	（サポート）	506
トライ式高等学院	元町キャンパス	（サポート）	506
トライ式高等学院	尼崎キャンパス	（サポート）	506
トライ式高等学院	西宮北口キャンパス	（サポート）	506
トライ式高等学院	姫路キャンパス	（サポート）	506
トライ式高等学院	西明石キャンパス	（サポート）	506
トライ式高等学院	加古川キャンパス	（サポート）	506
トライ式高等学院	三宮キャンパス	（高　認）	506
トライ式高等学院	元町キャンパス	（高　認）	506
トライ式高等学院	尼崎キャンパス	（高　認）	506
トライ式高等学院	西宮北口キャンパス	（高　認）	506
トライ式高等学院	姫路キャンパス	（高　認）	506
トライ式高等学院	西明石キャンパス	（高　認）	506
トライ式高等学院	加古川キャンパス	（高　認）	506
西宮甲英高等学院		（高等専修・技能）	483
日本航空高等学校	神戸中央学習支援センター	（通　信）	268
日本航空高等学校	神戸学習支援センター	（通　信）	268
日本航空高等学校	塚口サテライト	（通　信）	268
日本航空高等学校	三田学習支援センター	（通　信）	268
日本航空高等学校	姫路学習支援センター	（通　信）	268
日本航空高等学校	芦屋学習支援センター	（通　信）	268
日本航空高等学校	阪神学習支援センター	（通　信）	268
日本航空高等学校	神戸学習支援センター	（通　信）	268
日本航空高等学校	兵庫学習支援センター	（通　信）	268
ヒューマンキャンパスのぞみ高等学校	神戸三宮学習センター	（通　信）	206
兵庫県立網干高等学校	本校	（通　信）	362
兵庫県立網干高等学校	兵庫県立川西協力校	（通　信）	362
兵庫県立網干高等学校	兵庫県立豊岡協力校	（通　信）	362
兵庫県立網干高等学校	兵庫県立西脇北協力校	（通　信）	362
兵庫県立青雲高等学校	本校	（通　信）	363
兵庫県立青雲高等学校	兵庫県立洲本実業高校	（通　信）	363
兵庫県立青雲高等学校	兵庫県立柏原高校	（通　信）	363
瑞穂MSC高等学校	神戸校	（通　信）	463
未来高等学校	神戸学習センター	（通　信）	416
明誠高等学校	西宮名塩SHIP	（通　信）	380
屋久島おおぞら高等学校	神戸入学相談室	（通　信）	452
屋久島おおぞら高等学校	西宮入学相談室	（通　信）	452
屋久島おおぞら高等学校	姫路入学相談室	（通　信）	452
八洲学園高等学校	三宮キャンパス	（通　信）	348
八洲学園高等学校	三宮キャンパス　高認コース	（高　認）	348
勇志国際高等学校	優和三田教室	（通　信）	436
YMCA学院高等学校	本校	（通　信）	356
ワオ高等学校	個別指導Axis三宮校	（通　信）	384
ワオ高等学校	個別指導Axis六甲道校	（通　信）	384

ワオ高等学校	個別指導Axis阪神西宮校	（通　　信）	… 384

奈良県

飛鳥未来高等学校	本校	（通　　信）	… 364
N高等学校・S高等学校	奈良西大寺キャンパス （2024年4月開設予定）	（通　　信）	… 454 160
鹿島朝日高等学校	奈良富雄キャンパス	（通　　信）	… 382
関西文化芸術高等学校	本校	（通　　信）	… 366
さくら国際高等学校	奈良学習センター	（通　　信）	… 274
さくら国際高等学校	奈良キャンパス	（通　　信）	… 274
精華学園高等学校	レイモンド学園奈良校	（通　　信）	… 400
第一学院高等学校	奈良キャンパス	（通　　信）	… 361
トライ式高等学院	生駒キャンパス	（サポート）	… 506
トライ式高等学院	西大寺キャンパス	（サポート）	… 506
トライ式高等学院	大和八木キャンパス	（サポート）	… 506
トライ式高等学院	生駒キャンパス	（高　　認）	… 506
トライ式高等学院	西大寺キャンパス	（高　　認）	… 506
トライ式高等学院	大和八木キャンパス	（高　　認）	… 506
長尾谷高等学校	奈良校	（通　　信）	… 346
奈良県立大和中央高等学校	本校	（通　　信）	… 367
奈良県立山辺高等学校	本校	（通　　信）	… 368
奈良女子高等学校	本校	（通　　信）	… 369
日本教育学院高等学校	本校	（通　　信）	… 370
日本教育学院高等学校	橿原校	（通　　信）	… 370
日本航空高等学校	奈良学習センター	（通　　信）	… 268
日本航空高等学校	奈良第2学習支援センター	（通　　信）	… 268
YMCA学院高等学校	奈良センター	（通　　信）	… 356
ワオ高等学校	個別指導Axis西大寺校	（通　　信）	… 384
ワオ高等学校	個別指導Axis八木校	（通　　信）	… 384
ワオ高等学校	個別指導Axis王寺校	（通　　信）	… 384

和歌山県

慶風高等学校	本校	（通　　信）	… 371
高野山高等学校	本校	（通　　信）	… 372
精華学園高等学校	和歌山校	（通　　信）	… 400
トライ式高等学院	和歌山駅前キャンパス	（サポート）	… 506
トライ式高等学院	和歌山駅前キャンパス	（高　　認）	… 506
明誠高等学校	和歌山白浜SHIP	（通　　信）	… 380
YMCA学院高等学校	和歌山センター	（通　　信）	… 356
ワオ高等学校	個別指導Axis和歌山校	（通　　信）	… 384
和歌山県立伊都中央高等学校	本校	（通　　信）	… 373
和歌山県立きのくに青雲高等学校	本校	（通　　信）	… 374
和歌山県立南紀高等学校	本校	（通　　信）	… 375
和歌山信愛高等学校　通信制課程	本校	（通　　信）	… 376
和歌山南陵高等学校	本校	（通　　信）	… 377

鳥取県

相生学院高等学校	米子校	（通　　信）	… 357
クラーク記念国際高等学校	鳥取キャンパス	（通　　信）	… 122
クラーク記念国際高等学校	米子キャンパス	（通　　信）	… 122
さくら国際高等学校	米子キャンパス	（通　　信）	… 274
滋慶学園高等学校	学習センター （鳥取市医療看護専門学校）	（通　　信）	… 389
第一学院高等学校	鳥取キャンパス	（通　　信）	… 361
トライ式高等学院	鳥取キャンパス	（サポート）	… 506
トライ式高等学院	鳥取キャンパス	（高　　認）	… 506
明誠高等学校	鳥取SHIP	（通　　信）	… 380
勇志国際高等学校	翔文館	（通　　信）	… 436
湯梨浜学園高等学校	本校	（通　　信）	… 378
ワオ高等学校	個別指導Axis西町校	（通　　信）	… 384

島根県

さくら国際高等学校	島大前学習センター	（通　　信）	… 274
滋慶学園高等学校	学習センター （出雲医療看護専門学校）	（通　　信）	… 389
島根県立浜田高等学校	本校	（通　　信）	… 379
松陰高等学校	島根松江学習センター	（通　　信）	… 398
精華学園高等学校	島根校	（通　　信）	… 400
第一学院高等学校	島根松江キャンパス	（通　　信）	… 361
トライ式高等学院	松江キャンパス	（サポート）	… 506
未来高等学校	島根学習センター事務所	（通　　信）	… 416
明誠高等学校	本校	（通　　信）	… 380
明誠高等学校	松江SHIP	（通　　信）	… 380
ワオ高等学校	個別指導Axis学園通り校	（通　　信）	… 384

岡山県

相生学院高等学校	岡山校	（通　　信）	… 357
相生学院高等学校	岡山総合学習センター	（通　　信）	… 357
NHK学園高等学校	岡山操山高校	（通　　信）	… 233
N高等学校・S高等学校	岡山キャンパス	（通　　信）	… 454 160
おおぞら高等学校	岡山キャンパス	（サポート）	… 516
おおぞら高等学校	倉敷キャンパス	（サポート）	… 516
岡山県美作高等学校	本校	（通　　信）	… 381
岡山県立岡山操山高等学校	本校	（通　　信）	… 386
岡山県立岡山操山高等学校	岡山県立津山高校	（通　　信）	… 386
岡山県立岡山操山高等学校	岡山県立倉敷青陵高校	（通　　信）	… 386
岡山理科大学附属高等学校	本校	（通　　信）	… 387
鹿島朝日高等学校	本校	（通　　信）	… 382
鹿島朝日高等学校	岡山駅西口学習センター	（通　　信）	… 382
鹿島朝日高等学校	通信制課程連携　津山キャンパス	（通　　信）	… 382
クラーク記念国際高等学校	岡山キャンパス	（通　　信）	… 122
興譲館高等学校	本校	（通　　信）	… 388
興譲館高等学校　通信制課程	岡山キャンパス	（通　　信）	… 388
滋慶学園高等学校	本校	（通　　信）	… 389
松陰高等学校	岡山中央学習センター	（通　　信）	… 398
精華学園高等学校	岡山校	（通　　信）	… 400
第一学院高等学校	岡山キャンパス	（通　　信）	… 361
中京高等学校　通信制課程	岡山学習センター	（通　　信）	… 292
東林館高等学校	岡山学芸館高校	（通　　信）	… 391
東林館高等学校	岡山龍谷高校	（通　　信）	… 391
トライ式高等学院	岡山キャンパス	（サポート）	… 506
トライ式高等学院	倉敷キャンパス	（サポート）	… 506
トライ式高等学院	岡山キャンパス	（高　　認）	… 506
トライ式高等学院	倉敷キャンパス	（高　　認）	… 506
並木学院高等学校	英数学館岡山校	（通　　信）	… 392
日本航空高等学校	岡山学園支援センター	（通　　信）	… 268

都道府県別さくいん

凡例・学校名の後の（　）内の表記は、学校の種類を表します。
（通　　信）＝ 通信制高校　　　　　　　　　　（技　　能）＝ 技能連携校
（高等専修）＝ 高等専修学校　　　　　　　　　 （サポート）＝ サポート校
（高　　認）＝ 高校卒業程度認定試験のための予備校　（インター）＝インターナショナルスクール

ヒューマンキャンパス高等学校	岡山学習センター	（通　信）	… 460
屋久島おおぞら高等学校	岡山入学相談室	（通　信）	… 452
屋久島おおぞら高等学校	倉敷入学相談室	（通　信）	… 452
勇志国際高等学校	聖友館	（通　信）	… 436
勇志国際高等学校	なのはなファミリー	（通　信）	… 436
ワオ高等学校	本校	（通　信）	… 384
ワオ高等学校	個別指導Axis岡山校	（通　信）	… 384
ワオ高等学校	個別指導Axis倉敷校	（通　信）	… 384

広島県

相生学院高等学校	尾道校	（通　信）	… 357
飛鳥未来高等学校	広島キャンパス	（通　信）	… 364
NHK学園高等学校	まなびや広島	（通　信）	… 233
NHK学園高等学校	県立広島国泰寺高校	（通　信）	… 233
NHK学園高等学校	中国・四国集中	（通　信）	… 233
N高等学校・S高等学校	広島キャンパス	（通　信）	… 454・160
おおぞら高等学院	福山キャンパス	（サポート）	… 516
おおぞら高等学院	広島キャンパス	（サポート）	… 516
おおぞら高等学院	海田ナビキャンパス	（サポート）	… 516
科学技術学園高等学校	広島山陽学園山陽高校	（通　信）	… 218
神村学園高等部	広島学習センター	（通　信）	… 451
近畿大学附属福岡高等学校	近畿大学附属東広島高校	（通　信）	… 340
クラーク記念国際高等学校	広島キャンパス	（通　信）	… 122
興譲館高等学校	興譲館アカデミア広島校	（通　信）	… 388
さくら国際高等学校	広島学習センター	（通　信）	… 274
山陽女学園高等部（リアライズコース）	本校	（通　信）	… 390
松陰高等学校	広島校	（通　信）	… 398
精華学園高等学校	広島校	（通　信）	… 400
精華学園高等学校	東広島校	（通　信）	… 400
精華学園高等学校	宮島校	（通　信）	… 400
星槎国際高等学校	広島学習センター	（通　信）	… 131
第一学院高等学校	広島キャンパス	（通　信）	… 361
東林館高等学校	本校	（通　信）	… 391
東林館高等学校	如水館高校	（通　信）	… 391
トライ式高等学院	福山キャンパス	（サポート）	… 506
トライ式高等学院	広島キャンパス	（サポート）	… 506
トライ式高等学院	横川キャンパス	（サポート）	… 506
トライ式高等学院	福山キャンパス	（高　認）	… 506
トライ式高等学院	広島キャンパス	（高　認）	… 506
トライ式高等学院	横川キャンパス	（高　認）	… 506
並木学院高等学校	本校	（通　信）	… 392
並木学院福山高等学校	本校	（通　信）	… 393
日本ウェルネス高等学校	広島キャンパス	（通　信）	… 414
日本航空高等学校	竹原学習支援センター	（通　信）	… 268
日本航空高等学校	広島南学習支援センター	（通　信）	… 268
日本航空高等学校	広島北学習支援センター	（通　信）	… 268
日本航空高等学校	広島東学習支援センター	（通　信）	… 268
ヒューマンキャンパス高等学校	福山学習センター	（通　信）	… 460
ヒューマンキャンパス高等学校	広島学習センター	（通　信）	… 460
ヒューマンキャンパスのぞみ高等学校	広島八丁堀学習センター	（通　信）	… 206
広島工業大学高等学校	本校	（通　信）	… 394

広島工業大学高等学校	広島なぎさ高校	（通　信）	… 394
広島国際学院高等学校	本校	（通　信）	… 395
広島市立広島みらい創生高等学校	本校	（通　信）	… 396
広島新庄高等学校	本校	（通　信）	… 397
明誠高等学校	福山SHIP	（通　信）	… 380
明誠高等学校	広島SHIP	（通　信）	… 380
明蓬館高等学校	木のねっこ高等学院	（通　信）	… 427
屋久島おおぞら高等学校	福山入学相談室	（通　信）	… 452
屋久島おおぞら高等学校	広島入学相談室	（通　信）	… 452
屋久島おおぞら高等学校	海田ナビ入学相談室	（通　信）	… 452
勇志国際高等学校	フリースクールきぼう	（通　信）	… 436
ルネサンス大阪高等学校	広島キャンパス	（通　信）	… 350
ルネサンス高等学校	広島キャンパス	（通　信）	… 168
ルネサンス豊田高等学校	広島キャンパス	（通　信）	… 302
ワオ高等学校	個別指導Axis五日市校	（通　信）	… 384
ワオ高等学校	個別指導Axis福山校	（通　信）	… 384

山口県

鹿島朝日高等学校	下関キャンパス	（通　信）	… 382
鹿島朝日高等学校	山口キャンパス	（通　信）	… 382
神村学園高等部	山口学習センター	（通　信）	… 451
クラーク記念国際高等学校	岩国キャンパス	（通　信）	… 122
クラーク記念国際高等学校	周南キャンパス	（通　信）	… 122
クラーク記念国際高等学校	新山口キャンパス	（通　信）	… 122
松陰高等学校	本校	（通　信）	… 398
松陰高等学校	岩国学習センター	（通　信）	… 398
誠英高等学校	本校	（通　信）	… 402
精華学園高等学校	本校	（通　信）	… 400
精華学園高等学校	周南校	（通　信）	… 400
精華学園高等学校	山口宇部校	（通　信）	… 400
精華学園高等学校	LAN学習センター	（通　信）	… 400
聖光高等学校	本校	（通　信）	… 403
トライ式高等学院	新山口キャンパス	（サポート）	… 506
トライ式高等学院	新山口キャンパス	（高　認）	… 506
長門高等学校	本校	（通　信）	… 404
未来高等学校	山口東学習センター事務所	（通　信）	… 416
未来高等学校	山口下関学習センター事務所	（通　信）	… 416
未来高等学校	山口西学習センター事務所	（通　信）	… 416
山口県立山口高等学校	山口県立岩国商業高校東分校	（通　信）	… 405
山口県立山口高等学校	山口県立柳井高校	（通　信）	… 405
山口県立山口高等学校	山口県立徳山高校	（通　信）	… 405
山口県立山口高等学校	山口県立防府商業高校	（通　信）	… 405
山口県立山口高等学校	山口県立下関西高校	（通　信）	… 405
山口県立山口高等学校	山口県立宇部中央高校	（通　信）	… 405
山口県立山口高等学校	山口県立萩高校	（通　信）	… 405
山口県立山口松風館高等学校	本校	（通　信）	… 405
ワオ高等学校	個別指導Axis山口中央校	（通　信）	… 384

徳島県

神村学園高等部	徳島学習センター	（通　信）	… 451
松陰高等学校	徳島阿南学習センター	（通　信）	… 398
精華学園高等学校	徳島校	（通　信）	… 400

徳島県立徳島中央高等学校	本校	（通　信）… 406
トライ式高等学院	徳島キャンパス	（サポート）… 506
トライ式高等学院	徳島キャンパス	（高　認）… 506
未来高等学校	徳島学習センター事務所	（通　信）… 416
ワオ高等学校	個別指導Axis徳島駅前校	（通　信）… 384

香川県

穴吹学園高等学校	本校	（通　信）… 407
N高等学校・S高等学校	高松キャンパス	（通　信）… 454・160
おおぞら高等学院	高松キャンパス	（サポート）… 516
香川県立高松高等学校	本校	（通　信）… 408
香川県立丸亀高等学校	本校	（通　信）… 409
松陰高等学校	高松校	（通　信）… 398
松陰高等学校	丸亀校	（通　信）… 398
星槎国際高校	高松学習センター	（通　信）… 131
星槎国際高校	丸亀学習センター	（通　信）… 131
高松中央高等学校	本校	（通　信）… 410
トライ式高等学院	高松キャンパス	（サポート）… 506
トライ式高等学院	高松キャンパス	（高　認）… 506
ヒューマンキャンパス高等学校	高松学習センター	（通　信）… 460
未来高等学校	香川中央学習センター事務所	（通　信）… 416
村上学園高等学校	本校	（通　信）… 411
屋久島おおぞら高等学校	高松入学相談室	（通　信）… 452
RITA学園高等学校	本校	（通　信）… 412
ワオ高等学校	個別指導Axis高松校	（通　信）… 384
ワオ高等学校	個別指導Axis丸亀校	（通　信）… 384

愛媛県

今治精華高等学校	本校	（通　信）… 413
今治精華高等学校	四国中央スクーリング会場	（通　信）… 413
NHK学園高等学校	県立松山東高校	（通　信）… 233
N高等学校・S高等学校	松山キャンパス（2024年4月開設予定）	（通　信）… 454・160
おおぞら高等学院	松山キャンパス	（サポート）… 516
神村学園高等部	愛媛学習センター	（通　信）… 451
精華学園高等学校	愛媛宇和校	（通　信）… 400
第一学院高等学校	松山キャンパス	（通　信）… 361
トライ式高等学院	松山キャンパス	（サポート）… 506
トライ式高等学院	松山キャンパス	（高　認）… 506
日本ウェルネス高等学校	本校	（通　信）… 414
日本航空高等学校	西条学習支援センター	（通　信）… 268
未来高等学校	本校	（通　信）… 416
未来高等学校	新居浜校	（通　信）… 416
未来高等学校	今治スクーリング会場	（通　信）… 416
未来高等学校	宇和島スクーリング会場	（通　信）… 416
屋久島おおぞら高等学校	松山入学相談室	（通　信）… 452
ワオ高等学校	個別指導Axis松山市駅校	（通　信）… 384

高知県

高知県立大方高等学校	本校	（通　信）… 417
高知県立高知北高等学校	本校	（通　信）… 418
太平洋学園高等学校	本校	（通　信）… 419
東林館高等学校	高知中央高校	（通　信）… 391

トライ式高等学院	高知キャンパス	（サポート）… 506
トライ式高等学院	高知キャンパス	（高　認）… 506
ヒューマンキャンパス高等学校	高知学習センター	（通　信）… 460
ワオ高等学校	個別指導Axisはりまや橋校	（通　信）… 384

福岡県

飛鳥未来きずな高等学校	福岡天神キャンパス	（通　信）… 142
飛鳥未来高等学校	福岡博多キャンパス	（通　信）… 364
NHK学園高等学校	折尾愛真高校	（通　信）… 233
NHK学園高等学校	まなびや福岡	（通　信）… 233
NHK学園高等学校	九州集中	（通　信）… 233
NHK学園高等学校	県立博多青松高校	（通　信）… 233
N高等学校・S高等学校	北九州キャンパス	（通　信）… 454・160
N高等学校・S高等学校	博多駅南キャンパス（2024年4月開設予定）	（通　信）… 454・160
N高等学校・S高等学校	福岡キャンパス	（通　信）… 454・160
N高等学校・S高等学校	久留米キャンパス（2024年4月開設予定）	（通　信）… 454・160
おおぞら高等学院	郡山キャンパス	（サポート）… 516
おおぞら高等学院	小倉キャンパス	（サポート）… 516
おおぞら高等学院	福岡キャンパス	（サポート）… 516
おおぞら高等学院	九大学研都市キャンパス	（サポート）… 516
おおぞら高等学院	久留米キャンパス	（サポート）… 516
神村学園高等部	福岡東学習センター	（通　信）… 451
神村学園高等部	福岡学習センター	（通　信）… 451
神村学園高等部	RAFA飯塚キャンパス	（通　信）… 451
クラーク記念国際高等学校	北九州キャンパス	（通　信）… 122
クラーク記念国際高等学校	福岡中央キャンパス	（通　信）… 122
クラーク記念国際高等学校	連携校TIBC福岡校	（通　信）… 122
クラーク記念国際高等学校	連携校C＆S学院	（通　信）… 122
クラーク記念国際高等学校	久留米キャンパス	（通　信）… 122
久留米信愛高等学校	本校	（通　信）… 422
さくら国際高等学校	北九州若松学習センター	（通　信）… 274
さくら国際高等学校	福岡古賀キャンパス	（通　信）… 274
さくら国際高等学校	太宰府キャンパス	（通　信）… 274
さくら国際高等学校	久留米キャンパス	（通　信）… 274
札幌静修高等学校　通信制課程	福岡学習等支援施設（AIC福岡キャンパス）	（通　信）… 130
滋慶学園高等学校	学習サポートセンター（福岡スクールオブミュージック＆ダンス専門学校）	（通　信）… 389
松陰高等学校	福岡天神学習センター	（通　信）… 398
精華学園高等学校	北九州校	（通　信）… 400
精華学園高等学校	福岡東校	（通　信）… 400
精華学園高等学校	福岡中央校	（通　信）… 400
精華学園高等学校	久留米校	（通　信）… 400
星槎国際高等学校	北九州キャンパス	（通　信）… 131
星槎国際高等学校	福岡中央学習センター	（通　信）… 131
星槎国際高等学校	福岡東学習センター	（通　信）… 131
総合学園ヒューマンアカデミー	福岡校（専門分野）	（サポート）… 496
第一学院高等学校	小倉キャンパス	（通　信）… 361
第一学院高等学校	博多キャンパス	（通　信）… 361
第一薬科大学付属高等学校	本校	（通　信）… 423
第一薬科大学付属高等学校	福岡キャンパス	（通　信）… 423

都道府県別さくいん

凡例・学校名の後の（ ）内の表記は、学校の種類を表します。
（通　　信）＝ 通信制高校　　　　　　　　　　　　　　（技　　能）＝ 技能連携校
（高等専修）＝ 高等専修学校　　　　　　　　　　　　　（サポート）＝ サポート校
（高　　認）＝ 高校卒業程度認定試験のための予備校　　（インター）＝インターナショナルスクール

学校名	キャンパス等	種類	ページ
高宮学院高卒認定コース・大学受験コース		（高　認）	… 520
高宮学院　高等部		（サポート）	… 520
中央国際高等学校	福岡学習センター（ふくおか中央高等学院）	（通　信）	… 204
つくば開成福岡高等学校	本校	（通　信）	… 424
トライ式高等学院	小倉キャンパス	（サポート）	… 506
トライ式高等学院	薬院キャンパス	（サポート）	… 506
トライ式高等学院	福岡天神キャンパス	（サポート）	… 506
トライ式高等学院	久留米キャンパス	（サポート）	… 506
トライ式高等学院	小倉キャンパス	（高　認）	… 506
トライ式高等学院	薬院キャンパス	（高　認）	… 506
トライ式高等学院	福岡天神キャンパス	（高　認）	… 506
トライ式高等学院	久留米キャンパス	（高　認）	… 506
日本ウェルネス高等学校	北九州学習支援センター2	（通　信）	… 414
日本ウェルネス高等学校	北九州キャンパス	（通　信）	… 414
日本ウェルネス高等学校	北九州学習支援センター3	（通　信）	… 414
日本ウェルネス高等学校	北九州学習支援センター1	（通　信）	… 414
日本航空高等学校	福岡市唐人町学習支援センター	（通　信）	… 268
日本航空高等学校	博多駅前学習支援センター	（通　信）	… 268
日本航空高等学校	飯塚市学習支援センター	（通　信）	… 268
一ツ葉高等学校	小倉キャンパス	（通　信）	… 439
一ツ葉高等学校	博多駅前キャンパス	（通　信）	… 439
一ツ葉高等学校	福岡西新キャンパス	（通　信）	… 439
一ツ葉高等学校	博多駅前キャンパス	（高　認）	… 439
一ツ葉高等学校	小倉キャンパス	（高　認）	… 439
ヒューマンキャンパス高等学校	北九州学習センター	（通　信）	… 460
ヒューマンキャンパス高等学校	福岡学習センター	（通　信）	… 460
ヒューマンキャンパスのぞみ高等学校	福岡天神学習センター	（通　信）	… 206
福岡芸術高等学校	本校	（通　信）	… 420
福岡県立博多青松高等学校	本校	（通　信）	… 425
福智高等学校	本校	（通　信）	… 426
未来高等学校	福岡西学習センター事務所	（通　信）	… 416
明誠高等学校	久留米SHIP	（通　信）	… 380
明蓬館高等学校	本校	（通　信）	… 427
屋久島おおぞら高等学校	小倉入学相談室	（通　信）	… 452
屋久島おおぞら高等学校	福岡入学相談室	（通　信）	… 452
屋久島おおぞら高等学校	九大研都市入学相談室	（通　信）	… 452
屋久島おおぞら高等学校	久留米入学相談室	（通　信）	… 452
勇志国際高等学校	純世国際学院　学習相談室	（通　信）	… 436
勇志国際高等学校	福岡学習センター	（通　信）	… 436
勇志国際高等学校	塾21　福岡学習相談室	（通　信）	… 436
勇志国際高等学校	ソフィア	（通　信）	… 436
ルネサンス大阪高等学校	博多キャンパス	（通　信）	… 350
ルネサンス高等学校	博多キャンパス	（通　信）	… 168
ルネサンス豊田高等学校	博多キャンパス	（通　信）	… 302
柳川高等学校	本校	（通　信）	… 428
ワオ高等学校	個別指導Axis小倉駅前校	（通　信）	… 384
ワオ高等学校	個別指導Axis薬院大通校	（通　信）	… 384

佐賀県

学校名	キャンパス等	種類	ページ
おおぞら高等学院	佐賀キャンパス	（サポート）	… 516
鹿島朝日高等学校	佐賀唐津キャンパス	（通　信）	… 382
神村学園高等部	武雄校舎	（通　信）	… 451
クラーク記念国際高等学校	佐賀キャンパス	（通　信）	… 122
敬徳高等学校　通信制（単位制）課程	本校	（通　信）	… 429
佐賀県立佐賀北高等学校	本校	（通　信）	… 430
佐賀県立佐賀北高等学校	唐津西高校	（通　信）	… 430
さくら国際高等学校	基山キャンパス	（通　信）	… 274
トライ式高等学院	佐賀キャンパス	（サポート）	… 506
トライ式高等学院	佐賀キャンパス	（高　認）	… 506
屋久島おおぞら高等学校	佐賀入学相談室	（通　信）	… 452
ワオ高等学校	個別指導Axis佐賀駅前校	（通　信）	… 384

長崎県

学校名	キャンパス等	種類	ページ
NHK学園高等学校	鎮西学院高校	（通　信）	… 233
N高等学校・S高等学校	長崎駅前キャンパス（2024年4月開設予定）	（通　信）	… 454 160
鹿島朝日高等学校	諫早キャンパス	（通　信）	… 382
神村学園高等部	長崎学習センター	（通　信）	… 451
神村学園高等部	おおむら学習センター	（通　信）	… 451
近畿大学附属福岡高等学校	瓊浦高校	（通　信）	… 340
クラーク記念国際高等学校	長崎キャンパス	（通　信）	… 122
こころ未来高等学校	本校	（通　信）	… 431
トライ式高等学院	長崎キャンパス	（サポート）	… 506
トライ式高等学院	佐世保キャンパス	（サポート）	… 506
トライ式高等学院	長崎キャンパス	（高　認）	… 506
トライ式高等学院	佐世保キャンパス	（高　認）	… 506
長崎県立佐世保中央高等学校	本校	（通　信）	… 432
長崎県立鳴滝高等学校	本校	（通　信）	… 433
長崎県立鳴滝高等学校	長崎県立五島高校	（通　信）	… 433
長崎県立鳴滝高等学校	長崎県立島原高校	（通　信）	… 433
長崎県立鳴滝高等学校	長崎県立壱岐高校	（通　信）	… 433
長崎県立鳴滝高等学校	長崎県立対馬高校	（通　信）	… 433
長崎南山高等学校(スプレンドールコース)	本校	（通　信）	… 434
ワオ高等学校	個別指導Axis住吉校	（通　信）	… 384

熊本県

学校名	キャンパス等	種類	ページ
飛鳥未来きずな高等学校	熊本キャンパス	（通　信）	… 142
NHK学園高等学校	開新高校	（通　信）	… 233
おおぞら高等学院	熊本キャンパス	（サポート）	… 516
神村学園高等部	熊本学習センター	（通　信）	… 451
熊本県立湧心館高等学校	本校	（通　信）	… 435
くまもと清陵高等学校	本校	（通　信）	… 438
くまもと清陵高等学校	技能教育施設教育センター	（通　信）	… 438
クラーク記念国際高等学校	熊本キャンパス	（通　信）	… 122
さくら国際高等学校	くまもと合志キャンパス	（通　信）	… 274
さくら国際高等学校	御船木倉学習センター	（通　信）	… 274
星槎国際高等学校	熊本キャンパス	（通　信）	… 131
第一学院高等学校	熊本キャンパス	（通　信）	… 361
中央国際高等学校	熊本学習センター（くまもと中央高等学院）	（通　信）	… 204
東海大学付属望星高等学校	熊本校	（通　信）	… 238
トライ式高等学院	熊本キャンパス	（サポート）	… 506
トライ式高等学院	熊本キャンパス	（高　認）	… 506

一ツ葉高等学校	本校	(通 信)	… 439
一ツ葉高等学校	熊本キャンパス	(通 信)	… 439
ヒューマンキャンパス高等学校	熊本学習センター	(通 信)	… 460
未来高等学校	熊本学習センター事務所	(通 信)	… 416
屋久島おおぞら高等学校	熊本入学相談室	(通 信)	… 452
やまと高等学校	本校	(通 信)	… 440
勇志国際高等学校	本校	(通 信)	… 436
勇志国際高等学校	熊本学習センター	(通 信)	… 436
勇志国際高等学校	熊本進学ゼミ　学習相談室	(通 信)	… 436
ワオ高等学校	個別指導Axis新水前寺校	(通 信)	… 384

大分県

稲葉学園高等学校	本校	(通 信)	… 441
大分県立爽風館高等学校	本校	(通 信)	… 442
鹿児朝日高等学校	佐伯キャンパス	(通 信)	… 382
神村学園高等部	大分学習センター	(通 信)	… 451
クラーク記念国際高等学校	大分 (教育連携校)	(通 信)	… 122
さくら国際高等学校	別府学習センター	(通 信)	… 274
精華学園高等学校	大分校	(通 信)	… 400
藤蔭高等学校	本校	(通 信)	… 443
トライ式高等学院	大分キャンパス	(サポート)	… 506
トライ式高等学院	大分キャンパス	(高　認)	… 506
府内高等学校	本校	(通 信)	… 444
未来高等学校	大分学習センター事務所	(通 信)	… 416
未来高等学校	大分北学習センター事務所	(通 信)	… 416
明誠高等学校	大分府内SHIP	(通 信)	… 380
明誠高等学校	大分SHIP	(通 信)	… 380
勇志国際高校	大分学習センター (令和6年4月開設予定)	(通 信)	… 436
ワオ高等学校	個別指導Axis大分駅前校	(通 信)	… 384
ワオ高等学校	個別指導Axis別府校	(通 信)	… 384

宮崎県

NHK学園高等学校	県立宮崎東高校	(通 信)	… 233
神村学園高等部	宮崎学習センター	(通 信)	… 451
クラーク記念国際高等学校	宮崎キャンパス	(通 信)	… 122
小林西高等学校	本校	(通 信)	… 445
第一学院高等学校	宮崎キャンパス	(通 信)	… 361
トライ式高等学院	宮崎駅前キャンパス	(サポート)	… 506
トライ式高等学院	宮崎駅前キャンパス	(高　認)	… 506
日南学園高等学校	本校	(通 信)	… 446
日本航空高等学校	宮崎学習支援センター	(通 信)	… 268
ヒューマンキャンパス高等学校	宮崎学習センター	(通 信)	… 460
都城聖ドミニコ学園高等学校	本校	(通 信)	… 447
宮崎県立延岡青朋高等学校	本校	(通 信)	… 448
宮崎県立延岡青朋高等学校	宮崎県立高千穂高校	(通 信)	… 448
宮崎県立延岡青朋高等学校	宮崎県立富島高校	(通 信)	… 448
宮崎県立延岡青朋高等学校	宮崎県立高鍋高校	(通 信)	… 448
宮崎県立宮崎東高等学校	本校	(通 信)	… 449
宮崎県立宮崎東高等学校	宮崎県立都城泉ヶ丘高校	(通 信)	… 449
宮崎県立宮崎東高等学校	宮崎県立小林高校	(通 信)	… 449
宮崎県立宮崎東高等学校	宮崎県立日南高校	(通 信)	… 449

勇志国際高等学校	宮崎学習センター	(通 信)	… 436
ワオ高等学校	個別指導Axis橘通校	(通 信)	… 384

鹿児島

NHK学園高等学校	開陽高校	(通 信)	… 233
N高等学校・S高等学校	鹿児島キャンパス	(通 信)	… 454 160
鹿児島県立開陽高等学校	本校	(通 信)	… 450
神村学園高等部	本校	(通 信)	… 451
クラーク記念国際高等学校	鹿児島キャンパス	(通 信)	… 122
第一学院高等学校	鹿児島キャンパス	(通 信)	… 361
トライ式高等学院	鹿児島中央キャンパス	(サポート)	… 506
トライ式高等学院	鹿児島中央キャンパス	(高　認)	… 506
並木学院高等学校	姶良学習支援センター	(通 信)	… 392
ヒューマンキャンパス高等学校	鹿児島学習センター	(通 信)	… 460
屋久島おおぞら高等学校	本校	(通 信)	… 452
ワオ高等学校	個別指導Axis鹿児島中央駅前校	(通 信)	… 384

沖縄県

飛鳥未来きずな高等学校	沖縄キャンパス	(通 信)	… 142
NHK学園高等学校	興南高校	(通 信)	… 233
N高等学校・S高等学校	那覇キャンパス (2024年4月開設予定)	(通 信)	… 454 160
N高等学校	本校	(通 信)	… 454
沖縄県立宜野湾高等学校	本校	(通 信)	… 453
沖縄県立泊高等学校	本校	(通 信)	… 462
沖縄県立泊高等学校	久米島高校	(通 信)	… 462
沖縄県立泊高等学校	宮古高校	(通 信)	… 462
沖縄県立泊高等学校	八重山高校	(通 信)	… 462
鹿島朝日高等学校	石垣島キャンパス	(通 信)	… 382
クラーク記念国際高校	沖縄キャンパス	(通 信)	… 122
さくら国際高等学校	沖縄キャンパス	(通 信)	… 274
精華学園高等学校	沖縄校　夢咲学園	(通 信)	… 400
精華学園高等学校　浦添校		(通 信)	… 456
星槎国際高等学校	那覇学習センター	(通 信)	… 131
星槎国際高等学校	沖縄学習センター	(通 信)	… 131
仙台育英学園高等学校	ILC沖縄	(通 信)	… 144
つくば開成国際高等学校	本校	(通 信)	… 458
トライ式高等学院	那覇新都心キャンパス	(サポート)	… 506
トライ式高等学院	小禄キャンパス	(サポート)	… 506
トライ式高等学院	那覇新都心キャンパス	(高　認)	… 506
トライ式高等学院	小禄キャンパス	(高　認)	… 506
日本ウェルネス高等学校	沖縄キャンパス	(通 信)	… 414
日本航空高等学校	沖縄学習支援センター	(通 信)	… 268
ヒューマンキャンパス高等学校	本校	(通 信)	… 460
ヒューマンキャンパス高等学校	那覇学習センター	(通 信)	… 460
瑞穂MSC高等学校	本校	(通 信)	… 463
未来高等学校	沖縄学習センター事務所	(通 信)	… 416
明誠高等学校	沖縄南SHIP	(通 信)	… 380
明誠高等学校	沖縄中央SHIP	(通 信)	… 380
明誠高等学校	沖縄うるまSHIP	(通 信)	… 380
八洲学園大学国際高等学校	本校	(通 信)	… 464
ワオ高等学校	個別指導Axis首里校	(通 信)	… 384

通信制高校専門出版社 学びリンク 主催
通信制高校・技能連携校・高等専修学校・サポート校

合同相談会®へ Let's GO!

入場自由！入場無料！

本人・保護者・友達同士・先生も参加できる！

春夏秋冬 全国主要都市で開催中！

東北
宮城

関東
埼玉・東京・千葉
神奈川・茨城・栃木・群馬

東海
愛知・静岡

中国
広島

関西
大阪・京都・兵庫

九州/沖縄
福岡・熊本・沖縄

お母さんも一緒に行こう！

楽しみね！

まずは受付へ！

参加学校の情報や目的別検索一覧など資料がたくさんもらえます！

★来場登録限定特典で本屋さんで売っているガイドブックを贈呈！

たくさんある！

講演会場と**個別相談会会場**
先にどっちに行こうか

講演会場にしましょう！
通信制のしくみが気になるの

しくみ講演

通信制に精通した専門家による「通信制高校・サポート校のしくみ講演」です。単位のしくみや登校スタイル、学費のことなど、通信制への入学を考える上で知っておきたい基礎知識についての説明を聞けます。

なるほど！すごく分かりやすいね！

そういうことね！

講演会場
※会場により開催されない場合もあります

体験談を聴く会※

通信制高校の生徒や卒業生、保護者などから実際の体験談を聴くことができます。当事者のリアルな声は参考になることでしょう。

みんな活き活きしていて、楽しそう！

共感する部分もたくさんね！

海外の学校という道もあるのかー

今の大学受験はこうなっているのね

留学・進学に関する講演※

ほかにも海外留学や大学進学に関する講演なども開催しています。各分野のプロによる講演は、疑問点を解消できたり、進路の選択肢を広げるきっかけにもなります。

個別相談会会場

個別ブースで、学校の先生とお話することができます。入学の仕方、転入学・編入学のこと、学費、卒業後の進路など…、気になることを直接質問して、学校のことを具体的に知れます。

通信制コンシェルジュ®が常駐しています！

会場には通信制の学校に詳しい「通信制コンシェルジュ®」がいます。疑問や要望からどんなタイプの学校があるか相談に応じます。学校選びに悩んだら、お気軽にお声がけください。

無料で受けられる！
各種相談
※会場によって異なります

・メンタルカウンセリング
・起立性調節障害相談
・留学相談
・大学進学相談
・医療法人による相談
など…

休憩ブース＆資料・パンフレット設置

休憩ブースにはお菓子やジュースが用意されています。一息つく際にご利用ください。

※感染対策のため一部変更あり

〒101-0064　東京都千代田区神田猿楽町2-1-14　A&Xビル6階
TEL：03-6260-5100　FAX：03-6260-5101
E-mail：info@stepup-school.net
HP：https://www.stepup-school.net

4分でわかる！相談会詳細動画

特設合同相談会サイト

通信制高校があるじゃん！2024〜2025年版

2024年2月29日　初版第1刷発行

発　　　行：学びリンク株式会社

〒101-0064　東京都千代田区神田猿楽町2-1-14
A&Xビル6階
TEL：03-6260-5100　　FAX：03-6260-5101
ホームページ：https://manabilink.co.jp/
専門ポータルサイト：https://stepup-school.net/

発行・編集人：山口教雄

企　　　画：三浦哉子　柴﨑俊介　渋谷和佳奈　大戸千紘　藤井洸之介　米沢育海

取材・編集：小林建太　小野ひなた　片山実紀　上村昌輝　柳野安海　堀田博美
進　　　行：大山順子　十川千香
本文デザイン：渡邉幸恵　長谷川晴香　藤島美音　山下蓮佳
　　　　　　　南如子　鈴木佳恵　株式会社 日新
表紙イラスト：長谷川晴香

販促企画：西田隆人

印　　　刷：株式会社 シナノ パブリッシング プレス

- -

携帯からも資料請求ができます。
左のQRコードから資料請求ページにアクセス！
URLはコチラ
https://www.stepup-school.net/media/93